Das

Strafgesetzbuch

für

die Preußischen Staaten

und

das Gesetz über die Einführung desselben,

erläutert

aus den Materialien, der Rechtslehre

und

den Entscheidungen des Königlichen Ober-Tribunals

durch

F. C. Oppenhoff,

Ober-Staats-Anwalt beim Königlichen Ober-Tribunal

Berlin.

Druck und Verlag von Georg Reimer.

1856.

Vorrede.

Die Vereinigung der beiden höchsten Gerichtshöfe des Landes, des frühern (Geheimen) Ober-Tribunals und des Rheinischen Revisions- und Kassationshofes zu einem einzigen hatte vorzugsweise den Zweck: „die Einheit der Rechtsgrundsätze in den richterlichen Entscheidungen nicht blos beim Ober-Tribunale selbst, sondern auch vermöge des Einflusses der Autorität des Höchsten Gerichtshofs bei den übrigen Gerichten zu erhalten." Soll dieser Zweck erreicht werden, so genügt es nicht, wenn die Erkenntnisse des Ober-Tribunals in der möglichsten Vollständigkeit zur Kunde des juristischen Publikums gelangen, sondern es ist vor allem auch erforderlich, daß von Zeit zu Zeit das so gewonnene Material in einer geordneten Weise zusammengefaßt und übersichtlich dargestellt werde. Diese Aufgabe hat der Verfasser hier in Beziehung auf das Strafgesetzbuch zu lösen sich bemüht. Er hat zu diesem Ende nicht nur die in den verschiedenen Sammlungen mehr oder minder vollständig mitgetheilten, sondern auch die bisher ungedruckten, und ebendeshalb dem größten Theile des Publikums unzugänglichen Erkenntnisse des Ober-Tribunals einer sorgfältigen Durchsicht unterworfen, und daraus alles für die Auslegung der Einzelbestimmungen des Gesetzbuchs Erhebliche ausgezogen und geordnet. Um sodann einen höhern Grad der Vollständigkeit zu erzielen, ist ein Gleiches mit den legislativen Materialien und den bisher erschienenen wissenschaftlichen Bearbeitungen des ganzen Gesetzbuchs, oder einzelner Theile desselben geschehen, und es ist demnächst der Versuch gemacht worden, Alles dieses in einer gedrängten, geordneten und übersichtlichen Weise so zusammen zu stellen, und zu verarbeiten, daß dadurch ein rascher und leichter Ueberblick über dasjenige gewonnen werden könne, was zur Auslegung des Strafgesetzbuchs bisher sowohl auf dem theoretischen als auf dem praktischen Gebiete geleistet worden ist.

Hierbei war vorzugsweise das Bedürfniß des praktischen Juristen der leitende Gesichtspunkt. Richter, Staats-Anwalt und Vertheidiger, welche nicht immer ausreichende Musse und Gelegenheit haben, in Betreff der einzelnen sich ihnen darbietenden Fragen, in den verschiedenen Quellen und Sammlungen die Aufschlüsse zusammen zu suchen, deren sie bedürfen, sollten ein Hülfsmittel erhalten, durch welches sie sich in jedem Augenblicke, selbst während der Verhandlungen in den Sitzungen, und ohne alle Unterbrechung derselben, mit Leichtigkeit und Schnelligkeit vergewissern können, ob die ihnen bei Auslegung des Gesetzbuchs entgegen tretenden Schwierigkeiten und Zweifel früher schon Gegenstand einer Prüfung gewesen sind, und welche Lösung sie dabei gefunden haben.

Mit Rücksicht hierauf erschien die Form des erläuternden Kommentars unter dem Texte des geltenden Gesetzbuchs als die geeignetste. Der letztere mußte selbstredend in der ihm durch die neueren Gesetze v. 9. März 1853 und v. 14. April 1856 gewordenen veränderten Fassung, in welcher auch die neueste offizielle Ausgabe erschienen ist, abgedruckt werden; gleichzeitig ist aber auch bei jedem abgeänderten § in der Note zur Vergleichung, sowie zur Berücksichtigung bei ältern Fällen, die frühere Fassung mitgetheilt, und ausserdem bei allen §§ auf die Nummerirung, unter welcher sich jeder im letzten Entwurfe von 1850 fand, sowie endlich auf die verwandten Bestimmungen nicht nur des Gesetz-Buchs selbst, sondern auch der sonstigen (früheren oder noch geltenden) Gesetzgebung verwiesen worden.

Bei der Anordnung der erläuternden Bemerkungen war durchweg die Wortstellung des Textes zunächst maaßgebend; ausserdem sind zur Erleichterung des Auffindens nicht nur in jeder Anmerkung die einzelnen Stichworte mit gesperrter Schrift gedruckt, sondern es ist auch da, wo die Zahl derselben zwanzig überstieg, im Eingange ein kurzes Inhaltsverzeichniß mitgetheilt, welches auf die einzelnen Nummern hinverweist.

Form und Zweck machten es nothwendig, den Inhalt der Bemerkungen eben auf die Auslegung der Einzelbestimmungen des Gesetzbuchs zu beschränken, auf allgemeine strafrechtliche Theorien daher nur insoweit einzugehen, als jene es erforderte, und im Uebrigen beim Leser die Kenntniß der allgemeinen Kriminalrechts-Lehre vorauszusetzen; deshalb sind denn auch Hinverweisungen auf die Schriftsteller dieser Lehre vermieden, insofern nicht besondere Gründe eine Ausnahme rechtfertigten. Ebenso sind in solchen Fällen, wo auf die ältern Materialien des Gesetzbuchs zurückgegangen werden mußte, Bezugnahmen auf die Quellen derselben in der Regel unterblieben, da sie sich doch nur im Besitze weniger befinden dürften; es ward vielmehr vorgezogen, hier auf Goltdammers fleissiges Werk (Materialien zum Pr. Straf-Ges.-Buche) hinzuweisen.

Aus dem Gesagten geht hervor, daß die vorliegende Bearbeitung einen vorwiegend referirenden Charakter hat; ja es ist ein besondres Augenmerk darauf gerichtet worden, bei den den Ober-Tribunals-Erkenntnissen entnommenen Rechtssätzen möglichst die eigne Fassung der Entscheidungsgründe beizubehalten; *) ebenso sind die Ansichten der in Bezug genommenen

*) Das gilt selbst von der gebrauchten Terminologie; hierbei ist es vielleicht nicht überflüssig daran zu erinnern, daß in der Sprache des Rheinischen Strafverfahrens, nur derjenige, welcher vor den Schwur-Gerichtshof verwiesen ist, „Angeklagter," alle anderen strafrechtlich Verfolgten aber „Beschuldigte" genannt werden, während in den übrigen Provinzen die erstere Bezeichnung jedem gegeben wird, gegen welchen vor einem erkennenden Richter (und wäre es auch nur ein Polizeirichter) ein Verfahren schwebt.

Rechtslehrer, soweit es anging, mit ihren eignen Worten, wiedergegeben worden. Sodann wurde aber darauf Bedacht genommen, nur die unzweifelhaft für richtig erachteten Grundsätze in objektiver Fassung hinzustellen, während überall da, wo ein solcher Satz irgend einem Bedenken zu unterliegen schien, auch die Mittheilung ihn nur als subjektive Ansicht des Einzelnen wiedergiebt, und erheblichere Zweifel eine ausdrückliche Erwähnung finden. Endlich konnte es für den Verfasser nicht an Gelegenheit fehlen, über solche Fragen, welche bisher in Theorie und Praxis noch nicht ausdrücklich zur Sprache gekommen waren, seine eignen Ansichten auszusprechen.

Werke der vorliegenden Art, welche es sich vorzugsweise zur Aufgabe stellen, die Ergebnisse der Rechtsprechung zu sammeln, zu sichten und zu ordnen, haben nur dann Aussicht auf günstigen Erfolg, wenn der richtige Zeitpunkt ihres Erscheinens getroffen wird. Der gegenwärtige schien hierfür durchaus geeignet. Während der fast fünfjährigen Gültigkeit des Gesetzbuchs sind an das Königl. Ober-Tribunal über 8000 Nichtigkeitsbeschwerden, und ausserdem noch mehr als 2000 Beschwerdesachen zur Entscheidung gelangt; es hat sonach nicht an Gelegenheiten gefehlt, praktische Erfahrungen über eine grosse Anzahl von zweifelhaften Fragen zu machen. Das hohe Justiz-Ministerium hat mit Rücksicht hierauf angenommen, der Augenblick sei gekommen, um die von Anfang an vorbehaltene Revision des Gesetzbuchs vorzunehmen, und diejenigen Abänderungen herbeizuführen, welche die gemachten Erfahrungen als wünschenswerth erscheinen liessen. Der vorgelegte Entwurf hat die Zustimmung des Landtags erhalten, und die betreffenden Bestimmungen haben schließlich Gesetzeskraft erlangt. Hiernach ist zu hoffen, daß der Text des Gesetzbuchs für eine längere Zeit feststehen, und sobald keine neuen Aenderungen zu erwarten sein werden. Der Schluß liegt nahe, daß es jetzt auch an der Zeit sei, dem grössern rechtskundigen Publikum einen Ueberblick über alle gemachten Erfahrungen zu gewähren.

Um dem Buche eine möglichst grosse Verbreitung zu verschaffen, hat sich der Herr Verleger entschlossen den Preis desselben möglichst billig zu stellen. Sollte dasselbe Beifall finden, und dereinst eine neue Auflage nothwendig werden, so würden in ihr die neueren Entscheidungen und Bearbeitungen gewissenhafte Berücksichtigung finden. Dagegen liegt es nicht im Plane, durch Nachträge oder Supplemente die erschienene Ausgabe zu vervollständigen, da hierbei der Hauptzweck der Uebersichtlichkeit und Leichtigkeit des Auffindens nothwendig verloren gehen müßte.

Berlin, 18. Juni 1856.

D.

Zur Erklärung
der gebrauchten Abkürzungen.

Bei dem Königl. Ober-Tribunal wurde zur Ausführung der Verordnung vom 3. Jan. 1849 (§ 145) ein besondrer Senat für Strafsachen als fünfter Senat gebildet, welcher als solcher bis zur Vereinigung der beiden höchsten Gerichtshöfe (1. Jan. 1853) bestand; von diesem Tage an nahm der frühere Rheinische Revisions- und Kassationshof die Bezeichnung: „fünfter (Rheinischer) Civil-Senat“ an, während der Senat für Strafsachen von demselben Zeitpunkte an in zwei neben einander fungirende Abtheilungen zerfiel, von welchen die erste alle aus den fünf östlichen Provinzen, die zweite, die aus Sachsen, Westphalen und der Rhein-Provinz, aus den Hohenzollernschen Landen, aus dem Herzogthume Anhalt-Bernburg, und dem Fürstenthume Waldeck*) an den Gerichtshof gelangenden Sachen zu entscheiden berufen wurde. Um auch bei dieser Theilung die Geschäfte, der Einheit der Rechtsprechung zu erhalten, ward die bei den Civil-Senaten früher getroffene Einrichtung der Präjudizien-Eintragung auf den Senat für Strafsachen übertragen, nach welcher jede Abtheilung die von ihm bei der Entscheidung einzelner Fälle angenommene grundsätzliche Lösung einer zweifelhaften Rechtsfrage in formulirter Fassung ausspricht, und als beschlossenes Präjudiz in ein besondres Buch eintragen läßt. Ausserdem treten in wichtigern Fällen, insbesondre aber, wenn eine Abtheilung von einem bisher behaupteten Grundsatze, oder einer bisher befolgten Auslegung und Anwendung einer Gesetzesvorschrift abzugehen beschließt, beide Abtheilungen zum Plenum zusammen, und entscheiden in ihm den vorliegenden Einzelfall.**)

Auf diese Einrichtung ist bei der Bearbeitung überall gerücksichtigt; zunächst ist jedes Erkenntniß in der Weise angeführt, daß daraus zu ersehen ist, ob dadurch die eingelegte Nichtigkeitsbeschwerde (in Betreff der zur Sprache kommenden Frage) zurückgewiesen (resp. in Rheinischen Sachen das Kassations-Gesuch verworfen), oder ob das angegriffene Erkenntniß vernichtet worden ist; im letztern Falle ist das Tribunals-Erkenntniß durch „V.“, im erstern durch „Z.“ bezeichnet; ist dem letztern ein „(V.)“ hinzugefügt, so deutet dieses darauf hin, daß mit Rücksicht auf andere Beschwerdepunkte eine Vernichtung erfolgt ist; sodann ist bei den seit 1853 ergangenen Entscheidungen durch die

*) Zu vergleichen sind die Staatsverträge vom 1. und 22. Feb. 1851 (G.S. S. 18 und 25).

**) In Betreff dieser Einrichtungen sind die AKO. v. 1. Aug. 1836 (G.S. S. 218) und das Ges. v. 7. Mai 1856 (G.S. S. 293) zu vergleichen

Zeichen I., II. oder Pl. hervorgehoben, ob sie von der ersten, oder der zweiten Abtheilung, oder aber von den vereinigten Abtheilungen (Plenum) ausgegangen sind. So oft der ausgesprochene Rechtssatz als Präjudiz eingetragen worden ist, ist dieses, sowie die Nummer desselben angegeben, und stets bei allen Erkenntnissen vermerkt worden, ob und wo sie, sei es vollständig, sei es auszugsweise, gedruckt sich finden. In Betreff der Präjudizien muß indessen noch hervorgehoben werden, daß nicht überall ihre wörtliche abstrakte Fassung beibehalten werden konnte, daß es vielmehr, mit Rücksicht auf den spezifischen Zweck dieser Bearbeitung, und auf den Zusammenhang der einzelnen erläuternden Bemerkungen mehrfach nothwendig erschien, die darin enthaltenen Rechtssätze in einer konkreteren, auf die rechtliche Begründung mehr eingehenden Form wiederzugeben. Um auch hier jedem Zweifel vorzubeugen, sind die in wortgetreuer Fassung mitgetheilten Präjudizien mit durchgehenden Anführungszeichen („....“) bezeichnet worden (z. B. zu § 31 n. 12, das Präj. n. 40, und häufiger), während bei den übrigen nur auf die Nummer des Präjudizes verwiesen ist. Endlich ist bei jeder Sache auch der Namen derjenigen Partei, welche bei der betreffenden Frage interessirt war, und wenn bei einer Mehrheit von Imploranten die Aktenrubrizirung eine andre war, auch diese angeführt worden, um demjenigen, welchem die Erkenntnisse des Ober-Tribunals zugänglich sind, das Auffinden zu erleichtern. Ausserdem findet sich noch bei einigen Erkenntnissen die Bezeichnung Rh. S., wenn es ein rechtliches Interesse hatte anzudeuten, daß es sich von einer Rheinischen Sache handelte.

Im Uebrigen werden die gebrauchten Abkürzungen leicht verständlich sein; es wird genügen auf folgende besonders aufmerksam zu machen:

Arensb. Arch	bezeichnet:	Neues (Arensberger) Archiv für Preußisches Recht rc. von Sommer und Bole.
Bes.	„	Beselers Kommentar über das Straf-Gesetzbuch.
Beschl. (I. II. Pl.)	„	Beschl. des Ober-Tribunals, der ersten, zweiten oder der vereinigten Abtheilungen des Senats für Strafsachen.
Cass.	„	ein vernichtendes Erkenntniß des Pariser Kassationshofes.
Contra	„	„Andrer Meinung sind“ oder „im entgegengesetzten Sinne entschieden“: . . . .
Gilb.	„	Les Codes annotés par Sirey, édition refondue par Gilbert.
G. Arch. (G. A.)	„	Goltdammers Archiv für Preußisches Strafrecht.
G. Matt. (G. M.)	„	Goltdammers Materialien zum Strafgesetzbuche.
KB. I. (II.) K.	„	Bericht der Kommission der ersten (zweiten) Kammer.
Nr.	„	die Nummer des Textes des Gesetzbuchs.
n.	„	die Nummer der erläuternden Bemerkung.
Rej.	„	Erkenntniß des Pariser Kassationshofs durch welches ein Kassationsgesuch verworfen wird.

Rh. S.	bezeichnet:	Rheinische Sache.
Rh. Samml.	"	Sammlung der in der Rheinprovinz ergangenen Gesetze ꝛc. von Lottner, Leitner und Marquardt.
Sic:	"	"derselben Meinung sind" oder "in demselben Sinne entschieden": . . . .
Sir.	"	Sirey (Devilleneuve) Récueil général des lois & des arrêts.
Sir. (Coll. nouv.)	"	Desselben Werks neue Ausgabe von Devilleneuve.
StRG.	"	Staatsrathsgutachten.
Strieth. Arch.	"	Striethorsts Archiv für Rechtsfälle.
Temme Gll.	"	Temme Glossen zum Strafgesetzbuche.
Temme Lehrb.	"	Temme Lehrbuch des Preußischen Strafrechts.
Tr. Ann.	"	(Trierer) Annalen für Rechtspflege ꝛc. in den Preußischen Rheinprovinzen.
V. (I., II., Pl.)	"	Vernichtendes Erkenntniß des Ober-Tribunals (der ersten, zweiten, oder der vereinigten Abtheilungen des Senats für Strafsachen).
Vdn.	"	Verordnung.
Volkm.	"	Volkmar: die Jurisprudenz des Rheinischen Kassationshofs.
Z. (I., II., Pl.)	"	Erkenntniß des Ober-Tribunals, durch welches eine Nichtigkeitsbeschwerde zurückgewiesen, oder ein Kassations-Gesuch verworfen wird (der ersten, zweiten, oder der vereinigten Abtheilungen des Senats für Strafsachen).

Die Citate einzelner französischer Schriftsteller (Bourguignon, Carnot, Chauveau et Hélie, Legraverend, Mangin, Merlin, Rauter) werden denjenigen, denen die betreffenden Werke überhaupt zu Gebote stehen, ohne weitere Erläuterung verständlich sein. —

Inhalt.

I.

Gesetz über die Einführung des Strafgesetzbuchs für die Preußischen Staaten vom 14. April 1851.

II.

Strafgesetzbuch für die Preußischen Staaten vom 14. April 1851.

Dritter Theil.
Von den Uebertretungen.

Gesetz

über die Einführung des Straf-Gesetzbuchs für die Preußischen Staaten *)

vom 14. April 1851.

Wir Friedrich Wilhelm, von Gottes Gnaden, König von Preußen ꝛc. ꝛc.

verordnen mit Zustimmung der Kammern, was folgt:

Erster Abschnitt.

Allgemeine Bestimmungen.

Art. I. Das Strafgesetzbuch tritt im ganzen Umfange der Monarchie mit dem 1. Juli 1851 in Kraft.

[Entw. Art. I.]. Vergl. Art. IV.

Art. I.

1. Nach dem Gesetze v. 30. Apr. 1851. § 1. (GS. s. 188) ist das StGB. nebst dem Einführungs-Gesetze in den Hohenzollernschen Landen bis zum 1. Jan. 1852 suspendirt geblieben.

2. In dem an den Regierungsbezirk Aachen anstoßenden, zwischen Preußen und Belgien gemeinschaftlichen s. g. neutralen Gebiete von Moresnet hat das StGB. keine Gesetzeskraft erlangt; Anklagen und Beschuldigungen sind daher nach den Bestimmungen des frühern Rheinischen Strafgesetzbuchs zu formuliren. Just.-Min.-Verf. v. 31. Dez. 1852 (Rh. Samml. 10. s. 532). — Der Bewohner jenes Gebiets ist als Ausländer im Sinne des § 4. Nr. 1. des StGB. anzusehen, und er unterliegt wegen der dort gedachten Verbrechen den Bestimmungen dieses Gesetzbuchs.

3. Die Wirksamkeit des Einführungs-Gesetzes beginnt mit der des StGB. Temme Gll. s. 19 Note 2.

---

*) Das Preußische Strafgesetzbuch hat (mit den nöthigen Abänderungen im Ausdrucke) im Herzogthume Anhalt-Bernburg durch Ges. v. 22. Jan. 1852 vom 31. März 1852 ab Wirksamkeit erlangt. Ebenso ist das Preußische Ges. v. 9. März 1853, durch welches einige §§ des StGB. abgeändert wurden, in Anhalt-Bernburg durch Ges. v. 24. März 1853 eingeführt worden. — Das am 15. Mai 1855 erlassene „Strafgesetzbuch für die Fürstenthümer Waldeck und Pyrmont" stimmt ebenfalls im Wesentlichen mit dem Preußischen StGB. überein, indem nur einige §§ ausgeschieden, und in einzelnen §§ im Ganzen nicht sehr erhebliche Abänderungen vorgenommen worden sind; nur der dritte Theil (von den Uebertretungen) hat einige Zusatzparagraphen erhalten, welche sich im Preußischen Gesetzbuche nicht finden. — Erheblicher sind die Abweichungen der beiden Einführungsgesetze (des Anhalt-Bernburgschen vom 22. Jan. 1852, und des Waldeckschen vom 15. Mai 1855) vom Preußischen.

Art. II. Mit diesem Zeitpunkte (Art. I.) werden außer Wirksamkeit gesetzt: alle Strafbestimmungen, die Materien betreffen, auf welche das gegenwärtige Strafgesetzbuch sich bezieht; namentlich der zwanzigste Titel des zweiten Theils des Allgemeinen Landrechts, das Rheinische Strafgesetzbuch, die gemeinen Deutschen Kriminalgesetze und das in dem Fürstenthume Hohenzollern-Sigmaringen rezipirte Großherzoglich Badische Strafgesetzbuch, nebst allen dieselben ergänzenden, abändernden und erläuternden Bestimmungen.

Art. II.

1. Nur diejenigen Strafgesetze sind hierdurch beseitigt, welche Materien betreffen, auf welche sich das StGB. bezieht, d. h. welche unter den Begriff der Handlungen fallen, die das StGB. zum Gegenstande seiner Bestimmungen gemacht hat. B. II. 19. Mai 1853 c. Roßbach (Rh. Arch. 48. 2. A. s. 60, vgl. zu § 274. n. 29.); — Zu vergleichen ist im Allgemeinen das französische Staatsraths-Gutachten v. 8. Febr. 1812 in Verbindung mit Code pén. Art. 484.

2. Unter „Materien" sind die strafbaren Handlungen, nicht aber die Strafgattungen (z. B. die Polizei-Aufsicht) zu verstehen. B. II. 10. Nov. 1853 c. Hagemann (JMBl. 1854 s. 136; G. Arch. 2. s. 115; vgl. n. 21.) Sic. Koch s. 880 n. 1; — ebensowenig bezieht sich der Ausdruck „Materien" auf die Objekte, an welchen Verbrechen ꝛc. begangen, oder auf die Rechte, welche durch diese gekränkt werden können. B. I. 28. Sept. 1853 c. Grunwald.

3. Auch particuläre Strafgesetze (das örtlich beschränkte Strafrecht) sind durch Einführung des StGB. in Bezug auf die durch letzteres vorgesehenen strafbaren Handlungen aufgehoben. Bern. I. 28. Sept. 1853 c. Grunwald.

4. Die fortdauernde Gültigkeit gewisser Strafgesetze ist nicht auf frühere besondre Kompetenz-Bestimmungen auszudehnen; vgl. zu Art. XIV. n. 3.

5. Eine Aufzählung in Geltung verbliebener Spezial-Gesetze enthält der Komm.-Ber. der II. Kammer (s. 4 flg.), welcher aber selbst auf Vollständigkeit keinen Anspruch macht; — Ein nach Materien geordnetes Verzeichniß enthält Goltd. Arch. 2. s. 697; —

6. Nicht aufgehoben sind: die Vorschriften der AGO. I, 7. § 41. die Bestrafung unrichtiger Insinuationsberichte betreffend, B. 17. Septemb. 1852 c. Laser;

7. ...... ebenso AGO. I, 23. § 52. Nr. 4. und 5; Tit. 24. § 40. a. E., frevelhaftes Leugnen im Prozesse betreffend; diese Gesetze enthalten aber „Prozeßvorschriften," auf welche nur vom Civil-Richter zu erkennen ist. Z. I. 12. Juli 1854 c Klose (Präj. n. 102; Entsch. 28. s. 196). — Das Letztere gilt auch von der zweiten Instanz. B. II. 18. Okt. 1855 c. Weinberg. (G. Arch. 3. s. 823); —

8. ...... ebenso AGO. III, 1. § 30. 31. das Queruliren betreffend. B. 26. Sept. 1851 c. Ruggeberg (Entsch. 22. s. 76); Z. 23. Jan. 1852 c. Knapp; Z. 8. März 1852 c. v. Mach; Z. I. 27. März 1853 c. Kantrowitzsch.

9. ...... ebenso Anh. zur AGO. § 440. Z. 26. Nov. 1852 c. Ottschably; Z. I. 16. März 1853 c. Gramm; —

10. ...... ebenso Gesinde-Ordn. v. 8. Nov. 1810 § 31. B. 11. Juni 1852 c. Wilke; —

11. ...... ebenso Steuer-Ordn. v. 8. Feb. 1819 § 62. Z. II. 18. Okt. 1855 c. Holzerland (vgl. zu Art. X. no. 3.);

12. ...... ebenso Steuer-Ordn. v. 8. Febr. 1819 § 88. vgl. zu § 311. n. 10.

13. ...... ebenso AKO. v. 13. Okt. 1824 Nr. 7. das unbefugte Tragen der National-Kokarde betreffend. Gltd. Matt. 2. s. 145 n. 5; vgl. zu § 105. n. 10.

14. ...... ebenso AKO. v. 20. Juni 1835 die Bestrafung eines Verbrechers

Dagegen bleiben in Kraft die besonderen Strafgesetze, insoweit sie Materien betreffen, in Hinsicht deren das gegenwärtige Strafgesetzbuch nichts bestimmt, namentlich die Gesetze über die Bestrafung der Post-, Steuer- und Zoll-Kontravenienten, über den Mißbrauch des Vereins- und Versammlungsrechts, über die Bestrafung des Holzdiebstahls, über die Widersetzlichkeiten bei Forst- und Jagdvergehen und gegen Zollbeamte.

[Entw. Art. II.]. Vgl. Art. III.

---

betreffend, welcher wegen früherer Verbrechen bereits zu lebenslänglicher Freiheitsstrafe verurtheilt ist. Z. (V.) 8. Sept. 1852 c. Hening.

15. ...... ebenso AKO. v. 7. Febr. 1837 die Sonntagsfeier betreffend; vgl. zu § 340. Nr. 8. n. 1.

16. ...... ebenso Ges. v. 8. Mai 1837 § 28. die Aufstellung einer zu hohen Brandentschädigungsforderung betreffend, mit der Maaßgabe, daß an die Stelle der dort bezogenen §§ des Tit. 20. Thl. II. des ALR. jetzt die Vorschriften des StGB. über die Bestrafung des Betrugs getreten sind. Z. II. 19. Mai 1855 c. Elkan;

17. ...... ebenso die Verordn. v. 22. Dez. 1843 (GS. 1844 s. 16) die Bestrafung des Spielens an der Spielbank zu Köthen betreffend; vgl. zu § 266. n. 14.

18. ...... ebenso die Strafbestimmungen der Gewerbe-Ordn. v. 17. Jan. 1845, insoweit nicht das StGB. in Betreff der Ausübung einzelner Gewerbe ausdrückliche Vorschriften enthält. Z. (V.) II. 21. Feb. 1856 c. Saligmann.

19. ...... ebenso das Ges. v. 5. Juli 1847 (GS. s. 261), so weit es das Spielen in auswärtigen Lotterien mit Strafe bedroht; und d. AKO. v. 27. Juni 1837; vgl. zu § 268 n. 8.

20. ...... ebenso die Feld-Pol.-Ordn. v. 1. Nov. 1847 und das Rheinische Rural-Gesetz v. 28. Sept. — 6. Okt. 1791. — Ges. v. 22. Mai 1852 Art. III; — Eine Ausnahme tritt da ein, wo die betreffenden Bestimmungen in das StGB. übernommen, oder mit den Vorschriften des letztern unvereinbar sind. Z. II. 14. Feb. 1856 c. Ehrlich.

21. ...... ebenso das Ges. v. 12. Feb. 1850 (GS. s. 49) über die Stellung unter Polizei-Aufsicht, soweit es sich auf Kontrebande und Zolldefraudationen bezieht. Nach § 9. dieses Gesetzes sind die Ortsbehörden befugt, die wegen Zolldefraudation unter Polizei-Aufsicht gestellten Personen den dort genannten Beschränkungen zu unterwerfen. V. II. 10. Nov. 1853 c. Hagemann (JMbl. 1854 s. 136; G. Arch. 2. s. 115); dasselbe Erkenntniß nahm gleichzeitig an, daß im Falle einer Zuwiderhandlung die Strafe des § 11. jenes Gesetzes, nicht die des § 116. des StGB. eintrete (vgl zu § 116. n. 3.) — Zu vergleichen ist Ges. v. 30. Apr. 1851 § 1. Nr. 4. (GS. s. 188) die Einführung des Gesetzes in den Hohenzollernschen Landen betr. —

Im Uebrigen ist aber das Ges. v. 12. Feb. 1850, namentlich die Bestimmungen der §§ 4. und 5. über die Dauer der Polizei-Aufsicht aufgehoben. Z. 20. Dez. 1852 c. Kawohl; Vgl. zu § 26. n. 1.

22. ..... ebenso die Vorschriften des (auf dem linken Rheinufer publizirten) Artikels 36. des französischen Gesetzes v. 21. germ. XI, durch welchen das Ankündigen von Geheimmitteln verboten wird, indem § 345. Nr. 2. einen andern Gegenstand betrifft; eine solche Ankündigung unterliegt daher immer noch den Strafbestimmungen des Gesetzes v. 29. pluv. XIII. V. II. 3. Nov. 1855 c. Momma, *Contra* Erk. App. Hof Köln 1. März 1854 (Rh. Arch. 49. 1. s. 256).

23. Aufgehoben ist die Vorschrift des ALR. I, 11. § 740, nach welcher die Cession resp. Einklagung einer Darlehnsforderung, auf welche die Valuta ganz oder zum Theil nicht bezahlt worden, als Betrug bestraft werden soll. Zwf. I. 13. Apr. 1855 c. Abrahamson (G. Arch. 3. s. 569.)

24. Ebenso sind aufgehoben: ALR. I, 14. § 463—465. (unrechtmäßig vorge-

Art. III. Wo in irgend einem Gesetze auf Bestimmungen des bisherigen Strafrechts verwiesen wird, treten die Vorschriften des gegenwärtigen Strafgesetzbuchs an deren Stelle.

[Entw. Art. III.]. Vgl. Art. II.

---

nommene Pfändungen betreffend). B. 8. März 1852 c. Krieger; Z. 16. April 1852 c. Morave.

25. ...... ebenso Rheinisches BGB. Art. 298 und 308, die Ehebruchsstrafen betreffend; vgl zu § 140. n. 20.; siehe auch Rh. StGB. Art. 337.

26. ...... ebenso A.Crim.-O. v. 11. Dez. 1805 § 10, die Pflicht zu denuntiiren betreffend, insoweit derselbe im Vergleiche mit § 39. des StGB. eine Ausdehnung dieser Pflicht in Beziehung auf gestohlene Sachen in sich schließt. B. I. 17. Nov. 1854 c. Wolff und Gen. (G. Arch. 3. s. 130.)

27. ...... ebenso Verordn. v. 14. Juli 1797 durch § 270. des StGB. B. II. 21. Apr. 1853 c. Straube; (vgl. zu § 270. n. 15.)

28. ...... ebenso die Steuer-Ordn. v. 8. Feb. 1819 § 93. d. B. Rh. Kass.-H. 28. Jan. 1852 c. Müller (Rh. Arch. 47. 2. A. s. 3; Tr. Ann. 7. s. 271; vgl. zu Art. XIV. n. 3.)

29. ...... ebenso die AKO. v. 9. Okt. 1833, die Verhängung des Strafminimums bei freiwilligem Eingeständniß betreffend: Z. II. 11. Mai 1854 c Lütke-Maestrup (G. Arch. 2. s. 542.)

30. ...... ebenso die Bestimmungen des Ostpreußischen Provinzial-Rechts Zus. 228. § 9. über die Bestrafung der rechtswidrigen Aneignung des Bernsteins. Z. I. 16. Feb. 1853 c. Pickarrik (JMBl. s. 447); B. I. 28. Sept. 1853 c. Grunwald. Vgl. zu § 226 n. 5.

31. Die nichtaufgehobenen Gesetze bleiben für ihre Materien auch in Beziehung auf etwaige besondere Anwendung allgemeiner Rechtsgrundsätze z. B. über Verjährung, Rückfall, Strafverwandlung in Kraft. Temme GU. s. 21; id. Lehrb. s. 104; (Vgl indessen zu § 17. n. 1 flg.) — Es bleibt daher mit einer durch ein Spezial-Gesetz, z. B. das Rheinische Rural Gesetz bestimmten, durch das StGB. nicht aufgehobenen Strafandrohung, auch die mit der Strafandrohung in unmittelbarer Verbindung stehende durch das Special-Gesetz festgestellte besondre Verjährung (Rh. Rur. Ges. v. 28. Sept. — 6. Okt. 1791 Tit. 1. Abschn. 7. Art. 8) in Kraft. Z. II. 3. März 1852 c. Müller (G. Arch. 1. s. 233; 385); B II. 22. Feb. 1855 c Scheuern (Rh. Arch. 50. 2. A. s. 79). —

32. Dasselbe gilt von der Vorschrift des § 62. des Zollstrafgesetzes v. 23. Jan. 1838 die fünfjährige Verjährung der Zolldefraudationen rc. betreffend. Z. II. 8. März 1855 c. van Wüllem; vgl. jetzt Ges. v. 22. Mai 1852 Art. V.

33. Enthält in den Fällen, welche die vorstehenden Nummern 31. und 32. unterstellen, das betreffende Spezial-Gesetz nicht auch besondre Vorschriften darüber, wie jene Verjährung unterbrochen wird, so sind hierfür die allgemeinen Vorschriften des StGB. maßgebend. B. II. 22. Feb. 1855 c. Scheuern (Rh. Arch. 50. 2. A. s. 79.).

34. Im Uebrigen sind die allgemeinen Rechtsgrundsätze des StGB. auch auf die durch Special-Gesetze geregelten Materien anwendbar, vgl. zu Art. III. n. 1 flg.

Art. III.

1. Auf die in Kraft gebliebenen besondern Straf-Gesetze haben die allgemeinen Vorschriften des StGB. (über Versuch, Theilnahme, Rückfall rc.) insoweit einen modifizirenden Einfluß, als darin auf dergleichen Bestimmungen des älteren Strafrechts, an dessen Stelle das StGB. als allgemeines Strafrecht getreten ist, entweder ausdrücklich verwiesen, oder doch stillschweigend Bezug genommen ist, oder als einzelne Bestimmungen in jenen Gesetzen, mit den allgemeinen Grundsätzen des StGB. unvereinbar sind. Z. 19. Dez. 1851 c. Suchumski (JMBl. 52 s. 30); — B. 24. Mai 1852 c. Fuchs; — B. 22. Dez. 1852 c. Alesson. — Vgl. zu Art. II. n. 31—34. Beseler s. 602; Temme Lehrb. s. 104. 105. — Der Kommissionsbericht der

Art. IV. **Die Strafbarkeit einer Handlung, welche vor dem 1. Juli 1851 begangen ist, wird nach den bisherigen Gesetzen beurtheilt. Ist aber eine solche Handlung in dem gegen-**

---

zweiten Kammer (s. 7) erachtete es für die Aufgabe der Praxis, vom jedesmaligen Standpunkte des besondern Gesetzes zu beurtheilen, ob die im StGB. enthaltenen allgemeinen Grundsätze z. B. über die Theilnahme, die Zurechnungsfähigkeit, bei Anwendung des erstern ausgeschlossen seien, und aus der Qualifikation der Handlungen, welche in den besonderen Gesetzen mit Strafe bedroht, sowie aus den Umständen und Voraussetzungen unter welchen sie gegeben sind, festzustellen, ob und wie weit sie als ganz oder in einzelnen Bestimmungen durch das StGB. aufgehoben anzusehen.

2. Die neben dem Strafgesetzbuch in Kraft gebliebenen Steuer-Gesetze müssen unter Berücksichtigung der im StGB. enthaltenen allgemeinen Grundsätze angewendet werden. Z I. 23. Febr. 1853 c. Lucht (Entsch. 24. s. 496; 25. s. 217; G. Arch. 1. s. 563). Beispiele siehe zu § 60. n. 4.

3. Daher ist Begünstigung einer Steuerdefraude, sobald diese als Vergehen zu betrachten, nach § 37. des StGB. strafbar, obgleich die Steuer-Gesetze eine Strafandrohung in Betreff ihrer nicht enthalten. B. I. 25. Jan. 1856 c. Köhring. Vgl. zu § 37 n. 3.

Art. IV.

1. Der Art. IV. erkennt einen allgemeinen strafrechtlichen Grundsatz an, welcher das ganze Strafrecht beherrscht, insofern nicht einzelne Gesetze davon eine Ausnahme begründen; er findet sonach auch auf Strafverordnungen der Polizei-Behörden Anwendung. B. II. 18. Jan. 1855 c. Adrian (Präj. n. 134; JMB. s. 106; Entsch. 29. s. 439; G. Arch. 3. s. 256). Dagegen wollte ein B. II. 24. Nov. 1853 c. Peppmeier (G. Arch. 2. s 112) diesen Grundsatz auf Zuwiderhandlungen gegen die Zollstrafgesetze nicht beziehen. Vgl. n. 2.

2. Jedenfalls könnte bei Zolldefrauden der Grundsatz des Art. IV. nur dann angerufen werden, wenn das neue Gesetz überhaupt das Umgehen der Zollgefälle für straflos erklärte, oder wenn es die Strafe, oder den Thatbestand (den Begriff) der strafbaren Handlung anders bestimmte, nicht aber, wenn es einen bisher beim Einbringen zu verzollenden Gegenstand für zollfrei erklärt (oder wenn nur eine einzelne bestimmte Zollschranke, z. B. durch den Anschluß eines Nachbarstaats an den Zollverein wegfällt). B. II. 24. Nov. 1853 c. Peppmeier, B. 1. Dez. 1853 c. Hütteman (G. Arch. 2. s. 112). B. II. 5. Okt. 1851 c. Christiani; B. II. 9. Juni 1855 c Tiemann.

3. Der allgemeine Grundsatz des Art. IV. „bezieht sich nicht auf den Fall, „wo eine nur temporär, — sei es für einen von Anfang an in sich begränzten „Zeitraum, sei es bis zum Eintritte eines künftigen Ereignisses, oder bis zu der „von vorne herein in Aussicht gestellten Wiederaufhebung — erlassene Strafbestim„mung diesen in ihr selbst vorgesehenen, oder in Aussicht gestellten Ablauf erreicht;“ vielmehr bleiben auch nach diesem Ablaufe solche temporären Strafbestimmungen für die Verfolgung der während ihrer Herrschaft begangenen Zuwiderhandlungen maaßgebend. B. II. 18. Jan. 1855 c. Adrian (Präj. n. 134; JMBl. s. 106; Entsch. 29. s. 439; G. Arch. 3. s. 256).

4. Hat zwischen der Begehung der That und ihrer Aburtheilung ein demnächst durch die Einführung des StGB. wieder aufgehobenes Strafgesetz gegolten, dessen Bestimmungen gelinder sind, als die des zur Zeit der That geltenden Gesetzes und die des StGB., und welches eine dem Inhalte des Art. IV. ähnliche Vorschrift enthält, so hat dadurch der Angeklagte das Recht erlangt, daß seine Handlung nach diesem Gesetze beurtheilt werde. Z. II. 19. Okt. 1854 c. Würth. *Sic.* G. Matt. 1. s. 12; — Cass. 9. Juli 1813. Sir. Coll. nouv. 4. I. p. 391.

5. Die Frage, ob das ältere oder das neuere Strafrecht für eine bestimmte Gesetzesübertretung die gelindere Strafe androhe, kann nur nach der Gesammtheit der von jedem Rechte angedrohten Strafübel beurtheilt werden, und sind dann

wärtigen Strafgesetzbuche mit keiner Strafe, oder mit einer gelinderen, als der bisher vorgeschriebenen, bedroht, so soll diese Handlung nach dem gegenwärtigen Strafgesetzbuche beurtheilt werden. Ist es zweifelhaft, ob die Handlung vor dem 1. Juli

---

auch die Strafvorschriften des als milder anerkannten in ihrer Totalität zur Anwendung zu bringen. B. 24. Sept. 1851 c. Gerlach; — B. 8. Okt. 1851 c. Unruh; B. 17. Okt. 1851 c. Mroß. — Es ist sonach unzulässig die Bestrafung derselben Handlung theils aus dem alten, theils aus dem neuen Strafrechte herzuleiten, also eine Strafe eintreten zu lassen, welche weder mit dem alten, noch mit dem neuen Strafrechte stimmt. B. 9. Juli 1851 c. Waldbrunn (JMB. S. 275). Vgl. zu Art. V. n. 2. 3. — *Sic.* Chauveau et Hélie Th. du C. pén. I. p. 36. *Contra.* Temme Gl. S. 25. id. Lehrb. S. 121.

6. Ist daher auf Grund des 20. Titels zweiten Theils des ALR. wegen einer strafbaren Handlung auf Strafe zu erkennen, so muß die eventuell zu substituirende Gefängnißstrafe nach demselben ALR., nicht nach dem StGB. bemessen werden. B. 31. März 1852 c Jacubowski und Gen.

7. Ueberhaupt sind, wenn das ältere Gesetz als das mildere anzuwenden ist, auch die allgemeinen Bestimmungen desselben maaßgebend. B. I. 27. Jan. 1853 c. Schuhmacher.

8. Wenn es sich darum handelt, für eine vor dem 1. Juli 1851 begangene Handlung zu bestimmen, ob die Strafe des älteren Rechts, oder des StGB. die mildere sei, so darf bei Abmessung der nach älterem Rechte auszusprechenden Strafe auf die Vorschrift des § 60. des StGB. nicht gerücksichtigt werden. B. 17. Sept. 1851 c. Lippert; Z. (B) 17. Dez. 1851 c. Jüttner; Z. 6. Apr. 1852 c. Amsel. Vgl zu §. 60. n. 1.

9. Es muß angenommen werden, daß bei dieser Uebergangsbestimmung der Gesetzgeber wesentlich von den Haupt-, nicht von den accessorischen Strafübeln ausgegangen sei. B. 9. Juli 1851 c. Waldbrunn. (JMB. S 275.)

10 Die härtere Strafart ist für strenger als die gelindere Strafart zu erachten, sollte ihre Dauer auch kurzer bemessen sein. G. Matt. I. S. 12 nach Chauv. et Hél. Théor. I. p. 33 u. Cass. 26. Juli 1811.

11. Im Zweifel ist diejenige Strafe als die strengere anzusehen, welche mehr als die andere eine Aufhebung oder Beschränkung der Ehre und der Ehren-Rechte nach dem Gesetze oder nach der Volksanschauung mit sich führt. Temme Lehrb. S. 121; id. Gl. S. 25.

12. Mit Rücksicht auf § 18. des StGB. wird man eine Geldbuße im Vergleiche mit einer Freiheitsstrafe stets als die mildere Strafe ansehen müssen, ohne daß die Höhe derselben, und selbst die Dauer der zu substituirenden Freiheitsstrafe einen Unterschied hervorbringen konnte.

13. Wird das mildere Strafgesetz erst nach Aburtheilung der That in den Instanzen wirksam, so kann der Nichtigkeitsrichter nicht vernichten, um jetzt jenes neue Gesetz zur Anwendung zu bringen. Vgl. G. Matt. I. S. 14 n. 8. — Gestattet daher das neue Gesetz (z. B. d. Ges. v. 9. März 1853) abweichend von dem frühern, Berücksichtigung von mildernden Umständen, so ist, wenn das Ober-Tribunal ein schwurgerichtliches Erkenntniß jedoch unter Aufrechthaltung des Wahrspruchs der Geschwornen vernichtet, kein Raum dazu, das Vorhandensein von mildernden Umständen jetzt noch festzustellen. B. II. 28. Mai 1853 c. Ritter.

14. Dagegen nahmen zwei Z. II. 28. Mai 1853 c. Schnerre u. c. Klein an: wenn ein neues nach Aburtheilung einer Sache in erster Instanz verkündigtes Gesetz, abweichend von den bisherigen gesetzlichen Bestimmungen, die Berücksichtigung von mildernden Umständen gestatte, so konne nunmehr der Appellationsrichter ohne neue Beweisaufnahme, und ohne gegen den Grundsatz des Art. 101. des Ges. vom 3. Mai 1852 zu verstoßen, derartige Umstände feststellen, und danach das Strafmaaß herabsetzen.

15. Insoweit auf die neben dem StGB. in Geltung gebliebenen besondern

1851 begangen worden, so ist bei der Entscheidung das mildere Gesetz anzuwenden.

[Entw. Art. IV.]. Vgl. Art. V. VII. StGB. § 2.

Art. V. Die Vollendung der Verjährung einer vor dem 1. Juli 1851 begangenen strafbaren Handlung wird nach den

---

Strafgesetze überhaupt die Vorschriften des StGB. von modifizirendem Einflusse sind (vgl. zu Art. III n. 1), muß auch die Bestimmung des zweiten Absatzes des Art. IV., auf die nach solchen besondern Gesetzen zu beurtheilenden vor dem 1. Juli 1851 begangenen Handlungen Anwendung finden. Z. 19. Dez. 1851 c. Suchumski. (JMB. 52. S. 30); — B. 24. Mai 1852 c. Fuchs.

16. Kommt das ältere Strafgesetz auf eine vor dem 1. Juli 1851 begangene Handlung zur Anwendung, so ist (insofern es sich nicht von besondern Gesetzen handelt, welche auch neben dem StGB. in Kraft verblieben sind) stets auf die in jenem Strafgesetze selbst angedrohte Strafe zu erkennen; eine Umwandlung in die Strafgattungen des StGB. nach Art. IX. u. X. findet nicht Statt. Min.-Verf. 24. Juni 1851. (JMB S. 237.)

17. Damit ein Zweifel darüber nicht aufkommen könne, unter der Herrschaft welches Strafgesetzes eine That begangen worden, ist der Zeitpunkt der Verübung in die thatsächliche Feststellung, sowie eventuell in die den Geschwornen vorzulegende Frage aufzunehmen, und wenn dieser Zeitpunkt nicht genau bestimmt werden kann, wenigstens ins Klare zu stellen, ob die That vor oder nach Einführung des neuen Strafgesetzes begangen worden. Die gleiche Rücksicht muß auf die Möglichkeit, daß die Verjährung seit der Verübung abgelaufen sein könnte, genommen werden. B I. 7 Sept. 1854 c. Jasper (Gltd. Arch. 3. S 112); B. I. 9. März 1855 Schaffian (Gltd. Arch. 3. S. 400); B. II. 19. Mai 1855 c. Schwers. Letzteres führte aus: zur Rechtfertigung der Anwendung des StGB. bedürfe es der Feststellung, daß die That unter seiner Herrschaft begangen worden, oder daß seine Strafbestimmungen milder seien, als die des Gesetzes, welches zur Zeit der That gegolten hatte. Vgl. zu § 45. n. 2.

Art. V.

1. Anwendbarkeit dieses Grundsatzes auf Fälle, welche nicht nach dem StGB., sondern nach Spezial-Gesetzen zu beurtheilen sind. Vgl. zu Art. IV. n. 1.

2. Die Grundsätze des ältern und des neuern Gesetzes über die Verjährung sind jedes derselben für sich genommen zur Anwendung zu bringen, und danach zu beurtheilen, welches System dem Angeklagten das günstigere ist. Ist hiernach die Verjährungsfrist des neuern Rechts abgelaufen, so ist Verfolgung unstatthaft, selbst wenn dieser Ablauf bereits vor Einführung dieses Rechts statt gefunden hätte. B. 25. Febr. 1852 c. Gemberg. (G. Arch. 1. S. 67); — B. 14. Novemb. 1851 c. Bräuer Z. I. 9. Dez. 1853 c Sternsdorf. So hat auch die Kommission der ersten Kammer den Sinn des Art. V. aufgefaßt, wie aus ihren Bemerkungen zum Art. XII. § 1. hervorgeht. Dort war die Möglichkeit hervorgehoben, daß hiernach die Civilentschädigungsklage des Verletzten im Bezirke des Rheinischen Rechts durch die abgekürzte Verjährungsfrist bereits vor dem 1. Juli 1851 verloren gegangen sein könne; das darauf gegründete Bedenken ward aber durch die Seltenheit dieser Fälle, und die frühzeitige Verkündung des StGB., welche bis zu seiner Wirksamkeit noch immer eine Frist lasse, beseitigt.

In gleichem Sinne hat sich auch die Praxis des Pariser Kassationshofs ausgesprochen Mang. de l'act publ. n. 295. Gilb. C. d'Instr. cr. Art. 637 n. 105.

3. In Fällen, wo ein vor dem 1. Juli 1851 begangenes Vergehen wegen eingetretener Verjährung straflos bleiben soll, ist diese Frage nur nach dem zur Anwendung kommenden Strafgesetze, nicht aber gleichzeitig nach dem ältern Gesetze, und dem StGB. zu entscheiden. Es ist daher zu prüfen, wann bei unbedingter Anwendung des alten Rechts sowohl, als bei unbedingter Anwendung des Straf-Gesetzbuchs im Ganzen die Verjährung abgelaufen sein würde, und die dem

bisherigen Gesetzen oder nach dem gegenwärtigen Strafgesetzbuche beurtheilt, je nachdem das eine oder das andere dem Thäter am günstigsten ist.

[Entw. Art. V.]. Vgl. Art. IV. StGB. § 2.

Art. VI. Bei Anwendung der Strafe des Rückfalls macht es keinen Unterschied, ob die früheren Straffälle vor oder nach

---

Angeklagten günstigere Vorschrift demnächst anzuwenden. Z. I. 5. Juli 1854 c. Liboron. B. I. 13. April 1855 c. Abrahamson; B. I. 4. Juli 1855 c. v. Fresin; B. I. 18. Juli 1855 c. Rohrmoser; Z. I. 19. Dez. 1855 c. Frick. — Ein unter der Herrschaft des ALR. begangener Meineid verjährt daher jetzt mit Rücksicht auf § 125., 126 und 46. des StGB. in zehn Jahren, obgleich § 1405. des ALR. denselben nur mit ein- bis dreijähriger Festungsstrafe, also mit einer Strafe bedroht, welche ihrer Höhe nach innerhalb der im zweiten Absatz des § 46. des StGB. bezeichneten Gränze fallen würde. Z. I. 14. Febr. 1855 c Brandt u. Gen.

4. Ist das alte Recht als das dem Angeklagten günstigere, in Betreff der Verjährungsfrage maaßgebend, so ist es so anzuwenden, wie es zur Zeit seiner Gültigkeit anzuwenden gewesen wäre; die Fragen nach Anfangspunkt und Unterbrechung sind dann auch nach diesem zu entscheiden. Temme Gl. s. 26 n. 2. Aehnlich nach franz. Rechte Bourg. Jurispr. des Codes crim. 2. p. 527.

5. Der Art. V. handelt nur von der Verjährung der vor dem 1. Juli 1851 begangenen strafbaren Handlungen, nicht von der Verjährung der vor jenem Zeitpunkte rechtskräftig verhängten Strafen. Wenn also unter der Herrschaft der eine solche Verjährung zulassenden Rh. StPO. ein Strafurtheil gefällt, die Verjährungsfrist aber am 1. Juli 1851 noch nicht abgelaufen war, so kann mit Rücksicht auf § 49. des StGB. die Verjährung gar nicht mehr eintreten. Z. II. 27. Jan. 1853 c. Koenn. Rh. S. (Tr. Ann. 7. s. 225.) — G. Matt. 1. s. 441. — *Contra* Temme Gl. s. 27 n. 3. Dieser Ansicht scheint die Kommission der I. Kammer gewesen zu sein. Vgl. Komm.-Bericht s. 509.

Art. VI.

1. Eine Züchtigung nach § 17. II. 20. des ALR. begründet die Rückfallsstrafe des StGB. nicht. B. 7. Jan. 1852 c. Kinscher (Entsch. 22. s. 68); — B. 4. Juni 1852 c. Thiel; — Z. 2. Juli 1852 c. Laack; — B. I. 23. Febr. 1853 c. Spitzer.

2. Ist ein Angeklagter vor vollendetem sechszehnten, aber nach vollendetem vierzehnten Lebensjahre mit der ordentlichen Strafe des ALR. belegt worden, so begründet diese Bestrafung jetzt die Rückfallsstrafe. Z. 3. Dez. 1851 c. Hupp; — Z. 25. Febr. 1852 c. Hensel.

3. Bei Prüfung der Frage, ob die früher bestrafte That dasselbe Verbrechen oder Vergehen enthalte, und darstelle, wie die jetzt vorliegende, ist lediglich der Tenor des Urtheils entscheidend. Es verstößt gegen die Grundsätze der Rechtskraft ergangener Entscheidungen, und ist daher unzulässig zu prüfen, ob die früher rechtskräftig qualifizirte und bestrafte That wirklich dasselbe Verbrechen rc. wie das jetzt begangene darstellen würde. Das gilt namentlich, wenn es sich von frühern unter der Herrschaft des ältern Gesetzes vorgekommenen Fällen handelt, in welchen jenes bei der Begriffsbestimmung des betr. Verbrechens rc. andre Merkmale erheischte, als das StGB. — [Der entgegengesetzte Grundsatz würde an der Unausführbarkeit scheitern, weil in den meisten Fällen gar nicht mehr zu ermitteln wäre, ob die vom StGB., abweichend von dem ältern Gesetze, erheischten Begriffserfordernisse damals vorgelegen haben, oder nicht, da der damalige Richter keine Veranlassung hatte, dieselben zu ermitteln und festzustellen.] Vgl. zu § 219 n. 4. Abh. in G. Arch. 2. s. 386. Hiernach ist erkannt worden:

4. Eine unter der Herrschaft des ALR. verhängte Bestrafung wegen Wild-Diebstahls begründet jetzt die Rückfallsstrafe wegen Diebstahls, sollte die damals bestrafte Handlung jetzt auch als unbefugte Ausübung der Jagd zu ahnden sein.

dem Eintritte der Gesetzeskraft des gegenwärtigen Strafgesetzbuchs vorgekommen sind, ob die frühere Strafe eine ordentliche oder außerordentliche war, ob die Strafe vollstreckt worden ist oder nicht.

[Entw. Art. VI.]. Vgl. Art. XXVI. StGB. §§ 58—60. 202. 203. 219. 233. 267. 269.

Art. VII. Der §. 18. der Einleitung zum Allgem. Landrecht wird hierdurch aufgehoben.

[Entw. Art. VIII.]. Vgl. Art. IV.

Z. 5. März 1852 c. Engelmann (G. Arch. 1. S. 75); — B. 2. April 1852 c. Weiblich (G. Arch. 1. S. 75); — Z. 7 April 1852 c Weikert. — B. 30. April 1852 c. Holler (G. Arch. 1. S. 75); — Z. II. 3. Febr. 1853 c. Lauenroth; — B. II. 10. März 1853 c. Gereke; — B. Pl. 9. Jan. 1854 c. Schulze (Präj. n. 87. JMB. S. 116; Entsch. 27. S. 108) u. ö.

5. Dasselbe gilt von einem unter der Herrschaft des ALR. bestraften Fischdiebstahle. Z. 1. Okt. 1852 c Kopp (G. Arch. 1. S. 75); B. I. 29. April 1853 c. Beyer.

6. Ebenso von einer früher wegen Diebstahls ausgesprochenen Verurtheilung, sollte auch die fragliche Handlung jetzt nach der Feldpolizei-Ordnung vom 1. Nov. 1847 zu ahnden sein. B. II. 10. März 1853 c. Gereke.

7. Ebenso wenn es sich früher von einer Verurtheilung wegen eines Diebstahls an Borke im Walde handelte, welcher jetzt unter die Bestimmungen des Holzdiebstahlsgesetzes v. 2. Juni 1852 § 1. 16. fiele. B. I. 25. Okt. 1854 c. Lehmann gen. Schilka (G. Arch. 2. S 827).

8. Eine unter der frühern Gesetzgebung begangene schriftliche Beleidigung begründet (mit Rücksicht auf § 152. des StGB.) jetzt die Rückfallsstrafe wegen einer neuerdings begangenen öffentlichen Beleidigung. Z. II. 7. Juli 1853 c. Paßman.

9. Eine Vorbestrafung wegen Versuchs nach dem ALR. begründet die Rückfallsstrafe selbst dann, wenn nicht festgestellt worden ist, daß der damalige Versuch den Voraussetzungen des § 31. des StGB. entsprochen hat. B. 17. Dez. 1851 c. Heise u. Ruhle. (Entsch. 22. S. 69; G. Arch. 1. S. 75); Z. II. 8. Sept. 1853 c. Wegener; Temme Lehrb. S. 942.

10. Dagegen soll der Richter zur Prüfung, ob der Thatbestand der früher bestraften Handlung auch nach den Vorschriften des StGB. den Thatbestand des gleichnamigen Verbrechens rc. bilde, dann befugt und verpflichtet sein, wenn die Bezeichnung des betreff. Verbrechens im Tenor des frühern Urtheils eine unbestimmte ist. Z. I. 4. Okt. 1854 c. Schimorek. — Im Tenor des frühern Urtheils war die That als „nächtlicher Felddiebstahl“ bezeichnet; aus den Motiven ergab sich die Annahme, daß der Angeklagte nicht aus Gewinnsucht, sondern zur Befriedigung augenblicklichen Bedürfnisses die That begangen, und es war auf Grund der AKO. v. 20. Apr. 1835 nach ALR. II. 20 § 1121—1124 auf Gefängniß von acht und vierzig Stunden erkannt. — Es ward hierin kein die Verhängung der Rückfallsstrafe auf einen spätern Fall rechtfertigender Diebstahl gefunden.

11. Auch würde die Regel der n. 3 nicht auf einen Fall ausgedehnt werden dürfen, wo die neuere Gesetzgebung ein Verbrechen rc. mit einem Namen bezeichnete, dessen sich die ältere Gesetzgebung für ein durchaus verschiedenes Verbrechen rc. bedient hätte. Abh. d. G. Arch. 2. S. 393 a. E. — Ein solcher Fall wird aber schwerlich nachzuweisen sein.

Art. VII.

1. ALR. Einl. § 18. lautet: die Minderung der in einer ältern Verordnung festgesetzten Strafe kommt auch demjenigen Uebertreter zu Statten, an welchem diese Strafe zur Zeit der Publikation des neuern Gesetzes noch nicht vollzogen war.

2. Nähere Motivirung der Bestimmung des Art. VII. siehe in einer Min.

Art. VIII. Wenn in Materien, über welche das gegenwärtige Strafgesetzbuch keine Bestimmungen enthält (Art. II.), die Gesetze eine Freiheitsstrafe von mehr als fünf Jahren androhen, so ist die Handlung ein Verbrechen.

Ist die Handlung mit einer Freiheitsstrafe von mehr als sechs Wochen, jedoch nicht über fünf Jahre, oder mit einer Geldbuße von mehr als funfzig Thalern bedroht, oder ist auf den Verlust von Aemtern oder auf den Verlust des Rechts zum Gewerbebetriebe für immer oder auf Zeit, oder auf Stellung unter Polizei-Aufsicht zu erkennen, so ist die Handlung ein Vergehen.

Cirk.-Verf. v. 25. Mai 1851 JMBl. s. 194. — Eine Kritik derselben siehe bei Temme Gll. s. 27.

3. Die Aufhebung des § 18. steht einem auch jetzt erst angebrachten Antrage auf Herabsetzung der Strafe in Folge der (durch Verordn. v. 18. Dez. 1848 erfolgten) Aufhebung der Cirkular-Verordnung v. 26. Febr. 1799 nicht entgegen. B. 6. Febr. 1852 c. Steinke; — Z. 20. Okt. 1852 c. Fischer.

Art. VIII.

1. Die Art. VIII. bis X. sind ein Zusatz der Kommission der zweiten Kammer.

2. Den „willkührlichen“ Strafen (Abs. 3) sind die „nachdrucklichen,“ „verhältnißmäßigen,“ „angemessenen“ Strafen gleichzustellen. Komm.-Ber. der zweiten Kammer s. 13; Gltd. Matt. s. 20. Temme Gll. s. 31. n. 6. Koch s. 883. n. 7 a. — Vgl. aber Just.-Min.-Rescr. v. 7. Feb. 1815 (v. Kamptz Jahrbb. 5. s. 32.)

3. Ueberläßt das in Kraft verbliebene Spezial-Gesetz die Strafe lediglich dem richterlichen Ermessen, so ist da wo bisher das Strafrecht des ALR. galt, das Maaß des § 35. dieses Gesetzbuchs II, 20 (Gefängniß bis zu 6 Wochen, Geldbuße bis zu 50 Thaler) innezuhalten; dort aber, wo bisher das gemeine Recht Geltung hatte, ist die Praxis als entscheidend anzunehmen. Temme Gll. s. 31. n. 7. — Für den Bezirk des Appellationsgerichtshofs zu Koln bestimmte das Ressort-Reglement vom 20. Juli 1818 im § 33. das Strafmaaß auf Geldbuße von 1 bis 5 Thl. Vgl. zu § 335.

4. Richtet sich die Höhe des Strafmaaßes nach dem Objekte der strafbaren Handlung im einzelnen Falle (wie bei den Zoll- und Steuer-Defrauden), so ist für den Begriff einer Uebertretung oder eines Vergehens nicht die unbestimmte Strafe, mit welcher die Handlung im Allgemeinen ihrer Gattung nach belegt werden kann, sondern die Strafe des einzelnen Falles maaßgebend; übersteigt diese das Maaß einer 6wöchentlichen Freiheitsstrafe, oder einer Geldbuße von 50 Thln. nicht, so ist die Handlung eine Uebertretung und der Polizei-Richter dafür kompetent. Z. Rh. Kass. H. 6. Jan. 1852 c. Gielen (Rh. Arch. 46. 2. A. s. 119) — Aehnlich B. Rh. Kass. H. 28. Jan. 1852 c. M. Müller (Rh. Arch. 47. 2. A. s. 3); — B. I. 9. März 1853 c. Dumpich (JMBl. s. 209.); B. I. 6. Apr. 1853 c. Schmidt B. I. 10. Juni 1853 c. Schmidt; — Vgl. zu Art. XIII. n. 5. zu Art. XIV. n 3. 4. 5. —

5. Durch die Vorschrift des Art. VIII. scheiden alle durch Specialgesetze mit einer das Maaß des dritten Absatzes nicht übersteigenden Strafe bedrohten Handlungen aus der Zahl der Vergehen, zu welcher sie bis dahin etwa gehörten, aus. Hieraus hat das Ober-Tribunal gefolgert, daß Art. VIII. mit der Kompetenz der Polizeigerichte (cf. Art XIV.) auch die für Uebertretungen geltenden prozessualischen Vorschriften für sie eintreten lasse. Handelt es sich daher von einem in einem Staats-Walde in der Rheinprovinz begangenen Forst- oder Jagd-Frevel, für welchen die durch Art. 19. u. 182. der Rh. StPO. begründete zuchtpolizeiliche Kompetenz bereits durch § 4. u. 11. der Verordn. v. 7. Juni 1821 beseitigt, und durch die

Besteht die Strafe nur in einer Freiheitsstrafe bis zu sechs Wochen, oder in Geldbuße bis zu funfzig Thalern, oder ist die Strafe in den Gesetzen als eine willkührliche bezeichnet, so ist die Handlung eine Uebertretung. Es macht dabei keinen Unterschied, ob neben der eigentlichen Strafe noch auf die Konfiskation einzelner Gegenstände zu erkennen ist oder nicht.
[Entw. Art. VII a.]. Vgl. Art. IX. X. XIII. XIV. StGB. § 1. — V. v. 3. Jan. 1819 § 27.

Art. IX. Auf Zuchthausstrafe (§. 10. u. §. 11. des Strafgesetzbuchs) soll nur bei Verbrechen (Art. VIII) und nicht unter zwei Jahren, überall aber nur dann erkannt werden, wenn in den bisherigen besonderen Gesetzen Zuchthaus-, Arbeits- oder Festungsstrafe ausschließlich angedroht ist.

---

des Polizeigerichts ersetzt war, so ist jetzt Berufung nur nach Maßgabe des Art. 172. der Rh. StPO., mithin von freisprechenden Urtheilen gar nicht statthaft, während bisher die Praxis des Rheinischen Kassationshofs dieses Rechtsmittel im Hinblicke auf § 8. der cit. Ver. v. 7. Juni 1821 unbedingt zugelassen hatte. Z. II. 27. Okt. 1853 c. Thyssen. Rh. S. (Rh. Arch. 49. 2. A. f. 54.) Vgl. über die frühere Praxis des Rheinischen Kassationshofs die im General-Register zum Rh. Arch. s. v. Forstfrevel n. 16. und s. v. Jagd n. 23. angeführten Urtheile. — Siehe auch zu Art. XIV. n. 4. und zu Art. XX. n. 5.

6. Aus dem unter n. 5 Gesagten würde folgen, daß auch die besondern das Verfahren in Forstfrevel-Sachen betreffenden Vorschriften der für das rechte Moselufer erlassenen Oestreichisch-Baierschen Administrationsverordnung vom 30. Juli 1814 n. 118 flg. (Rh. Samml. 1. f. 261), soweit sie sich auf strafbare Handlungen beziehen, welche mit einer das Maaß des dritten Absatzes des Artikels VIII. nicht übersteigenden Strafe bedroht sind, jetzt gänzlich beseitigt, und durch die Bestimmungen der Rh. StPO. ersetzt seien. Das würde namentlich auch von den die Berufung betreffenden Vorschriften bei n. 122 flg. der cit. Verordnung gelten. Gleichwohl hat ein B. II. 29. März 1855 c. Klein jene das Verfahren betreffenden Vorschriften der cit. Verordnung wenigstens indirekt als noch in Kraft bestehend anerkannt. Vgl. übrigens zu Art. XX. n. 5 und 6.

Art. IX.

1. Vgl. zu Art. VIII. n. 1.

2. Dieser Art. IX. bezieht sich (in Anschließung an Art VIII) nur auf die nach Art. II bestehen gebliebenen besondern Gesetze; in Fällen also, wo das StGB. an sich Anwendung finden würde, wo aber die ältern Strafgesetze deshalb maaßgebend sind, weil die That unter ihrer Herrschaft begangen worden, ist Art. IX. unanwendbar. B. II. 19 Okt. 1854 c. Würth.

3 Zuchthausstrafe und die Kompetenz der Schwur-Gerichte treten hiernach nur da ein, wo die in den besondern Gesetzen ausschließlich angedrohte Zuchthaus-Arbeits- oder Festungsstrafe im höchsten Maaße fünf Jahre übersteigt. B. I. 22. Sept. 1854 c. Rose (G. Arch. 2. f. 820); — Temme Ell. f. 32. n. 1. Koch f. 883 n. 7 b — Vgl. aber n. 5.

4. Der Festungsstrafe stehen Festungs-Arbeit und Festungsbaugefangenschaft, nicht aber Festungsarrest gleich. Temme Ell. f. 32 Note 2.

5. Treten die Voraussetzungen des ersten Absatzes des Art. IX. ein, so braucht der Richter nicht nothwendig auf Zuchthaus zu erkennen, er hat vielmehr die Befugniß unter Innehaltung der durch Art. IX. und durch die §§ 10. und 14. des StGB. bestimmten Gränzen, und wenn von ihm Freiheitsstrafe von einer fünf Jahre nicht übersteigenden Dauer für angemessen erachtet wird, zwischen Gefängniß- und Zuchthaus-Strafe, wie sie das StGB. kennt, zu wählen. Z. I. 8. Juni

In allen anderen Fällen, so wie bei Vergehen, tritt Gefängnißstrafe oder Einschließung ein, auch wenn in den Gesetzen eine andere Art von Freiheitsstrafen angeordnet ist. Auch kann neben der Gefängnißstrafe auf zeitige Untersagung der Ausübung der bürgerlichen Ehrenrechte erkannt werden, wenn die angeordnete Freiheitsstrafe in Zuchthaus-, Arbeits- oder Festungsstrafe besteht.

[Entw. Art. VII b.]. Vgl. Art. VIII. X. XIII. XIV.

Art. X. In keinem dieser Fälle (Art. VIII. und Art. IX.) kann, wenn die Handlung nach dem 1. Juli 1851 begangen worden ist, auf andere Strafen, als sie in dem gegenwärtigen Strafgesetzbuche angedroht sind, erkannt werden. Insofern je-

---

1853 c. Buttkowski; Temme Gll. s. 32 n. 1. Vgl. Komm.-Ber. der I. K. zu diesem Art. Vgl. n. 6.

6. Insbesondre ist aus Art. IX. nicht herzuleiten, daß darin die Bestimmung eines **Straf-Minimums** für alle auf den Grund eines in Kraft verbliebenen Spezialgesetzes zu strafenden Verbrechen enthalten, und diese jetzt immer mindestens mit zweijähriger Zuchthausstrafe zu ahnden seien, obgleich das betr. Spezialgesetz auch ein geringeres Maaß der Zuchthausstrafe gestattet (z. B. Ges. v. 31. März 1837 § 1. 3. 5.); der Richter muß nur, wenn er eine Strafe von kürzerer Dauer für angemessen erachtet, Gefängniß oder Einschließung verhängen. Z. I. 24. Jan. 1855 c. Knopick (G. Arch. 3. s. 257.)

7. „Das Maaß einer nach Art. IX. als Gefängnißstrafe oder Einschließung, „statt der in den zutreffenden Strafgesetzen verordneten Zuchthaus-, Arbeits-, Fe„stungs- oder sonstigen Freiheitsstrafe zu erkennenden Strafe, ist nicht im Wege der „Umwandlung der in den Strafgesetzen vorgeschriebenen Strafart auf Grund der „Vorschrift des § 16. des StGB. zu finden, sondern lediglich nach der, in den „Strafgesetzen selbst vorgeschriebenen Dauer zu bestimmen,“ indem Art. IX. eine solche Umwandlung nicht anordnet, [und § 16. in Verbindung mit § 57. Nr. 2. nur den Maaßstab für die Verwandlung der mildern in die strengere Freiheitsstrafe, nicht für das Umgekehrte bestimmt.] V. I. 7. Jan. 1853 c. Fendler. (Präj. n. 3; Entsch. 24. s. 453; G. Arch. 1. s. 233.)

8. Die Verhängung der zeitigen **Untersagung** der bürgerlichen **Ehren-Rechte** neben der an die Stelle der angeordneten Zuchthaus-, Arbeits- oder Festungsstrafe tretenden Gefängnißstrafe ist stets nur **fakultatif** Das Ermessen dabei ist ganz frei, und nicht durch die Feststellung eines Mangels an ehrliebender oder patriotischer Gesinnung bedingt. Temme Gll. s. 33 n. 4 nach dem Komm.-Ber der zweiten Kammer s. 14 *Contra* Koch s. 884. n. 8a.

Art. X.

1. Ist die nach einem in Kraft verbliebenen Spezialgesetze zu beurtheilende Handlung **vor dem 1. Juli** 1851 begangen worden, so ist nach dem Grundsatze des Art. IV. (vgl. zu diesem n. 16) stets auf die jenem Gesetze angedrohten Strafen **ohne Umwandlung** in eine Strafart des StGB. zu erkennen. Gltd. Matt. I. s. 22; — Temme Gll. s. 32 n. 2 und s. 34 n. 1; — Es dürfte schwerlich in der Absicht der Min.-Verf. v. 24 Juni 1851. (JMBl. s. 237) gelegen haben, das Gegentheil vorzuschreiben. — Aehnlich sprach sich auch schon der Komm.-Ber. der II. Kammer s. 15. aus.

2. Wegen einer nach dem 1. Juli 1851 begangene That kann **Aberkennung** der **National-Kokarde** auf Grund der ältern hierauf bezüglichen Bestimmungen nicht mehr erfolgen, da das StGB. diese nur noch als Folge des Verlusts der bürgerlichen Ehre, oder der Untersagung der Ausübung der betreffenden Rechte kennt.

doch in besonderen Gesetzen anstatt der Gefängnißstrafe oder der Geldbuße, Forst- oder Gemeinde-Arbeit angeordnet ist, behält es hierbei sein Bewenden.

[Entw. Art. VII c.]. Vgl. Art. IV. VIII. IX.

Art. XI. Die nachstehenden civilrechtlichen Bestimmungen des 20. Titels im zweiten Theile des Allgemeinen Landrechts §§. 1271. 1272. bleiben ferner in Kraft:

Höhere Zinsen als die Gesetze verstatten (Theil I. Titel 11. §. 803 ff. Allgem. Landrecht) können rechtsgültiger Weise weder versprochen noch gegeben werden.

Was über die gesetzmäßigen Zinsen gezahlt ist, kann binnen sechs Jahren nach völlig abgetragener Schuld annoch zurückgefordert werden.

[Entw. Art. VII d.]. Vgl. Art. II.

Art. XII. Im Bezirke des Rheinischen Appellationsgerichtshofes kommen folgende Bestimmungen zur Anwendung:

§. 1. Die Verjährung der Civilklagen aus strafbaren Handlungen tritt in den nämlichen Zeiträumen ein, welche für die Verjährung der öffentlichen Klagen aus solchen Handlungen in dem gegenwärtigen Strafgesetzbuche bestimmt sind.

[Entw. Art. VIII. § 1.]. Vgl. StGB. § 6. 46—49. 339. Rh. StPO. Art. 637. 638. 640. 642.

---

3. Die Strafvorschrift des § 62. der Steuer-Ordn. v. 8. Feb. 1819 nach welcher Brauer und Brenner, im Falle einer wiederholten Defraudation des Rechts ihr Gewerbe auszuüben auf drei Monate verlustig gehen sollen, ist durch die Einführung des StGB. nicht aufgehoben, da auch diesem jene Strafe nicht unbekannt ist. (vgl § 184. 202. 203; Einf.-Ges. Art VIII.) Z. II. 18. Okt. 1855 c. Holzeiland.

4. Die Strafe des Niederreissens eines zu nahe am Walde errichteten Gebäudes und der Konfiskation der Materialien, wie sie durch die Kreuznacher Forst-Verordnung vom 30. Jul. 1814 n. 4. angedroht worden, ist durch Art. X nicht aufgehoben, da die Konfiskation als Strafe beibehalten, diese aber hier durch das Niederreissen des Gebäudes bedingt ist. B. II. 29. März 1855 c. Kleine; Z. II. eod. c. Heiderich. (Rh. Arch. 50. 2. A. f 92).

Art. XI.

1. Andre Vorschriften des Tit. 20. Th. II. des ALR. sind nicht in Kraft geblieben. Gltd. Matt I. f. 5 und 23; — Temme Gll. f. 35; Beseler. f. 601. —

Art. XII. § 1.

1. Die Civil-Klage unterliegt auch dann wenn sie vor dem Civil- und nicht vor dem Strafgerichte angestellt wird, derselben Verjährung wie die öffentliche Klage. Gilb. C. d'Instr. cr. Art. 637 n. 126 sq.

2. Die Verjährung der Civil-Klage wird durch die Verfolgung der Staatsanwaltschaft unterbrochen. (Vgl. Rh. StPO. Art. 3.) Mang. de l'act. publ. n. 354.

3. Inwiefern die Handlungen der Civil-Partei die Verjährung der öffentlichen Klage unterbrechen, darüber vgl. zu § 48. n. 1.

4. Die Verfolgungen der Civil-Partei vor dem Civil-Richter unterbrechen die Verjährung der öffentlichen Klage nicht. Gilb. C. d'Instr. cr. art. 637. n. 80.

Art. XII. Im Bezirke des Rheinischen Appellationsgerichtshofs kommen folgende Bestimmungen zur Anwendung:

§. 2. Fabrikbesitzer, Schiffsrheder und andere Handeltreibende, welche ihre Zahlungen einstellen, können mit Gefängniß bis zu zwei Jahren bestraft werden:

1) wenn sie, nach Dotalrecht oder mit vertragsmäßiger Gütertrennung verheirathet, die Vorschriften des Artikels 69. des Handelsgesetzbuchs nicht befolgt haben;

2) wenn sie nicht innerhalb der drei Tage nach Einstellung ihrer Zahlungen die durch Artikel 440. des Handelsgesetzbuchs vorgeschriebene Erklärung abgegeben haben, oder wenn ihre Erklärung nicht die Namen aller solidarisch haftenden Gesellschafter enthält;

3) wenn sie sich ohne rechtmäßige Verhinderung in den festgesetzten Fällen und Fristen nicht bei den Agenten und

---

5. Ist die Civilklage aus einer strafbaren Handlung verjährt, so ist nicht allein das Recht auf Schadens-Ersatz, sondern auch das auf Restitution der durch die strafbare Handlung entzogenen Gegenstände verloren. Dagegen bleiben die Klagen, welche auf einem anderweitigen obligatorischen Verhältnisse beruhen, auf welches sich die strafbare Handlung bezog, bestehen. Mang. l. c. n. 366—368.

6. Die Civilklage auf Erstattung gezahlter wucherischer Zinsen verjährt nicht gleichzeitig mit der öffentlichen Klage wegen Gewohnheitswuchers; vgl. zu § 263. n. 42.

7. Der Art. XII. § 1. bezieht sich nur auf die Verjährung der Civil-Klagen aus strafbaren Handlungen, nicht also auf die Verjährung der durch ein Civil- oder Straf-Gericht wegen solcher Handlungen ausgesprochenen Civil-Verurtheilungen. Für sie bleiben, nach der unberührt gebliebenen Bestimmung des Art. 642. der Rh. StPO., die Vorschriften des Rheinischen Bürgerlichen Gesetzbuchs maaßgebend.

Art. XII. § 2.

1. Damit eine Zahlungseinstellung angenommen werden könne, bedarf es einer vorgängigen Falliterklärung durch das Handels-Gericht nicht. Chauv. et Hél. Th. du C. pén. 4. p. 73 (ed. Belge).

2. Der Strafrichter hat selbstständig zu prüfen, ob die Begriffserfordernisse der Qualität als Handeltreibender, sowie der Zahlungseinstellung vorliegen, und ist durch die vorhergegangenen diese Frage betreffenden Entscheidungen des Handelsgerichts ebenso wenig wie eventuell dieses an die frühern Entscheidungen des Strafrichters gebunden. Chauv. et Hél. l. c., und die von ihnen citirten Urtheile. Broicher u. Grimm zum Rh. HGB. Art. 586 n. 2.

3. Die Verhängung der in diesem Artikel angedrohten Strafe ist, selbst nach Feststellung des angegebenen Thatbestandes, für den Richter fakultatif. Er wird daher nur in den Fällen einer schweren Verschuldung dazu übergehen. Dagegen genügt ein höherer Grad von Nachlässigkeit, ein andrer Dolus, insbesondere die Absicht Schaden zuzufügen, ist nicht erforderlich. Vgl. Chauv. et Hél. l. c. p. 76 (ed. Belge).

4. Die Art. 69. und 594. des Rh. Handels-Gesetzbuchs bedrohten die Nichtbefolgung der durch den erstern gegebenen Vorschriften mit den Strafen des betrüglichen Bankerutts; Art. XII. hat sie zu den Fällen des einfachen Bankerutts gezählt. Vgl. franz. Ges. v. 28. Mai 1838 Art. 586.

5. Die Vorschrift des Art. 69. des HGB. bezieht sich nur auf die vertrags-

Syndiken persönlich eingefunden oder, nachdem sie ein freies Geleit erhalten, nicht vor Gericht gestellt haben.

Die in den Artikeln 69., 586. bis 599. des Handelsgesetzbuchs enthaltenen Strafbestimmungen werden aufgehoben.

[Entw. Art. VIII. § 2.]. Vgl. StGB. § 259—261. Rh. StGB. Art. 587. 69. 70. 594. 479. Rh. StGB. Art. 402. 403. Konk.-Ordn. v 8. Mai 1855 § 116. 282. 307.

§. 3. Der Gläubiger, welcher nach Einstellung der Zahlungen zu seiner Begünstigung und zum Nachtheile der Gesammtheit der Gläubiger einen besonderen Vertrag mit dem Gemeinschuldner eingeht, oder sich von demselben oder anderen Personen besondere Vortheile dafür gewähren oder versprechen läßt, daß er bei der Berathung und Beschlußnahme der Gläubiger in einem gewissen Sinne stimme, wird mit Gefängniß

---

mässige, nicht auf die gerichtliche Gütertrennung, in Betreff der letztern hat die Gesetzgebung anderweitig für die Publizirung gesorgt. Cass. 9. Sept. 1813. Sir. 13. I. 467.

6. Unter den hier ausdrücklich aufgehobenen Artikeln des Rh. Handels-Gesetzbuchs findet sich Art. 479. nicht, nach welchem Jeder, welcher bei der, behufs der Wahl der provisorischen Syndiken des Falliments zusammenberufenen Versammlung als Gläubiger auftritt, und dessen Rechtstitel in der Folge als ein, im Einverständnisse zwischen ihm und dem Falliten fingirter erkannt wird, in die gegen die Mitschuldigen betrüglicher Bankeruttirer verhängten Strafen verfallen soll. Derselbe ist aber durch den umfassendern § 260. des StGB. ersetzt, und würde auch ohne dieses mit Rücksicht auf Art. II. für aufgehoben erachtet werden müssen.

Art. XII. § 3.

1. Zu vergleichen ist hier das französische Gesetz v. 28. Mai 1838 Art. 597. Der Art. 598. dieses Gesetzes erklärte die so geschlossenen Uebereinkünfte rücksichtlich aller Personen für nichtig, und den Gläubiger für gehalten die in Gemäßheit der vernichteten Uebereinkünfte erhobenen Summen und Beträge zu erstatten à qui de droit. Wenn auch unser Gesetz eine ausdrückliche Bestimmung gleichen Inhalts nicht enthält, so folgt doch die Nichtigkeit der gedachten Uebereinkünfte aus Art. 1131. des Rhein. BGB. — Die früher in dieser Beziehung bestehende Streitfrage (vgl. Broicher und Grimm zum Rh. HGB. Art. 442. n. 10; zu Art. 520. n. 10.) ist sonach jetzt mit gelöst.

2. Ob in einem solchen Falle der Fallit, welcher das fragliche Uebereinkommen mit einzelnen Gläubigern geschlossen, als Theilnehmer am Vergehen des letztern angesehen werden könne, wird Gegenstand der thatsächlichen Beurtheilung im einzelnen Falle sein. Vgl. Konk.-Ord. v. 8. Mai 1855 § 308. 340.

3. Das oben zu § 1. n. 1 u. 2. Gesagte gilt auch hier; insbesondere sind die Strafgerichte durch die Entscheidungen der Handelsgerichte über die Falliterklärung, und den Zeitpunkt der Eröffnung des Falliments in keiner Weise gebunden. Gilbert Code de comm. Art. 597. 598. n. 8—11.

4. Dagegen ist die Anwendbarkeit der Strafbestimmung bedingt durch die Kenntniß des Gläubigers von der Zahlungseinstellung durch den Gemein-Schuldner. Rej. 12. Febr. 1846. Sir. 46. I. 506.

5. Die Abschließung der Uebereinkunft genügt, um die Strafe des § 3. als verwirkt erscheinen zu lassen; es ist nicht erforderlich, daß der Gläubiger nun auch wirklich bei der Berathung und Beschlußnahme in dem verabredeten Sinne gestimmt habe.

6. Der § 3. ist auch auf denjenigen anwendbar, welcher nach geschlossenem

bis zu Einem Jahre bestraft. Auch kann gegen denselben auf zeitige Untersagung der Ausübung der bürgerlichen Ehrenrechte erkannt werden.

[Entw. StGB. § 238.]. Vgl. Konk.-Ordn. v. 8. Mai 1855 § 309. 308. 340. 341.

Art. XII. Im Bezirke des Rheinischen Appellationsgerichtshofs kommen folgende Bestimmungen zur Anwendung:

§. 4. Civilstandsbeamte werden mit Geldbuße bis zu Einhundert Thalern oder mit Gefängniß bis zu sechs Monaten bestraft:

1) wenn sie ihre Urkunden anders als in die dazu bestimmten Register schreiben;

2) wenn sie die Heirathsurkunde einer schon verehelicht gewesenen Frau vor dem Ablaufe der in dem Artikel 228. des Civilgesetzbuchs festgesetzten Frist aufnehmen;

Conkordat, gegen welches er Einspruch erhoben, sich die Zurücknahme seiner ungünstigen Abstimmung abkaufen laßt. Rej. 4 Febr. 1843. Sir. 43. I. 661.

7. Die Vernichtung der abgeschlossenen Uebereinkunft, sowie eine Verurtheilung zur Erstattung kann das mit der Strafsache befaßte Zuchtpolizeigericht nur auf den Antrag einer aufgetretenen Civil-Partei aussprechen. *Contra* auf Grund der imperativen Fassung des Art. 598. des französischen Gesetzes v. 28. Mai 1838. Rej. 23 Mai 1846 (Sir. 46. I. 792).

Art. XII. § 4.

1. Zwei Staatsrathsgutachten vom 30. niv. — 4. pluv. XII. und 28. Juni 1806 sprechen sich dahin aus, daß es zur Verfolgung eines Civilstands-Beamten wegen der bei seiner Amtsführung begangenen Gesetzwidrigkeiten, der vorgängigen Autorisation des Staatsraths, welche Art. 75. der Verfassung vom 22. frim. VIII. zum Behufe der Verfolgung der agents du gouvernement wegen der auf ihr Amt bezüglichen Handlungen erheischte, — nicht bedürfe. Dagegen erklärte ein ferneres Staatsrathsgutachten vom 31. Juli 1806 es für zweckmäßig, den Justiz-Minister zu ermächtigen, daß er das öffentliche Ministerium mit Anweisung versehe, wonach dieses jede beabsichtigte Verfolgung dem Minister anzeigen solle, damit dieser die Verfolgung wegen minder schwerer Vernachlässigungen verhindern könne. Diese Anweisung erfolgte durch ein Ministerial-Cirkular vom 10. Sept. 1806, mit welchem ein älteres vom 22. brum. XIV (Philippi Civilstands-Gesetze f. 134) zu vergleichen. — Die Ertheilung der Ermächtigung zur Verfolgung ist durch die Ministerialverfügungen vom 13. Mai und 10. Juni 1835 (Rhein. Samml. 5. f. 373 u. 392) dem General-Prokurator zu Köln übertragen worden. Vgl. Ges. v. 13. Febr. 1854 § 7. Nr. 3. (Ges.-Samml. f. 86)

2. Die im Rh. BGB. gegen Civilstands-Beamte angedrohten Strafen werden im Wege des gewöhnlichen Civilprozesses von den Civil-Gerichten ausgesprochen. StRG. v. 30. niv. — 4. pluv. XII; — Minist.-Cirkular v. 22. brum. XIV. Das wurde aber auf die anderweitig, und namentlich auf die im Rh. StGB. angedrohten Strafen nicht ausgedehnt. (Vgl. Philippi Civilstandsgesetze zum Art. 50. des BGB. Note 2) — Um so weniger kann es zweifelhaft sein, daß die Verhängung der hier im Art. XII. § 4. angedrohten Strafen den Zucht-Polizeigerichten zustehe.

3. Das Gesetz will hier die blosse Nachlässigkeit bestraft wissen, Feststellung eines anderweitigen Dolus ist also nicht erforderlich. Chauv. et Hél. Th. du C. p. 2. p. 203 (ed. Belge).

4. Der Strafe unterliegen nur die Civilstands-Beamten selbst, nicht ihre Gehülfen oder Sekretäre, vielmehr tragen jene für diese die Verantwortlichkeit mit. Chauv. et Hél. l. c. Vgl. StRG. 2. Juli 1807.

3) wenn sie in Fällen, in denen zur Gültigkeit der Ehe die Einwilligung der Eltern oder anderer Personen erforderlich ist, die Heirathsurkunde aufnehmen, ohne sich vorher von dem Dasein dieser Einwilligung überzeugt zu haben.

Die Anwendbarkeit der Bestimmungen in Nr. 2. und 3. ist nicht dadurch bedingt, daß die Gültigkeit der Ehe angefochten wird.

[Entw. StGB. § 125.]. Vgl. Rh. StGB. Art. 192—195 Ges. v. 13. März 1854 § 3. (GS. f. 123). Ges. v. 21. Juli 1852 § 98.

Zu Nr. 1. Rh. BGB. Artt. 40. 52. Ges. v. 20—25. Sept. 1792 Tit. 2. Art. 5.

Zu Nr. 3. Rh. BGB. Artt. 73 75 148. 149. 150 156. 182

§. 5. Geistliche und andere Religionsdiener, welche zu den religiösen Feierlichkeiten einer Heirath schreiten, ohne daß ihnen nachgewiesen ist, daß vorher eine Heirathsurkunde von dem Civilstandsbeamten aufgenommen worden sei, werden mit Geldbuße bis zu Einhundert Thalern, im zweiten Rückfalle mit Gefängniß bis zu drei Monaten bestraft.

[Entw. StGB. § 126.]. Vgl. Rh. StGB. Art. 199. 200. BGB. Art. 165.

---

5. Durch die Bestimmungen der Artt. 192 bis 195 des Rh. StGB. sind die Strafbestimmungen, welche das BGB. gegen Civilstands-Beamte wegen anderweitiger Gesetzwidrigkeiten bei Führung der betreffenden Register androht, nicht aufgehoben. Chauv. et Hél. l. c. 2. p. 205. — Dasselbe gilt unbedenklich auch rücksichtlich des Art. XII. § 4.

6. Die Vorschrift der Nr. 3. sieht, ebenso wie der Art. 193. des frühern Rh. StGB. nicht denselben Fall wie die Artt. 156 und 157. des BGB. vor, hat daher diese auch keineswegs beseitigt Die letztern bedrohen den Mangel der Erwähnung der erforderlichen Einwilligungen mit Strafe, während der Art 193. des Rh. StGB. (und Art. XII. § 4. Nr. 3.) dem Beamten zur Pflicht machen, sich vom wirklichen Vorhandensein dieser Einwilligungen zu überzeugen.

7. Ueber die Stattbaftigkeit einer Dispensation von dem Verbote des Art. 228. des BGB. vgl. Gen.-Gouv. Verordn. für Nied. u. Mitt.-Rhein v 14. Okt. 1814 Abschn. IV. § 1—3. (Rh. Samml I. f. 185); AKO. v. 18. Mai u. 23. Juni 1817; Erl. d. Imm.-Just.-Komm. v. 6. Juni 1817 (Rh Samml. I. f. 463); Min.-Verf. v. 12. Aug. 1833 (Rh. Samml. 3. f. 665).

8. Die Vorschrift des Art. XII. § 4. Nr. 3. ist nur da anwendbar, wo ein Mann vor zurückgelegtem fünf und zwanzigsten, ein Frauenzimmer vor zurückgelegtem ein und zwanzigsten Jahre zur Ehe schreitet, weil später die Einwilligung der Eltern oder anderer Personen zur „Gültigkeit der Ehe“ nicht erfordert wird. Vgl. BGB. Art. 148. 151. Chauv. et Hél. l. c. 2. p. 204.

Art. XII. § 5.

1. Eine Gen.-Gouvernements-Verordnung v. 6. Sept. 1814 (Rh. Samml. 1. f. 72), und eine auf diese sich beziehende AKO. v. 23. Juni 1833 (Rh. Samml. 3. f. 662) hatten für den Bezirk des ehemaligen General-Gouvernements Berg vorgeschrieben, daß die priesterliche Trauung der bürgerlichen Abschliessung vorhergehen solle. Diese Bestimmungen sind aber durch die Verordnung vom 15. Apr. 1848 (G.S. f. 104; — Rh. Samml. 9. f 296) vom 1. Mai 1848 ab aufgehoben und die Vorschriften des Bürgerlichen Gesetzbuchs wieder in Kraft gesetzt worden.

2. In Bezug auf die Strafbarkeit einer solchen priesterlichen Trauung ist es gleichgültig, ob die Brautleute Preußische oder Unterthanen eines andern Staats sind. Z. Kass.-H. 13. März 1844 c. Meier. Rh. Arch. 37. 2. A. f. 59.

Art. XII. Im Bezirke des Rheinischen Appellationsgerichtshofs kommen folgende Bestimmungen zur Anwendung:

§. 6. Wer einer Entbindung beigewohnt oder ein neugeborenes Kind gefunden hat, und die ihm durch die Civilgesetze auferlegte Anmeldung nicht innerhalb der in denselben vorgeschriebenen Frist bewirkt, wird mit Geldbuße bis zu Einhundert Thalern oder Gefängniß bis zu sechs Monaten bestraft.
[Entw. Art. VIII. § 3. StGB. § 127]. Vgl. Rh. StGB. Art. 346 347; — Rh. BGB. Art. 55. 56. 58; — Bergische Gen.-Gouv.-Verordn. v. 17. Feb. 1814 § 1; — Verordn. v. 9. Nov. 1843 (G S. S 348; Rh. S. 8. S 194)

---

3. Die Strafe fällt weg, wenn die Heirathsurkunde vorher wirklich durch den Civilstands-Beamten aufgenommen war, sollte der betreffende Nachweis dem Geistlichen rc. auch nicht geführt gewesen sein. Chauv. et Hél. Th. du C. p. 2. p. 214 (ed. Belge).

Art. XII. § 6.

1. Auch hier wird die blosse Verabsäumung bestraft, eines anderweitigen Dolus bedarf es nicht. Chauv. et Hél. Th. du C. p. 3. p. 257 (ed. Belge).

2. Der Art. 56. legt die Pflicht der Anzeige zunächst dem Vater, und in Ermangelung des Vaters (à défaut du père) denjenigen Personen auf, welche bei der Entbindung assistirt haben; in Betreff des Vaters ist daher jene Pflicht nicht dadurch bedingt, daß er der Entbindung beigewohnt habe; gleichwohl kann ihn die Strafe des Art. XII. § 6. wegen Verabsäumung jener Pflicht, dann nicht treffen, wenn er nicht bei der Entbindung zugegen war. Vgl. Gilb. C. pén. Art. 346. n. 4; und unten n. 8.

3. Die Worte „in Ermangelung des Vaters“ (à défaut du père) im Art. 56. sind dahin aufzufassen: wenn kein Vater da ist, welcher in der Lage ist, die Anzeige zu machen; ist daher der Vater zur Zeit der Niederkunft, und während der folgenden drei Tage abwesend, so tritt die eventuelle Anzeigeverpflichtung der Personen ein, welche bei der Geburt assistirt haben; war der Vater zur Zeit der Geburt abwesend, kehrt er aber vor Ablauf der drei Tage zurück, so ist es Gegenstand der thatsächlichen Beurtheilung, ob er noch in der Lage war, die Anzeige zu machen; die eventuell verpflichteten Personen haben in diesem Falle die Verbindlichkeit, sich zu vergewissern, ob die Rückkehr des Vaters so zeitig erfolgt, daß er im Stande sei, die Anzeige zu machen; unterlassen sie dieses, und ergiebt sich später, daß der Vater nicht anzeigen konnte, so sind sie straffällig, wenn sie die Anzeige verabsäumten.

4. Aus dem unter n. 2. und 3 Gesagten folgt, daß leicht der Fall eintreten kann, wo die Verabsäumung der Anzeigepflicht straflos bleibt, wenn nämlich der Vater an seinem Wohnorte anwesend ist, der Geburt aber nicht beigewohnt hat.

5. In Ermangelung des Vaters haben alle Personen, welche bei der Geburt assistirt haben, die Pflicht, dieselbe anzuzeigen; wenn aber einer von ihnen dieser Pflicht genügt, so sind alle von der Verantwortlichkeit entbunden. Chauv. et Hél. Th. du C. pén. 3. p. 258 (ed. Belge).

6. Dagegen macht die Bestrafung des einen die übrigen nicht straflos. Chauv. et Hél. l. c.

7. Erfolgt die Niederkunft außerhalb der Wohnung der Mutter, so liegt die Pflicht der Anzeige nach Art. 56 cit. derjenigen Person ob, bei welcher die Niederkunft statt fand; hieraus hat der französische Kassationshof gefolgert, daß dann die Personen, welche der Geburt beigewohnt haben, jene Verbindlichkeit nicht haben. Vgl. Gilb. C. pén. Art. 346. n. 2; id. C. civ. Art. 56. n. 1; *Contra:* Chauv. et Hél. l. c.

8. Die Person, bei welcher die Geburt erfolgt ist, unterliegt der Strafe der Verabsäumung der Anzeigepflicht auch nur dann, wenn sie der Niederkunft beigewohnt hat; Chauv. et Hél. l. c.; — vgl. n. 2.

9. Das BGB Art. 58. enthält keine Fristbestimmung binnen welcher ein gefundenes neugebornes Kind angemeldet werden muß. Der Art. 347. des Rh.

Zweiter Abschnitt.

Bestimmungen über die Kompetenz und das Verfahren in Strafsachen.

Art. XIII. In den Landestheilen, in welchen die Verordnung über die Einführung des mündlichen und öffentlichen Verfahrens vom 3. Januar 1849 Gesetzeskraft hat, erfolgt die Untersuchung und Entscheidung:

in Ansehung der Uebertretungen:
durch Einzelrichter;
in Ansehung der Vergehen:
durch Gerichtsabtheilungen, welche aus drei Mitgliedern bestehen;
in Ansehung der Verbrechen:
durch die Schwurgerichtshöfe.

[Entw. Art. IX.]. Vgl. Art XIV. XV. XX—XXII. Ges. v. 6 März 1854 (Ges.-S. s. 96), — Vdn. v. 3. Jan. 1849 § 27. 38; Ges. v. 3. Mai 1852 Art. 120; Ges. v. 25. April 1853 (G.S. s. 162).

Ges. v. 22. Mai 1852 (GS. s. 250).

Art. I. Bis zum Erlaß anderweiter gesetzlicher Bestimmungen findet folgende Ausnahme von den Vorschriften Art. XIII des Gesetzes vom 14. April 1851 über die Einführung des Strafgesetzbuchs Statt:

§. 1. Die Untersuchung und Entscheidung wegen nachbenannter Verbrechen:

1) des schweren Diebstahls (Strafgesetzbuch § 218.), insofern nicht der § 58. oder § 219. a. a. O. zur Anwendung kommt;
2) des einfachen Diebstahls im Falle des § 219. a. a. O.;
3) der Hehlerei in den Fällen der §§ 238 u. 239. a. a. O.;
4) der einfachen Hehlerei im Falle des § 240. a. a. O.

erfolgt durch die Gerichtsabtheilungen.

StGB. enthielt daher auch von einer Frist Nichts. Man wird jetzt nach den Umständen zu prüfen haben, wann die Pflicht, welche Art 58. auferlegt, als verabsäumt zu betrachten sei, und jedenfalls eine kurze Frist gewähren, wenn gleich die des Art. 55. nicht maaßgebend sein kann.

10. Was ein neugebornes Kind sei, ist eine thatsächliche Frage. Vgl. Komm. B. II. K. s. 84.

11. Auch die Geburt eines todtgebornen Kindes muß angezeigt werden. Gilb. C. pén. Art. 346. n. 7.

12. Die Mutter selbst ist zur Anzeige nicht verpflichtet. Gilb. l. c. n. 5.

13. Der Anzeigende kann nicht dazu angehalten werden, den Namen der Mutter zu nennen. Gilb. l. c. n. 1.

§. 2. Hinsichtlich des Verfahrens kommen die für Vergehen bestehenden Vorschriften zur Anwendung.

§. 3. Andere als die im § 1. benannten Verbrechen können auch auf Grund der Konnexität nicht vor die Gerichtsabtheilungen gebracht werden.

§. 4. Die §§ 1. und 2. finden auf alle Fälle Anwendung, in denen zu der Zeit, wo dieses Gesetz in Kraft tritt, die definitive Versetzung des Angeschuldigten in den Anklagestand noch nicht erfolgt ist.

Art. IV. In Ansehung aller Verbrechen und Vergehen solcher Personen, welche zur Zeit der That das sechszehnte Lebensjahr noch nicht vollendet hatten, erfolgt die Untersuchung und Entscheidung durch die Gerichtsabtheilungen, beziehungsweise die Zuchtpolizeikammern, sofern nicht wegen Konnexität die Verweisung vor den Schwurgerichtshof auszusprechen ist.

Ges. v. 14. April 1856.

Art. I. Die Bestimmungen über die Kompetenz der Gerichte im Artikel XIII des Gesetzes vom 14. April 1851 über die Einführung des Strafgesetzbuchs werden dahin abgeändert:

§. 1. Die Untersuchung und Entscheidung in Ansehung der nachbenannten Vergehen erfolgt durch Einzelrichter:

1) des unbefugten Tragens einer Uniform, einer Amtskleidung, eines Amtszeichens, eines Ordens oder Ehrenzeichens, der unbefugten Annahme von Titeln, Würden- oder Adels-Prädikaten und der Führung eines dem Angeschuldigten nicht zukommenden Namens (§ 105. des Straf-Gesetzbuchs);
2) der Landstreicherei, der Bettelei und der Arbeitsscheu (§§ 117. bis 119. a. a. O.);
3) der gewerbsmäßigen Unzucht (§ 146. a. a. O.);
4) der Fischerei- und einfachen Jagdvergehen (§§ 273. 274. und 275. a. a. O.);
5) der Zuwiderhandlung gegen die durch Stellung unter Polizei-Aufsicht auferlegten Beschränkungen (§ 116. a. a. O.);
6) der in dem § 254. des Straf-Gesetzbuchs bezeichneten Urkundenfälschungen.

§. 2. Für das Verfahren in den Fällen des § 1. kommen die Bestimmungen in den §§ 28—35. und 37. der Verordnung vom 3. Januar 1849 (Ges.-Samml. f. 14) zur Anwendung.

Falls ein Angeschuldigter oder Zeuge der Deutschen Sprache nicht mächtig ist, bedarf es der Zuziehung eines Dolmetschers nicht, wenn der Richter oder der Gerichtsschreiber der fremden Sprache mächtig ist. (Art. 27. Absatz 2. des Gesetzes vom 3. Mai 1852.)

In Ansehung der Rechtsmittel gelten die für Vergehen bestehenden Vorschriften.

§. 3. Wenn sich in den Fällen der §§ 41. 42. und 43. der Feldpolizei-Ordnung vom 1. November 1847 oder des § 349. Nr. 3. des Straf-Gesetzbuchs nach Eröffnung der Untersuchung ergiebt, daß die Sachen, deren Wegnahme in diesen Gesetzen unter Strafe gestellt ist, in gewinnsüchtiger Absicht entwendet worden sind, so soll der Einzelrichter befugt sein, auf die Strafe des Diebstahls unter Anwendung der §§ 216. und 217. des Straf-Gesetzbuchs zu erkennen, insofern mildernde Umstände vorliegen und die von der Staats-Anwaltschaft beantragte und von dem Richter für angemessen erachtete Strafe nur in Gefängniß von höchstens drei Monaten besteht.

Art. XIII.

1. Ausnahmen von den hier gegebenen Kompetenzbestimmungen begründet das Ges. v. 25. Apr. 1853 betr. die Kompetenz des Kammergerichts zur Untersuchung und Entscheidung wegen der Staatsverbrechen und das dabei zu beobachtende Verfahren. Ausserdem ist zu vergleichen Ges. v. 6. März 1854 (siehe bei Art XIX.).

2. Der Grundsatz, daß Prozeßgesetze sofort und auch für früher vorgekommene Fälle maaßgebend sind, erleidet da keine Anwendung, wo nur mit Rücksicht und in Folge der Umgestaltung des materiellen Rechts neue Prozeßgesetze erlassen worden sind. Dieses gilt von den im Art. XIII. gegebenen Kompetenzvorschriften, welche ebendeshalb bei den vor dem 1. Juli 1851 begangenen Handlungen unanwendbar sind, sollte auch ausnahmsweise die Strafe des neuen StGB. als die mildere Platz greifen. Für alle älteren Fälle ist daher die Kompetenzfrage nicht nach den Bestimmungen des StGB., sondern nach den Gesetzen, welche zur Zeit der begangenen That galten, zu entscheiden. Min.-Verf. v 1. Juli 1851 (JMBl. f. 238) *Sic:* B. 24. März 1852 c. Höpfner; — Z. 9. Juni 1852 c. Schrader; — G. Matt. 1. f. 32. — *Contra:* Temme Glossen f. 40 Note 2. — Vgl. n. 3.

3. Das unter n. 2. Gesagte gilt nur von der Kompetenz; die Zulässigkeit der Rechtsmittel soll sich dagegen nach den Gesetzen, unter deren Herrschaft die Untersuchung eingeleitet ist, richten. So entschied Z. I. 29. Sept. 1854 c. Marcoll.

Dasselbe muß noch unzweifelhafter von dem zu beobachtenden Verfahren gelten.

4. Für alle nach dem dritten Theile des StGB. zu beurtheilenden strafbaren Handlungen (Uebertretungen), richtet sich das Verfahren bei der Untersuchung und

In Ansehung der Rechtsmittel gelten die für Vergehen bestehenden Vorschriften.

Art. II. Das Gesetz über das Verfahren in Wald- Feld- oder Jagd-Frevelsachen bei Civil-Einreden vom 31. Januar 1845 (Ges.-Samml. S. 95) kommt fortan für den ganzen Umfang der Monarchie zur Anwendung.

Art. XIV. Im Bezirke des Rheinischen Appellationsgerichtshofes erfolgt die Untersuchung und Entscheidung:

in Ansehung der Uebertretungen:
durch die Polizeigerichte;
in Ansehung der Vergehen:
durch die Zuchtpolizei-Kammern der Landgerichte;
in Ansehung der Verbrechen:
durch die Schwurgerichtshöfe.

[Entw. Art. X.]. Vgl. Art. XIII. XV XX—XXII; Ges. v. 6. März 1851 (G.S. S. 96).

Ges. v. 22. Mai 1852 (G.S. S. 250).

Art. IV. (siehe oben bei Art. XIII.)

Ges. v. 4. Mai 1853 (G.S. S. 176).

Im Bezirke des Rheinischen Appellationsgerichtshofes zu Köln ist das Hauptverfahren wegen einfachen Dieb-

---

Entscheidung in denjenigen Landestheilen, wo die Verordnung vom 3. Jan. 1849 Geltung erlangt hat, nach dem Abschnitt V. dieser Verordnung; eine Unterscheidung, jenachdem die Uebertretungen rein polizeilicher oder crimineller Natur seien, ist nach dem StGB. in keiner Weise zu rechtfertigen. Min.-Verf. 6. Aug. 1851 (JMBl. S. 266). Vgl. Komm.-Ber. der II. Kammer S. 18.

5. Die Kompetenzbestimmungen des Art XIII. finden auch auf Steuerdefrauden Anwendung, und ist bezüglich ihrer durch das Gesetz vom 3. Mai 1852 Art. 135 fgg Nichts geändert worden, indem die unbedingte Gestattung der Appellation durch Art. 142. des cit. Gesetzes eine Ausnahme von der dieses Rechtsmittel bei den Urtheilen des Einzelrichters ausschließenden Vorschrift des § 65. der V. v. 3. Jan. 1849 darstellt, keineswegs aber dahin gedeutet werden darf, daß nun in erster Instanz nothwendig vor der Gerichts-Abtheilung zu verhandeln sei. B. I. 9. März 1853 c. Dumpich (JMBl. S. 209), B. I. 6. April 1853 c. Schmidt; — B. I. 10. Juni 1853 c. Schmidt. — Vgl. zu Art VIII. n. 4.

6. Alle im Wege des Civilprozesses verfolgten Ehrverletzungen und leichten Mißhandlungen, insbesondere auch die Ehrverletzungen welche einem Beamten in Ausübung seines Amtes, oder in Beziehung auf dasselbe zugefügt worden, gehören zur Kompetenz des Einzelrichters (V. 2. Jan. 1849 § 22. Nr. 1; Ges. v. 22. Mai 1852 Art. II.). Z. I. 23. Jan. 1856 Klima c. Michna, —

7. Vgl. zu Art. VIII. n. 5.

Art. XIV.

1. Kompetenz des Kammer-Gerichts für Staats-Verbrechen. Vgl. zu Art. XIII. n. 1.

2. Die zu Art. XIII. n 2. erwähnte Min.-Verfügung vom 1. Juli 1851 wird im Bezirke des Appellations-Gerichtshofs zu Köln keine Anwendung finden können, da hier die in jener Verfügung hervorgehobenen Inkonvenienzen aus dem Grunde

stahls und einfacher Hehlerei im wiederholten Rückfalle (§ 219. Nr. 1. und § 240. Nr. 1. des Strafgesetzbuchs), sofern mildernde Umstände vorhanden sind, durch den Anklagesenat an das Zuchtpolizeigericht zu verweisen, welches sich blos aus dem Grunde, daß keine mildernde Umstände vorhanden seien, nicht inkompetent erklären darf.

Es tritt alsdann Gefängnißstrafe nicht unter sechs Monate ein und ist zugleich auf zeitige Untersagung der Ausübung der bürgerlichen Ehrenrechte, sowie auf Stellung unter Polizei-Aufsicht zu erkennen.

Art. XV. Die Gerichtsabtheilungen, welche aus drei Mitgliedern bestehen, sowie die Zuchtpolizei-Kammern der Landgerichte bleiben zur Untersuchung und Entscheidung in Ansehung

---

nicht füglich eintreten konnten, weil die Grundsätze des StGB. über die Dreitheilung der strafbaren Handlungen sowie über die Kompetenz im Wesentlichen dieselben sind, wie die bisher in der Rheinprovinz geltenden. Vgl. n. 3. 4.

3. Die Kompetenzvorschriften dieses Artikels sollen selbst da maaßgebend sein, wo ein früheres im Uebrigen in Kraft verbliebenes Spezial-Gesetz die Kompetenz anders bestimmt haben möchte, da Art. II. Abschn 2. nur die besondern Strafgesetze gewisser Materien, nicht aber auch frühere besondere Kompetenzbestimmungen fortbestehen lasse, daher sei § 93d der Steuer-Ordnung vom 8. Febr. 1819 durch Art. VIII. und XIV dieses Einführungsgesetzes beseitigt und ersetzt. So B. Rh. Kass.-H. (Int. des Gesetzes) 28 Jan. 1852 c. Math. Müller (Rh. Arch 47. 2. A. s 3; Tr. Ann. 7. s 271). — Alles dieses jedoch unbeschadet der Vorschrift des Art. XX. — Vgl. zu Art. VIII. n. 4. u. 5. zu Art. XIII. n. 5. zu Art. XX. n. 5.

4. Mit der Kompetenz der hiernach berufenen Gerichte werden auch alle das Verfahren vor denselben regelnden Vorschriften auf die betreffenden Handlungen anwendbar. Vgl. zu Art. VIII. n. 5. und zu Art. XX. n. 5.

5. In Betreff der Berufbarkeit der von den Rheinischen Polizeirichtern gefällten Entscheidungen ist noch das Gesetz v. 22 Mai 1852 Art. VI. zu vergleichen.

6. Mehrere strafbare Handlungen, welche als Uebertretungen gleichzeitig verfolgt werden, gehören zur Kompetenz des Polizeirichters auch dann, wenn die zu kumulirenden Strafen das Maaß übersteigen, welches in Betreff des einzelnen Straffalles für diese Kompetenz maaßgebend ist. B. II. 1. Febr. 1855 c. Cahn (Rh. Arch. 50. 2. A. s. 77; G. A. 3. s. 411).

7. Die Entscheidung über ein Verbrechen muß auch dann durch den Schwurgerichtshof erfolgen, wenn die Vor-Untersuchung (z B bei einer Beschuldigung wegen Todtschlags ꝛc.) Umstände ergeben hat, nach welchen der Beschuldigte zur That gereizt worden, und voraussichtlich nur eine Gefängnißstrafe verwirkt hat, weil die Anreizung nur ein das Verbrechen begleitender strafmildernder Umstand ist, über dessen Vorhandensein nur der für die Hauptthat kompetente Richter, d. h. also die Geschwornen zu entscheiden haben. B. (Kompetenz-Konfl.) II. 9. Febr. 1854 c. Boddenberg (Rh S.). Vgl. Art. XXIV.

8. Da die Zuchtpolizei-Kammer unter keiner Bedingung die ordentliche Strafe des § 219. Nr. 1. und des § 240. Nr. 1. (Zuchthaus) verhängen darf, so folgt aus der Bestimmung des Gesetzes vom 4. Mai 1853, daß dieselbe durch das Urtheil des Anklage-Senats dahin gebunden ist, daß sie immer nur die mildere Strafe verhängen kann, sollte sie auch das Vorhandensein der dieselbe an sich rechtfertigenden mildernden Umstände nicht annehmen.

der Vergehen auch dann kompetent, wenn wegen Rückfalls auf eine höhere als fünfjährige Gefängnißstrafe oder Einschließung erkannt werden kann.

Vgl. Art. XIII. XIV. StGB. § 1. 58.

Art. XVI. Wenn wegen Ehrverletzung und leichter Mißhandlung in den Fällen der §§ 102. 103. 152. bis 156. und 189. die Staatsanwaltschaft einschreitet, so erfolgt die Entscheidung im Untersuchungsverfahren.

Schreitet die Staatsanwaltschaft nicht ein, so bleibt in den Landestheilen, in welchen die Verordnung über die Einführung des mündlichen und öffentlichen Verfahrens vom 3. Januar 1849 Gesetzeskraft hat, dem Verletzten die Verfolgung im Wege des Civilprozesses nach den bestehenden Vorschriften unbenommen. Die einfache Beleidigung (§ 343.) kann nur im Wege des Civilprozesses verfolgt werden.

Im Bezirke des Rheinischen Appellationsgerichtshofes wird an der Befugniß des Verletzten, als Civilpartei aufzutreten, nichts geändert.

[Entw. Art. XI.]. Vgl. Art. XVII. XVIII; Vdn. v. 2. Jan. 1849 § 22. Nr. 1; — Ges. v. 11. März 1850 § 5—9. (G.S. s. 174).

Ges. v. 22. Mai 1852 (G.S. s. 250).

Art. II. Bei Ehrverletzungen und leichten Mißhandlungen, welche im Wege des Civilprozesses verfolgt werden, sind für die Kompetenz des Einzelrichters und der Gerichtsabtheilungen nicht die Bestimmungen des Art. XIII. des Einführungsgesetzes vom 14. April 1851, sondern die in den §§ 20. und 22. der Verordnung vom 2. Januar 1849 (Ges.-Samml. s. 1) über Injuriensachen enthaltenen Vorschriften maaßgebend.

Art. XV.

1. Rücksichtlich der Gefängnißstrafe ergiebt sich der aufgestellte Satz aus den Art. XIII. XIV. und der §§ 1. und 58. des StGB als selbstverständlich; nur in Betreff der Einschließung konnte derselbe mit Rücksicht auf § 1. Abs. 1. cit. zweifelhaft sein.

2. Da, wo der Rückfall mit Zuchthaus bedroht ist (StGB. § 219. 240) findet Art XV. keine Anwendung. Gltd. Matt. I. s. 34.

Art. XVI.

1. Bei der Verfolgung im Wege des Civilprozesses sind rücksichtlich des Verfahrens die Bestimmungen des Gesetzes v. 11. März 1850 § 6—9. maßgebend; der § 8. ibid ist indessen durch Ges. 3. Mai 1852 Art. 103 modifizirt.

2. Der § 5. des cit. Gesetzes 11. März 1850 ist in der Hauptsache durch die Art. XVI. und XVII. ersetzt. Jedoch wird die Bestimmung des § 5. daß die Staatsanwaltschaft die Bestrafung im Wege des Untersuchungs-Verfahrens (das Vorhandensein

Art. XVII. Ist auf eine von der Staatsanwaltschaft wegen Ehrverletzung oder leichter Mißhandlung erhobene Anklage eine gerichtliche Untersuchung eröffnet, so wird deren Fortgang, sowie die Erlassung und Vollstreckung des Urtheils weder durch die Zurücknahme der Ermächtigung oder des Antrages, noch durch die Verzichtleistung auf Bestrafung gehemmt.

[Entw. Art. XII.]. Vgl. Art. XVI. StGB. § 50—54. 79—81. 103. 149. 160—162. 189. 198. 209. 229. 271. 343. — Verordn. v. 30. Juni 1849 § 34; — Ges. v. 11. März 1850 § 5.

Art. XVIII. In den Landestheilen, in welchen das Institut der Schiedsmänner besteht, soll eine Klage über Ehrverletzungen und leichte Mißhandlungen, sofern sie nur im Wege

---

eines Antrags des Verletzten, da wo das StGB. ihn erheischt, vorausgesetzt) zu verlangen befugt ist, so lange im eingeleiteten Civilprozesse ein Urtheil noch nicht ergangen ist, und daß im Falle eines solchen Einschreitens der Staatsanwaltschaft, der von den Beleidigten etwa bereits eingeleitete Civilprozeß durch die Eröffnung der Untersuchung für erledigt erachtet wird — — ihre Geltung bewahrt haben.

3. Dagegen ist die Zulässigkeit der Verfolgung im Civilprozesse nicht durch den Nachweis, daß die Staatsanwaltschaft nicht einschreiten wolle, bedingt. Vgl. Gltd. Arch. I. s. 561 einen Plenar-Beschluß des Appellations-Gerichts zu Frankfurt vom 13. März 1853. Vgl. ebends. s. 383. Andrer Meinung scheint zu sein Koch s. 888 n. 13.

4. Das Recht wegen einer Ehrverletzung im Civilprozesse eine Verfolgung eintreten zu lassen, geht auf die Erben über, sobald die Klage vom Erblasser angestellt, und vor seinem Tode dem Verklagten insinuirt worden ist. Z. 10. Nov. 1852 in Sachen Molzahn c. Rogge (G. Arch. I. s. 395). Vgl. Temme GU. s. 230 n. 2.

5. Die Schlußbestimmung des zweiten Absatzes, wonach die einfache Beleidigung nur im Wege des Civilprozesses verfolgt werden kann, bezieht sich nur auf die Landestheile, in welchen die Verordnung vom 3. Jan. 1849 Gesetzeskraft hat; insbesondre darf daraus nicht gefolgert werden, daß im Bezirke des Appellationsgerichtshofs zu Köln die Verfolgung durch den Polizei-Anwalt ausgeschlossen, und nur die durch den Civilkläger für statthaft erklärt sei, da das Rheinische Recht unverändert beibehalten werden sollte.

6. Ueber die Zulässigkeit einer Verfolgung wegen vorsätzlicher leichter Körperverletzung durch die Staatsanwaltschaft ohne vorgängigen Antrag des Verletzten vgl. zu § 189. n. 2.

Art. XVII.

1. Der einmal gestellte Antrag erlischt auch nicht durch den Tod des Beleidigten. Z. 10. Nov. 1852 Molzahn c. Rogge (G. Arch I. s. 395).

2. Die Vorschrift dieses Artikels hat auch für die Rheinprovinz Geltung. Komm.-B. II. K. zu Art. XII. des Entw.

Art. XVIII.

1. Die Einführung der Schiedsmänner ist auf Grund Königlicher Genehmigung durch besondre Ministerial-Verordnungen erfolgt. Ihre Thätigkeit ist geregelt durch die Ministerial-Instruktion v. 1. Mai 1841 (JMBl. s. 230).

2. Ueber die Bestellung von Stellvertretern für abwesende oder behinderte Schiedsmänner vgl. Min.-Verordn. v. 29. Okt. 1851 (JMBl. s. 354.)

3. „Unter den im Art. XVIII. bezeichneten Gerichtsbezirken sind die Bezirke der für die Verfolgung von Injurien-Sachen und der leichten Mißhandlungen „im Civil-Wege kompetenten Einzelrichter, resp. die der einzelnen Gerichts-Kom„missionen des Kreis-Gerichts gemeint.“ Z. I. 27. Okt. 1854 v. Wedell. c. Beer

des Civilprozesses verfolgt werden, von den ordentlichen Gerichten nicht eher zugelassen werden, als bis durch ein von dem Schiedsmann des Verklagten ausgestelltes Attest nachgewiesen wird, daß der Kläger die Vermittelung des Schiedsmannes ohne Erfolg nachgesucht hat. Diese Bestimmung findet keine Anwendung, wenn der Kläger in einem anderen Gerichtsbezirke seinen Wohnsitz hat, als der Verklagte.

Die Anbringung des Gesuches bei dem Schiedsmann unterbricht die Verjährung.

[Entw. Art. XIII.]. Vgl. Art. XVI. XVII. StGB. § 47. 48.

Joseph. (Präj. n. 108; Entsch. 28. s. 474; 29. s 250; G Arch 2. s. 820); Nicht also sind darunter die Schiedsmannbezirke zu verstehen. V. I. 12. April 1854 Woseck c Mankus.

4. Der Instanz-Richter muß von Amtswegen, und daher in jeder Sachlage, selbst noch in zweiter Instanz prüfen, ob der Vorschrift des Art. XVIII. Genüge geleistet sei, und im Verneinungsfalle die Klage zurückweisen, sollte auch der Verklagte den Mangel nicht rügen V. I. 12. April 1854 Woseck c. Mankus; Z. I. 17. Jan. 1855 Kübler c Wildelau Gleichwohl darf eine Zurückweisung der Klage wegen dieses Mangels nur dann erfolgen, wenn der Kläger darüber gehört worden ist, ob beide Parteien in demselben Gerichtsbezirke wohnen, und bedarf es zur Rechtfertigung einer zurückweisenden Entscheidung, der Feststellung, daß letzteres der Fall sei. V. I. 23. Juni 1855 Foth c Beuden. — Auch bedarf es nicht der ausdrücklichen Feststellung: die Sühne sei vorschriftsmäßig versucht. Z. I. 7. Sept. 1855 König c Koschine

5. Der gerichtliche Sühneversuch (Proz.-Ordn Tit. 11) ist nicht bei Nichtigkeitsstrafe vorgeschrieben, und die Unterlassung desselben für die Verletzung einer wesentlichen Vorschrift des Verfahrens nicht zu erachten. Z I. 25. April 1855 Nierychlo c Müller.

6. Ist der Verklagte selbst Schiedsmann, so bedarf es der vorgängigen Vermittlung vor einem solchen nicht, wenn nicht feststeht, daß demselben in Behinderungsfällen, zumal in solchen wie der vorliegende, ein Stellvertreter bestellt ist. Z. I. 17. März 1854 Kampka c Kallmeier (Gltd. Arch. 2. s. 546).

7. Dasselbe gilt, wenn das Attest des Schiedsmannes deshalb nicht beschafft werden konnte, weil zur Zeit das Amt des Schiedsmannes am betreffenden Orte unbesetzt war. Z. II. 16. Nov. 1854 Stanecke c. Wolff.

8. Die Klage ist auch dann unstatthaft, wenn der Kläger selbst durch sein Ausbleiben im Sühne-Termine die Vermittlung des Schieds-Mannes unmöglich gemacht hat. V. I. 11. Nov. 1853 Blum c Salzmann (G. Arch. 2. s. 113).

9. Dasselbe gilt, wenn der Kläger sich gegen den Schiedsmann dahin erklärt hatte, daß er sich gütlich nicht einigen wolle, und er es nun zum Versuche einer Sühne gar nicht hat kommen lassen. Z. I. 17. Jan. 1855 Kübler c. Wildelau.

10. Dagegen ist der Vorschrift des Art. XVIII. genügt, wenn der Beleidigte die Vermittlung des Schiedsmannes nachgesucht hat, diese aber wegen des Ausbleibens des Beleidigers erfolglos geblieben ist, ohne daß es darauf ankommen könnte, in welcher Art der Beleidigte sich über die Vermittlung und den Erfolg früher geäußert habe (z. B.: „er habe das Sühneverfahren nur zum Scheine veranlaßt.“) V. I. 4. Nov. 1853 Deyks c. Beinling (G. Arch 2. s. 114).

11. Jedenfalls kann der im Sühnetermine ausgebliebene Verklagte die Nichtbeobachtung der Vorschrift des Art. XVIII. nicht zur Begründung einer Nichtigkeitsbeschwerde benutzen. Z. I. 25. Apr. 1855 Nierychlo c. Müller.

12. Ein V. I. 21. April 1854 Scholz c. Otto deutet an, daß die Anbringung des Gesuchs auf Vermittlung des Schiedsmannes, da wo letztere festgestellter Maassen nicht erforderlich war, die Verjährung nicht unterbrechen könne.

Art. XIX. *) Dieser Artikel ist aufgehoben durch

Ges. v. 6. März 1854 (G.S. s. 96).

§. 1. Die Kompetenz der Gerichte zur Untersuchung und Entscheidung der strafbaren Handlungen regelt sich auch in Ansehung der politischen und der mittelst der Presse verübten Vergehen nach den Artikeln XIII bis XV. des Gesetzes über die Einführung des Strafgesetzbuchs vom 14. April 1851.

Hinsichtlich des Militärgerichtsstandes verbleibt es bei den bestehenden Vorschriften.

§. 2. Der Art. XIX. des Einführungs-Gesetzes zum Strafgesetzbuche vom 14. April 1851 und der § 27. des Gesetzes über die Presse vom 12. Mai 1851 werden aufgehoben.

Vgl. Verfass. v. 31. Jan. 1850 Art. 94; — Ges. v. 21. Mai 1852 (G.S. s. 249).

Art. XX. Soweit durch besondere Gesetze über Materien, hinsichtlich welcher das Strafgesetzbuch nichts bestimmt, eine über die gegenwärtigen Grenzen der Polizeistrafen (§§ 333. 334. 335.

---

*) Der aufgehobene Artikel lautete:

Art. XIX. In Ansehung der durch die §§ 36. 75. 77. 79. 87. 100. 101. 102. des Strafgesetzbuchs vorgesehenen Vergehen richtet sich die Kompetenz der Schwurgerichtshöfe nach den bestehenden Vorschriften.

Ingleichen gehören als politische Vergehen vor die Schwurgerichtshöfe die in den §§ 78. 84. 85. 86. 98. 99. erwähnten strafbaren Handlungen.

[Entw. Art. XIV.].

---

13. Dagegen müssen, nicht allein die Anbringung des Gesuchs beim Schiedsmanne, sondern auch seine schiedsmännischen Handlungen, ebenso wie die Handlungen des eigentlichen Prozeß-Richters, die Kraft haben, die Verjährung zu unterbrechen. Temme Gll. s. 42. n. 2.

14. Die Anbringung des Gesuchs beim Schiedsmanne unterbricht auch dann die Verjährung, wenn durch das Ausbleiben des Klägers im Termine der Sühneversuch vereitelt, und dieserhalb die angehobene Klage zur Zeit abgewiesen wird. Z. I. 20. Apr. 1855 Heintze c. Hermann.

Art. XIX.

— — — — — — — — — — — — — — — — — —

Art. XX.

1. Wenn gleich Art. XX. nur von Polizei-Richtern und Polizei-Gerichten spricht, so gilt die Bestimmung doch nicht etwa nur für die Rhein-Provinz sondern ebenso für die Einzel-Richter (Art. XIII.) in den übrigen Provinzen. Das ergiebt auch das Ges. v. 3. Mai 1852 Art. 120., wo der Einzel-Richter ebenfalls Polizei-Richter genannt wird.

2. Diese Bestimmung ist auf die zur Zeit der Erlassung des Einführungs-Gesetzes schon bestehenden besondern Vorschriften zu beschränken, und an und für sich auf später erlassene Gesetze nicht zu beziehen. Z. I. 6. Juli 1854 c. Höner (G. Arch. 2. s. 678).

des Strafgesetzbuchs) hinausgehende Strafe angeordnet und den Polizeigerichten eine höhere Kompetenz beigelegt ist, behält es dabei sein Bewenden. Jedoch sind von der Kompetenz der Polizeirichter die Fälle ausgeschlossen, in welchen nach den bisherigen besonderen Gesetzen auf den Verlust von Aemtern, oder auf den Verlust des Rechts zum Gewerbebetriebe für immer oder auf Zeit, oder auf Stellung unter Polizei-Aufsicht zu erkennen ist. Diese Fälle sind als Vergehen zu behandeln.

[Entw. Art. XV.]. Vgl. Art. VIII; — Ges. v. 3. Mai 1852 Art. 120; — Polizei-Ges. v. 11. März 1850 § 17. (G.S. S. 268); — (Rh.) Ges. v. 11. Mai 1843 § 8. (G.S. S. 181, Rhein. Samml. 8. S. 166); (Rh.) Vdn. v. 7. Juni 1821 § 4. 11.

---

3. „Handlungen, welche in Gemäßheit dieses Artikels zur Kompetenz der Polizei-Gerichte gehören, obgleich sie mit einer über die Gränzen der Polizeistrafen „(§. 333. 334. 335. des StGB.) hinausgehenden Strafe bedroht sind, sind in Beziehung auf die Verjährung als Vergehen nach § 46. des StGB. zu betrachten, „und unterliegen mithin nicht der Verjährung des § 339. des StGB.“ B. I. 1. Juni 1853 c. Zeth (Präj. n. 41 Entsch. 25. S. 359; — G. Arch. 1. S. 561). B. I. 5. April 1854 c. Lollier (JMBl. S. 269).

4. Für die nach der Gewerbe-Ordnung vom 17. Jan. 1845 zu ahndenden Gewerbe-Polizei-Contraventionen ist der Einzel-Richter auch dann kompetent, wenn die Handlung des Contravenienten zugleich ein Steuer-Vergehen enthält, auch ist in einem solchen Falle von dem Erkenntnisse des Einzel-Richters nur der Rekurs und kein ferneres Rechtsmittel zulässig, arg. Ges. v. 24. Jan. 1848 (Ges.-Samml. S. 73), Ges. v. 3. Mai 1852 Art. 120. Z. I. 11. Febr. 1853 c. Kauschke; — B. I. 11. Febr. 1853 c Schmidt (Entsch. 25. S. 457; G. Arch. 1. S 229); — B. I. 4. März 1853 c. Matthes; — B. I 16. März 1853 c. Adler; — B. eod. c. Hanke; — B. I. 5. Januar 1854 c. Kleine; — Z. I. 25. Oktober 1854 c. Peters. — B. II. 11. Jan. 1855 c Carlssohn. — Hat in einem solchen Falle das Appellationsgericht das eingelegte Rechtsmittel irriger Weise nicht als Rekurs, sondern als Appellation behandelt, so ist die Nichtigkeitsbeschwerde an und für sich, mithin von Seiten der Staatsanwaltschaft ohne Ermächtigung des Justiz-Ministers zulässig; es können gleichwohl keine anderen Nichtigkeitsgründe geltend gemacht werden, als diejenigen, welche die Frage betreffen, ob Appellation oder Rekurs statthaft gewesen, damit eventuell die Sache im richtigen Verfahren ihre endgültige Erledigung finde. B. Pl. 9 Juli 1855 c. Himmelstern. (Präj. n. 164 JMBl. S. 367; Entsch. 30 S. 474)

Alles dieses gilt in der Rhein-Provinz nicht. Vgl. Gew.-Ordn. v. 17. Jan. 1845 § 189. a. E.; —

5. Zu den hiernach in Kraft verbliebenen Kompetenzbestimmungen gehört in dem Bezirke des Rheinischen App.-G.-Hofs die Vorschrift der §§ 4. u. 11. der Verord. v. 7. Juni 1821, wonach die Polizei-Gerichte über alle Forst-, Jagd- und Fischerei-Frevel, welche nur eine Geldstrafe, oder eine [Prinzipal-] Gefängnißstrafe von höchstens fünf Tagen nach sich ziehen, zu erkennen haben — insoweit die betreffenden Strafen durch Spezial-Gesetze angedroht sind, und sie das im dritten Absatz des Art. VIII. bestimmte Maaß übersteigen.

6. Mit den durch Art. XX. aufrecht erhaltenen die exzeptionelle Kompetenz der Polizei-Gerichte betreffenden ältern Bestimmungen sind auch die besondern das Verfahren regelnden Vorschriften in Kraft verblieben. In den durch n. 5. vorgesehenen Fällen ist daher, da alle jene Frevel nach dem Systeme der Rh. StPO. Vergehen darstellten, mit Rücksicht auf § 8. der cit. Vdn. v. 7. Juni 1821 auch die Zulässigkeit der Rechtsmittel nach den für Vergehen geltenden Regeln zu beurtheilen. Vgl. zu Art. VIII. n. 5. 6. zu Art. XIV. n. 4. und die im General-Register zum Rh. Archiv s. v Forstfrevel n. 16. und s. v. Jagd n. 23. angeführten Urtheile.

Art. XXI. Konnexe strafbare Handlungen können zur gleichzeitigen Untersuchung und Entscheidung vor das Gericht gebracht werden, welches kompetent ist, die schwerste der für jene Handlungen angedrohten Strafen auszusprechen.

Vergehen, welche zur Kompetenz der Schwurgerichtshöfe gehören, können jedoch nicht auf Grund der Konnexität vor ein anderes Gericht als den Schwurgerichtshof gelangen.

[Entw. Art. XVI.]. Vgl. Art. XIII. XIV. XXII. XXIII.; — Ges. v. 3. Mai 1852 Art. 3; — Ges. v. 22. Mai 1852 Art. I. § 3; — Ges. v. 2. Mai 1853 (G.S. S. 169); Rh. StPO. Art. 226. 227. 307. 308.

Art. XXI.

1. Ueber den Begriff der Konnexität s. Art. XXII.

2. Mit der Aufhebung des Art. XIX. durch das Gesetz vom 6. März 1854 hat der zweite Absatz des Art XXI. seinen Gegenstand verloren, da es jetzt keine Vergehen mehr giebt, welche zur Kompetenz der Schwurgerichtshöfe gehören.

3. Die ganze Bestimmung ist nur fakultativ; getrennte Verhandlung ist daher, auch vom Falle des Art. XXIII. abgesehen, keineswegs ausgeschlossen, und ist es lediglich in das Ermessen der Gerichte gestellt, ob sie einem Antrage auf Vertagung einer zur Verhandlung anstehenden Sache bis zur gleichzeitigen Verhandlung über eine andre Anklage stattgeben wollen. Z. I. 27. Febr. 1856 c. Bergau. Auch liegt, wenn konnexe Verbrechen rc. vor verschiedenen Gerichten verfolgt werden, ein eigentlicher Kompetenz-Konflikt nicht vor. Gleichwohl wird es einem Bedenken nicht unterliegen, in einem Falle wo konnexe Verbrechen rc. vor verschiedene Gerichte verwiesen sind, wenn sich nachträglich die Zweckmäßigkeit der gleichzeitigen Verhandlung und Entscheidung über alle herausstellt, im Bezirk des Rh. AGHofes nach Anleitung der Artt. 526 fgg. des Rh. StPO. im Wege des réglement des juges die Verweisung Aller vor ein und dasselbe Gericht zu erwirken. In den übrigen Theilen des Staats gewährt Art. 4. des Gesetzes vom 3 Mai 1852 noch unzweifelhafter das Mittel, um jenen Erfolg herbeizuführen. Sind endlich die verschiedenen Untersuchungen theils bei Rheinischen, theils bei altländischen Gerichten anhängig, so kommt das Gesetz vom 2. Mai 1853 zur Anwendung.

4. Ist durch einen einzigen Beschluß die Eröffnung der Untersuchung oder die definitive Versetzung in den Anklagestand wegen mehrerer strafbarer Handlungen, und die Hinverweisung vor dasselbe erkennende Gericht erfolgt, so greift selbstverständlich eine gleichzeitige Verhandlung über dieselben vor dem letztern Platz; wenn dagegen dasselbe Gericht durch verschiedene Beschlüsse mit mehreren Sachen befaßt worden ist, welche sich als konnex darstellen, so wird es zur gleichzeitigen Verhandlung noch eines diese verfügenden Beschlusses bedürfen, welcher dem Angeklagten zu verkünden ist. Vgl. für das Rheinische Verfahren Rh. StPO. Art. 307.

5. Auch dann, wenn die gleichzeitige Verhandlung verfügt, und selbst, nachdem dieselbe begonnen worden ist, kann das erkennende Gericht, nach eignem Ermessen nachträglich eine Trennung anordnen, und zu diesem Zwecke die eine der Sachen vertagen, und dagegen mit der andern verfahren. Z. I. 27. Febr. 1856 c. Bergau. Vgl. in Betreff des Rheinischen Rechts Rh. StPO. Art 308.

6. Gelangt ein Vergehen nur wegen Konnexität mit einem Verbrechen vor den Schwurgerichtshof, und wird demnächst nur die über dieses Vergehen ergangene Entscheidung sammt dem vorhergegangenen Verfahren vernichtet, so daß die Zurückverweisung der Sache zur nochmaligen Verhandlung über dasselbe nothwendig wird, so erfolgt diese nicht vor einen Schwurgerichtshof, sondern vor die Gerichts-Abtheilung. B. I. 23. März 1853 c. Mottkau und Bleinert. — Anders nach Rheinischem Prozeß-Rechte, weil dort nach Art. 296. der Rh. StPO. das die Anklage und die Verweisung vor den Schwurgerichtshof aussprechende Urtheil rechtskräftig wird.

Art. XXII. Konnexität ist insbesondere vorhanden:
1) wenn die nämliche Person verschiedener strafbarer Handlungen beschuldigt wird,

---

7. Dagegen ist ein Schwurgerichtshof mit Rücksicht auf Art 6. des Ges. 3. Mai 1852 nicht befugt, eine vom Anklage-Senate wegen Konnexität mit einem Verbrechen vor ihn verwiesene Vergehenssache von sich ab, und vor die an sich kompetente Gerichts-Abtheilung zu verweisen, sollte er auch eine Trennung der Verhandlungen für nöthig erachtet, und deshalb über den des Verbrechens Angeklagten im besondern Verfahren aberkannt haben, so daß nur noch über das Vergehen abzuurtheilen wäre. Wohl aber dürfte in einem solchen Falle das Appellationsgericht befugt erscheinen, auf das Anrufen des Ober-Staats-Anwalts oder auch des Angeklagten seinen frühern Beschluß einzuziehen, und nunmehr die Verweisung der Vergehens-Sache vor die Gerichts-Abtheilung auszusprechen. G. A. 1. s. 682; 2. s. 395. *Contra:* ibid. 1. s. 42.

8. Der Schwurgerichtshof kann mit einer Sache nur durch den vorschriftsmäßigen Beschluß des Appellationsgerichts befaßt werden, nicht also durch Kreis-Gerichtsbeschluß, sollte es sich auch nur von einem Vergehen handeln, welches mit einem vor den Schwurgerichtshof verwiesenen Verbrechen konnex ist. Noch weniger darf unter derselben Voraussetzung ein Schwurgerichtshof auf den Grund eines nach Anleitung des §48. der Vdn. v. 3. Jan. 1849 ergangenen Eröffnungsbeschlusses eine Vergehenssache vor sich verhandeln lassen; in beiden Fällen kann die Verbindung nur durch nachträglichen Beschluß des Appellations-Gerichts ausgesprochen werden. Die in Goltd. Arch. 1. s. 43 n. 3. und 2. s. 796 mitgetheilten entgegengesetzten Ansichten sind durch Nichts zu begründen.

9. Eine nur durch Konnexität begründete Kompetenz fällt weg, wenn vor der Entscheidung zur Sache selbst, diejenige Person oder Handlung, welche bis dahin für die Kompetenz des befaßten Gerichts bestimmend gewesen waren, aus dem Verfahren ausscheiden; es muß dann Abgabe der Sache an das zuständige Gericht, eventuell Inkompetenzerklärung erfolgen, insoweit nicht in den Provinzen, wo die Verordnung vom 3. Jan. 1849 gilt, die Artt. 5. und 6. des Gesetzes vom 3. Mai 1852 eine Aenderung hervorbringen, und unbeschadet des Grundsatzes des Rheinischen Straf-Verfahrens, wonach ein Schwurgerichtshof sich gar nicht inkompetent erklären kann, wenn das Anklage-Urtheil die Rechtskraft beschritten hat. — Für das Rheinische Recht, für welches hiernach die Frage vorzugsweise eine praktische Bedeutung hat, sind zu vergleichen die Urtheile des Pariser Kassationshofs vom 26. Nov. 1811; 29. Mai 1813; 19. Febr. 1829. (Sir. Coll. nouv. 4. 1. 232. Sir. 13. 1. 327; 29. 1. 236) Merlin Rép. s. v. Faux sect. 1 § 2.; — Mang. Tr. du réglement de la comp. n. 218.

10. Die Konnexität ist für die Kompetenz nur insoweit bestimmend, als sie wirklich zu einer Verbindung der Verhandlungen vor demselben Strafgerichte führen soll. Wenn daher nach der definitiven Aburtheilung über einzelne Urheber oder Theilnehmer an einer strafbaren Handlung, nachträglich noch ein Theilnehmer, oder wenn nach der Aburtheilung über die Hauptthat ein mit derselben konnexes Vergehen ermittelt wird, so ist die Kompetenzfrage für diese selbstständig zu lösen, und sie können nicht wegen der Konnexität der Sache mit der früher erledigten, vor dasjenige Gericht gestellt werden, welches über diese erkannt hat, wenn dasselbe nicht auch nach allgemeinen Grundsätzen für jene zuständig wäre. Mang. Tr. du réglement de la compét. n. 219; — Merl. Rep. s. v. Connexité § 5. (eine Note des Präsidenten Barris). Cass. 22. April 1808; id. 22. Juli 1808. Rej. 16. März 1809 (Sir. Coll. nouv. 2. 1. 518 u. 536; — 3. 1. 36; —)

Art. XXII.

1. Das absichtlich gewählte Wort „insbesondre“ (s. Komm.-Ber. II. K. s. 23) deutet klar an, daß die angeführten Beispiele der Konnexität nicht die einzig denkbaren sein sollen. Es darf daher auch dort eine solche angenommen werden, wo zwei von verschiedenen Personen begangene strafbare Handlungen unter sich in

2) wenn verschiedene Personen als Urheber, Theilnehmer oder Begünstiger einer strafbaren Handlung oder als Hehler beschuldigt werden.

[Entw. Art. XVII]. Vgl. Art. XIII. XIV XXI. XXII. Ges. v. 3. Mai 1852 Art. 3; Ges. v. 22. Mai 1852 I. § 3.

Art. XXIII. Ist gegen einen Beschuldigten wegen mehrerer strafbarer Handlungen eine Voruntersuchung eingeleitet, und ist mit Rücksicht auf diejenigen derselben, welche mit schwererer Strafe bedroht sind, zu erwarten, daß die Feststellung der leichteren Straffälle für die Entscheidung nicht von wesentlicher Bedeutung sein werde, so kann die Untersuchung wegen der letzteren einstweilen bis zur rechtskräftigen Entscheidung über die schwereren Straffälle ruhen bleiben.

Die Wiederaufnahme der Untersuchung wird dem Ermessen der Staatsanwaltschaft überlassen.

[Entw. Art. XVIII]. Vgl. Art. XXI XXII StGB. § 56 57, Crim.-O. § 416; Rh. StPO. Art. 306. 308. 406.

---

einem innern Zusammenhange stehen, welcher ihre gleichzeitige Verhandlung als zweckmässig erscheinen läßt, und wird dabei das thatsächliche Ermessen des die Kompetenz regelnden Gerichts wesentlich maaßgebend sein. Vgl. G. Arch. I. S. 42 n. 2. Andrer Meinung ist Temme Gll. S. 44 n. 1. Der von ihm berührte Fall, wo die Entscheidung der einen Sache durch die über die andre bedingt ist, würde nach dem Vorstehenden unter Umständen wenn auch nicht mit Nothwendigkeit als Konnexität angesehen werden können

Art. XXIII.

1. So lange die Voruntersuchung noch nicht eingeleitet (oder nur im Stadium des Skrutinialverfahrens verblieben) ist, hat die Staatsanwaltschaft selbstständig zu prüfen, ob sie eine solche beantragen, oder die Sache einstweilen auf sich beruhen lassen wolle — Ist die Voruntersuchung aber einmal eingeleitet, so hat nur das Gericht über die einstweilige Einstellung des Verfahrens zu befinden, und kann einem dahin abzielenden Antrage des Staats-Anwalts entgegen, die Fortsetzung verordnen. Das ergiebt der Schlußabsatz dieses §. Vgl. Temme Gll. S. 45 n. 3.

2. Umgekehrt kann das Gericht die einstweilige Einstellung des Verfahrens, trotz eines entgegenstehenden Antrags der Staatsanwaltschaft beschliessen. Diese Befugniß steht auch nicht etwa nur der Rathskammer und dem Anklage-Senate des Appellations-Gerichts sondern auch dem erkennenden Gerichte, selbst nach dem Beginne der Verhandlungen in der Sitzung zu, vorbehaltlich des unter n. 4. bemerkten

3. Wenn ein so eingestelltes Verfahren demnächst vom Staats-Anwalt wieder aufgenommen wird, so kann das Gericht — wenn nicht abermals eine reale Konkurrenz mehrerer Verbrechen ꝛc. vorliegt, und sonach der erste Absatz des Artikels wiederum Platz greift — nicht wiederum beschließen, daß das Verfahren einstweilen auf sich beruhen solle, vielmehr muß es dann zur Sache selbst entscheiden, vorbehaltlich der Befugniß dabei in geeigneter Weise auf die früher verhängte Strafe zu rücksichtigen; vgl. zu § 56. n. 22 flg.

4. Die einstweilige Einstellung des Verfahrens ist so lange zuläßig, als nicht in erster Instanz über die That selbst aberkannt ist.

5. Da die einstweilige Einstellung des Verfahrens durchaus fakultatif, und die Wiederaufnahme der Untersuchung in das Ermessen der Staatsanwaltschaft gestellt ist, so liegt kein Grund vor, den Lauf der Verjährung für die Zwischenzeit für gehemmt zu erachten. Vgl. Komm.-Ber. II. K. S. 23. 24.

Art. XXIV. **Wenn das Gesetz die Erhöhung oder Ermäßigung der Strafe von dem Vorhandensein erschwerender oder mildernder Umstände abhängig macht, so muß in Sachen, welche zur Kompetenz der Schwurgerichtshöfe gehören, auf den Antrag der Staatsanwaltschaft oder des Angeschuldigten eine darauf bezügliche Frage den Geschworenen bei Strafe der Nichtigkeit vorgelegt werden. Eine solche Frage kann den Geschworenen auch von Amtswegen vorgelegt werden.**

[Entw. Art. XIX.]. Vgl. V. v. 3. Mai 1852. Art. 75. 80. 84. 85; Rh. StPO. Art. 338.

Art. XXIV.

1. Dieser Art. ist im Art. 84 des Gesetzes vom 3. Mai 1852 wiederholt.

2. Koch (s. 893 n. 21) theilt eine Uebersicht der verschiedenen thatsächlichen Momente, welche als mildernde Umstände in Betracht kommen können, mit; natürlich kann der Richter der Thatfrage durch solche Aufzählungen in seiner freien Beurtheilung nicht beschränkt werden.

3. Umstände und Handlungen, welche erst nach vollbrachter That eingetreten, oder hinzugetreten sind, können nicht unter den Begriff »mildernde Umstände« subsumirt werden, sondern nur als Strafzumessungsgründe in Betracht kommen. Es ist daher ganz richtig, wenn die den Geschwornen vorgelegte Frage dahin gefaßt wird: »ob bei Verübung der That solche Umstände vorgewaltet haben.« Z. I. 10. Juni 1853 c. Schmidt (G. Arch. I. s. 541) Z. I. 21. Nov. 1855 c. Kretzschmer. Vgl. Verordn. v. 3. Jan. 1849 § 102.

4. Erschwerende oder mildernde Umstände können nur dann Berücksichtigung finden, wenn sie ausdrücklich festgestellt sind. Z. 25. Juni 1852 c. Jülke u. Gen.

5. In Schwurgerichtssachen kann die Stellung einer Frage nach mildernden Umständen nur so lange beantragt werden, als nicht die Hauptfrage durch einen regelrechten Wahrspruch ihre Erledigung gefunden hat; eine nachträgliche Befragung nach mildernden Umständen ist unstatthaft; gleichwohl wollte eine solche ein Z. I. 2. Jan. 1856 c. Großmann u. Gen. in einem Falle gestatten, wo die der Anklage gemäß gestellte Hauptfrage einen Raub zum Gegenstande hatte, der Wahrspruch der Geschwornen aber, unter Beseitigung der »Gewalt« nur einen einfachen Diebstahl feststellte.

6. Die Frage nach dem Vorhandensein mildernder Umstände ist nur da mit Nothwendigkeit zu stellen, wo entweder der Staats-Anwalt oder der Angeklagte darauf antragen. Z. I. 28. Okt. 1853 c. Schwartz.

7. Hat das Gesetz im einzelnen Falle die erschwerenden oder mildernden Umstände nicht näher bezeichnet, so ist die Frage nur dahin zu richten: Sind mildernde Umstände bei ꝛc. vorhanden? nicht aber auf die speziellen Thatsachen, welche grade als mildernd artikulirt werden. Abh. im JMBl. 1852 s 46. — Vgl. Komm.-Ber. II. K. s. 24 und Ges. v. 3. Mai 1852 Art. 84.

8. Stellt ein Angeklagter in einer Abtheilungs-Sache in der Appellations-rechtfertigungsschrift die Behauptung auf, es seien mildernde Umstände vorhanden, und giebt er die Verhältnisse, aus welchen diese folgen sollen, sowie die Beweismittel für dieselben an, — so verletzt der Appellations-Richter, welcher in seinem Urtheile sich über das Vorhandensein derselben gar nicht ausspricht, wesentliche Grundsätze des Verfahrens. Z. II. 14. Apr. 1853 c. de Witt; Ein Z. I. 3. Mai 1855 c. Becker, nahm gleichwohl an: kein Gesetz verpflichte den Richter in Abtheilungssachen sich über die Behauptung: daß mildernde Umstände vorlägen, ausdrücklich auszusprechen; erkläre er das angewendete Strafmaaß für angemessen, so liege darin: daß es nach allen ermittelten Umständen angemessen, Gründe zur Milderung derselben also nicht vorhanden seien.

9. Ueber die Anrechnung der Untersuchungshaft auf die erkannte Strafe vgl. n. 3 und zu § 10. n. 2 und zu § 14. n. 1.

Art. XXV. Den Geschworenen sind geeigneten Falls eventuelle Fragen vorzulegen, insbesondere um festzustellen, ob der Angeklagte in Beziehung auf das Verbrechen oder Vergehen, wegen dessen die Anklage gegen ihn erhoben ist, nicht wenigstens des Versuchs, der Theilnahme, der Begünstigung oder der Hehlerei schuldig ist, oder ob er die Handlung, welche ihm die Anklageschrift als eine vorsätzlich verübte zur Last legt, nicht wenigstens aus Fahrlässigkeit begangen zu haben schuldig ist.

[Entw. Art. XX.]. Vgl. Ges. v. 3. Mai 1852. Art. 30. 86; Rh. StPO. Art. 338.

---

10. Was in diesen Artikeln von „Milderungs-Gründen" gesagt worden, ist auf die in den Strafgesetzen nicht besonders hervorgehobenen Strafzumessungsgründe nicht auszudehnen. Z. I. 14. Dez. 1853 c. Paschke (JMBl. s. 182).

11. Es ist durchaus statthaft, wenn der Richter neben den durch die Geschwornen festgestellten mildernden Umständen, selbstständig auch noch Strafzumessungsgründe in Betracht zieht, welche ein Hinausgehen über das geringste Maaß der zulässigen Strafe rechtfertigen. Z. I. 27. Feb. 1856 c. Bergau; —

12. Auch ein einziger Umstand kann als mildernd angesehen werden. Z. II. 23. Juni 1853 c. Kraing.

Art. XXV.

1. Durch die erhobene Anklage wird das Richter-Amt mit der den Gegenstand derselben bildenden Thatsache in ihrer Totalität befaßt; es ist daher bei der Beurtheilung weder in Betreff der einzelnen in der Anklage hervorgehobenen oder nicht hervorgehobenen Umstände, noch in Betreff der gesetzlichen Qualifizirung beschränkt, und kann nach freiem Ermessen seine Entscheidung fällen, insbesondre also auch thatsächliche die That begleitende Umstände in den Kreis seiner Beurtheilung ziehen, deren die Anklage keine Erwähnung gethan; es kann Strafbarkeit von einem Gesichtspunkte aus annehmen, unter welchen die Anklage sie nicht gebracht hatte, so lange nur nicht eine andre Thatsache an die Stelle der den Gegenstand der Anklage bildenden gesetzt wird. Ebendeshalb wird durch die rechtskräftige Aburtheilung uber eine Anklage, die ihr zum Grunde liegende Thatsache vollständig erledigt; es ist ferner nicht statthaft, dieselbe von einem andern Gesichtspunkte aus betrachtet, zum Gegenstande eines neuen Strafverfahrens zu machen (es sei denn auf Grund des durch Art. 30. u. 86. des Gesetzes v. 3. Mai 1852 gestatteten Vorbehalts). — Der Art. XXV. ist nur eine Anwendung dieses allgemeinen Grundsatzes, und ist ebendeshalb nicht limitatif aufzufassen, indem es nicht minder statthaft erscheint, eine Eventual-Frage zu stellen, inwiefern die betreffende Handlung den Thatbestand eines ganz andern Verbrechens oder Vergehens enthalte, als die Anklage behauptet hatte. Zum Theil in andrer Weise ist die Sache angesehen in einer Abh. JMBl. 1851 s. 61, und in einer dort citirten Entscheidung des Ober-Tribunals sowie bei Koch s. 897 n. 23; seitdem ist für die alten Provinzen die Sache durch die Artt. 30. und 86. des Gesetzes vom 3. Mai 1852 näher geregelt worden. Zu vergleichen dagegen Abh. JMBl. 1852 s. 38.

Für den Bezirk des Rheinischen Appellationsgerichtshofs sind die im General-Register zum Rh. Arch. s. v. Assisen n. 29. 30. 34. citirten Urtheile des frühern Kassationshofs zu vergleichen.

2. Die Stellung eventueller Fragen, welche bei Verneinung der dem Angeklagten durch die Anklage zur Last gelegten vollen Schuld eine geringere, damit verwandte Verschuldung desselben feststellen sollen, ist dem Ermessen des Vorsitzenden resp. des Gerichts-Hofs überlassen. Ablehnung eines auf Stellung einer Eventualfrage gerichteten Antrags ist daher kein Nichtigkeitsgrund. Z. 25. Juni 1852 c. Jülke; Z. I. 27. Mai 1852 c. Bock (G. A. 1. s. 532) Z. I. 23. März 1855 c. Kath und Gen.

Art. XXVI. Darüber, ob die Voraussetzungen des Rückfalls vorhanden sind, entscheidet der Schwurgerichtshof ohne Mitwirkung der Geschworenen.

[Entw. Art. XXI.]. Vgl. StGB. § 58—60. 202. 203. 219. 233. 240. 267. 269. 336.

Art. XXVII. Im Bezirke des Rheinischen Appellationsgerichtshofes kommen folgende Bestimmungen zur Anwendung:

§. 1. Alle wegen eines und desselben Verbrechens oder Vergehens zur Strafe verurtheilte Personen sind zu den Kosten, zur Rückgabe und zum Schadensersatze, auf welche erkannt wird, solidarisch zu verurtheilen.

[Entw. Art. XXII. § 1.] Vgl. Rh. StGB. Art. 55; — Dekr. v. 18. Juni 1811 Art. 156.

---

3. Die Stellung der eventuellen Fragen muß jedenfalls vor Verkündung des Ausspruchs der Geschwornen auf die ihnen übergebene vorausgehende Hauptfrage statt finden, weil mit dieser Verkündung die thatsächlichen Erörterungen vor dem Schwurgerichtshofe abgeschlossen sind, und auf sie sofort das Urtheil folgen soll. — Ein Verstoß gegen diesen Grundsatz kann auch nicht durch den Mangel eines Einwands von Seiten des Angeklagten oder seines Vertheidigers gedeckt werden. B. I. 27. Apr. 1855 c. Rauprich; B. I. 30. Jan. 1856 c. Paetzold. — Mit der Verkündung jenes Ausspruchs hat der Angeklagte ein Recht darauf erworben, daß nach Maßgabe desselben endgültig über die der Anklage zum Grunde liegende Thatsache aberkannt werde; dieselben Gründe, welche einer abermaligen Verfolgung entgegen stehen würden (non bis in idem), machen auch die Stellung einer nachträglichen Eventualfrage unstatthaft. —

4. Durch die Vorschrift dieses Artikels und die Einführung des StGB. ist die AKO. v. 7. Feb. 1835 (Rh. Samml. 5. S. 70) wonach (im Bezirke des Rh. App.-G.-Hofes) bei den auf freiwillige Tödtung oder Verwundung gerichteten Anklagen, auch noch nach erfolgter Verneinung der Hauptfrage, eine neue Frage gestellt werden konnte, ob der Angeklagte die That aus Unvorsichtigkeit begangen habe, — beseitigt.

Art. XXVI.

1. Dieser Artikel löst eine Streitfrage des französischen Rechts. Vgl. die Entscheidungen des Pariser Kassationshofs Rej. 11. Juni 1816; id. 3. Jan. 1828 (Sir. 17. 1. 326). Chauv. et Hél. Th. d. Code p. I. p. 419; (ed. Belge I. p. 163) Legrav. 2. ch. 2. p. 227. — Im entgegengesetzten Sinne hat der Rheinische Kassationshof durch Z. 15. Okt. 1823 Rh. Arch. 6. 2. A. S. 9 entschieden, so lehrt auch Carnot C. pén. Art. 56. n. 14. —

2. Ebenso beseitigt dieser Artikel den Zweifel, ob im Falle, wo der Angeklagte seine Identität mit einem früher Verurtheilten bestreitet, diese im Bezirke des Rh. AGHofes in Gemäßheit der Artt. 518—520 der Rh. StPO. festzustellen sei.

3. Die Entscheidung über die Voraussetzungen des Rückfalls bleibt gleichwohl eine thatsächliche, und ist daher im Wege der Nichtigkeitsbeschwerde nicht anzugreifen. Vgl. zu §. 58. n. 18.

Art. XXVII. § 1.

1. Die durch Art. 55. des Rh. StGB. angedrohte Solidarität für die Geldbussen ist hier nicht wiederholt, also beseitigt.

2. Nach der Fassung des cit. Art. 55. (sont tenus solidairement . . . .) nehmen die französische Jurisprudenz und Doktrin an, die Solidarität verstehe sich, auch wenn sie nicht ausdrücklich im Urtheile ausgesprochen sei, von selbst. Auch das fällt jetzt bei der veränderten Fassung des Art. XXVII. § 1. weg.

3. Unter den „wegen desselben Verbrechens ꝛc. Verurtheilten“, sind nicht nur die Urheber, sondern auch die Theilnehmer und Gehülfen zu verstehen. Vgl. Dekr. v. 18. Juni 1811 Art. 156. — Dagegen kann die Vorschrift jetzt, wo die Heh-

§. 2. Wegen der Rückgabe und des Schadensersatzes, auf welche wegen strafbarer Handlungen erkannt wird, findet gegen die Verurtheilten die persönliche Haft statt.

[Entw. Art. XXII. § 2.]. Rh. StGB. Art. 52. 53. 469; — Rh. BPO. Art. 780 fgg.

---

lerei nicht als Theilnahme an der Hauptthat, sondern als besonderes Verbrechen oder Vergehen behandelt wird, auf diese keine fernere Anwendung erleiden.

4. Zur Rechtfertigung einer solidarischen Verurtheilung zu den Kosten genügt die Feststellung nicht, daß die verschiedenen Vergehen, wegen welcher zwei Beschuldigte in demselben Verfahren verurtheilt werden, unter sich in einem innern Zusammenhange stehen, vielmehr ist Identität derselben erforderlich. B. II. 11. Okt. 1855 c. Adams (Geswein).

5. Die solidarische Verurtheilung kann sich nur auf diejenigen Verbrechen ꝛc. beziehen, wegen welcher gegen alle eine Verurtheilung ausgesprochen ist. Wird in demselben Verfahren gegen einzelne auch noch wegen anderweitiger Verbrechen ꝛc. auf Strafe erkannt, so kann die Verurtheilung zu den Kosten wegen dieser die übrigen nicht mittreffen. B. II. 11. Jan. 1855 c. Hebben und Willemsen; B. II. 11. Okt. 1855 c. Meisterfeld u. Gen. — Vgl. Gilb. C. pén. Art. 55. n. 3. 4. 9.

6. Die Solidarität ist nicht durch eine gleichzeitige Verurtheilung bedingt; sie ist also auch in Betreff derjenigen Kosten auszusprechen, welche durch das besondre Verfahren veranlaßt worden sind, in welchem früher gegen eine andre Person wegen derselben That auf Strafe erkannt worden ist. Dagegen dürfte die ausgesprochene Verurtheilung zu den Kosten nicht auf diejenigen auszudehnen sein, welche erst später durch das Verfahren gegen einen Mitschuldigen veranlaßt worden. Chauv. et Hél. Th. d. C. p. 1. p. 131 (ed. Belge); Gilb. C. pén. Art. 55. n. 4. 7.

7. Der unerläßlichen Solidarität ungeachtet, steht den Richtern die Befugniß zu, zwischen den verschiedenen Verurtheilten mit Rücksicht auf den verschiedenen Grad der Betheiligung ein andres Verhältniß für die prinzipale Haftbarkeit zu bestimmen. Chauv. et Hél. l. c.

8. Werden mehrere Angeklagten in einem Verfahren, theils wegen derselben, theils wegen verschiedener nur den einzelnen zur Last fallender Verbrechen ꝛc. verurtheilt, so können die Instanz-Richter das Verhältniß, nach welchem sie theils solidarisch, theils jeder für sich allein die Gesammtkosten tragen sollen, evaluiren. Das Ober-Tribunal hat eine derartige Entscheidung wiederholt stillschweigend gebilligt, z. B. durch Z. II. 31. Mai 1855 c. Bäumer, und durch B. II. 11. Okt. 1855 c. Meisterfeld u. Gen, selbst eine solche Evaluation vorgenommen.

9. Der Artikel XXVII. § 1. ebenso wie § 55. des Rh. StGB. sprechen nur von Verbrechen und Vergehen nicht von Uebertretungen, während die die solidarische Verurtheilung wegen der Kosten betreffende Bestimmung des Art. 156. des Dekrets vom 18 Juni 1811 sich auf alle strafbaren Handlungen bezieht. In Frankreich ist die verbindliche Kraft dieser weitergehenden Bestimmung bestritten, vgl. Chauv. et Hél. l. c. — Dagegen ward dieselbe und ihre fortdauernde Gültigkeit in Betreff der Uebertretungen angenommen durch Z. II 19 Jan. 1854 c. Floßbach.

10. Tritt die Solidarität für Rückgabe und Schadensersatz auch dann ein, wenn die Verurtheilung dazu durch den Civil-Richter erfolgt? Die Bejahung konnte nach der allgemeineren Fassung des Art. 55. des Rh. StGB. nicht zweifelhaft sein, vgl. Rej. 6. Sept. 1813; id. 23. Dez. 1818 (Sir. 14 1. 57; — 19. 1. 278). Gilb. C. pén. Art. 55. n. 28. Nach Art. XXVII. § 1. erscheint die Frage zweifelhafter; jedenfalls wird eine Verurtheilung zu einer Strafe vorhergegangen sein müssen.

Art. XXVII. § 2.

1. Auch hier ist die durch das Rh. StGB. verhängte persönliche Haft wegen der Geldbuße und der Kosten beseitigt, indem jetzt die eventuelle Gefängnißstrafe an die Stelle der Geldbuße tritt. Dasselbe war, was wenigstens die ersten betrifft, schon durch die ACO. v. 18. Sept. 1824 (Rh. Samml. 2. s. 526), und in Betreff beider durch die V. 24. Nov. 1843 § 1. n. 9. und § 10. u. 39. (Ges.-Samml. s. 353) geschehen.

2. Die allgemeinere Fassung des Art. 52. des Rh. StGB. bezog sich unzwei-

Art. XXVII. Im Bezirke des Rheinischen Appellationsgerichtshofes kommen folgende Bestimmungen zur Anwendung:

§. 3. Ist aus Konfiskation oder Geldbuße, zugleich aber auf Rückgabe oder Schadensersatz erkannt worden, so haben die letzteren den Vorzug, wenn das Vermögen des Verurtheilten nicht ausreicht, alle diese Leistungen zu bestreiten.

[Entw. Art. XXII. § 3.]. Vgl. Rh. StGB. Art. 54; Ges. v. 5. Sept. 1807; Rh. StPO. Art. 121; Rh. BGB. Art. 2202.

Urkundlich unter Unserer Höchsteigenhändigen Unterschrift und beigedrucktem Königlichen Insiegel.

Gegeben Charlottenburg, den 14. April 1851.

(L. S.) Friedrich Wilhelm.

v. Manteuffel. v. d. Heydt. v. Rabe. Simons. v. Stockhausen. v. Raumer. v. Westphalen.

---

selhaft auch auf den Schadenersatz zu dessen Leistung die Civil-Partei dem Angeklagten xc gegenüber verurtheilt werden kann. Vgl. Urtheil des Appellhofs zu Bordeaux 15. Nov. 1828 Sir. 29. 2. 117. Es hat schwerlich in der Absicht des Gesetzgebers gelegen das hier zu beseitigen, die Worte des § 2. lassen indessen eine derartige Ausdehnung nicht zu.

3. Die Zulässigkeit der persönlichen Haft braucht im Urtheil nicht ausgesprochen zu sein, sie versteht sich von Rechtswegen. Chanv. et Hél. Th. d. C. p. I. p. 375 (ed. Belge I. p. 151). Vgl. übrigens Rh. BGB. Art. 2067.

4. Die Vollstreckung durch persönliche Haft findet auch dann Statt, wenn die Verurtheilung vom Civil- und nicht vom Straf-Gerichte ausgegangen ist; § 2 unterscheidet gar nicht. *Contra* · Cass 18. Nov. 1834 (Sir. 34 1. 777).

Art. XXVII. § 3.

1. Die gegenwärtige Vorschrift bezieht sich nicht auf die Kosten, für sie hat der Staat ein Privilegium nach dem Gesetze v. 5. Sept. 1807.

Straf-Gesetzbuch
für die Preußischen Staaten
vom 14. April 1851. *)

Wir Friedrich Wilhelm, von Gottes Gnaden, König von Preußen ꝛc. ꝛc.
verordnen mit Zustimmung der Kammern, was folgt:

Einleitende Bestimmungen.

§. 1. Eine Handlung, welche die Gesetze mit der Todesstrafe, mit Zuchthausstrafe oder mit Einschließung von mehr als fünf Jahren bedrohen, ist ein Verbrechen.

---

*) Straf-Gesetzbuch.

1. Das StGB. ist als ein für sich bestehendes Gesetz für die ganze Monarchie erlassen, und dabei Einheit des Strafrechts und gleichmässige Anwendung in allen Landestheilen des Staats beabsichtigt worden. Z. Pl. 27. Feb. 1854 c. Wegener und Gen. (Präj. n. 96; JMBl. f. 193; — Entsch 27. f. 329). B. II. 2. März 1854 c. Sommer. Vgl. zu § 141. n. 3. — Aehnlich sprach sich eine Min.-Verf. v. 7. Apr. 1853 aus (G. A. 1. f. 83), nach welchem die gebrauchten Ausdrücke nicht nach den verschiedenen in den einzelnen Landestheilen geltenden Civilgesetzgebungen, sondern nach dem Sprach-Gebrauche des gewöhnlichen Lebens auszulegen sind. — *Contra*. Temme Lehrb. § 25, welcher überall auf das Preußische Civilrecht und nur auf dieses zurückgehen will.

2. Die Motife des Regierungs-Entwurfs bestimmen den Sprachgebrauch desselben, wenn daher dieser von den Kammern ohne eine Aenderung oder entgegengesetzte Bemerkung angenommen ist, so kann dem Richter nicht gestattet sein, die gebrauchten Worte in einem andern als diesem ausdrücklich festgestellten Sinne zu nehmen, und der Zweifel: ob die andern Faktoren der Gesetzgebung die Motife getheilt haben, kann nicht mehr gehört werden. So beiläufig in den Gründen eines B. I. 18. März 1853 c. Krebs und Gen. —

3. Ueber die Bedeutung der Motife und der Kammerverhandlungen sind noch zu vergleichen: Heffter bei G. A. 1. f. 31 flg.; — Temme Gll. f. 15 flg.; — id. Lehrb. § 25. f. 128 flg. —

§. 1.

1. Es wäre zu wünschen gewesen, daß das Strafgesetzbuch einen technischen Ausdruck für „strafbare Handlung“ im Allgemeinen festgestellt hätte. (Vgl. Einf.-Ges. Art. XXIII. „Straffall.“) Die französische Gesetzessprache gebraucht in dieser Weise das Wort délit, welches aber, da es gleichzeitig auch „Vergehen“ bezeichnet, leicht zu Mißverständnissen Anlaß giebt.

2. Die Strafandrohung für Uebertretungen kann auch durch Polizei-Verordnungen erfolgen. Vgl. § 332. und Pol.-Ges. v. 11. März 1850 § 5 flg.

Eine Handlung, welche die Gesetze mit Einschließung bis zu fünf Jahren, mit Gefängnißstrafe von mehr als sechs Wochen oder mit Geldbuße von mehr als funfzig Thalern bedrohen, ist ein Vergehen.

Eine Handlung, welche die Gesetze mit Gefängnißstrafe bis zu sechs Wochen oder mit Geldbuße bis zu funfzig Thalern bedrohen, ist eine Uebertretung.

[Entw. § 1.]. Vgl. E.G. Art. VIII—X. XIII—XV; — Verfassung v. 31. Jan. 1850 Art. 8.

---

3. Die Klassifizirung der strafbaren Handlungen ist nach den objektiv angedrohten Strafen zu bestimmen, und der Umstand, daß unter gewissen thatsächlichen Voraussetzungen (z. B. wegen mildernder Umstände) eine geringere Strafart eintreten kann oder muß, nimmt der That den Charakter nicht, den sie im Allgemeinen hat, und in Betreff der Kompetenz ist keine Rücksicht darauf zu nehmen, zumal da erst der erkennende Richter das Vorhandensein jener Voraussetzungen zu prüfen hat. Vgl. G. Matt. 1. s. 51. — Ein Beisp. siehe zu Einf.-Ges. Art. XIV. n. 7. — Eine Ausnahme von diesem Satze enthält für die Rheinprovinz das Ges. v. 4. Mai 1853 (vgl. E.G. Art. XIV.).

4. Aus demselben Grunde ist auch z. B. beim Vorhandensein mildernder Umstände stets nur diejenige Verjährungsfrist maaßgebend, welche mit Rücksicht auf die ordentliche Strafe der That vom Gesetze im Allgemeinen angedroht ist.

5. Ebenso bleibt das von einem Strafunmündigen (§ 43.) begangene Verbrechen ein Verbrechen, wenn gleich es nur mit Gefängnißstrafe geahndet werden darf. (G. Matt. 1. s. 52 n. III. u. VI.) — Nur in Betreff der Kompetenz hat Art. IV. des Gesetzes v. 22. Mai 1852 (vgl. oben beim E.G. Art. XIII.) eine Abänderung getroffen. — Inwiefern hier die für Verbrechen, oder für Vergehen geltende Verjährung Platz greife vgl. zu § 43. n. 7.

6. Für die Klassifizirung einer strafbaren Handlung ist das höchste Maaß der zulässigen Strafe maaßgebend.

7. Bei einem von Mehreren vorsätzlich gemeinschaftlich begangenen Verbrechen, kommt es bei Beurtheilung der Frage: welches Strafgesetzes Thatbestand vorliege, auf den Inbegriff der von sämmtlichen Betheiligten verübten Handlungen an. Wenn daher bei einem Diebstahle dem Thäter von einem andern Hülfe im Sinne des § 34. Nr. 2. durch Anwendung von Gewalt (selbst ohne vorgängige Verabredung) geleistet wird, so liegt objektiv ein Raub vor, und den gedachten Theilnehmer trifft die Strafe des Raubes selbst dann, wenn dem Thäter mit Rücksicht auf § 44. der erschwerende Umstand der Gewalt auch nicht angerechnet werden könnte. B. 13. Sept. 1852 c. Kowsky. Vgl. zum Th. I. Titel 3. n. 2. 3. zu § 91. n. 7. zu § 230. n. 10. zu § 233. n. 7.

8. Zuwiderhandlungen gegen das Regulativ v. 9. März 1839 (AKO. v. 6. April 1839 G.S. s. 156) über die Beschäftigung jugendlicher Arbeiter in den Fabriken, welche nach § 8. durch Strafen von 1—5 Thl. für jedes vorschriftsmäßig beschäftigte Kind geahndet werden, bleiben Uebertretungen wenn auch mehr als zehn Kinder gleichzeitig vorschriftswidrig beschäftigt sind, weil das Gesetz selbst andeutet, daß in Betreff jedes Kindes ein selbstständiger Straffall anzunehmen sei.

9. Die strafrechtliche Verfolgung kann in der Regel, und insofern die Gesetze nicht ausdrücklich etwas anderes bestimmen, nur gegen Individuen (nicht also gegen juristische Personen, noch auch gegen eine Mehrheit von Personen als solche, z. B. gegen die Direktion einer anonymen Gesellschaft) gerichtet werden. Diese Regel erleidet auch bei Uebertretungen keine Ausnahme. Z. II. 8. März 1855 c. Direktion der Köln-Mindener Eisenbahn-Gesellschaft. (Präj. n. 141, Entsch. 29. s. 474; 30. s. 367; G.A. 3. s. 575); Z. II. 13. Dez. 1855 c. Aachener Spiegel-Manufaktur (Henoch). Vgl. G. Matt. 1. s. 331 VIII.

§. 2. **Kein Verbrechen, kein Vergehen und keine Uebertretung kann mit einer Strafe belegt werden, die nicht gesetzlich bestimmt war, bevor die Handlung begangen wurde.**

[Entw. § 2.]. Vgl. Verfassung v. 31. Jan. 1850 Art. 8. 106. Ges. v. 3. Apr. 1846 (G.S. S. 151); Verordn. v. 3. Jan. 1849 § 125.

§. 3. **Die Preußischen Strafgesetze finden Anwendung auf alle in Preußen begangene Verbrechen, Vergehen und Uebertretungen, auch wenn der Thäter ein Ausländer ist.**

[Entw. § 3] Vgl. § 4; Ges. v. 3. Mai 1852 Art. 2. Nr. 1.

---

§. 2.

1. Das Gesetz ist nach dem erkennbaren Willen des Gesetzgebers zu interpretiren und danach eine weitere Bedeutung der gebrauchten Ausdrücke anzunehmen, wenn sie ein allgemeines Verständniß in diesem Sinne erwarten lassen. Ueber diese Gränze hinaus findet eine analoge Anwendung der Straf-Gesetze nicht Statt. Heffter in G. A. 1. S. 27 fg.

2. Ueber die Statthaftigkeit und die verbindende Kraft von Polizei-Verordnungen, und die durch dieselben anzudrohenden Strafen s. Pol.-Ges. v. 11. März 1850 § 5 fgg. (Ges.-Samml. S. 266).

3. Ueber die Verkündung solcher ortspolizeilichen Vorschriften. Vgl. Pol.-Ges. v. 11. März 1850 § 5.; AKO. v. 8 Febr. 1840 (G.-S. S. 32); — Verf. des Min. d. Innern v. 6. Juni 1850 (Min.-Bl. f. d. i. Verw. S. 176).

4. In Betreff der Nothwendigkeit, die thatsächliche Feststellung auf den Zeitpunkt der Begehung der strafbaren Handlung auszudehnen, vgl. zum Einf.-Ges. Art. IV. n. 17. und zu § 3. n. 14.

5. Ueber die Statthaftigkeit der Anrechnung der Untersuchungshaft auf die Strafe vgl. zu § 10. n. 2. und zu § 14. n. 1.

§. 3.

1. Der Grundsatz dieses § findet auf alle Strafgesetze, nicht blos auf die im StGB. enthaltenen Anwendung.

1 a. Die auf einem Preußischen Seeschiffe auf offenem Meere verübten strafbaren Handlungen sind als in Preußen begangen anzusehen, und nach Preußischen Gesetzen zu bestrafen. Z. I. Sept. 1855 c. Seyler u. Gen. (G. A. 3. S. 658 in einer diese Frage betreffenden Abh.)

2. Es kommt durchweg auf den Ort der strafbaren Handlung selbst, nicht auf denjenigen an, wo der Erfolg derselben eingetreten ist, sollte der letztere auch ein wesentliches Erforderniß der Strafbarkeit sein. Daher ist eine in Preußen begangene Kuppelei nach Preußischen Gesetzen strafbar, sollte sie auch in der Anwerbung von Frauenzimmern für ein im Auslande befindliches Bordell bestehen, und dort die That straflos sein. Z. II. 30. Septemb. 1854 c. Mauel u. Stupp (G. A. 2. S. 830). Vgl. zu § 147. n. 8; Temme Gl S. 52 n. 4; id. Lehrb. S. 113.

3. Gehören mehrere Handlungen zum Thatbestande des Verbrechens, und sind dieselben an verschiedenen Orten begangen, so ist derjenige Ort, wo die das Verbrechen ꝛc. vollendende Handlung verübt wurde, als der Ort der ganzen That zu betrachten. G. Matt 1. S 71 n. 9a. arg. des (jetzt aufgehobenen) § 77. der Crim.-Ordn. *Sic*: Z. II. 24. Feb 1853 c. Krause (G. A. 1. S 226); Z. II. 10. März 1853 c. Holthof (G. A. 1. S. 235); Z. II. 18. Okt. 1855 c. Kästner; Z. I. 27. Feb. 1856 c. Moldänke; wo angenommen ward, daß, wenn ein versendeter Brief den Thatbestand eines Vergehens (z. B. einer Beleidigung) enthalte, die Absicht nicht durch die blosse Absendung habe erreicht werden können, es vielmehr auch der Beförderung an den Addressaten bedurft habe; wurde daher der Brief der Absicht des Schreibers gemäß abgegeben, so werde hier das Vergehen vollendet; der Ort der Abgabe sei also der des Vergehens. Unter gleichen Umständen nahm dagegen Z. I. 4. Mai 1853 c. Heinemann an, daß, da sowohl das Absenden als das Eintreffen des Briefs zum That-

bestande gehöre, das forum delicti commissi an jedem der beiden Orte begründet sei. Aehnlich Rejet des franz. Kass.-Hofs v. 31. Jan. 1822 (Sir. Coll. nouv. 6. 1. 23). — In Betreff der Kompetenz ist jetzt das Ges. v. 3. Mai 1852 Art. 2. Nr. 1. maaßgebend.

4. Rücksichtlich der durch den Inhalt eines Erzeugnisses der Presse begangenen strafbaren Handlungen muß arg. Preßges. v. 12. Mai 1852 § 32. 33. jeder Ort, wo eine Veröffentlichung stattgefunden, als Ort des Vergehens ꝛc. angesehen werden. — Das erleidet jedoch in Betreff der territorialen Kompetenz insofern eine Beschränkung, als, wenn eine Schrift, zumal eine Zeitung, am inländischen Verlagsorte verbreitet worden, es dieser Ort auch ist, wo der Thatbestand eines durch den Inhalt eines Zeitungsartikels begangenen Vergehens ꝛc vollendet, und also der Gerichtsstand begründet wird; ist aber der Thatbestand so einmal vollendet, so stellt die blosse Thatsache, daß die Druckschrift auch an andern Orten vorgefunden wird, nicht mehr einen Theil des Thatbestandes, sondern nur eine Folge der strafbaren Handlung dar, und die Beschlagnahme an einem andern Orte kann hier nicht auch einen Gerichtsstand begründen. B. I. 24. Jan. 1855 c. Born (G. A. 3. s. 259); Z. II. 6. Sept. 1855 c. Brüggemann (Präj. n. 165; Entsch. 30. s. 165; G. A. 3. s. 825).

5. Ist die Strafbarkeit einer Handlung durch ihre Gewohnheits- oder Gewerbmässigkeit bedingt, so muß die im Inlande verübte That diesen Charakter an sich tragen, um hier strafbar zu sein; gleichwohl kann der Richter, um diesen Charakter derselben festzustellen, wie auf sonstige der Persönlichkeit des Angeklagten anklebende Umstände, auch auf die im Auslande von demselben begangenen gleichartigen Handlungen Rücksicht nehmen. Vgl. zu § 239. n. 5; zu § 263. n. 27; zu § 266 n 9.

6. In Betreff der Theilnehmer am Verbrechen ꝛc. eines andern, ist für jeden der Ort seiner eignen Thätigkeit maaßgebend. Temme Gl. s. 53 n. 6. Etwas Andres gilt von der Kompetenz vgl. Einf.-Ges. Art. XXII. Nr. 2.

7. Ein Z. I. 23. Feb. 1854 c. Bringe (G. A. 2. s. 252) spricht sich beiläufig dahin aus: im § 3. habe der Gesetzgeber bei der Bezeichnung „Ausländer“ nur solche Personen im Auge, welche auf Grund eines auswärtigen Gerichtsstandes die Anwendung andrer Gesetze beanspruchen könnten, d. h. also diejenigen nicht, welche zwar ihre Eigenschaft als Preußen verloren haben, ohne gleichwohl Angehörige eines andern Staats geworden zu sein. (Für die letztern ist die Anwendbarkeit der Preußischen Strafgesetze in Betreff aller in Preußen begangener strafbaren Handlungen selbstverständlich.)

8. Die mit einzelnen fremden Staaten abgeschlossenen Staatsverträge, wonach Angehörigen derselben, wenn sie in Preußen eine strafbare Handlung begangen haben, hierher nicht ausgeliefert, wohl aber in jenen Staaten nach dortigen Gesetzen bestraft werden, stehen einer Verfolgung bei einem diesseitigen Gerichte, und selbst einem Contumazialverfahren nicht entgegen. *Contra*: Temme Gl. s. 51 n. 3; — Vgl. n. 7.

9. Selbst die Aburtheilung über einen Ausländer, welcher in Preußen eine strafbare That begangen, im Auslande nach ausländischen Gesetzen, steht grundsätzlich einer erneuerten Verfolgung und Bestrafung in Preußen nicht entgegen. Temme Gl. s. 53 n. 8. Anders im Falle der Anerkennung der fremden Gerichtsbarkeit durch eine Kartell-Konvention. Vgl. n. 6.

10. Völkerrechtliche Ausnahmen von dem Grundsatze der Territorialität der Strafgesetze siehe bei Temme Gl. s. 51 n. 2; id. Lehrb. s. 118.

11. Fremde Consuln sind im Allgemeinen der inländischen Gerichtsbarkeit nicht entzogen; der § 252 der ACrO. erkennt nur den in persönlichen Diensten auswärtiger Gesandten, nicht auch den in geschäftlichen Beziehungen zu solchen Gesandtschaften stehenden Personen die Befreiung vom inländischen Gerichtsstande zu. B. II. 13. Sept. 1855 c. Curtis u. Gen.; (JMBl. s. 320; Strieth Arch. 17. s. 357; Rh. Arch. 51 s. 40) Vgl. Mangin. Tr. de l'act. publ. n. 83 und dort die Citate. *Contra*: Temme Lehrb. s. 119.

12. 13. Das Gesetz erkennt kein dem Fremden zustehendes, von ihm persönlich geltend zu machendes, vom Richter zu berücksichtigendes Asylrecht an. Auslieferungs-

§. 4. Wegen der im Auslande begangenen Verbrechen und Vergehen findet in Preußen in der Regel keine Verfolgung und Bestrafung statt.

Jedoch kann in Preußen nach Preußischen Strafgesetzen verfolgt und bestraft werden:

1) ein Ausländer, welcher im Auslande gegen Preußen eine in diesem Strafgesetzbuche als eine hochverrätherische oder als eine Majestätsbeleidigung bezeichnete Handlung oder ein Münzverbrechen begangen hat;

2) ein Preuße, welcher im Auslande gegen Preußen eine

---

verträge zwischen verschiedenen Staaten sind daher nicht als Beschränkungen eines solchen Asylrechts anzusehen, und es kann aus ihnen nicht gefolgert werden, daß der Ausgelieferte auch nur wegen solcher Verbrechen ꝛc. verfolgt und bestraft werden dürfe, rücksichtlich deren die Auslieferung Seitens des fremden Staats bewilligt, oder spätere Zustimmung erwirkt ist. 3. II. 10. Nov. 1855 c. van Gansewinkel.

14. Mit Rücksicht auf die Vorschrift der §§ 3. und 4. ist es erforderlich, die Bestimmung des Orts, wo eine That, und wenigstens ob sie im Aus- oder Inlande begangen worden, in die thatsächliche Festsetzung, in schwurgerichtlichen Sachen also in die den Geschwornen vorzulegenden Fragen aufzunehmen. Z. I 20. Febr. 1856 c v. Unruh. Beispiele wo wegen Verabsäumung dieser Regel das Verfahren vernichtet ward, liefern B. I. 6. Jan. 1854 c. Wolff und Funk (G. A. 2. S. 239) und B. I. 7. Sept. 1854 c. Jasper (G. A. 3. S. 112). — Indessen ist eine ausdrückliche Bezeichnung nicht unerläßlich, es genügt, wenn dieselbe sich aus dem ganzen Zusammenhange ergiebt. 3. I. 13. April 1855 c Abrahamson. — Vgl. den entsprechenden Grundsatz in Betreff der Zeitangabe: zum Einf.-Ges. Art. IV. n. 17.

§. 4.

Inhalt

Ausländer. 5. 8.	Gerichtsstand. 9.	Strafantrag. 18.
Ausland. 6. 22.	Münzverbrechen. 10.	Strafbarkeit. 12—16.
Fakultatives Ermessen. 3.	Ort der That. 4.	Strafgesetzbuch. 1. 7.
Feststellung. 17.	Preuße. 5. 11.	Strafgesetze. 1.
Freisprechung. 20. 21.	Staatsverträge. 2. 23.	Verjährung. 19. 21.

1. Die Vorschrift des ersten Absatzes dieses § ist nicht auf die im Strafgesetzbuch enthaltenen Strafgesetze zu beschränken, sondern allgemein auf alle anzuwenden.

2. Durch den im Eingange des § ausgesprochenen Grundsatz sind die Bestimmungen älterer Staatsverträge, die Verfolgung der im Auslande begangenen strafbaren Handlungen betreffend, nicht beseitigt. Z. II. 22. Nov. 1855 c. Fontaine.

3. Die fakultative Fassung des zweiten Absatzes gewährt zunächst der Staatsanwaltschaft das Recht eine Verfolgung nur da eintreten zu lassen, wo sie es für angemessen erachtet. Nach der Fassung, welche das „kann“ auch auf das „bestraft werden“ bezieht, fragt es sich, ob nicht auch der Richter prüfen dürfe, inwiefern mit Rücksicht auf die Umstände, z. B. eine etwaige im Auslande verhängte Verurtheilung, die Bestrafung gerechtfertigt sei. Temme (Gl. S. 55 n. 4. und Lehrb. S. 112) bejaht, G. Matt. 1. S. 67. I. verneint; er will wohl mit Recht dem Richter diese Befugniß entziehen, weil die Verhandlungen ergäben, daß die betr. Prüfung nur der Staatsbehörde vorbehalten sein solle. Zu vergleichen ist § 78., welcher eine unbedingte Strafbarkeit ausspricht, und § 24. welcher das neue Strafverfahren nur gestattet, eventuell aber Verhängung der betr. Strafe gebietet.

4 Ueber das Erforderniß bei der thatsächlichen Feststellung den Ort der That anzugeben vgl zu § 3. n. 14.

5. Ebenso muß bei den im Auslande begangenen Verbrechen ꝛc. die Qualität des Angeklagten als eines Preußen oder Ausländers in jedem Einzelfalle thatsächlich festgestellt werden. Hierzu sind aber die Geschwornen nicht berufen, welche

hochverrätherische oder eine landesverrätherische Handlung, eine Majestätsbeleidigung oder ein Münzverbrechen begangen hat;

3) ein Preuße, welcher im Auslande eine Handlung begangen hat, welche nach Preußischen Gesetzen als ein Verbrechen oder ein Vergehen bestraft wird, und auch durch die Gesetze des Orts, wo sie begangen wurde, mit Strafe bedroht ist. Die Verfolgung und Bestrafung bleibt jedoch in diesem Falle ausgeschlossen, wenn von den Gerichten des Auslandes über die Handlung rechtskräftig erkannt

---

nur über den Thatbestand der strafbaren Handlung selbst, nebst ihren Modalitäten (nach Zeit und Ort) zu entscheiden haben, wozu jene Frage nicht gehört.

Zu Nr. 1 und 2.

6. Ausschliessung der Verfolgung und Bestrafung durch Aburtheilung und Strafvollzug im Auslande, findet hier nicht Statt. Motive s. 4.

7. Ebenso bezieht sich die in Nr. 1. sich findende Beschränkung auf die im Strafgesetzbuche vorgesehenen Handlungen auf die Nr. 2. nicht mit; vgl. hierüber Bes s. 74; Temme Lehrb. s. 111 Note 2.

8. Im Sinne der Nr. 1. soll jeder, welcher nicht als Preuße betrachtet, und strafrechtlich behandelt werden kann, als Ausländer anzusehen sein. So Z. I. 3. Feb. 1854 c. Bringe (G. A 2. s. 252). Vgl. zu § 3 n. 7. zu § 29. n. 1.

9. Insofern der hiernach zu verfolgende Ausländer nicht zur Haft gebracht, und also der Gerichtsstand der Ergreifung begründet ist, muß in der Rheinprovinz jedes inländische Gericht als kompetent erachtet werden. Für die übrigen Provinzen vgl. d. Ges. v. 3. Mai 1852 Art. 2. n. 1.

Zu Nr. 2.

10. Es wird hier auch in Betreff der Münzverbrechen vorausgesetzt, daß sie gegen Preußen begangen sind [d. h. also an Preußischem Metall- oder Papiergelde, oder an solchen dem Papiergelde durch § 124. gleichgestellten Werthpapieren, welche vom Preußischen Staate oder unter seiner Autorität von Korporationen, Gesellschaften oder Privatpersonen ausgegangen sind]. B. II. 10. Jan. 1856 c. Oppermann (JMBl. s. 46).

Zu Nr. 2 und 3.

11. Als „Preuße“ ist jeder anzusehen, welcher in einer Preussischen Gemeinde ortsangehörig ist [sollte er auch im Auslande geboren sein]. So beiläufig ein Z. II. 22. Nov. 1855 c. Fontaine.

Zu Nr. 3.

12. Die konkrete Handlung muß am Orte, wo sie begangen worden strafbar sein; sie muß also alle Begriffserfordernisse eines Verbrechens 2c. nach den dortigen Gesetzen in sich vereinigen, und es genügt z. B. nicht, wenn dort „Betrug“ im Allgemeinen mit Strafe bedroht ist, wenn die Handlung nicht auch dort als Betrug angesehen werden muß.

13. Zur Anwendung des Preußischen Strafgesetzes ist nicht erforderlich, daß die ausländischen Gesetze die Handlung mit einer gleichen, oder mit einer höhern Strafe bedrohen. Z I. 7. Sept. 1854 c. Becker.

14. Auch wird die Anwendbarkeit der Preußischen Strafgesetze dadurch nicht ausgeschlossen, daß die vom ausländischen Gesetze angedrohte Strafe das Maaß von sechswöchentlichem Gefängnisse und Geldbusse von funfzig Thalern nicht überschreitet, so daß die That nach dem Systeme des StGB. dort nur als Uebertretung angesehen werden könnte, sobald nur das Preußische Gesetz dieselbe als ein Verbrechen oder ein Vergehen behandelt. Z. II. 14. Dez. 1854 c. Schenk (G. A. 3. s. 258). Vgl. G. Matt. 1. s. 67 II.

und die etwa ausgesprochene Strafe vollzogen oder durch Begnadigung erlassen ist.

Uebertretungen, die im Auslande begangen werden, sollen in Preußen nur dann bestraft werden, wenn dies durch besondere Gesetze oder Staatsverträge angeordnet ist.

[Entw. § 4.] Vgl. § 3. 24. 67. 69. 70. 78.

---

15. Damit diese Nr. 3. Platz greife, genügt die Strafbarkeit der fraglichen Handlung im Allgemeinen, und es wird dazu nicht vorausgesetzt, daß die Gesetze des Auslands auch dasselbe Verhältniß der verletzten Person zur Anwendung ihres Thatbestandes fordern. Daher ist die von einem Preußen im Auslande begangene Beleidigung eines Preußischen Beamten in Beziehung auf dessen Beruf nach Preußischem Gesetze strafbar, sobald nur das Gesetz des Auslandes auch die Beleidigung eines Beamten in Beziehung auf dessen Beruf mit Strafe bedroht, es ist nicht erforderlich, daß das ausländische Strafgesetz auch eine Beleidigung eines Preußischen Beamten vorgesehen habe. Z. II. 21. April 1853 c. Kindermann.

16. Ebenso werden umgekehrt die im Auslande gegen einen in Ausübung seines Amts befindlichen Beamten ausgeübten Verbrechen rc., wenn sie gegen einen Preußen im Inlande verfolgt werden (sei es auf Grund des § 4. Nr. 3, sei es auf Grund einer besondern Convention, z. B. der Kartell-Convention mit Rußland vom 20. Mai 1844) nach den nämlichen Gesetzen bestraft, als wenn sie im Inlande gegen inländische Beamte verübt wären; daher findet z. B. geeigneten Falles auch das Forstschutzgesetz v. 31. März 1837 Anwendung. Beschl. Pl. 16. April 1855 c. Zapka u. Gen (Präj. n. 147. JMBl. s. 184. Entsch. 30 s. 303; G. A. 3. s. 563). Z. II. 18. Okt. 1855 c. Kästner. (G. A. 3. s. 833.) Vgl. zu § 89. n. 3. und zu § 103. n. 13.

17. Es ist erforderlich in den den Geschwornen vorzulegenden Fragen die Begriffserfordernisse des ausländischen Strafgesetzes aufzunehmen, die Fragstellung nach Preußischem Gesetze genügt nicht. *Contra*: G. A. 2. s. 101. VIII.

18. Muß, wenn die Bestrafung der im Auslande begangenen That nach dortigen, nicht aber nach hiesigen Gesetzen, von einem Strafantrage des Verletzten abhängig gemacht ist, diese Bedingung auch erfüllt sein, wenn in Preußen eine Verfolgung eintreten soll? G. Matt. 1. s. 69. IV. 4. bejaht.

19. Die im Auslande eingetretene Verjährung der Strafverfolgung steht der Bestrafung im Inlande nach diesseitigen Gesetzen nicht entgegen. Z. I 20. Okt. 1854 c. Linke. G. Matt. 1. s. 68. IV. 1.

20. Dasselbe gilt von der im Auslande erfolgten vorläufigen Freisprechung, weil dieselbe nicht rechtskräftig wird. Z. I. 8. März 1854 c. Maczka (G. A. 2. s 248). G M. 1. s. 69. IV. 3. Vgl. Koch s. 903 n. 2 c.

21. Dagegen verhindern eine Freisprechung im Auslande, wäre sie auch auf Grund der dort abgelaufenen Verjährung oder aus subjektiven Gründen welche unser S:GB. nicht anerkennt, erfolgt, sowie die dort stattgehabte Verhängung und Vollstreckung einer ausserordentlichen Strafe die nochmalige Verfolgung in Preußen. G. Matt. 1. s. 69 IV. 2. 3. 4. (zum Theil andrer Ansicht); Koch s. 903 n. 2 c.

22. Die Frage, ob eine im Auslande begangene Handlung, nach dortigen Gesetzen strafbar sei, ist nicht durch die Geschwornen, sondern durch den Gerichtshof zu lösen; gleichwohl unterliegt die Entscheidung, da sie die Auslegung inländischer Gesetze nicht berührt, der Kritik des Nichtigkeitsrichters nicht. Z. II. 14. Dez. 1854 c. Schenk (G. A. 3. s. 101). Z. II. 18. Okt. 1855 c. Kästner (G. A. 3. s 833); B. II. 10. Jan. 1856 c. Oppermann (JMBl. s. 46). Vgl. AGO. I. 10. § 53. und zu § 269. n 6.

Zum Schlußsatze.

23. Nach einer ungedruckten Min.-Verf. v. 25. Feb. 1852 soll das frühere ohne förmlichen Staatsvertrag mit den deutschen Staaten des linken Rheinufers getroffene Abkommen, wonach thatsächlich Reziprozität eintrat, ferner als förmlicher Staatsvertrag betrachtet werden, und mit Rücksicht darauf auch Verfolgung wegen der in jenen Staaten begangenen Uebertretungen eintreten.

§. 5. Auf Preußische Militairpersonen finden die allgemeinen Strafgesetze insoweit Anwendung, als nicht die Militairgesetze ein Anderes bestimmen.

[Entw. § 5.]

§. 6. Das Recht des Beschädigten auf Schadensersatz ist von der Bestrafung unabhängig.

[Entw. § 6.] Vgl. E.G. Art. XII. § 1.

Erster Theil.

Von der Bestrafung der Verbrechen und Vergehen im Allgemeinen.

Erster Titel.

Von den Strafen.

§. 7. Die Todesstrafe ist durch Enthauptung zu vollstrecken.

Mit der Todesstrafe ist zugleich auf den Verlust der bürgerlichen Ehre zu erkennen, wenn dies entweder für einzelne Fälle im Gesetz ausdrücklich bestimmt ist, oder wenn festgestellt wird, daß das mit der Todesstrafe bedrohte Verbrechen unter besonders erschwerenden Umständen begangen worden ist.

[Entw. § 7.] Vgl. § 8. 9. 12. 43. 73. 61. 67. 175. Crim.-O. § 538—549; — AKO. v. 19. Juni 1811 (G.S. S. 199); — AKO. v. 17. Aug. 1818 (Rh. Samml. 1. S. 520).

---

§. 5.

1. Nach § 16. des Ges v. 15. Apr. 1852 (G.S. S. 117) haben die Civilgerichte gegen die zum Beurlaubtenstande gehörigen Militärpersonen nicht mehr auf Militärstrafen zu erkennen.

§. 6.

1. Was hier vom Schadensersatze gesagt ist, gilt von allen civilrechtlichen Folgen einer strafbaren Handlung. Beseler S. 601.

2. Durch diese Vorschrift wird die Frage, inwiefern das im Strafwege ergehende Erkenntniß in Betreff der Schuld demnächst für den Civil-Richter beweisend oder bindend sei, nicht berührt, da nur die Unabhängigkeit des Rechts auf Schadensersatz von der Bestrafung ausgesprochen ist. *Contra:* Koch S. 908 n. 7., welcher annimmt, jene Frage sei durch den § 6. verneint.

§. 7.

1. Weitere Vorschriften über die Vollziehung der „Enthauptung“ sind absichtlich nicht gegeben; sie erfolgt daher nach der Kab.-Ordre v. 19. Juni 1811 in den ältern Provinzen durch das Beil, in der Rheinprovinz durch das Fallbeil. AKO. v. 17. Aug. 1818.

2. Die Aussetzung der Strafvollstreckung gegen Schwangere ward (Revision von 1845 S. 24) als sich von selbst verstehend, aber in die Strafprozeßordnung gehörig betrachtet. G. Matt. 1. S. 151 n. 5; Beseler S. 95; — Vgl. Cr.-O. § 536. 537; —

3. Todes-Urtheile bedürfen vor der Vollstreckung der Königlichen Bestätigung. ALR. II, 13. § 8. Crim.-O. § 530. AKO. v. 15. Juli 1809 (G.S. S. 577),

§. 8. Die Vollstreckung der Todesstrafe soll in einem umschlossenen Raume, entweder auf einem Platze innerhalb der Mauern der Gefangenanstalt oder auf einem anderen abgeschlossenen Platze stattfinden.

Bei der Hinrichtung sollen zugegen sein: mindestens zwei Mitglieder des Gerichts erster Instanz, ein Beamter der Staatsanwaltschaft, ein Gerichtsschreiber und ein oberer Gefängnißbeamter. Von der Hinrichtung ist dem Gemeinde-Vorstande des Orts, in welchem solche stattfindet, Nachricht zu ertheilen; derselbe hat zwölf Personen aus den Vertretern der Gemeinde oder aus anderen achtbaren Mitgliedern der Gemeinde abzuordnen, um der Hinrichtung beizuwohnen.

Außerdem ist einem Geistlichen von der Konfession des Verurtheilten der Zutritt zu gestatten.

Auch ist dem Vertheidiger und aus besonderen Gründen anderen Personen der Zutritt zu gewähren.

Die Vollstreckung des Todesurtheils wird durch das Läuten einer Glocke angekündigt, welches bis zum Schlusse der Hinrichtung andauert.

[Entw. § 8] Vgl. § 7. 9; — Crim.-O. § 536—549.

---

und in Betreff der Rhein-Provinz. AKO. v. 20 Juni 1816 (Rh Samml 1. s. 415), und AKO v. 9. Aug. 1816. Erlaß der Immediat Just-Kommission v. 12. Sept. 1816.

4 Durch die Verurtheilung zur Todesstrafe wird die Rechts- und Handlungsfähigkeit des davon Betroffenen, mit Ausnahme des Falles, wo zugleich auf den Verlust der bürgerlichen Ehre erkannt worden ist, sowie des im § 73. vorgesehenen Falles, nicht verändert, da die Strafe des bürgerlichen Todes durch Art. 10. der Verfassung v. 31. Jan. 1850 abgeschafft ist. G. Matt. 1. s. 152 n. 5; Temme Gll. s. 65 n. 7, ib. Lehrb. s. 415.

5. Das Gesetz hat die im zweiten Absatze erwähnten „besonders erschwerenden Umstände“ nicht näher spezialisirt, den Geschwornen kann daher die Frage auch nur in dieser Allgemeinheit: „ob die That unter besonders erschwerenden Umständen begangen worden sei,“ vorgelegt werden.

6. Gegen den Theilnehmer an einem mit der Todesstrafe bedrohten Verbrechen, kann der Verlust der bürgerlichen Ehre nur dann zusätzlich ausgesprochen werden, wenn auch rücksichtlich seiner festgestellt ist, daß seine That unter besonders erschwerenden Umständen begangen worden sei.

§. 8.

1. Das Gericht erster Instanz aus welchem mindestens zwei Mitglieder der Hinrichtung beiwohnen sollen, ist das betr. Kreis- oder Land-Gericht. Es ist nicht erforderlich, daß die gewählten Mitglieder an der Aburtheilung der Sache Theil genommen hatten. Die Auswahl steht dem Vorsitzenden zu.

2. Ein Zwang gegen die von dem Gemeindevorstande bezeichneten Gemeindemitglieder, der Hinrichtung beizuwohnen, läßt sich nach der jetzigen Fassung des § 8. schwerlich rechtfertigen, wenn gleich die Kommissionen beider Kammern (im Hinblick auf eine abweichende Fassung des Entwurfs) einen solchen für gerechtfertigt hielten. Jedenfalls kann die Abwesenheit einzelner der abgeordneten Personen den Vollzug der Strafe nicht hindern, sollte auch der Verurtheilte daraus einen Ein-

§. 9. Der Leichnam des Hingerichteten ist seinen Angehörigen auf ihr Verlangen zur einfachen, ohne Feierlichkeiten irgend einer Art vorzunehmenden Beerdigung zu verabfolgen.

[Entw. § 9.] Vgl. § 7. 8.

§. 10. Die Zuchthausstrafe ist entweder eine lebenslängliche oder eine zeitige.

Die Dauer der zeitigen Zuchthausstrafe ist mindestens zwei Jahre und höchstens zwanzig Jahre.

[Entw. § 10.] Vgl. § 11. 16. 17. 30. 43. Nr. 1. u. 2. 32. 35.

§. 11. Die zur Zuchthausstrafe Verurtheilten werden in einer Strafanstalt verwahrt und zu den in derselben eingeführten Arbeiten angehalten.

Während der Strafzeit sind die zur Zuchthausstrafe Verurtheilten unfähig, ihr Vermögen zu verwalten und unter Le-

---

wand herleiten. Bericht der Komm. der ersten Kammer. f. 4. — Vgl. Beseler f. 96 IV; — G. Matt. 1. f. 153. Temme Lehrb. f. 414; 1. — Koch f. 910 n. 11.

3. Die Erlaubniß, welcher andre Personen bedürfen, um der Hinrichtung beizuwohnen geht von den Gerichten, in der Rhein-Provinz vom Ober-Prokurator aus.

§. 9.

1. Die §§ 550. u. 551. der Cr.O. sind hierdurch außer Kraft gesetzt. Temme Gll. f. 67 n. 2. 3.

§. 10.

1. Auch im Falle des § 285. darf die zeitige Zuchthausstrafe die Dauer von zwanzig Jahren nicht übersteigen, obgleich die Richter in diesem Falle lebenslängliche Strafe zu verhängen befugt sind. B. I. 18. Apr. 1853 c. Bartusch. (Präj. n. 32; Entsch. 25. f. 243 G. A. 1. f. 581). Vgl. G. Matt. 1. f. 154 u. G A. 2. f. 525.

2. Die Anrechnung einer erlittenen Untersuchungshaft auf die zuerkannte Zuchthausstrafe ist unstatthaft, insoweit ihr nicht blos Berücksichtigung als eines mildernden Umstandes innerhalb der gesetzlichen Strafgrenzen zu Theil, sondern auch die Eigenschaft einer schon bestandenen Strafe beigelegt wird; sie findet im Systeme der jetzt geltenden Strafgesetze überall keine Rechtfertigung. B. I. 4. Jan. 1854 c. Hein; B. I. 8. Feb. 1854 c. Worlich. (JMBl. f. 163) Vgl. V. 3. Jan. 1849 § 159, und zu § 11. n. 1; zu § 14. n. 1. — G. Matt. 1. f. 163 V.

3. Eine neue, wegen eines andern Verbrechens eintretende Untersuchungshaft unterbricht den Lauf der Strafzeit, wenn der Angeklagte zu diesem Ende aus dem Zuchthause in das Untersuchungsgefängniß zurückgebracht wird.

4. Urtheile auf lebenslängliche Zuchthausstrafe bedürfen vor der Vollstreckung der Königlichen Bestätigung vgl. die Citate zu § 7. n. 3.

§. 11.

1. Die Verbüssung der Zuchthausstrafe ist erst von der Ablieferung in das Zuchthaus an zu rechnen (vgl. Min.-Verf. v. 27. Mai 1840 II, 2. JMBl. f. 190), sollte auch z. B. die verhaftete Angeklagte nur aus dem Grunde, weil sie ein Kind säugte, (nach § 566. der Kr.-O.) zum Zuchthause nicht abgeliefert, und im Gefängnisse verblieben sein. Beschl. I. 6. Sept. 1854 c. Raschke (G. A. 2. f. 686) ebenso im Grundsatze Beschl. I 8. Febr. 1856 c. Riedel. — Die citirte Min.-Verf. nimmt von dieser Regel die Fälle aus, wo die Ablieferung ins Zuchthaus wegen Ueberfüllung ausgesetzt, oder wo der Angeklagte im Gefängnisse wahnsinnig geworden, und in eine Irren-Anstalt gebracht ist. — Vgl. G. Matt. 1 f. 163 V; — Temme Gll. f. 68 n. 4. — Komm.-Ber. II. K. f. 31. — Vgl. zu § 14. n. 3.

benden darüber zu verfügen; sie werden nach den Formen, die zur Ernennung der Vormünder vorgeschrieben sind, unter Vormundschaft gestellt; auch darf ihnen während der Strafzeit kein Theil ihres Vermögens oder ihrer Einkünfte verabfolgt werden.

Die Verurtheilung zur Zuchthausstrafe zieht den Verlust der bürgerlichen Ehre von Rechtswegen nach sich.

[Entw. § 11.] Vgl. § 10. 12. Kr.-O. § 568. Rh. StGB. Art. 29. 30; — Ges. vom 11. April 1854 § 1. 2. 4. (G.S. S. 143.)

§. 12. Der Verlust der bürgerlichen Ehre umfaßt:

1) den Verlust des Rechts, die Preußische National-Kokarde zu tragen;

---

2. Die Unfähigkeit der Vermögensverwaltung tritt nur während der Abbüssung der Strafe, also nicht unbedingt mit der Rechtskraft des Urtheils ein. G. Matt. 1. S. 165.

3. Die Bestellung der Vormundschaft muß in der durch die Civilgesetzgebung angeordneten Weise erfolgen, und zieht auch die dort vorgeschriebenen Wirkungen nach sich. Im Gebiete des Rheinischen Rechts muß daher außer dem Vormund auch ein Gegen-Vormund bestellt werden, und der Verurtheilte hat auch die generelle Legal-Hypothek am Vermögen des Vormunds, da er als ein Interdizirter (BGB. Art. 2121.) anzusehen ist. Vgl. Rh. StGB. Art. 29.

4. Bestellung der Vormundschaft fällt da weg, wo der Verurtheilte vermögenslos, oder nicht sui iuris ist, oder wo es sich von einer Ehefrau handelt. Abh. im JMBl. 1852. S. 324; Beseler S. 102. n. 1. Koch S. 911. n. 16.

5. Die Bestimmungen des ALR. II, 2. § 255. und der Kr. O. § 568, den in Folge der Verurtheilung zu harter und schmählicher Zuchthausstrafe eintretenden Verlust der väterlichen Gewalt betreffend, sind durch Art. 11. nicht aufgehoben. Temme Gll. S. 69 n. 4; ib. Lehrb. S. 420.

6. Der Verlust der bürgerlichen Ehre tritt in Folge der Verurtheilung zur Zuchthausstrafe von Rechtswegen, d. h. ohne ausdrücklichen gerichtlichen Ausspruch ein. Z. 17. Sept. 1851 c. Riedel; — Z. 22. Sept. 1851 c. Pfefrei (Entsch. 22. S. 64; JMBl. 51. S. 320).

7. Im Falle der Verurtheilung zu einer Zuchthaus-Strafe darf der Verlust der bürgerlichen Ehre nicht auf eine bestimmte Zeitdauer beschränkt werden. B. 31. März 1852 c. Joh. (JMBl. S. 256).

8. Erfolgt die Verurtheilung zu einer an sich verwirkten Zuchthausstrafe aus dem Grunde nicht, weil dieselbe durch die wegen eines andern Verbrechens erkannte Todesstrafe absorbirt wird, so kann der Verlust der bürgerlichen Ehre nicht eintreten, und auf denselben auch nicht erkannt werden. B. I. 7. Sept. 1853 c. Röhl und Gen.

9. Der Verlust der bürgerlichen Ehre ist die Folge der Verurtheilung zur Zuchthausstrafe; wo also im Wege der Gnade die zu verbüßende Zuchthausstrafe erlassen, oder in eine gelindere Strafe verwandelt wird, bleibt die bürgerliche Ehre verloren, wenn nicht die Begnadigung ausdrücklich auf sie ausgedehnt worden ist; aus demselben Grunde tritt der Verlust nicht ohne Weiteres da ein, wo die verhängte Todesstrafe durch die Königliche Gnade in Zuchthausstrafe verwandelt worden ist. G. Matt. 1. S. 168 IV. Letzteres ist jedenfalls bedenklich; im Zweifel ist in einem solchen Falle unter „Zuchthausstrafe" die Zuchthausstrafe des StGB. mit allen ihren Folgen zu verstehen.

10. Ueber Beschäftigung der Zuchthaussträflinge vgl. Ges. v. 11. Apr. 1854. § 1. 2. 4. (G.S. S. 143).

§. 12.

1. Der Verlust der bürgerlichen Ehre trifft auch den Ausländer, und ist geeignetn Falles darauf zu erkennen. Temme Gll. S. 72. n. 6. id. Lehrb. S. 435 und

2) die Unfähigkeit, öffentliche Aemter, Würden, Titel, Orden und Ehrenzeichen zu führen oder zu erlangen, sowie den Verlust des Adels;
3) die Unfähigkeit, Geschworener zu sein, in öffentlichen Angelegenheiten zu stimmen, zu wählen oder gewählt zu werden, oder die aus öffentlichen Wahlen hervorgegangenen oder andere politische Rechte auszuüben;
4) die Unfähigkeit, als Zeuge oder Sachverständiger eidlich

---

im Prinzip: B. I 16. März 1853 c. Knauer (G. A. 2. s. 248) Z. I. 11. Nov. 1853 c. Lindenthal; —

2. Rehabilitirung kann im Wege der Begnadigung erfolgen, und ist bei hierauf bezüglichen Gesuchen, das gewöhnliche für Begnadigungs-Gesuche vorgeschriebene Verfahren inne zu halten. A.K.O. v. 30. Dez. 1852. (JMBl. 1853 s. 122); Verf. des Min. d. J. v. 18 Jan. 1853 (ibid.). — Vgl. zu § 11. n. 9.

Zu Nr. 2.

3. Unter „öffentlichen Aemtern“ sind auch die Communal- und standesherrlichen Aemter zu verstehen. G. Matt. 1. s. 138 und 169.

4. Dasselbe gilt nicht von Hofämtern, weil ihr Dienst willkührlich widerruflich ist. G. Matt. 1. s. 169.

5. Die ausländische Beamtenqualität kann nur insoweit berührt werden, als es sich von der Geltendmachung äusserer Vorzüge aus dieser Qualität in Preußen handelt. G. Matt. 1. s. 144 und 169. *Contra:* Temme Gll. s. 13 Note 3. id. Lehrb. s. 440.

6. Von dem in Folge des Verlusts der bürgerlichen Ehre eintretenden Verluste von Gehalt, Pensionen oder Gnadengehältern ist der betr. Kassen-Behörde Kenntniß zu geben. Vgl. Min.-Verf. v. 29. Juni 1851 n. 14. (JMBl. s. 232).

7. Die Erbämter sind den Würden beizuzählen. G. Matt. 1. s. 142 flg. 170.

8. Dasselbe gilt vom Akademischen Doktorat. Mit dem Verluste desselben geht auch die Befugniß zur ärztlichen Praxis verloren (arg. Gew.-Ordn. v. 17. Jan. 1845. § 71. 42., mit welchen § 173. 174. zu vergleichen) G. Matt. 1. s. 170. Koch s. 912. n. 19.

9. In Betreff der Würden, Titel, Orden und Ehrenzeichen findet ein Unterschied zwischen in- und ausländischen nicht Statt. G. Matt. 1. s. 144. 169; — Beseler s. 107. *Contra:* Temme Gll. s. 73 n. 7; id. Lehrb. s. 440. Koch s. 912 n. 20.

10. Ueber die Mittheilung des Tenors aller Urtheile, welche den Verlust von Orden und Ehrenzeichen zur Folge haben, an die General-Ordens-Komm. vgl. Min.-Verf. v. 29 Juni 1851 n. 15 (JMBl. s. 232).

11. Ueber die im Wege der Strafvollstreckung zu bewirkende Abnahme der Orden, Ehrenzeichen und Denkmünzen nebst den darüber sprechenden Patenten und Besitzzeugnissen, und Einsendung derselben an die General-Ordens-Kommission vgl. Min.-Verf. v. 20. Nov. 1851 (JMBl. s. 373).

12. Der Verlust des Adels trifft auch die Ehefrau, insofern die Ehe fortbesteht, und die nachgebornen Kinder. G. Matt. 1. s. 172. Temme Lehrb. s. 441; *Contra:* Koch s. 912. n. 20.

13. Von den rechtskräftigen Verurtheilungen, welche bei dem davon Betroffenen den Verlust des Adels zur Folge haben, ist dem Justiz-Minister eine beglaubigte Abschrift einzureichen. Min.-Verf. v. 14. April 1853 (JMBl. s. 160). Vgl. Min.-Verf. v. 6. Aug. 1855 (JMBl. s. 246).

Zu Nr. 3.

14. Zu den „öffentlichen“ gehören auch die Kommunal- und kirchlichen Angelegenheiten. G. Matt. 1. s. 173.

Zu Nr. 4.

15. Auch die Unfähigkeit zum Zeugeneide beginnt erst mit der Rechtskraft

vernommen zu werden, oder als Zeuge bei der Aufnahme von Urkunden zu dienen;

5) die Unfähigkeit, Vormund, Nebenvormund, Kurator, gerichtlicher Beistand oder Mitglied eines Familienrathes zu sein, es sei denn, daß es sich um die eigenen Kinder handle und die obervormundschaftliche Behörde oder der Familienrath die Genehmigung ertheile;

6) den Verlust des Rechts, Waffen zu tragen und die Unfähigkeit, in die Armee einzutreten.

Der Verlust der bürgerlichen Ehre tritt mit dem Tage ein, an welchem das Urtheil rechtskräftig wird.

Insofern nach den bestehenden besonderen Vorschriften, in Folge der Begehung von strafbaren Handlungen, der Verlust noch anderer, als der vorstehend erwähnten Rechte, namentlich der Mitgliedschaft an kaufmännischen und anderen Korporationen eintritt, behält es bei diesen Bestimmungen sein Bewenden.

[Entw. § 12.] Vgl. § 21—24. 63. 64.

§. 13. Die Strafe der Einschließung besteht in Freiheitsentziehung mit Beaufsichtigung der Beschäftigung und Lebensweise der Gefangenen; sie wird in Festungen oder in anderen besonders dazu bestimmten Räumen vollstreckt.

Die Einschließung kann nicht über zwanzig Jahre erkannt werden.

[Entw. § 13.] Vgl. § 15. 16. 30. 63. 64.

---

des die Untersagung aussprechenden Urtheils. Z. II. 14. Dez. 1854 c. Gerhard (G. A. 3. s. 128).

16. Diese Vorschrift hindert nicht, daß ein so Verurtheilter nach § 356. und 357. der Kr. O. uneidlich zur Aufklärung der Sache vernommen werde. Z. I 8. Dez. 1854 c. Brodmeier. — Dasselbe gilt nach Rheinischem Verfahren; die Vorschrift des Art 317. der Rh. StPO. unterstellt, daß die eidliche Vernehmung der als Zeuge geladenen Person statthaft sei; ein Zeuge auf welchen § 12. Anwendung erleidet, darf daher uneidlich abgehört werden, und zwar nicht blos vermöge der diskretionären Gewalt des Präsidenten, sondern auch auf Anordnen des Schwurgerichtshofs Z. II. 22. März 1855 c. Heinzman und Gen.

17. Dagegen stellt die eidliche Vernehmung eines Zeugen, welche zu einer Zeit, wo ihm die Ausubung der bürgerlichen Ehrenrechte untersagt war, und obgleich diese Untersagung von ihm in der Sitzung selbst angegeben war, vor einem Schwurgerichtshofe stattfindet, die Verletzung einer wesentlichen Vorschrift des Verfahrens (Ges v. 3. Mai 1852 Art. 108. Nr. 1. und Schlußsatz) dar und zieht die Nichtigkeit des Verfahrens nach sich, zumal da die Vereidung bei den Geschwornen die Meinung hervorbringen konnte, es walte gegen die Zeugnißfähigkeit des Individuums ein Bedenken nicht ob. V. I. 11. Juli 1855 c. Pauly.

§. 13.

1. Die „Beaufsichtigung der Beschäftigung“ schließt keinen Arbeitszwang in sich. G. Matt. 1. s. 99 fg. 178.

§ 14. Die zur Gefängnißstrafe Verurtheilten werden in einer Gefangenanstalt eingeschlossen und können daselbst in einer, ihren Fähigkeiten und Verhältnissen angemessenen Weise beschäftigt werden.

Die Dauer der Gefängnißstrafe soll, insofern nicht das Gesetz ein Anderes bestimmt, höchstens fünf Jahre betragen.

[Entw. § 14.] Vgl. § 15—17. 43. 35. 57. Nr. 3. 58. 334. 341. Ges. v. 11. Apr. 1854 § 3. 4. (G.S. S. 143.)

---

2. Ueber die Anrechnung der Untersuchungshaft vgl. zu § 10. n. 2. zu § 14. n. 1

3. Ueber die zur Vollstreckung dieser Strafe bestimmten Festungen sind zu vergleichen Verf. des Kriegs-Min. v. 31. Mai 1852; Min.-Verf. v. 2. Juni 1852.

§. 14.

1. Kein jetzt in Geltung befindliches Gesetz gestattet dem Strafrichter die wegen eines Verbrechens oder Vergehens verwirkte Strafe, und namentlich eine Gefängnißstrafe durch eine zuvor bestandene Untersuchungshaft für verbüßt zu erachten; diese kann daher nur als Strafzumessungsgrund in Betracht kommen, so daß jedesmal mindestens das geringste Maaß der gesetzlichen Strafe verhängt und vollstreckt werden muß. B. I. 26. April 1854 c. Gantzkow; B. I. 12. Mai 1854 c. Rietz (JMBl. 55. S. 95). B. I. 16. Jan. 1856 c. Schade; B. I. 30. Jan. 1856 c. Hayeck. Aehnlich Z. 1. 31. Okt. 1855 c. Wendt, welches entschied, daß eine längere Untersuchungshaft, selbst wenn sie ungerechtfertigt gewesen wäre, dem Angeklagten kein Recht gebe, deren Anrechnung auf die verwirkte [Gefängniß-] Strafe zu verlangen. — Die Richtigkeit dieser Ansicht wird durch § 159. der V. v. 3. Jan. 1849 und § 320. Abs. 2. des StGB. („rechtskräftig ausgesprochen") bestätigt. So auch Komm.-Ber. der II. K. S. 30; Beseler S. 88; Temme Gl. S. 113 n. 4; Koch S. 901. Vgl. zu § 10. n. 2. — Früher hatte das Ober-Tribunal in einer Reihe von Fällen rücksichtlich der Gefängnißstrafe im entgegengesetzten Sinne entschieden: Z 12. Juli 1852 c. Baum (Entsch. 23. S. 460); Z. 27. Okt. 1852 c. Drabandt (G. A. 1. S. 68); B. I. 15. Juni 1853 c. Borzyskowski; B. I. 22. Juni 1853 c. Göbel; Z. II. 21. Apr. 1853 c. Wigand. — So auch G. Matt. S. 164. 179. — Noch unzweifelhafter ist es, daß, wenn das verurtheilende Erkenntniß von einer Anrechnung der Untersuchungshaft auf die zuerkannte Freiheitsstrafe nichts enthält, später bei Vollstreckung der Strafe eine solche Anrechnung sich als völlig unstatthaft darstelle.

2. Ueber die Vollstreckung der Gefängnißstrafe vgl. Min.-Verf. v. 24. Juni 1851 und Min.-Instr. v. 1. Nov. 1851 (JMBl. S. 237. 366).

3. Dem verhafteten Angeklagten ist, wenn er kein Rechtsmittel gegen das ihn verurtheilende Erkenntniß einlegt, die zuerkannte Gefängnißstrafe vom Tage der Verkündung des Urtheils [erster Instanz] an zu rechnen (arg. V. v 3. Jan. 1849 § 158.) Min.-Verf. v. 26. Juli 1853. Zu vergl.: Min.-Verf. v. 27. Mai 1840 (JMBl. S. 190). *Sic:* Beschl. I. 14. Juni 1854 c. Tamms (G. A. 2. S. 820). — Anders bei der Zuchthausstrafe vgl. zu § 11. n. 1.

In der Rheinprovinz kann der Strafvollzug erst nach eingetretener Rechtskraft des Urtheils eintreten, ohne Unterschied ob das Rechtsmittel von der Staatsanwaltschaft oder vom Beschuldigten ergriffen worden ist. Dagegen wird dem verhafteten Beschuldigten die zuerkannte Gefängnißstrafe vom Tage des letzten Urtheils an zu rechnen sein, wenn dieses durch Nichteinlegung des gestatteten Rechtsmittels in der betreffenden Frist rechtskräftig geworden ist.

4. Die Wahl der Beschäftigung steht der Behörde, welcher die Verwaltung des Gefängnisses obliegt, zu; der Verurtheilte hat einen Anspruch auf bestimmte, durch die Voraussetzungen des § bedingte Arbeit nicht. G. Matt. 1. S. 179 n. 3. — Ueber diese Beschäftigung sind noch zu vergleichen Ges. v. 11. April 1854 § 3 flg.; Min.-Verf. v. 10. April 1854 (JMBl. S. 158).

§. 15. Bei den nach Tagen, Wochen oder Monaten bestimmten Freiheitsstrafen wird der Tag zu vierundzwanzig Stunden, die Woche zu sieben Tagen, der Monat zu dreißig Tagen gerechnet.

Die Dauer einer Freiheitsstrafe soll mindestens Einen Tag betragen.

[Entw. § 15.] Vgl. § 13. 14. 16.

§. 16. Wenn bei Freiheitsstrafen eine Umwandelung der gesetzlich vorgeschriebenen Strafart erfolgen muß, so ist einjährige Einschließung einer achtmonatlichen Gefängnißstrafe und einjährige Gefängnißstrafe einer achtmonatlichen Zuchthausstrafe gleich zu achten.

[Entw. § 15 a.] Vgl. §. 56. 57. 17. Ges. v. 3. Mai 1852 Art. 131. 133.

§. 17. Geldbußen können nicht unter dem Betrage Eines Thalers erkannt werden.

---

§. 15.

1. Bei Verhängung von Freiheitsstrafen nach Jahren sind stets Kalender-Jahre anzunehmen. G. M. 1. f. 182 n. 1; Temme Gll. f. 76 n. 1. 2; Koch f. 915 n. 25.

2. Temme (Gll. f 76 n. 2) glaubt, es dürfe hiernach nicht mehr auf Bruchtheile eines Jahrs, sondern nur noch auf eine bestimmte Anzahl von Monaten erkannt werden. Jedenfalls schließt die Befolgung dieser Regel sonst leicht mögliche Zweifel aus.

3. Die Bestimmung des Schlußsatzes dieses § findet auch bei Straf-Unmündigen im Falle des § 43 Nr. 3. Anwendung, weil das Herabgehen „unter das niedrigste Maaß der gesetzlichen Strafe“ doch nur eine solche Strafe gestattet, welche das Gesetz überhaupt zuläßt. V. I. 4. Juli 1855 c. Henschel (G. A. 3. f. 697). Vgl. zu § 43 n. 3.

4. Gefängnißstrafen von längerer als eintägiger Dauer dürfen nur nach ganzen Tagen bemessen werden; zusätzliche Verhängung von Bruchtheilen eines Tages ist unstatthaft.

§. 16.

1. Im Begnadigungswege kann unbedenklich auch die Verwandlung einer strengern Freiheitsstrafe in eine gelindere, und selbst in eine Geldstrafe erfolgen, und sind in einem solchen Falle auch noch die Vorschriften der Instr v. 26—30. Juni 1834 (Jahrb. 43. f. 642) anwendbar. Z. I. 2. Dez. 1853 c. Nasse (JMBl. 54 f. 81; G. A 2 f. 107) Vgl. G. Matt. 1. f. 185; Temme Gll f. 77 n. 2. 5; u zu § 17. n. 12

2. Das Verhältniß der Einschliessung zur Zuchthausstrafe ist hiernach wie neun zu vier. Temme Gll. f. 77 n. 3.

§. 17.

1. Wo nicht besondre Ausnahmen ausdrücklich gemacht sind (wie z. B. durch AKO. v. 24 Mai 1844), finden die §§ 17 und 335. auch auf die in Spezialgesetzen als öffentliche Strafen angedrohten Geldbussen Anwendung. Z I. 26. Okt. 1853 c. Jankowski. Das gilt auch da, wo ein Spezialgesetz zwar selbst einen Verwandlungsmaaßstab aufstellt, dieser aber nur auf § 88 des ALR. II. 20. beruht. Z. II. 3. Nov. 1855 c. v. Lobeck Als Beispiel würde § 31 des Hausir-Regulatifs v. 28. Apr. 1824 gelten können, wenn der dort aufgestellte Maaßstab nicht durch die AKO. v. 31. Dez. 1836 (GS. 37 f. 13) durch einen andern ersetzt worden wäre; der letztere ist daher durch die §§ 17 und 335 nicht beseitigt.

An die Stelle einer Geldbuße, welche wegen Unvermögens des Verurtheilten nicht beigetrieben werden kann, soll Gefängnißstrafe treten. Die Dauer derselben soll vom Richter so bestimmt werden, daß der Betrag von Einem Thaler bis zu drei Thalern einer Gefängnißstrafe von Einem Tage gleichgeachtet wird; die Dauer der Gefängnißstrafe beträgt mindestens Einen Tag und höchstens vier Jahre.

Wenn eine zu verwandelnde Geldbuße neben Zuchthaus auszusprechen ist, so soll die Geldbuße nicht in Gefängniß, sondern in Zuchthaus, jedoch unter Verkürzung der Dauer (§ 16.), verwandelt werden.

[Entw. § 16] Vgl § 16 17. 20. 335; Ges. v. 3. Mai 1852 Art. 132 133.

---

2. Mit Rücksicht auf den unter n. 1. aufgestellten Grundsatz kann bei den durch Spezialgesetze vorgesehenen Vergehen, wenn nicht ein andres ausdrücklich vorgeschrieben ist, Geldbusse nicht unter einem Thaler erkannt werden. *Contra:* Komm.-Ber. I. K. s. 4; G. Matt. 1. s. 193 n. 11; Koch s. 915 n. 29. Vgl. zu § 235 n. 1. 2.

3. Dagegen sind mit einem in Kraft verbliebenen Spezialgesetze die darin enthaltenen besondern die Strafumwandlung betreffenden Bestimmungen in Kraft verblieben (vgl. aber n. 1.) Gleichwohl kann mit Rücksicht auf Art. IX. des Einf.-Gesetzes im Falle des § 4 des Zollstrafgesetzes v. 23. Jan. 1838 statt der Geldbusse nicht auf Zuchthaus- oder Festungs-Arrest, sondern nur auf Gefängniß erkannt werden. Temme Gll s. 97 n. 7.

4. Die Beschränkung des Maasses der substituirten Freiheitsstrafe bezieht sich nicht auf den Fall der realen Konkurrenz, da § 17 Abs. 2. ausdrücklich sagt: „an die Stelle einer Geldbusse rc.“ Temme Gll. s 79 n. 5. *Contra:* Z. I. 25. Mai 1853 c. Löwenherz (Präj. n. 37; Entsch. 25. s. 270; G. Arch. 1. s 559) in Betreff mehrerer in realer Konkurrenz begangener Zollvergehen. Ebenso Z I. 9 Mai 1855 c. Steinthal; zu bemerken ist, daß der § 3 des Zollstrafgesetzes v 23. Jan. 1838 in einer dem § 17. ganz entsprechenden Weise gefaßt ist.

5. Die Umwandlung in Zuchthausstrafe muß selbst dann erfolgen, wenn wegen eines andern connexen Verbrechens auf Zuchthausstrafe erkannt wird. Temme Gll. s. 78 n 3.

6. Die Umwandlung der Geldbusse in Freiheitsstrafe für den Fall der Uneinziehbarkeit, soll in dem verurtheilenden Erkenntnisse selbst erfolgen. Ges. v. 3 Mai 1852 Art. 132, wo auch das Verfahren geregelt ist, welches da zu beobachten, wo jene Vorschrift versäumt worden. — In der Rheinprovinz wird in einem solchen Falle die Vorladung des Verurtheilten vor dasjenige Gericht, welches in Betreff der Vollstreckung zu entscheiden kompetent ist, erfolgen, und im kontradiktorischen Verfahren verhandelt werden müssen. Vgl. über die Pflicht der Rheinischen Gerichte im Erkenntnisse selbst die Umwandlung vorzunehmen: AKO. v. 18. Sept. 1824 (Rh. Samml 2 s. 526). — Nach denselben Grundsätzen ist zu verfahren, wenn ein Theil der Geldbusse eingezahlt ist, und es sich nun fragt, welche Freiheitsstrafe an die Stelle des uneinziehbaren Restes tritt. Wenn daher ein Streit darüber entsteht, ob die Theilzahlung, welche der wegen einer Steuerdefraude Verurtheilte gemacht hat, auf die nachzuzahlenden Gefälle und Kosten, oder aber auf die Geldbusse anzurechnen sei, so hat das angerufene Instanzgericht darüber zu entscheiden, und eventuell die Umwandlung des noch rückständigen Restes der Geldbusse vorzunehmen. Beschl. I. 8. Juni 1855 c. Lazarus Jakob, wo gleichzeitig angenommen ward, die Anrechnung müsse zunächst auf die Geldbusse erfolgen.

7. Der Richter hat nach den Umständen zu ermessen, welchen Maaßstab er zum Grunde legen will, und kann hiernach z. B. eine Geldbusse von drei Thalern

§. 18. Läßt das Gesetz zwischen Freiheitsstrafe und Geldbuße die Wahl, so ist auf die Geldbuße in den milderen Fällen zu erkennen. Im Falle des Unvermögens tritt Freiheitsstrafe nach den Grundsätzen über die Strafverwandelung (§ 17.) ein.

[Entw. § 16 a.]

§. 19. Die Konfiskation findet nur in Beziehung auf einzelne Gegenstände statt.

---

sowohl in ein- als in zwei- oder in dreitägige Gefängnißstrafe verwandeln. Min.-Verf. v. 2. Jan. 1854 (JMBl. S. 2); Temme Gl. S. 79 n. 4.

8. Der Grundsatz, daß auch die subsidiäre Gefängnißstrafe mindestens einen Tag lang dauern müsse, kommt auch bei Steuervergehen zur Anwendung. (Steuer-Ordn. v. 8 Feb. 1819 § 64; Einf. Ges. Art. III.) B. I. 4. Juli 1855 c. Henschel (G. A. 3. S. 697).

9. Auch die Dauer längerer substituirter Freiheitsstrafen darf nur nach ganzen Tagen bemessen werden; Zusätze von Bruchtheilen eines Tags sind unstatthaft. Vgl. zu § 15. n. 4.

10. Die im Gesetze alternative angedrohten Geld- und Gefängnißstrafen sind nicht als Parallelstrafen anzusehen; bei Abmessung der eventuell zu substituirenden Gefängnißstrafe ist daher die alternative angedrohte Prinzipalgefängnißstrafe nicht maaßgebend. Vgl. Z. I. 17. Okt. 1855 c. Hirsch (G. A. 3. S. 831).

11. Nach dem Antritt der substituirten Freiheitsstrafe kann die Abbüssung des Rests nur durch Zahlung der ganzen Geldbusse beseitigt werden: arg. Zoll-Str.-Ges. v. 23. Jan. 1838 §. 55., wo dieses für Zollbefranden ausdrücklich ausgesprochen ist.

12. Umwandlung einer Freiheitsstrafe in Geldbusse ist nur im Gnadenwege statthaft, jedoch ist die auf § 590. der K.-O. beruhende hierauf bezügliche Befugniß des Justiz-Ministers nicht aufgehoben, und dabei das durch die Instruktion (A.K.O.) 26—30. Juni 1834 (Jahrbb. 43. S. 642) vorgeschriebene Verfahren zu beobachten. In einem solchen Falle ist der Maaßstab des § 17. nicht bindend. Z. I. 2. Dez. 1854 c. Nasse (JMBl. 54. S. 81; — G. A. 2. S. 107); wohl aber kann derselbe analog zur Anwendung gebracht werden. Z. I. 17. Okt. 1855 c. Hirsch (G. A. 3. S. 831). Vgl. zu § 16. n. 1.

13. Eine Anrechnung der Untersuchungshaft auf die zu verhängende Geldstrafe in andrer Weise denn als Strafzumessungsgrund ist unstatthaft. Vgl. zu § 10 n. 2. und zu §. 14 n. 1.

14. Ueber das Maaß der zu verhängenden Geldstrafen und der ihnen zu substituirenden Gefängnißstrafen vgl. zu § 57. n. 3. 4.

§. 18.

1. Es verstößt gegen die Vorschrift dieses §., wenn bei der Wahl zwischen Gefängniß und Geldbusse auf die Vermögensverhältnisse des Angeklagten Rücksicht genommen wird. Z. I. 7. Dez. 1853 c. Kalitzki.

2. Entspricht die der Geldbusse substituirte Freiheitsstrafe den Grundsätzen des § 17., so kann sie geringer sein, als das geringste Maaß der alternative angedrohten Prinzipal-Gefängnißstrafe.

3. Im Uebrigen unterliegt die Wahl dieser oder jener alternative angedrohten Strafe dem Angriffe im Wege der Nichtigkeitsbeschwerde nicht. Z. I. 8. April 1853 c. Lehnigk; Z. II. 7. Juli 1853 c. Paßmann; Z. I. 28 April 1854 c. Bandau.

4. Die Fassung des § 18. ergiebt auch, daß nie zwei Strafen alternative nach der Auswahl des Verurtheilten verhängt werden dürfen. Vgl. G. Matt. 1. S. 202 Note 4.

§. 19.

1. Ueber die zu allgemeine Fassung des zweiten Absatzes des § 19. vgl. Temme Gl. S. 81 n. 3. id. Lehrb. S. 452. — Die durch das Verbrechen ꝛc. hervorgebrachten Gegenstände sind zu konfisziren, wenn ihre Hervorbringung Zweck

Gegenstände, welche durch das Verbrechen oder Vergehen hervorgebracht, oder welche zur Begehung desselben gebraucht oder bestimmt worden sind, sollen, sofern sie dem Thäter oder einem Theilnehmer der That gehören, konfiszirt werden.

Wenn der Inhalt einer Schrift, Abbildung oder Darstellung sich als Thatbestand einer strafbaren Handlung darstellt, so ist im Strafurtheile zugleich die Vernichtung aller vorfindlichen Exemplare und der dazu bestimmten Platten und Formen auszusprechen.

Ist die Schrift, Abbildung oder Darstellung ihrem Hauptinhalte nach eine erlaubte, so soll nur auf die Vernichtung der gesetzwidrigen Stellen und desjenigen Theils der Platten und Formen erkannt werden, auf welchem sich diese Stellen befinden.

[Entw. § 17] Vgl § 20 151. 333 Einf.-Ges Art VIII. XXVII. § 3; — Kr.-O § 638. — Verfassung v. 31. Jan 1850 Art. 10 — Preß-Ges. v. 12. Mai 1851 § 50 51. 52.

---

des Verbrechens ꝛc. war (z. B. falsche Münzen, Preßerzeugnisse), die zur Begehung gebrauchten Gegenstände, wenn sie unmittelbar als Werkzeug gedient haben, und auch nur bei vorsätzlichen Verbrechen ꝛc. Vgl. G. Matt. 1. f. 196 n. 2. Temme Lehrb. f. 452.

2. Daher ist ein Boot, in welchem sich ein unbefugt Fischender mit dem unmittelbar dazu dienenden Geräthe befindet, nicht schlechthin und von Rechtswegen zu den Gegenständen zu zählen, welche zur Begehung des Vergehens gebraucht oder bestimmt worden sind. Es würde um dieses anzunehmen, einer besondern dieses rechtfertigenden Feststellung bedürfen. Z I. 12. April 1854 c Kraest u. Gen. (G. A. 2. f. 418).

3. Die zur Wegschaffung der gestohlenen Gegenständen gebrauchten Transportmittel sind nur dann zu konfisciren, wenn sie zur Begehung des Diebstahls, nicht aber, wenn sie nach Vollendung des Vergehens zur Fortschaffung der Sachen gebraucht worden sind. Die Frage, ob und wann der Diebstahl vollendet gewesen, ist eine thatsächliche. Z. I. 6. Okt. 1854 c. Luszey. — Hiernach verletzt die Rechts-Ansicht: der Thatbestand eines Diebstahls von geschlagenem Holze im Walde sei von den Handlungen zum Fortschaffen des gestohlenen Guts unabhängig, und daher die zu letzterem gebrauchten Transportmittel nicht zu konfisciren — keinen Rechtsgrundsatz. Z. I. 27. Okt. 1854 c. Sablowski (G. A. 2. f. 821); Z. I. 17. Nov. 1854 c. Siemoneit.

4. Sind bei Gelegenheit eines mit Nachschlüsseln oder dgl. verübten Diebstahls dem ergriffenen Diebe mehrere Nachschlüssel oder Sperrhaken abgenommen, so sind sie alle zu konfisciren, weil sie alle als zur Begehung des Diebstahls bestimmt (je nachdem der eine oder der andere passen würde) anzusehen sind. B. 17. Dez. 1851 c. Heise u. Gen. (Entsch. 22. f. 64; G. A. 1. f. 70). [NB. Ob letzteres der Fall ist aber Gegenstand der thatsächlichen Beurtheilung.]

5. Nach der Fassung des zweiten Absatzes sind auch die durch das Verbrechen ꝛc. hervorgebrachten Gegenstände nur dann zu konfisciren, wenn sie dem Thäter oder einem Theilnehmer gehören. Dagegen fällt dieses Erforderniß bei der in den Absätzen drei und vier vorgeschriebenen Vernichtung weg. Vgl. hierüber aber das Preßges. v. 12. Mai 1851 § 50. Abs. 2. wo dieser Punkt näher bestimmt ist. Im Uebrigen sind die Vorschriften der beiden letzten Absätze des § 19. in den §§ 50. Abs. 1. und 2. und 55. des Preßgesetzes wiederholt.

§. 20. Geldstrafen können in den Nachlaß eines Angeschuldigten nur dann vollstreckt werden, wenn derselbe bei Lebzeiten rechtskräftig verurtheilt worden ist.

Die Konfiskation einzelner Gegenstände kann nach dem Tode des Angeschuldigten in dessen Nachlaß geltend gemacht werden, selbst wenn zu seinen Lebzeiten noch kein Urtheil ergangen ist.

[Entw. § 18.] Vgl. § 17. 19 — ALR. I. 9. § 363. 364; — Z.-Str.-Ges v 23 Jan 1838 § 22; V. v 3 Jan. 1849 § 159; Rh. StPO. Art 203.

---

6. Die Konfiskation der den Theilnehmern gehörenden Gegenstände ist nur insofern statthaft, als gegen dieselben eine Verurtheilung erfolgt (arg. § 20.), unbeschadet jedoch der Vorschrift des § 277. vgl. n. 7.

7. Die Vorschrift, daß nur die dem Thäter oder einem Theilnehmer der That gehörenden Gegenstände konfiszirt werden sollen, erleidet eine Ausnahme bei Jagdvergehen. Vgl. § 277.

8. Die Konfiskation ist eine Strafe, sie kann daher da nicht erfolgen, wo wegen mangelnden Unterscheidungsvermögens freigesprochen wird. Z. I. 14. Juni 1854 c. Kühn (G. A. 2. s. 545). Es handelte sich von einer Mahlsteuerdefraude.

9. Anders verhält es sich mit der in den letzten Absätzen des § 19. und im § 50. des Preßgesetzes v. 12. Mai 1851 vorgeschriebenen Vernichtung. Sie muß als selbstständige Maaßregel zur Beseitigung der schädlichen Wirkungen, auch da eintreten, wo die persönliche Strafbarkeit verjährt ist. V. 8. Dez. 1851 c. Sacco. (Entsch. 24. s 177). V. II. 9. Feb. 1854 c. Schrader (beide unter Anwendung des § 37. der frühern V. v. 30. Juni 1849).

10. Als Strafe (vgl. n. 8) muß die Konfiscation auch jedesmal in dem die sonstige Bestrafung aussprechenden Erkenntnisse ausgesprochen werden; dafür spricht auch der dieses in Betreff der Vernichtung ausdrücklich anordnende Absatz drei. *Contra*: V. 17. Dez 1851 c Heise u. Gen. (Entsch. 22. s. 64; — G. A. 1. s. 70), wo jenes nur in den Fällen der die Konfiskation noch speziell androhenden §§ 151 277. 340. 345. 348., und im Uebrigen nur da fur unerläßlich erachtet wird, wo die Frage: ob Konfiskation verwirkt sei, im Untersuchungs-Verfahren zur Kontestation gekommen ist.

11. Die Verhängung der Konfiskation ist nicht durch eine auf frischer That erfolgte Abnahme (Pfändung) der betr. Gegenstände bedingt, sie ist jedesmal, wo an sich die Voraussetzungen derselben vorliegen, auszusprechen, ohne Rücksicht auf die dem Vollzuge etwa entgegenstehenden Schwierigkeiten. V. 15. Sept. 1852 c. Hill u. Gen. (G. A. 1. s. 562); V. 17. Dez. 1852 c. Dreyer (Fälle des § 277. Vgl. zu diesem n. 1). — G. Matt. 1. s. 198 V.

12. Wo nicht Spezial-Gesetze eine Ausnahme bestimmen, ist nie statt der unausführbaren Konfiskation auf Erlegung des Werths zu erkennen. G. Matt. 1 s. 198 V. Temme Gl. s. 82 n. 7; id. Lehrb. s. 453.

13. Bei Uebertretungen kann die Konfiskation nur da ausgesprochen werden, wo sie ausdrücklich angedroht ist. Das folgt schon aus dem oben n. 1. Bemerkten, mit Rücksicht auf den Umstand, daß bei Uebertretungen von jedem Vorsatze abgesehen wird.

§. 20.

1. Durch den ersten Absatz des § 20. ist § 363. ALR. I. 9. abgeändert.

2. Als rechtskräftig ist ein Straferkenntniß anzusehen, sobald die ordentlichen Rechtsmittel (Rekurs, Appellation, Nichtigkeitsbeschwerde oder nach Rheinischem Rechte Einspruch, Berufung und Kassationsrekurs) erschöpft, oder die betreffenden Fristen unbenutzt verstrichen sind. Insbesondre muß im Gebiete des Rheinischen Rechts auch die durch Art. 205. der Rh. StPO. dem General-Prokurator gewährte zweimonatliche Appellationsfrist verstrichen sein. Vgl. Gilb. C. d'Instr. cr. Art. 203. n. 41.

§. 21. Die Untersagung der Ausübung der bürgerlichen Ehrenrechte auf Zeit bewirkt die Unfähigkeit, während der im Urtheil bestimmten Zeit die im § 12. erwähnten Rechte auszuüben.

Die Zeit soll wenigstens Ein Jahr und höchstens zehn Jahre betragen.

Die Wirkungen der Untersagung der Ausübung der bürgerlichen Ehrenrechte beginnen mit der Rechtskraft des Urtheils, in welchem sie ausgesprochen ist. Die Dauer dieser Strafe wird jedoch erst von dem Tage an berechnet, an welchem die Freiheitsstrafe verbüßt ist.

[Entw § 19] Vgl § 12 22—24; — 43 n. 1 Einf.-Ges. Art IX.

§. 22. Die Untersagung der Ausübung der bürgerlichen Ehrenrechte auf Zeit hat den Verlust aller aus früheren öffentlichen Wahlen für den Verurtheilten hervorgegangenen Rechte, ingleichen den Verlust der öffentlichen Aemter, Würden, Titel,

---

3. Der Charakter der Strafe, den die Konfiskation hat (siehe zu § 19. n. 8 und 10.), fällt an sich mit dem vor rechtskräftiger Entscheidung erfolgenden Tode des Angeklagten nicht weg; der Anspruch des Fiskus gegen den Nachlaß kann indessen dann nur noch ein civilrechtlicher sein, und nur vor dem Civilrichter verfolgt werden, welcher die Begehung des Verbrechens 2c. dann ebenso zu prüfen und festzustellen berufen ist, wie bei jeder andern auf einem Verbrechen 2c. beruhenden Civilklage. *Contra:* Temme Gll. s. 82; id. Lehrb. s. 453. — Beschl. des Kammer-Ger v. 2. Dez. 1852. (G. Arch. 1. s. 71).

4. Konfiskation der den Theilnehmern gehörenden Gegenstände vgl. zu § 19. n. 6.

§. 21.

1. Mit dem Ablaufe der bestimmten Frist hören die nachtheiligen Wirkungen der Strafe auf; mit der hiernach wieder auflebenden Fähigkeit Vormund zu sein, lebt aber die durch die temporäre Unfähigkeit verlorene Vormundschaft nicht wieder auf, es sei denn daß das Gesetz (z. B. des Rh. B. G. B. Art. 390. 402. 403.) Jemanden von Rechtswegen zur Vormundschaft beriefe. *Sic:* Beseler s. 128 (aus andern nicht durchgreifenden Gründen). *Contra:* Temme Gll. s. 84 n. 5.

2. Auch im Falle der realen Konkurrenz mehrerer diese Strafe nach sich ziehender Vergehen kann die Dauer der Untersagung zehn Jahre nicht überschreiten. Vgl. zu § 26. n. 3. Das dort Gesagte ist hier analog anzuwenden.

3. Die Untersagung der Ausübung der bürgerlichen Ehren-Rechte kann auf kürzere Zeit als die gleichzeitig wegen derselben Handlung verhängte Polizei-Aufsicht erfolgen. Z. I. 14. Juli 1854 c. Kaputschat. (G. A. 2. s. 687).

4. Die Strafe der Untersagung 2c. ist auch gegen Ausländer auszusprechen. V. I. 16. März 1853 c. Knauer (G. A. 2. s. 250); Z. I. 11. März 1853 c. Lindenthal; Temme Lehrb. s. 435.

5. Ist gleichzeitig wegen mehrerer Vergehen auf Freiheitsstrafe, und nur wegen eines derselben auf zeitliche Untersagung der bürgerlichen Ehrenrechte erkannt, so beginnt die Dauer der letztern doch erst von der Verbüssung der ganzen Freiheitsstrafe an zu laufen. Temme Lehrb. s. 445.

§. 22.

1. Vgl. zu § 12.

Orden und Ehrenzeichen, sowie den Verlust des Adels von Rechtswegen zur Folge. Die Entfernung aus der Armee tritt ein, soweit die Militairgesetze es vorschreiben.

[Entw. § 20] Vgl § 12. 21 23. 24 — Ges v. 15. April 1852 § 5

§. **23.** Entlassene Staatsdiener und Gemeindebeamte werden durch den Verlust der bürgerlichen Ehre und durch die Untersagung der Ausübung der bürgerlichen Ehrenrechte auf Zeit der ihnen aus der Staatskasse oder einer Gemeindekasse zu zahlenden Pensionen und Gnadengehalte von Rechtswegen verlustig.

[Entw § 21] Vgl § 12 21 22 24.

§. **24.** Ist ein Preuße im Auslande wegen eines Verbrechens oder Vergehens bestraft worden, welches nach Preußischen Gesetzen den Verlust der bürgerlichen Ehre oder die Untersagung der Ausübung der bürgerlichen Ehrenrechte auf Zeit nach sich zieht, so kann ein neues Strafverfahren vor den Preußischen Gerichten eingeleitet, und es muß gegen den Schuldigen

---

§. 23.

1. Auf andre mittelbare Beamten, als die im § ausdrücklich genannten, ist die Vorschrift desselben nicht auszudehnen, ebensowenig auf Wittwenpensionen, Präbenden und dgl. G. Matt. 1. s. 215 n. 3; Temme Gll. s. 84 n. 2. 3. id. Lehrb. s. 455. Koch s. 918 n. 39.

2. Gilt § 23. auch von den Militärgnadengehältern der Invaliden, auf welche sich die AKO. v. 17 März 1829 und 25. Apr. 1835 (GS. 1829 s. 42; 1835 s. 46) beziehen? Eine Min.-Verf. v. 29. Dez. 1851 (JMBl. 1852 s. 2) betrachtete die cit. KO. v. 17. März 1829 als durch das StGB. nicht beseitigt, und eine Verf. des Kr.-Min. v. 1. Feb. 1853. (G. A. 1. s. 385), davon ausgehend, daß mit Rücksicht auf Ges. v. 15. Apr. 1852 § 16. (GS. s. 117) die Civil-Gerichte über Aberkennung und Belassung des Gnadengehalts gar nicht mehr zu erkennen hätten, giebt nähere Vorschriften, in welcher Weise der gänzliche oder theilweise Verlust als Folge einer Verurtheilung eintrete. — Dagegen nahm V. II. 28. Apr. 1853 c. Kaufhold (Präj. 31; Entsch. 26. s. 132; G. A. 1. s. 384) an: „Die Bestimmung des § 23. „finde auch auf Pensionen und Gnadengehalte entlassener Militär-Invaliden Anwendung," und die engeren Bestimmungen der cit. AKO. v. 17. März 1829 und 25. Apr. 1835 seien dadurch aufgehoben. — Für jene Ansicht hat sich indessen auch eine Just.-Min.-Verf. v. 10. Nov. 1852 ausgesprochen, welche darauf hinverweist, daß der Entwurf von 1847 im § 405. eine dem jetzigen § 23. entsprechende Vorschrift, gleichwohl im Absatze Zwei in Betreff der Gnadengehälter der Militär-Invaliden abweichende Bestimmungen enthielt, und aus dem Wegfalle dieses Zusatzes nicht geschlossen werden dürfe, daß abweichend von allen bisherigen Resultaten der Berathung, die Militär-Invaliden den Beamten hätten gleichgestellt, sondern daß in Betreff ihrer das Nähere anderweiten Vorschriften der Militärgesetzgebung habe vorbehalten werden sollen.

§. 24.

1. Das neue Strafverfahren ist nur nach dem Ermessen der Staatsanwaltschaft gestattet ist dasselbe aber eingeleitet so **muß** der **Richter** auf die verwirkte Strafe erkennen.

2. Der § bezieht sich offenbar nur auf die im **Auslande** begangenen Verbrechen ꝛc., und beabsichtigt für diesen Fall eine Vervollständigung der Vorschrift

in Gemäßheit der Preußischen Gesetze auf Verlust der bürgerlichen Ehre oder Untersagung der Ausübung der bürgerlichen Ehrenrechte auf Zeit erkannt werden.

[Entw. § 22] Vgl. § 4. 12 22. 23

§. 25. Die zeitige Unfähigkeit zur Bekleidung öffentlicher Aemter soll auf die Dauer von Einem Jahre bis zu fünf Jahren erkannt werden. Sie hat für die dazu Verurtheilten den Verlust ihrer Aemter von Rechtswegen zur Folge. Diese Wirkung tritt mit der Rechtskraft des Urtheils ein. Ist gleichzeitig auf eine Freiheitsstrafe erkannt, so wird die Dauer der zeitigen Unfähigkeit von dem Tage an berechnet, an welchem die Freiheitsstrafe verbüßt ist.

[Entw. § 22 a.] Vgl § 12. 21 22 23

§. 26. Die Stellung unter Polizei-Aufsicht soll auf die Dauer von Einem bis zu zehn Jahren erkannt werden.

---

des § 4. Nr. 3. Grade dann, wenn wegen der im Auslande erfolgten rechtskräftigen Aberkennung über die Handlung, und wegen des dort erfolgten Vollzugs oder Gnadenerlasses der etwa verhängten Strafe die Verfolgung und Bestrafung in Preußen, im Allgemeinen ausgeschlossen ist, sollen beide mit Rücksicht auf die hier erwähnten Ehrenstrafen noch zulässig sein. In allen andern Fällen bleibt es bei der unbedingten Statthaftigkeit der Verfolgung und Bestrafung nach Preußischen Gesetzen, wie § 4. Nr. 3. sie bestimmt hat. Vgl. Temme Gll. f. 85 n. 3.

3. Es genügt zur Anwendung des §, wenn das Preußische Gesetz die Verhängung der Ehrenstrafen auch nur gestattet, und nicht unbedingt gebietet. Temme Gll. f. 85 n. 4.

4. Die Fälle, wo der Verlust oder die Untersagung sich nur auf einzelne der im § 12. genannten Rechte bezieht (§ 25. 63. 64.), sind nicht ausgeschlossen. Temme Gll. f. 86. n. 8. *Contra:* G. Matt. 1. f. 217 n. 5.

5. Das Preußische Gericht hat eine neue selbstständige Prüfung der Thatsachen, sowie der Beweisfrage vorzunehmen. Temme Gll. f. 86 n. 7; id. Lehrb. f. 435.

§. 25.

1. Ueber die Dauer der Unfähigkeit im Falle realer Konkurrenz mehrerer diese Strafe nach sich ziehender Verbrechen 2c. vgl zu § 26. n. 3. 4.

2. Ueber die Unfähigkeit zur Beschäftigung in gewissen Diensten (vgl. § 299.), sowie über die Unfähigkeit zum selbstständigen Betrieb eines bisher ausgeübten Gewerbes 2c. (vgl. § 184. 202. 203. 267.) enthält der allgemeine Theil des Gesetzbuchs Nichts. Insoweit diese Unfähigkeit nur für eine bestimmte Frist verhängt wird, werden die für den Fall des § 25. geltenden Grundsätze über die Dauer derselben, sowie ihre Berechnung, auch bei jener zur Anwendung kommen. G. Matt. 1. f. 218 Note 2; —

§. 26.

1. Das Gesetz v. 12. Feb. 1850 ist, soweit es sich nicht auf Kontrebande und Zolldefraudationen bezieht, durch § 26 flg. aufgehoben. Vgl. zum Einf.-Ges. Art. II. n. 21; Verf. der Min. d. F. u. d. J. v. 6. Dez. 1851 und 5. März 1852 (VMBl. 1852 f. 11 u. 88); Beseler f. 135. n. 1; G. Matt. 1. f. 219 n. 2 a; Temme Gll. f. 87 n. 2; id. Lehrb. f. 459. Wenzel Ergänzungen 2c. 1. f. 61.

2. Ergehen gegen ein Individuum successive verschiedene Strafurtheile, bei welchen die Polizei-Aufsicht verwirkt ist, so ist dieselbe in jedem ganz auszusprechen, ohne daß dabei (wenn es sich von realer Konkurrenz handelt,) die nur für Freiheits-

Die Wirkungen der Stellung unter Polizei-Aufsicht beginnen mit der Rechtskraft des Urtheils, in dessen Folge sie eintritt. Die Dauer der Polizei-Aufsicht wird jedoch erst von dem Tage an berechnet, an welchem die Freiheitsstrafe verbüßt ist.

[Entw § 23] Vgl § 27—29 43 Nr 1. 116. Einf-Ges. Art VIII. XX; — Ges. v. 12 Feb 1850. (G S. f. 49.)

§. 27. Die Stellung unter Polizei-Aufsicht hat folgende Wirkungen:

1) es kann dem Verurtheilten der Aufenthalt an einzelnen bestimmten Orten von der Landespolizei-Behörde untersagt werden;

2) Haussuchungen unterliegen keiner Beschränkung hinsichtlich der Zeit, zu welcher sie stattfinden dürfen.

[Entw § 24] Vgl § 26 28. 29. 43 Nr. 1. 116 — Ges. v. 12. Feb. 1850 § 12 (G.S. f. 45)

---

strafen geltende Vorschrift des § 57. Nr. 1. analoge Anwendung fände. Dagegen ist bei der Vollstreckung die in mehreren Urtheilen erkannte Polizei-Aufsicht auf die Dauer von zehn Jahren, von dem der Verbüssung der letzten Freiheitsstrafe ab, zu beschränken, so daß die verschiedenen durch verschiedene Erkenntnisse verhängten Polizeiaufsichten kumulativ vollstreckt werden. B. I. 27. Jan. 1854 c. Langhoff. (JMBl. f. 128; — G. A. 2. f. 251) B. I. 16. Jan. 1856 c. Fischer u. Gen. Aehnlich Z. I. 24. Juni 1853 c. Wassilat; Z. I. 8. Juli 1853 c. Szielinski, (G. A. 2. f. 250) von welchen aber das letztere sich gegen die kumulative Vollstreckung aussprach, während das B. I. 16. Jan 1856 c. Fischer u. Gen. die Frage, ob eine solche Vollstreckung zu bewirken sei, nach Anleitung des § 131. des Ges. v. 3. Mai 1852 erörtert und beantwortet wissen wollte. Vgl. zu § 56. n. 22 flg. und G. A. 1. f. 220 n. 3.

3. Aus dem unter n. 2. Gesagten folgt, daß bei gleichzeitiger Aburtheilung zweier Verbrechen rc., von welchen jedes die Polizei-Aufsicht nach sich zieht, die Gesammtdauer derselben nicht über zehn Jahre hinaus bestimmt werden darf. Das besagt auch beiläufig das cit. B. I. 27. Jan. 1854 c. Langhoff. — Die Berechnung beginnt selbstredend aber erst mit der Verbüssung der ganzen verhängten Freiheitsstrafe.

4. Dagegen wird die Berechnung einer durch früheres Strafurtheil verhängten Polizei-Aufsicht weder durch die Verbussung einer anderweitigen Freiheitsstrafe, noch dadurch unterbrochen, daß sich der Verurtheilte der polizeilichen Beaufsichtigung in irgend einer Weise entzogen hat. Temme Gll. f 87 n. 4; — G. A. 2. f. 251.

5. Die Untersagung der Ausübung der bürgerlichen Ehrenrechte kann auf kürzere Zeit als die gleichzeitig wegen derselben Handlung erfolgte Stellung unter Polizeiaufsicht erfolgen. Z. I. 14. Juli 1854 c. Kaputschat (G. A. 2. f. 687).

§. 27.

1. Das Gesetz bestimmt in den §§ 27. 28. die Folgen der Stellung unter Polizei-Aufsicht genau; wird daher dem Verurtheilten von der Polizeibehörde eine über das Maaß dieser Bestimmungen hinausgehende Beschränkung auferlegt (z. B. das Verlassen des Wohnorts auch bei Tage nur nach vorgängiger Meldung beim Ortschulzen gestattet), so ist dieselbe nicht verbindlich, und eine Zuwiderhandlung nicht nach § 116. strafbar. Z II. 27. Okt. 1853 c. Goerges. Aehnlich Z. I. 8. Feb. 1854 c. Grübener (G. A. 2. f. 546 flg.), wonach eine Ausdehnung der vom Gesetz bestimmten Beschränkungen mit der Folge: daß eine Uebertretung gleichfalls durch den Richter als Vergehen zu ahnden sei, unzulässig ist. Vgl. auch

§. 28. **Gegen diejenigen, welche wegen Diebstahls, Raubes oder Hehlerei verurtheilt und unter Polizei-Aufsicht gestellt worden sind, kann die Ortspolizei-Behörde die Aufsicht dahin erweitern, daß dieselben während der Nachtzeit ihren Wohnort und selbst ihre Wohnung ohne Erlaubniß nicht verlassen dürfen.**

---

das in G. A. l. c. mitgetheilte Urtheil des Kammergerichts v. 9. Nov. 1853 c. Grübener.

Dagegen hatte ein früheres U. 22. März 1852 c. Beyer (JMBl. s. 194) angenommen: die Aufzählung der einzelnen Beschränkungen in den §§ 27. 28. habe nur den Sinn, daß die allgemeinen gesetzlichen Berechtigungen der freien Wahl des Aufenthaltsorts und der Unverletzlichkeit der Wohnung einer sachgemässen Handhabung der Polizeiaufsicht nicht entgegen stehen sollten, so daß auch andre Beschränkungen, welche einer verständigen Handhabung der Sicherheitspolizei entsprächen, auferlegt werden könnten, deren Uebertretung nach § 116. zu bestrafen sei. Vgl. hierüber Temme Gl. s 87 n. 3.

2. „Die Landespolizeibehörde (d. i. die Bezirks-Regierung) kann die ihr in „§ 27. Nr. 1. ertheilte Ermächtigung, dem zur Stellung unter Polizei-Aufsicht Ver„urtheilten den Aufenthalt an einzelnen bestimmten Orten zu untersagen, nicht auf „untergeordnete Polizeibehörden übertragen, wohl aber dadurch ausüben, „daß sie diese anweist, allen zur Polizei-Aufsicht Verurtheilten einer gewissen Klasse „den Aufenthalt an den von ihr, der Landespolizeibehörde, bestimmten Orten zu „untersagen.“ U. II. 28. Mai 1853 c. Dietze (Präj. n. 35. Entsch. 26. s. 136; G. A. 1. s. 562). Vgl. aber n. 3.

3. Die Worte „Aufenthalt an bestimmten Orten“ sind auf einzelne Ortschaften, nicht aber auf einzelne Lokalitäten der betreffenden Ortschaft zu beziehen. Es kann daher nicht der Besuch der öffentlichen Vergnügungsorte des Wohnorts untersagt werden. Z. I. 6 Juli 1855 c. Behrend. (G. A. 3. s. 698.) *Sic* Temme Gl. s. 87 n. 3; id. Lehrb. s. 457.

4. Unstatthaft ist es, dem Observaten einen bestimmten Bezirk zu bezeichnen, aus welchem er sich nicht entfernen dürfe. G. Matt. 1. s. 222 n. 1.

5. Es genügt, wenn die Untersagung mündlich erfolgt, es ist nicht unerläßlich, daß es zu Protokoll geschehe.

6. Die Untersagung kann mehrmals nach einander ausgeübt werden. G. Matt. 1. s. 221 n. 1.

7. Sind polizeiliche Ausweisungen nach § 27. nur in Folge einer rechtskräftig auferlegten Strafe zulässig? Beseler s. 136. III, 1 bejaht.

8. Die hier und im § 28. genannten Beschränkungen sind nur die Folge eines die Polizeiaufsicht ausdrücklich aussprechenden gerichtlichen Erkenntnisses. Ist daher vor Emanation des Gesetzes vom 12. Feb. 1850 (G.S. s. 49) ein Straferkenntniß ergangen, welches die Polizei-Aufsicht nicht verhängte, sondern nur in Gemäßheit des § 569. der Kr.-O., und der Cirk.-Verf. v. 12. Sept. 1815 (Jahrbb. 6. s. 26) eine polizeiliche Beaufsichtigung zur Folge hatte, so treten nicht die hier gedachten Folgen, sondern nur die unbeschränktere Gestattung von Haussuchungen nach dem Ges. z. Schutz d. pers. Fr. v. 12. Feb. 1850 § 13. (GS. s. 48) ein. Ist nichtsdestoweniger an den so Verurtheilten ein Verbot im Sinne der §§ 27. 28. ergangen, so sind Zuwiderhandlungen gegen dasselbe nicht strafbar. Z. 16. Juli 1852 c. Hauswald. Z. I. 1. Juli 1853 c. Nyakowski; Beschl. I. 3. Nov. 1854 c. Pohl. (G. A. 2. s. 829), Vgl zu § 116. n. 1. 2.

§. 28.

1. Was ist unter „Wohnort“ zu verstehen? Goltd. (Matt. 1. s. 222 n. 1.) und Temme (Gl. s. 88 n. 2.) nehmen an: der politische Gemeindebezirk, und wo Sammt-Gemeinden gebildet sind, die Sondergemeinde.

2. Die Bestimmung über den Begriff der „Nachtzeit“ ist lediglich in Beziehung auf Haussuchungen gegeben, und nur als eine fur einen bestimmten Fall

Die Nachtzeit umfaßt für die Zeit vom 1. Oktober bis 31. März die Stunden von 6 Uhr Abends bis 6 Uhr Morgens, und für die Zeit vom 1. April bis 30. September die Stunden von 9 Uhr Abends bis 4 Uhr Morgens.

[Entw. § 25.] Vgl. § 26. 27. 29; 43 Nr. 1; 116. — Gef v. 12 Feb. 1850 (Pol.-Aufsicht betr) § 9. (G S f. 49). — Gef v. 12 Feb. 1850 (Schutz der persönl. Freib) § 8. (G.S. f. 45)

§. 29. Ist derjenige, gegen welchen die Stellung unter Polizei-Aufsicht zu erkennen sein würde, ein Ausländer, so ist gegen denselben, anstatt der Stellung unter Polizei-Aufsicht, auf Landesverweisung zu erkennen.

[Entw. § 26.] Vgl. § 26—28; 43 Nr. 1; 115. 120. Kr.O § 572; AKO. v 10. März 1839 (G S f. 106) — Ges. v. 31. Dez 1842 (G.S. f 15).

---

aufgestellte Fiktion anzusehen; sie gestattet nicht eine analoge Anwendung in Fällen, welche nicht überhaupt alle Voraussetzungen dieses § vereinigen, also namentlich nicht auf den Fall des § 217. Nr. 6. Z. 2. Jan. 1852 c. Stix (JMBl. f. 110 Entsch. 21. f. 392; 22. f. 65); Z. 21. Jan. 1852 c. Goldmann. B. 20. März 1852 c. Falk; Z. 28. April 1852 c. Reißmann. B. I. 24. Feb. 1854 c. Geschke. Temme GA. f. 277. *Contra:* Beseler f. 419. —

3. In Betreff der Zolldefraudationen vgl. zu Einf.-Ges. Art II. n. 21.

§. 29.

1. Nach der AKO. v. 10. März 1839 sollten die Gerichte im Falle, wo ein als Ausländer über die Gränze gebrachter Landstreicher trotz der Verwarnung zurückkehrt, und dieserhalb verfolgt wurde (vgl. jetzt § 115), nunmehr aber Inländer zu sein behauptete, oder wenn diese Frage sonst zweifelhaft wurde, ein Gutachten der Regierung einholen, und dieses ihrem Erkenntnisse zum Grunde legen. Gleichwohl hat das Ober-Tribunal in Fällen, wo es sich von der Anwendung des § 29. handelte, diese Frage mehrfach geprüft. Vgl. n. 2—4. und zu § 115. n. 1.

2. Nach einem Z. I. 3. Feb. 1854 c. Bringe (G. A. 2. f. 252) sollen Ausländer im Sinne dieses § nur Angehörige eines fremden Staats sein, nicht aber diejenigen, welche nur die von ihnen nachgesuchte Entlassung aus dem Preußischen Unterthanen-Verbande erlangt haben, ohne in einen andern Staat aufgenommen zu sein. — Vgl. im Allgemeinen Staatsvertrag zwischen allen deutschen Regierungen v. 15. Juli 1851 § 1. (G.S. f. 711).

3. Um auf Landesverweisung statt auf Stellung unter Polizei-Aufsicht zu erkennen, genügt bei einem bereits vor Publikation des Gesetzes v. 31. Dez. 1842 aus dem Auslande eingewanderten Angeklagten nicht eine Feststellung, daß er nicht auf die in jenem Gesetze angegebene Weise das Indigenat erworben. Jenes Gesetz ist nicht rückwirkend, und da vor demselben Preußen in der Regel jedem Fremden zur Einwanderung offen stand, und der Regel nach ein Ausländer dadurch, daß er in Preußen seinen Wohnsitz nahm, Inländer wurde, so ist in solchen Fällen festzustellen, daß der Angeklagte vor dem Ges. v. 31. Dez. 1842 in Preußen keinen Wohnsitz hatte. B. 16. Juni 1852 c. Sowinski.

4. Im Allgemeinen ist übrigens die Frage: ob Jemand Inländer oder Ausländer sei, rein thatsächlich. Z. II. 6. Juli 1854 c. Pieper.

5. Die durch § 572. der Kr.-O. vorgeschriebene Verwarnung vor der Rückkehr ist zwar als Instruktion noch zu beobachten; die eventuelle Strafverhängung ist aber durch dieselbe nicht bedingt. G. Matt. 2. f. 195; Temme GA. f. 88. n. 4. Koch f. 920 n. 49. Vgl. zu § 115. n. 4.

6. Ueber die Vollstreckung der Landesverweisung vgl. Justiz-Minist.-Verf. v. 1. Okt. 1814. Verf. Min. d. J. v. 10. Okt. 1814 (Jahrb. 8. f. 106; 109, Ann. 11. f. 717).

§. 30. Alle Strafurtheile, in welchen auf Todesstrafe, auf Zuchthaus, oder auf Einschließung von mehr als fünf Jahren erkannt wird, sollen im Auszuge durch das Amtsblatt des Bezirks, in welchem das erkennende Gericht seinen Sitz hat, öffentlich bekannt gemacht werden.

[Entw. § 27.] Vgl. Kr.O. § 549 574

Zweiter Titel.

Von dem Versuche.

§. 31. Der Versuch ist nur dann strafbar, wenn derselbe durch Handlungen, welche einen Anfang der Ausführung

---

§. 30.

1. Wenn auch die Bekanntmachung eine Strafschärfung (Motive s. 12), also überhaupt eine Strafe ist, so bedarf es doch der ausdrücklichen Anordnung derselben im Urtheile nicht. Sie muß von Rechtswegen erfolgen.

2. Die Bekanntmachung erfolgt nach eingetretener Rechtskraft durch die zum Vollzuge berufene Behörde, in der Rhein-Provinz also durch die Staatsanwaltschaft, in den übrigen Provinzen durch die Gerichte, und zwar durch die Appellationsgerichte. Vgl. Min.-Verf. v 29. Juni 1851 n. 18. (JMBl. s. 232) id. 8. März 1853 (JMBl. s. 98).

3. Temme (Lehrb. s. 449) hält dafür, daß mit Rücksicht auf diesen § jede andere amtliche öffentliche Bekanntmachung von Strafurtheilen, (z. B. die Warnungsanzeige, welche die Crim.-O. § 574. vorgeschrieben hatte) jetzt fortfallen müsse.

§. 31.

Inhalt:

1. Ein Versuch kann nur durch vorsätzliche, nie durch fahrlässige Handlungen begangen werden. Bes. s. 141 III; G. Matt. 1. s. 253 I; s. 254 III; Temme GA. s. 92 n. 3; id. Lehrb. s. 267; Koch s. 921 n. 51; — Ebendeshalb giebt es keinen Versuch eines kulposen Vergehens; es muß vielmehr dasjenige, was beim Versuche am vollendeten Vergehen fehlt, (sei es an der verbrecherischen Handlung selbst, sei es an dem zum Thatbestande des Vergehens gehörigen Erfolge) vom Handelnden gewollt, und nur durch ihm fremde Umstände unterblieben sein. B. II. 29. Nov. 1855 c. Täger; G. Matt. l. c.

2. Der Versuch der Theilnahme an einem Verbrechen ꝛc. ist nicht denkbar; die Handlungen, in welchen derselbe gefunden werden könnte, müßten, um strafbar zu sein, allen Erfordernissen der wirklichen Theilnahme entsprechen, indem jeder Anfang der Ausführung sofort die letztere darstellen würde. G. Matt. s. 323; Temme GA. s. 103 n. 10; Zachariä in G. A. 3. s. 298; — So auch B. I. 18. Apr. 1855 c. Keber (Entsch. 30. s. 319; G. Arch. 3. s. 380), wo ausgeführt wird, eine versuchte Anstiftung sei nicht strafbar, wenn der Angestiftete die That weder verübt noch versucht habe. Aehnlich B. I. 9. März 1855 c. Kurowski (G. A. 3. s. 544).

3. Die Handlungen, durch welche der Versuch an den Tag gelegt worden, müssen einen Anfang der Ausführung enthalten. Das ist unmöglich, wenn

enthalten, an den Tag gelegt und nur durch äußere, von dem Willen des Thäters unabhängige Umstände gehindert worden oder ohne Erfolg geblieben ist.

[Entw. § 28.] Vgl. § 32. 33 35 59. 336. Einf.-Ges. Art. XXV. H D Ges. v. 2. Juni 1852 § 5.

---

dieselben, oder die gewählten Mittel, wenn gleich sie vom Thäter aus Irrthum, Unkenntniß oder Versehen für geeignet gehalten wurden, den zum Thatbestande des Verbrechens rc. erforderlichen Erfolg herbeizuführen, es in Wirklichkeit doch nicht waren. Daher ist ein Versuch mit einem absolut untauglichen Mittel nicht strafbar. B. 28. Jan 1852 c. Zeuner; B. 17. März 1852 c. Hensel (Hahn s. 39); B. 5. Nov. 1852 c. Garn (JMBl. 1853 s. 201); B. I. 7. Jan. 1853 c. Schmidt; B. I. 12. Jan. 1853 c. Zitzwitz; B. I. 18. Feb. 1853 c. Appel; Z. I. 16. Sept. 1854 c. Fieberg; *Sic:* G. Matt. 1. s. 272; Beseler s. 143; Temme Lehrb. s. 283 flg. 287. Vgl. n. 9.

4. Dasselbe gilt, wenn es an einem Gegenstande des beabsichtigten Verbrechens rc. gänzlich fehlt; mit Rücksicht hierauf nehmen B. I. 22. Feb. 1854 c. Brand (G. A. 2. s. 404 und 548); B. I. 29. Sept. 1854 c. Obst (G. A. 2. s. 822) Straflosigkeit in Fällen an, wo Jemand in der Absicht einen bestimmten Gegenstand zu stehlen, mittelst Nachschlüssels oder Einbruchs in einen verschlossenen Raum gedrungen war, den Diebstahl aber nur deshalb nicht ausführte, weil dort der gesuchte Gegenstand nicht existirte.

5. Dagegen ist ein Versuch mit einem relativ untauglichen Mittel (z. B. Mordversuch durch Gift in unzureichender Menge) allerdings möglich; ob ein solcher vorliege, ist Gegenstand der thatsächlichen Beurtheilung. Z. II. 6. Nov. 1854 c. Rauchfuß (JMBl. 1855 s. 34; G. A. 2. s. 823); *Sic:* Bes. s. 144; G. Matt. 1. s. 274; Vgl. zu § 197. n. 5.

6. Zur Strafbarkeit des Versuchs bedarf es nur eines Anfangs der Ausführung der Handlung, nicht auch des Erfolges derselben. Z. II. 19. Mai 1855 c. Elkan.

7. Auch eine Unterlassung kann einen strafbaren Versuch darstellen, z. B. die Nichtunterbindung der Nabelschnur eines neugebornen Kindes in der Absicht es zu tödten. G. Matt. 1. s. 275 VI. n. 1; Temme Gll. s. 92 Note 6.

8. Die Worte: „wenn der Versuch . . . gehindert worden, oder ohne Erfolg geblieben ist,“ sind dahin zu deuten: wenn nicht die ganze zum vollen Thatbestande des vollendeten Verbrechens rc. erforderliche Thätigkeit des Verbrechers statt gefunden, oder wenn die Handlung an sich zwar beendigt, aber ohne den beabsichtigten zum Thatbestande des Verbrechens rc. erforderlichen Erfolg geblieben ist. Z. 28 Apr. 1852 c. Kirsch (G. A. 1. s. 71). Vgl. G. A. 1. s. 44; Temme Lehrb. s. 280.

9. Der Irrthum, die Unkenntniß oder das Versehen, aus welchem die Wahl ungeeigneter Mittel, oder die Begehung ungeeigneter Handlungen zur Erreichung eines gesetzwidrigen Zwecks hervorging, ist kein äußerer Umstand im Sinne des Schlußsatzes des §. B. I. 12. Jan. 1853 c Zitzwitz. Vgl. n. 3.

10. Die Frage, ob und wann ein Vergehen rc. vollendet sei, ist thatsächlicher Natur. Z. I. 6. Okt. 1854 c. Luscey.

11. Ob ein Versuch den Erfordernissen des § entspreche, muß vom Richter der Thatfrage genau und mit ausdrücklicher Anführung der wesentlichen Merkmale festgestellt werden; es genügt daher nicht, wenn eine Gerichts-Abtheilung, oder ein Zuchtpolizeigericht sich darauf beschränkt, auszusprechen: „die Voraussetzungen des § 31. lägen vor.“ *Contra:* Z. II. 16. Nov. 1854 c. Geilhausen (Rh. S. G. A. 3. s. 119).

12. Ebenso ist in schwurgerichtlichen Sachen „bei Anklagen wegen strafbaren „Versuchs durch den Wahrspruch der Geschwornen selbst klar zu stellen, daß die „Handlung einen Anfang der Ausführung enthielt, und das Hinderniß der Aus„führung oder des beabsichtigten Erfolges von dem Willen des Angeklagten unab„hängig war.“ Die Fragstellung muß sonach auch hierauf gerichtet werden. B. I. 29. Juni 1853 c. Karow. (Präj. n. 40; Entsch. 25. s. 443; 26 s. 139; G. A. 1. s. 539).

Sic: Z. I. 1. Apr. 1853 c. Krüger; B. I. 23. Juni 1853 c. Pellmann (G. A. 1. f. 539); B. I. 15. Sept. 1853 c. de Perterse (JMBl. 1854 f. 167); B. II. 24. Nov. 1853 c. Tovote u. Gen.; Z. II. 24. Nov. 1853 c. Richter; Z. I. 25. Nov. 1853 c. Just; Z. I. 21. Dez. 1853 c. Friedrich; Z. I. 5. Mai 1854 c. Zühlke; — Dasselbe gilt auch von dem Schuldbekenntnisse des Angeklagten, wenn auf Grund desselben nach Art. 75 des Ges. v. 3. Mai 1852 das Urtheil des Schwurgerichtshofs ohne Zuziehung von Geschwornen gefällt werden soll. B. I. 8. Feb. 1856 c. Gribath. — Vgl. im Allgemeinen eine Abh. im JMBl. 1852 f. 55. Burchardi Abh. in G. Arch. 1. f. 589. — Der frühere fünfte Senat des Ober-Tribunals hatte in seinen Entscheidungen über diese Frage anfänglich geschwankt; schließlich stellte sich aber seine Praxis im entgegengesetzten Sinne dahin ziemlich fest, daß es im Allgemeinen genüge, die einzelnen Handlungen, welche in verbrecherischer Absicht vorgenommen seien, in die den Geschwornen vorgelegte Frage aufzunehmen, und daß es dann Sache des rechtsrichterlichen Urtheils sei, zu prüfen, ob in diesen Handlungen der Anfang der Ausführung enthalten sei, — sowie daß diese letztere Prüfung nur in gewissen Fällen, wo sich nicht sagen lasse, daß die fraglichen Handlungen unter allen Umständen den Anfang der Ausführung enthielten, — den Geschwornen überlassen werden müßten. Aehnlich in Beziehung auf das zweite, die Verhinderung 2c. betreffende Erforderniß des Versuchs. — Auch die Rechtsprechung des französischen Kassationshofs über diese Frage war eine schwankende. Vgl. Gilb. C. pén. Art. 2. n. 4 sqq.

13. Nach den in der vorigen Bemerkung entwickelten Grundsätzen ist es zweckmässig, in den den Geschwornen vorzulegenden Fragen möglichst die Fassung des § 31. beizubehalten. Insbesondre sind die Fragen ausdrücklich dahin zu richten, ob ein „Versuch“ vorliege, und ob „dieser Versuch“ durch Handlungen 2c. an den Tag gelegt sei, 2c. Die in G. A. 1. f. 45 vorgeschlagene Fassung der Fragen ist nicht zu empfehlen, da sie den Begriff des „Versuchs“ nicht erschöpfend wiedergiebt; was Burchardi (Abh. in G. A. 1. f. 590) zur Rechtfertigung einer solchen Fragstellung sagt, beruht auf der irrigen Ansicht, als enthalte § 31. eine Definition des Ausdrucks „Versuch“, während derselbe die Voraussetzungen angiebt, unter welchen ein Versuch (welcher also ausserdem noch festzustellen bleibt) strafbar ist. — Hiernach genügt also eine Feststellung nicht, welche dahin lautet: „der Angeklagte habe Handlungen verübt, welche den Anfang der Ausführung seiner Absicht, oder seines Vorsatzes enthielten, ein bestimmtes Verbrechen zu begehen“, es muß vielmehr festgestellt werden, daß die Handlungen einen Anfang der Ausführung des Verbrechens selbst enthielten, weil auch blosse Vorbereitungshandlungen einen Anfang der Ausführung jener Absicht darstellen. B. I. 27. Apr. 1855 c. Giese (G. A. 3. f. 550); B. I. 15. Feb. 1856 c. Laack; — Aehnlich B. I. 18. Apr. 1855 c. Reber (Entsch. 30. f. 319; G. A. 3. f. 380). — Dagegen kann die Angabe der speziellen Handlungen, in welchen der Anfang der Ausführung gefunden werden soll, sehr füglich aus der Frage weg bleiben; ja es wird dieses durchweg vorzuziehen sein, da sie überflüssig, und nur geeignet ist, die Geschwornen zu verwirren. Daß dem so sei, ergiebt sich namentlich dann, wenn die Geschwornen die Frage in Betreff des Versuchs mit allen seinen wesentlichen Merkmalen bejahen, zugleich aber hinzufügen: es sei nicht erwiesen, daß er gerade durch die in der Frage speziell aufgeführten Handlungen an den Tag gelegt sei. —

14. Gleichwohl ist ein sakramenteller Gebrauch der Ausdrücke des § 31. nicht vorgeschrieben; vielmehr führte ein B. I. 22. Feb. 1854 c. Wolff aus: es sei zwar an sich unzweifelhaft vorzuziehen, in die Frage an die Geschwornen die eignen Worte des Gesetzes in Betreff der Erfordernisse des Versuchs aufzunehmen, indessen sei das Verfahren nicht nichtig, wenn der Ausspruch der Geschwornen das Vorhandensein jener Erfordernisse in andrer jedoch unzweideutiger Weise ergebe. Aehnlich B. I. 14. Sept. 1855 c. Bojanowski; Z. I. 18. Jan. 1856 c. Klinger.

15. Jedenfalls darf das Wort „versucht“ in der thatsächlichen Feststellung und in der Frage an die Geschwornen nicht durch „beabsichtigt“ ersetzt werden, weil jenes gleichzeitig die Tauglichkeit des Mittels unter den obwaltenden Umständen andeutet, und eventuell der Prüfung der Geschwornen unterbreitet. B. I. 22. März 1854 c. Kämmerer (G. A. 2. f. 404); Z. II. 25. Jan. 1855 c. Hörster; Aehnlich B. I. 15. Sept. 1853 c. de Peterse (JMBl. 1854 f. 67). Vgl. oben n. 3—5.

16. Aus den Bemerkungen n. 11—14. folgt, daß der Nichtigkeits-Richter nicht prüfen kann, ob die in den Instanzen festgestellten speziellen Thatsachen geeignet sind den Schluß: daß die Voraussetzungen des § vorliegen, zu rechtfertigen.

Ehe indessen die Rechtsprechung des Ober-Tribunals in dem oben angedeuteten Sinne sich festgestellt hatte, hat es sich mehrfach auf eine derartige Prüfung eingelassen, und beispielsweise entschieden:

17. ...... das Einsteigen in ein Gebäude oder einen umschlossenen Raum in der Absicht um zu stehlen, enthalte einen Anfang der Ausführung des Diebstahls. Z. 16. Juni 1852 c. Scheurich; Z. 8. Sept. 1852 c. Pothmann; Vgl. Gilb. C. pén. Art. 2. n. 7 sqq.

18. ...... ebenso der Einbruch in der Absicht um zu stehlen. Z. I. 14. Jan. 1853 c. Jähe. Vgl. Zachariä Abh. in G. A. 3. s. 304; Gilb. C. pén. Art. 2. n. 7 sqq.

19. ...... dagegen sei das Einschleichen, oder das nächtliche Betreten eines Hauses in der Absicht zu stehlen, zunächst nur zu den vorbereitenden, nicht aber unter allen Umständen zu den Handlungen zu rechnen, welche einen Anfang der Vollziehung enthalten; in einem solchen Falle müsse daher unbedingt der Richter der Thatfrage feststellen, ob letzteres nach den obwaltenden Umständen anzunehmen sei. V. 18. Okt. 1852 c. Schubert; V. 3. Dez. 1852 c. Prager.

20. ...... die Handlung eines Dreschers, welcher in einer Scheune einen Theil des ausgedroschenen Getreides an einer Stelle versteckt, wo die Wand ein Loch hat, in der Absicht, dasselbe in der Nacht abzuholen, und sich zuzueignen, sei nur eine den Diebstahl vorbereitende, keinen Anfang der Ausführung enthaltende Handlung. V. I. 14. Jan. 1853 c. Wuttig und John. Vgl. aber zu § 215. n. 29.

21. ...... das Bestellen des kirchlichen Aufgebots als einer zur Eingehung der Ehe nothwendigen Handlung enthalte den Anfang der Ausführung des Entschlusses zu heirathen, und stelle, wenn es von einem Verheiratheten behufs seiner anderweitigen Verehelichung geschehe, den strafbaren Versuch der Bigamie dar. V. I. 7. Mai 1853 c. Wundtke. *Contra:* Gilb. C. pén. Art. 340. n. 5—7. Vgl. zu § 139. n. 4.

22. ...... die Verabreichung eines Abortivmittels durch einen Dritten an eine in den Gebrauch einwilligende Schwangere entspreche den Voraussetzungen des § 31. V. 29. Okt. 1852 c. Schmiedeke (G. A. 1. s. 242). Vgl. zu § 181. n. 10.

23. ...... der zum Meineide entschlossene Zeuge, welcher nicht allein die Finger zur eidlichen Bekräftigung einer abgegebenen falschen Aussage erhoben, sondern auch die vorgesprochene Eidesformel mit: „Ich ......“ nachzusprechen begonnen habe, befinde sich im Anfange der Ausführung, und sei, wenn der Richter nun die Fortsetzung der Eidesleistung hindere, wegen versuchten Meineides strafbar, sollte er auch selbst demnächst von seinem frühern Vorhaben freiwillig abstehen, und eine wahre Aussage abgeben. Z. 21. Mai 1852 c. Rehfeld (G. A. 1. s. 702). — Dagegen sollte das blosse Erbieten zum Eide noch nicht als ein Versuch des Meineids betrachtet werden. Beschl. 7. Jan. 1852 c. Bölke (Entsch. 23. s. 213; G. A. 1. s. 702). — Später entschied ein Z. II. 6. Okt. 1853 c. Brink (G. A. 1. c.) auch über diese Frage in dem oben (n. 12.) angedeuteten Sinne. — Ueber die materielle Frage vgl. Schwarze in G. A. 2. s. 429.

24. Verabredung gemeinsamer Verübung eines Verbrechens ist, wenn nicht die Ausführung, oder ein Versuch derselben stattgefunden hat, nicht strafbar. Z. I. 1. März 1854 c. Lewitzki. — Vgl. jedoch § 63.

25. Der Thatbestand des Versuchs nach § 31. rechtfertigt bei einem vor dem 1. Juli 1851 begangenen Verbrechen die Anwendung der Versuchsstrafe nach § 41. des ALR. II, 20. Der in diesem § bezeichnete Fall, wo der Thäter an der letzten zur Ausführung des Verbrechens erforderlichen Handlung verhindert worden, muß mit der im StGB. gegebenen Ergänzung auf den Fall, wo bereits ein Anfang der Ausführung statt gefunden, als zusammenfallend erachtet werden. Z. II. 27. Jan. 1853 c. Ostendorf (Schuhmacher u. Gen.).

26. Nach der Begriffsbestimmung des StGB. ist auch der Versuch eines Todtschlags sehr wohl denkbar. Beschl. 2. Jan. 1852 c. Kokot (G. A. 1. s. 85); *Sic:* G. Matt. 1. s. 277; Temme GU. s. 97. n. 7.

§. 32. Der Versuch eines Verbrechens wird wie das Verbrechen selbst bestraft. Dem Richter bleibt jedoch überlassen, bei Festsetzung des Straafmaaßes innerhalb der dafür vorgeschriebenen Grenzen darauf Rücksicht zu nehmen, daß das Verbrechen nicht vollendet worden ist.

Ist das Verbrechen mit der Todesstrafe oder mit lebenslänglicher Zuchthausstrafe bedroht, so tritt statt derselben zeitige Zuchthausstrafe von mindestens zehn Jahren nebst Stellung unter Polizei-Aufsicht ein.

Insoweit bei dem vollendeten Verbrechen unter Umständen eine der Art oder dem Maaße nach mildere Strafe eintritt, soll dieselbe auch bei dem Versuche zur Anwendung kommen.

[Entw. § 29.] Vgl. § 31. 33 35 59. 336. Einf.-Ges. Art. XXIV. XXV.

§. 33. Der Versuch eines Vergehens wird nur in den Fällen bestraft, in welchen die Gesetze dies ausdrücklich bestimmen. Der Versuch wird alsdann wie das Vergehen selbst nach den im § 32. aufgestellten Grundsätzen bestraft.

[Entw. § 30] Vgl. § 31 32. 35 59 336 Einf.-Ges. Art. XXIV. XXV.

---

27. Der blosse Versuch einer Zolldefraude ist nicht strafbar; die Wortfassung im § 2. des Zollstrafgesetzes v. 23. Jan. 1838 „Wer es unternimmt . . . .“ deutet in Verbindung mit § 6. ibid. nicht einen Versuch zur Einbringung zollpflichtiger Waaren mit Umgehung der Zollgefälle im Sinne des § 31, sondern die Einbringung resp. Umgehung selbst, als consumirtes Vergehen an. Z. I. 27. Septemb. 1854 c. Koleczko (G. A. 2. f. 822).

§. 32.

1. Ein Angeklagter, welcher nach der thatsächlichen Feststellung wegen eines vollendeten Vergehens xc. hätte bestraft werden sollen, hat nicht Grund sich darüber zu beschweren, daß er nur wegen des Versuchs desselben bestraft worden ist, sollte er auch gleichzeitig von der Strafe des vollendeten Vergehens freigesprochen sein; B. II. 29. Nov. 1855 c. Täger. Es kann sonach in einem solchen Falle nicht eine vermeintliche Rechtskraft der Freisprechung vom vollendeten Vergehen geltend gemacht, und gänzliche Freisprechung beansprucht werden, weil nicht die Voraussetzungen des Versuchs sondern des vollendeten Vergehens vorliegen.

2. Die Anwendbarkeit des Schlußabsatzes des § 32. ist bedingt durch das Vorhandensein derjenigen Umstände, welche auch beim vollendeten Verbrechen die Milderung herbeiführen. Komm.-B. II. K. f. 37; Temme (Gll. f. 98), welcher diese Ansicht in seinem Lehrb. (f. 304. 2b.) mit Unrecht verläßt, und hier beim Versuche immer nur die mildere Strafe für anwendbar erachtet, so daß hier die Nicht-Vollendung mit Nothwendigkeit als mildernder Umstand in Betracht käme; Temme hat hier die betreffende Stelle des Berichts der Kommission der II. K., welche jenen Schlußsatz vorgeschlagen, offenbar übersehen.

§. 33.

— — — — — — — — — — — — — — — — — — — —

Dritter Titel.
Von der Theilnahme an einem Verbrechen oder Vergehen.*)

*) Dritter Titel.

1. Das Gesetz definirt den Begriff des „Thäters“ im Gegensatz gegen Theilnehmer nicht; vgl. hierüber Temme Lehrb. S. 328 flg.; nach ihm ist Thäter derjenige, durch dessen physische Thätigkeit diejenige Handlung ausgeführt wird, durch welche das Verbrechen 2c. hervorgebracht wird. Vgl. n. 6. und § 34. n. 25.

2. Nehmen Mehrere vorsätzlich zusammen die zur Hervorbringung des Verbrechens 2c. erforderlichen Handlungen vor, so sind sie alle als Thäter des Ganzen zu betrachten, sollte auch die Thätigkeit des Einzelnen für sich allein, nicht alle Begriffserfordernisse desjenigen Verbrechens 2c. in sich vereinigen, welches durch die verbundene Thätigkeit aller verübt worden ist. Temme Lehrb. S. 333 flg. Wenn daher zwei Personen gemeinschaftlich einen Diebstahl verüben, so sind beide nach § 218. Nr. 2. (früher Nr. 3) strafbar, sollte auch nur einer eingestiegen sein, und die gestohlenen Sachen dem andern hinausgereicht haben. Z. I. 27. Feb. 1856 c. Raabe; ähnlich Z. II. 12. Apr. 1855 c. Fromm (G. A. 3. S. 547) Vgl. zu § 91. n. 7.

3. Bei Beurtheilung der Frage, welches Strafgesetzes Thatbestand vorliege, kommt es bei einem von Mehreren vorsätzlich gemeinschaftlich verübten Verbrechen 2c., auf den Inbegriff der von sämmtlichen Betheiligten verübten Handlungen an; es ist daher Raub, wenn bei einem von Mehreren gemeinschaftlich verübten Diebstahle auch nur einer (und ohne vorgängige hierauf gerichtete Verabredung) Gewalt anwendet, sollte dieser auch nicht einmal Mitthäter, sondern nur eben wegen dieser seiner Thätigkeit Gehulfe sein. Inwiefern den übrigen dieser von ihnen nicht gewollte und von ihnen nicht ausgegangene erschwerende Umstand anzurechnen sei, ist nach § 44 zu beurtheilen. V. 13. Sept. 1852 c. Kowsky. Vgl. zu § 1. n. 7; zu § 230. n. 10; zu § 233. n. 7. Aehnlich Z. 3. März 1852 c. Brune, welches annahm eine Feststellung: „der Angeklagte habe gemeinschaftlich mit andern mit wirklicher von ihm selbst jedoch nicht verübter Gewalt 2c. einen Diebstahl verübt“ falle unter § 34. n. 2, indem danach der Angeklagte zur Vollendung der mit Gewalt verübten That wissentlich Hülfe geleistet habe. Vgl. auch zu § 91. n. 7.

4. Aus dem unter n. 2 und 3. Gesagten folgt auch, daß, wenn zum Begriffe eines bestimmten Verbrechens 2c. ein gewisser Erfolg erfordert wird, es genügt, wenn dieser Erfolg nur durch das Zusammenwirken der von Mehreren vorsätzlich gemeinschaftlich entwickelten Thätigkeit eingetreten ist, z B wenn der Tod eines Mißhandelten die Folge des Zusammenwirkens der von Mehreren vorsätzlich gemeinschaftlich zugefügten Verletzungen gewesen, sollte auch die Thätigkeit jedes einzelnen für sich allein diese Folge nicht gehabt haben. Z. II. 22. März 1855 c. Kübbeler und Gen. (JMBl. S. 152, G. A. 3. S. 567). Vgl. zu § 194. n. 5. — Im Widerspruche mit dem hier angewendeten Grundsatze hatte dagegen ein früheres V. II. 26. Okt. 1854 c. Steinbuß (Präj. n. 110; Entsch. 28. S. 475; G. A. 3. S. 107; 132) den Satz angenommen: „Auch dann wenn der von Mehreren verübten „Mißhandlung, bei welcher dem Gemißhandelten eine schwere Körperverletzung zu„gefügt ist, eine die Mißhandlung überhaupt betreffende (nicht aber eine schwere „Körperverletzung bezweckende) Verabredung vorhergegangen ist, kann § 193. des „StGB. nur gegen denjenigen, rücksichts dessen festgestellt ist, daß er die Verletzung, „welche den schweren Erfolg gehabt hat, zugefügt habe, und der zweite Absatz des „§ 195. nur gegen denjenigen Anwendung finden, rücksichts dessen festgestellt ist, daß „eine von ihm zugefügte Verletzung in Verbindung mit einer oder mehreren von „andern dabei zugefügten Verletzungen den schweren Erfolg gehabt habe.“ Dieses Urtheil erwägt ausserdem: nach allgemeinen die strafrechtliche Schuld betreffenden Grundsätzen könne jedem nur sein eignes Handeln und dessen Erfolg zugerechnet, und er dafür bestraft werden; und in einem Falle, wie der obige, könne nur dann, wenn die Verabredung auch auf den zum Thatbestande gehörigen schweren Erfolg als Zweck gegangen wäre, jedem der auch an der Ausführung der verabredeten That (Komplott) Theil nehmenden, oder doch dabei anwesenden Komplottanten jener

§. 34. Als Theilnehmer eines Verbrechens oder Vergehens wird bestraft:

1) wer den Thäter durch Geschenke oder Versprechen, durch Drohungen, Mißbrauch des Ansehens oder der Gewalt, durch absichtliche Herbeiführung oder Beförderung eines

---

Erfolg zur Schuld angerechnet werden. — Diese engere Auffassung ist in dem citirten neuern Urtheile derselben Abtheilung unzweifelhaft aufgegeben.

5. Mit Rücksicht auf das unter n. 2. bis 4. Gesagte ist es in den betreffenden Fällen erforderlich, die Gemeinschaftlichkeit der Handlungen Mehrerer ausdrücklich festzustellen, damit die Haftbarkeit eines jeden für die Thätlichkeiten aller, und den durch sie hervorgebrachten Gesammterfolg begründet werde; als erschwerender Umstand ist diese Gemeinschaftlichkeit dann nicht zu betrachten.

6. Ueber die Thäterschaft desjenigen, welcher sich zur Verübung eines Verbrechens eines andern als Werkzeugs bedient, ohne daß bei dem letztern der strafbare Dolus vorliegt, vgl. zu § 34. n. 25.

7. Ist die Strafbarkeit einer Handlung durch ein persönliches Verhältniß der Angeklagten bedingt, so wird der in diesem Verhältnisse nicht stehende Mitthäter von derselben nicht mit betroffen; wer also einen Diebstahl gemeinschaftlich mit einem Dienstboten des Bestohlenen begeht, unterliegt nur der Strafe des § 216, nicht der des § 217. Nr. 4, sollte er auch jenes Verhältniß des Mitthäters gekannt haben. Es kann auch die festgestellte gemeinschaftliche Ausführung nicht zugleich eine Theilnahme durch Hülfeleistung in sich schliessen, da das Gesetz den Theilnehmer dem Thäter gegenüberstellt, so daß es unzulässig ist, die Thäterschaft im Verhältniß zur Theilnahme als das Mehrere zum Minderen aufzufassen, als ob sie die letztere, auch ohne Feststellung der thatsächlichen Merkmale derselben, von selbst in sich schliesse. Z. I. 24. Nov. 1854 c. Radau (G. A. 3. s. 258). — Anders verhält es sich mit dem wirklichen „Theilnehmer“ im Sinne des § 34. Vgl. zu § 35. n. 1.

8. Beziehen die Vorschriften des Titels III. über die Theilnahme sich auch auf Uebertretungen? Temme Lehrb. s. 312 n. 10. verneint. Er nimmt ferner an, daß an diesen Satz auch die Behörden gebunden seien, welche das Recht haben, polizeiliche Strafverordnungen zu erlassen (§ 332. Pol.-Ges. v. 11. März 1850 § 15).

§. 34.

Inhalt:

1. Theilnahme setzt immer einen Dolus voraus; bei kulposen Handlungen ist Theilnahme im Sinne des § 34. undenkbar. Z. I. 26. Okt. 1855 c. Schirmer (beiläufig); Koch s. 929 n. 62; — Wer die Fahrlässigkeit eines andern kennend und benutzend, es herbeiführt, daß durch seine Hand eine den objektiven Thatbestand eines Vergehens rc. darstellende Handlung begangen wird, kann nur als doloser Urheber (Thäter), nicht als Theilnehmer an der kulposen That des andern bestraft werden. Vgl. § 36. 87; G. Matt. 1. s. 306; Temme Gll. s. 102. n. 7; id. Lehrb. s. 325; Zachariä Abh. in G. Arch. 3. s. 298; und unten n. 25.

2. Auch dann wenn zur Hauptthat eine gewinnsüchtige Absicht gehört, bedarf es einer solchen zur Theilnahme nicht; es genügt, wenn ihr Vorhandensein

Irrthums oder durch andere Mittel zur Begehung des Verbrechens oder Vergehens angereizt, verleitet oder bestimmt hat;

---

beim Thäter festgestellt ist. Z. 22. Okt. 1852 c. Geisenheimer; Z. I. 12. Dez. 1855 c. Ziegler (Kallweit u. Gen.). — Vgl. unten n. 35. und zu § 241. n. 23.

3. Strafbarer Versuch einer Theilnahme ist undenkbar; vgl. zu § 31. n. 2.

4. Dagegen ist Theilnahme an einem Versuche sehr wohl möglich; vgl. § 35, und unten n. 9.

5. Auch an einem Vergehen, zu dessen Thatbestand die Gewohnheitsmässigkeit, also eine Mehrheit von Fällen gehört (z. B. Wucher), ist Theilnahme sehr wohl denkbar. Z. II. 14. Feb. 1856 c. Haupt.

6. Der Theilnehmer an der Hauptthat kann nicht zugleich Hehler sein; vgl. unten n. 34, und zu § 237. n. 29.

7. Die Feststellung: der Angeklagte habe an einem Verbrechen 2c. „Theil genommen“ bietet nur den Rechtsbegriff, nicht die thatsächlichen Momente dar, und genügt zur Anwendung des Strafgesetzes nicht. B. 26. Jan. 1852 c. Stumpe. — Es müssen vielmehr die im § angegebenen wesentlichen Merkmale der Theilnahme ausdrücklich festgestellt, und eventuell in die den Geschwornen vorgelegte Frage aufgenommen werden; z. B. daß der Angeklagte dem Hauptthäter in den Handlungen, welche dessen That vorbereiteten erleichterten oder vollendeten, wissentlich Hülfe geleistet habe. B. I. 25. Jan. 1854 c. Kabuß (G. A. 2. f. 558); B. II. 1. März 1855 c. Zacher; Vgl. Abh. im JMBl. 1852 f. 55; — Dagegen bedarf es der nähern Bezeichnung jener Handlungen nach ihren konkreten Erscheinungen im einzelnen Falle nicht. Z. I. 27. Apr. 1853 c. Tribes (G. A. 1. f. 365); Z. I. 23. März 1855 c. Kath u. Gen. Vgl. unten n. 32. — Ja sie wird besser überall vermieden.

8. Ueber die Zulässigkeit von Fragen, welche die verschiedenen möglichen Fälle der Theilnahme alternative zusammen fassen, vgl. unten n. 33.

9. Strafbare Theilnahme ist nur da anzunehmen, wo das Verbrechen 2c. selbst begangen, oder wenigstens versucht ist. B. 17. März 1852 c. Hausel; B. I. 23. März 1854 c. Kämmerer (G. A. 2. f. 404); B. I. 20. Februar 1856 c. Meyer; Temme GR. f. 102. n. 8; Zachariä Abh. in G. A. 3. f. 298.

10. Hiernach bedarf es auch rücksichtlich des Theilnehmers der ausdrücklichen Feststellung des vollständigen Thatbestandes desjenigen Verbrechens, an welchem jener Theil genommen hat. B. I. 20. Feb. 1856 c. Meyer; insbesondre kann die Bezeichnung des allgemeinen Gattungsbegriffs (z. B. „Tödtung“) nie ausreichen. — Daher genügt es nicht, die Frage an die Geschwornen dahin zu richten: ob der Angeklagte schuldig sei, den X zur In-Brand-Setzung des diesem gehörigen — — in Brand gerathenen Wohnhauses bestimmt zu haben.“ B. I. 20. Dez. 1854 c. Meißner (G. A. 3. f. 115); ebensowenig ist die Feststellung ausreichend; „der Angeklagte sei schuldig — — den X. zur Nachahmung Preußischer Thalerstücke durch — — verleitet zu haben;“ es muß vielmehr auch in Betreff dieses Angeklagten ausdrücklich festgestellt werden, daß X in Folge dieser Verleitung die Nachahmung 2c. bewirkt habe. B. I. 5. Jan. 1853 c. Marx. Insbesondere muß auch in einem solchen Falle feststehen, daß der die verbrecherische Handlung Vornehmende mit einem auf das Verbrechen selbst gerichteten Dolus gehandelt, und so die That entweder begangen oder versucht habe. Daher ist Anstiftung nicht strafbar, wenn der Anzustiftende sich weder täuschen noch bestimmen ließ, vielmehr sofort Anzeige machte, und nur auf Anweisung der Polizei Handlungen verübte, welche an sich den Thatbestand des Verbrechens 2c. enthalten haben würden, in Wahrheit aber nicht enthielten, weil bei ihnen der Dolus fehlte. B. I. 18. Apr. 1855 c. Keber (Entsch. 30. f. 319; G. A. 3. f 380). Vgl. Grüchot Abh. in G. A. 2. f. 639; und unten n. 19. 25.

11. In schwurgerichtlichen Sachen muß hiernach die Fragstellung auch die wesentlichen Merkmale des Verbrechens umfassen, an welchem Theil genommen worden sein soll; Z. II. 10. Apr. 1856 c. Görner; es ist indessen nicht unzulässig, dieses durch eine allgemeine Bezugnahme auf die den Thäter betreffende gleichzeitig gestellte

2) wer dem Thäter zur Begehung des Verbrechens oder Vergehens Anleitung gegeben hat, ingleichen wer Waffen, Werkzeuge oder andere Mittel, welche zu der That gedient haben, wissend, daß sie dazu dienen sollten, ver-

---

Frage zu bewirken. B. I. 9. Dezemb. 1853 c. Poczka (G. A. 2. s. 92); Z. I. 31. Mai 1854 c. Woyciechowski; Z. I. 21. Febr. 1855 c. Schneider; Z. II. 1. März 1855 c. Knaup. Zweckmässiger ist es jedoch immer auch eine solche Bezugnahme zu vermeiden.

12. Wird in Betreff des angeblichen Thäters der Thatbestand des Verbrechens ꝛc. in der Art verneint, daß dasselbe als überhaupt gar nicht verübt betrachtet werden muß, so hat dieses auch in Betreff des angeblichen Theilnehmers mit Nothwendigkeit die Freisprechung zur Folge. Z. I. 16. März 1855 c. Altzschner (Friedrich u. Gen; G. A. 3. s. 547). Vgl. aber unten n. 36.

13. Das Gesetz macht die Bestrafung des Theilnehmers an einem Verbrechen ꝛc. nicht von der Ermittlung der Person des Thäters abhängig. Z. II. 9. Juni 1853 c. Arnold; — Daher ist es nicht unzulässig, wenn die Geschwornen auf eine die Theilnahme durch Anstiftung betreffende Frage, diese in Beziehung auf die in der Frage speziell genannte Person des Thäters verneinen, dagegen in Beziehung auf eine andre, wenn auch nicht speziell genannte Person eines Thäters bejahen, weil das Wesen des Verbrechens in der Anstiftung liegt, und nicht dadurch geändert wird, wenn die Person des Angestifteten eine andere ist. Z. (V.) I. 3. Feb. 1854 c. Gartmann (G. A. 2. s. 242).

13a. Zeit und Ort der Hauptthat sind auch für den Theilnehmer in Bezug auf die Strafbarkeit maaßgebend, weil alle Anstiftung und Theilnahme auf die Hauptthat hingerichtet, und daher auch nur durch diese ihre Beziehung auf die Hauptthat eine strafbare Theilnahme ist. Daher kommt es sowohl in Betreff der Frage, welches Strafgesetz Anwendung erleide, als in Betreff der Verjährungsfrage nur auf die Zeit und den Ort der Hauptthat an. Nur in Beziehung auf die Zurechnungsfähigkeit ist der Augenblick des Handelns des Theilnehmers entscheidend. Z. II. 10. April 1856 c. Görner (Schellenberg und Gen.).

14. Hat Jemand in mehrfacher Weise z. B. durch Anstiftung und Hülfeleistung an einem Verbrechen Theil genommen, so liegt doch immer nur eine einzige Theilnahme vor. Antr. des Gen. Staats-Anw. in G. A. 3. s. 757. Vgl. n. 26.

15. Giebt es eine strafbare Theilnahme an einer Theilnahme an einem Verbrechen? Ein B. I. 20. Feb. 1856 c. Meyer verneint; ähnlich Temme Lehrb. s. 339 n. 4, welcher die Beihülfe zu einer Beihülfe strafrechtlich für undenkbar, und die Anstiftung zur Beihülfe für nicht strafbar erklärt. Es wird sich daher jedes Mal fragen, ob die Theilnahme nicht indirekt an der Handlung des Thäters statt gefunden hat; vgl. n. 18. 19,

15a. Theilnahme an einer Zolldefraude ist auch dann strafbar, wenn die letztere sich nur als eine Uebertretung darstellt. So Erk. LG. Saarbrücken 24. Juli 1854 c. Metzinger (Rh. A. 50. 2. B. s. 8) Vgl. zu § 37. n. 3.

Zu Nr. 1.

16. Wenn gleich gesetzlich nur die vorsätzliche Theilnahme strafbar ist (vgl. n. 1.), so giebt § 34. Nr. 1. doch durch den Gebrauch der Worte: „angereizt, verleitet oder bestimmt hat“ deutlich zu erkennen, daß damit, vermöge der Natur der hier bezeichneten Handlungen auch der Beweis des Vorsatzes zugleich für geführt erachtet wird; einer besondern Feststellung desselben bedarf es also nicht. Z. I. 26. Okt. 1855 c. Schirmer.

17. Die Anwendbarkeit des § 34. Nr. 1. ist nicht auf den Fall beschränkt, wo das Verbrechen ꝛc. zu welchem verleitet worden, im Interesse des Verleiters ꝛc. begangen wird, oder begangen werden sollte. B. (Z.) II. 15. Dez. 1853 c. Tovote und Gen.

18. „Die Grundsätze des §. 34 Nr. 1. von der Anstiftung finden auch dann „volle Anwendung, wenn der Anstifter nicht unmittelbar den Thäter zur That an-

schafft hat, oder wer in den Handlungen, welche die That vorbereitet, erleichtert oder vollendet haben, dem Thäter wissentlich Hülfe geleistet hat.

[Entw. § 31.] Vgl. § 35—39. 59. 180—182. 195 228. 260. 271. 330. 331; Verordn. v. 30. Juni 1849 § 13—18; 31. 35 flg 39; H D Ges. v 2. Juni 1852 § 5.

„gestiftet hat, sondern einen Andern angestiftet hat, zu bewirken, daß das Verbrechen „oder Vergehen verübt werde, dieser Andere sodann in Folge hiervon wieder einen „Dritten, der Dritte einen Vierten bis zum wirklichen Thäter hin anstiftet, wobei „allerdings in der ganzen Kette der auf einander folgenden Anstiftungen Glied für „Glied die Erfordernisse der strafbaren Anstiftung nachgewiesen werden müssen.“ Z. II. 14. Sept. 1853 c. Specht. (Präj. n. 30; Entsch. 24. s. 499; 25. s. 212; G. A. 2. s. 182); Temme Lehrb. s. 338.

19. Wenn der Angestiftete nicht selbst, sondern ein Anderer auf seine Veranlassung die zum objektiven Thatbestande des Verbrechens erforderlichen Einzelhandlungen vorgenommen hat, so muß die thatsächliche Feststellung eventuell der Spruch der Geschwornen klar angeben, ob der Angestiftete seiner Seits den wirklichen Thäter im Sinne des § 34. Nr. 1. ferner angestiftet, und der letztere die That mit dem zur Thäterschaft erforderlichen Dolus begangen habe, ob also der erste Anstifter der mittelbare Anstifter des strafbaren Thäters gewesen sei, — oder aber: ob der Angestiftete denjenigen, welcher körperlich die Handlungen vornahm, durch Täuschungen dahin gebracht habe, daß dieser sein Thun für ein erlaubtes hielt, und so ohne eigenen Dolus handelnd, und deshalb selbst straflos, nur das Werkzeug in der Hand des Andern war, welcher als „Thäter“ im Sinne des Gesetzes angesehen werden mußte (vgl. n. 25.). Eine Feststellung, welche es im Dunkeln läßt, welche jener beiden Alternativen vorliege, genügt zur Strafverhängung nicht, z. B. wenn sie nur dahin geht: „der Angeklagte habe durch Versprechungen einen Andern zur Herstellung falschen Papiergeldes verleitet, welches dieser demnächst durch einen Dritten habe nachmachen lassen,“ indem dann nicht zu ersehen ist, ob der Dritte „angestiftet“ und strafbar gewesen sei, oder ob er ohne Dolus als blosses Werkzeug des ihn veranlassenden Andern gehandelt habe. V. II. 10. Jan. 1856 c. Oppermann (JMBl. s. 46). Vgl. n. 10.

20. „Zu den Erfordernissen der strafbaren Anstiftung gehört, daß das Mit„tel, durch welches der Anstifter zur Begehung des Verbrechens oder Vergehens „angereizt, verleitet oder bestimmt hat, speziell festgestellt werde.“ Z. II. 14. Apr. 1853 c. Specht (Präj. n. 30; vgl. n. 18); *Sic.* Z. Rh. Kass.-H. 5. Okt. 1852 c. Lückel (JMBl. 1853 s. 57; Rh. Arch. 47. 2 A. s. 133; G. A. 1. s. 73); V. I. 21. Jan. 1853 c. Vogt (Köppen und Gen.); V. I. 13. Juli 1853 c. Hahn; Z. I. 5. Juli 1854 c. Vater; — Früher hatten Z. 14. Mai 1852 c. Junker (Förster und Gen.); und Z. 30. Juni 1852 c. Rettig angenommen: es genüge wenn nur festgestellt werde, daß „durch irgend ein Mittel“ verleitet ꝛc. sei.

21. Es ist nicht erforderlich, daß in der thatsächlichen Feststellung das zur Verleitung angewendete Mittel auch als ein „strafbares“ charakterisirt werde, indem der § jedes Mittel, welches in der Absicht der Verleitung angewendet wird, und den beabsichtigten Erfolg gehabt hat, als ein strafbares betrachtet. Z. I. 26. Okt. 1855 c Schirmer.

22. Die im § speziell aufgezählten Mittel der Anstiftung schließen andre nicht aus, und es ist jedesmal im einzelnen Falle nur zu fragen, ob in der Handlung des Anstifters ein hinreichender Bestimmungsgrund für den Thäter vorhanden war. G. Matt. 1. s. 302 IV. n. 1; Temme Gll. s. 101 n. 4; id. Lehrb. s. 339.

23. „Auch Ueberredung, ingleichem ertheilter Auftrag oder Auf„forderung, stellen ein solches Mittel dar, insofern durch sie der Andere wirklich „zur Bewirkung der Ausführung vermocht worden ist.“ Z. II. 14. April 1853 c. Specht (Präj. n. 30; vgl. n. 18.); Z. I. 9. Nov. 1853 c. Breitkopf (G. A. 2. s. 113); Dieser Satz ist dahin zu verstehen, daß in der Ueberredung ꝛc. ein solches Mittel gefunden werden kann; ob es ein solches im Einzelfalle wirklich darstelle, ist Gegenstand der thatsächlichen Beurtheilung So Z. 18. Feb. 1852 c Fülleborn.

24. Ob ein Rath als Anstiftung betrachtet werden könne, ist eine thatsächliche Frage. *Contra:* Temme Lehrb. S. 340, welcher (arg. Nr. 2.) unbedingt verneint.

25. Wenn der § auch der absichtlichen Herbeiführung oder der Beförderung eines Irrthums, als eines Mittels der Anstiftung Erwähnung thut, so ist das nur auf einen Irrthum im Beweggrunde zu beziehen, so daß also dem Thäter bei der That der zum Thatbestande des Verbrechens erforderliche Dolus allerdings beiwohnte, weil ohne diesen kein Verbrechen, und keine Theilnahme an demselben denkbar wäre Wenn dagegen Jemand einen Andern dadurch zu einer verbrecherischen That bestimmt, daß er ihn in den Irrthum versetzt, als sei die That eine erlaubte, so ist er nicht Anstifter des Verbrechens rc eines Andern, sondern er ist selbst ihr Urheber (Thäter), indem er sich dabei des Andern als eines ohne Dolus handelnden Werkzeugs bedient Z II. 10. Jan. 1856 c. Sprenger; B. II. 10. Jan. 1856 c. Oppermann (JMBl. S 46); Komm.-B I. K. S 6 7; G Matt. 1 S 301; 304; Temme Lehrb S 339 n. 6 vgl. n. 2. und 19 und zu § 130 n. 10. — Ein Beispiel einer solchen Urheberschaft sieht § 252 ausdrücklich vor —

26. Der Anstifter kann auch sehr wohl Mitthäter, oder Gehülfe des Thäters bei der Ausführung der angestifteten That sein. Z II. 13 Dez 1855 c Ebel — Gleichwohl kann, da immer nur eine einzige strafbare Handlung in Frage, immer nur eine einmalige Strafe verhängt werden. Vgl n. 14.

27. Nimmt der Anstiftende seine Anstiftung z B. seinen Auftrag rc gegen den Angestifteten vor Verübung der That ausdrücklich zurück, so kann ferner eine stattgehabte Anstiftung nicht mehr angenommen werden, weil, wenn der Andere die That dennoch begeht, er dazu nicht mehr durch die Anstiftung sondern anderweitig veranlaßt sein muß. Temme Lehrb. S. 342.

28. 29 Hat der Anstifter eine andre strafbare Handlung beabsichtigt, als der Angestiftete demzufolge ausgeführt hat, so haftet jener sowohl für das schwerere, wie für das andere als das aufgetragene Verbrechen rc., wenn beide entweder das Mittel zu dem von ihm gewollten Zwecke waren, oder wenn sie nach der Natur der Sache aus der angestifteten That entstehen konnten; — er haftet aber nur nach den Regeln der culpa, wenn aus seinem Auftrage deutlich hervorging, daß er den Exzeß nicht gewollt habe; er haftet gar nicht, wenn er ausdrücklich den Exzeß untersagt hat. G. Matt. 1 S. 312 n. 4. — Das Ober-Trib. hat durch B. I. 9. Nov. 1853 c. Czeckiera (Breitkopf u. Gen.; G A 1 S 115) den Anstifter einer Zolldefraudation für die vom Angestifteten mit Mehreren gemeinschaftlich verübte Zolldefraude, soweit es den qualifizirenden Umstand der Gemeinschaftlichkeit betraf, nicht für verhaftet erklärt, da nicht festgestellt sei, daß der Auftrag auf eine solche qualifizirte Ausführung gerichtet gewesen. — Daß der Anstifter nicht zu bestrafen, wenn die Anstiftung sich auf eine straflose, wenn auch unmoralische Handlung bezog, der Angestiftete aber weiter gehend dabei ein Verbrechen beging, leuchtet von selbst ein Im Allgemeinen ist das von G A. 2. S 419 Mitgetheilte, und in Betreff der Ansichten der französischen Rechtslehrer Chauv. & Hél. Th. d. C. p. 2. p. 78. zu vergleichen

Zu Nr. 2.

30. „Anleitung geben“ ist zwar ein Rechtsbegriff, aber ein allgemein bekannter; sobald er im Einzelfalle nicht bestritten ist, bedarf es auch einer Auflösung desselben in Thatsachen und einer nähern Bezeichnung dieser Thatsachen bei der Fragstellung an die Geschwornen nicht. Z. I. 27. Feb. 1856 c. Falkenstein.

31. Ueber die Nothwendigkeit: festzustellen, daß die Theilnahme durch Hülfeleistung allen hier aufgezählten Bedingungen entspreche, vgl oben n. 7.

32 Dagegen bedarf es einer speziellen Bezeichnung der Handlungen, in welchen dem Thäter wissentlich Hülfe geleistet worden sei, oder der Thatsachen, in welchen die Anleitung oder Hülfeleistung zu finden, oder einer Angabe der Art von Waffen und Werkzeugen, und folglich auch einer speziellen Angabe des Mittels, welches zur That gedient hat, nicht. Z. II. 10. Nov. 1855 c. van Gansewinkel u. Gen. (Präj. n. 186; Entsch. 31. S.); Z II. 13 Dez 1855 c. Ebel; Z. I. 16. Jan. 1856 c. Ludneit u. Gen.; Z. II. 14. Februar 1856 c. Haupt; Z II. 20. März 1856 c. Kriene; — Zwar kann es nach den Umständen im Interesse der Angeklagten liegen, dahin zu wirken, daß in die den Geschwornen vorzulegende auf eine Hülfeleistung bezügliche Frage, diejenigen einzelnen Thathandlungen aufgenommen

werden, durch welche die Hülfe geleistet worden sein soll, damit dadurch die Gewißheit herbeigeführt werde, daß alle Geschwornen auch wirklich dieselben Thathandlungen im Auge haben, und daß sich ihre schließliche Gesammterklärung auf diese beziehe; daraus folgt aber nur die Befugniß, vor dem Schwurgerichtshofe in Beziehung auf die Fragstellung geeignete Anträge zu stellen; ist dieses versäumt, und die Frage allgemein nach den Worten des § gefaßt, so kann eine Anfechtung im Wege der Nichtigkeitsbeschwerde nicht Platz greifen Z II. 20. Dez. 1855 c. Buthge. — Werden Anträge in Betreff der Fassung der Frage gestellt, so fällt die Entscheidung darüber wesentlich ins thatsächliche Gebiet. — Vgl n. 7.

33 Bei einer Anklage auf Theilnahme an einem Verbrechen ꝛc. im Sinne des § 34 Nr 2 darf die an die Geschwornen zu richtende Frage, die in jener Nr 2. enthaltenen drei Fälle (der Anleitung, der Verschaffung der Werkzeuge, oder der Hülfeleistung) nicht alternative zusammenfassen, weil im Falle der einfachen Bejahung nicht festgestellt ist, welche Alternative bejaht werden sollte. B II. 16 Juni 1853 c. Schäfer (G A 1. f. 537). — Dagegen hat ein Z I. 31. Mai 1854 c. Woyciechowski in einem Falle, wo die verschiedenen Möglichkeiten der Hülfeleistung (jenachdem vorbereitende, erleichternde oder vollendende Handlungen zur Sprache kamen) in einer Frage alternative zusammengefaßt waren, angenommen: durch die einfache Bejahung seien alle Alternativen bejaht. Aehnlich Z I. 23. März 1855 c Kath u. Gen, weil jede der zusammengefaßten Alternativen die Anwendung des § rechtfertige, und das Gesetz an die verschiedenen Alternativen nicht verschiedene Folgen knüpfe. — So auch Z II. 12 Apr. 1855 c Hermann, weil die Fassung des § 34. Nr 2 die gesammte strafbare Handlung des Thäters habe zusammen fassen wollen, ohne dabei hinsichtlich der einzelnen hervorgehobenen, sich einander völlig gleichgestellten Handlungen irgend einen, eine besondre Feststellung erfordernden, Unterschied zu machen. — Ein Z II. 30. Dez. 1855 c. Niermann (JMBl. 1856 f. 18) führt endlich aus, daß es zwar zulässig sei: die verschiedenen Arten der Hülfeleistung (zu den vorbereitenden, erleichternden oder vollendenden Handlungen) alternative in einer Frage zusammenzufassen, indem dann doch die vom Gesetzgeber vorgesehene Handlung (der Hülfeleistung) immer dieselbe bleibe, es möge eine Alternative angenommen werden, welche wolle, zumal da es wesentlich in das Gebiet der thatsächlichen Beurtheilung falle, ob eine Handlung ein Verbrechen vorbereite, oder aber erleichtere, oder endlich vollende; unzulässig sei es dagegen die Alternativen der Anleitung, der Verschaffung der Werkzeuge und der Hülfeleistung in einer Frage zusammen zu fassen, weil jede dieser Thätigkeiten eine verschiedene Richtung des strafbaren Willens voraussetze Vgl. Gilb. C d'Instr. Art. 337. n. 64. und unten zu § 218. n. 3; zu § 284 n. 7

34. Die im § 34. Nr. 2 definirte Theilnahme am Verbrechen ꝛc. schließt in ihrer Anwendung auf den Diebstahl die Konkurrenz der Hehlerei als eines selbstständigen Verbrechens ꝛc. aus, dergestalt, daß der Theilnehmer an einem Diebstahle so wenig wie der Dieb selbst, neben der Strafe der Theilnahme, auch noch wegen Hehlerei der mittelst des Diebstahls entwendeten Gegenstände zu bestrafen ist Z II. 16 März 1854 c. Blöker (G A 2. f 403) Vgl oben n. 6. und zu § 237. n. 28 29

35. Die den Vorschriften des § 34. Nr. 2 entsprechende Hülfeleistung zu einem vorsätzlich und mit Ueberlegung verübten Verbrechen (z B Todtung) ist strafbar, ohne daß es der Feststellung bedürfte, daß auch die Hülfe vorsätzlich und mit Ueberlegung geleistet sei; hier genügt die „Wissentlichkeit“ Z I. 23 März 1855 c. Kath u. Gen. Vgl. n. 2.

36. Hülfeleistung zu einer alle wesentlichen Merkmale eines Verbrechens ꝛc. in sich vereinigenden Handlung ist auch dann strafbar, wenn in Betreff des Thäters ein diesem persönlicher, die Strafe ausschliessender Grund z B Mangel der Zurechnungsfähigkeit, obwalten sollte; Z. II. 13 Dezemb. 1855 c. Ebel. Hier ward der Urheber einer „vorsätzlichen“ Brandstiftung freigesprochen, weil seine freie Willensbestimmung durch Gewalt ꝛc ausgeschlossen gewesen war, zugleich aber die Strafbarkeit des Gehülfen dieser „vorsätzlichen Brandstiftung“ angenommen Anders verhält es sich bei der Anstiftung vgl oben n. 12. — Zu vergleichen ist auch zu § 35. n. 1, und zu § 40 n. 9.

37. Ueber Hülfeleistung zu einer Hehlerei vgl. zu § 237. n. 33.

§. 35. **Auf den Theilnehmer an einem Verbrechen oder Vergehen oder an einem strafbaren Versuche eines Verbrechens oder Vergehens ist dasselbe Strafgesetz anzuwenden, welches auf den Thäter Anwendung findet. Wird festgestellt, daß im Falle des § 34. Nr. 2. die Theilnahme keine wesentliche war, so tritt statt der Todesstrafe oder lebenslänglichen Zuchthausstrafe zeitige Zuchthausstrafe und, wenn außerdem festgestellt wird, daß mildernde Umstände vorhanden sind, Gefängniß von zwei bis zu zehn Jahren ein.**

[Entw. § 32.] Vgl. § 32 36 59. 180. 331. Einf.-Ges. Art. XXIV.

---

§. 35.

1. Das auf den Theilnehmer anzuwendende Strafgesetz ist dasjenige, welches auf den Thäter Anwendung findet, d. h. dasjenige, welchem die That, mit den sie begleitenden Umständen entspricht, und wonach auch der eigentliche Thäter zu bestrafen ist. Dabei macht es keinen Unterschied, ob die Umstände, welche das Strafgesetz berücksichtigt, in der Handlung, in der Person des Thäters, oder im Objekte der That liegen. Daher trifft z. B. den Theilnehmer an einem Hausdiebstahle die schwerere Strafe dieses Vergehens auch dann, wenn er selbst nicht im Verhältnisse des Dienstboten &c. zum Bestohlenen steht, wenn nur der Thäter in diesem Verhältnisse stand; gleichgültig auch, ob der Thäter mit bestraft wird, oder — sei es aus allgemeinen Gründen, oder vermöge besonderer gesetzlicher Begünstigung (z. B. im Falle des § 228) straflos ausgeht; Z. 6. Okt. 1852 c. Heß (G. A. 1. S. 73). G. Matt. 1. S. 315; Temme Gll. S. 106 n. 5. — Vgl. aber §. 44. und in Betreff des Mitthäters zu Tit. III. n. 7.

2. Ebenso wird der Theilnehmer auch im umgekehrten Falle nur von dem auf den Thäter anwendbaren Strafgesetze betroffen, sollten bei seiner eigenen Person auch Umstände obwalten, welche, wenn er selbst der Thäter wäre, eine Strafverschärfung nach sich zögen, z. B. Theilnahme des Sohns an dem durch einen Dritten verübten Morde seines Vaters. Es darf hier auch nicht zwischen den Fällen des § 34. Nr. 1. und 2. unterschieden werden. Vgl. zu § 175. n. 17.

3. Die rücksichtlich des Thäters angenommenen mildernden Umstände kommen dem Theilnehmer nicht zu statten; es bedarf vielmehr behufs der Strafmilderung auch rücksichtlich seiner der ausdrücklichen Feststellung solcher Umstände; wo nicht, so ist er nach demjenigen Strafgesetz zu bestrafen, nach welchem der Thäter bestraft sein würde, wenn ihm keine mildernden Umstände zur Seite ständen. B I. 7. Jan. 1853 c. Hoffmann.

4. Die Strafmilderung, welche der Schluß des § 35. für den Fall gestattet, wo die Theilnahme keine wesentliche gewesen, kann nur da eintreten, wo das Gesetz Todes- oder lebenslängliche Zuchthausstrafe als absolute Strafen androht. Z I. 25. Feb. 1853 c. Schattschneider u. Gen.; Z. I. 27. Okt. 1854 c. Groth (Berthold u. Gen. G. A. 2. S. 825); Z. I. 24. Jan. 1855 c. Ludwig; Z. I. 23. März 1855 c. Kath u. Gen. — Hiernach kann die angedrohte Todes- oder lebenslängliche Zuchthausstrafe eventuell bis auf zwei Jahre Gefängniß ermässigt werden, nicht aber eine blos zeitige Zuchthausstrafe. — Droht das Gesetz (z. B. § 285) elektiv zeitige oder lebenslängliche Zuchthausstrafe an, so ist der Gerichtshof nicht unbedingt verpflichtet, einem Antrage auf Stellung einer die Wesentlichkeit der Hülfeleistung betreffenden Frage statt zu geben, er ist vielmehr im Falle der Ablehnung nur verhindert, auf lebenslängliche Zuchthausstrafe zu erkennen. Z. I 5. Apr. 1854 c. Heinzel. (G. A. 2. S. 526). — Für die obige Ansicht sind auch Beseler S. 165, Temme Lehrb. S. 310, Abh. in G. A. 2. S. 522 *Contra*: G. Matt. 1. S. 328. Temme Gll. S. 105. n. 4. Vgl. Komm. Ber. der II. K. S. 37.

5. Ebenso ist die Strafermäßigungsbefugniß des Richters auf den Fall der

§. 36. Wer durch Reden an öffentlichen Orten oder bei öffentlichen Zusammenkünften, oder durch Schriften, Abbildungen oder andere Darstellungen, welche verkauft, vertheilt oder umhergetragen, oder öffentlich ausgestellt oder angeschlagen werden, zu einer Handlung auffordert, anreizt, verleitet oder zu bestimmen sucht, welche ein Verbrechen oder Vergehen darstellt, soll als Theilnehmer betrachtet und bestraft werden, wenn die Aufforderung das Verbrechen oder Vergehen, oder einen strafbaren Versuch zur Folge gehabt hat.

Ist die Aufforderung ohne Erfolg geblieben, so tritt Gefängniß bis zu Einem Jahre ein, sofern nicht bei einzelnen Verbrechen etwas Anderes bestimmt ist.

[Entw. § 33.] Vgl. § 34 35 59 65 87 152; Vdn. v 30. Juni 1849 § 13 14 31 (G.S. s 228 flg); Ges. v. 11. März 1850 § 9. (G S s. 279)

---

im § 34 Nr. 2 behandelten Art der Theilnahme zu beschränken, und auf Anstiftung nicht auszudehnen. *Contra:* G. Matt 1 s 328.

6. Wollte man aber auch die fragliche Befugniß auf den Fall, wo das Gesetz zeitige Zuchthausstrafe androht, ausdehnen, so würde eventuell die Gefängnißstrafe nur an die Stelle dieser Zuchthausstrafe treten konnen, und es müßte daher auf die neben der letztern angedrohte Polizeiaufsicht (z. B im Falle des § 121) auch neben jenen erkant werden B. I. 22 Apr 1853 c. Wunderlich (G A. 1. s 389)

7. In den Fällen, wo die Unwesentlichkeit der Theilnahme uberhaupt Berücksichtigung finden kann, darf wegen obwaltender mildernder Umstände auch dann die fernere Strafermässigung Platz greifen, wo in Betreff des Thäters ein Gleiches nicht gestattet ist.

8. Die die Wesentlichkeit der Theilnahme betreffende Frage an die Geschwornen ist dahin zu richten: „Ist festgestellt, daß die . . . Theilnahme keine wesentliche" oder besser: „daß sie nicht eine wesentliche war?" Vgl. zu § 44 n 7

§. 36.

1 Der erste Absatz des § 36 behandelt diejenige Anstiftung, welche nicht bei bestimmten Personen, sondern durch offentliche Reden durch Schriften oder dgl statt findet. Es bedarf bei der Feststellung nicht der Angabe anderer Mittel, als der im § selbst genannten Sodann genügt es, wenn nur das Verbrechen ꝛc Folge der stattgehabten Aufforderung gewesen ist, ohne daß ermittelt zu sein braucht, daß die Thäter direkt jene Reden mit angehort ꝛc haben.

2 Es muß auch hier zu einem wenigstens in genere bestimmten Verbrechen ꝛc aufgefordert, und dasselbe Verbrechen muß in Folge dessen verubt sein. G Matt 1. s. 336 n. 2; Koch s 931 n 67; Temme Gll s. 108 n. 2. Der letztere faßt die Sache aber zu enge, wenn er eine Aufforderung zu einer bestimmten speziellen konkreten Handlung erheischt

3. Die Worte „zu bestimmen sucht" deuten nicht etwa einen Versuch im Sinne des § 31. an, es bedarf daher auch nicht der Feststellung der Begriffserfordernisse eines solchen Versuchs.

4. Der hier aufgestellte Begriff der Oeffentlichkeit ist entlehnt aus der Vdn v. 30 Juni 1849 § 31 Die Fassung beider Bestimmungen ist fast gleichlautend, nur ist im § 31 einmal statt des Wortes „öffentlich" die Umschreibung gebraucht: „an Orten welche dem Publikum zugänglich sind," sie kann daher zur Auslegung dieses Begriffs benutzt werden, vgl. unten § 152 — Dagegen hatte jener § 31 noch einen Schlußabsatz dahin lautend: „Als offentliche Zusammenkünfte werden auch Versammlungen angesehen, in welchen öffentliche Angelegenheiten erörtert und berathen werden sollen," wobei gleichzeitig auf die Verordnung v 29. Juni 1849 (jetzt

§. 37. Wer nach Verübung eines Verbrechens oder Vergehens dem Thäter wissentlich Beistand leistet, um denselben der Bestrafung zu entziehen, oder ihm die Vortheile des Verbrechens oder Vergehens zu sichern, ist als Begünstiger mit Geldbuße bis zu zweihundert Thalern oder mit Gefängniß bis zu Einem Jahre zu bestrafen.

Diese Strafe tritt nicht ein, wenn die Begünstigung dem Thäter, um ihn der Bestrafung zu entziehen, von leiblichen Verwandten in auf- oder absteigender Linie, von Geschwistern oder von dem Ehegatten gewährt worden ist.

[Entw. § 35.] Vgl. § 38. 237—240 228; HDO. v. 2. Juni 1852 § 5.

---

ersetzt durch das Vereins-Gesetz v 11. März 1850) verwiesen wird. Da diese Bestimmung weder im § 36 noch im § 152 wiederholt worden ist, so ist sie fur das System des Strafrechts als beseitigt zu betrachten, und es ist unstatthaft auf sie zur Auslegung des im StGB. vorkommenden Begriffs: „öffentlich“ zuruckzugehen

5. Der öffentliche Ort genügt an sich nicht, es müssen anhörende Personen gegenwärtig, und die Möglichkeit vorhanden gewesen sein, daß hinzutretende Personen die Rede ebenfalls vernehmen konnten Vgl. G. Matt. 2 f. 111 u 2; Koch f 930 n. 66 und unten zu § 150 n 4, zu § 152 n. 3.

6. Die Vorschrift des zweiten Absatzes gilt nicht nur von „Aufforderungen,“ sondern auch von der Anreizung, und von den Bemühungen zu verleiten oder zu bestimmen. Temme Gll. f. 108 n. 4.

§. 37.

1. Die blosse Theilnahme an den Vortheilen eines Verbrechens rc ist an sich (insofern sie nicht unter den Begriff der Hehlerei fällt) nicht strafbar. Z 17. Sept. 1851. c. Herzog u. Gen. G. Matt 1. f. 342. VII.

2. Der § 37 spricht von dem nach Verübung des Verbrechens rc geleisteten Beistande, d h. nachdem der Thäter alle zur Hervorbringung der gesetzwidrigen Wirkung erforderlichen Handlungen begangen hat (delictum perfectum), sollte auch der Erfolg noch nicht eingetreten sein (d. consummatum). G. Matt. 1. f 340. Temme Gll f 110 n. 3

3 Der § bezieht sich nur auf den dem Urheber eines Verbrechens oder Vergehens geleisteten Beistand; handelt es sich daher von einer Steuerdefraude, so kann von einer strafbaren Begünstigung nur dann die Rede sein, wenn jene mit Rücksicht auf die Höhe der verwirkten Strafe (vgl zum Einf. Ges Art. VIII n. 4) als Vergehen anzusehen ist Das tritt aber auch dann ein, wenn gegen den Thäter wegen Rückfalls auf Untersagung des Gewerbebetriebs zu erkennen ist. B I 25. Jan 1856 c. Köhring. Dieses Erkenntniß nahm gleichzeitig an, daß sich in einem solchen Falle der Begünstiger gegen die Strafe des § 37 nur durch den Nachweis schützen könne, daß ihm die Rückfälligkeit des Thäters unbekannt gewesen sei (§ 44.). — Im Widerspruche mit dem an die Spitze gestellten Grundsatze nahm ein Erk. LG Saarbrücken 24. Juli 1854 c. Mentzinger (Rh. Arch 50 2 B. f 8) an, daß Begünstigung einer Zolldefraude auch dann strafbar sei, wenn letztere sich nur als eine Uebertretung darstelle; vgl. zu § 34 n. 15a.

4. Spricht § 37 auch nur von der Begünstigung des „Thäters,“ so ist er doch unbedenklich auf die Begünstigung des „Theilnehmers“ auszudehnen. Komm.-Ber. I. K f. 7; G. Matt. 1. f. 341. III; Temme Gll. f. 109 n. 2 Ein Gleiches gilt von der Begünstigung eines Versuchs. Temme Lehrb f. 313 u. 13.

5. Das Wort „Bestrafung“ ist hier nicht gleichbedeutend mit „Verurtheilung,“ vielmehr umfaßt dasselbe auch die Verbüßung der zuerkannten Strafe mit, und der § ist auch auf denjenigen anwendbar, welcher nach erfolgter Verurtheilung

§. 38. Der Begünstiger soll gleich demjenigen, welcher Hülfe leistet, bestraft werden, wenn die Begünstigung in Folge einer vor der That genommenen Abrede gewährt worden ist.

Diese Vorschrift ist auch dann anzuwenden, wenn der Begünstiger zu den Angehörigen des Thäters gehört.

[Entw. § 36] Vgl § 34 35 37. 237 flg.

§. 39. Wer von dem Vorhaben eines Hochverraths, eines Landesverraths, einer Münzfälschung, eines Mordes, eines

---

dem Thäter wissentlich Beistand leistet, um den Strafvollzug zu verhindern. V. I. 29 Feb. 1856 c. Krentsch. (JMBl f.).

6. Der § 37 umfaßt ausser der einfachen Begünstigung „auch die um des eignen Vortheils willen“ Z I. 11. Feb 1853 c. Thomas u. Gen (Präj n. 11. Entsch. 24. f 493 G. A 1 f 406) — Gleichwohl greift auch dann in den geeigneten Fällen § 237 Platz. Z. Pl. 9. Okt. 1854 c. Cornelius u. Gen. (Präj n. 109; Entsch 29 f 252). Das Nähere siehe zu § 237 n. 22.

7. Die Begünstigung eines Verbrechens rc. ist ein selbstständiges, von der Theilnahme getrenntes Vergehen Motive von 1851. f. 17 *Contra:* Temme Gll. f 109. Note 2

8. Daraus folgt, daß der Versuch der Begünstigung nicht strafbar ist. Wenn indessen der Beistand die Sicherung der Vortheile des Verbrechens rc. bezweckt, so ist zur Vollendung des Vergehens der Begünstigung nicht erforderlich, daß dieser Zweck erreicht werde, vielmehr reicht es zur Annahme einer strafbaren Begünstigung hin, daß die Handlung in der Absicht vorgenommen werde, jene Vortheile zu sichern, und daß sie zur Erreichung jenes Zwecks geeignet war. Z I 23. Sept. 1853 c. Lang (Haase u Gen.). Aehnlich Z II 16. Juni 1853 c. Freitag (Luxem u Gen. G. A. 1 f. 578) allgemein, auch für den Fall, wo die Begünstigung bezweckte, den Thäter der Bestrafung zu entziehen; und Z. II 16 März 1854 c. Gobel, nach welchem zum Thatbestande der Begünstigung nicht die Erreichung des Zwecks des geleisteten Beistandes erfordert wird

9. Zur Bestrafung der Begünstigung kommt es nicht wesentlich darauf an, daß der begünstigte Thäter ermittelt sei; nicht einmal darauf, daß der Begünstigende den Begünstigten gekannt, und mit ihm in unmittelbarer Verbindung gestanden habe; man kann durch Vermittlung eines Dritten auch einen Unbekannten begünstigen, z B wenn man sich von Leuten, welche selbst nicht Diebe sondern Hehler sind, dazu gebrauchen läßt, für die Diebe die gestohlene Sache zu veräußern. Z II. 16 Juni 1853 c. Freitag (G. A 1. f. 578). Vgl. zu § 237 n. 6. 24

10. Auf andre als die im zweiten Absatze genannten Personen ist die Straflosigkeit nicht auszudehnen. Uneheliche Verwandtschaft kommt insoweit in Betracht, als das Civilgesetz sie anerkennt. G. Matt. 1. f 342. VI Temme Gll. f. 110. n 6

§. 38.

1. Ist hiernach die in Folge einer vor der That genommenen Abrede gewährte Begünstigung auch dann gleich der Theilnahme zu bestrafen, wenn sie des eignen Vortheils willen, dem Urheber eines Diebstahls, einer Unterschlagung oder eines ähnlichen Verbrechens rc geleistet wird, und so die Voraussetzungen der im § 237 vorgesehenen zweiten Alternative vorliegen, die Handlung also den Charakter der Hehlerei annimmt? Vgl zu § 237. n 23.

§. 39.

1 Handelt es sich von dem Vorbaben eines Hochverraths, welches den Voraussetzungen der §§ 63 oder 66 entspricht, demgemäß also schon als vollendetes Verbrechen des Hochverraths angesehen werden muß, so ist die Nichtanzeige von diesem Vorhaben nur dann strafbar, wenn die verabredeten oder vorbereiteten Handlungen demnächst auch wirklich ausgeführt, oder wenigstens versucht worden sind;

Raubes, eines Menschenraubes oder eines das Leben von Menschen gefährdenden gemeingefährlichen Verbrechens zu einer Zeit, zu welcher die Verhütung dieser Verbrechen möglich ist, glaubhafte Kenntniß erhält und es unterläßt, davon der Behörde oder der durch das Verbrechen bedrohten Person zur rechten Zeit Anzeige zu machen, soll, wenn das Verbrechen wirklich begangen oder zu begehen versucht wird, mit Gefängniß bis zu fünf Jahren bestraft werden.

[Entw. § 37.] Vgl § 112 172 211; A Cr O § 10.11

Vierter Titel. *)

Von den Gründen, welche die Strafbarkeit ausschliessen oder mildern.

---

zwar stellt, wie bemerkt, die Verabredung oder Vorbereitung auch schon für sich allein einen Hochverrath dar, dieser ist aber eben durch die Verabredung ꝛc schon vollendet, und kann durch eine Anzeige nicht mehr verhütet werden. Z I. 28 Nov 1855 c. Balinski (G. A. 4. s. 63)

2 Unter Münzfälschung sind nur die Fälle der §§ 121. u. 122, nicht aber auch des § 123 zu verstehen Komm.-Ber. I. K. s. 8; Temme Gll. s 111 n. 2.

3 Insofern das Gesetz es nicht ausdrücklich ausspricht, daß ein Verbrechen mit Gefahr für Menschenleben verknüpft sei, gehört es zu der (eventuell der Prüfung der Geschwornen unterliegenden) thatsächlichen Feststellung, ob dasselbe das Leben von Menschen gefährde (Beisp Brandstiftung im Sinne des § 285.) B. I. 23 März 1853 c. Beinert (G. A. 1. s. 544)

4 Die zu einem Zweikampf zugezogenen Sekundanten, Aerzte ꝛc. sind nur auf die Aufforderung der Staatsbehörde davon Anzeige zu machen verbunden, vgl. § 172.

5 Die Glaubhaftigkeit ist objektiv zu beurtheilen, auf die subjektive Auffassung des Einzelnen kommt es nicht an. Koch s. 932. n. 74

6 Die Behörde, welcher die Anzeige zu machen, ist vorzugsweise eine solche, welche den Beruf hat, die Begehung von Verbrechen zu verhindern, also die Polizeibehörde; inwiefern auch Anzeige bei einer andern Behörde genüge, ist nach den Umständen zu beurtheilen. Vgl Beseler s 173; G. Matt. 1. s 344.

7 Das Letztere gilt noch unzweifelhafter von der Frage, ob die Anzeige zur rechten Zeit erfolgt sei. Temme Gll. s. 111 n. 2

8 Dadurch, daß die Ausführung des Verbrechens bereits begonnen war, als der Dritte Kenntniß davon erhielt, wird die Anzeigepflicht desselben nicht beseitigt, wenn durch eine solche die Vollendung verhindert werden kann. Abh. in G. A. 2. s. 651.

9. Inwiefern sind hiernach Geistliche zum Bruche des Beichtgeheimnisses verpflichtet? Vgl ALR. II. 11. § 80—82. AGO I. 10 § 180. Krim. O. § 313. Nr. 1

10 Verwandte sind von der Anzeigepflicht nicht befreit Abh. in G Arch 2. s. 654 G. Matt 2 s 282 fg u 343 fg Vgl. zu § 112. n. 1.

11. Ueber die Frage, ob neben § 39. auch § 10 u. 11. der Krim. Ordn in Kraft verblieben sind, vgl zum Einf.-Ges. Art II. n 26.

*) Vierter Titel.

1. Die Meinung eines Angeklagten über die Strafbarkeit seiner That hat [sobald nur der erforderliche strafrechtliche Dolus feststeht] auf die Anwendung des Strafgesetzes keinen Einfluß; die entgegengesetzte Annahme des Instanzrichters verletzt das Strafgesetz. B I. 23. Dez. 1853 c Hackert.

2. Ueber die Anwendbarkeit der allgemeinen Vorschriften des Titel IV. auf Uebertretungen vgl. zum Thl. III.

§. 40. Ein Verbrechen oder Vergehen ist nicht vorhanden, wenn der Thäter zur Zeit der That wahnsinnig oder blödsinnig, oder die freie Willensbestimmung desselben durch Gewalt oder durch Drohungen ausgeschlossen war.

[Entw. § 38.] Vgl. § 41; Ges. v. 3. Mai 1852 Art 81.

---

§. 40.

1 Der § 40 erwähnt nur die ganz und jederzeit unzweifelhaften Fälle der Unzurechnungsfähigkeit, schließt aber andere im einzelnen Falle sich ergebenden den untrennbaren Zusammenhang des Bewußtseins und der freien Willensthätigkeit aufhebenden geistigen Zustände nicht aus. Z. 7 Jan 1852 c. Quade; Z. II. 19. Okt. 1854 c. Weber; Z. I. 18 Juli 1855 c. Klossowski (G A 3 f. 672); Z. I. 13 Feb 1856 c. Retzlaff; Temme Lehrb f. 174 Gleichwohl ist der Ausschliessung der freien Willensbestimmung nur dann die Bedeutung der Unzurechnungsfähigkeit beizulegen, wenn sie durch Gewalt oder Drohungen bewirkt, nicht also wenn sie die Folge einer leidenschaftlichen Erregung war; daher stellt der Geschwornen-Spruch: „der Angeklagte sei zur Zeit der That in einem solchen Zustande der Eifersucht und Leidenschaft gewesen, daß die freie Willensbestimmung dadurch ausgeschlossen worden sei" — die Unzurechnungsfähigkeit nicht fest; eine so gestellte Frage ist fehlerhaft, und macht Vernichtung und Wiederholung des Verfahrens nothwendig. B I 7 Apr 1854 c. Jedermann (G A. 2 f 420) Es muß daher in einem solchen Falle die den Geschwornen vorzulegende Frage ausdrucklich darauf gerichtet werden: ob die Zurechnungsfähigkeit des Angeklagten bei Begehung der That ausgeschlossen gewesen sei — Dabei ist der Gerichtshof befugt, in die Frage einen der im § 40 genannten, oder andre Thatumstände aufzunehmen, welche die freie Willensbestimmung ausschließen, wenn der Antrag oder die Vertheidigung auf einen solchen hinweisen, und andre Grunde sich nicht ergeben haben. Z. I 26. Mai 1854 c. Grickschat (G A 2. f 534). Es ist aber auch die Frage im Allgemeinen und ohne Beifügung eines speziellen Grundes nicht untersagt, vielmehr den Worten des Art. 81. des Gesetzes v 3 Mai 1852 entsprechend, ohne daß Art 82 ibid. entgegenstände, nach welchem die Zurechnungsfähigkeit zwar ein Rechtsbegriff aber von unbestrittener Bedeutung ist Z. I 29 Sept 1854 c. Thomalla Z II 19 Okt 1854 c. Weber (P. äj n. 113. Entsch 28, f 476 29, f 443) Z. I 4 Juli 1855 c. Voigt. Vgl hierüber Abh in G. A 2 f 219, und die Anweisung des Ober-Staats-Anwalts zu Insterburg in G. A. 2. f 225 Ein Z 8 Sept 1852 c. Hammel nahm dagegen an: der Gerichtshof thue genug, eine beantragte die Zurechnungsfähigkeit betreffende Frage auf die im § 40 genannten Thatsachen zu beschränken, wenn im Antrage keine andern speziellen Gründe hervorgehoben seien. (G A 1 f. 50, wo die Mittheilung der Begrundung aber nicht ganz genau ist). Ein Vern 17 Sept 1852 c. Naudonat (JMBl f. 375; G. A 1. f. 52; Entsch 24 f 200) entschied endlich: wenn eine Frage über die Zurechnungsfähigkeit beantragt werde, müsse zur Erörterung gebracht werden, worin der Mangel derselben bestehen solle, damit das Gericht bestimmen könne, wie die Frage am zweckmässigsten zu stellen, ob sie auf mehr oder minder spezielle Gesichtspunkte, z B auf eins der im § 40 angegebenen Momente zu richten sei Diese Auffassung ist aber nach dem obigen vom Ober-Tribunal selbst aufgegeben

2. Inwiefern sonach Taubstummheit, völlige Trunkenheit u. f w Unzurechnungsfähigkeit begründen, ist eine rein thatsächliche in jedem einzelnen Falle vom Richter der Thatsachen zu lösende Frage

3 Ueber die Ausschließung der Zurechnungsfähigkeit durch Pyromanie vgl Bericht der wissenschaftlichen Deputation für das Medizinalwesen vom 8. Okt. 1851. Min. Verf 30 Nov 1851 (JMBl f. 378)

4. Eine blos verminderte Zurechnungsfähigkeit ist kein Strafausschliessungsgrund; es kann daher hierüber den Geschwornen eine Frage nicht vorgelegt werden. Z I 4 Apr 1855 c. Schrödter.

5. Eine ohne weitere Erörterung auf „Gründe oder Umstände, welche die Strafe ausschliessen", gerichtete Frage an die Geschwornen ist unzulässig. V. 27. Sept.

§. 41. Ein Verbrechen oder Vergehen ist nicht vorhanden, wenn die That durch die Nothwehr geboten war. Nothwehr ist diejenige Vertheidigung, welche erforderlich ist, um einen gegenwärtigen rechtswidrigen Angriff von sich selbst oder Anderen abzuwenden. Der Nothwehr ist gleich zu achten, wenn der Thäter nur aus Bestürzung, Furcht oder Schrecken über die Grenzen der Vertheidigung hinausgegangen ist.

[Entw. § 39] Vgl. § 177. 196 211. Ges z. Sch d. pers. Freih v. 12. Feb. 1850 § 2; Ges. v. 3. Mai 1851 Art. 81.

1852 c. Schäffner; B 8 Okt 1852 c. Gutbineit (JMBl 1853 f 223. G A. 1. f 53) Vgl. Ges v 3 Mai 1852 Art 81 u. G. A. 1. f 202

6. Die Frage nach dem Unterscheidungsvermögen schließt die über die Zurechnungsfähigkeit nicht in sich. B 17. Sept. 1852 c. Raudonat (JMBl f. 375. G. A. 1. f. 52). Vgl. G A 1 f 692

7 Es läßt sich nicht behaupten, daß für die Zurechnungsfähigkeit die Vermuthung spreche, und daß daher die thatsächliche Feststellung des Instanz-Richters: er habe die Ueberzeugung von der Zurechnungsfähigkeit des Angeklagten nicht gewinnen können, dieselbe sei deshalb für nicht erwiesen zu erachten — zur Rechtfertigung einer Freisprechung nicht ausreiche. — Das gilt jedenfalls in Betreff eines Taubstummen, rücksichtlich dessen nach § 268 der Krim. O die Zurechnungsfähigkeit besonders festgestellt werden muß. Z I. 23. Feb 1855 c. Unbekannten.

8. Der Instanzrichter ist nicht verpflichtet, behufs der Feststellung der Zurechnungs- oder Unzurechnungsfähigkeit des Angeklagten jedes Mal Aerzte zuzuziehen. Z. I 23. Feb 1855 c. Unbekannten.

9 Auch demjenigen Urheber einer strafbaren Handlung, welcher wegen Mangels der Zurechnungsfähigkeit freigesprochen wird, kann in strafbarer Weise Hülfe geleistet werden. Vgl zu § 34. n. 36

10 Derjenige, dessen freie Willensbestimmung ausgeschlossen war, kann auch wegen einer in diesem Zustande begangenen Zuwiderhandlung gegen die Steuergesetze nicht bestraft werden Z I. 15 Feb 1856 c. Retzlaff. (Dem Angeklagten war das Pferd durchgegangen, und er so gegen seinen Willen dem Ansage-Büreau vorbeigefahren.)

§. 41.

1. Auch zum Schutze des Vermögens ist Nothwehr gestattet. Komm.-Ber I. K. f 9; G. Matt. 1. f. 418 n. 3; Temme GK. f. 117 n. 6; id. Lehrb f. 212.

2. Der Begriff der Nothwehr wird durch die Vorsätzlichkeit der auf Abwendung eines rechtswidrigen Angriffs gerichteten Handlung nicht ausgeschlossen; die Annahme: eine vorsätzliche Handlung sei durch Nothwehr geboten gewesen, enthält daher keinen Widerspruch Beschl. II. 19 Dez 1853 c. Haenert.

3. Unter dem gegenwärtigen rechtswidrigen Angriff ist nur ein körperlicher zu verstehen; wörtliche Aeusserungen sind hierher nicht zu rechnen Erk Appellat.-Ger. Arensberg 6. Sept 1855 c. Göcke. — Dagegen hält Temme (Lehrb. f. 211) dafür, daß auch ein angedrohter Angriff genüge, sollte er auch noch nicht in Thätlichkeiten ausgebrochen sein

4 Der angebliche Glauben des Angeklagten: er befinde sich im Zustande der Nothwehr, ist, wenn die Bedingungen einer solchen nicht vorliegen, kein Strafausschliessungsgrund, und es kann daher Stellung einer darauf bezuglichen Frage an die Geschwornen nicht verlangt werden. Z. II. 23. Nov. 1854 c Kleeberg (der Angeklagte hatte, in der Nacht im Hause Geräusch hörend, in der Meinung es rühre von Dieben her, einen Hausgenossen durch einen Schuß schwer verwundet) Vgl Temme Lehrb. f. 212 III

5. Auch der im Schlußsatz vorgesehene Fall des „Hinausgehens über die Vertheidigung,“ setzt eine solche Vertheidigung voraus, in welcher sich derjenige

§. 42. Wenn ein Angeschuldigter noch nicht das sechszehnte Lebensjahr vollendet hat, und festgestellt wird, daß er ohne Unterscheidungsvermögen gehandelt hat, so soll er freigesprochen, und in dem Urtheile bestimmt werden, ob er seiner Familie überwiesen oder in eine Besserungsanstalt gebracht werden soll.

In der Besserungsanstalt ist derselbe so lange zu behalten, als die der Strafanstalt vorgesetzte Verwaltungsbehörde solches für erforderlich erachtet, jedoch nicht über das zurückgelegte zwanzigste Lebensjahr hinaus.

[Entw. § 40.] Vgl. § 43; AKO. v. 22. Juni 1839; Ges. v. 3. Mai 1852 Art. 75. 83. Ges. v. 22. Mai 1852 Art. IV; HDG. v. 2. Juni 1852 § 11; AKO. v. 4. Dez. 1852 (JMBl. 1853 S. 38).

---

befindet, welcher die Nothwehr übt Beseler p. 189 IV; Temme Lehrb S. 215; Abh in G. A. 2. S. 824

6. Ueber die Fragstellung vgl. G. A. 1. S 217 und 604. Ein Z. II. 23 Nov. 1854 c. Kleeberg spricht beiläufig aus, daß eine die Nothwehr betreffende Frage in die den Begriff derselben bedingenden Thatsachen aufzulösen sei. Dem ist aber in dieser Allgemeinheit nicht beizupflichten; ist es thatsächlich unzweifelhaft, daß die vom Angeklagten geltend gemachten Umstände, ihre Richtigkeit vorausgesetzt, dem Thatbestande des § 41. entsprechen, so bedarf es der Auflösung des Begriffes „Nothwehr" nicht Vgl G A 1. S 217.

7. Wird Stellung der Frage an die Geschwornen beantragt: „ob der Angeklagte nur aus Bestürzung ꝛc. über die Gränzen der Vertheidigung hinausgegangen sei," so genügt die blosse Frage: „ob derselbe sich im Zustande der Nothwehr befunden habe," nicht. B. I. 22. Sept. 1854 c. Pritzlaff. (G. A. 2. S. 805).

8. Ergiebt die Voruntersuchung, daß die That nur im Zustande der Nothwehr geschehen sei, so kann auch die Rathskammer das Verfahren einstellen. Vgl. Wilde in G. A. 2. S. 40

9. Der Umstand, daß der Mißhandelte autor rixae war, macht für sich allein den Mißhandelnden nicht unbedingt straflos (vgl. § 188). Z. II. 26 April 1855 c. Kleine.

10 Inwiefern kann es als Nothwehr angesehen werden, wenn ein Beamter bei einer dienstlichen Verrichtung über die Gränzen seiner Befugniß hinausgeht, und hierdurch der Andre veranlaßt wird, sich gegen jenen zu vergehen. Vgl. zu § 89. n. 7—9; zu § 102. n. 23; zu § 177. n. 6

§. 42.

1 Ueber die Kompetenz vgl. Ges v 22 Mai 1852. Art. IV.

2. Stellung einer das Unterscheidungsvermögen betreffenden Frage an die Geschwornen. Vgl. Ges v. 3. Mai 1852 Art. 83. 75

3 Die Feststellung: der Angeklagte habe mit Unterscheidungsvermögen gehandelt, enthält weder die Feststellung, daß er mit Zurechnungsfähigkeit, noch die, daß er mit dem zum Thatbestande des Gesetzes erforderlichen Dolus gehandelt habe; beides ist vielmehr in den geeigneten Fällen noch besonders festzustellen B. 17. Sept. 1852 c. Raudonat (JMBl. S. 375; Entsch 24 S. 200; G. A. 1. S. 52); B 20. Okt. 1852 c. Kobera (G. A. 1. S 53). — Vgl zu § 40. n 1. 2.

4 Wegen einer Uebertretung kann der Strafunmündige nicht in eine Besserungsanstalt gebracht werden.

5. Im Uebrigen kann die Entscheidung darüber, ob ein Angeklagter unter sechszehn Jahren, von welchem festgestellt worden, daß er ohne Unterscheidungsvermögen gehandelt habe, in eine Besserungsanstalt zu bringen, oder seinen Ael-

§. 43. Wird festgestellt, daß ein Angeschuldigter, welcher noch nicht das sechszehnte Lebensjahr vollendet hat, ein Verbrechen oder Vergehen mit Unterscheidungsvermögen begangen hat, so kommen in Bezug auf denselben folgende Bestimmungen zur Anwendung:

1) auf Todesstrafe und Zuchthaus, auf Verlust der bürgerlichen Ehre und zeitige Untersagung der Ausübung der bürgerlichen Ehrenrechte, ingleichen auf Stellung unter Polizei-Aufsicht soll nicht erkannt, und an Stelle der Zuchthausstrafe Gefängnißstrafe ausgesprochen werden;

2) ist das Verbrechen mit der Todesstrafe oder mit lebenslänglichem Zuchthaus bedroht, so wird auf Gefängniß von drei bis zu funfzehn Jahren erkannt;

---

tern zurückzugeben sei, als ausdrücklich und allgemein in das Ermessen des erkennenden Gerichts gestellt, mittelst der Nichtigkeitsbeschwerde nicht angefochten werden Z II. 24 Feb. 1853 c. Bergfeld (G A. 2 s. 549).

6 Ermächtigung des Ministeriums des Innern statt der angeordneten Unterbringung in eine Besserungsanstalt, die Ueberweisung an Privatvereine, oder an geeignete und zuverlässige Privatpersonen mit der für Besserungsanstalten angeordneten Beschränkung zu genehmigen AKO. v 4. Dez 1852 (JMBl. 1853 s 38)

7. Die Unterbringung in einer Besserungsanstalt ist keine Strafe Beseler s. 194 II; Temme GA s. 118 n. 4; id. Lehrb s. 168 Die Bezeichnung dieser Anstalt als Strafanstalt am Schlusse des § ist daher schlecht gewählt. Temme l. c. n. 5

8. Mit Rücksicht auf § 178 der Verordnung v 3. Jan. 1849 kann der wegen mangelnden Unterscheidungsvermögens Freigesprochene nicht in die Kosten des Verfahrens verurtheilt werden Z I. 6. Apr. 1853 c. Rohrlack; Z. eod. c. Senß (G A. 1 s 373). Kisker in G A. 1. s. 183; *Contra*: Koch s. 939 n. 83a. — Anders nach Rheinischem Rechte, wo im Hinblicke auf die Fassung der Art. 194 und 368. der Rh StPO. auch den so Freigesprochenen die Verurtheilung in die Kosten trifft B. Kass-H. 29 Juni 1852 c. Schell; B. Kass-H 28. Sept 1852 c. Trautes (JMBl. 1852 s. 304; Rh. A. 47. 2. A. s 63 u. 123). Für die entgegengesetzte Ansicht könnte noch Art. XXVII. § 1. angeführt werden, welcher (abweichend vom Rh. StGB Art. 55) die solidarische Verurtheilung Mehrerer zu den Kosten davon abhängig macht, daß sie wegen desselben Verbrechens zur Strafe verurtheilt sind. — In Frankreich ist die Frage ebenfalls bestritten vgl. Gilb. C. pén. Art. 66. n. 12.

9. Die Bestimmung dieses § ist auch bei den durch Spezialgesetze vorgesehenen Verbrechen und Vergehen anwendbar Z. I. 23 Feb 1853 c. Lucht (Entsch. 24 s. 496; 25. s. 217; G A. 1. s 563), welches es billigte, daß zwei einer Mehlsteuer-defraude angeklagte Kinder wegen Mangels des Unterscheidungsvermögens freigesprochen waren. — Aehnlich in Frankreich: Rej. 3 Feb 1849 *Sir.* 49. 1. 665. Vgl zu § 43. n. 5.

10. Die §§ 42 43 finden auch bei Uebertretungen „Anwendung" Präj n. 21. (angenommen in der unter n. 9. citirten Sache c. Lucht.) Vgl. aber n. 4

§. 43.

1. Die Bestimmung der Nr. 1. ist auch auf die Untersagung der Ausübung der einzelnen in den §§ 63. 64. genannten Ehren-Rechte zu beziehen. Temme Lehrb. s. 434 V.

2. Unter der in Nr. 2. gedachten lebenslänglichen Zuchthausstrafe ist nur diejenige zu verstehen, mit welcher ein Verbrechen unbedingt bedroht ist Nr. 2 ist daher unanwendbar, wenn die That elektiv mit zeitlicher oder lebenslänglicher

3) in den übrigen Fällen soll der Richter ermächtigt sein, unter das niedrigste Maaß der gesetzlichen Strafe herabzugehen; die Hälfte des höchsten gesetzlichen Strafmaaßes darf niemals überschritten werden;

4) die Gefängnißstrafe soll entweder in ausschließlich für jugendliche Personen bestimmten Gefangenanstalten, oder zwar in der ordentlichen Gefangenanstalt, jedoch in abgesonderten Räumen vollstreckt werden.

[Entw. § 41.] Vgl § 42; Ges. v. 22. Mai 1852 Art IV.

§. 44. Wenn die Strafbarkeit einer Handlung abhängig ist, entweder von besonderen Eigenschaften in der Person des Thäters oder desjenigen, auf welchen sich die That bezog,

---

Zuchthausstrafe bedroht ist (z. B. § 285). B. 28 Apr. 1852 c. Bußmann (JMBl. s. 246; Entsch. 22 s. 455; G A. 1. s. 74). Temme GU. s. 119; Koch s. 941 n. 86.

3. Im Falle der Nr. 3. kann der Richter die Strafe bis auf eintägige Gefängnißstrafe herabsetzen, sollte das Gesetz auch für den Fall des Vorhandenseins mildernder Umstände eine besondre (höhere) Strafe bestimmen Z. 20. Okt. 1852 c Kroh (G. A. 1 s 74) Dagegen ist der Richter nicht befugt, auf den Grund dieser Nr. 3. unter das allgemein für eine bestimmte Strafart (durch § 15. und 17.) vorgeschriebene geringste Maaß hinabzugehen. B. I. 4 Juli 1855 c. Henschel (G. A 3. s. 697). Vgl. zu § 15. n. 3

4. Die Nr. 4 des § 43. enthält nur eine allgemeine Anweisung über die Vollstreckung der erkannten Gefängnißstrafe; es ist daher über die Art und Weise dieser Vollstreckung in dem Urtheile keine Bestimmung zu treffen. B. 28. Apr. 1852 c. Bußmann (JMBl. s. 248; Entsch 22. s 455; G A. 1. s 74).

5. Auch die Vorschriften dieses § sind sowohl bei den durch Spezialgesetze vorgesehenen Fällen, als bei Uebertretungen anwendbar. Vgl. zu § 42. n. 9 10. Das dort citirte Z. I. 23 Feb. 1853 c Lucht, und das dazu eingetragene Präjudiz n. 21. bezogen sich auf eine sich als Uebertretung darstellende Mehlsteuerdefraude. — Dagegen hatte ein B Kass.-H. 18 Dez 1843 c. Löhhausen entschieden, daß gegen den zurechnungsfähigen Holzdieb unter sechzehn Jahren die volle Strafe des § 30 des Holzdiebstahlsgesetzes vom 7. Juni 1821 zu verhängen sei, und der (dem § 43 des StGB. entsprechende) Art 66. des Rh. StGB ausser Anwendung bleiben müsse. (Rh A. 36 2. A. s 66).

6. Auch die gegen einen Strafunmündigen ergangene Verurtheilung begründet in einem spätern Wiederholungsfalle die Rückfalls-Strafe. Z 3 Dez 1851 c. Hupp (JMBl 52. s 27; Entsch 22 s 67); Z. 25 Feb. 1852 c. Hensel (Entsch. 22 s 67; G. A. 1. s. 74); Z. Kass.-H 7. Sept 1852 c. Lorscheider; Z II. 9. Feb. 1854 c Hoffmann; B I. 19 Okt 1855 c Hoffmann (G. A. 3 s 832) G. Matt. 1 s. 467 n. V; Temme GU s. 131 Note 2; id. Lehrb s 943

7 Trotz der gegen Strafunmündige zu verhängenden gelinderen Strafen, behalten die von ihnen begangenen strafbaren Handlungen doch an sich denjenigen Charakter, welchen sie mit Rücksicht auf die den Erwachsenen treffende ordentliche Strafe haben würden; ein Verbrechen bleibt daher, auch wenn es vom Strafunmündigen begangen wird, ein Verbrechen (vgl. § 43. Nr 2), und die Verjährungsfrist kann sich nur nach der ordentlichen Strafe richten Vgl. Mangin Tr. de l'act. publ. n 296. *Contra:* G. Matt. 1. s. 438 VII; Temme GU s. 122 n. 3. — Auch in Frankreich ist diese Frage bestritten. Vgl Gilb. C. d'Instr. cr. Art 637. n. 110; — Das erleidet nach der ausdrücklichen Bestimmung des Ges. v. 22 Mai 1852 Art IV. in Betreff der Kompetenz, aber auch nur in Betreff dieser, eine Ausnahme Vgl. zu § 1. n. 5. und zu § 177. n. 10 (hier eine analoge Frage).

oder von den besonderen Umständen, unter welchen die Handlung begangen wurde, so ist eine solche Handlung demjenigen als Verbrechen oder Vergehen nicht zuzurechnen, welchem jene Verhältnisse oder Umstände zur Zeit der That unbekannt waren.

Wenn durch solche besondere, dem Thäter unbekannt gebliebene Verhältnisse oder Umstände die Strafbarkeit der von ihm begangenen Handlung erhöht wird, so sollen ihm diese erschwerenden Umstände der That nicht zugerechnet werden.

[Entw. § 41 a.].

---

§. 44.

1. Unter den „Eigenschaften“ einer Person sind nicht blos Verhältnisse derselben zu andern Personen, sondern auch solche zu verstehen, welche ihr persönlich ankleben; z. B. Alter Z I 29 Juli 1853 c Topolewski (G A 2. S. 238); B. I 22 Feb. 1854 c. Pfeiffer; oder Beamtenqualität. B. 22. Okt. 1852 c. Goldbaum; B 12 Nov 1852 c. Sigulla Vgl G A. 2 S 254

2. Zu den „Umständen“, unter welchen die Handlung begangen worden, sind auch besondre Eigenschaften der Sachen zu zählen, auf welche die That sich bezog (Beisp siehe § 278; 218 Nr 1 u 9) Vgl. Temme GU S 120 n. 1; id. Lehrb S 184 Note 1

3 Auch der Umstand, daß der Dieb ein Schloß mittelst eines für dasselbe nicht bestimmten Schlüssels geöffnet hat, gehört zu denjenigen welche demselben nicht anzurechnen sind, wenn sie ihm zur Zeit der That unbekannt waren Z 8 März 1852 c. Fiesel (JMBl S 292); Z II. 11. Okt 1855 c. Deitenbeck

4. Ebenso greift § 44 Platz, wenn Jemand zur Verübung eines Diebstahls in ein Gebäude durch eine nicht zum Eingange bestimmte Oeffnung gedrungen ist, er dieselbe aber für eine gewöhnliche Thure gehalten hat Z II 4. Jan. 1855 c. Steele.

5 Dagegen ist der Rechtsirrthum, wonach dem Thäter das Strafverbot unbekannt geblieben, nicht hierher zu zählen Komm-Ber I K S 9; G Matt. 1. S. 634 IV. Vgl. dagegen Temme GU. S 120 n. 2; id. Lehrb. S 185, 189.

6 Hat die Bestimmung des § 44 die Folge, daß eine Handlung dem Thäter als eine dolose nicht angerechnet werden kann, so steht dieses nicht im Wege, dieselbe als fahrlässige That zu bestrafen, wenn die Voraussetzungen einer solchen Strafbarkeit bestehen bleiben. Temme GU S 119 n. 1. *Contra:* G. Matt. 1. S 430 I, 1

7 Bedingung der „Nichtzurechnung“ ist die Unbekanntschaft mit den betreffenden Umständen ꝛc. Diese muß als Ausschliessungsgrund vom Angeklagten behauptet und bewiesen, und demnächst ausdrücklich festgestellt werden; insbesondere ist auch die betreffende Frage an die Geschwornen hiernach zu fassen. Daher „ist im „Falle des § 144. n. 3 eine nach § 44 über die Wissenschaft von dem Alter der ge„mißbrauchten Person den Geschwornen vorzulegende Frage nicht dahin: „„ob der „Angeklagte gewußt habe, daß die gemißbrauchte Person unter vierzehn Jahre alt „gewesen,““ sondern dahin zu stellen: „„ob dem Angeklagten das Alter der Person „unter vierzehn Jahren unbekannt gewesen““ Z. Pl 12. Juni 1854 c. Völker (Präj n. 99. Entsch. 28 S. 184; G. A. 2. S 807). *Sic:* B. I. 4 Nov. 1853. Ehlert (JMBl 1854 S 5; G. A. 2 S. 238) B. I 30. Nov. 1853 c. Steinborn (G. A 2 S. 254). Das Gesagte gilt überall, wo das Gesetz die Wissenschaft von den besondern die Strafbarkeit bedingenden, oder erhöhenden Umständen nicht besonders als Begriffserforderniß erwähnt; es bedarf da der Feststellung, ob dem Angeklagten jene Umstände unbekannt gewesen seien, nur dann, wenn eine besondre Veranlassung zur Annahme einer solchen Unbekanntschaft vorliegt, und durch das über die Verhandlung aufgenommene Protokoll dargethan wird. Z. II 11. Okt. 1855 c Deitenbeck (G A. 3 S. 843) In einer Reihe von frühern Fällen hatte die entgegengesetzte Fassung der Frage den Beifall des Ober-Tribunals gefunden, z. B. Z. 8. Feb. 1852 c. Fiesel (JMBl. S. 292).

§. 45. Nach Ablauf der Verjährungszeit findet die Verfolgung und Bestrafung eines Verbrechens oder Vergehens nicht statt.

[Entw. § 45.] Vgl. § 47—50. 339; Einf.-Ges. Art. XII. § 1.

§. 46. Verbrechen, welche mit Todesstrafe bedroht sind, verjähren in dreißig Jahren; Verbrechen, welche im höchsten Strafmaaße mit einer Freiheitsstrafe von einer längeren als zehnjährigen Dauer bedroht sind, verjähren in zwanzig Jahren; Verbrechen, welche mit einer milderen Freiheitsstrafe bedroht sind, verjähren in zehn Jahren.

Z I. 29. Juli 1853 c. Topolewski (G. A. 2. s 238) In diesem Sinne spricht sich aus Temme Lehrb s. 188 Vgl. im Allg. G. Matt 1. s. 380, 432; 2 s. 416, 617. Küßner Abh. in G. Arch 3 s. 36 u 50. Abh. ibid. 3 s 49. Koch s. 941 n. 87.

8. Einem auf Stellung einer derartigen Frage an die Geschwornen gerichteten Antrag des Angeklagten ist bei Nichtigkeitsstrafe statt zu geben (Vgl. Einf Ges. Art. XXIV. Ges. v. 3 Mai 1852 Art 81. Abs 3). B 22 Okt. 1852 c. Goldbaum

§. 45.

1. Ueber das Fortbestehen der besondern die Verjährung betreffenden Bestimmungen solcher Spezialstrafgesetze, welche nach Art. II des Einf-Ges in Kraft geblieben sind, vgl zu Einf-Ges Art II n. 31.

2 Der Richter hat den Ablauf der Verjährungszeit von Amtswegen zu berücksichtigen B I 18 Nov. 1854 c. Falk. Ein Verzicht auf dieselbe ist unstatthaft. „Die Strafanwendung setzt auch die Festsetzung voraus, daß die That zu einer Zeit „verübt sei, welche die Verjährung ausschließt" Bleibt es nach dieser Feststellung auch nur möglich daß die Verjährungsfrist abgelaufen sei, so ist letzteres zum Vortheil des Angeklagten anzunehmen (z. B wenn die Zeit der That nicht genauer als durch Angabe eines längern Zeitraums festzustellen war, welcher zum Theil über die Verjährungsfrist hinausreichte). B. II. 17 Juni 1854 c. Voigt (Präj n. 97. Entsch 28 s. 368 G. A 2 s 549. Vgl zu § 46 n. 14.

3 Ueber die Nothwendigkeit die thatsächliche Feststellung auch auf den Zeitpunkt der That auszudehnen vgl. zu Einf-Ges Art IV. n. 17.

4 Bei Prüfung der Moralität und der individuellen Strafbarkeit einer nicht verjährten Handlung kann der Richter wie das ganze frühere Verhalten des Angeklagten, so auch ein verjährtes Verbrechen rc desselben als Strafzumessungsgrund, berücksichtigen. Z I 2 März 1853 c. Deutsch Vgl zu § 60 n 5.

§. 46.

1. Der Versuch eines mit Todes- oder lebenslänglicher Zuchthausstrafe bedrohten Verbrechens zieht nach § 32 zehn- bis zwanzigjährige Zuchthausstrafe nach sich, verjährt daher in zwanzig Jahren. G Matt 1 s 438 VI.

2. Anders bei der Theilnahme an einem solchen Verbrechen; sie zieht nur in gewissen, besonders festzustellenden Ausnahmefällen eine gelindere Strafe nach sich; sie verjährt daher nur in derselben Frist wie die That selbst G. Matt 1 s. 438 VI.

3. Ueberhaupt ist die beim Vorhandensein mildernder Umstände gestattete oder angeordnete Strafermäßigung auf die Dauer der Verjährungsfrist ohne Einfluß Vgl. Gilb. C. d'Instr. cr. Art. 637 n 112

4 Verjährung der Verbrechen rc. der Strafunmündigen vgl. zu § 43 n. 7.

5 Verjährung im Falle der Strafmilderung wegen stattgehabten Reizes vgl. zu § 177. n. 10

6 „Handlungen, welche in Gemäßheit des Art XX. des Einf. Ges zur Kom„petenz der Polizei-Gerichte gehören, obgleich sie mit einer über die Grenzen der „Polizeistrafen hinausgehenden Strafe bedroht sind, sind in Beziehung auf die Ver-

Vergehen, die im höchsten Strafmaaße mit einer höheren als dreimonatlichen Gefängnißstrafe bedroht sind, verjähren in fünf Jahren, andere Vergehen in drei Jahren.

Der Lauf der Verjährung beginnt mit dem Tage des begangenen Verbrechens oder Vergehens.

[Entw. § 43 46] Vgl § 45 47—49 60 139. 161. 219 233 339. 343; Einf.-Ges. Art. V. XII. § 1. XVIII; Preßges. v. 12. Mai 1851 § 49; Ges. v. 22. Mai 1852 Art. V.

„jährung als Vergehen nach § 46 zu betrachten, und unterliegen nicht der Verjäh- „rung des § 339.“ V I 1. Juni 1853 c. Zeth (Präj n. 41; Entsch 25. s. 359; G A. 1 s 561) B. I 5 Apr. 1854 c. Lollier (JMBl s 269).

7. Der Lauf der Verjährung beginnt mit der Beendigung der mit Strafe bedrohten Thätigkeit Beseler s. 199 III.; G. Matt 1 s 435 III. Heffter Abh. in G A. 1. s. 307. Handelt es sich daher von einer fortgesetzten oder fortdauernden Thätigkeit, so beginnt die Verjährung erst mit der gänzlichen Beendigung derselben; ein Beispiel gewährt: Z II 15 Feb 1855 c. Feldböhmer (G. A. 3. s. 411). Bei einer durch Angaben falscher Thatsachen und Urkundenfälschung bewirkten Lebensversicherung ward angenommen, daß die jährlich vom Angeklagten geleisteten Prämienzahlungen eine fortgesetzte verbrecherische Thätigkeit desselben in Beziehung auf den mittelst Urkundenfälschung verübten Betrug involvirten, und daher den Beginn des Laufs der Verjährung verhindert hätten. Aehnlich „beginnt beim verkleideten Wucher, „wenn höhere Zinsen als die Gesetze zulassen eingefordert oder gezahlt sind (ALR. „I. 11. § 810), die Verjährung mit dem Tage, wo der ungesetzliche Vortheil zuletzt „eingefordert oder angenommen ist“ V Pl. 26. Nov 1855 c. Kruger (Präj. n. 192. G A 3. s 807). Z. II 16. Nov. 1854 c. Herzberg. Vgl. zu § 263. n. 38.

8. Ein Gleiches gilt auch von dem Vergehen, bei welchem die Gewohnheitsmässigkeit Begriffserforderniß ist (z. B. Kuppelei, Wucher, Hazardspiel). Die Verjährung des gewohnheitsmässigen Wuchers beginnt daher nicht für jedes einzelne Geschäft mit dem Abschlusse desselben, sondern erst mit dem Augenblicke, wo die Gewohnheit aufhört, also mit der gänzlichen Aufgabe solcher Geschäfte Z. II. 30. Sept. 1854 c. Rieth. Vgl. zu § 263. n. 38. *Contra:* Goltd Matt. 2. s 437 IV.

9. Der Lauf der Verjährung beginnt bei Omissivvergehen mit dem Tage, wo die unterlassene Handlung zu vollziehen war. Heffter l. c. (n. 7) — Dagegen entschied: V Pl. 11. April 1853 c Jägers: „Die Verjährung der Uebertretung einer „Polizeivorschrift, nach welcher Fremde oder Gesinde binnen einer bestimmten Frist „nach der Aufnahme, oder dem Dienstantritte bei Strafe angemeldet werden müssen, „beginnt nicht mit dem Ablaufe dieser Frist, sondern erst mit demjenigen Zeitpunkte, „in welchem der Nichtangemeldete angemeldet wird, oder das Quartier oder den „Dienst verläßt.“ (Präj. n. 25; JMBl. s 239; Entsch 24 s. 497; 25 s. 255; Rh A. 48 2 A. s. 57). *Sic:* V II. 14. Juni 1853 c. Sauerland; V II 15. März 1855 c. Berrisch und Just.-Min.-Verf. v. 28 Aug. 1852. *Contra:* Z. I. 2. Feb. 1853 c. Klose (Entsch. 25 s. 255)

10. . . bei Verbrechen rc. zu deren vollem Thatbestande der Eintritt gewisser Wirkungen und Folgen von längerer oder kürzerer Dauer gehört (Tödtung, schwere Körperverletzung, Brandstiftung, auch gewisse Omissiv-Verbrechen rc.: Verhungernlassen eines Kindes durch die Aeltern, Nichtabhalten vom Betteln [§ 118], Nichthindern des Entkommens eines anvertrauten Gefangenen [§ 95]), erst mit dem Eintritte der zum Thatbestande gehörenden Wirkung; dagegen wird der Lauf der Verjährung dadurch nicht aufgehalten, wenn die eingetretene Wirkung demnächst eine dauernde ist, z. B eine Verstümmelung rc. Heffter l. c. (zu n. 7.)

11. . . . bei Verbrechen rc. bei welchen nicht blos die Herbeiführung sondern auch die Behauptung eines gewissen rechtswidrigen Zustandes gestraft wird, erst mit dem Aufgeben des rechtswidrigen Verhaltens Ein Beispiel liefert § 139 (Bigamie). Heffter l. c. Vgl G. Matt 1. s. 435 III. Temme Gll s. 122 n. 4

§. 47. Wenn die Verjährung unterbrochen wird, die Untersuchung aber nicht zur rechtskräftigen Verurtheilung führt, so beginnt eine neue Verjährung nach der letzten gerichtlichen Handlung.

---

und zu § 204 n. 10 Ebenso entschied B I. 25 Jan. 1854 c. Schoepe (G A. 2. f. 550), daß das Vergehen des Verlassens des Landes, um sich dem Eintritt in den Militärdienst zu entziehen (§ 110) erst mit dem Tage des wirklichen Eintritts, oder wenn dieser gar nicht erfolge, erst von da an beginnen könne, wo die Pflicht zum Eintritt erloschen sei, d. h. mit dem neun und dreissigsten Lebensjahre

12. Die Vorschrift des Schlußabsatzes erleidet auch da keine Ausnahme, wo die Bestrafung eines Verbrechens ꝛc. durch einen Antrag des Verletzten bedingt ist; wenngleich hier jedes Einschreiten der Staatsanwaltschaft vor gestelltem Antrage unstatthaft ist, kann der Lauf der Verjährung dadurch doch nicht aufgehalten werden, weil sie sonst leicht gänzlich ausgeschlossen werden könnte, sobald der Verletzte von dem Vergehen keine Kunde erhalten hat. Vgl. zu § 48 n. 10.

13. Goltdammer (Matt. 1. f 437 V.), Temme (Gll. f. 122 n. 5; u. Lehrb. f 535 n. 3) und Koch f 942 n. 91 b wollen mit Rücksicht auf ALR. I. 3 § 46. und die Bestimmungen des Römischen Rechts die Vollendung der Verjährung mit dem Anfange des letzten Tages der Frist eintreten lassen, d. h. also bei Berechnung der Frist den Tag, an welchem die That begangen wurde, mitrechnen, und dann die Frist ganz berechnen. Diese Ansicht wird durch die Fassung des § „beginnt mit dem Tage ꝛc.“ unterstützt. Nach französischem Rechte ist bei entsprechender Fassung des Gesetzes (C. d'Instr. Art. 637: à compter du jour, où le crime aura été commis, die Frage bestritten; vgl. Gilb. C. d'Instr. Art. 643. n. 29—31.

14. Die Verjährung in Strafsachen gehört der öffentlichen Ordnung an, und unterliegt daher in Betreff der vom Gesetze vorgeschriebenen Fristen oder Wirkungen einer abweichenden vertragsmässigen Bestimmung der Parteien nicht. B. I. 24 Okt. 1855 Ludtke c. Nörenberg (G. A. 3. f 832). Vgl. zu § 45. n. 2.

15 „Die im § 49. des Preßgesetzes vom 12. Mai 1851 ausgesprochene „sechsmonatliche Verjährung der durch die Presse begangenen strafbaren Handlungen „bezieht sich auch auf die durch die Presse begangenen gemeinen Verbrechen und „Vergehen, für welche die Strafbestimmungen im Strafgesetzbuche enthalten sind. „Sie kommt auch dem, welchem nur die wissentliche weitere Verbreitung des In„halts einer verleumderischen Druckschrift zur Last gelegt wird, zu Statten.“ B II. 29. Juni 1854 c. Krackrügge (Präj. n. 100; Entsch 28 f. 177) — Aehnlich B Pl 30 Okt. 1854 c. Jakob u Gen (Präj n. 114 Entsch 29 f 265): „der § 49. des Preß„gesetzes findet nicht blos auf die in diesem Gesetze speziell mit Strafe bedrohten, „sondern auf alle durch die Presse begangenen strafbaren Handlungen Anwendung“

16 Die Vorschriften dieses und der folgenden §§ in Betreff der Verjährung finden auch auf die Verfolgung im Wege des Civil-Prozesses Anwendung Vgl zu § 48 n. 10—12. — Rücksichtlich der Civilklage nach Rheinischem Rechte ist Art XII § 1. des Einf.-Ges maaßgebend

§. 47.

1 Die Worte: „Die Untersuchung aber nicht zu einer rechtskräftigen Verurtheilung führt“ sind müssig. Der Sinn des ersten Absatzes ist: daß nach jeder unterbrechenden Handlung eine neue Verjährung beginnt, welche durch den Ablauf der betreffenden Frist vollendet wird, wenn nicht in der Zwischenzeit abermals eine Unterbrechung statt findet. Insbesondere ist jener Zusatz nicht dahin zu deuten, als wenn die Verjährung, so lange die Untersuchung noch schwebe, und nicht etwa eingestellt worden sei, nicht laufen könne. Das Gegentheil ergiebt die Ausnahme des zweiten Absatzes Vgl. auch G. Matt. 1 f. 382 u. Just.-Min.-Verf citirt bei Hahn f 53 — Gleichwohl nahm ein B. I. 3 Feb 1854 c. Jegodtka u Gen an, daß wenn das erkennende Gericht vor definitiver Entscheidung einer Sache, noch eine vorgängige Maßregel für erforderlich erachte, und diese durch einen in der

Diese neue Verjährung kommt jedoch demjenigen nicht zu Statten, welcher sich der gegen ihn eingeleiteten Untersuchung durch die Flucht entzogen hat.

[Entw. § 44.] Vgl. § 45 46. 48. 49. 339.

§. 48. **Jeder Antrag und jede sonstige Handlung der Staatsanwaltschaft, sowie jeder Beschluß und jede sonstige Hand-**

Sitzung erlassenen Bescheid anordne, mit diesem Tage nicht eine neue Verjährung beginne, sobald die Verhandlungen ergeben, daß die Erörterung und Entscheidung der Sache bis zur Erledigung jener Maßregel vorbehalten bleiben solle, indem dann nicht angenommen werden könne, daß das eingeleitete Strafverfahren nicht zur rechtskräftigen Verurtheilung geführt habe.

2. Führt dagegen die Untersuchung, trotz des Ablaufs der Verjährung, wirklich zur rechtskräftigen Verurtheilung, so ist diese nicht mehr zu beseitigen, weil die Rechtskraft solches verhindert.

3. Auch die Schlußworte des ersten Absatzes des § 47. sind nicht richtig gewählt, wie § 48 ergiebt; vielmehr beginnt die neue Verjährung mit jeder unterbrechenden Handlung, auch der vom Staatsanwalt ausgegangenen. Vgl. zu § 48 n. 2

4. Die neue Verjährung beginnt mit dem Tage der Unterbrechungshandlung. Es wird nicht von Augenblick zu Augenblick gerechnet G. Matt 1 f 438 n. 2.

5 Die neue Verjährung hat dieselben Fristen wie die erste Beseler f. 202 V. b.

6 Die Ausnahme des zweiten Absatzes bezieht sich nur auf denjenigen, welcher sich der gegen ihn eingeleiteten Untersuchung entzogen hat, also nicht auf denjenigen, welcher vor eingeleiteter Untersuchung die Flucht ergriffen hat. G. Matt 1. f 385. Koch f. 943 n. 93

7 Goltd l. c. f. 439 n. 3 will den Verbrecher rc. so lange als flüchtig ansehen, als er sich nach seiner Rückkehr nicht meldet. Die Frage wird wohl mehr thatsächlicher Natur sein

8 Koch (f 943 n. 94) will den Fall, wo Jemand der eingeleiteten Untersuchung sich anderweitig auf rechtswidrige Weise z B durch Verbergung entzogen hat, der Flucht gleich stellen

§. 48.

1 Alle Handlungen, Anträge und Beschlüsse, sowohl des Richters als der Staatsanwaltschaft, welche die Anklage, resp. den Antrag auf Eröffnung der Untersuchung und den Beschluß dieser Eröffnung vorbereiten, betreffen die Eröffnung der Untersuchung, weil sie dieselbe bezwecken; daher wird die Verjährung durch alle Handlungen, Anträge und Beschlüsse des Richters und der Staatsanwaltschaft unterbrochen, welche den Zweck haben, die Natur und die Existenz des angezeigten Verbrechens rc, sowie die Person des Thäters und die zu seiner Ueberführung dienenden Beweismittel soweit zu erforschen, als dieses zur Begründung einer Anklage erforderlich ist, und es ist unstatthaft, jene Wirkung auf diejenigen Handlungen rc zu beschränken, welche gegen eine bestimmte Person, und unmittelbar auf die Eröffnung der Untersuchung gerichtet sind Beschl. 11. Apr 1850 (Grundss n. 214. Erste Ftf f. 42) B. 10 Nov 1851 c. Krzyzinski; B. I. 7. Jan. 1853 Siegert (JMBl. 1853 f. 151; G. A. 1. f 266) Z II. 2. Juni 1853 c. Neukamp (G. A 2. f. 568) Vgl. n. 2. und Just. Min.-Verf citirt bei Hahn f. 53 (Beispiel: ein Antrag des Staatsanwalts bei dem Gerichte, welcher die Uebersendung von Aktenstücken zum Gegenstande hatte, die als Beweisstücke benutzt werden sollten, unterbricht die Verjährung. cit. B. 10 Nov. 1851 c. Krzyzinski) — Das muß selbst dann gelten, wenn die Voruntersuchung gegen eine andere bestimmt bezeichnete Person gerichtet war, und erst im Laufe derselben der wahre Thäter ermittelt wird; auch die frühern Handlungen unterbrechen für den letztern die Verjährung, da die Voruntersuchung überhaupt die Ermittlung des wahren Thäters bezweckt; dagegen würde es bedenklich sein, dasselbe von der gegen eine bestimmte andre Person erhobenen Anklage, so-

lung des Richters, welche die Eröffnung, Fortsetzung oder die Beendigung der Untersuchung oder die Verhaftung des Angeschuldigten betrifft, unterbricht die Verjährung.

[Entw. § 45] Vgl. § 45—47 339; Einf.-Ges Art. XVIII, Preßgef. v 12 Mai 1851 § 49; Ges v 14 Mai 1852 § 9 (G S f 245); Post-Ges v 5 Juni 1852 § 43. (G S f 356).

---

wie von dem wider sie gerichteten Eröffnungsbeschlusse und Hauptverfahren zu sagen. Nur mit dieser Maaßgabe wird die in G. A. 2. f. 550 erwähnte Entscheidung des Appellationsgerichts zu Hamm zu billigen sein. Vgl Bef. f 201; G Matt. 1. f 440 n. 7; Temme Gll. f 123 n. 4, welche übereinstimmend verlangen, daß die Handlungen rc. gegen den Angeschuldigten gerichtet sein müssen. was aber im Grundsatze den oben mitgetheilten Entscheidungen des Ober-Tribunals nicht widerspricht. Gegen diese sind aber Temme Lehrb f. 537 und Koch f. 943 n. 46. Vgl Gilb. C. d'Instr. Art. 637 n. 102—104 Ein Z (V.) 27. Sept 1852 c. Vogt hatte endlich angenommen: der auf Herbeischaffung von Exemplaren einer Schrift strafbaren Inhalts vom Staats-Anwalt bei einem Stadtmagistrate gerichtete Antrag, habe, weil ganz ausserhalb des Untersuchungsverfahrens liegend, wenn auch die Eröffnung der Untersuchung bezweckend, die Verjährung nicht unterbrechen können.

2 Das unter n. 1. citirte V I. 7 Jan. 1853 c. Siegert nahm ausserdem an, daß die vorbereitenden Handlungen des Richters und der Staatsanwaltschaft, ja eine Anklage der letztern allein nicht die Verjährung unterbrechen, wenn sie nicht zur Eröffnung der Untersuchung führen, so daß, wenn der Staats-Anwalt von der Verfolgung abstrahirt, oder der Richter die erhobene Anklage nicht begründet findet, die vorbereitenden Handlungen wirkungslos seien; wogegen, wenn der Eröffnungsbeschluß wirklich erfolge, die Wirkung dieses Beschlusses auf alle früheren Handlungen rc. des Richters und Staatsanwalts zurückgezogen werden müsse, so daß auch sie dann nachträglich die Kraft, die Verjährung zu unterbrechen, erlangten. Daraus könnte gefolgert werden, daß die nicht gegen eine bestimmte, oder gegen andre Personen geführte Voruntersuchung, wenn sie die Eröffnung der Untersuchung nicht, sondern die einstweilige Einstellung des Verfahrens zur Folge habe, in Betreff des später ermittelten Thäters die Verjährung nicht unterbrechen könnte. Diese Annahme, und der ganze aufgestellte Grundsatz erscheinen aber sehr bedenklich, die Worte des Gesetzes rechtfertigen denselben nicht; auch ist offenbar bei jener Entscheidung nur an dasjenige Verfahren gedacht, welches auf der Verord. v 3 Jan. 1849 beruht, nicht aber an das Rheinische Strafverfahren, welches einen derartigen Eröffnungsbeschluß, wie ihn § 48 der citirt Verordnung vorschreibt, nicht kennt, wo vielmehr die Untersuchung von dem Augenblicke an als eröffnet angesehen wird, wo die Staatsanwaltschaft durch irgend einen Antrag den Untersuchungsrichter mit der Sache befaßt oder die direkte Vorladung des Beschuldigten vor den erkennenden Richter veranlaßt hat Da nun aber das Strafgesetzbuch im ganzen Staate in gleicher Weise wirksam sein muß, so ist es gewiß richtiger, anzunehmen, daß die vorbereitenden Handlungen des Richters und Staatsanwalts auch dann, wenn sie nur im Allgemeinen als gegen das betreffende Individuum mit gerichtet angesehen werden können, (vgl n. 1.) die Verjährung unbedingt unterbrechen Vgl. Temme Lehrb f 536.

3 Nicht jede Art von Thätigkeit, welche die Staatsanwaltschaft sogar nur im Kreise ihrer eigenen Organe, durch Korrespondenz, mündliche Besprechung oder individuelle körperliche oder geistige Anstrengung in Bezug auf einen Straffall entwickelt, ist eine solche Handlung, wie sie § 48 erheischt; insbesondre ist hierher nicht die Erkundigung eines Gliedes der Staatsanwaltschaft bei einem andern nach der Lage einer Sache, um danach weitere Entschliessungen rücksichtlich einer konnexen Sache zu fassen, zu rechnen. Z. I 22. Feb. 1854 c. Streckfuß (G. A. 2 f 424); Aehnlich V Pl 30 Okt 1854 c. Jakob u. Gen. (Entsch 29. f 265), nach welchem blosse Kommunikationen zwischen den verschiedenen Organen der Staatsanwaltschaft eine (nach § 49 des Preßges v. 12 Mai 1851 zu beurtheilende) Verjährung nicht unterbrechen. Da-

gegen hatte ein Z II. 13. Okt. 1853 c. Weichsel (G. A. 2. S 109) dem Schreiben des Staatsanwalts an ein anderes Gericht, durch welches er um Mittheilung andrer Akten bat, die Wirkung der Unterbrechung (ebenfalls in einer Preßsache) beigelegt. — Vgl. im Allg Temme Gll S. 122 n. 1; id. Lehrb S 536, dessen Bedenken durch die vorstehende Auffassung wenigstens theilweise ihre Erledigung finden.

4 Verfügungen des (Rheinischen) Staats-Anwalts an seine Hülfsbeamten, wodurch die Vernehmung des Beschuldigten, sowie der Zeugen, und demnächst eine Verfügung an den Polizei-Anwalt, wodurch die Verfolgung von dem Polizeigerichte angeordnet wird, unterbrechen die Verjährung V. II. 22. Februar 1855 c. Scheuern (Rh A 50. 2 A. S 79)

5. Die Handlungen der gerichtlichen Polizei in der Rheinprovinz, selbst die der Hülfsbeamten des Ober-Prokurators unterbrechen die Verjährung nicht. So: Temme Gll. S. 123 n. 2 *Contra:* G. Matt S. 439 n. 4. und das französische Prozeßrecht, vgl Mang. de l'act. publ. n. 342.

6 Die Insinuation einer gerichtlichen Verfügung an den Staats-Anwalt unterbricht die Verjährung, weil sie im Auftrage des Richters geschieht, und in dieser Beziehung einer unmittelbar von dem Richter ausgehenden Handlung gleich steht. Z. II 8 Juni 1854 c. Degenkolb — Aus demselben Grunde, unterbrechen in der Rhein-Provinz die auf Anstehen der Staatsanwaltschaft bewirkten Vorladungen und Zustellungen die Verjährung V. II. 3 April 1856 c. Eiden-Jünker. Selbst eine wegen Formfehlers nichtige Vorladung hat diese Wirkung, wenn der erscheinende Beschuldigte sich, ohne diese Nichtigkeit zu rügen, auf die Sache einläßt; der Richter darf diese Nichtigkeit nicht von Amts wegen aussprechen cit. V. II. 3. April 1856. — Ebenso wird die Verjährung durch den von der Staatsanwaltschaft dem Gerichtsvollzieher ertheilten Auftrag zur Vorladung unterbrochen.

7. Ein Z II. 15 Sept 1854 Lasalle c. v Hatzfeld entschied, daß die Ordonnanz, durch welche der Präsident eines Rheinischen Zuchtpolizeigerichts auf Anstehen des Civilklägers eine Sitzung zur Verhandlung einer Sache bestimme, in den Präsidialbefugnissen liege, und die Verjährung selbst dann unterbreche, wenn in der bestimmten Sitzung demnächst wegen Nichterscheinens des Civilklägers die Sache nicht verhandelt werde.

8 Die Verjährung wird nicht dem einzelnen kompetenten Beamten und Gerichte, sondern dem gesammten Inbegriffe der Strafgewalt des Staats gegenüber erworben; daher wird sie auch durch jede Handlung eines mit der Ausübung dieser Strafgewalt beauftragten Beamten oder Gerichts unterbrochen, sollten Beamter und Gericht auch für die durch endliche Entscheidung festgesetzte Natur und Beschaffenheit der vorliegenden strafbaren That, nicht kompetent gewesen sein; ja selbst das die Inkompetenz des Gerichts aussprechende Urtheil bewirkt eine Unterbrechung Z II 9. Juni 1855 c. Gunand und Gen (Rh S Präj n. 158; JMBl S 348; G. A 3. S 561) Hier war eine Sache zunächst beim Rheinzollgerichte von dem dabei angestellten Fiskale verfolgt, das ergangene Urtheil vom Gerichte zweiter Instanz aber wegen Inkompetenz aufgehoben, und sodann vom Polizei-Anwalt das Verfahren beim Polizeigerichte anhängig gemacht worden; es ward angenommen, die Handlungen des Fiskals und des Rheinzollgerichts hätten den Lauf der Verjährung nach § 339. unterbrochen. *Sic:* Z. II. 13 Okt 1853 c. Weichsel (G. A 2. S. 109); V. I 24 Jan. 1855 c. Born (G A 3. S 259). *Contra:* Temme Lehrb. S 536; er will nur den von oder vor einem kompetenten Gerichte vorgenommenen Handlungen die unterbrechende Wirkung beilegen Zu vergleichen die französische Jurisprudenz bei Gilb. C. d'Instr. Art. 637. 638. n. 75 81 82 97—100

9. Ist die Bestrafung eines Vergehens von einem vorgängigen Antrage des Verletzten abhängig gemacht, so können die vor Stellung dieses Antrags vorgenommenen Handlungen des Staatsanwalts oder Richters die Verjährung nicht unterbrechen Vgl. V. 3 Jan. 1849 § 9; und zu § 46 n. 12

10 Die Verjährung der Privatklage wird auch durch die Stellung eines Antrags beim Staatsanwalte auf Strafverfolgung unterbrochen, so daß sie von dem Augenblicke wieder zu laufen anfängt, wo der Staatsanwalt erklärt hat, nicht einschreiten zu wollen So V. I. 6 Feb 1856 Ebers c. Normann; Z. I. 1. Nov. 1854 Reibe c. Schröder (Strieth. Arch 16. S. 1), dem letztern ist indessen jedenfalls inso-

weit nicht beizupflichten, als es diesen Satz in Betreff einer leichten Mißhandlung annahm, da hier der Antrag auf Strafverfolgung beim Staatsanwalte nicht erforderlich, und ebendeshalb auch bedeutungslos ist (vgl zu § 189 n. 2).

11. Auch eine ungehörig (vor Anstellung des Suhneversuchs) angestellte Privatklage unterbricht die Verjährung, sollte sie auch wegen jenes Verstosses zur Zeit abgewiesen, und demnächst von Neuem angestellt worden sein Die Abweisung bewirkt nur, daß von der letzten prozessualischen Handlung der Lauf einer neuen Verjährung beginnt B I. 1 November 1854 Tost c Bauch (G. A. 3 f 131; Strieth. Arch. 16. f. 4).

12. Dagegen bezieht sich die ganze Vorschrift des § 48 (339) auf die nur im Wege des Civilprozesses stattfindende Verfolgung wegen einfacher Beleidigung nicht mit. Ein früheres auf Antrag des Staatsanwalts eingeleitetes demnächst aber wieder eingestelltes, oder durch Inkompetenzerklärung erledigtes Verfahren unterbricht daher die Verjährung der Verfolgung im Civilprozesse nicht; noch weniger hat der bei der Staatsanwaltschaft angebrachte Antrag des Verletzten auf Verfolgung diese Wirkung; vielmehr kann die Verjährung nur durch einen Antrag beim Schiedsmanne (Einf.-Ges Art. XVIII.) oder durch die Rüge beim Prozeßrichter unterbrochen werden. B I. 9. Novemb 1853 Ludwig c. v. Saurma (Präj. n. 60 G. A. 2. f. 568).

13. Durch Erlaß der polizeilichen Strafverfügung nach Anleitung des Ges. vom 14. Mai 1852 wird die Verjährung der Uebertretung unterbrochen. Vgl. cit. Ges. § 9. Dasselbe gilt in Post-Kontraventionssachen von der Vorladung des Angeschuldigten zu seiner Verantwortung im Verwaltungswege Post-Gesetz v 5. Juni 1852 f. 43)

14. Ein Z Pl. 31 März 1856 c. Rosenthal (Präj. n.) sprach aus, „daß in Zoll- und Steuersachen die Verjährung nicht schon durch das administrative Strafverfahren unterbrochen werde,“ weil Richter im Sinne des § 48. nur der nach Art. XIII. [u. XIV.] des Einf.-Ges berufene Strafrichter, nicht die zur Erlassung eines Strafresoluts berufene Verwaltungsbehörde sei, da es vom Angeschuldigten abhänge, sich ihrem Resolute zu unterwerfen, durch dasselbe also nur eine Erledigung im Wege des Transigirens bezweckt werde. Hiernach seien die Bestimmungen des Ges. v. 14. Mai 1852 § 9. und des Postges v 5 Juni 1852 § 43 (vgl. n. 13) blosse Ausnahmen Unerheblich sei es auch, daß die Staatsanwaltschaft behindert sei, die Verfolgung zu übernehmen, so lange sich die Administrativbehörde ihres Entscheidungsrechts nicht begeben habe, da nach § 46 und nach Z. Str.-Ges v. 23. Jan. 1838 § 62 der Lauf der Verjährung mit dem Tage des begangenen Vergehens beginne. — Aehnlich Z 11. Okt. 1852 c. Isakowski; Beschl 20 Okt 1852 c Twardowski (in Betreff der durch die Verwaltungsbehörde vorgenommenen Beschlagnahmen eingeschwärzter Gegenstände) *Sic:* G. Matt 1. f 383; 439 n. 2. *Contra:* Z. I. 13 Juni 1855 c. Ballauf (Präj. n. 159; Entsch. 30. f. 472) welches der Einleitung des administrativen Verfahrens eine unterbrechende Wirkung beilegte, weil dasselbe die Natur eines Strafverfahrens habe, und das auf Provokation eingeleitete gerichtliche nur eine Fortsetzung des administrativen sei. Für diese Ansicht spricht das Ges. v. 3. Mai 1852 Art 136. Abs. 3. und der vom Ober-Tribunal angenommene Satz, daß die Verurtheilung einer Administrativbehörde den Rückfall im Sinne des § 58 begründe; vgl. zu § 58. n. 12.

15. Es ist übersehen worden, darüber Bestimmung zu treffen, inwiefern in der Rheinprovinz die Verfolgungshandlungen des Civilklägers die Verjährung unterbrechen. Man muß indessen (unter Berücksichtigung des Art XII. § 1. des Einf.-Ges) denjenigen Handlungen des Civil-Klägers durch welche der Strafrichter mit der öffentlichen Klage befaßt, oder der Weiterbetrieb derselben vor dem Strafrichter bewirkt wird, jene Kraft allerdings beilegen. Vgl. Gilb. C. d'Instr. Art. 637. n. 96. — Welche Handlungen hierher zu rechnen, darüber ist zu vergleichen: Mangin de l'act. publ. n. 353. 364.

16. Die Verjährung wird stets nur rücksichtlich desjenigen Verbrechens 2c. unterbrochen, auf welches sich die betreffende Handlung bezog; Ausdehnung auf andre selbst konnexe Verbrechen 2c ist nicht statthaft Ueber die Ausdehnung auf andre Urheber, Theilnehmer und Begünstiger desselben Verbrechens siehe oben n. 1.

§. 49. Gegen rechtskräftig erkannte Strafen ist keine Verjährung zulässig.

[Entw. § 46.]

§. 50. Ein Verbrechen oder Vergehen, dessen Bestrafung nur auf den Antrag einer Privatperson erfolgen kann, soll straflos bleiben, wenn die zum Antrage berechtigte Person den

17. Wenn gleich die Entscheidung darüber, ob Handlungen vorgenommen worden sind, welche die Verjährung unterbrechen können, eine wesentlich thatsächliche ist, steht sie doch nicht den Geschwornen, sondern nur dem Gerichtshofe zu, weil jene nur den Thatbestand des in Frage stehenden Verbrechens festzustellen haben. Vgl G. A. 1. s. 367

18 Insoweit in Kraft gebliebene Spezialgesetze nicht besondre Vorschriften über die Art, wie die Verjährung zu unterbrechen, enthalten, kommen die Bestimmungen der §§ 48. und 339 auch bei diesen zur Anwendung Das gilt bei Zuwiderhandlungen gegen das Holzdiebstahlsgesetz v. 2. Juni 1852; B. II. 3 Apr 1856 c. Eiden-Jünker; ebenso bei Zuwiderhandlungen gegen die Feld-Pol.-Ordn vom 1. Nov. 1847 B I. 18 Feb. 1853 c. Kindermann; und bei Zuwiderhandlungen gegen das Rh Rural-Ges. v 28 Sept 6 Okt. 1791. B. II. 22 Feb. 1855 c. Scheuern (Rh A. 50. 2 A. s. 79).

§. 49.

1 Diese Vorschrift gilt auch von der wegen einer Uebertretung verhängten Strafe.

2. Hiernach kann eine vor Einführung des Strafgesetzbuchs rechtskräftig verhängte, damals noch nicht verjährte Strafe jetzt nicht mehr verjähren, wenn auch die Gesetzgebung, unter welcher die Verurtheilung erging, eine entgegengesetzte Vorschrift enthielt Vgl zu Ein.-Ges Art V n. 5.

3 Die mit der Strafverurtheilung verbundene Verurtheilung zu den Kosten des Verfahrens hat nicht den Charakter einer Strafe, sondern der Wiedererstattung, auf sie ist daher § 49 nicht auszudehnen, vielmehr richtet sich die Statthaftigkeit und Dauer der Verjährung hier nach den betreffenden civilrechtlichen Grundsätzen So B. Rh Kass.-H. 9. März 1831 c Grewelling. *Contra:* Just.-Min.-Verf 10 Dez 1824. (Rh Samml. 2 s 536)

§. 50.

1 Die hier bestimmte Frist ist nur für den Antrag der betheiligten Privatperson, nicht für den Staatsanwalt festgestellt B II. 7 Mai 1853 c. Eversberg. (G A. 2 s. 550

2. In den Fällen der §§ 79—81. sind auch die auswärtigen Regierungen oder Gesandten als Privatpersonen zu betrachten. Temme Gll. s 125 Note 2 *Contra:* Beseler s 204 I.

3. Die Vorschrift des § 50. ist nicht auf den Fall des § 140 zu beziehen, wo der Antrag der Privatperson nicht auf Bestrafung, sondern auf Nichtbestrafung gerichtet werden muß Beseler s 204 I. *Contra:* Temme Gll. s. 125 Note 2

4 Was vom Antrage auf Bestrafung gilt, ist auf eine zum Zwecke einer Verfolgung erforderliche „Ermächtigung" nicht auszudehnen (vgl. § 103)

5 Der Strafantrag kann nicht nur bei Gericht (in der Rhein-Provinz beim Untersuchungsrichter), sondern auch bei der Staatsanwaltschaft (B I. 5. März 1856 Freiberg c. v. Kräwel), und selbst bei der Polizeibehörde z B. dem Dorfschulzen (B. 26. Nov. 1852 c. Rembrock), und in Betreff einfacher Beleidigungen auch bei einem Schiedsmanne gestellt werden Vgl Einf.-Ges. Art XVIII; G. Matt. 1 s 441; Temme Gll. s. 125 n. 3

6 Ist der im Bezirke des Rheinischen Appellationsgerichtshofs an den Präsidenten der Zuchtpolizeikammer von der Civil-Partei gerichtete schriftliche Antrag

Antrag binnen drei Monaten zu machen unterläßt. Diese Frist beginnt mit der Zeit, zu welcher der zum Antrage Berechtigte von dem gegen ihn begangenen Verbrechen oder Vergehen und von der Person des Thäters Kenntniß erhalten hat.

[Entw. § 46 a.] Vgl. § 51 - 55. 161 162. 343; Verordn v. 3 Jan 1849 § 9

---

zum Zweck der Vorladung eine Sitzung zu bestimmen, als Strafantrag im Sinne dieses § anzusehen? Vgl. zu § 48 n. 7

7. Ob im Uebrigen eine Aeusserung des Verletzten als ein Antrag auf Bestrafung anzusehen sei, ist Gegenstand der thatsächlichen Beurtheilung, die ergehende Entscheidung kann daher eine materielle Gesetzesvorschrift nicht verletzen Z. II. 27. Okt 1853 c. Wolters.

8. Die Verzeihung des Verletzten steht dem Ablaufe der dreimonatlichen Frist nicht gleich, und einem spätern Strafantrage nicht entgegen. G. Matt. 1. s. 142 n. 3; Temme Gll s 124 n. 1 *Contra*: Z 4. Juni 1852 c. Heinrich u Gen., in einem nach dem ältern Rechte zu beurtheilenden Falle, fur welchen das StGB. einen Antrag nicht mehr erheischt.

9. Dem Angeklagten (Verklagten), welcher die Verspätung des Antrags geltend machen will, liegt der Beweis ob, daß der Verletzte von der That und der Person des Thäters länger als drei Monate Kenntniß gehabt, ehe er den Antrag gestellt habe B. I. 28 Okt 1853 Henschel c. Ruck (Strieth Arch. 10 s. 260) B. I 9 Nov. 1853 v. Tykowicz c. Harms (G A. 2 s 116) B. I 24. Okt. 1855 Lüdtke c. Nörenberg (G A 3. s 832) Kußner Abh in Goltd. Arch. 3 s 42

10. Mit Rücksicht auf das unter n. 9 Bemerkte genügt das Beweiserbieten: „der Kläger habe seinen Beleidiger schon am gekannt;“ der Angabe des letztern nach Namen und Wohnort bedarf es im Beweisantrage nicht B. I. 24 Okt. 1855 Lüdtke c. Nörenberg (G. A 3 s 832)

11 Wird in dem Inhalte einer Schrift der Thatbestand einer strafbaren Handlung gefunden, wegen welcher Bestrafung nur auf den Antrag des Verletzten statthaft wäre (z B im Falle der §§ 79 und 80), so bedarf es dieses Antrags auch zur Einleitung des Verfahrens auf Vernichtung dieser Schrift nach § 50 des Preßgesetzes v 12 Mai 1851. Beschl. II 17 März 1855 (die Druckschr.: Napoleon der Kleine von V. Hugo betr) — Dagegen muß eine vorläufige Beschlagnahme in Gemäßheit des § 29 flg des Preßgesetzes auch ohne einen solchen Antrag statthaft sein; ist sodann die Fortdauer derselben beschlossen worden, erfolgt aber demnächst der zur Einleitung der Untersuchung, oder des Verfahrens auf Vernichtung der Schrift erforderliche Antrag nicht, so kann jedenfalls nach Ablauf der im § 50. des StGB. bestimmten Frist, jeder dabei Betheiligte beim Gericht auf Wiederaufhebung der Beschlagnahme antragen, und das Gericht darüber befinden.

12. Es ist jedenfalls ungenau, und kann leicht zu Verwechslungen führen, wenn man die Verabsäumung der hier bestimmten Frist als „Verjährung“ bezeichnet. Diesen Charakter nimmt vielmehr der Ablauf der Präklusivfrist nur bei der durch Privatklage bewirkten Verfolgung an; indem auch die Privatklage in den Fällen, wo Bestrafung nur auf den Antrag des Verletzten erfolgen kann, in drei Monaten verjährt. Z. I 1 Nov. 1854 Reibe c. Schröder (Strieth Arch 16. s. 1). B. I. 1. Nov. 1854 Tost c. Bauch (G A 3. s. 131; Strieth Anh 16 s. 4) Beide Erkenntnisse wendeten indessen diesen Satz auch auf leichte Mißhandlungen an, welches jetzt, nachdem die Zulässigkeit der Strafverfolgung durch den Staatsanwalt ohne vorgängigen Strafantrag des Verletzten allgemein anerkannt ist (vgl. zu § 189 n. 2) nicht mehr gelten kann, da hierdurch die vollständige Unanwendbarkeit des § 50. auf solche Mißhandlungen ausser Zweifel gestellt ist; es kann daher die Strafverfolgung des Verletzten vor dem Civilrichter ebensowenig wie die Verfolgung des Staatsanwalts durch den Ablauf der dreimonatlichen Frist ausgeschlossen werden; vielmehr verjährt eine leichte Mißhandlung jetzt nach § 46 erst in fünf Jahren. So erging auch Z. II. 14. Dez. 1854 Delsing c. Verbücheln (Strieth Arch. 16. s. 99). — Richtig ist dagegen der Satz bei einfachen Beleidigungen, bei welchen sonach eine doppelte

§. 51. Wenn bei einem Verbrechen oder Vergehen mehreren Personen das Recht zusteht, daß nur auf ihren Antrag die Bestrafung erfolgen kann, so wird dadurch, daß eine derselben die dreimonatliche Frist versäumt, das Recht der Uebrigen zum Antrage auf Bestrafung nicht ausgeschlossen.

[Entw. § 46 b.] Vgl § 50 52—54.

§. 52. Der Antrag auf Bestrafung kann nicht getheilt werden. Das gerichtliche Verfahren findet gegen sämmtliche Theilnehmer an dem Verbrechen oder Vergehen statt, auch wenn nur gegen Einen derselben auf Bestrafung angetragen worden ist.

[Entw. § 46 c.] Vgl. § 50. 51. 53. 54.

Verjährung Platz greift: die sechsmonatliche des § 343. von der Begehung der That an gerechnet, und die dreimonatliche des § 50, welche mit dem Tage beginnt, wo der Beleidigte von der Beleidigung Kenntniß erlangte.

13. Aus dem Grundsatze, daß die Verabsäumung der Frist des § 50. nicht als Verjährung zu behandeln sei, folgt, daß § 47. hier keine Anwendung erleidet, und daß ein einmal rechtzeitig gestellter Antrag nicht durch den fernern unbenutzten Ablauf einer dreimonatlichen Frist seine Wirksamkeit verlieren kann; vielmehr ist durch einmalige Stellung dem § genügt, und es kann fernerhin sich nur noch fragen, ob die Verjährung in Gemäßheit der §§ 46—48 abgelaufen sei; der unbenutzte Ablauf von drei Monaten nach gestelltem Antrage steht daher weder dem Einschreiten der Staatsanwaltschaft, noch auch der Anstellung einer Privatklage entgegen. *Contra* in Betreff der Privatklage: B. I. 5 März 1856 Freiberg c. v. Kräwel. — Dieser Entscheidung kann aber nur bei einfachen Beleidigungen beigepflichtet werden.

14 Die vom Gesetze vorgeschriebene Frist, sowie die Wirkung ihres unbenutzten Ablaufs, unterliegt nicht einer abweichenden vertragsmässigen Bestimmung der Parteien; die §§ 564 flg Tit 9. Th. I des ALR. sind auf Strafsachen nicht auszudehnen. B. I. 24. Okt. 1855 Lüdike c. Nörenberg (G. A. 3 s. 832).

15. Ueber die Berechnung der dreimonatlichen Frist vgl. zu § 46. n. 13. Jedenfalls sind unter Monaten Kalender-Monate zu verstehen; der § 15. erleidet hier keine Anwendung. *Contra:* B. I 5. März 1856 Freiberg c. v. Kräwel, welches arg. § 15. die Frist als eine neunzigtägige bezeichnete.

§. 51.

1. Ueber den Fall, wo durch eine Handlung mehrere Personen beleidigt sind, vgl. zu § 55 n. 2

§. 52.

1. Die Vorschrift des § 52 ist da unanwendbar, wo es überhaupt eines Strafantrags nur in Betreff einzelner, nicht aller bei der That betheiligter Personen bedarf, z B im Falle des § 229. Wenn daher auch hier gegen das betr. Kind rc ein Antrag nicht gestellt, oder ausdrücklich die Einleitung der Untersuchung verbeten ist, steht doch der Verfolgung der Theilnehmer und Hehler kein Hinderniß entgegen. Komm.-Ber. I. K s 30; B. 21. Jan. 1852 c. Büttner (JMBl. s. 111; G. A. 1. s 233) Z. I. 23. Dez 1853 c. Goslinski u v. Pradczynski (G. A. 2 s. 255). *Contra:* Temme Gll. s. 126. n. 2, welcher aber später (Lehrb s. 940) diese Ansicht aufgegeben hat.

2. Ist einmal ein Strafantrag gestellt, und die Untersuchung eröffnet, so ist die spätere Zurücknahme des Antrags überall, und auch rücksichtlich solcher Personen, deren Betheiligung sich erst nach dem Antrage herausgestellt hat, wirkungslos. Z I 9. Juli 1853 c. Wedel u. Schlesinger.

§. 53. Nach Eröffnung der gerichtlichen Untersuchung kann der Antrag auf Bestrafung nicht wieder zurückgenommen werden, so weit nicht in einzelnen Fällen ausdrücklich ein Anderes bestimmt ist.

[Entw. § 46 d.] Vgl § 50—52 54 160—162; Einf.-Ges. Art. XVII; Verordn v. 3. Jan. 1849 § 11. 39. 47 48.

§. 54. Der Verletzte, welcher bereits das sechszehnte Lebensjahr zurückgelegt hat, ist selbstständig zu dem Antrage auf Bestrafung berechtigt.

So lange jedoch der Verletzte minderjährig ist, hat auch der Vater oder Vormund desselben, unabhängig von der eigenen Befugniß des Verletzten, das Recht auf Bestrafung anzutragen. [Entw. § 46 e] Vgl. § 50 — 53. 162.

Fünfter Titel.

Vom Zusammentreffen mehrerer Verbrechen *) und vom Rückfalle.

§. 55. Wenn eine und dieselbe Handlung die Merkmale mehrerer Verbrechen oder Vergehen in sich vereinigt, so

*) Durch ein Redaktionsversehen sind hier die Worte „oder Vergehen“ weggeblieben.

§. 53.

1 Mit Rücksicht auf die Vorschrift des § 52. ist die Zurücknahme eines Antrags auf Bestrafung wirkungslos, wenn sie auf einen oder einzelne von mehreren bei der That Betheiligten beschränkt wird *Contra:* G Matt 1. f. 443 n. 2, welcher einer solchen beschränkten Zurücknahme Wirkung für alle Betheiligten beilegen will.

2 Unter „Eröffnung der gerichtlichen Untersuchung“ ist hier der in den §§ 11, 39 u. 48. der Verordnung 3. Jan 1849 vorgeschriebene gerichtliche Beschluß zu verstehen. Komm.-Ber. I. K f 9. Da das Rheinische Verfahren einen solchen Beschluß nicht kennt, so muß dort jeder Verfügung, welche von dem mit der Sache durch einen Antrag der Staatsanwaltschaft oder der Civilpartei befaßten Richter ausgeht, dieselbe Wirkung beigelegt werden, ohne Unterschied ob dieselbe vom Untersuchungs- oder dem erkennenden Richter erlassen ist. Vgl. zu § 48. n. 2

§. 54.

1. Die Antragsbefugniß des Vaters ꝛc. hat nicht etwa darin ihren Grund, daß er selbst ebenfalls mittelbar als Verletzter angesehen würde; er handelt vielmehr nur als gesetzlicher Vertreter des Minderjährigen

2. Ist der zum Strafantrage Berechtigte noch nicht sechszehn Jahre alt, so muß ihm, wenn es sich grade von der Bestrafung des Vaters oder Vormunds handelt, behufs Stellung des Antrags ein Curator zugeordnet werden. B II 17. Feb. 1853 c. Wanning (beiläufig)

§. 55.

1. Ueber das „fortgesetzte Verbrechen“, vgl. zu § 56. n. 1.

2 Zu den Fällen der hier behandelten idealen Konkurrenz gehört auch die durch eine Handlung mehreren Personen zugefügte Beleidigung ohne Unterschied, ob die Beleidigten als Gemeinde, Korporation, Familie rechtlich ein Ganzes

kommt das Strafgesetz zur Anwendung, welches die schwerste Strafe androht.

[Entw. § 47.]

§. 56.*) Gegen denjenigen, welcher durch verschiedene selbstständige Handlungen mehrere Verbrechen oder Vergehen begangen hat, ist auf sämmtliche dadurch begründete Strafen vereinigt zu erkennen.

---

*) In der ursprünglichen Fassung fehlte der zweite Absatz dieses §, welcher durch Ges. v. 9. März 1853 (G.S. S. 78) zugesetzt worden ist.

---

bilden oder nicht. Temme GA. S. 128 n. 3. Vgl. G. Matt 1. S 450. In Betreff der Statthaftigkeit einer mehrfachen Strafverfolgung, und des Strafmaasses vgl. zu Thl. II. Tit. XIII. n. 13

3. Der § 55. und nicht § 56 ist anwendbar, wenn derjenige, welcher ohne Erlaubniß gewerbsmässig auf Pfänder leiht (§ 264), sich ausserdem bei den nämlichen Handlungen des Wuchers schuldig macht. V I. 9 Feb 1853 c. Schulz V zu § 263. n. 44.

4 Eine und dieselbe Handlung kann nicht gleichzeitig den Thatbestand des versteckten Wuchers und den des Betrugs in sich schliessen. Vgl. zu § 263. n. 43.

5. Widerstand gegen Beamte im Dienste und Ehrenkränkungen gegen dieselben sind getrennte Vergehen; und werden nicht dadurch zu einer einzigen aus mehreren Gesichtspunkten strafbaren Handlung, daß Veranlassung, Zeit und Ort der Handlung zusammenfallen. Z II 24. Feb. 1853 c. Hoffmann.

6. Bettelei unter Annahme eines falschen Namens ist nur nach § 118. nicht gleichzeitig nach § 105. zu bestrafen; der die Hauptthat erschwerende und ihre Strafbarkeit erhöhende Umstand der Annahme eines falschen Namens, kann nicht ausserdem selbstständig eine Bestrafung begründen. Vgl. G A. 2 S. 552.

7. Wissentlicher Meineid (ausgeschworen vor einer Brandentschädigungsabschätzungskommission über die Höhe des erlittenen Brandschadens), und ein durch Zuviel-Liquidirung versuchter Betrug stellen eine ideale Konkurrenz dar, so daß die Meineidsstrafe allein zu verhängen, und hierin auch die Strafe des Betrugsversuchs für einbegriffen zu erachten ist V. Pl. 9. Juli 1855 c. v Schulz (Entsch 29 S. 256).

8. Konkurrenz des Kindermords und der Fortschaffung der Leiche vgl zu § 180 n 12.

9. Wenn auch wirklich ein Fall der idealen Konkurrenz vorliegt, und sonach nur das die schwerste Strafe androhende Strafgesetz zur Anwendung kommen kann, so darf doch von dem anderweitigen Verbrechen oder Vergehen, dessen Thatbestand ebenfalls festgestellt worden, nicht freigesprochen, es muß vielmehr im Gegentheile (zur Begründung einer demnächstigen Rückfallsstrafe) die Verurtheilung wegen jedes der verschiedenen Verbrechen ꝛc ausgesprochen werden.

§. 56.

Inhalt·

1 Aus der in den §§ 55 und 56. enthaltenen Unterscheidung hat das Ober-Tribunal in einer Reihe von Fällen gefolgert, daß der Begriff des „fortgesetzten

Es kann jedoch, insoweit es sich um Freiheitsstrafen handelt, die Dauer derselben bis auf das Maaß der für das schwerste Verbrechen oder Vergehen bestimmten Freiheitsstrafe herabgesetzt werden.

[Entw. § 48.] Vgl. § 57; Einf.-Ges Art XXI. XXII.; Steuer-Ordn. v. 8 Feb. 1819 § 84; Zoll-Str.-Ges v 23 Jan. 1838 § 23.

Verbrechens", wenn auch — "weil dazu ein praktisches Bedürfniß nicht anerkannt wurde" (Motive des Entwurfs von 1847 S 130 zu § 118. des Entwurfs von 1843) — im StGB. nicht definirt, doch nicht beseitigt sei. Das ward im Allgemeinen angenommen durch B. 12 Sept. 1851 c. Ammon (Liebe u. Gen.); Z 8 Nov. 1852 c. Nordt (G. A. 1. S 74); B. 16. Juli 1852 c. Tombrink; B. 13. Sept 1852 c. Reitz; Z. 24 Sept. 1852 c. Netz; B. 22. Okt. 1852 c. Feierabend; Z. 3. Dez. 1852 c. Schleier; Z. I. 8 Febr. 1853 c. Vierath; Z. (B) I 17. Juni 1853 c. Papke u. Beer; B. II 23. Nov. 1854 c. Schrör (G. A 3 S 112); Z. II 25. Okt. 1855 c. Kunert. — In mehreren dieser Erkenntnisse wird sodann "das wesentliche Merkmal des fortgesetzten Verbrechens in der zusammentreffenden Einheit des Entschlusses und der That" gefunden, "so daß nicht schon der gleichzeitig gefaßte Entschluß zu mehreren an sich in keinem Zusammenhange stehenden verbrecherischen Thaten genüge, sondern auch die der Zeit oder dem Orte nach von einander getrennten Handlungen selbst in einem solchen Zusammenhange stehen müßten, daß sie nur als die fortschreitende Ausführung einer That erschienen" Es ist sonach die von Mittermeier (Zus § 128 a. zu Feuerbachs Lehrbuch) gegebene Definition, jedoch unter Weglassung des Schlusses derselben ("oder durch Einheit des Entschlusses zusammen gefaßt sind") wörtlich angenommen worden (vgl. John Abh. in G. A. 3 S 620) — Hiergegen ist indessen mit Temme (GA. S 129 n. 2; Lehrb. S 502 flg) einzuwenden, daß es der ganzen Theorie vom fortgesetzten Verbrechen an jeder innern Begründung fehlt, weshalb es denn bisher auch noch Niemand gelungen ist, eine irgendwie genügende Definition jenes Begriffs aufzustellen, welche bei der praktischen Anwendung zum Grunde gelegt werden könnte Das StGB hat daher auch Alles, was als Aufnahme jenes Begriffs in sein System gedeutet werden könnte, sorgfältig vermieden, und im Gegentheile durch Einzelbestimmungen (z. B. § 218. Nr. 7, früher Nr 8) klar an den Tag gelegt, daß es von demselben gänzlich habe absehen wollen. Man muß sich daher darauf beschränken, an der ausdrücklichen Unterscheidung der §§ 55 und 56. festzuhalten, und nur zu untersuchen, ob nur "eine und dieselbe," oder ob "verschiedene selbstständige Handlungen" vorliegen (vgl. B. II. 20 Sept. 1855 c. Krämer, JMBl. S 383). — Diese Untersuchung wird eine rein thatsächliche sein; werden dabei verschiedene selbstständige Handlungen festgestellt, von welchen jede den vollständigen Thatbestand eines Verbrechens enthält, so sind unbedenklich verschiedene Verbrechen rc. anzunehmen, ohne daß es weiter darauf ankommen könnte, ob jene verschiedenen Handlungen auf einem und demselben Entschlusse beruhten, und ob sie ein und dasselbe Recht verletzten, oder nicht. — Wo dagegen nicht verschiedene selbstständige Handlungen festgestellt sind, darf nicht etwa ein fortgesetztes Verbrechen, sondern nur eine einzige verbrecherische That angenommen werden Eine Mehrheit verschiedener selbstständiger Handlungen ist nur dann als Einheit anzusehen und zu bestrafen, wo die Gewohnheits- oder Gewerbemässigkeit zum Thatbestande des betr. Vergehens gehört, und diese grade durch die Mehrheit der Fälle begründet wird Sodann kann es noch Gegenstand der Erörterung bei gewissen Verbrechen im Einzelnen sein, ob das Gesetz ein unsittliches Verhältniß, ohne Unterschied, ob dasselbe sich durch eine einmalige oder durch wiederholte Einzelhandlungen kundgebe, mit Strafe habe bedrohen wollen, oder ob es jede Einzelhandlung im Auge gehabt habe, z B. beim Ehebruch, der Blutschande ("Unzucht") zwischen denselben Personen (vgl. zu § 140. n. 4 und zu § 141. n. 2) In keinem Falle kann dann aber hier von einem fortgesetzten Verbrechen gesprochen, und am allerwenigsten aus der Eigenthümlichkeit gewisser Verbrechen ein allgemeiner das ganze System des Strafrechts beherrschender Grundsatz hergeleitet werden. — Schließlich ist zu beachten, daß § 31. die Strafbarkeit des Versuchs an die Bedingung knüpft, daß derselbe durch Handlungen an den Tag gelegt sei, welche u. s. w, so daß hier die Mehrheit der Handlungen unbedenklich als der Beginn einer einmaligen Ausführung angesehen werden kann.

2. Hiernach hat der Richter der Thatsache die Verpflichtung in jedem Einzelfalle zu prüfen, ob eine Mehrheit selbstständiger Handlungen vorliege, oder nicht, und es ist als Grundsatz festzuhalten, daß da, wo der Thatbestand mehrerer Verbrechen 2c. festgestellt worden ist, die Selbstständigkeit einer jeden angenommen werden muß, insoweit nicht das Gegentheil aus anderweitigen ausdrücklichen Feststellungen klar hervorgeht. — *Contra:* ein B. I. 17. Juni 1853 c. Papke; hier war ein Angeklagter durch zwei verschiedene Wahrsprüche der Geschwornen schuldig erklärt worden, durch Vermittlung eines Dritten zwei Personen zur eidlichen Bekräftigung eines solchen Zeugnisses verleitet zu haben; erwogen ward: es konstire nicht, daß dieses seinerseits durch zwei verschiedene Handlungen bewirkt worden sei, weshalb § 56 keine Anwendung erleide. — Aehnlich nahm das Ober-Tribunal in mehreren Fällen ein fortgesetztes Verbrechen an, weil das Gegentheil thatsächlich nicht festgestellt sei. Z. 2. Jan. 1852 c. Stabl; B. 4. Juni 1852 c. Zemla; Z. 24. Sept. 1852 c. Netz; B. I. 24. Juni 1853 c. Hilgendorf; vgl. auch B. I. 30. Nov. 1855 c. Ludwig (unten n. 7).

3. In schwurgerichtlichen Sachen haben die Geschwornen die Selbstständigkeit der verschiedenen Handlungen zu prüfen; Z. I. 9. März 1853 c. Katransky; ähnlich Z. 7. Juni 1852 c. Baltruschat; Z. I. 22. Dez. 1854 c. Schmidt. Wird ein Antrag auf Stellung einer solchen Frage gestellt, so muß demselben stattgegeben werden, und Nichtigkeit tritt ein, wenn der Schwurgerichtshof die Stellung dieser Frage ablehnt, und selbst über dieselbe entscheidet. B. II. 23. Nov. 1854 c. Schrör (G. A. 3. s. 112); B. I. 9. März 1855 c. Lenski (G. A. 3. s. 670).

4. Dieselben Grundsätze kommen auch dann zur Anwendung, wenn man die Lehre vom „fortgesetzten Verbrechen" zur Anwendung bringen will; das Ober-Tribunal hat wiederholt angenommen, daß zwar die Prüfung, ob wiederholte gleichartige, oder nur ein einziges fortgesetztes Verbrechen vorliegen, dem Schwurgerichtshofe zustehe, daß aber die Feststellung der dabei in Betracht zu ziehenden thatsächlichen Momente durch die Geschworenen erfolgen müsse. Z. II. 3. Feb. 1853 c. Gecht (G. A. 1. s. 219); Z. I. 8. Feb. 1853 c. Vierath; Z. (B.) I. 17. Juni 1853 c. Papke u. Gen. — Nur darf diese Frage an die Geschwornen nicht in der Abstraktion gestellt werden: ob der Angeklagte durch verschiedene selbstständige Handlungen mehrere oder nur ein Verbrechen 2c. begangen habe. Z. 9. Juni 1852 c. Fritze.

5. Abweichend von dem Grundsatze, welcher den unter n. 4 citirten Entscheidungen zum Grunde liegt, hat das Ober-Tribunal in einzelnen Fällen die thatsächliche Prüfung, ob ein fortgesetztes Verbrechen vorliege, selbst vorgenommen, und darüber zum Theil in anderm Sinne als früher die Instanzrichter entschieden, z. B. B. 8. März 1852 c. Nordt; B. 21. Mai 1852 c Kimmel; B. 18. Sept. 1852 c. Reitz; B. 22. Okt. 1852 c. Feierabend; Z. 3. Dez. 1852 c. Schleyer; B. I. 9. Feb. 1853 c. Seemann; B. I. 30. Nov. 1855 c. Ludwig.

Im Einzelnen hat das Ober-Tribunal ein fortgesetztes Verbrechen:

6. in einem Falle angenommen, wo Jemand die Kuh eines Andern an zehn Tagen gemelkt und die Milch in der Absicht rechtswidriger Zueignung weggenommen, auch von vorne herein die Absicht gehabt hatte, die Kuh fortgesetzt zu melken, sie auch in der Ausführung dieser Absicht fortgemelkt hatte. Z. 9. Juni 1852 c. Fritze (G. A. 1. s. 74).

7. .... ebenso: wenn Jemand ein früheres protokollarisches falsches eidliches Zeugniß zu einem fernern Protokolle in derselben Sache, und unter Bezugnahme auf den früheren Eid wiederholt, ohne neue unwahre Thatsachen hinzuzusetzen. Z. I. 15. April 1853 c. Kern; ähnlich B. I. 30. Nov. 1855 c. Ludwig, wodurch das den § 56. anwendende schwurgerichtliche Urtheil vernichtet wurde, weil nicht zwei selbstständige Handlungen anzunehmen seien, die Anklage selbst die That nicht so qualifizirt habe, und sich im Spruche der Geschwornen keine Umstände fänden, welche eine solche Annahme unterstützen könnten; vgl. aber oben n. 2.

8. .... ebenso: wenn der Verfälscher einer Urkunde von derselben dem-

nächst wiederholt Gebrauch macht; B. I. 9. Feb. 1853 c. Seemann (vgl. zu § 247. n. 47).

9. . . . . Dasselbe nahmen B. 2. Aug. 1852 c. Bösing (G. A. 2. s. 265) und B. I. 24. Juni 1853 c. Hilgendorf (G. A. 1. s. 576) von dem Falle an, wo eine Fälschung zur Verdeckung einer Unterschlagung stattgefunden hatte. Diese Auffassung hat das Ober-Tribunal aber später in einer Reihe von Entscheidungen verlassen; vgl. zu § 247. n. 12.

10. Dagegen wurden verschiedene selbstständige Handlungen angenommen, und § 56. angewendet: in einem Falle, wo Jemand eine Ueberversicherung vorgenommen, dann die versicherten Sachen in betrügerischer Absicht in Brand gesteckt, und endlich in böslicher Absicht eine zu hohe Entschädigungsforderung aufgestellt hatte, obgleich alle drei Handlungen aus derselben strafbaren Absicht flossen. Beschl. II. 22. Sept. 1853 c. Fitzner (G. A. 2. s. 560; vgl. zu § 244 n. 11).

11. . . . . ebenso in einem Falle, wo Jemand in drei verschiedenen Prozessen drei Eide über verschiedene, wenn auch aus demselben Vertrage hervorgegangene Lieferungen, unmittelbar hintereinander und vor demselben Richter ableistete B. 8. März 1852 c. Nordt (G. A. 1. s. 74).

12. . . . . ebenso sind wiederholte Fälschungen und wiederholte Verleitungen zum Meineide verschiedene Verbrechen, wenn auch die einzelnen Fälle nur zur Erreichung desselben Zwecks dienen sollen. Z. II. 11. Mai 1854 c. Lütke Maestrup.

13. . . . . ebenso: wenn Jemand bei einem Widerstande gegen Beamten im Dienste diesen auch beleidigt; es sind dieses getrennte Vergehen, welche dadurch nicht zu einer einzigen aus mehreren Gesichtspunkten strafbaren Handlung werden, daß Zeit und Ort derselben zusammen fallen. Z. II. 24. Feb. 1853 c. Hoffmann.

14. . . . . ebenso stellt jede verbotene Versendung einer Schrift unter Kreuzband eine selbstständige Handlung dar, sollten auch mehrere Exemplare derselben zu dieser Art der Postversendung nicht geeigneten Schrift gleichzeitig an verschiedene Addressaten, aber jedes unter besonderm Kreuzbande aufgegeben sein. Z. II 25. Okt. 1855 c. Kunert.

15. Gehört zu den Begriffserfordernissen eines Vergehens die Gewerbmässigkeit (z. B. bei der Hurerei § 146.), so können die mehreren Einzelhandlungen, deren sich Jemand schuldig gemacht hat, nicht als ebenso viele selbstständige Vergehen betrachtet werden, vielmehr stellen dann alle zusammen nur ein Vergehen dar. B. II. 7. Juli 1855 c. Wedemann. — Dasselbe gilt noch unzweifelhafter da, wo die Strafbarkeit durch die Gewohnheitsmässigkeit bedingt ist; anders verhält es sich aber, wenn die Gewohnheitsmässigkeit rc. sich als erschwerender Umstand darstellt; vgl. zu § 239. n. 7.

16. Die Strafkumulation setzt die Möglichkeit der wirklichen Vereinigung der erkannten Strafen voraus; es liegt in der Natur der Todesstrafe, daß neben derselben nicht eine Freiheitsstrafe zur Anwendung kommen kann, da der Richter ihre Vollstreckung nicht bis nach dem Vollzuge der letztern aussetzen darf. Z. I. 1. Juni 1855 c. Kottwitz (G. A. 3. s. 563).

17. Liegen mehrere im Rückfalle begangenen selbstständigen Verbrechen rc. derselben Gattung vor, so ist (insoweit nicht jetzt Abs. 2 des § zur Anwendung kommt) für jeden einzelnen Fall die höhere Strafe des Rückfalls zu verhängen. Z 2 Jan. 1852 c Suppe; B 7 Jan 1852 c Kirscher (Entsch. 22 s 68); B. 10. Mai 1852 c Peglau; Z I. 16. Feb 1853 c Sell.

18. Das Ges. v. 9 März 1853 enthält keine Deklaration der davon berührten §§ (ALR. Einl. §. 15), ist vielmehr als neues jene Vorschriften abändernde Gesetz anzusehen. Z I. 15. Juli 1853 c Richter (Präj. n 47; G. A. 1. s. 575); Z I 2. Nov. 1853 c. Gellrich.

19. Der Sinn des durch das Ges v. 9. März 1853 zugefügten zweiten Absatzes des § geht dahin, daß der Richter im Falle der realen Konkurrenz befugt sein solle, statt des die Regel bildenden Summirens aller durch die Einzelhandlungen verwirkten Strafen, die Strafe in der Weise zu bestimmen, daß dieselbe, wenn jedes

der zu bestrafenden Verbrechen ꝛc. von gleicher Schwere ist, innerhalb der Gränzen des für eins derselben bestimmten gesetzlichen Strafmaasses, entgegengesetzten Falles nach dem auf das schwerste Verbrechen ꝛc. anwendbaren Strafgesetze abzumessen ist; daß ferner der Richter in der Bestimmung des Strafmaasses nicht weiter beschränkt ist, als daß er nicht unter das niedrigste Maaß des nach vorstehenden Grundsätzen zur Anwendung zu bringenden Gesetzes herabgehen darf. Z. I. 8. Juni 1853 c. Hummler u. Gen. (G. A 1. s. 563); ähnlich Z. II. 23. Juni 1853 c. Plate; Z I. 28. Okt. 1853 c. Kille. Vgl. auch stenogr. Ber. über die Verhh. der II. K. 1852—1853 s. 389.

20. Hiernach ist es keineswegs erforderlich, auf das höchste Maaß der für das schwerste Verbrechen ꝛc. angedrohten Strafe zu erkennen. Z. II. 4. Mai 1851 c. Poensgen. (JMBl. s 283; Rh A. 50. 2. A. s. 3).

21. Auf Geldstrafen bezieht sich die Bestimmung des zweiten Absatzes nicht mit. Z. II. 12. April 1855 c. Hermann.

22. Die durch den zweiten Absatz dem Richter gegebene Befugniß ist nicht durch den vielfach von Zufälligkeiten abhängenden Umstand bedingt, daß die mehreren strafbaren Handlungen einer gemeinschaftlichen Hauptverhandlung und Aburtheilung überwiesen werden; es kann daher im Falle einer getrennten Aburtheilung der Richter der zweiten That auf die wegen der ersten bereits verhängte Strafe Rücksicht nehmen, und sich darauf beschränken, zu dieser nur eine Zusatzstrafe auszusprechen, sollte diese an und für sich auch geringer sein, als nach dem Gesetze für die Einzelthat angedroht ist; es kann daher, wenn die erste That bereits mit Zuchthaus bestraft worden, wegen der zweiten eine zusätzliche Zuchthausstrafe von geringerer als zweijähriger Dauer verhängt werden. Z. I. 20. Sept. 1854 c. Parchatka (G. A. 2. s. 826); Z. I. 6. Dez. 1854 c. Kallweit; B. I. 10. Jan. 1855 c. Losch u. Gen.; das letztere Erkenntniß erwägt, daß ein Verfahren im entgegengesetzten Sinne auch nicht durch die Möglichkeit gerechtfertigt werden könne, nach Anleitung des Ges. v. 3. Mai 1852 Art. 131. durch eine nachträgliche Entscheidung der Vorschrift der §§ 56 57. Rechnung zu tragen. Ebenso unbedenklich ist es zulässig zu erkennen, daß mit Rücksicht auf die früher bereits verhängte Strafe, ein Strafvollzug über das dort ausgesprochene Maaß hinaus, nicht stattfinde, daß vielmehr jene Strafe, wenn wirklich vollstreckt, für beide Handlungen ausreiche, vorausgesetzt, daß sie nicht geringer sei als das durch die zweite That an sich verwirkte Strafmaaß. Gleichwohl ist es unzulässig, auszusprechen, „daß dem Angeklagten die früher verhängte Strafe, auch auf seine jetzt zur Sprache gebrachte That anzurechnen sei“, vielmehr muß die durch die letztere verwirkte Strafe jedesmal selbstständig arbitrirt, und der Angeklagte dazu verurtheilt werden; es ist dann aber statthaft die Maassgabe hinzuzufügen, daß diese Strafe nur insofern und insoweit zu vollziehen sei, als die im früheren Erkenntnisse ausgesprochene nicht zur Vollstreckung komme. B. I. 18. Jan. 1856 c. Müller (JMBl. s 66). Dasselbe gilt selbstverständlich auch von dem Falle, wo nicht die Absorption der ganzen, sondern nur eines Theils der Strafe, und der Vollzug einer kleineren Zusatzstrafe für angemessen erachtet wird.

23. Nach gleichen Grundsätzen ist auch bei gleichzeitiger Aburtheilung mehrerer realiter konkurrirender Verbrechen ꝛc. zu verfahren; es muß dann für jede Einzelthat selbstständig das passende Strafmaaß arbitrirt, und schließlich die Herabsetzung des Gesammtmaasses nach Anleitung der §§ 56. 57. vorgenommen werden.

24. Ebenso ist da, wo der Angeklagte früher wegen eines in realer Konkurrenz begangenen Verbrechens zu Zuchthausstrafe verurtheilt ist, den Rheinischen Zuchtpolizei-Kammern gestattet, wegen eines Vergehens statt der arbitrirten Gefängniß- eine zusätzliche Zuchthausstrafe von entsprechender kürzerer Dauer zu verhängen. In Betreff der übrigen Provinzen vgl. Ges v. 3. Mai 1852 Art. 131. Abs. 2.

25. Ein B. I. 21. Dez. 1855 c. Reimann vernichtete ein Erkenntniß, welches wegen zweier in realer Konkurrenz begangener Verbrechen unter Bezugnahme auf § 56. die beiden verwirkten Strafen vereinigt verhängt hatte, weil dabei auf das Ges. v. 9. März 1853 nicht Bezug genommen sei, und die Urtheilsgründe auch nicht ergäben, daß die Instanzrichter sich ihrer Befugniß bewußt gewesen seien, die Gesammtstrafe in der durch die neue Fassung des § gestatteten Weise zu ermässigen, resp. warum sie von dieser Befugniß keinen Gebrauch gemacht hätten. Diese Ent-

§. 57. Diese Vorschrift (§ 56.) wird durch folgende Bestimmungen beschränkt:

1) ist auf mehrere zeitige Freiheitsstrafen vereinigt zu erkennen, so darf in dieser Vereinigung niemals die Dauer von zwanzig Jahren und, sofern nur Vergehen vorliegen, niemals die Dauer von zehn Jahren überschritten werden;

---

scheidung unterliegt aber erheblichen Bedenken; der durch das Ges. v. 9. März 1853 abgeänderte § 56 bildet jetzt einen Theil des geltenden StGB., und wenn ein Richter auf diesen § verweist, so ist im Zweifel anzunehmen, daß er den so veränderten jetzt geltenden, und nicht den abgeschafften § im Auge habe; einer besondern Motivirung der Nichtanwendung der Ermässigungsbefugniß bedarf es dagegen in keinem Falle, da hierbei lediglich das sachliche Ermessen des Instanzrichters maaßgebend ist.

26. Unter analoger Anwendung des Art 131. des Ges. v. 3. Mai 1852 kann jetzt eine früher rechtskräftig erkannte Gefängnißstrafe durch ein nachträgliches Erkenntniß in Zuchthausstrafe verwandelt werden, wenn durch dieses spätere Erkenntniß wegen eines in realer Konkurrenz begangenen Verbrechens auf Zuchthausstrafe erkannt werden muß Beschl I. 29. Sept. 1854 c Hoffmann (G. A. 2. f 811). Ein Gleiches ist nach Rheinischem Rechte nicht statthaft; Z Kass.-Hof 16. Dez. 1851 c Schuhmacher (JMBl 1852 f 29). Wohl aber ist auch der Rheinische Richter befugt, bei Verhängung der schwereren Strafart auszusprechen, daß durch die Verbüssung der letztern, auch die früher verhängte Strafe geringerer Art als mit verbüßt angesehen werden, und ein fernerer Vollzug derselben nicht erfolgen solle.

27. Ist im Falle realer Konkurrenz über die verschiedenen Verbrechen ꝛc. in getrennten Verfahren entschieden, ohne daß der Richter der zweiten That von der Verurtheilung wegen der ersten Kenntniß hatte, und also, ohne daß er auf die bereits verhängte Strafe rücksichtigen konnte, so ist, wenn beide Erkenntnisse die Rechtskraft beschritten haben, eine Abänderung nur nach Maaßgabe des Art. 131 des Ges. v 3 Mai 1852, und nach dem dort vorgeschriebenen Verfahren, also nur zu erwirken, insoweit die vereinigten Strafen das Maaß des § 57 übersteigen, oder verschiedenartige Strafen verhängt sind — Das Rheinische Verfahren gewährt für einen solchen Fall keine Abhülfe.

28. Auch bei der Bestrafung mehrerer selbstständiger durch Spezialgesetze verpönter Handlungen, z. B mehrerer Holzdiebstähle greift § 56 Platz B 22 Nov. 1852 c. Meier

§. 57.

1. Die Vorschrift dieses § ist auch auf den Fall der realen Konkurrenz beschränkt, sie findet daher nur da Anwendung, wo eine gleichzeitige Aburtheilung wenigstens möglich gewesen wäre, nicht aber da, wo die zweite That erst nach rechtskräftiger Verurtheilung wegen der ersten, wenn auch vor Vollstreckung der damals verhängten Strafe verübt wird B. I. 4 Januar 1854 c. Heintze. Aehnlich Z II. 11. Juli 1853 c. Ebert (Präj n. 45; Entsch. 26. f. 190; G. A. 1. f 554) Dagegen wird § 57 dadurch nicht ausgeschlossen, daß aus irgend einem Grunde die an sich mögliche gleichzeitige Aburtheilung in demselben Verfahren nicht erfolgt ist. Z. 29. Sept. 1852 c. Klinner (Szymanski). Ebensowenig macht es einen Unterschied ob die Vollstreckung der zuerst ergangenen Verurtheilung bereits begonnen hat oder nicht. Beschl. I. 29 Sept. 1854 c. Hoffmann (G. A. 2 f. 811).

2. Tritt der am Schlusse der n. 1. erwähnte Fall ein, so findet dasjenige analoge Anwendung, was zu § 56 n. 22 flg gesagt ist.

3. Der § 57. (insbesondre auch Nr. 2. desselben) bezieht sich nur auf die zu verhängende Freiheitsstrafe, Temme Gll f. 130 n. 1 — Geld- und Ehrenstrafen, und Polizei-Aufsicht sind daher überall neben den sonstigen Strafen zu verhängen, wenn auch nur eins der konkurrirenden Verbrechen ꝛc damit bedroht ist;

2) sind die in Vereinigung zu erkennenden Strafen von verschiedener Art, so ist, unter Verkürzung ihrer Gesammtdauer (§ 16.), auf die schwerste dieser Strafen zu erkennen;

3) die Gefängnißstrafe kann in diesem Falle die Dauer von fünf Jahren, jedoch niemals die Dauer von zehn Jahren übersteigen.

[Entw § 48 a.] Vgl § 56; Einf.-Ges. Art XXI—XXIII; Ges v 3 Mai 1852 Art 131 132.

§. 58. Wer, nachdem er wegen eines Verbrechens oder Vergehens von einem Preußischen Gerichtshofe rechtskräftig verurtheilt worden ist, dasselbe Verbrechen oder Vergehen, sei es mit oder ohne erschwerende Umstände, begeht, befindet sich im Rückfalle.

---

mehrere verwirkte Geldstrafen müssen stets ganz verhängt werden; dagegen kann die Dauer der Polizeiaufsicht, auch wenn sie durch mehrere begangene Verbrechen verwirkt ist, nie die Dauer von 10 Jahren übersteigen

4 Bei der gleichzeitigen Verhängung mehrerer Geldbussen ist jede eventuell nach dem Maaßstabe des § 17 in Gefängnißstrafe zu verwandeln, und bezieht sich namentlich auch die Vorschrift des cit § 17, wonach das höchste Maaß der eventuellen Gefängnißstrafe vier Jahre beträgt, nur auf den dort vorgesehenen Fall, wo eine Geldbusse zu verwandeln ist; bei realer Konkurrenz kann daher auch diese bis zu zehn Jahren gesteigert werden Temme Gll s. 130 n. 2; *Contra:* G. M. 1. s. 192 n. 7. Vgl zu § 17. n. 4.

5 Eine Ausnahme von der Regel der Nr 1. siehe zu § 96. n. 9.

6 Die Vorschrift der Nr 2. über die Verwandlung mehrerer gleichzeitig zu verhängender Freiheitsstrafen verschiedener Art, setzt voraus, daß allen Strafen dasselbe System zum Grunde liegt; sie ist daher unanwendbar, wo z. B. wegen einer vor dem 1. Juli 1851 begangenen That nach dem ALR. auf Zuchthausstrafe, und wegen eines später verübten Vergehens auf Gefängniß zu erkennen ist, weil letzteres doch nur in die Zuchthausstrafe des StGB, nicht aber in die davon verschiedene Zuchthausstrafe des ALR. verwandelt werden könnte Beschl. II. 7. April 1853 c. Hybotter.

7. Aus Nr 3. in Verbindung mit § 43 Nr. 3. darf nicht gefolgert werden, daß in den durch die letztere Gesetzesstelle vorgesehenen Fällen bei realer Konkurrenz die wider einen Strafunmündigen zu verhängende Gefängnißstrafe das Maaß von fünf Jahren nicht überschreiten dürfe. So die Motife eines Z. (V) 28. Apr. 1852 c. Bußmann (JMBl. s 246; Entsch. 22. s. 455; G. A. 1 s. 74).

§. 58.

1 Die Worte „Verbrechen oder Vergehen“ umfassen die verschiedenen Fälle, in welchen strafbare Handlungen einerlei Art entweder Verbrechen oder Vergehen sind; Rückfall liegt also auch dann vor, wenn die That sich das eine Mal als Verbrechen, das andre Mal als Vergehen charakterisirt; z. B., wenn ein wegen einfachen Diebstahls Bestrafter demnächst einen schweren Diebstahl im Sinne des § 218. begeht Diese durch § 219. bestätigte Auslegung wird auch dadurch nicht beseitigt, daß das Ges v. 22. Mai 1852 Art I. § 1. Nr. 1. neben dem § 58. auch den § 219. aufführt. Beschl. 19 Sept. 1852 c. Kruger (G. A. 1. s. 76); Z. 20. Okt. 1852 c. Bloedow Vgl. Abh. JMBl 1852 s. 214; G. Matt. 1. s 467 IV.

2. Raub ist nach dem StGB. eigentlich auch nur ein unter erschwerenden Umständen begangener Diebstahl, er begründet daher für einen darauf folgenden

Insofern das Gesetz keine besondere Rückfallsstrafen bestimmt, kann wegen Rückfalls die Strafe über das gesetzliche Maaß hinaus erhöht werden, jedoch nicht mehr, als um die Hälfte des höchsten gesetzlichen Strafmaaßes.

Die Dauer der Gefängnißstrafe kann im Rückfalle die Zeit von fünf Jahren übersteigen.

Bei Verbrechen, welche mit zeitiger Freiheitsstrafe bedroht sind, darf die Dauer von zwanzig Jahren selbst im Rückfall nicht überschritten werden.

[Entw. § 49.] Vgl. § 59. 60 336. 202. 203. 219. 233. Nr 1. 240 267. 269; Einf.-Ges. Art. VI. XXVI.

Diebstahl stets die Rückfallsstrafe (vgl. § 219); da er aber als selbstständiges Verbrechen behandelt ist, so kann nicht umgekehrt der frühere Diebstahl bei einem später folgenden Raube die Rückfallsstrafe begründen. Temme GU s. 280; id. Lehrb. s. 942; Vgl. § 233. und zu § 219. n. 9.

3. Rückfall liegt vor, wenn der wegen öffentlicher Beleidigung Bestrafte später eine schriftliche Beleidigung begeht, weil beide durch denselben § 152. verpönt sind. Z. II. 7. Juli 1853 c. Paßmann (beiläufig).

4. Dagegen gehört zur Annahme „desselben Verbrechens“ derselbe verbrecherische Thatbestand, sei es mit, sei es ohne erschwerende Umstände. Ein durch Fahrlässigkeit begangenes Vergehen (z. B. Tödtung) begründet für eine vorsätzliche That den Rückfall nicht. Bes. s. 213 I; G. M. 1. s. 466; Temme GU. s. 131 n. 3; id. Lehrb. s. 484.

5. Ebensowenig kann eine frühere Bestrafung wegen einfacher Beleidigung für eine demnächstige Beleidigung im Amte (§ 102.) den Rückfall begründen.

6. Eine während der Strafunmündigkeit erfolgte Verurtheilung begründet die Rückfallsstrafe (vgl. zu § 43. n. 6).

7. Stets wird Verurtheilung zu einer Strafe vorausgesetzt; als solche ist eine Züchtigung im Sinne des ALR. II, 20. § 17. nicht anzusehen. B. 7. Jan. 1852 c. Kinscher (Entsch. 22. s. 67; G. A. 1. s. 75). B. I. 23. Feb. 1852 c. Spitzer.

8. Ueber die Unstatthaftigkeit der Prüfung, ob bei einer unter dem ältern Strafgesetz ergangenen Verurtheilung derjenige Thatbestand vorgelegen, welcher jetzt zur Annahme des betreffenden Verbrechens erheischt wird, vgl. zu Einf.-Ges. Art. VI. n. 3.

9. Aus den Worten: „von einem Preußischen Gerichtshofe“ ist nicht zu folgern, daß das Urtheil von einem kollegialisch besetzten Gerichte erlassen sein müsse; es genügt das von einem Einzelrichter gefällte B. 19 März 1852 c. Biermann; Z. 30. April 1852 c. Holzwirth; G Matt. 2 s. 489; vgl. zu § 219. n. 7.

10. Auch eine unter der frühern Gesetzgebung erfolgte polizeiliche Bestrafung kann jetzt den Rückfall begründen, weil damals den Polizeibehörden die betreffende Befugniß zustand, sie also gerichtliche Funktionen wahrnahmen So in Betreff der Bettelei B. 30. April 1852 c. Klumski (JMBl. s 245); B. 13. Okt. 1852 c. Glade; vgl. zu § 118 n. 13.

11. Ein Gleiches ist jetzt unzweifelhaft von den in Gemäßheit des Gesetzes vom 14. Mai 1852 (G.S. s. 245) erfolgten vollstreckbar gewordenen Straffestsetzungen der Polizeiverwaltung anzunehmen.

12. Dasselbe gilt von den wegen Zuwiderhandlungen gegen die Vorschriften über die Erhebung öffentlicher Abgaben und Gefälle im administrativen Strafverfahren erfolgten, vollstreckbar gewordenen Strafresoluten. Vgl. B. I. 28. Oktob. 1853 c. Kammack (Präj. n. 61; JMBl. 1854 s. 3; Entsch. 26. s. 424; G. A. 2. s. 116), Z. I. 6. Sept. 1854 c. Stumpf (G. A. 2. s. 684).

13. Rückfall ist durch die vorgängige rechtskräftige Verurtheilung wegen des ersten Falles vor Begehung der zweiten That bedingt. B. 14. Juni

1852 c. Liedtke (JMBl. S. 351; Entsch. 23. S. 235. Eine solche liegt nicht vor, so lange ein noch nicht erledigter Kassationsrekurs (Nichtigkeitsbeschwerde) gegen das Urtheil existirt. Z. KH. 12. Sept. 1842 c. Brandenburg (Rh. Arch. 34. 2. A. S. 41). Das gilt selbst dann, wenn das Rechtsmittel nur vom Staatsanwalt gegen den Angeklagten ergriffen ist. Temme Gll. S. 131 n. 3; id. Lehrb. S. 484 Note 4.

14. Der Eintritt der Rechtskraft des Strafurtheils gegen den Angeklagten, setzt, namentlich auch in Beziehung auf die Rückfallsstrafe, nach dem Grunde, worauf diese beruht, vorgängige dem Angeklagten geschehene Publikation, oder doch an deren Stelle tretende Zustellung voraus. Beschl. I. 16. Feb. 1853 c. Schädel. G. M. 1. S. 464. 469. Vgl. Temme Gll. 1. S. 132 n. 5. Ein weiterer Nachweis der erlangten Kenntniß, als die zur Begründung der Rechtskraft erforderliche Verkündung resp. Zustellung, ist dagegen nicht erforderlich.

15. Straferlaß im Wege der Begnadigung hat namentlich auf die Rückfallsstrafe die Wirkung, daß die erkannte Strafe für vollständig verbüßt erachtet werden muß, beseitigt also die spätere Anwendbarkeit der Strafverschärfung nicht. B. [Z.] 11. März 1851 c. Lentzer (JMBl. S. 151); Ebenso Z. Kass.-H. 14. Feb. 1827 c. Walke; B. id. 20. Jan. 1838 c. Jamann (Rh. A. 26. 2. A. S. 70). Goltd. Matt. 1. S. 468 VIII; Temme Gll. S. 132 n. 4; id. Lehrb. S. 485;

16. Hat derjenige, welcher sich im Rückfalle befindet, mehrere Verbrechen &c. derselben Art verübt, so muß die Strafe eines jeden dieser noch nicht bestraften Handlungen mit dem straferhöhenden Momente in Anrechnung gebracht werden. Vgl. zu § 56. n. 17.

17. Insoweit Spezialgesetze keine besondere Vorschriften über die Rückfallsstrafe enthalten, müssen die Vorschriften der §§ 58 flg. auch bei den nach jenen zu beurtheilenden Verbrechen und Vergehen zur Anwendung kommen. Das deutet Z. I. 7. Apr. 1854 c. Dähn an, indem dort ausgeführt wird, bei Steuervergehen sei § 58. unanwendbar, weil die Steuerordnung vom 8. Feb. 1819 § 62 flg. Vorschriften über die Bedingungen der Anwendbarkeit der Rückfallsstrafe enthalte, den § 58. also ausschließe. — Aehnlich B. I. 28. Okt. 1853 c. Kammack (Präj. n. 61; JMBl. 1854 S. 3; Entsch. 26. S. 424; G. A. 2. S. 116), in welchem aus dem angegebenen Grunde die Verhängung der Rückfallsstrafe auch ohne frühere gerichtliche Verurtheilung durch ein angegriffenes Strafresolut der Steuerbehörde gerechtfertigt wird. Vgl. auch Z. I. 6. Sept. 1854 c. Stumpf (G. A. 2. S. 684).

18. Darüber, ob die Voraussetzungen des Rückfalls vorliegen, entscheidet nach Art. XXVI. des Einf.-Gesetzes der Schwurgerichtshof ohne Mitwirkung der Geschwornen. Gleichwohl ist die Frage eine wesentlich thatsächliche, welche nicht zur Entscheidung des Ober-Tribunals gebracht werden kann; insbesondre kann hier der Angeklagte mit dem Einwande: er sei nicht derjenige, gegen welchen die frühere Verurtheilung ergangen, — nicht mehr gehört werden. Z. I. 25. Apr. 1855 c. Chrust. Dagegen hat ein B. I. 13. Apr. 1855 c. Raupach sich auf eine Prüfung ähnlicher Verhältnisse eingelassen, und vernichtet, weil aus den beigefügten Akten zu entnehmen war, daß der Instanzrichter thatsächlich den Rückfall mit Unrecht angenommen hatte. — Die erstere Entscheidung verdient jedenfalls den Vorzug, selbstverständlich mit der Maßgabe, daß die bei dieser thatsächlichen Beurtheilung denkbaren Verstöße gegen Rechtsgrundsätze, z. B. in Betreff des Begriffs des „Rückfalls“ der Kritik des Nichtigkeitsrichters unterliegen.

19. Ist bei Aburtheilung über ein Verbrechen &c. die früher vom Angeklagten wegen eines gleichen Verbrechens &c. erlittene Bestrafung unbekannt, und deshalb unberücksichtigt geblieben, so kann — wenn das betreffende Erkenntniß rechtskräftig geworden — dieser Fehler nicht wieder beseitigt, und nicht etwa in einem neuen Verfahren eine Strafverschärfung verhängt werden, sollte auch der Angeklagte dadurch, daß er sich einen falschen Namen beilegte, selbst es veranlaßt haben, daß die Vorbestrafungen unermittelt blieben. Z. Pl. 16. April 1855 c. Jungnitzsch (Präj. n. 154; JMBl. S. 192; Entsch. 30. S. 372) Z. I. 22. Sept. 1854 c. Tutschke (G. A. 2. S. 789); B. I. 27. Okt. 1854 c. Schmidt (Goldt. A. 2. S. 790). Früher *Contra:* B. 11. Apr. 1850 c. Wöltinger; Z. 2. Aug. 1852 c. Reichert; B. I. 3. Jan. 1855 c. Kehlert. Die erstere Ansicht ist unzweifelhaft die allein richtige. Ein rechtskräftiges

§. 59. Der Rückfall ist auch dann vorhanden, wenn die That in dem früheren oder späteren Falle, oder in beiden Fällen die Theilnahme an einem Verbrechen oder Vergehen, oder den Versuch eines Verbrechens oder Vergehens darstellt.

[Entw. § 50.] Vgl. § 58. 60 219; Einf.-Ges. Art. VI. XXVI.

§. 60. Die Straferhöhung wegen Rückfalls tritt nicht ein, wenn seit dem Zeitpunkte, in welchem die Freiheitsstrafe oder Geldbuße des zuletzt begangenen früheren Verbrechens oder Vergehens abgebüßt oder erlassen worden ist, zehn Jahre verflossen sind.

[Entw § 51] Vgl § 58 59 219 233 Nr. 1. 240.

Erkenntniß ist, wo das Gegentheil nicht ausdrücklich vorgeschrieben worden, unumstößlich, und die spätere Ermittlung der bis dahin unbekannt gebliebenen Voraussetzungen des Rückfalls kann eine Abweichung von jener Regel ebensowenig begründen, als die spätere Ermittlung jedes andern bis dahin nicht entdeckten erschwerenden Umstandes. Es macht auch keinen Unterschied, ob in dem stattgehabten Verfahren der Angeklagte sich einen falschen Namen beigelegt hatte, und hierdurch der Irrthum veranlaßt war; das rechtskräftig gewordene Erkenntniß war darum doch gegen die richtige Person, nicht gegen den unrichtigen Namen ergangen, weshalb denn auch ein solches Urtheil gegen den Verurtheilten unbedenklich vollstreckt werden kann. Vgl. G. A. 1. s. 324; Abh. ibid. 2. s. 785 und Berner Abh. ibid. 3. s. 472.

§. 59.

1. Unter Theilnahme ist hier nur die in den §§ 34. 35. nicht auch die in den §§ 36—39. vorgesehene Thätigkeit zu verstehen. G. Matt. 1. s. 469 II.

2. Auch Theilnahme an einem Versuche begründet den Rückfall. G. M. 1. s. 470 IV.

3. Der § 59. ist auch im Falle des § 219. anwendbar. Z. II. 8. Sept. 1853 c. Wegener u. Gen.

4. Eine Vorbestrafung wegen Versuchs nach dem ALR. begründet die Rückfallsstrafe des StGB. selbst dann, wenn der damalige Versuch den Voraussetzungen des § 31. des StGB. nicht entsprochen haben sollte. Vgl. zu Einführungs-Gesetz Art. VI. n. 3.

§. 60.

1. Wenn es sich davon handelt, für eine vor dem 1. Juli 1851 begangene Handlung zu bestimmen, ob die Strafe des ältern Rechts oder des StGB. die mildere sei (Einf.-Ges. Art. IV.), so darf bei Abmessung der nach dem ältern Recht auszusprechenden Strafe auf die Vorschrift des § 60. nicht gerücksichtigt werden. V. 17. Sept. 1851 c. Lippert; Z. (V.) 17. Dez. 1851 c. Jüttner; Z. 6. April 1852 c. Amsel; Vgl. zu Einf.-Ges. Art. IV. n. 5.

2. Die nach den Bestimmungen des ALR. früher verhängte Detention bis zum Nachweise des ehrlichen Erwerbes ist als Theil der Strafe anzusehen; die Verjährungsfrist des § 60. beginnt daher erst mit der Entlassung aus der betreffenden Anstalt. Z. 29. Sept. 1852 c. Burde (G. A. 1. s. 235). V. I. 15. Juli 1853 c. Asch; V. I. 12. Okt. 1855 c. Gedowski u. Gen. (G. A. 3. s. 833). Letzteres erwog, daß es dabei keinen Unterschied mache, daß die Dauer der Detention von der Erfüllung einer Bedingung abhängig gemacht worden sei.

3. Auch bei Berechnung der Frist des § 60. bleiben die von ausländischen Gerichten ergangenen Strafurtheile ausser Berücksichtigung. V. 24. Novbr. 1851 c. Gröbler.

4. Der § 60. ist auch bei solchen strafbaren Handlungen anzuwenden, welche nach einem neben dem StGB. in Kraft gebliebenen besondern Gesetze zu ahnden

Zweiter Theil.

Von den einzelnen Verbrechen und Vergehen und deren Bestrafung.

Erster Titel.

Hochverrath und Landesverrath. *)

§. 61. Ein Unternehmen, welches darauf abzielt:

1) den König zu tödten, gefangen zu nehmen, in Feindes Gewalt zu liefern, oder zur Regierung unfähig zu machen, oder

---

sind, sollte dieses auch im Allgemeinen für die Bestrafung des Rückfalls Vorschriften enthalten, wenn sich unter diesen nur keine von der Regel des § 60. abweichende Bestimmung findet G. M. 1. ſ. 10. So beim Holzdiebstahl nach dem Ges. v. 7 Juni 1821 Z. 26. Nov. 1851 c. Woschka (JMBl. 1852 ſ. 30) u. ö; — Ebenso bei Steuer-Contraventionen B. I. 14. Jan. 1853 c. Lehmann (Präj. n. 7. Entsch. 24. ſ. 441), es handelte sich dort von einer Mahlsteuercontravention. Aehnlich Z. I. 9. Sept. 1853 c. Wittig; Z. I. 21. Okt. 1853 c. Schulz. Ebenso bei Zolldefraudationen. B. 22. Dez. 1852 c. Alessen. Z. I. 15. Apr. 1853 c. Hofleuchter. Vgl. Cirk.-Verf. des Gen. Dir. d. St. v. 7. Okt. 1853 (Staats-Anz. 1854 ſ. 21). Bei solchen durch Spezialgesetze vorgesehenen Vergehen ꝛc. macht es auch keinen Unterschied, ob die That vor dem 1. Juli 1851 begangen sei. cit. B I. 14. Jan. 1853 c. Lehmann; Z. I. 25. Mai 1853 c. Tesch (G. A. 1. ſ. 564). Vgl. oben n. 1.

5. Als Strafzumessungsgrund kann eine frühere Verurtheilung auch nach dem Ablaufe der zehnjährigen Frist noch in Betracht kommen. Z. (Vrn.) I. 11. Juli 1855 c. Pauly. Vgl. zu § 45. n. 4.

*) Erster Titel.

1. Die Untersuchung und Entscheidung wegen der in diesem ersten Titel vorgesehenen Verbrechen erfolgt durch das Kammergericht. Ges. v. 25. April 1853 (G.S. ſ 162); für den Fall des Belagerungszustandes vgl. Gesetz v. 4. Juni 1851 § 10. (GS. ſ. 453).

2. Nach dem durch Königliches Patent v. 28. Okt. 1836 publizirten Bundesbeschluß v. 18. Aug. 1836 (G.S. ſ. 309) soll jedes Unternehmen gegen die Existenz, die Integrität, die Sicherheit oder die Verfassung des deutschen Bundes, in den einzelnen Bundesstaaten, nach Maaßgabe der in den letztern bestehenden, oder künftig in Wirksamkeit tretenden Gesetze, nach welchen eine gleiche gegen den einzelnen Bundesstaat begangene Handlung als Hochverrath, Landesverrath oder unter einer andern Bezeichnung zu richten wäre, beurtheilt und bestraft werden. Diese Vorschrift hat auch jetzt noch Gesetzeskraft, weil, wenn auch die Bundesversammlung sich thatsächlich für eine Zeit lang aufgelöst hatte, doch der Bund selbst, und das verfassungsmäßige Rechtsverhältniß der einzelnen Mitglieder zu einander fortgedauert haben. B. 6. Nov. 1850 c. Wittenburg (JMBl. ſ. 408); B. 13. Nov. 1850 c. Trzeciack (JMBl. ſ. 410); B. 19. Sept. 1851 c. Löwe (Entsch. 21. ſ. 101); B. 27. Okt. 1851 c. Wittenburg (Entsch. 21. ſ. 442); *Sic:* G. Matt. 2. ſ. 78; Koch ſ. 952. *Contra:* Wenzel Ergänzungen 1. ſ. 520; Temme Gll. 1. ſ. 138 n. 10; id. Lehrb. ſ. 120 u. 569 flg.; letzterer, indem er auszuführen sucht, der deutsche Bund habe aufgehört gehabt, zu existiren, ein blosses Bundesverhältniß bilde aber auch nie einen Theil der Staatsverfassung.

2) die Thronfolge oder die Staatsverfassung gewaltsam zu ändern, oder

3) das Gebiet des Preußischen Staats ganz oder theilweise einem fremden Staate einzuverleiben, oder einen Theil des Gebiets vom Ganzen loszureißen,

ist Hochverrath und soll mit dem Tode bestraft werden.

Im Falle der Gefährdung des Lebens, der Gesundheit oder der Freiheit des Königs (Nr. 1.) soll zugleich auf den Verlust der bürgerlichen Ehre erkannt werden.

[Entw. § 52.] Vgl. § 62—67; 72. 73 4 Nr 1. 2; 39 74.

---

§. 61.

1. Es läßt sich nicht rechtfertigen, wenn der Komm.-Ber. II. K. s. 42 allgemein den vom Komm.-Ber. I. K. s. 11 wiederholten Satz aufstellt: der Hochverrath sei gegen die Existenz des Staats gerichtet. Vielmehr kann ein Hochverrath vorliegen (namentlich in den Fällen der Nr. 2. des § 61.) ohne daß das Unternehmen gegen die Existenz des Staats gerichtet wäre. Bes. s. 222. 224.

2. Strenge genommen, kann ein „Hochverrath“ nur von einem Inländer begangen werden, gleichwohl unterscheidet das Gesetz hier zwischen Ausländern und Inländern nicht; vgl. § 4. Nr. 1. G. Matt. 2. s. 29; Temme Lehrb. s. 564.

Zu Nr. 1.

3. Die Verwundung des Königs in der Absicht ihn zu beschädigen, fällt unter die Vorschrift des § 74, nicht unter § 61. Komm.-Ber. I. K. s. 11; Beseler s. 223; G. Matt. 2. s. 6.

4. Auf das in Nr. 1. erwähnte Unternehmen, wenn es gegen den Regenten gerichtet ist, erleidet § 61. keine Anwendung, „da für den Fall einer Regentschaft doch immer besondre Anstalten getroffen werden müssen“. Beseler. s. 223; Temme Gll. s. 135 n. 6.

5. Die Umschreibung des Inhalts der Nr. 1. durch die Worte des Schlußsatzes: „Gefährdung des Lebens der Gesundheit oder der Freiheit des Königs“ findet ihre Erläuterung in der Begriffsbestimmung des § 62. G. Matt. 2. s. 8.

Zu Nr. 2.

6. Goltdammer (Matt. 2. s. 12) und Temme (Glossen s. 136 n. 8; id. Lehrb. s. 566) sind der Ansicht, daß nicht jedes gewaltsame Unternehmen gegen einzelne Theile der Verfassung Hochverrath sei, sondern nur das gegen wesentliche Theile derselben gerichtete.

7. Das „gewaltsam“ umfaßt sowohl moralische als physische Gewalt. Bes. s. 221; G. Matt. 2. s. 14. Dagegen reicht eine Drohung an und für sich, wenn sie keine Gewalt mit sich führt, nicht aus. Goltd. l. c.

Zu Nr. 3.

8. 9. Auch hier ist das „Gewaltsame“ des Unternehmens Bedingung der Strafbarkeit, da es in der Natur der Sache liegt, daß der Zweck, den Preußischen Staat einem fremden Staate einzuverleiben, oder Gebietstheile desselben loszureissen, nur durch gewaltsame Handlungen angestrebt werden kann. Komm.-Bericht II. K. s. 44; Beseler s. 221; Goltd. Matt. 2. s. 15. Vgl. dagegen Temme Lehrb. s. 581 und 582. (Note 1).

10. Der Unterschied dieses Unternehmens von der Landesverrätherei, namentlich von den im § 69. Nr. 1. u. 2. vorgesehenen Fällen, liegt im Zweck; ob nämlich dadurch Abreissung von Preußischen Gebietstheilen bezweckt wird. Komm.-Ber. II. K. s. 42; Beseler s. 224.

§. 62. Als ein Unternehmen, durch welches das Verbrechen des Hochverraths vollendet wird, ist eine solche Handlung anzusehen, durch welche das verbrecherische Vorhaben unmittelbar zur Ausführung gebracht werden soll.

[Entw. § 53.] Vgl. § 61. 64—66. 72. 73. 4 39

§. 63. Haben zwei oder mehrere Personen die Ausführung eines hochverrätherischen Unternehmens verabredet, ohne daß es schon zum Beginn der im § 62. bezeichneten Handlung gekommen ist, so soll sie die Strafe von fünfjährigem bis lebenslänglichem Zuchthaus treffen.

• Wird festgestellt, daß mildernde Umstände vorhanden sind, so tritt Einschließung nicht unter fünf Jahren ein.

Neben der Einschließung soll das Urtheil zugleich den Verlust oder die zeitige Untersagung der Ausübung nachstehender bürgerlichen Ehrenrechte aussprechen:

1) der Fähigkeit, öffentliche Aemter zu führen oder zu erlangen;

2) der Fähigkeit, Geschworener zu sein, in öffentlichen Angelegenheiten zu stimmen, zu wählen oder gewählt zu

---

§. 62.

1. Hiernach ist der Versuch in den Thatbestand des vollendeten Verbrechens gezogen; gleichwohl hält G. Matt. 1. f. 22 dafür. daß nicht alles, was nach § 31. als strafbarer Versuch anzusehen wäre, jetzt den vollendeten Hochverrath darstelle, er folgert vielmehr aus dem Umstande, daß die dieses ausdrücklich aussprechende Fassung der ältern Entwürfe beseitigt werden, daß der Begriff des § 62. enger zu fassen sei, und fordert zum vollendeten Hochverrath: „eine Handlung, die geeignet ist, bereits unmittelbar die Verwirklichung der im § 61. angegebenen Zwecke herbeizuführen, und deshalb entweder erfolgt durch einen thätlichen gewaltsamen Angriff auf den König, oder auf die Organe der Regierung, mit deren Beseitigung oder Unterwerfung die dermalige Verfassung des Staats oder die Integrität seines Gebiets im Verbande bedroht wird, oder durch eine gefährliche Bedrohung, welche auch ohne einen solchen Angriff ihre Wirksamkeit aufzuheben geeignet ist; es sei aber nicht erforderlich, daß diese Handlungen vollendet worden, es sei vielmehr, nach den allgemeinen Regeln über den Versuch, ihr Anfang hinreichend, um den Thatbestand des vollendeten Verbrechens darzustellen.“ *Contra:* Temme Gll. f. 141 n. 11. er nimmt den Hochverrath nur da an, wenn bereits zur wirklichen Ausführung des betreffenden Unternehmens geschritten ist, und will alles, was vor dem Anfange der Handlung liegt, nur als Vorbereitung (§ 63—66) auffassen und bestraft wissen.

2. Das „unmittelbar“ in diesem § ist nicht auf die Zeit, sondern auf die Mittel der Ausführung zu beziehen. G. Matt. 2. f. 18 und 27; Temme (Gll. f. 141 n. 11.) geht jedenfalls zu weit, wenn er glaubt, daß dieses Begriffserforderniß nur dann vorliege, wenn zur Ausführung eine weitere Handlung nicht mehr erforderlich sei.

3. Da hier auch bei blossen Versuchshandlungen das vollendete Verbrechen angenommen wird, so greifen die sonstigen Regeln über den Versuch hier nicht Platz; das gilt insbesondre von der Straflosigkeit bei freiwilligem Rücktritt. G. Matt. 2. f. 27; Vgl. 63. n. 4. und zu § 66. n. 6. sowie das dort cit. Z. I. 7. Febr. 1855 c. Ladendorff u. Gen. (G. A. 2. f. 236) *Contra:* Temme Lehrb. f. 585.

werden, oder die aus öffentlichen Wahlen hervorgegangenen Rechte auszuüben.

[Entw. § 54] Vgl. § 61 62. 64—66 72 73 4. 39.

§. 64. Gleiche Strafe (§ 63.) soll denjenigen treffen, welcher zur Vorbereitung eines Hochverraths, entweder mit einer auswärtigen Regierung sich einläßt, oder die ihm vom Staate anvertraute Macht mißbraucht, oder Mannschaften anwirbt oder in den Waffen einübt.

[Entw. § 55] Vgl § 61—63. 65. 66. 72. 73. 4. 39.

§. 65. Wer öffentlich durch Rede oder Schrift zur Ausführung einer Handlung auffordert, welche nach § 62. als ein hochverrätherisches Unternehmen zu bestrafen wäre, soll mit zwei- bis zehnjährigem Zuchthaus, oder, wenn festgestellt wird, daß mildernde Umstände vorhanden sind, mit Einschließung von zwei bis zu zehn Jahren bestraft werden.

[Entw. § 55 a.] Vgl. § 61—64 66. 72. 73. 4. 39. 36.

---

§. 63.

1. Es wird hier ein bestimmtes hochverrätherisches Unternehmen, wie es in den §§ 61. und 62. definirt ist, vorausgesetzt; allgemeine vage hochverrätherische Pläne und Bestrebungen gehören nicht hierher. Motive f 24; Besel. f. 226

2 Das „Verabreden“ ist nur anzunehmen, wenn die schließliche Einigung der Berathenden, der endliche Beschluß das Unternehmen auszuführen, erfolgt ist Komm.-Ber. II. K. f. 46; Besel. f. 227; G. Matt. 2 f. 34.

3. Nach Goltdammer (Matt. 2. f 35), und Temme (Gll f 143 n. 3; id. Lehrb f. 586) setzt das „Verabreden“ eine Einigung über Zweck und Mittel, Ort und Zeit voraus, so daß die Verschwörung zum Ausbruche reif sei.

4 Da die im § 63 vorgesehene That als selbstständiges Verbrechen, nicht als Versuch eines solchen sich darstellt, so kann der freiwillige Rücktritt nach erfolgter Verabredung die Straflosigkeit nicht zur Folge haben Vgl. zu § 62. n. 3. und zu §. 66. n. 6. G. Matt. 2 f 40; *Contra:* Temme Gll. f. 144. n. 6; id. Lehrb. f. 585

5. Aus demselben Grunde ist der Anstifter einer solchen „Verabredung“ als Theilnehmer nach § 34 Nr. 1. zu bestrafen. G. Matt. 2. f. 38.

§. 64.

1. Das zu § 63. unter n. 1. und 4. Bemerkte gilt auch für den Fall des § 64.

2. Die Worte: „vom Staate anvertraute Macht“ sind keineswegs auf militärische Verhältnisse zu beschränken; es ist vielmehr auch an solche Fälle gedacht, wo ein Civilbeamter eine Anzahl Unterbeamte (z. B. Förster, Steuer-Beamte) befehligt. Besel. f. 230; Koch f. 953 n. 20.

3. Unter „Mannschaften“ sind streitbare, zum Waffengebrauch bestimmte Personen zu verstehen Temme Lehrb. f. 586.

4. Es kommt in einem unter diesen § zu subsumirenden Fall Nichts darauf an, ob die Ausführung schon selbst beschlossen sei, oder nicht Z. Pl. 28. Nov. 1853 c. Tietz (G. A 2. f. 256; beiläufig).

§. 65.

1. Auch für diesen Fall gilt das zu § 63. unter n. 1. und 4. Bemerkte.

2. Die Worte: „öffentlich durch Rede oder Schrift“ sind unbedenklich aus § 36. zu erläutern, (vgl. § 152; Preß-Ges v. 12. Mai 1851 § 33.) G. Matt. 2. f. 49.

§. 66. Jede andere, ein hochverrätherisches Unternehmen vorbereitende Handlung soll mit Zuchthaus bis zu fünf Jahren, oder, wenn festgestellt wird, daß mildernde Umstände vorhanden sind, mit Einschließung von Einem bis zu fünf Jahren bestraft werden.

[Entw. § 56.] Vgl. § 61—65. 72 73. 4 39.

---

3 Ebenso umfaßt das Wort „auffordert“ hier alles was § 36 durch „auffordert, anreizt, verleitet, oder zu bestimmen sucht“ ausdrücken will Temme Gll. f. 144 n. 2.

4. Die Aufforderung muß eine bestimmte sein, insofern sie sich auf die im § 61 gedachten Unternehmen beziehen muß, sie kann aber insoweit eine unbestimmte sein, als sie in Hinsicht auf die verschiedenen möglichen Erfolge, auf indeterminirtem Dolus des Auffordernden selbst beruhen kann G. Matt. 2. f. 48 n. 4. Vgl. oben n. 1; Besel. f. 230; Temme Lehrb. f. 586.

5 Eine indirekte Aufforderung genügt. Goltd. 1 c.

6. Erforderlich ist Aufforderung zur unmittelbaren Ausführung in dem Sinne, als nicht etwa Handlungen dazwischen liegen müssen, welche an sich selbst erst als Vorbereitungen zum Hochverrathe zu betrachten sind.

7. Ist es in Folge der Aufforderung zu einem hochverrätherischen Unternehmen gekommen, so trifft den Auffordernden nach § 36. Abs. 1. die volle Strafe des Theilnehmers. Bes. f 230; G. Matt. 2 f. 48; Temme Lehrb. f. 586

§. 66.

1. Auch hier wird die Vorbereitung eines bestimmten hochverrätherischen Unternehmens vorausgesetzt, wie es in den §§ 61 62. definirt ist. Komm.-Ber. II. K. f. 49; Bes. f. 226 Gleichwohl ist nicht erforderlich, daß alle Modalitäten dieses Unternehmens in Beziehung auf Zeit und Ort der Ausführung, sowie auf die mitwirken sollenden Kräfte und anzuwendenden Mittel feststehen, da eine Vorbereitung eben erst in der Gewinnung der Mittel und der Gelegenheit der Ausführung besteht. Wenn eine Verabredung noch nicht zur Beschliessung der unmittelbaren Ausführung ihrer hochverrätherischen Absicht gelangt ist, so wird doch hierdurch nicht ausgeschlossen, daß vorbereitende Handlungen im Sinne des § 66 vorgenommen werden konnten. Z. Pl. 28. Nov. 1853 c. Tietz (G. A. 2. f. 256). Vgl. n. 2.

2. Die Anwendbarkeit des § 66 wird dadurch nicht ausgeschlossen, daß der Schuldige nicht unter allen Umständen, sondern nur bei einer mit Zuversicht erwarteten revolutionären Bewegung — also bei einer passenden Gelegenheit — auf den gewaltsamen Umsturz der Preußischen Staatsverfassung hinzuwirken beabsichtigte. Z. I. 7. Feb. 1855 c. Ladendorff u. Gen. (G. A. 3. f. 230).

3. Die vorbereitende Handlung muß den gewaltthätigen Charakter des Verbrechens in der Absicht des Handelnden bereits erkennen lassen; es genügt daher nicht, wenn daraus nur die Möglichkeit erhellt, die Handlung würde in ihrem Fortschritt und in ihren Wirkungen zur Gewalt führen können. G. Matt. 2. f. 52 n. 3.

4. Wenn der Instanzrichter feststellt, der Angeklagte sei Schriftführer einer Pariser Communisten-Gemeinde, welche eine hochverrätherische Tendenz verfolge, gewesen, und wenn er hierin vorbereitende Handlungen im Sinne des § 66. findet, so gehört die Subsumtion dem thatsächlichen Gebiete an, und unterliegt nicht der Kritik des Richters der Nichtigkeitsbeschwerde. Z. I. 28. Nov. 1853 c. Tietz (G. A. 2. f. 256).

5. Die blosse Verbreitung gefährlicher Lehren und Grundsätze genügt nicht, um den Thatbestand des § 66 darzustellen; es bedarf eines deutlichen Anreizes zu Handlungen einer auf ein bestimmtes Ziel schon gerichteten hochverrätherischen Absicht. G. Matt. 2. f. 53 c; Temme Gll. f. 145 n. 2.

6. Bei den durch § 66. vorgesehenen vorbereitenden Handlungen zu einem hochverrätherischen Unternehmen findet § 31., nach welchem der freiwillige Rücktritt von der Ausführung des Verbrechens straflos macht, keine Anwendung; Z. 1.

§. 67. Ein Preuße, welcher mit einer fremden Regierung in Verbindung tritt, um dieselbe zu einem Kriege gegen Preußen zu veranlassen, macht sich des Landesverraths schuldig, und wird mit Zuchthaus von zehn bis zu zwanzig Jahren bestraft.

Ist der Krieg wirklich ausgebrochen, so soll der Thäter mit dem Tode und dem Verluste der bürgerlichen Ehre bestraft werden.

[Entw. § 57.] Vgl. § 72. 73. 4. Nr. 2. 39.

§. 68. Ein Preuße, welcher während eines gegen den Preußischen Staat ausgebrochenen Krieges im feindlichen Heere Dienste nimmt und die Waffen gegen Preußen oder dessen Bundesgenossen trägt, wird als Landesverräther mit dem Tode bestraft.

Ein Preuße, welcher schon früher in fremden Kriegsdiensten stand, soll, wenn er nach Ausbruch des Krieges in denselben verbleibt und die Waffen gegen Preußen oder dessen Bundesgenossen trägt, mit Zuchthaus von drei bis zu zehn Jahren bestraft werden.

Wird festgestellt, daß mildernde Umstände vorhanden sind, so tritt Einschließung von drei bis zu zehn Jahren ein.

[Entw. § 58.] Vgl. § 69. 70. 72 73. 4. Nr. 2. 39.

---

7 Feb. 1855 c. Labendorff u. Gen. (G. A. 2. f. 230); G. Matt. 2. f. 40; *Contra*: Temme Gll. f. 144 n. 6; id. Lehrb. f. 585. Vgl. zu § 62. n. 3. und zu § 63. n. 4.

§. 67.

1. Der erste Absatz hat nicht etwa eine Versuchshandlung, sondern das vollendete Verbrechen zum Gegenstande. Freiwilliger Rücktritt schließt daher auch die Strafbarkeit nicht aus. Temme Gll. f. 147 Note 2. Vgl. G. Matt. 2. f. 58 n. 7

2. Im Falle des zweiten Absatzes ist der Nachweis der intellektuellen Urheberschaft am ausgebrochenen Kriege nicht erforderlich. G. Matt. 2. f. 57 n. 6.

§. 68.

1. Es wird ein „Waffentragen“ vorausgesetzt, daher ist die Vorschrift auf Militär-Beamten, Geistliche, Aerzte nicht auszudehnen. G. Matt. 2. f. 59 n. 1; Temme Gll. f. 147 n. 1.

2. Eine wirkliche Theilnahme am Kampfe ist nicht erforderlich; es genügt, wenn nur der Truppentheil, zu welchem der Angeklagte gehörte, zum Kriege verwendet, d. h. wenigstens ausmarschirt ist. Temme Gll. f. 147 n. 2. *Contra*: Koch f. 954 n. 25.

3. Ein erzwungenes Verbleiben im Dienste, und Waffentragen gegen Preußen ist nach allgemeinen Grundsätzen straflos. G. Matt. 2. f. 60 n. 4; Temme Gll f. 147 n. 4; Koch f. 954 n. 26

4. Unter „Bundesgenossen“ sind nur die wirklich am Kriege Theil nehmenden Mächte zu verstehen. G. Matt. 2. f. 59 n. 2; Temme Gll. f. 147 n. 5.

5 Der Schlußsatz, wonach beim Vorhandensein mildernder Umstände eine gelindere Strafe eintritt, bezieht sich nur auf den Fall des zweiten Absatzes. G. Matt. 2. f. 61 n. 4.

§. 69. Ein Preuße, welcher während eines gegen Preußen ausgebrochenen Krieges einer feindlichen Macht wissentlich Vorschub leistet, oder den Truppen Preußens oder seiner Bundesgenossen wissentlich Nachtheil zufügt, wird mit Zuchthaus bis zu zehn Jahren bestraft.

Die Todesstrafe tritt ein, wenn der Thäter:

1) Festungen, Pässe, besetzte Plätze oder andere Vertheidigungsposten, ingleichen Preußische oder verbündete Truppen oder einzelne Offiziere oder Soldaten in feindliche Gewalt bringt;
2) Festungswerke, Kriegsschiffe, Kassen, Zeughäuser, Magazine oder andere Vorräthe von Waffen, Munition oder anderen Kriegsbedürfnissen in feindliche Gewalt bringt, zerstört oder unbrauchbar macht;
3) dem Feinde Mannschaften zuführt, oder Soldaten des Preußischen oder verbündeten Heeres verleitet, zum Feinde überzugehen;
4) Operationspläne oder Pläne von Festungen oder festen Stellungen dem Feinde mittheilt;
5) dem Feinde als Spion dient, oder feindliche Spione aufnimmt, verbirgt oder ihnen Beistand leistet, oder
6) einen Aufstand unter den Preußischen oder verbündeten Truppen erregt.

[Entw. § 59] Vgl § 68 70 72. 73 4. Nr. 2 39

§. 70. Gegen Ausländer ist wegen der in den §§ 67. und 69. erwähnten Handlungen nach dem Kriegsgebrauche zu verfahren.

Begehen sie aber solche Handlungen, während sie unter dem Schutze Preußens in dessen Gebiete sich aufhalten, so kommen die in den §§ 67. und 69. bestimmten Strafen zur Anwendung.

[Entw. § 60.] Vgl. § 67. 69. 72. 73 4. Nr. 2. 39.

---

§. 69.

1. Die im Eingange erwähnte Wissentlichkeit wird auch zur Annahme der speziell hervorgehobenen Fälle erheischt. G. Matt. 2. s. 63 n. 6.

2. Durch diesen § sind die Verordnungen vom 17. März 1813 und 15. Jan. 1814 aufgehoben. G. Matt. 2. s. 64 n. 9; Temme Gll. s. 149 n. 4.

§. 70.

1. Goltd. Matt. 2. s. 65 n. 2. erläutert den Sinn dieses § dahin, daß der Kriegsgebrauch auf alle von Ausländern im Inlande begangenen Handlungen, und auf diejenigen Ausländer, welche Unterthanen der feindlichen Macht sind, auch wenn sie sich im Inlande aufhalten, anwendbar sei, wogegen die §§ 67. 69. bei den übri-

§. 71. Wer vorsätzlich:

1) Staatsgeheimnisse, oder Festungspläne, oder solche Urkunden, Aktenstücke oder Nachrichten, von denen er weiß, daß das Wohl des Staates deren Geheimhaltung, einer fremden Regierung gegenüber, erfordert, dieser Regierung mittheilt oder öffentlich bekannt macht, oder
2) zur Gefährdung der Rechte des Staates im Verhältniß zu einer fremden Regierung die darüber sprechenden Urkunden oder Beweismittel vernichtet, verfälscht oder unterdrückt, oder
3) ein ihm aufgetragenes Staatsgeschäft mit einer fremden Regierung zum Nachtheil Preußens führt, wird mit Zuchthaus von fünf bis zu zwanzig Jahren bestraft.

[Entw. § 61] Vgl § 72. 73. 39.

§. 72. Gegen denjenigen, welcher wegen einer der in diesem Titel gedachten Handlungen zu zeitiger Zuchthausstrafe verurtheilt wird, soll auf Stellung unter Polizei-Aufsicht erkannt werden.

[Entw. § 62.]

§. 73. Wenn wegen Hochverraths oder Landesverraths in den Fällen der §§ 61. 63. 64. 67. 68. 69. 70. und 71. die Untersuchung eröffnet wird, so ist das Vermögen, welches der Angeschuldigte bereits besitzt, oder welches ihm später noch anfällt, mit Beschlag zu belegen.

Der wegen Hochverraths oder Landesverraths zum Tode oder zu lebenslänglichem Zuchthaus rechtskräftig Verurtheilte verliert die Fähigkeit, über sein Vermögen unter Lebenden und von Todeswegen zu verfügen.

[Entw. § 63.] Vgl. § 11; Krim.-O. § 53. 68. 237. 568.

---

gen Ausländern Platz greifen, wenn sie die Handlungen als subditi temporarii, also während sie sich unter dem Schutze Preußens auf dessen Gebiete aufhalten, begehen.

§. 71.

1. Die hier erwähnten Handlungen werden gegen den Ausländer als solchen nicht, sondern nur in seiner Eigenschaft als subditus temporarius bestraft G. Matt. 2. f 69 n. 2.

§. 72.

— — — — — — — — — — — — — — — —

§. 73.

1. Die im ersten Absatze angeordnete Beschlagnahme soll dem des Verraths „Angeschuldigten" die Mittel zu fernern verrätherischen Unternehmungen, sowie zu seiner Befreiung oder zur Erschwerung der Untersuchung nehmen; (Komm.-

Zweiter Titel.

Beleidigung der Majestät und der Mitglieder des Königlichen Hauses

§. 74. Wer sich einer Thätlichkeit gegen die Person des Königs schuldig macht, wird mit dem Tode bestraft.

In minder schweren Fällen ist anstatt der Todesstrafe auf Zuchthaus von zehn bis zu zwanzig Jahren zu erkennen.

Wird festgestellt, daß mildernde Umstände vorhanden sind, so tritt Einschließung von zehn bis zu zwanzig Jahren ein.

[Entw § 65] Vgl. § 4 Nr. 1. 2; 61 Nr. 1; 76; Ges v 25. Apr. 1853 (G S f. 162)

Ber. II. K. f. 53). Daraus, sowie aus dem Umstande, daß die Bezeichnung des Zeitpunkts, in welchem jene Beschlagnahme erfolgen soll: „wenn die Untersuchung eröffnet wird," sich auch schon in den früheren, der Verordnung vom 3. Jan. 1849 lange vorhergegangenen Entwürfen findet, — folgt, daß darunter nicht die in den §§ 11. 39. 47. 48. der cit. Verordnung erwähnte, durch förmlichen gerichtlichen Beschluß erfolgende „Eröffnung der Untersuchung" zu verstehen sei, zumal eine solche stets nur bei Vergehen vorkommt, während alle hier zur Sprache kommenden Fälle Verbrechen darstellen. Dafür spricht auch, daß ein in der Kommission der zweiten Kammer gestellter Antrag die Beschlagnahme nicht mit der Eröffnung der Untersuchung, sondern mit der Versetzung in den Anklagestand eintreten zu lassen, abgelehnt worden ist (cit. Komm.-Ber.). — Unter der zu eröffnenden Untersuchung ist daher hier die Vor-Untersuchung zu verstehen, welche für eröffnet zu erachten, sobald das Gericht auf den Antrag des Staatsanwalts einen Untersuchungsrichter ernannt hat (Verordn. v. 3. Jan. 1849 § 42.). *Sic:* Koch f. 955 n 30 *Contra:* Temme Gll. f. 150 flg. n 1. 4. — Nach Rheinischem Verfahren ist die Untersuchung für eröffnet zu erachten, sobald der durch einen Antrag der Staatsanwaltschaft mit der Sache befaßte Untersuchungsrichter zum Zweck der Voruntersuchung irgend eine Verfügung erläßt.

2. Das **Verfahren** bei Verfügung der Beschlagnahme richtet sich nach den §§ 53. 68. 237. 568. der Krim.-O. Sie kann nur vom Gerichte erfolgen; § 7 der Verordnung vom 3. Jan. 1849 ist hier unanwendbar, da die dort erwähnten Beschlagnahmen nur auf die Besitzergreifung einzelner zur Beweisführung erforderlicher Gegenstände zu beziehen ist, im übrigen aber der dort vorgesehene Fall der Dringlichkeit hier nicht eintreten kann, wo die Eröffnung der Untersuchung, also ein gerichtlicher Akt, vorhergehen muß. Vgl. Temme Gll. f. 150 n. 2. — In der Rheinprovinz muß der Untersuchungsrichter auf den vorgängigen Antrag der Staatsanwaltschaft, mit der ersten zum Zweck der Voruntersuchung getroffenen Verfügung durch förmlichen Beschluß (Ordonnanz) auch diese Beschlagnahme anordnen. Der Vollzug erfolgt dann auf den Grund einer durch den Ober-Prokurator mitzutheilenden exekutorischen Ausfertigung durch die Bezirks-Regierung, ohne daß es einer Exekutorisch-Erklärung durch das ganze Gericht bedürfte. Vgl. AKO. v 13. Okt. 1827 (Rh. Samml. 3. f. 154); Just.-Min.-Verf. v. 15. Okt. 1826 (Rh. Samml. 3. f. 65).

3. Ist die verordnete Beschlagnahme zur Ausführung gebracht worden, so hat sie die von den Civilgesetzen derartigen Beschlagnahmen (Sequestration, Arrestanlage) zugeschriebenen **Wirkungen**. Weitergehende Folgen sind nicht daraus herzuleiten, indem die Kommission der zweiten Kammer einen dieses bezweckenden Zusatz aus dem § beseitigt hat. Komm.-Ber. II. Kamm. f. 53.

§. 74.

1. Hierher gehören alle **Gewalthandlungen** gegen die Person des Königs, welche nicht unter § 61. Nr. 1. fallen. G. Matt 2. f. 82 n. 1. Insbesondere ist nicht etwa aus der Ueberschrift des Titels zu folgern, als seien hier nur die in beleidi-

§. 75. Wer durch Wort, Schrift, Druck, Zeichen, bildliche oder andere Darstellung die Ehrfurcht gegen den König verletzt, wird mit Gefängniß von zwei Monaten bis zu fünf Jahren bestraft.

Auch kann gegen denselben zugleich auf zeitige Untersagung der Ausübung der bürgerlichen Ehrenrechte erkannt werden.

[Entw. § 66] Vgl. § 4 Nr. 1. 2.

§. 76. Wer sich einer Thätlichkeit gegen die Person der Königin, des Thronfolgers oder eines anderen Mitgliedes des Königlichen Hauses, oder des Regenten des Preußischen Staates schuldig macht, wird mit Zuchthaus von fünf bis zu zwanzig Jahren bestraft.

In minder schweren Fällen ist auf Zuchthaus bis zu zehn Jahren zu erkennen.

Wird festgestellt, daß mildernde Umstände vorhanden sind, so tritt Einschließung von Einem bis zu zehn Jahren ein.

[Entw. § 67] Vgl § 74; Ges. v. 25. April 1853 (G.S s. 162).

---

gender Absicht zugefügten Thätlichkeiten bestraft. Komm.-Ber. I. K. s. 14; Beseler s. 243; Koch s. 956 n. 31.

2. Vorsätzlichkeit der Handlung wird vorausgesetzt. G Matt. 2. s. 84 n 4

3. Drohung mit einer Thätlichkeit, wenn sie nicht schon einen strafbaren Versuch enthält, kann nur unter § 75. fallen. G. Matt 2. s 84 n 5; Temme Gll. s. 153 n. 2.

4. Kompetenz des Kammergerichts zur Untersuchung und Entscheidung wegen des in diesem § vorgesehenen Verbrechens, mit Einschluß der Theilnahme, für den Umfang der ganzen Monarchie. Vgl Ges v. 25. Apr. 1853

§. 75.

1. Nicht blos Ehrenkränkungen, sondern auch jede Verletzung der dem Landesherrn schuldigen Ehrfurcht fällt unter den Begriff der Majestätsbeleidigung. G. Matt. 2. s. 86 n 2.

2. Ob eine Aeusserung unter den Begriff des § 175. falle, ist lediglich Gegenstand der thatsächlichen Beurtheilung. B. 9. Jan. 1852 c. Dobberstein; Z. II. 5 Jan. 1853 c. Schulte

3. Der Feststellung eines besondern verbrecherischen Dolus, oder der Absicht zu beleidigen, bedarf es nicht; es genügt ein mit Bewußtsein stattgehabtes Handeln; Z. II. 5. Jan 1854 c Schulte; d h das Bewußtsein: daß durch die Aeusserungen ꝛc. die Ehrfurcht verletzt werde. B. 9 Jan. 1852 c. Dobberstein.

4 Ueber die Vollendung einer Beleidigung, welche in einem sei es an den Beleidigten selbst, sei es an einen Dritten gerichteten, und versendeten Briefe enthalten ist, vgl. zu § 3. n. 3.

5. Ueber Majestätsbeleidigung gegen verstorbene Könige vgl. zu § 77. n. 5.

§. 76.

1. Es gilt hier das zu § 74. n. 2. flg Gesagte; insbesondre tritt auch hier die Kompetenz des Kammergerichts nach dem Ges. v. 25 Apr. 1853 ein

2. Jede Thätlichkeit gegen die im § genannten Personen unterliegt der Strafbestimmung; § 61 Nr. 1. bleibt bei ihnen ausser Anwendung; nur, wenn die That in der Absicht geschieht, die Thronfolge gewaltsam zu ändern, greift § 61 Nr. 2. Platz G. Matt 2. s. 9. Einer beleidigenden Absicht bedarf es auch hier nicht; vgl. zu § 74. n. 1.

§. 77. Wer durch Wort, Schrift, Druck, Zeichen, bildliche oder andere Darstellung die Königin, den Thronfolger, ein anderes Mitglied des Königlichen Hauses, oder den Regenten des Preußischen Staats beleidigt, wird mit Gefängniß von Einem Monate bis zu drei Jahren bestraft.

Auch kann gegen denselben zugleich auf zeitige Untersagung der Ausübung der bürgerlichen Ehrenrechte erkannt werden.

[Entw § 68] Vgl. § 75 152 flg

Dritter Titel.

Feindselige Handlungen gegen befreundete Staaten.

§. 78. Ein Preuße, der im Inlande oder Auslande, oder ein Ausländer, der während seines Aufenthalts in Preußen gegen einen der Deutschen Staaten oder dessen Regenten eine Handlung vornimmt, welche, wenn er sie gegen den König oder den Preußischen Staat verübt hätte, als eine hochverrätherische anzusehen sein würde, ist in den Fällen der §§ 61. bis 65. mit Zuchthausstrafe von zwei bis zu zehn Jahren, oder wenn festgestellt wird, daß mildernde Umstände vorhanden sind,

---

§. 77.

1. Hier wird wirkliche Beleidigung, nicht blos Ehrfurchtsverletzung wie im § 75. verlangt.

2 Die Bestimmungen des § 4 Nr. 1 und 2. erleiden hier keine Anwendung, wohl aber eventuell § 4 Nr 3.

3 Im Uebrigen gilt das zu § 75 Bemerkte auch hier

4 Die Mitglieder der Hohenzollernschen Fürstenhäuser sind nicht Mitglieder des Königlichen Hauses Goltd Matt. 2. f. 89 n. 7; Temme Gll f. 154 n. 2; Koch f. 957 n. 35.

5. Beleidigungen gegen verstorbene Mitglieder des Königlichen Hauses sind als solche nicht strafbar Die in den frühern Entwürfen hierüber vorgeschlagenen Bestimmungen wurden im Interesse der unbefangenen Geschichtschreibung beseitigt. Bef f. 244; Temme Gll. f. 154 Note 3. Nur wenn derartige Aeusserungen als Ehrfurchtsverletzungen gegen den regierenden König, oder als Beleidigung gegen ein lebendes Mitglied des Königlichen Hauses angesehen werden können, würden die §§ 75. und 77. anwendbar. Ob dieses der Fall, wird jedesmal Gegenstand der thatsächlichen Beurtheilung sein. Nur in diesem Sinne ist demjenigen, was Goltdammer (Matt. 2. f. 92) sagt, beizupflichten.

§. 78.

1 Auch für das in diesem § vorgesehene Verbrechen ist das Kammergericht ausschließlich kompetent. Vgl Ges. v. 25. April 1853.

2. Dieser § weicht von der Vorschrift des § 4 Nr. 3. in sofern ab, als er nicht, wie dieser, die Bedingung enthält, daß die That auch durch die Gesetze des Orts, wo sie begangen wird, mit Strafe bedroht sein müsse. G (Matt 2 f. 95 n. 3.) und Temme (Gll. f. 155 n. 6.; id. Lehrb. f. 608 Note 3.) sind der Ansicht, daß jene Vorschrift des § 4. auch hier Platz greifen müsse Schwerlich mit Recht. Die übrigen deutschen, und die im Reziprozitätsverhältnisse stehenden Staaten sind hier

mit Einschließung von Einem bis zu zehn Jahren, in dem Falle des § 66. aber mit Einschließung von sechs Monaten bis zu drei Jahren zu bestrafen.

Dieselbe Strafe tritt ein, wenn die Handlung gegen einen anderen Staat gerichtet ist, in welchem nach publizirten Verträgen oder Gesetzen die Gegenseitigkeit verbürgt ist.

[Entw. § 59.] Vgl. § 4 Nr. 3; Ges. v. 25. April 1853 (G.S. S. 162).

§. 79. Wer durch Wort, Schrift, Druck, Zeichen, bildliche oder andere Darstellung das Oberhaupt eines Deutschen Staates beleidigt, wird mit Gefängniß von Einem Monate bis zu zwei Jahren bestraft.

Dieselbe Strafe tritt ein, wenn die Beleidigung gegen das Oberhaupt eines anderen Staates gerichtet ist, in welchem nach

---

theilweise dem Preußischen Staate selbst gleichgestellt, in Betreff dessen auch der im Auslande begangene Hochverrath strafbar ist, sollte er am Orte der That auch straflos sein (§ 4. Nr. 1. 2.); auch denken jene Rechtslehrer nicht an den Fall, wo das im § 78. erwähnte Verbrechen gegen einen andern Staat gerichtet ist, als wo es begangen worden. Dagegen greift in Betreff der im Auslande begangenen Handlungen auch hier die Eingangsbestimmung des § 4. Platz, welche Verfolgung und Bestrafung nur gestattet, nicht gebietet. Die gegen befreundete Staaten gerichteten Handlungen konnen in dieser Beziehung nicht strenger angesehen werden, als wenn sie gegen Preußen selbst gerichtet wären; wenn § 78. jene Bestimmung nicht wiederholt, so erklärt sich das aus der Fassung, welche die im In- und Auslande begangenen Fälle zusammen faßt. *Contra:* Temme l. c.

3. Goltd. und Temme (l. l. c. c.) wollen ebenso die Bestimmung des § 4. Nr. 3. hier anwenden, nach welcher Verfolgung und Bestrafung ausgeschlossen sind, wenn von einem ausländischen Gerichte über die That rechtskräftig erkannt, und die Strafe vollzogen oder durch Begnadigung erlassen ist.

4. Der § 78. ist nur auf diejenigen Staaten zu beziehen, mit welchen Preußen in Friedensverhältnissen steht. G. Matt. 2. S. 96 n. 4. Vgl. die Ueberschrift des Titels, und Temme Gll. S. 156 n. 7.

5. Bes. (S. 246) und Koch (S. 958 n. 39) halten dafür: der Schlußsatz des § beziehe sich nur auf die gegen ausserdeutsche Staaten, nicht also auch auf die gegen die Regenten solcher Staaten begangenen Handlungen. Eine solche Unterscheidung hat schwerlich in der Absicht des Gesetzgebers gelegen.

6. In der Fassung „publizirten Verträgen oder Gesetzen“ ist das Wort „publizirten“ nicht auf Gesetze, sondern nur auf Verträge zu beziehen; es bedarf also einer Publizirung des ausländischen Gesetzes, durch welches Reziprozität gewährt ist, in Preußen nicht. — Auch genügt jeder nach der Verfassung des betr. Landes mit Gesetzeskraft versehene legislatorische Erlaß, sollte er auch nicht den Namen „Gesetz“ führen. Ob ein solches ausländisches Gesetz besteht, ist Gegenstand der thatsächlichen Prüfung des Instanzrichters; seine Entscheidung unterliegt der Nichtigkeitsbeschwerde nicht. B. II. 12. Okt. 1854 c. Wilms (JMBl. 1855 S. 4; Vgl. Abh. in G. Arch. 3. S. 91). Dieses Urtheil betraf einen Fall des § 269 (vgl. dort n. 6). — Andrer Ansicht scheint zu sein Temme Gll. S. 155 n. 3.

7. Ueber Hochverrath gegen den deutschen Bund vgl. zum Ersten Titel des Zweiten Theils n. 2; Koch S. 958 n. 38.

§. 79.

1. In Betreff der Bedingung der Gegenseitigkeit vgl. zu § 78. n. 6. — Diese Gegenseitigkeit ist als begründet nur dann anzunehmen, wenn im betreffenden

publizirten Verträgen oder Geſetzen die Gegenſeitigkeit verbürgt iſt.

[Entw. § 70] Vgl § 81 152 flg (Vdn v 30. Juni 1849 § 22)

§. 80. Wer durch Wort, Schrift, Druck, Zeichen, bildliche oder andere Darſtellung einen bei dem Königlichen Hofe beglaubigten Geſandten oder Geſchäftsträger beleidigt, wird mit Gefängniß von Einem Monate bis zu Einem Jahre beſtraft.

[Entw. § 71.] Vgl. § 81. 152 flg.

§. 81. In den Fällen der §§ 79. und 80. tritt die Verfolgung nur auf Antrag der auswärtigen Regierung oder des beleidigten Geſandten ein.

[Entw. § 71 a] Vgl. § 50—53; Einf.-Geſ Art. XVII.

Vierter Titel.

Verbrechen und Vergehen in Beziehung auf die Ausübung der ſtaatsbürgerlichen Rechte.

§. 82. Wer es unternimmt, eine der beiden Kammern gewaltſam auseinander zu ſprengen, zur Faſſung oder Unterlaſſung von Beſchlüſſen zu zwingen, oder Mitglieder aus der-

---

Staate ebenfalls die Beleidigung eines fremden Staatsoberhaupts mit ſtrengeren Strafen als die einfache Beleidigung zwiſchen Privatperſonen bedroht iſt. Temme Gll. ſ. 156 n. 2.

2. Iſt die Vorſchrift auf Thätlichkeiten, welche gegen das Oberhaupt eines andern Staats verübt werden, auszudehnen? Temme (Lehrb. ſ. 608 II. n. 3.) bejaht.

§. 80.

1. Ob die Beleidigung in oder auſſer dem Amte zugefügt ſei, iſt gleichgültig. Temme Gll. ſ. 156; G. Matt. 2. ſ. 98 n. 3.

2. Der § 153, welcher die Strafloſigkeit einer Beleidigung geſtattet, wenn ſie auf der Stelle erwiedert worden iſt, erleidet hier keine Anwendung G. Matt. 2. ſ. 98 n. 2.

3. Auch hier will Temme (Lehrb. ſ. 609) die Strafvorſchrift auf die gegen einen Geſandten verübten Thätlichkeiten ausdehnen.

§. 81.

1. Im Falle des § 79. muß der Antrag von der Regierung des betreffenden Staats, d. h. von dem Miniſterium der auswärtigen Angelegenheiten geſtellt werden. Temme Gll. ſ. 157 n. 2. — Iſt dagegen ein Geſandter beleidigt, ſo iſt nur dieſer ſelbſt, nicht auch ſeine Regierung zum Antrage berechtigt. Temme l. c. n. 3.

2. Bedarf es dieſes Antrags auch dann, wenn es ſich nur von dem Verfahren auf Vernichtung einer Schrift nach § 50. des Preßgeſ. v. 12. Mai 1851 handelt, deren Inhalt den Thatbeſtand des § 79. od. 80. darſtellt? Vgl. zu § 50 n. 10

§. 82.

1. Die Worte „Wer es unternimmt“ deuten darauf hin, daß es auf den Erfolg des Vorhabens nicht ankommt, ſondern daß auch der Verſuch ſchon unter den Thatbeſtand des vollendeten Verbrechens fällt. Beſ. ſ. 248; Koch ſ. 959

selben gewaltsam zu entfernen, wird mit Zuchthaus von zehn bis zu zwanzig Jahren bestraft.

[Entw. § 72.]

§. 83. Wer ein Mitglied einer der beiden Kammern durch Gewalt oder durch Bedrohung mit der Verübung eines Verbrechens oder Vergehens gegen dasselbe verhindert, sich an den Ort der Versammlung zu begeben oder zu stimmen, wird mit Zuchthaus bis zu acht Jahren bestraft.

[Entw § 73] Vgl § 84 212 flg 234 flg

§. 84. Wer auf die im § 83. angegebene Weise Staatsangehörige verhindert oder zu verhindern versucht, in Ausübung ihrer staatsbürgerlichen Rechte zu wählen oder zu stimmen, soll mit Gefängniß nicht unter Einem Jahre bestraft werden.

[Entw § 74.] Vgl § 85 86. 212 flg 234 flg

---

n. 42. Dagegen reichen blosse Vorbereitungshandlungen nicht hin, vielmehr muß auch der Versuch sich als Anfangshandlung der Gewalt charakterisiren. G. Matt. 2. s. 100; Temme Lehrb. s. 611, welcher hier seine frühere entgegenstehende Ansicht (Gll. s. 158) aufgiebt.

2. Unter Gewalt ist nicht blos physische, sondern auch moralische, also Drohung mit gegenwärtiger Gefahr zu verstehen. G. Matt. 2. s. 100.

3. Insofern das Unternehmen darauf abzielt, die Verfassung gewaltsam zu ändern, findet selbstredend § 61 Nr. 2. Anwendung.

4 Auf die Provinziallandtage und die Abgeordneten zu denselben ist § 82. nicht auszudehnen. Vgl G Matt. 2. s. 102 n. 1.

§. 83.

1. Ueber den Begriff der Bedrohung vgl. zu § 89 n 27; Goltdammer (Matt. 2 s. 101) will nur die Drohung mit gegenwärtiger Gefahr für Leib und Leben hierher rechnen

2. Gewalt oder Drohung an den Landtagsabgeordneten bei ihrer Entfernung vom Versammlungsort ausgeübt um sie für künftige Fälle an der Ausführung ihres Berufs zu hindern, soll (nach Komm.-Ber. I. K. s. 15) nicht unter § 83. fallen, sondern als Beleidigung, Körperbeschädigung ꝛc. strafbar sein. Liegt indessen darin ein Hindern am spätern Wiederkommen, so ist nicht abzusehen, warum § 83 nicht passen sollte. G. Matt. 2 s 102; Temme Gll. s. 158; Koch s. 959 n 44.

3. Auch dieser § erleidet auf die Abgeordneten zu dem Provinziallandtage keine Anwendung. Vgl G. Matt. 2. s 102 n. 1.

4. Im Uebrigen sind die Bemerkungen zu § 212 zu vergleichen.

§. 84.

1. Diese Bestimmung bezieht sich nicht blos auf die Wahl von Landtagsabgeordneten, sondern auch auf die zu andern öffentlichen Funktionen, namentlich in den Gemeinde-Kreis-Bezirks- und Provinzialvertretungen Vgl. § 12. Nr. 3. Besel. s. 249; Temme Gll. s. 159; *Contra:* G. Matt. 2 s. 103 n. 1; Temme Lehrb. s. 612; Koch s. 959 n. 46, welche die Wahlen zu Gemeindevertretungen ausscheiden wollen, weil das betreffende Recht kein staatsbürgerliches sei

2. Goltdammer (Matt. 2. s. 104 n. 2.) und Koch (s. 959 n. 45.) halten im Falle eines Zwanges zu wählen, und in einem bestimmten Sinne zu wählen, den § 84. nicht, sondern eventuell nur den § 212. für anwendbar; auch in einem solchen Falle liegt indessen eine Verhinderung der freien Wahl vor.

3 Ueber die Voraussetzungen des Versuchs ist die Bemerkung zu § 212. n. 2. zu vergleichen.

§. 85. Wer, mit der Sammlung der Wahl= oder Stimm=Zettel oder Zeichen beauftragt, vorsätzlich die rechtmäßige Anzahl derselben vermehrt oder vermindert, oder einen Zettel oder ein Zeichen verfälscht, oder vertauscht, oder auf die Zettel derjenigen Personen, die nicht schreiben können, andere als die angegebenen Namen schreibt, ingleichen wer, bei einer Wahlhandlung mit der Führung des Protokolls beauftragt, andere als die angegebenen Namen niederschreibt, wird mit Gefängniß von Einem bis zu drei Jahren bestraft.

War der Thäter nicht mit der Sammlung der Zettel oder Zeichen oder mit einer anderen Verrichtung bei dem Wahlgeschäfte beauftragt, so ist die Strafe Gefängniß von drei Monaten bis zu zwei Jahren.

In beiden Fällen ist zugleich auf zeitige Untersagung der Ausübung der bürgerlichen Ehrenrechte zu erkennen.

[Entw. § 75.]

§. 86. Wer eine Wahlstimme kauft oder verkauft, wird mit Gefängniß von drei Monaten bis zu zwei Jahren bestraft; auch kann gegen denselben auf zeitige Untersagung der Ausübung der bürgerlichen Ehrenrechte erkannt werden.

[Entw. § 76] Vgl § 310 — 313

Fünfter Titel.

Widerstand gegen die Staats=Gewalt.

§. 87. Wer zum Ungehorsam gegen die Gesetze oder Verordnungen oder gegen die Anordnungen der Obrigkeit öffentlich auffordert oder anreizt, oder wer Handlungen, welche

---

§. 85.

1. Auch wer ohne Wahlberechtigung vorsätzlich mitwählt, unterliegt der Bestimmung des zweiten Absatzes. Temme Gll. S. 159; *Contra*. G. Matt. 2. S. 105. Koch S. 690 n. 47.

2. Temme (Lehrb. S. 612) dehnt (mit Recht) diesen § auf gemeindebürgerliche Wahlen aus.

§. 86.

1. Die Bedingungen des civilrechtlichen Kaufgeschäfts brauchen nicht vorzuliegen; jede andere materielle Bestechung begründet ebenfalls die Strafbarkeit. G. Matt. 2. S. 106; Temme Gll. S. 159; id. Lehrb. S. 613; Koch S. 960 n. 48; *Contra:* Bes. S. 250.

§. 87.

1. Das „Oeffentlich" ist aus §§ 36. und 152. zu erläutern. G. Matt. 2. S. 111 n. 2. Vgl. auch Preßges. v. 12. Mai 1851 § 33; und oben zu § 36. n. 4.

in den Gesetzen als Verbrechen oder Vergehen bezeichnet sind, durch öffentliche Rechtfertigung anpreiset, wird mit Geldbuße bis zu zweihundert Thalern oder mit Gefängniß von vier Wochen bis zu zwei Jahren bestraft.

[Entw § 77.] Vgl § 36 (Verordn v 30 Juni 1849 § 16)

---

2. Temme (Lehrb. s 617) will nur die Aufforderung ꝛc. zu einer bestimmten Thatsache, durch welche der Begriff des Ungehorsams in den speziell angegebenen Richtungen hergestellt werde, hierher rechnen.

3. Der Ungehorsam gegen Gesetze, Verordnungen und Anordnungen der Obrigkeit, umfaßt schon die blosse Nichtbefolgung der betreffenden Befehle und Anordnungen, nicht minder den passiven Widerstand; namentlich fällt die Nichterfüllung positiver Pflichten gegen den Staat, welche nicht auf einem blossen Vertragsverhältnisse, sondern auf gesetzlicher Anordnung beruhen, unter diesen Begriff; z. B. Aufforderung die Abgaben und Steuern nicht zu zahlen. G. Matt. 2. s. 111 n. 4. So auch beiläufig Z. 27. Sept. 1850 c. Gentzensohn, wo ausserdem ausgesprochen ist, daß es nicht erfordert werde, daß die Unterlassung der rechtlichen Pflicht mit Strafe bedroht sei, vgl. unten n. 4. 5. — Gegen die obige Auffassung ist Koch s. 961 n. 51.

4. Gleichwohl kann von einem Ungehorsam gegen Gesetze ꝛc. nur da die Rede sein, wo eine absolut gebietende Vorschrift gegeben, also eine Pflicht begründet, nicht da, wo nur ein Recht verliehen ist, sollte dessen Ausübung auch als moralische Pflicht sich darstellen. Daher fällt die öffentliche Aufforderung sich an einzelnen Wahlen gar nicht, oder nur in einem gewissen Sinne zu betheiligen, nicht unter den §. Z. 27. Sept. 1850 c. Gentzensohn; B 24. Mai 1852 c. Born.

5. Dagegen ist es gleichgültig, ob im Uebrigen der Ungehorsam strafbar sein würde.

6. Die Verordnung v. 30. Juni 1849, welcher dieser § 87. entlehnt ist, sprach nur von den „Anordnungen der zuständigen Obrigkeit;“ dieser Zusatz ist hier beseitigt, weil die Kompetenz der betr. Behörde, und die Gesetzlichkeit ihrer Anordnungen nicht vom einzelnen Staatsbürger zu prüfen sei, er vielmehr den gesetzlichen Weg der Beschwerde betreten müsse; die Strafbarkeit des Widerstandes wird daher weder durch die Kompetenz der Behörde, noch durch die Gesetzlichkeit ihrer Anordnungen bedingt. Komm.-Ber. II. K. s. 61; id I. K. s. 16; G Matt. 2. s. 109, Koch s. 961 n. 51. *Contra:* Temme Gll. s. 161; id. Lehrb. s. 617 „weil Widerstand gegen die Anordnungen der unzuständigen Obrigkeit kein Ungehorsam sei.“

7. Das „Auffordern und Anreizen“ kann auch indirekt geschehen. G Matt. 2. s. 113 n. 6.

8. Ob die Aufforderung oder Anreizung von Erfolg gewesen sei ist gleichgiltig; handelte es sich aber von der öffentlichen Aufforderung ꝛc. zu einer ein Verbrechen oder Vergehen darstellenden Handlung, so greift § 36 Platz, welcher die Fälle des eingetretenen Erfolgs und der Erfolglosigkeit ausdrücklich unterscheidet. Vgl. G. Matt. 2. s. 112.

9. Durch das Verbot: „Handlungen, welche das Gesetz als Verbrechen ꝛc. bezeichne, durch öffentliche Rechtfertigung anzupreisen“ soll die wissenschaftliche Kritik über die Zweckmässigkeit und doktrinelle Richtigkeit eines Strafverbots nicht beschränkt, sondern nur solche Reden und Schriften getroffen werden, welche ohne blos in verständiger Weise Kritik zu üben, und ohne auf der andern Seite direkt zu ungesetzlichem Handeln aufzufordern, sich an das Gefühl und die Leidenschaften wenden, und in Formen, welche denen der wissenschaftlichen Untersuchung durchaus fern liegen, Handlungen, die das Strafrecht verpönt, nicht nur als erlaubt rechtfertigen, sondern geradezu durch Lorbeern verherrlichen. Komm.-Ber. II. K. s. 59; id. I. K. s. 15.

10. Zu diesem strafbaren „Anpreisen“ bedarf es der Absicht, dadurch zu jenen Handlungen anzureizen, nicht; es genügt die Absicht der Anpreisung mit

§. 88. Wer eine Person des Soldatenstandes, es sei der Linie oder der Landwehr, auffordert oder anreizt, dem Befehle des Oberen nicht Gehorsam zu leisten, wer insbesondere eine Person, welche zum Beurlaubtenstande gehört, dazu auffordert oder anreizt, der Einberufungs-Ordre nicht zu folgen, wird mit Gefängniß von sechs Wochen bis zu zwei Jahren bestraft.

Diese Bestimmung findet Anwendung, die Aufforderung oder Anreizung mag durch Wort oder Schrift oder durch irgend ein anderes Mittel geschehen, sie mag von Erfolg gewesen sein oder nicht.

[Entw. § 78] Vgl (Ges v 19 Nov. 1849 G S s 117); Mil.-Str.G.B. v 3. Apr. 1845 I. § 135; Ges. v. 4. Juni 1851 § 9. 10. (G S s 453)

§. 89. Wer einen Beamten, welcher zur Vollstreckung der Gesetze, oder der Befehle und Verordnungen der Verwaltungsbehörden, oder der Urtheile und Verordnungen der Gerichte berufen ist, während der Vornahme einer Amtshandlung angreift, oder demselben durch Gewalt oder Drohung Wider-

---

der Kenntniß der Strafbarkeit jener Handlungen; noch weniger ist ein Erfolg der Anpreisung erforderlich. G. Matt. 2. s. 113 n. 7.

11. Das Strafverbot ist auch nicht auf den Fall beschränkt, wo die Anpreisung sich ausdrücklich auf eine unerlaubte noch zu begehende Handlung bezieht; vielmehr kann eine solche Anpreisung auch eine unerlaubte Handlung in abstracto zum Gegenstande haben; ja es kann auch bei Besprechung einer bereits begangenen That eine strafbare anpreisende Rechtfertigung statt finden, welche ihre Begehung im Allgemeinen als lobens- und nachahmenswerth darstellt, und so die indirekte Anreizung zur Wiederholung in sich schließt. — Dagegen kann die blosse Billigung einer schon begangenen Handlung, wobei auf fernere Begehung ähnlicher Handlungen nicht hingewirkt wird, nicht unter den § fallen. Beschl. I. 9. Jan. 1856 c. Garske. —

§. 88.

1. Dieser Artikel ist wörtlich dem cit. Ges v. 19. Nov. 1849 entlehnt.

2. Da es sich hier vorzugsweise um Erhaltung der Heeres-Disciplin handelt, so kommt auf die Beweggründe des Auffordernden Nichts an; die Strafe tritt vielmehr auch da ein, wo die Abwesenheit einer jeden meuterischen oder staatsgefährlichen Absicht erwiesen ist, z. B. wenn die Aufforderung an einen Dienstboten und blos aus einem wirthschaftlichen Bedürfnisse erging. Z. I. 1. Feb. 1851 c. Eisenecker (G. A. 2. s. 688).

§. 89.

Inhalt:

1. Das Wesentliche der Beamtenqualität besteht im Allgemeinen in der provisorischen oder definitiven Anvertrauung der Amtsgeschäfte durch die berechtigte Behörde, und in der Uebernahme derselben durch den dazu Verstatteten. Vgl. AKO.

stand leistet, wird mit Gefängniß von vierzehn Tagen bis zu zwei Jahren bestraft.

Dieselbe Strafe tritt ein, wenn der Angriff oder die Widersetzlichkeit gegen Personen, welche zur Beihülfe des Beamten zugezogen waren, oder gegen Mannschaften des Militairs oder einer Gemeinde-, Schutz- oder Bürgerwehr in Ausübung des Dienstes erfolgt.

[Entw. § 79] Vgl. § 90. 91 92 96 102. 196; Einf.-Ges Art II; Ges v. 31 März 1837 (G.S f 67); Steuer-Ordn v. 8 Feb 1819 § 89; Zoll-Str.-Ges. v 23 Jan 1838 § 26; Ges. v. 31. März 1841 (G S f 64); Ges. v. 4 Juni 1851 § 8—10. (G S. f 452)

---

v 11. Aug. 1832 (G.S. f. 204). So B. I 17. Juni 1853 c. Fröhlich (G. A. 2. f. 566). Vgl. § 331, und die Bemerkungen zu demselben, sowie zu § 102 n. 13 ff.

2. Die Qualität eines Beamten im Sinne dieses § ist nicht dadurch bedingt, daß die Anstellung desselben in dem Grade eine rechtsbeständige sei, daß sie dem betr. Individuum dem Staate gegenüber alle Rechte und Vorzüge eines Beamten verleihe. Daher ist ein vom Landrath angestellter und vereideter Hülfsexekutor als wirklicher Beamter zu betrachten, wenn die, eigentlich zur Anstellung berufene Regierung, dieses nicht mißbilligt, sondern dafür erachtet hat, daß er die amtliche Qualität dadurch erlangt habe B. I. 17. März 1854 c. Grabesch. *Contra*: Z. I. 10. Okt. 1855 c. Rohde u. Gen., in einem Falle, wo ein Landrath über die ihm durch § 15. der Ministerial-Instruktion vom 31. Dez. 1816 ertheilte Befugniß hinaus, einen Exekutor angestellt, und die Regierung sich im Laufe der Untersuchung dahin ausgesprochen hatte, daß sie diese Bestallung fur vorschriftsmäßig erfolgt erachte.

3. Eine Beschränkung auf den Widerstand gegen Preußische Beamte ist im § 89 nicht ausgesprochen, daher ist ein Preuße, welcher sich im Auslande einem ausländischen Beamten widersetzt, in Preußen nach diesem § zu bestrafen. Z. I. 6. Juni c. Passilewitz (beiläufig); Beschl. Pl 16. Apr. 1855 c. Zapka. (Präj. n. 147. JMBl. f. 184; Entsch. 30. f. 303; G. Arch. 3. f. 563); Z I 18. Apr. 1856 c. Passilewitz; vgl. zu § 4 n. 16. und zu § 102 n. 13. — Ebenso trifft § 89 zu, wenn der Widerstand in Preußen gegen einen ausländischen Beamten geleistet ist, welchem auf Grund eines Staatsvertrags das Recht zustand, auf diesseitigem Gebiete Amtshandlungen vorzunehmen, wie dieses in mehreren die Verhütung der Forstfrevel in Gränzwaldungen betreffenden Verträgen geschehen, wobei in der Regel der obige Grundsatz ausdrücklich gebilligt worden ist Beisp Vertrag mit Luxemburg vom 12 März 1849 §. 4. 5. 12. (G. S. f. 131).

4. Gemeindeglieder, welche in Folge eines ihnen im Gemeindedienste ertheilten Auftrags Gefangene transportiren, wurden nicht als Beamten betrachtet in einem Z. Pl. 24. April 1854 c. Oldendorf (Präj. n. 93; Entsch. 28. f. 164; G. A. 2 f. 828); vgl. unten n. 30. und zu § 94. n. 4.

5 Chausseegeldpächter sind im Sinne des § 89 Beamten. Z I. 12. Mai 1854 c. Meyer Vgl Chausseegeldtarif v. 29. Feb 1840, Zuss Bemerkk n. 22 (G S f. 100)

6 Die „Vollstreckung der Befehle und Verordnungen der Verwaltungsbehörden rc“ setzt einen gegen Personen oder Sachen zu vollstreckenden Befehl, durch welchen die Staatsgewalt ausgeübt werden soll, voraus; die Befolgung irgend eines amtlichen Auftrags steht dem nicht gleich Der Angriff gegen einen Postbriefträger, welcher einen Brief zu behändigen hat, fällt daher nicht unter § 89, sondern eventuell unter § 192. Z I 28. Apr. 1854 c. v. Wiewierowski.

7 Auch wenn der betr. Befehl ausserhalb der Kompetenz der ihn erlassenden Behörde lag, wird dadurch ein Widerstand gegen seine Ausführung nicht straflos. Dasselbe gilt von der Ungesetzlichkeit der betr. Verordnung. Komm.-

Ber II. K. s. 61; id. I K. s. 16. Vgl. zu § 87. n. 6; zu § 102. n. 23; zu § 177. n. 6; zu 192 n. 2.

8. Insbesondere läßt sich nicht behaupten, daß im Falle der Inkompetenz oder der Ungesetzlichkeit die Vollstreckungshandlung aufhöre eine Amtshandlung zu sein. Der Beamte hat zunächst selbst zu prüfen, ob er amtlich berufen, und Veranlassung vorhanden sei, irgend eine Amtshandlung vorzunehmen; auch wenn er sich hierin irrt, verliert die Thätigkeit den von ihm gewollten Charakter der Amtlichkeit nicht, und er hat Anspruch auf den im § 89 gewährten Rechtsschutz. *Contra:* Temme Gll. s. 161; s 162 n. 4; id. Lehrb. s 621. Es ist daher eine Amtshandlung überall da anzunehmen, wo ein Beamter in der äusserlich erkennbaren Absicht, Pflichten, welche ihm sein Amt auflegt, zu erfüllen, oder mit demselben verknüpfte Rechte auszuüben, solche Handlungen vornimmt, welche an sich innerhalb seiner Amtsbefugnisse liegen, ohne daß es darauf ankäme, ob der Beamte sich bei ihrer Ausübung eines Versehens schuldig macht, oder dieselben ohne genugende Veranlassung vorgenommen hat; Z. I 7. Okt 1853 c Schulz (G A. 1. s. 700); Z. II. 21. Feb. 1856 c. Bremer. Der Einzelne, gegen welchen amtlich eingeschritten wird, darf sich uberhaupt nicht zum Richter über die Richtigkeit des Verfahrens und Einschreitens aufwerfen V. II. 6. Juli 1854 c. Braune; und die dem Beamten etwa zur Last fallenden Ungehörigkeiten, machen den § 89. nicht unanwendbar. Z. V I. 6. Okt. 1854 c. Holzki. Vgl. G. Matt. 2. s. 122 flg; Besel. s. 256 II.

9. Aus dem unter n. 8. Gesagten folgt nicht, daß gegen Ausschreitungen der Beamten eine Nothwehr gar nicht denkbar sei; eine solche kann angenommen werden, vorausgesetzt, daß die betreffende Handlung überhaupt gar nicht in den Amtsbefugnissen des sie vornehmenden Beamten lag, oder daß die Ausschreitung so bedeutend war, daß die Handlung dadurch den Charakter der Amtshandlung ganz verlor. Vgl. G. Matt 2. s 123, und das unter n. 8. cit. Z. I. 7. Okt. 1853 c. Schulz. So erwägt denn auch ein Z. I. 31. Mai 1854 c Grunwald, daß eine Amtsüberschreitung, insofern darin nicht uberhaupt ein Hinaustreten aus dem Kreise der Amtsbefugnisse liege, den Widerstand nicht rechtfertige. — Ein solches Hinaustreten aus dem Kreise der Amtsbefugnisse darf indessen da nicht angenommen werden, wo der Beamte in der irrigen Voraussetzung, er sei zu einer amtlichen Thätigkeit berufen, zu dieser übergeht; die objektiv vorliegende Inkompetenz oder Ungesetzmässigkeit berechtigt daher noch nicht zum Widerstande; ein solcher kann vielmehr nur dann als statthaft angesehen werden, wenn er ausgeübt wird, in der Ueberzeugung, daß der Beamte sich dieser seiner Inkompetenz, oder der Ungesetzmässigkeit seines Verfahrens bewußt sei, und so seine Beamtenqualität nur fälschlich vorschiebe, um eine Privathandlung vorzunehmen. — Hiernach dürfte das Ober-Tribunal zu weit gehen, wenn es z. B. durch V. I. 2. März 1855 c Heintz, mit Bezugnahme auf ALR. I. 14. § 458. ausführt, daß ein zur Ungebühr pfändender Forstbeamte sich nicht in der Ausübung einer Amtshandlung befinde. Aehnlich verhält es sich mit Z. I. 11. Apr. 1856 c. Czarnetzki, welches die von einem Forstbeamten ohne Beobachtung der durch Ges v. 12. Feb. 1850 § 11. vorgeschriebenen Formalitäten vorgenommene Haussuchung nicht für eine Amtshandlung erachtete; und ebenso mit Z. I. 7. Dez. 1855 c. Fregiehn, welches ein Gleiches von der durch einen Exekutor vorgenommenen Auspfändung deshalb annahm, weil derselbe nur zur „Einziehung“ der verschuldeten Gelder beauftragt war. — Ebenso: Z. I. 21. Dez 1855 c. Kiebert u. Gen.; hier war bei einem Besitzstreit zwischen dem Fiskus und einer Privatperson die letztere durch einen im höheren Auftrage handelnden Unterbeamten in seinem Besitze gestört worden, wogegen er sich widersetzt; erwogen ward: unter solchen Umständen falle die Abwendung der ausgeübten Gewalt durch gewaltsamen Widerstand, soweit derselbe allein zum Zwecke der Abwendung erfolge, nicht ohne Weiteres unter den Thatbestand des § 89. — Jedenfalls muß man, um in einem solchen oder einem ähnlichen Falle Nothwehr anzunehmen, das Vorhandensein der Bedingungen des § 142. Thl. I, 7. des ALR. verlangen, d. h. Unersetzlichkeit des drohenden Verlusts, zu dessen Abwendung die Hülfe des Staats zu spät kommen würde.

10. Der Angriff braucht, um strafbar zu sein, nicht in der Absicht geleistet zu sein, Widerstand zu leisten. — *Contra:* Z. I. 8. Juni 1833 c. Haupt (G. A. 1

f. 564), welches strafbaren Widerstand nur da anerkennen wollte, wo er geleistet werde, um die Amtshandlung überhaupt unmittelbar zu hindern, und dieses in einem Falle nicht annahm, wo eine Frau ihrer Verhaftnahme nur deshalb sich widersetzt hatte, um sich vorher anzukleiden, da sie unbekleidet war. Temme (Lehrb. f. 662) erfordert, daß der Dolus darauf gerichtet sein müsse, den Beamten zu zwingen, die Amtshandlung zu unterlassen.

11. Ein blos passiver Widerstand ist straflos. Motive zu § 79. (f. 30).

12. Ebensowenig reicht die „thätliche Widersetzlichkeit“ aus, wie irriger Weise in den Motiven l. c. angedeutet worden, es muß durch Gewalt oder Drohung Widerstand geleistet sein. Bes. f. 257. III. Vgl. Ges. v. 31. März 1837 § 1.

13. Der Widerstand muß gegen die Person oder die Thätigkeit des Beamten, nicht gegen den zu vollstreckenden Befehl gerichtet sein. G. Matt. 2. f. 119. Vgl. n. 14.

14. Die Gewalt besteht in einer positiven, hindernden, entgegenwirkenden Thätigkeit, in der Aufwendung einer besondern körperlichen Kraft, welche den Beamten nöthigt, auch seinerseits eine besondere Körperkraft zur Beseitigung des Widerstandes aufzuwenden, oder aus Mangel an Kräften von der Amtshandlung einstweilen abzustehen. Es wird ein Handeln vorausgesetzt, welches der von dem Beamten behufs Ausrichtung seines Auftrags begonnenen Thätigkeit, als eine direkte Hinderung entgegentritt. Auch die Ueberwindung oder Beseitigung der Thätigkeit eines andern durch eine hiergegen wider dessen Willen angewandte körperliche Kraftanstrengung ist darunter zu verstehen. Z. I. 25. Apr. 1855 c. Beust. Dagegen ist es nicht erforderlich, daß diese Gewalt unmittelbar gegen die Person des Beamten selbst gerichtet sei. Motive f. 31. Vgl. G. Matt. 2. f. 118 und die in den folgenden Nummern 16. bis 25. citirten Erkenntnisse.

15. Inwiefern die im einzelnen Falle stattgehabte Thätigkeit der unter n. 14. gegebenen Begriffsbestimmung entspreche, und als Gewalt anzusehen sei, ist Gegenstand der thatsächlichen Beurtheilung. In diesem Sinne hat das Ober-Tribunal in mehreren der unter n. 17. flg. erwähnten Fälle nur geprüft, ob der Instanzrichter in der von ihm festgestellten Thätigkeit eine Gewalt, nach der richtigen Auffassung dieses Begriffs habe erkennen können; in andern Fällen ist es aber auch in eine nähere Erörterung des Thatsächlichen eingegangen, und das unter n. 22. citirte B. I. 13. Sept. 1854 c. Clausius erwägt ausdrücklich: die den Handlungen des Angeklagten beigelegte Eigenschaft sei nicht als thatsächliche Feststellung, sondern nur als rechtliche Folgerung und Beurtheilung der Thatsachen zu betrachten, und ein B. 22. Okt. 1852 c. Goldbaum betrachtete jene Frage ebenfalls nicht als eine rein thatsächliche, hielt es daher für unzulässig, sie in schwurgerichtlichen Sachen in der Abstraktion nach den Worten des Gesetzes zu stellen, verlangte vielmehr, daß die konkreten thatsächlichen Umstände, nach welchen dieses zu beurtheilen, Gegenstand der Befragung der Geschwornen sein müsse. Vgl. im Uebrigen n. 17. flg.

16. Es entspricht dem Gesetze, Gewalt darin zu finden: wenn Jemand, der im Wege der Exekution aus einer Wohnung exmittirt werden soll, durch Festhalten an der Thürklinke, oder durch Gegenstemmen der Füsse, und Anlehnen des Körpers an Thürpfosten und Treppengeländer Widerstand entgegen zu setzen bemüht ist. Z. 19. Sept. 1851 c. Kellner (Entsch. 22. f. 70; G. A. 1. f. 76). Z. 21. März 1852 c. Köhler.

17. . . . . . . ebenso, wenn Jemand eine Sache, welche der Beamte ihm aus den Händen nehmen will, um dieses zu verhindern, mit aller Kraft festhält. B. 14. Mai 1852 c. Kollarz. *Contra:* Bes. f. 258. III, welcher dafür hält, daß Gewalt nicht anzunehmen sei, wenn Jemand, welcher abgeführt werden soll, einen Baum umklammert.

18. . . . . . . ebenso, wenn Jemand die vom Thorkontrolleur zum Zwecke des Anhaltens im Zügel ergriffenen Pferde eines Fuhrwerks, zum Fortgehen antreibt. Z. 8. Sept. 1852 c. Otto.

19. . . . . . . dasselbe gilt von der Entreissung einer Sache, da sie ohne Anwendung von Gewalt nicht möglich ist; Z. I. 23. Mai 1855 c. Reich; Z. I. 8. Feb. 1856 c. Pohl.

20. Dagegen ist Gewalt nicht anzunehmen, wenn Jemand beim Heran-

nahen der Beamten blos die *Thüre verschließt.* Z. 4. Juni 1852 c. Richter; Z. 25. Juni 1852 c. Ulbrich.

21. . . . . . . ebenso, wenn Jemand dem Beamten die *Thüre*, durch welche dieser eintreten will, *vertritt*; erst, wenn der Beamte versucht hätte den Vertretenden aus dieser Stellung zu entfernen, und ihm hierbei direkt thätlicher Widerstand geleistet worden wäre, würde Gewalt anzunehmen sein B 4. Juni 1852 c. Leidhold; Z. 9 Juni 1852 c Heintze u Gen (G. A 1. s. 76), welches gleichzeitig erwägt, daß es sich ebenso mit der Weigerung der Aufschliessung einer Thüre verhalte

22 . . . . ebenso ein blosses *körperliches Verhalten*, welches die Ausführung der Amtshandlung nur erschwert, und die ausführenden Beamten, zur Anwendung strengerer Maßregeln nöthigt; daher fällt ein Sich-selbst-Niederwerfen, welches nur als ein passives Verhalten anzusehen, nicht unter § 89. B 11. Okt. 1851 c Wilke (Entsch 22. s 70; G A. 1 76); Z. 10 Sept. 1852 c. Friedrich; B I 13 Sept. 1854 c. Clausius; B I. 6. Okt 1854 c Liedtke. *Sic*: Bes. s 258 III.; G Matt. 2. s 118 119 Letzterer nimmt das Gegentheil an, wenn das Niederwerfen geschieht, nachdem ein Anfassen seitens des verhaftenden Beamten stattgefunden —

23. . . . ebenso stellt ein blosses *Fortnehmen* eine Gewalt, welche ohne physische Anstrengung nicht denkbar ist, nicht dar. B. I. 10 Okt 1855 c Häseler (G. Arch 3 s. 833)

24 . . Dasselbe nahm endlich Z 9 Jan 1852 c Bohl in einem Falle an, wo der Angeklagte den Strick, womit der Exekutor ein abgepfändetes Schwein fortführte, *abgelöst* und das Thier weggetrieben hatte; [dürfte sehr zweifelhaft sein; auf das Maaß der Gewalt kann es doch nicht ankommen].

25 Der *Versuch* des Widerstandes ist an sich noch nicht strafbar, dagegen kann in der Handlung desjenigen, welcher dem Beamten eine Sache zu entreissen versucht, unzweifelhaft wirkliche Gewalt, und ein wirklicher Widerstand gefunden werden Ob dieses der Fall, ist eine thatsächliche Frage

26 Als *Drohung* im Sinne dieses § ist nur die Ankündigung der Zufügung eines gegenwärtigen (unmittelbar bevorstehenden) Uebels zu betrachten. So: Z 9. Juni 1852 c Heintze und Gen; Z. I 17 Feb. 1854 c Kiuntke; Bes s. 257 III; G Matt. 2. s. 121; Koch s. 964 n. 58 Vgl zu § 90 n. 6.

27. Eine Drohung kann auch durch *Handlungen* stattfinden. Z I 17. Feb 1854 c Kiuntke

28. Dagegen braucht eine mündliche Aeusserung, um als Drohung zu gelten, nicht von einer *Handlung begleitet* zu sein, welche den Beamten der offenbaren Gefahr aussetzt, daß ihm Zwang angethan werde Z I. 17 Feb. 1854 c Kiuntke

29. Der beabsichtigte *Erfolg* des Angriffs und Widerstandes gehört nicht zur Vollendung des Vergehens; auch ein vergebliches Bestreben dieser Art, welches eben deshalb nur Versuch genannt wird, enthalt das vollendete Vergehen, wenn im Uebrigen die Begriffserfordernisse des § vorliegen. Z. 2. Juli 1852 c. Gangloff; Z I 23. Mai 1855 c. Reich.

30. Der zweite Absatz des § setzt voraus, daß der Angriff rc. gegen Personen erfolgt sei, welche zur *Beihülfe* des Beamten *zugezogen* waren; er ist daher nicht anwendbar, wenn Privatpersonen mit der ganzen Ausführung der betreffenden Handlung beauftragt worden sind. G. Matt. 2. s. 122 n 6 — Hiernach wollte ein Z Pl. 24. Apr. 1854 c Oldendorf (Präj n. 93; Entsch. 28. s. 164; G. A 2. s. 828; vgl oben n. 4.) „auf den Angriff oder Widerstand gegen *Transporteurs*, welche nicht auf den Grund eines Amtes, sondern in Folge eines ihnen „im Gemeindedienste gewordenen Auftrags Gefangene transportirt haben, weder den „ersten noch den zweiten Absatz des §“ anwenden, letztern nicht, „weil sie nicht zur „Mannschaft einer Gemeindewehr gehören, und es an der persönlichen Mitwirkung „eines Beamten bei Ausführung des Transports fehle.“ — Jedenfalls wird indessen die fortgesetzte unmittelbare Anwesenheit des zuziehenden Beamten nicht als unerläßliche Bedingung anzusehen sein, und es in einem solchen Falle Gegenstand der thatsächlichen Beurtheilung sein, ob die betreffenden Personen vom Beamten zur *Beihülfe zugezogen* sind. Z. II. 19. Mai 1855 c. Böhme.

§. 90. Wer eine Behörde oder einen Beamten durch Gewalt oder Drohungen zwingt oder zu zwingen versucht, eine Amtshandlung vorzunehmen oder zu unterlassen, wird mit Gefängniß nicht unter drei Monaten bestraft.

[Entw. § 80.] Vgl. § 89. 91. 96.

31 Haben die gegen die Person des Beamten zum Zwecke des Widerstandes vorgenommenen Gewalthandlungen den Charakter der Mißhandlung oder Körperverletzung, so trifft auch § 192. zu; es liegt dann ein Fall der idealen Konkurrenz vor *Contra:* Z. 23. Apr. 1852 c Hampel, welches den letztern § für unanwendbar hielt, so lange nicht festgestellt sei, daß der Angeklagte bei der That noch eine andere Absicht, als die des thätigen Widerstandes gehabt habe Vgl. zu § 192. n. 4

32. Ueber das Verhältniß des § 89 zu dem im § 90 vorgesehenen Falle vgl. zu diesem n. 8

33 Das Ges v. 31. März 1837 über die Strafe der Widersetzlichkeiten bei Forst- und Jagdvergehen ist durch Art. II des Einf. Ges. ausdrücklich aufrecht erhalten worden Dasselbe setzt aber voraus, daß die Widersetzlichkeit innerhalb des Forstes statt gefunden habe Z. I 22. Apr. 1853 c Scholz (G. A. 1. s. 379); Beschl. I 12 Apr 1854. c Schmidt; Beschl I. 4 Okt 1854 c. Ansas Gaubies. — Ist daher ein Forstbeamter ausserhalb des seinem Schutze anvertrauten Forstes amtlich thätig, und erfährt er dort einen Widerstand, so kann diese That nur nach Maaßgabe des § 89. oder § 192 strafbar sein; cit. Beschl I 12 Apr 1854 c. Schmidt.

34 Ebenso sind die Vorschriften uber die thätlichen Widersetzlichkeiten gegen Steuer- und Zoll-Beamte in Kraft geblieben (vgl Einf-Ges Art. II), also namentlich Steuer-Ordn v 8 Feb 1819 § 89. Zollstrafges. v. 23. Jan 1838 § 26 — Ein Gleiches muß man vom Ges v. 31. März 1841 über Aufrechthaltung der Mannszucht auf den Seeschiffen annehmen. G. Matt 2 s 120.

§. 90.

1. Ueber die Bedingungen der Beamten-Qualität vgl. zu § 89. n. 1 flg.

2. Vorausgesetzt werden unmittelbare, oder mittelbare Staatsbeamten oder Behörden, nicht aber die Beamten von Erwerbsgesellschaften. Z. II 3. Mai 1855 c. Roese.

3. Die Entscheidung des Instanzrichters, daß derjenige, gegen welchen der Zwang ausgeübt worden, nicht mittelbarer Staatsbeamter, sondern Beamter einer Eisenbahngesellschaft als Erwerbsgesellschaft gewesen, ist eine thatsächliche. Z. II. 3. Mai 1855 c. Röse.

4. Der § 90. ist nicht, wie § 89. auf gewisse Klassen von Beamten, und den wider sie geübten Zwang zu beschränken; dagegen sind auch die im § 89. angeführten Beamten von der Vorschrift dieses § nicht ausgeschlossen. Z. (V.) II. 6. Jan 1856 c. Ulrich.

5. Der Begriff der Gewalt kann hier, wo es sich von direktem Zwange handelt, nicht leicht zweifelhaft sein.

6. Als Drohung ist nicht jede, eine Unannehmlichkeit in Aussicht stellende Aeusserung anzusehen, sondern nur die ernste Androhung eines die Person oder das Vermögen in Gefahr bringenden Uebels, welche durch den, wenn auch nur moralischen Zwang den Bedrohten augenblicklich zur Vornahme einer Amtshandlung nöthigen soll und kann. Z. I. 16 Dez. 1853 c. Bonat. Vgl. im Uebrigen zu § 89. n. 26—28.

7. Unter Amtshandlung ist hier eine von einem Beamten in seiner amtlichen Eigenschaft, und in Beziehung auf sein Amt vorgenommene Handlung zu verstehen; sie verliert diesen Charakter auch nicht dadurch, daß der Beamte durch Vornahme derselben seine Amtsbefugnisse überschreiten würde. Beschl. I. 14. Okt. 1853 c. Kennauer u. Gen. (JMBl. s. 399); Temme Lehrb. s. 623; Koch s. 965 n. 60.

8. Im Falle wo der Zwang eine Unterlassung zum Gegenstande hat, liegt der Unterschied von dem durch § 89. bestraften Vergehen darin, daß dort der

§. 91. **Wenn mehrere Personen öffentlich sich zusammenrotten und mit vereinten Kräften die in den §§ 89. und 90. genannten Handlungen verüben, so werden dieselben wegen Aufruhrs mit Gefängniß nicht unter sechs Monaten bestraft; auch kann gegen sie auf Stellung unter Polizei-Aufsicht erkannt werden.**

Widerstand gegen eine Handlung vorgesehen wird, die der Beamte wirklich bereits auszuführen begonnen hat, oder zu beginnen im Begriffe steht, während § 90. die Nöthigung zur Unterlassung einer Handlung verpönt, von deren aktueller Vornahme noch keine Rede ist. Z. 5. Dez. 1852 c. Schler (Entsch. 22. f. 71; G. A. 1. f. 235). Aehnlich Z. II. 6. Jan. 1856 c. Ulrich, welches sich indessen dahin ausspricht, daß § 90. nicht wie § 89. auf den Fall der Hinderung während der Vornahme einer Amtshandlung zu beschränken sei; *Sic:* Temme Gl. f. 163; id. Lehrb. f. 622; ebenso ist auch dasjenige zu verstehen, was G. (Matt. 2. f. 125) lehrt, und was der Komm.-Ber. I. K. (f. 16) allerdings zu konkret ausdrückt. Vgl. auch Bes. f. 259.

9. Der Zwangsversuch verlangt hier keineswegs die Feststellung der im § 31. angegebenen Erfordernisse eines strafbaren Versuchs Z. (B.) II. 6. Jan. 1856 c. Ulrich; Zachariä Abh. in G. A. 3 f. 290. — Das Gegentheil nahm an: Beschl. I. 14. Okt. 1853 c. Kennauer u. Gen. (JMBl. f. 399) Vgl. zu § 212. n. 2; zu § 234. n. 16. zu § 311. n. 7.

§. 91.

1. Das Gesetz verlangt „mehrere Personen"; zwei können daher nicht genügen; im übrigen gehört es zur thatsächlichen Beurtheilung, welche Anzahl, mit Rücksicht auf die örtlichen Verhältnisse für genügend zu erachten sei, um einen Aufruhr zu verüben. Bes. f. 260 I, 1; G. Matt. 2. f. 128; Koch f. 964 n. 62. Anders im Falle des § 96; vgl. dort n. 3.

2. Das Wort Zusammenrotten bezeichnet ein Zusammentreten zu gemeinschaftlichem Handeln. Daß die Personen vorher räumlich getrennt gewesen, ist nicht erforderlich, es genügt, wenn Personen, welche schon aus einem andern Grunde bei einander waren, nun zu einem gemeinschaftlichen durch ihre vereinte Gegenwart auszuführenden Handeln sich verbinden, eine Rotte machen. B II. 21. Sept. 1854 c. Koch u. Gen. (Entsch. 28. f. 370; G. A. 2. f 829); B. I. 16. Feb. 1855 c. Straßburg. Beide Erkenntnisse betrafen Fälle des § 96, vgl. zu diesem n. 8. 9. Temme (Lehrb. f. 629, 646, 882) will ausserdem zum Begriffe der Zusammenrottung noch „ein gewisses tumultuarisches Verhalten" erfordern. Dessen bedarf es aber zur Zusammenrottung offenbar nicht, und zum Aufruhr im Allgemeinen nur insoweit, als dasselbe durch die Merkmale der Gewalt oder der Drohungen bedingt ist. So auch für einen Fall des § 96. Beschl. II. 30. Sept. 1854 c. Ott.

3. Damit der Thatbestand des § 91. vorliege, muß die Zusammenrottung geschehen, um mit vereinten Kräften eine der in den §§ 89. 90. vorgesehenen Handlungen zu verüben; daß es ein vorher verabredetes sei, ist nicht erforderlich. G. Matt. f. 132; Temme Gl. f. 163; id. Lehrb. f. 629. — Gleichwohl trifft nach § 92. Abs. 2. die Strafe des Aufruhrs auch diejenigen, welche bei einem Auflaufe, mit vereinten Kräften die gedachten Handlungen verüben, in einem Falle also, wo das Zusammentreten der Personen ohne Dolus stattgefunden hat. Vgl. zu § 92. n. 6, und zu § 284. n. 5.

4. Die blosse Zusammenrottung ist noch nicht strafbar, wenn nicht auch zur Verwirklichung des Zwecks derselben Handlungen hinzugekommen sind, welche den Thatbestand des § 89. oder 90. darstellen. Selbst als Versuch des Aufruhrs würde das blosse Zusammenrotten nicht angesehen werden können, weil ein solcher Versuch nicht strafbar ist; vgl unten n. 13. und zu § 96. n. 11.

5. Ueber die Stellung der auf die Zusammenrottung bezüglichen an die Geschwornen zu richtenden Fragen vgl. zu § 96. n. 7.

Diejenigen Theilnehmer, welche Gewaltthätigkeiten gegen Personen oder Sachen verüben, werden mit Zuchthaus bis zu zehn Jahren und Stellung unter Polizei-Aufsicht bestraft.

[Entw. § 81.] Vgl. § 89. 90. 92. 96. 284; Ges. v 4. Juni 1851 § 9. 10. (G S. f. 453)

---

6. Sowohl die Zusammenrottung, als die Verübung der in den §§ 89. 90. gedachten Handlungen muß öffentlich d. h. an öffentlichen Orten geschehen. Komm.-Bericht II. K. f. 62. Die Beschränkung auf öffentliche Wege, Straßen oder Plätze, welche § 92. enthält, greift hier nicht Platz.

7. Damit die betreff. Handlungen als mit vereinten Kräften geschehen angesehen werden können, ist (wie aus Abs. 2. hervorgeht) nicht die Anwendung von Gewalt ꝛc. durch jeden Einzelnen erforderlich. Vielmehr genügt es, wenn die Anwendung der Gewalt ꝛc. bei dem gemeinsam verübten Widerstande ꝛc. nur gegen Einzelne festgestellt ist, sobald nur nachgewiesener Maassen die Absicht aller Betheiligten auf die Erreichung desselben Zwecks durch gemeinschaftlichen Widerstand ꝛc. gerichtet gewesen ist; dann ist der Hergang als Ganzes aufzufassen, und das Maaß der persönlichen Mitwirkung des Einzelnen zum gemeinschaftlichen Handeln kann den Thatbestand des Aufruhrs nicht für die einzelnen Individuen verschieden bestimmen. Z. 30. Apr. 1852 c. Herden u. Gen. *Sic:* G. Matt. 2 f. 135 IV. Vgl. zu § 1. n. 7. und zu Thl. I. Tit. 3. n. 2. 3.

8. Die Anwesenheit der Obrigkeit ist (auch im Falle des 90) nicht erforderlich, ebensowenig ist es nothwendig daß die Gewalt gegen die Person der Beamten, oder gegen öffentliches Eigenthum gerichtet sei. G. Matt. 2 f. 135.

9. Was zum Thatbestande der §§ 89. und 90. gehöre, ist zu diesen bemerkt worden; das dort Gesagte gilt auch hier, namentlich auch das zu § 89. n. 3. Angeführte; die dort citirten Z. I. 6. Juli 1853 und Z. I. 18. Apr. 1856 c. Passilewitz betrafen gerade einen Fall des § 91.

10. Im zweiten Absatze ist das Wort »Theilnehmer« nicht im Sinne der §§ 34 flg. gebraucht, vielmehr ist von den Mitthätern, Miturhebern die Rede. Ausserdem ist auch sehr wohl eine wirkliche Theilnahme in Gemäßheit der §§ 34 flg. denkbar. Vgl. zu § 96. n. 27. 28.

11. Die Gewaltthätigkeiten, von welchen der zweite Absatz spricht, sind eben nur dieselben Gewalthandlungen, welche auch die §§ 89 und 90. erheischen, und die also auch zum Thatbestande des Aufruhrs an und für sich erforderlich sind; die schwerere Strafe trifft nur diejenigen der Betheiligten, welchen diese Gewaltthätigkeiten als persönliche Handlungen nachgewiesen werden Komm.-Ber II. K f. 62. *Contra:* Temme Lehrbuch f 632, welcher hier mit Unrecht die früher in den Glossen f. 166 ausgesprochene richtige Ansicht verlassen hat Vgl. zu § 96. n. 23 und über die Abstimmung und die Fassung des Ausspruchs der Geschwornen ibid. n. 24.

12. Den Gewaltthätigkeiten müssen auch hier, wie überhaupt im Systeme des Strafgesetzbuchs, die Drohungen gleichgestellt werden. G. Matt. 2. f 137.

13. Der § 90 sieht auch den Versuch des Zwanges vor, während § 89 nur den wirklichen Widerstand bestraft; hat daher ein von mehreren zusammengerotteten Personen mit vereinten Kräften verübter Zwangsversuch stattgefunden, so ist derselbe unzweifelhaft nach § 91, und zwar nicht etwa als versuchter, sondern als vollendeter Aufruhr zu ahnden — Der blosse Versuch des Aufruhrs würde, da derselbe an sich nur ein Vergehen darstellt, nicht strafbar sein; insbesondre kann also die blosse Zusammenrottung nicht als solcher bestraft werden; ebensowenig der Widerstand gegen Beamte, wenn die Gewalt nicht ausgeübt, sondern nur versucht ist. Hat aber ein wirklicher gewaltsamer Widerstand in der Weise, wie es der erste Absatz dieses § voraussetzt, stattgefunden, so unterliegen auch diejenigen dabei Betheiligten, welche selbst Gewaltthätigkeiten nicht verübt, wohl aber versucht haben, der Strafe des zweiten Absatzes, weil dann der Versuch eines Verbrechens vorliegt *Contra:* Temme Gll f. 166 id. Lehrb. f. 633.

§. **92.** Wenn mehrere auf öffentlichen Wegen, Straßen oder Plätzen versammelte Personen von den Beamten der gerichtlichen oder der Verwaltungs-Polizei, oder von dem Befehlshaber der bewaffneten Macht aufgefordert werden, sich zu entfernen, so wird jede derselben, welche nach der dritten Aufforderung sich nicht entfernt, mit Gefängniß bis zu drei Monaten bestraft.

Wird bei einem Auflaufe gegen die Beamten der Polizei oder die bewaffnete Macht mit vereinten Kräften ein thätlicher Widerstand geleistet, oder Gewalt verübt, so treten gegen diejenigen, welche sich bei diesen Handlungen betheiligt haben, die Strafen des Aufruhrs ein.

[Entw. § 82.] Vgl. § 89—91. 93; Verordn. v. 29. Sept. 1846 (G.S. f. 470).

---

§. 92.

1. Der Begriff des Auflaufs, wie ihn dieser § aufstellt, enthält das Erforderniß einer durch die Menschenanhäufung bewirkten Ruhestörung nicht; eine solche wird daher auch nicht erheischt; die Nichtbefolgung der dreimaligen amtlichen Aufforderung genügt. *Contra:* Temme Gll. f. 167

2. Ueber die Form der zu erlassenden Aufforderung fehlt es an einer Bestimmung; die Vorschriften der sich an den zwanzigsten Titel zweiten Theils des ALR. anschliessenden AKO v. 17. August 1835 (G.S. f 170) § 8, welche übrigens auch einen ganz andern Zweck hatten, dürften durch das StGB gänzlich beseitigt sein; für die Rhein-Provinz war die Aufhebung bereits durch Vdn. v 15 April 1848 § 15. (GS. f. 101) erfolgt. Vgl Motive f 31; Komm.-Ber. II. K f. 63 — Jedenfalls wird die Aufforderung in einer Weise geschehen müssen, daß sie, so weit als möglich, der versammelten Menge verständlich werde. Vgl. n. 3

3. Insbesondre muß die Aufforderung: sich zu entfernen, an die „mehreren versammelten Personen" ergangen sein; die Nichtbefolgung einer individuell an einen Einzelnen gerichteten Aufforderung fällt nicht unter diesen §. V I. 22 April 1853 c. M. Juda (G Arch 1. f 388).

4. Da die Strafbarkeit hier allein in der Nichtbefolgung der obrigkeitlichen Aufforderung ihren Grund hat, so muß der erforderliche Dolus auch gerade hierauf gerichtet gewesen sein; es ist daher erforderlich, daß der Einzelne von der erfolgten Aufforderung Kunde erlangt habe; daß er sie direkt und daß er alle drei gehört, kann dagegen nicht verlangt werden.

5 Die Unmöglichkeit der Folgeleistung bewirkt Straflosigkeit. Komm.-Bericht II. K f. 63.

6 Der zweite Absatz setzt den Thatbestand der §§ 89. und 90, und daß diese Handlungen mit vereinten Kräften geschehen seien, ebenso wie § 91 voraus. Es ist daher auch das zu diesen §§, besonders das zu § 91. n. 6 Gesagte hier anwendbar, so daß es auch hier nicht erforderlich ist, daß jeder Einzelne am thätlichen Widerstande oder der Verübung der Gewalt selbst sich betheilige, wenn er nur im Allgemeinen auch seine Thätigkeit mit der der eigentlichen Thäter vereinigt, und dadurch zur Handlung der letztern mitwirkt Goltd Mat 2. f. 140. Nur kann hier die blosse Anwesenheit nicht genügen; insbesondre ist auch der auf die Handlungen der §§ 89—91. gerichtete Dolus erforderlich. — Ausserdem muß selbstredend der im ersten Absatze dieses § aufgestellte Thatbestand des Auflaufs vorliegen.

7. Im Falle des zweiten Absatzes trifft diejenigen Betheiligten, welche selbst die Gewaltthätigkeiten verüben, unbedenklich auch die schwerere Strafe des § 91. Abs. 2. Vgl. zu diesem § n. 7 flg

§. 93. Mit Geldbuße bis zu zweihundert Thalern oder Gefängniß von vier Wochen bis zu zwei Jahren wird bestraft:

1) wer böswillig oder gegen das Verbot der Obrigkeit Fahnen, Zeichen oder Symbole, welche geeignet sind, den Geist des Aufruhrs zu verbreiten, oder den öffentlichen Frieden zu stören, an öffentlichen Orten oder in öffentlichen Zusammenkünften ausstellt, oder sie verkauft oder sonst verbreitet;

2) wer äußere Verbindungs- oder Vereinigungszeichen, welche zur Aufrechthaltung der öffentlichen Ruhe und Sicherheit von der Bezirks-Regierung verboten sind, an öffentlichen Orten oder in öffentlichen Zusammenkünften trägt;

3) wer in böswilliger Absicht die öffentlichen Zeichen der Königlichen Autorität wegnimmt, zerstört oder beschädigt.

[Entw. § 83.] Vgl § 89—91, (Vdn. v. 30. Juni 1849 § 15.)

§. 94. Wer vorsätzlich einen Gefangenen aus der Gefangenanstalt oder aus der Gewalt der bewaffneten Macht, oder aus der Gewalt des Beamten, unter dessen Aufsicht, Begleitung oder Bewachung er sich befindet, befreit oder zu befreien versucht, wird mit Gefängniß von vierzehn Tagen bis zu drei Jahren bestraft.

[Entw § 84] Vgl. § 95 96 322 37; Ges v 4. Juni 1851 § 9 10 (G.S. s. 453)

---

§. 93.

Zu Nr. 1.

1. Das „böswillig“ deutet auf die Absicht, durch diese Handlungen einen Aufruhr ꝛc. hervorzurufen; G. Matt. 2. s. 141; Koch s. 965 n. 66 Geschah die That gegen das Verbot der Obrigkeit, so bedarf es einer fernern Feststellung dieser Absicht nicht, es genügt das Bewußtsein der Uebertretung jenes Verbots

2. Das Aufstellen von Symbolen u s w bei kirchlichen Prozessionen, Wallfahrten oder Bittgängen fällt nicht unter die Bestimmung der Nr 1 Erklärung des Justiz-Ministers in der II. K 27 März 1851; G. Matt 2 s 142; Bes s 263

Zu Nr. 2.

3 Es genügt, wenn die Bezirksregierung bei Erlassung des Verbots es ausgesprochen hat, daß dasselbe zur Aufrechthaltung der öffentlichen Ruhe ꝛc erfolge Die Gerichte haben dann nicht ferner zu prüfen, ob dieser Zweck vorgewaltet habe. *Contra:* Temme Gll. s 168.

§. 94.

1. Gefangener ist jeder von dem Augenblicke an, wo er durch irgend einen Beamten vermöge dessen amtlicher Befugniß verhaftet worden ist Temme Glossen s. 169. Das gilt also auch von den durch einen Beamten, ohne vorgängigen gerichtlichen Haftbefehl, nur vorläufig zum Zweck der Vorführung vor einen andern Beamten festgenommenen Personen. Z. 26 Mai 1852 c. Wagner (G A 1 s 77); Ebenso von einem Schuldgefangenen: Z. I. 22 Feb 1854 c. Nitzky (G. A. 2. s 424); G. Matt. 2. s 143; Temme l. c. Note 1; Koch s. 966 n. 68

§. 95. Wer vorsätzlich einen Gefangenen, dessen Aufbewahrung, Begleitung oder Bewachung ihm anvertraut ist, entweichen läßt, oder dessen Befreiung bewirkt oder befördert, wird mit Gefängniß von vierzehn Tagen bis zu drei Jahren bestraft.

Ist die Entweichung nur durch Fahrlässigkeit veranlaßt worden, so tritt Gefängniß bis zu sechs Monaten, oder in Fällen geringerer Verschuldung Geldbuße bis zu funfzig Thalern ein.

[Entw. § 84 a.] Vgl. § 94. 96. 322.

§. 96. Wenn Gefangene in einer Gefangenanstalt sich zusammenrotten und entweder einen gewaltsamen Ausbruch aus-

---

2. Der Ausdruck „Gefangen-Anstalt“ umfaßt hier auch polizeiliche Arrestlokale, selbst den Hausarrest. G. Matt 2 s. 143; Temme Gll. s. 169.

3. Selbstbefreiung eines Gefangenen selbst die mit Gewalt verübte ist straflos, insoweit nicht § 96. zutrifft, oder der Thatbestand eines andern Verbrechens vorliegt, Z. I. 7. März 1855 c. Pollow (Kumm. u. Gen. G. A. 3. s. 420); Motive s 32; Wäre freilich die Selbstbefreiung durch einen Ausbruch bewirkt, welcher den Charakter einer vorsätzlichen theilweisen Zerstörung des Gefängnisses an sich trüge, so würde § 283. oder § 281. anwendbar, vgl. zu § 281. n. 2. und zu § 283 n. 3.

4. Die von einem Beamten mit dem Transporte eines Verhafteten beauftragten Privatpersonen werden dadurch weder selbst zu Beamten, noch zu den zur Unterstützung der Beamten zugezogenen Gehülfen. B I. 9 Juni 1854 c. v Jutreczenka-Morgenstern Vgl. zu § 89 n. 4.

5. Die Befreiung muß selbstständig, und unmittelbar bewirkt, oder doch versucht sein; eine blosse Beförderung der Flucht, namentlich eine solche welche erst nach stattgehabter Befreiung aus der Gewahrsam der Obrigkeit stattfindet, ist nur nach § 37. zu beurtheilen, es tritt dann auch die dort vorgeschriebene Berücksichtigung eines nahen Verwandtschaftsverhältnisses ein. Motive s 32; Goltd. Matt. 2 s. 143.

6 Vollendet ist das Vergehen der Befreiung erst dann, wenn eine auch nur momentane Befreiung von der obrigkeitlichen Gewalt eingetreten ist. Zachariä in G. A. 3. s. 290.

7 Nimmt ein Nicht-Beamter an der durch einen Beamten bewirkten oder beförderten Entweichung oder Befreiung eines Gefangenen (§ 322) Theil, so trifft ihn nach § 331. die Strafe dieses § 322, nicht die des § 94. Z I. 16. Jan. 1856 c. Ludneit und Gen

§. 95.

1. Dieser § bezieht sich auf alle nach den Anordnungen der Staatsgewalt in öffentliche Gewahrsam genommene Personen ohne Ausnahmen, also auch auf Schuldgefangene. Z. I. 22. Feb. 1854 c. Nitzky (G A. 2. s 424). Vgl zu § 94. n. 1.

2. „Der § setzt voraus, daß die Aufbewahrung rc eines Gefangenen von „einem Beamten der Staatsgewalt unmittelbar einer Privatperson anvertraut sei; „findet also, wenn letztere den Gefangenen wieder einem Dritten eigenmächtig an„vertraut hat, gegen diesen Dritten nicht Anwendung“ Z. I. 23. Feb. 1855 c. Seraphim (Präj. n. 140. Entsch. 29. s 474; 30. s. 325; G. A. 3 s. 699)

3 Hier ist auch die blosse Beförderung der Befreiung mit Strafe bedroht, auf sie erleidet also § 37. keine Anwendung mehr. Goltd. Matt. 2. s 146; Vgl zu § 94. n. 5.

4. Macht sich ein Beamter der hier vorgesehenen That schuldig, so ist § 322. anwendbar.

führen oder auszuführen versuchen, oder gegen die Aufseher sich widersetzen, oder dieselben zu Handlungen oder Unterlassungen zwingen oder zu zwingen versuchen, so haben die Theilnehmer an der Meuterei Gefängniß nicht unter sechs Monaten verwirkt; auch kann gegen sie auf Stellung unter Polizei-Aufsicht erkannt werden.

Diejenigen Theilnehmer, welche Gewaltthätigkeiten gegen Personen oder Sachen verüben, werden mit Zuchthaus bis zu zehn Jahren und Stellung unter Polizei-Aufsicht bestraft.

Die Strafe der Meuterei soll unabhängig von der Strafe des Verbrechens oder Vergehens, wegen dessen die Meuterer verhaftet sind, ausgesprochen und unmittelbar nach dieser Strafe vollstreckt werden.

[Entw. § 85.] Vgl. § 89—91 94; Ges. v. 4. Juni 1851 § 10. (G.S. s. 453).

---

§. 96.

Inhalt·

1 Selbstbefreiung eines einzelnen Gefangenen, ist straflos, vgl. zu § 94. n. 3.

2. Wer als Gefangener anzusehen, darüber vgl. zu § 94. n. 1, es ist nur zu bemerken, daß § 94. auch die Befreiung aus der Gewalt des beaufsichtigenden &c Beamten vorsieht, während § 96. nur die Zusammenrottung in der Gefangen-Anstalt im Auge hat

3. Die Fassung dieses § weicht von der des § 91. insofern ab, als dort von der Zusammenrottung „mehrerer Personen," hier aber nur von „Gefangenen" die Rede ist. Hieraus, sowie aus der Verschiedenheit der äussern Verhältnisse, folgt, daß auch zwei Gefangene sich zusammenrotten und eine Meuterei begehen können Z 7. Mai 1852 c. Engler (G. A 1. s. 77); B. I. 16. Sept. 1853 c. Fieberg (Boldt und Gen JMBl. s. 414); Beschl I. 16. März 1855 c. Rohrbeck u. Gen. (G A 3 s. 422); Z. I. 19. März 1856 c. Krempf. *Sic:* G. Matt. 2 s 147; *Contra:* Temme Gll s. 170 n. 2 Vgl. Mil-Str-Ges v 3. Apr. 1845 I. § 137 („zwei oder mehrere Personen").

4 Als Gefangen-Anstalt sind hier alle öffentlichen, d. h. von Staatswegen eingerichteten Detentionsanstalten zu betrachten, sollten sie auch nur Gemeindeanstalten sein; auch Correktionshäuser gehören unbedenklich hierher. G. Matt. 2. s. 148 n. 3; Temme Lehrb s 645 II.

5. Die innerhalb der Festungswerke liegenden, und in fortifikatorischer Beziehung nothwendige Bestandtheile der Festung bildenden Räumlichkeiten, in welchen die Festungsbaugefangenen bestimmungsmässig zu den die Aufführung und Instandhaltung von Festungswerken bezweckenden Arbeiten angehalten werden, sind als zur „Gefangen-Anstalt" derselben im Sinne des § 96 gehörig zu betrachten. Z I. 5 Jan. 1855 c. Burkatzki (JMBl s 74; G A. 3. s 412).

6 Werden Gefangene in Gemäßheit des Ges. v. 11. April 1854 (G.S. s 143) ausserhalb der Gefangenanstalt beschäftigt, so finden auf die von ihnen dort verübte Meuterei die Vorschriften des § 96 Anwendung. cit. Ges § 5 Vgl. Temme Gll. s. 170 n. 2; id. Lehrb s 646.

7 Die Frage ob gewisse Handlungen als Zusammenrottung anzusehen seien, ist eine rechtliche, und daher nicht durch die Geschwornen zu lösen Z I. 4 März 1853 c Schmidt Es ist daher ganz angemessen, den Begriff bei der Fragstellung in seine thatsächlichen Merkmale aufzulösen. Z I. 17. März 1854 c. Dietrichkeit u G — Gleichwohl handelt es sich hier nicht um einen reinen Rechtsbegriff, und eine Nichtigkeit liegt nicht vor, wenn jene Auflösung nicht statt gefunden hat. Z I. 15 März 1854 c. Aumann; Z. I. 17. März 1854 c. Jäckel.

8. Ueber den Begriff des Zusammenrottens vgl. im Allgemeinen zu § 91. n. 2. Die dort cit V II. 21 Sept 1854 c. Koch u. Gen und V I. 16 Feb. 1855 c. Straßburg betrafen Fälle des § 96. — Eine Zusammenrottung ist für vorhanden zu erachten, wenn die in einer Gefangenanstalt sich befindenden Gefangenen ihren auf gemeinsamen Ausbruch aus der Haft gerichteten Willen durch Verabredung vereinigen, und denselben durch Handlungen der im Gesetz bezeichneten Art zur Ausführung zu bringen suchen Z (V) I. 17. Febr 1854 c. Schillinsky Aehnlich V I. 16. Sept. 1853 c. Fieberg (Boldt u. Gen; JMBl. s. 414).

9. „Daß Gefangene in einer Gefangen-Anstalt bereits in einer Zelle sich zu„sammenbefinden, schließt den Begriff des Zusammenrottens nicht aus“ V. II. 21. Sept 1854 c. Koch u Gen (Präj. n. 107 Entsch 28 s. 370; G. A. 2. s 829). So auch Z. 7. Mai 1852 c. Engler (G A 1 s 77); Z I 4 März 1853 c. Schmidt; V I. 29 Apr 1853 c. Neumann; (G. A 1 s. 388); V I. 19. Jan 1855 c. Petermann (G A 3 s 413); V I. 16 Feb. 1855 c. Zuhlke (G A 3 s 415). Ueberhaupt ist es nicht erforderlich, daß die betreffenden Personen erst zusammenkommen, oder zusammenlaufen. Z. II. 21. Sept 1854 c. Beckmann Vgl. n. 10.

10 Zum Begriffe des Zusammenrottens ist nicht erforderlich, daß die Vereinigung einen tumultuösen Charakter habe Beschl II 30. September 1854 c. Ott *Contra*: Temme Lehrb s 646; Vgl zu § 91 n. 2

11. Das blosse Zusammenrotten zu dem im § angegebenen Zwecke ist auch hier (vgl zu § 91. n. 4) straflos, wenn nicht zur Verwirklichung des Zwecks Handlungen vorgenommen sind, welche wenigstens den Anfang der Ausführung darstellen. Z I. 9. Sept 1853 c. Hake u. Gen. (G. A. 1. s. 700).

12. Der Ausdruck „Ausbruch“ ist nicht zu wörtlich zu interpretiren; die Strafbestimmung bezieht sich auf jede Selbstbefreiung mehrerer in derselben Anstalt verhafteten Gefangenen, welche gewaltsam und im Wege der Zusammenrottung erfolgt Temme Gll s. 171 n. 2; und Z I. 9 Sept 1853 c. Hake u Gen (beiläufig) (G A 2 s 700). Vgl auch Z I. 5 Jan. 1855 c. Burkatzki (JMBl. s 74).

13 Durch die Bezeichnung des Ausbruchs als eines „gewaltsamen“ ist angedeutet, daß zum Zweck des ausgeführten oder versuchten Ausbruchs, Gewaltthätigkeiten an Personen und Sachen stattgefunden haben müssen V I. 24 Nov 1854 c. Pollow (Kumm u Gen. G. A. 3 s 115) Vgl. n. 23

14 Auch wenn nur der Versuch der Ausführung eines gewaltsamen Ausbruchs, (oder eines gegen die Aufseher gerichteten Zwanges) vorliegt, ist, nach der klaren Fassung des § doch der Thatbestand der vollendeten Meuterei begründet Unrichtig wäre es, hier von dem „Versuche der Meuterei“ zu sprechen; über die Möglichkeit eines strafbaren Versuchs der Meuterei vgl. zu §. 91. n. 4 und 13; das dort Gesagte gilt auch hier.

15 Mit Rucksicht auf die Bemerkung unter n. 14. bedarf es zur Strafbarkeit eines Ausbruchsversuchs der Voraussetzungen des § 31 nicht *Contra:* Z. 25 Juni 1852 c. Jilke; Beschl II 19. Jan 1855 c. Nagel u. Gen.; V. I. 15. Febr 1856 c. Laack. — Für jene Ansicht spricht aber auch, daß der Versuch, die Aufseher zu Handlungen ꝛc. zu zwingen, den Erfordernissen des § 31 jedenfalls nicht zu entsprechen braucht (vgl. zu § 90. n. 9; zu § 212. n. 2; zu § 234. n. 16; zu § 311 n. 7.), und sich doch nicht annehmen läßt, daß derselbe Ausdruck „versucht“ in demselben Satze zweimal in verschiedenem Sinne gebraucht sein sollte. Vgl G A 3 s 397 I

16. Es ist keineswegs erforderlich, daß die zusammengerotteten Gefangenen sämmtlich den Ausbruch gemeinschaftlich ausführen, oder auszuführen versuchen; es genügt, wenn nur einer von ihnen im Beisein und unter Hülfeleistung der übrigen, diese Handlung vornimmt,, [und braucht dann die „Hülfeleistung“ der übrigen

nicht den Bedingungen des § 34. n. 2. zu entsprechen]. Z II. 28. Juni 1855 c. Werth Vgl. zu § 1 n. 7; zu Thl I Tit. 3. n. 2. 3

17. Der auf Ausbruch abzielenden Meuterei der Gefangenen ist diejenige gleichgestellt, welche auf einen im Wege der Zusammenrottung gegen die Aufseher der Anstalt verübten Widerstand oder Zwang im Sinne der §§ 89. bis 91. abzielt. Fassung und Strafbestimmung des § 96 entsprechen in dieser Beziehung dem § 91, so daß das Verhältniß der Gefangenen in der Anstalt, die im § 91. erheischte Oeffentlichkeit ersetzt Die Bestimmungen des § 96. sind daher aus jenen §§ und den dazu gemachten Bemerkungen zu erläutern (vgl. Motive s. 32), einzelne Abweichungen der Fassung aber hier zu erörtern — Es entspricht übrigens ganz den Unterscheidungen jener §§, wenn hier auch der Versuch des Zwangs, nicht aber auch der Versuch des Widersetzens für strafbar erklärt ist; Temme (Lehrb. s 647 Note 1) irrt, wenn er dieses im § 96. für einen Redaktionsirrthum hält, den die Interpretation zu beseitigen habe

18. Nur einem Uebersehen ist es zuzuschreiben, wenn hier nicht, wie im § 89 von dem gegen einen Aufseher ausgeübten Angriffe die Rede ist; es unterliegt um so weniger einem Bedenken, die Vorschrift auch auf einen solchen auszudehnen, als es in der Natur der Sache liegt, daß die Aufseher in der Anstalt den Gefangenen gegenüber stets als in der Ausübung ihres Amts begriffen anzusehen sind, ein gegen sie verübter Angriff daher auch nothwendig den Charakter der Widersetzlichkeit annimmt Zu bemerken ist auch, daß § 89 sich neben dem Worte „angreift," der Ausdrücke „Widerstand leistet" bedient; wogegen es im § 96. heißt „sich widersetzen," welches füglich als jene beiden Begriffe umfassend aufgefaßt werden kann Vgl. Temme Lehrb. s. 646 und Note 4

19. Widersetzlichkeit und Zwang müssen, wie es die §§ 89 bis 91. erheischen, durch Gewalt oder Drohungen ausgeübt sein. G. Matt. 2. s. 148 n. 4

20 Ueber den Versuch des Zwanges siehe oben n. 14 15.

21 Auch hier ist das Wort „Theilnehmer" im ersten und zweiten Absatze nicht im Sinne der §§ 34 flg aufzufassen; es ist von Mit-Thätern bei der Meuterei die Rede; also von denjenigen, welche sich zum beabsichtigten Zwecke zusammenrotten (den Meuterern selbst) Z. I 12. Sept. 1855 c. Kurmis; B. I. 21. Jan 1856 c. Fischer u Gen; vgl. n. 27. 28

22. Aus dem unter n. 21. erwähnten Grunde folgerte cit. Z. I. 12. Sept 1855 c. Kurmis, daß einem Angeklagten, welcher der Meuterei für schuldig, der Verübung von Gewaltthätigkeiten aber für nicht schuldig erachtet worden ist, die Theilnahme an der von einem Andern bei der Meuterei verübten Gewaltthätigkeit durch Hülfeleistung nicht zugemessen werden könne Vgl. n. 27. 28.

23 In Betreff der Gewaltthätigkeiten, von welchen der zweite Absatz spricht, gilt das zu § 91. n. 11. Bemerkte. Der Gegensatz zwischen Absatz eins und zwei hat nicht den objektiven Thatbestand im Ganzen im Auge, sondern nur die verschiedene Betheiligung der einzelnen Meuterer, indem der zweite Absatz nur diejenigen, welche selbst die Gewaltthätigkeiten verüben, mit Zuchthaus, der erste Absatz aber die übrigen mit Gefängnißstrafe bedroht Daher ist im zweiten Absatze unter den „Gewaltthätigkeiten" nichts andres zu verstehen, als was im ersten durch „gewaltsam", und in den §§ 89. u. 90. vermittelst der Ausdrücke „durch Gewalt oder Drohungen" angedeutet ist; und der Strafe des zweiten Absatzes verfallen auch diejenigen, welche ausser dem Erbrechen der Gefängnißwände 2c sonst keine Gewalt ausgeübt haben Beschl 15 Sept. 1852 c. Rosenbaum; Beschl I. 4. März 1853 c. Schmidt; Z (V.) I. 17 Feb. 1854 c. Schillinski (Fischer u. Gen.); Beschl. II. 30. Nov 1854 c. Trinter (JMBl. 1855 s 64) Vgl. hiergegen eine Ausführung in G Arch 3 s 416

24. Aus dem unter n. 23 Bemerkten folgt, daß, wenn gleich die Verübung von Gewaltthätigkeiten ein Begriffserforderniß der Meuterei im Allgemeinen ist, sie doch rücksichtlich derjenigen Meuterer, welchen die Verübung selbst zur Last gelegt wird, den Charakter eines erschwerenden Umstandes annimmt, über welchen nach Art. 91. des Gesetzes vom 3 Mai 1852 von den Geschwornen besonders abgestimmt, und das Ergebniß der Abstimmung im Ausspruche besonders erwähnt werden muß.

Sechster Titel.

Vergehen wider die öffentliche Ordnung.

§. 97. Wer unbefugt bewaffnete Haufen bildet, oder solche befehligt, oder eine Mannschaft, von der er weiß, daß sie ohne gesetzliche Befugniß gesammelt ist, mit Waffen oder Kriegsbedürfnissen versieht, wird mit Gefängniß bis zu zwei Jahren bestraft.

Wer an solchen bewaffneten Haufen Theil nimmt, hat Gefängniß bis zu Einem Jahre verwirkt.

[Entw. § 86]

§. 98. Die Theilnahme an einer Verbindung, deren Dasein, Verfassung oder Zweck vor der Staatsregierung geheim gehalten werden soll, oder in welcher gegen unbekannte Obere Gehorsam, oder gegen bekannte Obere unbedingter Gehorsam versprochen wird, ist an den Mitgliedern mit Gefängniß bis zu sechs Monaten, und an den Stiftern, Vorstehern und Beamten der Verbindung mit Gefängniß von Einem Monate bis zu Einem Jahre zu bestrafen.

---

25. „Die Schlußbestimmung des § schließt die Anwendung des § 56. in „seiner jetzigen Fassung nach dem Ges v. 9 März 1853 aus“ B II. 21. Sept 1854 c. Koch u. Gen. (Präj n. 107 Entsch. 28. ſ 370; G. Arch 2. ſ 828) — In einem solchen Falle kann daher die Gesammtdauer der verhängten Freiheitsstrafe die Dauer von zwanzig resp zehn Jahren übersteigen Z. II. 12. Okt 1854 c. Koeting (G A 2 ſ 829).

26 Die disciplinarische Bestrafung in der Strafanstalt, wegen der bei der Meuterei verübten Handlungen, schliesst die strafrechtliche Verfolgung derselben nicht aus, und begründet nicht den Einwand des: „Non bis in idem“ Z. I. 20. Dez 1854 c. Leyser.

27. Theilnahme an einer Meuterei im Sinne des § 34. Nr 2. (Hülfeleistung) ist sehr wohl denkbar, und keineswegs mit der Thäterschaft identisch; ebensowenig derogirt rücksichtlich ihrer der § 96 den §§ 34. u. 35; vielmehr unterliegen sie denselben Strafen, wie die Meuterer selbst. B I. 16. Januar 1856 c. Fischer u. Gen — Dabei kommt es nicht in Betracht, daß die selbstständige Befreiung eines Gefangenen durch einen Dritten durch § 94. mit einer gelinderen Strafe bedroht ist, was sich aus der Straflosigkeit der Selbstbefreiung eines einzelnen Gefangenen erklärt, so daß also eine Theilnahme an derselben als solche nicht strafbar sein kann; anders bei der im Wege der Meuterei bewirkten Selbstbefreiung Z I. 7. März 1855 c. Pollow (Kumm. u. Gen.; G A. 3. ſ. 420).

28 Hiernach werden dritte Theilnehmer an einer Meuterei von der Strafe des zweiten Absatzes betroffen, wenn sie an den Gewaltthätigkeiten im Sinne des § 34 Theil genommen haben; wo nicht, so unterliegen sie nur der Strafe des ersten Absatzes, z B. wenn sie nur die Werkzeuge zum Entkommen: Leitern, Taue ꝛc. geliefert hatten — Vgl. übrigens n. 22.

§. 97.

1 Ein besonderer Dolus ist hier nicht erforderlich. Tritt ein solcher hinzu, so wird die Handlung in der Regel auch unter den Begriff eines andern Verbrechens ꝛc. fallen. Vgl. G Matt. 2 ſ. 151; Temme Gll. ſ. 172.

Gegen öffentliche Beamte ist zugleich auf zeitige Unfähigkeit zur Bekleidung öffentlicher Aemter zu erkennen.

[Entw. § 87.] Vgl. § 99 (Edict v 20. Okt. 1798. N. C C. X. f 1775); Verf v 31 Jan 1850 Art. 29 30; Ges v 11 März 1850 (das Vereinigungsrecht betr. G.S. f 277)

§. 99. Die Theilnahme an einer Verbindung, zu deren Zwecken oder Beschäftigungen es gehört, Maaßregeln der Verwaltung oder die Vollziehung von Gesetzen durch ungesetzliche Mittel zu verhindern oder zu entkräften, wird an den Mitgliedern mit Gefängniß von zwei Monaten bis zu Einem Jahre, und an den Stiftern, Vorstehern und Beamten der Verbindung mit Gefängniß von sechs Monaten bis zu zwei Jahren bestraft.

Gegen öffentliche Beamte ist zugleich auf zeitige Unfähigkeit zur Bekleidung öffentlicher Aemter zu erkennen.

[Entw. § 88] Vgl § 98.

§. 100. Wer den öffentlichen Frieden dadurch gefährdet, daß er die Angehörigen des Staates zum Hasse oder zur

---

§. 98.

1. Auf Freimaurervereine bezieht sich dieses Verbot nicht mit. Komm.-Ber. II. K. f 64

2. Vorübergehende formlose Vereinigungen sind nicht für Verbindungen zu erachten. G. Matt. 2 f. 156 n. 5.

3 Wenzel (Ergänzungen zc. f. 525) sowie Gräff und v Rönne (f. 94) erachten das Gesetz v. 7. Jan 1838 (G.S f. 13), die Studentenverbindungen betreffend, für aufgehoben. *Contra:* G Matt 2 f 156 n. 6

§. 99.

1. Den Bundesbeschluß v. 5. Juli 1832 (GS f. 216) erachten Gräff und v Rönne (f. 94) für beseitigt Vgl. G. Matt 2 f. 156 n 6

2 Temme (GU f. 174 n. 3) will nur diejenigen Mittel für ungesetzliche erachten, welche gesetzlich verboten, an sich strafbar sind, so daß dieser § eine Vorbereitungshandlung zum Widerstande gegen die Obrigkeit mit Strafe bedrohe Selbst die durch polizeiliche Verordnungen der Regierungsbehörden verbotenen Handlungen, seien, weil nicht ungesetzlich, nicht hierher zu rechnen

3 Eine Verbindung, welche dahin abzielt, daß sich die Mitglieder nicht wegen der von einzelnen begangenen Holzdiebstähle anzeigen, ist nicht gesetzwidrig, da kein bestehendes Gesetz es den Bürgern zur Pflicht macht, diese Handlungen zur Anzeige zu bringen. B I 17 Nov. 1854 c. Wolff u. Gen (G A. 3. f 130).

4 Theilnahme ist hier gleichbedeutend mit „Betheiligung"; an die im § 34. behandelte „Theilnahme" ist hier nicht zu denken.

§. 100.

1. Es soll dieser § nicht auf Fälle angewendet werden, welche für die öffentliche Ordnung ganz gleichgültig sind, und die lediglich in das Gebiet der Beleidigungen und Verleumdungen gehören. Komm.-Ber. II K. f 65 Daher ist die Gefährdung des öffentlichen Friedens ein wesentliches in jedem Falle nachzuweisendes Merkmal. Es würde Gesetzesverletzung sein, wenn aus der Anreizung allein jene Gefährdung als nothwendige Konsequenz gefolgert würde Z. I. 2. März 1853 c. Spiske (G. A. 1. f 701).

2. Die „Gefährdung des öffentlichen Friedens ist nicht gleichbedeutend mit Gefährdung „der öffentlichen Ordnung," welche auch da anzunehmen wäre,

Verachtung gegen einander öffentlich anreizt, wird mit Geldbuße von zwanzig bis zu zweihundert Thalern oder mit Gefängniß von Einem Monate bis zu zwei Jahren bestraft.

[Entw. § 89.] Vgl. § 100. 135 (Verordn. v. 30 Juni 1849 § 17.)

---

wo Thätlichkeiten zwischen Einzelpersonen zu besorgen sind Unter „öffentlichem Frieden“ ist der der Allgemeinheit zu verstehen

3. Dagegen ist es nicht erforderlich, daß das ganze Land von den nachtheiligen Folgen der Anreizung bedroht werde; es genügt, wenn die Gefahr sich auf einen Ort oder Distrikt beschränkt. Z. I 29 Sept. 1854 c. Kitsche (Es handelte sich hier von einer durch eine Predigt verübten Anreizung.)

4. Ebenso wird nur eine Gefährdung des öffentlichen Friedens erheischt, die eingetretene Wirkung der Handlungen, also eine wirkliche Störung ist nicht erforderlich. Z. I. 2 März 1853 c. Spiske (G. A. 1. s. 701); Z II. 30 Juni 1853 c Kriegner; Z. II. 2 März 1854 c Krackrügge; Z I 31. Jan. 1855 c. Fischer; Z II 5. Juli 1855 c. Degenkolb; vgl. zu § 135 n. 12.

5 Auch daß der Thäter die Absicht, den öffentlichen Frieden zu stören, gehabt habe, wird keineswegs vorausgesetzt. Komm.-Ber. II. K. s. 65; Z I. 2. März 1853 c Spiske (G. A. 1 s 701) Es genügt daher auch fahrlässige Gefährdung. G. Matt 2 s. 158 n 2 *Contra*: Temme Lehrb. s 652. Vgl. unten n. 8.

6. Unter „Angehörigen des Staats“ sind nach Temme (Lehrb. s. 652) nur bestimmte, konkret nachzuweisende Individuen, oder Mehrheiten von Individuen (Klassen 2c.) zu verstehen Ein Z II 11. Mai 1854 c Sachse (Costenoble u. Gen) deutet sogar an: es werde hier vorausgesetzt, daß nicht blos einzelne Individuen, gegen einzelne andere Individuen, sondern bestimmte Gesellschafts-Kategorien gegen einander angereizt worden seien. Jedenfalls ist aber nicht erforderlich, daß diese verschiedenen Kategorien rechtlich von einander geschiedene Klassen bilden; es können vielmehr als solche z. B. „die Reaktion und die oppositionelle Partei“, oder „die katholischen Soldaten“ angesehen werden cit. Z II. 11 Mai 1854 c. Sachse; Z I. 11. Okt. 1854 c. Seemann.

7. Wenn die Instanzrichter die Thatsache der Existenz einer „Kreuzzeitungs-Partei“ in dem Sinne anerkannt haben, daß dieselbe eine als politische Parteiung allgemein bekannte Schichte der bürgerlichen Gesellschaft bilde, auf welche als solche Haß und Verachtung in einer den öffentlichen Frieden gefährdenden Weise gelenkt werden könne, so unterliegt diese thatsächliche Feststellung der Nichtigkeitsbeschwerde nicht. Z I 31. Jan 1855 c. Fischer (G. A 3 s 563) Dasselbe gilt umgekehrt von dem Falle, wenn der Instanzrichter annimmt, eine „Zeitungspartei“ sei ein wesenloser Begriff, welcher unter den im § 100 vorkommenden Begriff der Angehörigen des Staats nicht gestellt werden könne; Beschl. I 16. Mai 1855: Beschlagnahme der Montagspost betr.

8. Zum Begriffe der „öffentlichen Anreizung“ wird die Absichtlichkeit derselben vorausgesetzt Z. I. 12. Okt 1853 c Wander *Sic*: Temme Lehrb s. 652; Koch s. 968 n. 74. Vgl n. 5.

9 Wegen des Erfordernisses der Oeffentlichkeit der Anreizung ist § 36 zu vergleichen Insbesondere ist die Oeffentlichkeit eines Orts oder einer Zusammenkunft nicht dadurch bedingt, daß alle Klassen der Staats-Angehörigen oder Einwohner eines Orts dazu eingeladen, oder dabei vertreten sind; vielmehr liegt der Gegensatz nur im Privaten und Geschlossenen. Z. I 2. März 1853 c. Spiske (G A 1 s 701)

10 Anreizungen, welche sich auf die religiöse Verschiedenheit der Staatsangehörigen beziehen, sind keineswegs ausgeschlossen, und nicht etwa nur unter den § 135. zu subsumiren; der Unterschied zwischen beiden liegt vielmehr darin, daß § 135. sich auf Aeusserungen, welche unmittelbar gegen eine Kirche 2c. gerichtet sind, bezieht, ohne eine Gefährdung des öffentlichen Friedens zu erheischen, während § 100. gerade die letztere, ohne weitere Beachtung des Objekts der Anreizung, erfordert. Z. I. 2. März 1853 c. Spiske (G. A 1. s 701).

§. 101. Wer durch öffentliche Behauptung oder Verbreitung erdichteter oder entstellter Thatsachen, oder durch öffentliche Schmähungen oder Verhöhnungen die Einrichtungen des Staates oder die Anordnungen der Obrigkeit dem Hasse oder der Verachtung aussetzt, wird mit Geldbuße bis zu zweihundert Thalern oder mit Gefängniß bis zu zwei Jahren bestraft.

[Entw. § 90] Vgl. § 135 156. (Verordn v 30 Juni 1849 § 18)

---

11 Es genügt, wenn eine Anreizung zu Haß oder Verachtung statt gefunden hat; daß auch gegründeter Haß oder Verachtung erzeugt werden könne, wird nicht verlangt

§. 101.

1. Ueber den Begriff des „öffentlich" vgl § 36 und zu § 100 n. 9.

2. Bei der Behauptung und Verbreitung erdichteter oder entstellter Thatsachen ist die Wissenschaft des Thäters von der Erdichtung 2c. kein Erforderniß des Thatbestandes. Auch derjenige macht sich strafbar, welcher es fahrlässiger Weise unterläßt, die Richtigkeit der Thatsachen, welche der Verachtung 2c aussetzen, zu untersuchen, ehe er sie veröffentlicht. Komm.-Ber. II K. s 66. *Contra:* Temme Lehrb s 654; vgl zu § 156 n 14.

3. Der Verbreitung im Sinne dieses § macht sich auch der Redakteur eines periodischen Blattes schuldig, welcher einen, derartige Thatsachen enthaltenden Artikel aus einem andern Zeitungsblatte in das seinige übernimmt, indem er hierdurch den Artikel zu seinem eignen macht Z. 14. Mai 1852 c Holdheim (Gumbinner u. Gen.)

4. Nur die Behauptung 2c. von Thatsachen, nicht also solche Aeusserungen, welche ein blosses Urtheil enthalten, unterliegen diesem § B. II. 10. Nov. 1853 c. Faust (Es handelte sich von der Besprechung der Handlung eines Dritten, wegen welcher die Polizeibehörde Nachforschungen veranlaßt habe, und es ward die Ansicht ausgesprochen, daß jene Handlung gesetzlich durchaus erlaubt gewesen sei) Vgl Komm-Ber II K s. 66; G. Matt. 2 s. 160.

5 Im Uebrigen umfaßt das Wort „Thatsachen" auch das Wollen, den Entschluß zum Handeln, nicht blos Handlungen in ihrer objektiven Erscheinung. G. Matt 2 s 162 n 3.

6. Temme (Lehrb. s. 654) glaubt, daß die „Schmähungen und Verhöhnungen" mindestens den Charakter der Injurien an sich tragen müssen

7. Der § enthält nur im ersten Theile (bei der Behauptung 2c. erdichteter 2c Thatsachen) das Erforderniß konkreter Beziehung auf bestimmte Handlungen, also auch auf bestimmte obrigkeitliche Organe des Staats; in seinem zweiten Theile (wo von der Schmähung 2c der Einrichtungen 2c. des Staats die Rede ist) sieht er dagegen von diesem Erfordernisse insofern ab, daß das Vergehen auch durch den Angriff auf den Staat überhaupt, oder auf die Regierung als abstrakten Begriff, und ohne Beziehung auf konkrete Organe derselben, sowie durch Verdächtigung ihres Geistes und ihrer Regierungsmaximen erfolgen kann Z. II. 17. März 1853 c Tuch u. Faber; Z II. 11. Mai 1854 c. Sachse (G. A 2. s. 689); vgl. G Matt. 2. s. 161 n. 2 u. unten n. 10. 13.

8. Angriffe gegen den deutschen Bund, oder andere Bundesstaaten fallen nicht unter § 101; es sei denn daß in den erstern gleichzeitig der Thatbestand einer gegen Einrichtungen des Preussischen Staats, oder Anordnungen seiner „Obrigkeiten" gerichteten, dem § entsprechenden Handlung enthalten wäre G. Matt. 2 s. 162 n. 4 Vgl. Koch s. 968 n 75.

9. Temme (Lehrb s. 653) will unter „Einrichtungen des Staats" die von der Regierung für die Zwecke des Staats geschaffenen bleibenden Staatsanstalten, verstehen.

10. Das Staats-Ministerium ist als Obrigkeit, und Beschlüsse, welche

§. 102. Wer durch Wort, Schrift, Druck, Zeichen, bildliche oder andere Darstellung eine der beiden Kammern, ein Mitglied der beiden Kammern, eine andere politische Körperschaft, eine öffentliche Behörde, einen öffentlichen Beamten, einen Religionsdiener, ein Mitglied der bewaffneten Macht, einen Geschworenen, einen Zeugen oder Sachverständigen, während sie in der Ausübung ihres Berufes begriffen sind, oder in Beziehung auf ihren Beruf beleidigt, wird mit Gefängniß von Einer Woche bis zu Einem Jahre bestraft.

---

von demselben in Beziehung auf die äussern Angelegenheiten des Staats zur Ausführung gebracht werden, sind als Anordnungen der Obrigkeit im Sinne dieses § aufzufassen. Beschl. 8. Okt 1851 c. v. Arnim. Vgl n. 7 13

11. Der evangelische Oberkirchenrath hat unzweifelhaft den Charakter einer Obrigkeit auf dem Gebiete des Kirchen-Regiments Z. I. 5. Jan. 1853 c. Hoffman

12. Der § ist nur zum Schutze der wirklich zu Recht bestehenden Einrichtungen des Staats, und rechtliche Kraft habender Anordnungen der Obrigkeit, und nicht (wie § 102) zum Schutze der Obrigkeit überhaupt, oder in Beziehung auf jede andere Einrichtung derselben gegeben. Die Aufstellung eines Etatsentwurfs durch einen Gemeinde-Magistrat, und die Vorlegung vor den Gemeinderath ist zwar eine Amtshandlung des Magistrats, aber noch keine eine rechtliche Kraft habende Anordnung der Obrigkeit. V. II. 10 Nov. 1853 c Faust.

13. Auch die von der Regierung auf dem Gebiete der Politik ergriffenen Maaßregeln sind als Anordnungen der Obrigkeit zu betrachten, und die Angriffe gegen das von der Regierung befolgte politische System können unter § 101 fallen, weil das System nur aus den einzelnen Maaßregeln erkennbar ist, die Kritik jenes also recht eigentlich sich auf diese Maaßregeln mit erstreckt Beschl. I 25 Apr. 1855 Beschlagnahme der Ill. Zeit. betr. Vgl. n. 7 10.

14. Es genügt, wenn die Einrichtungen des Staats &c. dem Hasse &c. ausgesetzt worden sind, wenn also auch nur eine nahe liegende Möglichkeit der Erregung des Hasses dadurch begründet wird; wirkliche Erregung ist nicht erforderlich. Vgl zu § 135. n. 12. *Contra*: Temme Lehrb. s. 652 654 —

§. 102.

Inhalt:

1 Dieser § setzt, in Uebereinstimmung mit § 152, zum Thatbestande der Beleidigung nur den objektiv ehrverletzenden Charakter einer Handlung oder Aeusserung, und den Vorsatz im Allgemeinen, das ist das Bewußtsein der That beim zurechnungsfähigen Thäter, voraus Z II 12 Okt 1854 c Dörbach Aehnlich Z. I. 7. Okt. 1853 c Lehmann; Z. II. 12 Januar 1854 c. Schulte. Vgl zum Titel XIII n. 19.

2 Des besondern Nachweises, und der Feststellung der Absicht zu beleidigen bedarf es nicht, ebenso wenig der eines sonstigen verbrecherischen Dolus,

Hat die Beleidigung den Karakter der Verleumdung, so ist die Strafe Gefängniß von vierzehn Tagen bis zu achtzehn Monaten, und wenn die Verleumdung öffentlich begangen wurde, Gefängniß von Einem Monate bis zu zwei Jahren.

Wird festgestellt, daß mildernde Umstände vorhanden sind, so kann in allen Fällen die Strafe auf Geldbuße von zehn bis zu dreihundert Thalern bestimmt werden.

[Entw. § 91] Vgl § 103 152. 154 156—158. 163. 343. (Vdn. v. 30. Juni 1849 § 23.)

---

da ein mit Bewußtsein stattgehabtes Handeln genügt. Z II 12. Jan 1853 c. Schulte; Z. I. 16. März 1853 c. Gramm; Z I 7 Feb 1855 c. Berch; Z. I. 5 Juli 1855 c Kühne; vgl. zu Tit. XIII. n. 20.

3 Ob irgend eine Aeusserung die Beleidigung einer Behörde rc. darstelle, ist Gegenstand der thatsächlichen Prüfung Z. I. 7. Okt. 1853 c. Lehmann; Z. II 12. Jan. 1854 c Schulte.

4. Real-Injurien fallen nicht unter diesen, sondern unter § 192. Bes. f. 270 I. Vgl zu Tit. XIII n. 4

5. Unter politischen Körperschaften sind alle kollektiven Einheiten zu verstehen, welche nicht zu Privatzwecken, sondern um ihrer publizistischen Bedeutung willen mit öffentlichem Charakter versehen sind; daß sie korporative Rechte haben, ist nicht erforderlich Es gehören hierher also unbedenklich Stadtverordneten-Versammlungen, Gemeinderäthe, Kreisversammlungen rc. G. Matt. 1 f 167. *Contra:* Koch f. 969 n 76.

6. Die Mitglieder der politischen Körperschaften als solche sind nicht hierher zu zählen. Goltd. l. c.

7 Der Begriff einer öffentlichen Behörde erfordert die Eigenschaft als Organ der Regierungs-Gewalt, mithin den Beruf zur wenigstens mittelbaren Förderung der Zwecke des Staats, unter Beilegung einer öffentlichen Autorität. Daher ward als Behörde nicht angesehen eine Kommission zur Vertheilung von Hagel-Entschädigungs-Kollekten-Geldern, welche auf Veranlassung der Bezirksregierung durch den Bürgermeister mit landräthlicher Genehmigung angestellt war Bern II. 15. Sept. 1854 c. Gudehege

8. Behörden haben nur insoweit eine Persönlichkeit, als ihnen eine amtliche Thätigkeit zusteht, oder obliegt, sie können daher nie anders als in Beziehung auf ihre amtliche Wirksamkeit beleidigt werden. Z. II. 24. Feb. 1853 c. Kindermann; G. Matt. 2. f. 166 n. 2; f. 168

9. Ein Gutsherr, welcher die gutsherrliche Polizei verwaltet, ist in dieser Beziehung als öffentliche Behörde zu betrachten, ohne daß es darauf ankommen könnte, ob er im Sinne des ALR. II. 10. § 68 69 öffentlicher Beamter sei. B. I. 30. Nov. 1855 c. Oldenburg (JMBl 1856 f. 40). Ueber die zeitliche Fortdauer der gutsherrlichen Polizeigewalt vgl. Erk des Ob-Trib 19. Okt 1854. (Entsch. 28. f. 445).

10. Die Rentkammer eines vormals unmittelbaren Reichsstandes ist mit Rücksicht auf die Instr wegen Ausführung des Edikts vom 21. Juni 1815 die Verhältnisse jener Reichsstände betreffend, in den §§ 35. 36 57. 58. als Behörde zu betrachten Z II. 27. Apr 1854 c. Salomon.

11. Das Presbyterium einer evangelischen Gemeinde (nach der Kirchen-Ordnung vom 5. März 1835) ist eine Behörde; ein Mitglied derselben ist als Beamter zu betrachten. Z Kass Hof 6. Feb 1852 c. v der Gröben — Vgl. zu § 331 n. 14.

12. Das „militärische Gefolge“ des Königs ist als solches mit den Attributionen einer Militärbehörde nicht bekleidet. Z II 27 Mai 1854 c. Brüggemann.

13 Ueber die Beamten-Qualität vgl. § 331. und zu § 89 n. 1—5. Insbesondere gilt auch hier der Satz, daß die im Auslande verübten Beleidigungen dortiger Behörden nach § 102. und nicht als blosse Privatbeleidigungen zu bestrafen sind. Z. II 18. Okt. 1855 c. Kästner (G. A. 3 f. 833) Vgl zu § 4. n. 16. u. zu § 89. n. 3.

14. Als Beamter im Sinne des § 102. ist anzusehen ein vereideter Postexpeditionsgehülfe, wenn er dem Publikum gegenüber amtlich thätig ist. Z. 14. Mai 1852 c. Lotheisen; Z. I. 5. Juli 1854 c. Hüneke. Vgl. zu § 331. n. 7.

15 Dasselbe gilt von öffentlichen Lehrern. Verf. v. 31. Jan. 1850 Art. 23

16 Ein Gleiches ist in Betreff eines Schiedsrichters anzunehmen, welcher mit Rücksicht auf Art. 51. der Rh. H.G.B. über die zwischen den Mitgliedern einer Handelsgesellschaft entstandenen Streitigkeiten zu entscheiden hat, sollte er auch als „gütlicher Vermittler“ berufen sein. *Sir.* 38. 1. 398. — Der Grund liegt darin, weil diese Streitigkeiten nach dem Gesetze mit Nothwendigkeit durch Schiedsrichter zu entscheiden sind. Eine Ausdehnung auf freiwillig gewählte Schiedsrichter ist deshalb noch nicht gerechtfertigt.

17. Der Diener und Nachtwächter einer Ortsgemeinde ist öffentlicher Beamter. Z I 29 Juni 1855 c. Maschewski. — Ebenso ist ein städtischer, wenn auch nicht auf Lebenszeit angestellter Förster ein öffentlicher Beamter im Sinne des § 102; Z. I 5 März 1856 c. Türke.

18. Forstlehrlinge, d. h. solche Personen, welche mit Genehmigung der Oberforstbeamten sich bei den Oberförstern oder Förstern behufs ihrer Ausbildung zum Forstdienste aufhalten, sind in persönlicher Beziehung als Beamte nicht anzusehen. Beschl. I. 27. Apr. 1853 c. Gensch. (Entsch. 24 s 498).

19. Die Aelterleute eines Gewerks, sowie die sonstigen Vorstände der Zünfte und Innungen sind keine mittelbaren Staatsbeamten Z. 8. Okt. 1852 c. Pollähne; Z. 29. Okt 1852 c Nauman; Z. I. 9. Feb. 1853 c Grau.

20. Der mit der Empfangnahme des Brückengeldes beauftragte Diener eines Brückenpächters ist kein Beamter, wenn seine Annahme auch der Genehmigung der Steuerbehörde unterliegt, er eine besondere Kleidung trägt, und der Pachtvertrag ihm die Befugniß beilegt, wegen Nichtzahlung des Brückengeldes Pfändungen vorzunehmen. Z II. 18. Jan. 1855 c. Lennartz (Rh. Arch. 50. 2. A. s. 67).

21 Die einem Beamten rc., während er in der Ausübung seines Berufs begriffen ist, zugefügte Beleidigung setzt die persönliche Gegenwart dieses Beamten rc. voraus. Temme Lehrb. s. 671 Note 1

22. Goltdammer (Matt. 2. s. 170 n. 9) hält auch die Beleidigung eines verstorbenen Beamten rc in Beziehung auf seinen Beruf für strafbar. Vgl. zum dreizehnten Titel n. 8.

23. Die Beleidigung eines Beamten bleibt auch dann strafbar, wenn derselbe nicht den gesetzlichen Vorschriften gemäß verfahren sein sollte. B. (Int. des Ges) II. 11. Juli 1853 c. Stollenwerk (Rh. S; JMBl s 420; Rh. Arch. 49. 2. A. s. 43; G. Arch 1. s. 565); Z I. 6. Jan. 1854 c. Otto u. Gen.; Vgl. zu § 89. n. 7. 8. 9; zu § 177 n. 6

24. Die AKO v 1. März 1844 (GS. s. 69), die Beleidigungen zwischen Civil- und Militärpersonen betreffend, ist für aufgehoben zu erachten. G. Matt 2. s. 168 n. 6; Temme GK. s 224. *Contra:* Wenzel Ergänzungen s. 64.

25. Die AKO. v. 18. Dez. 1841 (JMBl. 1842 s 53), nach welcher die in Immediat-Gesuchen enthaltenen strafbaren Ausdrücke, ohne Allerhöchste Bestimmung nicht zum Gegenstande einer Verfolgung gemacht werden sollen, bezieht sich nur auf Immediat-Eingaben, nicht auf solche, welche an höhere Behörden gerichtet sind Z. I. 16. März 1853 c Gramm.

26. Der beleidigte Beamte kann die erlittene Ehrverletzung auch unzweifelhaft nach Art. XVI. des Einf. Gesetzes im Wege des Civil-Prozesses verfolgen, und zwar nicht blos die persönlich erlittene Beleidigung, sondern das ganze nach § 102 strafbare Vergehen; das geht aus der Fassung des Art. XVI. cit. mit Nothwendigkeit hervor. Dasselbe gilt noch unbedenklicher nach Rheinischem Verfahren vom Civilkläger. So auch Beseler s. 272. Vgl. n. 29. *Contra*: G. Matt. 2. s 170 n. 8; Temme Lehrb. s 177 n. 2.

27. Eine Kompensation der Ehrenkränkungen, wie sie § 153. gestattet, setzt die relative Gleichheit derselben voraus; eine solche liegt aber bei dem durch § 102. vorgesehenen Vergehen gegen die öffentliche Ordnung einerseits und einer nur auf den Antrag des Verletzten zu verfolgenden Ehrverletzung oder einfachen Beleidigung, oder auch einer nach § 187 zu ahndenden Thätlichkeit andererseits, nicht

§. 103. Wegen Beleidigung einer der beiden Kammern darf die Verfolgung nur mit Ermächtigung der Kammer, und wegen Beleidigung eines Mitgliedes der Kammer nur auf dessen Antrag eingeleitet werden.

In Ansehung der übrigen im § 102. vorgesehenen Ehrverletzungen bedarf es zur Einleitung der Verfolgung eines Antrages des Verletzten nicht.

[Entw. § 91 a.] Vgl. § 102 50—53; Einf.-Ges Art. XVII. (Verordn. v. 30 Juni 1849 § 34); Ges v 11. März 1850 § 5. (G.S. s 174)

§. 104. Wer unbefugt sich mit der Ausübung eines öffentlichen Amtes befaßt, oder solche Handlungen vornimmt, die nur in Kraft eines öffentlichen Amtes vorgenommen werden

---

vor. G. Matt. 2. s. 164; Z II. 7 Mai 1853 c. Bahrt; Z II. 7. Juli 1853 c Schäckel (G. Arch. 1. s. 569).

28 Der allgemeine Grundsatz des § 154. ist auch auf den Fall des § 102. anwendbar; Z. I 21. Okt 1853 c Rösener (G A. 1 s. 706); Z I. 21 Feb 1855 c. Fick. Wird daher vom Angeklagten behauptet: er habe die betr Aeusserung nur zur Ausführung seiner Vertheidigung gemacht, so ist der Instanz-Richter verpflichtet, diesen Einwand zu prüfen, und sich in den Gründen des Urtheils über seine Richtigkeit auszusprechen V. II. 27. Mai 1854 c Braune; V. I 21 Feb. 1855 c Angermann; V. I 17. Okt. 1855 c Zbylicki (Präj n. 174; G A 3. s 839). — *Contra:* Z. I 12. Sept. 1855 c Meising, welches unbedingt die Anwendbarkeit des Grundsatzes des § 154 auf die im § 102 erwähnten Ehrenkränkungen verneinte

29. Die Vorschrift des § 50, in Verbindung mit § 160. erleidet auf das im § 102 vorgesehene Vergehen keine Anwendung, sollte auch, beim Mangel des Einschreitens der Staatsanwaltschaft, der gekränkte Beamte die ihm in Beziehung auf seinen Beruf zugefügte Beleidigung im Wege des Civilprozesses verfolgen, indem letztere dadurch keineswegs den Charakter einer blossen Privatbeleidigung annimmt V. I 25 Apr. 1855 Michna c Klima. Vgl n. 26.

30. Auch hier ist bei einer eine Verleumdung betreffenden Verfolgung dem Angeklagten der Beweis der Wahrheit in Gemäßheit der §§ 157 158. unbedenklich gestattet G M. 2 s 164 u. 167 n 5; Temme Lehrb s 671. Mit Unrecht will ersterer dieses bei der Verleumdung einer Behörde bezweifeln; insoweit einer solchen eine unwahre Thatsache zur Last gelegt werden kann, ist der Beweis der Wahrheit dieser Thatsache auch denkbar und zulässig; darauf, daß eine Behörde als solche nicht delinquiren kann, kommt hier nichts an.

31. Auf die Fälle des § 102. findet auch § 163. Anwendung, vgl. zu diesem n 1

32 Im Uebrigen sind die Bemerkungen zu Tit XIII. zu § 153 und § 156 zu vergleichen.

§. 103.

1. Wegen einer dem Staats-Ministerium oder einzelnen Ministern zugefügten Beleidigung soll die Staatsanwaltschaft nicht ohne Weiteres einschreiten, sondern in der durch die Allg Min.-Verfügungen vom 14 Aug. 1849 und vom 10. Nov 1849 § 19 (JMBl. s 376 u. 465) vorgeschriebenen Weise zunächst die nähere Anweisung des Justiz-Ministers einholen Min.-Verf v 23. Juni 1851 (JMBl. s. 228)

§. 104.

1. Der § erheischt ein unbefugtes Handeln, er ist daher anzuwenden, ohne daß es einen Unterschied begründete, ob jenes Handeln einer Privatperson, oder einem Beamten zur Last fällt, welcher die Sphäre seines Amtsberufs verlassend, sich mit der Ausübung eines ganz andern Amts befaßt V. I. 15. Apr. 1853 c. Ta-

dürfen, soll mit Gefängniß von vierzehn Tagen bis zu Einem Jahre bestraft werden.

[Entw. § 92.] Vgl. AKO. v. 5. März 1834 (GS. S. 60)

---

selski. (Ein Pfarrer hatte gegen Jemand, der sich einer Mißhandlung schuldig gemacht, eine körperliche Züchtigung verhängt und vollzogen)

2. Der erforderliche Dolus besteht hier in der Kenntniß des Handelnden, daß er eine Handlung ausübe, welche nur kraft eines (ihm nicht zustehenden) Amtes vorgenommen werden kann. Z. I. 1 März 1854 c. Thomas; ein anderweitiger besonderer Dolus ist nicht erforderlich. B. I. 15. Apr. 1853 c. Tafelski Vgl. Temme Lehrb. S. 673. *Contra:* G. M. 2. S. 172 n 4, welcher auch Fälle strafbaren Irrthums, also der Fahrlässigkeit für denkbar und strafbar erachtet, ähnlich Koch S. 969 n. 80.

3. Es wird Ausübung eines mittelbaren, oder unmittelbaren Preussischen Staats-Amtes vorausgesetzt Temme Lehrb. S. 672.

4 Ob in den Verhältnissen bestimmter Personen die Merkmale eines öffentlichen Amtes zu finden, ist eine Rechtsfrage. Z. I. 13. Jan. 1854 c Fleischer

5. Auf die unbefugte Verrichtung geistlicher Amtshandlungen (vgl. AKO. v. 5. März 1834) ist der § nicht anwendbar Motive S. 33. Hierbei soll es auch keinen Unterschied machen, ob diese geistlichen Handlungen bürgerliche Wirkungen haben, sowie ob die Betheiligten ihren Austritt aus ihrer bisherigen Kirche in gesetzlicher Form erklärt haben, oder nicht B. I 18. März 1853 c. Krebs u. Gen. (Entsch 25. S. 220); Z. I. 1. Juni 1853 c Wegner; B. II. 7 Apr. 1853 c. Eckold. Den im entgegengesetzten Sinne gestellten Antrag der General-Staats-Anwaltschaft vgl. in den Entsch. 25. S 222.

6. Das Konzipiren von Schriften in Rechtsangelegenheiten für Andere ist den Justiz-Kommissarien (Rechts-Anwalten) in der AGO., oder der spätern Gesetzgebung gar nicht, und namentlich nicht als Ausfluß ihrer Amtsberechtigungen, ausschließlich vorbehalten worden; und auch bei Abfassung des StGB ist das blosse Konzipiren von Schriften, welche zur Einreichung an Gerichte bestimmt sind, für Andere auch gegen Belohnung, nicht als ein den Rechts-Anwalten ausschließlich vorbehaltenes Berufsgeschäft, nicht als eine Handlung angesehen worden, welche nur kraft des Amtes des Rechts-Anwalts und überhaupt nur kraft eines Amtes vorgenommen werden darf; der § 104. ist daher auf ein solches unbefugtes Konzipiren nicht anwendbar (vgl. Motive zum Entw. v. 1847 S. 120); Z. II. 22. Feb 1855 c. Braun (JMBl. S. 111). *Sic:* B. II. 24. Feb. 1853 c. Momberg; B. II 1 Juni 1853 c Zeth (Entsch. 25. S 359); Z. I. 10. Juni 1853 c Thran; Z eod. c. Zaretzki; B. II. 23. Juni 1853 c Momberg; B. I. 17. Feb. 1854 c. Junkereit; Abh. in G. Arch 3. S. 637. *Contra:* Voitus Abh in G. Arch. 2. S. 67.

7. Was hier von der Ausübung eines öffentlichen Amtes gesagt ist, darf auf Berechtigungen nicht ausgedehnt werden, sollten sie auch nur durch Verleihung Seitens der Staats-Gewalt erworben werden konnen; z. B. auf Gewerbe, zu deren Ausubung es einer Konzession, Bestallung rc. bedarf; z B. das der Aerzte, Apotheker, Baumeister rc. Unbefugte Ausübung derselben fällt nur unter § 177 der Gew.-Ordn v. 17. Jan. 1845 G M 2. S. 172 n. 5. Aus demselben Grunde ist das Gewerbe der von den Ortsbehörden bestellten Bracker, insbesondere auch das der Danziger Planken- und Bohlen-Bracker, nicht als ein Amt anzusehen (vgl. Gew.-Ordn v. 17. Jan. 1845 § 51 52.). Z. I. 13 Jan. 1854 c. Fleischer. Vgl Koch S. 970 n. 81.

8. Eine Befassung mit der Ausübung eines Amtes wollte ein Z. II. 22. Feb. 1855 c. Braun (JMBl. S. 111) nur da annehmen, wo dafur gleichzeitig der amtliche Charakter in Anspruch genommen werde Vgl. aber n. 9

9 Handwerksgesellen, welche (abgesehen von den speziellen Fällen, wo sie nach den vom Staate gegebenen oder bestätigten Innungs-Artikeln eine Strafe verhängen können: ALR. II. 6. § 45—47; II. 8 § 204) einem ihrer Genossen Geldbussen aufzuerlegen beschliessen, und jenen zur Erlegung derselben zu veranlassen suchen, nehmen eine Handlung vor, welche nur kraft eines Amtes vorgenommen werden darf. Beschl. I. 9. März 1853 c. Pötzelt u. Gen.

§. 105. **Wer unbefugt eine Uniform, eine Amtskleidung, ein Amtszeichen, einen Orden oder ein Ehrenzeichen trägt, wer unbefugt Titel, Würden oder Adels-Prädikate annimmt, oder wer eines Namens, der ihm nicht zukommt, sich bedient, wird mit Geldbuße bis zu Einhundert Thalern oder Gefängniß bis zu drei Monaten bestraft.**

[Entw. § 93.] Vgl § 12. 21. 22. 63 104; 118 Nr. 1 (Vdn. v 30 Okt 1816. G.S s. 216); AKO. v 15 April 1822 (G S. s. 108); Ges. v 14. April 1856 Art I. (G.S. s. 208).

---

10. Derjenige, welcher unter dem Namen eines fingirten Beamten eine falsche Bescheinigung schreibt, ist, da er sich nicht selbst den Charakter dieses Beamten beigelegt hat, nicht nach § 104. strafbar, [es können eventuell nur die §§ 251 oder 254. Anwendung finden]. Z. I. 6. Mai 1853 c. Koy. (G. A 2. s. 389).

§. 105.

Inhalt:

1. Die Frage, ob ein Angeklagter unbefugter Weise eine der hier erwähnten Handlungen vorgenommen habe, wird in der Regel rein thatsächlich sein; das nahm ein Z 16 Apr. 1852 c. Rosentreter in einem Falle an, wo der der unbefugten Annahme eines Adelprädikats Angeklagte, die Berechtigung zu haben behauptete Daß übrigens diese Frage unter Umständen auch eine rechtliche Seite darbieten könne, liegt auf der Hand Vgl. n. 7.

2 Ist die behauptete Berechtigung zur Führung eines Namens, oder Adelsprädikats durch eine Statusfrage (z. B ob der Angeklagte der durch nachfolgende Ehe legitimirte uneheliche Sohn eines Adligen sei) bedingt, so ist auch nach Preußischem Prozeßrechte die vom Civil-Richter über diese Statusfrage gefällte Entscheidung für den Strafrichter bindend, und es muß die in einer schwebenden Untersuchung inzidenter aufgeworfene Frage dieser Art unbedingt an den Civilrichter, und zwar mit bindender Kraft, verwiesen werden. So lange daher eine bereits ergangene Civilentscheidung hierüber in Rechtskraft besteht, darf der Strafrichter sich gar nicht auf eine Prüfung der vor ihm in Betreff jener Frage vorgebrachten Beweise einlassen. Z. I. 8 Feb. 1856 c. Neymann. (JMBl. s 96).

3. Der § unterscheidet nicht, ob die angenommenen Titel, Würden rc inländische, oder ausländische sind Z. II. 19. April 1855 c. Momma; *Sic:* Temme Lehrb s 674 n. 1; *Contra:* id. Gll. s 179 n. 2. vgl ibid. s. 73 n. 7.

4. Auch der Mangel der für einen Inländer erforderlichen Königlichen Genehmigung zur Führung ausländischer Titel, Orden, Ehrenzeichen und Standesauszeichnungen, macht die Annahme derselben zu einer unbefugten, und strafbaren. G. Matt 2. s 174. Das gilt namentlich von dem Falle, wo ein Preuße sich des ihm von einem fremden Fürsten verliehenen Titels, ohne dazu die Genehmigung des Königs erhalten zu haben (vgl AGO. I, 2. § 61; ALR. II, § 286; Vdn. v 27. Okt 1810 § 9 b.), in hiesigen Landen bedient; auch dieses ist als „unbefugte Annahme“ des Titels anzusehen. B. II. 10. Nov. 1855 c Bahrs (Präj n. 183). Der Angeklagte hatte bei Führung des Titels ausdrücklich ihn als ausländischen bezeichnet

5. Wenn auch bei diesem Vergehen der Strafgrund ein rein polizeilicher ist (vgl. Goltd. Matt. 2. s 174 n. 2.) so ist doch auch hier ein Dolus erforderlich, der aber nur im Bewußtsein der Rechtswidrigkeit bei Vornahme der Handlung besteht. Temme Lehrb. s. 674 n. 3. — Wer daher dieselbe in gutem Glauben, er sei dazu

berechtigt, vornahm, ist nicht strafbar. Z. 6. Okt. 1852 c. Schindler; Z. II. 22. Sept. 1853 c. Oberdorff (G. A. 1. s 702). Im letztern Falle hatte ein gewesener Postillion ein von ihm in seinem frühern Verhältnisse auf eigne Kosten angeschafftes Uniformstück, in der Meinung er sei dazu befugt, weiter getragen

6. Dagegen wird eine Verletzung der Rechte Dritter oder auch des Staats in keiner Weise vorausgesetzt, es genügt der wissentliche Mangel der Befugniß. Z. II. 22. Feb. 1855 c. Schneider u. Gen. Vgl. n. 21. 23.

7. Aus dem Umstande, daß § 105 in dem von den Vergehen wider die öffentliche Ordnung handelnden Titel sich findet, folgt, daß dabei die Gefahr einer Störung der öffentlichen Ordnung, insofern sie gewisse Auszeichnungen und Standesverhältnisse anerkennt, vorausgesetzt wird; diese Gefahr fällt weg, wo ein zum Tragen einer Dienstkleidung an sich Berechtigter sie zu einer Zeit und bei einer Gelegenheit trägt, wo er sie ausnahmsweise nach seiner Dienstinstruktion nicht tragen darf, z. B. wenn ein Postillion die Uniform bei einer Privatfuhre trägt Eine solche Handlung stellt nur einen Verstoß gegen die Dienstinstruktion dar, und ist im Disziplinarwege zu rügen. Z II. 22 Februar 1855 c. Schneider u Gen. (Präj. n. 139. Entsch. 29 s. 474; 30. s 327; G. A. 3. s 423). *Contra:* Verf. des Min. des Hand. v. 28 Nov. 1851 (St.-Anz s 763) und 8 Juli 1852; Just.-Min.-Verf vom 21. Juli 1852 (G. A. 1. s 77).

8 Die Frage ob das Tragen eines einzelnen Uniformstücks (z. B eines Dienstmantels) als Tragen einer Uniform anzusehen sei, ist thatsächlicher Natur. Z II. 30. Sept. 1854 c. Jokisch und Gen. — Ein Z I. 27. Feb. 1856 c. Schür wollte überhaupt ein gelegentliches Anlegen von einzelnen Uniformstücken nicht als strafbar ansehen, da der § ein Tragen „der Uniform“ erfordre

9. Daß das Tragen öffentlich geschehen sei, ist nicht erforderlich Koch s. 970 n. 84.

10. Die AKO. v. 13. Okt. 1824 Nr 7. (GS. s 214) welche das unbefugte Tragen der Nationalkokarde, des National-Militär-Abzeichens oder des Landwehrkreuzes ebenso bestraft wissen will, wie das unbefugte Tragen von Orden und Ehrenzeichen, ist da § 105 auf diese sich nicht mit bezieht, als noch geltend zu betrachten G Matt. 2. s 175 n. 5; Koch s. 970 n. 82. *Contra:* Temme GU s 179. n. 3. id. Lehrb. s. 674 Note 2, welcher die Nationalkokarde, auch die eines fremden Staats, als Ehrenzeichen, und daher den § 105 auch in Betreff ihrer für anwendbar erachtet.

11. Das Wort „Titel“ bezeichnet eine durch höhere Verleihung zu erwerbende, mit Rangstellung verbundene Benennung, paßt daher nicht auf die Bezeichnungen einer wissenschaftlichen oder gewerblichen Thätigkeit, auch wenn zu deren Ausübung eine amtliche Qualifikation, Approbation oder Konzession erforderlich ist Z II. 21. Juni 1855 c. Fuchs.

12 Aus dem unter n. 11. angeführten Grunde, ist die Bezeichnung „praktischer Arzt“ nicht als Titel zu betrachten Insbesondre macht sich der Wundarzt erster Klasse, welcher zur Ausübung der innern Heilkunde berechtigt (vgl. AKO. v. 28. Juni 1825, und 17 Juni 1836), sich „praktischer Arzt“ nennt, des im § 105 vorgesehenen Vergehens nicht schuldig Z II. 21 Juni 1855 c. Fuchs. Vgl zu § 199. n. 5.

13. Dasselbe gilt von dem Gebrauche der Bezeichnung „Wundarzt“ durch eine als solcher nicht approbirte Person; jener Ausdruck ist nur als Bezeichnung des Gewerbes, dem der Betreffende sich widmet, aufzufassen. Z. 30 Juni c. Schreiner

14 Denjenigen, welche thierärztliche Praxis treiben, ohne als Thierarzt geprüft und approbirt zu sein, kann nicht untersagt werden, sich „Thierarzt“ zu nennen; die approbirten können sich „geprüfte oder approbirte“ nennen Verf d. Min. d. Med.-Angeleg v 31. März 1847 (Min.-Bl. f. d. i. V s. 52). Vgl zu § 199. n. 7.

15. Das Wort „Prediger“ hat an sich sprachlich und gesetzlich keine so scharf begränzte Bedeutung, daß es nothwendig, z B wie „Pfarrer“, „Pastor“, als die Bezeichnung eines geistlichen Amts aufgefaßt werden müßte. Die Annahme dieses Titels, zumal mit einem Zusatze (z. B: „der freien christlichen Gemeinde“), wodurch die Deutung, als werde die Qualität eines Predigers überhaupt, ein geist-

liches Amt, in Anspruch genommen, — ausgeschlossen wird, fällt nicht unter § 105 Beschl. 19. Mai 1852 c. Schmitter (G. A. 1 f 566).

16. Dagegen fällt die Annahme der Benennung „Justiz-Rath, oder „Justiz-Kommissar“ unter den §. B. 13. Sept. 1852 c. Taubenheim.

17. Als unbefugte Annahme eines Adels-Prädikats ist es auch anzusehen, wenn Jemand die Bezeichnung eines ihm nicht zustehenden höhern Grades des Adels (z. B. des Freiherrn- oder Grafentitels) sich beilegt, sollte er auch sonst adelig sein.

18. Die Bedrohung desjenigen, welcher unbefugt Adelsprädikate annimmt, enthält nicht die Voraussetzung, daß der Führung des Prädikats niemals eine irrige und deshalb straflose Führung desselben vorausgegangen sei, indem eine Annahme in jedem einzelnen Falle der Führung eintritt, also auch dann Strafe verwirkt ist, wenn der Beschuldigte, nachdem er über die Unrechtmässigkeit seiner bisherigen Führung des Adels belehrt worden, dennoch darin fortfährt. Z. 16. April 1852 c. Rosentreter Vgl. n. 22.

19. Der Gebrauch eines nicht zukommenden Familienwappens ist straflos. Koch f. 970 n. 85. — In Betreff des eigenmächtigen Gebrauchs und der Abbildung des Königlichen Wappens auf Waaren, Aushängeschildern und Etiketten ist die AKO. v. 16. Okt. 1831 (G S. f. 247) maaßgebend.

20. Das Verbot der unbefugten Annahme eines andern Namens ist nicht auf Familien-Namen zu beschränken. Komm.-Bericht II. K. f. 68; *Contra:* Z. I 28. Sept. 1855 c. Wolz; (Präj. n. 169; G. A. 3. f. 834), welches es auf Vornamen nicht beziehen wollte; so auch G. Matt. 2. f. 586 n. 2.

21. Der § bezieht sich nicht nur auf den Fall, wo Jemand sich des Namens irgend eines bestimmten Dritten bedient, oder wo die Annahme des fremden Namens zugleich einen Eingriff in fremde Rechte darstellt, trifft vielmehr auch da zu, wo Jemand einer Polizeibehörde auf deren befugtes Befragen einen unrichtigen Namen angiebt, um dadurch die eigenen Personal-Verhältnisse zu verdecken. Z. I 13. Okt. 1854 c. Peter. Vgl. n. 6. 23.

22. Ebenso setzt der § keineswegs den angemaßten dauernden Besitz, die dauernde Fortführung eines fremden Namens, sondern nur die Absicht des wirklichen Gebrauchs, wenn auch nur in einem vorübergehenden Falle voraus. Z. II. 10. November 1853 c. Heger; Z. I. 11. Novb. 1853 c. Ziegler (G. A. 2. f. 116). *Sic:* Temme Lehrb. f. 674; G. Matt. 2. f. 176 n. 6. Vgl. n. 18.

23. Dagegen bedroht § 105. nicht jede Unwahrheit oder Lüge in Beziehung auf die eigene Persönlichkeit, oder deren Bezeichnung, mit Strafe; setzt vielmehr, wie die Ueberschrift des Titels andeutet, irgend eine Verletzung der öffentlichen Ordnung, irgend ein Recht des Fragenden auf die Wahrheit der Antwort voraus; in Ermanglung eines solchen Rechts, bedient derjenige, welcher auf eine unbefugte Frage sich wissentlich einen andern Namen beilegt, sich nicht im Sinne des Gesetzes eines fremden Namens. Z. I. 5. Okt. 1853 c. Krumrei; Z. I. 24. Okt. 1855 c. Hübner (G. A. 3. f. 834). Vgl. n. 21. — Daraus darf aber nicht gefolgert werden, als wenn das Vergehen nur einem Beamten gegenüber begangen werden könne; vielmehr ist jedenfalls auch derjenige, welcher sich einer Privatperson gegenüber eines falschen Namens bedient, strafbar, wenn es geschah, nachdem er bei dieser Privatperson ein rechtlich begründetes Interesse, seinen wahren Namen zu kennen, angeregt hatte, (z. B. durch Verhandlungen über ein abzuschliessendes Kaufgeschäft.) Z. I. 2. Apr. 1856 c. Levy. (JMBl. f.) — Die unbefugte Annahme von Titeln, Würden, oder Adelsprädikaten ist ohne eine solche Unterscheidung immer strafbar.

24. Ueber das Betteln unter Annahme eines falschen Namens vgl. zu § 118. n. 10. 11.

25. Giebt ein ertappter Holzdieb auf Befragen des Försters oder des Bestohlenen einen falschen Namen an, so kommt dieses nur als ein den Holzdiebstahl erschwerender, und die Bestrafung desselben verschärfender Umstand in Betracht (HDG. v. 2. Juni 1852 § 4 Nr. 3); es kann daneben nicht auch noch die Strafe des § 105 verhängt werden, dieser ist durch das HDG. modifizirt. Z. 8. Nov. 1852 c. Schemrich.

26. In Betreff der Kompetenz und des Verfahrens vgl Ges. v 14. Apr. 1856 Art. I. (oben bei Art. II. des Einf.-Ges f. 20).

§. 106. Wer Urkunden, Register, Akten oder sonstige Gegenstände, welche sich an einem öffentlichen Verwahrungsorte aufbewahrt finden, oder einem Beamten, zu dessen Amte die Verwahrung desselben gehört, in amtlicher Eigenschaft übergeben worden sind, vorsätzlich vernichtet oder bei Seite schafft, wird mit Gefängniß nicht unter drei Monaten bestraft.

Ist die Handlung in gewinnsüchtiger Absicht begangen, so soll zugleich auf zeitige Untersagung der Ausübung der bürgerlichen Ehrenrechte erkannt werden.

[Entw. § 94.] Vgl. § 243 Nr. 7; 281. 282. 323.

---

§. 106.

1. Dieser § bedroht die Vernichtung rc. von Gegenständen, welche unter Verletzung einer amtlichen Verwahrung geschieht, mit Strafe; die Handlung kann deshalb leicht auch die Merkmale eines andern Vergehens an sich tragen, wo dann die Grundsätze über ideale Konkurrenz anzuwenden sind. Vgl. die Bemerkungen Mittermaiers und Abeggs in G Matt. 2. s. 181 Note 1. u. die Abh. in G. Arch 2. s 646

2. Liegt daher der Thatbestand des Diebstahls vor, so finden die §§ 215 fg Anwendung.

3. Handelt es sich von fremden Urkunden, welche zum Nachtheile von Andern vernichtet sind, so greift § 243 Nr. 8 Platz

4. Begeht ein Beamter die Vernichtung an den ihm amtlich anvertrauten Urkunden, so ist Abs. 2 des § 323 anzuwenden.

5. Handelt es sich dagegen nicht von Urkunden, sondern von andern Registern, Akten oder sonstigen Gegenständen, welche an einem öffentlichen Verwahrungsorte aufbewahrt werden, so wird auch der sie vernichtende oder bei Seite schaffende Beamte nach § 106 bestraft, da dann § 323 unanwendbar wird Z. I. 2. Jan 1856 c. Dornblüth.

6 Bei Gegenständen der Kunst, der Wissenschaft oder des Gewerbes, welche in öffentlichen Sammlungen aufbewahrt werden, ist § 106 unanwendbar, vielmehr nur § 282 maaßgebend. Temme Lehrb. s. 674 n. 2. [In diesem Falle handelt es sich auch wohl nicht von einer „Verwahrung“ im Sinne des § 106, sondern von einer „Aufbewahrung“ zum Zwecke allgemeiner Benutzung]. Vgl G. M. 2. s. 181 n. 2.

7. Dagegen schließt im Uebrigen die beabsichtigte Vermögensbeschädigung den § 106 nicht aus, da die Strafe des § 281, welcher auf den Thatbestand ebenfalls Anwendung erleiden würde, nicht, wie Temme (Lehrb. s. 675) glaubt, die strengere, sondern die gelindere ist.

8. Auf die Beschaffenheit der Gegenstände kommt weiter nichts an, sobald sie nur Gegenstand der Verwahrung sind, für welche der Ort, oder der Beamte bestimmt waren; daß sie, wie die Urkunden, Beweismittel seien, ist nicht erforderlich. Temme, welcher dieses in seinen Gll s. 180 n. 3. annahm, ist in seinem Lehrb s. 674 n. 2. stillschweigend davon wieder abgegangen.

9. Unter „öffentlichen“ Verwahrungsorten sind hier die amtlichen zu verstehen.

10. Entwendung von gerichtlichen Untersuchungs-Akten aus dem Terminszimmer des Gerichts, und Bei-Seite-Schaffung derselben, fällt unter § 106; das Gerichtslokal ist in dieser Beziehung als öffentlicher Verwahrungs-Ort zu betrachten. Z. 10. Mai 1852 c Behrends; vgl. aber G. Matt. 2. s. 180 Note 1.

11. Die Beamten, von welchen der § spricht, brauchen nicht nothwendig Registratur- oder Archiv-Beamte zu sein; auch ein Rechts-Anwalt, welchem gerichtliche Verhandlungen, mit Rücksicht auf seine amtliche Stellung (z. B zur Anfertigung einer Vertheidigungsschrift nach Anleitung der Krim.-Ordn. § 451 und 463.)

§. 107. Wer die zur öffentlichen Bekanntmachung angeschlagenen Verordnungen, Befehle, Patente oder Anzeigen öffentlicher Behörden oder Beamten vorsätzlich abreißt, beschädigt, befleckt oder verunstaltet, ist mit Geldbuße bis zu Einhundert Thalern oder mit Gefängniß bis zu sechs Monaten zu bestrafen.

[Entw. § 95.]

§. 108. Wer ein amtliches Siegel, welches von einer öffentlichen Behörde oder einem öffentlichen Beamten angelegt ist, um Sachen zu verschließen, zu bezeichnen oder in Beschlag zu nehmen, ohne Befugniß vorsätzlich erbricht, ablöset oder beschädigt, wird mit Gefängniß von Einer Woche bis zu sechs Monaten bestraft.

[Entw § 96.] Vgl. § 280. 328; Zoll-Str.-Ges. v. 23 Jan. 1838 § 17.

§. 109. Wer als Zeuge oder als Geschworener berufen, eine Entschuldigungs-Ursache vorschützt, welche sich als falsch ergiebt, wird mit Gefängniß bis zu zwei Monaten bestraft.

---

anvertraut werden, ist als solcher anzusehen, weil er mit den Verhandlungen auch die Pflicht überkommt, für die Verwahrung zu sorgen. Z 26. Jan. 1852 c Torno (G Arch 1. s. 566).

12. Die im zweiten Absatze verlangte „gewinnsüchtige Absicht“ kann unbedenklich als vorhanden angenommen werden, wenn die Handlung geschah, um einem Gläubiger für eine Zeit lang die Verfolgung seines Forderungsrechts unmöglich zu machen. Z. I. 2. Jan. 1856 c. Dornbluth.

§. 107.

1 Ob die hier vorgesehene Handlung aus blossem Muthwillen, oder zum Zwecke der Verhinderung der Publikation geschehe, ist für den Begriff gleichgültig, und nur Strafzumessungsgrund. G. M. 2 s. 182; Koch s. 971 n. 91.

2. Stellt sich die Handlung als Vorbereitung zum Hochverrathe, oder als Theilnahme beim Aufruhr dar, so finden natürlich die diese betreffenden Bestimmungen Anwendung G. l. c

§. 108.

1. Das Wort „amtlich“ statt des früher vorgeschlagenen „obrigkeitlich“ ist deshalb gewählt worden, um anzudeuten, daß auch die Siegel solcher Beamten, welche — wie die Rheinischen Gerichtsvollzieher — nicht für eine Obrigkeit zu erachten sind, hier mitbegriffen seien. Motive s. 34 — Im Uebrigen führen die Gerichtsvollzieher in der Regel kein Dienstsiegel, was nur nach Artikel 88. Nr. 6 der Wechselordnung, und § 3 des darauf bezüglichen Publikationspatents vom 6 Jan. 1849 bei der Aufnahme von Wechselprotesten eine Ausnahme erleidet Vgl. Min.-Verf. v. 24. Sept 1831 und 20. Jan. 1849. (Rh Samml. 3. s. 390; 10 s. 26)

2. Was hier in Betreff der Siegel bestimmt worden, ist auf andere Verschlußmittel nicht auszudehnen Temme Gll. s 181. Vgl. dagegen cit. Z.-Str.-Ges. § 17.

§. 109.

1. Es wird hier ein wissentliches Handeln vorausgesetzt; ein Versehen, selbst ein verschuldetes genügt nicht. Bes. s. 275; Koch s. 972 n. 93

Dasselbe gilt für den Sachverständigen, insofern er auf Grund einer gesetzlichen Verpflichtung berufen ist.

Die Verurtheilung wegen Vorschützens einer falschen Entschuldigungs-Ursache schließt die Verurtheilung in die auf das Nichterscheinen gesetzten Geldbußen nicht aus.

[Entw. § 97.] Vgl. § 258

§. 110. Wer ohne Erlaubniß die Königlichen Lande verläßt und sich dadurch dem Eintritt in den Dienst des stehenden Heeres zu entziehen sucht, ingleichen ein beurlaubter Landwehrmann, welcher ohne Erlaubniß auswandert, wird mit einer Geldbuße von funfzig bis zu Eintausend Thalern oder Gefängniß von Einem Monate bis zu Einem Jahre bestraft.

Das Vermögen des Angeschuldigten ist insoweit, als es nach dem Ermessen des Richters zur Deckung der den Angeschuldigten möglicherweise treffenden höchsten Strafe von Eintausend Thalern und der Kosten des Verfahrens erforderlich ist, von demselben mit Beschlag zu belegen.

[Entw. § 98] Vgl. § 114; Vdn. v. 15 Sept. 1818 (G.S. s. 175); Verf. v. 31. Jan 1850 Art 11; Ges. v 31. Dez. 1842 (G S. 1843 s. 15); Ges. v 10 März 1856 (G.S. s. 133)

---

2. Erscheint der berufene Zeuge ꝛc. nicht, und schützt er gleichzeitig (etwa schriftlich) eine falsche Entschuldigungsursache vor, so ist die Strafe des § 109 neben der durch das Nichterscheinen verwirkten zu verhängen. Gilb. C. pén. Art. 236

§. 110.

1. Ueber das Erforderniß einer Entlassung aus dem Preußischen Unterthanenverbande zum Zwecke der Auswanderung vgl. V v. 15. Sept 1818; Ges. v. 31. Dez. 1842 § 16 fg

2. Dieser § erheischt die Absicht sich dem Eintritte in den Dienst des stehenden Heeres zu entziehen Ueber die in dieser Beziehung eintretende rechtliche Vermuthung und die Statthaftigkeit eines Gegenbeweises vgl. jetzt Ges v 10. März 1856 § 8, und für die frühere Zeit ALR. II 10. § 49. 50; Vdn. v. 15. Sept 1818 § 2. *Contra:* Temme Lehrb. s. 678 Note 1.

3. Die Vorschrift bezieht sich nur auf die zum Eintritte in das stehende Heer Verpflichteten (vgl Ges. v. 31. Dez 1842 § 17); G. Matt 2. s. 187. Die auf unbestimmte Zeit Beurlaubten, und die Kriegsreservisten machen sich dagegen, wenn sie sich ihrer Verpflichtung entziehen, der Desertion schuldig, cf. StGB. für das Heer v. 3. Apr. 1845 I. § 94. (G.S s. 311). Vgl. G. Matt 2. s. 188.

4. Vollendet wird das Vergehen durch das wirkliche Verlassen der Königlichen Lande, resp. das stattgehabte Auswandern; die Strafe trifft daher nicht zu, wo zum fraglichen Zweck die Reise angetreten, der Betreffende aber an der Gränze angehalten wird.

5 Auch derjenige, welcher vor dem Eintritte seiner erst mit dem zwanzigsten Jahre beginnenden Militärpflicht die Königlichen Lande verläßt, unterliegt der Strafe, wenn bei dem Eintritte jenes Zeitpunkts die ihm als Preußischem Unterthan obliegende Verpflichtung, noch nicht erloschen ist. B. I 28 Feb. 1855 Fiskus c. Müller (G. A. 3. s. 423); B. II. 27. März 1856 Fiskus c. Behning u. Gen. Das letztere Erkenntniß führt namentlich aus, daß, wenn auch jetzt nach Verf. v. 31. Jan 1850 Art 11 Freiheit der Auswanderung gewährt sei, doch die Eigenschaft als Preuße nur nach

§. 111. Wer einen Preußen zum Militairdienste fremder Mächte anwirbt oder den Werbern der letzteren zuführt, ingleichen wer einen Preußischen Soldaten vorsätzlich zum Desertiren verleitet, oder die Desertion desselben vorsätzlich beför-

---

Anleitung des Ges. v. 31. Dez. 1842 verloren gehen könne; daher sei gegen einen im Knaben-Alter ausgewanderten Preußen, wenn er bei vollendetem zwanzigsten Jahre, nicht durch zehnjährige Abwesenheit die Eigenschaft als Preuße verloren habe, und nun ohne spezielle Erlaubniß aus dem Lande entfernt bleibe, die Vermuthung begründet, daß er ausgewandert sei, um sich dem Eintritte ins stehende Heer zu entziehen; er unterliege daher der Strafe des § 110., sollte auch nach einmal verwirkter Strafe jene zehnjährige Frist abgelaufen sein, und er die Eigenschaft als Preuße verloren haben.

6. Die Strafe des § 110. trifft auch denjenigen Militärpflichtigen, welcher bereits vor Erlaß der Verfassungsurkunde vom 5. Dez. 1848 resp. der vom 31. Jan 1850 ausgetreten ist, wenn er sich bis zur Emanation der neuern Strafbestimmungen nicht gestellt hat. Z. 21. März 1851 Fiskus c. Diekhöner (Striethorst Arch. 2. s. 300); vgl Erk. App.-G. Arensberg v. 15. Feb. 1851 (Arensb. Arch. 15. s. 127). Beide Erkenntnisse betrafen nicht den § 110., sondern die Vorschrift der frühern Vdn. v. 4. Jan. 1849 (Ges. v. 11. März 1850), welche aber der des § 110. im Wesen entspricht.

7. Bei Abmessung der Strafe soll die Vermögenslage des Angeschuldigten den nächsten Anhaltspunkt abgeben. Just.-Min.-Verf. v. 4. Juni 1853 (JMBl. s. 214); vgl. Verf. d Min. d. Inn. u. d. Fin. v. 4. Aug. 1851 (St. Anz. s. 535).

8. Die Verjährung des Vergehens desjenigen, welcher sich dem Eintritte in den Dienst des stehenden Heeres zu entziehen sucht, beginnt erst, wenn die Frist, welche Jemand im Dienste beim stehenden Heere und der Landwehr ersten und zweiten Aufgebots zubringen mußte (vgl. AKO. v. 3. Nov. 1833) gänzlich abgelaufen ist; für denjenigen also, welcher im Jahre 1829 eintreten sollte, erst im Jahre 1849. B. I Civ.-Sen. 25. Jan. 1854 in Sachen: Fiskus c. Schöpe (G. A. 2. s. 550). *Contra* früher: eine Entscheidung desselben Senats v. 1. Okt. 1846 in Sachen: Hülsen c. Fiskus. Präj. n. 1787, welche, arg. § 5. des Gesetzes v. 3. Sept. 1814 die Verjährung vom 25. Lebensjahre an, beginnen lassen wollte.

9. In Betreff des Verfahrens gegen ausgewanderte Militärpflichtige, waren früher Tit. 36. Thl. I. der AGO., und in der Rheinprovinz das französische Gesetz v 6 flor. XI. Art. 8 9. u. die AKO. v. 18 Feb. 1839 (G.S. s. 77) maaßgebend, welche ein Beschl. 22. Apr. 1852 Fiskus c. Zinke (JMBl s. 229), und ein Z. II. 6 Sept. 1855 Fiskus c Beck und Gen. als noch gültig betrachteten. Jetzt soll aber nach dem Ges. v. 10. März 1856 bei allen Verfolgungen wegen der im § 110. vorgesehenen Vergehen, nach den für Untersuchungssachen geltenden Vorschriften, unter Berücksichtigung der näheren Bestimmungen dieses Gesetzes verfahren werden.

10. Kompetent ist jetzt (arg. Ges v. 10. März 1856 § 4. 11.) das Gericht des letzten Wohnsitzes, oder des letzten Aufenthaltsorts des Angeklagten. — Nach dem frühern Verfahren war das Gericht desjenigen Orts kompetent, in welchem der Militärpflichtige sich zur Erfüllung dieser Pflicht hätte stellen müssen. B. II. 27. März 1856 Fiskus c. Behning u. Gen.

11. Die durch Absatz zwei angeordnete Beschlagnahme des Vermögens des Angeschuldigten, ist jetzt auf den Antrag der Staatsanwaltschaft (Ges. v. 10. März 1856 § 4.) in der zu § 73. n 3. angegebenen Weise zu erwirken.

12. Ueber Einziehung und Verrechnung der gegen Militärpflichtige erkannten Geldstrafen vgl. Just-Min.-Verf v. 31. Jan. 1853 (JMBl. s. 54).

§. 111.

1. Bei der Anwerbung zum Militärdienste einer fremden Macht, wird vorausgesetzt, daß Preußen mit derselben nicht im Kriege begriffen sei; ist letzteres der Fall, so wird § 69 Nr. 3 anwendbar.

dert, wird mit Gefängniß von drei Monaten bis zu drei Jahren bestraft.

Der Versuch dieser Handlungen wird mit der nämlichen Strafe belegt.

[Entw. § 99.] Vgl. § 64. 69 Nr. 3; StGB. f. d. Heer v. 3. April 1845 I. § 91 95 111.

§. 112. Wer von dem Vorhaben einer Desertion zu einer Zeit, zu welcher die Verhütung des Vergehens möglich ist, glaubhafte Kenntniß erhält und es unterläßt, davon der Polizeibehörde oder Militairbehörde zur rechten Zeit Anzeige zu machen, soll, wenn die Desertion wirklich begangen wird, mit Gefängniß bis zu Einem Jahre bestraft werden.

[Entw. § 100.] Vgl § 39; StGB. f d. H. v. 3 April 1845 I. § 91. 110

§. 113. *) Wer sich vorsätzlich durch Selbstverstümmelung oder auf andere Weise zu dem Militairdienste untauglich macht, oder durch einen Andern untauglich machen läßt, wird mit Gefängniß nicht unter Einem Jahre und zeitiger Untersagung der Ausübung der bürgerlichen Ehrenrechte bestraft. Dieselbe Strafe hat derjenige verwirkt, welcher den Andern auf dessen Verlangen zum Militairdienste untauglich macht.

Wer in der Absicht, sich der Verpflichtung zum Militairdienste ganz oder zeitweise zu entziehen, auf Täuschung berechnete Mittel anwendet, wird mit Gefängniß nicht unter drei Monaten und zeitiger Untersagung der Ausübung der bürgerlichen Ehrenrechte bestraft. Dieselbe Strafe haben die Theilnehmer an diesem Vergehen verwirkt.

[Entw. § 101] Vgl. StGB. f. d. H. v. 3 April 1845 I. § 113—115; Kriegs-Art 17. 18; Instr. f. d Ers.-Ausb. v. 30 Juni 1847 § 65.

---

*) In der ursprünglichen durch Ges. v 14. April 1856 (G.S. f 210) abgeänderten Fassung dieses § fehlte der zweite Absatz

---

2. Ueber den Begriff der „Desertion“ vgl. StGB. f. d. Heer v 3. April 1845 I. § 91.

§. 112.

1. Auch nahe Verwandte des Verleiteten werden von der Strafe betroffen. Komm.-Ber. II K. f. 69.

2. In Betreff der „Glaubhaftigkeit“ vgl. zu § 39 n. 5.

§. 113.

1. Im Falle des erstern Absatzes muß der „Vorsatz“ eben auf das Untauglichmachen gerichtet gewesen sein G Matt. 2. f. 191 n 2; Temme Gll. f. 183.

2. Es ist hier die Untauglichkeit zu demjenigen Militärdienste gemeint, zu welchem der Einzelne nach seiner natürlichen Beschaffenheit, ohne vorsätzliche Veränderung derselben, gesetzlich berufen ist (vgl. ALR. II. 20. § 802). Daher kommt Nichts darauf an, ob der Angeklagte zu militärischen Nebendienstleistungen, ausser

§. 114. Wer es sich zum Geschäft macht, Preußische Unterthanen zur Auswanderung zu verleiten, soll mit Gefängniß von Einem Monate bis zu zwei Jahren bestraft werden.

Eine gleiche Strafe tritt gegen denjenigen ein, welcher es sich zum Geschäft macht, Vorsteher, Gehülfen oder Arbeiter inländischer Fabriken dazu zu verleiten, daß sie vor Ablauf der Kontraktzeit den Dienst ihres Fabrikherrn verlassen und in den Dienst ausländischer Fabrikherren übergehen.

[Entw. § 102] Vgl. § 110; Verf. v 31 Jan. 1851 Art. 11; Ges. v. 7. März 1853 (G.S. s. 729).

---

dem eigentlichen Wachtdienste, befähigt geblieben, und in Anspruch genommen werden könne. Z. I. 30. Nov. 1853 c. Sackowski (G. Arch. 2. s. 117); vgl. G. Matt. 2. s. 192; Koch s. 973 n. 100.

3. Die blosse Fingirung einer gar nicht existirenden Krankheit oder Untauglichkeit, welche aber zur Folge hat, daß die Behörde getäuscht, und der Betreffende wegen vermeintlicher Untauglichkeit zum Militärdienste nicht herangezogen wird, genügt zur Anwendung des ersten Absatzes des § nicht. Bergholtz Abh. in Goltd. Arch. 2. s. 489 (vgl n. 4.); dagegen greift jetzt Abs. 2. unbedenklich Platz.

4. Zur Anwendung des ersten Absatzes wird nicht die Hervorbringung einer dauernden Untauglichkeit erfordert, es genügt jede vorsätzlich herbeigeführte, gegen die betr. Behörde geltend gemachte, auch nicht dauernde, wirkliche Untauglichkeit. Z. II. 22. März 1855 c. Werthmann (Huß u. Gen; Präj. n. 148; G. Arch. 3. s. 424). Das gilt selbst dann, wenn die Behörde insofern in einen Irrthum versetzt worden ist, als sie die vorgefundene Untauglichkeit nicht für eine blos temporäre, leicht zu hebende, sondern für eine bleibende erachtet hat In einem solchen Falle muß dann aber die wirkliche temporäre Untauglichkeit im Augenblicke der Geltendmachung vor der Behörde vorhanden gewesen sein, wogegen es gleichgültig bleibt, vor welcher Behörde die Geltendmachung erfolgte, wenn es nur eine solche ist, welche wenigstens vorläufig über die Tauglichkeit zu befinden hat. —

5. Das Untauglichmachen eines Andern auf dessen Verlangen ist als selbstständiges Vergehen, nicht als Theilnahme am Vergehen des Letztern, aufzufassen. Das gilt namentlich, wenn es sich von dem Untauglichmachen eines Soldaten handelt, für welchen § 113. des StGB. f. d. Heer maaßgebend ist; auch auf diese Handlung findet der vorliegende § Anwendung, da er zwischen Militärpflichtigen und wirklichen Militärpersonen nicht unterscheidet. Z. II. 22. März 1855 c. Huß.

6. Durch die Schlußbestimmung des ersten Absatzes wird die Strafbarkeit einer anderweitigen Theilnahme an dem vorgesehenen Vergehen keineswegs beseitigt. Komm.-Ber. Haus der Abgg. IV, I. Nr. 111. s. 5. (G. A. 4. s. 113.)

7. Die im zweiten Absatze erwähnten „auf Täuschung berechneten Mittel“ brauchen keine betrüglichen im Sinne des § 241., also nicht solche zu sein, durch welche das Vermögen Anderer in gewinnsüchtiger Absicht beschädigt wird. Komm.-Ber Haus d. Abgg. IV. I. Nr. 111. s. 5 (cit.). Dagegen soll das blosse lügenhafte Vorbringen von Untauglichkeitsgründen noch nicht als ein auf Täuschung berechnetes Mittel angesehen werden. Vgl. Instr. f. das Gesch. der Ers.-Aushebung v. 3. Apr. 1825 § 29. (abgedruckt in allen Regierungsamtsbll. von 1825). Komm.-Ber. H. der Abgg IV. I Nr. 111. s. 4; (G. A. 4 s. 112). Komm.-Ber. Herren-H. 18$\frac{54}{55}$ Nr. 65. s. 5. (G. A. 4. s. 130).

8. Die „Mittel“ sind keineswegs auf solche beschränkt, durch welche eine körperliche Untauglichkeit geltend gemacht werden soll; alles andere, was zur Befreiung von der Militärpflicht dienen kann, steht damit auf gleicher Linie.

§. 114.

1. Das „sich zum Geschäfte macht“ ist der Verordn. v. 20. Jan. 1820 (G.S. s. 35) entlehnt; es ist nicht gleichbedeutend mit den in andern §§ vorkom-

§. 115. Ausländer, welche, nachdem sie des Landes verwiesen sind, ohne Erlaubniß zurückkehren, werden mit Gefängniß von drei Monaten bis zu zwei Jahren bestraft.

[Entw. § 103.] Vgl. § 29. 120 146 266; Krim.-O § 572; AKO v. 10. März 1839 (G.S. s. 106).

§. 116. Wer unter Polizei-Aufsicht gestellt ist und den in Folge derselben ihm auferlegten Beschränkungen entgegenhandelt, wird mit Gefängniß von Einer Woche bis zu sechs Monaten bestraft.

[Entw. § 104.] Vgl. § 26—29; Ges. v. 12. Feb. 1850 (G.S. s. 51); Ges v 14 Apr. 1856 Art. 1. (G.S. s 210)

---

menden Ausdrücken „gewerb- oder gewohnheitsmäßig“; ein mehrmaliges Handeln ist nicht unerläßlich, wenn es nur in einer Weise geschieht, die erkennen läßt, die Verleitung solle als Geschäft, oder doch künftig wiederholt getrieben werden. G. Matt. 2. s. 194 n. 4.; Temme Gll. s. 183; Koch s. 973 und 2.

2. Eine gewinnsüchtige Absicht ist nicht erforderlich. G. Matt. 2. s. 192 n. 1; Temme Gll. s. 183; wohl aber will der letztere eine selbstsüchtige oder andere unmoralische Absicht erheischen.

3. Temme (Gll. s. 184 und Lehrb. s. 677) definirt das „Verleiten“ als ein Bestimmen des fremden Willens durch künstliche Mittel. Eine Täuschung braucht beim Verleiteten nicht nothwendig hervorgerufen zu sein, auch bloße Ueberredung kann genügen; G. Matt. 2. s. 193; in keinem Falle ist der § auf die Anwendung strafbarer Kunstgriffe zu beschränken. Komm.-Ber. II. K. s. 70.

4. Es ist nicht erforderlich, daß die Auswanderung 2c. in Folge der Verleitung wirklich statt gefunden. G. Matt. 2. s. 193 n. 2.

§. 115.

1. Ueber die Feststellung der Ausländer-Qualität, wo diese zweifelhaft geworden, vgl. AKO. v. 10. März 1839, und oben zu §. 29. n. 1. In den Fällen, wo die Anwendung des § 115. in Frage kommt, wird die Vorschrift jener KO. noch gelten. Das Gericht soll dann das „Gutachten“ der Regierung bei Abfassung seines Erkenntnisses zum Grunde legen. Daraus dürfte folgen, daß dieses Gutachten für die richterliche Entscheidung maaßgebend sei.

2. Es macht keinen Unterschied, ob die Landesverweisung richterlich ausgesprochen, oder polizeilich angeordnet worden ist. B. 10. Sept. 1852 c. Marchatzki (JMBl. s. 379). Im betreffenden Falle war die Ausweisung durch den Magistrat einer Gränzstadt, nicht also durch die Landespolizeibehörde erfolgt. Vergl G. Matt. 1. s. 194 n. 1; Temme Gll. s. 184; id. Lehrb. s. 680.

3. Ebensowenig ist erforderlich, daß die Ausweisung durch Transport über die Gränze förmlich in Vollzug gesetzt worden sei; auch wenn der Betreffende freiwillig das Land verlassen, und dann zurückkehrt, ist die Strafe verwirkt. Etwas anderes wäre es, wenn der Verurtheilte das Land gar nicht verlassen hätte. Vgl. Beschl. Land-Ger. Aachen 1. Juni 1853 c. Falkenstein (Tr. Ann. 7. s. 230); G. Matt. 2. s 196 n. 3; id. Arch. 1. s. 236 Note 1.

4. Die durch die Krim.-Ordnung § 572. angeordnete Verwarnung vor der Rückkehr bildet nicht ferner eine Bedingung der Strafbarkeit. Vgl. G. Arch. 1. s. 236 Note 1; und zu § 29 n. 5.

§. 116.

1. Ueber das Maaß dieser Beschränkungen, sowie über die Form der Verhängung der Polizeiaufsicht und der Untersagung vgl. § 27. und dort die Bemerkungen n. 1—4.; der § 116. ist nur auf solche Beschränkungen anwendbar, welche dem unter Polizei-Aufsicht Gestellten innerhalb der gesetzlichen Gränzen auferlegt sind. Z I. 4 Jan. 1854 c. Schuster; Z. I. 8. Febr. 1854 c. Grübener (G. Arch. 2. s. 546).

§. 117. Wer geschäftslos und arbeitslos umherzieht, ohne sich darüber ausweisen zu können, daß er die Mittel zu seinem Unterhalte besitze, oder doch eine Gelegenheit zu demselben aufsuche, wird als Landstreicher mit Gefängniß von Einer Woche bis zu drei Monaten bestraft.

[Entw. § 105.] Vgl. § 120 (Ges. v. 6 Jan. 1843. G S. s 19); Ges. v 14. Apr. 1856 Art. I. (G S. s. 208)

§. 118. Die Bettelei wird in folgenden Fällen als Vergehen mit Gefängniß von Einer Woche bis zu drei Monaten bestraft:

---

2. Der § setzt eine solche Polizei-Aufsicht voraus, welche vom Strafgesetze in bestimmten Straffällen, als Theil der gesetzlichen Strafe angeordnet, und demzufolge durch richterliches Erkenntniß ausdrücklich ausgesprochen ist. Z. 16. Juli 1852 c Hauswald; Z. I. 1. Juli 1853 c. Ryakowski. Beschl. I. 3. Nov. 1854 c. Pohl (G. Arch. 2. s. 829); Vgl. zu § 27. n. 8.

3. Ist auf den Grund eines früher bestehenden Gesetzes rechtskräftig auf Polizeiaufsicht erkannt, so wird der § anwendbar, sollte auch das jetzt geltende Strafgesetz die betreffende Strafthat nicht mit Polizeiaufsicht bedrohen. Z. I. 30. Jan. 1856 c. Leubuscher.

4. Der § 116. ist, nach seiner allgemeinen Fassung, auch an die Stelle der Vorschrift des § 11. des Ges. v. 12 Feb. 1850 getreten, insoweit dieses Gesetz für Zolldefrauden oder Kontrebande noch in Kraft ist. Vgl zum Einf.-Ges. Art. II. n. 21. *Contra:* das dort citirte B. II. 10. Nov 1853 c. Hagemann (JMBl. 1854 s 136; G. Arch. 2. s. 115).

5. Da auch dieses Vergehen einen strafrechtlichen Dolus voraussetzt, so kann die Strafe den nicht treffen, welcher durch unübersteigliche Hindernisse abgehalten wird, den ihm auferlegten Beschränkungen im einzelnen Falle nachzukommen. Z. II. 6. Apr. 1854 c. Heine.

6. In Betreff der Kompetenz und des Verfahrens vgl. Ges. v. 14. Apr. 1856 Art I. (oben bei Art. II. des Einf-Ges s. 20).

§. 117.

1. Mangel eines festen Wohnsitzes ist zum Begriffe der Landstreicherei nicht erforderlich. G. Matt. 2. s. 199.

2. Die Ausdrücke „geschäfts- und arbeitlos“ können in der thatsächlichen Feststellung durch gleichbedeutende ersetzt werden. Z. I. 10. Okt. 1855 c. Pollex.

3. Vorausgesetzt wird ein Umherziehen von einem Orte zum andern; Umherziehen am eignen Wohnorte kann nur den Umständen nach unter § 119 Nr. 1. fallen. G. Matt. 2. s. 199; Temme Gll. s. 181 n. 3.

4. Bettelt ein Landstreicher so liegt reale Konkurrenz vor. Temme Gll. s. 181. n. 4.

5. In Betreff der Kompetenz und des Verfahrens vgl. Ges. v 14. Apr. 1856 Art. I. (oben bei Art II. des Einf.-Ges. s. 20).

§. 118.

1. Betteln besteht seinem Begriffe nach darin, daß man die Mildthätigkeit eines Andern für sich in Anspruch nimmt. Z. Pl. 29. Okt. 1855 c. Suchrow (G. A. 3. s. 797). Aehnlich definirt eine Abh. in G. A. 3. s. 793 die Bettelei, als das Ansprechen um eine Gabe zum Lebensunterhalte für sich, oder für diejenigen, deren Ernährung dem Bettelnden obliegt, und Temme (Lehrb. s. 618 I.) als das Ansprechen um eine milde Gabe für den Lebensunterhalt. G. (Matt. 2. s. 200 n. 3.) hält dafür, daß dieses nicht unbedingt anzunehmen sei, der gemeine Sprachgebrauch müsse entscheiden, welcher z. B. denjenigen nicht Bettler nenne, der in einer augenblicklichen Verlegenheit einen Andern um Unterstützung anspreche; Koch (s. 974 n. 9)

1) wenn Jemand unter Drohungen oder mit Waffen, oder unter Gebrauch eines falschen Namens, oder unter Vorspiegelung eines Unglücksfalles, einer Krankheit oder eines Gebrechens bettelt;

2) wenn Jemand bettelt, oder Kinder zum Betteln anleitet oder ausschickt, oder Personen, welche seiner Gewalt und Aufsicht untergeben sind und zu seiner Hausgenossenschaft gehören, vom Betteln abzuhalten unterläßt, nachdem er in den letzten drei Jahren wegen dieser Zuwiderhandlungen zwei oder mehrere Male rechtskräftig verurtheilt worden ist.

[Entw. § 106.] Vgl. § 341. 120 205. 105. 255; Ges. v. 14 April 1856 Art. I. (G S. s 208)

---

will endlich nur das geschäftsmässige Ansprechen bekannter oder unbekannter Personen um eine milde Gabe, hierher rechnen, nicht aber das vereinzelte Ansprechen um Hülfe oder Unterstützung bei Fremden im augenblicklichen Nothstande, oder die Bitte um Unterstützung bei Personen, zu welchen der Ansprechende in besondern Beziehungen oder Verhältnissen steht, z. B. bei Verwandten oder Freunden, vgl. n. 2.

2. Es liegt keine Gesetzesverletzung darin, wenn der Instanzrichter im Begehren einer Unterstützung von einem nahen Angehörigen Bettelei findet. Z. II. 13. Okt. 1854 c. Dahl. *Contra:* Koch s. 974. n. 9; vgl. n. 1.

3. Zum Thatbestande der **Bettelei** gehört nicht eine Mehrheit von Fällen; jeder einzelne Fall des Bettelns begründet die Anwendung des Strafgesetzes (V. Kass.-H. Int. d. Ges. v. 22. Dez. 1852 c. Renner; Rh. A. 48. 2. A. s. 33), und eine Mehrheit von Fällen die Anwendung des § 56. Wenn daher ein Angeklagter von der Anklage: „im Monat Januar ꝛc. bei A und B gebettelt zu haben“ freigesprochen worden, so kann er gleichwohl auf Grund einer Anklage: „in demselben Monat bei C und D gebettelt zu haben“ noch immer verfolgt werden. V. 24. Nov. 1852 c. Strenge.

4. Eine Bettelei kann auch **schriftlich** begangen werden. Beschl. Pl. 21. Nov. 1849 c. Blumenthal (JMBl. 1850 s. 6; Entsch. 18. s. 81). Z. I. 3. Mai 1854 c Sandmann Vgl. AKO. v. 13. Juli 1836 (Rh. Samml. 5. s. 423); G. M. 2. s. 200. n. 5.

5. Auch durch **Handlungen** kann die Bitte um ein Almosen ausgedrückt werden. Z. II. 14. Apr. 1853 c. Sauerland.

6. Auch „eine durch blosse Täuschung mittelst Vorbringens falscher Thatsachen herbeigeführte **Mildthätigkeit**“ ist nur Bettelei und nicht Betrug, weil es bei einem freiwilligen Geben an einer Vermögensbeschädigung fehlt. V. II. 22. Sept. 1853 c. Grossekettler (Präj. n. 55; Entsch. 26. s. 155; G. A. 2. s. 127). Vgl. unten n. 12.

6 a. In Betreff der Kompetenz und des Verfahrens vgl. Gesetz v. 14 April 1856 Art I. (oben zu Art. II. des Einf.-Ges s. 20).

Zu Nr. 1.

7. Nehmen die **Drohungen** den schwereren Charakter der §§ 212. 234 bis 236 an, so treten die dort angedrohten Strafen ein. G. Matt. 2. s. 201 n. 5; Koch s. 975 n. 10.

8. Es ist nicht erforderlich, daß die Drohung eine **unerlaubte Handlung** um Gegenstande habe. Z. I. 3. Mai 1854 c. Sandmann.

9. Das Betteln geschieht mit **Waffen**, wenn der Bettler Waffen mit sich führt, und diese dem Angebettelten sichtbar werden. Eines Drohens mit denselben bedarf es nicht. Vgl. G. Matt. 2. s. 202 n. 6; Koch s. 975 n. 11.

10. Bettelei unter Gebrauch eines **falschen Namens** setzt nicht nothwendig

§. 119. Mit Gefängniß von Einer Woche bis zu drei Monaten wird bestraft:

1) wer dem Spiele, dem Trunke oder Müßiggange sich dergestalt hingiebt, daß er in einen Zustand versinkt, in welchem zu seinem Unterhalte oder zum Unterhalte derjenigen, zu deren Ernährung er verpflichtet ist, durch Vermittelung der Behörde fremde Hülfe in Anspruch genommen werden muß;

2) wer eine Unterstützung aus öffentlichen Armenfonds empfängt, wenn er sich weigert, die ihm von der Behörde

---

voraus, daß durch den falschen Namen das Mitleid habe erregt werden sollen. *Contra:* Temme Gll. s. 185; id. Lehrb. s. 681. —

11. Liegt ein derartiger Fall vor, so kann nicht neben der Strafe des § 118. auch die des § 105. verhängt werden. Abgesehen davon, daß mit Rücksicht auf das zu diesem § unter n. 23. Gesagte, derselbe hier nicht leicht zutreffen wird, so läge eventuell ein Fall der idealen Konkurrenz vor; resp. es schließt die speziellere Vorschrift des § 118. die Anwendbarkeit des allgemein lautenden § 105. aus, wäre die Strafe des ersteren auch nicht die strengere. Vgl. G. A. 2. s. 552.

12. „Die Vorschrift des § 118 Nr. 1. findet auch dann Anwendung, wenn „das Mitleid des Angesprochenen durch die Vorspiegelung des Unglücksfalls, der „Krankheit oder des Gebrechens eines Dritten angeregt wird, für welchen der An„geklagte, indem er in seinem eignen Interesse handelt, zu betteln vorgiebt.“ Z. Pl. 29. Okt. 1855 c. Suchrow (Präj. n. 182. Goltd. A. 3. s. 797). *Contra:* früher Z. I. 22. Feb. 1854 c. Czeckay (G. A. 2. s. 424), welches das Erbitten einer Gabe für einen Andern, für dessen Bevollmächtigten man sich ausgab, als Betrug ansah. Siehe das Nähere zu § 241. n. 13. 14. — Jedenfalls trifft der § 118. da nicht zu, wo der vorgespiegelte Unglücksfall eine zu dem Bettelnden in gar keiner Beziehung stehende Person betroffen haben sollte. Z. II. 5. Jan. 1854 c. Lohmeier (G. Arch. 3. s. 792; der Angeklagte überbrachte die falsche Botschaft über ein dem Bruder des Angebettelten zugestossenes Unglück). Vgl. Abh. in G. A. 3. s. 793; und G. Matt. 2. s. 200 n. 4.

Zu Nr. 2.

13 Es ist nicht erforderlich, daß die frühere „rechtskräftige Verurtheilung“ von einem Gerichte ausgesprochen sei; es genügen vielmehr auch die, nach dem bisherigen Verfahren von den Polizeibehörden rechtskräftig festgestellten Strafen zur Begründung des Rückfalls, zumal da hier nicht wie in den §§ 58. 219. von einer durch Gerichte ausgesprochenen Bestrafung die Rede ist. B. 30. Apr. 1852 c. Klumski (JMBl. s. 245); B. 13. Okt. 1852 c. Glade. Vgl zu § 58. n. 10.

14. Eine zweimalige Verurtheilung liegt nur dann vor, wenn der zweite Fall thatsächlich einen Rückfall darstellte, d. h. also, wenn er nach rechtskräftiger Verurtheilung wegen des ersten Falles stattgefunden hat. Vgl. zu § 219. n. 3; — auch vor der durch das Ges. v. 9. März 1853 bewirkten Abänderung des § 219, und bei einer dem § 118 entsprechenden Fassung hat das Ober-Tribunal dort den aufgestellten Grundsatz stets festgehalten.

§. 119.

1. Ueber die Kompetenz und das Verfahren, vgl Ges v. 14 Apr. 1856 Art I. (oben bei Art. II. des Einf.-Ges. s. 20).

Zu Nr. 1.

1 a Vorausgesetzt wird, daß eine wirkliche Unfähigkeit, sich und seine Familie zu ernähren, eingetreten sei. Die Verhütung des Eintritts eines solchen Zustandes ist Sache der Armen-Polizei. Komm.-Ber. H. d Abgg IV. I. Nr. 111. s. 7. (G. A. 4. s 114)

angewiesene, seinen Kräften angemessene Arbeit zu verrichten;

3) wer nach Verlust seines bisherigen Unterkommens binnen einer von der Ortspolizei-Behörde zu bestimmenden Frist sich kein anderweitiges Unterkommen verschafft hat und auch nicht nachweisen kann, daß er solches, aller angewandten Bemühungen ungeachtet, nicht vermocht habe.

[Entw. § 107.] Vgl. § 120; Ges. v. 31. Dez. 1842 (G.S. 1843 S. 8). (Ges v. 6 Jan 1843. G.S. S. 19.) Ges. v. 21. Mai 1855 (G.S. S. 311); Ges. v. 14. Apr. 1856 Art. I (G.S. S 208).

Zu Nr. 3. Vgl. Ges. v. 21. Mai 1855 Art. 11.

2. Eine allgemeine Anweisung Seitens der Polizei-Behörde, sich nach jedesmaligem Verluste eines Unterkommens binnen einer bestimmten Frist ein solches wieder zu verschaffen, ist nicht geeignet, die Anwendung des § 119. Nr. 3. zu rechtfertigen; es bedarf einer nach bereits eingetretenem Verluste des bisherigen Unterkommens ertheilten Anweisung. (Z. 19. Mai 1852 c. Schwärz (G. Arch. 1. S. 78).

3. Der Ausdruck „Unterkommen“ beschränkt sich nicht auf den Besitz einer Wohnung, sondern begreift allgemein die Mittel zum Unterhalte. B. KH. 11. Mai 1852 c. P. Müller (JMBl. S 270; G. Arch. 1. S. 78); Z. I. 28. Sept. 1855 c. Haupt (G. Arch. 3. S. 836); *Sic:* Temme Gll. S. 186; Vgl. Ges. v. 31. Dez. 1842 § 1 („Wohnung oder Unterkommen“).

4. Für die Frage, ob eine Erdhütte wirklich als eine genügende Wohnung anzusehen sei, ist nur entscheidend, ob die Errichtung dieser Hütte, und ihre Bewohnung der öffentlichen Ordnung zuwider, und ob sie dem Zwecke entsprechend sei, die öffentliche Armenpflege der Last, dem Betreffenden eine Wohnung zu verschaffen, zeitweilig zu entheben; ob dieses der Fall ist eine thatsächliche Frage. Z. I. 28. Sept. 1855 c. Haupt (G. Arch. 3. S. 836).

5. Ein B. II. 19. März 1855 c. Busch nahm an, die Vorschrift der Nr. 3. beziehe sich, zum Unterschiede von Nr. 1. nur auf die Beschaffung des eignen Unterkommens, nicht auch auf das Unterkommen für diejenigen Personen, für deren Ernährung man zu sorgen habe. (Präj. n. 152. Entsch. 30. S. 333.) Hiermit hat sich der Komm.-B. Haus der Abgg. IV. I. Nr. 111. S. 7 (G. A. 4. S. 114) einverstanden erklärt. Vgl. n. 6.

6. Eine Ehefrau kann zur Verschaffung eines Unterkommens nicht angehalten werden, weil sie verpflichtet ist, bei ihrem Ehemanne zu wohnen. Z. I. 5. März 1856 c. Behrendt.

7. Was unter den Worten: „aller angewandten Bemühungen ungeachtet“ zu verstehen sei, ist eine die Auslegung des Strafgesetzes betreffende, also rechtliche Frage. Es sind darunter nicht alle in abstracto, sondern nur die in concreto, d. h. die für den bestimmten Obdachslosen möglichen Bemühungen zu verstehen. Z. 10. Mai 1852 c. Kösterke. [Ob diese aber wirklich aufgewendet worden, gehört selbstverständlich zur thatsächlichen Feststellung.]

8. Die Strafe der Nr. 3. ist ausgeschlossen, sobald Jemand den Nachweis geführt hat, daß er .... nicht vermocht hat, sich ein anderweitiges Unterkommen an seinem Wohnorte zu verschaffen; eine Verpflichtung, zur Beschaffung eines Unterkommens außerhalb des Wohnorts, besteht nicht. B. I. 3. Okt. 1855 c. Markuske. (G. Arch. 3. S. 835). — Jedenfalls wird der Instanzrichter mit Rücksicht auf die in Betreff der eventuellen Verpflichtung der Gemeinden zur Armenpflege geltenden Grundsätze (Ges. über d. Aufn. neu anziehender Pers. v 31. Dez. 1842 § 4 u. 8; Armenpflegeges. vom 31. Dez. 1842 § 1. 3. 4; Ges.-S. 1843 S. 5 und 8) thatsächlich feststellen können, daß es dem Angeklagten nicht möglich gewesen sei, in einer andern Gemeinde ein Unterkommen zu finden, sollte er auch den Nachweis nicht geliefert haben, daß er zu diesem Zwecke Bemühungen aufgewendet habe. In diesem Sinne erging: Z. II. 24. Jan. 1856 c. Böhring.

§. 120. *) In den Fällen der §§ 117—119. kann der Verurtheilte nach ausgestandener Strafe nach dem Ermessen der Landespolizeibehörde in ein Arbeitshaus gebracht werden.

Die von der Landespolizeibehörde festzusetzende Dauer der Einsperrung in dem Arbeitshause darf einen Zeitraum von drei Jahren nicht übersteigen.

An Stelle der Einsperrung in ein Arbeitshaus kann von der Landespolizei-Behörde angeordnet werden, daß die Verurtheilten durch den Landrath oder die Ortspolizeibehörde zu gemeinnützigen Arbeiten verwendet werden.

Die Befugniß der Landespolizeibehörde, Ausländer aus dem Lande zu weisen, wird hierdurch nicht berührt.

[Entw § 108] Vgl. § 29; Ges v 21 Mai 1855 (G.S. S 311); (Ges v 6 Jan 1843 G S. S. 19.)

*) In der ursprünglichen durch das Gesetz vom 14. April 1856 (G.S. S 210) abgeänderten Fassung lautete:

§ 120. In den Fällen der §§ 117—119. hat das Gericht zugleich zu erkennen, daß nach ausgestandener Strafe der Ausländer aus dem Lande zu weisen und der Inländer in ein Arbeitshaus zu bringen sei

Die Dauer der Einsperrung in dem Arbeitshause ist von der Landespolizei-Behörde nach den Umständen zu ermessen; sie darf aber einen Zeitraum von drei Jahren nicht übersteigen

§. 120.

1. Nach der neuen Fassung dieses § haben die Gerichte die Unterbringung in einem Arbeitshause nicht mehr auszusprechen; dieselbe tritt jetzt nur nach dem Ermessen der Landespolizeibehörde ein, für welche das rechtskräftige richterliche Erkenntniß, und die darin auf Grund eines der §§ 117—119 ausgesprochene Verurtheilung, den rechtlichen Titel zur Ausführung dieser Maßregel bildet Motive zum Ges. v. 14. Apr. 1856 (IV. I Nr 13 S. 18; G. A. 3. S. 856).

2 Die Landes-Polizei-Behörde kann jetzt von dieser Unterbringung gänzlich absehen. Früher *Contra*: Verf. des Min. d. Inn. v. 10. Juli 1851 (St Anz. S 141) Motive l. c.

3 Die Landespolizeibehörde kann diese Maßregel gegen denjenigen, welcher wegen eines in den §§ 117—119 vorgesehenen Vergehens verurtheilt ist, auch dann zur Ausführung bringen, wenn derselbe gleichzeitig wegen eines andern schwereren Verbrechens ꝛc. verurtheilt, und wegen beider Handlungen nur mit dem geringsten Maaße der durch das letztere verwirkten Strafe belegt ist; der Umstand, daß der Richter nach § 56 eine Herabsetzung der Freiheitsstrafe auf das geringste Maaß eintreten ließ, beseitigt die Anwendbarkeit des § 120 nicht. Vgl. früher: B. II. 23. Nov. 1854 c. Bley (JMBl. 1855 S. 65; G. Arch. 3. S. 129).

4. Auch gegen Straf-Unmündige kann diese Maßregel angewendet werden Vgl. früher Z. II. 15 Nov. 1855 c Weisse (Präj. n. 188.); Z. II. 3. Jan. 1856 c. Meyer.

5. Die Befugniß der Landespolizeibehörden, die betreffenden Verurtheilten nach ausgestandener Strafe in ein Arbeitshaus bringen zu lassen, ist jetzt nicht mehr auf Inländer beschränkt. Motive zum Ges. v 14. Apr. 1856 (IV. I. Nr. 13. S. 18; G A. 3. S. 856)

6. Darüber, wer als Ausländer zu betrachten sei, vgl. zu § 29 n. 1—4; und zu § 115 n. 1.

Siebenter Titel.
Münzverbrechen und Münzvergehen.

§. 121. Wer inländisches oder ausländisches Metallgeld oder Papiergeld nachmacht, wer ächtem Metallgelde oder Papiergelde durch Veränderungen an demselben den Schein eines höheren Werthes giebt, ingleichen wer verrufenem Metallgelde oder Papiergelde durch Veränderungen an demselben das Ansehen eines noch geltenden giebt, begeht eine Münzfälschung, und wird mit Zuchthaus von fünf bis zu funfzehn Jahren, sowie mit Stellung unter Polizei-Aufsicht bestraft.

[Entw. § 109.] Vgl. § 124. 4 Nr. 1. 2; 39. 243 Nr. 3 4; 340 Nr. 3. 4. 5.

---

§. 121.

1. Geld definirt G. Matt. 2. S. 207 (nach einem kammergerichtlichen Urtheile bei Hitzig 22. S. 367) als: ein im Umlauf befindliches, oder doch zum allgemeinen Umlaufe bestimmtes, durch Annahme oder Ausgabe stillschweigend, sei es auch nur im Handelsverkehr anerkanntes Tauschmittel, welches zugleich, damit es als Geld cirkulire, gesetzlich und unter öffentlicher Autorität mit einem Stempel versehen ist, durch welchen sein eigentlicher Werth bestimmt wird.

2 Das Gesetz unterscheidet zwischen inländischem und ausländischem Gelde gar nicht mehr, sollte letzteres auch in Preußen gar keinen Cours haben *Contra* in Betreff des letzteren Punktes: Temme (Gll. S. 187 n. 4; id. Lehrb S. 772 e.), weil ihm dann für Preußen der Begriff des Geldes fehle [doch nicht der Begriff des „ausländischen Geldes“]. — Nur dann, wenn es sich von einem im Auslande begangenen Münzverbrechen handelt, macht es einen Unterschied, ob dasselbe gegen Preußen verübt sei Vgl. § 4 Nr 1. 2.

3 Auch das Nachmachen verrufenen Geldes, so lange es noch faktischen Umlauf hat [also noch „Geld“ ist] fällt unter den §. G. Matt 2. S 208. *Contra:* Temme Lehrb. S. 772.

4. Im Begriffe des „Nachmachens“ liegt, daß die falsche Münze der ächten ähnlich werden muß, und zwar in solcher Weise, daß dadurch ein Andrer getäuscht werden kann. Temme Gll. S. 190 n. 8; id. Lehrb. S. 773.

5. Gleichgültig ist es, ob das nachgemachte Geld von geringerem oder gar von höherem Gehalte ist, als das echte. Bes S 283 III; G. Matt. 2. S. 204 II.

6. Derjenige, welcher unächten bereits im Umlaufe befindlichen Münzen durch Veränderung den Schein eines höhern Werthes, oder durch Vervollkommnung den täuschenden Schein der ächten giebt, macht eben dadurch selbstständig Geld nach, und ist als Thäter (nicht etwa als Theilnehmer an der Handlung des ersten Fälschers) nach § 120 strafbar. Vgl Temme Lehrb. S. 774 B. *Contra:* G. Matt. 2. S. 211; Temme Gll S. 191 n. 3.

7. Ob ächtem Metall- oder Papiergelde durch Veränderungen an demselben der Schein eines höhern Werthes gegeben worden, hängt davon ab, ob dadurch ein Anderer getäuscht werden könne (vgl. n. 3), und ist deshalb eine rein thatsächliche Frage Daher kann grundsätzlich einem Beschl. I. 9. März 1853 c. Wetzker (Präj. n. 23; Entsch. 24. S. 497; 25. S. 219; G. Arch. 1. S. 567;) nicht beigepflichtet werden, welcher, diese Frage als eine der Gesetzesinterpretation betrachtend, „das blosse Verändern der Metallfarbe einer echten Münze, deren Gepräge ihren Werth deutlich „anzeige, als Münzfälschung“ nicht verfolgt wissen wollte. Vgl. Gilb. C. pén. Art. 132. n. 7—10.

8 Verringern des Metallgehalts echter Münzen, und Verausgaben derselben fällt nicht unter § 121, sondern ist durch § 243 Nr. 3. 4. besonders bestraft.

§. 122. **Wer falsches oder verfälschtes Geld an sich bringt und entweder in Umlauf setzt oder zum Zweck der Verbreitung aus dem Auslande einführt, hat dieselbe Strafe wie der Münzfälscher verwirkt.**

[Entw. § 110.] Vgl. § 121. 124. 243 Nr. 3. 4.

---

9. Als Dolus wird die Absicht, die Münzen als Geld, d. h. zum Zwecke der Verausgabung, anzufertigen, vorausgesetzt. Die Motive S. 36 wollten das blosse Nachmachen bestraft wissen, schon wegen der Gefahr, daß die in andrer Absicht gemachten Münzen ꝛc. demnächst durch Dritte in Umlauf gesetzt werden könnten. Die Kommissionen der Kammern erachteten aber auch hier den rechtswidrigen Dolus als wesentliches Begriffserforderniß, erklärten sich aber damit einverstanden, daß die spezielle Absicht in den Thatbestand nicht mit aufgenommen sei, damit die unrichtige Vorstellung verhindert werde, als musse eine solche bestimmte Absicht noch besonders nachgewiesen [und festgestellt] werden (Komm.-Ber. II. K. S. 71); bei Münzfälschungen werde stets der kriminalrechtliche Dolus vorausgesetzt (Komm.-B. I. K. S. 17). Vgl Zachariä in G. Arch. 3. S. 291. In diesem Sinne hat auch V. 20. Okt. 1852 c Kodera (G. Arch. 1. S. 53; S. 79) entschieden: daß an sich die verbrecherische Absicht bei der Münzfälschung nicht besonders nachzuweisen sei, daß aber der Mangel jeder rechtswidrigen Absicht die Strafe des § 121 ausschliesse; wenn daher der Angeklagte die Abwesenheit jeder rechtswidrigen Absicht behaupte, so sei (gemäß Ges. v. 3. Mai 1852 Art. 81. Abs. 3) den Geschwornen eine das Vorhandensein einer solchen Absicht betreffende Frage vorzulegen, welche auch durch die Stellung einer die Zurechnungsfähigkeit betreffenden Frage nicht entbehrlich werde. Vgl. Bes. S. 286; G. Matt. 2. S. 212, 216; Kußner in G. Arch. 3 S. 46; John in G. Arch. 3. S. 66; *Contra* Temme Lehrb. S. 774, 777, id GU. S. 188 n. 6. — Vgl. G. Arch. 2 S. 98, wo die Ansicht ausgesprochen wird, es sei Sache des Angeklagten, den Mangel der verbrecherischen Absicht darzuthun, und die Frage an die Geschwornen dahin zu richten, ob ihm dieser Exkulpationsbeweis gelungen sei Hiermit ist § 44 und dort n 7. zu vergleichen Ueber die Fassung der Frage vgl auch G. Arch. 1 S. 694

10. Einer gewinnsüchtigen Absicht bedarf es nicht Temme Lehrb. S 774.

11. Der Fälscher, welcher das selbstgefertigte falsche Geld verausgabt, verwirkt nicht neben der Strafe des § 121 auch die des § 122 Vgl. zu § 122 n. 8

12. Verausgabung des falschen Geldes im Einverständnisse mit dem Fälscher würde, da das Verbrechen des letzteren mit der Anfertigung vollendet ist, nicht Theilnahme an diesem, sondern nur Begünstigung nach beendigter Fälschung sein können; dagegen fällt jene Handlung unbedenklich unter § 122 Vgl G. Matt. 2. S 222 n. 6

13. Ueber die Möglichkeit, im Falle der Theilnahme an dem im § 121 vorgesehenen Verbrechen mildernde Umstände zu berücksichtigen, vgl. zu § 35 n 4—6

§. 122.

1. Für den Begriff des falschen oder verfälschten Geldes ist § 121. maaßgebend.

2. Die §§ 122. und 123. zusammen wollen alle diejenigen umfassen, welche, ohne selbst Münzfälscher zu sein, wissentlich falsches Geld einführen, ausgeben oder in Umlauf setzen; es bilden daher die Worte: „an sich bringt“ den Gegensatz gegen das im § 123 vorgesehene „als ächt empfängt“, und sind auf einen Eigenthumserwerb nicht zu beschränken, vielmehr auch z. B. auf eine Ehefrau anwendbar, welche vom Ehemanne wissentlich falsches Geld zu häuslichen Ausgaben annimmt Z. II. 10 Nov. 1855 c. Veronelli. Vgl. zu § 123. n. 2.

3. Hiernach bezeichnen die Worte „an sich bringt“ ein Erwerben mit der Wissenschaft der Unächtheit; die Absicht der Verbreitung brauchte bei dem Erwerbe noch nicht vorzuwalten, sie ist vielmehr nur da erforderlich, wo Jemand das „an sich gebrachte“ Geld aus dem Auslande in Preußen einführt. Bes. S 288; G. Matt.

§. 123. Wer falsches oder verfälschtes Geld als ächt empfängt und nach erkannter Unächtheit als ächt ausgiebt oder auszugeben versucht, wird mit Gefängniß bis zu drei Monaten oder mit Geldbuße bis zu Einhundert Thalern bestraft.

[Entw. § 111] Vgl. § 122. 243 Nr. 3. 4.

§. 124. Dem Papiergelde werden gleich geachtet die von dem Preußischen oder einem fremden Staate oder unter deren Autorität von Korporationen, Gesellschaften oder Privat-

---

2. s. 219 Nr. 2; G. A. 1. s. 390; Koch s. 978 n. 20; Z II. 22. Feb. 1855 c. Brandt u. Gen. *Contra:* Temme Lehrb. s. 775 flg.; Pl Beschl. St.-Ger. Berl. 4 Feb 1852 (G. A 1. s. 79).

4 Im Uebrigen ist der Ausdruck „an sich bringt" ein allgemein verständlicher, und bedarf einer Auflösung in die besondern thatsächlichen Momente nicht. Z I 8. Nov. 1854 c Täge u. Gen.

5. Kann das blosse „An sich bringen" zum Zwecke der Verbreitung als Versuch des „In Umlauf Setzens" angesehen werden? Goltdammer (Matt. 2. s. 221 5) verneint. Die Frage ist aber wohl eine thatsächliche.

6. Ein „In Umlauf Setzen" ist nur da anzunehmen, wo das Geld als ächt verausgabt wird, dagegen kann ein einmaliges Ausgeben genügen. G. Matt. 2 s. 220 n 3. 4.

7. Zum Begriffe des „In Umlauf Setzens" gehört keineswegs, daß der Handelnde das Geld unmittelbar vom Falschmünzer, in dessen Hand es noch todt gelegen, erhalten habe. *Contra:* Mayer im Arensb Arch. 16. s. 351.

8. Die §§ 121. und 122. stellen zwei verschiedene von einander gesonderte Verbrechen dar; der Falschmünzer, welcher die von ihm selbst gefertigten falschen Münzen in Umlauf setzt, hat daher neben der Strafe des § 121. nicht auch noch die des § 122. verwirkt; er kann das im letzten § vorgesehene Verbrechen gar nicht begehen. B. II. 21. Apr. 1853 c. Gevelhof (G. A. 1. s 366. 389); B. II. 30 Juni 1853 c Winter. Der Falschmünzer „bringt" die falschen Münzen nicht „an sich."

§. 123.

1 Hierher gehört nicht der Fall, wo Jemand als ächt empfangenes falsches Geld weiter verfälscht, vgl. zu § 121. n 6. *Contra:* Temme Gll. s. 191 n 3; s. 192.

2. Die Worte: „als ächt empfängt" bilden nur den Gegensatz gegen den schwereren Fall des § 122; daher paßt § 123. auf jedes wissentliche Ausgeben falschen Geldes, welches nicht unter das schwerere Straf-Gesetz des § 122 fällt, ohne Unterschied, ob es erwiesen [und festgestellt] sei, daß das Geld als ächt empfangen war, oder nicht. Z II. 6. Dez 1855 c Sieckmann (G. A. 4 s 248) *Contra:* Plen.-Besch des Stadt-Ger. Berlin 4. Feb. 1852 (G A. 1. s. 73), welcher den § da für unanwendbar, und vielmehr die Betrugsstrafe für verwirkt erachtete, wo das Geld nicht als ächt empfangen, sondern z. B. gefunden oder gestohlen, und dann nach erkannter Unächtheit weiter verbreitet war. Vgl. zu § 122. n. 2. 3.

3 In dem hier vorgesehenen Falle wird regelmässig auch der Thatbestand des Betrugs vorliegen; gleichwohl ist derselbe dann nicht nach den Grundsätzen der idealen Konkurrenz (§ 55.) zu behandeln, weil sonst stets die Strafe des § 242, nie die des § 123. Platz greifen würde; vielmehr ist die Sache dahin aufzufassen, daß die Spezialvorschrift des § 123 die allgemeinen, den Betrug betreffenden, Bestimmungen gänzlich ausschliesse

§. 124.

1. Beseler (s. 283 II.) versteht unter den hier erwähnten Urkunden alle solche Kredit-Papiere, welche als vom Staate anerkannte Tauschmittel gelten, und über deren Fundirung, Ausgabe u. s. w., daher von Staatswegen Anordnungen, wenn auch nur in der Form der Bestätigung von Vereinsstatuten getroffen sind, und

personen ausgestellten, auf den Inhaber lautenden Schuldverschreibungen, Aktien oder deren Stelle vertretende Interimsscheine oder Quittungen, sowie die zu diesen Papieren gehörigen Coupons, Zins- oder Dividendenscheine.

[Entw § 112.] Vgl § 121. 122. 340 Nr. 3 bis 5

Achter Titel.

Meineid.

§. 125. Wer einen ihm zugeschobenen, zurückgeschobenen oder auferlegten Eid wissentlich falsch schwört, wird mit Zuchthaus bis zu zehn Jahren bestraft.

[Entw. § 113] Vgl § 128. 129. 132

---

eine Oberaufsicht geführt wird. — Man darf dabei jedenfalls den Begriff des „Tauschmittels“ nicht zu enge fassen.

2. Privaten dürfen ohne landesherrliche Genehmigung Schuldverschreibungen auf den Inhaber (mit Ausnahme der Wechsel) gar nicht ausstellen, vgl Ges v. 17. Juni 1833 (G S. s. 75).

3. An einer Bank-Obligation kann eine Münzfälschung nur durch diejenige Veränderung verübt werden, welche ihr den Schein eines höhern Werthes giebt; Fälschung eines auf der Obligation befindlichen Cessionsvermerks kann nur Urkundenfälschung sein. Z. 22. Sept. 1852 c. Krause. (G. A. 1 s. 79).

4. Ob ein ausländisches Werthpapier den Voraussetzungen des § 124. entspreche, sollen nach einem B. II. 10. Jan. 1856 c. Oppermann (JMBl. s. 46) nur die Instanzrichter (nicht die Geschwornen) zu prüfen haben, und ihre Entscheidung, weil es sich dabei um die Feststellung auswärtigen Rechts handelt, der Nichtigkeitsbeschwerde nicht unterliegen. — Dieser Entscheidung ist jedoch nicht unbedingt beizupflichten. Ob die Voraussetzungen des § 124. vorliegen, ist eine Frage des inländischen Rechts, welche nach Maaßgabe der von den Geschwornen festzustellenden thatsächlichen Merkmale zu lösen ist. Nur dann, wenn es sich davon handelt, ob das Papier nach den Gesetzen des betr. fremden Landes als Werthpapier anzusehen, und unter der Autorität des Staats ausgestellt sei, kann dem vom Ober-Tribunal ausgesprochenen Grundsatze beigetreten werden.

§. 125.

Inhalt·

1. Goltdammer (Matt. 2. s. 227), und Temme (Gll. s. 193 n. 3; id. Lehrb. s. 749) wollen hier einen von einer Prozeß-Partei in einem Prozesse ausgeschwornen Eid voraussetzen. Es ist dann aber der Begriff des „Prozesses“ nicht zu enge zu fassen; insbesondere ist es nicht erforderlich, daß derselbe nach den Regeln der Prozeßordnung instruirt sei. Beschl. I. 10. Nov. 1854 c. v. Schulz (Präj. n. 122; Entsch. 29. s. 256; G. A. 3. s. 260). Vgl. n. 2. und zu § 126. n. 2.

2. Ebensowenig ist es erforderlich, daß das betreffende Verfahren ein gerichtliches, und daß der Eid vor einer gerichtlichen Behörde geleistet sei; es genügt, wenn nur überhaupt ein von der zuständigen Behörde in der vorgeschriebenen Form rechtmässig abgenommener Eid falsch ausgeschworen worden ist, so cit.

Beschl. I. 10. Nov. 1854 (Präj. n. 122; vgl. oben n. 1.) und B. Pl. 7. Juli 1855 c v. Schulz (Präj. n. 162; Entsch. 30. f. 472; G. A. 3. f. 650). Beide entschieden, daß auch derjenige Eid unter diesen § falle, welcher durch ein landesherrliches Statut zur Feststellung einer Privatforderung wegen Brandschadens an die Privat-Versicherungsgesellschaft, dem Versicherten über den Grund und den Umfang des Schadens auferlegt, und auf dem vorgeschriebenen Wege vor der dazu privilegirten Behörde [der unter Zuziehung eines richterlichen Beamten gebildeten Abschätzungs-Commission der Gesellschaft] abgeleistet wird. *Sic:* Goltd. Matt. 2. f. 227 und Abh. in G. A. 3. f. 640. *Contra:* Temme Gll. f. 193 n. 3; id. Lehrb. f. 749

3. Auch der durch Privatübereinkunft der Parteien zur Entscheidung eines Rechtsstreits gewählte Schiedsrichter ist als eine solche Behörde zu betrachten, und der vor ihm ausgeschworne falsche Eid nach § 125. strafbar. Temme Gll. f. 193 n. 4.

4 Ob der Eid in Person, oder auch — so weit dieses nach den Prozeßgesetzen zulässig — durch einen Bevollmächtigten geleistet worden, ist gleichgültig. G. Matt. 2. f. 228; Temme Gll. f. 193 n. 4; Koch f 980 n 26

5 Die Vorschrift bezieht sich auf alle Arten von Prozeßeiden. G. Matt. 2 f. 229

6. Insbesondere gehören auch Kautions- und Manifestationseide hierher, insoweit es sich nicht von dem promissorischen Theile derselben handelt, für welchen § 131. maaßgebend ist. Temme Lehrb. f. 749.

7. . . . . ebenso die in Gemäßheit der AGO. I, 10. §. 138. auferlegten Diffessionseide. Z. I 4. Jan. 1856 c. Schmidt.

8 Ausgenommen ist nur der Schätzungseid (Juramentum in litem), weil hier alles in die individuelle Schätzung des Schwörenden gelegt ist. Vgl. AGO. I. Tit. 22 § 26 G. Matt. 2 f. 229; Temme Gll f. 193 n 5

9 Es ist nicht erforderlich, in die den Geschwornen vorgelegte Frage die rechtliche Qualifikation des Eides, z. B. daß es ein „Manifestations-Eid" gewesen, aufzunehmen, sobald sich nur die rechtliche Natur desselben aus den festgestellten Thatsachen ergiebt Z. I. 5 März 1856 c. Krause.

10. Gleichgültig ist, inwiefern der Eid auf die definitive Entscheidung des Prozesses von Einfluß sei, und sich auf den Gegenstand desselben beziehe. Temme Gll. f 193 n 5.

11. Der Eid darf nicht absolut unrechtmässiger Weise gefordert sein; es wird daher eine Behörde vorausgesetzt, welche nicht zur Abnahme eines Eides unqualifizirt ist, ebenso darf der Eid nicht grundsätzlich unzulässig sein, z. B. ein Reinigungseid im Strafverfahren. Temme Gll. f. 193 n. 6; G Matt 2 f. 130; Koch f 979 n 25. I. Vgl. aber zu § 126 n. 15

12 Bedingung der Strafbarkeit ist, daß die nach den Prozeßgesetzen wesentlichen Förmlichkeiten der Eidesleistung beobachtet sind, weil sonst ein wirklich ausgeschworner Eid nicht vorliegt G. Matt. 2. f. 230; vgl. Koch f 979 n. 25. I — Als wesentliche Förmlichkeit kann es aber nicht angesehen werden, daß die Eidesformel den Religionsbegriffen des Schwörenden, oder der Lehre derjenigen Konfession, zu welcher er äusserlich gezählt wird, entspreche, weil nicht festzustellen ist, welche Religionsbegriffe innerlich Jemand hegt, und weil sonst derjenige, welcher nachträglich ein Atheist zu sein behauptete, straflos ausginge Das Strafgesetz trifft vielmehr überall zu, wo Jemand einen Eid in einer vom Gesetze anerkannten Form falsch ausschwört (zumal wenn er dieser Form nicht widersprochen hat), und so äusserlich die Annahme einer gültigen Eidesleistung begründet. *Contra:* Koch l. c; Z. I 2. Mai 1856 c. Nathans, welches jedoch Vereidung in Gemäßheit der eignen Konfessionsangabe für genügend erachtete.

13. Auch die vorgängige Verwarnung ist (arg. AGO. Anh. § 82.) zu den wesentlichen Förmlichkeiten nicht zu rechnen. Z. I. 17. Juni 1853 c. Bär u Gen. (G Arch. 1. f. 567 702) (Es handelte sich von einem Zeugeneide). *Sic:* Goltd. Matt. 2. f 229. Vgl. G. A 1 f. 53. Aus dem dort Gesagten ist nicht zu folgern, als sei die Frage an die Geschwornen darauf, ob eine Verwarnung stattgefunden habe, auszudehnen; da dieser Umstand nur als Strafzumessungsgrund in Betracht kommt, so ist er vom Gerichtshof selbstständig festzustellen. — Vgl. zu § 126. n. 12.

§. 126. Wer als Zeuge in einer Civilsache oder Strafsache wissentlich ein falsches Zeugniß mit einem Eide bekräftigt, oder den vor seiner Vernehmung geleisteten Eid wissentlich durch

---

14. In die den Geschwornen vorzulegende Frage brauchen die Thatsachen, welche falsch beschworen worden sind, nicht mit aufgenommen zu werden Z. I 6 März 1856 c. Krause.

15. Vollendet wird das Verbrechen mit der Eidesleistung. Goltd Matt. 2 S. 232; Temme Gll. S. 194 n 10; Koch S. 918 n 28.

16 Insbesondere ist nicht erforderlich, daß auch die Protokollirung über das Geschehene stattgefunden habe. Besel S. 292; Temme Gll. S. 194 n. 10; Koch S. 918 n. 28.

17. Nachträglicher Widerruf kann nur als Strafzumessungsgrund in Betracht kommen. G. Matt 2. S. 234. VI.

18. Ein Versuch des Meineids ist sehr wohl möglich G Matt. 2. S. 235; Temme Gll. S. 194 n. 11. Ob ein solcher begangen worden, und ob er den Merkmalen des § 31 entspreche, ist Gegenstand der thatsächlichen Beurtheilung; hierbei ist statthaft, auch das Erbieten zur Beschwörung einer Unwahrheit als Anfang der Ausführung und sonach als strafbar zu betrachten Z. II. 6 Okt. 1853 c. Brink (G. Arch. 1 S. 702). Vgl. zu § 31 n. 23, zu § 126. n. 14. *Contra:* Z 18 Feb 1852 c. Kunz (Entsch. 23. S. 213); Beschl. 7. Jan 1852 c Bölke (Entsch. l. c.; G Arch 1. S 702); Z. 21 Mai 1852 c. Rehfeld, welche, auf eine eigene Prüfung jener Frage eingehend, einen Versuch des Meineids nur da für denkbar erachteten, wo der Akt der Eidesleistung selbst (wenn auch nur durch Erhebung der Finger, und die begonnene Nachsprechung der Eidesformel mit dem Worte „Ich“) irgendwie einen Anfang genommen habe. *Sic:* G. Matt. 2. S 234 VII; Temme Gll. S 194 n 11; Koch S 980 n. 26.

19. Zum Thatbestande des wissentlichen Meineids gehört zwar nicht eine gewinnsüchtige, oder auf Beschädigung eines Dritten gerichtete Absicht; wohl aber nicht nur das Wissen von der Unrichtigkeit oder Mangelhaftigkeit der gemachten Angaben, sondern auch das Wissen von der Falschheit des Eides, und ein bestimmter, wenn auch nicht auf Verletzung der Rechte eines Dritten, doch auf Verletzung der Eidespflicht gerichteter Dolus Daher macht sich des wissentlichen Meineids derjenige nicht schuldig, welcher bei der eidlichen Manifestation seines Vermögens bewußter Maassen einzelne ihm zustehende Forderungen verschwieg, sobald dieses nur aus dem Grunde geschah, weil er sie für völlig werthlos hielt Z. I. 4. März 1853 c v. Maltzahn-Wedel.

20 Nach Rheinischem Rechte ist die Frage sehr bestritten, ob, wenn das Streitobjekt, auf welches der geleistete Eid sich bezog, den Werth von 150 Franken überstieg, mit Rücksicht auf Art. 1341 des BGB. im Strafverfahren die Falschheit des Eides blos durch Zeugen dargethan werden könne Vgl über die Ansichten der französischen Rechtslehrer, und die Entscheidungen der französischen Gerichtshöfe Gilb C. pén. Art. 366, n 3—5; 7—9. Der frühere Rh. Kassationshof hat sich durch Z 2. Jan 1843 c. Schmitz (Tr. Ann. 5. 1. S. 21) für die Bejahung ausgesprochen. Vgl. zu § 225 n. 40

21 Ist ein zugeschobener Eid falsch ausgeschworen worden, so kann nach Rheinischem Rechte der Deferent in dem dieserhalb eingeleiteten Strafverfahren nicht als Civilpartei auftreten (arg. BGB. Art 1363). Vgl Gilb. C. pén. Art. 366 n 6.

§. 126. Inhalt.

Anstiftung. 19 20.
Civilsache 2—4.
Dolus. 23.
Falscher Namen. 9.
Förmlichkeit des Eides. 14 a.
Generalfragen. 8.
Inventar. 4.
Notorietätsakt. 5.
Protokollirung. 7.
Rechtskraft. 22.
Selbstbelastung. 16.
Strafsache. 2.
Thatsachen. 10.
Thats. Feststellung 21.
Theilnahme. 19
Unsch. Verurtheilung. 24.

ein falsches Zeugniß verletzt, wird mit Zuchthaus bis zu zehn Jahren bestraft.

Ist das falsche Zeugniß in einer Strafsache zum Nachtheil eines Angeschuldigten abgelegt, und dieser zur Todesstrafe, Zuchthausstrafe oder zur Strafe der Einschließung von mehr als fünf Jahren verurtheilt worden, so ist die Strafe Zuchthaus von zehn bis zu zwanzig Jahren.

[Entw. § 114.] Vgl. § 128. 129 132.

Unzulässigkeit d Vereidung. 15.
Verjährung. 26.
Verschweigen. 11.
Versuch. 14.
Verurtheilung. 25.
Verwarnung. 12.
Verweigerung des Zeugnisses. 17.
Vollendung. 13.
Vollstreckung. 25.
Vorbestrafung. 8.
Voruntersuchung. 6
Wesentlichkeit. 8.
Wiederholung. 18
Zeuge. 1.

1. Ein wesentliches, ausdrückliche Feststellung erheischendes Merkmal dieses Verbrechens ist, daß die betr. Aussage als „Zeuge“ oder als „Zeugniß“ abgegeben worden sei; der Mangel dieser Feststellung kann dadurch nicht ersetzt werden, daß es in derselben ferner heißt: der Angeklagte habe die Richtigkeit seiner Angabe auf den in derselben Sache geleisteten „Zeugeneid“ genommen V. II 21 Sept 1854 c. Huwer.

2. Zum Begriffe der „Civil- oder Strafsache“ ist keineswegs erforderlich, daß es sich von einem förmlichen Prozeßverfahren handelte, noch auch, daß der Eid vor einer gerichtlichen Behörde geleistet worden sei. Es genügt jede ein Civilrecht betreffende Verhandlung, oder ein die Verfolgung und Ahndung einer strafbaren Handlung betreffendes Verfahren, sobald dabei eine Behörde thätig ist, welcher gesetzlich das Recht zusteht, in Civil- oder Strafsachen zu verhandeln, und namentlich dabei Zeugen zu vernehmen; Temme Lehrb. s. 751, der aber jedenfalls zu weit geht, wenn er verlangt, daß die Behörde auch zur Verhandlung der konkreten Sache kompetent gewesen sein müsse Vgl G. Matt 2. s 237 II; Temme Gll. s 195 n 2; Abh in G. Arch 3 s 640 und zu § 125 n 1—3.

3 Hiernach ist unter einer Civilsache auch das Verfahren mitbegriffen, welches zur Ermittlung und Feststellung der von einer Privatfeuerversicherungsgesellschaft zu leistenden Brandschadenentschädigung vor einer Kommission anhängig ist, welche in Gemäßheit des vom Staate bestätigten Gesellschaftsstatuts unter Mitwirkung eines richterlichen Beamten gebildet worden Beschl. I. 10. Nov. 1854 c. Borchert (v. Schulz u. Gen). Vgl zu § 125 n 2.

4. Nicht minder gehört hierher der Eid, welcher in Gemäßheit der AGO. III 7 § 83 oder der Rh. BPO. Art 914. Nr 9 und 943. Nr 8 bei der Aufnahme eines Inventars vor dem Notar abzuleisten ist Temme Gll. s. 195 n. 2. *Contra*: in Beziehung auf den letztern Fall: Rej des franz Kass.-Hofes v 7. Dez 1838; Sir. 39 1. 526

5. Dasselbe würde von einem falschen bei Aufnahme eines Notorietäts-Aktes (nach dem Rh. BGB. Art. 72.) abgegebenen Zeugnisse gelten, vorausgesetzt, daß dasselbe mit einem Eide bekräftigt wäre, was freilich in der Regel nicht zu geschehen pflegt.

6 Auch das in einer Strafsache in der Voruntersuchung abgelegte falsche eidliche Zeugniß unterliegt der Strafe Bes s 292; G. Matt. 2 s 240; Temme Gll s. 198 n. 6; id. Lehrb s 752 Hierbei macht es keinen Unterschied, ob die Voruntersuchung gegen eine bestimmte Person gerichtet gewesen, oder ob es sich nur davon handelte, die Frage: ob überhaupt ein Verbrechen vorliege, ins Klare zu stellen Z. I. 6. Apr. 1853. c Wisniewska (G. Arch. 1. s. 393). In Frankreich war (mit Rücksicht auf Bestimmungen des älteren Rechts, und darauf bezügliche Bemerkungen in den Diskussionen über den Code pénal) die entgegengesetzte Ansicht feststehend, nach welcher ein strafbares falsches Zeugniß nur im mundlichen Hauptverfahren abgelegt

werden konnte; vgl Gilb. C. pén. Art. 361 n 12—14 Zu bemerken ist dabei, daß nach den Vorschriften der französischen StPO sowohl in der Voruntersuchung als in dem Hauptverfahren nur der s. g bürgerliche Eid, und zwar — soviel das Gelöbniß anlangt — in ganz gleicher Form geleistet werden soll (mit den Worten: „Ich schwöre es“) Das ist für die Rheinprovinz durch zwei Erlasse der Immediat-Justiz-Kommission vom 22 Dez. 1817 und 15. März 1818 (Rh. Samml. 1. s. 480 und 496) dahin abgeändert worden, daß jetzt im Hauptverfahren, nicht aber in der Voruntersuchung, eine religiöse Bekräftigung hinzutritt Hieraus scheint Goltdammer l. c. folgern zu wollen, als könne in der Rheinprovinz das falsche in der Voruntersuchung abgelegte Zeugniß nicht nach § 126, sondern nur etwa nach § 129 bestraft werden. Schwerlich mit Recht. Nachdem die durch die Entstehungsgeschichte des Code pénal gerechtfertigte engere Auslegung des Art. 361 ib. mit diesem weggefallen, ist § 125 des StGB überall anzuwenden, wo eine eidliche Bekräftigung eines falschen Zeugnisses statt gefunden hat, und als solche ist nach den allgemeinen Grundsätzen des Rheinischen Rechts der bürgerliche Eid unzweifelhaft anzusehen, indem es auch früher nie bestritten worden ist, daß ein im mündlichen Hauptverfahren abgeleisteter blos bürgerlicher Eid das folgende falsche Zeugniß zu einem strafbaren mache, ohne daß der Mangel der (nur instruktionsmässig vorgeschriebenen) religiösen Bekräftigung daran etwas änderte. — Zu bemerken ist indessen, daß der Komm.-Ber II. K (s 73) von der entgegengesetzten Auffassung ausgehend, die Entscheidung der Frage der zu erlassenden Strafprozeßordnung vorbehalten wollte, „weil sie sich eigentlich auf die andere Frage reduzire, ob in der Voruntersuchung der Zeuge seine Aussage unter einem religiösen Eide abgeben solle.“

7. Gemäß des Zweckes der Vorschriften der §§ 317 ff. der Krim.-O. kann nur dasjenige, was in dem über die Vernehmung eines Zeugen in der **Voruntersuchung** aufgenommenen **Protokolle**, als die Aussage desselben niedergeschrieben worden, als von demselben deponirt angesehen werden, dieses Protokoll mithin allein für die Wahrheit oder Unwahrheit der Aussage maaßgebend sein. Es muß daher in dieser Beziehung für gleichgültig erachtet werden, was von dem Zeugen oder einem Dritten bei Gelegenheit der Vernehmung neben dem zu Protokoll gebrachten, und also allein für erheblich erachteten, etwa mündlich geäußert, oder erklärt sein mag, ohne registrirt zu sein, und kann es, um den Thatbestand des Meineids herzustellen, nicht darauf ankommen, was in Betreff der angeblich mündlich neben den registrirten Erklärungen und Vorhaltungen auf Grund der Zeugen-Aussagen vom Richter als erwiesen festgestellt sein mag. Z. 31. März 1852 c. Wagner. — Dagegen kann ein im Hauptverfahren vor dem erkennenden Richter abgelegtes falsches Zeugniß auch dann verfolgt werden, wenn über den Inhalt desselben nichts im Sitzungsprotokolle vermerkt worden ist, sobald der Thatbestand nur durch die gewöhnlichen im Strafverfahren statthaften Beweismittel dargethan werden kann. Erk App Hof Köln v. 5. Mai 1832 (Rh. Arch. 17. 1. s. 124)

8. Vorausgesetzt wird ein falsches **Zeugniß**, die objektive Unwahrheit muß daher in denjenigen Angaben enthalten sein, welche dem Zeugnisse **wesentlich** angehören. Unrichtigkeiten in ganz unwesentlichen Nebenpunkten kommen nicht in Betracht. Temme Lehrb. s. 752. Als wesentlich ist insbesondere auch alles dasjenige zu betrachten, was auf die Glaubwürdigkeit des Zeugen von Einfluß sein kann, namentlich also frühere Bestrafungen desselben. B. 27. Sept. 1852 c. Fahrland; Z. I. 26. März 1853 c. Borchard; Z. I. 27. Mai 1853 c. Kalmus Wolff (G. Arch. 1. s. 393); Z. I. 30. Sept. 1854 c. Momberg. Aehnlich Z. 8. Nov. 1852 c. Momberg (G. Arch. 1 s. 80), wo aber die Bedeutsamkeit der betr. Aussage für die Glaubwürdigkeit nicht weiter berücksichtigt, sondern allgemein angenommen wurde: der Eid beziehe sich auf die ganze Aussage des Zeugen, also auch auf seine Aussagen über seine persönlichen Verhältnisse, da sie ebenfalls einen Theil seines Zeugnisses bildeten, weshalb jede wissentlich unrichtige Angabe strafbar sei. — Im Uebrigen wird die Strafbarkeit dadurch nicht beseitigt, daß seit Begehung des Verbrechens 2c., wegen dessen die von dem Zeugen abgeleugnete Bestrafung desselben stattgefunden, die volle Verjährungsfrist abgelaufen ist. Z. I. 27. Mai 1853 c. Kalmus Wolff (G. Arch. 1. s. 393).

9 Aus demselben Grunde ist ein falsches Zeugniß anzunehmen, wenn ein Zeuge sich vorsätzlich einen **falschen Namen** beigelegt hat (etwa aus dem Grunde,

um dadurch die beabsichtigte Vernehmung der andern den fraglichen Namen wirklich führenden Person zu verhindern).

10. Ein B. I. 18. Nov. 1853 c. Kirscher (G. Arch. 2. s. 117) nahm an, daß ein Zeugniß als ein wissentlich falsches nur dann nachgewiesen werden könne, wenn es bestimmte, in ihrem Begriffe der individuellen Beurtheilung des Schwörenden nicht unterworfene Thatsachen zum Gegenstande habe, nicht aber dann, wenn es Thatsachen enthalte, deren Begriffe völlig relativ, von der Beurtheilung und Auffassung des Schwörenden abhängig seien. (Der Angeklagte hatte beschworen, daß er mit einem bestimmten Frauenzimmer »nie in einem unerlaubten Verhältnisse gestanden«). Die angeregte Frage dürfte indessen, als eine wesentlich thatsächliche, nur der Entscheidung des Instanzrichters unterliegen.

11. Soll ein falsches Zeugniß durch Verschweigen erheblicher Thatsachen abgelegt sein, so muß durch den Wahrspruch der Geschwornen festgestellt werden, daß der Angeklagte über diese Thatsachen ausdrücklich oder in einer Weise befragt worden sei, daß das Verschweigen die unwahre Versicherung der mangelnden Kenntniß enthalte. So B I. 30 März 1855 c Wanke (Entsch. 30 s 336. G Arch. 3. s. 425) Aehnlich: B. 3 Dez. 1852 c. Goßmann u. Gen. (G. Arch. 1 s. 393); Vgl. G. Matt. 2. s. 236. — Auch hier werden die konkurrirenden Umstände wesentlich in Betracht kommen, und alles der thatsächlichen Beurtheilung anheimfallen, ob ein beabsichtigtes Verschweigen gegen besseres Wissen stattgefunden habe.

12. Durch eine vorherige Verwarnung ist die Strafbarkeit des falschen Zeugnisses (arg. A. G O. Anh. § 82) nicht bedingt. Z. I 17. Juni 1853 c. Bär u. Gen (G. Arch. 1. s. 567, 702); Vgl. zu § 125 n. 13.

13. Vollendet wird das Verbrechen da, wo die Vernehmung der eidlichen Erhärtung vorhergeht, durch die letztere. Geht dagegen (wie nach Rheinischem Rechte) die Vereidung der Vernehmung vorher, so will G. Matt. 2. s. 237, 240 die Vollendung nur dann annehmen, wenn die Verhandlung geschlossen worden; so lange dieses nicht geschehen, sei nur etwa ein Versuch anzunehmen, dessen Strafbarkeit da wegfalle, wo ein freiwilliger Widerruf vor dem Schlusse erfolgt sei. So die französische Jurisprudenz, welche den Widerruf selbst dann noch gestatten will, wenn gegen den Zeugen wegen Verdachts des Meineids vom Präsidenten ein Haftbefehl erlassen worden ist. Vgl. Gilb. C. pén. Art. 361 n. 15—18, 20 *Contra*. Temme Gll. s. 195, n. 4.; id. Lehrb. s. 754, welcher mit der Abgabe der falschen Aussage das Verbrechen für vollendet erachtet

14. Ueber die Möglichkeit des Versuchs eines falschen Zeugnisses, sowie über die Frage, ob das Erbieten zur eidlichen Erhärtung einer abgegebenen Zeugenaussage, als Anfang der Ausführung anzusehen sei, vgl. zu § 31 n. 23. und zu § 125 n. 18. Die dort citirten Z. 21. Mai 1852 c. Rehfeld und Z. II. 6. Okt. 1853 c. Brink (G. Arch. 1. s. 702) betrafen falsche Zeugnisse.

14a. In Betreff der Förmlichkeit der Eidesleistung vgl. zu § 125 n. 12.

15. Das falsche Zeugniß wird dadurch nicht straflos, wenn die stattgehabte eidliche Bekräftigung gesetzlich unzulässig war. Selbst wenn der Eidesunmündige die Unwahrheit beschworen hat, ist er strafbar, insofern er nicht ohne Unterscheidungsvermögen gehandelt hat. G. Matt. 2. s. 242; Z I. 16. März 1855 c. Tulodziecki. Vgl. aber zu § 125 n. 11; zu § 129 n. 2.

16 Der Umstand, daß der Zeuge durch eine wahrheitsgetreue Aussage sich selbst belasten würde, kann die Ablegung eines falschen Zeugnisses nicht straflos machen. G. Matt. 2. s. 242; Z. II. 10. März 1853 c. Braune. — Dagegen ist der Zeuge befugt, die Aussage über solche Thatsachen, welche das Geständniß einer von ihm selbst begangenen strafbaren Handlung enthalten würden, zu verweigern, und er darf seiner Vernehmlassung und Vereidung die Verwahrung hinzufügen, daß er in Betreff aller derartigen Thatsachen Stillschweigen beobachte. Beschl. I. 5. Apr. 1854 c. Orthmanns (I. n. 127. B.); Beschl. I. 21. Sept. 1855 c. Güntzer (I. n. 301. B.); Beschl. I. 28. März 1856 c. Klipper (I. n. 98. B.); vgl. n. 17.

17. Auch dadurch wird die Strafbarkeit des falschen Zeugnisses nicht ausgeschlossen, wenn der Zeuge seine Vernehmlassung nach dem Gesetze hätte verweigern können, er dieses aber nicht gethan, oder der Richter ihn, seines Widerspruchs ungeachtet, zur Aussage angehalten hat. Z. I. 4. Nov 1853 c. Gohlke. Vgl. n 16.

18. Bildet die spätere unveränderte Wiederholung eines falschen eidlichen Zeugnisses unter Bezugnahme auf den früher geleisteten Eid, den Thatbestand eines zweimaligen falschen Zeugnisses? Vgl. zu § 56 n. 7.

19. Daß beim falschen Zeugnisse auch ausser der Anstiftung eine Theilnahme im Sinne des § 34 n. 2. möglich sei, ist grundsätzlich nicht zu bestreiten. Eine solche kann in der Provokation auf die Vernehmung eines durch einen andern bestochenen Zeugen, bei vorhandener Wissenschaft, daß derselbe falsch zu schwören beabsichtige, enthalten sein. Beschl. I. 1. Febr. 1854 c Leeske (Köhler u. Gen.). Aehnlich verhält es sich, wenn ein Angeklagter sich mit einem Zeugen über die gegenseitig abzugebende Aussage bespricht, und die eigne Aussage hiernach einrichtet. Vgl. G. Arch. 1. s. 390.

20. Die Verleitung zu einem falschen Zeugnisse ist nur dann strafbar, wenn festgestellt wird, daß nicht nur zur Ablegung, sondern auch zur eidlichen Bekräftigung verleitet worden sei. So B. I. 12. Apr. 1854 c. Goldbeck (G. Arch. 2. s 418). Zur thatsächlichen Beurtheilung wird es aber gehören, ob nicht in jener auch die Verleitung zur Beeidigung mit zu finden ist.

21. Die den Geschwornen vorzulegende Frage braucht nicht nothwendig die Thatsachen zu enthalten, welche unwahr und mit einem Eide bekräftigt worden seien, es genügt eine den Worten des § 126 entsprechende allgemeine Fassung. Z. II. 2. Juni 1853 c. Heibing; Z. I. 8 Nov. 1854 c. Kenneweg (G. Arch. 3 s. 106); Z. I. 12. Dez. 1855 c Lösener Vgl. zu § 125. n. 14 Es muß dann aber geeigneten Falles das oben n. 8. Gesagte berucksichtigt, und hiernach die Fragstellung spezieller gefaßt werden Vgl auch n. 22

22. Zwei Erkenntnisse des Ober-Tribunals vom 23. Jan. 1852 (Z. c. Falkenberg, u. B c. Ernold) nahmen an: der verbrecherische Charakter des falschen Zeugnisses beruhe wesentlich in der heiligen Handlung der Eidesleistung, welche in Beziehung auf die verschiedenen Stücke der Aussage nicht als eine mehrfache aufgefaßt werden könne, weshalb eine frühere Freisprechung die Wiederaufnahme der Untersuchung aus dem Grunde, weil ein durch die frühere Entscheidung nicht berührter Theil der Aussage falsch sei, ausschliesse. — Das unterliegt grossem Bedenken. Setzt sich das Zeugniß aus verschiedenen Aussagen zusammen, so bezieht sich die eidliche Bekräftigung zwar auf alle ungetrennt, ohne gleichwohl dieselben in eine nähere Beziehung zu einander zu bringen, als sie von Natur haben; es bleiben dann verschiedene als wahr beschworne Aussagen bestehen, von denen die eine wahr sein kann, während die andere falsch ist; betraf daher eine Anklage wegen falschen Zeugnisses nur die eine, so hindert die Freisprechung die Verfolgung wegen der andern nicht, sobald nur feststeht, daß wirklich jene Freisprechung sich auf einen andern für sich bestehenden Theil der beschwornen Aussage bezog, als die neue Verfolgung, was freilich bei einer allgemeinen Fassung der Frage an die Geschwornen (vgl. n. 21) nicht der Fall sein könnte

23 Im Falle des zweiten Absatzes bedarf es eines besondern auf ungerechte Verurtheilung des Angeschuldigten gerichteten Dolus nicht G Matt. 2 s. 245 n. 3; *Contra*: Temme GU s. 196 n 4.

24 Ebensowenig bedarf es der Feststellung eines Kausalzusammenhanges zwischen der Verurtheilung und dem falschen Zeugnisse, noch auch, daß die Verurtheilung einen Unschuldigen getroffen habe Komm.-B. II K. s 74; Bes s 293; G. Matt 2. s 243 *Contra:* Temme GU s 196 n. 4; Vgl. Motive s. 38.

25. Absatz 2 erheischt nur die Verurtheilung des Angeschuldigten, nicht die Vollstreckung der Strafe; es bleibt daher auch gleichgültig, ob die verhängte Strafe im Gnadenwege erlassen worden ist. G Matt. 2. s. 244 n. 2; Temme GU. s 196 n 3.

26 Goltdammer (Matt. 2 s 247 n. 4.) glaubt mit Unrecht, daß wenn der Verurtheilung auch eine Vollstreckung der verhängten Freiheitsstrafe gefolgt sei, die Verjährung des falschen Zeugnisses erst mit dem Aufhören jener Strafe beginnen könne; das Verbrechen ist mit der Abgabe des Zeugnisses und der demnächstigen Verurtheilung vollendet; die Fortdauer der Wirkungen des Verbrechens hindert den Beginn der Verjährung nicht, sonst müßte, wenn eine verhängte Todesstrafe vollstreckt wäre, die Verjährung gänzlich ausgeschlossen sein.

§. 127. Wer als Sachverständiger in einer Civilsache oder Strafsache wissentlich ein falsches Gutachten mit einem Eide bekräftigt, oder den vor seiner Erklärung geleisteten Eid wissentlich durch ein falsches Gutachten verletzt, wird gleich dem falschen Zeugen bestraft.

[Entw. § 115] Vgl. § 126. 129 132.

§. 128. Der Ableistung eines Eides wird gleich geachtet:

1) wenn ein Mitglied einer Religionsgesellschaft, welcher das Gesetz den Gebrauch gewisser Betheuerungsformeln an Stelle des Eides gestattet, eine Erklärung unter der Betheurungsformel seiner Religionsgesellschaft abgiebt;

2) wenn derjenige, welcher als Partei, Zeuge oder Sachverständiger einen Eid geleistet hat, in gleicher Eigenschaft eine Versicherung unter Berufung auf den bereits früher in derselben Angelegenheit geleisteten Eid abgiebt, oder wenn ein Sachverständiger, welcher als solcher ein für allemal vereidet ist, eine Versicherung auf den von ihm geleisteten Eid abgiebt;

---

§. 127.

1. Der vom Sachverständigen nach der Verordnung v. 28. Juni 1844 (G.S. S. 249) § 2. zu leistende Eid bezieht sich nur auf das erforderte Gutachten, nicht auf die Beantwortung von Generalfragen über gewisse Thatsachen und Verhältnisse, welche die Glaubwürdigkeit des Fachkundigen betreffen. Z.I. 4. Mai 1853 c. Stephan. Vgl. zu § 126. n. 8.

§. 128.

1. Dieser § enthält keine selbstständige Strafvorschrift, sondern schreibt nur vor, wann die Abgabe von Erklärungen oder Versicherungen, wie sie in den Nrn. 1—3. näher bezeichnet sind, der wirklichen Ableistung eines Eides gleichgeachtet werde; unter welchen Umständen aber die Ableistung eines Eides als Meineid strafbar sei, darüber disponiren § 125—127; es versteht sich daher von selbst, daß auch nur unter denselben Umständen die Abgabe einer Erklärung rc. als Meineid strafbar sei, d. h. wo sie die Stelle der eidlichen Bekräftigung der Aussage eines Zeugen oder Sachverständigen vertritt. Aus diesem Grunde sind denn auch die im frühern Entwurfe (von 1847) der Nr. 3. sich findenden Worte: „in Prozessen oder Untersuchungen" gestrichen worden. B. I. 28. Jan. 1853 c. Rentwig (G.A. 1. S. 236). Vgl. Motive S. 75; G. Matt. 2. S. 248 n. 2. *Contra:* Temme GU. S. 199 n. 1. 2. (für den Fall der Nr. 3, und den des Schlußsatzes der Nr. 2), der dieses aber (Lehrb S. 757) zurücknimmt.

Zu Nr. 2.

2. Temme (GU. S. 200 n. 3. id. Lehrb. S. 753) will die Strafbestimmung nur dann wirksam werden lassen, wenn die Versicherung auf den früher geleisteten Eid in einem Falle statt gefunden hat, wo das Gesetz eine solche ausdrücklich vorschreibt, oder zuläßt. Wäre dieses richtig, so würde der vorgesehene Fall nie vorkommen können, da das bestehende Gesetz einen solchen, wo die Partei eine Versicherung auf einen früher geleisteten Eid abzugeben hätte, nicht kennt. Es ist daher richtiger, die Strafbarkeit überall anzunehmen, wo eine solche Versicherung statt

3) wenn ein vereideter Beamter eine amtliche Versicherung unter Berufung auf seinen Dienfteid abgiebt.

[Entw. § 116.] Vgl. § 125—127. 132; AGO. I. 10. § 203 Nr. 2 5; 210. 211; I. 13 § 10 b; Kr.-O. § 335 Nr. 2. 3 4; Verordn v 3 Jan 1849 § 55.

§. 129. Wer einer öffentlichen Behörde eine Versicherung an Eidesstatt wissentlich falsch abgiebt, wird mit Gefängniß von drei Monaten bis zu Einem Jahre bestraft; auch kann gegen denselben zugleich auf zeitige Untersagung der Ausübung der bürgerlichen Ehrenrechte erkannt werden.

[Entw. § 117.] Vgl § 132; ALR. I. 9. § 486; II. 18 § 220 403; AGO III. 7. § 86

---

gefunden hat, sollte das geltende Gesetz auch wiederholte Eidesleistung erheischen. Für diese Ansicht spricht auch ein Beschl. I. 11. Juli 1855 c. Käfert, welche in einem Falle, wo ein Mann über den Nachlaß seiner Ehefrau einen Manifestationseid geleistet, und gleich danach auf die Belehrung, daß es sich auch von dem zwischen ihm und seiner Frau gemeinschaftlich gewesenen und von seinem eignen Vermögen handle, unwahrer Weise versichert hatte: „er habe das gemeinschaftliche Vermögen richtig angegeben, und nehme dieses auf den geleisteten Eid“ — die Versetzung in den Anklagestand deshalb ablehnte, weil in der abgegebenen Erklärung eine Versicherung in derselben Angelegenheit nicht mit der erforderlichen Klarheit zu finden sei.

Zu Nr. 3.

3. „Zur Anwendbarkeit dieser Nr. 3. ist erforderlich, daß die von einem „Beamten auf seinen Diensteid genommene falsche Aussage auch eine amtliche in „dem Sinne sei, daß sie ihrem Gegenstande nach unmittelbar das Amt betreffe.“ Z. Pl. 13. Nov. 1854 c. Lange. (Präj. n. 120; Entsch. 29. s. 471; 30. s. 340) *Contra*: früher: B. II. 21. Apr. 1853 c Schachtzieck (G. A. 1. s. 394), welches annahm, wenn ein Beamter in einer Civil- oder Strafsache als Zeuge oder Sachverständiger vernommen, die Richtigkeit seiner Aussage auf seinen Amtseid versichere, so treffe § 128. Nr. 3. zu, sollte der Gegenstand der Aussage bei strenger Prüfung das Amt auch nicht unmittelbar betreffen, und daher genau genommen wirkliche Vereidung erforderlich gewesen sein. Vgl. Koch s. 981 n. 32.

4. Es ist nicht unerläßlich, daß gerade der Ausdruck „Versicherung“ gebraucht worden sei, andere gleichbedeutende genügen; weder ein allgemeines Gesetz noch insbesondre das Zoll-St.-Ges. v. 23. Jan. 1838 § 32. schreibt eine bestimmte Formel vor. Z. 8. Sept. 1852 c. Paasche.

5. Vormünder, Curatoren und dergl. sind keine Beamten; ihre falschen auf den geleisteten Verpflichtungseid hin abgegebenen Versicherungen fallen daher nicht unter Nr. 3. G. Matt. 2. s. 249 n 3.

§. 129.

1. Hier genügt jede vor einer öffentlichen Behörde abgegebene Versicherung, ohne daß die Natur der Sache, in welcher sie abgegeben wurde, einen Unterschied machte. Vgl. Beseler s. 294.

2. Vorausgesetzt wird aber, daß eine solche eidesstattliche Versicherung vorliege, welcher der Gesetzgeber ausnahmsweise rechtliche Wirkung beilegt; hat daher eine solche in einem Falle statt gefunden, wo das Gesetz eine Vereidung erheischte, so findet § 129. keine Anwendung. Z. 11. Okt. 1852 c. Conrad u. Gen. (G. A. 1. s. 81); B. I. 28. Jan. 1853 c. Rentwig (G. A. 1. s. 236); *Sic*: Temme Lehrb. s. 754; Vgl. zu § 126. n. 15.

3. Die Kommission zur Einschätzung zur Einkommensteuer ist befugt von einem Reklamanten die eidesstattliche Erklärung über die von ihm selbst über sein Einkommen gemachten Angaben zu fordern und entgegen zu nehmen; die wissentlich falsche Abgabe einer solchen Erklärung ist daher nach § 129. strafbar, sollte

§. 130. **Derjenige, welcher einen Anderen wissentlich zur Ableistung eines falschen Eides in dessen eigenen Angelegenheiten, zur eidlichen Bekräftigung einer Unwahrheit oder zur Angabe der Unwahrheit nach abgeleistetem Zeugeneide zu verleiten versucht, soll mit Zuchthaus bis zu fünf Jahren bestraft werden.**

---

sie von der Kommission dem § 26. des Ges. v. 1. Mai 1851 zuwider auch nicht in wörtlicher Fassung vorgeschrieben gewesen sein. Z. II. 9. März 1854 c. Breitenbach (G. A. 2. s. 689).

4. Für die Strafbarkeit ist es gleichgültig, ob die Versicherung von der Behörde gefordert sei, oder nicht. Komm.-Ber II. K. s. 75; Bes. s. 294; *Contra:* Temme GU. s. 200. Dagegen mußte sie gefordert werden können. B. I 28. Jan. 1853 c. Rentwig cit. (n. 2).

5. Ist erforderlich, daß die Versicherung persönlich (oder durch einen Spezial-Mandatar) „vor" der Behörde (vgl. Komm.-Ber. II. K. s. 75. Abs. 2.) abgegeben sei? G. Matt. 2. s. 250 n. 2. bejaht, weil kein Gesetz eine schriftliche eidesstattliche Versicherung ausdrücklich gestatte, der Gerichtsgebrauch aber nicht die Form bilden könne, welche der Thatbestand des Verbrechens fordre. *Contra:* Temme Lehrb. s. 754.

6. Der § bezieht sich nur auf den assertorischen, nicht auch auf den promissorischen Theil der Versicherung. Bes. s. 294; Temme Lehrb. s. 754.

7. Eine amtseidliche Versicherung (§ 128.) steht einer Versicherung an Eidesstatt nicht gleich; ist jene daher nicht nach § 128. zu bestrafen, so kann nun nicht etwa § 129. darauf Anwendung finden. G. M. 2. s. 250 n. 3; B. I 28. Jan. 1853 c. Rentwig (G. A. 1. s. 236).

§. 130.

1. „Der erste Satz des § erfordert zu seiner Anwendbarkeit den Vorsatz, „einen Andern zur wissentlichen eidlichen Bekräftigung einer Unwahrheit zu ver„leiten." B. II. 8. Dez. 1853 c. Keip (Krentz; Präj. n. 65; JMBl. 1854 s. 88; Entsch. 30. s. 344; G. A. 2. s. 118). Es gehört sonach zum Thatbestande dieses Verbrechens, daß die Unwahrheit der nach der Absicht des Versuchers zu beschwörenden Thatsachen, sowohl ihm selbst, als auch demjenigen bekannt sei, welchen er verleiten will, und daß der Versuch grade bezwecke, den letztern zu verleiten, wissentlich eine Unwahrheit durch seinen Eid zu bekräftigen. Die den Geschwornen vorzulegende Frage und ihre Antwort müssen daher das Erforderniß der Wissentlichkeit sowohl in Beziehung auf den Verleiter als den Verleiteten enthalten. *Sic*· Z. I. 14. Nov. 1851 c. Linz (Kuban u. Gen.); B. I. 22. Juni 1853 c. Hinz (G. A. 1 s. 541). Vgl. n. 10. Dagegen nahm ein Z. II. 6. April 1854 c. Ernst an, daß durch die Feststellung: „der Angeklagte habe wissentlich einen Andern zur eidlichen Bekräftigung „einer Unwahrheit zu verleiten versucht," auch genugend ausgesprochen sei, daß der Angeklagte jenen Versuch mit dem Bewußtsein gemacht habe, daß auch dem Andern das, was auszusagen ihm zugemuthet wurde, als unwahr bekannt gewesen Aehnlich Z. II. 10. Jan. 1856 c. Sprenger (G. A 4 s. 214), welches jedenfalls eine mit den Worten des Gesetzes vollständig übereinstimmende Feststellung zur Anwendung desselben für genügend erachtete. In der zuletzt erwähnten Sache hatte die Vertheidigung die Aufnahme des Worts „wissentlich" in die Frage bei der „eidlichen Bekräftigung" beantragt, der Schwurgerichtshof diesen Antrag aber (ohne Angabe von Gründen) abgelehnt; das Erkenntniß des Ober-Tribunals hielt dafür, daß in Betreff eines solchen Antrags, welcher die Fassung der Frage in einer von den Worten des Gesetzes abweichenden Fassung bezweckte, dem Schwurgerichtshofe ein freies Ermessen zustehe, und seine Entscheidung hierüber nicht Gegenstand der Nichtigkeitsbeschwerde sein konne. Diese letztere Erwägung unterliegt jedenfalls grossen Bedenken.

2. Der § unterscheidet deutlich die Fälle des Parteieneides (§ 125) im ersten Satze, und des Zeugeneides (§ 126) im zweiten Satze; es kann daher das Wort

Derjenige, welcher einen Anderen wissentlich zur Abgabe einer falschen Versicherung an Eidesstatt (§ 129.) zu verleiten versucht, wird mit Gefängniß bis zu Einem Jahre bestraft; auch kann gegen denselben zugleich auf zeitige Untersagung der Ausübung der bürgerlichen Ehrenrechte erkannt werden.

[Entw. § 118] Vgl § 125—129. 34 35

„dessen“ im ersten Satze nur auf die eignen Angelegenheiten des Verleiteten, in welchen derselbe zum freiwilligen oder nothwendigen Eide gelangt, bezogen werden. B. 9. Feb. 1852 c. Trautwein (Entsch. 23. s. 226). Z. II. 17. Feb. 1853 c. Langhammer (G. A. 1. s. 392); Bes. s. 295; G. Matt. 2. s. 295 n. 3; Koch s. 982 n. 35.

3. Kann die Strafvorschrift auch auf einen Verleitungsversuch zur wissentlichen eidlichen Bekräftigung eines falschen Gutachtens durch einen Sachverständigen (§ 127.), von welcher der § nicht spricht, ausgedehnt werden? Es verneinen Bes. s. 295; G. M 2. s. 295 n. 3; Es bejaht: Temme Gll. s. 201; id. Lehrb. s. 764.

4. Auf den im § 131. vorgesehenen Fall des Eidesbruchs ist § 130. jedenfalls nicht zu beziehen. Temme Lehrb. s. 764.

5. Temme (Lehrb. s. 764) verlangt daß die Verleitung eine Anstiftung im Sinne der allgemeinen Grundsätze (§ 34.) darstelle. Jedenfalls ist aber hier die Angabe des Mittels durch welches die Verleitung versucht worden, nicht unerläßlich. Vgl. zu § 34. n 20 flg; G. A. 2. s. 118.

6. Der Begriff der „Verleitung“ ist kein Rechtsbegriff, seine Feststellung fällt den Geschwornen anheim. Z. II. 6. Apr. 1854 c. Ernst.

7. Das Wort „versucht“ soll nicht das Verhältniß des Fortschrittes der That von der Vorbereitung bis zur Vollendung, sondern das Verhältniß des Thäters zu seinem nicht erreichten Zwecke andeuten; es kann daher von einer Anwendung des § 31, und davon ob der Versuch seinen Erfordernissen entspreche, keine Rede sein. Z. II. 17. Feb. 1853 c. Langhammer; Z. I. 15. Juli 1853 c. Schunk. B. I. 16. Sept. 1853 c. Blaschke; Z. I. 7. Dez 1853 c. Goll (JMBl. 1854 s. 20); B. I. 22. März 1854 c. Kämmerer (G. A. 2. s. 424) Z. I. 3. Jan. 1855 c. Pelzer u. Gen; [Der § 31. ist schon deshalb unanwendbar, weil die im § 130. vorgesehene Handlung ein selbstständiges Verbrechen, nicht der Versuch eines solchen ist; siehe n. 9] Vgl. G. A. 1. s. 46.

8. Der Ausdruck „beabsichtigt“ ersetzt das „versucht“ bei diesem Verbrechen nicht, indem letzteres zugleich in dem Sinne aufzufassen ist, daß es neben der Vorsätzlichkeit die Tauglichkeit des Mittels unter den obwaltenden Umständen andeutet. B. I. 22 März 1854 c. Kämmerer (vgl n. 7.); Z. I. 6. Sept. 1854 c. Kämmerer; Z. I. 3. Jan. 1855 c. Pelzer u. Gen. Vgl. zu § 31. n. 15.

9. Hat die Verleitung die Ableistung des Meineides, oder einen strafbaren Versuch derselben zur Folge gehabt, so ist der Verleiter als Theilnehmer am Verbrechen des Verleiteten nach § 34 Nr. 1. 35, und nicht nach § 130. zu bestrafen. Komm.-Ber. II. K. s 76.

10. Der § 118 des Entwurfs von 1850 enthielt eine Bestimmung, wonach den Verleiter die Strafe auch dann treffen sollte, wenn der Verleitete nicht wissentlich die Unwahrheit sagte, oder aus einem andern ihm persönlichen Grunde nicht schuldig war, wenn er also z B. von dem andern in einen Irrthum versetzt, in gutem Glauben die Unwahrheit beschwor. Die Komm. der II. K. lehnte das ab, weil sie es ungerecht fand, denjenigen, welcher gar nicht die Absicht habe, einen Andern zum Meineidigen d h zum wissentlich falsch Schwörenden zu machen, als einen Verleiter zum Meineide zu bestrafen. Sie setzte den jetzigen § 130 an die Stelle. Komm.-B II. K s. 77; vgl n. 1. — G. (Matt 2. s. 253 n. 4) will gleichwohl mit Recht in jenem Falle den Verleiter nach § 132 u 34 35. (vorausgesetzt natürlich, daß den Schwörenden der Vorwurf der Fahrlässigkeit treffe) bestraft wissen, da sich keineswegs mit Temme (Lehrb. s 764) sagen läßt, die Anstiftung zu einem fahrlässigen Meineide sei undenkbar Sodann deutet G. (A. 1. s. 391) an, die Handlung des

§. 131. Wer vorsätzlich einer durch eidliches Angelöbniß vor Gericht geleisteten Kaution, oder dem in einem Manifestations-Eide gegebenen Versprechen zuwider handelt, soll mit Gefängniß bis zu zwei Jahren bestraft werden.

[Entw. § 120.]

§. 132. Wer aus Fahrlässigkeit in eigenen oder fremden Angelegenheiten etwas Unwahres eidlich versichert, oder eine unwahre, an die Stelle eines Eides tretende Versicherung abgiebt, wird mit Gefängniß bis zu Einem Jahre bestraft.

Die Strafe wird ausgeschlossen, wenn der Thäter, bevor eine Anzeige gegen ihn gemacht oder eine Untersuchung gegen ihn eingeleitet worden, und ehe noch ein Rechtsnachtheil für einen Anderen daraus entstanden ist, seine unwahre Versicherung bei derjenigen Behörde, welcher er sie abgegeben hat, widerruft.

[Entw. § 119.] Vgl. § 125—129.

Verleiters könne aber auch wohl nach § 125 oder 126 zu beurtheilen sein, so also, als habe der Verleiter den Meineid selbst (durch ein willenloses oder schuldloses Werkzeug) begangen. Vgl. hierüber zu § 34 n. 25. und Gilb. C. pén. Art. 365 n. 2—6.

§. 131.

1 Eine blosse eidesstattliche Versicherung genügt hier nicht, um eventuell die Strafbarkeit zu begründen G. Matt. 2. f. 255 n 3

2. Dagegen steht auch hier die in dem § 128. Nr 1 und 2 erwähnte Erklärung resp. Versicherung unter Berufung auf den früher geleisteten Eid dem Eide gleich. Temme Lehrb. f 755

3. Verletzung des assertorischen Theiles der hier erwähnten Eide fällt unter § 125, vgl. zu diesem n. 6; Temme Gll f 255 n. 4; id. Lehrb. f 749

4. Auf den Kalumnieneid ist der § nicht auszudehnen. Bes. f. 297

§. 132.

1. Der § bezieht sich auf den Meineid in allen Fällen und unter allen Formen der §§ 125—129, es müssen also die Voraussetzungen eines dieser §§ mit dem Unterschiede vorliegen, daß statt der dort verlangten Wissentlichkeit der Falschheit, Fahrlässigkeit erheischt wird. Temme Gll f. 202; id. Lehrb f 755

2. Dagegen ist § 132 auf den Eidesbruch (§ 131.) nicht anwendbar. Temme l. c. Vgl. n. 3.

3. Auf Manifestationseide (AGO. I, 22 § 28 flg) findet der § 132 überhaupt keine Anwendung; weil § 33 der GO. l. c. noch für anwendbar zu erachten, und die gedachte Vorschrift auch auf den assertorischen Theil des Manifestationseides zu beziehen ist. Z I. 8. Juli 1853 c. Schrötter v. Stutterheim (Präj. n. 49. Entsch. 25 f. 445; G. A. 2. f. 119). *Sic:* B. 12. Sept. 1851 c. Stolterfoth; Z 12. Okt. 1852 c. Muscher; B. II. 8 Dez 1853 c. Lindau (JMBl. 1854 f. 87; G. A 2 f. 119); B. II. 26. Jan. 1854 c. Roth; Z. I. 8. Feb. 1854 c. Ferdinand.

4. Der Grad der schuldigen Aufmerksamkeit fällt in eine sehr freie Beurtheilung des Richters; als Fahrlässigkeit sollen nur Fälle sträflichen Leichtsinnes angesehen werden. Motive f. 38.

5. Der Begriff der Fahrlässigkeit ist ein thatsächlicher Z. I. 24. Januar 1855 c. Ehr.

Neunter Titel.

Falsche Anschuldigung.

§. 133. Wer bei einer öffentlichen Behörde eine Anzeige macht, durch welche er Jemanden wider besseres Wissen der Verübung einer gesetzlich strafbaren Handlung oder der Verletzung der Amtspflichten beschuldigt, wird mit Gefängniß nicht unter drei Monaten bestraft; auch kann gegen denselben auf zeitige Untersagung der Ausübung der bürgerlichen Ehrenrechte erkannt werden.

---

6. Die Fahrlässigkeit umfaßt nicht blos den faktischen Irrthum, sondern auch den rechtlichen Irrthum darüber, daß der Eid den Schwörenden zur Angabe einer bestimmten Thatsache nicht verpflichte. Z.I. 4 März 1853 c. v. Maltzan-Wedel

7 Temme (GU f 202) will die Strafe auch dann ausschliessen, wenn zur Zeit des Widerrufs zwar eine Anzeige bereits gemacht, oder die Untersuchung eingeleitet war, der Thäter aber von beiden noch keine Kenntniß hatte

8. Die Untersuchung ist für eingeleitet zu erachten, sobald der Staats-Anwalt bei dem Gerichte einen, wenn auch nur auf vorläufige Ermittlungen gerichteten, Antrag gestellt hat. Eröffnung der Untersuchung durch gerichtlichen Beschluß ist nicht erforderlich.

9. Damit Straflosigkeit eintrete ist kumulative erforderlich, daß der Widerruf vor gemachter Anzeige (vor Einleitung der Untersuchung) und vor dem Eintritte eines Rechtsnachtheils fur einen andern statt gefunden; war eins dieser Ereignisse dem Widerrufe vorhergegangen, so tritt Strafbarkeit ein. B. I. 18 April 1855 c. Walther (G. A. 3. f. 564).

10. Wird über eine auf § 132. sich stützende Anklage vor dem Schwurgerichtshofe verhandelt, so muß auch der Strafausschliessungsgrund durch die Geschwornen festgestellt werden. Das erkennt indirekt B. I. 18. Apr. 1855 c. Walther (G. A. 3. f. 564) an.

11. Da der Widerruf einen Strafausschliessungsgrund darstellt, so muß positiv festgestellt werden, daß derselbe rechtzeitig statt gefunden; es genügt nicht, wenn es heißt: „es sei nicht erwiesen, daß Anzeige, Einleitung der Untersuchung und Benachtheiligung eines Andern vor dem Widerrufe stattgefunden habe.“

12. Liegen die Voraussetzungen des zweiten Absatzes vor, so wird der § nicht dadurch verletzt, wenn der Richter nicht auf „Freisprechung“ erkennt, vielmehr den Angeklagten der That für schuldig erklärt, und nur ausspricht, daß er dieserhalb mit Strafe zu verschonen sei, da § 125. der Vdn. v. 3. Jan. 1849 auf diesen Fall keine Anwendung erleidet. Z. 8. Sept. 1852 c. Paasche.

§. 133.

1. Temme (Lehrb. f. 767) verlangt, daß die Anzeige bei derjenigen Behörde gemacht sei, welche die amtliche Verpflichtung hat, entweder selbst die angezeigte Handlung zur Untersuchung und Bestrafung zu ziehen, oder der hierzu berufenen Behörde Mittheilung zu machen. Jedenfalls ist es nicht erforderlich, daß es die für die Verfolgung ꝛc zuständige Behörde sei. Vgl. id. GU f. 203 n. 3; G. Matt. 2. f. 258 n. 2.

2. Eine Anzeige wird erheischt; verdächtig machende Handlungen, z. B. heimliches Zustecken gestohlner Gegenstände, gehören nicht hierher. G. Matt. 2. f. 259 n. 3.

3. Erheischt wird, daß eine bestimmte Person beschuldigt werde, mag dieselbe namentlich oder auf andre Art individuell bezeichnet sein. Z. II. 26. Jan. 1854 c Piening.

4. Die Beschuldigung muß objektiv falsch sein; ein irrthümliches Für-falsch-halten reicht nicht hin. G. Matt 2. f. 259 n. 6; Temme Lehrb. f. 767.

So lange ein in Folge der gemachten Anzeige eingeleitetes Verfahren anhängig ist, soll mit dem Verfahren und mit dem Erkenntniß über die falsche Anschuldigung inne gehalten werden.

[Entw. § 149 120 a.] Vgl. § 134. 156

§. 134. In allen Fällen, in denen wegen falscher Anschuldigung auf Strafe erkannt wird, ist dem Verletzten auf Kosten des Verurtheilten eine Ausfertigung des Erkenntnisses

---

5. Die Feststellung: „dem Denuntianten habe der Glaube an die Wahrheit seiner Denuntiation gefehlt", genügt nicht, um das Moment des „wider besseres Wissen" herzustellen. Z. 14. Mai 1852 c. Zanicki

6. Kann der Strafrichter die Wahrheit oder Falschheit der denuntiirten Thatsachen selbstständig prüfen, wenn eventuell die Entscheidung über diese Thatsachen andern Behörden zustehen würde? Die Jurisprudenz der französischen Gerichte verneint. Vgl. Gilb. C. pén. Art. 373. n. 43 fgg.; Mang. Act. publ. n. 228. fgg.

7. Als Dolus ist hier, neben dem Bewußtsein der Falschheit, die Absicht erforderlich, gegen den Denuntiirten ein Strafverfahren [oder ein disciplinarisches Einschreiten] herbeizuführen; auf Herbeiführung einer Bestrafung braucht dagegen die Absicht nicht gerichtet zu sein. Temme Lehrb. f. 767. Vgl id. Gll. f. 204 n 5; G. Matt. 2. f. 259 n. 4.

8. Eine falsche Anschuldigung, welche aus dem Grunde nach § 133. nicht zu bestrafen ist, weil der Anzeigende sie für wahr gehalten, kann auch nicht als Verleumdung geahndet werden. Vgl. zu § 156. n. 15. Ueber die Möglichkeit beim Vorhandensein einer beleidigenden Absicht dann wegen Beleidigung zu strafen vgl. das dort cit Z. II. 30. März 1854 c. Schoppmeier.

9. Damit die Handlung strafbar sei, wird ihre Freiwilligkeit vorausgesetzt; wer auf Erfordern einer polizeilichen oder gerichtlichen Behörde lügenhafte Aufschlüsse über Thatsachen giebt, macht keine falsche Anzeige, sondern kann nur unter Umständen wegen falschen Zeugnisses zur Strafe gezogen werden. B. 24. Mai 1852 c. Wierzchoczewski (G. Arch. 1. f. 84); G. Matt. 2. f. 259 n. 5; Gilb. C pén. Art. 373. n. 2. *Contra:* wie es scheint, Temme Gll. f. 204. Note 1.

10. Wird eine falsche Anschuldigung später als Zeugniß beschworen, so liegt nicht ideale sondern reale Konkurrenz vor, da beide Handlungen selbstständige waren. G. Matt. 2. f. 261 n. 10.

11. Die Beschuldigung besteht in der Behauptung der Verübung einer strafbaren Handlung. Temme Lehrb. f 766.

12. Der Ausdruck „strafbare Handlung" umfaßt auch Uebertretungen. G. Matt. 2. f. 259 n. 7; Temme Gll. f. 203 n 2.

13. Ein Beamter kann durch eine amtliche Anzeige das Vergehen der falschen Anschuldigung begehen. Gilbert C. pén. Art. 373. n. 38.

14. Daß die Anzeige wirklich die Einleitung einer Untersuchung zur Folge gehabt habe, ist nicht erforderlich. Z. II. 9 März 1854 c. v. der Schulenburg; G. Matt 2. f. 260 n. 8; Temme Gll. f. 204 n. 6.

15. Die durch den zweiten Absatz angeordnete Sistirung des Verfahrens fällt weg, wenn in Folge der bei der Behörde gemachten Anzeige eine Untersuchung gegen den Denuntiirten gar nicht eingeleitet worden ist. Z. I. 13. Okt. 1854 c. Brauns.

16. Unter dem „in Folge der Anzeige eingeleiteten Verfahren" ist nicht blos eine förmliche Untersuchung, sondern auch jedes zur Aufklärung veranlaßte Vorverfahren zu verstehen. Z. I. 13. Okt. 1854 c. Brauns (indirekt).

§. 134.

1. Unter dem „Verletzten" ist der Denuntiirte zu verstehen.

2. Es ist ausdrücklich in den verfügenden Theil des Erkenntnisses mit auf-

zu ertheilen. Auch soll dem Verletzten in dem Erkenntnisse die Befugniß ertheilt werden, die Verurtheilung öffentlich bekannt zu machen.

Die Art und Weise dieser Bekanntmachung, welche stets auf Kosten des Verurtheilten erfolgt, sowie die Frist zu derselben, ist vom Richter in dem Erkenntnisse zu bestimmen.

[Entw. § 150. 120 b.] Vgl. § 163.

Zehnter Titel.

Vergehen, welche sich auf die Religion beziehen.

§. 135. Wer öffentlich in Worten, Schriften oder anderen Darstellungeu Gott lästert, oder eine der christlichen Kirchen oder eine andere mit Korporationsrechten im Staate bestehende Religionsgesellschaft oder die Gegenstände ihrer Verehrung, ihre Lehren, Einrichtungen oder Gebräuche verspottet, oder in einer Weise darstellt, welche dieselben dem Hasse oder der Verachtung aussetzt, ingleichen wer in Kirchen oder anderen religiösen Versammlungsorten an Gegenständen, welche dem Gottesdienste gewidmet sind, beschimpfenden Unfug verübt, wird mit Gefängniß bis zu drei Jahren bestraft.

[Entw. § 121.] Vgl. § 282

---

zunehmen, daß dem Verletzten auf Kosten des Verurtheilten eine Ausfertigung zu ertheilen sei. In der Rheinprovinz muß sie in exekutorischer Form gegeben werden, weil auf Grund derselben die Beitreibung der Kosten der Bekanntmachung zu bewirken ist.

3. Die Bestimmung über die Art und Weise der Bekanntmachung hat sich auch darüber auszusprechen, ob dieselbe durch wörtlichen Abdruck des Erkenntnisses, oder in welcher andern Weise erfolgen solle.

4. Vgl. im Uebrigen die Bemerkungen zu § 163.

§. 135.

1. Bei allen in diesem § mit Strafe bedrohten Handlungen kommt auf die eigne religiöse Ueberzeugung des Thäters gar Nichts an. G. Matt. 2. f. 265 n. 4; Temme Lehrb. f. 689.

2. Der Begriff der Oeffentlichkeit ist aus § 36. zu erläutern. G. Matt. 2. f. 265 n. 5. Dieses Erforderniß ist auch bei der Verspottung einer Kirche ꝛc. Bedingung der Strafbarkeit, nicht aber bei dem Unfuge an Gegenständen des Gottesdienstes. Goltd. l. c. f. 266 n. 2.

3. Eine Lästerung Christi ist als Gotteslästerung zu betrachten. B. 9. Apr. 1851 c. Grünhagen.

4. Die Verspottung einer Kirche ꝛc. setzt ausser dem gewöhnlichen strafrechtlichen Dolus (d. h dem Bewußtsein der die Strafbarkeit begründenden Merkmale) eine sonstige Absicht, insbesondere einen animus iniuriandi nicht voraus. Z. I. 20. Feb. 1856 c. Gräbert; vgl. G. Matt. 2. f. 266 n. 3.

5 Unter „den christlichen Kirchen" sind die katholische und die evangelische, letztere als lutherische, reformirte und unirte zu verstehen. Vgl. Patent v 30. März 1847 (G.S. f. 121).

§. 136. **Wer durch Thätlichkeiten oder Drohungen eine oder mehrere Personen zwingt oder hindert, den Gottesdienst einer im Staate bestehenden Religionsgesellschaft auszuüben, ingleichen wer in Kirchen oder anderen religiösen Versammlungsorten durch Erregung von Lärm und Unordnung den Gottes-**

---

6. Ein Angriff gegen die christliche Kirche im Allgemeinen ist nicht straflos, da hierdurch jede der verschiedenen christlichen Kirchen berührt wird. Z. I. 20. Feb. 1856 c. Gräbert.

7. Alle übrigen Religionsgesellschaften bedürfen, um desselben Schutzes theilhaftig zu werden, der Ertheilung der Korporationsrechte, als des Kriteriums, daß sie als solche vom Gesetzgeber anerkannt sind. Komm.-Ber. II. K. s. 79. Dagegen kommt es auf den landrechtlichen Unterschied zwischen aufgenommenen und geduldeten Religionsgesellschaften nicht weiter an. Temme Lehrb. s 690. — Religionsgesellschaften, welche keine Korporationsrechte haben, finden in den allgemeinen Vorschriften über Beleidigung und Verleumdung ihren Schutz. Motive s. 39.

8. Da derartige Religionsgesellschaften nicht als Ganzes (als Konfession) Korporationsrechte erlangen können, so genügt es, wenn eine Gemeinde derselben diese Rechte wirklich erhalten hat. Temme Gll. s. 206; id. Lehrb. s. 390.

9 Ob eine Verspottung einer Kirche ꝛc. oder der Gegenstände ihrer Lehre ꝛc begangen worden, ist aus den vorliegenden einzelnen Momenten in ihrer Gesammtheit, und ihrem Zusammenhange zu beurtheilen, es kommt nicht nothwendig darauf an, ob der Spott oder die Verachtung in einzelnen Worten, oder in einer einzelnen bezeichnenden Handlung seinen Ausdruck gefunden habe. Z. 8. März 1852 c. Kusche

10. Eine Verspottung der Lehren ꝛc der christlichen Kirche wird unbestritten auch durch die Herabwürdigung der religiösen Handlung einer gerichtlichen Eidesleistung in rechtswidriger Willensrichtung begangen. Z. 8. März 1852 c. Kusche.

11. Flüche und ähnliche Ausdrücke gehören dagegen nicht hierher. Motive s. 39.

12. Es genügt, wenn durch die Darstellung der Kirchen oder ihrer Lehren ꝛc. diese dem Hasse oder der Verachtung ausgesetzt, d h. wenn dadurch die objektiv mögliche Gefahr des Eintritts eines solchen Ereignisses begründet ist, ohne daß dieser Erfolg wirklich eingetreten zu sein brauchte. Z. (V.) I. 14. Sept. 1853 c. Vorwerk (G. Arch. 1. s. 703); Z. I. 31. Jan. 1855 c. Koblitz Vgl. zu § 100 n. 14; zu § 156 n. 11.

13. Die Strafbarkeit des beschimpfenden Unfugs in Kirchen ꝛc. ist durch die Erlangung der Korporationsrechte der betreffenden Religionsgesellschaften nicht bedingt. G. Matt. 2 s. 268. III. n 3.

14. Es reicht hin, wenn die Gegenstände des Unfugs dem Gottesdienste gewidmet sind; einer Weihe bedarf es bei ihnen nicht G. Matt 2. s. 268 III. n. 2.

15. Die vorsätzliche Zerstörung oder Beschädigung der dem Gottesdienste gewidmeten Sachen ist durch § 282. mit Strafe bedroht.

§. 136.

1. Ueber den Begriff des Zwanges und der Drohungen vgl. zu § 89. n. 14—28.

2. Temme (Lehrb. s 693) glaubt, daß unmittelbarer Gegenstand des Zwangs zur Ausübung des Gottesdienstes nur ein Geistlicher sein könne, weil ein andrer den Gottesdienst nicht „ausübe“. Daraus würde folgen, daß bei der „Hinderung“ der „Ausübung“ dasselbe gelten müsse. Die ganze Annahme ist aber nicht gerechtfertigt, wie schon aus dem „eine oder mehrere Personen“ hervorgeht.

3. Die Vorschrift ist nicht auf den Gottesdienst der mit Korporationsrechten bestehenden Religionsgesellschaften beschränkt. Z. 3. Sept. 1852 c. Wolff; Komm.-Ber. II. K. s. 80; Bes. s. 301; Koch s. 985 n. 46. *Contra:* Temme Gll. s. 207 n. 2.

4. Dagegen wird der Gottesdienst einer Religionsgesellschaft vorausgesetzt,

dienst oder einzelne gottesdienstliche Verrichtungen einer im Staate bestehenden Religionsgesellschaft verhindert oder stört, soll mit Gefängniß von Einem Monate bis zu drei Jahren bestraft werden.

[Entw. § 122]

---

wozu eine blosse Hausandacht nicht zu rechnen. G. Matt. 2. s. 269; Temme Gll. s. 207 n. 5.

5. Ein Z. I. 25. Apr. 1855 c. Bressem (G. A. 3. s. 565) nahm an: als religiöse Versammlungsorte konnten nur solche Orte gelten, welche an und für sich einen religiösen Charakter haben, keineswegs aber auch solche, wo nur zufällig eine einzelne gottesdienstliche Handlung vorgenommen wird, z. B. bei Gelegenheit einer vorzunehmenden Beerdigung im Sterbehause, oder auf dem Gange zum Kirchhofe. *Contra:* Temme Lehrb. s. 692, welcher den Weg, welchen öffentliche Prozessionen, Leichenbegängnisse, auch ausser der Kirche nehmen, als solchen betrachtet.

6. Kirchhöfe gehören unbedenklich hierher. G. Matt. 2. s. 270 n. 3.

7. Erregung von Lärm und Unordnung darf nach Maßgabe des eben verrichteten gottesdienstlichen Aktes auch im Vorbringen von unpassenden, für Andere vernehmbaren Aeusserungen thatsächlich gefunden werden. Z. I. 31. Okt. 1855 c. Arnold (der Angeklagte hatte während der Gebetsvorlesung in der Synagoge nicht laut aber doch vernehmbar eine Aeusserung gemacht, welche für einen Anwesenden beleidigend sein sollte; eine Unterbrechung des Gebets hatte nicht statt gefunden.) Vgl. n. 11.

8. Jedenfalls wird auch zur Strafbarkeit der Verhinderung oder Störung des Gottesdienstes ein öffentlicher gottesdienstlicher Akt vorausgesetzt. Temme Lehrb. s. 693.

9. Temme (Lehrbuch s. 693) will Gottesdienst und gottesdienstliche Verrichtung nur da annehmen, wo ein Geistlicher eine religiöse Amtsfunktion verrichtet. Schwerlich mit Recht.

10. Eine Ritualwidrigkeit nimmt einem in abstracto als gottesdienstliche Verrichtung zu betrachtenden Akte den betreffenden Charakter nicht. Z. I. 18. April 1855 c. Lax. (Eine jüdische Todtenfeier hatte am Nachmittage statt am Vormittage statt gefunden.)

11. Unter „einzelnen gottesdienstlichen Verrichtungen" sind nach einem Z. II. 25. Okt. 1855 c. Lemcken u. Gen. (G. A. 3. s. 837) einzelne sakramentelle Handlungen, als Taufe, Abendmahl, bei Katholiken auch Trauungen u. s. w., nicht aber die Andacht (devotio, Erbauung, Gemüthssammlung) einzelner zu verstehen; es werde eben erheischt, daß der Gottesdienst, oder die gottesdienstliche Verrichtung selbst gestört sei, und der § sei daher da nicht anwendbar, wo zwei Personen während des Gottesdienstes fortwährend laut gesprochen, und die in der Nähe befindlichen Personen in ihrer Andacht gestört haben. In diesem Sinne sprach sich auch aus: Bescheid 14. Jan. 1852 c. Dorn, mit dem Zusatze: die „Störung" sei zwar nicht unter allen Umständen grade durch die Unterbrechung des Gottesdienstes bedingt, aber die blos temporäre Störung Einzelner in ihrer Andacht falle nicht unter die, im Vergleiche zu § 135. in ihrem Strafminimum ungleich härtere Vorschrift des § 136. Dagegen nahm ein B. 11. Feb. 1852 c. v. Gogoliecki den Thatbestand des § in einem Falle als vorliegend an, wo durch wechselseitige Thätlichkeiten zweier Personen, welche während des Gottesdienstes ein fortgesetztes Gegeneinanderkämpfen um einen Platz unterhielten, wenigstens ein Theil der Nachbarn in der Feier des Gottesdienstes gestört worden war; hier ward erwogen: es sei nicht erforderlich, daß die ganze Gemeinde, oder daß der Geistliche gestört worden sei. Ebenso entschied das oben (n. 7.) angeführte Z. I. 31. Oktober 1855 c. Arnold, daß „Störung des Gottesdienstes" eine Unterbrechung desselben nicht nothwendig voraussetze, daß vielmehr auch die Durchbrechung der für eine gottesdienstliche Handlung erforderlichen Ruhe und Stille hierher zu rechnen sei, [welche in casu nur durch eine einzelne halblaut gesprochene Aeusserung bewirkt war.] Jedenfalls faßt das cit.

§. 137. Wer unbefugt eine Leiche oder einen Theil derselben aus der Gewahrsam der dazu berechtigten Personen wegnimmt, ingleichen wer unbefugt Gräber zerstört oder beschädigt, oder an denselben beschimpfenden Unfug verübt; soll mit Gefängniß von Einem Monate bis zu zwei Jahren bestraft werden.

Liegt der Handlung gewinnsüchtige Absicht zum Grunde, so ist zugleich auf zeitige Untersagung der Ausübung der bürgerlichen Ehrenrechte zu erkennen.

[Entw. § 123.] Vgl. § 282.

Eilfter Titel.

Verbrechen in Beziehung auf den Personenstand.

§. 138. Wer ein Kind unterschiebt oder vorsätzlich verwechselt, oder auf andere Weise den Personenstand eines Anderen vorsätzlich verändert oder unterdrückt, wird mit Zuchthaus bis zu zehn Jahren bestraft.

[Entw. § 241] Vgl Rh. BGB. Art. 327

Z. II. 25. Okt. 1855 c. Lemcken den Begriff der gottesdienstlichen Handlung zu enge auf, wenn es ihn auf sakramentale Handlungen beschränkt, es muß genügen, wenn es nur liturgische Handlungen sind.

12. Als Dolus ist das Bewußtsein erforderlich, daß durch die betr. Handlung der Gottesdienst ꝛc. gestört werde. Z. II. 25. Okt. 1855 c. Lemcken u. Gen. (G. A. 3. ſ. 837).

§. 137.

1. Die Wegnahme einer Leiche ist auch dann strafbar, wenn sie vom Kirchhofe geschieht, G. Matt. 2. ſ. 271 n. 2, welcher hier die Gewahrsam des Todtengräbers annimmt, und daraus folgert, daß wenn der Todtengräber selbst die That begehe § 225. oder 324. anwendbar sein werde. [?]

2. Werden mit der Leiche sonstige Sachen in gewinnsüchtiger Absicht weggenommen, so liegt Diebstahl vor. Temme Lehrb. ſ. 694 Note 7.

3. Zum Begriffe der hier vorgesehenen Zerstörung oder Beschädigung von Gräbern ist eine Berührung der darin befindlichen Leichen oder Gebeine erforderlich; die Zerstörung ꝛc. der Grabmäler, wozu auch die Grabhügel gehören, fällt unter § 282. B. I. 8. April 1853 c. Göldner. (Entsch. 25. ſ. 236; G. Arch. 1. ſ. 569); Vgl. Temme Lehrb. ſ. 694.

4. Vorausgesetzt wird das Bewußtsein, daß durch die Handlung Gräber zerstört oder beschädigt werden. B. I. 8 April 1853 c. Göldner (Entsch. 25. ſ. 236; G. A. 1. ſ. 569). Vgl. Küßner Abh. in G. A. 3. ſ. 37 Note 3.

§. 138.

1. Nur ein lebendig gebornes Kind kann Personenstandsrechte haben, nur gegen ein solches kann daher das Verbrechen begangen werden. Gilb. C. pén. Art. 345 n. 1—3.

2. Ebenso ist Lebensfähigkeit desselben erforderlich. Vgl. Gilb. l. c. n. 4 5.

3. Auf neugeborne Kinder ist die Vorschrift nicht zu beschränken, zumal

Zwölfter Titel.

Verbrechen und Vergehen gegen die Sittlichkeit.

§. 139. Ein Ehegatte, welcher vor Auflösung seiner Ehe eine neue Ehe eingeht, ingleichen eine unverheirathete Person, welche mit einem Ehegatten, wissend, daß er verheirathet ist, eine Ehe eingeht, wird mit Zuchthaus bis zu fünf Jahren bestraft.

Eine gleiche Strafe trifft den Religionsdiener oder Personenstands-Beamten, welcher, wissend, daß eine Person verheirathet ist, eine neue Ehe derselben schließt.

Bei dem Verbrechen der mehrfachen Ehe beginnt die Verjährung mit dem Zeitpunkte, an welchem eine der beiden Ehen aufgelöst oder für ungültig oder nichtig erklärt worden ist.

[Entw. § 128] Vgl. Einf.-Ges. Art. XII § 4 Nr. 2. 3.

---

da jede andre vorsätzliche Veränderung ꝛc. des Personenstandes eines andern gleich gestellt ist Vgl. Gilb. l. c. n. 11.

4. Unter Personenstand ist hier nur der Familienstand zu verstehen Komm.-Ber. II. K. S. 81; G. Matt. 2. S. 273 n. 3.

5. Unter Veränderung des Personenstandes ist eine Handlung zu verstehen, durch welche in Beziehung auf Herkunft, Zeugung und Geburt einer Person eine Täuschung hervorgebracht, ihr Familienstand also als ein andrer dargestellt wird, als er wirklich ist. Temme Lehrb. S. 780.

6. Zum Thatbestande des vollendeten Verbrechens gehört das Gelingen der Täuschung. Temme Lehrb. S. 780. Dagegen kann, wo diese nicht gelungen ist, unbedenklich ein strafbarer Versuch angenommen werden.

7. Die Absicht sich Gewinn zu verschaffen, oder andern Schaden zuzufügen, ist nicht erforderlich. Motive S. 40. Der Dolus muß auf Kränkung der Familienrechte gerichtet sein. Temme Lehrb. S 781. Dabei ist es aber gleichgültig, ob der entferntere Zweck Vermögensrechte zum Gegenstande hatte; ein Beisp. vgl. G. Matt. 2. S. 274 n. 4, mit Unrecht von Temme (Gll. S. 209 u. Lehrb S. 781) kritisirt

8 Sehr häufig kann mit diesem Verbrechen ein andres konkurriren, z. B. Aussetzung eines Kindes (§ 183), oder Bewirkung der Aufnahme einer falschen Civilstandsurkunde (§ 252); in der Regel wird hier ideale Konkurrenz vorliegen. *Contra:* zum Theil: G. Matt. 2. S. 275 n. 7.

9 In der Rheinprovinz kann eine Strafverfolgung wegen Unterdrückung des Personenstandes nicht eher eintreten, bis im Civilverfahren endgültig über die Personenstandsfrage selbst entschieden ist. Rh. BGB. Artikel 327; Gilb. zu diesem Art n. 2; zu C. pén. Art. 345. n. 18. — Die Staatsanwaltschaft ist aber befugt, die Rektifikation einer Civilstandsurkunde zu betreiben, um mittelst dieses Verfahrens die Entscheidung der Standesfrage im Civilwege zu erwirken, und so die Strafverfolgung möglich zu machen. Erk. App.-Hof Köln 2. Dez. 1846 (Rh. Arch 41. 1. S. 116). *Contra:* Chauveau-Carré Lois de la proc. qu. 2896. Note 4 Vgl zu § 252. n. 23.

§. 139.

1. Die Doppelehe bleibt strafbar, sollte die erste Ehe auch nichtig sein. Motive S. 41; Komm.-B. II. K S. 87; Bes. S. 302 flg; G. Matt. 2. S. 279 n. 4; Temme Gll. S. 212 n. 2. Vgl. auch Absatz 3, welcher die Verjährung erst von der Auflösung oder Nichtigerklärung einer der beiden Ehen laufen läßt, den Fall der Nichtigkeit der ersten Ehe also ebenfalls berücksichtigt. — Das Gesagte ist gleichwohl auf den Fall

§. 140. Der Ehebruch wird, wenn wegen dieses Vergehens die Ehe geschieden ist, an dem schuldigen Ehegatten, sowie dessen Mitschuldigen, mit Gefängniß von vier Wochen bis zu sechs Monaten bestraft.

---

nicht auszudehnen, wo die vermeintliche erste Ehe von Gesetzes wegen als solche gar nicht angesehen wird, und wo es daher auch eines Verfahrens auf Auflösung oder Nichtigerklärung derselben nicht bedarf; z. B. wenn die Ehe zwischen zwei Personen desselben Geschlechts abgeschlossen war (denkbar in einem Falle, wo die eine ein s. g. Zwitter wäre) Vgl Temme Lehrb. s. 704, welcher sich nur zu allgemein ausdrückt, und mit Unrecht den Schluß des dritten Absatzes des § nur auf die Nichtigerklärung der zweiten Ehe beziehen will

2. Auch die Nichtigkeit der zweiten Ehe ist gleichgültig, es genügt die Eingehung der Formen der neuen Ehe. G Matt. 2. s. 280 n. 5 *Contra:* Temme Gll s. 212 n 3; id. Lehrb s 706, welcher aber hier vergißt, daß die zweite Ehe, eben wegen des Bestehens der ersten, nothwendig nichtig sein muß. Vgl n 1.

3 Es bedarf des Nachweises der Wissenschaft des Angeklagten, daß seine erste Ehe noch bestehe, nicht; es genügt vielmehr bei ihm das Bewußtsein, daß er keine Gewißheit über die in gesetzlicher Weise erfolgte Auflösung der frühern Ehe habe, und einen gehörigen Nachweis darüber zu führen, nicht im Stande sei. Dieses Bewußtsein stellt hier den erforderlichen Dolus dar; nur bei der unverheiratheten Person, welche eine Ehe mit einem Ehegatten eingeht, erheischt das Gesetz die Kenntniß von dem Bestehen der Ehe des letztern Motive s 40; Komm.-B II K. s. 86; Komm.-B. I. K s. 20; G. Matt 2. s 277 n. 3; Bes s. 307 *Contra:* Temme Gll. s. 210 n. 1; id. Lehrb. s 707. — Gleichwohl darf der strafbare „Leichtsinn“, von welchem der Komm.-B. II. K., und Beseler ll. cc. hier sprechen, nicht als Fahrlässigkeit gedeutet werden; das Gesetz legt dem Verheiratheten eine bestimmte Unterlassungspflicht auf, deren Verabsäumung Dolus, nicht blos Culpa darstellt Will der Angeklagte behaupten, daß er mit vollem Fuge seine frühere Ehe für aufgelöst habe erachten müssen, so ist es seine Aufgabe, das in Gemäßheit des § 44 nachzuweisen

4. Es gehört zur thatsächlichen Beurtheilung, inwieweit einzelne Versuchshandlungen einen Anfang der Ausführung enthalten Vgl. zu § 31 n. 21. Gilb. C. pén. Art. 340, n 4. — Gleichwohl kann der Anfang der Ausführung nur in einer solchen Handlung gefunden werden, welche in dem Beginne der vom Gesetze für die Eingehung der Ehe selbst vorgeschriebenen Förmlichkeiten besteht; nicht also in der vorgängigen Abschliessung eines Verlöbnisses, oder eines die Güterverhältnisse regelnden Ehevertrages. G. Matt. 2. s. 280 n 6; Temme Gll. s. 212 n. 4; id. Lehrb. s. 706; Gilb. C. pén. Art 340. n 5—7. *Contra:* B. 7. Mai 1852 c Wundtke

5. Der zweite Absatz erleidet nur auf solche Religionsdiener Anwendung, welche die religiöse Feierlichkeit einer Heirath mit bürgerlicher Wirkung vorzunehmen befugt sind Komm.-B. II. K. s. 88 Vgl Einf.-Ges. Art XII § 5.

6. Ueber die Verjährung vgl § 46 n 11 — Die die Verjährung betreffende Vorschrift des dritten Absatzes bezieht sich nicht mit auf das Verbrechen der Religionsdiener und Civilstandsbeamten (Abs. 2.).

§. 140.

1. Goltdammer (Matt 2 s 283 n. 3.) und Temme (Gll. s 213; Lehrb. s 700) erheischen eine wirkliche, nicht nichtige Ehe. Aehnlich Koch s 989 n. 51 — Man wird indessen auch hier die zu § 139 n. 1 erwähnte Unterscheidung anwenden müssen.

2. Durch blosse Trennung von Tisch und Bett wird die Ehe nicht aufgelöst; Temme Lehrb. s. 700.

3. Es muß ein wirklicher ausserehelicher Beischlaf statt gefunden haben Temme Gll. s. 213; id. Lehrb s 700 *Contra:* Koch s. 989 n. 51, er läßt eine Geschlechtsvereinigung genügen.

4 Aus dem Gebrauche des Wortes „Ehebruch“, welches einen Plural nicht habe, statt des Wortes Beischlaf folgert ein B. 22. Dez. 1852 c Roffler (G.

Die Bestrafung des Ehebruchs bleibt ausgeschlossen, wenn der unschuldige Ehegatte im Laufe des Ehescheidungsprozesses oder bis zur Abfassung des Straferkenntnisses die Nichtbestrafung ausdrücklich beantragt, in welchem Falle das Strafverfahren auch gegen die Mitschuldigen wegfällt.

[Entw. § 129.] Vgl. Rh BGB. Art. 298 308. 309

Arch. 1. s. 239) beiläufig, daß, wenn auch unbedenklich ein einzelner Fall die volle gesetzliche Strafe nach sich ziehe, doch bei einer Mehrheit von Fällen nicht jeder einzelne nach § 56. mit der vollen Strafe belegt werden dürfe. Vgl zu § 56 n. 1.

5. Bedingung der Strafverfolgung ist, daß vorher wegen des Ehebruchs die Ehe rechtskräftig geschieden sei; ist dieses der Fall, so kann das Scheidungsurtheil im Strafwege nicht angefochten, und es kann nicht mehr geltend gemacht werden, die Ehe habe aus irgend einem thatsächlichen oder rechtlichen Grunde eigentlich nicht geschieden werden durfen (z. B. weil der andre Ehegatte selbst zu den die Scheidungsklage begründenden ehebrecherischen Handlungen die Veranlassung gegeben habe: ALR II, 1. § 719.); es ist vielmehr vom formellen Standpunkte aus der andere Ehegatte auch dann als der unschuldige anzusehen Z. I. 6. Juni 1855 c Hoffman u. Gen. (G. Arch 3 s. 702)

6. Die erfolgte Scheidung ist Bedingung der Strafverfolgung, nicht aber Begriffserforderniß des Vergehens selbst; wenn daher auch (wegen Konnexität) über eine derartige Anklage vor dem Schwurgerichte verhandelt wird, so ist doch den Geschwornen über die stattgehabte Scheidung eine Frage nicht vorzulegen. Vgl. G. Arch. 3. s. 400. VI.

7. Die Scheidung muß eine solche sein, welche der Staat nicht blos insofern zuläßt, als sie in kirchlicher Beziehung von Bedeutung ist, sondern sie muß auch civilrechtliche Wirkung dergestalt haben, daß die Ehe als nicht mehr bestehend angesehen wird; eine blos von einem geistlichen Gerichte ausgesprochene Scheidung (Trennung von Tisch und Bett) ist daher mit Rücksicht auf die Vdn. v. 2. Jan. 1849 § 1. nicht geeignet jener Vorschrift des § 140 zu genügen. — Hiernach kann Goltdammer (Matt. 2 s 286 n. 9) nicht beigepflichtet werden, wenn er, unter Bezugnahme auf ALR II, 1 § 734, die Ansicht ausspricht, daß die von einem katholischen Ehegerichte erkannte Trennung von Tisch und Bett der Scheidung hier gleich stehe; vielmehr würde es jetzt eines Erkenntnisses des Civil-Gerichts bedürfen.

8. Der § 673 ALR. II, Tit. 1., nach welchem ein unerlaubter Umgang, wodurch eine dringende Vermuthung der verletzten ehelichen Treue begründet wird, dem Ehebruche gleich zu achten ist, und die Scheidung rechtfertigt, — ist nur eine Beweisregel, wonach auch bei solchen Voraussetzungen der Scheidungsgrund des Ehebruchs als vorhanden angenommen wird; es genügt daher eine auf Grund dieses § 673. ausgesprochene Scheidung, um eine Strafverfolgung wegen Ehebruchs eintreten zu lassen; natürlich bedarf es aber im Strafverfahren der Feststellung des wirklich begangenen Ehebruchs. Z. II 8 Juni 1854. c. Rühl

9 In der Rheinprovinz genügt ein die Ehescheidung gestattendes Erkenntniß nicht, es muß vielmehr in Gemäßheit des Art. 264. des Rh BGB. die Aussprechung der Scheidung durch den Civilstandsbeamten hinzukommen.

10 Die von einem Rheinischen Civil-Gerichte ausgesprochene Trennung von Tisch und Bett, kann, da sie das bürgerliche Band der Ehe bestehen läßt, und nach Art. 310. des BGB. nur eine bedingte Gültigkeit hat, der Scheidung hier nicht gleich geachtet werden

11. Liegt ein doppelter Ehebruch vor, indem beide Konkumbenten anderweitig verheirathet waren, so kann jeder von ihnen bestraft werden, sobald nur seine Ehe geschieden worden ist.

12. Im Uebrigen ist die Entscheidung des Civilrichters, welcher die Scheidung ausgesprochen hat, für den Strafrichter nicht bindend, er kann daher den von jenem angenommenen Thatbestand des Ehebruchs für nicht erwiesen erachten. G. Matt. 2. s. 283 n. 4.

§. 141. Die Unzucht zwischen leiblichen Eltern und Kindern wird an den Ersteren mit Zuchthaus bis zu fünf Jahren, an den Letzteren, wenn sie das sechszehnte Lebensjahr zurückgelegt haben, mit Gefängniß von drei Monaten bis zu zwei Jahren bestraft.

---

13. Behauptet der angeklagte Ehegatte, daß er seine Ehe mit Fug für aufgelöst gehalten habe, so hat er dieses nach Anleitung des § 44. zu beweisen; der besondern Feststellung, daß er von dem Bestehen seiner Ehe Kenntniß gehabt habe, bedarf es bei ihm nicht Vgl G. Matt 2. s. 285 n. 6; Vgl. zu § 139. n. 3.

14. Dagegen muß dem Mitschuldigen des ehebrechenden Ehegatten gegenüber seine Kenntniß von der bestehenden Ehe des letztern nachgewiesen und festgestellt werden

15. „Unschuldiger Ehegatte im Sinne des zweiten Absatzes ist ohne „Unterschied derjenige Gatte, gegen welchen der andre Ehegatte die eheliche Treue „gebrochen hat, auch wenn jener selbst sich des gleichen Vergehens schuldig gemacht „haben sollte“, und die Ehe wegen beiderseitigen Ehebruchs geschieden worden ist. V. I. 20. Dez. 1854 c. Schmidt u. Knoppe (Präj n 126; Entsch 29 s 472; 30 s 345; G. Arch 3. s. 225, vgl ibid. Abh).

16. Die Abfassung des Straferkenntnisses fällt jetzt mit der Verkündung desselben zusammen; bis zur letztern ist das abgefaßte Erkenntniß nur ein der Abänderung noch unterliegender Entwurf. Temme Gll. s. 213

17 „Nach Abfassung des ersten, auf Strafe lautenden, wenn auch nicht „rechtskräftig gewordenen Erkenntnisses kann der Antrag des unschuldigen Ehegatten „auf Nichtbestrafung des schuldigen, den letztern vor der Bestrafung wegen Ehe„bruchs nicht schützen.“ Z. I 18. Feb 1853 c Conrad (Präj n. 13; Entsch. 24. s. 444; G. Arch. 1. s. 238 u 394); V. I. 7. März 1856 c Hehne.

17a Behauptet der Angeklagte vor ergangenem ersten Erkenntnisse, daß sein Ehegatte auf die Ehebruchsstrafe verzichten wolle, so muß der Richter entweder die Vernehmung jenes Ehegatten veranlassen, oder den Angeklagten bedeuten, denselben zu gestellen, oder aber seinen Antrag in gehöriger Form beizubringen; geht er über jene Behauptung hinweg, so beschränkt er die Vertheidigung. So entschied: V. I. 7. März 1856 c. Hehne.

18. Waren beide Konkumbenten verheirathet, und sind in Folge des Ehebruchs beide Ehen geschieden, so müssen, damit Straflosigkeit eintrete, beide unschuldige Ehegatten auf dieselbe antragen. G Matt. 2. s. 286 n. 8; Temme Gll. s. 213.

19. Die Verjährung des Ehebruchs kann erst mit dem Augenblicke, wo eine Strafverfolgung möglich wurde, also erst mit der Rechtskraft des Scheidungsurtheils zu laufen anfangen.

20 Die im Rheinischen BGB. Art. 298 und 308 (vgl. Rhein. StGB. Art. 337) gegen die Ehefrau angedrohten Ehebruchsstrafen sind durch § 140 beseitigt. Damit fällt auch die anderweitige Vorschrift jener Artikel weg, wonach jene Strafen durch das Civilgericht in dem die Ehescheidung oder Trennung von Tisch und Bett aussprechenden Erkenntnisse verhängt werden sollten, da diese Verfahrungsart wesentlich durch die besondere Natur der Strafe (Einsperrung in einem Besserungshause) bedingt war, und jedenfalls Art. XIV. des Einführungsgesetzes die ausschließliche Zuständigkeit des Zuchtpolizeigerichts ausspricht

§. 141.

1. Was heißt hier „Unzucht“? Der Komm.-Ber. II. K. s. 91 nahm an, es sei gleichbedeutend mit „Beischlaf“. So auch Z. I. 30. Sept. 1853 c. Albrecht (G. Arch. 1. s. 703); Koch s 990 n. 54. *Contra:* G. Matt. 2. s 287. 2; Temme Gll. s. 214 n. 2; id. Lehrb. s. 713; v. Kräwel Abh. in G. Arch. 1. s. 162, welche sich alle vorzugsweise darauf stützen, daß dann andre von den Eltern gegen ihre Kinder verübte unzüchtige Handlungen straflos seien, da § 142. sich auf sie nicht mit erstrecke Das cit Z. 30. Sept. 1853 erachtete dagegen grade dieses für beabsichtigt. Die Richtigkeit

Die Unzucht zwischen Schwiegereltern und Schwiegerkindern, zwischen Stiefeltern und Stiefkindern und zwischen vollbürtigen oder halbbürtigen Geschwistern wird mit Gefängniß von drei Monaten bis zu zwei Jahren bestraft.

Auch kann zugleich auf die zeitige Untersagung der Ausübung der bürgerlichen Ehrenrechte erkannt werden.

Stiefkinder bleiben straflos, wenn sie das sechszehnte Lebensjahr noch nicht zurückgelegt haben.

[Entw § 130] Vgl. § 142. 42 43

§. 142. Mit Zuchthaus bis zu fünf Jahren werden bestraft:

---

der Ansicht des Ober Tribunals ergiebt sich überzeugend aus dem Umstande, daß § 141. abweichend von §. 142. die Kinder mitbestraft, wozu es bei einer unzüchtigen Behandlung der Kinder durch die Eltern noch weit mehr an einem Grunde fehlen würde, als wenn Vormünder ꝛc. sich einer solchen That schuldig machten; auch paßt für andere unzüchtige Handlungen der Eltern gegen ihre Kinder der Ausdruck „Unzucht zwischen Eltern und Kindern“ gar nicht.

2. Die Erwägungsgründe des B. 22 Dez 1852 c. Roffler (G A. 1 f. 239; citirt zu § 140 n 4), soweit sie die Unstatthaftigkeit der Anwendung des § 56, und der Kumulirung bei Strafe mehrerer Fälle betreffen, beziehen sich auch auf das hier vorgesehene Verbrechen.

3. Die leibliche Verwandtschaft soll so weit anzunehmen sein, als das Civilrecht sie anerkenne. So: G. Matt 2. f 288 n 2; Temme Gll f 214 n. 1; id. Lehrb. f. 712. Vgl. Komm.-Ber. II K. f 92. Gleichwohl entschied Z Pl 27. Feb. 1854 c. Wegener u. Gen. (Präj n. 96; JMBl f. 193; Entsch. 27 f 392), daß „§ 141. auch „in denjenigen Provinzen, in welchen das ALR. I, 1. § 44. Gesetzeskraft habe, auf „den Fall zu beziehen sei, wo die Unzucht zwischen dem einen Ehegatten, und dem „unehelichen Kinde des andern begangen sei.“ *Sic:* Z. II. 2. März 1854 c Forst (Entsch 27. f 399); Z. eod. c. Sommer; B I. 3 März 1854 c. Jauer u. Gen.; Beschl. I 21. Apr. 1854 c. Karczewski; B. I. 4. Apr 1855 c Jahn u. Gen.; Min.-Verf. v. 10. Jan. 1852 (G. Arch. 1. f. 83); Abh. in Goltd. Arch 2. f. 513. Früher *Contra:* Beschl. I. 7. Sept. 1853 c Lübke (G. A. 1. f 567); Beschl. I. 2. Nov. 1853 c Karczewski. Zu vergleichen für den Bezirk des Rheinischen Rechts Erk. Land-Ger Saarbrücken 5. Jan. 1855 c. Hauck u. Gen. (Rh. Arch. 50. 2. B. f. 12).

4. Ist die Vorschrift auf Großeltern und weitere Verwandten in aufsteigender Linie auszudehnen? Goltdammer (Matt. 2. f. 289 n. 3.) verneint. Beseler (f. 312 II.) und Temme (Gll. f. 214 n. 1; id. Lehrb. f 712) bejahen.

5. Unzucht zwischen Schwiegereltern und Schwiegerkindern ist auch dann strafbar, wenn die das Verhältniß begründende Ehe bereits durch Tod oder Scheidung aufgelöst war (vgl. ALR. II. 1. § 5. 6). Beschl. I. 18. Jan. 1854 c. Pazucha u. Gen. (JMBl f. 127; G. Arch 2. f 257); Koch f. 990 n. 56

6. Dasselbe gilt von Stiefeltern und Stiefkindern. Z. I. 14. Juni 1854 c Gehrke u. Gen. (G Arch 2. f. 830); B. I. 4 Apr 1855 c. Jahn u. Gen.

§. 142.

1. Unter „unzüchtigen Handlungen“ ist hier jede unzüchtige Behandlung zu verstehen, ohne Beschränkung auf Vollziehung des Beischlafs. G. Matt 2. f 191. I; Temme Lehrb. f. 715; Koch f. 990 n 57.

2. Es ist auch nicht erforderlich, daß die Handlung auf Befriedigung des Geschlechtstriebs gerichtet sei, oder daß sie die Vollziehung des Beischlafs bezwecke, es genügt eine das allgemeine Sittlichkeitsgefühl verletzende körperliche Behandlung Vgl Temme Gll. f 214 n. 2; Z 19. Mai 1852 c. Düsberg

1) Vormünder, welche mit ihren Pflegebefohlenen, Lehrer, Geistliche und Erzieher, welche mit ihren minderjährigen Schülern oder Zöglingen unzüchtige Handlungen vornehmen;

2) Beamte, welche mit Personen, gegen die sie eine Untersuchung zu führen haben, oder die ihrer Obhut anvertraut sind, unzüchtige Handlungen vornehmen;

3) Beamte, Aerzte oder Wundärzte, die in Gefängnissen oder in öffentlichen, zur Pflege von Kranken, Armen oder anderen Hülflosen bestimmten Anstalten beschäftigt oder angestellt sind, wenn sie mit den in der Anstalt aufgenommenen Personen unzüchtige Handlungen vornehmen.

[Entw. § 131]

§. 143. Die widernatürliche Unzucht, welche zwischen Personen männlichen Geschlechts oder von Menschen mit Thie-

---

3. Ebensowenig bedarf es einer Verführung oder der Feststellung eines besondern Mißbrauchs der Stellung. Temme GU s. 215 n. 1; id. Lehrb. s. 715 Vgl. aber n. 5

4. Geschieht die Vornahme der unzüchtigen Handlungen durch die im § genannten Personen an Kindern unter vierzehn Jahren, so fällt die Handlung auch unter § 144. Nr 3; es liegt dann ideale Konkurrenz vor, und die letztere Strafbestimmung wird als die strengere anwendbar. U. 22. Dez 1852 c. Roffler (G A. 1. s 238) Vgl. zu § 144 n. 23.

Zu Nr. 1.

5. Die Strafbarkeit des Lehrers ist nicht durch seine statgehabte amtliche Anstellung, sondern durch den Mißbrauch seiner Stellung als Lehrer bedingt; daher ist diese Nr. 1. auch auf Privatlehrer anwendbar. Z 19 Mai 1852 c Dusberg Vgl n. 3

6. Die Ausdrücke „Lehrer“ und „Erzieher“ umfassen auch Erzieherinnen und Lehrerinnen G. Matt. 2 s. 292 III. n. 2.

7 Goltdammer (Matt 2. s. 292 III. n. 1) will unter Erziehern nur solche verstehen, welche die Erziehung als ein besonderes Geschäft, d h. also gewerbsmässig treiben, (daher auch „Zögling“).

Zu Nr. 2.

8. „Untersuchung“ ist nicht blos auf gerichtliche Untersuchungen zu beschränken. Temme Lehrb. s. 715 Vgl. G. Matt. 2 s 292 IV

Zu Nr. 2. und 3.

9. Es ist gleichgültig, ob den hier genannten Personen die Aufsicht und Pflege speziell übertragen sei. G. Matt. 2 s. 292 n. V.

10. Sind Gemeinde-, Schutz- und Bürgerwehren als Beamten im Sinne dieses § zu betrachten? Vgl § 89. a E.; ein Beschl I. 16. Dez 1853 c. Fischer (Präj n. 66; Entsch 26. s 401; 28. s. 165; G Arch 2 s 119) nahm an: „die Nummern 2. und 3. fänden auf Transporteurs und burgerliche Wachmannschaften, „welche [im Wege des Gemeindedienstes herangezogen, und] „mit der Bewachung von „Gefangenen beauftragt sind, ohne Beamte zu sein, keine Anwendung“

§. 143.

1 „Unter widernatürlicher Unzucht ist hier die eigentliche Sodomie „(sodomia propria) in ihren beiden Formen zu verstehen, nicht andere unzüchtige

ren verübt wird, ist mit Gefängniß von sechs Monaten bis zu vier Jahren, sowie mit zeitiger Untersagung der Ausübung der bürgerlichen Ehrenrechte zu bestrafen.

[Entw § 132.]

§. 144. Mit Zuchthaus bis zu zwanzig Jahren wird bestraft:

1) wer an einer Person des einen oder des anderen Geschlechtes mit Gewalt eine auf Befriedigung des Ge-

---

„Handlungen, namentlich nicht gegenseitige Onanie zwischen Personen männlichen Ge„schlechts". B. I. 1. Juli 1853 c. Lietzman (Präj n. 48; Entsch 26. s 403; G Arch. 2 s. 119). *Sic:* G. Matt 2. s. 293 n. 1; Koch s. 991 n. 59.

2. Unzucht ist hier gleichbedeutend mit „Befriedigung des Geschlechtstriebs". Z. I. 30. Sept. 1853 c. Albrecht (G. Arch 1 s. 703; beiläufig). *Sic:* Temme Lehrb. s. 740 Es ist daher ein Beischlaf, und selbst eine vollendete Befriedigung des Geschlechtstriebs nicht erforderlich Z II. 8. Sept. 1853 c. Fuhrmann. Vielmehr umfaßt dieser § solche Handlungen, welche nach allgemeinen Regeln mit Rücksicht auf einen bestimmten Erfolg nur Versuchshandlungen und Anfänge sein würden, dergestalt mit, daß das Maaß des Fortschritts des verbrecherischen Anfangs, sobald ein solcher uberhaupt anzunehmen, nur fur die Strafabmessung in Betracht kommt, ein bestimmter Erfolg aber nicht als Bedingung der Strafe angesehen werden kann. Z. 20. Feb 1852 c. Nehmzow.

§. 144.

Inhalt:

Befriedigung d. Geschl.-Tr. 2. 10. 19.	Mehrheit der Personen. 18.
Drohung. 8. 9.	Mittel d. Verleitung. 22.
Einwilligung d. Kindes. 16.	Natur d. Handlungen. 1. 2. 10. 19.
Fragstellung. 3.	Reale Konkurrenz. 4. 18.
Geschlecht. 13. 17.	Unzüchtigkeit. 1. 2.
Gesundh.-Beschädigung. 24.	Versuch. 11. 20.
Gewalt. 6. 7.	Vormund. 23.
Kenntniß des Alters ꝛc. 15. 21.	Widernat. Unzucht. 4.
Lehrer. 23.	Willenlos. Zustand. 19.
Leumund. 12.	

1. Als unzüchtig ist jede das Schaam- und Sittlichkeitsgefühl in grober Weise verletzende, in wollüstiger Richtung verübte Handlung zu betrachten Z. (V) 22. Dez. 1852 c. Roffler (G. Arch. 1. s. 238); Z. I. 7. Sept. 1853 c Diebitsch (ib. 1. s. 706). — Ob eine solche anzunehmen sei, gehört zur thatsächlichen Beurtheilung. Z. II. 6. Okt. 1853 c. Altmann.

2 Es läßt sich nicht behaupten, daß jede auf Befriedigung des Geschlechtstriebs gerichtete Handlung, auch unzüchtig sei; die Feststellung jenes Merkmals schließt daher die erforderliche Unzüchtigkeit nicht in sich. V. I. 4. Jan. 1856 c. Köhn. Vgl. n 10.

3. In der den Geschwornen vorzulegenden Frage brauchen die unzüchtigen ꝛc. Handlungen nicht genauer und spezieller angegeben zu werden, es genügt, die Fassung des § in dieser Beziehung beizubehalten. Vgl. JMBl. 1852 s. 188 n. 8.

4. Auch Fälle der widernatürlichen Unzucht (§ 143.) können unter diese Strafvorschrift fallen. Komm.-Ber. II. K. s. 93. — Davon, daß dieser § als aktives und passives Subjekt Personen verschiedenen Geschlechts verlange, kann daher keine Rede sein. Z. I. 6. Sept. 1854 c. Meyer (G. Arch. 2. s. 689; ein Fall der Nr. 3) *Contra:* Temme Lehrb. s. 727 aus unzureichenden Gründen.

5. Ueber die Statthaftigkeit der Anwendung des § 56, und die Kumulirung der Strafe bei der Konkurrenz mehrerer Fälle vgl. zu § 56. n. 1.; zu § 140. n. 4 Das dort cit. V. 28. Dez. 1852 c Roffler (G. Arch. 1. s. 238) sprach den ebenda mitgetheilten Grundsatz auch mit Rücksicht auf § 144. (Nr. 3.) aus. [Die Nr 3. spricht im Gegensatze gegen Nr. 1. und 2. von „Personen" und „Handlungen"]. Vgl. n. 18.

schlechtstriebes gerichtete unzüchtige Handlung verübt, oder sie durch Drohungen mit gegenwärtiger Gefahr für Leib oder Leben zur Duldung einer solchen unzüchtigen Handlung zwingt;

2) wer eine in einem willenlosen oder bewußtlosen Zustande befindliche Person zu einer auf Befriedigung des Geschlechtstriebes gerichteten unzüchtigen Handlung mißbraucht;

Zu Nr. 1.

6. Die Gewalt muß von der Art sein, daß sie die Annahme eines Zwanges bei Duldung der verbrecherischen Handlung begründen könne, wozu die Ueberwältigung eines thätigen Widerstandes nothwendig gehört. Bes. 314. I. a; G. Matt. 2. f 298 n 4 Es genügt indessen für den Begriff, wenn eine, gewissen Absichten hinderliche, Kraftanstrengung durch eine entgegengesetzte Kraft überwältigt wird. Z. 7 Jan. 1852 c. Quade.

7. Im Uebrigen ist der Begriff der „Gewalt“ ein rein thatsächlicher, und es braucht derselbe in der den Geschwornen vorgelegten Frage nicht durch spezielle Erwähnung der Thatsachen des Falles aufgelöst zu werden; es genügt die Fragestellung nach den Worten des Gesetzes. Z I. 11. Jan. 1854 c. Voigt (G. Arch. 2. f. 241); Z II. 22. März 1855 c. Höink (Entsch. 30. f. 350; G. A 3. f. 400).

8 Ueber den Begriff der Drohung vgl. zu § 89. n. 26—28.

9. Die Bedrohung braucht nicht nothwendig gegen die gemißbrauchte Person gerichtet gewesen zu sein; der Richter hat vielmehr zu ermessen, ob ein Zwang gegen diese auch durch gefährliche Bedrohung eines Dritten ausgeübt werden könne. Komm.-Ber. II. K. f 93; G. Matt. 2. f 299 n. 5; Koch f. 992 n. 61. *Contra:* Bes. f. 315.

10. Zum Begriffe des hier vorgesehenen Verbrechens der Nothzucht ist die Erreichung des entferntern zum Erfordernisse der Strafanwendung gemachten Zwecks der Befriedigung des Geschlechtstriebs nicht erforderlich, vielmehr genügen die Verübung der darauf gerichteten Gewalt [und die Unzüchtigkeit der Handlung] um das vollendete Verbrechen darzustellen. Z. II. 22. März 1855 c. Höink (Entsch 30. f 350; G. Arch. 3. f. 400. Vgl. n. 2. 11.

11. Nichtsdestoweniger kann der Vollendung des Verbrechens auch noch ein Versuch vorhergehen; wenn es daher thatsächlich oft zweifelhaft werden kann, ob vollendetes Verbrechen oder Versuch vorliege, so kann das doch kein Hinderniß sein, den vorhandenen Versuch festzustellen und zu bestrafen. cit. Z. II. 22. März 1855 c Höink (Präj. n. 151; Entsch. 30. f. 350; G. Arch. 3. f. 400). Vgl. G. Arch. 1. f. 49; und Zachariä Abh. in G. Arch. 3. f. 177 fg.

Zu Nr. 1. und 2.

12. Objekt des Verbrechens kann auch eine Person übeln Leumunds sein; es kommt dieser Umstand nur als Zumessungsgrund in Betracht. Komm.-Ber. II. K. f. 93; Z. 16 Juni 1852 c. Stein.

Zu Nr. 2.

13. Zu dieser Nr. 2. ist nur von einer „Person“ ohne den in Nr. 1. befindlichen Zusatz „des einen oder des andern Geschlechts“ die Rede; gleichwohl ist auch hier zwischen den beiden Geschlechtern nicht zu unterscheiden.

14. Ob der Thäter den willenlosen rc. Zustand vorsätzlich herbeigeführt, ist an sich gleichgültig, und nur Strafzumessungsgrund. Komm.-Ber. II. K. f. 93 n. 4.

15. Der Feststellung, daß der Thäter den willenlosen rc. Zustand der gemißbrauchten Person gekannt habe, bedarf es nicht; dagegen schließt der Nachweis, daß derselbe ihm zur Zeit der That unbekannt gewesen (§ 44.) die Strafbarkeit aus, vgl. zu § 44. n. 7. *Contra:* G. Matt. 2. f. 300 n. 2. Vgl. n. 21.

3) wer mit Personen unter vierzehn Jahren unzüchtige Handlungen vornimmt, oder dieselben zur Verübung oder Duldung unzüchtiger Handlungen verleitet.

Ist der Tod der Person, gegen welche das Verbrechen verübt wird, dadurch verursacht worden, so tritt lebenslängliche Zuchthausstrafe ein.

[Entw. § 133]

§. 145. Wer eine Frauensperson zur Gestattung des Beischlafs dadurch verleitet, daß er eine Trauung vorspiegelt

---

Zu Nr. 3.

16. Die Worte: „Wer mit Personen ....“, sind mit den Worten: „Wer an Personen ....“ in Nr. 1. gleichbedeutend, insbesondere sind jene nicht etwa dahin zu deuten, als werde dabei vorausgesetzt, daß die dort gedachten Handlungen mit dem Willen der mißbrauchten Kinder erfolgt sein müssen, da es auf den Willen solcher jungen Personen nicht ankommen kann. V. II. 23. März 1854 c. Panick. (G. Arch. 2. s. 425).

17. Auch hier macht das Geschlecht des betreffenden Kindes keinen Unterschied.

18. Wenn auch Nr. 3. von Personen und von Handlungen (im Gegensatze gegen: „Person“ und „Handlung“ in Nr. 1. und 2.) spricht, so fällt doch schon eine einmalige Handlung an einer einzigen Person unter die Strafbestimmung. V. 22. Dez. 1852 c. Roffler (G. Arch. 1. s. 239); Z. I. 7. Sept. 1853 c. Diebitsch (G. Arch. 1. s. 706). Vgl. oben n. 5.

19. Hier genügt jede unzüchtige Handlung (Vgl. n. 1.), und es ist keineswegs (wie bei Nr. 1. und 2.) erforderlich, daß dieselbe auf Befriedigung des Geschlechtstriebs gerichtet gewesen sei. Z 7. Jan. 1852 c Müller; Z. 28. Apr. 1852 c. Jahnke; Z. 9. Mai 1852 c. Düsberg; Z. 26 Nov 1852 c. Klenn; Z. (V.) 22. Dez. 1852 c. Roffler (G. A. 1. s. 238); Z. I. 7. Sept. 1853 c. Diebitsch (G Arch. 1. s. 706); Z. II. 6. Okt. 1853 c. Altmann; — es bedarf daher der Feststellung einer auf Befriedigung des Geschlechtstriebs und auf Vollziehung des Beischlafs gerichteten Absicht in keiner Weise. Z. I. 11. Jan. 1856 c. Zöllner. *Contra:* Temme Lehrb. s. 729.

20. Es läßt sich nicht behaupten, daß ein Versuch des hier vorgesehenen Verbrechens undenkbar sei, daß vielmehr der Versuch, um den Erfordernissen des § 31. zu entsprechen, mit dem vollendeten Verbrechen zusammenfallen müsse Vgl. oben n. 11; G. Arch. 1 s. 49.

21. Der Feststellung: „der Angeklagte habe gewußt, daß die mißbrauchte rc. Person unter vierzehn Jahren alt gewesen“, bedarf es nicht; die Unbekanntschaft mit diesem Umstande muß als Strafausschliessungsgrund nachgewiesen, und als solche festgestellt werden. Vgl. zu §. 44. n. 7. (dort auch über die Fassung der Frage an die Geschwornen). *Contra:* Koch s. 993 n. 64. Die festgestellte Unbekanntschaft mit dem Alter des Kindes schließt aber die Strafbarkeit aus. V. I. 22. Feb. 1854 c. Pfeiffer. Vgl. n. 15.

22. Der Feststellung des Mittels, wodurch die Verleitung zur Duldung der unzüchtigen Handlungen stattgefunden, bedarf es hier nicht. Vgl. G. Arch. 2. s. 118.

23. Begeht ein Vormund, Lehrer rc. dieses Verbrechen, so liegt ideale Konkurrenz mit dem im § 142. Nr. 1. vorgesehenen Straffalle vor, und § 144, als der strengere, wird anwendbar. Vgl. die fünf ersten unter n. 19. citt. Erkenntnisse, und zu § 142. n. 4.

Zum Schlußsatze.

24. Ob eine Beschädigung der Gesundheit der mißbrauchten rc. Person stattgefunden, ist ebenfalls nur Strafzumessungsgrund. Komm.-Ber. II. K. s. 93 n. 5.

oder einen anderen Irrthum erregt, in welchem sie den Beischlaf für einen ehelichen halten mußte, wird mit Zuchthaus bis zu fünf Jahren bestraft.

[Entw. § 134] Vgl. § 149.

§. 146. Weibspersonen, welche den polizeilichen Anordnungen zuwider gewerbsmäßig Unzucht treiben, werden mit Gefängniß bis zu acht Wochen bestraft.

Das Gericht kann zugleich verordnen, daß die Angeschuldigte nach Beendigung der Gefängnißstrafe in ein Arbeitshaus gebracht werde.

Ist die Angeschuldigte eine Ausländerin, so kann neben der Gefängnißstrafe auf Landesverweisung erkannt werden.

Die Dauer der Einsperrung in dem Arbeitshause ist von der Landespolizei-Behörde nach den Umständen zu ermessen; sie darf aber den Zeitraum Eines Jahres nicht übersteigen.

[Entw. § 135.] Vgl. § 120; (AKO. v. 15. Jan 1825 (G.S f 8); Ges. v. 14 April 1856 (G S. f. 208)

---

§. 145.

1. Unbescholtenheit der verleiteten Frauensperson ist hier nicht erforderlich. G. Matt 2. f 304 n. 2.

2. Dagegen gehört zur Vollendung des Verbrechens die Vollziehung des Beischlafs; wo diese fehlt, kann nur ein Versuch angenommen werden. Temme Gll. f 217. Vgl G. Matt. 2 f. 303; Koch f. 993 n. 65

§. 146.

1. Dieser § betrachtet die gewerbsmässige Unzucht nur unter der Voraussetzung polizeilicher Anordnungen als erlaubt, und die Strafandrohung desselben umfaßt ebensowohl den Fall, wenn polizeilich gegebene Regeln und Vorschriften bei Ausübung des Gewerbes übertreten, als wenn dasselbe, ohne alle zuvorige Wissenschaft der Polizeibehörde und Einwirkung derselben im Interesse der öffentlichen Sicherheit, ausgeübt worden ist. Z 25. Februar 1852 c. Höhne; B. 26. April 1852 c. Deck; Z 28 April 1852 c. Schröder (Hintze u. Gen); B. 7. Mai 1852 c. Schwanz (G. A 1. f 83); Z 12 Nov. 1852 c. Abicht; Z. I. 3 Jan 1853 c. Dlugosch; B. II. 21. Apr. 1853 c. Rieck u. Gen (JMBl. f. 254); B. II. 24 Nov. 1853 c. Rothe (G. A. 2 f. 120); B. II. 8 Dez. 1853 c. Kaiser u. Gen (Rh. A. 48. 2. A. f. 82); Z. I. 20. Jan 1854 c. Diebitzsch. *Sic:* Justiz-Min.-Verf. v. 7. Apr 1853 (G. A. 2. f. 120) *Contra:* G. Matt. 2. f. 305 n. 2; Temme Gll. f. 218; Koch f 994 n. 66

2. Unzucht bezeichnet hier die Vollziehung des Beischlafs. Z. I. 30 Sept 1853 c. Albrecht (G. A. 1. f 704). Wo es zu dieser Vollziehung nicht gekommen, kann nur ein (strafloser) Versuch vorliegen. B. II. 14. Juni 1855 c. Franke (G. A 3. f. 703) *Contra:* G Matt 2. f 305 n. 3; Vgl. zu § 141. n. 1.

3. Die Unzucht wird gewerbsmässig betrieben, wenn Weibspersonen aus dem unzüchtigen Verkehr mit Männern eine Erwerbsquelle machen. Es bedarf dazu weder eines Preisgebens an Jedermann ohne Auswahl, noch der Gewinnung des Lebensunterhalts durch die Hurerei. B. 2. Mai 1852 c. Schwanz (G. Arch 1. f 83); Z. I. 20. Apr 1855 c. Emelius. — Gleichgültig ist es auch, ob Bezahlung ausbedungen, oder angenommen, oder ob eine solche stillschweigend erwartet war Vgl. zu § 266 n. 6—9; G. A. 3. f. 131.

4. Ebensowenig ist eine Mehrheit von Fällen ein unerläßliches Erforderniß; B. 19. Dez 1851 c. Heubach; Z 25 Feb 1852 c. Höhne; Z. 12. Nov 1852 c.

§. 147. Wer gewohnheitsmäßig oder aus Eigennutz durch seine Vermittelung, oder durch Gewährung oder Verschaffung von Gelegenheit, der Unzucht einer oder mehrerer Per-

---

Abicht. *Sic:* G Matt 2. f. 305 n. 4. Ein einzelner Fall, insbesondre das einmalige Verlangen einer Vergütung, kann daher unter die Strafvorschrift fallen, wenn aus den Umständen erhellt, daß bei vorkommender Gelegenheit eine Wiederholung in der Absicht gelegen habe. — Dagegen stellt ein einmaliges Preisgeben, auch wenn es gegen Bezahlung geschieht, für sich allein, die Gewerbmässigkeit nicht dar, fällt also nicht unter den §.

5. Mit Rücksicht auf das Begriffserforderniß der Gewerbsmässigkeit können dagegen die mehreren Fälle, in welchen eine Weibsperson Unzucht getrieben hat, nicht als verschiedene selbstständige Vergehen betrachtet werden, sie bilden vielmehr zusammen den Thatbestand des § 146. V. II. 7. Juli 1855 c. Wedemann; — Vgl zu § 56. n. 15; zu § 276 n. 3, und zu § 239. n. 6

6 Theilnahme an diesem Vergehen z. B durch Anreizung ist nach den allgemeinen Grundsätzen zu beurtheilen; sie wird durch den Begriff der Kuppelei (§ 147. 148.) nur insoweit ausgeschlossen, als sie auch unter diesen Begriff fällt Temme GA. f 218. Damit aber Theilnahme anzunehmen sei, muß sie sich auch auf die Gewerbsmässigkeit der Unzucht beziehen; der blosse Zuhälter ist als Theilnehmer nicht zu betrachten Temme ibid.

7 Ueber die Unterbringung in einem Arbeitshause vgl. zu § 120 Die durch das Ges v. 14 Apr 1856 (G S f 210) dem § 120 gegebene veränderte Fassung, bezieht sich auf § 146 nicht mit; hier steht daher die Anordnung der Unterbringung in einem Arbeitshause nur dem Gerichte zu, für welches diese Maßregel aber fakultativ ist.

8 Es ist nicht unzulässig, auch in Betreff einer wegen gewerbsmässiger Unzucht bestraften Ehefrau, die Abführung in ein Arbeitshaus zu verordnen. Z. I 26 Mai 1854 c. Reimer (G. A. 2. f 690).

9. Ueber den Begriff der „Ausländerin“ vgl zu § 29 n. 1—4; zu § 115 n. 1

10. In Betreff der Kompetenz und des Verfahrens vgl Gesetz v. 14 April 1856 Art I. (oben bei Art II. des Einf.-Ges f 20)

§. 147.

1. Die „Gewohnheitsmässigkeit“ ist nicht gleichbedeutend mit einem „gewerbsmässigen“ Handeln, da bei letzterem der Eigennutz vorzugsweise in Betracht kommt, dieser aber für sich allein schon das Erforderniß der Gewohnheitsmässigkeit ersetzt. Zur letztern gehört hier ein mehrmaliges Handeln; welche Anzahl genüge, ist Gegenstand der thatsächlichen Beurtheilung Vgl. G. Matt 2 f 307 n. 4; Temme GA. f. 218 n. 2.

2. Handelt es sich dabei von der gewohnheitsmässigen Kuppelei, so kann eine Mehrheit von festgestellten Fällen, doch immer nur als ein einziges Vergehen, nicht als verschiedene selbstständige Handlungen im Sinne des § 56 angesehen werden (vgl. zu § 146. n. 5.); das Gegentheil tritt dagegen ein, sobald Kuppelei in mehreren Fällen aus Eigennutz betrieben worden ist.

3. Der Thatbestand des § 147 liegt vor, wenn auch nur einer Person gewohnheitsmässig zur wiederholten Unzucht Vorschub geleistet worden ist. Z 12. Nov. 1852 c. Heckert (Abicht); ähnlich Z 11 Okt. 1852 c. v. Grävenitz. *Sic:* G. Matt 2. f 307 n. 4; *Contra:* Temme Lehrb. f 722

4 Um eine Gewohnheitsmässigkeit anzunehmen, kann auch auf solche Fälle gerücksichtigt werden, welche über die Verjährungsfrist hinausfallen Der Lauf der Verjährung eines Vergehens rc. zu dessen Begriffserfordernissen die Gewohnheitsmässigkeit gehört, kann überhaupt erst dann beginnen, wenn die Gewohnheit aufgehört hat. Vgl. zu § 46. n. 8. *Contra:* G Matt. 1. f. 437; 2 f. 307 n. 4

5. Durch blosse Unterlassungshandlungen kann die Kuppelei nicht begangen werden; auch das „Gewähren der Gelegenheit“ setzt ein positives Handeln voraus. Temme Lehrb. f. 722. *Contra:* G. Matt. 2. f. 307 n. 5.

sonen des einen oder anderen Geschlechts Vorschub leistet, wird wegen Kuppelei mit Gefängniß nicht unter sechs Monaten, so-wie mit zeitiger Untersagung der Ausübung der bürgerlichen Ehrenrechte und mit Stellung unter Polizei-Aufsicht bestraft.

[Entw. § 136.] Vgl. § 148. 149.

§. 148. Die Kuppelei ist, selbst wenn sie nicht gewohnheitsmäßig oder nicht aus Eigennutz betrieben wird, mit Zucht-

---

6. Ob die begünstigte Unzucht an sich strafbar sei, ist gleichgültig. Temme Gll. s. 218. Jeder aussereheliche Geschlechtsumgang genügt; id. Lehrb. s. 722.

7. Unbescholtenheit derjenigen Personen, deren Unzucht Vorschub geleistet worden, wird nicht erfordert. B. I. 28. Sept. 1853 c. Nicke u. Gen; Z. I. 24. März 1854 c. Naback.

8 Die Kuppelei ist nicht Theilnahme an einem fremden, sondern ein selbstständiges Vergehen; sie kann daher begangen werden, ohne daß eine unmittelbare Beförderung der unerlaubten Befriedigung der Wollust stattgefunden, der Unzucht von Frauenzimmern vielmehr dadurch Vorschub geleistet worden ist, daß sie in fremde Bordelle untergebracht wurden; dabei ist ganz gleichgültig, ob der Inhaber des Bordells durch Annahme der Frauenzimmer und Benutzung des Bordells zu den Zwecken desselben, und jene durch den Betrieb der Unzucht sich strafbar machten, nicht minder, ob das Bordell conzessionirt war, oder nicht. Z I. 6. Mai 1853 c. Schenk (G. A. 1. s. 394); B I. 28. Sept. 1853 c. Nicke u. Gen. Das gilt namentlich auch dann, wenn die begünstigte Unzucht im Auslande betrieben, und dort die Handlung des Bordellwirths straflos war, sobald nur die begünstigende Handlung im Inlande begangen wurde Z. II. 30 Sept. 1854 c. Mauel u. Stupp (G. A. 2. s. 830); Z II. 18. Okt 1855 c. Jakobs (G. A 4 s 250) Vgl. n. 9. 10.

9 Aus dem unter n. 8 erwähnten Grunde kommt auch Nichts darauf an, ob die Unzucht von den Personen, welchen dazu Vorschub geleistet worden war, wirklich verübt sei, oder nicht; nur die Handlungen des Kupplers und sein Dolus kommen in Betracht; wenn § 148 Nr. 2 eine „getriebene Unzucht“ verlangt, so erklärt sich der Unterschied einmal dadurch, daß dort unter den Begriff der Kuppelei Handlungen gebracht werden, welche nach § 147 nicht dazu gehören würden, und sodann aus dem Umstande, daß es sich dort von einem Verbrechen handelt, bei welchem auch der Versuch strafbar ist Z II. 18 Okt. 1855 c. Jakobs (Präj. n. 178; G. A. 4. s 250); *Contra:* G. Matt. 2. s. 309 n. 8; Temme Lehrb. s. 723.

10 Ob eine Handlung die Ausübung der Kuppelei darstelle, oder nur als Vorbereitung zu derselben angesehen werden könne, gehört zur thatsächlichen Beurtheilung. Daher liegt keine Gesetzesverletzung darin, wenn im Anwerben von Mädchen für ein auswärtiges Bordell, ferner im Erwirken eines Passes für dieselben, und im Hinbringen zum nächsten Eisenbahnhofe, der Thatbestand des § gefunden wird. Z. II. 18 Okt. 1855 c. Jakobs (G. A. 4. s 250).

11. Auch das Halten eines konzessionirten Bordells fällt unter die Fassung des §; die Annahme des Komm.-Ber I. K. s. 21, daß, da § 146 sich auf die polizeilich geduldete Unzucht nicht mit beziehe, ein Gleiches vom § 147 gelten müsse, wird durch die unbedingte Fassung dieses § ausgeschlossen; der Komm.-Ber. II. K. s. 94 glaubte dagegen daß die Staatsanwaltschaft [durch Nichtverfolgung] die polizeiliche Genehmigung berücksichtigen werde.

12. Wo die Kuppelei den Charakter der Theilnahme an einem schwerer zu ahndenden Verbrechen rc annimmt, wird sie von der dadurch verwirkten härtern Strafe betroffen. Konkurriren ausserdem noch andre Fälle der strafbaren Kuppelei, so kann daneben auch noch die Strafe der letztern verhängt und zur Begründung der Gewohnheitsmässigkeit auch auf jene Fälle einer höhern Strafbarkeit gerücksichtigt werden. Vgl. G Matt 2. s. 307 n. 6.

haus bis zu fünf Jahren und Stellung unter Polizei-Aufsicht zu bestrafen:

1) wenn, um der Unzucht Vorschub zu leisten, hinterlistige Kunstgriffe angewendet sind;

2) wenn der Schuldige zu den Personen, mit welchen die Unzucht getrieben worden ist, in dem Verhältnisse von Eltern zu Kindern, von Vormündern zu Pflegebefohlenen, oder von Erziehern, Lehrern oder Geistlichen zu den von ihnen zu erziehenden oder zu unterrichtenden Personen steht.

[Entw. § 137.] Vgl. § 147. 149. 141. 142 Nr. 1.

§. 149. Wer ein unbescholtenes, in dem Alter von vierzehn bis sechszehn Jahren stehendes Mädchen zum Beischlaf verführt, ist, auf den Antrag der Eltern oder des Vormundes der Verletzten, mit Gefängniß von drei Monaten bis zu Einem Jahre zu bestrafen.

[Entw. § 138] Vgl § 145. 147. 148

§. 150. Wer durch eine Verletzung der Schamhaftigkeit ein öffentliches Aergerniß giebt, wird mit Gefängniß von drei Monaten bis zu drei Jahren bestraft.

---

§. 148.

1 Auch im Falle der Nr 2 kann die Bescholtenheit der Personen, mit welchen Unzucht getrieben worden, nur Strafzumessungsgrund sein Temme Lehrb. f. 722

2 Ob hinterlistige Kunstgriffe angewendet worden seien, ist eine thatsächliche, durch die Geschwornen zu beantwortende Frage Z I. 6 Mai 1853 c. Schenk (G. A 1. f 361).

3. Ist die die Eltern betreffende Vorschrift auf Groß- und auf Stiefeltern auszudehnen? Koch (f. 995 n. 68) bejaht; G (Matt. 2. f 310 n. 2) verneint Vgl. zu § 141. n. 4; zu bemerken ist, daß § 148 nicht wie § 141 von „leiblichen“ Eltern spricht.

4. Ueber das Erforderniß dieses §, daß die Unzucht „getrieben“ sei, vgl. zu § 147. n. 9.

§. 149.

1. Nach Temme (Lehrb. f 718) ist ein Frauenzimmer unbescholten, wenn von ihr nicht bekannt ist, daß sie einem ausserehelichen Beischlafe sich freiwillig hingegeben habe.

2. Der Beischlaf muß, damit das Vergehen vollendet sei, wirklich vollzogen sein. Temme Gll. f. 219; Koch f. 995 n. 69; Vgl. zu § 145 n. 2.

3. Zur Verführung bedarf es der Erregung eines Irrthums nicht. Temme Lehrb. f. 718.

§. 150.

1. Die Verletzung der Schamhaftigkeit setzt eine in geschlechtlicher Beziehung unsittliche Handlung, welche das allgemeine Schamgefühl verletzt, voraus. Temme Lehrb. f. 742.

Auch kann zugleich auf zeitige Untersagung der Ausübung der bürgerlichen Ehrenrechte erkannt werden.

[Entw. § 139.] Vgl. § 36. 152.

---

2. Diese kann auch durch blosse Aeusserungen begangen werden B. 10. Sept. 1852 c. Fuchs (G A 1. f 84); Z I. 31. Okt 1855 c. v. Chapowski; Z. I. 5. März 1856 c. Jacobson; *Sic:* G. M. 2. f. 312 n. 3; Temme Lehrb. f. 741 Note 2.

3. Ueber den Begriff der Oeffentlichkeit vgl. § 36. 152; und dort die Bemerkungen.

4. Damit ein öffentliches Aergerniß angenommen werden könne, genügt es nicht, daß „eine die Schamhaftigkeit verletzende, zur Erregung eines Aergernisses „objektiv geeignete Handlung an einem öffentlichen Orte begangen sei, es muß viel„mehr auch festgestellt sein, daß eine oder mehrere Personen dabei anwesend ge„wesen“, bei welchen ein Aergerniß gegeben werden konnte; Z. II. 5. Okt. 1854 c. Münstermann (Präj. n. 105; JMBl. f. 404; Entsch 28. f. 375; G. A. 2. f. 831); Aehnlich: Z. I. 5. März 1856 c. Jacobson. —

5 Zum Begriffe eines öffentlichen Aergernisses bedarf es der Oeffentlichkeit des Orts der Begehung nicht, es genügt, wenn die Handlung andern wahrnehmbar geworden, und so in die Oeffentlichkeit getreten ist. Beschl. I. 1. Dez. 1854 c. Pröhl (G. A. 3. f. 261). Hier hatte sich ein Mann in einer ihm zur Wohnung angewiesenen Stube eines Gasthauses in schamloser Weise entblößt, und sich so gestellt, daß er von Frauenzimmern, welche sich in einem Nachbarhause befanden, gesehen wurde. Aehnlich Z. II. 7. Sept. 1854 c. Mense; Z. I. 21. Feb. 1855 c. Müller. Danach kann der Instanzrichter selbst in einem Falle wo die betreffenden Handlungen in einem Privathause aber in Gegenwart mehrerer Personen verübt wurden, ein öffentliches Aergerniß annehmen. *Contra:* Temme Lehrb. f. 742. Ein Z. I. 2 Mai 1856 c. Sasse sprach aus: zum Begriffe der Oeffentlichkeit, komme es nicht auf den Ort der Handlung, sondern nur auf den Ort an, wo dieselbe wahrnehmbar werde

6. Dagegen ist erforderlich, daß die Handlungen selbst durch ihre Verübung das öffentliche Aergerniß erregen; es reicht nicht hin, wenn sie später bekannt werden, und dadurch Aergerniß hervorgerufen wird. Letzteres geschieht dann nicht sowohl durch die Handlung, als durch die sie betreffenden Mittheilungen. G. Matt. 2. f. 312 n. 5; Temme Gll. f 220.

7. Ob im Uebrigen ein Ort unter den obwaltenden Umständen als ein öffentlicher anzusehen sei, ist eine thatsächliche Frage. So: Z. I. 21. Feb. 1855 c. Müller; Z II. 3. Okt. 1855 c. Kleemann. Vgl. n. 8. 9.

8. Ein Eisenbahnwagen, in welchem sich mehrere Personen befinden, ist ein öffentlicher Ort. B. 10. Sept. 1852 c. Fuchs (G. A. 1. f. 84). Vgl. aber n. 7.

9. Ist die Anwesenheit einer Mehrheit von Personen erforderlich, oder genügt die einer einzigen? Ein Beschl des Kamm-Gerichts 7. Jan. 1853 (G. A. 1. f. 84) betrachtete bei einer öffentlichen Verübung der Handlung letzteres für ausreichend. Aehnlich das Präj. n. 105 zum Z. II. 5. Okt. 1854 c. Münstermann (vgl. ob. n. 3); die Gründe des betr. Erkenntnisses selbst enthalten diesen Satz nicht. Vgl. G. Matt. 2. f. 313 n. 6.

10. Die Anwendung des Gesetzes kann nicht von der Subjektivität der anwesenden Personen abhängig sein; es ist daher nur ein öffentliches Aergerniß in abstracto, eine zur Erregung eines Aergernisses objektiv geeignete, öffentlich begangene Handlung, erforderlich, welches auch da anzunehmen ist, wo eine Schamlosigkeit den Beifall der Umstehenden erhalten haben sollte. Z. II. 5. Oktob. 1854 c. Münstermann (Präj. n. 105; JMBl. f. 404; Entsch. 28. f. 375; G. A. 2. f. 831); Z. II. 3. Oktober 1855 c. Kleemann. In Uebereinstimmung hiermit nahm ein Z. 17. Dez 1852 c. Alter an: die Feststellung einer am hellen Tage, an einem öffentlichen Orte begangenen, der Wahrnehmung mehrerer Personen ausgesetzten unzüchtigen Handlung genüge zur Anwendung des § 150, auch wenn nicht ausdrücklich dabei das Geben eines öffentlichen Aergernisses hervorgehoben sei, weil dieses aus jenem mit Nothwendigkeit folge. *Contra:* Temme Lehrb. f. 742 n. 5. Vgl. G. Matt. 2. f. 312 n. 4.

§. 151. Wer unzüchtige Schriften, Abbildungen oder Darstellungen verkauft, vertheilt oder sonst verbreitet, oder an Orten, welche dem Publikum zugänglich sind, ausstellt oder anschlägt, wird mit Geldbuße von zehn bis zu Einhundert Thalern oder mit Gefängniß von vierzehn Tagen bis zu sechs Monaten bestraft.

In dem Strafurtheile ist zugleich auf Konfiskation der ausgestellten und der zum Verkauf oder zur Verbreitung vorräthigen Schriften, Abbildungen oder Darstellungen zu erkennen.

[Entw. § 140] Vgl. § 36. 19; (Vdn. v. 30. Juni 1849 § 24.); Preß-Ges. v. 12. Mai 1851 § 50.

Dreizehnter Titel.

Verletzungen der Ehre. *)

---

11. Der erforderliche Dolus besteht in dem Bewußtsein der Unsittlichkeit der Handlung bei ihrer Vornahme. Z. I. 10. Jan. 1856 c. Fitting; Temme Lehrb. s. 742 n. 4. Ausserdem ist aber auch das Bewußtsein nothwendig, daß die Handlung unter den obwaltenden Umständen ein öffentliches Aergerniß habe geben können. Beschl. I. 1. Dez. 1854 c. Pröhl (G. A. 3. s. 261).

12. Einer auf Verletzung der Schamhaftigkeit gerichteten Absicht bedarf es daher nicht. Z. I. 10. Jan. 1856 c. Fitting; ebensowenig also auch der Feststellung einer solchen Absicht. Z. I. 31. Okt. 1855 c. Chapowski.

13. Ebenso ist es nicht erforderlich, daß die Absicht vorgewaltet habe, der Aeusserung 2c. eine Verbreitung in die Oeffentlichkeit zu geben. Z. I. 5. März 1856 c. Jacobson. —

§. 151.

1. Kenntniß des Inhalts ist Bedingung der Strafbarkeit. Komm.-Bericht II. K. s. 96.

2. Im Straferkenntnisse ist nicht nur auf Konfiskation, sondern (nach § 19) auch auf Vernichtung der Schriften zu erkennen.

3. Auf die im Besitze unbetheiligter Privatpersonen befindlichen Exemplare ist die Konfiskation nicht auszudehnen.

*) **Dreizehnter Titel.**

Inhalt.

1. Ehrverletzung ist die vorsätzliche rechtswidrige Verletzung des Rechts eines Andern auf äussere Anerkennung seiner sittlichen und rechtlichen Würdigkeit. Temme Lehrb. s 850.

2. Die Frage, ob in einer Aeusserung 2c eine Ehrverletzung liege, ist thatsächlicher Natur. Z. I. 3. Juni 1853 c Karbe; Z I 21 März 1855. Störmer c. Wölk. Vgl n. 21.

3 Ehrverletzungen können sowohl durch Aeusserungen und Handlungen, als durch Unterlassungen begangen werden. Goltd. Matt. 2. s 318 II; Temme Lehrb. s. 854.

4. Die s. g. Real-Injurien sind im StGB. nicht als eine Art der Injurien bezeichnet, vielmehr ist „derjenigen Anschauungsweise der Vorzug gegeben

worden, wonach die Realinjurien stets nur in ihrem äusserlich hervortretenden Momente der Körperverletzung nach den darauf bezüglichen Bestimmungen (§ 187 flg.) geahndet werden" Motive f 43. Das Richtige ist wohl, daß die Realinjurie sowohl den Thatbestand der Mißhandlung als den der Ehrverletzung in sich vereinigt, daß also ein Fall der idealen Konkurrenz vorliegt, welcher nach der Vorschrift des § 55 zu behandeln ist. Mit Recht ist daher im Texte des Gesetzbuchs die betr. Handlung ausdrücklich weder dieser noch jener Kategorie zugetheilt, und die leicht verwirrende Bezeichnung "Realinjurie" selbst vermieden worden. Vgl. zu Tit. XVI. n. 6 7.

5. Gegenstand der Ehrverletzung kann nur eine **Person** sein. Temme Lehrbuch, f. 851.

6. Der **Verlust** der bürgerlichen **Ehre** hindert die Möglichkeit der Ehrverletzung nicht. G. Matt. 2. f. 319 III. 1.

7. Gleichgültig ist es, ob der Verletzte die Ehrverletzung **empfinden** könne; auch Kinder und Blödsinnige können an der Ehre gekränkt werden (vgl. § 162.). Temme Lehrb. f 852

8. Kann eine Ehrverletzung wider einen **Verstorbenen** begangen werden? Temme Lehrb f. 852 verneint, weil ein Verstorbener keine Rechtsfähigkeit mehr habe. Etwas Anderes wäre es, wenn durch die Verletzung des Andenkens des Verstorbenen zugleich die Ehre lebender nahe verbundener Personen mitgekränkt wird, dann ist aber die diesen, nicht die dem Verstorbenen zugefügte Ehrenkränkung strafbar Vgl. G. Matt. 2. f 340 n 3; Sommer Abh im Arensb. Arch. 15. f. 668

9. Ueberhaupt ist eine **mittelbare Ehrverletzung** nach unsern jetzigen Rechtsverhältnissen nur in der unter n 8 erwähnten Weise denkbar, daß nämlich die gegen den einen verübte Handlung zugleich eine selbstständige Beleidigung eines andern enthalte Ist letzteres nicht der Fall, so kann das nahe Verhältniß eines Dritten zum Verletzten nicht bewirken, daß jener blos dieses Verhältnisses wegen als mit gekränkt zu betrachten wäre Das Gegentheil ist aus § 162 nicht zu folgern, danach können Ehemänner, Väter ꝛc. nicht als Selbstbeleidigte, sondern als Vertreter des Gekränkten den Antrag stellen. Temme Lehrb f. 852. *Contra:* Bes f. 333 IV. Vgl Komm.-B I. K f 23; G Matt 2 f. 341.

10. Auch **juristische Personen**, als Subjekte von Rechten, können Gegenstand einer Ehrverletzung sein G. Matt 2. f. 342 n. 4; Temme Lehrb f. 851. Ein Gleiches muß man von Beamten-Kollegien annehmen (vgl. § 102). Goltd l. c. Der cit. Schriftsteller will dieses selbst auf andere Kollegien, z B auf kollegialische Direktionen von Aktiengesellschaften, welchen das Korporationsrecht der Gesellschaft selbst nicht zusteht, ausdehnen. So auch B. 26 März 1852 Tätz c Wißman u Gen, mit dem Zusatze, daß die einzelnen Mitglieder einer derartigen Direktion die ihnen als solchen zugefügte Ehrenkränkung [im Wege der Privatklage] zu rügen befugt seien

11. Dagegen können andre **Gesellschaften**, Stände, und Familien nicht Objekt einer Ehrverletzung sein. G. Matt 2 f. 342 n. 4; Temme Lehrb. f. 851.

12. Die Ehrverletzung einer **Mehrheit von Personen**, auch wenn dieselben keine Korporationsrechte haben, enthält zugleich eine Kränkung der einzelnen zu dieser Mehrheit gehörenden Personen, und kann als solche von diesen, oder wenn sie eine öffentliche ist, auf deren Antrag von der Staatsanwaltschaft verfolgt werden. Z. II. 4 Mai 1854 c. Lenschen. Gilt dasselbe in dem Falle, wo jene Mehrheit von Personen wirklich Korporationsrechte besitzt? Es verneinte der Minister für Gesetz-Revision (Revis. 1845 II. f 100, cit bei Bes. f 334); vgl. das oben n. 10 cit. B. 26 März 1852 Tätz c. Wißmann u. Gen; Temme Gll f 128 n 3.

13. Jedenfalls stellt die einer **Mehrheit von Personen** zugefügte Ehrverletzung nur eine **einzige** Handlung dar, bei welcher die Mehrheit der Gekränkten nur als Strafzumessungsgrund in Betracht kommt B. 26 März 1852 Tätz c Wißmann u. Gen.; Temme Gll f 128 n. 3. Daher kann zwar "eine durch dieselbe Aeusserung gegen Mehrere verübte Ehrverletzung von jedem der Beleidigten durch eine "besondere Klage verfolgt werden; die zu erkennenden Strafen dürfen aber zusammen "das Maaß der gesetzlichen Strafe für eine Ehrverletzung nicht übersteigen." Z II 10. April 1856 Dieringer c Huber (Präj n), welches ausführt, durch die eine Handlung könne die gesetzliche Strafe, welche stets den Charakter einer poena pu-

blica habe nur einmal verwirkt sein, wenn gleich es geschehen könne, daß die den verschiedenen Personen zugefügten Ehrverletzungen (gleichzeitig oder successive) in verschiedenen Verfahren verfolgt würden; der Richter müsse dann bei Entscheidung der ersten Sache dasjenige Strafmaaß verhängen, welches er mit Rücksicht auf den ihm vorliegenden Antrag für angemessen halte, und möge demnächst bei jeder spätern Entscheidung dasjenige Maaß innerhalb der Gränzen der für die einmalige That angedrohten Strafe hinzusetzen, um welches er mit Rücksicht auf die jetzt auf Strafe antragende Person eine erhöhte Strafbarkeit annehme. — Die Statthaftigkeit einer mehrmaligen Verfolgung und Strafverhängung rechtfertigt sich hier durch das Erforderniß des Strafantrags, und die Unmöglichkeit bei der ersten Entscheidung auch die Kränkung desjenigen zu berücksichtigen, der bis dahin noch keinen Strafantrag gestellt hatte. Vgl Temme l. c. — Gleichwohl kann der Richter die zuerst verhängte Strafe auch in Betreff der erst später zur Sprache gebrachten Ehrverletzungen für ausreichend erachten

14 Zur Strafbarkeit der Handlung wird ihre Rechtswidrigkeit vorausgesetzt; eine in Ausübung des eignen Rechts vorgenommene Handlung kann nicht als Ehrverletzung strafbar sein. Temme Lehrb. § 855. Jedenfalls wird eine berechtigte Handlung nicht ohne ausdrücklichen Nachweis der Absicht zu beleidigen eine Ehrverletzung darstellen können; ein Beispiel liefert: Z. 15 Dez 1852 Löwe c. Jakob, wo der Oheim und Vermögenskurator wegen mangelnder Absicht zu beleidigen, rücksichtlich der dem Neffen gemachten Vorwürfe und Zurechtweisungen für nicht strafbar erachtet wurde Vgl n. 19.

15 Aus demselben Grunde kann nur eine freiwillige Handlung hierher gehören; wer daher nur auf Befragen der Obrigkeit sich über Thatsachen, welche ihm zu Ohren gekommen sind, äussert, kann nicht als Verbreiter dieser Thatsachen wegen Ehrverletzung bestraft werden. V. I. 4 Mai 1855 c Mayer.

16 Die Wahrheit der behaupteten Thatsachen schließt an sich den Begriff der strafbaren Ehrverletzung nicht aus; vgl. § 158; gleichwohl wird man in einem solchen Falle arg. cit § 158 zur Annahme derselben die ausdruckliche Feststellung der Absicht zu beleidigen, erheischen mussen. Vgl. Temme Lehrb. §. 855.

17. Zur Annahme einer Ehrverletzung ist die persönliche Bekanntschaft des Handelnden und des Verletzten nicht erforderlich; auch persönlich Unbekannte können, zumal wegen ihrer Handlungen, an der Ehre gekränkt werden. Z. I. 20. Okt. 1854 c Beutner Vgl. G. Matt 2. § 325 n. 2.

18. Zum Thatbestande der Ehrverletzung gehört die Mittheilung der beleidigenden Aeusserung an den Beleidigten, oder auch an einen Dritten. Letztere genügt für sich allein. Z. I. 4. Mai 1853 c. Heinemann; V. I. 7. Apr. 1854 c. v Buttlar-Brandenfels (G. Arch. 2. §. 425); G. Matt. 2. §. 319, IV. n. 1. Wird die Ehrverletzung durch eine Schrift zugefügt, so muß sie, damit der Verfasser strafbar sei, mit seinem Willen Andern mitgetheilt worden sein. Cit. V. I. 7. Apr. 1854 c. v. Buttlar-Brandenfels. — Ueber die Vollendung des Vergehens vgl. unten n. 24.

19 Zum Thatbestande der Ehrverletzung gehört nach dem StGB. nicht mehr der spezielle animus iniuriandi; vielmehr genügt in subjektiver Beziehung der Vorsatz im Allgemeinen, das Bewußtsein der That, in objektiver Beziehung die Verletzung des Rechts eines Andern auf Ehre. Motive §. 44; G. Matt 2. §. 316; Z. II. 12. Okt. 1854 c Dörbach. Aehnlich: Z. I. 7. Okt. 1853 c Lehmann; Z II. 12. Jan. 1854 c. Schulte; bei welchen es sich durchweg von Ehrverletzungen gegen Beamte im Dienste handelte; vgl. zu § 102 n 1. Damit stimmt im Wesentlichen Temme GU. §. 221 n. 3. id. Lehrb. §. 856, indem er ausführt: „wer eine Handlung vorsätzlich mit dem Bewußtsein des Inhalts derselben (eines bestimmten Erfolges) vornehme, habe auch das Bewußtsein dieses Inhalts (wolle also nothwendig den Erfolg); wer also mit einem solchen Bewußtsein die ehrverletzende Aeusserung thue, habe eben den animus iniuriandi“ Auch er erheischt sonach zum Thatbestande der Ehrverletzung ausser dem allgemeinen strafrechtlichen Dolus weiter Nichts. Auch Besel. § 324 III, sieht von dem „speziellen animus iniuriandi“ ab, macht aber darauf aufmerksam, daß bei der Verschiedenheit der verbrecherischen Erscheinungen, das Wesen des Dolus nicht erschöpft sei, wenn man ihn blos als den Vorsatz bei der Verübung der äussern Handlung auffasse, und daß gerade bei den Delikten, welche ihrer Natur nach nicht

§. **152.** Wer einen Anderen öffentlich oder schriftlich beleidigt, wird mit Geldbuße bis zu dreihundert Thalern oder mit Gefängniß bis zu sechs Monaten bestraft.

Eine öffentliche Beleidigung ist vorhanden, wenn die Beleidigung an einem öffentlichen Orte, oder in einer öffentlichen

---

aus Versehen begangen werden könnten, und namentlich auch bei Beleidigungen, es vor Allem auf die Absicht ankomme, in welcher die Handlung vorgenommen werde. Vgl. auch Komm.-B. II K f 96, welcher sich, aus den in den Motifen angegebenen Gründen, damit einverstanden erklärt, daß bei Ehrverletzungen der Regel nach „der Nachweis“ des speziellen animus iniuriandi nicht erfordert werde. Vgl. n. 20—22.

20. Jedenfalls bedarf es des besondern Nachweises und der Feststellung der Absicht zu beleidigen nicht. Z I 13. Apr 1853 c Wendland; Z I. 11 Mai 1853 c. Kambly Z. I 22 Feb. 1854 c. Radloff; Z I 6 Juli 1855 c. Schastow; Z I. 12. Sept 1855 Bartschat c Edelhof Vgl die zu § 102 n 2. citirten Erkenntnisse, und oben n. 14. 16 19. — Ausnahmen wo es der Absicht zu beleidigen, und ihrer ausdrücklichen Feststellung bedarf, siehe in § 154 und 158, und oben n. 14

21. Die Beurtheilung der Frage nach dem Vorhandensein der Absicht zu beleidigen ist rein thatsächlich. Z II. 7. Juli 1853 c. Paßmann. Vgl. n. 2.

22. Inwiefern schließt der Nachweis, und die Feststellung, daß die Absicht zu beleidigen nicht obgewaltet habe, die Strafbarkeit aus? Ein Z. I. 6 Juni 1855 c Buchholz nahm in dieser Beziehung an: werde festgestellt, daß ein der Beleidigung Angeklagter in freundschaftlicher Unterredung eine Vorhaltung habe machen wollen, so könne es gerechtfertigt sein auch bei objektiv verletzenden Aeusserungen wegen des Mangels der Absicht zu beleidigen, die Existenz einer strafbaren Injurie zu verneinen. (Es handelte sich von der Beleidigung eines Beamten in Beziehung auf seinen Beruf) Vgl oben n 19. die Ausführung Temmes.

23. Es giebt keine fahrlässige Ehrverletzung. Komm-B. II. K. f 96; Komm-B. I. K. f. 23; B. I 7. Apr. 1855 c v Buttlar-Brandenfels (G. Arch. 2. f. 425). Temme Lehrb f. 856. Vgl n 18.

24 Ein weiterer Erfolg der ehrverletzenden Handlung ist nicht erforderlich, namentlich nicht, daß Jemand wirklich dadurch an seiner Ehre Schaden erlitten, oder daß der Beleidigte sich selbst beleidigt gefühlt habe. Temme Lehrb. f. 858.

25 Vollendet wird die Ehrverletzung durch die beleidigende Handlung, also z. B. durch Mittheilung der beleidigenden Aeusserungen an einen andern. Geschieht diese durch eine versendete Schrift, so gehört zur Vollendung auch das Eintreffen. Z. I. 21. Jan 1853 c. Pelkman; Z. II. 24 Feb 1853 c. v. Krause (G. Arch 1. f 226); Z. II. 10. März 1853 c Holthof (G. Arch. 1 f 235); Z I. 4. Mai 1853 c. Heinemann; Z. II 18 Okt. 1855 c Kästner; Z I 27. Feb 1856 c Moldänke; Vgl oben n. 18, und über den Gerichtsstand in einem solchen Falle zu § 3 n. 3.

26. Enthält eine von einer Prozeßpartei unterzeichnete, von einem Rechtsanwalte legalisirte Prozeßschrift Ehrverletzungen, so stellt es keine Gesetzesverletzung dar, wenn der Instanzrichter neben dem Rechtsanwalte auch die Partei dieserhalb für verantwortlich erachtet Z. I 15. Nov. 1854 Hossauer c. Cerf. Handelt es sich aber von Prozeßschriften, welche zur Ausführung von Gerechtsamen eingereicht worden sind, so wird § 154 anwendbar, und es bedarf des Nachweises der Absicht zu beleidigen B. II 19 Mai 1855 c. Näggel und Gen. Vgl. zu § 154. n. 13.

§. 152.

1. Ueber den Begriff der Oeffentlichkeit vgl. zu § 36. n. 4. Als öffentliche Zusammenkunft kann jetzt nicht mehr jede (an sich nicht öffentliche) Versammlung angesehen werden, in welcher öffentliche Angelegenheiten erörtert oder berathen werden sollen, wie dieses die Vdn. v 30. Juni 1849 § 31. vorschrieb. Vgl. zu § 36 l. c.

2. Eine Gemeindeversammlung ist immer eine öffentliche. Z. I. 3. Jan. 1856 Holle c. Nolte.

Zusammenkunft, oder wenn sie durch Schriften, Abbildungen oder Darstellungen geschieht, welche verkauft, vertheilt oder umhergetragen, oder an Orten, welche dem Publikum zugänglich sind, ausgestellt oder angeschlagen werden.

[Entw. § 141.] Vgl. § 36. 153 154. 160—163. 102. 103 343; Einf.-Ges. Art XVI. XVII. XVIII. (Vdn v 30 Juni 1849 § 31. G.S. s. 232)

§. 153. Wenn Beleidigungen auf der Stelle erwiedert werden, so soll der Richter ermächtigt sein, für beide Beleidiger oder für einen derselben eine, der Art oder dem Maaße nach, mildere Strafe oder gar keine Strafe eintreten zu lassen.

[Entw. § 142] Vgl § 188. 343

---

3. Auch hier genügt die Oeffentlichkeit des Orts d. h. die unbeschränkte Zugänglichkeit desselben für jeden, noch nicht, um die Beleidigung zur öffentlichen zu machen; die an einem solchen Orte einem Einzelnen gemachte Mittheilung ist nicht öffentlich, wenn nicht gleichzeitig die Möglichkeit obwaltet, daß hinzutretende dritte Personen sie ebenfalls vernehmen konnten. Dagegen ist es nicht erforderlich, daß wirklich eine Mehrheit dieselbe vernehme Vgl zu § 36. n. 5; zu § 150. n. 4. *Contra:* G. Matt. s 321 u Note 3; Erk. des Kamm.-Ger. 22. Nov. 1852 c. Bohm (G. A. 1 s. 84). — Dagegen geht Temme (GA. s. 224 n. 5; Lehrb. s 859) auf der andern Seite zu weit, wenn er glaubt, die Oeffentlichkeit sei nur in dem Umstande zu finden, daß die Beleidigung unmittelbar zur Kenntniß unbestimmt mehrerer Personen kommen müsse.

4. Der schriftlichen Beleidigung steht die gedruckte gleich. Temme Lehrb. s 89.

5. Ein Gleiches gilt von der durch Abbildungen oder Darstellungen verübten. G Matt. 2. s. 320 n. 1. b.

6 Wer einen Andern öffentlich beleidigt, befindet sich im Rückfalle, wenn er früher wegen schriftlicher Beleidigung (auf Grund dieses §) verurtheilt worden ist. So beiläufig in Z II. 7. Juli 1853 c. Paßmann

§. 153.

1. Diese Vorschrift erleidet auf Verleumdungen keine Anwendung. G. Matt 2. s. 324 n. 4

2. Die Statthaftigkeit der Aufrechnung wechselseitiger Beleidigungen setzt die relative Gleichheit der Vergehen voraus; eine solche waltet aber zwischen Vergehen wider die öffentliche Ordnung (z. B. der Beleidigung eines Beamten im Dienste), und einer nach § 187 zu ahndenden Thätlichkeit, oder einer Privatbeleidigung nicht ob; hier ist also die Aufrechnung unzulässig. Z. II. 7. Mai 1853 c Bahrt; Z II. 7. Juli 1853 c. Schäckel (G. Arch. 1. s. 569); Z. I. 19. Okt 1855 c. Bugdahn; Z. I. 2. April 1856 c. Zbylicki. Vgl. zu § 102 n. 27.

3. Wenn gleich hier und im § 343 nur von der Aufrechnung sofort erwiederter Beleidigungen und im § 188 nur von der Aufrechnung leichter wechselseitiger Verletzungen oder Mißhandlungen die Rede ist, so erscheint es doch nicht als unstatthaft, ein Gleiches auch von dem Falle anzunehmen, wo von der einen Seite eine Beleidigung und von der andern eine Mißhandlung zugefügt worden ist; es wird dann auf eine Abwägung der Schwere der verwirkten Strafen ankommen, und hiernach auch die Zulässigkeit der Aufrechnung zu beurtheilen sein. So auch Z. 14. Juni 1852 Lünse c. v Böckman (G. Arch 1 s. 241), dessen Begründung aber insofern nicht beigepflichtet werden kann, als hier die Mißhandlung nur vom Standpunkte der „thätlichen Beleidigung" betrachtet worden ist. Vgl. zum Tit. XIII. n. 4.

4. Wann eine Erwiederung der Beleidigung als „auf der Stelle" geschehen anzusehen sei, ist Gegenstand der thatsächlichen Beurtheilung; diese Worte

§. 154. Tadelnde Urtheile über wissenschaftliche, künstlerische oder gewerbliche Leistungen, ingleichen Aeußerungen, welche zur Ausführung oder Vertheidigung von Gerechtsamen gemacht worden sind, sowie Vorhaltungen und Rügen der Vorgesetzten gegen ihre Untergebenen, dienstliche Anzeigen oder Urtheile von Seiten eines Beamten und ähnliche Fälle sind nur insofern strafbar, als aus der Form der Aeußerung oder aus den Umständen, unter welchen dieselbe erfolgt, die Absicht zu beleidigen hervorgeht.

[Entw. § 143.]

---

schliessen es nicht aus, daß nicht auch bei erwiederten schriftlichen Beleidigungen, oder bei einer mündlichen Erwiederung einer schriftlichen, unter Umständen die Aufrechnung für statthaft erachtet werden könnte. G. Matt. 2. s. 324 n. 3; Vgl. Temme Gll s. 224.

5 Im Uebrigen sind die Noten zu § 188 zu vergleichen.

§. 154.

1. Damit dieser § Platz greifen könne, bedarf es der ausdrücklichen Feststellung, daß einer der hier erwähnten Fälle vorliege, z. B. also, daß die betr Aeusserung nur zur Vertheidigung von Gerechtsamen gemacht worden sei; Z II. 15 Sept 1853 c. Edelbruck.

2. Die Frage, ob einer der hier vorgesehenen Fälle vorliege, ist rein thatsächlich Z. I. 17. März 1854 c. Hanisch (Hahn: Suppl. n. 139.)

3. Eine Ausführung oder Vertheidigung von Gerechtsamen kann nicht nur in den Auslassungen eines Ver- oder Angeklagten, sondern auch in den Aufstellungen eines Klägers gefunden werden, wenn z. B. ein aufgestelltes Klagefundament eine verleumderische Behauptung enthält. Z. I. 9. Feb. 1855 Samuel c Kreitlow.

4. Sie kann selbst bei aussergerichtlichen Ausführungen als vorhanden angenommen werden G. Matt. 2. s 325 n. 3.

5. Der Grundsatz dieses § ist auf Verleumdungen anwendbar. Z. II. 6. Apr. 1854 Lehman c. Schellhase; Z. I. 9. Feb 1855 Samuel c. Kreitlow. Wer daher „bei „einer Behörde auf rechtmässigem Wege, um Hülfe zu suchen, Etwas behauptet, „was einen Andern in der öffentlichen Meinung dem Hasse und der Verachtung „aussetzt, begeht hierdurch allein eine Verleumdung alsdann nicht, wenn er die behauptete Thatsache für wahr hält" V. II. 19. Mai 1853 c. Eßmann (Präj. n. 34; Entsch. 26. s. 141; G. A. 1. s. 570). Ja es kann, auch wenn der Behauptende die Unwahrheit der betr Thatsache kennt, doch nicht von einer Verleumdung, sondern nur von einer falschen Anschuldigung (§ 133) die Rede sein. Das Nähere siehe: zu § 156 n. 15, dort auch das Z. II. 30. März 1854 c. Schoppmeier über die Möglichkeit beim Vorhandensein einer beleidigenden Absicht wegen Beleidigung zu strafen.

6. Bleibt auch im Falle des § 102 der § 154 anwendbar, und muß der Instanzrichter den vom Angeklagten vorgebrachten Einwand: er habe die Aeusserung nur zur Ausführung seiner Vertheidigung gemacht, prüfen, und sich über seine Richtigkeit in den Erkenntnißgründen aussprechen? Es bejahen V. I. 21. Okt. 1853 c. Rösener (G. A. 1. s. 706); V. II. 27. Mai 1854 c. Braune; V. I. 21. Feb. 1855 c. Angermann; Z I. 21 Febr. 1855 c. Fick; V. I. 17. Okt. 1855 c. Zbylicki. *Contra:* Z I. 12. Sept. 1855 c. Meising.

7. G. (Matt. 2 s. 326 n. 6) nimmt an, daß wegen der zwischen Ehegatten vorgefallenen Beleidigungen ein Klagrecht mit dem Wesen der Ehe unverträglich sei, daß vielmehr geeigneten Falles nur auf Ehescheidung geklagt werden könne. *Contra:* Z. II. 6. März 1856 c. Rohkämper, in einem Verleumdungsfalle Vgl. ALR. II, 1. § 699—703; Vdn. v. 28. Juni 1844 § 70; Koch s. 999 n. 78; und unten zu Tit. XVI. n. 3.

§. 155. Medizinalpersonen und deren Gehülfen, sowie alle Personen, welche unbefugterweise Privatgeheimnisse offenbaren, die ihnen kraft ihres Amtes, Standes oder Gewerbes

---

8. Dagegen hält Goltd. (l. c.) dafür, daß, soweit nicht das Züchtigungsrecht der Aeltern gegen ihre Kinder reiche, wegen der von jenen wider diese begangenen Beleidigungen eine Verfolgung mit der Maßgabe des § 154 unbedenklich statthaft sei. Vgl. dagegen Koch s. 999 n 78.

9. Zu den „ähnlichen Fällen“ gehören unbedenklich auch die Zurechtweisungen der Dienstherrschaft gegen das Gesinde vgl Ges.-Ordn. v. 8. Nov. 1810 § 77. 78. G. Matt. 2 s. 326 n. 5; Koch s. 990 n. 78; B. II. 9 Nov. 1854 Langermann c. Gerbracht. Vgl. zu Tit XVI. n. 4

10 Dasselbe gilt umgekehrt, wenn ein Dienstbote, um der durch § 71 der Ges.-Ordn v. 8 Nov 1810 begründeten Pflicht zu entsprechen, dem Herrn von der Untreue des Nebengesindes Anzeige macht. Z. II. 6. April 1854 Lehman c. Schellhase.

11. Ein Z. I. 15. Feb 1856 v. Nostitz c. Prescher nahm an: der § 154 beziehe sich nur auf mündliche oder schriftliche Rügen, nicht auf Thätlichkeiten, welche einen beleidigenden Charakter haben.

12. Damit der Schlußsatz des § zur Anwendung kommen könne, bedarf es der ausdrücklichen Feststellung, daß die Absicht zu beleidigen vorgewaltet habe; es genügt daher nicht, wenn nur erwogen wird, „die inkriminirte Aeusserung enthalte eine Beleidigung“ B. I. 10 Nov 1854 c. Amthor; ebensowenig reicht die Feststellung hin: „Die Absicht zu beleidigen sei nicht widerlegt“ B I. 21. Okt 1853 c. Rösener.

13. Die Vorschriften der AGO. I. Tit. 12 § 12 und der Vdn v 21. Juli 1816 § 33 in Verbindung mit § 154 rechtfertigen es, aus der Form einer in einer Prozeßschrift enthaltenen Aeusserung, oder aus den obwaltenden Umständen zu folgern und festzustellen, daß auch der Rechtsanwalt, welcher die Schrift verfaßt, oder legalisirt hat, die Absicht zu beleidigen gehabt habe. B II. 19. Mai 1855 c. Frank (Näggel). Ein Gleiches gilt umgekehrt ebenso unzweifelhaft von der Partei selbst: vgl. zu Tit. XIII. n. 26

§. 155.

1. Das Verbot bezieht sich auf Geistliche, Aerzte, Hebammen, Apotheker, Rechtsanwälte rc G. Matt. 2. s. 327. Nr 2; Koch s. 999 n. 79.

2 Unbedenklich bezieht es sich auch auf Advokaten, Anwälte, Notarien und sonstige Beamten der freiwilligen Gerichtsbarkeit

3. Auf Redakteure einer Zeitschrift ist der § nicht anzuwenden, da sie nicht zu den Gewerbtreibenden gehören, welchen Privatpersonen Geheimnisse anzuvertrauen genöthigt sind. Z. II. 2. Nov. 1854 c. Eickerling (G. Arch. 3. s. 131); Z. II. 14. Dez. 1854 c. Rübsahmen (JMBl s. 70). Vgl. unten n. 14.

4. Ueber die Pflicht des zu einem Zweikampfe zugezogenen Arztes, davon Anzeige zu machen vgl. § 172.

5. Ein Dolus wird nicht erfordert, die Unvorsichtigkeit des Ausplauderns stellt den Thatbestand dar. Temme Lehrb. s. 856 Note 1. *Contra:* G Matt. 2. s. 328, welcher nur im Falle der dolosen, d h. der vorsätzlichen Offenbarung Strafbarkeit annimmt.

6. Obgleich der § 155. im Titel von den Ehrverletzungen sich findet, braucht doch objektiv eine Ehrenkränkung nicht vorzuliegen, es genügt, wenn der Herr des Geheimnisses ein nachweisliches rechtliches Interesse bei der Geheimhaltung hat, [und dieses dem Vertrauensmanne bekannt war] Temme GA s. 225. n. 1.

7. Im Uebrigen ist auch dieses Vergehen insofern als Ehrverletzung zu betrachten, als die §§ 160 und 163 darauf Anwendung finden.

8 Da nur die „unbefugte“ Offenbarung bestraft wird, so wird § 155. unanwendbar, wenn derjenige, welcher auf die Geheimhaltung ein Recht hat, dieselbe gestattet hat. G. Matt. 2. s. 328 n. 4.

9. Die Frage, inwiefern Jemand angehalten werden könne, über die ihm als

anvertraut sind, werden mit Geldbuße bis zu fünfhundert Thalern oder mit Gefängniß bis zu drei Monaten bestraft.

[Entw § 144.] Vgl § 172.

Geheimniß anvertrauten Thatsachen ein Zeugniß abzulegen, kann ihre Lösung nicht im § 155. finden, und es läßt sich keineswegs behaupten, daß jeder, auf den dieser § an und für sich anwendbar ist, nun sein Zeugniß über die anvertrauten Thatsachen ablehnen könne, oder müsse, eben weil § 155. nur von einem „unbefugten“ Offenbaren spricht, und zu untersuchen bleibt, ob die als Regel gesetzlich feststehende allgemeine Pflicht zur Ablegung eines Zeugnisses nicht eine Ausnahme von dem Grundsatze des § 155. begründe, und weil ein vom Richter erzwungenes Zeugniß doch schon nach allgemeinen Rechtsregeln nie strafbar sein könnte. Jene Frage ist daher in jedem Falle selbstständig, nach der Natur der Stellung der betreffenden Vertrauenspersonen zu lösen. In dieser Beziehung hat das K. Ober-Tribunal folgende Entscheidungen erlassen:

10 Geistliche dürfen dasjenige, was ihnen in der Eigenschaft als Seelsorger anvertraut worden, auch wenn dieses nicht in der Beichte geschehen ist, nicht offenbaren und können daher auch nicht zum Zeugnisse über das Mitgetheilte genöthigt werden. V. II. 19. Mai 1853 c. Röhrig (Rh S.; JMBl. f. 356; Rh. Arch. 48. 2. A. f. 91; G. Arch. 1 f 375). Aehnlich früher ein Erk. des Rh Kass.-Hofs 17 Nov. 1845 c. Julius.

11. „Ueber Geheimnisse, welche in einer Untersuchungssache ein Angeklagter „seinem Rechtsanwalt als seinem Vertheidiger anvertraut hat, ein Zeugniß ab„zulegen, darf der Rechtsanwalt wider seinen Willen, auch nach Beendigung der „Untersuchung, und auch soweit die anvertrauten Geheimnisse nur einen Dritten „betreffen, nicht angehalten werden“. Beschl II 17. März 1853 in Unters.-Sache c. Füntemann. (Präj n. 22; JMBl. f. 353; Entsch. 24. f. 496; G. Arch. 1. f. 230). Dasselbe nahm ein Beschl. I. 13. Jan. 1854 in Unters.-Sachen c. Wroklof in einem Falle an, wo der Rechtsanwalt, welcher über Mittheilungen, die der Angeklagte ihm in einer früheren Eigenschaft als General-Mandatar gemacht, Zeugniß geben sollte, dem Angeklagten schon während der Voruntersuchung als Rathgeber zur Seite stand, und von ihm zum Vertheidiger erwählt war. Erwogen wurde, daß dieses Verhältniß offenbar mit dem bisherigen Mandatsverhältnisse im Verbindung stehe, und bei Berücksichtigung dieser Umstände die Gründe des Beschlusses vom 17. März 1853 auch hier zutrafen. (G. Arch 2. f 248). Aehnlich Beschl. I. 29. Sept. 1854. (G. Arch. 2. f. 813) in Unters.-Sache c Ulrich mit dem Zusatze: daß es keinen Unterschied mache, ob die Vernehmung des Rechtsanwalts in demselben, oder einem andern Rechtsstreite, oder ob die Thatsachen, über welche diese stattfinden solle, in unmittelbarer Verbindung zu den Rechtssachen stehen, welche den Gegenstand der zwischen ihm und der Partei gepflogenen Verhandlungen bilden, oder nicht, sowie ob das Strafverfahren gegen die Partei selbst oder gegen einen Dritten gerichtet sei. Was endlich vom Zeugnisse, gelte auch von der verlangten Vorlegung solcher Aktenstücke, die der Rechtsanwalt von der Partei erhalten habe.

12. Es ist nicht unbedingt unzulässig, einen Rechtsanwalt als Zeugen über Thatsachen zu vernehmen, welche ihm in seiner Eigenschaft als Mandatar des Angeklagten in einem frühern Civilprozesse desselben bekannt geworden sind; es kann sich nur davon handeln, ob der Angeklagte sich seiner Vernehmung widersetzen, oder ob der Rechtsanwalt sein Zeugniß versagen dürfe; willigen beide ein (gleichgültig aus welchem Beweggrunde), so ist selbst des Widerspruchs des jetzigen Vertheidigers des Angeklagten ungeachtet, die Vernehmung unbedenklich statthaft. Z. II. 11 Mai 1854 c. Lütke Maestrup Die französische Rechtslehre und Rechtsprechung gestatten auch im Falle der Einwilligung des Anvertrauenden, Zwangsmaaßregeln gegen einen Advokaten oder Anwalt zur Ablegung eines Zeugnisses nicht; der Advokat 2c. selbst ist der alleinige Richter darüber, bis wie weit er zur Geheimhaltung verpflichtet sei. Vgl Rej. 11 Mai 1844. Sir. 44. 1. 527. und die dort sich findende Note.

13 Ueberhaupt giebt die Qualität eines Advokat-Anwalts dem Betreffenden nur das Recht, die ihm in diesem seinem Amte gemachten Mittheilungen aus-

§. 156. **Wer in Beziehung auf einen Anderen unwahre Thatsachen behauptet oder verbreitet, welche denselben in der öffentlichen Meinung dem Hasse oder der Verachtung aussetzen, macht sich der Verleumdung schuldig und wird mit Gefängniß von Einer Woche bis zu Einem Jahre bestraft.**

---

drücklich von der ihm durch den Zeugeneid auferlegten Verpflichtung auszunehmen; eine allgemeine Weigerung sich vernehmen zu lassen, ist dadurch nicht gerechtfertigt. Z. II. 14. Dez. 1854 c. Rübsahmen (Rh. S.; JMBl f. 70).

14. Es liegt kein gesetzlicher Grund vor, welcher einen Zeitungsredakteur von der Pflicht entbände, auf Erfordern des Richters die Korrespondenten seines Blatts namhaft zu machen. Z. II. 2 Nov. 1854 c. Eickerling; Z. II. 14. Dez. 1854 c. Rübsahmen (JMBl. f. 70; vgl. n. 3).

15 Ob ein Rheinischer Notar zum Zeugnisse über die ihm in seiner amtlichen Stellung bekannt gewordenen Privatangelegenheiten genöthiget werden könne, ist in der Praxis streitig; vgl. Gilb. C. d'Instr. cr. Art. 80. n. 10; und Art. 322. n. 45—47; Sir. 44. 1. 527. Note.

§. 156.

1. Die Behauptungen müssen „in Beziehung auf einen Andern" gemacht sein; daraus folgt, daß Verleumdung nur vorliegt, wenn die Aeusserungen dritten Personen gegenüber geschehen; eine dem Verleumdeten allein gegenüber gemachte Aeusserung kann nur Beleidigung sein, [zumal, da in diesem Falle ein „Aussetzen in der öffentlichen Meinung dem Hasse rc." nicht denkbar wäre]. G. Matt. 2. f. 338 n. 8; Temme Gll. f. 226 n. 3; id. Lehrb. f. 860; Letzterer mit dem Zusatze, daß auch dann keine Verleumdung vorliege, wenn zwar ein Dritter die Aeusserungen hört, ohne daß er sie aber nach der Absicht des Sprechenden hören sollte

2. Unter Thatsachen sind auch sittliche Eigenschaften zu verstehen, da sie nur in Handlungen ihren Ausdruck finden können. G. Matt. 2. f. 331 n. 5.

3. Ebenso gehören unbedenklich innere Thatsachen hierher, namentlich die Beweggründe, welche Jemand zur Vornahme einer Handlung veranlaßt haben; z. B. wenn Jemand eine „dolose Absicht" bei irgend einem Thun zur Last gelegt wird. Z. 19. Nov. 1851 c. Kuhr u. Gen. (G. Arch. 1. f. 571). Aehnlich Z. 2. Juli 1852 c. Röseler. (G. Arch. 1. f. 571); Z. I. 25. Okt. 1854 c. Landsberger.

4. Der § erheischt die Darlegung spezieller Thatsachen, dagegen ist eine ganz genaue Zeit- und Ortsangabe bei denselben nicht erforderlich. Z. I. 31. Okt. 1855 c. Stüwe.

5. Als unwahr kann die Erzählung von Thatsachen auch dann betrachtet werden, wenn sie nur dadurch, daß sie Wesentliches verschweigt, eine unwahre geworden ist, und der Instanzrichter nun findet, daß so wirklich unwahre Thatsachen behauptet worden seien. Z. II. 8. März 1855 c. Jäger.

6. Die Behauptung rc. unmöglicher Thatsachen (z. B. der Hexerei) stellt keine Verleumdung dar, weil solche Thatsachen den Beweis der Wahrheit nicht gestatten, und durch den Aberglauben nicht zu Thatsachen werden, welche Haß rc. erregen können. Z I. 3. März 1854 David c. Räder. (Strieth. Arch. 12. f. 205).

7. Das Wort „behaupten" umfaßt auch jede vertrauliche aber unüberlegte Mittheilung. G. Matt. 2. f. 330 n. 3.

8. Das Behaupten kann auch symbolisch, und nicht blos durch die Schrift (siehe Abs. 2), sondern auch durch Zeichen und Gesten stattfinden. G. Matt. 2. f. 332 n 7.

9. Daß die Behauptung hinter dem Rucken des davon Betroffenen stattfinde, wird nicht erheischt; eine Verleumdung kann auch in Gegenwart des Verleumdeten geschehen. Z. I. 31. Okt. 1855 c. Stüwe.

10. Nach einem Z 1. Dez. 1852 c. Heyneck (G. Arch. 1 f. 571) soll eine blos mechanische Wirksamkeit bei Beförderung einer verleumderischen Schrift an den Adressaten, den Thatbestand des Verbreitens der in der Schrift enthaltenen un-

Ist die Verleumdung öffentlich begangen, so ist die Strafe Gefängniß von vierzehn Tagen bis zu achtzehn Monaten. Eine öffentliche Verleumdung ist vorhanden, wenn die Verleumdung an einem öffentlichen Orte oder in einer öffentlichen Zusammenkunft, oder wenn sie durch Schriften, Abbildungen oder Darstellungen geschieht, welche verkauft, vertheilt oder

---

wahren Thatsachen nicht darstellen, wenn der Handelnde „dem Inhalte der Schrift fremd geblieben“ war.

11. Das „Aussetzen dem Haß“ rc. ist vorhanden, wenn die objektiv mögliche Gefahr des Eintritts eines solchen Ereignisses begründet ist; daß dasselbe wirklich eingetreten sei, ist nicht erforderlich. Vgl. zu § 100. n. 4. und zu § 135. n. 12.

12. Als Haß oder Verachtung hervorrufend dürfen hier nur wahrhaft unsittliche Handlungen, nicht aber solche betrachtet werden, welche vom Gesetze geboten, von der verbreiteten Meinung aber vielleicht mißbilligt werden, z. B. Ausschlagen eines Duells, Denuntiation eines Verbrechens gegen die öffentliche Ordnung rc. G. Matt 2. s. 332 n. 6.

13. Ob im Uebrigen eine Behauptung dazu geeignet sei, einen Andern in der öffentlichen Meinung dem Hasse rc. auszusetzen, ist eine rein thatsächliche Frage; das gilt selbst dann, wenn die Behauptung den Vorwurf einer strafbaren Handlung enthält, da nicht jede strafbare Handlung jene Wirkung herbeiführt Z. I. 9. Feb. 1855 Samuel c. Kreitlow.

14. Der Dolus besteht hier nur in dem Bewußtsein, daß man unbewiesene Thatsachen behaupte oder verbreite, welche dem Rufe eines Andern nachtheilig sind. Dagegen ist es nicht erforderlich, daß der Verleumder die Unwahrheit der Thatsachen kannte, und daß er dem fremden Rufe zu schaden beabsichtigt habe. Beides kann nur als Strafzumessungsgrund in Betracht kommen. Komm.-Ber. II. K. s. 98 Dieser Dolus entspricht also dem zum Begriffe der Ehrverletzung im Allgemeinen für erforderlich erachteten (vgl. zu Tit. XIII n. 19, und die Fassung der §§ 158. und 102: „Hat die Beleidigung den Charakter der Verleumdung“) Z. 7. Nov. 1851 c. Finkernei; Z. I. 4. Feb. 1853 v. Pfeil c. Zwanziger B. II. 19. Mai 1853 c. Eßmann (Entsch. 26. s. 141; G Arch. 1. s. 570); Z. I 26. Jan. 1855 c. Wurl. Hiernach ist es also für den Begriff der Verleumdung gleichgültig, ob die Thatsachen von dem sie Behauptenden für wahr gehalten worden sind, sobald er nur ausser Stande ist, gerichtliche Beweise über die Wahrheit dieser seiner Behauptungen zu geben. B. 28. Mai 1851 c. Kilian (Entsch. 22. s. 72); Z II. 20. Okt. 1853 c. Wolters; Z. II. 8. März 1855 c. Jäger. Ein über den guten Glauben beantragtes Beweisverfahren ist ebendeshalb auch unerheblich. Z. (B) I. 15. Dez. 1854 c. Bracht. Auch kann nicht nur derjenige, welcher die Thatsachen als von ihm geglaubt, und ohne Angabe seiner Quelle, mittheilt, sondern auch derjenige, welcher die von einem Andern behaupteten Thatsachen in weitern Umlauf bringt, als Verleumder bestraft werden. Die nominatio auctoris befreit daher nicht. Z. I. 4. Mai 1853 c. Holdheim (Rahn u. G'en) So lehren auch: Bes. s 35 und 329; G. Matt. 2. s. 331 n. 4. *Contra*: Temme Gll 2. s. 226 n. 2. und 4., welcher hier „wie bei der Beleidigung die Absicht zu beleidigen“, und (Lehrb. s. 861) ausserdem noch das Bewußtsein erheischt: daß die verbreiteten Thatsachen nicht auf Wahrheit beruhen; wo letzteres fehle, will er nur wegen Beleidigung strafen. Ueber Temmes Auffassung von der Absicht zu beleidigen vgl. zu Tit. XIII. n. 19.

15. Der Zweck einer Anzeige bei der Behörde schließt eine Verleumdung ihrem Begriffe nach aus, sollte sie auch Thatsachen zum Gegenstande haben, welche dem Hasse rc. aussetzen. Z. I 26. Apr. 1854 Haase c. Stähr; B. I. 20. Sept. 1854 Groß c. Halpaus. Derartige Anzeigen (bei der Staatsanwaltschaft, Polizeibehörde, der vorgesetzten Dienstbehörde des Denuntiirten rc.), welche zum Zwecke einer Untersuchung gemacht werden, oder durch welche uberhaupt der Behauptende seiner Ueberzeugung nach ihm zustehende Rechte im gesetzlich verordneten Wege verfolgt,

umhergetragen, oder an Orten, welche dem Publikum zugänglich sind, ausgestellt oder angeschlagen werden.

Wird festgestellt, daß mildernde Umstände vorhanden sind, so kann in allen Fällen die Strafe auf Geldbuße von fünf bis zu dreihundert Thalern bestimmt werden.

[Entw. § 145.] Vgl. § 157—159; Einf.-Ges. Art. XVI. (Vdn v. 30. Juni 1849 § 25. 28. 29. 31.)

---

können nur als falsche Anschuldigung nach § 133, d. h. also nur wenn sie wider besseres Wissen gemacht sind, nicht aber als Verleumdung strafbar sein. B. 27. Sept. 1852 Kressin c. Bahr (Entsch. 23. s. 468; G. Arch. 1. s. 569); B. I. 15. Nov. 1854 c. Witt. So auch B. II. 19. Mai 1854 c. Eßmann (Präj. n. 34: „Wer bei einer Behörde „auf rechtmässigem Wege, um Hülfe zu suchen, Etwas behauptet, was einen Andern in „der öffentlichen Meinung dem Hasse und der Verachtung aussetzt, begeht hierdurch allein „eine Verleumdung alsdann nicht, wenn er die behauptete Thatsache für wahr hielt.“ Entsch. 26. s. 141; G. Arch. 1. s. 570). B. II 9. Juni 1853 c Dortmann: Z. 19. Okt. 1853 c. Zuch. B. I. 7. Apr. 1854 c v. Buttlar-Brandenfels. B. I. 21. Dez. 1855 c. Kober. Das letztere erwog: das Recht strafbare Handlungen zur Anzeige zu bringen, um entweder dagegen Hülfe zu suchen, oder doch die Uebertreter der öffentlichen Ahndung zu unterweisen, müsse gewahrt bleiben, sobald nur der Anzeigende in Betreff der Wahrheit der angezeigten Thatsachen in gutem Glauben sich befunden habe; so daß also hier ein persönliches rechtliches Interesse nicht verlangt wurde. — Hierbei wird aber vorausgesetzt, daß festgestellt sei, es werde auf dem bezeichneten Wege von der Behörde die Gewährung der Hülfe für sich oder die Seinigen, oder die Abstellung eines Mangels gesucht. Z. II. 20. Okt. 1853 c. Wolters. — Auch trifft die hier aufgestellte Regel nur da zu, wo nur Thatsachen angeführt werden, welche zur Begründung der Denuntiation dienen sollen; werden dagegen über das Verhalten des Denuntirten Urtheile gefällt, welche das Gebiet der Thatsachen verlassend, die unverkennbare Tendenz haben, durch die dem Denuntirten gegebenen Beziehungen die Ehre desselben zu verletzen, so gewähren die §§ 133. und 154 für solche Aeusserungen keinen Schutz mehr, und die Strafe der Beleidigung tritt ein. Z. II. 30. März 1854 c. Schoppmeier.

16. Der in der vorigen Nr. entwickelte Grundsatz ward durch ein Z. 6. Okt. 1852 Pulvermacher c. v. Hoverden (G. Arch. 1. s. 569) auch in einem Falle angewendet, wo Jemand bei Gelegenheit einer Vorversammlung einer Fraktion eines Gemeinderaths zum Behufe, um sich über die Personen der neu zu wählenden Stadträthe zu einigen, bezüglich eines vorgeschlagenen Kandidaten ein ihm zu Ohren gekommenes Gerücht mittheilte. Obgleich es sich auch hier von dem Hasse &c. aussetzenden Thatsachen handelte, ward eine Verleumdung nicht für vorliegend erachtet, weil in einem solchen Falle es das öffentliche Interesse und die Pflicht erforderten, des auf die Qualifikation des Kandidaten bezüglichen Gerüchts Erwähnung zu thun, und Verleumdung nur dann angenommen werden könne, wenn festgestellter Maassen wissentlich etwas Unwahres mitgetheilt worden sei. Aehnlich Z. I. 26. Sept. 1855 Birkholz c. Schmechel.

17. Noch weit unzweifelhafter fällt die Strafe der Verleumdung da weg, wo Jemand bei Gelegenheit seiner obrigkeitlichen Vernehmung als Zeuge, auf den Gegenstand derselben bezügliche, falsche Thatsachen, welche geeignet waren, dem Hasse &c. auszusetzen, als ihm gerüchtsweise zu Ohren gekommen, angiebt. Auch hier könnte eine Verleumdung nur da angenommen werden, wo Angabe gegen besseres Wissen nachgewiesen wäre, [und dann läge eventuell ein falsches Zeugniß vor]. Z. I. 4. März 1853 c. Friedländer (G. Arch. 1. s. 570); B. I. 4. Mai 1855 c Mager; Z. I. 2. Jan. 1856 v. Kalkreuth c. Graffe.

18 Ueber die Erfordernisse der „Oeffentlichkeit“ vgl. zu § 36. n 4, zu § 152. n. 1—3.

§. 157. Der Beweis der Wahrheit der behaupteten oder verbreiteten Thatsachen kann durch alle im Strafverfahren zulässige Beweismittel geführt werden.

Der Zeugenbeweis ist jedoch nur dann zulässig, wenn sich der Angeschuldigte zum Beweise bestimmter Thatsachen erboten und das Gericht durch vorgängigen besonderen Beschluß befunden hat, daß der Beweis dieser Thatsachen, im Falle er erbracht werden sollte, die Strafbarkeit des Angeschuldigten ausschließen oder mildern würde.

Unbedingt unzulässig ist der Beweis der Wahrheit, wenn die dem Anderen beigemessene Handlung mit Strafe bedroht und eine Freisprechung durch ein rechtskräftiges Erkenntniß erfolgt ist.

[Entw. § 146] Vgl § 158. 159. (Vdn. v 30 Juni 1849 § 26; G.S. f 232.)

§. 158. Der Beweis der Wahrheit der behaupteten oder verbreiteten Thatsachen schließt das Vorhandensein einer Beleidigung nicht aus, wenn aus der Form der Behauptung oder Verbreitung, oder aus anderen Umständen, unter welchen sie geschah, die Absicht zu beleidigen hervorgeht.

[Entw. § 147]

---

§. 157.

1. Dieser § ergiebt, daß es dem Angeklagten obliege, die Wahrheit der von ihm behaupteten rc. Thatsachen, und nicht etwa blos seinen Glauben an ihre Richtigkeit nachzuweisen.

2. Durch die Beschränkung auf die im Strafverfahren zulässigen Beweismittel sollte die Eidesdelation ausgeschlossen werden. Komm.-Ber. II. K. f. 100.

3 Die Zulässigkeit des Nachweises der Wahrheit der behaupteten Thatsachen schließt die richterliche Prüfung der Erheblichkeit der zu diesem Zwecke angetretenen Beweise nicht aus; zumal da das Instanzgericht hierüber jedesmal zu einer besondern Beschlußfassung angewiesen worden ist. Z. I. 27. Apr. 1853 c. Schlesinger; Z. I. 6. Juli 1853 c. Albrecht.

4. Die Entscheidung über jene Erheblichkeit (n. 3) steht nur dem Instanzrichter zu; sie unterliegt nicht der Prüfung des Nichtigkeitsrichters Z. II 21. Apr. 1853 c. Rüdiger.

5 Der Beweis der Wahrheit wird dadurch nicht unzulässig, daß der Angeklagte die betreffende Thatsache schon früher zum Gegenstande einer Denuntiation gemacht hatte, und mit dieser durch Verfügungen des Staatsanwalts und des Gerichts zurückgewiesen worden ist Eine solche Zurückweisung steht einer rechtskräftigen Freisprechung des Denuntiirten nicht gleich. V. I. 1. Juni 1855 c. Marx (G. Arch. 3 f. 703). *Contra*: früher Z. Rh Kass H. 3. Nov. 1845 c. Röpke u. Gen (Rh. Arch. 39. 2 A. f. 73), wo die zurückweisende Verfügung der höhern Verwaltungsbehörde, an welche die Denuntiation gerichtet gewesen war, in dieser Beziehung für maaßgebend erachtet wurde.

§. 158.

1 Vgl. zu § 156. n. 14

§. 159. Sind die behaupteten oder verbreiteten Thatsachen strafbare Handlungen, und ist wegen derselben bei der zuständigen Behörde Anzeige gemacht, so muß bis zu dem Beschlusse, daß die Eröffnung der Untersuchung nicht stattfinde, oder bis zur Beendigung der eingeleiteten Untersuchung mit dem Verfahren und der Entscheidung über die Verleumdung inne gehalten werden.

[Entw. § 148] Vgl. (Vdn v. 30 Juni 1849 § 28; G.S. s 232)

§. 160. Die Bestrafung einer Ehrverletzung erfolgt nur auf den Antrag des Beleidigten.

Im Falle der Privatklage kann der Antrag auf Bestrafung bis zum Anfange der Vollstreckung des Erkenntnisses zurückgenommen werden.

[Entw. § 148 a.] Vgl § 50–55; Einf.-Ges. Art. XVI. XVII. (Vdn. v 3 Jan. 1849 § 9; G S. s. 232); Ges v 11 März 1850 § 5. (G S. s. 171).

---

§. 159.

1. Als „strafbare Handlungen“ im Sinne dieses § sind auch solche Dienstvergehen zu betrachten, welche nur zu einem Disciplinarverfahren Anlaß geben können. B. 5. Nov. 1852 c Gocke u. Gen. Der die Nichtverfolgung betreffende Beschluß muß in diesem Falle von der vorgesetzten Dienstbehörde des betr Beamten, welcher die Disciplin über denselben zusteht, ausgehen.

2. Die Erklärung der Staatsanwaltschaft, daß sie eine Verfolgung gegen den Denuntirten nicht eintreten lassen werde, ist als ein Beschluß: daß die Eröffnung der Untersuchung nicht stattfinde, anzusehen; Z II. 7. Apr. 1853 c. Linke. Sonach bedarf es eines förmlichen gerichtlichen Beschlusses (in Gemäßheit der Verordn. v. 3. Jan. 1849 § 39, 40, 47) nicht. *Contra:* V. 5. Nov. 1852 c Göcke u Gen.; Z. Rh Kass. Hof 12 März 1850 Lauer c. Blesius (Tr. Ann. 7 s 124) In beiden Sachen handelte es sich von der Auslegung des § 28 der Vdn. v. 30. Juni 1849, welcher mit dem § 159 übereinstimmte.

3. Auch nach einem die Eröffnung der Untersuchung ablehnenden Beschlusse ist es dem Angeklagten unbenommen, seinerseits den Nachweis der von ihm behaupteten Thatsachen zu führen; jener Beschluß kann ihn daran nicht hindern. Vgl. zu § 157. n. 5.

4 War gegen den angeblich Verleumdeten eine Untersuchung eingeleitet, und ist diese demnächst eingestellt worden, so kann der der Verleumdung angeklagte Denuntiant eine Einsicht jener Untersuchungs-Akten nicht beanspruchen Z II 10. Mai 1855 c. Weber

5. Der § schreibt nur ein „Innehalten“ mit dem Verfahren und der Entscheidung vor; es läßt sich daher nicht aufstellen, daß bis zu dem Beschlusse rc, von welchem dort die Rede ist, die Einleitung eines Strafverfahrens (z B. in der Rheinprovinz die Vorladung durch den Civilkläger) unstatthaft sei *Contra:* Z. Rh Kass. H. 12. März 1850 Lauer c Blesius (Tr Ann 7. s. 124).

6 So lange nach der Vorschrift dieses § mit dem Verfahren über die Verleumdung inne gehalten werden muß, kann in Betreff desselben auch die Verjährung nicht laufen.

§. 160.

1. Ein B. 17 März 1852 Schmidt c. Paulssen nahm (arg. Vdn v. 14. Dez. 1833 § 5. n. 10. d.) an, daß da, wo die Bestrafung nur wegen Verleumdung beantragt sei, der Instanzrichter nicht wegen blosser Beleidigung strafen könne; es wird indessen Gegenstand der thatsächlichen Beurtheilung sein, ob der Antrag des Beleidig-

§. 161. Ist bei wechselseitigen Ehrverletzungen von einem Theile binnen drei Monaten auf Bestrafung angetragen worden, so kann der andere Theil auch nach Ablauf jener Frist bis zur Verhandlung der Sache auf Bestrafung antragen.

[Entw. § 148 b.] Vgl. § 50; Einf.-Ges Art XVI. (Vdn. v. 28. Aug 1833 G S. f. 95.)

§. 162. Sind Ehefrauen oder unter väterlicher Gewalt stehende Kinder beleidigt worden, so haben sowohl die

---

ten die Bestrafung wegen Beleidigung habe ausschliessen wollen, oder ob er den ganzen Thatbestand umfaßt habe.

2. Wenn durch eine und dieselbe Aeusserung Mehrere (z B. ein Kollegium) gleichzeitig verletzt werden, so kann zwar jeder dieselbe rügen, doch ist die einer solchen Mehrheit zugefügte Ehrverletzung immer nur als ein Vergehen ꝛc. anzusehen und zu bestrafen, wobei der Umstand, daß Mehrere verletzt wurden, nur als Strafzumessungsgrund in Betracht kommt. B. 26. März 1852 Tätz c Wißmann u. Gen. Vgl. zu Tit. XIII. n. 10. 12. 13.

3 Das Recht, erlittene Ehrverletzungen zu rügen, klebt der Person des Verletzten an, und erlischt mit dessen Tode; hat dieser aber jenes Recht durch Anstellung der Klage zur Geltung gebracht, und ist die Insinuation der Klage bereits bei seinen Lebzeiten erfolgt, so geht dieselbe auf die Erben über. Z. 10. Nov. 1852 Molzahn c Regge (G Arch 1. f. 395). *Contra:* Temme Gll. f. 230 n. 2.

4. Dagegen kann der vom Beleidigten gestellte Antrag nicht nach seinem Tode durch seine Erben zurückgenommen werden; sein Verzeihungsrecht ist auf sie nicht übergegangen G. Matt 2. f 337 n 4.

5 Der zweite Absatz dieses § findet auf die in der Rheinprovinz vom Verletzten beim Strafgerichte angestellte Civil-Klage keine Anwendung. Nach erfolgter Verurtheilung ist daher jede Zurücknahme des Civilklägers wirkungslos. *Contra:* G. Matt. 2 f. 336 n. 3, unter Bezugnahme auf die AKO. v 20. Dez. 1834, welche auch in der Rheinprovinz den Verzicht auf die Bestrafung des Beleidigers bis zur Vollstreckung zuließ; diese KO. ist aber durch (die Vdn v. 30. Juni 1849 § 34, und durch) das StGB gänzlich ausser Kraft gesetzt. Vgl auch Ges. v. 11. März 1850 § 5. Inwiefern vor erfolgter Verurtheilung der Rücktritt, oder das Nichterscheinen des Civilklägers die Einstellung des Verfahrens zur Folge habe, ist nach den allgemeinen das Verfahren betreffenden Grundsätzen zu entscheiden.

§. 161.

1. Unter „Verhandlung der Sache“ ist hier die Verhandlung in der Sitzung vor dem erkennenden Richter erster Instanz zu verstehen, so daß der nachträgliche Antrag bis zum Erkenntnisse in erster Instanz statthaft ist. *Contra:* G. Matt. 2. f. 337; Temme Gll. f. 229 n. 1, welche darunter nur die „Auslassung auf den Strafantrag“, resp. „die Beantwortung der Hauptklage“ verstanden wissen wollen Es handelt sich aber hier nicht blos von der Verfolgung im Wege der Privatklage vor dem Civilrichter, sondern vorzugsweise auch von der auf Antrag des Verletzten eintretenden Verfolgung des Staatsanwalts vor dem Strafrichter, wo weder eine Auslassung auf den Strafantrag, noch eine Beantwortung der Hauptklage zu erfolgen braucht. Bezieht sich aber im Strafverfahren jener Ausdruck auf die Verhandlung vor dem erkennenden Richter, so muß vom Civilverfahren dasselbe gelten.

§. 162.

1. Auch hier ist nicht etwa eine gleichzeitige mittelbare Beleidigung des Ehemannes ꝛc. anzunehmen; vielmehr handelt derselbe nur als Vertreter des wirklich Beleidigten. Temme Gll. n 2 Vgl. zu Tit. XIII. n. 9; und zu § 54 n. 1.

2. Durch diesen § ist an den Bestimmungen der Prozeßgesetze in Betreff der

Beleidigten, als deren Ehemänner oder Väter das Recht, auf Bestrafung des Beleidigers anzutragen.

[Entw. § 148 c.] Vgl § 54.

§. **163.** In allen Fällen, in denen wegen Ehrverletzung auf Strafe erkannt wird, ist dem Verletzten auf Kosten des Verurtheilten eine Ausfertigung des Erkenntnisses zu ertheilen.

Bei öffentlich verübten Ehrverletzungen soll dem Verletzten in dem Erkenntnisse die Befugniß ertheilt werden, die Verurtheilung öffentlich bekannt zu machen. Die Art und Weise der Bekanntmachung, welche stets auf Kosten des Verurtheilten erfolgt, sowie die Frist zu derselben ist vom Richter in dem Erkenntnisse zu bestimmen.

Ist die Ehrverletzung in einer Zeitung oder Zeitschrift geschehen, so muß der verfügende Theil des Urtheils auf Antrag des Verletzten durch die öffentlichen Blätter, und zwar wo möglich durch dieselbe Zeitung oder Zeitschrift, bekannt gemacht werden.

[Entw. § 150. 148 d.] Vgl. § 134.

---

von einer Ehefrau oder einem Minderjährigen anzuhebenden Privatklage, und der dabei zu beobachtenden Förmlichkeiten Nichts geändert Temme Gll. f 230 n 1

§. 163.

1. Die Bestimmungen dieses § finden auch bei den im § 102 mit Strafe bedrohten Ehrverletzungen Anwendung. So entschied ein Erk App.-Gericht Hamm 27. Mai 1853 c Wickinghoff Die dagegen ergriffene Nichtigkeitsbeschwerde bezog sich nur auf den Kostenpunkt, und das K Ober-Tribunal sprach sich über jene Frage nicht aus

2. Die hier angeordneten Maßregeln sind als Strafe zu betrachten, Temme Gll. f. 231. Ein Z. II. 13. Okt. 1853 c. Wickinghoff nannte die Bestimmung des zweiten Absatzes eine „die Strafvollstreckung begleitende Schärfung." — Temme l. c. will dem Privatkläger die Befugniß einräumen, von vorne herein darauf zu verzichten.

3. Weil Strafe können diese Maßregeln, nur wenn sie ausdrücklich vom Richter angeordnet sind, zur Ausführung gelangen. Temme Gll. f. 231.

4. Der zweite Absatz findet auf alle öffentlich verübten Ehrverletzungen, also auch auf die von Beamten mit Ueberschreitung der Amtsgewalt verübten Anwendung. Z. II. 3. Jan. 1856 Holle c. Nolte

5. Von der durch den dritten Absatz verordneten Bekanntmachung sind die Erkenntnißgründe auszuschliessen. Bes. f. 336; unbeschadet jedoch der Befugniß des Instanzrichters, auf den Grund des zweiten Absatzes auch ihren Abdruck zu gestatten.

6. Auf andre, als die hier erwähnten Privatgenugthuungen hat der Strafrichter als solcher nicht mehr zu erkennen. Inwiefern im Wege einer Civilklage wegen Ehrverletzung eine Entschädigung verlangt werden könne, ist nach den geltenden Civil-Gesetzen zu beurtheilen. Vgl. ALR. I. Tit 6 § 131; 112 flg; Rh. BGB. Art 1382. 1383. Das letztere spricht sich nicht (wie das ALR.) über die Statthaftigkeit eines Entschädigungsanspruchs wegen Ehrverletzung, die keinen Vermögensschaden zur Folge gehabt hat, aus Die französische Rechtslehre und Rechtsprechung haben denselben unbedenklich zugelassen vgl. Chauv. &. Hél. Th. d. C. pén. chap. 7. § 3.

Vierzehnter Titel.

Zweikampf.*)

§. 164. Die Herausforderung zum Zweikampfe mit tödtlichen Waffen, sowie die Annahme einer solchen Herausforderung, wird mit Einschließung bis zu sechs Monaten bestraft.

[Entw. § 151.] Vgl. § 165—167.

(ed. Belge p. 122); und O. Kass.-H. 27. März 1822 c. Heinsius (Rb A. 4. 2. A. s. 1). *Contra:* Periot: Verfahren der Gerichte in der Rh. Pr. 1. s. 543, und die überwiegende Praxis der Rheinischen Instanzgerichte.

7. Vgl. im Uebrigen zu § 134 n. 2 und 3.

*) Vierzehnter Titel.

1 Temme Lehrb. s. 823 definirt den Zweikampf als einen Kampf zwischen zwei Personen mit gleichen tödtlichen Waffen nach verabredeten oder hergebrachten Kampfregeln, zur Genugthuung für eine Beleidigung.

2. Auch das Rencontre ist ein Zweikampf G. Matt. 2. s. 352; Temme Gll. s 232 n. 3; id. Lehrb. s. 823. — Letzterer definirt dasselbe als „einen ohne Unterbrechung beschlossenen, verabredeten und ausgeführten Zweikampf."

3. Die Attacke (der einseitige Angriff mit einer tödtlichen Waffe, ausgeführt gegen einen Andern zur Genugthuung für eine wirklich oder vermeintlich erlittene Beleidigung, mit der Aufforderung an den Angegriffenen, sich in einen Zweikampf einzulassen) ist für sich kein Zweikampf, sondern als versuchte oder ausgeführte Körperverletzung oder Tödtung zu betrachten, wird aber durch die Einlassung des Angegriffenen von da an zum Zweikampfe. Temme Lehrb. s. 823; G. M. 2. s. 352.

4. Wesentlich zum Begriffe des „Zweikampfs" ist, daß er in Folge einer wirklichen oder vermeinten Ehrenkränkung zum Zwecke der Genugthuung für dieselbe statt finde. Temme Lehrb. s. 824. *Contra:* G. Matt. 2 s 353 n 1, welcher auch jeden andern zur Ausfechtung eines sonstigen Streits, oder auch nur zur Entscheidung der Ueberlegenheit in der Waffenkunst hierher rechnet.

5. Als „tödtliche Waffen" betrachtet G (Matt. 2. s. 353 n. 3) Schuß-, Hieb-, Stich- und Stoßwaffen, nicht aber Messer und Dolche. Temme Lehrb. s. 823 will diese Frage gänzlich der thatsächlichen Beurtheilung des konkreten Falles überweisen.

6. Vollendet wird das Vergehen durch den begonnenen Kampf, wenn auch nur Einer angreift. Temme Lehrb. s 824; Vgl. G. Matt. 2. s. 357 zu § 168 n. 1.

7. Temme (Lehrb. s 826) will den Versuch des Zweikampfs, selbst da wo derselbe den Charakter des Verbrechens annimmt, unter allen Umständen für nicht strafbar erachten.

8 Beim einmal begonnenen Zweikampf kann von einer Nothwehr nicht mehr die Rede sein. Temme Lehrb. s. 825.

9. Für Studenten auf Preußischen Universitäten sind im Falle eines Zweikampfs die Regl. v. 28 Dez. 1810 (G.S. s. 142) und v. 18. Nov. 1819 (G.S. s. 238) maaßgebend. Z. II. 20. Okt. 1853 c. Lympius (Entsch. 26. s 407); Temme Lehrb. s. 823. — Das gilt selbst in Betreff eines Studenten, „welcher zugleich in „Erfüllung seiner Militärpflicht als einjähriger Freiwilliger in das Militär getre„ten ist; gegen ihn wird ein mit einem Studenten vollzogenes Duell, bei welchem „weder Tödtung noch Verstümmelung, noch bedeutende Verwundung vorgefallen „ist, nicht nach § 168, sondern nach §§ 8 und 9 des Regl. v. 28. Dez. 1810 bestraft" cit. Z. II. 20. Okt. 1853 c. Lympius (Präj. n. 58; Entsch 26. s. 407).

§. 164.

1. Auch die Herausforderung allein, welche nicht angenommen wird, ist hiernach strafbar. G. Matt. 2. s. 357; Temme Gll. s. 233 zu § 167. n. 2.

§. 165. Einschließung von zwei Monaten bis zu zwei Jahren tritt ein, wenn die Herausforderung ausdrücklich dahin gerichtet ist, daß einer von beiden Theilen das Leben verlieren soll, oder wenn diese Absicht aus der gewählten Art des Zweikampfes erhellet.

[Entw. § 152] Vgl. § 164. 166. 167

§. 166. Diejenigen, welche den Auftrag zu einer Herausforderung übernehmen und ausrichten (Kartellträger), werden mit Einschließung bis zu sechs Monaten bestraft.

[Entw. § 153.] Vgl. § 167. 173

§. 167. Die Strafe der Herausforderung und der Annahme derselben, sowie die Strafe der Kartellträger fällt weg, wenn die Parteien den Zweikampf vor dessen Beginne aus eigener Bewegung aufgegeben haben.

[Entw. § 154.] Vgl. § 164—166 168 173

§. 168. Der Zweikampf wird mit Einschließung von drei Monaten bis zu fünf Jahren bestraft.

---

§. 165.

1 Die höhere Strafe dieses § trifft nicht nur die Herausforderung, sondern auch die Annahme Temme Gll f. 233.

§. 166.

1. In Betreff der Kartellträger kann der Umstand, daß die ausgerichtete Herausforderung den Voraussetzungen des § 165 entspricht, nur Strafzumessungsgrund sein. Vgl. Temme Gll f. 233.

2. Ist anderweitige Theilnahme, insbesondere Hülfeleistung zum Zweikampfe (z. B. durch Hergabe der Waffen) nach den allgemeinen Grundsätzen der §§ 34 und 35 strafbar? G. Matt. 2. f 355 bejaht, insoweit nicht § 172 und 174 Ausnahmen begründen Ebenso Koch f. 1004 n. 90.

§. 167.

1. Auch die aus eigner Bewegung erfolgte Zurücknahme einer nicht angenommenen Herausforderung bewirkt die Straflosigkeit. Z. I. 19. Dez. 1855 c. Cornelius. Dasselbe gilt von der Zurücknahme der Annahme einer geschehenen Herausforderung. Temme Gll. f. 233 n. 2.

2. Im Uebrigen ist die Frage, ob die Parteien den Zweikampf aus eigner Bewegung aufgegeben haben, lediglich thatsächlicher Natur. Z. I. 19. Dez. 1855 c. Cornelius.

§. 168.

1. Vorausgesetzt wird ein wirklicher Zweikampf; das f. g. formelle Duell (Abschiessen in die Luft) ist hierher nicht zu rechnen. Temme Gll. f. 234. *Contra:* G. Matt. 2. f. 359 n. 4.

2. Das Vergehen ist vollendet mit dem Beginne des Kampfes (vgl. § 167.). Koch f. 1004 n. 92.

3. Der zweite Absatz kann nur Platz greifen, wo der Tod des einen durch den Gegner herbeigeführt (wenn also einer „getödtet“) ist; nicht also, wo sich jener durch Aufrennen auf die Waffe des Gegners selbst tödtete. G. M. 2. f. 359 n. 3. *Contra:* Temme Lehrb. f. 825, welcher es fur gleichgültig erachtet, ob die Töd-

Ist einer von beiden Theilen getödtet worden, so tritt Einschließung von zwei bis zu zwölf Jahren ein.

[Entw. § 155.] Vgl. § 169—171.

§. 169. Wer seinen Gegner in einem Zweikampfe tödtet, welcher den Tod eines von beiden Theilen herbeiführen sollte (§ 165.), wird mit Einschließung von drei bis zu zwanzig Jahren bestraft.

[Entw. § 156] Vgl. § 168. 170 171.

§. 170. Ist ein Zweikampf ohne Sekundanten vollzogen worden, so kann die sonst begründete Strafe um die Hälfte, jedoch niemals über die Dauer von zwanzig Jahren, geschärft werden.

[Entw § 157] Vgl. § 168. 169. 171.

§. 171. Ist eine Tödtung oder körperliche Verletzung mittelst vorsätzlicher Uebertretung der vereinbarten Regeln des Zweikampfes bewirkt worden, so ist der Uebertreter, sofern nicht nach den vorhergehenden Bestimmungen eine härtere Strafe begründet ist, nach den allgemeinen Vorschriften über das Verbrechen der Tödtung oder der Körperverletzung zu bestrafen.

[Entw. § 158] Vgl. § 168—170

§. 172. Die Sekundanten, sowie die zum Zweikampfe zugezogenen Zeugen, Aerzte und Wundärzte sind straflos; auch sind dieselben nicht verpflichtet, über den beabsichtigten oder aus-

---

tung eine vorsätzliche, fahrlässige, oder auch nur *zufällige* war, z. B. der Tödtende wehrte sich nur und fiel durch Zufall in die Spitze des Degens.

§. 169.

1. Hierher ist das Schiessen über's Schnupftuch, nicht aber jedes Pistolenduell zu rechnen. G. Matt. 2. s. 359 n. 2.

§. 170.

1 Die Strafeıhöhung ist hier nur *fakultatif* angedroht; der Richter kann sie bei dem einen Duellanten eintreten lassen, und bei dem andern davon absehen. Temme Gll. s. 234

§. 171.

1. Nur im Falle der *vorsätzlichen* nicht auch der *kulposen* Uebertretung der Duellregeln wird dieser § maaßgebend. G. Matt. 2 s. 360.

2. Die „*vereinbarten*“ Regeln des Zweikampfs umfassen die herkömmlichen mit, weil sie, in Ermangelung ausdrücklicher Ausschliessung als stillschweigend verabredet anzusehen sind. G. Matt. 2. s. 360; Temme Gll. s. 235. n. 2.

§. 172.

1. Eine Ausnahme von der Regel dieses § tritt ein, wenn die *Sekundanten* 2c. gegen § 174 verstossen haben. Temme Lehrb s. 827.

2. Im Falle der Uebertretung der Duellregeln (§ 171) treten für die wissen-

geführten Zweikampf der Staatsbehörde anders, als auf deren Aufforderung Anzeige zu machen.

[Entw § 160] Vgl. § 170 30. 155.

§. 173. Die Kartellträger bleiben straffrei, wenn sie ernstlich bemüht gewesen sind, den Zweikampf zu verhindern.

[Entw. § 160 a.] Vgl § 166. 167.

§. 174. Wer einen Anderen zum Zweikampfe mit einem Dritten absichtlich, insonderheit durch Bezeugung oder Androhung von Verachtung, anreizt, wird, wenn der Zweikampf stattgefunden hat, mit Gefängniß von drei Monaten bis zu zwei Jahren bestraft.

[Entw. § 159]

Funfzehnter Titel.

Verbrechen und Vergehen wider das Leben.

§. 175. Wer vorsätzlich und mit Ueberlegung einen Menschen tödtet, begeht einen Mord, und wird mit dem Tode bestraft.

---

den Theilnehmer die allgemeinen Grundsatze von der Theilnahme ein. Temme Lehrb. s. 827.

§. 173.

— — — — — — — — — — — — — — — —

§. 174.

1. Durch diese Spezialvorschrift ist an den allgemeinen Grundsätzen von der Anstiftung Nichts geändert; der § wollte einen Fall berücksichtigen, der nicht immer unter den Begriff der intellektuellen Urheberschaft oder Beihülfe fallen mochte. G. Matt 2. s. 362; Temme Lehrb. s. 827

§. 175.

1. Tödtung ist eine rechtswidrige Handlung, durch welche Jemand den Tod eines andern Menschen verursacht Temme Lehrb. s. 786

2 Ob der tödtliche Erfolg mit Nothwendigkeit eintreten mußte, oder in irgend einer Weise abgewendet werden konnte, ist gleichgültig Vgl. § 185

3. Nach Temme (Lehrb. s 786) besteht der Dolus bei der Todtung im Bewußtsein der Unrechtmässigkeit der vorgenommenen Handlung, verbunden mit dem Vorsatze durch diese Handlung den Tod eines Menschen herbeizuführen.

4 Vorsatz und Ueberlegung sind keine spezifisch rechtlichen Begriffe, sondern thatsächliche Merkmale; daher ist bei der Stellung der Fragen an die Geschwornen ihre Auflösung in die zum Grunde liegenden Thatsachen durch Art. 82 des Ges. 3. Mai 1852 nicht geboten. Z. l. 18. Jan. 1856 c Wiedecke. — Es bedarf im Uebrigen keiner Ausführung, daß beiden Begriffen auch eine rechtliche Bedeutung beiwohnt, welche aber von der im gemeinen Leben mit jenen Ausdrücken verbundenen nicht abweicht

5. Der gefaßte Vorsatz, denjenigen zu tödten, welcher sich der Ausführung eines beabsichtigten Raubes widersetzen würde, ist nicht als ein unbestimmter, sondern als ein bedingter Dolus zu betrachten, welcher — die sonstigen Erfordernisse

Neben der Todesstrafe ist zugleich auf Verlust der bürgerlichen Ehre zu erkennen, wenn der Mord an einem leiblichen Verwandten der aufsteigenden Linie oder an dem Ehegatten begangen wird.

[Entw. § 161.] Vgl. § 61. 144 169 171 180 183. 185. 194 195. 197 285. 290. 294-297. 301—304; Ges v. 4 Juni 1851 § 10. (G.S. s. 452.)

---

vorausgesetzt, — niemals der strafrechtlichen Wirkung entbehren kann Z. (V.) I. 25. Jan. 1854 c Kabuß u. Gen. (G. Arch. 2. s. 358).

6. Ist im Falle der Aberration bei Vorsatz anzunehmen? Es will Jemand eine bestimmte Person tödten, verfehlt sie aber, und tödtet eine andre, welche ganz ausser seiner Absicht lag Die Frage ist nach dem StGB zu verneinen; es kann daher in Betreff des Verfehlten nur ein Versuch, und in Betreff des Getödteten nur fahrlässiger Todtschlag, und zwar in idealer Konkurrenz mit jenem Versuche angenommen werden. Vgl die Fälle in G. Arch. 1 s. 707; 2. s. 96; 3. s. 105; G. Matt. 1. s. 230, 431; 2. s. 372; Temme Lehrb s 194. *Contra* die französische Rechtsprechung: Gilb. C. pén. Art. 295 n 13; Art. 309. n 8 — Mit dem hier behandelten ist der Fall nicht zu verwechseln, wo die Handlung wirklich gegen das vom Thäter gemeinte Individuum ausgeführt wird, er sich aber in der Persönlichkeit irrt; da er hier denjenigen trifft, den er zu treffen Willens war, so unterliegt die Vorsätzlichkeit der Handlung keinem Zweifel. Temme l. c; Gilb. C. pén. Art. 296. n 14

7. Der Vorsatz muß beim Morde im Zustande der Ueberlegung gefaßt sein; das ist der Fall, wenn er nur überhaupt Gegenstand des Ueberlegens gewesen ist, ohne in diesem Zustande gradezu verworfen oder aufgegeben zu sein. Daß der Vorsatz auch im Zustande des Ueberlegens ausgeführt sein müsse, kann nicht gefordert werden. Temme Lehrb. s. 794, 795. Es genügt daher die Feststellung: die Tödtung sei mit Ueberlegung beschlossen, und in Folge dieses Beschlusses ausgeführt worden, sollte auch bei der Ausführung der Affekt hinzugetreten sein V I. 25 Jan. 1854 c Kabuß u. Gen (G. Arch 2 s 358). Vgl. Bes s 345, 347; G. Matt. 2 s 370 fg.

8 Daß die Ueberlegung der That eine Zeit lang vorhergegangen sein müsse, ist nicht erforderlich Bes s. 347.

9 Rücksichtlich der prozessualischen Behandlung bildet „bei einer Anklage auf „Mord das Moment der Ueberlegung einen erschwerenden Umstand im „Sinne des Art 91 Abs. 4. des Ges. v 3 Mai 1852,“ indem sie die auch ohne ihr Hinzutreten (als Todtschlag) schon strafbare Handlung dergestalt qualifizirt, daß sie zu einem schwereren Verbrechen wird. Es bedarf daher, neben der Abstimmung der Geschwornen und der Angabe des Stimmenverhältnisses darüber, ob der Angeklagte vorsätzlich getödtet habe, der besondern Abstimmung und der besondern Angabe des Stimmenverhältnisses darüber, ob dieses mit Ueberlegung geschehen sei. V. Pl. 17. Dez. 1855 c. Hübenthal u. Koch (Präj n. 195; G Arch. 4 s 96); V. I. 19. Dez. 1855 c. Reich. *Contra* früher: Z. I. 9. Dez. 1853 c Langner (G Arch 2. s. 88); Z. I. 19 Sept. 1855 c Grups. Der Letztere hatte angenommen: „das Moment der Ueberlegung „bilde ein zum Thatbestande des Mordes gehöriges Merkmal, und keinen erschwe-„renden Umstand im Sinne des Art 91. cit.“, indem es sich vorzugsweise darauf stützte, daß das StGB. Mord und Todtschlag als besondere Verbrechen charakterisire, welche zu einander im Gegensatze ständen, und durch den einem jeden derselben eigenthümlichen Dolus von einander unterschieden würden (Präj n. 171). — Die neuere Auffassung des Ober-Tribunals verdient unbedenklich den Vorzug. Vgl. auch Min. Verf. v. 29. März 1853 A. n. 1. (JMBl. s. 134); Abh. in G. Arch 4 s. 82. — Nach denselben Grundsätzen ist auch nach Rheinischem Prozeßrechte zu verfahren; vgl. Vdn v. 31. Dez. 1833 Nr. 2. 3. (G. S. 34 s. 3)

10 Was in der vorigen Bemerkung mit Beziehung auf den Thäter gesagt ist, muß auch gleichmässig von dem Theilnehmer an einem Morde, und den ihn betreffenden Fragen an die Geschwornen gelten; auch rücksichtlich seiner muß daher der Wahrspruch der Geschwornen ausdrücklich ergeben, mit welchem Stimmenverhältnisse angenommen worden sei, daß der Thäter die That mit Ueberlegung be-

§. 176. **Wer vorsätzlich, jedoch nicht mit Ueberlegung, einen Menschen tödtet, begeht einen Todtschlag, und soll mit lebenslänglichem Zuchthaus bestraft werden.**

[Entw. § 162.] Vgl. § 177—179

---

gangen habe. Gleichwohl nahm ein Z. I 27. Feb. 1856 c Falkenstein (Henseling u. Gen) an, jenem Erforderniße sei in der Fragstellung durch eine Bezugnahme auf die den Thäter betreffende (von den Geschwornen der Vorschrift des Art. 91. des Ges. v. 3. Mai 1852 gemäß bejahte) Frage genugt, und da die den Theilnehmer betreffende Frage keine auf die Theilnahme bezüglichen erschwerenden Umstände enthalten habe, so sei die einfach in der Form des Art. 93. 1 c erfolgte Bejahung derselben für ausreichend zu erachten — Es bleibt jedenfalls sehr empfehlenswerth, auch in einem solchen Falle, die Vorschrift des Art. 91. zu beobachten.

11. Das Verbrechen des Mordes kann nicht nur durch positive Handlungen, sondern auch durch Unterlassungen verübt werden, insoweit eine besondere Rechtspflicht zum Handeln vorhanden war G. Matt. 2. f. 367 n. 4; Temme Gll. f. 237 n. 5; Vgl. damit Temme Lehrb. f 264, 788, welcher hier ausser der Unterlassung und in Verbindung mit derselben auch noch immer ein positives Verhalten fordert, so daß dann das Verbrecherische des Verhaltens immer in einer positiven Thätigkeit seinen Grund habe — Daß das „Verbrechen der Tödtung auch durch Unterlassungen verubt werden konne“, sprach allgemein auch ein B. I. 9. Mai 1855 c Graff aus.

12. Der § enthält eine Unterscheidung des Falles, wo die That mit Zustimmung des Getödteten begangen wird, von den Fällen der Tödtung in feindseliger Absicht, nicht Z. I. 18. Apr 1853 c. Kühne (G Arch 1 f. 331); Bes. f. 349; G. Matt 2 f. 364; Temme Lehrb. f. 792; Koch f 1006 n 97; Gilb. C. pén. Art. 295. n. 15.

13. Beihülfe zum Selbstmorde ist, wie der Selbstmord oder der Versuch desselben, straflos Bes. f 349; G Matt. 2. f. 366; Temme Gll. f 238; Koch f. 1006 n. 99; Gilb. C. pén. Art. 295 n. 14 15.

14 Auf die (fernere) Lebensfähigkeit des Getödteten kommt es nicht an. Temme Lehrb. f. 787

15. Wird der Thatbestand des Mordes nach der Fassung dieses § festgestellt, so bedarf es der Angabe der Art der Ausführung und des dazu gebrauchten Mittels nicht Vgl. G. Arch. 1. f. 548.

16. Auch der fremde Theilnehmer am Morde eines Ascendenten oder Ehegatten wird von der Strafe des zweiten Absatzes betroffen, insofern ihm nicht § 44 zu Statten kommt. Vgl. Gilb. C. pén. Art. 302 n 2. Vgl. § 331 (einen analogen Fall enthaltend).

17. Umgekehrt unterliegt der Sohn, welcher an der durch einen Fremden verübten Ermordung des Vaters im Sinne des § 34 Theil nimmt, wie der Urheber der That, nur der Strafe des ersten Absatzes. Gilb. C. pén. Art. 302. n. 5. So grell dieses Resultat für den Fall der Anstiftung auch erscheint, so gestattet doch die ausdrückliche Vorschrift des § 35 keine andre Auslegung. Vgl. G. A. 4. f. 217. Zu bemerken ist indessen, daß ein Z. II. 14. Apr 1853 c. Specht (G. Arch. 2. f. 208) eine im entgegengesetzten Sinne ergangene instanzgerichtliche Entscheidung stillschweigend billigte; die Frage war in der Nichtigkeitsbeschwerde nicht angeregt worden. Vgl. zu § 35 n. 1. 2.

§. 176.

1. Die Vorsätzlichkeit ist als erwiesen anzunehmen, wenn festgestellt ist, daß Jemand einem Andern, in der Absicht ihn zu tödten, Verletzungen beigebracht habe, welche den Tod zur Folge hatten. Z. 8. Sept. 1852 c. Hammel.

2. Der in den Entwurfen von 1829 und 1843 gemachte Vorschlag: der negativen Fassung „nicht mit Ueberlegung“ die positive „in plötzlicher leidenschaftlicher Aufwallung“, oder „im Affekte“ hinzuzusetzen, ward bei der Revision von 1845 beseitigt, weil das Erforderniß des Affekts den Thatbestand zu sehr beenge, und es denkbar bleibe, daß der Richter Vorsätzlichkeit, daneben aber weder Ueberlegung noch Affekt als vorhanden annehme. G. Matt. 2 f. 373.

§. 177. War der Todtschläger ohne eigene Schuld durch eine ihm selbst oder seinen Angehörigen zugefügte Mißhandlung oder schwere Beleidigung von dem Getödteten zum Zorne gereizt und dadurch auf der Stelle zur That hingerissen worden, so bleibt die lebenslängliche Zuchthausstrafe ausgeschlossen, und es soll auf Gefängniß nicht unter zwei Jahren erkannt werden.

[Entw. § 163.] Vgl. § 196. 41; Einf.-Ges. Art XXIV; Ges v. 3. Mai 1852 Art. 84.

---

3. Auch der Versuch eines Todtschlags ist sehr wohl denkbar, da mit der Ausführung des ohne Ueberlegung gefaßten Vorsatzes zu tödten sehr wohl ein Anfang gemacht sein kann, welcher nur durch äussere rc. Umstände ohne Erfolg blieb. B. 2. Jan. 1852 c. Kokot; (G. A. 1. s. 85); G. Matt. 2. s. 374 n. 3; Temme Gll. s. 238 n. 2; id. Lehrb. s. 800; Koch s. 1006 n. 1; Jesse in G. A. 2. s. 496.

4. Auch beim Todtschlage ist die Theilnahme eines Dritten denkbar; vgl. § 180. Abs. 1; Temme Gll. s. 241 n. 8.

5. Die Möglichkeit eines Gifttodtschlags läßt sich nicht in Abrede stellen. Bes. s. 380 1; Vgl. G. Matt. 2. s. 428 n. 3 und die Citate desselben in Note 2. *Contra:* Temme Lehrb. s. 839 Note 2.

§. 177.

1. Dieser § bezieht sich auf den Fall des § 179 nicht mit. Komm.-Bericht I. K. s. 27; G. Matt 2. s 378; *Contra:* Temme Gll. s. 239.

2. Eine eigne Schuld braucht nicht nothwendig darin gefunden zu werden, daß der Todtschläger nur einen entfernten oder unzureichenden Anlaß zum Streite gegeben hatte. Bes. s 352 a.

3. Unter Angehörigen können nur solche verstanden werden, welche in einem persönlichen Verhältnisse zum Urheber des Verbrechens stehen; ein bestehendes verwandtschaftliches Verhältniß ist dagegen nicht das einzige zu berucksichtigende; auch Brautleute, Pflegebefohlene und dgl. können hierher gerechnet werden Bes. s. 352 b, G. Matt. 2. s. 375 n. 3; Temme Gll. s 239 Note; Koch s. 1007 n. 4.

4. Ein Urtheil des französischen Kassationshofs v 15 Mess. XIII. erklärte es sogar für statthaft, Dienstboten hierher zu rechnen. Vgl. Gilb. C. pén. Art. 321. n. 10.

5. Die befugte Thätigkeit eines Beamten kann nie als eine „Mißhandlung oder schwere Beleidigung" angesehen werden, welche als Reiz einen Todtschlag minder strafbar erscheinen lassen könnte.

6. Dasselbe muß selbst dann gelten, wenn der Beamte bei seiner dienstlichen Thätigkeit über die Gränzen seiner Befugniß hinausgegangen, und Handlungen vorgenommen haben möchte, welche an sich unter den Begriff einer Mißhandlung oder schweren Beleidigung fallen würden. So die Praxis des französischen Kassationshofs, welche nach anfänglichem Schwanken, zuletzt in diesem Sinne sich festgestellt zu haben scheint. Vgl. Gilb. C. pén. Art. 321 n. 11—14 16; *Contra:* die französischen Rechtslehrer citirt bei Gilb l. c. n. 15. 17. 18 Zu vergleichen sind die Bemerkungen zu § 89 n. 7—9; zu § 102. n. 23.

7. Als schwere Beleidigung ist es unzweifelhaft anzusehen, wenn ein Ehegatte den Andern im Ehebruche ertappt. Bes. s 352 c; G. Matt. 2 s. 375 n. 4; Koch s. 1007 n. 5.

8. Die Worte „auf der Stelle" sind nicht auf den Ort zu beziehen, sondern bezeichnen die Kontinuität der Handlungen. Bes. s. 353 d; G. Matt. 2 s. 375 n. 5; Koch s. 1007 n. 6. Wie lang hiernach der dazwischen fallende Zeitabschnitt sein dürfe, ist Gegenstand der thatsächlichen Beurtheilung; es wird darauf ankommen, wie lange bei einem vernünftigen Menschen das erste Auflodern des Zorns in dem hier erforderlichen Grade anhalten könne. Vgl. Gilb. C. pén. Art. 321 n. 20.

9 Das Vorhandensein eines die Strafbarkeit des Todtschlags mildernden Reizes muß vom Richter der Thatsache, d. h. also von den Geschwornen fest-

§. 178. Wer bei Unternehmung eines Verbrechens oder Vergehens, um ein der Ausführung desselben entgegentretendes Hinderniß zu beseitigen, oder um sich der Ergreifung auf frischer That zu entziehen, vorsätzlich einen Menschen tödtet, wird mit dem Tode bestraft.

[Entw. § 164]

§. 179. Der Todtschlag an einem leiblichen Verwandten der aufsteigenden Linie wird mit dem Tode bestraft.

[Entw § 165] Vgl. § 175 176

---

gestellt werden, und es ist nicht statthaft, mit Rücksicht auf derartige in der Voruntersuchung ermittelte Umstände, eine solche Sache durch das für Vergehen zuständige Gericht aburtheilen zu lassen. B. (Komp.-Konfl.) 9 Feb. 1854 c. Boddenberg (Rh. S.) Aehnlich die französische Rechtsprechung: Gilb. C. pén. Art. 326 n. 1.

10. Auch wenn vom zuständigen Richter festgestellt worden, daß ein Reiz im Sinne dieses § statt gefunden habe, behält doch die That den Charakter des Verbrechens, und nur die für diese geltende Verjährung (§ 46) kann zur Anwendung gebracht werden. So Urth. des franz Kass.-Hofs v. 17. Jan 1833 (Sir. 33 1. 413). Vgl. über eine ähnliche Frage zu § 43. n. 6

§. 178.

1 Ein Z 25. Juni 1852 c. Jülke sprach sich dahin aus, daß die Wahl des Wortes „Unternehmung“ ergebe, daß die auf die Ausführung des Verbrechens &c. gerichteten Handlungen nicht nothwendig den Erfordernissen des strafbaren Versuchs zu entsprechen brauchten. *Contra:* G. Matt. 2. f. 377 n. 3, welcher dann, wenn die betreffenden Vorbereitungshandlungen nicht schon selbst ein Vergehen &c. darstellten, nur die Strafe des § 176 für verwirkt erachtet. Diese Ansicht scheint in der Hauptsache auch Temme (Lehrb. f. 801) zu theilen; nach ihm umfaßt der Ausdruck „Unternehmung“ nicht nur die Ausführung des vollendeten Verbrechens oder Vergehens, sondern auch den Versuch, und zwar selbst bei solchen Vergehen, bei welchen der Versuch an sich nicht strafbar ist.

2 Auf den bei Unternehmung einer Uebertretung verübten Todtschlag ist der § nicht auszudehnen, das gilt namentlich auch in Betreff eines Holzdiebstahls, rücksichtlich dessen nach der vorliegenden thatsächlichen Feststellung sich die Verhängung einer das Maaß des § 1. Abs 2 des StGB. übersteigenden Strafe nicht rechtfertigen lassen würde, d. h. also wenn der dritte Rückfall im Sinne des § 8 des H. D. Gesetzes vom 2. Juni 1852 nicht vorliegt Z. I. 9. Juni 1854 c. Garbaszus und Gen. (G. A. 2. f. 552). Aehnlich B I. 21 Dez. 1853 c. Glinecki (G. A. 2. f 237, 257).

3. Ueber den Begriff der frischen That vgl. zu § 230. n. 19.

4. Geschah der Todtschlag, um sich der Ergreifung auf frischer That zu entziehen, so ist es gleichgültig, ob wirklich eine plötzlich eingetretene Gefahr der Ergreifung vorlag, wenn nur der Thäter bei der Verübung der That von der Ansicht geleitet wurde, sich vor einer alsbaldigen Anzeige und Entdeckung sicher zu stellen, und so einer Gefahr zu entgehen, die in der Regel ungleich grösser sein wird, wenn der Verbrecher das Leben des Verletzten schont, als wenn er den letztern tödtet. Ungedrucktes Just.-Min.-Reskr v. 6. Dez. 1852.

5. Tödtung eines Zeugen, um sich der Bestrafung zu entziehen, fällt nicht unter diesen §. Koch f. 1007 n 9.

§. 179.

1. Auf den hier vorgesehenen Fall erleidet § 177 keine Anwendung Komm.-Ber. I. K. f 27; G Matt 2. f 378; Koch f. 1007 n. 12. *Contra:* Temme Gll. f. 239.

2. Unter leiblichen Verwandten sind auch die unehelichen zu verstehen. Koch f. 1007 n. 11

§. 180. Eine Mutter, welche ihr uneheliches Kind in oder gleich nach der Geburt vorsätzlich tödtet, wird wegen Kindesmordes mit Zuchthaus von fünf bis zu zwanzig Jahren bestraft.

Wird die vorsätzliche Tödtung des Kindes von einer anderen Person als der Mutter verübt, oder nimmt eine andere Person an dem Verbrechen des Kindesmordes Theil, so kommen gegen dieselbe die Bestimmungen über Mord oder Todtschlag, sowie über die Theilnahme an diesem Verbrechen zur Anwendung.

[Entw. § 166.] Vgl. § 181—183. 186. 34. 35

---

§. 180.

1. Subjekt des „Kindesmords“ kann nur die Mutter sein; auf andre Ascendenten ist nur Abs. 2 anwendbar. Temme Lehrb. s. 808.

2. Als uneheliches Kind ist hier das nicht von dem Ehemanne erzeugte zu betrachten; auf die hierüber im Civil-Rechte geltenden Vermuthungen kommt hierbei weiter nichts an; wesentlich ist nur, ob das Kind für das Bewußtsein der Mutter ein uneheliches sei. Temme Lehrb. s. 808; vgl. id. Gll s. 383 n. 6; G. Matt. 2. s. 381 n. 3 Daher ist hier das von einer Ehefrau geborne, von einem andern als dem Manne erzeugte Kind ein uneheliches; dasselbe gilt von dem in nichtiger Ehe erzeugten und gebornen. Dagegen ist das vom Ehemanne, wenn auch vor der Ehe erzeugte Kind, ehelich. Temme l. c Vgl. n. 3. —

3. „Die Feststellung ob ein von einer Ehefrau während ihrer Ehe gebornes „Kind, welches sie in oder gleich nach der Geburt vorsätzlich getödtet hat, vor der „Ehe von einem Andern als ihrem Ehemanne erzeugt, also im Sinne des § 180 „ein uneheliches sei, ist im Strafverfahren nicht von einer nach Anleitung der „§§ 2 flg. Tit. 2 Thl. II. des ALR erfolgten Widerlegung der im § 1. daselbst auf„gestellten rechtlichen Vermuthung abhängig, sondern geschieht selbstständig nach den „Regeln des Criminalprozesses“ Z II. 10. Feb 1853 c. Koppe (Präj. n. 14; Entsch 21. s. 460; G. A. 1. s. 242); Koch s. 1008 b.

4 Auch der Art 340 des Rh BGB. kann hiernach der Untersuchung, ob das Kind ein eheliches oder uneheliches gewesen sei, nicht entgegenstehen

5. Auf die Lebensfähigkeit des getödteten Kindes kommt Nichts an. Bes. s 357 IV; G Matt. 2. s. 383 n. 6; Temme Gll. s. 241 n. 5; id. Lehrb s 808; Koch s. 1009 n. 13 Zu vergleichen sind über diese Frage die Citate bei Gilb. C. pén. Art. 302. n 5

6. Die Worte „in der Geburt“ beziehen sich auf die Zeit der begonnenen aber noch nicht vollendeten Geburt. Beseler s. 356 III; Temme Gll s. 211 n. 4; id. Lehrb. s. 808.

7. Die Tödtung kann als „gleich nach der Geburt“ verübt betrachtet werden, wenn sie geschah, so lange der durch den Akt der Geburt selbst hervorgerufene aufgeregte Zustand andauert, so lange also der fortdauernde unmittelbare Zusammenhang zwischen dem Seelenzustande und dem organischen Akte zu erweisen ist. Temme Lehrb s. 809; G. Matt 2 s 382

8. Es ist nicht unzulässig vielmehr oft zweckmässig, die Frage an die Geschwornen dahin zu richten, ob die Angeklagte ihr uneheliches Kind in **oder** gleich nach der Geburt vorsätzlich getödtet habe Abh. in JMBl. 1852 s. 186. Ueber die Statthaftigkeit solcher alternativen Fragen vgl. zu § 34. n 33: und zu § 284. n. 7. Nach den dort entwickelten Grundsätzen ist die Zulässigkeit für den vorliegenden Fall unbedenklich.

9. Das Gesetz verlangt hier blos Vorsätzlichkeit; ob eine Ueberlegung obgewaltet habe, ist für den Thatbestand gleichgültig, und kommt nur als Zu-

§. 181. Eine Schwangere, welche durch äußere oder innere Mittel ihre Frucht vorsätzlich abtreibt oder im Mutterleibe tödtet, wird mit Zuchthaus bis zu fünf Jahren bestraft.

Derjenige, welcher mit Einwilligung der Schwangeren die Mittel angewendet oder verabreicht hat, wird mit der nämlichen Strafe belegt.

[Entw. § 167.] Vgl. § 182. 35

---

messungsgrund in Betracht. Auch im Falle des Vorhandenseins der Ueberlegung bleibt § 175 ausgeschlossen. Bes. f. 358 V; G. Matt. 2 f. 380; Temme Gll. f 240 n. 2; f 241 n. 6. Vgl. aber unten n. 13.

10. Das Tödten kann auch durch ein Unterlassen geschehen. B. I. 25. Mai 1853 c Neumann (G. A. 1. f. 390); Bes. f. 358 n. 5. Vgl. zu § 175 n. 11.

11. Verheimlichung der Schwangerschaft und Niederkunft bilden jetzt weder ein Begriffserforderniß des Thatbestandes des Kindesmords, noch stellen sie ein selbstständiges Vergehen dar. G. Matt. 2. f. 384 n. 7; Koch f. 1009 n. 13 c.

12. Ein Z. I. 21. Okt. 1853 c. Ziegler (G. A. 1. f 709) nahm an: der Kindesmord, auch wenn die betr. Handlung nur gegen das Leben des Kindes gerichtet gewesen sei, begreife an und für sich den Thatbestand der Fortschaffung des Leichnams (abolitio partus) in sich, und es sei daher unzulässig, in den Fällen, in welchen jene Handlung nicht zugleich diesen Thatbestand in der Wirklichkeit begreife, wo also erst hinterher die Fortschaffung des Leichnams des zuvor bereits getödteten Kindes erfolgt sei, das besondre Vergehen des § 186 zu folgern. Diese Entscheidung unterliegt erheblichen Bedenken.

13. Nimmt ein Andrer an dem durch die Mutter verübten Kindesmorde Theil, so wird die Frage, ob die letztere mit oder ohne Ueberlegung gehandelt habe, (vgl. oben n. 9) auch für den Thatbestand wichtig, und muß eventuell entschieden werden, weil beim Vorhandensein der Ueberlegung der wissentlich Theilnehmende wegen Theilnahme an einem Morde nach § 175 und 35, im entgegengesetzten Falle aber nur wegen Theilnahme an einem Todtschlage zu bestrafen sein würde.

14. Temme (G. Ll. f. 241 n. 8) macht darauf aufmerksam, daß der Schluß des zweiten Absatzes offenbar einen Druckfehler enthalte, indem es anstatt „an diesem Verbrechen," „an diesen" ꝛc. heissen müsse — Uebrigens stimmte schon der Entwurf buchstäblich mit der jetzigen Fassung überein.

§. 181.

1. Bedingung der Strafbarkeit ist auch hier die Rechtswidrigkeit der Handlung. Bes. f. 360; Temme Lehrb. f. 812 Vgl. zu § 175. n. 1.

2. Der Dolus muß auf Tödtung der Frucht, oder auf Erwirkung einer Fehlgeburt, welche den Tod zur Folge haben soll, gerichtet sein. Temme Gll. f. 243 n. 8. Wer daher eine Schwangere vorsätzlich mißhandelt, und dadurch ohne es zu wollen, eine Fehlgeburt herbeiführt, unterliegt der Strafe des § nicht.

3. Zu den Mitteln können auch psychische Einwirkungen gehören, z. B. Schrecken. Temme Lehrb. f. 812.

4. Das Verbrechen kann an einer vor der That bereits abgestorbenen Frucht nicht begangen werden; sobald sie aber noch lebt, kommt auf ihre fernere Lebensfähigkeit Nichts an. Temme Lehrb. f. 812; G. Matt. 2. f 388 n. 3.

5. Zum vollendeten Verbrechen gehört, daß das Kind entweder im Mutterleibe getödtet, oder in Folge der erwirkten Fehlgeburt gestorben sei; bleibt es nach der Geburt am Leben, so kann nur ein Versuch vorliegen. G. Matt 2. f. 388 n. 3; Temme Gll f. 243 n. 9; id. Lehrb. f. 812.

6. Damit ein strafbarer Versuch angenommen werden könne, muß festgestellt sein, daß die angewendeten oder verabreichten Mittel geeignet, also an sich tauglich, wenn auch unzulänglich, waren, die Abtreibung zu bewirken. B. 28. Jan. 1852 c. v. Zenner; B. I. 7. Jan. 1853 c. Schmidt. Vgl. zu § 31. n. 3. 5.

§. 182. Wer die Leibesfrucht einer Schwangeren ohne deren Wissen oder Willen vorsätzlich abtreibt oder tödtet, wird mit Zuchthaus von fünf bis zu zwanzig Jahren bestraft.

Wird dadurch der Tod der Schwangeren herbeigeführt, so tritt lebenslängliche Zuchthausstrafe ein.

[Entw. § 168] Vgl § 175. 181.

§. 183. Wer ein Kind unter sieben Jahren oder eine wegen Gebrechlichkeit oder Krankheit hülflose Person aussetzt, oder ein solches Kind oder eine solche Person, wenn sie unter seiner Obhut stehen, in hülfloser Lage vorsätzlich verläßt, wird mit Gefängniß nicht unter drei Monaten bestraft.

---

7. Auch zu dem im zweiten Absatze vorgesehenen Verbrechen eines Dritten, ist die Vorsätzlichkeit, und die Feststellung derselben erforderlich. Bes. s. 360 IV.

8. Hat die Anwendung eines solchen Mittels durch einen Dritten mit Einwilligung der Schwangern stattgefunden, so ist auch sie als Thäterin, nicht als blosse Theilnehmerin zu betrachten. G. Matt. 2. s. 390 n. 6.

9. Ebensowenig ist die hier vorgesehene That, des mit Einwilligung der Schwangern handelnden Dritten, eine Theilnahme am Verbrechen jener, sondern ein selbstständiges Verbrechen, welches unabhängig von den Handlungen der Schwangern bestraft werden kann. B. 29. Okt. 1852 c. Schmiedecke (G Arch. 1. s. 242). Dagegen wird auch hier vorausgesetzt, daß die Schwangere wirklich von dem verabreichten Mittel Gebrauch gemacht, also die Abtreibung an und für sich (objektiv) wirklich versucht habe, sollte sie selbst auch demnächst aus irgend einem Grunde nicht als straffällig befunden werden. B. II. 10. Nov. 1853 c. Pütz. So lange dieses nicht der Fall, kann auch in Beziehung auf den Dritten nur von einem Versuche die Rede sein, der aber, eben weil es sich hier von einem selbstständigen Verbrechen, nicht von der Theilnahme an einem fremden, handelt, sehr wohl denkbar ist.

10. Ob ein solcher im Sinne des § 31. strafbarer Versuch vorliegt, ist Gegenstand der thatsächlichen Beurtheilung. Gleichwohl fuhrte das cit. B. 29. Okt. 1852 c. Schmiedecke (G. Arch. 1. s. 242) aus, daß in der Verabreichung des Abortiomittels an die einwilligende Schwangere alle Voraussetzungen des § 31. zu finden seien. Vgl. hieruber zu § 31. n. 22.

11. Unter der „nämlichen Strafe“ ist nicht dasselbe Strafmaaß in concreto, sondern das nämliche Strafgesetz zu verstehen; innerhalb der durch dasselbe bestimmten Gränzen ist für jeden Angeklagten die Zumessung selbstständig zu bewirken. G. Matt. 2. s. 390 n. 6.

§. 182.

1. Die fahrlässige Abtreibung oder Tödtung der Leibesfrucht wird als solche nicht bestraft; sie kann nur als fahrlässige Verletzung der Mutter unter § 198. fallen. Bes. s. 360 IV; G. Matt. 2. s. 391 n. 8. Vgl. zu §. 184. n. 5.

2. Der zweite Absatz setzt voraus, daß der herbeigeführte Tod der Schwangern vom Thäter nicht beabsichtigt gewesen sei; wäre der Dolus auf diesen gerichtet gewesen, so würde § 175. anwendbar sein. G. Matt. 2. s. 390 n. 7.

§. 183.

1. „Aussetzen“ bezeichnet das „Verlassen eines Kindes in hülfloser Lage“ an einem Orte, wohin es grade zu diesem Zwecke gebracht worden Temme Lehrb. s. 815. Die Vorsätzlichkeit liegt hier also im Begriffe.

2. Auch im Falle des Aussetzens bedarf es der Gefährlichkeit der Lage des Ausgesetzten, wenn auch grade nicht einer speziellen imminirenden Gefahr; sie kann auch in dem hülflosen Zustande allein gefunden werden. Temme Gll. s. 244 n. 3.

Ist in Folge der Handlung der Tod der ausgesetzten oder verlassenen Person eingetreten, so trifft den Schuldigen Zuchthaus bis zu zehn Jahren.

Ist die Handlung mit dem Vorsatze zu tödten verübt, so kommen die Strafen des Mordes oder Kindesmordes, oder des Versuches dieser Verbrechen zur Anwendung.

[Entw. § 169.] Vgl. § 204. 175. 180.

§. 184. Wer durch Fahrlässigkeit den Tod eines Menschen herbeiführt, wird mit Gefängniß von zwei Monaten bis zu zwei Jahren bestraft.

Wenn der Thäter zu der Aufmerksamkeit oder Vorsicht, welche er bei der fahrlässigen Tödtung aus den Augen setzte, vermöge seines Amtes, Berufes oder Gewerbes besonders verpflichtet war, so kann derselbe zugleich auf eine bestimmte Zeit, welche die Dauer von fünf Jahren nicht übersteigen darf, oder für immer zu einem solchen Amte für unfähig oder der Befugniß zur selbstständigen Betreibung seiner Kunst oder seines Gewerbes verlustig erklärt werden.

[Entw. § 170] Vgl. § 144. 182 183 194. 198 201 202. 295 301—304.

---

3. Der Dolus braucht nur auf das Verlassen gerichtet gewesen zu sein, mit dem Bewußtsein der Gefährlichkeit der Lage. Temme Gll. s. 244 n. 5; id. Lehrb. s. 815.

4. Ist eine Gesundheitsbeschädigung oder Körperverletzung die Folge des Aussetzens rc. gewesen, so liegt, mag dieselbe als vorsätzliche oder als fahrlässige sich darstellen, ein Fall der idealen Konkurrenz vor. Temme Gll. s. 245 n. 7. Vgl. id. Lehrb. s. 815; G. Matt. 2 s. 394 n. 4.

5. Durch die Antwort der Geschwornen: „die Angeklagte habe ihr neugebornes Kind getödtet, jedoch nicht vorsätzlich gehandelt“, ist nicht ausgeschlossen, daß der Tod nicht etwa durch Aussetzung in Gemäßheit des § 183. Abs. 2. herbeigeführt sei; daher ist eine hierauf gerichtete Eventualfrage durch jene Antwort nicht für verneint zu erachten, vielmehr ihre besondere Beantwortung erforderlich. B. I. 9. Mai 1855 c. Graff (G. Arch. 3. s. 551).

§. 184.

1. Ob eine zuzurechnende Fahrlässigkeit vorliege, ist nur nach den Umständen zu beurtheilen; eine Unterscheidung zwischen verschiedenen Graden der Fahrlässigkeit findet nicht Statt. Temme Gll. s. 245 n. 1; id. Lehrb s. 818

2. Ebensowenig unterscheidet das Gesetz zwischen mittelbarer oder unmittelbarer Fahrlässigkeit. Z. I. 14. Juli 1852 c. Kühne.

3. Die Frage, ob Jemand sich einer strafbaren Fahrlässigkeit schuldig gemacht habe, ist wesentlich thatsächlicher Natur. B II 8. Dez. 1853 c. Lindau (JMBl. 1854 s. 87). Vgl. zu § 198. n. 1.

4. Das Vergehen kann auch durch Unterlassungen begangen werden. G. Matt. 2. s. 397 n. 4.

5. Der § ist nur auf die Tödtung eines selbstständig existirenden Menschen, nicht auf die einer ungebornen Leibesfrucht anwendbar. Z. I. 15. Dez. 1854 c. Reusche (G. Arch. 3. s 262; Arensb. Arch 16 s 437) Vgl. zu § 182 n. 1

6. Dagegen ist fahrlässige Tödtung eines unehelichen Kindes durch die Mutter, auch wenn sie in oder gleich nach der Geburt stattfindet, nach diesem § zu beurtheilen. Koch s. 1009 n. 13 f.

§. 185. Bei Feststellung des Thatbestandes der Tödtung kommt es nicht in Betracht, ob der tödtliche Erfolg einer Verletzung durch zeitige oder zweckmäßige Hülfe hätte verhindert werden können, oder ob eine Verletzung dieser Art in anderen Fällen durch Hülfe der Kunst geheilt worden, ingleichen ob die Verletzung nur wegen der eigenthümlichen Leibesbeschaffenheit des Getödteten, oder wegen der zufälligen Umstände, unter welchen sie zugefügt wurde, den tödtlichen Erfolg gehabt hat.

[Entw. § 171] Vgl. A.KrO. § 169

§. 186. Wer ohne Vorwissen der Behörde einen Leichnam beerdigt oder bei Seite schafft, wird mit Geldbuße bis zu zweihundert Thalern oder mit Gefängniß bis zu sechs Monaten bestraft.

---

7. War die Handlung, durch welche der Tod herbeigeführt ward, auch an und für sich strafbar, so liegt ein Fall der idealen Konkurrenz vor. G. Matt. 2. S. 396 n. 3; Temme Lehrb. S. 817.

8. Ueber die Berechnung der Dauer der nach Abs. 2. zu verhängenden zeitlichen Unfähig- oder Verlustig-Erklärung vgl. zu § 25. n. 2.

§. 185.

1. Hiernach soll es auf die „Tödtlichkeit" der zugefügten Verletzungen gar nicht, sondern nur darauf ankommen, inwiefern der Tod aus der Handlung und der durch diese zugefügten Verletzung hervorgegangen ist. Temme Lehrb. S. 788 Vgl. Motive S. 49.

2 Die durch § 169 der Kr O vorgeschriebenen, den obduzirenden Medizinalpersonen vorzulegenden Fragen haben hierdurch ihre Bedeutung verloren; die dort berührten Umstände können nur noch Strafzumessungsgrund sein. Vgl. für die Rheinprovinz Instr der Immediat-Justiz-Kommission v 4. Feb. 1818 und Min Verf v. 15. März 1833 (Rh. Samml. 1. S. 488; 3. S. 594).

3. Der hier aufgestellte Grundsatz ist analog auch bei schweren Körperverletzungen anwendbar. Jesse in G. Arch. 2. S. 497. Aehnlich Z II. 15. Sept. 1853 c Hecker; ebenso im Falle des § 194. Z. II. 3. Mai 1856 c. Rademacher u. Gen

§. 186.

1. Eine Heimlichkeit der Handlung wird nicht erfordert, es genügt, wenn sie ohne Vorwissen der Behörde geschah. Bes. S. 365 Temme Lehrb. S. 819.

2. Umgekehrt wird hier eine Anzeige bei der Obrigkeit nicht zur Pflicht gemacht; der § fällt weg, auch wenn die Behörde anderweitig vorher Kenntniß von der Sache erlangt hatte. Da wo andre Gesetze oder Polizeiverordnungen eine derartige Anzeige vorschreiben, kann ihre Verabsäumung nur nach § 345 Nr. 1. strafbar sein. Vgl. Temme Lehrb. S. 819.

3. Der § setzt einen Leichnam voraus; als ein solcher ist eine unreife Leibesfrucht nicht anzusehen. Z. 26 Mai 1852 c. Laske; B. I. 25. Mai 1853 c. Neumann (G. Arch. 1. S. 396); Z. I. 21. Sept 1853 c. Grunow (G. Arch. 1. S. 571); Bes. S. 366; Temme Gll. S. 246; id. Lehrb. S. 819. Wenn daher die Instanzrichter feststellen, daß ein (todtgebornes) Kind bei Seite geschafft sei, so ist anzunehmen, daß sie darunter ein solches verstanden haben, dessen Beerdigung nach dem Herkommen, und nach ALR. II, 11. § 471, 472 nicht ohne Vorwissen der Behörde und nur auf dem ordentlichen Begräbnißplatze erfolgen darf, also ein wirkliches Kind, keine unreife Frucht. Cit. Z. 26. Mai 1852 c. Laske. — Vgl. Gilb. C. pén. Art. 358. n. 5. 6.

Die Strafe ist Gefängniß bis zu zwei Jahren, wenn eine Mutter den Leichnam ihres unehelichen neugeborenen Kindes ohne Vorwissen der Behörde beerdigt oder bei Seite schafft.

[Entw. § 172.] Vgl. § 315 Nr. 1; ALR. II, 11. § 469—473; A Kr.-O. § 149 150; Rh StGB. Art. 77; Beschl v. 28 fruct. IX (v Dan. Samml. 6 p. 868); Dekr. v. 4. therm. XIII (v. Dan Samml. 5 p. 27); Dekr. v 3. Jan 1813 Art. 18 (v Dan. Samml. 5. s. 838).

---

4. Von den unter n. 3 erwähnten Erkenntnissen des Ober-Tribunals erwägen das B I 25. Mai 1853 c. Neumann, und Z. I. 21. Sept. 1853 c. Grunow (G. Arch. 1. s. 396 u. 571.) auch noch, daß die Lebensfähigkeit eines (neugebornen) Kindes erforderlich sei, um auf den Körper desselben die Bezeichnung eines Leichnams anzuwenden. Es ist dieses aber nur im Gegensatze gegen eine unreife Leibesfrucht angeführt, und es wird daher jener Ausdruck nur dahin zu verstehen sein, daß ein solches Kind ein insoweit ausgetragenes sein müsse, daß es ausserhalb der Mutter leben könnte; auf seine sonstige Lebensfähigkeit kommt Nichts an. Vgl. n. 5.

5. Auch auf todtgeborne Kinder findet der § Anwendung. Z. 26 Mai 1852 c Laske; B. I. 25. Mai 1853 c Neumann (G. Arch. 1. s. 396). *Sic:* Gilb. C pén. Art. 358. n 4. *Contra:* Temme Lehrb. s. 819.

6 Unter dem Ausdrucke: „bei Seite schaffen“ sind, wie die Gleichstellung desselben mit „beerdigen“ ergiebt, solche Handlungen zu verstehen, welche geeignet sind, der zuständigen Behörde die Besichtigung der Leiche unmöglich zu machen, oder doch wesentlich zu erschweren. Z. I 15. Apr. 1853 c Plogst. Es bedarf dabei der Feststellung, daß das Bei-Seite-Schaffen in der definitiven Absicht geschehen sei, die Leiche den Augen andrer, namentlich der Kenntniß der Behörde zu entziehen. Z. II. 28 Mai 1853 c Overmann (G. Arch. 1. s. 571).

7. Ob hiernach wirklich ein „Bei Seite Schaffen“ statt gefunden, wird (soweit nicht die Richtigkeit der gegebenen Definition in Frage kommt) Gegenstand der thatsächlichen Beurtheilung sein. Gleichwohl hat das Ober-Tribunal durch das cit. Z I. 15. Apr. 1853 c Plogst eine solche Prüfung selbst vorgenommen, und entschieden: das während mehrerer Tage stattgehabte Verstecktlhalten einer Kindesleiche in der Absicht, dieselbe heimlich zu beerdigen, sei kein „Bei-Seite-Schaffen“; während ein Z. 19. Mai 1852 c Rosinger (G. A. 1 s. 85) erwog: daß ein „Bei Seite Schaffen“ im Sinne des § vorliege, wenn eine Mutter „die Leiche ihres unehelichen Kindes den Augen der Welt und der Obrigkeit entzog, nämlich dieselbe etwa vierzehn Tage lang, in einem Mobilarstücke versteckt gehalten habe.“

8. Der Todtengräber, welcher bei einer solchen Beerdigung, wissend, daß sie ohne Vorwissen der betr. Behörde erfolge, behülflich ist, unterliegt als Theilnehmer derselben Strafe. *Contra* · Gilb. C. pén. Art. 358. n 9.

9. Ein Gleiches gilt nicht von dem der Beerdigung assistirenden Geistlichen, weil seine Thätigkeit nicht als eine Hülfeleistung zum eigentlichen Beerdigen (d. h. dem Einscharren) angesehen werden kann. *Contra:* B. Rh. Kass. H. 9. Okt. 1848 (Rh Arch. 43. 2. A. s 95) mit Rücksicht auf den Art. 358. des Rh StGB., welcher diejenigen bestrafte, qui auront fait inhumer etc; Vgl. Gilb. C. pén. Art. 358. n. 8.

10—12 Für die mit Frankreich verbundene Rheinprovinz verbot ein Dekr. v 4. therm. XIII (v. Dan. Samml. 5. p. 27) den Geistlichen die Assistenz bei einer ohne Autorisation der Civilstandsbeamten bewirkten Beerdigung, ohne besondere Strafandrohung, während ein Gleiches für die vier Rheinischen Departements schon ein Beschl. des Reg. Commissars Jolivet v. 28. fruct. IX (v. Dan. l. c. 6. p. 868), unter Androhung einer Geldbusse von 100 bis 500 Francs, und Gefängniß von einem Monate bis zu zwei Jahren, gethan hatte. In Frankreich haben Cass. 27. Jan. 1832, und 12. Okt. 1850 (Sir. 32. 1. 386) das Dekret vom J XIII als noch gültig anerkannt, und da dieses keine Strafe androhe, die Strafen der Art. 605. und 606. des Code 3 brum. IV, später aber die des (neuen) Art. 471. n. 15. des C. pén. angewendet, welchen für die Rheinprovinz der § 33 des Ressort-Reglements v. 20. Juli 1818 entsprechen würde. Dagegen haben eine Just. Min. Verf. v. 8. Dez. 1842 und eine Verf. des

Sechszehnter Titel.

Körperverletzung.*)

Min. d. geistl. Ang. v 28. Juli 1843 (Jahrb. 62. s. 247) jene ältern französischen Vorschriften für aufgehoben (durch Einfuhrung des Rh. B. G. B.), und die betreffenden Geistlichen für straflos erachtet, während endlich das oben cit. V. 9. Okt. 1848 die Strafen des Art. 358. des Rh. StGB. auf sie anwendete. Zu vergleichen ist Chauv. & Hélie Th. du C. p. 3. p. 274 (ed. Belge.).

10. Der Absatz 2. findet auch gegen eine Ehefrau Anwendung, welche den Leichnam ihres thatsächlich aus unehelichem Beischlafe erzeugten neugebornen Kindes bei Seite schafft. Z. 19. Mai. 1852 c. Rosinger (G. Arch. 1. s. 85); vgl. zu §. 180. n. 2. fg.

11. Auch wenn die Mutter ihre [Schwangerschaft und] Niederkunft nicht verheimlicht hatte, greift der Absatz 2. Platz. Komm.-B. II. K. s. 107.

12. Wie lange ein Kind als ein neugebornes anzusehen sei, ist wesentlich Gegenstand thatsächlicher Beurtheilung. Doch wird jedenfalls der Begriff da nicht mehr zutreffen, wo die Existenz, und besonders wo das Leben des Kindes offenkundig geworden, und der Behörde davon Anzeige gemacht war.

13. Ueber die Anwendbarkeit des § 56 im Falle, wo eine Mutter ihr uneheliches neugebornes Kind vorsätzlich getödtet, und dann die Leiche bei Seite geschafft hat, vgl. zu § 180. n. 12

*) **Sechszehnter Titel.**

1. Temme (Lehrb. s. 830 I.) definirt die „Körperverletzung" als jede gegen den Körper eines Menschen gerichtete widerrechtliche Thätlichkeit.

2. Die Ausübung eines rechtlich begründeten Züchtigungsrechts schließt den Begriff des Vergehens der Körperverletzung aus; jede Ueberschreitung desselben aber enthält eine Mißhandlung Z. 8. Dez 1852 c. Göthe; Z. I. 27. Juni 1853 c Lerch; Z. I. 19. Mai 1854 c Schönke. (G. Arch. 2. s. 553). Vgl. G. Matt. 2. s. 436 n. 2, und unten zu § 187. n 4.

3. Das Gesetz gestattet dem Ehemanne gegen die Ehefrau ein Züchtigungsrecht nicht; die Ausschliessung der Ehescheidung wegen geringer Thätlichkeiten zwischen Eheleuten gemeinen Standes (ALR. II. 1. § 701.) macht eine strafrechtliche Verfolgung wegen solcher Handlungen nicht unzulässig. Z. I 23. Sept. 1853 c Klär (G. Arch. 1 s. 710); Z I. 19. Mai 1854 c Schönke. (G. Arch. 2. s. 553); vgl. zu § 154. n. 7.

4. Der § 77 der Gesinde-Ordn. v. 8. Nov. 1810 welcher geringe Thätlichkeiten, mit welchen das Gesinde von der durch ungebührliches Betragen derselben zum Zorne gereizten Herrschaft behandelt wird, für straflos erklärt, ist eine nicht auszudehnende Ausnahme, und daher einerseits auf die Herrschaft selbst (unter Ausschliessung anderer Familienglieder), andererseits auf solche Personen zu beschränken, welche unter den gesetzlichen Begriff des Gesindes fallen. B. I. 3. Juni 1853 Knorr c. Kalohr (G. Arch. 1 s. 572; Strieth. Arch. 10 s. 72); insbesondere ist jener § 77. aktiv nicht auf Hausoffizianten z. B. einen Guts-Inspektor anzuwenden. Z. I. 3. März 1854 c Naujocks. (G. Arch. 3. s. 543).

5. Wer von seinem Hausrechte Gebrauch macht, begeht keine „Körperverletzung"; es ist daher nicht strafbar, wenn Jemand einen Andern gewaltsam aus seinem Hause oder Geschäftslokale entfernt, nachdem er denselben vergeblich zur freiwilligen Entfernung aufgefordert hatte. B. I. 31. Mai 1854 Lesser c. Ammen.

6. Ueber das Verhältniß zur s. g. Real-Injurie vgl. zu Tit. XIII. n. 4 Dort ist bereits bemerkt, daß dasjenige, was das deutsche Recht als „Real-Injurie" zu bezeichnen pflegt, in idealer Konkurrenz sowohl die Begriffserfordernisse der Körper- als der Ehrverletzung in sich vereinigt, und nach § 55. zu behandeln ist, wobei selbstverständlich auf diese Konkurrenz als Strafzumessungsgrund gerücksichtigt werden kann. Vgl. Motife s. 44. Es läßt sich hiergegen auch nicht aufstellen, daß beide Vergehen einen verschiedenen sich wechselseitig ausschliessenden Dolus voraussetzen, da der auf Ehrverletzung gerichtete Dolus nothwendig den der Körperverletzung in

§. 187. **Wer vorsätzlich einen Anderen stößt oder schlägt, oder demselben eine andere Mißhandlung oder Verletzung des Körpers zufügt, wird mit Gefängniß bis zu zwei Jahren bestraft.**

Wird festgestellt, daß mildernde Umstände vorhanden sind, so ist auf Geldbuße bis zu dreihundert Thalern zu erkennen.

[Entw. § 173.] Vgl. § 188—196. 203. 346 Nr. 3; Einf.-Ges. Art. XVI—XVIII.

---

sich schließt, wenn diese das Mittel zu jener darstellen soll. Auch kann Goltdammer nicht beigepflichtet werden, wenn er (G. Matt. 2. S. 405) glaubt, daß jede rechtswidrige körperliche Behandlung eines Menschen, sobald sie nicht blos fahrlässig geschehe, eine objektive Injurie enthalte, und es ist wenigstens nicht genau, wenn derselbe (l. c.) mit den Motiven (S. 43) aufstellt, die Strafe der Körperverletzung schliesse diejenige der Beleidigung mit Nothwendigkeit in sich. Vgl n. 7.

7. Ein Z. II. 30. März 1854 c. Schmidt erwog übrigens: daß unter die Strafbestimmung der §§ 187. flg. auch die Real-Injurie falle, und eine solche jeder körperliche gewaltsame Angriff auf die Person enthalte, wenn dabei nicht ein bestimmter anderweiter, der That den Charakter eines wenigstens versuchten andern Verbrechens ꝛc. beilegender Dolus obwaltete, oder der Angriff unter Umständen stattfand, welche denselben als einen nicht rechtswidrigen erscheinen lassen, mithin die Strafbarkeit ausschliessen.

§. 187.

1. Der Vorsatz muß auf Störung des körperlichen Wohlbefindens gerichtet sein; ein solcher ist aber auch dann als vorhanden anzunehmen, wenn eine Ehrverletzung in der Absicht des Thäters lag, er aber als Mittel zur Erreichung dieses Zwecks die Thätlichkeit gegen den Körper des Andern gewollt hat. Vgl. zu Tit XIII n. 4; zu Tit. XVI. n. 6. 7; und auf der andern Seite Temme Lehrb. S. 833.

2 Der Vorsatz muß auf das Stossen, Schlagen oder sonstige Mißhandeln gerichtet sein, die Absicht dadurch noch eine anderweitige Verletzung zuzufügen, wird nicht vorausgesetzt. B. I 29. Apr. 1853 c. Prätorius.

3. Der Vorsatz zu tödten schließt den Vorsatz zu beschädigen, als das Geringere, in sich Z. 28. Apr. 1852 c Kirsch

4. Eine vom Berechtigten ertheilte Züchtigung ist immer eine vorsätzliche Handlung; eine Ueberschreitung derselben muß daher nothwendig unter § 187. fallen. B. I 29. Apr. 1853 c Prätorius. Vgl. zu Tit. XIII. n. 2

5. Mißhandlung ist jede gewaltsame Handlung, welche einem Andern ein körperliches Uebelbefinden zufügt Daher fällt auch das Ueberschütten mit schmutzigem stinkenden Wasser und Koth, durch welches Ekel und Erbrechen erregt wird, unter diesen Begriff; der § 346 Nr. 3. sieht nur das vorsätzliche Bewerfen mit Unrath, ohne Rücksicht auf die Quantität desselben, und auf die damit, sowie mit der Qualität der Handlung verbundenen Wirkungen, vor Z. 24 März 1852 c. Gütte. (G. Arch. 1. S. 85); Z. I. 22. Feb. 1854 c. Söderquist; ähnlich Temme Lehrb. S. 831.

6. Auch die im Wege des Civil-Prozesses verfolgten leichten Mißhandlungen (Einf. Ges. Art. XVI) sind als solche nach § 187, nicht als Ehrverletzungen nach § 153. oder 343. zu bestrafen Z. I. 13 Dez. 1854 Masteit c. Schlingelhof.

7. Ebenso verjähren auch die im Wege des Civil-Prozesses verfolgten leichten Mißhandlungen als Vergehen nur in der durch § 46. vorgeschriebenen Frist, nicht als Beleidigungen nach § 343 in sechs Monaten. Z I. 1. Nov. 1854 Reibe c Schröder; Z (B.) I 13. Nov. 1854 Tost c. Bauch; (G. Arch. 3. S. 131)

8. Mißhandlungen können vom Staatsanwalt, auch ohne Antrag des Verletzten verfolgt werden; vgl. zu § 189. n. 2; ebendeshalb erleidet auch § 50. auf sie keine Anwendung; vgl. zu § 50. n. 12.

9. Wird das Vorhandensein mildernder Umstände festgestellt, so darf nicht auf Gefängniß, sondern nur auf Geldbusse erkannt werden.

§. 188. Wenn leichte körperliche Verletzungen oder Mißhandlungen auf der Stelle erwiedert werden, so soll der Richter ermächtigt sein, für beide Theile oder für einen derselben eine, der Art oder dem Maaße nach mildere Strafe, oder gar keine Strafe eintreten zu lassen.

[Entw. § 173 a] Vgl. § 153. 343

§. 189. *) Wenn wegen vorsätzlich zugefügter leichter Körperverletzungen oder Mißhandlungen die Privatklage erhoben ist, so kommen die im dreizehnten Titel bei den Ehrverletzungen über den Antrag auf Bestrafung und die Zurücknahme des Strafantrages gegebenen Bestimmungen zur Anwendung.

[Entw. § 173 a.] Vgl. § 160—162; 50—54; Einf.-Ges. Art. XVI. XVII. Ges. v. 11 März 1850 § 5 (G S. s 174)

*) In der ursprünglichen Fassung hieß es irriger Weise „zwölften“ statt „dreizehnten Titel“ Die Berichtigung dieses Versehens erfolgte in der Ges.-S. v 1856 s. 220.

10. Die Annahme des Instanz-Richters: der Angeklagte sei zu der ihm zur Last gelegten Mißhandlung durch beleidigende Schimpfworte gereizt worden, involvirt nicht nothwendig die Feststellung mildernder Umstände. Z. II. 17. Juni 1854 c. Schulte.

§. 188.

1. Auf die in den §§ 190—192 vorgesehenen ausgezeichneten Fälle der Körperverletzung ist § 188. nicht mit zu beziehen. G. Matt. 2. s. 407 n. 5; Temme Gll. s. 248.

2. Der § ermächtigt zwar den Instanzrichter in dem vorgesehenen Falle die Strafe zu mildern, oder ganz in Wegfall zu bringen, verpflichtet ihn aber nicht dazu; er braucht sich daher über die Gründe, welche ihn veranlaßt haben, nicht von der regelmässigen Strafanwendung abzuweichen, nicht auszusprechen. Z. I. 24 Feb. 1854 c. Gabeck; Z. II. 8. Feb. 1855 Kemper c. Eckstein.

3. 4. Ueber die Statthaftigkeit der Aufrechnung in dem Falle, wo von der einen Seite eine Beleidigung, von der andern Seite eine Mißhandlung zugefügt worden ist, vgl. zu § 153. n. 3.

5. Die Erwiederung der Mißhandlungen gehört zu denjenigen in den Gesetzen besonders hervorgehobenen, die Verhängung einer mildern Strafe begründenden Thatsachen, in Betreff deren bei schwurgerichtlichen Verhandlungen, nach Art. 81. des Ges. v. 3. Mai 1852 die Feststellung nur durch die Geschwornen erfolgen kann. V. I. 12. Mai 1854 c. Rietz.

6. Im Uebrigen sind die Noten zu § 153. zu vergleichen.

§. 189.

1. Diese Bestimmung ist auf die in den §§ 190. 191. 192. vorgesehenen Fälle nicht anwendbar. G. Matt. 2. s. 407 n. 5; Temme Gll. s. 249.

2. „Behufs der Bestrafung wegen vorsätzlicher leichter Körperverletzung ist „der Antrag des Verletzten nicht erforderlich, sondern sie kann ohne solchen „auch auf die von der Staatsanwaltschaft erhobene Anklage erfolgen“. Z. Pl 27. Juni 1853 c. Lerch; Z. Pl. 27. Juni 1853 c. Jettke (Präj n. 39; JMBl. s. 245; Entsch. 26. s. 140; G. Arch. 1. s 572); Beschl. II. 30. Juli 1853 c. Lauenstein; Z. II. 1. Dez. 1853 c. Graß; Z. I. 1. Febr. 1856 c. Marquard (Gebuhr u. Gen). *Sic:* Bes. s 368 IV; G. Matt. 2. s. 406 n. 4; Temme Lehrb. s. 836; Stumpe Abh. in G. Arch. 1. s. 141. Vor den citirten Plenarentscheidungen hatte das Ober-Tribunal in einer Reihe über-

§. 190. Die vorsätzliche Mißhandlung oder Körperverletzung, welche mit Ueberlegung verübt wird, ist mit Gefängniß bis zu drei Jahren zu bestrafen.

[Entw § 174.] Vgl § 187 175

§. 191. Vorsätzliche, gegen leibliche Eltern oder Großeltern verübte Mißhandlung oder Körperverletzung soll Gefängnißstrafe nicht unter drei Monaten nach sich ziehen.

[Entw. § 174 a.] Vgl. § 187. 196. 179.

§. 192. Wer gegen ein Mitglied der Kammern, einer anderen politischen Körperschaft oder einer öffentlichen Behörde, einen öffentlichen Beamten, einen Religionsdiener, ein Mitglied der bewaffneten Macht, einen Geschworenen, einen Zeugen oder Sachverständigen, während sie in der Ausübung ihres Berufs begriffen sind, oder in Beziehung auf ihren Beruf einer vorsätzlichen Mißhandlung oder Körperverletzung sich schuldig macht, wird mit Gefängniß von vier Wochen bis zu drei Jahren bestraft.

[Entw § 175] Vgl. § 192 a. ff; 89. 102

---

einstimmender Erkenntnisse den entgegengesetzten Satz aufrecht erhalten, so Z. 2. Apr. 1852 c. Schulze (G Arch 1 f. 86); B 14 Mai 1852 c. Förster; B 14. Mai 1852 c. Matz (G Arch. 1. f. 85): B 15 Sept. 1852 c. Strube (G Arch. 1. f. 86); B. 6 Okt. 1852 c. Siebert; B. II. 17. Feb. 1853 c. Wannig. Für diese Ansicht scheint Temme früher (Glossen f. 249 zu § 189.) gewesen zu sein.

3. Ueber die Verjährung der Privatklage wegen leichter Mißhandlung vgl. zu § 48. n. 10. 11.

§. 190.

1. In Betreff der Ueberlegung vgl. zu § 175 n. 4. 7. 8.

2. Das Merkmal der Ueberlegung kann nicht dadurch für genügend festgestellt erachtet werden, daß nicht nachgewiesen sei: der Angeklagte habe sich in einem solchen Zustande befunden, wodurch seine freie Willensbestimmung ganz ausgeschlossen gewesen wäre. B. 8. Okt. 1852 c. Scholz.

§. 191.

1. Auch hier sind unter den leiblichen Verwandten die unehelichen (soweit das Civil-Gesetz ein Verwandtschaftsverhältniß anerkennt) mit zu verstehen. Temme Gll. f. 249; Koch f. 1012 n. 25.

2. Dagegen gehören Adoptivältern nicht hierher. Koch l. c.

§. 192.

1. Der § findet — ebenso wie die §§ 89 und 91 — auch auf die von einem Preußen im Auslande gegen einen ausländischen Beamten verübten Körperverletzungen Anwendung. Beschl. Pl. 16. April 1855 c. Zapka u. Gen. (Präj. n. 147. JMBl. f. 184; Entsch. 30. f. 303; G. A. 3. f 563). Vgl. zu § 4. n. 16; zu § 89. n. 3.

2. Eine Amtshandlung ist überall da anzunehmen, wo ein Beamter in der äusserlich erkennbaren Absicht, Pflichten, welche ihm sein Amt auflegt, zu erfüllen, oder mit demselben verknüpfte Rechte auszuüben, solche Handlungen vornimmt, welche an sich innerhalb seiner Amtsbefugnisse liegen, ohne daß es darauf ankäme, ob der Beamte sich bei ihrer Ausübung eines Versehens schuldig gemacht, oder dieselben ohne genügende Veranlassung vorgenommen habe. Z. I. 7. Okt. 1853 c. Schulz (G

§. **192** a. *) Hat eine vorsätzliche Mißhandlung oder Körperverletzung erhebliche Nachtheile für die Gesundheit oder die Gliedmaßen des Verletzten, oder eine länger andauernde

*) Dieser § ist durch das Gesetz v. 14. April 1856 (G S s. 210) zugesetzt worden

A. 1. s. 700). Ungehörigkeiten, welche der Beamte bei jener Gelegenheit begangen (z. B. Tabackrauchen) schliessen seine sonst anerkannte amtliche Thätigkeit und die Anwendbarkeit des § nicht aus. Z. I. 22. Sept. 1854 c. Raymond. Vgl. im Allg. über die hier berührte Frage zu § 89. n. 7—9; zu § 102. n. 23.

3. Ob der Beamte sich in der Ausübung seines Amtes befunden, ist im Uebrigen eine [überwiegend] thatsächliche Frage: Z I. 7 März 1855 c. Propp. Vgl. aber zu § 89. n. 15

4. Sind gegen einen Beamten im Dienste Mißhandlungen zum Zwecke des Widerstandes verübt worden, so liegt ein Fall der idealen Konkurrenz der in diesem §, und dem § 89 vorgesehenen Vergehen vor. *Contra:* Z. 23. Apr. 1852 c. Hampel, welches nur den letztern § für anwendbar erachtete, so lange nicht festgestellt sei, daß der Angeklagte bei der That noch eine andre Absicht als die des Widerstandes gehabt habe. Vgl. zu § 89. n. 31.

5. Mildernde Umstände kommen hier nicht anders als Strafzumessungsgründe in Betracht, obgleich sowohl § 102, als im Falle einer schweren Körperverletzung § 196 ihre Berücksichtigung vorschreiben. Bes s. 371 II.

6 Die Vorschrift des § 103, wonach es im Falle der Beleidigung eines Kammermitglieds eines Strafantrags des Letztern bedarf, ist auf den Fall dieses § nicht auszudehnen. G Matt 2. s 408; Temme Gll. s 250.

7. Schreitet die Staatsanwaltschaft nicht ein, so steht auch hier dem Verletzten die Verfolgung der Privatklage zu. Bes. s 371 I. Vgl zu § 102. n. 26.

§. 192 a.

1. Das hier vorgesehene Vergehen ist als „erhebliche" Mißhandlung 2c qualifizirt, vgl. § 195 —

2 Ob die entstandenen Nachtheile für Gesundheit oder Gliedmassen erheblich, oder ob die Arbeitsunfähigkeit eine länger dauernde gewesen, ist jetzt nur in die thatsächliche Beurtheilung des Instanzrichters gelegt; wenn daher eine solche Sache vor die Schwur-Gerichte gelangt, so ist die Frage nach den Worten des Gesetzes zu fassen.

3. Unter „Arbeitsunfähigkeit" ist auch hier (wie im frühern § 193) „nicht schon jede eingetretene Verminderung der Arbeitsfähigkeit, und nicht schon „die Unfähigkeit zur Verrichtung der Berufsarbeit des Verletzten, sondern die Un„fähigkeit zur Verrichtung gewöhnlicher, körperlicher, durch erhöhten Kraftaufwand „nicht bedingter Arbeit zu verstehen, welche festzustellen Gegenstand der thatsächlichen „Würdigung ist, und welche durch den bei der thatsächlichen Feststellung gebrauch„ten allgemeinen Ausdruck „„Arbeitsunfähigkeit"" ohne nähern Beisatz bezeichnet „wird." V. II. 6. Juli 1854 c. Leydecker (Präj. n. 101; Entsch. 28 s. 169; G. A 3 s 133); Beschl. 25 Juni 1852 c. Drehmann. Am wenigsten kann es sonach ausreichen, wenn der Verletzte nur nicht fähig gewesen ist, alle seinem Berufe entsprechenden Arbeiten in vollem Umfange auszuführen. Beschl. I. 20. Apr. 1855 c. Käppel (G. Arch. 3. s. 427; 704). Ein Z. I. 2. Febr. 1853 c. Campioni hatte früher die vorstehende Annahme für „nicht unbedenklich" erklärt, und mehrere andre ebenfalls ältere Erkenntnisse hatten es der Beurtheilung der Geschwornen überlassen wollen, ob unter den vorliegenden Verhältnissen auch die nur verminderte Fähigkeit zur Ausübung der Berufsgeschäfte für eine Arbeitsunfähigkeit im Sinne des Gesetzes zu erachten sei; so V. II. 23. Juni 1853 c. Bornhausen; (G. A. 1. s. 542; 573) V. II. 13. Okt. 1853 c. Berning; V. II. 13. Okt. 1853 c. Korff (G. A. 2. s. 120) — Diese Auffassung ist durch das erwähnte Präjudiz derselben Abtheilung entschieden aufgegeben worden, es wird absolute Arbeitsunfähigkeit gefordert. So auch G. Matt. 2. s. 412 n. 2; Koch s. 1013 n. 27; — *Contra:* vom medizinischen Standpunkte aus:

Arbeitsunfähigkeit zur Folge gehabt, so tritt Gefängniß nicht unter sechs Monaten ein.

[Entw. § 176] Vgl. § 187. 193—196. 203

Gutachten der wissenschaftlichen Deputation für das Medizinalwesen v. 17. Novemb. 1852 (JMBl. 1853 s. 48) Zu bemerken ist, daß die Quelle des §, der Art 309 des Code pénal eine incapacité de travail *personnel* erforderte; Chauveau & Hélie (Th. du C. pén. 4. p. 25; ed. Belge: 3. p. 120) weisen indessen aus der Entstehungsgeschichte des Artikels nach, daß unter travail personnel körperliche Arbeit zu verstehen sei, daß also eine absolute Arbeitsunfähigkeit vorausgesetzt werde, während freilich der Pariser Kassationshof unter travail personnel die gewöhnliche Arbeit des Verletzten versteht, vgl Gilb. C. pén. Art. 309 n. 12—14.

4. Die Feststellung: die Verletzung habe eine „Arbeitsunfähigkeit rc.“ zur Folge gehabt, genügt ohne weitern Zusatz, um die Anwendbarkeit des § zu begründen. B. II. 6 Juli 1854 c. Leydecker (Präj. n. 101; Entsch 28. s. 169); Z II. 15 März 1855 c. Täge.

5. Vorausgesetzt wird, daß die Dauer der Arbeitsunfähigkeit wirklich nur die Folge der Mißhandlung rc. gewesen sei; hat der Verletzte durch Verabsäumung einer gehörigen Behandlung, oder gar durch kunstwidrige Behandlung seinen Zustand verschlimmert, so hat der Angeklagte die hierdurch herbeigeführten Folgen nicht zu vertreten. Beschl. I. 10. Okt. 1855 c. Adamszent (G. A. 3. s. 839).

6. Aus der Feststellung muß bestimmt hervorgehen, welche der verschiedenen, im § durch „oder“ alternative zusammengestellten Folgen eingetreten sei; es darf nicht zweifelhaft bleiben, welche derselben als erwiesen angenommen ist. So B. II. 13. Okt. 1853 c. Berning u. cod. c. Korff (G A 2 s 120); in schwurgerichtlichen Sachen ist es daher zweckmässig durch Trennung der Fragen, oder Stellung derselben mit verschiedenen Unterabtheilungen, auf getrennte Beantwortung hinzuwirken. B. II. 17. Nov. 1853 c. Lange (G. A. 2 s 94). Es ist indessen in Betreff der Zulässigkeit der Zusammenfassung mehrerer Alternativen in einer Frage das zu § 34. n. 33 Bemerkte zu vergleichen

7 Ob im Falle dieses § die Handlung mit oder ohne Ueberlegung begangen worden sei, kommt nur als Strafzumessungsgrund in Betracht G Matt 2 s 250 n. 2; Temme Lehrb. s 835

8 Als Dolus ist hier nur der zu dem im § 187 gedachten Vergehen der vorsätzlichen leichten Körperverletzung rc. erheischte Vorsatz, nämlich der Vorsatz der Körperverletzung rc überhaupt, erforderlich, und nur der eintretende Erfolg bestimmt, ob die That als leichte [erhebliche] oder als schwere Verletzung anzusehen sei; es kommt daher Nichts darauf an, ob jener Dolus auch auf die Folge mitgerichtet gewesen sei, sobald nur die Folge wirklich eingetreten ist. Beschl II. 30 Juli 1853 c. Lauenstein (G. A 1. s 572); Z I. 11. Jan 1854 c. Laacke (JMBl s. 119); Z. II. 2 Feb. 1854 c. Stubbe Es ist sonach der § auch da anwendbar, wo die Absicht nur auf Zufügung einer leichten Körperverletzung gerichtet war. Aehnlich Z. II. 7. Mai 1853 c. Herbst und Z I. 26. Jan 1855 c. Murawski, deren Fassung aber, in etwa abweichend, dahin geht, daß der § sowohl die Fälle des unbestimmten — indeterminirten — Vorsatzes, als auch diejenigen umfasse, in welchen der bestimmte Vorsatz nur auf einen geringern Erfolg ging, der größere Erfolg aber fahrlässig herbeigeführt sei, (culpa dolo determinata). Der entwickelten Ansicht ist auch Koch s. 1014 n. 32. *Contra:* Temme Lehrb. s. 834, welcher erfordert, daß der Vorsatz auf Zufügung einer schweren [erheblichen] Verletzung gerichtet sei Vgl G. A. 1 s. 48 und die Note daselbst

9. Mit Rücksicht auf das in der vorigen n. Gesagte, würde der § auch dann anwendbar bleiben, wenn der Angeklagte beweisen könnte, daß sein Vorsatz auf die Herbeiführung einer erheblichen oder schweren Körperverletzung nicht gerichtet gewesen

10. Ebenso folgt aus dem unter n. 8 Gesagten, daß auch der Theilnehmer mit der vollen Strafe des § zu belegen ist, sollte er auch nur zu einer leichten Mißhandlung rc. angestiftet, oder bei seiner Hülfeleistung nur von einer zu

§. 193. *) Ist bei einer vorsätzlichen Mißhandlung oder Körperverletzung der Verletzte verstümmelt, oder der Sprache, des Gesichts, des Gehörs oder der Zeugungsfähigkeit beraubt, oder in eine Geisteskrankheit versetzt worden, so ist die Strafe Zuchthaus bis zu funfzehn Jahren.

[Entw. § 176] Vgl. § 187. 194—196. 203; Ges. v. 14. April 1856 (G S. s. 210); AKO. v. 21. April 1856 (G S. s 220).

---

*) Die obige Fassung erhielt der § durch das Ges. v. 14. April 1856 (G.S. s. 210); in der ursprünglichen Fassung lautet er:

§ 193. Hat eine vorsätzliche Mißhandlung oder Körperverletzung eine Krankheitsunfähigkeit von einer längeren als zwanzigtägigen Dauer zur Folge gehabt, oder ist der Verletzte verstümmelt, oder der Sprache, des Gesichts, des Gehörs oder der Zeugungsfähigkeit beraubt, oder in eine Geisteskrankheit versetzt worden, so tritt Zuchthaus bis zu funfzehn Jahren ein.

---

begehenden leichten Mißhandlung Kunde gehabt haben. B. II. 17. Apr. 1856 c. Rumpf (Liebetrau u. Gen). Auch er kann sich dagegen nicht durch einen in Gemäßheit des § 44 zu führenden Nachweis schützen.

11. Da zum Thatbestande des Vergehens objektiv der wirkliche Eintritt der im § gedachten Folge gehört, so liegt dasselbe da nicht vor, wo zwar nach der Natur der Verletzung eine länger dauernde Arbeitsunfähigkeit hätte eintreten müssen, wo dieselbe aber dennoch nicht eintrat, weil der Verletzte vorher aus irgend einem andern Grunde starb. Beschl. II. 30. Juli c. Lauenstein (G. A. 1. s 572). Selbst von einem Versuche würde hier nicht die Rede sein können, wenn derselbe auch nach allgemeinen Grundsätzen strafbar wäre; vgl. zu § 193 n. 9.

12 Ueber den Fall, wo die im § vorgesehenen Folgen durch ein **gemeinschaftliches Handeln Mehrerer** herbeigeführt sind, vgl zu Thl I. Tit. 3. n. 2—4; zu § 194. n. 5; zu § 195. n. 1.

§ 193.

1 Inwiefern eine Körperbeschädigung als „**Verstümmelung**“ anzusehen sei, wollte ein Z. I. 11. Nov 1853 c. Wermuth u. Gen. als eine rein thatsächliche Frage betrachten; es handelte sich damals vom Verluste zweier Zähne; ein Beschl. II. 8. Sept. 1853 c. Nolle u. Gen. (G. A 2. s. 553) ging dagegen in einem ganz ähnlichen Falle auf eine Prüfung dieser Frage ein, und verneinte dieselbe, mit dem Zusatze: „zumal nicht behauptet worden, daß das Gebiß des Verletzten dadurch zu seinen natürlichen Funktionen unbrauchbar geworden sei.“ Von gleicher Auffassung ausgehend nahm Z. 19. Mai 1852 c. Rautenberg an: die Vermindrung der Sehkraft eines Auges sei keine Verstümmelung, während Z 22. Dez. 1852 c. Stüting entschied, daß als solche die Zerstörung der Sehkraft auf einem Auge unbedenklich angesehen werden **könne**, und B II. 26. Okt 1854 c. Steinbuß u. Gen. (Entsch. 28. s. 475; G. A. 3. s. 110) annahm, daß der Verlust eines Auges unter den Begriff einer Verstümmelung falle.

2 Der Entwurf von 1850 hob auch noch die **theilweise** Beraubung der Sprache 2c. hervor; das hat die Kommission der II. K. (Ber. s 110) als überflüssig gestrichen, weil eine solche theilweise Beraubung entweder unter den Begriff einer Verstümmelung, oder unter den einer Krankheit von längerer als zwanzigtägiger Dauer fallen werde Hiernach bedarf es jetzt einer vollständigen Beraubung der Sprache 2c. (so auch Z 22. Dez. 1852 c. Stüting); liegt diese und auch eine Verstümmelung nicht vor, so wird nur ein „erheblicher Nachtheil für Gesundheit und Gliedmaassen“ angenommen und § 192 a. angewendet werden können. Vgl. G. Matt 2. s. 413 n. 4; Koch s 1013 n. 30.

3. Zur Annahme einer „**Geisteskrankheit**“ bedarf es einer wirklichen Krankheit des Geistes, es genügt nicht jede in Folge einer Gehirnerschütterung entstandene vorübergehende Betäubung. Temme Gll. s. 250 n. 1.

§. 194. Hat die vorsätzliche Mißhandlung oder Körperverletzung den Tod des Verletzten zur Folge gehabt, so ist die Strafe Zuchthaus von zehn bis zu zwanzig Jahren.

[Entw. § 177.] Vgl. § 176. 185. 197.

---

4 Auf Dauer und Heilbarkeit der Geisteskrankheit kommt dagegen Nichts an. Temme l. c.

5. Nach der frühern Fassung des § erachteten G. (Matt. 2. s. 250 n. 3), und Koch (s. 1014 n. 31) auch den Fall für hierher gehörig, wo die Geisteskrankheit nicht Folge der mechanischen Einwirkung auf den Körper, sondern der psychischen Einwirkung jener Behandlung gewesen ist Die jetzige Fassung des § gestattet dieselbe Auslegung.

6. Ob die Handlung mit Ueberlegung geschah, ist auch hier nur Strafzumessungsgrund. Temme GU. s. 250 n. 2; id. Lehrb. s 835

7. Hinsichtlich des erforderlichen Dolus gilt vollständig das zum § 192 a. unter n. 8—10 Bemerkte auch hier.

8 Mit Rücksicht auf das unter n. 7 Bemerkte ist darauf Bedacht zu nehmen, daß aus der den Geschwornen vorgelegten Frage klar hervorgehe, daß die verlangte Vorsätzlichkeit sich nicht mit auf den eingetretenen Erfolg zu erstrecken brauche; es geschieht das am besten durch Stellung einer besondern den erschwerenden Umstand betreffenden Frage, oder durch Hervorhebung des letztern am Schlusse der Hauptfrage vermittelst eines „und zwar so daß . . . . " in der durch Ministerial-Verf. v. 29. März 1853 A. n. 1 empfohlenen Weise (JMBl. s 134). Vgl. die bei G. Matt. 2. s 534 und 668 erwähnten Ministerial-Verfügungen.

9. Aus der unter n. 7 erwähnten Natur des Dolus folgt, daß ein Versuch des hier vorgesehenen Verbrechens gar nicht denkbar ist; zum Thatbestande desselben würde nothwendig ein auf Herbeiführung der im § gedachten Folge gerichteter Vorsatz gehören, da aber dieser zum vollendeten Verbrechen nicht erforderlich ist, so kann er nicht Begriffs-Merkmal des Versuchs sein. Beschl. II. 30. Juni 1853 c. Lauenstein (G. A. 1. s 572). *Sic:* Koch s. 1014 n. 32; *Contra:* Temme GU. s. 250 n. 2; id. Lehrb. s. 835 in konsequenter Anwendung seiner oben zu § 192 a. n. 8 erwähnten Ansicht; zu demselben Resultate will Jesse (Abh. in G. A. 2 s 496) im Falle des Vorhandenseins eines dolus directus gelangen, seine Ausführung trifft aber den oben angeführten entscheidenden Grund nicht. G. (Matt. 2. s. 415) will endlich nur einen strafbaren Versuch einer Verstümmelung, oder Beraubung der Sprache rc. unbedenklich annehmen; seine Ausführung wäre richtig, wenn der alte § 193 (von dessen Bedeutung die neue Fassung in diesem Punkte nicht abweichen wollte) objektiv die „vorsätzliche Verstümmelung, oder Beraubung der Sprache rc." als Thatbestand des Verbrechens hingestellt hätte, nicht aber bei der gewählten Fassung, welche eben nur die Vorsätzlichkeit der Mißhandlung, und als Folge davon die eingetretene Verstümmelung erfordert, es trifft dann auch hier der Grund zu, daß zum strafbaren Versuche nicht ein dem Thatbestande des vollendeten Verbrechens fremdes Begriffs-Merkmal erforderlich sein kann Vgl. Zachariä Abh. in G. A. 3. s. 174 Note 2, und ebendas. 1 s. 48 Note.

10 In Betreff des Falles, wo der im § vorgesehene Erfolg durch ein gemeinschaftliches Handeln Mehrerer herbeigeführt ist, vgl zu Thl. I. Tit. 3. n 2—4; zu § 294. n. 5; zu § 295 n. 1.

11. Nach Art. II. des Ges. v. 14 Apr. 1856 ist überall, wo sich in den Gesetzen, und insbesondre im StGB. selbst bisher eine Hinverweisung auf § 193 vorfindet, der jetzt geltende § 193 [und nicht etwa auch § 192 a.] als maaßgebend zu betrachten.

§. 194.

1. Der Vorsatz muß hier nur auf die Mißhandlung nicht auch auf den Tod gerichtet gewesen sein; wäre letzteres der Fall, so läge das Verbrechen des Todtschlags oder Mordes (§ 175. 176.) vor. Motive s. 51; Ber. s. 375 E.; G. Matt. 2. s. 418 n. 3. Was Jesse (G. Arch. 2. s. 494) gegen diese Ansicht aufführt, ist unhalt-

§. 195. *) Wenn bei einer Schlägerei oder bei einem von mehreren Personen verübten Angriffe ein Mensch getödtet

---

*) Der § erhielt seine jetzige Fassung durch das Ges. v. 14. April 1856 (G.S. S. 210); die ursprüngliche Fassung lautete:

§. 195. Wenn bei einer Schlägerei oder bei einem von Mehreren verübten Angriff ein Mensch getödtet wird, oder eine schwere Körperverletzung

---

bar. Es ist hiernach ganz zweckmäßig die Frage nach dem Erfolge, von der die vorsätzliche Mißhandlung betreffenden zu trennen, damit den Geschwornen klar werde, daß der Vorsatz auf jenen nicht mit zu beziehen sei. Vgl. G. Arch. 2. S. 668. Dagegen ist es nicht erforderlich, daß dieses auch in seiner negativen Form weiter ausdrücklich hervorgehoben werde. Vgl. G. Arch. 1. S. 216 und oben zu § 193 n. 8.

2. Gleichgültig ist es auch, ob der Tod vorhergesehen werden konnte. Temme Gll. S. 251 n. 2.

3. Da hiernach beim Thäter das Nichtvorhandensein eines auf Herbeiführung des Todes gerichteten Dolus vorausgesetzt wird, so kann es eines solchen auch beim Theilnehmer nicht bedürfen; er unterliegt daher der Strafe des § selbst dann, wenn er auch nachweisen könnte, daß er nur an einer leichten Mißhandlung habe Theil nehmen wollen; vgl. zu § 192 a. n. 10.

4. Der § 185 ist auch im Falle dieses § maaßgebend; Z. II. 15. Sept. 1853 c. Hecker; Z. II. 3 Mai 1856 c. Rademacher u Gen Vgl. Jesse Abh. in G. Arch. 2. S. 497.

5. Der § umfaßt auch den Fall der Konkurrenz mehrerer Thäter, bei welcher (ausserhalb des Falles der bei einer Schlägerei, oder einem von mehreren verübten Angriffe — turba, rixa — erfolgten Tödtung) die von den einzelnen zugefügten vorsätzlichen Mißhandlungen oder Verletzungen tödtlich geworden sind, oder durch ihr Zusammenwirken den tödtlichen Erfolg gehabt haben; es genügt dann zur Anwendung des § 194 gegen mehrere Angeklagten die Feststellung: daß „jeder von ihnen [gemeinschaftlich] mit den andern einem Dritten vorsätzlich Mißhandlungen zugefügt habe, welche den Tod des letzteren zur Folge hatten" Z. II. 22. März 1855 c. Kibbeler u. Gen. (JMBl. S. 152; G. Arch. 3. S. 567). Es handelte sich hievon einer Reihe im Laufe von vier Monaten zugefügten Mißhandlungen, welche allmälig ein Aufreiben der Kräfte, und den Tod zur Folge hatten; daß bei jeder einzelnen Mißhandlung die drei Angeklagten stets zusammen thätig gewesen, ging aus dem Spruche der Geschwornen nicht näher hervor, und war an sich nicht wahrscheinlich. Erwogen wurde, daß in den (in der oben hervorgehobenen Fassung) gestellten Fragen es genügend mit eingeschlossen gewesen, daß die von den verschiedenen Angeklagten zugefügten Mißhandlungen nicht einzeln für sich, sondern in ihrer Gesammtheit den Tod herbeigeführt hätten, daß aber festgestellt sei, wie jeder der Angeklagten Mißhandlungen zugefügt habe, durch welche der Tod veranlaßt worden sei. Aehnlich: Beschl. I. 11. Apr. 1856 c. Rothe u. Gen.; Mehrere nach Verabredung zu einem Zwecke gemeinschaftlich handelnde Personen, sind gemeinschaftliche Thäter; jeder haftet für alle verabredeten in den Gränzen der Verabredung gebliebenen Handlungen, und ihre Folgen. Z. II. 3 Mai 1856 c. Rademacher u. Gen. vgl. zu Thl. I. Tit. 3. n. 4.

6. Der Versuch des hier vorgesehenen Verbrechens ist undenkbar, weil er einen auf Herbeiführung des Todes gerichteten Dolus voraussetzte, dessen es zum vollendeten Verbrechen nicht bedarf, und der, wenn vorhanden, die That als Versuch des Mordes oder Todtschlags qualifiziren würde. Jesse Abh. in G. Arch. 2. S. 496.

§. 195. Inhalt:

wird, oder eine schwere (§ 193.) oder erhebliche (§ 192 a.) Mißhandlung oder Körperverletzung erleidet, so ist jeder, welcher sich an der Schlägerei oder dem Angriffe betheiligt hat, schon wegen dieser Betheiligung mit Gefängniß nicht unter drei Monaten zu bestrafen, insofern nicht festgestellt wird, daß er ohne sein Verschulden hineingezogen worden.

(§ 193.) erleidet, so ist jeder Theilnehmer an der Schlägerei oder dem Angriff schon wegen dieser Theilnahme mit Gefängniß nicht unter drei Monaten zu bestrafen, insofern nicht festgestellt wird, daß er ohne sein Verschulden hineingezogen worden.

Sind mehreren Theilnehmern solche Verletzungen zuzuschreiben, welche nicht einzeln für sich, sondern nur in ihrer Gesammtheit den Tod oder die schwere Körperverletzung zur Folge gehabt haben, so ist jeder dieser Theilnehmer mit Zuchthaus bis zu zehn Jahren zu bestrafen.

Die Anwendung der Gesetze gegen diejenigen, welche als Anstifter oder Urheber eines Mordes, oder eines Todtschlages, oder einer schweren Körperverletzung, oder als Theilnehmer an diesen Verbrechen schuldig sind, ist hierdurch nicht ausgeschlossen.

1. Bei der Auslegung dieses § ist vor Allem das oben zu Thl. I. Tit. 3. n. 2—4. und zum § 194 n. 5. Gesagte zu berücksichtigen, wonach bei einem gemeinschaftlichen Handeln Mehrerer jeder auch das von den übrigen Verübte oder Bewukte, oder das nur durch das Zusammenwirken Aller Hervorgebrachte, als seine eigne Handlung zu vertreten hat; auf einen solchen Fall würde daher weder die Vorschrift des Absatzes 1. noch des Absatzes 2. des § 195 Anwendung finden, vielmehr die Sache nach Absatz 3. zu beurtheilen sein, da dann Jeder der gemeinsam Handelnden Thäter oder Urheber der ganzen That sein würde. So auch Beschl. I. 11. Apr. 1856 c. Rothe u. Gen.

Zum Absatz 1. Vgl. § 14.

2. Unter „Schlägerei" ist ein in Thätlichkeiten ausgebrochener Streit unter mehreren Personen zu verstehen. Temme Lehrb. f. 804

3. Schlägerei ist als Gegensatz gegen eine wechselseitige Mißhandlung zwischen nur zwei Personen aufzufassen, es gehören also mehr als zwei, mindestens drei Betheiligte dazu. Bes. f. 376 II; Temme Lehrb. f. 801.

4. Der einseitige Angriff muß von mindestens zwei Personen ausgegangen sein. Bes. f. 376 II; Temme Lehrb. f. 804.

5. Die Worte: „wenn ein Mensch getödtet wird" sind auch auf den Fall zu beziehen, wo der Tod die Folge zugefügter Körperverletzungen oder Mißhandlungen (§ 194. 185) gewesen ist.

6. Ob die Tödtung oder Körperverletzung ꝛc. eine vorsätzliche, fahrlässige, oder zufällige war, ist gleichgültig. Temme Lehrb. f. 804 *Contra:* wie es scheint Goltd. Matt. 2. f 421 II

7. Ebenso ist es gleichgültig, ob der Urheber der Tödtung ꝛc. ermittelt wird, oder nicht; Bes. f. 377 IV a.; G. Matt. f. 424.

8. Die in der frühern Fassung des Absatzes eins [und zwei] sich findenden Worte „Theilnehmer" und „Theilnahme" waren nicht im Sinne des § 34, sondern nach dem gewöhnlichen Sprachgebrauche als eine blos thatsächliche Theilnahme aufzufassen. Z. I. 4. Okt. 1854 c. Rockitanski (Pokoi u. Gen.; G. Arch 2. f. 672). Ebendeshalb sind denn auch in der neuen Fassung die unzweideutigern Worte: Betheiligung ꝛc. an die Stelle getreten.

9. Wenn gleich der Vorsätzlichkeit der Betheiligung im § keine Erwähnung geschieht, so wird doch eine solche unbedenklich hier vorausgesetzt, was namentlich aus den Schlußworten des ersten Absatzes klar hervorgeht. Z. I. 10. Feb. 1854 c. Haamann u. Gen. (G. Arch. 2. f. 670). Die Vorsätzlichkeit braucht aber nicht weiter

Sind mehreren Betheiligten solche Verletzungen zuzuschreiben, welche nicht einzeln für sich, sondern nur in ihrer Gesammtheit den Tod oder die schwere, oder die erhebliche Mißhandlung oder Körperverletzung zur Folge gehabt haben, so ist jeder dieser Betheiligten in den Fällen der § 194 und 193 mit Zuchthaus bis zu zehn Jahren zu bestrafen; im Falle einer erheblichen Mißhandlung oder Körperverletzung tritt die Strafe des § 192 a. ein.

---

zu gehen, als auf die Betheiligung an der Schlägerei, oder am Angriffe, und sie geht aus der Feststellung: „der Angeklagte sei schuldig an dem von Mehreren verübten Angriffe Theil genommen zu haben“ genügend hervor. Z. II. 27. Apr. 1854 c. Dorsel u. Gen.

10. Die Strafbarkeit beschränkt sich keineswegs auf diejenigen **Betheiligten**, welche gegen den Getödteten oder Verletzten Partei genommen, oder welche mit ihm selbst gerauft, oder zum Streite angereizt haben, ebensowenig ist der Besitz einer Waffe dabei irgend entscheidend. Bes. s. 377 IV. 6. Auch die Streitgenossen des Verletzten sind also strafbar.

11. Ja es ist nicht einmal erforderlich, daß der Betheiligte am Kampfe selbst thätigen Antheil genommen habe; es genügt, wenn er im Raufhandel unter den Streitenden mit anwesend war. Temme Gll. s. 252 n. 8; daher kann auch der Nachweis des Einzelnen, er habe die betr. Verletzung gar nicht zufügen können, seine Strafbarkeit nicht beseitigen. G. Matt. 2. s 423 n. 3.

12 Ebendeshalb kann auch der **Nachweis**, daß die Verletzung von einem **Andern** (sollte dieses auch ein Streitgenosse des Verletzten sein) ausgegangen, sowie die Bestrafung desselben, für die Uebrigen keine Straflosigkeit zur Folge haben.

13. Dagegen wird selbstredend eine Betheiligung zur **Zeit der Zufügung** der betreffenden Verletzung vorausgesetzt; wer sich vorher entfernt hatte, fällt nicht unter den §. Komm.-B. II. K s. 111.

14. Das „**Hineinziehen ohne eignes Verschulden**“, welches Straflosigkeit zur Folge haben soll, setzt voraus, daß dadurch die Ueberzeugung von der Unschuld begründet wird; es ist dabei vorzugsweise an den Angegriffenen, gleichzeitig aber auch an solche zu denken, welche als Friedensstifter, oder zur Wegschaffung von Verletzten dazwischen traten. Bes s. 377 IV c. Dagegen ist die Bestimmung offenbar nicht auf diejenigen auszudehnen, welche anfänglich ohne Verschulden hineingezogen, demnächst freiwillig an der Schlägerei sich betheiligt, und in derselben verblieben sind.

15. Dem in einem schwurgerichtlichen Verfahren auf Stellung einer das „Hineinziehen ohne eignes Verschulden“ betreffenden **Frage** gerichteten Antrage muß bei Nichtigkeitsstrafe (Einf Ges Art. XXIV; Ges v 3 Mai 1853 Art. 84) stattgegeben werden B. I. 7. Juli 1854 c Fischer (G. Arch. 2 s. 673)

16. **Mildernde Umstände** finden im Falle dieses ersten Absatzes nur als Strafzumessungsgründe Berücksichtigung, vgl. zu § 196. n 4.

17. Die Vorschrift des ersten Absatzes ist auf den Fall, wo Jemand bei einer Schlägerei oder einem Angriffe eine **leichte Körperverletzung** &c. erleidet, nicht auszudehnen; in diesem Falle kann die blosse Betheiligung an der Schlägerei &c. die Verhängung einer Strafe nicht rechtfertigen, es bedarf vielmehr dann der Feststellung der Begriffsmerkmale der Theilnahme im Sinne des § 34 an der That des Urhebers jener Verletzung B. 20. Okt 1852 c. Oczipka.

Zum Absatz 2.

18. In dem hier vorgesehenen Falle ist es wesentlich, daß der Tod oder die betr. Körperverletzung &c. durch **mehrere**, **von verschiedenen Urhebern herrührende**, Verletzungen in ihrer **Gesammtheit**, d. h. also durch ihr Zusammenwirken herbeigeführt worden sei; die Urheber solcher Verletzungen, welche zur Her-

Die Anwendung der Gesetze gegen diejenigen, welche als Urheber eines Mordes oder Todtschlags, oder einer schweren oder erheblichen Körperverletzung oder als Theilnehmer an diesen strafbaren Handlungen schuldig sind (§ 34 Nr. 1. 2.) ist hierdurch nicht ausgeschlossen.

[Entw. § 178] Vgl. § 192 a.—194 196. 185; AKO. v 21. April 1856 (G.S. f. 220).

§. 196. *) **War bei einer Mißhandlung oder Körperverletzung der Thäter ohne eigne Schuld durch eine ihm selbst,**

*) Seine jetzige Fassung erhielt der § durch das Ges. v. 14. April 1856 (G.S. f. 210); die ursprüngliche Fassung lautete:

§. 196. War bei einer Mißhandlung oder Körperverletzung der Thäter ohne Schuld durch eine ihm selbst oder seinen Angehörigen zugefügte Miß-

beiführung jener Folge nicht mitgewirkt haben, können daher nicht von der Strafe des zweiten, sondern nur von der des ersten Absatzes betroffen werden; wäre also z B. nur eine einzige Verletzung die Todesursache gewesen, so würden die ermittelten Urheber aller andern Verletzungen, die zur Herbeiführung des Todes nicht mitgewirkt haben, nur der Strafe des ersten Absatzes unterliegen, ohne Unterschied, ob der Urheber der Hauptverletzung ermittelt worden sei, oder nicht.

19. Der Absatz zwei setzt, unzweifelhaft die Vorsätzlichkeit der zugefügten Verletzungen voraus. Temme Gll. f. 253 n 11; id. Lehrb f 805.

20. Liegen mehrere Verletzungen vor, welche nicht einzeln, sondern nur in ihrer Gesammtheit den Tod 2c. zur Folge hatten, sind aber nur die Urheber einzelner derselben, nicht aller ermittelt, so unterliegen die ermittelten unbedenklich der Strafe des Absatzes zwei *Contra* ohne zutreffende Gründe: Temme Gll. f. 253 n. 9.

Zum Absatz 3.

21. Die Vorschrift dieses Absatzes ist unbedenklich auch auf den Fall des § 194 anzuwenden, wenn gleich seine Fassung ihn nicht umfaßt

22. An sich würde auch der Fall, wo die Tödtung oder Verletzung durch Fahrlässigkeit geschah, hier nicht ausgeschlossen sein; da aber der auf jeden Betheiligten, also auch auf den ermittelten Urheber anwendbare Absatz eins, eine höhere Strafe als § 184 und 198 androht, der wirkliche Urheber aber doch nicht günstiger gestellt sein kann, als der Dritte, der sich nur an der Schlägerei betheiligt hat, so muß auch er der Strafe des ersten Absatzes unterliegen. Vgl. Temme Gll. f. 252 n. 6

23. Der § hat den Fall nicht ausdrücklich berührt, wo verschiedene tödtliche Verletzungen von verschiedenen, demnächst ermittelten Personen zugefügt worden sind, es aber nicht feststeht, welche von ihnen in Wirklichkeit den Tod herbeigeführt hat. Koch f. 1015 n. 34 will in diesem Falle gegen jeden die Strafe des § 194 zur Anwendung bringen. Temme (Gll. f. 253 n. 10; id. Lehrb. f. 805 Note) will dagegen jeden nur nach Absatz eins bestrafen, ebenso G. Matt 2 f. 421 III. 1. b. Für diese Ansicht spricht, daß es nicht darauf ankommen kann, ob irgend eine Folge herbeigeführt werden konnte, sondern ob sie objektiv herbeigeführt worden ist Dieselben Grundsätze sind bei schweren 2c Körperverletzungen anzuwenden.

24 Ueber den Fall eines gemeinschaftlichen Handelns Mehrerer vgl. oben n. 1.

§. 196.

1. Dieser § stimmt im Allgemeinen mit dem § 177 überein, und es sind daher die zu letztern gemachten Bemerkungen hier zu vergleichen Unterschiede finden nur insofern statt, als § 196 ausser dem Reize auch noch die Berücksichtigung anderer mildernder Umstände gestattet, und als seine Wirksamkeit bei der einem Ascendenten zugefügten Körperverletzung ausgeschlossen ist.

oder seinen Angehörigen zugefügte Mißhandlung oder schwere Beleidigung von dem Verletzten zum Zorn gereizt, und dadurch auf der Stelle zur That hingerissen worden, oder wird festgestellt daß andere mildernde Umstände vorhanden sind, so ist im Falle der Tödtung (§ 194. 195.) auf Gefängniß nicht unter sechs Monaten, im Falle einer schweren Mißhandlung oder Körperverletzung (§ 193.) auf Gefängniß nicht unter drei Monaten, und im Falle der erheblichen Mißhandlung oder Körperverletzung (§ 192 a.) auf Gefängniß nicht unter vier Wochen zu erkennen.

Diese Ermäßigung der Strafe bleibt ausgeschlossen, wenn das Verbrechen gegen leibliche Verwandte in aufsteigender Linie begangen wird.

[Entw. § 179.] Vgl. § 177. 41 191; Einf.-Ges. Art. XXIV; Ges. v. 3 Mai 1852 Art. 84; AKO. v. 21 April 1856 (G.-S. S. 220).

§. 197. Wer vorsätzlich einem Andern Gift oder andere Stoffe beibringt, welche die Gesundheit zu zerstören geeignet sind, wird mit Zuchthaus bis zu zehn Jahren bestraft.

---

handlung oder schwere Beleidigung von dem Verletzten zum Zorne gereizt, und dadurch auf der Stelle zur That hingerissen worden, oder wird festgestellt, daß andere mildernde Umstände vorhanden sind, so ist im Falle einer schweren Körperverletzung (§ 193) auf Gefängniß nicht unter sechs Monaten und im Falle der Tödtung (§ 194 und § 195.) auf Gefängniß nicht unter Einem Jahre zu erkennen.

Diese Ermäßigung der Strafe bleibt aber ausgeschlossen, wenn das Verbrechen gegen leibliche Verwandte in aufsteigender Linie begangen wird.

---

2. „Schwere Beleidigung“ ist hier nicht als Gegensatz gegen „einfache Beleidigung“ aufzufassen; es gehören daher nicht alle Ehrverletzungen, mit alleinigem Ausschlusse der im § 343 vorgesehenen hierher; vielmehr ist in jedem Einzelfalle nach den Umständen thatsächlich zu prüfen, ob die Beleidigungen als „schwere“ bezeichnet zu werden verdienen.

3. Die andern mildernden Umstände, deren Berücksichtigung das Gesetz hier gestattet, sind nicht an bestimmte Thatsachen und Zustände geknüpft, sondern aus einer Gesammt-Anschauung des Falles zu entnehmen; ist daher Stellung einer hierauf bezüglichen Frage an die Geschwornen beantragt, so ist dem Antrage in der eignen Fassung des Gesetzes statt zu geben. B 2. Apr. 1852 c Böhm u Gen. (G. Arch. 1. S. 87).

4. Wenn auch für die Fälle der [erheblichen und] schweren Körperverletzung nur auf den § [192a. und] 193 verwiesen ist, so sind doch unbedenklich auch die Fälle hierher gehörig, wo wegen einer derartigen Verletzung die Strafe nach § 195 (Absatz 2.) zu bemessen ist. G. Matt. 2. S. 425; Temme Gll. S. 254; Koch S. 1045 n. 36.

5. Dagegen ist die Berücksichtigung mildernder Umstände nur in Betreff des Urhebers (Thäters) einer Körperverletzung, nicht also im Falle des ersten Absatzes des § 195. statthaft. Z. I. 4. Okt. 1854 c. Demuth.

6. Der zweite Absatz bezieht sich nicht nur auf den Fall, wo die That ein Verbrechen, sondern auch auf den Fall, wo sie ein Vergehen (§ 192a.) darstellt.

Hat die Handlung eine schwere Körperverletzung (§ 193.) zur Folge gehabt, so besteht die Strafe in Zuchthaus von zehn bis zu zwanzig Jahren.

Hat die Handlung den Tod zur Folge gehabt, so tritt lebenslängliche Zuchthausstrafe ein.

Diese Bestimmungen berühren nicht den Fall, wo der Thäter die Absicht zu tödten hatte.

[Entw. § 180.] Vgl. § 304. 175 flg

---

§. 197.

1. Temme (Lehrb. s 838) definirt Gift als einen Stoff, welcher chemisch, nicht mechanisch auf die Zerstörung des menschlichen Organismus wirkt.

2. Ob ein Stoff diese Eigenschaft habe, und also als Gift anzusehen sei, hat der Richter der Thatsachen festzustellen. Z I. 11. Apr 1856 c Licht.

3 Im Begriffe des „Gifts“ liegt es, daß es geeignet sei, die Gesundheit zu zerstören; wo daher die Qualität eines Stoffs als Gift festgestellt ist, bedarf es der fernern Feststellung jener Eigenschaft nicht mehr Z. I. 11 Apr. 1856 c. Licht.

4. Die Beibringung einer jeden Quantität Gift, als eines an sich zur Zerstörung der Gesundheit tauglichen Mittels, soll nach Z. I. 11 Apr. 1856 c. Licht die Anwendbarkeit des Abs. 1. rechtfertigen, und es der Feststellung nicht bedürfen, daß diese Quantität zur Tödtung oder Körperbeschädigung hingereicht habe Es liesse sich indessen hier die Frage aufwerfen, ob ein giftiger Stoff in durchaus unschädlicher Quantität wirklich als „Gift“ im gesetzlichen Sinne anzusehen sei, und ob daher nicht die Feststellung der Beibringung von „Gift“ die Annahme einer zur Beschädigung geeigneten Quantität in sich schliesse. Vgl n 5

5. Anwendung von Gift in wirklich unschädlicher Quantität, ist ein Versuch mit einem relativ untauglichen Mittel; ob derselbe einen Anfang der Ausführung enthalte, ist eine nach den Umständen zu beantwortende thatsächliche Frage, deren Bejahung gegen keinen Rechtsgrundsatz verstößt. Z. II. 16. Okt. 1854 c. Rauchfuß (JMBl. 55. s. 34; G. A. 2. s 823); vgl. zu § 31. n. 5.

6. Die „Vorsätzlichkeit“ der Handlung schließt die Kenntniß von den schädlichen Folgen in sich Komm - Ber. I. K. s. 29; behauptet der Angeklagte seine Unkenntniß, so ist es seine Sache, eine hierauf bezügliche Zusatzfrage an die Geschwornen zu beantragen. Z. I. 11. Apr. 1856 c. Licht.

7. Frühere Entwürfe enthielten als Begriffserforderniß „die Absicht zu schaden“; sie ist später durch das einfachere „vorsätzlich“ ersetzt worden; hieraus schloß Z. I 11. Apr 1856 c Licht, daß das letztere auch jene Absicht mit umfasse. Vgl. Temme Gll. s. 255 n 5; id. Lehrb. s 839; nach ihm genügt als Dolus das Bewußtsein, daß eine die Gesundheit zerstörende oder beschädigende Substanz beigebracht werde, indem diese bei einem zurechnungsfähigen Menschen die Absicht zu schaden in sich schliesse; in diesem Sinne müsse der Dolus allerdings auf Gesundheitsbeschädigung gerichtet sein. Jedenfalls wird eine weiter auf Erreichung eines bestimmten rechtswidrigen Erfolges gerichtete Absicht nicht erfordert. Bes s. 380. II.

8. Die Heimlichkeit ist kein Begriffserforderniß dieses Verbrechens. *Contra:* Temme Lehrb. s 839.

9. Ebensowenig bedarf es einer wirklich stattfindenden nachtheiligen Einwirkung auf die Gesundheit; das Verbrechen ist durch die Beibringung des Gifts vollendet. Z. I. 11. Apr. 1856 c. Licht; Bes s. 380 IV; Temme Lehrb. s. 839.

10. Handelte der Thäter in der Absicht zu tödten, so kann es sich nur fragen, ob ein Mordversuch vorliege; der § 197. ist dann ausgeschlossen. Beseler s. 380 I.

§. 198. Wer durch Fahrlässigkeit einen Menschen körperlich verletzt, oder an der Gesundheit beschädigt, soll mit Geldbuße von zehn bis zu Einhundert Thalern oder mit Gefängniß bis zu Einem Jahre bestraft werden.

Diese Bestrafung soll nur auf den Antrag des Verletzten stattfinden, insofern nicht eine schwere Körperverletzung (§ 193.) vorliegt, oder die Verletzung mit Uebertretung einer Amts- oder Berufspflicht verübt worden ist.

[Entw. § 181.] Vgl. § 184. 203 50 flg

§. 199. Wer, ohne vorschriftsmäßig approbirt zu sein, gegen Belohnung, oder einem besonderen, an ihn erlassenen polizeilichen Verbote zuwider, die Heilung einer äußeren oder inneren Krankheit oder eine geburtshülfliche Handlung unter-

---

§. 198.

1. Ob eine Handlung eine fahrlässige sei, ist Gegenstand thatsächlicher Beurtheilung. Z. I. 10. März 1854 c. Kolbe. Vgl. zu § 184. n. 3.

2. Temme (Lehrb. s. 840) will auch hier nur diejenigen Verletzungen für strafbar erachten, welche Folge einer gegen den Körper des Verletzten gerichteten Thätlichkeit gewesen sind; er rechnet daher z. B. die durch kulposes Erschrecken bewirkten Gesundheitsbeschädigungen nicht hierher.

3. Der Strafe dieses § unterliegt auch Derjenige, welcher wissend, daß er an der Syphilis leidet, mit andern Personen den Beischlaf vollzieht, und diese ansteckt. Z. I. 7. März 1855 c. Renner.

4. Auch Aerzte rc., welche durch versäumte Hülfeleistung Ursache zu einer Gesundheitsbeschädigung geben, werden von dieser Strafe betroffen, unbeschadet der Vorschrift des § 200. Koch s. 1016 flg. n. 41. 43.

5. Muß den Geschwornen eine auf eine fahrlässige Körperverletzung bezügliche Frage vorgelegt werden, so ist der Begriff der „schweren“ oder „erheblichen“ Körperverletzung in seine wesentlichen Merkmale nach § 193 und 192 a. aufzulösen, und nicht in der Abstraktion jener Ausdrücke allein aufzunehmen. B. I. 6 Juli 1854 c. Schmidt (G. Arch. 2. s. 667).

6. Vgl. im Uebrigen zu § 184.

§. 199.

1. Die Bestimmung des § 177. der Gewerbe-Ordnung v. 17. Jan. 1845 ist, soweit sie nach § 42. ibid. das ärztliche Personal betrifft, durch § 199 ersetzt, welche selbst noch weiter gehend auch den einzelnen, nicht gewerbsmässig, aber gegen Belohnung betriebenen Fall umfaßt, und eine höhere Strafe androht. B. I. 4. Jan. 1856 c Bieck (JMBl. s. 42).

2. Für einen vorschriftsmässig approbirten Arzt kann die Vornahme von Kuren nicht von einem an ihn ergangenen polizeilichen Verbote abhängig gemacht werden. Komm.-Ber II K. s 112. Etwas Anderes wäre es, wenn einem Arzte die Approbation später entzogen worden ist; von diesem Augenblicke an würde er als nicht approbirt anzusehen, und der § auf ihn im vollen Maasse anwendbar sein. *Contra:* Temme Lehrb. s. 842 Note

3. Ausländische Aerzte sind nur, insofern sie dazu von der kompetenten Behörde die Ermächtigung erlangt haben, befugt im Inlande die Heilkunst auszuüben; überschreiten sie den ihnen zur Praxis bezeichneten Bezirk, so sind sie strafbar. B. Rh. Kass.-H. 23. Nov. 1840 c. Mayrisch (Rh Arch. 30 2. A. s. 109)

4. Ueberhaupt ist der § auch auf alle Personen anwendbar, welche nur eine bestimmte oder beschränkte Approbation besitzen, und über dieselbe hinaus-

nimmt, wird mit Geldbuße von fünf bis zu funfzig Thalern oder mit Gefängniß bis zu sechs Monaten bestraft.

Diese Bestimmung findet keine Anwendung, wenn eine solche Handlung in einem Falle vorgenommen wird, in welchem zu dem dringend nöthigen Beistande eine approbirte Medizinalperson nicht herbeigeschafft werden kann.

[Entw. § 182.] Vgl. § 345 Nr. 2 u. 4; Gew.-Ordn. v. 17. Jan. 1845. § 42. 177; Sanitätspolizeil. Vorschr. gen. durch AKO v. 8 Aug. 1835 § 17. 72. (G.S s. 240.)

---

gehen. G. Matt. 2. s. 432 n. 3. Das gilt namentlich auch von den Wundärzten zweiter Klasse Z. II. 10. Feb. 1853 c. Kuhle. (Entsch. 25. s. 243). Aehnlich B. Rh. Kass.-H. 16. Dez. 1837 c. Bauduin (Rh. Arch. 26 2. A. s. 63)

5. Dagegen sind Wundärzte erster Klasse an sich zur Betreibung der innern Heilkunde qualifizirt, und der § 199, welcher den Mangel einer Approbation voraussetzt, ist auf sie nicht anwendbar. Die AKO. v. 17. Juni 1837 ist in Verbindung mit den Min.-Verfügungen v. 24. Aug. 1825 (AKO. v. 28. Aug. 1825) und v. 30. Juni 1837 (v Kamptz Ann. 21. s. 558) dahin auszulegen, daß jenen Wundärzten erster Klasse nicht die Heilung innerer Krankheiten, sondern nur, bei Verlust ihrer Approbation, die Domizilirung in Orten, in welchen ein promovirter Arzt wohnt, untersagt ist. Erst wenn in einem solchen Falle nach Anleitung der cit. Verf. v. 30. Juni 1837 ihre Approbation in die eines Wundarztes zweiter Klasse umgeschrieben worden ist, beginnt, mit dem Mangel der Approbation zur ärztlichen Praxis, auch die Strafbarkeit nach § 199. Folgerichtig steht es „den Wundärzten „erster Klasse, welche sich an einem Orte niederlassen, an welchem ein promovirter „und approbirter Arzt nicht ansässig ist, zu, von diesem Orte aus, auch an solchen „Orten, an welchen promovirte und approbirte Aerzte ansässig sind, die innere ärzt„liche Praxis zu betreiben“ Z. II. 10. Feb. 1853 c. Kuhle (Präj n. 17; Entsch. 24 s 495; 25 s 243; G. Arch 1. s 244). Aehnlich B. 27. Sept. 1852 c Schmidt (G. Arch 1. c.); Z. II. 20. Okt. 1853 c. Weitzman (G. Arch. 2. s. 121); vgl zu § 105. n. 12

6. Personen, welche die Approbation als praktischer Arzt nicht besitzen, können nur ausnahmsweise die Erlaubniß erhalten, Wasserkuren innerhalb der von ihnen errichteten Anstalten anzuwenden. Ausserhalb der Anstalt ist diesen Personen die gesetzliche Erlaubniß zur Anwendung von Wasserkuren gänzlich versagt (Regl. v. 15 Juni 1842 G S. s. 243). Eine Zuwiderhandlung fällt unter die Bestimmung des § 199. B. I. 4 Jan. 1856 c Bieck (JMBl. s. 42).

7. Zur Ausübung der Thierheilkunde bedarf es einer Approbation nicht, indem die Gewerbe-Ordnung die thierärztliche Praxis ganz frei geben wollte Vgl. Verf. Min. d. Med.-Ang v. 31. März 1847 (MBl. f. d. i V. s. 52), und eine Erklärung des Regierungs-Kommissars in der Kommission der zweiten Kammer für Handel und Gewerbe in der Sitzungs-Periode $18\frac{53}{54}$, relatirt im Berichte III. dieser Kommission (n 239). Ausübung dieser Heilkunde ohne Approbation ist daher weder nach § 199, noch nach der Gew.-Ordn. v. 17. Jan. 1845 § 177 strafbar. Vgl zu § 105. n. 14

8. Die Heilung muß gegen Belohnung unternommen sein; es wird daher eine (wenigstens stillschweigende) Uebereinkunft darüber, daß eine Belohnung geleistet werden solle, vorausgesetzt; Bes. s. 382 Es ist sonach nicht erforderlich, daß eine Belohnung bereits gegeben, oder gefordert sei, vielmehr genügt es, wenn die Heilung in der Erwartung einer solchen, also ohne die Absicht der Unentgeltlichkeit unternommen ist. Dagegen kann dem Angeklagten der Beweis der Absicht der unentgeltlichen Behandlung nicht auferlegt werden, da das Gegentheil zu dem ihm nachzuweisenden Thatbestande gehört. Z. I 11 Mai 1855 c Hanko. Ein nachträgliches freiwilliges Geschenk macht die unentgeltlich vorgenommene Handlung nicht strafbar. G. Matt 2. s 431.

9. Die Motise (s. 52) scheinen anzudeuten, als wenn die Worte „gegen Belohnung“ gleichbedeutend mit „gewerbsmässig“ seien; jene Worte haben indessen

§. 200. **Medizinalpersonen, welche in Fällen einer dringenden Gefahr ohne hinreichende Ursache ihre Hülfe verweigern, sollen mit Geldbuße von zwanzig bis zu fünfhundert Thalern bestraft werden.**

[Entw. § 183.] Vgl. § 340 Nr. 7; Gew.-Ordn. v. 17. Jan. 1845 § 71.

---

einen weitern Begriff, indem hiernach auch eine einmalige Handlung unbedingt strafbar ist, und eine Mehrheit von Fällen reale Konkurrenz begründet, welches beides nicht zutreffen würde, wenn Gewerbmässigkeit gefordert würde. Bes. s. 382; *Contra:* Temme Gll. s 255 n. 2, welcher die Strafbarkeit hiernach nur annimmt, wenn wirklich Gewerbmässigkeit festgestellt wird. Vgl. unten n. 13.

10. Als Unternehmen der Heilung einer äussern oder innern Krankheit sind nur wirkliche Einwirkungen auf den Körper des Verletzten anzusehen, da auch die ertheilten Approbationen nur auf solche sich beziehen. Angebliche Heilversuche durch blosse Gebete oder dgl. fallen daher nicht unter den §.

11. Das Setzen von Schröpfköpfen ist eine chirurgische Operation, und nur denjenigen gestattet, welche dazu die Approbation erlangt haben. B. Rh. Kass.-Hof 15. Sept. 1838 c. Marx (Rh. Arch 27. 2. A. s 51). Vgl. n. 12.

12. Schröpfen, Aderlassen und Blutegelsetzen ohne Approbation oder trotz eines polizeilichen Verbots ist selbst dann strafbar, wenn es auch nur auf jedesmalige Anweisung eines Arztes geschah, da der § nicht nur der zweckwidrigen Vornahme solcher chirurgischen Operationen, sondern auch der kunstwidrigen Ausführung derselben vorbeugen will. Z. I. 2. Feb 1855 c. Kühne. *Contra:* B. I. 28. Juni 1854 c. Kaminsky, welches es als Unternehmung der Heilung einer Krankheit nicht, wenigstens nicht ohne besondre thatsächliche Voraussetzungen, ansehen wollte, wenn Jemand nach Anleitung eines Arztes, bei der von diesem übernommenen Heilung irgend einen Dienst (z. B. Aderlaß 2c) verrichtet. Vgl. n. 11.

13. Wer bei verschiedenen Personen, zu verschiedenen Malen und zu verschiedenen Zeiten die Heilung von Krankheiten unternimmt, macht sich des wiederholten Vergehens schuldig, und unterliegt den Vorschriften des § 56. Z 24. Nov. 1852 c. Reining. Vgl n. 9.

14. Eine frühere Verurtheilung auf Grund des § 707. Thl. II. 20 des ALR. rechtfertigt jetzt die Anwendung der Rückfallsstrafe nach § 58. des StGB. Z. 24. Nov. 1852 c Reining.

15. Die Vorschrift des zweiten Absatzes stellt sich deutlich als eine solche dar, welche einen vom Angeklagten zu behauptenden und zu beweisenden Einwand enthält. Z. I. 11. Mai 1855 c. Hanko.

§. 200.

1. Zu den „Medizinalpersonen“ gehören unbedenklich auch Hebeammen. G. Matt. 2 s. 433 n. 3; Temme Lehrb. s. 843 Note 3

2. Nicht aber gehören Apotheker dazu. Temme Lehrb. s. 843 Note 3. *Contra:* id Glossen s 256 n. 1

3. Ebensowenig sind Thierärzte hierher zu rechnen, sie sind als „Medizinalpersonen“ nicht zu betrachten, da die thierärztliche Praxis grundsätzlich freigegeben ist. Vgl. zu § 199 n. 7.

4. Die dringende Gefahr muß objektiv, nicht etwa blos nach der Ansicht des Hülfe suchenden vorhanden sein; ausserdem muß der Arzt 2c. das Vorhandensein derselben, und die Nothwendigkeit der Hülfe erkannt haben. Temme Lehrb. s 843.

5. Das „Verweigern“ der Hülfe setzt voraus, daß dieselbe gefordert worden sei Temme Lehrb. s. 843. Uebrigens muß das unmotivirte Nichtleisten einer als nothwendig erkannten Hülfe als Verweigerung derselben angesehen werden, eine solche liegt im thatsächlichen Nichtkommen. Das erkennt an: Z. 25. Juni 1852 c. Munk.

6. Der Angeklagte muß das von ihm behauptete Vorhandensein hinreichender Ursachen zur Verweigerung beweisen. Z. 25. Juni 1852 c. Munk (indirekt).

§. 201. Hebeammen, welche verabsäumen, einen approbirten Geburtshelfer herbeirufen zu lassen, wenn bei einer Entbindung Umstände sich ereignen, die eine Gefahr für das Leben der Mutter oder des Kindes besorgen lassen, oder wenn bei der Geburt die Mutter oder das Kind das Leben einbüßt, werden mit Geldbuße bis zu funfzig Thalern oder mit Gefängniß bis zu drei Monaten bestraft.

[Entw § 184] Vgl. Gew.-Ordn. v. 17. Jan 1845 § 71.

§. 202. Baumeister und Bauhandwerker, welche bei der Ausführung eines Baues wider die allgemein anerkannten Regeln der Baukunst dergestalt gehandelt haben, daß hieraus für Andere Gefahr entsteht, sollen mit Geldbuße von funfzig bis zu dreihundert Thalern oder mit Gefängniß von sechs Wochen bis zu sechs Monaten bestraft werden.

Im Rückfalle können sie zugleich der Befugniß zur selbstständigen Betreibung ihrer Kunst oder ihres Gewerbes verlustig erklärt werden.

[Entw. § 185] Vgl § 345 Nr. 11. 12.

---

7 Daß für den Kranken ein Nachtheil entstanden sei, ist zur Anwendung des § nicht erforderlich. Komm.-Ber II. K. s. 113 Ist ein solcher eingetreten, so liegt auch der Thatbestand der in den §§ 184 oder 198. vorgesehenen Vergehen in idealer Konkurrenz vor G. Matt 2. s. 433 n. 2

8 Auf einen bestimmten Dolus des Thäters kommt Nichts an, da eben Pflichtverletzung, unterlassene Erfüllung der Berufspflicht den Thatbestand ausmacht. Z. 25. Juni 1852 c. Munk; Temme Lehrb. s 843; id. Gll. s. 256 n 3

§. 201.

1 Das blosse Verlangen der Herbeirufung beseitigt die Strafbarkeit nicht; auf der andern Seite kann aber auch nicht gefordert werden, daß die Hebeamme die Herbeiholung wirklich bewirke. G. Matt. 2. s. 434; Temme Gll. s. 256 n. 2; Koch s. 1017 n. 44.

2. Bedingung der Strafbarkeit ist, daß die Hebeamme die Gefahr erkannt habe Temme Gll. s 256 n. 1.

3. Nach erfolgtem Tode der Mutter oder des Kindes ist die Herbeiholung des Geburtshelfers deshalb für nöthig erachtet worden, um die Schuld oder Schuldlosigkeit der Hebeamme konstatiren zu lassen. G. Matt. 2. s 434.

4. Auch hier trifft die Strafe den Dolus wie die Culpa. Temme Gll. s. 256 n. 3.

5. Treffen beide im § vorgesehenen Fälle der Verabsäumung zusammen, so liegen zwei selbstständige Vergehen in realer Konkurrenz vor. G. Matt. 2. s 434; Temme Gll. s. 256 n. 1.

6. Vgl. im Allgemeinen Verf. der Regierung zu Arensberg v. 26. Juli 1852 (Min.-Bl. f. d. i Verw. 1852 s. 216; v. Rönner s. 129).

§. 202.

1. Die Frage, ob Jemand Bauhandwerker sei, ist eine wesentlich thatsächliche nach dem Umfange des betriebenen Gewerbes und der ertheilten Konzession zu beantwortende. Z. I. 18. Jan. 1854 c. Böhme.

2. Da hier nicht blos von Baumeistern, sondern allgemein von Bauhandwerkern die Rede ist, so kann der Mangel der Konzession als Meister und der

§. 203. Wenn bei einer vorsätzlich verübten Körperverletzung der Thäter die ihm vermöge seines Amtes, Berufes oder Gewerbes obliegenden besonderen Pflichten übertreten hat, so soll derselbe zugleich auf eine bestimmte Zeit, welche die Dauer von fünf Jahren nicht übersteigen darf, oder für immer zu einem solchen Amte für unfähig, oder der Befugniß zur selbstständigen Betreibung seiner Kunst oder seines Gewerbes verlustig erklärt werden.

Auch bei fahrlässig verübten Körperverletzungen kann der Thäter wegen Vernachlässigung der besonderen Amts-, Berufs- oder Gewerbspflichten, wenn sich derselbe im Rückfalle befindet, zugleich auf eine bestimmte Zeit, welche die Dauer von fünf Jahren nicht übersteigen darf, oder für immer zu einem solchen Amte für unfähig, oder der Befugniß zur selbstständigen Betreibung seiner Kunst oder seines Gewerbes verlustig erklärt werden.

[Entw § 186.] Vgl § 184

Berechtigung zur selbstständigen Ausführung von Bauten der Anwendbarkeit des § nicht entgegenstehen. Z. I 18 Jan 1854 c. Böhme

3. Die Bauhandwerker sind hier nicht nur für solche Handlungen, welche ihrem eignen Gewerbe angehören, sondern für *jede Zuwiderhandlung* wider die anerkannten Regeln der Baukunst im Allgemeinen verantwortlich gemacht; sie unterliegen daher auch dann diesem Gesetze, wenn sie die ihnen durch ihre Konzession gestellten Gränzen überschreiten. Z. I 18 Jan 1854 c. Böhme.

4. Die *Gefahr* muß für Leben und Gesundheit vorhanden sein Temme Lehrb. ſ 844; id. Gll ſ 256

5. Nicht die blosse *Möglichkeit* einer *Gefahr*, sondern ihr wirklicher Eintritt ist erforderlich. Temme Lehrb. ſ. 844; id. Gll. ſ. 256 Dagegen unterscheidet der § zwischen einer gegenwärtigen, d. i unmittelbar drohenden, oder einer erst künftig entstehenden [durch gewisse leicht eintretende Eventualitäten bedingten] Gefahr nicht Beschl. I. 9. Mai 1855 c Krebs.

6. Eine *Gefahr* im Sinne des § beginnt erst mit dem Augenblicke, wo das Gebäude zu seinem Zwecke (das Haus also zum Bewohnen) benutzt werden darf; wenn daher nach baupolizeilichen Vorschriften jeder Rohbau vor seiner Vollendung zunächst von einem Bauverständigen geprüft werden muß, so können die bei dieser Revision entdeckten Mängel, wenn ihnen sofort vollständig abgeholfen, und jeder daraus drohenden Gefahr vor Vollendung des Baues vorgebeugt wird, den Thatbestand dieses § nicht darstellen. Z. I. 9. Jan 1856 c Krebs (G. A. 4. ſ 252) Das Gegentheil würde nur dann Platz greifen, wenn die Mängel der Art wären, daß daraus für die beim Baue beschäftigten Arbeiter eine Gefahr entstände.

7 Daß der *Bauherr* die Ausführung des Baues in der stattgehabten Weise *verlangt* habe, schließt die Strafbarkeit nicht aus. Temme Lehrb. ſ. 844.

8. Ob *Dolus* oder *Culpa* vorliege, ist gleichgültig. Temme Gll ſ 257.

§. 203.

1. Ueber die Berechnung der *Dauer* einer auf Zeit ausgesprochenen Unfähigkeit oder Verlustigerklärung vgl. zu § 25. n 2.

Siebenzehnter Titel.

Verbrechen und Vergehen wider die persönliche Freiheit.

§. **204.** Wer einen Menschen durch List oder Gewalt entführt, um ihn entweder in hülfloser Lage auszusetzen, oder ihn in Sklaverei oder Leibeigenschaft, oder in auswärtige Kriegsdienste oder Schiffsdienste zu bringen, begeht einen Menschenraub und soll mit Zuchthaus von fünf bis zu zwanzig Jahren bestraft werden.

[Entw § 187.] Vgl. § 69 Nr. 1 3; 111 210

§. **205.** Wer einen Menschen unter sechszehn Jahren durch List oder Gewalt entführt, um ihn zum Betteln oder zu gewinnsüchtigen oder unsittlichen Zwecken oder Beschäftigungen

---

§. 204.

1. Auf Alter und Selbstständigkeit des entführten Menschen kommt Nichts an. Motive S. 54; Ber. S. 393 IV; Temme Gll. S. 258 n. 2.

2. List ist hier Willensbestimmung durch falsche Vorspieglungen, und andre Irreleitung. Temme Gll S. 258 n. 4.

3. Gewalt umfaßt auch die Drohung. Ber. S. 393 III; T Gll. S 258 n. 4.

4. Gewalt ist auch ohne die Ueberwindung eines geleisteten Widerstandes, oder ohne daß ein entgegengesetzter Wille des Entführten obgewaltet habe, möglich (z. B. bei Personen, welche keinen Willen haben). Vgl. Temme Gll. S 258 n. 4

5. Durch das Wort „Entführen“ sollte die vollendete Bemächtigung der Person bezeichnet werden. Motive S. 55.

6. Gehört zum Begriffe des „Entführens“ die Entfernung vom jeweiligen Aufenthaltsorte? Ber. (S. 393 II.); Temme (Gll. S. 258 n. 3; und Lehrb. S. 873); Goltd. (Matt. 2. S. 439 n 3, und S 444 n 7) und Koch (S. 1019 n. 52) bejahen. Die blosse Bemächtigung zum Zweck der Entführung stellt einen Versuch dar. Temme l c.

7. Entfernung aus dem Preußischen Staatsgebiete ist nicht erforderlich. Motive S 54.

8. Die „hülflose Lage“ ist nicht im Sinne des § 190 auf den Fall zu beschränken, wo Jemand ohne fremde Hülfe seine Existenz nicht ferner fristen kann; wohl aber verlangt Temme (Lehrb. S. 874) irgend eine erhebliche Gefahr für Leib oder Leben

9. Die Erreichung der verbrecherischen Absicht, also z B. des Menschenverkaufs, der Aussetzung rc. gehört nicht zum Thatbestande dieses Verbrechens Motive S. 55. Daher ist die Freigebung vor Erreichung der Absicht nicht als ein freiwillig aufgegebener Versuch zu betrachten. Koch S. 1018 n. 48.

10. Das Verbrechen besteht hier wesentlich in der Freiheitsberaubung, setzt sich also so lange fort, als diese dauert; erst mit dem Ende derselben kann daher der Lauf der Verjährung beginnen G. Matt. 2. S. 439 n 5; 1. S. 435; Koch S 1018 n. 48 Vgl. zu § 46 n. 11. und dagegen Gilb. C. d'Instr. Art. 637. n. 23 24. und unten zu § 208 n. 13. — Ein Gleiches gilt aber nicht von der Dauer der hülflosen Lage; mit Beendigung der Aussetzung ist das Verbrechen vollendet, und die Verjährung beginnt.

§. 205.

1. Ob die Entführung aus der Obhut der Eltern, Vormünder rc. geschehe, ist gleichgültig. Temme Lehrb. S. 876.

2. Ebenso gleichgültig ist, ob Eltern oder Vormünder rc. eingewilligt haben. G. Matt. 2 S. 440; Temme Lehrb S. 876. Koch S. 1018 n. 49.

zu gebrauchen, wird mit Zuchthaus bis zu funfzehn Jahren bestraft.

[Entw. § 188.] Vgl. § 118. 147. 341. 206.

§. 206. Wer eine minderjährige Person durch List oder Gewalt ihren Eltern oder Vormündern entführt, wird mit Gefängniß nicht unter Einem Jahre bestraft.

[Entw. § 189.] Vgl. § 138. 204. 205. 207 flg.

§. 207. Wer eine Frauensperson durch List oder Gewalt entführt, um sie zur Unzucht oder zur Ehe zu bringen, wird mit Zuchthaus bis zu zehn Jahren bestraft.

[Entw. § 190] Vgl. § 208. 209.

---

3. Da List oder Gewalt erheischt wird, so schließt eine freie Einwilligung des Entführten die Strafbarkeit aus, insofern nach dem Alter desselben überhaupt von seiner Einwilligung die Rede sein kann. Temme Lehrb. f. 876; Vgl. G. Matt. 2. f. 440; Koch f. 1018 n. 49.

4. Vgl. im Uebrigen zu § 204.

§. 206.

1. Hier wird die Entführung mit Strafe bedroht, welche lediglich zum Zwecke der Vereitelung des Erziehungs- und Beaufsichtigungsrechts der Eltern und Vormünder verübt wird. Motive f. 55.

2. Daher schließt die Einwilligung der Eltern ꝛc. die Anwendbarkeit des § aus, sollte auch das Kind gezwungen, oder durch List zur Einwilligung gebracht sein. Temme Gll. f. 259 n. 2, welcher diese Ansicht im Lehrb. f. 876 mit Unrecht zurücknimmt, da die Eltern ꝛc. das Recht haben, über den Aufenthalt des Minderjährigen zu verfügen.

3. Auf den weitern Zweck der Entführung kommt Nichts an. Temme Gll. f. 259 n. 4.

4 Den Minderjährigen sind hier Blödsinnige und andre unter Vormundschaft oder Curatel stehende Personen nicht gleich zu achten Temme Gll. f. 259 n 5.

§. 207.

1. Subjekt dieses Verbrechens kann auch eine Frauensperson sein, z. B. eine Kupplerin. Temme Gll. f. 260 n 5. *Contra:* id. Lehrb. f. 734; Koch f. 1019 n. 52. Vgl. n. 9.

2. Daß die entführte Frauensperson unbescholten sei, ist nicht erforderlich. Bes. f. 395 I; G. Matt. 2 f. 443 n 3; Koch f. 1019 n. 52. *Contra:* Temme Lehrb. f. 734.

3. Dagegen will Goltdammer (Matt. 2. f. 443 n. 2.) diesen § nur auf die Entführung von selbstständigen oder doch großjährigen Frauenspersonen beschränken. *Contra:* Koch f. 1020 n. 52.

4 Jedenfalls sind Ehefrauen dritter Personen nicht ausgeschlossen. Goltd. Matt. 2. f. 443 n. 2; Temme Lehrb. f. 734.

5. Die eigne Ehefrau kann nicht Gegenstand dieses Verbrechens sein, wohl aber die eigne Braut. G. Matt. 2. f. 443 n. 4; Temme Gll. f 262 n. 12; id. Lehrb. f. 735.

6. Vorausgesetzt wird ein Entführen durch List oder Gewalt, d h. ein ohne freie Einwilligung der Entführten bewirktes. G. Matt. 2. f. 444 n 6; Temme Lehrb. f. 735 Ueber die Erfordernisse der List oder Gewalt vgl. zu § 204 n. 2—4.

7. Ueber den Begriff der Entführung vgl. zu § 204 n. 5—7.

8. Goltdammer (Matt. 2. f. 445 n. 9. und f. 287 n. 1.) nimmt an, daß der Begriff „Unzucht" hier (wie im § 141) ein weiterer sei, als der des „Beischlafs" Vgl. oben zu § 141. n. 1; Temme Lehrb. f. 736; Koch f. 1020 n. 52.

§. 208. **Wer eine minderjährige unverehelichte Frauensperson mit ihrem Willen, jedoch ohne die Einwilligung ihrer Eltern oder ihres Vormundes entführt, um sie zur Unzucht oder zur Ehe zu bringen, wird mit Gefängniß nicht unter drei Monaten bestraft.**

[Entw. § 191] Vgl. § 207. 209.

---

9. Es wird nicht erfordert, daß der Zweck des Entführers dahin gehe, für sich selbst die Entführte zur Unzucht oder Ehe zu bringen. Vgl. n. 1; G. Matt. 2. S. 443 n. 5; Temme Gll. S. 261 n. 8.

10. Das Verbrechen ist vollendet durch die Wegführung, ob der geschlechtliche Zweck erreicht sei, ist gleichgültig. Bes. S. 395 I; Temme Gll. S. 261 n. 9; id. Lehrb. S. 736.

11. Verjährung vgl. zu § 204 n. 10.

§. 208.

1. Die Frage der Minderjährigkeit ist nach dem an jedem Orte geltenden Civilrechte zu beurtheilen; die Verschiedenheit in der Anwendung rechtfertigt sich dadurch, daß hier eben die Verletzung der Rechte der Eltern rc. geahndet werden soll. Bes. S. 396 II a.

2. Als minderjährig ist diejenige Person nicht anzusehen, welche nach Rheinischem Rechte emanzipirt worden ist. Gilb. C. pén. Art. 354. n. 11

3. Zu den „unverehelichten“ Frauenspersonen gehören hier auch die Wittwen. Temme Gll. S. 261 n. 10; id. Lehrb. S. 736.

4. Die Entführung einer minderjährigen verheiratheten Frau mit ihrem Willen, soll nur als Ehebruch strafbar sein. Motive S. 57. Gleichwohl kann die blosse Entführung für sich allein noch nicht als Versuch des Ehebruchs angesehen werden. G. Matt. 2. S. 445 n. 10, und S. 446 n. 3. [Es wird das aber wesentlich Gegenstand der thatsächlichen Beurtheilung sein.]

5. Die einwilligende Entführte ist nicht etwa als Theilnehmerin anzusehen, und überhaupt nicht strafbar. Bes. S. 396 II c.; Temme Gll. S. 262 n. 10.

6. Unter „Eltern“ sind alle diejenigen zu verstehen, welche elterliche Rechte ausüben. Motive S. 57. Das gilt also namentlich von Adoptiveltern. Bes. S. 396 II b; G. Matt 2 S. 447 n. 4; Temme Lehrb. S. 736.

7. Temme (Glossen S. 262 n 10; Lehrb. S. 736) glaubt, daß auch die Einwilligung eines der beiden Eltern, oder eines von mehreren Vormündern, oder endlich der Mutter, welche nicht Vormünderin ist, allein, die Strafbarkeit ausschliesse.

8. Eine genügende die Strafbarkeit ausschliessende Einwilligung der Eltern rc. ist nicht anzunehmen, wenn dieselbe nur durch listige Täuschung herbeigeführt worden ist. Vgl. Gilb. C. pén. Art. 354. n. 5.

9. Ueber den Begriff des „Entführens“ vgl. zu § 204. n. 5—7.

10. Temme (Gll. S. 262 n. 10.) erachtet hier ein blosses Weggehen mit der einwilligenden Frauensperson, nicht für genügend, verlangt vielmehr ein „Entfliehen“ eine Flucht, wodurch die Entführte dem Bereiche der Gewalt der Eltern rc. entzogen wird.

11. Eine Entführung ist nicht anzunehmen, wenn Jemand die Frauensperson nicht selbst weggebracht, sondern sie nur beredet hat, allein ihren Eltern rc. zu entfliehen. Gilb. C. pén. Art. 354. n. 9.

12. Ueber den Begriff der „Unzucht“ vgl. zu § 207. n 8; zu § 141. n. 1.

13. Bei dem hier vorgesehenen Vergehen liegt das Strafbare wesentlich in dem Eingriffe in das Recht der Eltern rc. (vgl. oben n. 1.). Dieser wird indessen nicht nur durch die Wegführung, sondern auch durch die Vorenthaltung der Entführten verübt, so lange daher letztere andauert, kann auch die Verjährung des Vergehens nicht laufen Vgl. Gilb. C. d'Instr. cr. Art. 637. n. 23. 24. und oben zu § 204. n. 10. Hat der Entführer die Entführte geheirathet, so muß (arg. § 209.) die Verjährung gänzlich ruhen, so lange die Ehe nicht für ungültig erklärt worden ist.

§. 209. Hat der Entführer (§§ 207., 208.) die Entführte geheirathet, so kann gegen denselben nur auf den Antrag derjenigen Personen verfahren werden, welche auf die Ungültigkeitserklärung der Ehe anzutragen befugt sind; auch darf derselbe nicht eher verurtheilt werden, als bis die Ehe vorher für ungültig erklärt worden ist.

[Entw. § 192.] Vgl. § 50—54; ALR. II, 1. § 44—58; 984—988; Rh. BGB. Art. 182. 183.

§. 210. Wer vorsätzlich und widerrechtlich einen Menschen einsperrt, oder auf andere Weise des Gebrauchs der per-

---

§. 209.

1. Unter „denjenigen Personen, welche auf die Ungültigkeitserklärung der Ehe anzutragen befugt sind," sind hier nur diejenigen zu verstehen, deren Recht auf Ungültigkeitserklärung der Ehe anzutragen darin beruht, daß es zur Verheirathung der Entführten ihrer Einwilligung bedurft hätte; sollten daher auch andre Personen oder die Staatsanwaltschaft (wegen sonst konkurrirender Nichtigkeitsgründe) ein gleiches Recht haben, so steht ihnen nicht zu, auf Bestrafung anzutragen.

2. Kann die Entführte selbst, nachdem sie den Entführer geheirathet hat, auf Ungültigkeitserklärung der Ehe antragen, so ist sie — wenigstens im Falle des § 207. unbestreitbar — auch zur Beantragung der Bestrafung befugt.

3. Sind hiernach mehrere Personen zur Beantragung des Strafverfahrens befugt, so genügt der Antrag einer einzelnen; es brauchen nicht alle dabei zu konkurriren.

4. Die Klage auf Ungültigkeitserklärung der Ehe schließt nicht stillschweigend den Antrag auf Bestrafung in sich. Vgl. Gilb. C. pén. Art. 357. n. 4.

5. Der Antrag auf Bestrafung kann auch von einem Andern als demjenigen ausgehen, welcher die Klage auf Ungültigkeitserklärung angestellt hat.

6. Die dreimonatliche Frist, in welcher (nach § 50.) der Antrag auf Bestrafung gestellt sein muß, beginnt erst von dem Tage der Kenntniß von der stattgefundenen Heirath, weil erst von diesem Augenblicke an, die Nothwendigkeit und Statthaftigkeit eines Antrags eintritt. Komm.-Ber. I. K. s. 29. Vgl. Temme Gll. s. 262 n. 2.

7. Dagegen ist die Stellung des Antrags durch die Ungültigkeitserklärung der Ehe nicht bedingt; der Lauf der dreimonatlichen Frist beginnt daher, sollte auch die Ungültigkeitserklärung noch nicht erfolgt, und selbst die betr. Klage noch nicht angestellt sein.

8. Ist der Antrag rechtzeitig gestellt, so schadet es nicht, wenn die Klage auf Ungültigkeitserklärung auch erst nach Ablauf der dreimonatlichen Frist angehoben worden ist. Vgl. aber G. Matt. 2. s. 447.

9. Der § erklärt zwar nur die Verurtheilung so lange, als die Ehe noch nicht für ungültig erklärt worden, für unstatthaft; es gilt aber dasselbe überhaupt von der Strafverfolgung, und dem Einschreiten der Staatsanwaltschaft, weil erst nach rechtskräftiger Ungültigkeitserklärung eine That vorliegt, welche von dem Gesetze mit Strafe bedroht ist. Es kann daher früher auch nicht zur Verhaftung des Entführers geschritten werden Bes. s. 396 III; Temme Gll. s 263 n. 3; id. Lehrb. s. 737. Dasselbe lehrte in Beziehung auf die wörtlich gleichlautende Vorschrift des Art. 357. des C. pén. Mangin Act. publ. n. 147.

10 Die Strafverfolgung ist in Betreff der Theilnehmer des Entführers an dieselben Bedingungen geknüpft, wie in Betreff des letztern selbst Gilb. C. pén Art.357. n. 2. 3.

sönlichen Freiheit beraubt, wird mit Gefängniß nicht unter drei Monaten bestraft.

Die Strafe ist Zuchthaus bis zu funfzehn Jahren:

1) wenn für den der Freiheit Beraubten die Freiheitsentziehung oder die ihm während derselben widerfahrene Behandlung eine schwere Körperverletzung (§ 193.) zur Folge gehabt hat;

2) wenn die Freiheitsberaubung über einen Monat gedauert hat;

3) wenn das Verbrechen gegen leibliche Verwandte in aufsteigender Linie verübt worden ist.

[Entw. § 193.] Vgl. § 211. 317; Ges v. 12 Feb. 1850. (G.S. s. 45.)

---

§. 210.

1. Es genügt nicht, daß die Handlung an sich eine vorsätzliche im Gegensatze gegen eine fahrlässige, und daß sie objektiv widerrechtlich sei, d. h. daß sie sich nachträglich als widerrechtlich ausgewiesen habe; der Vorsatz muß auch auf das Widerrechtliche mit gerichtet gewesen sein V 25. Feb. 1852 c. Herder (G' Arch 1. s. 87); V 19. März 1852 c. v. Rudowski; V 22. März 1852 c. Kühn; V 28. Apr. 1852 c. Posner (G. Matt 2. s. 449 Note); V. 10 Dez. 1852 c Schachtmeyer; Z. I. 12. Jan. 1853 c. Dietrich Hierbei reicht dann aber das Bewußtsein der Widerrechtlichkeit hin, ein weiterer Vorsatz wird nicht verlangt. Temme Gll. s. 263 n. 1.

2. Der § setzt zu seiner Anwendung nicht nothwendig ein völlig freies Verhältniß voraus, vielmehr ist auch die mittelst Ueberschreitung einer vorhandenen Befugniß vorgenommene Freiheitsberaubung eine widerrechtliche im Sinne dieses §. Motive s. 57; V I. 19 Okt 1855 c Thilow *Contra* scheint zu sein: V 19 März 1852 c v. Rudowski. Jedenfalls muß dann der Vorsatz (das Bewußtsein) auf diese Ueberschreitung gerichtet sein. G. Matt. 2 s. 448 n. 2.

3 Jede Freiheitsberaubung, sie geschehe aus welchem Grunde sie wolle, fällt unter die Vorschrift dieses §, wenn sie sonst seinen Erfordernissen entspricht, ohne Rucksicht auf ihre Dauer; namentlich also auch eine unbefugte augenblickliche Haftnahme G Matt. 2. s 450 n. 3; ebenso ein Fall, wo Jemand, um sich der eignen legalen Verhaftung zu entziehen, den betreffenden Beamten einschließt, sollte er auch gleich darauf die Freilassung wieder veranlassen; ein Beispiel siehe bei Gilb. C. pén. Art. 341 n 6

4. Auch derjenige macht sich des Vergehens schuldig, welcher durch falsche Angaben die ungerechtfertigte Arretirung, oder die ungerechtfertigte Aufnahme eines Andern in ein Irrenhaus bewirkt. Hierbei kann das im § 133. vorgesehene Vergehen ideell konkurriren. Vgl. zu § 34 n. 25; G. Matt 2. s 450 n. 3. *Contra:* Temme Gll s 262 n 2, und wie es scheint V 25. Feb. 1852 c. Herder (G. Arch. 1. s. 87); Gilbert C. pén Art. 341 n. 8

5 Der Zwang oder die Nöthigung zu einer Handlung oder Unterlassung fällt nicht unter den § 210, sondern unter § 212, dessen Voraussetzungen also auch Bedingungen der Strafbarkeit sind V 22 März 1852 c. Kühn.

Zu Nr. 1. 2.

6 In den unter Nr 1. und 2 vorgesehenen Spezialfällen ist der Thatbestand des Verbrechens bedingt durch das wirkliche Eintreten der vorausgesetzten Bedingungen; es ist also hier ein strafbarer Versuch eben so wenig denkbar, wie bei einer schweren Körperverletzung. Vgl zu 192 a. n. 8. 9; § 193. n. 7—9; Temme Lehrb. s. 879. Anders im Falle der Nr 3

Zu Nr. 2.

7. In Ermangelung einer die Dauer eines „Monats" für den ganzen

§. 211. Eine widerrechtliche Freiheitsberaubung ist nicht vorhanden, wenn eine Person vorläufig ergriffen und festgenommen wird, welche, bei Ausführung einer strafbaren Handlung oder gleich nach derselben betroffen oder verfolgt, die Flucht ergreift oder der Flucht dringend verdächtig ist, oder wenn in einem solchen Falle Grund zu der Besorgniß vorliegt, daß die Identität der Person sonst nicht festzustellen sein werde. Der Ergriffene muß sofort einer Polizeibehörde oder einem anderen Beamten, welchem nach den Gesetzen die Pflicht obliegt, Verbrechen oder Vergehen nachzuforschen, behufs der Bestimmung über die vorläufige Festnahme übergeben, oder einer Wachtmannschaft zugeführt werden.

Ebenso ist eine widerrechtliche Freiheitsberaubung nicht vorhanden, wenn die Fürsorge für einen Geisteskranken die Beschränkung seiner Freiheit nothwendig macht. Versäumt in einem solchen Falle derjenige, welcher diese Maaßregel trifft, der Polizeibehörde ohne Verzug von der getroffenen Maaßregel Anzeige zu machen, so soll er mit Gefängniß bis zu sechs Monaten oder mit Geldbuße bis zu Einhundert Thalern bestraft werden.

[Entw. § 194.] Vgl. § 210. 317; Ges v. 12 Feb. 1850. § 2. 3. (G.S. s 45)

Umfang des Staats gleichmässig bestimmenden Vorschrift, muß der Kalendermonat als maaßgebend angesehen werden; § 15. erleidet hier keine analoge Anwendung. *Contra:* Temme Gll. s 263, welcher nach dem ALR. I. 9 § 550. eine dreissigtägige Dauer annimmt.

§. 211.

1. Die Freiheitsberaubung hört auf strafbar zu sein, wenn sie eine berechtigte war, oder wenn dem Handelnden das Bewußtsein der Widerrechtlichkeit, also der im Falle des § 210. erforderliche Dolus abgeht. Temme Gll. s. 264 n. 1. 2. id. Lehrb. s. 878. Ebendeshalb ist § 211. nicht als limitatif aufzufassen, und andre Fälle, wo Widerrechtlichkeit nicht anzunehmen, bleiben sehr wohl denkbar, z. B. Fälle der Nothwehr, oder die bona mente bewirkte Einsperrung eines hülfsbedürftigen oder gefährlichen Menschen, welche zur Verhinderung von Aergernissen und Freveln geschieht. Komm.-B. I. K. s. 30; Bes. s. 399 c; Temme Lehrb. s. 878

2. Nur im Falle der Betreffung bei Ausführung einer strafbaren Handlung gestattet der § 211. die Festnahme, nicht also im Falle einer blos beabsichtigten strafbaren That, [insofern nicht Nothwehr anzunehmen wäre] G. Matt. 2. s. 451

3 Ein Z. I. 25. Okt. 1854 c. Skopnick nahm an: der § lasse die Freiheitsberaubung nur dann zu, wenn ein Verbrechen oder Vergehen, nicht aber wenn nur eine Uebertretung verübt worden sei.

4. Wird Jemand bei Verübung eines Ehebruchs betroffen, so ist seine Festnahme nicht deshalb für widerrechtlich zu erachten, weil zur Zeit die thatsächlichen Voraussetzungen nicht vorliegen, von welchen § 140. die Verhängung der Ehebruchsstrafe abhängig macht B. II 6. Apr. 1854 c. Wölfel (G. Arch 2. s 693).

5. Wird die am Schlusse des ersten Absatzes vorgeschriebene sofortige Uebergabe des Festgehaltenen an die Polizeibehörde verabsäumt, so nimmt die Fortsetzung der ursprunglich rechtmässigen Freiheitsberaubung den Charakter des im §. 210 vorgesehenen Vergehens an Bes. s. 399 a.

§. 212. Wer einen Anderen zu einer Handlung oder Unterlassung dadurch zwingt, oder zu zwingen versucht, daß er denselben schriftlich oder mündlich mit der Verübung eines Verbrechens oder Vergehens bedroht, hat Gefängniß bis zu Einem Jahre verwirkt.

[Entw. § 195] Vgl. § 34. 83 84 90. 213. 234. 236 315.

§. 213. Wer einen Anderen mit Brand oder Ueberschwemmung bedroht, wird mit Gefängniß von zwei Monaten bis zu Einem Jahre bestraft.

[Entw. § 196.] Vgl. § 212. 234 236.

---

§. 212.

1. Der Unterschied dieses Vergehens der Nöthigung von dem der Erpressung (§ 234) liegt in dem bei der letztern erforderlichen Zwecke der Verschaffung eines rechtswidrigen Vortheils. G. Matt. 2. s. 453.

2. Wenn hier (wie im § 234) „zwingen" und „zu zwingen versuchen" einander gleichgestellt wird, so deutet letzteres nicht auf die Erfordernisse eines strafbaren Versuchs im Sinne des § 31 hin; nach der Natur dieser Vergehen, welche durch die Vorbringung der Drohung gegen den Andern vollendet werden, weil sich die Erreichung des beabsichtigten Zwecks mit Bestimmtheit nicht berechnen läßt, kann in Ansehung des Erfolges Vollendung und Versuch im Sinne des § 31 nicht genau von einander geschieden werden; unter „Versuch" kann daher hier (wie auch im § 130) nur das absichtliche Handeln in der bestimmten Richtung gemeint sein. B I. 12. Sept. 1855 c. Kunde (JMBl. s. 356; G. A. 3 s. 816; 845.) Vgl Temme Lehrb s 880 und unten zu § 234 n. 16; zu § 311 n. 7; zu § 315 n. 5.

3. Ueber den Begriff der Bedrohung vgl. zu § 89 n. 26 flg.

3 a. Die Bedrohung, und der dadurch bezweckte Einfluß auf den Willen eines Andern setzen die Kenntniß des Letztern von der zu verübenden That voraus; erfolgt daher die Bedrohung durch einen versendeten Brief, so wird das Vergehen erst da vollendet, wo der Brief in die Hände des Bedrohten gelangt. B I. 25. Apr. 1856 c. Krause. Vgl. zu § 3 n. 3; zu § 213 n. 5.

4. Die durch Gewalt bewirkte Nöthigung fällt nicht unter diesen §; ihre Strafbarkeit ist daher nach andern Gesetzesstellen zu bemessen; G. Matt. 2. s. 452.

5 Wer zuerst einen Zwangsversuch durch Bedrohung mit einem Verbrechen ꝛc. macht, und dann zum Zweck derselben Erzwingung das Verbrechen ꝛc. selbst begeht, macht sich in realer Konkurrenz zweier strafbarer Handlungen schuldig. Das von G (Arch. 1. s. 87) mitgetheilte Erk Kamm.-Ger. 2. Dez. 1852 c. Heere hat mit Unrecht das Gegentheil angenommen

§. 213.

1. Temme (Lehrbuch s 881) will die hier genannten Mittel (Brand und Ueberschwemmung) nur für beispielsweise aufgestellt erachten, und definirt hiernach das hier vorgesehene Vergehen des Landzwangs als „Androhung einer durch Verübung eines gemeingefährlichen Verbrechens zu bewirkenden Störung der öffentlichen Ruhe und Sicherheit."

2. Der Vorsatz besteht hier in dem Bewußtsein der dadurch eintretenden Störung oder Beunruhigung des Rechtsfriedens eines andern. Z. I. 26. Okt. 1853 c. Reuschel; Z. II. 18. Mai 1854 c. Nagel (G. A. 2. s. 690).

3. Dagegen ist es nicht erforderlich, daß der Drohende auch den Vorsatz habe, die Drohung auszuführen. Z. I. 26. Okt. 1853 c. Reuschel. Es genügt, wenn die Drohung eine solche war, daß der Bedrohte sie für ernstlich gemeint halten konnte.

4. Die Strafe wird durch die Bedrohung verwirkt, ohne daß es auf einen unerlaubten Nebenzweck ankäme; insbesondre ist es nicht erforderlich, daß (wie

§. 214. Wenn mehrere Personen sich zusammenrotten und in die Wohnung, das Geschäftszimmer oder das befriedigte Besitzthum eines Anderen, oder in abgeschlossene Räume, welche zum öffentlichen Dienste bestimmt sind, widerrechtlich eindringen, so werden dieselben mit Gefängniß von Einer Woche bis zu Einem Jahre bestraft.

[Entw. § 197.] Vgl. § 91. 284. 318 346 Nr. 1.

---

im Falle des § 212) der Bedrohte zu irgend Etwas genöthigt werden solle. B 18. Okt 1852 c. Febiam (G A. 1 s. 88); Z. I. 10. Jan. 1853 c. Keßler; Z I. 26. Okt. 1853 c. Reuschel; Z. II. 18 Sept 1854 c. Nagel (G. A. 2. s. 690) *Sic* Temme GU s. 266; id. Lehrb s. 881. Das Gegentheil kann auch nicht aus der Stellung des § im Titel „von den Verbrechen ꝛc gegen die persönliche Freiheit" gefolgert werden. Z II. 24 Apr. 1856 c. Rudolph.

5. Dagegen muß die Drohung entweder in Gegenwart des Bedrohten, oder doch in der Voraussetzung geschehen sein, daß sie zur Kenntniß desselben gelangen werde. Z. I. 10. Jan. 1853 c. Keßler. Waltet beim Angeklagten zur Zeit der That die zuletzt erwähnte Voraussetzung ob, so bedarf es der persönlichen Anwesenheit des Bedrohten nicht. Z. II. 24 Apr 1856 c. Rudolph Vgl Z. II. 18. Sept 1854 c. Nagel (G. A. 2. s. 690). Dagegen wird es hier auch der Feststellung bedürfen, daß die Bedrohung demnächst auch wirklich zur Kenntniß des Bedrohten gelangt sei, indem sonst nur ein (strafloser) Versuch vorliegen könnte. Vgl. zu § 212 n. 4 a.

§. 214.

1. Auch hier werden mehrere Personen vorausgesetzt, zwei genügen also nicht. Vgl. zu § 91 n. 1.

2. Ueber den Begriff des „Zusammenrottens" vgl. zu § 91. n. 2.

3. Vorsätzlichkeit der Handlung ist erforderlich (vgl. § 318); der ausdrücklichen Feststellung derselben bedarf es aber nicht, da man von der Ansicht ausging, ein kulposes Handeln dieser Art sei undenkbar. G. Matt. 2. s. 457 n. 8. Das „Zusammenrotten" schließt unzweifelhaft den Vorsatz in sich.

4. Unter „Wohnung" sind hier die zum Bewohnen bestimmten Räumlichkeiten zu verstehen; es gehört daher unter der gedachten Voraussetzung auch ein Schiff dazu; ebenso kann das Vergehen unbedenklich auch zwischen den verschiedenen Bewohnern desselben Hauses begangen werden. G. Matt. 2. s. 455 n. 3.

5. Unter dem „befriedigten Besitzthum" ist nicht nur der zur Wohnung gehörige Hof und Garten, sondern auch ein getrennt liegender umschlossener Raum z. B. ein eingehegter Garten zu verstehen. Beseler s. 404 n. III; Koch s. 1022 n. 62.

6. Ein Hofraum, welcher, wenn auch nicht durchaus umschlossen, doch durch aussere Kennzeichen als ein für besondre Zwecke vorbehaltener Raum bezeichnet ist, stellt ein befriedigtes Besitzthum dar, welches überall anzunehmen, wo durch solche Zeichen die Ausdehnung des Hausfriedens auf besondre Räume erkennbar ist. Z. I. 23. Nov. 1853 c. Müller (G. A. 2. s. 122). Vgl. n. 8.

7. Die Vorschriften des § 221 gelten nur für den Diebstahl; zur Bestimmung des Begriffs eines „befriedigten Besitzthums" oder „abgeschlossenen Raums" können sie zwar im Allgemeinen berücksichtigt, aber nicht als maaßgebend betrachtet werden. Bes. s. 404 *III.*

8. Ein „befriedigtes Besitzthum" setzt eine Befriedigung, d. h. eine Vorrichtung voraus, welche den Zweck und die Bestimmung hat, das Besitzthum von andern daran gränzenden abzuschliessen, und welche gleichzeitig sich als dieser Bestimmung dienend äusserlich darstellt; ob dieses der Fall, ist eine thatsächliche Frage. Letzteres sprach ein Beschl. I. 16. Jan. 1856 c. Knaack u. Gen. (G. A. 4. s. 253) aus; vgl. Goltd. Matt 2. s. 455 n. 5. Vgl. n. 6.

9. Der Begriff des „Eindringens" in Verbindung mit der „Zusammen-

Achtzehnter Titel.

Diebstahl und Unterschlagung.

§. 215. Einen Diebstahl begeht, wer eine fremde bewegliche Sache einem Anderen in der Absicht wegnimmt, dieselbe sich rechtswidrig zuzueignen.

[Entw. § 198.] Vgl § 28 228 229 265. 271. 349 Nr. 3; Ges v. 22. Mai 1852. Art III. (G.S. s. 251); Ges. v. 14 April 1856 Art I. § 3 (G.S. s. 208)

---

rottung" hat hauptsächlich nur die gewaltsame Form im Auge; dazu genugt es aber z. B., wenn die gewaltsame Besitzentsetzung der, wenn auch nur eventuelle Zweck des Erscheinens mit einem zusammengerotteten Haufen war. Z. I. 23. Nov. 1853 c. Muller. Vgl. G. Matt. 2 s. 456 n. 6, welcher hier auch hervorhebt, daß zum "Eindringen" ein gewaltsamer Charakter, eine gewaltsame Form erfordert werde; diese könnten aber schon bei einem Eindringen gegen ausdrückliches Verbot, oder mit ruhestörendem Lärm, oder durch ungewöhnliche Eingänge vorliegen; es sei dagegen nicht erforderlich, daß wirklich Gewalt an Sachen oder Personen geübt werde Aehnlich Koch s. 1022 n. 63

10. Temme (Lehrb. s. 882) erachtet es zum Begriffe der Widerrechtlichkeit für erforderlich, daß das Eindringen wider den Willen des Bewohners oder eines Andern (des Beamten im Dienstlokale) geschehen sei, giebt aber zu, daß ein berechtigtes Eindringen durch den Widerspruch des Bewohners nicht zum widerrechtlichen werde. Jene Ansicht ist nicht haltbar; wenn auch die Einwilligung des Bewohners selbstredend der Handlung den Charakter der Widerrechtlichkeit nimmt, so kann die letztere doch sehr wohl vorliegen, noch ehe der Bewohner über seine Zustimmung irgendwie zum Entschlusse gekommen ist, oder diesen kund gegeben hat; es wird daher jedenfalls einer Feststellung, daß das Eindringen wider den Willen stattgefunden, nicht bedürfen.

11. Mit Rücksicht auf das unter n. 9 Angeführte, nimmt Temme (l. c) ferner an, daß auch das Verweilen gegen den kundgegebenen Willen des Bewohners &c. unter die Strafvorschrift falle. Auch dieses ist irrig, war das Eindringen ein berechtigtes und daher strafloses, so kann das Verweilen nach geschehener Aufforderung sich zu entfernen, nur unter die Bestimmung des § 316 Nr. 1 fallen.

§. 215.

Inhalt:

1. Der Begriff "Diebstahl" und "Stehlen" ist ein allgemein bekannter; die Aufnahme dieser Ausdrücke in die den Geschwornen zu stellende Frage ist daher nicht unstatthaft, und ihre Auflösung in die gesetzlichen Merkmale, aus welchen sie sich konstruiren (nach Anleitung des Art. 82. des Ges. v 3. Mai 1852) nicht unerläßlich, zumal wenn über diesen Begriff ein Streit nicht obgewaltet hat Z. II. 11. Jan. 1855 c. Hosse; Z I 12. Jan. 1855 c. Probst. [Unter der zuletzt erwähnten Voraussetzung ist es gewiß in den meisten Fällen zweckmässiger die Ausdrücke "Diebstahl"

---

und „Stehlen“ in den Fragen beizubehalten, sie werden den Geschwornen regelmässig verständlicher sein, als die Auflösung in die Begriffserfordernisse des §.] Ebenso reicht es aus, wenn die Instanzrichter gegen den Angeklagten die Verübung eines „Diebstahls“ feststellen; es liegt darin dann gleichzeitig die Feststellung des erforderlichen Dolus. Insbesondere ist eine Abweichung von der auf „Diebstahl“ lautenden Feststellung des ersten Richters nicht vorhanden, wenn der Appellationsrichter dieselbe auch auf die diebische Absicht bezogen hat. Z. I. 30 März 1855 c. Schreiber. Aehnlich Z I. 28. Apr. 1854 c. Günther.

2. Dasselbe nahm in Beziehung auf den Ausdruck „Entwenden“ Z. I. 18. März 1853 c. Birkholz an

3. Als Sache will Temme (Lehrb ſ. 898) hier nur dasjenige betrachten, was einen nach Geld zu schätzenden Werth habe, weil sie ohne dieses Merkmal in Niemandes Vermögen sei; schwerlich mit Recht; freilich wird bei werthlosen Gegenständen das Bewußtsein der Rechtswidrigkeit, also der zum Diebstahl erforderliche Dolus nicht leicht vorliegen, und deshalb Wegnahme z. B. eines Blatts einer Blume ꝛc. nicht als Diebstahl zu betrachten sein. Vgl. FPO. v. 1. Novbr. 1847 § 42. Nr. 1.

4. Es läßt sich daher auch nicht mit Temme (Lehrb. ſ. 899) u. Koch (ſ. 1028 IV.) behaupten, daß eine Urkunde in der Regel (wenn sie nicht als geldwerthes Papier, oder als merkwürdige Handschrift einen Werth habe) nicht Gegenstand eines Diebstahls sein könne; der von ihnen für zutreffend erachtete Begriff des Betrugs paßt gar nicht, und § 243. Nr. 8. sieht einen ganz andern Thatbestand vor. Daß die Wegnahme einer fremden Paßkarte, oder eines Heimathsscheins in der Absicht rechtswidriger Zueignung Diebstahl sei, sowie, daß sich nicht aufstellen lasse, als sei bei einem solchen Gegenstande die Absicht rechtswidriger Zueignung nicht denkbar, erkannte Z. I. 13. Sept. 1854 c. Benze an; ähnlich B. I. 24 Juni 1853 c Lantzke (Kuhn u. Gen.), welches Diebstahl und Hehlerei an einer telegraphischen Depesche für möglich erachtete. Vgl. zu § 225. n 8.

5. Aehnlich verhält es sich damit, wenn Temme (Lehrb. ſ. 900) lehrt, an Luft, Lichtgas und dergl. sei ein Diebstahl gar nicht denkbar.

6. Unkörperliche Sachen können nicht Gegenstand eines Diebstahls sein. G Matt. 2 ſ 458 n. 2; Gilb. C. pén. Art. 379 n. 24.

7. An der eignen Sache ist ein Diebstahl nicht möglich; wird sie dem Nutznießer, Pfandgläubiger, und demjenigen, der an ihr ein Zurückbehaltungsrecht hat, in rechtswidriger Absicht weggenommen, so liegt das im § 271 vorgesehene Vergehen vor. Vgl. auch § 265 und G. Matt. 2. ſ. 458 n 1. — Dagegen ist die Wegnahme von Früchten aus dem eignen, aber an einen Dritten verpachteten Garten, Diebstahl, weil jene Früchte dem Pächter gehören. Erk. Kass. H. Paris 27. März 1807 Sir. Coll. nouv. 2. 1. ſ. 365; Chauv. & Hél. Th. d. C. pén. 3. p. 334 (ed. Belge.)

8. Auch der Miteigenthümer oder Miterbe kann an der ihm mit andern Personen gemeinschaftlichen Sache einen Diebstahl begehen (Z. I. 5. Apr. 1854. c. Krause), vorausgesetzt, daß sie sich nicht in seiner Gewahrsam befindet (weil sonst das Wegnehmen nicht denkbar wäre). Bes ſ. 408; G. Matt. 2. ſ. 458 n. 1; Temme Gll. ſ. 269 n. 4; id. Lehrb. ſ. 900; Gilb. C. pén. Art. 379. n. 55. Befände sich aber die gemeinschaftliche Sache auch nur in seinem Mitbesitze, so kann seine eigenmächtige Verfügung über dieselbe möglicher Weise eine Unterschlagung, nicht aber Diebstahl sein. B. 2. Juli 1852 c. Joseph; Z. II. 26 Jan. 1854 c. Maternus (beiläufig); Gilb C. pén. Art 379. n. 57. Vgl. zu § 225. n. 4. — Ein Erk. App. Ger. Halberstadt 9. Nov. 1852 c. Reißner (G. Arch. 1. ſ. 397) nahm in einem solchen Falle mit Unrecht weder Unterschlagung noch Diebstahl an, weil die Sache „für ihn keine fremde gewesen sei.“

9. Bei der Beantwortung der Frage, was eine bewegliche Sache sei, kommt es nicht auf die civilgesetzlichen Bestimmungen hierüber an, vielmehr ist hier alles beweglich, was eben weggenommen, oder weggetragen werden kann. Temme Gll. ſ. 268 n. 3. Namentlich sind alle bewegbaren Pertinenzstücke von Immobilien hierher zu rechnen; sollte das Civilgesetz sie auch, im Wege einer Fiktion, als unbeweglich betrachten.

---

10. Insbesondere gilt das unter n. 9. Gesagte auch von solchen Gegenständen, welche Theile einer unbeweglichen Sache, und erst durch den Wegnehmenden selbst von jener getrennt sind; z. B. von den Ziegeln eines Dachs, und dergl. Bes. s. 408; G. Matt. 2. s. 458 n. 2.; Temme Lehrb. s. 899; Koch s. 1025 I. Vgl. eine analoge Frage bei der Unterschlagung zu § 225. n. 5.

11. Ebenso ist das Ausmelken einer fremden Kuh und die widerrechtliche Zueignung der gemelkten Milch Diebstahl, und nicht Vermögensbeschädigung im Sinne des § 281, obgleich bis dahin die Milch als eine von der Kuh getrennte Sache noch gar nicht existirte; zur selbstständigen Sache wird der abgetrennte Theil nicht etwa nur dann, wenn die Trennung von der Natur oder auf Veranlassung des Eigenthümers bewirkt wird, vielmehr hat die Handlung des Diebes dieselbe Wirkung. Z. II. 7. Juli 1853 c. Lehmann.

12. Dagegen gehören ähnliche Handlungen, welche gegen das Eigenthum an Grundstücken verübt werden, nicht hierher; z. B. das Verrücken von Grenzsteinen (§ 243. Nr 7.), Abgraben und Abpflügen (§ 349. Nr 1.) Ebenso ist es kein Diebstahl, wenn der Grundeigenthümer Bäume in seinem Walde veräussert, und sie dann, noch ehe der Käufer sie vom Boden trennt, zum zweiten Male an einen andern verkauft, der letztere sie sodann fällt, und an sich nimmt. Beschl. I. 18. Jan 1854 c. Schiemang (G. Arch. 2. s. 257). Vgl. zu § 225. n. 6. und 24.

13 Vorausgesetzt wird, daß die Sache einem Andern weggenommen werde, der sie also in diesem Augenblicke in seiner Gewahrsam (Detention) hatte; die Aufnahme jenes Ausdrucks („Gewahrsam") in die Definition ist hauptsächlich nur deshalb unterblieben, um nicht mit Rücksicht auf die im Allg Landrechte in Betreff der Lehre vom Besitze herrschende Unklarheit, zu Zweifeln Anlaß zu geben. Motive s 59; Komm.-B. I. K s. 31. — Zur Gewahrsam an einer Sache gehört, daß man sie thatsächlich in seiner Gewalt habe, oder, wenn man will, in seine Gewalt nehmen könne. Temme GA. s. 269. n. 5

14. Daß die Sache in der Gewahrsam des rechtmässigen Eigenthümers gewesen sei, ist nicht erforderlich; überhaupt kommt es auf die Rechtmässigkeit derselben gar nicht an; auch dem Diebe kann die Sache wieder gestohlen werden, selbst von demjenigen, der sich an seinem Diebstahle betheiligt gehabt hatte; dieser stiehlt dieselbe Sache dann zweimal. Temme Lehrb. s. 902.

15. Sachen die in Niemandes Gewahrsam stehen, können nicht gestohlen werden, sollte auch Jemand zu ihrer Besitzergreifung eine ausschließliche Berechtigung haben. Das gilt namentlich von den im Thl. II. Tit 16. des ALR. behandelten Regalien; Eingriffe in diese können nur nach den sie betreffenden Spezialgesetzen geahndet werden. G. Matt 2. s. 460. *Contra*: Erk App.-Ger. Hamm 16. Sept. 1853 (G. Arch. 2. s 553), welches die in der Absicht rechtswidriger Zueignung geschehene Wegnahme von Mineralien aus einem fremden Bergwerke, mit Rücksicht auf ALR. I. 9. § 4; II. 16. § 359—361 für Diebstahl erachtete. Vgl. B. 7. Apr. 1852 c Zibulski u. Gen. (Entsch. 22. s. 464) citirt zu § 225. n. 5; und jetzt Ges. v. 26 März 1856 § 2. (G.S. s. 203.)

16. Aus demselben Grunde gehört die unbefugte Besitznahme der zum Jagd- und Fischerei-Rechte gehörigen Thiere nicht hierher, ist vielmehr zum Gegenstande besonderer Strafvorschriften in den §§ 273—277. gemacht worden. G. Matt. 2. s. 461 c.; Temme GA. s. 269 n. 5; id. Lehrb. s 902. — Dagegen ist es Diebstahl, wenn Wild aus umzäunten Gehegen, oder Fische aus Teichen oder Behältern, d. h. also aus der Gewahrsam eines andern weggenommen werden (vgl. § 217. Nr. 1.). Ein Erk. Kamm.-Ger 17. Nov. 1852 c. Busse (G. Arch. 1. s. 88) wollte das Wegnehmen von Fischen aus einer fremden Reuse, in welcher sie sich gefangen hatten, um deswillen nicht als Diebstahl, sondern nur als Fischereifrevel (§ 273) bestrafen, weil ein Besitz ohne den Willen der Besitznahme, und dieser ohne Kenntniß von dem Vorhandensein der Sache nicht möglich sei, übrigens sich der Fisch möglicher Weise auch wieder habe befreien können. Das Ober-Tribunal hat durch Z I. 18. Feb. 1853 die Nichtigkeitsbeschwerde aus formellen Gründen zurückgewiesen, jene Frage also nicht geprüft.

17. Das Fangen von Blutegeln in einem fremden See ist kein Dieb-

stahl; anders verhielte es sich, wenn es in einem zur Zucht besonders bestimmten Teiche geschehen wäre. Beschl. I. 29 Nov. 1854 c. Segebarth (G. Arch. 3. f 133); Z. I. 21. März 1855 c Beyer u Gen. (G. Arch. 3. f. 718); Z. I. 20. Apr. 1855 c. Tetzerow. Vgl zu § 273 n 6.

18. Die Wegnahme des auf der Straße von einem Andern zusammengekehrten, und so in Besitz genommenen Kehrichts in der Absicht ꝛc. ist Diebstahl, und fällt daher weder unter § 349 Nr. 2. des StGB., noch unter § 41. Nr. 6. (früher Nr. 7) der Feld-Pol. Ordn. v. 1. Nov. 1847. Erk. Kamm.-Ger. c. Hammersky (G. Arch 1. f. 89).

19. Sachen, welche eine Gefängnißverwaltung einem Gefangenen zum Gebrauche in der Anstalt, ein Gastwirth einem in sein Gasthaus eingekehrten Fremden zum Gebrauche im Zimmer des Gasthauses, eine Dienstherrschaft dem in ihrer Wohnung dienenden Gesinde zum Gebrauche im Dienste unter Händen lassen, verbleiben nichts destoweniger in der Gewahrsam jener Verwaltung ꝛc., und sind keineswegs in die des Gefangenen ꝛc. übergegangen (ALR. I. Tit. 7 § 111.); daher können Gefangener, Gast und Dienstbote allerdings daran einen Diebstahl, nicht aber eine Unterschlagung begehen. B. II 12. Apr. 1855 c. Karlsheim. Dasselbe entschieden in Betreff eines Gefangenen B 2. Juli 1852 c. Nettig (G Arch. 1 f. 91); B. II 27. Jan. 1853 c Hellborn; B. I. 5. Apr. 1854 c. Ernst; und in Betreff eines Dienstboten B. I 6. Dez. 1854 c. Kipke (G. Arch. 3. f. 133). *Contra:* in Betreff des Gefangenen Temme Lehrb. f 950 Note 3, und in Betreff eines Dienstboten B. 8 Dez. 1852 c Zander, welches hier Unterschlagung annahm. Vgl. n. 20. und zu § 225. n. 15. 16.

20. Ebenso ist das Vorlegen von Stoffen oder sonstigen Gegenständen zur Bearbeitung innerhalb der Wohnung oder der Gelasse des Arbeitsherrn als eine Entäusserung der Gewahrsam nicht anzusehen Wegnahme dieser Gegenstände durch den Arbeiter ist daher Diebstahl, nicht Unterschlagung. Z. 8. Okt. 1852 c Breßler u. Gen; B. 27. Okt. 1852 c Kommacki; Z. II. 28. Feb. 1856 c. Kaiser; Z. I 2. Apr 1856 c Pirsich; B. II 3 Mai 1856 c Elsemann u. Gen.

21 Das unter n 19. und 20. Gesagte gilt insbesondere auch von Dreschern, welche sich von dem Getreide, das sie aus den ihnen zu diesem Behufe übergebenen Garben in den Gelassen des Arbeitgebers gedroschen haben, etwas zueignen. Sie begehen einen Diebstahl, nicht eine Unterschlagung Z. (B) I. 10 Jan. 1853 c Sauermann; B. I 19. Jan 1853 c. Zigeuner u. Gen.; Z. I. 2 Feb 1853 c. Lüttich u. Gen. (G. Arch. 1. f. 397); Z. II. 24. Feb. 1853 c Rentsch u. Gen (G. Arch. 1. f 398); Z. I. 11 März 1853 c. Winter. Vgl. G. Arch. 1. f. 397.

22. Dagegen nahm Z. I. 2. März 1853 c Gawelleck (G Arch. 1. f. 710) Unterschlagung in einem Falle an, wo ein Ackerknecht von den Garben, welche er vom Felde seines Dienstherrn einzufahren hatte, einen Theil unterwegs bei Seite schaffte. Vgl. zu § 225. n. 17.

23 Ein Forstaufseher, welcher allein, oder in Betheiligung Anderer, Bäume in dem seiner Obhut anvertrauten Walde frevelt, begeht keine Unterschlagung, sondern wie jeder andere einen Holzdiebstahl, weil er mit jener Obhut nicht den Besitz oder die Gewahrsam des Waldes, oder der darin befindlichen Bäume hat. Findet dagegen der Förster Bäume, welche von Andern ohne sein Zuthun gefrevelt sind, im Walde, und eignet er sich dieselben zu, so liegt wiederum nicht Unterschlagung, noch der derselben gleich gestellte Fall des § 226, sondern einfacher Diebstahl vor, weil der Besitz oder die Gewahrsam solcher Bäume nicht von selbst vom Waldeigenthümer auf den Förster überging, mit der Zueignung aber sofort der Thatbestand des Diebstahls vorliegt. B. II. 12. Apr. 1855 c. Wirtz (Präj. n. 149. Entsch 30. f 354; G. Arch. 3. f. 840).

24 Ist es Diebstahl oder Unterschlagung, wenn Jemand eine Sache sich zueignet, welche er zwar an einem öffentlichen Orte, aber unter Umständen gefunden, aus welchen hervorgeht, daß sie der Eigenthümer dort nicht verloren, sondern absichtlich zurückgelassen, um sie später wieder abzuholen? Ein Beschl App. Ger. Ratibor 2 Okt. 1852 c. Mielczarek (G Arch. 1. f. 246) nahm arg. ALR. I. 7. § 116 117. mit Recht Diebstahl an, weil der Eigenthümer den Besitz nicht ver-

loren gehabt. Das erkennt Z. II. 6. Dez 1855 c. Korte im Grundsatze als richtig an Vgl. zu § 226. n. 9.

25 „Die Handlung desjenigen, der in rechtswidriger Absicht aus einem ver„schlossenen Behältnisse, welches ihm mit der Verpflichtung, dasselbe zu ver„wahren, zurückzugeben oder abzuliefern, anvertraut worden war, fremde be„wegliche Sachen sich aneignet, beziehungsweise solche veräussert, verpfändet, ver„braucht, oder bei Seite schafft, ist, selbst wenn die Anvertrauung des verschlossenen „Behältnisses ohne besondere Uebergabe der darin befindlichen einzelnen Sachen er„folgt war, Unterschlagung, nicht Diebstahl.“ Z. Pl. 12. Dez. 1853 c Benkert (Präj. n 68; JMBl. 1854 s. 90; Entsch. 26. s. 411; G Arch. 2 s. 122 n. 213). So: B I 12. Apr 1854 c. Krüger (G. Arch. 2. s 425). *Contra* früher: B I. 6. Apr. 1853 c. Rieck (Entsch. 25. s. 247; G. Arch. 1. s 573), welches Diebstahl annahm, weil der Deponent durch den Verschluß des Behältnisses zu erkennen gegeben habe, daß er auf die darin befindlichen Sachen dem Depositar weder eine faktische noch eine rechtliche Einwirkung habe einräumen wollen. Vgl. Koch s. 1026 n. 65 5; Abh. in G. Arch. 2. s. 211; Gilb. C. pén. Art 379. n 27; Art. 408. n 55 56.

26 Damit ein „Wegnehmen“ angenommen werden könne, muß der Dieb die Sache in seine wirkliche körperliche Gewahrsam gebracht haben Temme Lehrb. s. 902; Vgl. n. 29.

27. Von einer Wegnahme kann da nicht die Rede sein, wo der Inhaber in das Nehmen, sei es ausdrücklich, sei es stillschweigend, eingewilligt hat. Motive s 61; vgl. Erk. Kamm. Ger. 17. Jan. 1852 c Bochow (G. Arch. 1 s 89), und unten n. 37; nur darf das blosse Wissen und Geschehenlassen, nicht mit einer Einwilligung verwechselt werden; der Umstand, daß der Inhaber der Sache das Treiben des Diebes von Anfang an beobachtet hat, und geschehen läßt, um ihn zu ertappen und zu überführen, schließt den Diebstahl nicht aus. *Contra*: Temme Lehrb. s 905 Der obige Satz erledigt übrigens auch die von Beseler (s 409) angeregte Frage, ob der die Wegnahme gegen den Willen des Eigenthümers gestattende Inhaber Theilnehmer am Diebstahle sei, da hier überhaupt kein Diebstahl, sondern nur etwa eine Unterschlagung des Inhabers vorliegen kann. Temme Lehrb s 904; Vgl n 37.

28. Ist Heimlichkeit der Wegnahme erforderlich? Objektiv gewiß nicht; der ertappte Dieb, bleibt Dieb; vgl. n. 27. — Im Uebrigen bejaht Temme (Lehrb. s. 903), „weil der nicht mit Gewalt ausgeführte Diebstahl nur auf eine hinterlistige, also auch in irgend einer Beziehung nur auf heimliche Weise geschehen könne.“ Dieser Auffassung ist indessen nicht unbedingt beizupflichten, und Heimlichkeit der Handlung nur insofern als nothwendig zu betrachten, als durch sie das Vorhandensein einer auf Zueignung der Sache gerichteten Absicht bedingt ist. Diese kann nämlich nur da vorhanden sein, wo der Handelnde es wenigstens für möglich hielt, daß sein Thuen zu einer wirklichen Zueignung führen werde; wenn daher aus der Offenkundigkeit der Handlung thatsächlich geschlossen werden muß, der Handelnde sei sich der Unmöglichkeit jenes Erfolges vollständig bewußt gewesen, — so fällt mit der Möglichkeit der Zueignung, auch die Absicht derselben und der Begriff des Diebstahls weg. Wenn dagegen diese Absicht festgestellt ist, so kann der Mangel der Heimlichkeit den Diebstahl nicht beseitigen; es bedarf daher in keiner Weise der Feststellung der letztern. Jedenfalls würde der Begriff der Heimlichkeit nicht zu enge gefaßt werden dürfen, sie vielmehr auch da anzunehmen sein, wo der Dieb durch die Offenkundigkeit seines Thuens jeden Verdacht von sich abzulenken versteht, oder wo er durch Schnelligkeit sich und den Angesichts des Inhabers weggenommenen Gegenstand in Sicherheit bringen zu können vermeint.

29. Vollendet wird die Wegnahme durch das Bringen in die eigne Gewahrsam (n. 26.), welches mit der Herausnahme aus der fremden Gewahrsam zusammenfällt, indem dadurch die willkührliche Einwirkung des bisherigen Besitzers ausgeschlossen wird G. Matt. 2 s. 462; Temme Lehrb. s. 902. Dagegen ist nicht erforderlich, daß der Dieb die Sache schon aus den Räumen (dem Bereiche) des Bestohlenen herausgebracht habe. Zachariä Abh. in G. Arch. 3. s. 292 D; Z. I. 12. Okt. 1853 c. Hülsbach; Z. I. 29. Sept. 1854 c. Lange. Das zuletzt erwähnte Erkenntniß legt Gewicht darauf, daß nach der thatsächlichen Feststellung der Instanzrichter be-

reits ein Fortschaffen der weggenommenen Sache vom Boden, auf welchem sie sich befunden, statt gefunden habe.

30 Ob hiernach im Einzelfalle die Wegnahme bereits vollendet, oder doch versucht sei, ist eine wesentlich thatsächliche Frage; das gilt namentlich auch dann, wenn die Sache einstweilen in den Räumlichkeiten des Inhabers belassen, dort aber an eine andre Stelle gebracht ist, von wo sie später weggeholt werden soll. Man darf jedenfalls grundsätzlich einen wenigstens versuchten Diebstahl da annehmen, wo die Sache in den Räumen des Inhabers so versteckt worden ist, daß ihre Auffindung durch einen günstigen Zufall bedingt erscheint, indem dann die Möglichkeit der willkührlichen Einwirkung für den Inhaber beseitigt, und nur dem den Versteck kennenden Diebe gewährt ist Umgekehrt liegt jedenfalls ein vollendeter Diebstahl da nicht vor, wo nur ein Zurechtlegen zur demnächstigen leichtern Fortschaffung, ohne jedes Verstecken statt gefunden hat. Ein B. I. 14. Jan. 1853 c. Wuttig u. Gen. (vgl. zu § 31 n. 20.) wollte hierin nicht einmal einen Versuch, sondern nur eine vorbereitende Handlung erkennen, weil jene Handlung mit dem beabsichtigten Wegnehmen nicht in unmittelbarem Zusammenhange stehe; während ein Z. (V.) 10. Jan. 1853 c. Sauermann einen Versuch in einem Falle annahm, wo Drescher von dem durch sie ausgedroschenen Getreide eine Quantität aus der Scheune hinaus, und in einen Stall des Arbeitgebers geschafft hatten, in der Absicht, sie am Abende dort abzuholen; ein B. I. 19. Jan. 1853 c Zigeuner u. Gen. erachtete es endlich für vollendeten Diebstahl, wenn der Dieb die Sache aus den Räumlichkeiten des Eigenthümers heraus in die eines Dritten, z. B. in den Garten eines Nachbars bringt, um sie später von da abzuholen — Wie bereits oben und zu § 31. n. 11 fg. bemerkt worden, gehört es aber zur thatsächlichen Prüfung, inwiefern die Begriffserfordernisse des Versuchs als vorhanden anzusehen sind.

31. Ein strafbarer Diebstahlsversuch liegt da nicht vor, wo zwar ein Diebstahl beabsichtigt war, aber nur deshalb nicht zur Ausführung kam, weil an der betreffenden Stelle der zu stehlende Gegenstand gar nicht existirte; vgl. zu § 31. n. 4. — Uebrigens bedarf es zur Bestrafung eines Diebstahlsversuchs nicht der Ermittlung und Feststellung desjenigen, was der Angeklagte zu stehlen Willens gewesen sei; es genügt die Feststellung: »daß er zu stehlen versucht habe 2c.« Z. II 15 Nov. 1855 c. Hürter; Z. II. 24. Mai 1856 c. Küchen.

32. Es gehört zur thatsächlichen Beurtheilung, inwiefern Einsteigen, Einbruch und Einschleichen für sich allein den Thatbestand eines Diebstahlsversuchs darstellen. Vgl. zu § 31. n. 17—19. in Verbindung mit n. 11 flg.; Gilb. C. pén. Art. 2. n. 7—12 bis.

33. Ist festgestellt, daß ein Diebstahl von zwei Personen in der Weise verübt worden sei, daß der eine die fremde Sache allein aus dem Gebäude, in welchem sie sich befand, geholt, und daß beide sie darauf weggetragen haben, so liegt keine Gesetzesverletzung vor, wenn der Instanzrichter einen durch gemeinschaftliche Handlungen verübten Diebstahl annimmt, und den zweiten nicht blos als Theilnehmer an dem durch den erstern allein verübten Vergehen ansieht. Z. (V.) I. 12. Jan. 1855 c. Hartphiel u. Gen. (Entsch. 29. s. 418; G. Arch. 3. s. 706).

34. Damit die Absicht: sich die Sache rechtswidrig zuzueignen angenommen werden könne, ist erforderlich, daß sie dahin gerichtet sei, die Sache in sein Eigenthum zu bringen; wer dieselbe blos zum momentanen Gebrauche (z. B. eine Leiter, um damit einen andern Diebstahl zu verüben) wegnimmt, stiehlt sie nicht. Temme Lehrb. s. 905.

35 Daß ein Behalten der Sache für immer beabsichtiget sei, ist dagegen nicht erforderlich; auch der ist ein Dieb, welcher eine fremde Sache wegnimmt, um sie sofort wieder zu verschenken. G. Matt. 2. s. 467 b; Temme Lehrb. s. 906, nach L. 54. § 1. D. de furtis (47, 2.).

36. Mit Rücksicht auf das unter n. 35. Gesagte ist ein Diebstahl auch dann anzunehmen, wenn das Wegnehmen für und im Auftrage eines Andern (um die Sache diesem zuzueignen) geschah; der Zueignung des Dritten mußte die eigne des Diebes vorhergehen. Motive s. 60; G. Matt. 2. s 467 b. Auf dieser Auffassung beruht Z. 19. Mai 1852 c. Häusler.

37. Die Einwilligung des Eigenthümers der Sache beseitigt das Begriffserforderniß der Rechtswidrigkeit; es liegt also ein Diebstahl nicht vor, sollte auch die Wegnahme gegen den Willen des zeitlichen Inhabers erfolgen. Vgl. n. 27.

38. Die im § enthaltene Definition des Diebstahls weicht insofern von der des Römischen und des gemeinen Rechts ab, als hier nicht von einer gewinnsüchtigen, sondern nur von der Absicht rechtswidriger Zueignung die Rede ist. Aus der Entstehungsgeschichte des § geht indessen hervor, daß man keineswegs beabsichtigte, den gemeinrechtlichen Begriff, wie er auch ganz in das Verständniß des gemeinen Lebens übergegangen war, zu verlassen, und einen andern an die Stelle zu setzen. Daher muß die Absicht der rechtswidrigen Zueignung, als auf rechtswidrige Gewinnung der Sache gerichtet, gedacht werden, so daß der Begriff da nicht zutrifft, wo durch die rechtswidrige Handlung zwar die Aneignung der Sache, jedoch nur gegen vollständigen Entgelt, bezweckt wurde; es ist daher kein Diebstahl, wenn Jemand seinem Schuldner etwas wegnimmt, um sich damit bezahlt zu machen (vgl. Erk. Kamm.-G. 17. Jan. 1852 c. Bochow. G. A. 1. s. 89), oder wenn Jemand sich einer fremden nicht käuflichen Sache bemächtigt, zugleich aber ihren vollen Werth als Preis derselben an die Stelle legt. Wenn gleichwohl die Definition von dieser „Gewinnsucht“ Nichts enthält, so geschah es nur, um auszudrücken, daß es da, wo die Absicht der rechtswidrigen Zueignung obwaltet, der ausdrücklichen Feststellung, daß diese Absicht im angegebenen Sinne eine gewinnsüchtige gewesen, nicht bedürfen solle. Hiernach ist ein Eingehen in diese Frage nur da erforderlich, wo der Angeklagte die Abwesenheit jener „Gewinnsucht“ behauptet, und die Umstände angiebt, aus welchen ein andrer Charakter seiner Absicht folgen soll. So sprachen sich im Allgemeinen aus: Z. 26. Mai 1852 c. Hüthe; Z. 30. Juni 1852 c. Lenguer; B. 26. Nov. 1852 c. Rembiock; B. I 29. Juni 1853 c. Freudenthal Zu vergleichen sind: Bes. s. 409; G. Matt. 2. s. 465; Temme Lehrb. s. 905. — Wenn dagegen § 349. Nr. 3 in der neuen Fassung des Ges. v. 14. Apr 1856 die „Entwendung“ von Früchten 2c. von unbedeutendem Werthe oder in unbedeutender Quantität nur dann mit der Strafe des Diebstahls bedroht, wenn sie unter den erschwerenden Umständen des § 218, oder in gewinnsüchtiger Absicht geschieht, so soll durch den Ausdruck „Entwenden“ nicht etwa ein andrer Thatbestand als der des Diebstahls angedeutet werden (weil sonst von der Anwendbarkeit des § 218 keine Rede sein könnte); der Unterschied liegt vielmehr nur darin, daß bei der Wegnahme der dort genannten Lebensmittel der gewinnsüchtige Charakter der obwaltenden Absicht der rechtswidrigen Zueignung nicht ohne Weiteres vermuthet, oder als selbstverständlich vorausgesetzt werden soll, daß es vielmehr in jedem Falle der ausdrücklichen Feststellung seines Vorhandenseins bedarf, um die Diebstahlsstrafe zu rechtfertigen, was wiederum da wegfällt, wenn einer der erschwerenden Umstände des § 218 vorliegt. Zugleich ist aber auch dadurch angedeutet, daß in jenem Falle die Absicht, die Sachen sofort zu verzehren, für sich allein als eine gewinnsüchtige noch nicht anzusehen sei. — Aehnlich verhält es sich mit dem in den §§ 41—43 der Feld-Pol.-Ordn. v. 1. Nov. 1847 (in der veränderten Fassung des Ges. v. 13. Apr. 1856) vorgesehenen Wegnehmen, vgl. § 45 ibid. Vgl. unten n. 46. ferner zu § 271 n. 3. und die Bemerkungen zu § 349 Nr. 3; auch im Allgemeinen Chauv. & Hél. Th. du C. p. 3. p. 330. (ed. Belge.).

39. Die Absicht der rechtswidrigen Gewinnung wird dadurch nicht ausgeschlossen, daß der Dieb die angeeignete Sache demnächst zum Besten eines Dritten zu verwenden Willens war; einer solchen Verwendung mußte der vollendete Diebstahl vorhergehen. Vgl. oben n. 35.

40. Nach den unter n 38 und 39. entwickelten Grundsätzen ist auch die Frage nach der Strafbarkeit des s. g. Futterdiebstahls zu beantworten. Der Knecht, welcher seinem Herrn Futter stiehlt, um es an das Vieh desselben zu verfuttern, ist dann kein Dieb, wenn er — ohne alle selbstsüchtige Absicht — vielleicht nur aus Fürsorge für die Thiere, und in der Meinung handelt, daß das ihnen vom Herrn angewiesene Futterquantum zu ihrem Bestehen nicht hinreiche; während unbedenklich die Absicht rechtswidriger Gewinnung, und mit derselben alle wesentlichen Merkmale des Diebstahls da anzunehmen sind, wo der Knecht dadurch für sich irgend etwas zu erzielen bemüht ist, sollte es auch nur die Befriedigung seiner

---

Eitelkeit (durch das bessere Aussehen der von ihm gepflegten Thiere), oder seiner Bequemlichkeit sein (weil z. B. wohlgenährte Pferde leichter zu putzen sind). Dagegen ist der Umstand, daß die Sachen „wieder in rem domini vertirt seien“ (G. Matt 2. f. 468) an und für sich unerheblich. Hiernach schließt also die Feststellung: die Wegnahme des Futters sei geschehen, um es an das Vieh des bestohlenen Herrn zu verfuttern, den erforderlichen Dolus weder in sich, noch schließt sie denselben aus; es gehört vielmehr zur fernern thatsächlichen Beurtheilung, ob im Einzelfalle „die Absicht rechtswidriger Zueignung“ anzunehmen sei, oder nicht. In diesem Sinne hat sich auch die Rechtsprechung des Ober-Tribunals festgestellt, so: B. I. 16. Feb. 1853 c. Ammerpohl (Präj. n. 12; JMBl. f. 267; G. A. 1. f 245); Z. I. 16. Feb. 1853 c. Neuenfeld u. Gen. (Entsch. 24. f. 449); B. I. 29. Apr. 1853 c. Hornemann; B. I. 29. Juni 1853 c. Freudenthal. *Contra* früher: Z. 8 Dez 1851 c. Kubo (Entsch. 22. f. 72; G. A. 1. f. 91); Z. 30 Juni 1852 c Lengner, welche durch die Feststellung des angedeuteten Zwecks der Verfutterung die gewinnsüchtige Absicht, und somit den Begriff des Diebstahls für beseitigt erachteten. Aehnlich: G. Matt. 2. f. 467 c.; Temme GU. f. 272 Note 1; Koch f. 1028 IV.

41. Ein Beschl. I. 19. Sept. 1855 c Tietze erachtete durch die thatsächliche Feststellung der Wegnahme von Gras vom Grundstücke eines Dritten zum Zwecke der Verfutterung an das Vieh des Dienstherrn, die Absicht des unredlichen Gewinnes, und damit die Anwendbarkeit des § 215 für beseitigt, und dagegen § 46 Nr. 6 der FPO. v. 1. Nov. 1847 für zutreffend. Vgl. unten n. 45 flg.

42. Der Dieb, sowie der Theilnehmer am Diebstahle können nicht neben der hierdurch verwirkten Bestrafung auch noch mit der Strafe der Hehlerei belegt werden; vgl. zu § 237 n. 28 29.

43. Ueber die fortdauernde Gültigkeit der Vorschriften der Feld-Polizei-Ordnung v. 1. Nov. 1847 und des Rh. Rural-Gesetzes v 28. Sept. — 6. Okt. 1791 in Betreff der Entwendung von Früchten und andern Bodenerzeugnissen vgl. Ges. v. 22. Mai 1852 Art. III. — Nur insoweit die Bestimmungen der FPO. in das StGB übergegangen, oder mit den Bestimmungen des letztern unvereinbar sind, müssen sie als aufgehoben erachtet werden. Z II 14. Feb. 1856 c. Ehrlich.

44. Wo die FPO. die Anwendung der Diebstahlsstrafen ausschließt, sind ihre Bestimmungen Ausnahmen, welche nicht ausdehnend erklärt werden dürfen. Z. II. 14. Feb. 1856 c Ehrlich.

45. Die in der FPO [oder dem Rh Rural-Ges.] vorgesehenen Entwendungen unterliegen den Strafen dieser Spezial-Gesetze auch dann, wenn sie unter den Umständen des schweren Diebstahls begangen sind. Beschl. I. 22. Juni 1853 c Zohr; B. (Z) I. 8. Feb. 1854 c Gutfeld (arg. Ges. v. 22. Mai 1852 Art. III, welcher die §§ 215—224 ausschließt); vgl. Komm.-B. Herren-H. zu FPO. § 42. Nr. 2 (G. A. 4. f. 150) Vgl. zu § 230. n. 18.

46. Ueber den Sinn der in den §§ 41—43 der FPO. (in der neuen Fassung des Ges. v. 13. Apr. 1856) vorgesehenen Entwendungen, und die Bedeutung der im § 45 ibid. erwähnten gewinnsüchtigen Absicht, vgl. oben n. 38. — Daß „Entwendung“ im § 42 Nr. 2. (früher Nr. 6.) den vollständigen Thatbestand des Diebstahls voraussetze, sprachen aus Z. II 29. März 1855 c. Meinhard (G. A. 3. f. 556); Z I 7. März 1856 c. Achtenhagen, ersteres mit dem Zusatze: wenn jener § 42 Nr. 6. von der Ausschliessung der „Absicht eines unredlichen Gewinnes“ spreche, so sei hierunter ein bleibender unredlicher Gewinn zu verstehen. — Handelt es sich daher von der Entwendung von Feldfrüchten 2c., so rechtfertigt der festgestellte Thatbestand des § 215 die Anwendung der Diebstahlsstrafe, und die Ausschliessung der Strafen der FPO. noch nicht; es bedarf dann vielmehr auch noch der fernern Feststellung, daß nicht die besondern Umstände vorliegen, unter welchen die FPO. eine geringere Strafe androhte, oder aber, daß die im § 45 erwähnte gewinnsüchtige Absicht obwaltete. In ähnlichem Sinne erging B. I. 9. Apr. 1856 c. Tusker in Betreff der Voraussetzungen des frühern § 42 Nr. 6 der FPO. („geringe Quantität, und Ausschliessung der Absicht eines unredlichen Gewinnes“); *Contra* früher: Z. I. 5. Apr. 1854 c. Krause

47. Vor dem Ges. v. 13. Apr. 1856 (GS f. 205) hatte das Ober-Tribunal an-

§. 216. **Der Diebstahl und der Versuch des Diebstahls wird mit Gefängniß nicht unter Einem Monate und mit zeitiger Untersagung der Ausübung der bürgerlichen Ehrenrechte bestraft. Der Schuldige kann zugleich unter Polizei-Aufsicht gestellt werden.**

Wird festgestellt, daß mildernde Umstände vorhanden sind, so kann die Strafe bis auf Eine Woche Gefängniß ermäßigt werden.

[Entw. § 199.] Vgl § 349 Nr 2 3

---

genommen, daß „der unter Nr 2. des § 43. [jetzt § 42 Nr. 3.] der FPO erwähnte „Fall auch dann vorhanden sei, wenn das Abhauen, oder Abbrechen von Blumen „oder Sträuchern in diebischer Absicht vorgenommen sei“ So Z. I. 12 Jan. 1853 c. Mattern (Präj n. 5; JMBl. s. 172; Entsch. 24 s. 438); V. Pl. 12 Dez 1853 c. Manthe (Präj n 73; JMBl 54 s 92; Entsch. 26 s. 440) u. ö. Dasselbe entschieden Z I. 17 Mai 1854 c Hegermann (G A. 2 s. 685); Z I. 17. Juli 1854 c. Hohenwald, in Betreff der Fälle des § 43 Nr 3 und 4. (jetzt Nr. 2 3), während V (Z) I 8. Feb. 1854 c. Gutfeld (JMBl. s. 151); und V I 10 März 1854 c. Ueberschaer (G. A 2. s. 417) das Gegentheil da annehmen, wo ein Baum oder Strauch mit der Wurzel ausgerissen war Die durch das Ges. v. 13. Apr. 1856 bewirkte Abänderung der §§ 41—43. 45 der FPO bezweckte ausdrücklich die Beseitigung jener Auffassung; die Anwendbarkeit der Diebstahlsstrafe ist jetzt durch das Vorhandensein der gewinnsüchtigen Absicht bedingt

48. „Die Entwendung von Bäumen oder Sträuchern, welche in Gärten, „Obstanlagen, Alleen, auf Aeckern oder sonst ausserhalb eines Forstes stehen, oder „aus Hecken, oder sonst zur Einfassung von Grundstücken dienenden Anpflanzungen, „ist nicht nach § 216, sondern nach § 43 Nr 2. [jetzt nach § 42 Nr. 3.] der FPO. „zu rügen“ Z I. 12. Jan. 1853 c Mattern (Präj. n. 6; JMBl. s. 172; Entsch. 24. s. 438). Auch hier greift jetzt die Unterscheidung des neuen § 45 der FPO Platz; vgl. n. 45.

49. Soweit das Holz-Diebst. Gesetz v. 2. Juni 1852 für die dort vorgesehenen Fälle besondere Strafvorschriften enthalt, bleiben die Bestimmungen des StGB. ausgeschlossen.

50. Unter der in den §§ 1 und 3. des HDGes. erwähnten Borke ist zunächst nur solche Rinde des Holzes zu verstehen, welche durch Zufall, oder durch eine bei der Holzkultur nicht beabsichtigte Folge der Arbeit von dem Holze getrennt ist, nicht aber auch diejenige s. g Lohe oder Lohrinde, welche durch ein wirthschaftliches Verfahren behufs des Verkaufs und der Verwendung zur Lohgerberei abgelost und zum Trocknen ausgelegt ist; ein an dieser verübter Diebstahl unterliegt den Strafen des § 216 resp § 217 Nr. 3. V. II. 21. Dez. 1854 c. Schmitz (Präj. n 128; JMBl. 55 s 79; Entsch 29. s 435; Rh Arch 50 2. A. s. 58; G. A 3 s. 254).

51. Wenn sich in den Fällen der §§ 41—43 der FPO. v. 1. Nov. 1847 oder des § 349 Nr. 3. des StGB. nach Eröffnung der Untersuchung ergiebt, daß die betr. Sachen in gewinnsüchtiger Absicht entwendet sind, also die Diebstahlsstrafe verwirkt ist, so kann auch der Einzelrichter diese Strafe nach § 216 oder 217 verhängen, insofern mildernde Umstände vorliegen, und Staatsanwaltschaft und Richter darüber einverstanden sind, daß das passende Strafmaaß drei Monate nicht übersteige. Ges. v. 14. Apr. 1856 Art I. § 3. (oben bei Art. XIII. des Einf. Ges. s. 21).

§. 216.

1. Die Geringfügigkeit des Objekts kann unbedenklich als mildernder Umstand angesehen werden. Komm.-B. II. K s. 117

2 Die Bestimmungen in den letzten Absätzen der §§ 216. und 217, daß bei mildernden Umstanden die Strafe des einfachen Diebstahls bis auf acht resp. vierzehn Tage Gefängniß ermässigt werden kann, sind weder dahin aufzufassen, daß

§. 217. In folgenden Fällen soll die Gefängnißstrafe nicht unter drei Monaten sein:

1) wenn Ackergeräthschaften oder Thiere, welche zum Ackerbau gebraucht werden, von dem Felde, Thiere von der Weide, Wild aus umzäunten Gehegen, Fische aus Teichen oder Behältern, Bienenstöcke von dem Stande, Tuche,

---

neben dieser Gefängnißstrafe auf zeitige Untersagung der Ausübung der Ehrenrechte erkannt werden müsse, noch dahin, daß auf jene Untersagung nicht erkannt werden dürfe, sondern dahin, daß es dem Ermessen des Richters anheimfalle, ob in dem gegebenen Falle neben der Gefängnißstrafe noch jene Untersagung auszusprechen sei. Z. I. 10 Juni 1853 c. Klebeck (G. Arch 1. f 573). Daß hiernach auf Untersagung der Ausübung der bürgerlichen Ehrenrechte auch beim Vorhandensein mildernder Umstände erkannt werden könne, sprach Z. I. 11. Mai 1853 c. Colmsee (Gruhn u. Gen.) aus; daß aber auch von dieser Strafe abgesehen werden dürfe, nahmen an: Z. 9. Juli 1852 c. Eschment; Z. I. 11. Mai 1853 c. Dabers (G. Arch 1 f. 398); Z. I 17. Juni 1853 c Weiß; Z. I. 6. Juli 1853 c. Sempert. Vgl Komm.-B. II. K. 117; Komm.-B I. K f. 33; G. Arch. 1. f. 91 Temme hat seine entgegenstehende in den Glossen (f. 273) ausgesprochene Ansicht, später berichtigt (Lehrb f 909).

3. Ueberhaupt ist die Ermässigung der Strafe im Falle des Vorhandenseins mildernder Umstände fakultatif Es bleibt daher dem Instanzrichter unbenommen, nach den Umständen auch die Stellung unter Polizeiaufsicht auszusprechen Temme Lehrb. f. 909. Vgl. n. 4.

4. Dagegen wird, im angedeuteten Falle der Feststellung mildernder Umstände, dem Richter die Verhängung des höchsten Maasses der nach dem § zulässigen Strafe nicht gestattet sein können. Das muß insbesondere auch dann gelten, wenn jene Feststellung von Geschwornen ausgegangen ist.

§. 217.

1 In den durch diesen § vorgesehenen Fällen ist die ordentliche Diebstahlsstrafe des § 216 nur in der Weise abgeändert, daß das geringste Maaß der Gefängnißstrafe erhöht worden ist; hiernach ist neben der letztern auch auf zeitige Untersagung der Ausübung der Ehrenrechte und geeigneten Falles auf Stellung unter Polizei-Aufsicht zu erkennen. Vgl. zu § 216. n. 2—4.

2 Analoge Ausdehnung des § auf andre den speziell aufgezählten ähnliche Fälle ist nicht statthaft. G. Matt 2. f. 470; Temme Lehrb. f 910.

Zu Nr. 1.

1. Es ist hier nur an die Entwendung solcher Sachen gedacht, welche nicht unter genauer Aufsicht und Verwahrung gehalten werden können. Z 12. Mai 1852 c. Eschau

2. Wenn gleich hier von Ackergeräthen, Thieren ꝛc. in der Mehrzahl die Rede ist, so fällt doch schon der Diebstahl eines einzelnen Stückes unter den § Gilb. C. pén. Art. 388. n. 10.

3. Ob etwas eine Ackergeräthschaft sei, ist Gegenstand der thatsächlichen Beurtheilung Gilb. l. c. n. 13.

4. In Betreff der Ackergeräthschaften ist jetzt nicht mehr (wie nach ALR. II. 20 § 1143) zwischen solchen, welche auf dem Felde stehen zu bleiben pflegen, und andern zu unterscheiden. G. Matt 2 f. 470. Auch ist es unerheblich, ob sie grade zur Arbeit gebraucht, und nur einstweilen auf dem Felde zurückgelassen sind Z I 14. Dez. 1855 c. Bluhm; ebensowenig kommt etwas auf die An- oder Abwesenheit eines Wächters an. Gilb. C. pén. Art. 388. n. 11.

5 Zur thatsächlichen Beurtheilung gehört es auch, ob ein Thier zum Ackerbau gebraucht werde.

6. Unter Feld ist jedes ländliche Besitzthum zu verstehen, auf welchem Ge-

Linnen, Gewebe oder Garne von dem Rahmen oder von der Bleiche gestohlen werden;

[Entw. § 200 Nr. 1.] Vgl. § 215. 216. 273—277.

Schlußsatz: Wird festgestellt, daß mildernde Umstände vorhanden sind, so kann die Strafe bis auf vierzehn Tage Gefängniß ermäßigt werden.

---

genstände der fraglichen Art der öffentlichen Treue anvertraut werden, also namentlich auch Wiesen, Holzungen u. s w Gilb. C. pén. Art. 388. n. 3.

7. „Thiere auf der Weide“ umfaßt alle Arten von Vieh, ohne Beschränkung auf Zug- oder Nutzvieh.

8. Als „auf der Weide“ befindlich kann man weder futtersuchende Hühner, noch Enten auf dem Wasser ansehen. Temme Lehrb s 911, Note. *Contra:* G. Matt. 2 s. 471; Koch s. 1029 n. 66.

9 Was von dem Thiere gilt, muß auch von Theilen desselben gelten; daher ist derjenige, welcher ein auf der Weide befindliches Schaaf scheert, und die Wolle stiehlt, nach diesem § strafbar *Contra:* Z. I. 12. Juli 1854 c Niqué in einem Falle, wo einem Schaafe ein Büschel Wolle abgerupft war (der Angeklagte war wegen einfachen Diebstahls bestraft worden). Vgl. n. 15.

10 Wild in umzäunten Gehegen, Fische in Teichen und Behältern befinden sich in der Gewahrsam des Inhabers dieser Gehege 2c, daher ist Wegnahme derselben Diebstahl, während die §§ 273 flgg die Eingriffe in das Okkupationsrecht eines Andern an solchen Sachen bestrafen, welche noch nicht in der Gewahrsam des Berechtigten sind; vgl ALR I. 9 § 176 flgg; und zu § 273. n. 1.

11. Das Wort „Wild“ ist hier auf jagdbare Thiere nicht zu beschränken. G Matt. 2. s. 471.

12. Führt der Dieb eine Waffe bei sich, so ist er, auch wenn die Waffe nur zur Erlegung des Wildes bestimmt war, nach § 218. Nr 6. strafbar; vgl. dort n. 8

13. Unter „Teichen“ sind solche Wasserräume zu verstehen, welche entweder künstlich angelegt, oder, wenn sie von Natur entstanden sind, in ihrem Zustande als Aufbewahrungsort zur Hegung und zur Zucht von Fischen, besonders unterhalten werden. B. I 21. März 1855 c. Laurent (G A. 3. s 427)

14 Den Teichen sind andre geschlossene Gewässer, welche sich nicht über die Gränze des Grundstücks erstrecken, in welchem sie liegen, (ALR. I, 9. § 176.) z B. Privatseen, oder ein Wasserpfuhl nicht gleich zu stellen; gleichwohl hat der Eigenthümer eines solchen Privatgewässers auch an den in demselben befindlichen Fischen Eigenthum und Gewahrsam (ALR. 1. c § 177), und die Entwendung solcher Fische ist nach § 216. strafbar. B I 21 März 1855 c. Laurent (G A. 3. s. 427)

15 Was bei einer der öffentlichen Treue übergebenen Sache gilt, muß auch für die hauptsächlichen Bestandtheile derselben maaßgebend sein (vgl n. 9.); daher unterliegt auch der Strafe des §, welcher nicht den Bienenstock selbst, wohl aber den darin befindlichen Honig stiehlt B. I 29 Apr 1853 c. Kraffczyk (G A. 1. s. 574); B. I 28 Okt 1853 c Milde (welches ganz allgemein den § auch auf die Entwendung der Theile eines Bienenkorbs für anwendbar hielt); B. I. 18 Apr 1855 c Striepling.

16. Konkurrirt beim Diebstahle eines Bienenstocks vom Stande einer der im § 218. erwähnten erschwerenden Umstände, so kommt der letztere als der strengere zur Anwendung, ohne daß ihn § 217. ausschlösse. B. 4. Juli 1852 c. Zemla.

17 Die die Gewebe 2c auf der Bleiche 2c. betreffende Bestimmung ist nicht auf Wäsche auszudehnen, welche im Betriebe gewöhnlicher Hauswirthschaft zum Trocknen oder auch zum Bleichen ausgelegt, oder ausgehängt wird Z. 12. Mai 1852 c Eschau; Z. I 28 Jan. 1853 c. Märtin; Z. I eod. c Schmeja; Z. I. 2. März 1853 c. Rösner (G A. 1 s 710)

18 Ein Z 12 Mai 1852 c. Eschau wollte als Bleiche im Sinne dieses § nicht eine solche betrachten, welche in einem hinter dem Hause des Bestohlenen liegenden Garten, also in einem Raume, sich befinde, welcher sehr wohl zu beaufsich-

§. 217. In folgenden Fällen soll die Gefängnißstrafe nicht unter drei Monaten sein:

2) wenn Früchte oder andere Bodenerzeugnisse, welche bereits geerndtet sind, von Feldern oder Wiesen oder aus Gärten gestohlen werden;

[Entw § 200 Nr 2] Vgl. § 215. 216. 349 Nr. 3; FPO. v. 1. Nov. 1847 § 42 Nr. 2

3) wenn geschlagenes Holz aus dem Walde oder von der Ablage, oder wenn Schwemm- oder Flößholz gestohlen wird;

[Entw. § 200 Nr. 3.] Vgl. § 215. 216; HDG. v 2 Juni 1852. § 1.

Schlußsatz: Wird festgestellt, daß mildernde Umstände vorhanden sind, so kann die Strafe bis auf vierzehn Tage Gefängniß ermäßigt werden.

---

tigen sei (vgl. n 1) Hiergegen ist aber zu bemerken, daß das Gesetz in dieser Beziehung gar nicht unterscheidet, wenn es auch auf dem oben (n. 1.) erwähnten Grunde beruht.

§. 217. Nr. 2.

1. Die Vorschrift ist auf andre Gegenstände, welche nicht zu den Bodenerzeugnissen zu zählen, z. B auf gestochenen auf dem Moore stehenden Torf nicht auszudehnen, da dieser kein Erzeugniß, sondern vielmehr ein Bestandtheil des Bodens ist, eine Ernte dabei nicht stattfindet, und ein Torfmoor den Feldern ꝛc. nicht gleich steht Z. I. 15. Sept. 1852 c. Kompakischkies; Z. I. 26. Okt. 1853 c Arnaszus (G A. 2 ſ 122). — Dasselbe gilt von Steinen, Plaggen ꝛc. Temme Lehrb. ſ. 912 Note 1.

2. Der Begriff der „geernteten" Früchte ꝛc ist nicht auf die schon zusammen gebrachten, d h in Haufen (Schober, Mandeln ꝛc.) gesetzten oder gesammelten Früchte zu beschränken, umfaßt vielmehr alle vom Halme oder Boden durch eine Handlung des Berechtigten getrennten Früchte, welche sich noch auf Feldern, Wiesen, oder in Gärten befinden, mögen sie nur abgemäht, abgeschnitten, oder sonst vom Boden getrennt daliegen, oder schon durch eine fernere Behandlung oder Bearbeitung weiter zum Einernten vorbereitet sein. B. 24. Mai 1852 c. Jäger; Z. 25 Juni 1852 c Dönike; Z. II 7. Feb 1856 c. Voget (G A 4 ſ. 253) *Contra:* Koch ſ. 1029 n. 68.

3 4. Daher gehört sowohl Getreide, als auch geschnittenes Gras, welche auf der Schwad liegen, ebensowohl zu den geernteten Früchten, als wenn sie schon zu Haufen zusammen gebracht sind B. 24 Mai 1852 c Jäger; Z. II 7. Feb. 1856 c Voget (G. A 4. ſ 253). — Dasselbe gilt von Kartoffeln, sobald sie aus der Erde genommen sind, sollten sie auch noch nicht in Haufen gebracht sein.

5. Umgekehrt steht der Umstand, daß die Früchte sich bereits in einer Miethe befunden haben, der Anwendbarkeit des § nicht entgegen B I. 27. Mai 1853 c. Kemp.

6. Es macht keinen Unterschied, ob die getrennten Früchte noch auf demselben Felde ꝛc liegen, auf welchem sie gewachsen sind, oder ob sie auf einem andern Felde sich finden. B 10 März 1852 c. Schweitzer (G. A. 1. ſ. 92); Temme Lehrb. ſ. 912, Note 1; vgl zu Nr. 3. n. 5 a.

7. Den Feldern, Wiesen und Gärten können hier andre Grundstücke, z. B. Wälder nicht gleich gestellt werden. G. Matt 2 ſ. 472 n 2. — Dagegen behält ein Feld diesen Charakter auch dann, wenn es sich an einer gerodeten Stelle eines Waldes, und ganz von diesem umgeben, finden möchte

§. 217. Nr. 3.

1. Den Gegensatz gegen „geschlagenes" Holz bildet zunächst das noch nicht vom Stamme und Boden getrennte, sodann das durch Zufall abgebrochene oder umgeworfene, mit dessen Zurichtung noch nicht der Anfang gemacht worden, endlich Spähne, Abraum und Borke, von welchen das HDG. v. 2. Juni 1852 § 1. spricht.

4) wenn eine Person, welche für Lohn oder Kost dient, den Diebstahl gegen ihre Herrschaft oder gegen einen Drit=

---

2. Als geschlagenes Holz kann nur das von dem Berechtigten gefällte angesehen werden. An dem im Frevel gefällten, aber im Walde zurückgelassenen Holze kann ein Dritter nur einen einfachen Diebstahl im Sinne des § 216. begehen. Hätte freilich der Waldeigenthümer einen solchen im Frevel gefällten, im Walde zurückgebliebenen Baum, demnächst durch ein besonderes Zeichen als geschlagen in Besitz genommen, so würde von jetzt an § 217. maaßgebend sein Z. I 28. Okt. 1853 c. Kuznik. Vgl. zu § 215 n. 23.

3. Ein Z. 15. Dez. 1852 c. Ridzick nahm an: wenn Jemand von geschlagenen Bäumen Aeste abhaue, und entwende, so falle diese Handlung nicht unter § 217., weil, wenn jene Aeste nach erfolgter Zurichtung im Walde liegen geblieben wären, sie nur als Holzabgänge (Abraum) im Sinne des HDG. v. 2 Juni 1852 (AKO. v 28. Juni 1844 n. 2 a.) hätten angesehen werden können. Dieser Entscheidung ist schwerlich beizupflichten, zumal da thatsächlich Nichts feststand, woraus auf die eventuelle Natur jener Aeste als Abraum hätte geschlossen werden können.

4. Auch Holzspähne, wenn sie bereits aufgeklaftert, und dadurch ein perzipirter Theil der Forstnutzung geworden sind, stehen dem Klafter- oder Stammholze überall gleich, und § 217 Nr 3. ist auf ihren Diebstahl anwendbar V. 23. Jan. 1852 c. Stephan.

5. Dasselbe nahm beiläufig ein V. 24. Sept. 1851 c. Gerlach von aufgestapelter Baumrinde an. Ebenso V. II. 21. Dez 1854 c Schmitz (Präj n. 128; JMBl. 1855 S 79; Entsch. 29. S 435; Rh. Arch. 50 2. A. S 57; G A. 3. S. 254; vgl das Nähere dieser Entscheidung zu § 215. n. 50).

5 a. Ob das Holz noch in demselben Walde lagere, in welchem es gefällt worden, ist gleichgültig; das Gegentheil kann nicht aus der Fassung: „aus dem Walde“ (statt: „aus einem Walde“) gefolgert werden; heißt es doch auch: „von der Ablage“. Vgl oben zu Nr. 2 n 6.

6. Das aus dem Walde bereits abgefahrene und zu Brettern geschnittene Holz ist nicht mehr zu dem „geschlagenen“ im Sinne des § zu zählen Z. I 29. Apr. 1853 c. Rohloff.

7. Unter Ablage ist ein unbefriedigter Ort zu verstehen, wohin bestimmungsmässig geschlagenes Holz aus dem Walde zunächst zur vorläufigen Aufbewahrung und zum Zwecke des demnächstigen Weitertransports gebracht wird; auf die Art der Aufstellung kommt dabei Nichts an, ebensowenig ist es für den Begriff wesentlich, ob sich der Ort in der Nähe von Forsten, Flüssen oder Landstraßen befinde. Vgl G. A. 1. S. 92 Analoge Ausdehnung des Begriffs der Ablage ex ratione legis über die gewöhnliche Bedeutung des gemeinen Sprachgebrauchs hinaus, ist unstatthaft. Z. 7. Juli 1852 c Grüter. Insbesondere ist nicht jede „Abladestelle“ als eine Ablage zu betrachten. V. I. 5. Jan. 1853 c. Zick u. Gen.

8. Wird geschlagenes Holz weder aus dem Walde, noch von der Ablage, sondern von einem andern Grundstücke gestohlen, auf welchem es hauptsächlich der Holznutzung wegen gezogen war (HDG. v. 2 Juni 1852 § 1), so ist § 216. anwendbar. G. Matt 2. S. 472 n. 3.

9. Als Schwemm- oder Flöß-Holz ist nur dasjenige zu betrachten, welches sich in dem zur Flössung ꝛc. dienenden Wasser findet; das auf dem Ufer liegende Holz gehört nur dann hierher, wenn die betreffende Stelle als Ablage anzusehen ist.

§. 217. Nr. 4.

Inhalt:

ten verübt, welcher sich in der Wohnung der Herrschaft befindet; ingleichen wenn ein Arbeiter, Geselle oder Lehrling den Diebstahl in der Wohnung, der Werkstätte oder dem Waarenlager des Meisters oder Arbeitgebers begeht, oder wenn eine Person, welche in einer Wohnung gewöhnlich arbeitet, in dieser Wohnung stiehlt;

[Entw. § 200 Nr. 4] Vgl. § 215 216 217 Nr 5.

Schlußsatz: Wird festgestellt, daß mildernde Umstände vorhanden sind, so kann die Strafe bis auf vierzehn Tage Gefängniß ermäßigt werden.

---

1. Zur Anwendung des § genügt nicht die Feststellung: der Diebstahl sei zum Nachtheile des Dienstherrn verubt, es muß vielmehr auch gesagt werden, daß der Angeklagte gegen Kost oder Lohn gedient habe. V. I. 15. Feb. 1856 c. Händler (Ullmann u. Gen.).

2. Dagegen genügt jedes Dienst-Verhältniß gegen Kost oder Lohn; daß dieses Verhältniß unter den Begriff des Gesindedienstes falle, und daß die Bestimmungen der Gesindeordnungen darauf anwendbar seien, kann nicht gefordert werden. Auf der andern Seite würde aber ein vorubergehendes Tagelöhnerverhältniß nicht unter den Begriff des „Dienens“ fallen.

3. Einer Hausgenossenschaft, oder einer Beköstigung im Hause der Herrschaft bedarf es nicht; ein dauerndes Lohnverhältniß, also die Zahlung eines gleichmässigen fortlaufenden Lohnes fur häusliche oder wirthschaftliche Dienste und für eine vorbestimmte Zeit ist ausreichend V I. 8. Dez 1854 c. Kammer.

4. Demgemäß gehören auch Wirthschafts-Inspektoren, Schreiber, kaufmännische Kommis und ähnliche hierher Vgl Gilb. C. pén. Art. 386. n 16 flg.

5. Ein Gleiches soll nach Z. I. 31. März 1854 c. Porschke von Instleuten in der Provinz Preußen nicht gelten (vgl AKO. v. 8. Aug. 1837; Ges. v. 24. April 1854 § 2. c).

6. Ob der Dienstvertrag civilrechtlich für beide Theile rechtsbeständig sei, oder nicht, ist fur die Anwendbarkeit des § unerheblich; er trifft daher auch da zu, wo ein minorenner Dienstbote das Verhältniß ohne Einwilligung seines Vormunds ꝛc. eingegangen ist. Z I. 2. Dez. 1853 c. Hruby; Gilb. C. pén. Art. 386 n. 14

7. Ueber die Möglichkeit eines Diebstahls an solchen Sachen, welche eine Dienstherrschaft in ihren Wohnungsräumen einem Dienstboten ꝛc. zu einer wirthschaftlichen Verrichtung unter Händen laßt, vgl. zu § 215. n. 19—22.

8. Ueber den s. g Futterdiebstahl vgl. zu § 215. n. 40. 41.

9. Geschieht der Diebstahl zum Nachtheile der Herrschaft, so ist es gleichgültig, wo der Diebstahl geschah. Vgl. Gilb. C. pén. Art. 386. n. 28.

10 Wird dagegen der Diebstahl zum Nachtheile eines Dritten verübt, so wird vorausgesetzt, daß er in der Wohnung der Herrschaft, in welcher sich der Dritte befindet, geschehen sei. Jedoch bedarf es der unmittelbaren Anwesenheit des Bestohlenen im Hause zur Zeit des Diebstahls nicht, es genügt, wenn er sich zur fraglichen Zeit dort aufzuhalten pflegt

11. Ueber den Begriff der Wohnung vgl. zu § 220. n. 8. flgg. Bewohnte Schiffe gehören ebenfalls hierher, nicht minder wird man auch den zur Wohnung gehörigen umschlossenen Raum, und alle darin befindlichen Gebäude jeder Art (§ 221. Nr. 1. 4) darunter mit begreifen müssen; nicht aber die im § 221. Nr. 2. und 3 aufgezählten Gebäude.

12 Unter Arbeitern sind nur solche Personen zu verstehen, welche zum Arbeitgeber in einem Verhältnisse stehen, in welchem dieser die Arbeit jener zu Erwerbszwecken empfängt; daher ist der § auf solche Verhältnisse nicht anwendbar, in welchen ohne solchen Zweck, von der Arbeit des Arbeiters ein vorübergehender, unter den Gesichtspunkt des Vertrags über Handlungen allein fallender Gebrauch gemacht wird; das folgt aus der Gleichstellung mit „Gesellen und Lehrlingen“, und

§. 217. In folgenden Fällen soll die Gefängnißstrafe nicht unter drei Monaten sein:

5) wenn ein Gastwirth oder ein Dienstbote desselben Sachen

---

aus dem Gegensatze gegen die gewöhnlich in einer Wohnung arbeitenden Personen. B. II. 17. März 1853 c. Sprecker. (G. A. 1. S. 398).

13. Daher gehören landwirthschaftliche Arbeiter, z. B. Drescher, nicht hierher Z. 27. Okt. 1852 c. Stirkatis; B. I 19. Jan. 1853 c. Zigeuner u. Gen.; *Contra:* B. I. 10. Jan. 1853 c Sauermann u. Gen; Z. II. 24. Feb 1853 c. Rentzsch u. Gen., in welchen indessen diese Frage nicht ausdrücklich zur Sprache kam. Vgl. n 17.

14. Zum Begriffe des Arbeiters gehört eine dauernde Beschäftigung beim Arbeitgeber, weil hier wegen des mißbrauchten Vertrauens die strengere Strafe eintreten soll. Z. I. 9. Sept. 1853 c. Diekow. *Contra:* Z. 8. Okt. 1852 c. Breßler u. Gen. ohne näheres Eingehen auf diese Frage.

15 Der § setzt ein durch freie Uebereinkunft zu Stande gekommenes Verhältniß voraus; der Gefangene, welcher in der Anstalt beschäftigt wird, und an den ihm zu diesem Zwecke anvertrauten Sachen einen Diebstahl begeht, unterliegt deshalb nicht der strengern Strafe des § 217.

16 Das oben n 11. über den Begriff der „Wohnung“ Gesagte gilt auch hier.

17. „Bei Diebstählen, welche von Dreschern während ihrer Beschäftigung in „der Scheune verübt werden, ist diese weder als Waarenlager, noch als Werk„stätte zu betrachten“. B. Pl 9 Okt. 1854 c Schibolski u. Gen. (Präj. n. 116; Entsch. 28. S. 377; 29. S. 260; G. A. 3. S. 97); Z. 27. Okt. 1852 c. Stirkatis; Z. I. 24. Nov. 1854 c Radau u. Gen.; Abh in G. Arch. 3 S. 95. *Contra:* Koch S. 1029 n. 70., welcher als Werkstätte die Stelle bezeichnet, wo der Arbeiter, der auch ein gewöhnlicher Handarbeiter sein könne, in den Räumen des Arbeitgebers wirke; er betrachtet daher als solche auch den Speicher, auf welchem Getreide umgestochen, das Gemach, worin Flachs gebrochen ꝛc. wird. Vgl. übrigens n. 13.

18. Beim Mangel besonderer faktischer Feststellungen kann eine Kohlengrube für sich nicht als Werkstätte oder Waarenlager angesehen werden Z I 27. Sept. 1854 c. Neuhaus (G A. 2 S. 831).

19. Unter „Arbeitgeber“ ist, — wie aus der Gleichstellung mit „Meister“, und aus der besondern Erwähnung der in einer Wohnung gewöhnlich arbeitenden Person hervorgeht, — nicht jeder zu verstehen, der eine Handwerksarbeit in seiner Wohnung verrichten läßt; vielmehr ist dieser Ausdruck in dem technischen engern Sinne aufzufassen, in welchem er auch in der Vdn. v. 9. Feb. 1849 § 5 (GS. S 93), und in der Vdn. v 9. Feb. 1849 § 4. (GS. S. 110) zur gemeinsamen Bezeichnung der Handwerksmeister und Fabrikinhaber gebraucht wird, und in welchem die Gew.-Ordn. v. 17. Jan. 1845 mehrfach von „Arbeitsherrn“ spricht. Daher „fällt der Dieb„stahl, welcher von einem Handwerksgesellen oder Lehrlinge, bei einer im Auftrage „seines Meisters in der Wohnung eines Kunden des letztern verrichteten Arbeit ver„übt wird, nicht unter die Strafbestimmung des § 217 Nr. 4.“ Z II. 11. Okt. 1855 c. Schneiderling. (Präj n. 167; G. A. 4. S. 254).

20. Zum Begriffe des „gewöhnlich arbeiten“ ist es nicht erforderlich, daß die Person dort täglich beschäftigt sei; umgekehrt würden aber einzelne geringfügige, nur nach längeren Zwischenräumen, wenn auch regelmässig wiederkehrende Dienstleistungen, die Anwendung des § nicht rechtfertigen. Gilb. C. pén. Art. 386. n. 46. 47.

21. Im Uebrigen kommt es bei den gewöhnlich in einer Wohnung arbeitenden Personen auf die Natur der Arbeit weiter nicht an. Gilb. l. c. n. 48—50.

22. Gleichgültig ist es auch, ob der Dieb zu einer Zeit, wo er in der Wohnung arbeitete, den Diebstahl verübte. Gilb. l. c. n. 46.

§. 217. Nr. 5.

1. Unter „Gastwirth“ ist nur derjenige zu verstehen, welcher aus der Beherbergung von Fremden ein Gewerbe macht. Bes. S 414 II. b; Temme Lehrb. S. 913. „Daher kann diese Vorschrift nicht auf den Fall bezogen werden, wo in „einem blossen Schanklokale von einem Trink- oder Zehrgaste gestohlen wird.“

eines aufgenommenen Gastes, oder wenn ein aufgenommener Gast in dem Gasthause stiehlt;

[Entw. § 200 Nr 5] Vgl § 215. 216. 217 Nr. 4

§. 217. In folgenden Fällen soll die Gefängnißstrafe nicht unter drei Monaten sein:

6)*) wenn der Diebstahl in einem bewohnten Gebäude entweder zur Nachtzeit oder von zwei oder mehreren Personen begangen wird.

[Entw. § 201 Nr. 2] Vgl. § 215. 216 220. 221; AKO. v. 21 Apr 1856 (G.S. S. 220).

---

*) Diese Bestimmung fand sich in der ursprünglichen Fassung im § 218. unter Nr. 2; ihre jetzige Stelle erhielt sie durch Ges. v. 14. Apr. 1856 (G.S. S. 210).

Z. II. 13. Juli 1854 c. Manz (Präj. n. 104; Entsch 28. S 379; G. A. 2. S 831) Aehnlich Z. Kass.-H. 8. Sept. 1820 (Rh. Arch. 2. 2. S 95); Z. II. 15. Sept. 1854 c. Nolte; Z. II. 10. Nov. 1855 c. Vollrath (G. A. 3. S. 840) In den beiden Sachen gegen Nolte und Vollrath war festgestellt, daß der Angeklagte in ein Gast- und Schanklokal eingekehrt war, jedoch nur um einen Schnaps zu trinken. Vgl n. 5. *Contra:* B. 21. Mai 1852 c. Klar; Z. 10. Dez 1852 c. Heinrich; B. Kass-H. 23. Juni 1820; id. 21 Juli 1820; id. 29. Sept. 1820 (Rh. Arch. 2. 2. S. 59 u. 97). Vgl. Abh in G. A 3 S. 530; Gilb. C. pén. Art. 386. n. 53 54. 57.

2. Die französische Rechtsprechung stellt die s. g. *hôtels garnis* den Gasthäusern gleich. Gilb. C pén. Art. 386 n. 52

3 Als Dienstbote ist derjenige, welche nur die Ausführung einer einzelnen dienstlichen Verrichtung übernimmt, nicht anzusehen, dagegen ist es nicht erforderlich, daß das Verhältniß zwischen Gastwirth und Dienenden ein länger dauerndes sei.

4. Damit der § anwendbar sei, bedarf es der ausdrücklichen Feststellung, daß der Gast als solcher aufgenommen gewesen. Z I. 24. Juni 1853 c. Schulz. Die zufällige Anwesenheit genügt nicht, damit Jemand als aufgenommener Gast angesehen werden könne; es gehören noch wesentlich Thatsachen dazu, durch welche jene Aufnahme konstatirt wird. Z. II. 10 Nov. 1855 c. Baumann. Selbstredend bedarf es aber zur Annahme dieses Umstandes nicht einer ausdrücklichen Erklärung des Wirths oder seiner Stellvertreter; die Aufnahme kann auch stillschweigend durch Handlungen erfolgen.

5. Es liegt kein Rechts-Irrthum vor, wenn der Instanzrichter aus dem Umstande, daß ein Dieb in das Gasthaus, in welchem er gestohlen, zum Zweck der Verzehrung eines Schnapses eingekehrt sei, nicht den Schluß gezogen hat, daß er ein „aufgenommener“ Gast gewesen. Z. II 14. Sept. 1854 c. Nolte. Ebenso Z. II. 10 Nov. 1855 c Vollrath, wo aber jene Auffassung grundsätzlich gebilligt wird. Vgl n. 1.

6 Trifft dieser § auch dann zu, wenn der Wirth eine vom Gast bei der Abreise aus Irthum zurückgelassene Sache findet, und sich zueignet? Für die Bejahung vgl. Gilb. C. pén. Art. 386. n. 61. — Da aber der Gast, vom Augenblicke an, wo er das Gasthaus verlassen hat, (selbst wenn er dann noch als „aufgenommen“ betrachtet werden könnte) jedenfalls die Gewahrsam der zurückgelassenen Sachen nicht mehr hat, so kann nicht Diebstahl, sondern nur Unterschlagung im Sinne des § 226 vorliegen

7. Aus demselben Grunde tritt nicht die Diebstahls- sondern die Unterschlagungsstrafe ein, wenn der Wirth sich eine ihm vom Gaste zur Aufbewahrung übergebene Sache aneignet. Vgl. Gilb. C. pén. Art. 386. n. 58. 59.

§. 217. Nr. 6.

1. Ueber den Begriff des bewohnten Gebäudes, und der ihm gleichgestellten Räumlichkeiten vgl. § 220 und 221, und die Bemerkungen zu denselben.

Wird festgestellt, daß mildernde Umstände vorhanden sind, so kann die Strafe bis auf vierzehn Tage Gefängniß ermäßigt werden.

[Entw § 200]

---

2. Der § setzt voraus, daß der Diebstahl in einem bewohnten Gebäude verübt sei; „er findet daher keine Anwendung, wenn der Dieb sich während des „Diebstahls nicht innerhalb des Gebäudes befunden, ihn vielmehr mittelst Hin„einlangens in dasselbe von aussen hin ausgeführt hat.“ B. I. 15 Juni 1853 c. Borczykowski (Präj. n. 43; Entsch 26. s. 150; G. A. 1. s. 574). Daher genügt die Feststellung: „der Diebstahl sei aus einem 2c. Gebäude verübt, nicht B. 7. Apr. 1852 c. Hühne u. Gen.; B. 8. Sept. 1852 c. Hennig; Z. 10. Nov. 1852 c. Polka; B. 8. Dez 1852 c. Zielinski; B. I. 7 Sept. 1855 c. Liebig u. Gen; B. II. 3. Jan. 1856 c. Müller; B. I. 15 Feb. 1856 c. Pech (G. A. 4. s 216); Z II. 28. Feb 1856 c. Gerst. *Contra:* B. Kass.-H. 28 Sept. 1852 c. Trautes (Rh. Arch. 47. 2. A. s 120), welches es für genügend erachtete, wenn nur die gestohlenen Sachen sich im Gebäude befunden hatten. — Ueber das Erforderniß, daß sich die beiden den Diebstahl verübenden Personen innerhalb des Gebäudes befinden, vgl. unten n. 7. 8.

3. Ob ein Diebstahl zur Nachtzeit verübt worden, ist, insofern sämmtliche zur Beurtheilung dieser Frage erforderlichen thatsächlichen Momente festgestellt sind, und es sich davon handelt, ob sie den gesetzlichen Erforderinissen entsprechen, eine Rechtsfrage Z II. 9. Juni 1855 c. Kuntze (Entsch 30. s 473).

4. Zur Feststellung des Begriffs der Nachtzeit ist die Bestimmung des § 28 nicht maaßgebend, da dieser nur eine Fiktion für einen bestimmten Fall aufstellt G. Matt 2 s. 477; Temme Gll. s 277; id. Lehrb. s. 918; Koch s. 1031 n. 74. *Contra:* Bes. s. 419; Vgl. zu § 28 n. 2, und die dort cit. Erkk

5. Der Grund der Vorschrift des § liegt unzweifelhaft in der größern Gefahr, welcher der Bestohlene und seine Hausgenossen nicht blos in Folge ihrer eignen nächtlichen Ruhe, sondern auch in Folge der grösseren Sicherheit des Thäters bei dem Mangel bereiter Hülfe gegen denselben ausgesetzt sind. „Ob daher eine „bestimmte Stunde im Sinne des § als Nachtzeit zu betrachten sei, hängt nicht „von den zufälligen Umständen des einzelnen Falles, und von den speziellen Lebens„gewohnheiten der Bewohner des Hauses ab, in welchem der Diebstahl begangen „worden, sondern ist nach der Jahreszeit und nach den Gewohnheiten des Orts „und der Gegend zu prüfen und festzustellen.“ Z. II. 9 Juni 1855 c Kunze (Präj. n. 157; Entsch. 30. s. 473; G. A 3 s 568); B. I. 10 Okt. 1855 c Stock (G. A. 3. s 842) — Daher können zwar allgemeine örtliche Gewohnheiten und Einrichtungen die Annahme der Nachtzeit für einen bestimmten Zeitpunkt begründen, oder ausschliessen; stets wird aber ihre Bedeutung für die betreffende Gegend, oder den betreffenden Ort eine alles umfassende sein, so daß nicht etwa in einer und derselben Gegend, oder gar in einem und demselben Hause es für einen Theil der Bewohner eine Nachtzeit geben kann, die es für die andern nicht ist. Sonach kann die Nachtzeit in einem starkbeschäftigten Gasthofe, oder einem Schenklokale, in welchem sich zu später Stunde noch Gäste aufzuhalten pflegen, nicht anders bestimmt werden, als in jedem andern Hause. cit. B. I. 10. Okt. 1855 c. Stock; B. I. 10. Okt. 1855 c. Schneider (G A. 3. s. 841); ähnlich Z. II. 24. Aug. 1854 c. Gelbach; Beschl I. 23. Mai 1855 c. Dreysel. *Contra:* Koch s. 1031 n. 74.

6. Mit Rücksicht auf das unter n. 5 Ausgeführte, ist unter Nachtzeit die Nachtschlafenszeit der betreffenden Gegend zu verstehen, d. h also diejenige Zeit der Dunkelheit, welche die Bewohner jener Gegend in ihrer Allgemeinheit der nächtlichen Ruhe zu widmen pflegen. Vgl. Temme Lehrb. s. 918; G. Matt 2. s 477. In zum Theil abweichender Weise ist der Begriff der „Nacht“ nach französischem Rechte aufgefaßt worden, vgl. Gilb. C. pén. Art. 381. n 3—6

7. Erfordert wird, daß die zwei Personen sich als Urheber (Thäter) am Diebstahle betheiligt haben; daher reicht es nicht hin, wenn einer allein als Thäter den Diebstahl verübte, und ein zweiter an diesem Vergehen im Sinne des § 34 Nr. 2. (z. B. durch Wache halten) Theil nahm. So: B. I. 18. Feb. 1853 c. Jan-

§. 218. Zuchthausstrafe bis zu zehn Jahren und Stellung unter Polizei-Aufsicht tritt in folgenden Fällen ein:

---

kowski u. Gen. (G. A. 1. f. 399); Z I 5. Mai 1855 c. Günther (Schlag u Gen.; G. A. 3. f. 666) Vgl. n. 8. *Contra*: die französische Rechtsprechung, sie hält zwar nicht Anstiftung, oder sonstige Beförderung, wohl aber die Theilnahme an der Ausführung selbst für genügend. Vgl. Gilb. C. pén. Art. 381. n. 10. 11; Chauv. &. Hél. Th. du C. p. 4 p. 46 (ed. Belge). — Mit Rücksicht hierauf bedarf es in Beziehung auf jeden einzelnen Angeklagten der Feststellung, daß er „gemeinschaftlich" mit einem andern den Diebstahl verübt habe. Vgl. Abh. in JMBl. 1852 f 53.

8. Noch weiter gingen Z. 14. Juli 1852 c. Victor u. Gen; V. 3. Sept. 1852 c Geisler; Z. I. 27. Mai 1853 c. Kamille u. Gen; (G. A. 1. f. 399), welche den § nur da für anwendbar erachteten, wenn beide den Diebstahl gemeinschaftlich verübende Personen sich auch wirklich im Gebäude befanden. Von derselben Auffassung scheint Z I. 18. Jan 1854 c. Müller (Tietz u. Gen.) auszugehen. Vgl. zu § 215 n. 33.

9. Zur Strafverhängung genügt die Feststellung, daß „ein Angeklagter gemeinschaftlich mit einem Andern in einem bewohnten Gebäude" einen Diebstahl ausgeführt habe, sollte auch ein Mitangeklagter gleichzeitig von der gleichlautenden Anklage freigesprochen werden, weil dadurch in Betreff jenes die Möglichkeit, daß er gemeinschaftlich mit einem Dritten gehandelt habe, nicht ausgeschlossen wird. Z II. 1. Feb. 1855 c. Abraham (G. A. 3. f. 545); Z. II. 31. Mai 1855 c. Kohnert.

10 „Das StGB. legt, abweichend von dem ALR. (II. 20. § 1166) kein Gewicht darauf, ob der Dieb in der Absicht zu stehlen, des Nachts in ein bewohntes Gebäude eingedrungen, oder dort aus einer andern Ursache anwesend ist, „sondern erachtet jeden in einem bewohnten Gebäude zur Nachtzeit verübten Diebstahl für einen schweren," sollte auch die Anwesenheit des Diebs im Gebäude eine durchaus berechtigte sein, z. B wenn er selbst Mitbewohner desselben ist. Z I. 25 Feb 1853 c. Hillert (Präj. n. 15); Z. Pl. 9. Mai 1853 c. Ihrke (Präj. n. 33 JMBl. 54. f. 12; Entsch. 25 f. 335; G. A. 1. f 398). *Sic:* B I. 25. Feb. 1853 c. Mani; Beschl II. 10. März 1853 c. Höppener; Z. I. 13. Mai 1853 c. Knaack u. Gen. Z II. 8 Sept. 1853 c. Roth; Beschl II. 20. Okt. 1853 c. Siekermann u. Gen; B I. 20. Jan. 1854 c. Feja; B. I. 24 Feb. 1854 c. Geschke; B. I. 5 Mai 1854 c. Rauch; Z I 28 Juni 1854 c. Zahrt; Z I. 29. Sept. 1854 c. Iden u. Gen. (G. A 2. f 832); B. I. 7. Feb. 1855 c. Sawatzki; Z. I. 19 Dez 1855 c. Scholz. *Sic:* G. Matt. 2 f. 475; so steht auch die Rechtsprechung des französischen Kassationshofs fest: vgl. Gilb. C. pén. Art. 386 n. 3. — Früher hatte das Ob.-Tribunal in einer ganzen Reihe von Fällen sich im entgegengesetzten Sinne ausgesprochen, z. B. durch Z. 9. Jan. 1852 c. Becker (Entsch. 22 f 72); B. 19 März 1852 c. Biermann; Z. 31. März c. Knichalla; B 2 Juli 1852 c Rettig (Dahme u. Gen.; G. A 1. f. 92); B. 27. Sept. 1852 c. Schlamm (Entsch. 23 f. 471). Das letztere suchte die aus dem Komm.-Ber. der zweiten Kammer für die entgegenstehende Ansicht entlehnten Gründe zu widerlegen. Die letzte Entscheidung in diesem Sinne erfolgte durch Beschl. I. 16. Feb. 1853 c. Schädel. *Sic:* Temme GU. f. 277; id. Lehrb. f. 917. —

11. Aus dem in n. 10 aufgestellten Grundsatze folgt auch, daß es gleichgültig ist, ob bei Eintritt in das Gebäude in der Absicht, um zu stehlen geschah; auch wenn diese Absicht erst nach dem Eintritte entstand, greift der § Platz. Z. I. 28. März 1856 c. Böhning; ähnlich B. 29 Okt 1852 c. Richlewski.

Zum Schlußsatze.

1. Ueber die Statthaftigkeit der Untersagung der bürgerlichen Ehren-Rechte, sowie der Verhängung der Polizei-Aufsicht beim Vorhandensein mildernder Umstände vgl. zu § 216. n. 2 bis 4.

§. 218.

1. Auch hier ist eine Ausdehnung der einzelnen Bestimmungen auf analoge Fälle unstatthaft Temme Lehrb. f. 914.

2. Konkurriren bei einem Diebstahle mehrere der hier unter verschiedenen

1) wenn aus einem zum Gottesdienste bestimmten Gebäude Gegenstände gestohlen werden, welche dem Gottesdienste gewidmet sind;

[Entw. § 201 Nr. 1.] Vgl. § 217 Nr. 6; 221 Nr. 2. 4; AKO v 21. April 1856 (G S. f 220).

2)*) wenn in einem Gebäude oder in einem umschlossenen Raume vermittelst Einbruchs oder Einsteigens gestohlen wird;

[Entw § 201 Nr. 3] Vgl. § 215. 220—223; AKO. v. 21. April 1856. (G S. f. 220.)

Schlußsatz: Wird festgestellt, daß mildernde Umstände vorhanden sind, so ist auf Gefängniß nicht unter sechs Monaten, sowie auf zeitige Untersagung der Ausübung der bürgerlichen Ehrenrechte zu erkennen.

---

*) In der ursprünglichen Fassung fand sich diese Vorschrift unter Nr 3; die Abänderung erfolgte durch Ges v 14. April 1856 (G S f 210)

Nummern vorgesehenen erschwerenden Umstände, so kommt das nur als Strafzumessungsgrund in Betracht. Bes. f 418 I; Temme Lehrb f 914.

3. Ist es zulässig eine Frage an die Geschwornen alternative dahin zu richten, ob ein schwerer Diebstahl in einer oder der andern der durch § 218. vorgesehenen verschiedenen Weisen begangen worden sei, z. B. ob der Angeklagte den Diebstahl mittelst Einsteigens oder mittelst Gebrauchs eines falschen Schlüssels begangen habe? Ein Z I. 6. Juli 1853 c. Langhoff (G. Arch. 1. f. 537) bejahte, weil beide Alternativen mit derselben Strafe bedroht seien Vgl. G Arch. 2. f 668, IV. So auch die Praxis des Pariser Kassationshofs vgl. Rej. (Cass.) 27. Jan. 1827; Rej. 8 Juli 1830 (Sir. Coll. nouv. 8. 1. p. 512; 9. 1. p. 554) Gilb. C. d'Instr. Art. 337. n. 65. Vgl. indessen zu § 34. n. 33. und für das französische Recht: Sirey Coll. nouv. 5 1. p. 105. Note; 8. 1. p. 512. Note 3.

4 Ueber die Kompetenz und das Verfahren, vgl. Ges v 22. Mai 1852 Art I. (G.S. f 250; oben bei Art XIII. f. 19)

§. 218. Nr. 1.

1. Es wird hier zwischen den verschiedenen Religionsgesellschaften nicht unterschieden; der Gottesdienst einer jeden im Staate bestehenden Gesellschaft (vgl § 136.) wird hier geschützt. Temme Lehrb f. 916. Insbesondere kommt Nichts darauf an, ob die Religionsgesellschaft Korporations-Rechte habe. Bes f. 418 I.

2. Durch die Wortfassung „aus einem 2c. Gebäude" sind die allgemeinen in Betreff der Vollendung eines Diebstahls geltenden Grundsätze (vgl. zu § 215. n. 29. 30.) nicht abgeändert; daher genügt auch der in einer Kirche verübte Diebstahl. G. Matt. 2 f 474 I.

3 Dagegen genügt es hier unzweifelhaft auch, wenn der Dieb selbst gar nicht im kirchlichen Gebäude gewesen, sondern den Diebstahl durch Hineinlangen in dasselbe von aussen her verübt hat. Vgl. zu § 217 Nr. 6. n. 2.

4. Gleichgültig ist auch, ob die Gegenstände mittel- oder unmittelbar dem Gottesdienste gewidmet sind. Bes. f. 418 I; G. Matt. 2. f. 473 I. Jedenfalls wird aber erfordert, daß sie zu einem liturgischen Zwecke dienen; Gegenstände, welche blos zur Bequemlichkeit der die Kirche Besuchenden dienen, gehören nicht hierher, z. B. Kirchensitze und alle Zubehör derselben.

§. 218. Nr. 2.

1. Ueber den Begriff des Gebäudes vgl die §§ 220. 221., und die Bemerkungen zu denselben.

2. Daß das Gebäude bewohnt, oder auch nur zum Bewohnen bestimmt sei, wird hier nicht verlangt Bes. f. 419 III.

§. 218. Zuchthausstrafe bis zu zehn Jahren und Stellung unter Polizei-Aufsicht tritt in folgenden Fällen ein:

---

3. Des Nachweises und der Feststellung, daß das Gebäude zur Zeit des Einbruchs ꝛc. gehörig befriedigt, oder verschlossen gewesen sei, bedarf es nicht. Z I. 1. März 1854 c. Kosmella; Z II. 6 Juli 1854 c Schulze; Z. I 30. März 1855 c. Winklewski; *Sic*: Temme Lehrb. ſ. 920 Vgl unten n. 9

4. In Betreff des umschlossenen Raums vgl. zu §. 221. n. 6—10. „Die „Strafbestimmung des § bezieht sich auf jeden, auch den nicht zu irgend einem Ge„bäude gehörigen umschlossenen Raum im Sinne des § 221 am Schlusse“ Z. II. 16 März 1854 c. Tübbesing. (Präj n 90; JMBl. ſ. 236; Entsch. 27. ſ 404); B. (Z.) I. 8. Feb 1854 c Gutfeld. Vgl G. A. 1. ſ. 247.

5 Es genügt nicht etwa ein verschließbarer Raum, vielmehr muß er wirklich verschlossen gewesen sein. Temme Lehrb. ſ. 920.

6. Ebensowenig reicht es hin, wenn der Dieb irriger Weise einen offenen Raum für ver- oder umschlossen haltend, in denselben eingestiegen ꝛc. ist. G. Matt. 2 ſ. 492 n 5.

7. Ueber den Begriff des Einbruchs vgl. § 223. und die Bemerkungen zu demselben.

8. Der § spricht zwar von einem in einem Gebäude ꝛc. verübten Diebstahle; gleichwohl ist im Falle eines Einbruchs nicht erforderlich, daß der Dieb sich innerhalb des Gebäudes ꝛc. befunden haben müsse, vielmehr ergiebt § 223 Nr. 1. a E., daß es genügt, wenn die Sache sich in dem Gebäude befand, und der Dieb etwa mittelst Durchgreifens durch eine gemachte Oeffnung dieselbe wegnahm, vgl. zu § 223. n 10.

9. Ein Z. I. 5 Mai 1854 c. Gellhorn u Gen (G. A. 2. ſ 555) entschied, daß der Einbruch in ein Gebäude den Diebstahl nur dann zu einem schweren mache, wenn in demselben Gebäude auch die Wegnahme der Sache stattgefunden habe; es nahm daher nur einen einfachen Diebstahl in einem Falle an, wo der Dieb mittelst Einbruchs in einen Viehstall, und aus diesem in einen (nicht umschlossenen) Hof gelangt war, und hier den Diebstahl aus einem isolirt gelegenen nicht verschlossenen Gänsestall verübt hatte. Vgl aber unten n. 12

10. Bei der Anwendung des § kommt es nicht darauf an, daß der Thäter selbst die gewaltsame Erbrechung bewirkt habe, insofern nur feststeht, daß diese gewaltsame Erbrechung das von ihm bewußter Weise benutzte Mittel der Ausführung gewesen ist. Z. II. 12. Apr. 1856 c. Fromm (G. A 3. ſ. 546). Vgl. zu Thl. I. Tit. 3 n. 2., und unten n. 14.

11. Ueber den Begriff des Einsteigens vgl § 222. und dort die Bemerkungen.

12 Im Falle des Einsteigens bedarf es des Eintritts in ein Gebäude ꝛc; vgl. zu § 222 n 3. flgg. Dagegen ist es nicht erforderlich, daß der Diebstahl aus demselben Gebäude, in welches eingestiegen worden, bewirkt werde; es ist daher der § auch dann anwendbar, wenn der Dieb in einen umschlossenen Garten einstieg, und von da aus den Diebstahl durch Ueberlangen in einen andern, gleichfalls umschlossenen Raum verübte Z. II. 24. Apr 1856 c. Redecker. Vgl. zu § 221. n. 10.

13. Ist der Diebstahl mittelst Einsteigens verübt worden, so ist es gleichgültig, ob das letztere zum Zwecke der Verübung des Diebstahls stattfand, oder ob der Gedanke zu stehlen, erst nach dem (aus einer andern Veranlassung bewirkten) Einsteigen entstand. B. 29 Okt 1852 c. Richlewski. *Sic*: Gilb. C. pén. Art. 397. n 10. Vgl G A 1 ſ. 711, und unten zu § 230. n. 4.

14. Ist der Diebstahl von mehreren Personen gemeinschaftlich verübt, so genügt es, wenn auch nur eine derselben zum Zwecke der Verübung eingebrochen oder eingestiegen ist. Z. I. 27. Feb. 1856 c. Raabe. Vgl. oben n. 10. Es bedarf aber in einem solchen Falle der ausdrücklichen Feststellung der gemeinschaftlichen Ausführung des Diebstahls.

15. Inwieweit Einbruch oder Einsteigen in der Absicht zu stehlen für sich allein als Versuch des Diebstahls angesehen werden könne, darüber vgl. zu § 31 n. 11. flg.; 17. flg; zu §. 222. n. 18.

3)*) wenn der Diebstahl dadurch bewirkt wird, daß zur Eröffnung eines Gebäudes oder der Zugänge eines umschlossenen Raumes, oder zur Eröffnung der im Innern befindlichen Thüren oder Behältnisse falsche Schlüssel angewendet werden;

[Entw. § 201 Nr. 4.]. Vgl. § 215. 216. 218 Nr. 4. 221. 224; AKO. v 21. April 1856 (G.S. s. 220).

Schlußsatz: Wird festgestellt, daß mildernde Umstände vorhanden sind, so ist auf Gefängniß nicht unter sechs Monaten, sowie auf zeitige Untersagung der Ausübung der bürgerlichen Ehrenrechte zu erkennen.

*) In der ursprünglichen Fassung fand sich diese Bestimmung unter Nr 4; die Abänderung erfolgte durch Ges. v 14. April 1856 (G S. s. 210).

§. 218. Nr. 3.

1. Die Eröffnung durch einen falschen Schlüssel muß hier durch den Dieb selbst bewirkt, oder das ihm bekannte und von ihm benutzte Mittel zur Ausführung des Diebstahls gewesen sein. Es genügt daher nicht die Feststellung: der Angeklagte habe den Diebstahl verübt, „nachdem die Thüre durch einen falschen Schlüssel eröffnet worden war“. B. II 27. Apr. 1854 c. Lenzer u. Gen. (G. A. 2. s. 533); vgl. oben zu Nr. 2 n 10

2. Ist der Diebstahl von mehreren gemeinschaftlich verübt, so genügt es, wenn die Eröffnung mittelst falschen Schlüssels durch einen von ihnen erfolgte; vgl. zu Nr. 2. n 14.

3. Ueber den Begriff des Gebäudes vgl zu § 220. n. 1 flg.

4 Ueber den Begriff des umschlossenen Raumes vgl. zu § 221. n. 6. flg.

5 Das „Innere“ bezieht sich hier sowohl auf die umschlossenen Räume, als auf die Gebäude. Temme Lehrb s 927

6. Unter „Behältnissen“ sind nicht blos solche zu verstehen, welche mit dem Gebäude in Verbindung, sondern auch solche, welche den Kisten gleich stehen (vgl. § 223. Nr. 2); zu diesen ist auch ein Nachtsack zu zählen. Z. I. 23. Februar 1853 c. Levy.

7. Ein B. I. 6. Apr. 1853 c Rieck (Entsch. 25. s. 247; G. A. 1. s. 573) nahm an, die Anwendbarkeit des § sei dann ausgeschlossen, wenn sich die Behältnisse in den eignen Räumen des Diebs befanden. Es handelte sich von einem Falle, wo Jemand einen ihm zur Aufbewahrung verschlossen übergebenen fremden Koffer erbrochen und sich den Inhalt angeeignet hatte; damals ward diese Handlung als Diebstahl angesehen, während das Ober-Tribunal in spätern Fällen sie nur als Unterschlagung betrachtete, vgl. zu § 215. n. 25 — Ueber die obige Frage ist noch G. A. 2. s 691 zu vergleichen.

8 Ein Diebstahl ist auch dann mittelst falschen Schlüssels verübt, wenn durch denselben nur das Behältniß geöffnet wurde, welches den richtigen Schlüssel enthielt, und wenn dann mit diesem das die gestohlenen Sachen enthaltende Behältniß geöffnet worden ist. Beschl. I. 7. Sept 1853 c. Freede (G. A. 2. s. 124).

9. Ueber den Begriff des falschen Schlüssels vgl § 224, und die Bemerkungen zu demselben.

10. Die Eröffnung durch einen falschen Schlüssel setzt einen Verschluß (vgl. § 224.) voraus, zu dessen Oeffnung ein Schlüssel bestimmt ist; ob ein solcher Verschluß vorhanden war, gehört zur thatsächlichen Feststellung Vgl. zu § 223 n. 9.

11. Ein B. 18. Okt. 1854 c. Zubel (vgl. zu § 224. n 6.) hielt die Feststellung: der Diebstahl sei aus einer verschlossenen Stube „mittelst Eröffnung derselben durch ein anderes Instrument als den dazu gehörigen Schlüssel“ verübt, unter andern auch aus dem Grunde für nicht ausreichend, weil nicht ausgesprochen sei, daß ein Schloß geöffnet worden sei.

12. Behauptet der Angeklagte, daß er den gebrauchten Schlüssel für den rich-

§. 218. Zuchthausstrafe bis zu zehn Jahren und Stellung unter Polizei-Aufsicht tritt in folgenden Fällen ein:

4)*) wenn auf einem öffentlichen Wege, einer Straße, einem öffentlichen Platze, einer Wasserstraße oder Eisenbahn, oder in einem Postgebäude oder dem dazu gehörigen Hofraume, oder auf einem Eisenbahnhofe, eine zum Reisegepäck oder zu anderen Gegenständen des Transports gehörende Sache, mittelst Abschneidens oder Ablösens der Befestigungs- oder Verwahrungsmittel oder durch Anwendung falscher Schlüssel gestohlen wird;

[Entw. § 201 Nr. 5.] Vgl. § 218 Nr. 4; 224; AKO. v. 21. April 1856 (G.S. S. 220).

*) In der ursprünglichen Fassung war diese Vorschrift unter Nr 5 aufgeführt; die Abänderung erfolgte durch Ges. v. 14. April 1856 (G.S. S. 210).

tigen gehalten, ihm also seine Eigenschaft als falscher Schlüssel unbekannt gewesen sei, so wird § 44., und die Bemerkung n. 7. zu demselben anwendbar; es bedarf (mit Rücksicht auf das dort citirte Z. Pl 12 Juni 1854 c. Völker, Präj. n. 99) der Feststellung seiner Unbekanntschaft, um die Anwendbarkeit des § zu beseitigen. Z II. 11 Okt. 1855 c Deitenbeck. *Contra* früher: Z. 8. März 1852 c. Fiesel. (JMBl S 292). Vgl G Matt. 2. S. 498 Note 1; G. A 3. S. 37 a E.

§. 218. Nr. 4.

1. Der Eisenbahnhof umfaßt auch die Bahnhofsgebäude mit G. Matt. 2. S. 479 IV; Koch S. 1032 n. 79.

2. Es ist nicht erforderlich daß der Diebstahl an Gegenständen verübt werde, welche augenblicklich auf der Reise sind; der § ist anwendbar, wenn auch das Schiff, von welchem die zum Transporte bestimmte Sache gestohlen wurde, vor Anker lag, und nicht im Fahren begriffen war Z Kass.-H. 30 Sept. 1851 c Hoffmann (JMBl. S. 364); Temme Gll. S. 278 Note 2; ingleichen wenn der Diebstahl von einer beladenen Karre erfolgt, welche nach zurückgelegter Fahrt eben am Orte ihrer Bestimmung angekommen, noch auf dem Marktplatze steht. Z. I. 19. Okt. 1853 c. Mizerka.

3. Es sind daher die zum Transporte bestimmten Sachen als Gegenstände des Transports auch schon vor dem Beginne desselben anzusehen.

4. Temme (Lehrb. S 929) will zwischen den Gegenständen des Transports, und den Transportmitteln unterscheiden, und nur einfachen Diebstahl annehmen, wenn auf der Landstrasse ein Wagen mit Pferden und allem Gepäck gestohlen wird. Freilich wird ein solcher Diebstahl nicht leicht mittelst Abschneidens ꝛc der Verwahrungsmittel geschehen.

5. Das Abschneiden und Ablösen der Befestigungs- oder Verwahrungs-Mittel erfordert nicht nothwendig eine auf die gedachte Art erfolgende Trennung des Gegenstandes aus seiner Verbindung mit dem Transportmittel selbst, z B. dem Wagen, ist vielmehr auch in der Trennung oder Entfernung des Gegenstandes von und resp. aus seinem Befestigungs- oder Verwahrungsmittel zu finden, z. B. im Aufschneiden des die Gegenstände verwahrenden Sacks, weil aus der Entstehungsgeschichte des § eine beschränktere Auffassung des Thatbestandes der §§ 1178 II. 20. des ALR, und 15 des Cirk Verordn. v. 26. Feb. 1799 nicht erhellt. Z. II. 10. März 1853 c Hünteler (G. Arch. 1. S. 711); V. I. 2. Nov. 1853 c. Rutkowski (G. Arch 1. S 714); V. I 12. April 1854 c. Hintz. Dasselbe nahm an Z. I. 19. Okt 1853 c. Mizerka (G. Arch. 1. 714) in einem Falle, wo der Dieb einen Strick, mit welchem die betr. Kiste zugebunden gewesen, zerschnitten hatte, und Z 22. März 1852 c. Schedantzky (G. A. 1. S 714.) von demjenigen, welcher ein auf einem Wagen trans-

5) *) wenn Sachen, welche eine blödsinnige Person oder ein Kind unter zwölf Jahren an oder bei sich führt, gestohlen werden;

[Entw. § 201 Nr. 6], Vgl. AKO. v. 21. April 1856 (G.S. s. 220).

Schlußsatz: Wird festgestellt, daß mildernde Umstände vorhanden sind, so ist auf Gefängniß nicht unter sechs Monaten, sowie auf zeitige Untersagung der Ausübung der bürgerlichen Ehrenrechte zu erkennen.

---

*) In der ursprünglichen Fassung fand sich diese Vorschrift unter Nr. 6; die Abänderung erfolgte durch Ges. v. 14. April 1856 (G.S. s. 210).

---

portirtes Collo mit den Fingern geöffnet, und daraus Gegenstände entwendet hatte, „weil das Oeffnen der das Collo umschliessenden Verwahrungsmittel für ein Ablösen im Sinne des Gesetzes gehalten werden müsse.“ *Contra:* Z. 13 Okt. 1852 c. Hempel, welches unter Ablösen nur die Handlung verstehen wollte, wodurch die am Transportmittel befestigte, oder darauf verwahrte Sache von demselben ganz getrennt wird; der § ward daher in einem Falle für unanwendbar erachtet, wo der Dieb Salz aus einer transportirten Salztonne gestohlen, nachdem er dieselbe durch Aufschlagen geöffnet hatte. Vgl. B. I. 18. Juli 1855 c. Grapenthin (G. Arch. 3. s 704 u. unten n. 8).

6. Dagegen ist der § nicht anwendbar, wenn der gestohlene Gegenstand auf einer Karre sich in der Art verpackt befunden hatte, daß er mit einem Leinwandplan und mit Säcken umstopft war, und die letztern zur Begehung des Diebstahls entfernt worden sind Beschl I. 13. Sept. 1854 c. Bennin

7. Der Ausdruck „Verwahrungsmittel“ umfaßt alle Arten der Verschlußmittel, insbesondere auch ein zur Verwahrung von Flüssigkeiten bestimmtes Faß. Beschl. I. 16. März 1855 c. Ewert.

8. Mit Rücksicht auf die dem Worte „Verwahrungsmittel“ beigelegte Bedeutung (vgl. n 5—7.) und den Zweck der ganzen Bestimmung sind auch die Ausdrücke „Abschneiden und Ablösen“ zu deuten, und auch auf andere Arten der Eröffnung der Verschlußmittel zu beziehen, z B. auf ein Erbrechen: Z. I. 10 März 1853 c Hünteler (G. Arch. 1. s. 711); G. Matt. 2 s. 480 IV. *Contra·* Koch s. 1032 n. 80; oder auf das Anbohren eines Fasses, Beschl I. 16. März 1855 c Ewert; oder auf ein Losknoten, Temme Lehrb. s 929. *Contra:* B I 18. Juli 1855 c Grapenthin (G. Arch. 3. s 704), welches wenigstens ein blosses Aufbinden von Säcken nicht für ausreichend hielt, da „diese Auslegung durch den einer ausdehnenden Erklärung nicht zu unterweisenden Wortsinn der Gesetzesausdrücke nicht begründet werde“

9. Gleichgultig ist, ob der Diebstahl von einem Mitreisenden, oder einem Dritten verübt wird. Z I 19. Okt 1853 c. Mizerka

§. 218. Nr. 5.

1. Hier soll die Widerstandsunfähigkeit oder Verstandesschwäche gegen ein auch nicht gewaltsames Wegnehmen geschützt werden. Z. II 3 Nov. 1853 c. Trubig (G A. 2. s. 125); G Matt 2. s. 480 V. 1.

2. Den blödsinnigen sind andre geistesschwache Personen gleichzustellen, bei welchen mit Rücksicht auf diesen Zustand ebenfalls eine Widerstandsunfähigkeit gegen Diebstahl ohne Gewalt oder dgl. angenommen werden muß. Vgl. Temme Lehrb. s. 930.

3. Dagegen ist die Vorschrift auf Personen, welche nur durch Alter oder Krankheit in eine hülflose Lage versetzt sind, nicht auszudehnen. Bes. s. 434 VI.

4. Temme (Lehrb. s. 930, id. Gll. s 279) will die Anwendbarkeit des § von der Bedingung abhängig machen, daß sich der Blödsinnige rc in einer schutzlosen Lage befinde Davon sagt indessen der § Nichts, es wird vielmehr Gegenstand der thatsächlichen Prüfung im einzelnen Falle sein, ob die Sachen, welche der unter dem faktischen Schutze eines Andern stehende Blödsinnige rc. an oder bei sich führt, nicht eben deshalb ebenfalls in der Gewahrsam des Andern sind, so daß also der Diebstahl gegen ihn begangen wird.

§. 218. Zuchthausstrafe bis zu zehn Jahren und Stellung unter Polizei-Aufsicht tritt in folgenden Fällen ein:

6)*) wenn der Dieb oder einer der Diebe, oder einer der Theilnehmer am Diebstahle Waffen bei sich führt;

[Entw. § 201 Nr. 7.] Vgl. § 230. 231 Nr. 1; AKO. v. 21. April 1856 (G.S. s. 220).

Schlußsatz: Wird festgestellt, daß mildernde Umstände vorhanden sind, so ist auf Gefängniß nicht unter sechs Monaten, sowie auf zeitige Untersagung der Ausübung der bürgerlichen Ehrenrechte zu erkennen.

*) In der ursprünglichen Fassung fand sich diese Vorschrift unter Nr. 7; die Abänderung erfolgte durch Ges. v 14. Apr. 1856 (G.S. s. 210).

5. Die Worte „an oder bei sich führt“ bezeichnen eine engere Verbindung mit der Sache, als der allgemeine Begriff der Gewahrsam. Ob eine solche enge Verbindung der Person mit der Sache anzunehmen, daß nur durch einen Mißbrauch der Widerstandslosigkeit die Zueignung möglich geworden, ist Gegenstand der thatsächlichen Beurtheilung, Z II. 3 Nov. 1853 c. Trubig (G. Arch. 2. s. 125. Die Angeklagte hatte eine Gießkanne weggenommen, welche ein eilfjähriger Knabe augenblicklich niedergesetzt, und sich auf drei Schritte davon entfernt hatte) Vgl G. Arch 1. s 94 — Jedenfalls wird es, damit der § für anwendbar zu erachten, nicht genügen, wenn blos festgestellt wird: die Sache sei ein m ꝛc. Kinde weggenommen worden; es bedarf auch der Feststellung, daß dieses die Sache an oder bei sich geführt habe. G. Arch. 1. s 212.

6. Bei nachgewiesener Unkenntniß des Diebs vom Zustande des Bestohlenen wird die Vorschrift des § 44. anwendbar; dagegen bedarf es nicht umgekehrt des Beweises, daß der Angeklagte jenen Zustand gekannt habe. G. Matt. 2. s. 481. *Contra* in Betreff des letztern Punktes: Temme Lehrb. s. 930. Vgl. zu § 44 n. 7.

7. Ist es Diebstahl oder Unterschlagung, wenn Jemand ein Kind unter zwölf Jahren ꝛc (ohne betrügliche Vorspiegelungen) veranlaßt, ihm einen Gegenstand freiwillig zu übergeben, und er sich die Sache nun zueignet? Temme Gll s. 279 spricht sich für Diebstahl aus Dagegen nahm Z. I 25. Mai 1853 c Körner (Goltd. Arch 1. s 400) Unterschlagung in einem Falle an, wo die Angeklagte ein Kind bewogen, ihr eine Sache zum Tragen anzuvertrauen, und sich dann rasch mit derselben entfernt hatte. Daß das Abschwatzen der Sache schon in der Absicht der Zueignung geschehen sei, war nicht festgestellt. — Letzteres wird das entscheidende Moment sein, und wo jene Absicht anzunehmen, allerdings Diebstahl vorliegen

§. 218. Nr. 6.

1. Unter den hier bezeichneten Theilnehmern können nur solche verstanden werden, welche bei der That gegenwärtig gewesen sind Komm.-Ber II. K. s. 118.

2 Inwieweit den nicht bewaffneten Betheiligten das Waffenführen der übrigen zuzurechnen, ist nach § 44. zu beurtheilen. Bes. s 425 b; Goltd. Matt. 2 s 484 n. 3.

3. Bei Bestimmung des Begriffs „Waffen“ ist daran festzuhalten, daß ihr Besitz als Zeichen des gefährlicheren Willens, und als Mittel, den Entschluß zum Widerstande zu entkräften, den Grund der erhöhten Strafbarkeit bildet. (G. Matt. 2 s. 483 n 2). Hiernach fallen unter diese Bezeichnung nicht allein solche Werkzeuge, welche nach ihrer Bestimmung zu einer Zufügung lebensgefährlicher Verletzungen beim Angriffe oder der Vertheidigung gebraucht werden, sondern es können unter Umständen hierher auch solche Werkzeuge gezählt werden, mit welchen nach ihrer gewöhnlichen Wirkung derartige Verletzungen zugefügt werden können. Hierbei tritt nur der Unterschied ein, daß die ersteren (welchen die betr. Bestimmung beiwohnt, also alle Schuß-, Hieb- und Stoßwaffen) unbedingt und überall ihren Charakter bewahren, während die letzteren denselben nur durch die Absicht des Thäters sich ihrer eventuell zum Angriffe, zur Bedrohung oder zur Vertheidigung zu bedienen, oder durch die Umstände annehmen, nach welchen sie nach aussen hin auf eine solche Ab-

7)*) wenn zu dem Diebstahle zwei oder mehrere Personen

*) In der ursprünglichen Fassung fand sich diese Vorschrift unter Nr. 8; die Abänderung erfolgte durch Ges. v 14. April 1856 (G.S. S. 210).

sicht des Diebs hindeuten. Letzteres wird ebenfalls genügen, und der Knittel, oder das blanke Messer in der Hand des Diebs auch dann unzweifelhaft als Waffe gelten, wenn er sich desselben auch nur zur Verübung des Diebstahls selbst, d. h. der Wegnahme zu bedienen Willens war, sobald nur für den Dritten die Sache das Ansehen gewann, als könne ein Gebrauch als Waffe in der Absicht des Diebs liegen, und wenn der Angeklagte sich dieser Möglichkeit bewußt war. Vgl. Temme Lehrb. S. 931; G. Matt. 2 S. 484 n. 4; Koch S. 1032 n. 82; Komm.-Ber. II. K. S. 119 Aus dem Gesagten folgt, daß es wesentlich zum Gegenstande der thatsächlichen Beurtheilung gehört, ob ein Werkzeug den Charakter als Waffe im einzelnen Falle an sich getragen habe, oder nicht; Z. I. 14 Nov. 1855 c. Klose (G. Arch 3. S. 818); Bes. S. 425. Vgl. n. 8. und G. Arch. 1. S 55 und 3. S. 818 cit.

4. Schußwaffen sind, auch wenn nicht geladen, stets als Waffen anzusehen.

5. Als „Führen" von Waffen ist in der Regel jeder thatsächliche Besitz derselben zu betrachten; Beschl. II 29. Sept. 1853 c Horn (siehe n. 8.); insbesondere läßt sich nicht mit Temme (Lehrb S. 932) sagen, daß es dazu auch noch des Vorsatzes beim Diebe bedürfe, erforderlichen Falles von den Waffen zu Angriff oder Vertheidigung Gebrauch zu machen; oder mit Koch (S. 1033 n. 82. 3), daß das Instrument zu dem Zwecke, um beim Diebstahle bewaffnet zu sein, mitgenommen sein müsse; es ist vielmehr dem Erfordernisse des Dolus in Beziehung auf den erschwerenden Umstand genügt, wenn der Angeklagte sich des Besitzes der Waffe, sowie der Möglichkeit bewußt war, daß daraus der Dritte auf einen beabsichtigten Gebrauch der Waffe schliessen könne (vgl. n 3) Nur diejenigen Fälle sind auszuscheiden, wo nicht nur dem Diebe jeder Vorsatz von der Waffe, sei es zum Angriffe, sei es zur Bedrohung oder endlich zur Vertheidigung Gebrauch zu machen fremd ist, sondern wo auch der Mangel dieser Absicht und die vollständige Unverfänglichkeit jenes Besitzes äusserlich so erkennbar ist, daß jedem moralischen Eindrucke des Anblicks der Waffe auf den Bestohlenen oder dritte Personen dadurch vorgebeugt wird; wenn z. B. eine zum Wegbringen eines Uniformdegens ausgesendete Dienstmagd im Vorbeigehen einen Diebstahl begeht (angeführt vom Justiz-Minister v. Savigny. Verh. des vereinigten stand. Aussch. IV. S. 185). Vgl Bes. S. 425; G. Matt. 2. S. 482; G. Arch. 1. S. 247; 3. S. 817; und unten n. 8.

6. Daß der Dieb die Waffen an seinem Körper getragen, ist nicht erforderlich, es genügt, wenn er sie nur so in seine Nähe gebracht hatte, daß er sich ihrer sofort bemächtigen konnte. Temme Lehrb. S 932.

7. Auch der Fall ist hierherzurechnen, wo der Dieb während der Ausübung zu einer nicht mitgebrachten Waffe greift. G. Matt. 2. S. 483; G. Arch. 1. S. 248 *Contra:* Koch S. 1032 n 82 2 — Hätte der Dieb zuerst die Waffe gestohlen, und diese dann bei der Fortsetzung des Diebstahls bei sich geführt, so wird das unter n. 3. u 5 Bemerkte anwendbar. Vgl G A 1 S 247.

8. Das Gesetz unterscheidet nicht, zu welchem Zwecke der Dieb die Waffe zu sich genommen, oder bei sich geführt hat, noch überhaupt ob von derselben Gebrauch gemacht worden ist; insbesondere würde es dem gesetzgeberischen Gesichtspunkte der Gefährlichkeit zuwider sein, zu unterscheiden: ob der Dieb gerade im Augenblicke, wo er die Waffe an sich nahm, keinen gefährlichen Gebrauch derselben beabsichtigte (siehe n. 5.). Daher fällt der Diebstahl an Wild aus umzäunten Gehegen (§ 217. Nr. 1) unter den § 218. Nr. 6, wenn bei der Verübung der Dieb eine Waffe bei sich führte, sollte dieselbe auch nur zur Erlegung des Wildes bestimmt gewesen sein und gedient haben. Beschl. II. 29. Sept. 1853 c. Horn (G. Arch. 2. S. 122). Beschl I. 29. Nov. 1854 c. Pürschel u. Gen. *Contra:* B. 1. Dez. 1852 c. Mohr u. Gen (G. Arch 1. S. 398); G. Matt. 2. S. 471.

§. 218. Nr. 7.

1. Der Strafe dieser Nr. unterliegen auch diejenigen Thäter oder Theilneh-

als Urheber oder Theilnehmer mitwirken, welche sich zur fortgesetzten Verübung von Raub oder Diebstahl verbunden haben;

[Entw. § 201 Nr 8] Vgl. § 232 Nr. 2; AKO. v. 21. April 1856 (G.S. s. 220).

§. 218. Zuchthausstrafe bis zu zehn Jahren und Stellung unter Polizei-Aufsicht tritt in folgenden Fällen ein:

8)*) wenn der Diebstahl während einer Feuers- oder Wassersnoth an den gefährdeten oder geflüchteten Sachen begangen wird.

---

*) In der ursprünglichen Fassung fand sich diese Vorschrift unter Nr. 9; die Abänderung erfolgte durch Ges. v. 14. April 1856 (G.S. s. 210).

---

mer, welche an der Verbindung zur fortgesetzten Verübung rc. sich nicht betheiligt haben, sobald nur wenigstens zwei der so verbundenen zum Diebstahle mitwirkten, und jenen dieser letztere Umstand nicht unbekannt war (§ 44). Komm.-B. I. K. s. 33. *Contra:* Komm.-B. II. K. s. 119, welcher mit Unrecht davon ausging, daß bei den nicht zur Verbindung gehörenden Betheiligten die höhere Strafe ausgeschlossen bleibe. Vgl. G. Matt 2. s. 486; Temme Lehrb. s. 934.

2. Die an der Verbindung Betheiligten, welche zum Diebstahle nicht mitwirkten, werden von der Strafe nicht betroffen. G. Matt. 2 s. 487 n. 3

3 Daß die Verbindung von vorne herein auf Verübung vorher genau bestimmter Diebstähle rc. gerichtet gewesen, ist nicht erforderlich; es reicht hin, wenn nur im Allgemeinen wiederholte Verübung von Diebstählen nach sich darbietenden Gelegenheiten beschlossen war. G. Matt. 2. s 487 n 2

§. 218. Nr. 8.

1. Eine Ausdehnung auf andre Nothstände als die genannten ist unstatthaft. G Matt. 2. s. 487 n 1; Temme Lehrb. s. 936.

2 Unter Wassersnoth ist unzweifelhaft nicht blos Ueberschwemmung, sondern z. B. auch Strandung, Schiffbruch, Eisgang und dgl. zu verstehen; Temme Lehrb. s. 936; G. Matt. 2. s. 487 n 2; Koch s. 1033 n. 84. So entschied auch Z. I. 6. Dez. 1854 c. Grünwald (Weiß u Gen. G Arch. 3. s. 263), daß der Diebstahl von Gegenständen aus einem auf dem Wasser liegenden gestrandeten Kahne unter diesen § falle.

3 Das Vorhandensein einer Feuersnoth hängt nicht davon ab, wie nahe das Haus, aus welchem die Sachen geflüchtet werden, der wirklichen Brandstätte gelegen, und ob dasselbe bereits der Gefahr vom Feuer ergriffen zu werden, ausgesetzt war, oder nicht; es genügt vielmehr die Thatsache, daß, mit Bezug auf die am Orte vorhandene Feuersnoth, man sich veranlaßt sah, die Sachen zu flüchten. Z II 31. Jan. 1856 c. Brandt.

4. Die Noth ist für den Bestohlenen so lange vorhanden, als ihn die durch das Unglück entstandene Verwirrung, die öffentliche Unruhe, hindert, sein Eigenthum zu sammeln, und zu beaufsichtigen. G. Matt. 2. s 487 n. 2. Daher ist eine Feuersnoth nicht nothwendig mit dem Augenblicke beseitigt, wo ein weiteres Umsich-Greifen des Feuers nicht mehr zu befürchten ist, dieselbe kann vielmehr, so lange die erforderliche Ruhe, um die geflüchteten Sachen anderweit in Sicherheit zu bringen, nicht eingekehrt ist, fortdauern. Z II. 31. Jan. 1856 c. Brandt.

5 Ob ein Nothstand im Sinne des Gesetzes vorliege, ist im Uebrigen Gegenstand thatsächlicher Beurtheilung. Temme Gll. s. 280.

6. Eine Sache ist gefährdet nicht nur, wenn die Gefährdung in einer Vernichtung, sondern auch, wenn sie in einer blossen Beschädigung bestehen würde; es gehört daher auch das aus einer Feuersbrunst gerettete Metall-Geld hierher, wenn

Wird festgestellt, daß mildernde Umstände vorhanden sind, so ist auf Gefängniß nicht unter sechs Monaten, sowie auf zeitige Untersagung der Ausübung der bürgerlichen Ehrenrechte zu erkennen. *)

[Entw. § 200 Nr. 6] Vgl. AKO. v 21 April 1856 (G.S. s. 220).

§. 219. **) **Wer bereits zweimal oder mehrere Male rechtskräftig durch einen Preußischen Gerichtshof wegen Dieb-**

*) Der Schlußsatz erhielt seine jetzige Fassung durch das Ges. v. 14. Apr. 1856 (cit.); ursprünglich lautete derselbe:

Wird festgestellt, daß mildernde Umstände vorhanden sind, so ist auf Gefängniß nicht unter Einem Jahre, sowie auf zeitige Untersagung der Ausübung der bürgerlichen Ehrenrechte zu erkennen.

**) Fassung des Ges. v. 9. März 1853 (G.S. s. 78); die ursprüngliche Fassung lautete:

§. 219. Wer bereits zweimal oder mehrere Male rechtskräftig durch einen Preußischen Gerichtshof wegen Diebstahls oder Raubes verurtheilt worden ist, soll wegen neuen einfachen Diebstahls (§§ 216. und 217.) mit Zuchthaus bis zu funfzehn Jahren und wegen schweren Diebstahls (§ 218) mit Zuchthaus von fünf bis zu zwanzig Jahren, sowie in beiden Fällen mit Stellung unter Polizei-Aufsicht bestraft werden.

Die Straferhöhung tritt nicht ein, wenn seit dem Zeitpunkte, an welchem die Strafe des zuletzt begangenen früheren Verbrechens oder Vergehens abgebüßt oder erlassen worden ist, zehn Jahre verflossen sind.

gleich das Metall im Feuer zwar schmilzt, aber nicht zu Grunde geht. Z. II. 31 März 1853 c Dietrich.

7. Gleichgültig ist es auch, ob das „Flüchten“ der Sachen bereits vollendet war oder nicht. Z. II. 31. März 1853 c. Dietrich.

Zum Schlußsatze.

1. „Wegen schweren Diebstahls muß auch, wenn mildernde Umstände festgestellt werden, nach § 218 nothwendig auf Stellung unter Polizei-Aufsicht erkannt werden“. V. Pl. 11. Apr. 1853 c. Salmen u. Feilschen (Präj n. 29; JMBl s. 226; Entsch. 24. s. 498; 25. s. 250; G. Arch. 1. s. 574); Z. 2. Apr. 1852 c. Steinike (Heinrich u. Gen. JMBl. s. 195; Entsch. 22. s 73); V. 5. Nov. 1852 c. Wach; V. I. 7. Jan. 1853 c. Hoffmann u Gen.; V. I. 7. Jan. 1853 c. John; V. I. 19. Jan. 1853 c. Fischer (Herrmann u. Gen.); V. I. 2. Feb 1853 c Filla; V I 11. Feb 1853 c. Forstreuter; V. I. 16. Feb. 1853 c. Wirwich; V. I. 23. Febr. 1853 c. Naumann; Z. I 13. Okt. 1854 c. Hilgert, V. I. 14. Feb. 1855 c Jänsch; V. I. 9. Mai 1855 c Hennig; V. II. 9. Juni 1855 c. Rankenhohn; V. I. 5. Sept. 1855 c. Jonathan (Leonhardt u Gen); V. I. 12. März 1856 c. Willkowski; *Sic*: G. Matt. 2. s. 488 IX; Temme Lehrb s. 915. *Contra:* Z Kass.-H 5 Okt. 1852 c Wagner-Leinweber (Rh. Arch. 47. 2. A. s. 115); Temme Gll. s 280.

§. 219.

1 Im Allgemeinen sind die Bemerkungen zu den Artt. VI. und XXVI des Einf.-Gesetzes, und zu den §§ 58 bis 60 des StGB. zu vergleichen.

2 „Das Gesetz v. 9 März 1853 enthält keine Deklaration des Schlußsatzes des § 219 (§ 15 der Einl. zum ALR.), ist vielmehr als neues, jene Vorschrift abänderndes Gesetz anzusehen.“ Z I. 15. Juli 1853 c. Richter (Präj. n. 47; Entsch. 25. s. 351; G. A. 1. s. 575). Daher findet jenes Gesetz an und für sich auf vorangegangene Fälle keine Anwendung. Z. I. 2. Nov. 1853 c Gellrich.

3. Damit der § Anwendung erleide, muß die zweite Bestrafung den Charakter des thatsächlichen Rückfalls an sich tragen; er fällt also da weg, wo die Hand-

stahls oder Raubes verurtheilt worden ist, soll wegen neuen Diebstahls bestraft werden, wie folgt:

1) Wenn der neue Diebstahl ein einfacher ist (§§ 216, 217.), mit Zuchthaus bis zu funfzehn Jahren.

Wird festgestellt, daß mildernde Umstände vorhanden sind, so ist auf Gefängniß nicht unter sechs Monaten, sowie auf zeitige Untersagung der Ausübung der bürgerlichen Ehrenrechte zu erkennen.

2) Wenn der neue Diebstahl ein schwerer ist (§ 218.), so ist die Strafe Zuchthaus von fünf bis zu zwanzig Jahren.

Wird festgestellt, daß mildernde Umstände vorhanden sind, so ist auf Zuchthaus bis zu fünf Jahren oder auf

---

lung, wegen welcher die zweite Verurtheilung erfolgte, vor der Rechtskraft der ersten Verurtheilung begangen war, wegen derselben also die Rückfallsstrafe gar nicht hätte verhängt werden können. B 14 Juni 1852 c Liedtke (JMBl s. 351; Entsch. 23. s 235; G A. 1. s 95); Z. 18 Juni 1852 c. Hannemann; Z 10 Sept. 1852 c. Gast; Z 18. Okt 1852 c. Köhn; B 29. Okt 1852 c. Wawrczyn-Rychlewski (G. A. 1. s. 95); B 3. Nov. 1852 c. Reining; Z. 8 Dez. 1852 c. Gillert; B II. 8 Sept 1853 c. Schunner (Rh. Arch. 49. 2. A. s 47); Z. I. 14 Juni 1854 c. Essner (G. A. 2 s. 832); B. I. 3. Jan. 1855 c. Schneider; Z. I 21. Feb. 1855 c. Bleyer u. Gen. — Die neue Fassung des § nach dem Gesetze v. 9. März 1853, hatte nur den Zweck den Zweifel zu beseitigen, ob der Ablauf der zehnjährigen Verjährungsfrist zwischen der letzten und der vorletzten Vorbestrafung von Erheblichkeit sei, oder nicht; keineswegs ging aber die Absicht dahin, daß beide Vorbestrafungen in den Zeitraum der letzten zehn Jahre vor dem zur Strafanwendung vorliegenden Falle statt gefunden haben müßten Vgl. Motive s. 62 und unten n. 18. Dagegen ist es nicht erforderlich, daß im zweiten Falle ausdrücklich die **Verurtheilung** wegen „Rück- oder zweiten Falles“ erfolgt, oder daß damals wirklich die wegen Rückfalls geschärfte Strafe verhängt worden wäre; es genügt, daß thatsächlich die zweite Verurtheilung einen nach rechtskräftiger Verurtheilung wegen des ersten Falles verübten Diebstahl rc. zum Gegenstande hatte, daß also damals wegen Rückfalls hätte erkannt werden können. So die citirten Erkenntnisse. *Contra:* Temme Gll s. 281; id. Lehrb. s. 943, welcher aber übersieht, daß z. B. das frühere Rheinische Strafgesetzbuch eine grundsätzliche Schärfung der Strafe wegen Rückfalls, wie ihn das StGB. auffasst, nicht kennt, so daß für den Richter damals keine Nothwendigkeit vorlag, sich über das Vorhandensein des Rückfalls auszusprechen

4. Bei Prüfung der Frage ob die früher bestraften Thaten wirklich Raub resp. Diebstahl dargestellt haben, ist nur der **Tenor** der früher ergangenen Erkenntnisse maaßgebend. Vgl. zu Einf.-Ges Art. VI. n. 3 flg. Ob dann aber, mit Rücksicht auf diese Tenorirung in den frühern Erkenntnissen jetzt eine zweimalige Vorbestrafung anzunehmen sei, hat der jetzt erkennende Richter selbständig zu prüfen; sollte daher auch durch die zuletzt ergangene Vorentscheidung ein „im Rückfalle begangener Diebstahl“ festgestellt sein, so würde dieses, sowie die Rechtskraft der betreffenden Entscheidung, die selbstständige Prüfung, ob damals wirklich ein „Rückfall“ vorgelegen, weder verhindern noch überflüssig machen. B I. 23. Mai 1856 c. Gabriel. Vgl. n. 18.

5. Ueber den Eintritt der **Rechtskraft** einer Verurtheilung vgl. zu § 58. n. 13. 14.

6. Ueber die **thatsächliche Natur** der den Rückfall betreffenden Frage, vgl. zu § 58. n. 18.

7. Auch die nach der frühern Gerichtsverfassung von **Einzelrichtern** ver-

Gefängniß nicht unter Einem Jahre und auf zeitige Untersagung der Ausübung der bürgerlichen Ehrenrechte zu erkennen.

In allen Fällen (Nr. 1. und 2.) soll zugleich Stellung unter Polizei-Aufsicht eintreten.

Die vorstehenden Bestimmungen finden keine Anwendung, wenn entweder in Ansehung des letzten oder in Ansehung des früheren Verbrechens oder Vergehens die Straferhöhung wegen Rückfalls gesetzlich ausgeschlossen ist (§ 60.).

[Entw. § 202] Vgl. § 58—60; 233 Nr. 1; Einf.-Ges. Art. VI. XXVI; AKO. v 21 April 1856 (G S. f. 220); Ges. v. 22. Mai 1852 Art. I. (G.S. f. 250); Holzdiebst.-Ges. v. 2 Juni 1852 § 16.

---

hängten Diebstahlsstrafen begründen den Rückfall. B. 19. März 1852 c. Biermann; Z. 30. Apr. 1852 c. Holzwirth; Z. 19. Mai 1852 c. Langewald; Z. 14 Juni 1852 c. Boost. *Sic*: G. Matt. 2. f. 489 Vgl. zu § 58 n. 9.

8. Auch eine früher während der Strafunmündigkeit erlittene Verurtheilung begründet die Rückfallsstrafe, vgl. zu § 43 n. 6.

9. Da der Raub alle Begriffserfordernisse des Diebstahls in sich schliesst, so ist bei Anwendung des § 219 eine frühere Verurtheilung wegen Raubes der wegen Diebstahls völlig gleich zu achten Das gilt aber selbstredend nicht umgekehrt im Falle des § 233. Nr. 1; G. Matt. 2. f. 448 n. 2. Vgl zu § 58 n. 2. Dem Raube steht die gewaltsame Erpressung gleich. Vgl. zu § 236 n. 4

10. Gleichgültig ist, ob die frühern Verurtheilungen Fälle des einfachen oder des schweren Diebstahls zum Gegenstande hatten; § 219 Nr. 2 wird bei einem neuen schweren Diebstahle auch dann anwendbar, wenn die frühern Fälle nur einfache Diebstähle betrafen. Vgl. Abh. in JMBl 1852 f. 214; und oben zu § 58 n. 1.

11. Auch Vorbestrafungen wegen Versuchs, selbst die unter der frühern Gesetzgebung ergangenen, kommen bei Anwendung des § in Betracht (§ 59.). Z. II. 8 Sept. 1853 c. Wegener und Gen. Vgl zu Einf.-Ges. Art. VI. n. 9; und unten n. 16.

12 Die nach dem ALR. II 20. § 1350 als Hausdiebstahl „anzusehenden" und zu bestrafenden „Unterschlagungen" des Gesindes stellen eine Verurtheilung wegen Diebstahls dar, und begründen später eventuell die Anwendung des § 219. B. I. 28 Apr 1854 c. Müller *Contra*: G. Matt 2. f. 488 n. 2, und Temme Lehrb. f 942, welche die den Thatbestand des Diebstahls nicht herstellenden, aber mit der Strafe desselben bedrohten Verbrechen des ALR. z. B. II, 20. § 1350; 1356 und 1384 hier ausscheiden wollen.

13. Die als blosse Uebertretungen (nach StGB. § 349 Nr. 3.) zu ahndenden Entwendungen begründen den Rückfall nicht Dasselbe gilt von ähnlichen unter dem alten Rechte ergangenen Verurtheilungen. Temme Lehrb. f 942

14. Insbesondre ist eine nach ALR. II. 20. § 1122, 1123 bestrafte Entwendung von Eßwaaren, welcher die im § 1108 vorausgesetzte gewinnsüchtige Absicht nicht untergelegt werden kann, hier nicht für einen Diebstahl zu erachten. Z. 9. Jan 1852 c. Müller (Entsch. 22. f. 74); B. 2 Aug. 1852 c. Boin; B. I. 8 April 1853 c. Ningmann; Z. I. 4. Okt. 1854 c. Schimoreck. Das gilt selbst von einem nach § 1170 ibid. bestraften gewaltsamen Diebstahle an Eßwaaren, B. 18. Juni 1852 c. Pietsch (Entsch. 23 f 279); B. II. 19 Juli 1855 c. Pfützenreuter Dagegen gilt es nicht von einer Verurtheilung wegen eines gewaltsamen Diebstahls von Eßwaaren gegen einen Kameraden, welche auf Grund des 61. Kriegsartikels ausgesprochen ist; sie begründet den Rückfall. Z. 16 Juni 1852 c. Nerger.

15 Frühere Holzdiebstähle (selbst die im dritten oder fernern Rückfall begangenen,) werden bei Anwendung des § 219 nicht in Betracht gezogen. HDO.

§. 220. Die strengere Strafe des in einem bewohnten Gebäude begangenen Diebstahls wird dadurch nicht aus-

v 2. Juni 1852 § 16. Vgl früher JMBl. 1852 f. 207. Dasselbe muß von frühern auf Grund der Feld-Polizei-Ordnung, erfolgten Verurtheilungen gelten.

16. Daß § 219 auch dann Platz greife, wenn die zu bestrafende That nur einen Diebstahls**versuch** darstellt, versteht sich nach § 32 von selbst. Z 5. Sept. 1851 c. Teichert (Entsch 22. f. 73), vgl. oben n. 11.

17. Liegen **mehrere** im wiederholten Rückfalle begangene Diebstähle vor, so tritt die Strafschärfung für jeden einzelnen (vorbehaltlich der Bestimmungen des § 56) ein. Vgl. zu § 56. n. 17.

18. „Nach der Fassung des Schlußsatzes des § 219 in Gemäßheit des Gesetzes „v 9 März 1853 ist es nur erforderlich, daß zwischen der vorletzten und letzten Ver„urtheilung wegen Diebstahls, sowie seit der letzten Verurtheilung und dem jetzt „zu bestrafenden Falle jedesmal ein **zehnjähriger Zeitraum** nicht verflossen sei; „nicht aber ist es erforderlich, daß die beiden Verurtheilungen vor dem jetzt zu be„strafenden Falle innerhalb der zehn letzten Jahre liegen.“ B. II. 11. Juli 1853 c. Ostmeier (Präj. n. 46; Entsch. 25. f. 444; G. A. 1. f. 576). Unter dem „letzten“ Verbrechen ꝛc ist nicht der neue zur Gesetzanwendung vorliegende, sondern nur der demselben vorhergegangene Diebstahl zu verstehen. B. I. 1. Juni 1853 c. Stief (G. A 1. f 576). *Sic:* B I. 1. Juli 1853 c. Schneider; B. II. 8. Sept. 1853 c. Schmines (Tr Ann 7. f. 289); Z II. 6. Okt. 1853 c. Jahn; B. II. 29. Sept. 1853 c. Mustert; Z I. 9 Dez. 1853 c. Gurska. Hiernach bedarf es also in jedem Falle der thatsächlichen Prüfung, ob zwischen der jetzt vorliegenden That, und der letzten Vorbestrafung, sowie zwischen dieser und der vorletzten zehn Jahre verflossen sind, oder nicht, ohne Rücksicht darauf, ob bei der letzten Vorbestrafung Rückfall angenommen war, oder nicht. Vgl. oben n. 4 und Temme Lehrb. f. 943 Note 2. a. E.

19. Ueber die Unstatthaftigkeit eines neuen Strafverfahrens, wenn früher bereits über denselben Fall **rechtskräftig** abgeurtheilt, damals aber die Rückfälligkeit aus irgend einem Grunde unermittelt geblieben ist, vgl. zu § 58 n. 19.

§. 220.

1. Ob eine Räumlichkeit als **Gebäude** zu betrachten sei, ist keine blos **thatsächliche** Frage, wenn gleich das Gesetz darunter Nichts andres versteht, als was auch nach dem gemeinen Sprachgebrauche darunter verstanden wird.

2. Nicht jedes für sich bestehende zur Wohnung, oder zum zeitweisen Aufenthalte von Menschen, oder zur Aufbewahrung von Sachen bestimmte Bauwerk ist ein **Gebäude**, vielmehr wird als wesentliches Merkmal auch seine unmittelbare feste, oder dauernde Verbindung mit dem Boden, und die durch diese Verbindung bedingte Eigenschaft der **Unbeweglichkeit** erfordert Z. I. 4. Mai 1853 c. Schwarz (Präj. n. 38. JMBl. f. 367; Entsch. 25. f. 347; G. Arch. 1. f. 575), Z. I. 8. Juli 1853 c. Klein (JMBl. f. 368). — Es ist darunter jede Baulichkeit zu verstehen, welche auf Grund und Boden ruhend die Benutzung eines ganz oder theilweise abgeschlossenen innern Raumes gewährt Z. I. 22. März 1854 c. Mörke (vgl. n. 6.).

3. Demgemäß ist eine zum Gebrauche für einen Schäfer hergestellte, und als Schlafstelle für denselben eingerichtete bewegliche Bretterbude (**Schäferkarre**) kein Gebäude. Z. I. 4. Mai 1853 c. Schwarz, und Z. I 8. Juli 1853 c. Klein (unter n. 2. citirt). *Contra:* G. Matt. 2. f. 490 n. 1.

4. Dasselbe gilt von einer beweglichen **Marktbude**; Z. 12. Mai 1852 c. Born. Vgl. B. I. 5. Mai 1854 c. Gorall (G. Arch. 2. f. 533), welches die Frage aber mehr als eine rein thatsächliche auffaßte. Vgl. zu § 221. n. 15.

5 **Windmühlen** sind dagegen im ständischen Ausschusse ausdrücklich 'als Gebäude anerkannt worden. G. Matt. 2. f. 490 n. 1

6 Nach der unter n. 2. a E gegebenen Definition ist auch ein **Backofen** ein Gebäude. Z. I. 22. März 1854 c. Mörke.

7. Da ein **bewohntes Schiff** einem bewohnten Gebäude nach § 221 Nr. 1. gleichgestellt ist, so hat es jedenfalls auch den Charakter eines Gebäudes im Allgemeinen. Temme Lehrb. f. 920.

geschlossen, daß zur Zeit desselben die Bewohner in dem Gebäude nicht anwesend waren.

[Entw. § 203.] Vgl. § 217 Nr. 6; 218 Nr. 2; 285.

---

8. Auch die Beurtheilung, welchen Sinn das Gesetz mit dem Ausdrucke „bewohntes Gebäude“ verbunden hat, und verbinden wollte, ist eine Frage der Gesetzesauslegung, mithin eine Rechtsfrage, und nur die nach dem Vorhandensein der faktischen Voraussetzungen, unter welchen das Gesetz ein „bewohntes Gebäude“ annimmt, ist thatsächlich Z Pl. 23. Jan. 1854 c. Krause (Präj. n 82; Entsch. 27 f. 102; G. A. 2. f 527); Z I. 22. März 1854 c. Röser; durch die angedeutete Unterscheidung erklärt sich ein Z. I. 10. Juni 1853 c. Schönfeld, welches jene Frage überhaupt für eine thatsächliche erachtete

9 Als bewohnt ist jedes Gebäude zu betrachten, welches von den Hausgenossen zum Aufenthalte und insbesondere zur Nachtruhe benutzt wird. V. I. 1. Juli 1853 c. Pagel (G. Arch. 1. f. 574). Aehnlich definirt Temme (Lehrb. f. 918) das bewohnte Gebäude, als ein zum häuslichen Aufenthalte bestimmtes und auch thatsächlich dazu dienendes Gebäude, gleichviel, ob zur Zeit des Diebstahls sich Jemand darin befindet, oder nicht. Vgl. Bes. f. 419 n. 5, nach welchem ein Gebäude bewohnt ist, wenn es Bewohner hat. Jedenfalls genügt es nicht, daß ein Gebäude zum Bewohnen bestimmt sei G. Matt 2. f. 489. Vgl. § 285 Nr. 1.

10. Das Arbeiten und Schlafen in einem Gebäude, macht dasselbe nur dann zu einem bewohnten, wenn es anhaltend oder gewöhnlich geschieht V II. 31. Mai 1855 c. Kohnert.

11. Das Vorhandensein eines Feuerheerds, Schornsteins und Ofens ist zum Begriffe des bewohnten Gebäudes keineswegs unerläßlich. Besch. I. 15 Apr. 1853 c. Gregorczyk (JMBl f 231); V. I. 1. Juli 1853 c. Pagel (G Arch. 1 f. 574) *Contra* mit Unrecht: Beschl. App.-Ger Ratibor 30. Dez. 1852 (G. Arch. 1. f. 93)

12. Die Feststellung: der Diebstahl sei aus dem „Wohnhause“ des Bestohlenen bewirkt, ward für genügend erachtet durch Z I. 10 Juni 1853 c Schmidt, und Z. (V.) II 11 Okt. 1855 c. Meisterfeld (G. Arch. 3. f. 816), „indem darunter nach dem Sprachgebrauche nur das von jenem bewohnte, nicht auch ein ihm gehöriges, zum Wohnen bestimmtes augenblicklich aber vielleicht unbewohntes Haus verstanden werde.“ Gleichwohl ist der im § gebrauchte Ausdruck „bewohntes Gebäude“ als genauer vorzuziehen. Vgl. zu § 285. n. 14.

13. Ein mit einem Wohngebäude unter einem Dache liegender Stall ist nur dann als ein Theil des erstern, (und deshalb für mit bewohnt) zu erachten, wenn auch im Innern eine Verbindung vorhanden ist. Z. I. 5. Okt. 1853 c Kaschubs (G. Arch. 1. f 710); Z. I. 4. Jan. 1854 c Neugebauer.

14. „Ein Pferdestall, in welchem die Knechte ihre gewöhnliche Schlafstelle „haben, ist für ein bewohntes Gebäude im Sinne des § 218. Nr. 2. (jetzt § 217 „Nr 6) zu achten“ Z Pl 23. Jan. 1854 c Krause (Präj. n. 82; Entsch. 27. f 102; G. Arch. 2. f. 527). *Sic:* Beschl I 15. Apr 1853 c Gregorczyk (JMBl. f. 231); V. I. 1. Juli 1853 c. Pagel (G. A 1. f 574); Z. II. 8. Sept. 1853 c. Roth; V. I. 28. Okt. 1853 c Voß u. Gen.; Z. I. 17. Jan 1855 c. Lienung; G Matt 2. f. 489; Temme Lehrb. f. 918 Note 1. Vgl. auch Gilb. C. pén. Art 390 n. 2 Im Uebrigen versteht es sich von selbst, daß auch ein nicht bewohnter Stall, wenn er ein Bestandtheil eines bewohnten Gebäudes ist (vgl. n. 13.) die Natur desselben theilt, sowie daß er einem bewohnten Gebäude gleich gestellt wird, wenn die Voraussetzungen des § 221 Nr. 4. bei ihm zutreffen.

15. In ähnlichem Sinne entschied Z. II. 15. Dez 1853 c. Voigt in Betreff eines Futterganges, in welchem ein Knecht zu schlafen pflegt, wobei gleichwohl auf die übrigen konkurirenden thatsächlichen Momente gerücksichtigt und erwogen wird, daß nach allen diesen Umständen der Instanzrichter jenen Gang ohne Rechtsverletzung für ein bewohntes Gebäude habe erachten können.

16. Ist das Gebäude als ein bewohntes zu betrachten, so ist es gleichgültig, in welcher Beziehung der Bestohlene oder der Dieb zur Wohnung steht, wo der Diebstahl verübt worden; namentlich ob jener sich nur augenblicklich und ohne

§. 221. Den bewohnten Gebäuden werden gleichgestellt:

1) Schiffe, welche bewohnt werden;
2) die zum Gottesdienste bestimmten Gebäude;
3) diejenigen öffentlichen Gebäude, welche zum Geschäftsbetriebe oder zur Aufbewahrung von Sachen bestimmt sind;
4) der zu einem bewohnten oder demselben gleichgestellten (Nr. 2. und 3.) Gebäude gehörige umschlossene Raum und alle darin befindliche Gebäude jeder Art.

Ein Raum ist umschlossen, wenn man in denselben nur durch den Gebrauch von Schlüsseln oder durch Einbrechen oder Einsteigen gelangen kann.

[Entw § 204] Vgl § 217 Nr. 6; 218 Nr. 1 bis 3.

---

eine Berechtigung in derselben aufgehalten, während letzterer sie in erlaubter Weise, oder gar aus einem rechtlichen Titel inne hatte. Z. I. 29. Sept 1854 c. Volkmann. Hier war der Diebstahl in der Wohnung des einen der beiden Diebe zum Nachtheile eines nur augenblicklich eingekehrten und dort eingeschlafenen Dritten verübt worden. *Contra:* G. Matt. 2. s. 489; Temme Lehrb. s. 918 Note 1, welche den § 218 Nr. 2. da fur unanwendbar erachten, wo der Diebstahl in der Wohnung des Diebes selbst geschehen ist, und Koch (s. 1035 n. 90.) welcher verlangt, daß das Gebäude ausser dem Diebe auch noch Bewohner habe.

§. 221.

Zu Nr. 1.

1. Ueber den Begriff „bewohnt“ vgl zu § 220. n. 8. fg.

2 Haben mehrere Winterlage haltende Schiffe nur einen Wächter, so ist nur dasjenige Schiff bewohnt, auf welchem er sich gewöhnlich aufhält, und namentlich seine Schlafstelle hat. Komm.-B. II K. s. 120.

Zu Nr. 2.

3. Vgl. § 218. Nr. 1.

Zu Nr. 3.

4. Auf Privat-Speicher, Magazine und Kaufmannsgewölbe ist diese Bestimmung nicht auszudehnen. Bes. s. 418 II. 3; G. Matt. 2. s. 490 n 3.

Zu Nr. 4.

5. Als zu einem rc. Gebäude „gehörig“ ist nur der in räumlicher Verbindung bei demselben befindliche umschlossene Raum, nicht auch der davon getrennte, aber ein Pertinenzstück desselben bildende zu betrachten. Komm.-B. I. K. s. 33. Es wird daher vorausgesetzt, daß die Umschliessung eine räumliche Verbindung mit dem rc. Gebäude vermittle

6. Die am Schlusse dieser Nr. 4. gegebene Definition des „umschlossenen Raumes“ bezieht sich nicht nur auf den zu einem bewohnten Gebäude gehörigen, sondern auf jeden Raum dieser Art. B. (Z.) I. 8. Feb. 1854 c. Gutfeld; Z. II. 16 März 1854 c. Tübbesing (JMBl. s. 236; Entsch. 27. s. 404); Vgl. zu § 218. Nr. 2. n. 4; G. A. 1. s. 247.

7. Nach der hier gegebenen Begriffsbestimmung genügt die Einfriedigung durch Gräben, Bäche und Flüsse nicht, um die Umschliessung eines Raumes zu bewirken G. Matt 2. s. 492 n. 5.

8 Gleichgültig ist, ob der durch eine gemeinschaftliche, oder eine unmittelbar vom Hause ausgehende Umschliessung mit dem letztern verbundene Raum ausserdem noch eine besondre Umfriedigung hat. G. Matt. 2. s. 491 n. 4.

§. 222. Einsteigen ist vorhanden, wenn der Eintritt in Gebäude oder umschlossene Räume über Dachwerk, Thüren, Mauern, Hecken oder andere Einfriedigungen, oder durch Fen-

---

9. Auch dann, wenn das Wohnhaus und die dazu gehörigen Gebäude in unmittelbarer Verbindung selbst die Umfriedigung bilden, liegt ein, die Gebäude selbst mit umfassender, umschlossener Raum vor. G. Matt. 2. s. 491

10. Sind die Merkmale des Schlußsatzes des § vorhanden, so begründet es weiter keinen Unterschied, wenn der umschlossene Raum mehreren Eigenthümern in abgetrennten Parzellen gehört; auch dann muß die Umschliessung gegen Eingriffe dritter von Aussen eindringender Personen den vom Gesetz ihr gewährten höhern Schutz geniessen. Beschl. I. 25. April 1855 c. Frese (G. A. 3. s. 569). Vgl. zu § 218. Nr. 2. n. 12.

11. Die Voraussetzungen des Schlußsatzes des § müssen im Augenblicke des Diebstahls zutreffen, damit der Raum als umschlossen gelten könne; es müssen daher alle Zugänge verschlossen gewesen sein, damit durch das stattgehabte Einsteigen die Straferhöhung herbeigeführt werde; es genügt nicht, wenn der Dieb irriger Weise die Zugänge für verschlossen hielt. Z. 10. März 1852 c. Runschke; V. 30. Apr. 1852 c. Zeising; Z. 26 Mai 1852 c Lenz; V. 17. Dez. 1852 c. Müller.

12. Die Anwesenheit von wachenden Personen in einem unverschlossenen Zimmer, durch welches allein der Eingang ohne Einbruch oder Einsteigen möglich ist, kann als Schliessung des Eingangs im Sinne des § nicht betrachtet werden Z. I. 14 Sept. 1853 c. Strzelski. Vgl. Temme Lehrb s. 921 Note 1

13 Eine verschlossene hölzerne Bude, welche an Chausseen, Promenaden ꝛc zur Aufbewahrung der Arbeitsutensilien der angestellten Wärter dient, ist unzweifelhaft ein umschlossener Raum. *Contra:* Temme Lehrb. s 918 Note 2.

14. Eine Marktbude, welche von einer Seite wenigstens insoweit offen ist, daß man vor derselben stehend, Gegenstände vom Auslegebrett, oder auch wohl noch tiefer, ohne vorgängige Oeffnung eines Zugangs, heraus greifen kann, ist nicht als umschlossener Raum anzusehen Z. 12. Mai 1852 c. Born. Vgl. zu § 220 n. 4.

15. Ein verschlossener (mit Lehm verklebter) Bienenkorb ist ein Behältniß (§ 223. Nr. 2.), nicht aber ein umschlossener Raum. Z. (V) I. 28. Okt. 1853 c. Milde (G. Arch. 2. s. 123).

§. 222.

1. Die Frage ob ein „Einsteigen" im Sinne des § stattgefunden, gehört hauptsächlich, als ein Akt der Gesetzesauslegung, nicht zur thatsächlichen Feststellung, sondern zur rechtlichen Beurtheilung. V. II. 13. Juli 1854 c. Brinkert. Gleichwohl braucht, wenn im Einzelfalle jener Begriff eine unbestrittene Bedeutung hat, in der den Geschwornen vorgelegten Frage, die Art der Ausführung nicht näher angegeben zu sein; es genügt dann der Gebrauch des vom Gesetz gewählten Ausdrucks selbst Z. I. 10 Juni 1853 c. Schmidt. — Ein Z. I 20. Sept 1854 c Güttschow (G. Arch. 3. s. 398) erwog ausserdem, daß es, im Falle eines von dem Angeklagten oder der Staatsanwaltschaft darauf gerichteten Antrags, zwar rathsam sei, den Ausdruck „Einsteigen" in der den Geschwornen vorgelegten Frage durch die im § gegebene Definition zu ersetzen, daß aber in der Ablehnung jenes Antrags eine zur Vernichtung des Urtheils führende Verletzung der Vorschrift des Art. 82. des Gesetzes v. 3. Mai 1852 nicht anerkannt werden könne, da der Begriff „Einsteigen" nicht für einen solchen zu erachten sei, zu dessen richtiger Verständniß unbedingt Rechtskenntnisse erforderlich wären; zugleich ward in Betracht gezogen, daß die Geschwornen vom Vorsitzenden auf die bei der Beurtheilung der Thatfrage in Betracht kommenden gesetzlichen Vorschriften aufmerksam gemacht worden seien.

2. Das den Diebstahl beim Einsteigen qualifizirende Moment ist hier im „Hausfriedensbruche", nicht in der grössern Gefährlichkeit zu suchen; es fragt sich daher immer, ob eine Verletzung des Hausfriedens (Haus im weitern Sinne von Haus und Hof genommen vgl. zu § 214. Nr. 5.) vorliege. Von einer besondern „Gefährlichkeit" oder „Verwegenheit" ist dabei gänzlich abzusehen. Vgl. Komm.-B.

ster, Kellerlöcher oder andere nicht zum Eingang bestimmte, unter oder über der Erde befindliche Oeffnungen bewirkt wird.

[Entw § 205] Vgl. § 218 Nr. 2.

I. K. s 34; Bes. s 423; G. Matt. 2. s. 492 n. 1. *Contra:* Temme Gll. s. 283, welcher aber (Lehrb s 920) hiervon stillschweigend wieder abgeht.

3. Das Gesetz giebt genau an, was hier unter „Einsteigen“ verstanden werden soll; es wird dazu ein „Eintritt“, nicht also nothwendig ein Steigen erheischt, von welchem z. B. da keine Rede sein kann, wo der Eintritt durch eine in der Mauer befindliche nicht zum Eingang bestimmte Oeffnung genommen wird. *Contra:* Temme Gll. s. 283; id. Lehrb s. 921. Für letztere Ansicht ist auch die französische Doktrin, welcher da aber die abweichende Fassung des Art. 397. des C. pén. zur Seite steht. Vgl. Gilb. C. pén Art 397. n. 7.

4. Noch weniger ist erforderlich, daß zum Eintritte irgend ein Hülfsmittel, z. B. eine Leiter benutzt worden sei; auch das Einsteigen durch ein niedriges Fenster gehört hierher. Temme Gll. s. 283 Vgl. Gilb. C. pén. Art. 397. n. 9.

5 Nur der von aussen in ein Gebäude, oder einen umschlossenen Raum bewirkte Eintritt kann ein „Einsteigen“ darstellen, nicht das im Innern eines dem Diebe zugänglichen Gebäudes bewirkte Eindringen in eine verschlossene Abtheilung desselben B. 23 Apr 1852 c. Theel u. Gen. (JMBl. s. 239; Entsch. 22. s. 458); B. 27. Sept. 1852 c. Haupt; B. 27. Okt. 1852 c. Drabitius; B. 8. Nov. 1852 c. Volkmer; B. 12. Nov. 1852 c. Kennert u Gen.; Beschl. I. 18. Apr. 1855 c. Bugge; B. II. 3. Mai 1855 c. Röder; Beschl. I. 30. Jan. 1856 c. Thiel u Gen. — Insbesondere kann auch eine solche verschlossene Abtheilung im Innern eines Gebäudes nicht als ein „umschlossener Raum“ angesehen werden, weil dieser letztere Ausdruck einen Gegensatz gegen „Gebäude“ ausdrücken soll. B. I. 16. Jan 1853 c Niecziek u. Gen; Beschl. I 31. Jan. 1855 c. Lintow (G. Arch. 3 s. 262); Beschl. I. 30. Jan. 1856 c. Thiel u. Gen. *Sic:* G Matt 2 s 493 n 2; Temme Gll s. 283, id. Lehrb. s. 921. — Etwas Andres greift aber Platz, wenn der Dieb in eine abgesondert gelegene Scheune auf dem übrigens nicht umschlossenen Vorwerkshofe, also in ein ganz für sich bestehendes Gebäude einsteigt. Z. 29. Sept 1852 c Tunnas (G Arch 1. s. 94). Aehnlich Beschl. I. 12. Okt. 1855 c Staude (G. Arch. 3 s. 842), wo der Dieb aus einem Gebäude in ein anderes anstossendes in verschiedenen Umfassungsmauern liegendes eingedrungen war.

6. Ein Heransteigen von aussen bis an eine Oeffnung, und Verübung des Diebstahls vermittelst Durchgreifens durch letztere ist kein „Eintritt in ein Gebäude,“ also kein Einsteigen B 7. Apr 1852 c. Pohl (G. A. 1. s. 94). G. Matt. 2. s 494 n. 3. *Contra:* Temme Gll. s 283, welcher aber später (Lehrb. s. 921) diese Ansicht wieder aufgegeben hat Vgl. aber zu § 218 Nr. 2. n. 12, Gilb. C. pén. Art. 397. n. 5 — Dagegen liegt ein Einsteigen vor, wenn der Dieb auch nur mit einem Fusse in das Gebäude 2c eingetreten ist, den andern aber z. B. noch auf der Leiter hat, und in dieser Stellung stiehlt. G Matt. 2. s. 494 n. 3; Vgl Koch s. 1036 n. 95.

7. Noch weniger ist ein Einsteigen anzunehmen, wo blos ein Hinaufsteigen von aussen statt gefunden hat, um etwas von den äussern Bestandtheilen des Gebäudes, z B. das Blei der Dachrinnen zu stehlen Gilb. C. pén. Art. 397. n. 2.

8. Ueber die Bedeutung des Ausdrucks „umschlossener Raum“ vgl. § 221 und die Bemerkungen dazu n. 6 flg.

9. Unter „Einfriedigungen“ sind hier nur solche Anstalten zu verstehen, welche das „Einsteigen,“ d. h das mittelst Uebersteigens zu bewirkende Eindringen von Menschen zu verhindern bezwecken Beschl. I. 1. Apr. 1853 c. Blank (G. Arch. 1. s. 714); Beschl. I. 17. Juli 1854 c. Maciak (G. Arch. 2 s. 692). Es kann sich daher nur von solchen Hindernissen handeln, welche auch in der That im gewöhnlichen Leben als solche gelten, durch welche jener Zweck erreicht werden könne. Komm.-B. II K. s 34. *Sic:* Bes s 423. Daher genügt eine nur zur Bezeichnung der Gränze hingesetzte Einfriedigung nicht. Bes. l. c. Ob hiernach eine genügende Einfriedigung im Sinne des Gesetzes vorliege, ist Gegenstand thatsächlicher Beurtheilung im Spezialfalle, und ist es hiernach statthaft einen Zaun, wegen seiner geringen Höhe nicht für eine solche zu erachten; cit. Beschl. I. 1. Apr. 1853 und I. 17. Juli 1854, im

§. 223. Einbruch ist vorhanden:

1) wenn der Thäter mittelst Gewalt an den Einfriedigungen oder an Gegenständen oder Vorrichtungen, welche

---

letztern Falle ward auch noch besonders darauf gerücksichtigt, daß der betreffende mit einem drei Fuß hohen Zaune umgebene Garten gar keinen Zugang habe, so daß auch der Eigenthümer nur durch Uebersteigen hineingelangen könne. Koch (s 1035 n. 93.) erachtet es dagegen für gleichgültig, ob der Zaun hoch oder niedrig, ob er fest oder leicht zu beseitigen sei.

10. Dagegen ist es nicht erforderlich, daß eine solche Schutzwehr von der Art sei, daß sie dem Eindringenden ein schwer zu beseitigendes physisches Hinderniß bereite; es genügt, wenn aus der Art und Weise der Einrichtung der Zweck erkannt werden kann. Komm.-B. II. K. s. 120; Bes. s. 423; G. Matt. 2 s. 494 n. 5. Vgl. n. 16.

11. Ob hiernach ein Graben eine genügende Umschliessung darstelle, fällt der thatsächlichen Beurtheilung anheim. Komm.-B. II. K s. 120. Vgl. aber zu § 221 n. 7. — Einen zugefrorenen Bach betrachtete der französische Kassationshof nicht als Einschliessung vgl. Gilb. C. pén. Art. 397. n. 8.

12. Fenster sind selbst dann nicht als zum Eingange bestimmte Oeffnungen anzusehen, wenn sie auch von den Bewohnern des Hauses zeitweise des persönlichen Nothbehelfs wegen (z. B. weil der Thürschlüssel verloren gegangen war) zum Eingange benutzt werden. Z. 17 Sept. 1852 c. Schalthöfer.

13. Besteht eine Thüre aus zwei horizontal von einander geschiedenen Theilen, so ist, wenn der untere Theil verschlossen ist, der unverschlossene obere Theil keine zum Eintritt in das Haus bestimmte Oeffnung; das Uebersteigen derselben stellt daher ein Einsteigen dar. Z. I. 6. Jan. 1854 c. Jetschmann (G. Arch 2. s. 258)

14. Nur wenn die Oeffnung, durch welche der Eingang bewirkt worden, überhaupt nicht den Zweck hat, zum Eingange für Menschen zu dienen, kann ihre Benutzung als Einsteigen gelten; eine Thüre verliert aber diese ihr beiwohnende Bestimmung durch zeitweise Verschliessung nicht; daher trifft der § nicht zu, wenn der Eingang in der Weise bewirkt wird, daß die beiden Thorflügel durch Gegenstämmen so weit von einander gedrückt werden, daß ein Durchkriechen möglich wird. B. I. 12. Jan. 1855 c. Hartphiel u. Gen. (Entsch. 29. s. 418; G Arch. 3. s. 706); B. I. 15. Juni 1855 c. Ristow (G. Arch. 3. s. 705). Vgl. G Arch. 2. s. 123 und zu § 223. n. 4.

15. Ist aber eine Oeffnung wirklich nicht zum Eingange bestimmt, so ist ihre Benennung gleichgültig, sollte sie auch Thüre genannt worden sein. Z. I. 16. Dez. 1853 c Preugßeis (G Arch. 2. s. 124).

16 Ist der Eingang durch eine nicht dazu bestimmte Oeffnung bewirkt, so kommt es weiter nicht darauf an, ob der Dieb zu diesem Ende Hindernisse zu bewältigen gehabt hat. Z. I 1. März 1854 c Kosmella. Vgl n. 10.

17. Ebenso gleichgültig ist, ob diese Oeffnung ohne Zuthuen des Diebs durch Zufall, oder Nachlässigkeit des Besitzers entstanden ist. Vgl. G. Arch 2. s. 124.

18. Inwiefern das Einsteigen als ein Diebstahls-Versuch angesehen werden könne, vgl. zu § 31. n. 17. 11 flg. Es gehört die Beantwortung zur thatsächlichen Beurtheilung; jedenfalls irrt Temme (Lehrb. s. 922), wenn er glaubt, das noch nicht vollendete, sonach erst versuchte Einsteigen könne als Versuch eines Versuchs nicht strafbar sein, vielmehr kann unter Umständen auch das noch nicht vollendete Einsteigen als Anfang der Ausführung des Diebstahls selbst, und sonach als ein Versuch des letztern angesehen werden, da das Gesetz keineswegs sagt, daß erst das vollendete Einsteigen einen Versuch darstellen könne

§. 223.

1. Was zum § 222 n. 1 über den Begriff des „Einsteigens,“ und die Nothwendigkeit denselben in seine gesetzlichen Merkmale aufzulösen, gesagt ist, findet in gleicher Weise auf den Begriff des Einbruchs Anwendung Das dort cit. Z. I. 10. Juni 1853 c. Schmidt bezog sich gleichmässig auf Einsteigen und Einbruch.

das Eindringen verhindern, einen vorher nicht vorhanden gewesenen oder einen verschlossenen Eingang sich öffnet, oder eine schon vorhandene Oeffnung zum Eindringen erweitert, oder sonst eine Oeffnung macht, mittelst welcher er den Eingang zum Eindringen sich öffnet, oder auch ohne einzudringen, den Diebstahl vollbringen kann;

Zu Nr. 1.

2. Einbruch ist nur anzunehmen, wenn er geschah um Zugang zu der zu stehlenden Sache zu erlangen; er liegt also nicht vor, wenn nach vollbrachtem Diebstahle der Dieb die Gewalthandlungen vornimmt, um sich einen Ausgang zu verschaffen, oder wenn ein Abbrechen stattfand, nur um sich dadurch der abgebrochenen Gegenstände zum Zweck der Wegnahme zu bemächtigen. G. Matt 2. f. 495 n. 2; f. 496 n. 6 Nach französischem Rechte war jene Frage bestritten. Vgl. Gilb. C. pén. Art. 393. n. 8 9. 32. 15. 18—20.

3 Gewalt setzt eine erhöhte Kraftanstrengung voraus. Sie muß als thatsächliches Moment vom Richter der Thatsachen festgestellt werden. Z. (V.) I. 21. Sept. 1853 c. Neuendorff. Auch kann dieses nicht durch die Feststellung ersetzt werden, daß die Eröffnung „mittelst eines Instruments" geschehen sei. *Contra:* Z. (V.) 18. Okt. 1852 c. Kirchhof. Vgl. n. 6 — Das Maaß der erhöhten Kraftanstrengung ist übrigens mit Rücksicht auf den zu bewältigenden Gegenstand zu bemessen; das Zerbrechen einer Fensterscheibe schließt unzweifelhaft Gewalt in sich. So auch V. 5. Sept. 1851 c. Ritter.

4. Zur Anwendung von Gewalt ist die Benutzung eines Instruments nicht unerläßlich. Temme Lehrb f. 925; Koch f. 1036 n. 96.

5. Erforderlich ist, daß die Gewalt an den Einfriedigungen rc. verübt, und daß dadurch ein verschlossener Eingang geöffnet worden sei rc.; dagegen darf man bei dem Vorhandensein der gesetzlichen Begriffsbestimmung, über diese nicht hinausgehen, und nicht etwa aus dem Worte „Einbruch" schließen, daß es dazu nothwendig einer Verletzung der Einfriedigungen bedürfe; vielmehr ist der Richter der Thatfrage unbeschränkt, auch ohne eine solche die Voraussetzungen des §, und sonach einen Einbruch festzustellen; er kann daher unbedenklich auch in dem Ausheben eines verschlossenen Thorflügels, welches ohne alle Beschädigung erfolgte, das mittelst Gewalt an den Einfriedigungen bewirkte Eröffnen eines verschlossenen Eingangs erkennen So Beschl. Pl 5 Mai 1856 c. Lein u Gen. Dasselbe wird anzunehmen sein, wenn z. B. das Schloß durch Loslösung der Befestigungsnägel oder Schrauben ohne Beschädigung abgenommen, oder wenn eine Fensterscheibe durch Zurückbiegung der Blei-Einfassung herausgenommen oder wenn eine Thüre durch anhaltendes Rütteln geöffnet worden ist. Aehnlich erging Z. (V) I. 5. Jan. 1853 c. Zick u. Gen — Dagegen hatte das Ob.-Trib vor jener Plenar-Entscheidung mehrfach eine Verletzung der Einfriedigungen für erforderlich erachtet, und deshalb z. B. Einbruch da nicht angenommen, wo der Dieb die Flügel eines verschlossenen Scheunenthors durch Gegenstämmen, ohne Zerstörung so weit auseinander gedrückt hatte, daß ein Durchkriechen möglich wurde. V. I. 12. Jan. 1855 c. Hartphiel u. Gen. (Entsch 29. f. 418; G. A. 3. f. 706); V. I. 15 Juni 1855 c. Ristow (G. A. 3. f. 705); und ein Z. 4. Juni 1852 c. Vogel hielt in einem (nach § 1163 II, 20 des ALR. zu beurtheilenden Falle) das Auslösen einer Fensterscheibe aus der Bleieinfassung nicht für einen Einbruch; ebenso V. 27. Okt. 1852 c. Hermann die Eröffnung einer Thüre „durch einiges Rütteln." Vgl. G. Matt 2 f 495 n. 3; G. A. 2. f. 123, und oben zu § 122 n. 14.

6 Nach dem unter n. 4 aufgestellten Grundsatze kann der Richter der Thatsache auch in der Zerreissung eines Gazefensters, oder der Papierverklebung, welche den leeren Raum einer fehlenden Fensterscheibe verschließt, einen Einbruch erkennen, sobald er sie nur für eine das Eindringen verhindernde Vorrichtung er-

2) wenn der Thäter im Innern eines Gebäudes in vorstehender Weise Thüren, Wände, Eingänge oder Durchgänge, Schränke, Kisten oder andere Behältnisse eröffnet.

[Entw. § 206.] Vgl. § 218 Nr 2

---

achtet. *Contra:* grundsätzlich B. 5. Sept. 1851 c. Ritter; B. 22. März 1852 c. Rumpelt; Temme Gll. s. 284; id. Lehrb. s. 925.

7. Auch im Durchschneiden eines Stricks, durch welchen eine Eingangsthüre verschlossen war, kann ein Einbruch im Sinne des § gefunden werden. Vgl G Matt. 2. s 496 n. 3; Koch s. 1036 n. 96

8. Dasselbe gilt, wenn Jemand den Beschuß eines Kornbodens, auf welchem Getreide lagert, mit einem Bohrer durchbohrt und so eine Oeffnung macht, durch welche das Getreide durchsickert. Z. II. 15 Sept. 1853 c. Buddenbieck (G. A. 1. s 711) Aehnlich Z II. 14. Juli 1853 c. Welter, wo der Dieb in den Fußboden seiner Wohnung ein Loch gebrochen, und mittelst Durchgreifens durch dasselbe, aus dem unten befindlichen fremden Keller Gegenstände gestohlen hatte. In beiden Fällen ward die die Besitzthümer trennende Scheidung mit Gewalt theilweise zerstört

9 Ein Z. 8. März 1852 c. Polke erachtete eine blos zugekettete Thüre nicht für einen verschlossenen Eingang im Sinne dieses §, und Eröffnen derselben durch blosses Rütteln nicht für Einbruch; ähnlich B. 27 Okt. 1852 c. Herrmann. Die Frage ist indessen unzweifelhaft eine thatsächliche. Vgl. zu § 218 Nr. 3 n. 10

10. Daß der Dieb durch die gemachte Oeffnung selbst in die so geöffnete Räumlichkeit eingedrungen sei, oder dieses auch nur beabsichtigt hätte, ist nicht erforderlich; es genügt wenn der Diebstahl mittelst Durchgreifens oder dergl. beabsichtigt resp ausgeführt wurde B. I. 10 Okt. 1855 c. Taube (G A. 3. s. 843); Z. II. 28 Feb 1856 c. Gerst; Z. I. 12. März 1856 c. Fritz; Bes. s 420; G. Matt. 2. s. 495 n. 1; Temme Lehrb s. 925.

Zu Nr. 2.

11. Diese Nr. thut der umschlossenen Räume keine Erwähnung; die hier erwähnten Handlungen gelten daher nur dann als Einbruch, wenn sie im Innern eines Gebäudes, oder einer diesem gleichgestellten Räumlichkeit (§ 221.) geschehen sind; dazu ist ein umschlossener Raum nur dann zu rechnen, wenn er zu einem bewohnten oder demselben gleichgestellten Gebäude gehört. G. Matt. 2 s 496 n. 4; Temme Gll. s. 284.

12 Erbrechung eines an der Aussenseite eines Gebäudes angebrachten, mit dem Innern des letztern in keiner Verbindung stehenden Schaukastens ist kein Einbruch. Z. I. 8. Juli 1853 c. Perplies

13. Es ist kein Einbruch, wenn verschlossene Kisten, Behältnisse &c in diesem Zustande gestohlen, und erst später nach vollbrachtem Diebstahle gewaltsam eröffnet werden Beschl. I. 21. Dez 1855 c Flasch; Temme Gll s 284. In jenem Falle war der Diebstahl durch einen Gesellen in der Werkstätte seines Meisters zum Nachtheile eines Mitgesellen, die Erbrechung des Behältnisses aber auf dem Boden desselben Hauses in der Schlafstube des Diebs bewirkt worden Der Beschluß erklärte es für unerheblich, daß hier Werkstätte und Schlafstube sich im nämlichen Gebäude befanden.

14 Gleichgültig ist es, ob das Behältniß ein transportables ist, oder nicht Temme Gll s. 284.

15. Bei den Behältnissen macht es keinen Unterschied, ob sie nur zur Aufbewahrung von Sachen, oder zum Schutz gegen den Diebstahl dienen sollen; daher ist auch ein Faß als ein solches anzusehen und Einbruch liegt vor, wenn ein Weindiebstahl durch Anbohrung des Fasses ins Werk gesetzt worden ist. Z I. 7. Apr. 1854 c Thiele (G. A. 2. s. 555); Z. I. 16. Feb. 1855 c Schulze; Z I 7 Juni 1855 c. John.

16. Erbrechung eines mit Lehm zugeklebten Bienenkorbs mit einem Stemmeisen ist Einbruch, wenn sie in einem Gebäude statt fand. B I. 28. Okt. 1853 c. Milde (G. A. 2. s. 123).

§. 224. Unter falschen Schlüsseln werden verstanden: nachgemachte, veränderte oder solche Schlüssel, welche für das Schloß, bei welchem der Thäter sie anwendet, nicht bestimmt sind, sowie Dietriche, Haken und andere zum Oeffnen von Schlössern brauchbare Werkzeuge.

[Entw. § 207.] Vgl. § 218 Nr. 3; 348 Nr. 1.

---

17 Auch ein Nachtsack ist zu den Behältnissen zu zählen. Z. I. 23. Feb. 1853 c. Lewy.

18. Dasselbe gilt von Säcken, welche durch Aufschneiden geöffnet werden. G. Matt. 2. s. 495 n. 3.

19. In Betreff der Frage, ob Erbrechung eines verschlossen anvertrauten Behältnisses in der eignen Wohnung, und Aneignung der darin enthaltenen Gegenstände Diebstahl (mit Einbruch), oder Unterschlagung sei, vgl. zu § 215 n. 24.

20. Inwiefern ein Einbruch für sich allein den Thatbestand eines Diebstahlsversuchs darstelle, vgl. zu § 31 n. 18. in Verbindung mit n. 11 flg.; § 222. n. 18. Gilb. C. pén. Art 2 n. 7 flg.

§. 224.

1. Ein für alle Schlösser eines Hauses bestimmter Hauptschlüssel kann nicht als falscher Schlüssel angesehen werden, sollte er auch bei einem Schlosse angewendet sein, für welches er nicht zum gewöhnlichen Gebrauche bestimmt ist. Z. (V.) I. 21. Dez. 1853 c. Kudlicka (G. A 2. s 125); G. Matt. 2. s. 498 n. 2.

2. Der vorher entwendete rechte Schlüssel ist einem falschen nicht gleich zu achten, zumal da sich schwer ermessen läßt, wieviel Zeit zwischen der Wegnahme des Schlüssels und der Begehung des Diebstahls verflossen sein müsse, um anzunehmen, daß der Schlüssel vorher entwendet sei. Motive s. 62. Etwas Andres würde natürlich eintreten, wenn das Schloß nach der Entwendung des Schlüssels verändert worden wäre. G. Matt. 2. s. 498 n. 3. Vgl. übrigens n. 3.

3 4 Ist ein verlorner und vom Herrn der betreffenden Räumlichkeit durch einen andern ersetzter Schlüssel, als falscher anzusehen, wenn sich später ein Dieb desselben bedient hat? Ein Z I 28. Juni 1854 c. Knätsch (G. A. 2. s. 691) verneinte, weil der § einen Schlüssel voraussetze, welcher für das Schloß überhaupt nicht bestimmt worden sei. Dagegen nahm ein Z (V.) I. 19. Jan. 1855 c. Perchert (G. A. 3. s 263) das Gegentheil in einem Falle an, wo der Schlüssel von dem frühern Eigenthümer des betreffenden Hauses verloren und durch einen neuen ersetzt war, und wo der jetzige Hausbesitzer denselben nie besessen und benutzt hatte; hier ward erwogen: unter jenen Umständen habe der Schlüssel für den jetzigen Hausbesitzer, den Bestohlenen, aufgehört ein für das Schloß bestimmter zu sein — Der letztern Ansicht gebührt im Allgemeinen, und auch ohne die dort berücksichtigten besondern Umstände der Vorzug. Genügte die frühere einmalige Bestimmung des Schlüssels für das betreffende Schloß, so würde auch der vom ursprünglichen Anfertiger oder Verkäufer des Schlosses oder dem Vorbesitzer des Hauses ꝛc. zum Zweck des Diebstahls zurückbehaltene Duplikatschlüssel kein falscher sein. Es kommt alles darauf an, ob der Schlüssel der vom jeweiligen Herrn der Räumlichkeiten zur Zeit für das Schloß bestimmte ist, oder nicht, und das ist bei einem verlornen (oder gestohlenen) von dem Augenblicke an nicht mehr anzunehmen, wo derselbe durch einen neuen ersetzt worden ist; auch die unter n. 2 erwähnte Stelle aus den Motiven steht dieser Auffassung nicht entgegen, da der in den Motiven vorzugsweise hervorgehobene Grund (s. oben) dann wegfällt. — Auch nach französischem Rechte ist diese Frage bestritten. Vgl Gilb. C. pén. Art. 398 n. 4—8.

5 Als ein Haken, oder ein zum Oeffnen von Schlössern brauchbares Werkzeug ist unbedenklich auch ein Nagel zu betrachten, da jeder Gegenstand, der in geschickter Hand zur Eröffnung dienen kann, den Charakter des Werkzeugs annimmt. Hierfür spricht Z. (V.) I. 18. Okt. 1854 c. Zirbel, welches aus der Fest-

§. 225. Wer eine fremde bewegliche Sache, deren Besitz oder Gewahrsam er mit der Verpflichtung erlangt hat, sie

---

stellung: „daß ein verschlossenes Thürschloß mittelst eines Instruments geöffnet worden“ folgerte, daß dieses Instrument zum Oeffnen brauchbar gewesen, obgleich letzteres nicht ausdrücklich festgestellt war.

6. Dasselbe B I. 18. Okt. 1854 c. Zirbel (vgl. zu § 218 Nr. 3. n. 11) hielt eine Feststellung: der Diebstahl sei verübt „aus einer verschlossenen Stube mittelst Eröffnung derselben durch ein andres Instrument als den dazu gehörigen Schlüssel“ nicht für ausreichend, weil das Instrument nicht näher in Gemäßheit des § 224 bezeichnet sei.

§. 225.

Inhalt.

1. Ein B. I 9. März 1855 c. Schaffran (G. Arch. 3. s. 400) nahm an, daß es nicht genüge, wenn durch den Spruch der Geschwornen festgestellt sei, daß der Angeklagte sich „einer Unterschlagung“ schuldig gemacht habe, dieselben müßten auch darüber befragt werden, ob jener die Gegenstände zum Nachtheile des Eigenthümers veräussert rc. habe. Es wird hiernach also Auflösung des Begriffs in seine wesentlichen Merkmale verlangt. Von ähnlichen Grundsätzen ging B. II. 15. Juli 1854 c. Görwitz (Rh. Arch. 50. 2. A. s 10) aus. Dagegen erachtete ein Z I. 20. Sept. 1854 c. Viol (G. Arch. 2. s. 801) die Auflösung des Begriffs der einem Beamten zur Last gelegten „Unterschlagung“ nicht für nothwendig, weil er in Bezug auf Gelder, welche ein Beamter in amtlicher Eigenschaft empfangen und in Gewahrsam habe, ein allgemein verständlicher sei Zu bemerken ist, daß auch die beiden Erkenntnisse c. Schaffran und c Görwitz Fälle des § 324 betrafen.

2. Unter „fremden“ Sachen sind nicht blos solche zu verstehen, welche gesetzlich vindizirt werden konnen. B. I. 12 Sept. 1855 c Tempski; B. I 19. Dez. 1855 c. Schalla (G. A. 4. s. 255). Daher steht auch Art 2279 des Rh B G.B. der Anwendung des § 225 nicht im Wege. Vgl n. 3.

3. Eine Sache, welche Jemand mit der Verpflichtung der Erstattung in genere erhalten, geht als Spezies in sein Eigenthum über, ist also in seiner Hand keine fremde. Das gilt aber nicht ohne Weiteres von jeder empfangenen fungibeln Sache, z B. von unverschlossen übergebenen baaren Geldbeträgen; auch in Betreff ihrer kann vielmehr die Verpflichtung der Erstattung in specie sehr wohl bestehen, und es ist dann unzweifelhaft an ihnen auch eine Unterschlagung möglich B. I. 12. Sept. 1855 c. Tempski; B. I. 19. Dez. 1855 c. Schalla (G. Arch. 4. s. 255). Ob jene Verpflichtung bestehe, ist Gegenstand der thatsächlichen Beurtheilung des Einzelfalles, und wird es in dieser Beziehung bei allen Vertragsverhältnissen, wesentlich auf die ausgesprochene oder zu vermuthende Absicht der Kontrahenten ankommen. Wer einem bemittelten Freunde zur Besorgung eines ertheilten Auftrags einen geringen Geldbetrag unverschlossen einhändigt, denkt sicher nicht daran, daß dieser nothwendig dieselben Geldstücke abgesondert aufbewahren, und demnächst auftragsmässig verwenden solle, während unzweifelhaft das Gegentheil gilt, wenn Jemand einem Dienstboten oder bezahlten Boten zu einem ähnlichen Zwecke eine grössere Summe übergiebt. Verbraucht daher der letztere die erhaltenen Geldstücke, so hat er unzweifelhaft fremde Sachen bei Seite geschafft, und er hat sich der Unterschlagung schuldig gemacht, sobald er dabei mit dem vom Gesetz geforderten Dolus (vgl. n. 37)

zu verwahren, zu verwalten, zurückzugeben oder abzuliefern, zum Nachtheile des Eigenthümers, Besitzers oder Inhabers ver=

handelte. *Sic:* Z. I. 2. März 1853 c Engel; V. II. 31. Jan. 1856 c Berends. Vgl. n. 16. a. E. Gegen diese Auffassung kann nicht geltend gemacht werden, daß der von der Beamten-Unterschlagung handelnde § 325 ausdrücklich auch „Gelder" neben den andern Sachen als Gegenstand der Unterschlagung nennt, indem daraus keineswegs folgt, daß im § 224 unter dem allgemeinen Ausdrucke „Sache" Gelder nicht mit zu verstehen seien; das Nähere vgl. zu § 324 n. 9. — Eine andre Ansicht findet sich in G. A 3. s. 134 ausgesprochen.

4 Ein Miterbe, oder Miteigenthümer kann an den in seinem Besitze befindlichen Gemeinschafts-Sachen in Betreff des Antheils der übrigen eine Unterschlagung begehen. V. Z. 2. Juli 1852 c. Joseph u. Gen.; Z. II. 26 Jan. 1854 c. Maternus; V. II. 16 Feb. 1854 c. Klein u. Gen. (Entsch. 27. s. 408; G. Arch. 2. s. 561). Im letztern Falle ward die Bei-Seite-Schaffung in der Nichtaufnahme eines Gegenstands in das über die Gemeinschafts-Masse aufgenommene Inventar gefunden. Dasselbe nahm Z 2 Juli 1852 c Joseph u. Gen. auch in einem Falle an, wo sich die Sache im gemeinschaftlichen Besitze der mehreren Miterben befunden hatte. Vgl. Gilb. C. pén. Art.. 408 n. 78. 79. verbunden mit n. 68.

5. Die Sache muß beweglich sein. Temme Lehrb. s. 949. Es ist jedoch das oben zu § 215 n 9—11 Bemerkte hier analog anzuwenden; insbesondre sind hierher auch solche Sachen zu rechnen, welche als Pertinenzstücke, oder als mobil zu machende Theile einer unbeweglichen Hauptsache durch Besitzergreifung der letztern in den Besitz des Gebrauchenden mit der Verpflichtung gekommen sind, sie mit der Hauptsache zurückzugeben (z. B. die zur Bedielung in einem vermietheten Hause dienenden Bretter); daß diese Sachen dem Betreffenden speziell übergeben worden seien, ist nicht erforderlich. V. II 3. Nov. 1855 c Spiller. (G Arch 3. s. 844)

6. Wegen des Erfordernisses der Beweglichkeit der Sache können noch nicht gefällte Bäume, welche also noch Theile des Grundstücks sind, nicht Gegenstand einer Unterschlagung sein; als solche ist es sonach nicht anzusehen, wenn der Grundeigenthümer die bereits einmal verkauften Bäume in seinem Walde, bevor sie gefällt wurden, nochmals an einen Andern verkauft. Beschl. I. 18. Jan. 1854 c. Schiemang (G. Arch 2 s. 257), vgl. unten n. 24. und zu § 215. n. 12.

7 Daß die Sache einen nach Geld abzuschätzenden Werth haben müsse, kann auch hier nicht verlangt werden; vgl zu § 215 n. 3. Es kann daher die Verbringung eines zur Besorgung anvertrauten Briefs unter den geeigneten Voraussetzungen eine Unterschlagung darstellen. Vgl. Gilb. C. pén. Art. 408. n. 53.

8. Auch Schulddokumente, und andre schriftliche Beweismittel können unterschlagen werden. V. I. 19. Dez 1855 c. Schmidt (G. A. 4. s 256). Vgl. zu § 215. n 4. Das gilt z B. von einem Pfandscheine; vgl. zu § 226. n. 15; ein V. I. 14 März 1856 c. Fickewirth nahm auch an, daß in der Veräusserung eines anvertrauten Pfandscheins die Unterschlagung der verpfändeten Sache selbst gefunden werden könne.

9 Dagegen kann eine blosse Idee nicht Gegenstand des Vergehens sein; sie kann nicht zurückgegeben ꝛc. werden. Es ist daher keine Unterschlagung, wenn Jemand ein anvertrautes Geheimniß (z. B. eine gemachte Erfindung betreffend) weiter verbreitet, oder sonst mißbraucht. Gilb. C pén. Art. 408. n. 64.

10. Besitz oder Gewahrsam müssen auf eine nicht rechtswidrige Art, also nicht durch Diebstahl, Betrug, Erpressung ꝛc. erlangt sein. Temme Lehrb. s. 949.

11. Nicht aber wird nothwendig vorausgesetzt, daß der Besitz in Folge eines besondern Vertrauens, und eines mit dem Eigenthümer ꝛc abgeschlossenen Rechtsgeschäfts erlangt worden sei; der § trifft auch da zu, wo die Verpflichtung lediglich auf gesetzlicher Vorschrift beruht; (z. B. wenn es sich von Vieh handelt, welches auf Grund des § 4. der Feld-Pol.-Ordn v. 1. Nov. 1847 gepfändet worden). Z I. 14. Sept. 1855 c. Jastock; G Matt. 2. s. 500 n. 2. *Contra* mit Unrecht: Bes. s. 430

12. Ebensowenig wird erfordert, daß der Besitz durch eine heimliche dem Eigenthümer unbekannte Handlung erworben worden sei. Z. II. 15. Dez 1853 c. Rieseberg.

äußert, verpfändet, verbraucht oder bei Seite schafft, macht sich einer Unterschlagung schuldig.

[Entw § 208] Vgl. § 226—229. 324. 325. 237. 241

13 Es ist nicht erforderlich, daß die Verpflichtung der Rückgabe ꝛc gleichzeitig mit der Erlangung des Besitzes ꝛc entstanden sei; die Strafbestimmung hat auch den Fall im Auge, wo jene durch ein späteres Ereigniß begründet worden ist; z. B wenn ein Wechsel-Inhaber nach erlangter Bezahlung den augenblicklich in seinen Händen verbliebenen Wechsel, nicht seiner Verpflichtung gemäß dem Zahlenden aushändigt, sondern weiter girirt. Gilb. C. pén. Art. 408. n 40. Vgl einen andern Fall zu § 226. n. 12.

14. Auch der Fall gehört hierher, wo eine Sache zur Verarbeitung und demnächstiger Rückgabe in veränderter Gestalt hingegeben worden ist. Der Arbeiter erlangt durch die Verarbeitung nicht etwa Eigenthumsrechte an der Sache, weil die Grundsätze von der Spezifikation nur auf die ausserhalb eines Vertrags stattfindende Verarbeitung fremder Materialien Anwendung finden; [wer im fremden Auftrage verarbeitet, könnte höchstens für den Auftraggeber, nicht für sich spezifiziren]. Ein Müller erlangt daher durch die ihm in Auftrag gegebene Vermahlung fremden Korns nicht das Eigenthum des gewonnenen Mehls, und kann daran sehr wohl eine Unterschlagung begehen Z II. 25. Okt. 1855 c. Däumichen Vgl. Komm.-B. I. K. f 35; Gilb. C. pén. Art. 408. n. 30. 82

15. Sachen, welche eine Gefangnißverwaltung einem Gefangenen zum Gebrauche in der Anstalt, ein Gastwirth einem bei ihm eingekehrten Gaste zum Gebrauche im Zimmer des Gasthauses unter Händen läßt, verbleiben in der Gewahrsam der Verwaltung ꝛc., und gehen nicht in die des Gefangenen ꝛc. über; Wegnahme derselben durch den Gefangenen oder Gast ist daher Diebstahl, und nicht Unterschlagung. Vgl. zu § 215 n. 19.

16. Dasselbe gilt von Dienstboten und Arbeitern in Betreff der ihnen zu einer Verrichtung in den Räumlichkeiten des Herrn oder Arbeitgebers hergegebenen Gegenstände; vgl. zu § 215. n. 19. cit. — Dagegen ist es Unterschlagung, wenn der Dienstbote eine ihm zu einer andern Verrichtung, insbesondere zur Ablieferung an einen Dritten, vom Herrn anvertraute Sache bei Seite schafft ꝛc., z B wenn er, beauftragt für den Herrn gegen Baarzahlung etwas zu kaufen, das eingehändigte Geld verzehrt, und etwa die Sache beim Kaufmann für den Herrn auf Rechnung entnimmt Z. I. 2. März 1853 c. Engel Vgl. n 18.

17 Ein Gleiches nahm Z. I. 2. März 1853 c. Gawellek (G. Arch 1 710) von einem Ackerknechte in Betreff der Garben an, welche er vom Felde seines Dienstherrn einzufahren hatte; die Beiseiteschaffung eines Theils derselben sei Unterschlagung, weil er an den Garben Gewahrsam gehabt, und es hierbei gleichgültig sei, ob und inwiefern derjenige, dem Sachen unterschlagen werden, sich selbst in deren Besitz oder Gewahrsam befinde Es dürfte indessen dieser Fall schwerlich anders zu beurtheilen sein, als derjenige, wo der Dienstbote Gegenstände des Herrn zu häuslichen Verrichtungen in den Räumen des letztern erhalten hatte; auch hier gehörte das Feld dem Dienstherrn, und das im Auftrage desselben bewirkte Nachhausefahren war schwerlich geeignet die Gewahrsam auf den Knecht zu übertragen.

18. Die Vorschrift ist keineswegs auf den Fall beschränkt, wo die Rückgabe der empfangenen Sache an denjenigen, von welchem man sie erhalten, erfolgen soll; es genügt, wenn dieselbe an eine dritte Person abzuliefern war, z. B. wenn Jemand Geld empfängt um dafür Waaren zu kaufen. B. I. 20. Feb. 1856 c. Ochmann; Vgl. n. 16.

19. Gleichgültig ist es auch, ob die Verpflichtung auf unmittelbare Ablieferung der Sache an einen Dritten, oder auf Aufbewahrung derselben gerichtet war, ob also ein Mandats- oder ein Depositumsverhältniß vorlag. Z. Kass.-Hof 22. Juni 1852 c. Birkhäuser.

20 Nach der Natur des Auftraggeschäfts muß ein Bevollmächtigter, dem ein Verkauf und die Ablieferung des Kaufgeldes an den Machtgeber übertragen ist, diesem seinem Machtgeber gegenüber die für denselben eingezogenen Gelder

als eine ihm selbst fremde bewegliche Sache, deren Besitz oder Gewahrsam er mit der Verpflichtung der Ablieferung erlangt hat, betrachten; Beiseiteschaffung dieser Gelder ist daher Unterschlagung. B. I. 13. Apr. 1853 c. Töpfer. Aehnlich B. 3. Nov. 1852 c. Fröhndrich, welches näher ausführt, daß, wenn auch der Bevollmächtigte bei Vollziehung des ihm aufgetragenen Geschäfts (z. B. Versilberung eines mit Blankogiro versehenen Wechsels) dem Dritten gegenüber in eignem Namen handelte und handeln durfte, doch das aus dem Verkaufe gelöste Geld nach ALR. I, 13. § 62. nicht sein sondern des Auftraggebers Eigenthum wurde; dabei ward zugleich bemerkt, daß der mittelst Plenarbeschlusses des Ober-Tribunals vom 2. Okt. 1848 (Entsch. 17. s. 19) ausgesprochene Rechtssatz, nach welchem: »der Machtgeber, dessen Bevollmächtigter auf Grund des erhaltenen Auftrags eine Sache von einem Dritten in eignem Namen erkauft habe, durch die in Folge eines solchen Vertrags an den Bevollmächtigten geschehene Uebergabe nicht sofort das Eigenthum derselben erwerbe, sondern nur das persönliche Recht erlange, von dem Bevollmächtigten die Uebertragung des Eigenthums zu fordern« — auf den vorliegenden Fall, wo umgekehrt der Bevollmächtigte für einen veräusserten Wechsel Geld empfangen habe, nicht bezogen werden könne. Aehnlich sprach sich aus: Z. 1. Dez. 1852 c. Altmann, welches in einem ganz gleichliegenden Falle noch erwägt, daß es auch gleichgültig sei, ob durch das Blankogiro, welches dem zur Versilberung übergebenen Wechsel hinzugefügt worden, das Eigenthum des letztern auf den Bevollmächtigten übergegangen sei, da es für die Frage, wer Eigenthümer des gelösten Geldes geworden, nur auf das zwischen Auftraggeber und Bevollmächtigten obwaltende Vertragsverhältniß ankomme. Im gleichen Sinne ergingen: Z. 12. Mai 1852 c. Herrlein; B. I 4. März 1853 c Friedländer; Z. II. 27. Okt. 1853 c. Rückhardt. *Contra:* B. 26. Mai 1852 c. Mannig in einem nach Tit. 20. Thl. II des ALR. zu beurtheilenden Falle. Vgl. n. 21.

21. Das unter n. 20. Gesagte gilt auch von allen **andern Fällen**, wo Jemand im Auftrage eines Dritten und für diesen eine Sache (und wäre es auch eine fungible) erwirbt; das Eigenthum wird dann sofort für den Auftraggeber erlangt. Immer aber ist hierbei auf das oben n. 3. Ausgeführte zu rücksichtigen, indem unzweifelhaft vertragsmässig das Gegentheil ausbedungen werden kann.

22. Nach den vorstehend entwickelten Grundsätzen ist auch der Fall zu beurtheilen, wo ein **Kommissionär** die für einen Andern erhobenen Gelder, oder angekauften Waaren zum Nachtheile des Eigenthümers ꝛc. bei Seite schafft. Auch hier wird es auf die Umstände jedes Einzelfalles ankommen, und zu untersuchen sein, ob Ablieferung in genere oder in specie von den Parteien gewollt gewesen. Der Ausführung des Kammergerichts im Erk. v. 12. Nov 1853 (G. Arch. 3. s. 134) ist hiernach nur insoweit beizupflichten, als dort eben nur der Einzelfall beurtheilt ward; man darf aber keineswegs daraus folgern, als wenn nicht auch beim Kommissionsgeschäfte Ablieferung der vom Kommissionär eingezogenen Gelder in specie, sei es ausdrücklich, sei es stillschweigend, vereinbart, und als wenn dann nicht auch durch ihn an diesen Geldern eine Unterschlagung verübt werden könne. Das erkannte denn auch das in jener Sache ergangene Z. I. 31. März 1854 c. Olbekop und Schröder dadurch an, daß es als durchgreifenden Entscheidungsgrund die thatsächliche Feststellung des Kammergerichts, »nach welcher die Zahlung nicht in den von den Käufern bezogenen Valuten zu erfolgen hatte«, in Betracht zog. — Handelt es sich umgekehrt von Waaren, welche der Kommissionär für den Kommittenten gekauft, so wird in der Regel der sofortige Eigenthumserwerb des letztern und die Möglichkeit für den erstern, an diesen Waaren eine Unterschlagung zu begehen, kaum einem Zweifel unterliegen, sollte derselbe auch seinerseits das credere übernommen haben.

23. »Die Handlung desjenigen, der in rechtswidriger Absicht aus einem **ver»schlossenen Behältnisse**, welches ihm mit der Verpflichtung, dasselbe zu ver»wahren, zurückzugeben oder abzuliefern, **anvertraut** worden war, fremde beweg»liche Sachen sich aneignet, beziehungsweise solche veräussert, verpfändet, verbraucht »oder bei Seite schafft, ist, selbst wenn die Anvertrauung des verschlossenen Be»hältnisses ohne besondre Uebergabe der darin befindlichen einzelnen Sachen erfolgt »war, Unterschlagung, nicht Diebstahl«. Z. Pl. 12. Dez. 1853 c. Benkert (Präj. n. 68;

JMBl. 1854 S. 90; Entsch. 26. S. 411, G. Arch. 2. S. 122 und 213). Vgl das Nähere zu § 215 n. 25.

24. Ein Grundeigenthümer, welcher die auf dem Stamme stehenden Bäume verkauft, überkommt dadurch noch nicht die Verpflichtung zur Verwahrung, Verwaltung oder Ablieferung und begeht deshalb durch einen nochmaligen Verkauf an einen Dritten keine Unterschlagung. Beschl. I. 18. Jan. 1854 c. Schiemang (G. Arch. 2. S. 257; vgl. oben n. 6. und zu § 215. n. 12).

25. Zehnten haben die Natur öffentlicher Abgaben; Einfahren des zehntpflichtigen Gegenstandes ohne vorgängige Verzehntung ist eine Zuwiderhandlung gegen diese Verpflichtung, nicht aber Unterschlagung, da der Zehntberechtigte nicht als Miteigenthümer der vom Boden getrennten Sachen anzusehen ist. Z. II. 26. Jan. 1854 c. Maternus. (Es handelte sich von einem zehntpflichtigen Steinbruche);

26. Goltdammer (Matt. 2. S. 501 n. 3.) nimmt an: Die Ausdrücke „veräussert, verpfändet, verbraucht, oder bei Seite schafft“ seien nicht etwa beispielsweise, sondern limitatif gebraucht; Ausdehnung auf andre ähnliche Handlungen sei unstatthaft. *Contra:* Temme Lehrb. S. 950, welcher auch andre die Behandlung der Sache als einer eignen enthaltende Verfügungen über dieselbe hierher rechnen will.

27. Jedenfalls muß die betreffende Handlung eine solche sein, welche dahin gerichtet ist, die Sache ihrem Eigenthümer zu entziehen. Temme (Gll. S. 285) meint offenbar dasselbe, wenn er ein „Verbrauchen“ erheischt. — Die unbefugte Benutzung der fremden Sache, deren Gewahrsam man hat, ist keine Unterschlagung. Die bei Gilb. C. pén. Art. 408. n. 50. citirten Entscheidungen, welche abus de confiance in einem Falle annahmen, wo ein Lithograph von einer ihm zu einem bestimmten Zwecke anvertrauten Platte, unbefugter Weise für dritte Personen Abdrücke nahm — würden hiernach unter Zugrundelegung des StGB. nicht zu rechtfertigen sein.

28. Eine Verpfändung ist, selbst wenn sie mit der Absicht späterer Wiedereinlösung und Rückgabe stattfindet, immer eine Verfügung über die Substanz, und nicht etwa blos ein unbefugter Gebrauch; sie ist daher auch dann strafbar, wenn später Wiedereinlösung und Rückgabe wirklich erfolgen. Vgl. ALR. I, 20. § 89. Das Alles fällt natürlich weg, wenn der Eigenthümer in die weitere Verpfändung gewilligt hat. Vgl. ALR. I, 20 § 127. flgg. G. Matt. 2. S. 501.

29. Verwendung zum eignen Nutzen stellt ein „Verbrauchen“ dar. Z. I. 21. Jan 1853 c. Leifer.

30. Das blosse Ableugnen wider besseres Wissen stellt an und für sich, und vom Spezialfalle des § 226 abgesehen, den Thatbestand der Unterschlagung nicht dar; vgl. Komm.-B. I. K. S. 225; G. Matt. 2. S. 502; Koch S. 1038 n. 3. Dagegen kann unbedenklich aus einem solchen Ableugnen auf ein bereits stattgehabtes Bei-Seite-Schaffen geschlossen werden; inwiefern dieses anzunehmen sei, gehört zur thatsächlichen Beurtheilung des Einzelfalls und der dabei obwaltenden Umstände. Vgl. zu § 226. n. 19. und zu § 243. n. 23.

31. Begriff des „Bei-Seite-Schaffens“ vgl zu § 226. n. 14.

32. Die Worte „zum Nachtheile“ bezeichnen jede Beeinträchtigung der Rechte eines Andern. Auch der Eintritt der Gefahr einer dereinstigen Beschädigung kann einen solchen „Nachtheil“ darstellen. Z. I. 21. Jan. 1853 c. Leifer. Vgl. Abh. in G Arch. 3. S. 536.

33. Es ist keineswegs erforderlich, daß der Nachtheil in einer dauernden Beschädigung, also in der gänzlich unterbleibenden Erstattung bestehen müsse; auch die Entziehung der augenblicklichen Verfügung schließt einen solchen Nachtheil in sich; daher ist die Verwendung von Kassengeldern zum eignen Nutzen des Kassenbeamten unzweifelhaft, als „zum Nachtheile“ der Kasse, oder ihres Eigenthümers geschehen, anzusehen, sollte auch die vom Beamten gestellte Kaution vollständig ausreichen, jeden bleibenden Schaden abzuwenden. Z. I. 21. Jan. 1853 c. Leifer; Z. II. 18. Jan. 1855 c. Rohden; (JMBl. S. 102; G. Arch. 3. S. 264); Z. I. 12. Sept. 1855 c. Bönisch.

34. Hiernach schließt die Möglichkeit der Erstattung des angerichteten Schadens aus dem Vermögen des Unterschlagenden die Benachtheiligung nie aus

Z. II. 25. Okt. 1855 c. Däumichen. — Dasselbe gilt auch dann, wenn etwa der Unterschlagende Maßregeln getroffen haben möchte, welche eine künftig erst zu realisirende Sicherstellung des Benachtheiligten darstellen sollen, z B. wenn ein Beamter in die Kasse, statt des entnommenen Geldes, eine antezipirte Quittung über künftig zu erhebendes Gehalt legt.

35. Ebenso kann die später wirklich erfolgende Erstattung die früher vollständig begangene Unterschlagung nicht straflos machen. Z. I. 21. Jan. 1853 c. Leiser. Den französischen Entscheidungen, welche das Gegentheil, und überhaupt erst dann Unterschlagung annahmen, wenn fruchtlos zur Erstattung aufgefordert worden ist (Gilb. C. pén. Art. 408. n 4. flg.), ist in keiner Weise beizupflichten.

36 Immer aber ist es erforderlich, daß der Instanzrichter thatsächlich feststelle, daß die Handlung „zum Nachtheile" des Eigenthümers &c. geschehen sei; das gilt namentlich auch bei der Verpfändung einer fremden Sache. V. I. 10. Feb. 1854 c Elvers (G. Arch. 2. f. 555). — Hiernach genügt es nicht, festzustellen: der Angeklagte habe zur Kasse einzuzahlende Gelder erhoben, zur Kasse nicht abgeliefert, sondern zu seinem Nutzen verwendet (V. I. 31. Jan. 1855 c. Schalla, G A. 4. f. 255) und es würde einen Rechtsirrthum in sich schliessen, wenn der Instanzrichter blos aus dieser Verwendung zum eignen Nutzen den Schluß zöge, es sei damit auch nothwendig die Benachtheiligung eingetreten V. II. 15. Juli 1854 c Görwitz. (Rh Arch. 50. 2 A. f. 10)

37. Als Dolus wird „zum Thatbestande der Unterschlagung neben der „Wissentlichkeit der Schadenszufügung nicht noch die besondere Beabsichtigung der-„selben erfordert; jene den Vorsatz der Handlungsweise überhaupt, und das Be-„wußtsein der Schadenszufügung als Wirkung davon enthaltende Wissentlichkeit ist „dazu vielmehr genügend". Z. II. 14. Juli 1853 c. Steinbecker. (Präj. n. 52; Entsch. 26 f. 152; G. Arch. 2. f. 126). Es wird daher der Nachweis eines besondern auf Beschädigung gerichteten Dolus nicht erfordert; Z. I. 17. Juli 1854 c. Malcike; ähnlich V. I. 21 Juni 1854 c. Elliot (G. Arch. 2. f 692); ebensowenig: daß die Benachtheiligung des Eigenthümers die direkte Absicht des Unterschlagenden gewesen sei; der strafrechtliche Dolus bei der Unterschlagung ist zunächst auf Erlangung eines unrechtmäßigen Gewinnes oder Vortheils gerichtet gedacht, jenes Erforderniß des „zum Nachtheil &c." kann daher nur dergestalt aufgefaßt werden, daß der Thäter bei der Unterschlagung mit dem Bewußtsein, und auf die Gefahr hin handle, daß dadurch der Eigenthümer benachtheiligt werden könne. Z. II. 18. Jan 1855 c Rohden (JMBl. f. 102; G A. 3. f. 264); V. II. 19. Mai 1855 c. Limberg. Vgl. Komm.-B. I. K. f. 35; Bef. f. 430; G. Matt 2. f. 502 n 4. Dieser Dolus kann sonach unbedenklich auch neben der guten Absicht der Wiedererstattung obwalten Z. I. 21. Jan 1853 c. Leiser. Z I. 12. Sept. 1855 c. Bönisch. Vgl zu § 226. n. 21. — Nach diesen Grundsätzen sind die häufig vorkommenden Fälle zu beurtheilen, wo ein Beamter amtlich in Empfang genommene Gelder für sich verbraucht; daß ihm dieses an und für sich nicht gestattet sei, ist bereits oben unter n 3 bemerkt; gleichwohl liegt im Falle einer Zuwiderhandlung nicht nothwendig eine Unterschlagung vor, wenn der Beamte vollständig in der Lage, und sich bewußt war, daß er jeden Augenblick sofort die beabsichtigte Erstattung leisten könne, vorausgesetzt, daß er dabei der Ueberzeugung lebte, daß für den Eigenthümer des Geldes auch nicht einmal die Gefahr eines Verlustes oder auch nur einer zeitweisen Entbehrung obwalte Dann, aber auch nur dann, würde es an dem erforderlichen, oben erwähnten Dolus fehlen. In diesem Sinne ist ein V. II. 22. Dez. 1853 c Heidelberger aufzufassen. Der eben erwähnten Ueberzeugung des Beamten steht dagegen selbstredend die nicht gleich, daß die Verausgabung und sonach die zeitweilige Entziehung der Gelder im Endresultate zu einer Benachtheiligung der Kasse &c nicht führen werde, weil ihm Mittel zur Herbeiführung einer dereinstigen Erstattung zu Gebote ständen. Z I. 17. Nov. 1854 c. Biernath (G. A. 3. f. 142). Vgl. n. 33. und zu § 324 n. 14.

38. Der Instanzrichter muß das Vorhandensein des erforderlichen Dolus insbesondere dann feststellen, wenn der Angeklagte sowohl die Absicht einer Schadenszufügung, als auch den wirklichen Erfolg eines Schadens bestritten hat. V. II. 15. Juli 1854 c. Görwitz (Rh. Arch. 50. 2. A. f. 10). Dagegen erklärte ein Z. I.

§. 226. Einer Unterschlagung wird es gleich geachtet, wenn derjenige, welcher eine fremde bewegliche Sache gefunden

17. Nov. 1854 c. Biernath (G. Arch. 3 f 142) es für überflüssig die Geschwornen darüber zu befragen, ob die zum Begriffe der Unterschlagung erforderliche Willensrichtung (Bewußtsein) beim Angeklagten obgewaltet habe, obgleich die Vertheidigung die Stellung einer solchen Frage beantragt hatte.

39. Die von einem Individuum zum Nachtheile derselben Person zu verschiedenen Zeiten wiederholten Unterschlagungen bilden ebenso viele selbstständige Vergehen, sollte auch die Besitzerlangung des Angeklagten in Betreff aller unterschlagenen Gegenstände auf demselben dauernden Verhältnisse beruhen, z. B. die wiederholten Unterschlagungen, welche ein Dienstbote zum Nachtheile seines Herrn vornimmt. Vgl. Gilb. C. pén. Art. 408. n. 117.

40. Liegt reale oder ideale Konkurrenz vor, wenn Jemand zur Verdeckung einer Unterschlagung eine Urkundenfälschung begeht? vgl. zu § 247. n. 12

41. Die französische Rechtsprechung und Rechtslehre haben durchweg an dem Grundsatze festgehalten, daß da, wo der Thatbestand eines Vergehens rc. die Existenz eines vertragsmässigen Verhältnisses voraussetzt, oder in sich schließt, der erforderliche Beweis des letztern auch im Strafverfahren nur in derjenigen Weise statthaft sei, wie er vor dem Civilrichter geführt werden könnte; daß also z. B. der Zeugenbeweis über dieses civilrechtliche Verhältniß auch von dem Strafrichter nur da zugelassen werden dürfe, wo er auch vor dem Civilrichter statthaft wäre. Vgl. Gilb. C. pén. Art. 408. n. 93. flgg. 98. flgg. — Die Rheinischen Gerichte haben diesen Grundsatz aber mit Recht nie anerkannt, und die Zulässigkeit der Beweismittel überall nur nach den für das Strafverfahren geltenden allgemeinen Regeln beurtheilt, sonach stets den Zeugenbeweis unbeschränkt zugelassen. Vgl. über diese Frage zum § 125. n. 20. und § 157.

42. Die Verjährung des Vergehens der Unterschlagung beginnt erst mit der Vollendung desselben, d. h. also mit dem wirklichen Verbrauchen rc., nicht aber mit dem Augenblicke, wo der Thäter den Besitz der Sachen erlangt hatte. Vgl Gilb. C. pén. Art. 408. n. 116.

§. 226.

Inhalt:

1 Die hier behandelten Fälle (der s. g. „Fundbiebstahl") werden der Unterschlagung gleich geachtet; wenn gleich sie daher an und für sich einen andern Thatbestand voraussetzen, so begründen sie doch für eine spätere Unterschlagung den Rückfall im Sinne des § 58. *Contra:* G. Matt. 2. f. 500 n. 1.

2. Ueber den Begriff einer fremden Sache vgl. zu § 215. n. 7. u. 8. Vorausgesetzt wird also das Eigenthum eines Andern; an herrenlosen und dereliquirten Sachen ist ein Fundbiebstahl nicht denkbar. B. 7. Apr. 1852 c Zibulski u. Gen (Entsch. 22. f. 464). Ob eine Sache eine dereliquirte sei, oder für eine solche vom Finder erachtet werden konnte, ist Gegenstand der thatsächlichen Beurtheilung. G. Matt. 2. f 507; vgl. unten n. 11.

3. Ein Schatz ist eine fremde Sache im Sinne des §, da, wenn auch der Eigenthümer desselben noch nicht ermittelt worden, doch der Eigenthümer des Orts der Auffindung sich in der Gewahrsam desselben befand (ALR. I, 7. § 1.), also Inhaber war, dessen Benachtheiligung zum Begriffe des § genugt. Z. I. 14. Feb. 1855 c. Behrendt u. Gen (Präj. n. 137; Entsch 29 f. 473; 30. f. 359; G. Arch. 3. f. 707). Vgl. G. Matt. 2. f. 508 n. 3.

4. Die Vorschrift des ALR. I 9. §. 103. die Nichtanzeige eines auf dem eignen Grund und Boden gefundenen Schatzes betreffend, ist nicht aufgehoben. Wenzel f 66

5. Bernstein gehört nach ALR. I. 9. § 106. und I, 16. § 72. dem Eigenthümer des Grundes und Bodens, in welchem er verborgen liegt; dieser hat daher ein aus-

oder durch Zufall in seine Gewahrsam bekommen hat, dieselbe zum Nachtheile des Eigenthümers, Besitzers oder Inhabers veräußert, verpfändet, verbraucht oder bei Seite schafft, oder die

---

schließliches Recht zur Besitzergreifung des in seinem Boden aufgefundenen Bernsteins, und ein Dritter, welcher ohne sein Vorwissen und seine Ermächtigung gefundenen Bernstein in Besitz nimmt, und darüber verfügt, macht sich einer Unterschlagung schuldig. V. 7. Apr. 1852 c. Zibulski u. Gen. (Entsch. 22. s. 464); Z. 16. Apr. 1852 c. Uteß. Dasselbe gilt in Ost-Preußen, wo der Bernstein (nach Zus. 228. des Ostpreußischen Provinzialrechts), er mag gefunden sein, wo er will, Eigenthum des Staats ist, insbesondere ist die Strafbestimmung des § 9. des cit. Zus 228. durch § 226. des StGB. beseitigt und ersetzt. Z. I. 16. Feb. 1852 c. Pickarreck (JMBl. s. 447); V. I. 28. Sept. 1853 c. Grunwald. In Westpreußen ist dagegen nur der am Meeresstrande gefundene Bernstein Regal. West-Pr. Prov.-R. § 73. 74. V. 7. Apr. 1852 c. Zibulski u Gen (Entsch. 22. s. 464) Vgl. zu Einf. Ges. Art II. n. 30.

6. 7. Ein Fund im Sinne dieses § wird durch ein zufälliges Entdecken und Ergreifen solcher Sachen gemacht, die entweder ihrem Eigenthümer dergestalt entkommen sind, daß er nicht weiß, wo sie sind, wie bei verlornen Sachen, oder auch solcher, die ihrem dermaligen Eigenthümer ganz verborgen geblieben sind, (wie z. B. bei einem Schatze), deren Eigenthümer zwar existirt, jedoch ohne alle Kenntniß von denselben, wo also der Eigenthumsberechtigte keinen Besitz hat, weil er ihn verloren, oder wo er den Besitz nicht ausüben kann, weil er von der Sache keine Kenntniß hat. V. 7. Apr. 1852 c. Zibulski u. Gen. (Entsch. 22. s 464).

8. Das Finden braucht nicht nothwendig ein rein zufälliges zu sein; insbesondre schließt ein auf eine gewisse Möglichkeit hin stattgehabtes Suchen jenen Begriff nicht aus; das Gegentheil darf nicht aus den Worten: „oder durch Zufall in seine Gewahrsam bekommen hat“ gefolgert werden, da diese Worte nicht das „Finden“ erläutern, sondern einen selbstständigen Fall neben dem Finden hinstellen. V. 7. Apr. 1852 c Zibulski u. Gen. (Entsch. 22. s. 464).

9. Bei den „durch Zufall in die Gewahrsam bekommenen Sachen“ ist vorzugsweise an zugelaufene Thiere, angeschwemmte Sachen und dgl. gedacht. G. Matt. 2. s. 507.

10. Den Gegensatz der „Erlangung durch Zufall“ bildet nicht die Erlangung durch menschliches Zuthun überhaupt, sondern der durch absichtliche Uebertragung der Gewahrsam durch einen Andern bewirkte Erwerb. Es gehört sonach hierher auch der Fall, wo aus Versehen eine andere Sache übertragen worden ist, als beabsichtigt war Z. I 25. Mai 1853 c. Langner (der Angeklagte hatte bei einer bei der Bank erhobenen Zahlung aus Versehen des Kassirers einen Bankschein von tausend Thalern zuviel erhalten). Aehnlich verhält es sich, wenn Jemand statt eines Einthalerscheins einen Fünfthalerschein gezahlt empfängt Vgl. G Arch 2. s 556

11 Der Unterschied des hier vorgesehenen Falles von dem Diebstahle liegt darin, ob die Sache sich in der Gewahrsam eines andern befunden habe, und aus dieser weggenommen worden sei, oder nicht. Da nun die Gewahrsam nicht immer nothwendig die unmittelbare Nähe der betr. Person voraussetzt, auch unter Umständen an Gegenständen, welche an öffentlichen oder jedem zugänglichen Orten zurückgelassen sind, die Gewahrsam fortdauern kann, so ist in jedem Einzelfalle thatsächlich zu untersuchen, ob dieses der Fall, und insbesondere auch, ob der Angeklagte, nach den obwaltenden Umständen die Sache für eine verlorne, d. h. aus der Gewahrsam entkommene habe halten können. Das gilt insbesondere von Geräthschaften und Materialien, welche am Orte der Arbeit (auf Feldern, Bauplätzen, in Steinbrüchen, auf Landstrassen 2c.) nicht selten zurückgelassen werden, ohne daß der Besitz als aufgegeben anzusehen wäre. Das wird im Grundsatze anerkannt durch Z. II 6. Dez. 1855 c. Korte. Vgl. § 217. Nr. 1; zu § 215. n. 24; und Antrag des Ober-Staats-Anwalts zu Ratibor in Sachen c. Wilhelm u. Gen. (G. Arch. 1. s. 245).

12. Fällt die Handlung desjenigen, welcher als vermeintlicher nächster Erbe in gutem Glauben eine Erbschaft in Besitz genommen, nach erlangter Kenntniß von der Existenz eines nähern Erben, über Erbschaftssachen zum Nachtheile des Andern

Gewahrsam derselben der Obrigkeit wider besseres Wissen ableugnet.

[Entw. § 209] Vgl. § 225. 227—229; 349 Nr. 5; ALR. I. 9. § 19 flg

---

verfügt, unter § 226? G. Matt. 2 s. 508 n. 3. spricht sich gegen die Anwendbarkeit dieses, sowie des § 225 aus; der letztere paßt aber unbedenklich auf diesen Fall, vgl. zu § 225. n. 13.

13. Ueber die Begriffe „veräussern, verpfänden, verbrauchen oder bei Seite schaffen" vgl. zu § 225. n. 26—29. Das blosse Nichtabliefern genügt nicht, es wird eine wirkliche Disposition verlangt. Komm.-B. II. K. s. 122

14. Der Ausdruck: „bei Seite schaffen" begreift jede Handlung bezüglich auf die Sache in sich, wodurch dieselbe für den Eigenthümer verloren geht, oder die Geltendmachung seiner Rechte erschwert wird. B. I. 19. Dez. 1855 c. Schmidt. Jener Begriff setzt sonach nicht nothwendig voraus, daß die Sache den Nachforschungen örtlich entzogen oder verborgen worden sei; auch darf zu seiner Erklärung nicht auf den einen ganz andern Thatbestand behandelnden § 186. zurückgegangen werden.

15. Unterschlagung eines gefundenen Pfandscheins wird dadurch verübt, wenn der Finder desselben die verpfändete Sache einzulösen versucht. B. I. 19. Dez. 1855 c. Schmidt (G. A 4. s. 256); vgl. zu § 225 n 8.

16. Als Obrigkeit im Sinne des Schlußsatzes ist unbedenklich auch ein Schutzmann anzusehen. Z. 15. Sept. 1852 c. Dietrich. Dasselbe gilt von einem Polizei-Sergeanten. Z. I. 25. Mai 1853 c. Langner.

17. Dagegen ist unter Obrigkeit hier nicht der Strafrichter zu verstehen, dem gegenüber der wegen Unterschlagung Verfolgte den Fund ableugnet, sondern nur diejenige Behörde, deren Beruf es ist, den Finder verlorner Sachen auszumitteln Vgl. G. Arch. 2. s. 556. Es würde die Freiheit der Vertheidigung beschränken, wollte man in demjenigen, was nur zu diesem Zwecke vorgebracht wird, den Thatbestand eines Vergehens finden. Zu vergleichen ist der Grundsatz des § 154.

18. Die Vorschrift des ALR. I, 9. § 73., welcher einen Funddiebstahl nur da annimmt, wo das Ableugnen auf Befragen des Richters stattfand, ist aufgehoben. *Contra:* Wenzel s. 66.

19. Das Ableugnen dem Verlierer gegenüber stellt an und für sich den Thatbestand des § 226. nicht dar; B. I. 21. Juni 1854 c. Elliot u. Gen. (G. Arch. 2. s. 693). Es kann indessen unter Umständen auch aus einem solchen Ableugnen auf ein stattgehabtes Bei-Seite-Schaffen geschlossen werden. Vgl. zu § 225. n. 30.

20. Daß die betreffenden Handlungen „zum Nachtheile" des Eigenthümers ꝛc. geschehen seien, bedarf der ausdrücklichen Feststellung, insbesondere ist die rechtliche Annahme, daß jede Verpfändung, weil sie möglicher Weise den Eigenthümer ꝛc. objektiv in die nachtheilige Lage des Einlösens versetze, auch subjektiv in Beziehung auf den Thäter, als zum Nachtheile [des Eigenthümers] verübt anzusehen sei, nicht richtig. B. I. 10. Feb. 1854 c. Elwers (G. Arch. 2. s. 555). Vgl. n. 21; und zu § 225. n. 36.

21. Was zum § 225. n 37. und 38. über den erforderlichen Dolus gesagt worden, gilt auch für den hier vorgesehenen Fall, insbesondere ist es auch hier keineswegs erforderlich, daß die Absicht des Thäters darauf gerichtet gewesen sei, dem (ihm meistentheils unbekannt gebliebenen) Eigenthümer der verlornen Sache Nachtheil zuzufügen; es genügt vielmehr, wenn derselbe sich bewußt war, daß unter den vorwaltenden Umständen aus seiner Disposition über die gefundene Sache dem Eigenthümer ein Nachtheil erwachsen werde. B. I. 21. Juni 1854 c. Elliot u. Gen. (G. Arch. 2. s. 692). Aehnlich B. I. 10. Feb. 1854 c. Elwers (G. Arch. 2. s. 555). Vgl. n. 20.

22. „Ankauf" einer gefundenen Sache, wissend daß sie gefunden sei, stellt nicht den Thatbestand der Hehlerei einer unterschlagenen Sache dar, weil die Unterschlagung dann erst durch den Ver- und Ankauf vollendet wird, die Hehlerei aber ein selbstständiges, demjenigen Vergehen ꝛc, durch welches der Hauptthäter die Sache erlangt hat, nachfolgendes Vergehen ist. In einem solchen Falle kann daher

§. 227. Die Unterschlagung, sowie der Versuch der Unterschlagung wird mit Gefängniß nicht unter Einem Monate und mit zeitiger Untersagung der Ausübung der bürgerlichen Ehrenrechte bestraft.

Wird festgestellt, daß mildernde Umstände vorhanden sind, so kann die Strafe bis auf Einen Tag Gefängniß ermäßigt werden.

[Entw § 210.] Vgl. § 228 229.

§. 228. Entwendungen oder Unterschlagungen, welche von Eltern oder Großeltern gegen ihre Kinder oder Enkel, oder

---

der Ankauf nur als Theilnahme an der Unterschlagung, d. h. an der Handlung angesehen werden, durch welche die Unterschlagung (der Funddiebstahl) vollendet wird. So: B. I 21. Apr 1854 c Dittrich (Herrmann u Gen. G. Arch. 2. s. 558); B. I. 16 Feb. 1855 c Ernst (G. Arch 3. s. 710); Z. I 28. Feb. 1855 c. Bielschowski (Bonk u. Gen. G. Arch. 3. s. 264); B. I. 25. Apr. 1855 c. Lippmann (Rzepinski u. Gen.); Erk. App.-Ger. Frankfurt 18. Jan 1853 c. Buggisch (G. A. 1. s. 408). Daß in einem solchen Falle Theilnahme an der Unterschlagung vorliege, entschied auch Z. I. 27. Feb. 1856 c. Lippmann (Rzepinski u Gen.). *Contra:* cit Erk. App.-Ger. Frankf. 18. Jan. 1853; aus welchen Gründen ist nicht ersichtlich. — Die hier entwickelten Grundsätze sind an sich unzweifelhaft richtig; es muß gleichwohl in jedem Einzelfalle Gegenstand der thatsächlichen Beurtheilung sein, ob nicht der Finder schon vor dem Ver- und Ankaufe eine Handlung vorgenommen habe, welche ein „Bei-Seite-Schaffen“ darstellte; als eine solche wird unter Umständen auch das Anbieten zum Verkaufe unbedenklich angesehen werden können; wo der Instanzrichter dieses, sowie die Kenntniß des Käufers von der sonach früher vollendeten Unterschlagung ausdrücklich feststellt, wird er unbedenklich wegen Hehlerei, und nicht wegen Theilnahme an der Unterschlagung strafen müssen. Vgl. zu § 237. n. 15. und G. Arch. 1. s. 53.

§. 227.

1 Beim Vorhandensein mildernder Umstände kann von der Untersagung der Ausübung der bürgerlichen Ehrenrechte abgesehen werden; der Richter bleibt aber auch dann befugt, sie zu verhängen, wo er es für angemessen erachtet. Z. 15. Sept. 1852 c. Kalthöfer.

2. An den im § 174. der Gew.-Ordn. vom 17. Jan. 1845 erwähnten Gewerbtreibenden ist die Verübung einer Unterschlagung mit dem Verluste der Befugniß zum selbstständigen Gewerbebetriebe zu bestrafen, weil dieselbe nach § 227. die zeitige Untersagung der Ausübung der Ehrenrechte nach sich zieht, und daher als ein von ehrloser Gesinnung zeugendes Vergehen anzusehen ist, und weil nach dem ALR. die Unterschlagung unter den allgemeinen Begriff des Betrugs fiel; vgl. § 174 cit. B. II. 24. Mai 1856 c. Buhl

§. 228.

1. Unter „Entwendung“ sind jedenfalls alle Diebstähle auch die schweren zu verstehen; G. Matt. 2 s 511 n. 2; Temme Lehrb. s. 939; ausserdem muß aus dem Umstande, daß hier (abweichend von der Fassung des § 229) der allgemeinere Ausdruck „Entwendung“ gebraucht ist, gefolgert werden, daß auch der Raub und die Hehlerei hierher zu rechnen seien — Die Ausdehnung der Vorschrift auf den Betrug ist dagegen nicht für gerechtfertigt erachtet worden Komm.-Bericht I. K. s 39; G Matt 2. s. 558.

2. Ebensowenig findet eine Bestrafung der Ascendenten wegen Theilnahme an einer zum Nachtheile des Descendenten von einem Dritten verübten „Entwendung“ statt Temme Lehrb. s. 898 Note 2.

3. „Begehen Aeltern gegen Kinder als Vormünder der letztern eine Un-

von einem Ehegatten gegen den anderen begangen werden, sollen nicht bestraft werden.

Diese Bestimmung findet keine Anwendung auf andere Personen, welche als Theilnehmer oder Hehler schuldig sind.

[Entw § 211] Vgl § 229. 37. 271.

„treue durch Diebstahl oder Unterschlagung, so findet der § 228 Abs. 1. Anwendung.“ B (Z.) II. 23. Feb. 1854 c. Klein u. Gen. (Präj. n. 79; Entsch. 27 s. 408; G. A 2 s. 561). *Contra:* G Matt 2 s 511 n. 4 und s. 562 n. 4.

4. Dagegen ist die Vorschrift auf andre von einem Ascendenten zum Nachtheile seines Descendenten verübte Verbrechen rc. nicht auszudehnen, z. B. nicht auf Fälschung.

5. Eine Entwendung oder Unterschlagung ist vorzugsweise dann als gegen einen Descendenten oder Ehegatten verübt anzusehen, wenn die letztern Eigenthümer der betreffenden Gegenstände waren, sollte jene auch aus der Gewahrsam eines dritten Verwahrers bewirkt sein. G Matt. 2. s. 511 n. 7. Daher ist umgekehrt der § da unanwendbar, wo z. B eine Ehefrau einen bei ihrem Manne von einem Dritten deponirten Koffer erbricht, und daraus Sachen entwendet. G. A 2. s 693. Vgl Beschl. II. 31. Mai 1855 c. Wachendörfer (Präj. n. 160; Entsch. 30. s. 361; G. A. 3. s. 708) citirt zu § 229 n. 10; dort ist auch die Frage erörtert, ob nicht auch der Verwahrer als durch den Diebstahl mit verletzt anzusehen, und ob sonach nicht auch der Diebstahl der dem Descendenten gehörigen Sache aus der Gewahrsam eines dritten Verwahrers strafbar sei.

6. Unter Eltern und Großeltern sind hier, zumal mit Rücksicht auf die abweichende Fassung des § 229, nur die leiblichen Ascendenten zu verstehen. Besel. s 435 I a; jedoch sind auch die unehelichen Ascendenten hierher zu rechnen. G. M 2. s 511 n. 3; Koch s 1039 n. 5.

7 Auf Adoptiveltern ist daher der § nicht anzuwenden. Komm.-B. I. K s 36; Bes. s. 435 I, a. G. Matt. 2. s 511 n. 3.

8. Zwischen Ehegatten wird der § wirksam, wenn nur die betreffende Handlung zur Zeit des Bestehens der Ehe statt fand, sollte die letztere auch seitdem aufgelöst worden sein. Bes. s. 436 I, b; G. Matt. 2. s. 511 n. 6.

9. Die Ehescheidung beseitigt für die Zukunft die Anwendbarkeit des § 228. Dasselbe nimmt G Matt 2. s. 511 n. 6 für den Fall einer zwischen katholischen Ehegatten erkannten beständigen Trennung von Tisch und Bett an. Für diese Ansicht kann angeführt werden, daß die Vorschrift des § 228 auf der zum Wesen der Ehe gehörigen individua vitae consuetudo beruht, welche bei einer solchen Trennung aufgehoben wird; auf der andern Seite spricht für das Gegentheil das Fortbestehen des Bandes der Ehe, und die dadurch begründete Möglichkeit einer Wiedervereinigung. Jedenfalls wird die nach Art. 306 flg. des Rh. BGB. statthafte Trennung von Tisch und Bett nach gleichen Grundsätzen zu beurtheilen sein. Dagegen steht die unter protestantischen Ehegatten als zeitweise Maßregel angeordnete Trennung der Anwendbarkeit des § nicht entgegen. Goltd l. c.

10. Die hier vorgesehenen Fälle haben an sich den Charakter eines Verbrechens oder Vergehens keineswegs verloren, das Gesetz hat nur ausnahmsweise hier Straflosigkeit vorgeschrieben. Vgl. Komm.-Ber II. K. s. 124. Es ist daher ganz konsequent, wenn Abs. 2 diese Bestimmung auf dritte Personen, welche als Theilnehmer oder Hehler schuldig sind, nicht ausdehnt. Z. II. 23. Feb. 1854 c. Klein u. Gen. (Entsch. 27. s. 408; G. A. 2. s. 561). *Contra* mit Unrecht: Temme Lehrb. s 938, 939, 965 Note 5.

11. Aus demselben Grunde ist die Vorschrift des Abs. 2 nicht auf Theilnehmer und Hehler zu beschränken, vielmehr ist auch die Begünstigung des Thäters durch einen Dritten, wenn sie geschieht, um jenem die Vortheile des Verbrechens rc. zu sichern, nach § 37 strafbar, ohne daß der Umstand, daß die andre Art der Begünstigung (um den Thäter der Bestrafung zu entziehen) hier nicht vorkommen kann, — dabei einen Unterschied hervorbringen könnte. B. II. 24. Apr. 1856 c. Söchting.

§. 229. Wer sich eines Diebstahls oder einer Unterschlagung gegen Eltern oder Großeltern, Stiefeltern oder Stiefkinder, gegen Schwiegereltern oder Schwiegerkinder, gegen Geschwister, ingleichen gegen Pflegeeltern, Vormünder oder Erzieher schuldig macht, ist nur auf Antrag des Verletzten zur Untersuchung zu ziehen.

[Entw § 211 a] Vgl § 228 37. 50—54 271

---

12. Die Vorschrift dieses § steht der Statthaftigkeit einer Privatentschädigungsklage in keiner Weise entgegen. Bes. s 436 I, c.

§. 229.

1. „Diebstahl“ umfaßt alle Arten des Diebstahls, also auch den schweren Diebstahl. Temme Lehrb s. 939.

2. Was hier von Diebstahl und Unterschlagung gesagt ist, gilt auch von der Theilnahme an diesen Vergehen 2c.

3. Dagegen kann (zumal mit Rücksicht auf die abweichende Fassung des § 228, und den dort gebrauchten Ausdruck „Entwendungen“) eine Ausdehnung auf andre Verbrechen und Vergehen, z. B. auf Raub, Hehlerei u. s. w. nicht statt finden. In Betreff des Betrugs vgl. Komm.-Ber. I. K. s. 39; G. Matt. 2. s. 558.

4. Auf Feldfrevel findet der § nur dann Anwendung, wenn die betreffende Handlung den Thatbestand eines Diebstahls oder einer Unterschlagung darstellt, welcher nur ausnahmsweise nicht nach dem StGB., sondern nach den betreffenden Spezialgesetzen zu beurtheilen ist; dasselbe gilt von Holzdiebstählen.

5 Auch uneheliche Verwandtschaft reicht hin, um den § 229 auf die entsprechenden Verhältnisse anwendbar zu machen; insbesondre kann es dabei nicht darauf ankommen, inwiefern die verschiedenen in den einzelnen Theilen des Staats geltenden Civilgesetzgebungen, ein solches Verwandtschaftsverhältniß anerkennen, da das StGB. für den ganzen Staat gleichmässig zur Anwendung zu bringen ist. Vgl. zu § 141 n. 3.; zu § 228 n. 6 und G. A. 1. s. 542 und 577.

6. Ein Schwägerschaftsverhältniß ist nur so lange als vorhanden zu betrachten, als die dasselbe begründende Ehe besteht; es bedarf daher im Falle eines vom Schwiegersohn gegen den Schwiegervater begangenen Diebstahls eines Strafantrags dann nicht, wenn die betreffende Ehe bereits vor Verübung des Diebstahls durch den Tod der Frau aufgelöst war. Z. 2. April 1852 c. Schmidt. Vgl. zu § 228 n. 8. 9.

7. Unter „Erziehern“ sind Lehrherrn und Lehrmeister nicht mit zu verstehen, wenn gleich das ALR. II. 8 § 292—294 den Handwerkslehrherrn gewisse mit der Erziehung der Lehrlinge in Verbindung stehende Rechte und Pflichten beilegt. Schon der Umstand, daß § 217 Nr. 4 den Diebstahl des Lehrlings gegen den Lehrherrn strenger bestraft, spricht gegen eine solche Auslegung. Vgl G. Matt. 2. s. 511 n. 5; Koch s. 1039 n. 7.

8. Auf dritte Personen, welche sich an einem von einem Verwandten begangenen Diebstahle 2c. als Mitthäter oder Theilnehmer betheiligen, oder später die betreffenden Gegenstände verhehlen, bezieht sich § 229 nicht mit; es bedurfte hier der Wiederholung des Schlußabsatzes des § 228 nicht, weil hier von einer Straflosigkeit der Handlungen überhaupt keine Rede ist, sondern nur von einem durch ein subjektives Verhältniß bedingten Strafantrage, dessen Nichtanwendbarkeit auf dritte Personen sich von selbst versteht. Komm.-Ber. I. K. s. 30; B. 21. Jan. 1852 c. Büttner (JMBl. s. 111; G A. 1. s. 233); Z. I. 23. Dez. 1853 c. Goslinski (v. Pradczynski; G. A. 2. s 255). Temme hat seine frühere (Gll. s 126 n. 2.) entgegengesetzte Ansicht später (Lehrb. s. 940) wieder aufgegeben.

9. In Beziehung auf die Stellung des Antrags sind die Grundsätze der §§ 50 bis 54 maaßgebend; das gilt namentlich auch von der Untheilbarkeit desselben, wenn mehrere Personen konkurriren bei welchen es eines Antrags bedurfte; daß dieses auf konkurrirende dritte Personen nicht auszudehnen, ist schon oben n. 8. bemerkt.

Neunzehnter Titel.

Raub und Erpressung.

§. 230. Einen Raub begeht, wer mit Gewalt gegen eine Person, oder unter Anwendung von Drohungen mit gegenwärtiger Gefahr für Leib oder Leben, eine fremde bewegliche Sache einem Anderen in der Absicht wegnimmt, sich dieselbe rechtswidrig zuzueignen.

---

10. „War der Ascendent des Diebs, aus dessen Gewahrsam letzterer die „Sache wegnahm, blosser Verwahrer derselben, so ist der Eigenthümer der Sache „als der Verletzte, gegen den der Diebstahl verübt worden, anzusehen. Die Eröff„nung der Untersuchung gegen den mit diesen Verhältnissen bekannten Dieb ist da„her in diesem Falle nicht davon abhängig, daß jener Ascendent auf Bestrafung „des Diebs anträgt.“ Beschl. II. 31. Mai 1855 c. Wachendörfer (Präj. n. 160; Entsch 30. s. 361; G. A. 2. s. 708). Vgl zu § 228 n. 5; G. Matt. 2. s. 511 n. 7; Gilb. C. pén. Art. 380. n. 12. — Nach den Erwägungsgründen des cit. Beschl. II. 31. Mai 1855 findet das Gesagte auch da Anwendung, wo der Grundsatz gilt „Hand muß Hand wahren,“ weil dieser Satz nur dem Eigenthümer das Recht versagt, die Sache in der Hand eines Dritten zu vindiziren, ohne im Uebrigen dem Eigenthume seine Bedeutung und Wirkung zu entziehen. — Aus dem, was bisher gesagt worden, ist gleichwohl nicht zu folgern, als wenn nicht wenigstens unter Umständen, auch der Verwahrer der fremden Sache, aus dessen Gewahrsam sie entwendet worden, z. B. im Falle, wo er dem Eigenthümer ersatzpflichtig, ebenfalls als Verletzter angesehen werden könnte; man wird vielmehr in den geeigneten Fällen auch dieses annehmen, und daher auch da von der Nothwendigkeit eines Antrags absehen dürfen, wo der Dieb eine seinem Vater ꝛc. gehörige Sache aus der Gewahrsam eines dritten Verwahrers gestohlen hat, wenn nur die faktische Sachlage eine solche ist, daß auch er durch den Diebstahl in seinen Rechten verletzt wurde

11. Der § ist unbedenklich auch auf den Versuch des Diebstahls ꝛc. anwendbar; auch derjenige, gegen welchen das Vergehen ꝛc nur versucht worden, ist hier als Verletzter anzusehen, wenn gleich ihm ein wirklicher Nachtheil noch nicht zugefügt worden ist. G. Matt. 1. s. 276 n. 2; Temme Gll s. 97

12. Darüber, ob ein genügender Antrag auf Bestrafung vorliege, haben nie die Geschwornen, sondern nur der Schwurgerichtshof zu entscheiden. Vgl G. A. 1. s. 542

§. 230.

1. Das Strafgesetzbuch qualifizirt den gewaltthätigen Diebstahl als Raub; das Verbrechen wird daher erst mit der vollbrachten Entwendung vollendet. Bes. s. 440; 443 III; G. Matt. 2. s 517 n. 6; Temme Gll. s. 287.

2. Die hier verlangte „Gewalt“ muß eine solche sein, welche den Zwang oder die Nöthigung in sich schließt, die Wegnahme der Sache zu dulden. G. Matt. 2 s 514 n. 2. Die Gewalt (oder Drohung) muß das Mittel zur Ausführung des Diebstahls gewesen sein. Beschl. I. 9. Juni 1854 c. Marcinkowski; Koch s. 1041 n. 9. III.

3. Daher ist es nicht als Gewalt im Sinne dieses § anzusehen, wenn eine Sache einer Person entrissen wird, bevor sie dieselbe schützen kann. G. Matt. 2. s. 514 n. 2, welcher in einem solchen Falle nur eine an der Sache, nicht aber eine gegen die Person angewendete Gewalt annimmt.

4. Dagegen ist es nicht nothwendig erforderlich, daß die Gewalt von vornherein zum Zweck des Diebstahls angewendet worden sei; vielmehr ist Raub auch dann anzunehmen, wenn jene zunächst zu einem andern strafbaren Zwecke statt fand,

Wer, bei einem Diebstahl auf frischer That betroffen, gegen eine Person Gewalt verübt oder Drohungen mit gegenwärtiger Gefahr für Leib oder Leben anwendet, um sich im

---

sie gleichwohl demnächst das benutzte Mittel war, durch welches der Diebstahl möglich wurde. *Contra*: G. Matt 2. f. 517 n. 7 Vgl. zu § 218 Nr. 2. n. 13.

5. Die Gewalt muß gegen eine Person angewendet sein; es ist aber keineswegs unerläßlich, daß diese Person grade der zu Beraubende sei, wenn nur der Kausalnexus feststeht Bes. f. 443 I; G. Matt. 2 f. 514 n. 2. *Contra:* Temme Lehrb. f 955; Koch f. 1040 n. 9.

6. In der Regel wird es in der den Geschwornen vorzulegenden Frage der Auflösung des Begriffs Gewalt nicht bedürfen, dieser Ausdruck vielmehr füglich beizubehalten sein. Vgl G. A. 1. f. 362.

7. Ueber den Begriff der Drohung vgl. zu § 89 n. 26—28.

8. Es reicht hin, wenn durch den Spruch der Geschwornen festgestellt wird, daß die Drohungen mit gegenwärtiger Gefahr für Leib oder Leben verbunden gewesen; der Angabe der speziellen Thatsachen, aus welchen die Gefahr zu folgern, bedarf es nicht. Z. I. 23. Juni 1854 c. Meißner.

9. Eine Drohung kann auch stillschweigend durch Handlungen statt finden. G. Matt. 2 f. 515 n. 3.

10. Ein von Mehreren gemeinschaftlich verübter Diebstahl nimmt den Charakter des Raubs an, wenn auch nur einer von ihnen (selbst ohne eine vorgängige, hierauf gerichtete Verabredung) Gewalt [oder Drohungen] anwendet, sollte dieser auch nicht einmal Mitthäter am Diebstahle, sondern, eben wegen dieser seiner Thätigkeit, Gehülfe sein, sobald nur feststeht, daß diese Gewalt ꝛc. das Mittel war, durch welches der Diebstahl möglich wurde; inwiefern dann jedem der übrigen dieser von ihnen nicht ausgegangene, und von ihnen vielleicht nicht einmal gewollte erschwerende Umstand anzurechnen sei, ist nach § 44 zu beurtheilen. P 13. Sept. 1852 c Kowsky. *Contra:* Temme Lehrb. f. 857; Vgl. § 232 Nr. 1, und zu Thl. I. Tit. 3. n 2 3 — Aus demselben Grunde kommt Nichts darauf an, ob die von den einzelnen ausgegangenen Gewaltthätigkeiten oder Drohungen für sich allein als Mittel zur Begehung des Diebstahls hingereicht haben würden, wenn nur die von den verschiedenen gemeinschaftlich handelnden Betheiligten ausgegangenen Thätigkeiten ꝛc zusammen genommen jenen Charakter an sich trugen. Z I. 23. Juni 1854 c. Meißner. Vgl. zu § 1. n. 7, zu § 91. n. 7, zu § 233. n. 7.

11. Abgesehen von der Anwendung von Gewalt oder Drohungen gehört zum Raube genau der Thatbestand des Diebstahls. Z. I. 2. Jan. 1856 c. Großmann und Gen. (G A. 4. f 207) Es sind daher die zum § 215 entwickelten Grundsätze auch hier anzuwenden

12 Das gilt namentlich auch von der Frage, inwieweit es zu diesem Verbrechen der gewinnsüchtigen Absicht als eines wesentlichen Merkmals bedurfe. Vgl. zu § 225 n. 38 Das dort citirte P 26. Nov 1852 c. Rembiok (Hahn n. 241) betraf eine Anklage auf Raub.

13. Nach dem unter n. 11 Gesagten nehmen beim Raube die Gewalt oder Drohungen den Charakter eines die Hauptthat begleitenden Umstandes im Sinne des Art. 91 des Ges. v. 3 Mai 1852 an, es muß daher der Spruch der Geschwornen des Ergebnisses der besondern Abstimmung über diesen Umstand bei Nichtigkeitsstrafe ausdrücklich Erwähnung thun, arg. B. Pl 29. Okt. 1855 c. Schulz u. Gen. (Präj. n. 180; JMBl f. 398).

14. Wird bei einer auf Raub lautenden Frage an die Geschwornen durch den Spruch der letztern die angewendete Gewalt beseitigt, dagegen der Thatbestand des einfachen Diebstahls festgestellt, so ist die Strafe des letztern zu verhängen, ohne daß es hierzu (nach Art. 86. des Ges. v. 3. Mai 1852) der Stellung einer auf Diebstahl lautenden Eventualfrage bedurfte, da dieser Artikel den Fall voraussetzt, wo die That nach dem Ergebnisse der Hauptverhandlung die Begriffserfordernisse eines andern in der Anklage nicht enthaltenen Verbrechens ꝛc. in sich schliesst, nicht

Besitze des gestohlenen Gutes zu erhalten, ist einem Räuber gleich zu achten.

[Entw. § 212.] Vgl. § 215. 231—233 236. 28. 39; Ges. v. 31. März 1837 (GS. s. 67); Ges. v 4. Juni 1851 § 10. (GS. s 453).

---

aber den Fall, wo die in Gemäßheit der Anklage gestellte Hauptfrage zugleich schon alle wesentlichen Merkmale des andern Verbrechens rc enthält Z. l. 2. Jan. 1856 c. Großmann u Gen (G. A 4 s 207).

15 Das in der vorigen n. citirte Z. I. 2 Jan. 1856 c. Großmann u. Gen wollte in dem dort erwähnten Falle (wo die Geschwornen bei einer auf Raub lautenden Frage in ihrem Wahrspruche nur einen einfachen Diebstahl feststellten) der Vertheidigung gestatten, die nachträgliche Stellung einer Frage nach milderuden Umständen zu beantragen. Dieser Ansicht kann indessen nicht beigepflichtet werden, vgl zu Einf.-Ges. Art. XXV. n. 3.

16. Da das zum Begriffe des Diebstahls erforderliche Wegnehmen da nicht vorliegt, wo der bisherige Inhaber selbst, wenn auch nur gezwungen, die Gewahrsam aufgiebt, und auf den Handelnden überträgt, so würde in einem solchen Falle auch kein Raub anzunehmen sein; es ist derselbe im § 236 besonders vorgesehen, und in Beziehung auf die Strafbarkeit dem Raube gleichgestellt worden G. Matt 2. s 515 n. 4.

17. Die gewaltsame Besitznahme unbeweglicher Sachen kann nie Raub, und jetzt nur dann strafbar sein, wenn die wesentlichen Merkmale eines andern Vergehens rc. vorliegen, z B der §§ 214 oder 284. G. Matt. 2. s. 515 n. 4

18. Auch Abs 2 setzt einen wirklichen Diebstahl voraus; auf das unbefugte Halten einer Nachlese auf Feldern und Aeckern, welches durch § 41 Nr. 1 der Feld-Polizei-Ordnung v. 1 Nov 1847 nicht als Diebstahl, sondern nur als Uebertretung charakterisirt ist, erleidet er daher keine Anwendung, und es ist unerheblich, ob diese Handlung alle im § 215 angegebenen Kriterien des Diebstahls in sich vereinigt, da sie durch den in Kraft verbliebenen § 41 l. c. aus dem Begriffe des Diebstahls ausgeschieden worden ist. Z. 21. Mai 1852 c. Favre (G. Arch 1 s 95) Vgl. zu § 215 n. 45

19. Der Thäter muß bei dem Diebstahle auf frischer That betroffen sein, ein Anhalten bei der Verfolgung genugt daher nicht G. Matt. 2 s 516 n 5 Gleichwohl ist der Begriff der „frischen That“ (vgl. § 178) nicht dahin zu beschränken, daß das Betreffen vor vollendeter Wegnahme, und noch während der Dieb mit dem Stehlen beschäftigt gewesen, statt gefunden haben musse, es ist vielmehr der Fall, wo im Augenblicke des Betreffens der Diebstahl bereits verübt war, nicht ausgeschlossen, vorausgesetzt nur, daß dasselbe unmittelbar nach der Entwendung noch am Orte der That geschah, und dann — wenn auch erst bei unmittelbar darauf stattfindender Verfolgung — Gewalt rc. verübt wird, um den Besitz des Bestohlenen zu erhalten. — Wenn dagegen z. B Jemand, welcher in einem Salinengebäude Salz gestohlen, ohne dort entdeckt und verfolgt zu sein, beim Herausgehen aus dem rings umschlossenen sehr ausgedehnten Salinen-Raume, an dem (mehrere Minuten entfernten) Thore vom Thorwärter, auf Grund eines ohne besondre Kenntniß von der Wegnahme, aus der äussern Erscheinung geschöpften Verdachts, und in Gemäßheit eines allgemein ertheilten Auftrags angehalten und durchsucht wird, — so gestatten diese Umstände dem Instanzrichter die sachliche Auffassung, daß das Betreffen nicht auf frischer That statt gefunden habe. Beschl. II. 12 Apr. 1855 c. Bullert. Es wird hier immer Vieles in das Gebiet der thatsächlichen Feststellung fallen; jedenfalls ist der Begriff der „frischen That,“ nicht nach Maßgabe des § 2 des Ges. v. 12 Feb. 1850 zum Schutze der persönlichen Freiheit (GS s 45) aufzufassen. Temme Lehrb. s. 956 c; Vgl. G. A 2 s. 557.

20 Der Fall, wo die Gewalt rc. nur zum Schutze der eignen Person, z. B. gegen eine beabsichtigte Verhaftung, und nicht deshalb geschah, um sich im Besitze des gestohlenen Guts zu erhalten, gehört nicht hierher G. Matt 2. s. 517 n. 5; Temme Lehrb. s 956; Koch s 1041 n. 10.

§. 231. Der Raub wird mit Zuchthaus von fünf bis zu funfzehn Jahren, sowie mit Stellung unter Polizei-Aufsicht bestraft.

[Entw. § 213.]

§. 232. *) Der Raub wird mit Zuchthaus von zehn bis zu zwanzig Jahren, sowie mit Stellung unter Polizei-Aufsicht bestraft:

1) wenn der Räuber, oder einer der Räuber oder Theilnehmer am Raube Waffen bei sich führt;
2) wenn zu dem Raube zwei oder mehrere Personen als Urheber oder Theilnehmer mitwirken, welche sich zur fortgesetzten Verübung von Raub oder Diebstahl verbunden haben;
3) wenn der Raub auf einem öffentlichen Wege oder Platze verübt wird;

---

*) Fassung des Ges v. 14. April 1856 (G.S. s 210); in der ursprünglichen Fassung fehlte die Nr. 4

---

§. 231.

— — — — — — — — — — — — — — — —

§. 232.

Zu Nr. 1.

1. Vgl. § 218 Nr. 6. und dort die Bemerkungen.

Zu Nr. 2.

2. Vgl. § 218. Nr. 7. und dort die Bemerkungen.

Zu Nr. 3.

3. Vgl § 218. Nr. 4. — ALR. I. 22. § 63; II 15. § 1—37.

4. Der Begriff eines öffentlichen Wegs im Gegensatze gegen einen blossen Privatweg ist nicht rein thatsächlicher Natur; jedenfalls ist es zulässig in den den Geschwornen vorgelegten Fragen, diesen Begriff durch gleichbedeutende Ausdrücke zu ersetzen. Z. I. 2. März 1855 c Schmidt (G. Arch. 3 s. 398)

5. „Unter einem öffentlichen Wege im Sinne des § sind nicht blos die „im Eigenthume des Staats befindlichen Land- und Heerstrassen, von welchen das „ALR. II. 15. § 1—37. handelt, sondern alle zu Jedermanns Benutzung stehenden „Wege, auch wenn sie über ein Privatstück führen, zu verstehen,“ sollte es auch nur ein Fußweg sein. Z. II. 7. Juli 1853 c. Küper (Präj. n. 53; Entsch. 26. s. 157; G. Arch. 2. s. 126); Z. I. 2. März 1855 c. Schmidt; Vgl. G. Matt. 2. s. 518 n. 2; Temme Lehrb. s. 957; Koch s. 1041 n. 11; Gilb. C. pén. Art. 383. n. 1. 2.

6. Als öffentliche Wege sind auch die Strassen anzusehen. Goltd. Matt. 2. s 518 n. 2; Temme Gll. s. 287; Koch s. 1041 n. 11. — *Contra:* die französische Rechtsprechung, welche die entsprechende Strafbestimmung des Art. 383. des C. pén. da ausschließt, wo ein öffentlicher Weg von Häusern eingefaßt ist. Vgl. Gilb. C. pén. Art. 383. n. 3.

7. Auch Eisenbahnen gehören hierher. Goltd. Matt. 2. s. 519. Vgl. Koch s. 1041 n. 11.

8. Auf Wasserstrassen ist dagegen der § nicht anzuwenden. Komm.-B. II. K. s. 125; G. Matt. 2. s. 519; ähnlich Gilb. C. pén. Art. 383. n 4. *Contra:* Temme Lehrb. s. 957.

4) wenn bei einem Raube einem Menschen eine erhebliche Mißhandlung oder Körperverletzung (§ 192 a) zugefügt wird.

[Entw. § 214.] Vgl. § 218 Nr. 6. 7. 4; 192 a; AKO v. 21 April 1856 (G.S. f. 220).

§. 233. *) Der Raub wird mit lebenslänglichem Zuchthaus bestraft:

1) wenn der Räuber schon einmal wegen Raubes oder gewaltsamer Erpressung durch einen Preußischen Gerichtshof rechtskräftig verurtheilt worden ist; der § 60. findet hier keine Anwendung;

2) wenn bei dem Raube ein Mensch gemartert oder verstümmelt, der Sprache, des Gesichts, des Gehörs oder der Zeugungsfähigkeit beraubt, oder durch Mißhandlung oder Körperverletzung in eine Geisteskrankheit versetzt worden ist;

---

*) Fassung des Ges. v. 14. April 1856 (G.S. f. 210); in der ursprünglichen Fassung lautete:

§. 233 Der Raub wird mit lebenslänglichem Zuchthaus bestraft:

1) wenn der Räuber schon einmal wegen Raubes oder gewaltsamer Erpressung durch einen Preußischen Gerichtshof rechtskräftig verurtheilt worden ist; der § 60. findet hier keine Anwendung;

2) wenn bei dem Raube ein Mensch gemartert oder verstümmelt, der Sprache, des Gesichts, des Gehörs oder der Zeugungsfähigkeit beraubt, oder durch Mißhandlung oder Körperverletzung in eine Geisteskrankheit versetzt, oder länger als zwanzig Tage krank oder arbeitsunfähig geworden ist;

3) wenn bei dem Raube der Tod eines Menschen durch Mißhandlung oder Körperverletzung verursacht ist.

Zu Nr. 4.

9. Vgl zu § 292 a. und zu § 233. n. 6. 7.

§. 233.

Zu Nr. 1.

1 Vgl. § 58—60. 219. und die Bemerkungen zum letztern

2. Unter „gewaltsamer Erpressung“ ist hier die im § 236. vorgesehene zu verstehen. Bes f. 445; G. Matt. 2. f. 519 n. 1; Koch f. 1042 n 12.

3. Ein früherer Diebstahl, wäre es auch ein schwerer, begründet hier die Rückfallsstrafe nicht Ueber ein hiernach eintretendes Mißverhältniß in Betreff der Höhe des Strafmaasses vgl. G Matt 2 f 519 n. 1.

Zu Nr. 2. und 3.

4 Der § wird auch da anwendbar, wo der Raub nur versucht worden, wenn die Gewaltthätigkeiten gegen Personen die hier vorgesehene Wirkung gehabt haben.

Zu Nr. 2.

5. Vgl. § 293. und die Bemerkungen dazu.

6. Es bedarf hier nicht der Feststellung, daß die Mißhandlung zum Zwecke des Raubes verübt sei; eine Feststellung nach den Worten des § genügt. Z. I. 4. Jan 1856 c. Jalocha u. Gen.

7. In dem hier vorgesehenen Falle trifft die Strafverschärfung auch diejenigen am Raube Betheiligten, von welchen die Thätlichkeiten gegen Personen selbst

3) wenn bei dem Raube der Tod eines Menschen durch Mißhandlung oder Körperverletzung verursacht ist.

[Entw § 215.] Vgl. § 58—60. 219. 193. 194. 175 flg.; AKO. v 21 April 1856 (G.S. s. 220).

§. 234. Wer, um sich oder Dritten einen rechtswidrigen Vortheil zu verschaffen, einen Anderen zu einer Handlung

---

nicht ausgegangen sind [unbeschadet jedoch der Vorschrift des § 44.]. Z I 1. März 1854 c Langner. Vgl. zu Thl I. Tit. 3. n. 3; zu § 230 n. 10. und unten n. 12.

8. Temme (Glossen s. 288) will unter „Martern" jede schwerere Mißhandlung verstehen; zu diesem Begriff gehört aber auch wesentlich, daß die Mißhandlungen in der Absicht der Schmerzenszufügung stattgefunden haben, sei es daß diese alleiniger Zweck gewesen, oder daß durch sie der Mißhandelte zu irgend einem Thun oder Lassen gezwungen werden sollte.

9 Die Geisteskrankheit muß hier durch die Körperverletzung oder Mißhandlung veranlaßt worden sein Hieraus folgern Goltdammer (Matt 2 s. 519 n. 2) und Koch (s. 1042 n. 13.), daß der Fall, wo die Geisteskrankheit Folge der psychischen Einwirkung ist (der Drohungen oder des Schreckens), nicht hierher gehöre *Contra*. Temme Lehrb. s 958 Note 2.

Zu Nr. 3.

10 Vgl. § 175 fg 194. und Bemerkungen zu diesem.

11 Vorausgesetzt wird auch hier die Abwesenheit der Absicht zu tödten, weil sonst ein mit dem Raube ideell konkurrirender Mord oder Todtschlag vorliegt Komm.-B. I. K. s 37.

12. Zur Bestrafung des Theilnehmers am Raube nach Anleitung dieser Nr 3. genügt es, wenn bei der Ausübung des Raubes, und in Folge der von einem der Betheiligten bewirkten Körperverletzungen ein Mensch das Leben verliert, die Tödtung mag gegen einen der Betheiligten speziell erweisbar sein, oder nicht, und sie mag für den Fall des Nachweises der Schuld gegen den wirklichen Thäter Mord, Todtschlag oder nur durch Körperverletzung verursachte Tödtung sein. Z. (V.) I. 25 Jan. 1855 c Beversdorf (Cabuß u Gen. G. Arch. 2. s. 357). Es handelte sich damals von einer durch Wachehalten verübten Theilnahme. Vgl. oben n. 7

§. 234.

1. Die gewinnsüchtige Absicht unterscheidet das hier vorgesehene Vergehen, von der durch § 212 mit Strafe bedrohten Nöthigung.

2. Daß der Vortheil auch für Dritte gesucht sein dürfe, hielt man auszudrücken für nothig, weil die Zuwendung an andre Personen hier unmittelbar bewirkt werden kann, während beim Diebstahl die Zueignung des Diebes vorhergehen müsse, ehe Zuwendung an einen Dritten möglich sei. G. Matt 2. s. 521 n. 1; Temme (Lehrb s. 962 Note 2) hält diese Unterscheidung für eine irrige

3. Der gesuchte Vortheil braucht nicht nothwendig ein Vermögensvortheil zu sein; daß das Vergehen hier unter den gegen das Vermögen gerichteten strafbaren Handlungen seine Stelle gefunden hat, ist nicht maaßgebend, da in den bei weitem meisten Fällen nur Vermögensvortheile in Frage stehen; es sind aber keineswegs diejenigen ausgeschlossen, wo z B. Abschliessung einer Ehe oder eines Verlöbnisses erzwungen werden sollte. Koch s. 1042 n 15. *Contra:* G Matt. 2. s. 522; Temme Lehrb. s. 962 Note 3.

4 Der Vortheil ist rechtswidrig, so bald derjenige, für den er gesucht wird, kein Recht hat, die Erlangung desselben zu fordern Wo dagegen ein Recht auf den gesuchten Vortheil besteht, kann nur etwa das Vergehen der Nöthigung, oder der Bedrohung (des Landzwangs) nach § 212 oder 213 vorliegen. G. Matt. 2. s. 523 n. 2.

5. Als rechtswidriger Vortheil ist es auch anzusehen, wenn zur Abschliessung eines Kaufs oder Tausches gezwungen wird, sollte auch ein vollständiges Aequivalent gegeben werden; schon die Erlangung des Eigenthums an einer fremden

oder Unterlassung dadurch zwingt oder zu zwingen versucht, daß er denselben schriftlich oder mündlich mit der Verübung eines Verbrechens oder Vergehens bedroht, macht sich der Erpressung schuldig.

[Entw. § 216] Vgl § 83 84 90 212 213 215; Ges v 4 Juni 1851 § 10 (G S s 220).

Sache, welche sonst nicht zu erwerben gewesen wäre, würde unbedenklich als Vortheil anzusehen sein. G. Matt. 2 s 522; Koch s. 1042 n. 15. Dasselbe ist ebenso unbedenklich im Falle eines Zwangs zur Hergabe eines Darlehns anzunehmen, sollte auch wirklich der Zwingende die spätere Rückerstattung beabsichtigen, und dem nächst leisten, und selbst das höchste Maaß der statthaften Zinsen gewähren.

6. Wo nur eine Beschädigung, nicht aber Verschaffung eines Vortheils beabsichtigt wird, kann wiederum nur das Vergehen der Nöthigung, oder etwa der Vermögensbeschädigung vorliegen G. Matt 2. s. 523 n. 2.

6a. Ueber die durch versuchten Zwang bewirkte Erpressung siehe unten n 16.

7 Die Bedrohung muß der Art sein, daß sie nach den vorwaltenden Umständen den Bedrohten zur Einräumung des verlangten Vortheils bestimmen konnte Temme Gll. s. 289.

8. Nur die Bedrohung mit der Verübung eines Verbrechens rc. kommt hier in Betracht; es gehört daher die Bedrohung mit der Anstellung einer Civilklage, oder mit der Anbringung einer (begründeten) Denuntiation, nicht hierher; Bes. s. 447; G Matt. 2. s 524

9 Bedrohung mit einer Verhaftung stellt, wenn die letztere eine gerechtfertigte gewesen sein würde, den Thatbestand der Erpressung nicht dar B. II 6. Apr 1854 c Wolfel (G Arch. 2. s 693) vgl. zu § 211. n. 4.

10. Auch eine Bedrohung des Vermögens gehört hierher; vgl § 235. G. Matt. 2. s. 523 n 3.

11. Ob die Drohung wirklich die Verübung eines Verbrechens rc. zum Gegenstande habe, ist wesentlich Gegenstand der thatsächlichen Beurtheilung Es ist keineswegs erforderlich, daß ganz klar und speziell ausgesprochen sei, welches Verbrechen rc beabsichtigt werde, vielmehr genugt es, wenn aus dem Zusammenhange, und den obwaltenden Umständen, dem Bedrohten klar wird, daß und welches Verbrechen rc ihm in Aussicht gestellt werde

12. In schwurgerichtlichen Sachen reicht es hin, wenn die Geschwornen feststellen, welche Handlung angedroht worden; es ist dann Sache des Richter-Amts zu prufen, ob diese Handlung ein Verbrechen sei. Z I 23. Juni 1854 c Meißner

13 Gleichgültig ist, ob das Verbrechen rc. gegen denjenigen, von welchem der Vortheil erpreßt wird, oder gegen einen Dritten verubt werden sollte; der § erheischt nur, daß die Drohung gegen den erstern gerichtet sein musse. G. Matt. 2. s. 523; Temme Gll s. 289.

14. Durch die Worte „mündlich oder schriftlich" soll nur die gleiche Strafbarkeit der schriftlichen Bedrohungen ausgesprochen, keineswegs aber eine stillschweigend durch drohende Handlungen verubte ausgeschlossen werden; der § ist daher auch dann anwendbar, wenn z. B. Jemand unter Vorhaltung einer gefährlichen Waffe zur Ablieferung seines Geldes aufgefordert wird.

15 Der Umstand, daß eine angedrohte falsche Anschuldigung sich als falsch habe widerlegen lassen, und der Bedrohte keinen Nachtheil erlitten haben würde, beseitigt die Anwendbarkeit der §§ 234 fg. nicht, da auch der Versuch des Zwanges strafbar, mithin ein Erfolg der beabsichtigten Erpressung nicht erforderlich ist, wenn nur die Bedrohung im Falle, wo sie Erfolg gehabt hätte, die Beschädigung nach sich gezogen haben würde. Z I 4. Apr 1855 c. Tetzlaff (Preiß u Gen.).

16. Das Vergehen wird durch die Vorbringung der Drohung gegen den Andern vollendet, da nach der gegebenen Begriffsbestimmung auch der Versuch des Zwanges eine „Erpressung", und nicht etwa nur einen Versuch derselben darstellt, im § 235 auch nur jene und nicht dieser mit Strafe bedroht wird Wenn

§. 235. Die Erpressung wird mit Gefängniß nicht unter drei Monaten und zeitiger Untersagung der Ausübung der bürgerlichen Ehrenrechte bestraft. Der Schuldige kann zugleich unter Polizei-Aufsicht gestellt werden.

Besteht das angedrohte Verbrechen in Mord, Brandstiftung oder Verursachung einer Ueberschwemmung, so wird der Thäter mit Zuchthaus bis zu fünf Jahren und Stellung unter Polizei-Aufsicht bestraft.

[Entw. § 217.] Vgl § 212. 213; Ges v. 4. Juni 1851 § 10 (G.S. s 453)

§. 236. Geschieht die Erpressung durch Drohungen mit gegenwärtiger Gefahr für Leib oder Leben, oder durch Gewalt gegen eine Person, so ist der Thäter gleich einem Räuber (§§ 231, 232, 233) zu bestrafen.

[Entw. § 218.] Vgl § 230—233 234; Ges. v 4 Juni 1851 § 10. (G.S. s. 453)

---

§ 234 (und ebenso § 212) den Zwang und den Zwangsversuch gleichstellen, so deutet letzteres nicht auf die Erfordernisse eines strafbaren Versuchs nach § 31 hin, weil sich hier die Erreichung des beabsichtigten Zwecks mit Bestimmtheit nicht berechnen läßt, in Ansehung des Erfolgs Vollendung und Versuch im Sinne des § 31 nicht genau von einander unterschieden werden können, und das Gesetz auch beim versuchten Zwange durch Drohung die wirkliche Vorbringung der letztern erfordert. B. I 12 Sept. 1855 c. Kunde (JMBl s 356; G. Arch 3. s. 816; 845). Es wird sonach weder vorausgesetzt, daß der rechtswidrige Vortheil erreicht sei, noch daß die Bedrohung die bezweckte Handlung oder Unterlassung wirklich herbeigeführt habe; und es bedarf daher beim Zwangsversuch nicht der Feststellung der Merkmale des § 31. Z. I. 29. Juni 1855 c. v. Koller *Contra:* G. Matt 2. s. 525 n. 5; Temme Gll s. 290; id. Lehrb s. 963; Koch s. 1043 n. 15 Vgl. zu § 90 n. 9; zu § 212 n. 2; zu § 311 n 7.

17. Erfolgt die Bedrohung in einem versendeten Briefe, so ist das Vergehen erst vollendet, wenn der Addressat den Brief erhalten und gelesen hat. Vgl § 3. n. 3.

§. 235.

1. Ueber den Versuch der einfachen Erpressung vgl. zu § 234. n. 16

§. 236.

1. Den hier vorgesehenen Fall bezeichnet § 233 Nr. 1. als „gewaltsame Erpressung." Vgl. zu § 233 n 1.

2. Die im § 234 gegebene Begriffsbestimmung der Erpressung ist insoweit hier erweitert, als auch Gewalt gegen eine Person als Mittel des Zwanges genugt, so daß es also dann der Bedrohung mit der Verübung eines Verbrechens rc nicht bedarf; die Gewalt stellt dann das schon verübte Vergehen dar, resp. sie wird als stillschweigende Bedrohung mit ferneren Gewaltthätigkeiten angesehen; gleichwohl bedarf es nicht der Feststellung, daß die Gewalt wirklich diesen letztern Charakter gehabt habe

3. Ueber das Erforderniß der hier erheischten qualifizirten Drohungen, sowie der Gewalt vgl. zu § 230 n. 2—9.

4. Wenngleich der § nur besagt, daß in dem vorgesehenen Falle der Thäter gleich einem Räuber bestraft werden solle, so geht doch aus § 238 hervor, daß auch die Handlung selbst dem Raube gleich zu achten sei; vgl. auch § 233 Nr. 1, Daher begründet eine frühere gewaltsame Erpressung auch für einen folgenden Diebstahl den Rückfall, sollte jene auch nicht die Hingabe einer fremden beweglichen

Zwanzigster Titel.

H e h l e r e i.

§. 237. *) Wer Sachen, von denen er weiß, daß sie gestohlen, unterschlagen oder mittelst anderer Verbrechen oder Vergehen erlangt sind, verheimlicht, ankauft, zum Pfande nimmt,

---

*) Neue Fassung des Ges. v 14 April 1856 (G.S. s. 210); die ursprüngliche Fassung lautete:

§. 237. Wer Sachen, von denen er weiß, daß sie gestohlen, unterschlagen oder mittelst anderer Verbrechen oder Vergehen erlangt sind, ankauft, zum Pfande nimmt oder verheimlicht, ingleichen wer Personen, die sich eines Diebstahls, einer Unterschlagung oder eines ähnlichen Verbrechens oder Vergehens schuldig gemacht haben, in Beziehung auf das ihm bekannte Verbrechen oder Vergehen um seines eigenen Vortheils willen begünstigt, ist mit Gefängniß nicht unter Einem Monate und mit zeitiger Untersagung der Ausübung der bürgerlichen Ehrenrechte zu bestrafen; auch kann derselbe zugleich unter Polizei-Aufsicht gestellt werden

Wird festgestellt, daß mildernde Umstände vorhanden sind, so kann die Strafe bis auf Eine Woche Gefängniß ermäßigt werden

---

Sache zum Gegenstande gehabt haben *Sic*: Temme Gll. s. 289, welcher den Satz aber auf den zuletzt erwähnten Fall beschränken will.

§. 237.

Inhalt:

1. Es wird ein Wissen, d. h. eine Ueberzeugung erheischt, daß die Sachen mittelst eines Verbrechens zc. erlangt sind; ob eine solche anzunehmen sei, ist Gegenstand der thatsächlichen Beurtheilung; eine durch mehrfache Verdachtsgründe hervorgerufene Vermuthung, daß dem so sei, reicht zur Anwendung des Strafgesetzes nicht hin Z. II 16 Feb. 1854 c Erhard u. Gen.

2. Dagegen ist, mit Rücksicht darauf, daß die Hehlerei nach dem StGB. ein selbstständiges Vergehen zc. darstellt, „zum Thatbestande derselben die Kenntniß des „bestimmten Verbrechens zc, oder der Art von Verbrechen zc., mittelst deren „die betreffenden Sachen erlangt sind, nicht erforderlich, es genügt vielmehr die „Kenntniß, daß die Sachen überhaupt von einem Verbrechen oder Vergehen herrühren.“ V. II 3. Jan. 1856 c. Nöstel (Präj n 197.), welches indessen diesen Satz nur in Betreff der durch Ankauf u. s. w. begangenen Hehlerei annahm, und dagegen bei der durch Begünstigung des Thäters verübten Hehlerei spezielle Kenntniß von demjenigen Verbrechen zc. verlangte, durch welches die Sache erlangt war. Eine solche Unterscheidung hat schwerlich in der Absicht des Gesetzgebers gelegen Zu bemerken ist, daß der letztere Fall damals zur Entscheidung nicht vorlag. — Jedenfalls ist es nicht unzulässig, Hehlerei da anzunehmen, wo alternative festgestellt worden, daß der Angeklagte gewußt habe, daß die betr. Sache gestohlen oder unterschlagen worden, da in beiden Fällen die Strafe des § 237 verwirkt ist. Z. I 23. Mai 1855 c Hoffmann (Reimann). — Am wenigsten wird erfordert, daß der Hehler die nähern Umstände, unter welchen die Hauptthat begangen wurde (Zeit, Ort, Person des Benachtheiligten) gekannt habe. Vgl. G. Arch. 1. s. 219. — Dagegen reicht die Feststellung: „der Angeklagte habe eine Sache gekauft, wissend, daß

oder sonst an sich bringt, oder zu deren Absatze bei Andern mitwirkt, es sei um seines eigenen Vortheils willen oder nicht, ingleichen wer Personen, die sich eines Diebstahls, einer Unterschlagung oder eines ähnlichen Verbrechens oder Vergehens schuldig gemacht haben, in Beziehung auf das ihm bekannte Verbrechen oder Vergehen um seines eigenen Vortheils willen begünstigt, ist mit Gefängniß nicht unter Einem Monate und

---

sie gestohlen oder gefunden war", nicht hin. weil im letztern Falle nicht ein vollendetes Vergehen vorhergegangen war. Das Nähere vgl. n. 15. und zu § 226. n. 22.

3. Die Strafe des § trifft demgemäß auch denjenigen, welcher beim Ankaufe 2c. von Sachen weiß, daß sie durch ein Verbrechen 2c erlangt sind, sollte er sich auch im Irrthume daruber befinden, durch welches Verbrechen 2c sie erlangt wurden, z B. wenn Jemand eine gestohlene Sache in der irrigen Meinung kauft, sie sei unterschlagen. Ein solcher Fall kann leicht in der Weise vorkommen, daß eine gestohlene Sache als angeblich gefunden verkauft, und letzteres vom Käufer geglaubt wird; es bleibt dann aber das unten n 15 Bemerkte zu berücksichtigen

4 Die Wissenschaft von dem Verbrechen 2c. muß im Augenblicke des Ankaufs 2c. obgewaltet haben; daher "unterliegt der Kaufer einer Sache, welcher erst "nach dem redlichen Erwerbe derselben erfahren hat, daß sie gestohlen, unterschlagen "oder durch ein andres Verbrechen 2c. erlangt sei, wenn er dieselbe verheimlicht, "nicht der Strafe der Hehlerei." Z. I. 20 Jan 1854 c. Rauth u Gen (Präj n. 74; Entsch. 26. f 479; 27. f. 119; G. Arch. 2 f. 559); Z. I. 23. Sept. 1853 c Schröder (G. Arch 2 f. 559)

5. Objektiv muß allerdings festgestellt werden, daß die Handlung durch welche die Sache erlangt war, ein Verbrechen 2c. in sich schliesse. B. I 28 Feb. 1855 c Bielschowski (Bonk u. Gen ; G Arch. 3 f. 264); es ist indessen dabei nicht unerlaßlich, in dieser Beziehung auch das Vorhandensein aller einzelnen Begriffserfordernisse des betr Verbrechens ausdrucklich festzustellen, vielmehr reicht es hin wenn es ausgesprochen wird, daß der der Hehlerei Angeklagte gewußt habe, daß die Sache von einem Dritten "unterschlagen" worden sei. Z I. 9 März 1855 c Lüdke.

6. Dagegen bedarf es weder der Ermittlung noch der Feststellung, wer das betreffende Verbrechen 2c begangen und wer durch dasselbe benachtheiligt worden sei, wer also z. B der Dieb und wer der Bestohlene gewesen Z I. 23. Mai 1855 c Hoffman (Neimann); Z I 11 Apr 1856 c Glatzer; Z I. 30. Apr. 1856 c Schulz; Vgl n. 2. 24 25; zu § 37. n. 9.

7 Es genügt, wenn das Verbrechen 2c das Mittel zur Erlangung der verhehlten Sache gewesen ist; es ist keineswegs erforderlich, daß der Besitz oder die erlangte Gewahrsam als unmittelbare Folge oder Frucht eines Verbrechens 2c, dieses letztere also als alleinige und ausschließlich wirkende Ursache derselben angesehen werden müsse. Daher kann Hehlerei auch an einer vermittelst einer Fälschung (Bezahlung mit einem falschen Wechsel) erlangten Sache begangen werden Z. II. 21 Dez. 1854 c Falke (Lichtenhagen u Gen).

8. Hiernach läßt sich grundsätzlich nicht mit Temme (Lehrb. f 966) behaupten, daß unter den "andern Verbrechen 2c." nur Delikte gegen das Vermögen in gewinnsüchtiger Absicht verübt verstanden werden können.

9 In der ursprünglichen Fassung war die Bedeutung des Worts: "Verheimlichen" eine allgemeine und umfassende, sie begriff jede Handlung in sich, durch welche die Existenz der durch ein Verbrechen erlangten Sache verborgen, und die Rückerstattung derselben an den Eigenthumer, oder die Beschlagnahme vereitelt werden soll. B. I 26. Jan. 1853 c. Biermann (Spitzer u Gen ; G. Arch 1. f. 401); Vgl. Funke Abh. in G. Arch. 2 f 613; das wird im Allgemeinen auch noch jetzt gelten, insoweit nicht die Handlung unter einen der andern mit aufgeführten Begriffe fällt.

10. Das blosse Verschweigen, und die Unterlassung der Anzeige von dem

mit zeitiger Untersagung der Ausübung der bürgerlichen Ehrenrechte zu bestrafen; auch kann derselbe zugleich unter Polizei-Aufsicht gestellt werden.

Wird festgestellt, daß mildernde Umstände vorhanden sind, so kann die Strafe bis auf Eine Woche Gefängniß ermäßigt werden.

[Entw § 34 218 a.] Vgl. § 238—240. 37. 38. 28 228; Einf.-Ges. Art. XXI. XXV; Holzdiebst.-Ges. v. 2. Juni 1852 § 6; AKO. v 21 April 1856 (G S s. 220).

Verbrechen, selbst die Weigerung den Ort des gestohlenen Guts anzugeben, ist noch keine Verheimlichung. B. I 26 Jan 1853 c. Biermann (Spitzer u. Gen.; G Arch 1. s 405); Funke Abh. in G. Arch. 2 s 612

11. Im Uebrigen gehört der Begriff des Verheimlichens dem gemeinen Leben an, und die Frage, ob eine Verheimlichung anzunehmen, ist thatsächlicher Natur Z. I 8 Sept. 1854 c Gallas; Z (V) II. 30. Nov. 1854 c. Ferchland (Lange u. Gen). Es bedarf daher einer Auflösung des Begriffs in der den Geschwornen vorgelegten Frage nicht, Z. II. 20. Okt 1853 c. Jüling (G Arch. 2. s 101), und die betreffende Entscheidung des Instanzrichters unterliegt dem Angriffe durch die Nichtigkeitsbeschwerde nur insoweit, als nachzuweisen ist, daß derselbe gleichwohl diesen zugleich rechtlichen Begriff verkannt habe

12. Daß der Verheimlichung eine darauf gerichtete Verabredung mit dem Diebe rc. vorhergegangen sei, wird keineswegs erfordert. Z. I. 27. Mai 1853 c. Haase (Pfeiffer u Gen.; G. Arch. 1 s. 408).

13. Die durch Ankauf oder Pfandannahme bewirkte Hehlerei setzt keineswegs ein rechtsgültiges Geschäft dieser Art voraus; auf civilistische Rechtsbeständigkeit und Klagbarkeit kommt dabei gar Nichts an. Z. 12. Dez 1852 c Opet (G Arch 1. s 408).

14. Jeder Ankauf rc., nicht allein der vom Urheber der betr. strafbaren Handlung stattgehabte, genügt zur Herstellung des Thatbestandes Z I. 6. Mai 1853 c. Behnfeld (Eichler u. Gen.); Z. I 23. Mai 1855 c. Hoffman (Neiman).

15. Hehlerei setzt, als selbstständiges Vergehen, voraus, daß die strafbare Handlung durch welche die Sache erlangt worden, bereits vollendet war, ehe sie Platz greifen konnte; jede frühere Thätigkeit eines Dritten in Beziehung auf die Sache, kann nur dann strafbar sein, wenn sie den Begriffserfordernissen der Theilnahme an der Hauptthat entspricht Daher kann der wissentliche Ankauf einer gefundenen Sache keine Hehlerei, sondern nur Theilnahme an der Unterschlagung sein, vorausgesetzt, daß eben erst durch die Veräusserung der gefundenen Sache Seitens des Finders diese Unterschlagung begangen wurde. Das Nähere siehe zu § 226. n. 22.

16. Da jetzt jedes „An sich Bringen“ den Thatbestand der Hehlerei darstellen soll, so unterliegt es keinem Zweifel, daß auch das Eintauschen, und die Annahme an Zahlungsstatt hierher gehören. Das nahm auch schon vor dem Ges. v. 14. Apr. 1856 ein Z I. 16. Juni 1854 c Fernstadt an. *Contra* Z 18 Feb. 1852 c Noack; G. Matt. 2 s 529 n. 5.

17. Dasselbe gilt von der Annahme der Sache als Geschenk, vom Verzehren und Veräussern. Auch in diesen Handlungen hatte das Ober-Tribunal schon vor dem Ges. v 14. Apr 1856 ein Verheimlichen gefunden. So: B. I. 26 Jan 1853 c. Biermann (Spitzer u. Gen., G Arch. 1. s. 401); Z. I. 27. Mai 1853 c. Haase (Pfeifer u. Gen.; G. Arch. 1. s. 408); Beschl. I 8. März 1854 c Nickel (Nöstell u Gen.; G. Arch. 2. s. 560). *Contra*: G. Matt. 2 s. 529 n. 5; Temme Lehrb. s. 966. In Betreff des Verkaufs sprach dagegen ein B II. 3 Jan. 1856 c Nöstel sich dahin aus, daß er nicht nothwendig eine Verheimlichung darstelle.

18 Daß jetzt Hülfeleistung zu der durch den Dieb rc. bewirkten Veräusserung hierher gehöre, ist unzweifelhaft. Früher *Contra*. Erk. App. G. Frankfurt c. Schiemang (G. Arch. 1. s. 408).

19. Vor der durch das Ges. v. 14. Apr 1856 bewirkten Abänderung des § hat das Ober-Tribunal durchweg angenommen, daß die Hehlerei, als selbstständiges Vergehen, auch nothwendig eine von der Absicht des Hauptverbrechers unabhängige selbstsüchtige Absicht des Hehlers voraussetze, wenn gleich dieses in den §§ 237. 238. in Betreff der durch Ankauf, Pfandnahme und Verheimlichung bewirkten Hehlerei nicht ausdrücklich ausgesprochen sei: die Handlungen des Ankaufs und der Pfandnahme stellten sich von selbst mit Nothwendigkeit als eigennützige dar, weshalb es bei ihnen einer besondern Feststellung der Absicht sich Gewinn zu verschaffen nicht bedürfe (so Z I 30 Jan. 1856 c. Neumann u. ö.); ein Gleiches gelte aber von der Handlung des „Verheimlichens" nicht, gleichwohl sei auch aus der Gleichstellung dieses Worts mit dem Ankaufe ꝛc., sodann aus der herkömmlichen Bedeutung des Worts Hehlerei, ferner aus den Aeusserungen im Kommissions-Berichte der zweiten Kammer (s. 126), und endlich aus dem Umstande, daß sonst die Hehlerei nicht wesentlich von der Begünstigung unterschieden sein würde, — zu schliessen, daß auch hier diese eigennützige Absicht als Begriffserforderniß und Bedingung der Strafbarkeit vom Gesetz vorausgesetzt sei, weshalb es hier stets der ausdrucklichen Feststellung derselben bedürfe In diesem Sinne sprachen sich unter andern aus: V. I. 26. Jan. 1853 c. Popielska (Borowski u. Gen Präj. n. 10; Entsch. 24. s. 493; G. Arch. 1. s 400); Z. 24 Mai 1852 c. Wartchow (G Arch. 1. s. 96); V. I. 26. Jan. 1853 c Viermann (Spitzer u. Gen. G. Arch. 1. s. 401); V. II. 10. März 1853 c. Schulz (G. Arch 1. s. 407); Z. I. 27. Mai 1853 c Haase (Pfeiffer u. Gen G. Arch. 1. s. 408); Z. II. 9. März 1854 c Wiegel; Z II. 12. Okt. 1854 c. Zwanzig (Rübeau u. Gen.); V I. 18. Okt. 1854 c. Gramowska (Scharping); V. II 30 Nov. 1854 c. Ferchland (Lange); Z. I. 30. Nov. 1855 c Gerlach (G. A 4. s 257) Dieser Ansicht waren auch Bes. s. 425; G Arch. 2. s 528 n. 3, der letztere hauptsächlich darum, weil er sonst im § 237 eine Antinomie mit § 37 glaubte finden zu müssen. *Contra:* Temme Lehrb. s. 966 — Das neue Gesetz hat hier jeden Zweifel gehoben.

20. Die (durch Ankauf ꝛc. der durch das Verbrechen ꝛc erlangten Sachen bewirkte) Hehlerei ist keineswegs eine blosse Spezies der Begünstigung; es bedarf daher neben den im § angegebenen Begriffserfordernissen, nicht auch noch der wesentlichen Merkmale der strafbaren Begünstigung; insbesondere ist es nicht erforderlich, daß bei der Verheimlichung zugleich bezweckt worden sei, den Vortheil des Diebs zu befördern, ihm die verhehlte Sache zu sichern. Z I. 27 Mai 1853 c. Haase (Pfeiffer u. Gen.; G. Arch. 1. s. 408). *Contra:* Z. 11 Okt. 1851 c. Scheurich; Z. 18. Feb. 1852 c Noack; Temme Lehrb. s 966 Zu vergleichen ist auch V I. 16. Feb. 1853 c Kroll (Gubert u. Gen.).

21. Der im § 37 aufgestellte Begriff der Begünstigung liegt der im § 237 gedachten zum Grunde Z. II. 16 Juni 1853 c. Freitag (Luxem u. Gen ; G Arch. 1. s. 578). Vgl. n. 22.

22. „Auf die in Beziehung auf Diebstahl, Unterschlagung oder ähnliche Vergehen ꝛc. um eignen Vortheils willen dem Thäter gewährte Begünstigung sind die „§§ 237 238. des StGB. auch dann anwendbar, wenn die Begünstigung bezweckt „hat, dem Thäter die Vortheile des Vergehens ꝛc. zu sichern" Z Pl. 9. Okt. 1854 c. Cornelius u. Gen (Präj n 109; Entsch. 28. s. 475; 29. s. 252); Z II. 16 Juni 1853 c. Freitag (G. Arch 1. s. 578) — *Contra:* früher Z I. 11. Feb. 1853 c Thomas (Präj n 11; Entsch. 24. s. 493; G. Arch. 1. s. 406), welches die §§ nicht auf jede, sondern nur auf diejenige Begünstigung beziehen wollte, „welche den Dieben und „ähnlichen Verbrechern ꝛc., um sie der Strafe zu entziehen, geleistet wird." In diesem Sinne sprach sich auch aus V. (Z) I. 5. Apr. 1854 c. Kühl (Ernst u. Gen) Vgl. Abh in G. Arch. 2. s. 777.

23 Die in Folge einer vor der Hauptthat genommenen Abrede gewährte Begünstigung (§ 38) ist, auch wenn die Voraussetzungen des § 237 fg vorliegen, immer gleich der Hülfeleistung als Theilnahme, nicht also als Hehlerei zu bestrafen Vgl. n. 29

24. Die Strafbarkeit der Begünstigung, insbesondre auch der im § 237 fg gedachten, ist weder durch die Bekanntschaft des Begünstigenden mit der Person des Begünstigten, noch durch die Ermittlung des letztern bedingt. Vgl zu § 37. n. 9. und oben n. 6.

§. 238. *) Wer Sachen, von denen er weiß, daß sie von einem Raube oder einer dem Raube gleich zu achtenden

*) Neue Fassung des Ges v 14. April 1856 (G S. s. 210); die ursprüngliche Fassung lautete:

§. 238 Wer Sachen, von denen er weiß, daß sie von einem Raube oder einer dem Raube gleich zu achtenden Erpressung (§ 236.) oder einem schweren Diebstahle (§ 218.) herrühren, ankauft, zum Pfande nimmt oder verheimlicht, ingleichen wer Personen, die sich eines der genannten Verbrechen schuldig gemacht haben, in Beziehung auf das verübte und ihm bekannte Verbrechen um seines eigenen Vortheils willen begünstigt, ist mit Zuchthaus bis zu zehn Jahren und Stellung unter Polizei-Aufsicht zu bestrafen.

Wird festgestellt, daß mildernde Umstände vorhanden sind, so ist auf Gefängniß nicht unter Einem Jahre, sowie auf zeitige Untersagung der Ausübung der bürgerlichen Ehrenrechte zu erkennen

25. Ebensowenig ist es erforderlich, daß der Hehler wisse, wer der Bestohlene sei. Z. I 30. Jan 1856 c. Neumann; vgl n. 6

26 Inwieweit es zur Vollendung der Begünstigung der Erreichung des beabsichtigten Zwecks bedarf, darüber vgl. zu § 37. n. 8.

27. Unter „ähnlichen Vergehen und Verbrechen“ sind hier Delikte gegen das Vermögen in rechtswidriger gewinnsüchtiger Absicht verübt, zu verstehen Temme Gll. s. 291; id. Lehrb. s. 965. Aehnlich G. Matt. 2. s. 528 n. 2.

28. Nur dritte Personen können sich der Hehlerei schuldig machen, nicht auch derjenige, welcher das Verbrechen &c, durch welches die fremde Sache erlangt worden, selbst verübt hat. Z II. 15. Sept 1853 c Terstappen u Gen.; V. Pl. 29. Okt. 1855 c. Frieseke (G. Arch 3 s 751); V Pl 29. Okt. 1855 c Burchardt (Weidehase u. Gen. G. A. 3. s 751).

29 Auch „derjenige, welcher als Theilnehmer an einem Diebstahle bestraft „wird, kann mit Bezug auf den nämlichen Diebstahl nicht noch ausserdem mit der „Strafe der Hehlerei belegt werden“ V Pl. 29 Okt 1855 c Burchardt (Weidehase u Gen Präj n. 181; G. Arch. 3 s 751); V. Pl. eod c. Frieseke (G. Arch ibid.). Aehnlich Z. II. 16. März 1854 c. Broker (G. Arch 2. s 403); vgl. zu § 34 n. 34 — *Contra* früher: Z. I. 6. Okt 1854 c Jackisch (Hoffman u. Gen G. Arch. 3 s. 751); Z. I. 20. Juni 1855 c Kairies (Dischereit u. Gen. G Arch. 3 s. 751), welche im Falle einer Theilnahme durch Anstiftung, und demnächstiger Hehlerei reale Konkurrenz annahmen, und den § 56 zur Anwendung brachten. Vgl. Abh. in G Arch 3 s. 751.

30. Da die Hehlerei im StGB. als selbstständiges Vergehen aufgefaßt ist, so ist es grundsätzlich bedeutungslos, welche Strafe der Hauptthäter verwirkt hat; es kann sonach leicht geschehen, daß seine Handlung unter ein milderes Strafgesetz falle Vgl. Hartmann Abh. in G Arch. 2. s 773

31. Aus demselben Grunde ist es unerheblich, wenn der Hauptthater vielleicht gar nicht dem Strafgesetze anheimfallen möchte (vgl § 228), oder wenn seine Handlung, z B weil sie im Auslande von einem Ausländer verübt worden, wenigstens in Preussen und nach Preussischen Gesetzen nicht zu bestrafen wäre. Z I. 7. Sept. 1853 c. Riemann u. Gen (G. Arch. 1. s. 579)

32. Ein Versuch der einfachen Hehlerei ist nicht strafbar. Bes. s 453. Insoweit aber dieselbe durch Begünstigung des Thäters verübt werden sollte, ist dasjenige zu berücksichtigen, was zu § 37 n. 8. über die Vollendung bei letztern gesagt ist Vgl auch Temme Lehrb s 965

33. Dagegen ist Theilnahme an einer Hehlerei, selbst im Sinne des § 34 Nr. 2. jetzt sehr wohl denkbar. *Contra:* Temme Lehrb. s. 965.

§. 238.

1. Die Vorschrift dieses § ist auf andere Fälle, wo die Sachen durch sonstige schwer bestrafte Verbrechen erlangt waren, nicht auszudehnen Goltd Matt. 2 s. 531.

Erpressung (§ 236.) oder einem schweren Diebstahle (§ 218.) herrühren, verheimlicht, ankauft, zum Pfande nimmt oder sonst an sich bringt, oder zu deren Absatz bei Andern mitwirkt, es sei um seines eigenen Vortheils willen oder nicht, ingleichen, wer Personen, die sich eines der genannten Verbrechen schuldig gemacht haben, in Beziehung auf das verübte und ihm bekannte Verbrechen um seines eigenen Vortheils willen begünstigt, ist mit Zuchthaus bis zu zehn Jahren und Stellung unter Polizei-Aufsicht zu bestrafen.

Wird festgestellt, daß mildernde Umstände vorhanden sind, so ist auf Gefängniß nicht unter sechs Monaten, sowie auf zeitige Untersagung der Ausübung der bürgerlichen Ehrenrechte zu erkennen.

[Entw. § 34. 218 b.] Vgl. § 237; Ges. v 22 Mai 1852 Art. I. (G.S. s 250); AKO v 21 April 1856 (G.S. s 220).

§. 239. Wer die Hehlerei (§§ 237. und 238.) gewohnheitsmäßig betreibt, soll mit Zuchthaus bis zu funfzehn Jahren und Stellung unter Polizei-Aufsicht bestraft werden.

[Entw. § 34 218 c.] Vgl. Ges. v. 22. Mai 1852 Art. I. (G S s. 250).

---

2. Die abweichende Fassung des Schlusses des ersten Absatzes dieses § im Vergleiche zu der des § 237, nach welcher es hier heißt: — „in Beziehung auf das verübte und ihm bekannte Verbrechen“ — andern an der Bedeutung der Vorschrift Nichts, da auch § 237 ein vorher vollendetes Vergehen voraussetzt, vgl. zu diesem § n 15

3. Auch hier wird nicht erfordert, daß der Hehler speziell gewußt habe, ob die Sache von einem Raube, oder einer gewaltsamen Erpressung, oder einem schweren Diebstahle herrühre, wenn ihm nur allgemein bekannt war, daß die Sache durch eins dieser Verbrechen erworben sei Vgl zu § 237 n 2.

4. Auch im Falle dieses § muß beim Vorhandensein mildernder Umstände dennoch nothwendig auf Stellung unter Polizei-Aufsicht erkannt werden. Vgl zu § 218 Schlußsatz n 1.

§. 239.

1. Das in den frühern Entwürfen gebrauchte Wort „gewerbsmässig“ ist später durch „gewohnheitsmässig“ ersetzt worden. Beide Ausdrücke sind keineswegs, wie Beseler (s 454) und Temme (Gll. s. 292; id. Lehrb. s. 966 Note 3) glauben, gleichbedeutend, wie das namentlich aus der verschiedenen Fassung der §§ 146 und 147, und dem Gegensatze im letztern: „gewohnheitsmässig oder aus Eigennutz“ hervorgeht. Bei der Gewerbsmässigkeit ist vorzugsweise auf die Erzielung eines Gewinnes gedacht, weshalb denn auch schon eine einmalige Handlung diesen Charakter an sich tragen kann, (vgl. zu § 146 n. 3. 4 und zu § 266 n. 5—10), wogegen die Gewohnheitsmässigkeit nur durch eine Mehrheit von Fällen begründet werden kann; das erkennt Bes l. c. selbst an, indem er als das wesentliche Merkmal der Gewohnheitsmässigkeit die Wiederholung derselben verbrecherischen Handlungen in einer gewissen Regelmässigkeit, wenigstens in nicht zu langen Zwischenräumen, die Verknüpfung derselben mit dem ganzen Leben und Treiben des Thäters bezeichnet; vgl. auch Bes. s 455 zu § 240; und unten zu § 263 n. 23.

2. Der § schließt es nicht aus, daß aus dem Beweise zweier Fälle eine Gewohnheitsmässigkeit derselben gefolgert werde Z. II. 12 Okt. 1854 c. Ihlow. B II. 30. Nov. 1854 c. Hölters u. Gen. Vgl. zu § 263 n. 26.

§. 240.*) Wer bereits zweimal oder mehrere Male rechtskräftig durch einen Preußischen Gerichtshof wegen Hehlerei

---

*) Neue Fassung des Ges vom 9. März 1853 (G S s. 78); die ursprüngliche Fassung lautete:

§. 240. Wer bereits zweimal oder mehrere Male rechtskräftig durch einen Preußischen Gerichtshof wegen Hehlerei verurtheilt worden ist, soll, wenn er

---

3 Zur Annahme der Gewohnheitsmässigkeit bedarf es nicht nothwendig der Einlassung mit mehreren Personen. V. II. 30. Nov 1854 c Hölters u Gen.; Z. I. 30. Apr 1856 c. Schulz; vgl zu § 263 n. 2 u. 25.

4. Ebensowenig läßt sich behaupten, daß in Betreff verschiedener von einem einzigen Diebstahle rc. herrührender Sachen nicht eine wiederholte, und also auch (in Ermanglung sonstiger Fälle) nicht eine gewohnheitsmässige Hehlerei möglich sei; das Gegentheil folgt vielmehr daraus, daß jetzt die Hehlerei ein selbstständiges Vergehen rc. darstellt.

5. Bei Feststellung der Gewohnheitsmässigkeit darf der Instanzrichter auch auf solche Fälle rücksichtigen, welche wegen Ablaufs der zehnjährigen Frist des § 60 und 240 zur Begründung des Rückfalls nicht dienen könnten. Z II. 12 Okt. 1854 c Ihlow Dasselbe gilt von solchen Fällen, wegen deren, weil sie von einem Ausländer im Auslande verübt waren, in Preußen eine Strafverfolgung unzulässig sein würde; Vgl zu § 3 n. 5; zu § 263 n 27; zu § 266 n. 9. — Im Gleichen ist es unbedenklich auch solche Fälle zu berücksichtigen, wegen welcher früher bereits eine Verurtheilung erfolgt ist.

6 Sobald die Voraussetzungen der Gewohnheitsmässigkeit vorliegen, nimmt jeder einzelne der richterlichen Entscheidung unterliegende, und als erwiesen festgestellte Fall (auch der zuerst begangene), diesen Charakter an, und begründet die Anwendung des §; bei einer Mehrheit von Fällen greift daher auch § 56 Platz, und es läßt sich nicht aufstellen, daß die Gewohnheit als solche, d h. also der Inbegriff aller vorliegenden Fälle zusammen das einmalige Verbrechen darstelle; es würde sonst eine zweimalige schwere Hehlerei, welche nicht gewohnheitsmässig statt gefunden, hoher (nach § 238 bis zu zwanzig Jahr Zuchthaus) bestraft werden können, als wenn das erschwerende Moment der Gewohnheitsmässigkeit hinzuträte; auch würde aus der Annahme der zuletzt gedachten Ansicht folgen, daß wenn die Gewohnheitsmässigkeit durch Berücksichtigung einer frühern Verurtheilung wegen Hehlerei begründet wäre, die damals verhängte Strafe von der neuerdings verwirkten in Abzug zu bringen sei Anders verhält es sich bei denjenigen Vergehen, bei welchen die Strafbarkeit erst durch die Gewohnheitsmässigkeit begründet wird, weil sie da nicht ein die Strafbarkeit der Einzelthat erhöhendes Moment, sondern ein Begriffserforderniß des Vergehens selbst darstellt, z B beim gewohnheitsmässigen Wucher; ähnlich bei der gewerbsmässigen Unzucht vgl. zu § 263 n. 40, und zu § 146 n 5

7. Treffen Gewohnheitsmässigkeit und Rückfälligkeit zusammen, so darf nicht eine doppelte Verschärfung (nach § 58. und 239.) oder gar eine Zusammenrechnung der Strafen Platz greifen; es kann vielmehr im Falle des § 239 die Rückfälligkeit, und ebenso umgekehrt im § 240 die Gewohnheitsmässigkeit nur als Strafzumessungsgrund in Betracht kommen Vgl Bes s. 456.

8. Bei Anwendung des § 239 kann es nur als Strafzumessungsgrund von Erheblichkeit sein, ob Fälle der schweren oder leichten Hehlerei vorliegen.

§. 240.

1 Nur frühere Verurtheilungen wegen Hehlerei, nicht auch solche wegen Diebstahls, Raubes oder dgl können hier den Rückfall begründen. Temme Lehrb. s 967.

2. Im Uebrigen finden die Bemerkungen zu § 219 hier analoge Anwendung.

3 Konkurrirt neben dem Rückfalle auch noch die Gewohnheitsmässigkeit, so kann sie nur als Strafzumessungsgrund Berücksichtigung finden Vgl zu § 239. n. 7. Dasselbe gilt von der Rückfälligkeit bei der gewohnheitsmässigen Hehlerei.

verurtheilt worden ist, soll, wenn er sich von Neuem der Hehlerei schuldig macht, bestraft werden, wie folgt:

1) Wegen einfacher Hehlerei (§ 237.) mit Zuchthaus bis zu funfzehn Jahren.

Wird festgestellt, daß mildernde Umstände vorhanden sind, so ist auf Gefängniß nicht unter sechs Monaten, sowie auf zeitige Untersagung der Ausübung der bürgerlichen Ehrenrechte zu erkennen.

2) Wenn die Hehlerei eine schwere ist (§ 238.), so ist die Strafe Zuchthaus von fünf bis zu zwanzig Jahren.

Wird festgestellt, daß mildernde Umstände vorhanden sind, so ist auf Zuchthaus bis zu fünf Jahren oder auf Gefängniß nicht unter Einem Jahre und auf zeitige Untersagung der Ausübung der bürgerlichen Ehrenrechte zu erkennen.

In allen Fällen (Nr. 1. und 2.) soll zugleich Stellung unter Polizei-Aufsicht eintreten.

Die vorstehenden Bestimmungen finden keine Anwendung, wenn entweder in Ansehung des letzten oder in Ansehung des früheren Verbrechens oder Vergehens die Straferhöhung wegen Rückfalls gesetzlich ausgeschlossen ist (§ 60.).

[Entw § 34 218 d] Vgl. § 58—60. 290 233 Nr. 1; Ges. v 22. Mai 1852 Art I. (G S. S 250); AKO v 21. April 1856 (G.S. S 220).

Einundzwanzigster Titel.

Betrug.

§. 241. Wer in gewinnsüchtiger Absicht das Vermögen eines Anderen dadurch beschädigt, daß er durch Vorbringen fal-

---

sich von Neuem der einfachen Hehlerei (§ 237.) schuldig macht, mit Zuchthaus bis zu funfzehn Jahren, und wenn er sich der schweren Hehlerei (§ 238) schuldig macht, mit Zuchthaus von fünf bis zu zwanzig Jahren, sowie in beiden Fällen mit Stellung unter Polizei-Aufsicht bestraft werden

Die Straferhöhung tritt nicht ein, wenn seit dem Zeitpunkte, an welchem die Strafe des zuletzt begangenen früheren Verbrechens oder Vergehens abgebüßt oder erlassen worden ist, zehn Jahre verflossen sind.

---

§. 241.

Inhalt:

scher oder durch Entstellen oder Unterdrücken wahrer Thatsachen einen Irrthum erregt, begeht einen Betrug.

[Entw § 219] Vgl. § 242—245; Ges v. 8. Mai 1837 § 17. 28.

Rechtsirrthum. 28
Rechtsverletzung. 22.
Schadensabwendung. 3.
Schadensersatz. 19.
Simulation. 20. 20 a.
Thatsache. 26. 27.
Theilnahme. 23.
Unterdrücken. 33.
Vermögens-Beschädigung. 7—21.
Vorbringen. 32.
Wechsel. 18. 39.

1. Der Begriff des Betrugs, wie er im § aufgestellt worden, ist nicht ein allgemein bekannter, und weicht von der Bedeutung, welche jenem Ausdrucke im gemeinen Leben beigelegt wird, wesentlich ab; er ist daher als ein positiv rechtlicher zu betrachten, und es bedarf sowohl bei den Anklagen oder Beschuldigungen, als bei den thatsächlichen Feststellungen, der ausdrücklichen Hervorhebung der in der Definition enthaltenen wesentlichen Merkmale. Insbesondre ist dieses da erforderlich, wo den Geschwornen eine, auf einen Betrug bezügliche, Frage vorgelegt wird. B. II. 5. Okt. 1854 c. Kniprath.

1 a. Der Begriff der „gewinnsüchtigen Absicht“ ist ein rechtlicher; Z. I. 28. März 1856 c Wenner; ob seine Voraussetzungen vorliegen, ist dagegen eine thatsächliche Frage. B. I. 3. Feb. 1854 c. Sawade.

1 b. Der strafrechtliche Begriff des Gewinnes setzt (vom Falle einer durch Täuschung erweckten Freigebigkeit abgesehen, vgl. n. 13 14.) eine unerlaubte Bereicherung durch den Empfang einer Leistung ohne entsprechende Gegenleistung voraus. So: Z I. 28. März 1856 c. Wenner, welches einen Betrug in einem Falle nicht annahm, wo ein Handwerker durch Annahme eines falschen Namens es zu Wege brachte, daß ihm die einem andern zugedachte Arbeit zugewendet, und so dem letztern der Arbeitsverdienst entzogen wurde. Vgl. n. 8.

2. Gleichgültig ist, ob der Betrüger den Gewinn für sich, oder für einen Andern sucht. Z. I 23 Jan. 1852 c Nawers; Z. I. 18 Feb. 1853 c Seyffert; Z. I 18. Jan. 1854 c. Hirschberg; G. Matt. 2. f. 549 n 9.

3. Ein Z. 23. Jan. 1852 c. Nawers wollte in der Absicht: Jemanden von der Verurtheilung in eine Strafe (gleichgültig: ob Geld- oder andre Strafe) zu befreien, eine Gewinnsucht nicht finden, ging also von der Ansicht aus, daß die Absicht von sich, oder einem Andern einen Schaden abzuwenden, keine gewinnsüchtige sei. Das Gegentheil nahm dagegen dasselbe Erkenntniß von der Absicht der Befreiung von der Nachzahlung der dem Staate verschuldeten Steuergefälle an Vgl n. 4. u. zu § 247. n. 10.

4. Ob Gewinnsucht in der Absicht bei einem eingeleiteten Exekutionsverfahren einen Aufschub zu erlangen liege, und ob es daher als Betrug anzusehen sei, wenn Jemand diesen Zweck durch Täuschung des Exekutors (z. B durch Vorlegung einer erschlichenen Postquittung über eine angeblich an den Gläubiger bewirkte Geldsendung) zu erreichen sucht, — hat die Rechtsprechung des Ober-Tribunals eine Zeit lang geschwankt. Es bejahten unbedingt Z. 9. Juli 1852 c. Grabert; Z. I. 15. Juni 1853 c. Wolff; Z. I 9. Sept. 1853 c. Lampe; andre Erkenntnisse, z. B. Z. 26. Sept. 1852 c. Klaußwitz; Z. I. 22. Feb. 1854 c. Prosé; Z. I. 2. Feb. 1855 c. Prietzel; Z. II. 8. Feb. 1855 c Brinks wollten dagegen diese Frage als eine rein thatsächliche vom Instanzrichter nach den obwaltenden Umständen endgültig zu lösende, ansehen; in diesem Sinne erging schließlich B. Pl. 29 Jan. 1855 c. Weidner (Präj n. 138; Entsch. 29. f 473; 30. f 308), welches sich in einem nach § 247. zu beurtheilenden Falle dahin aussprach: daß „bei unternommener Täuschung des mit „der Exekutionsvollstreckung beauftragten Exekutors die Absicht des Exequendus einen „Aufschub der verhängten Exekution zu erlangen, noch nicht unter allen Umständen „eine gewinnsüchtige Absicht enthalte“. Auf dieser Auffassung beruht auch Z. I. 29. Feb. 1856 c. Müller. Vgl. Voitus Abh. in G Arch. 1. f 488; unten n. 12. und zu § 247. n. 18. In Betreff des Betrugs hat für die grosse Mehrzahl der Fälle das Ges. v. 14. Apr. 1856 (GS. f 210) durch Einschiebung der Nr. 6. in den § 243. die Frage positiv entschieden.

5. Auf die Erreichung des beabsichtigten Gewinnes kommt jedenfalls Nichts an. G. Matt. 2. f. 546 n. 5.

6. Einer auf Beschädigung des Vermögens eines Andern gerichteten Absicht bedarf es beim Betruge nicht, wohl aber muß der Thäter, um strafbar zu sein, sich des Erfolgs der Vermögensbeschädigung bewußt gewesen sein. B. II. 29. Nov. 1855 c Täger; Bes. s. 460; G. Matt 2. s. 539 n. 5. Aehnlich B. I. 22. März 1854 c Fizur (G. Arch. 2. s. 694) Selbstredend bedarf es hiernach auch nicht einer besondern Feststellung der Absicht der Vermögensbeschädigung. Z. II 8. Feb 1855 c. Brinks

7. Ebensowenig ist es erforderlich, daß der beabsichtigte Gewinn, und der dem Andern verursachte Schaden in einer Wechselbeziehung stehen; es ist daher Betrug, wenn Jemand sich zur Abbüssung der einem Andern zuerkannten Freiheitsstrafe unter dem Namen des Letztern gestellt, und durch seine Verpflegung in der betreffenden Anstalt dem Fiskus Auslagen, also einen Nachtheil veranlaßt, wenn gleich er hierbei für sich nur den Gewinn eines ihm von dem Andern gemachten Versprechens, oder auch nur für diesen Befreiung von der Strafe bezweckte. *Contra:* B I. 22. März 1854 c. Fizur (G A. 2. s. 694), welches in einem solchen Falle freisprach, weil zwischen dem beabsichtigten Gewinne und dem verursachten Schaden eine Beziehung dergestalt stattfinden müsse, daß aus dem Schaden des Andern im natürlichen Zusammenhange, nicht aus zufälligen oder willkührlichen Nebenumständen ein Gewinn für den Thäter erwachse — Im Uebrigen wird in einem solchen Falle, in der Regel wenigstens, auch der Thatbestand des § 252. vorliegen, zumal da die Absicht einem Andern Gewinn zu verschaffen unzweifelhaft vorwaltet, welche zur Anwendung dieses § ausreicht. Vgl zu § 252. n. 14.

8. Unter Vermögensbeschädigung ist jede Beeinträchtigung oder Entziehung von Vermögensrechten zu verstehen, sollte sie auch nicht gerade einen pekuniären Nachtheil zur Folge gehabt haben. B. I 7. Juli 1854 c Rauchhaupt (Der Angeklagte hatte es durch Täuschung dahin gebracht, daß ein schriftlicher Jagdpachtvertrag unterzeichnet wurde, in welchem er selbst, anstatt eines Andern, als Jagdpächter genannt war; festgestellt war, daß die verpachtete Jagd einen pekuniären Gewinn nicht gewähre) Vgl. n. 16.

9. Auch dann ist Vermögensbeschädigung anzunehmen, wenn Jemand durch Täuschung zur Uebernahme einer Rechtsverbindlichkeit veranlaßt worden ist, sollte es auch noch nicht zur Erfüllung derselben gekommen sein Temme Lehrb. s. 980. *Contra:* G Matt. 2 s. 546 n. 5.

10. Gleichgültig ist, ob die als Folge der Täuschung wirklich eingetretene Vermögensbeschädigung, schlechthin unvermeidlich war. Z I 19. Sept 1855 c. Baum u. Gen Vgl. n 16.

11. Eine Vermögens-Beschädigung setzt ihre Rechtswidrigkeit voraus, Temme Lehrb s. 979; vgl unten n. 14. Erlangung desjenigen, was man vom Andern zu fordern berechtigt ist, kann daher nie Betrug sein. G. Matt. 2. s. 576 n. 6; vorausgesetzt wird freilich, daß die Erlangung nicht in einer für den Andern nachtheiligern Weise stattfand, als es in seiner Verpflichtung begründet war; geschähe sie daher früher, als solches hätte gefordert werden können, so dürfte darin auch eine Vermögensbeschädigung gefunden werden *Contra* mit Unrecht: Goltd. l. c.

12. Darüber, ob die durch Täuschung des Exekutors herbeigeführte Hinausschiebung einer verhängten Exekution nothwendig eine Vermögensbeschädigung in sich schliesse, hat die Rechtsprechung des Ober-Tribunals in ähnlicher Weise, wie rücksichtlich der gewinnsüchtigen Absicht im gleichen Falle (vgl. n 4) geschwankt. Es bejahten unbedingt Z. 9. Juli 1852 c. Grabert; Z. I. 9. Sept. 1853 c Lampe, während auch hier Z. 26. Sept. 1852 c. Klaußwitz; Z. I 22. Feb. 1854 c. Prosé; Z. I. 2. Feb. 1855 c. Prietzel das Ganze in das Gebiet der thatsächlichen Beurtheilung verwiesen. Auch diese Frage hat für die grosse Mehrzahl der Fälle durch die neue Nr 6. des § 243. ihre Erledigung gefunden.

13. Es ist Rechtsgrundsätzen nicht zuwider, wenn der Instanzrichter eine Vermögensbeschädigung darin findet, daß Jemand durch Täuschung veranlaßt wird, einem Andern freie Kost und freies Logis, und kleine Geschenke zu geben, da diese immerhin eine Verringerung des Vermögensbestandes zur Folge haben. Z II. 6 März 1856 c. Jaspert (JMBl. s. 115). Vgl. n. 14, und Temme Lehrb. s. 979.

14 Dagegen soll „eine durch blosse Täuschung mittelst Vorbringens falscher

„Thatsachen herbeigeführte Mildthätigkeit noch kein Betrug im Sinne des § 241. „sein." B. II. 22. Sept. 1853 c. Grossekettler (Präj. n. 55; Entsch. 26. f 155; G. Arch 2. f 127); Z. II. 6. März 1856 c Jaspert cit n. 13 (beiläufig); *Sic:* G. Matt 2. f. 544; Koch f. 1016 n. 21; Temme (Gll. f. 292), welcher später (Lehrb. f. 979) von dieser Ansicht wieder abgegangen ist. Zu berücksichtigen ist, daß das StGB. im § 118. Nr. 1. einen solchen Fall ausdrücklich vorsieht, und nur als qualifizirte Bettelei bestraft Dieselben Grundsätze wandte ein Z Pl. 29. Okt. 1855 c. Suchrow (Präj. n. 182; Entsch. 31 f 223; G. Arch 3 f. 797; vgl. zu § 118. n. 12) auch auf einen Fall an, wo Jemand unter dem fälschlichen Vorgeben, er handle für einen Andern von einem schweren Unglücksfalle Betroffenen, im eignen Interesse, um milde Gaben bat; auch hier ward nur wegen Bettelei nach Art 118. Nr 1. bestraft. *Contra* früher: Z. I. 22. Feb. 1854 c Czeckay (G. Arch 2. f 424), welches das Erbitten einer Gabe für einen Andern, für dessen Bevollmächtigten man sich fälschlich ausgab, für einen Betrug ansah — Eine Ausgleichung dieser verschiedenen Ansichten dürfte am richtigsten durch eine Unterscheidung zu bewirken sein, jenachdem die Täuschung die Persönlichkeit desjenigen, welchem das Geschenkte zugewendet werden sollte, oder die äussern Beweggründe zur Geschenkgabe zum Gegenstande hatte; im erstern Falle wäre Betrug, im letztern (wo der Geschenkgeber bewußter Weise die Gabe demjenigen zuwenden wollte, dem sie auch wirklich zu Theil ward) Bettelei anzunehmen

15. Das unter n. 14 Bemerkte muß gleichmässig auch da zur Anwendung kommen, wo es sich von einem Kollektiren unter falschen Vorspieglungen handelt. Vgl G. Matt. 2 f 544; Abh. in G Arch. 3 f. 793.

16 In keinem Falle ist der Begriff der Vermögensbeschädigung auf den Fall zu beschränken, wo die Handlung, durch welche sie bewirkt wurde, für den Getäuschten als eine rechtliche Nothwendigkeit erschien; auch wer durch Täuschung bewogen sich freiwillig entschloß, kann betrogen worden sein. Z II 15 Mai 1856 c Fels; G. Matt. 2 f. 543; Temme Lehrb. f 979. Vgl n. 10

17. Im Uebrigen ist auch der Begriff der Vermögensbeschädigung thatsächlicher Natur Z. I 22. Feb. 1854 c Prosé; Z. I. 2. Feb. 1855 c. Prietzel.

18. Ziehung eines Wechsels auf eine nicht existirende Person, und Hingabe desselben an Zahlungsstatt kann unter Umständen eine Vermögensbeschädigung herbeiführen, und den Charakter des Betrugs annehmen; es braucht das aber nicht nothwendig der Fall zu sein, und ist in jedem Einzelfalle vom Instanzrichter festzustellen. Vgl. G. Arch 2. f. 562. Vgl. zu § 251. n. 31

19. Die Vermögensbeschädigung ist für vollendet zu erachten, sobald in der hier angegebenen Weise eine Verringerung oder Verschlimmerung des Vermögenszustandes stattgefunden hat, insbesondere sobald Vermögensstücke dem Besitze oder der Verfügung des Eigenthümers 2c. entzogen oder vorenthalten sind, Z. (V.) II. 11. Okt. 1855 c. Adams (Geswein), oder wenn Jemand eine Zeit lang das vertragsmässige Aequivalent einer von ihm gemachten Leistung entbehren muß. B. II 29. Nov 1855 c. Jäger; die Möglichkeit des spätern Ersatzes ist dabei eben so gleichgültig, als die etwa später erfolgende Ausgleichung des Nachtheils Z. 9 Juli 1852 c Grabert.

20. Mit Rücksicht auf das unter n 19 Bemerkte kann den Gründen eines B II. 23 Apr 1853 c Gäbler nicht beigepflichtet werden, welches die Simulation eines Vertrags, um dadurch einem Gläubiger ein Exekutionsobjekt zu entziehen, deshalb nicht für Betrug erachtete, weil jene Handlung eine Vermögensbeschädigung nicht zur Folge haben konnte, indem die Rechte des Gläubigers dadurch völlig unberührt blieben, und durch Anfechtung des Scheinvertrags selbst das Objekt desselben der Exekution wieder unterworfen werden könne; die damals gefällte Entscheidung läßt sich aber durch dasjenige rechtfertigen, was unter n. 44. bemerkt ist.

20a. Simulation eines niedrigern Kaufpreises als des vereinbarten in einem schriftlichen Kaufvertrage, um dadurch die Zahlung der vollen Stempelabgabe zu umgehen, ist kein zum Nachtheile des Fiskus begangener Betrug, sondern könnte nur eine Stempelsteuer-Defraude darstellen. Z. II. 3 Mai 1856 c Walter u. Gen.

21. Um die Strafe des Betrugs zu verhängen, bedarf es der Feststellung nicht, um welchen Betrag das Vermögen des Andern beschädigt worden sei. Z. 9. Juli 1852 c. Grabert; Z. II. 3. Mai 1855 c. Panse.

22. Auf die Beschädigung andrer persönlicher Rechte, welche nicht zum Vermögen gehören, ist der § nicht auszudehnen, z. B auf die durch Täuschung herbeigeführte Abschliessung einer Ehe. Bes. s. 460; G. Matt 2 s. 539 n. 4; Koch s. 1046 n. 21; vgl. Temme Lehrb. s 979 Note 2.

23 Zum Begriffe der Theilnahme an einem Betruge ist nicht erforderlich, daß auch der Theilnehmer in gewinnsüchtiger Absicht gehandelt, und das Vermögen des Andern direkt beschädigt habe. Z I. 12 Dez. 1855 c. Ziegler (Kallweit u. Gen). Vgl. zu § 34. n 2.

24. Die Vermögensbeschädigung muß dadurch herbeigeführt worden sein, daß ein Irrthum erregt wurde; es muß sonach ein Causalzusammenhang zwischen der Täuschung und der Beschädigung festgestellt werden, wenn der § anwendbar sein soll. Z. (V.) 13 Sept. 1852 c. v. Taubenheim; Z. II 23. Feb. 1854 c. Hoppe (G. Arch 3. s 611); Abh. in G. Arch. 3. s 608. Hiervon kann selbst dann nicht abgesehen werden, wenn festgestellt worden ist, daß der Angeklagte durch die Täuschung den beschädigenden Erfolg habe herbeiführen wollen, und es wäre unrichtig, wenn daraus der Schluß gezogen würde, daß nun bis zum Beweise des Gegentheils der Erfolg als mit der Täuschung im Zusammenhange stehend anzusehen sei; selbst ein Betrugsversuch könnte in einem solchen Falle nur dann angenommen werden, wenn die Tauglichkeit des angewendeten Mittels zur Herbeiführung des Erfolgs feststände V. I. 18. Feb. 1853 c. Appel.

25 Ob dieser Kausalzusammenhang zwischen der betrügerischen Handlung und dem entstandenen oder beabsichtigten Schaden des Andern vorhanden sei, gehört zur thatsächlichen Beurtheilung Z. I. 4. Mai 1855 c. Singer.

26. Die Irrthumserregung muß durch das Vorbringen oder Unterdrücken &c. von Thatsachen bewirkt worden sein. Durch dieses Erforderniß wollte man vorzugsweise allgemeine täuschende Urtheile und Anpreisungen gewisser, Personen oder Sachen vorgeblich beiwohnender, nicht äusserlich durch die Sinne wahrnehmbarer Eigenschaften und Vorzüge aus dem Begriffe beseitigen. V. I. 28. Apr. 1854 c. Hirschstein; V. II. 7. Dez. 1854 c Voß; Bes. s 459; G Matt. 2. s. 538 n. 2. und s 542; Temme Gll. s 292; id. Lehrb s. 978 Dagegen kann unbedenklich in der Versicherung bestimmter angeblich vorhandener Eigenschaften, welche, wenn sie Sachen betreffen, Gegenstand der Gewährleistung sein würden, das Vorbringen einer solchen Thatsache gefunden werden. G Matt. 2 s. 542. *Sic:* Z. II. 9 März 1854 c. Weinberg, welches den § 241. in einem Falle nicht für verletzt erachtete, wo der Instanzrichter bei einem Pferdehandel deshalb Betrug angenommen, weil der Verkäufer gegen besseres Wissen ein Pferd für gesund, und für von ihm selbst als gesund angekauft ausgegeben hatte; ähnlich Z. I. 18 Jan. 1854 c. Hirschberg, und Z. II. 19. Juli 1855 c. Kuhlmann, welche es für zulässig erklärten, in der Versicherung: Jemand sei zahlungsfähig („gut") das Vorbringen einer falschen Thatsache zu finden; ferner Z. II. 2. Nov. 1855 c. Ehrenberg (G A 4. s. 257), wo der Angeklagte wahrheitswidrig verkaufte Gerste für Amerikanische ausgegeben hatte; ebenso Z. (V) 7. Mai 1856 c. Barella, wo es sich von falschen Angaben über spezielle Qualitäten einer Waare handelte — Auch in solchen Fällen bleibt es jedoch Gegenstand der thatsächlichen Beurtheilung, ob wirklich durch derartige Versicherungen ein Irrthum erregt, und ob dadurch die Vermögensbeschädigung bewirkt worden sei; beim kleinen kaufmännischen Verkehr kommen unzählige Anpreisungen und Empfehlungen unter Hervorhebung bestimmter falscher Eigenschaften und Thatsachen vor, welche kaum auf Glauben Anspruch machen, und sicher nicht geglaubt werden, deshalb also auch eine Vermögensbeschädigung nicht herbeiführen können.

27 Thatsache ist hier nur dasjenige, was als solche in die Aussenwelt getreten ist, nicht also blosse Verheissungen künftiger Erfolge oder Leistungen; das unwahre Vorgeben einer beim Versprechenden stattfindenden Absicht, z. B. vertragsmässige Uebernahme einer Verpflichtung, welche nicht zu erfüllen man von vorne herein Willens ist, fällt daher nicht unter den Begriff des Betrugs. Z. I. 17. Juni 1853 c. Schultz (G. Arch. 1. s. 579); V II. 30 Juni 1853 c. Richter (G Arch. 1. s. 580); Z. II. 17. Nov. 1853 c. Jakob; Z. II. 24. Nov 1853 c Bretzmann (Entsch. 26. s. 418); V. II 19. Nov 1855 c. Jäger. Aehnlich Z. (V) 13. Sept. 1852 c. v. Taubenheim (G. Arch. 1. s. 579). *Sic:* G. Matt. 2. s. 543.

28. Dagegen ist auch das Bestehen einer Rechtsregel eine Thatsache, und es kann daher unter Umständen auch durch Erregung eines Rechts-Irrthums ein Betrug verübt werden. Komm.-B I. K. f. 38.

29. Wenn die Erregung des Irrthums durch Vorbringung falscher Thatsachen bewirkt worden ist, so bedarf es nicht der ausdrücklichen Feststellung, daß der Angeklagte die behaupteten Thatsachen als falsch erkannt, und daß der Betrogene dieselben für wahr gehalten habe, vielmehr genügt eine Feststellung nach der Fassung des §. Z. I. 19 Jan 1855 c. Schneider.

30. Dagegen muß im angedeuteten Falle die objektive Falschheit feststehen; wer eine wahre Thatsache in der irrigen Meinung: sie sei falsch, behauptet, begeht, selbst wenn er dadurch täuscht, keinen Betrug G. Matt. 2. f. 548 n. 7

31. Besteht die vorgebrachte falsche Thatsache in der Annahme eines falschen Namens, so liegt ein Fall der idealen Konkurrenz (§ 55.) vor, und es kann nicht neben der Strafe des Betrugs auch die des § 105. verhängt werden.

32. Das Vorbringen der falschen Thatsachen kann unter Umständen auch in einem blossen Handeln (ohne begleitende Aeusserungen) gefunden werden; die äussere Zurichtung einer verkäuflichen Waare, wodurch sie den Schein einer bessern Qualität erlangt, wird indessen für sich allein dazu nicht genügen Ein Beispiel kam bei B. I. 24 Jan. 1855 c. Ballentin zur Sprache, wo aber die hier angeregte Frage nicht zur Erörterung gelangte; (ein Kaufmann hatte so genannte Kratzbutter mit Salz und Wasser so behandelt, daß er ihr ein besseres Ansehen gegeben).

33. Nicht blos das Vorbringen, sondern auch das Unterdrücken oder Entstellen von Thatsachen setzt ein positives Handeln voraus; ein blos negatives Verhalten, ein Unterlassen, ein Verschweigen von Thatsachen kann für sich allein als ein Unterdrücken ꝛc derselben nicht angesehen werden; Z I 26 Okt 1853 c. Bentzmann (G. Arch. 2. f 126); B I 28. Okt 1853 c Krause u. Gen; Z I. 15 Sept. 1854 c. Baranowitz (Scholz u Gen.; G. Arch. 2. f. 833); B I 24 Jan 1855 c. Ballentin *Sic:* Bes. f. 462 IV; G Matt 2 f 545 n. 4 *Contra:* Temme GL f 292. „Wer „daher bei einem Gast-, Speise- oder Schenkwirthe zehrt, und ohne seine Zeche zu „bezahlen unbemerkt sich entfernt, begeht, auch wenn er bei dem Fordern der Be„köstigung sich bewußt war, daß er die Mittel zur Bezahlung nicht habe, und die„sen Mangel dem Wirthe nicht anzeigt, dadurch allein noch keinen strafbaren Be„trug." Z II 24. Nov. 1853 c Bretzmann (Präj n 69; Entsch 26 f. 418; G Arch 2. f. 127); Z. II. 17. Nov. 1853 c Jakob; Z. II 8 Dez 1853 c Jakobs. Vgl. auch n 27. — Das Verschweigen einer Thatsache kann nur dann für ein Unterdrücken derselben angesehen werden, wenn sich positive Handlungen daran anschliessen, und hierdurch der erregte Irrthum bestätigt oder unterhalten wird. B. I 28. Okt. 1853 c Krause u Gen.

34 Aus demselben Grunde kann auch die blosse Benutzung eines schon bestehenden Irrthums, in welchem der Andere sich befindet, den Thatbestand des Betrugs nicht herstellen. Z. I. 5. Jan. 1853 c. Kuhn (G. Arch. 1. f. 248); B. I. 15 Sept. 1854 c. Baranowitz (Scholz u. Gen G Arch. 2. f. 833); Bes f. 461 IV; G. Matt 2 f. 538 n. 3; und f. 545 n. 4; Temme Lehrb. f. 977.

35. Die blosse Annahme einer Nichtschuld hat man nicht als ein positives Handeln angesehen G. Matt. 2. f 546 n. 4

36. Ein Z. 13 Sept. 1852 c Saling Lazarus wollte auch in dem Ableugnen des Besitzes einer Sache, zu deren Herausgabe an einen Andern man verpflichtet ist, nicht die zum Begriffe des Betrugs erforderliche Täuschung finden. Vgl. aber n. 44

37 Ebenso nahm ein Z. II. 23. Feb. 1854 c. Hoppe (G Arch. 3. f. 611) ein Unterdrücken der Wahrheit in einem Falle nicht an, wo der befriedigte Gläubiger, ohne die Thatsache, durch welche die Schuld getilgt worden, anzugeben, die Klage auf Zahlung anstellte, auch jene Thatsachen ableugnete, und sich zur eidlichen Diffession der vorgelegten Quittung erbot. Vgl n. 44.

38. Eine Irrthumserregung, und sonach ein Betrug, liegen nicht vor, wenn ein Chausseegelderheber, zum Nachtheile der betreffenden Kasse, es unterläßt, von einzelnen die Chaussee passirenden Fuhrwerken das verschuldete Chausseegeld zu erheben. Z. I 26. Okt 1853 c. Bentzmann (G. Arch 2. f. 126). Aehnlich B I 15. Sept. 1854 c Baranowitz (Scholz; G. Arch. 2. f. 833) in Betreff eines Eisen-

§. 242. Der Betrug, sowie der Versuch des Betruges wird mit Gefängniß nicht unter Einem Monate und zugleich

---

bahnschaffners, welcher mehreren Personen heimlich gegen Belohnung die freie Fahrt gestattet hatte In beiden Fällen ward das positive Handeln vermißt, und in dieser Beziehung die vertragsmässig bestehende Verpflichtung des Schaffners zur Anzeige für unerheblich erachtet Vgl. aber zu § 310. n. 5.

39. Dagegen kann im Indossiren eines bereits bezahlten Wechsels unter Verschweigung des Sachverhalts ein nicht blos negatives Verhalten, sondern ein Unterdrücken der Wahrheit durch Uebertragung einer Wechselforderung mit dem Scheine ihrer Preiswürdigkeit gefunden werden. Z. I. 15. Nov. 1854 c. Maaß.

40. Einer besondern Arglist bedarf es bei der Entstellung der Wahrheit nicht; es genügt wenn diese geeignet war, in Irrthum zu versetzen. G. Matt. 2. s 543; Temme Gll. s. 292; id. Lehrb s. 978.

41. Gleichgültig ist es auch, ob der Irrthum ein leicht vermeidlicher gewesen, sobald nur feststeht, daß er durch die Entstellung der Wahrheit erregt worden sei. Z. I. 12. Okt. 1853 c. Gutzeit (G. Arch. 2. s. 127); G. Matt. 2. s. 544 n. 3.

42. Es ist keineswegs erforderlich, daß durch die Irrthumserregung die Eingehung eines Rechtsgeschäfts herbeigeführt worden sei, vielmehr kann ein Betrug auch in Beziehung auf ein schon abgeschlossenes Rechtsgeschäft und das hieraus hervorgehende Rechtsverhältniß vorkommen. B. I. 26. Okt. 1853 c. Neils (G. Arch. 2 s. 832); Z. I. 4. Mai 1855 c. Singer Sonach kann nicht allein ein dolus causam dans, sondern auch ein dolus incidens den Thatbestand des Betrugs darstellen. G. Matt. 2. s. 537 und 542

43 Ebensowenig ist erforderlich, daß derjenige, in welchem der Irrthum erregt worden, auch der Beschädigte sei; Z. 5. März 1852 c Trogisch. Z 9 Juli 1852 c Grabert; Z. I. 9. Sept. 1853 c. Lampe; Z. II. 23. Feb. 1854 c. Hoppe (G. Arch. 3. s. 611); Z. I. 15. Nov. 1854 c Maaß; Z. I. 6. Juni 1855 c. Brunn; B. II. 4. Okt. 1855 c Maisborn (JMBl. s. 369); Z I 18 Jan. 1856 c. Bluhm; Z. I. 29. Feb. 1856 c. Müller; G. Matt. 2. s. 548 n. 8; Abh. in G. A 3. s. 607; Vgl. Motive zum Entw. v. 1847 § 293. s 77, und G. A. 1. s. 96. *Contra:* Temme Lehrb. s. 978 id in G. A. 3 s 808.

44. Das einseitige Vorbringen einer Partei im Prozesse ist für den erkennenden Richter nicht bestimmend, er glaubt den einfachen Behauptungen nicht, und entscheidet nach bestimmten rechtlichen oder logischen Regeln. Man kann daher selbst im Falle einer materiell unrichtigen Entscheidung nie von einem durch eine Prozeß-Partei beim Richter veranlaßten Irrthume sprechen, nicht minder fehlt es an jedem Kausalzusammenhange zwischen der Erregung des Irrthums und der Beschädigung des Prozeßgegners (vgl. n. 24). Ebenso wenig läßt sich annehmen, daß das Verhalten einer Partei im Prozesse auf die Willensbestimmung des Gegners zu einer diesen beeinträchtigenden Handlung oder Unterlassung von irgend einem Einflusse sei. Sonach können die Aufstellungen, Behauptungen, Anträge und Anerbieten einer Partei vor dem Prozeß-Richter nie den Thatbestand eines Betrugs darstellen. B. 17. Sept. 1852 c. Genthe. Z II. 23. Feb. 1854 c. Hoppe (G. A. 3. s 611); Voitus Abh. in G. A 1. s. 490; Abh ebendas 3 s. 605; G. Matt 2. s. 548 n 8. Vgl. oben n. 20. 36. 37, und zu § 247 n. 43

45. Nach dem Ges. v. 8 Mai 1837 § 17 und 28 zieht die in böslicher Absicht erfolgende Aufstellung einer den wirklich erlittenen Verlust übersteigenden Brandentschädigungsforderung bei der betreffenden Mobiliarfeuerversicherungsgesellschaft die Strafe des Betrugs nach sich; es brauchen dann aber die Begriffserfordernisse des Betruges nach § 241 weiter nicht vorzuliegen, vielmehr genügt es wenn der Thatbestand des § 28 cit. festgestellt wird. Ebenso wenig bedarf es der Feststellung, daß die wesentlichen Merkmale eines Betrugs-Versuchs im Sinne des § 31 vorhanden sind. Z. Pl. 26. Nov. 1855 c. Torges.

§. 242.

1. Um einen Versuch des Betrugs annehmen zu können, bedarf es weder der Vollbringung der Täuschung, noch des Anfangs des Erfolgs der Vermögens-

mit Geldbuße von funfzig bis zu Eintausend Thalern, sowie mit zeitiger Untersagung der Ausübung der bürgerlichen Ehrenrechte bestraft.

Wird festgestellt, daß mildernde Umstände vorhanden sind, so kann die Strafe bis auf Eine Woche Gefängniß oder auch auf bloße Geldbuße von mindestens fünf Thalern ermäßigt werden.

[Entw § 220] Vgl § 241 245

§. 243. *) Mit Gefängniß nicht unter drei Monaten und zugleich mit Geldbuße von funfzig bis zu Eintausend Thalern, sowie mit zeitiger Untersagung der Ausübung der bürgerlichen Ehrenrechte wird bestraft:

*) Fassung des Ges v 14. April 1856 (G S s 210); in der ursprünglichen Fassung fehlte die jetzige Nr. 6; die Nummern 7. u 8. waren damals als Nr. 6 u. 7 aufgeführt

beschädigung, sondern nur des Anfangs der Ausführung der in gewinnsüchtiger Absicht unternommenen Handlung der Täuschung, welche zur Beschädigung des Vermögens eines Andern geführt haben würde. Z II. 19 Mai 1855 c Elkaan; Z II 14. Juni 1855 c. Bienert Es kann daher auch in der blossen Vorbringung der falschen Thatsachen der Anfang der Ausführung des Betrugs gefunden werden Z II. 31. Mai 1855 c Wirtz.

2 Beim Vorhandensein mildernder Umstände kann der Richter auf Untersagung der Ausübung der bürgerlichen Ehrenrechte erkennen, er ist aber nicht dazu verpflichtet. Z. 21 Nov 1852 c. Fitschulsky.

§. 243.

1. Der Kommissionsbericht der ersten Kammer (s. 39) erwähnt beiläufig, daß auch in den hier vorgesehenen Fällen die allgemeinen Begriffserfordernisse des Betrugs nach § 241 vorhanden sein mußten; hiermit stimmen überein Bes s. 461; G. Matt. 2. s. 550; Temme Gll s. 293; Koch s 1047 n. 22, welche alle diese Fälle eben nur als besonders ausgezeichnete Arten des Betrugs betrachten (zu vergleichen das Rubrum des Titels, und § 245) Gegen diese Auffassung spricht, daß der § selbst durchaus keine Hinverweisung auf jene Begriffsbestimmung oder den § 241 enthält, daß die Nrn 1 7 und 8 das Erforderniß des Nachtheils noch besonders hervorheben, was im entgegengesetzten Falle schon in der allgemeinen Begriffsbestimmung liegen würde, daß die Nrn 3 und 4 noch besonders die Strafbarkeit des Versuchs aussprechen, welche eventuell schon aus § 242 folgte, und daß die Nrn 3. 4. 7 und 8 in den frühern Entwürfen sich gleichlautend an andern Stellen fanden, und erst im letzten Entwurfe von 1850 aus blosser Rücksicht auf die Zweckmässigkeit der Anordnung hier ihre Stelle gefunden haben, ohne daß es irgend wie beabsichtigt wäre, durch diese Platzveränderung auch den Begriff zu modifiziren, welches nothwendig der Fall wäre, wenn hier auch alle Erfordernisse des § 241 vorhanden sein müßten. Die Frage kam in Beziehung auf einzelne der unter Nr. 1 bis 8 vorgesehenen Fälle zur Entscheidung des Ob.-Trib., und hat da nicht überall dieselbe Lösung gefunden; das Nähere siehe unten n. 4. 12. 13 und 17. Im Allgemeinen scheint die Ansicht dahin zu gehen, daß zwar die hier vorgesehenen Handlungen als Betrugsfälle anzusehen seien, so daß also auch die Begriffserfordernisse des Betrugs dabei vorausgesetzt würden, daß es aber einer ausdrücklichen Feststellung dieser Erfordernisse nicht bedürfe, daß vielmehr eine der Fassung des § 243 entsprechende Feststellung jene Erfordernisse in sich schliesse und daher genüge; den ersten Theil dieses Satzes spricht das unten n. 4. citirte Z. Pl. 12. Juni 1854 c. Ramm generell

1) wer sich wissentlich unrichtiger, zum Messen oder Wiegen bestimmter Werkzeuge zum Nachtheile eines Anderen bedient;

2) wer einen Ankäufer von Gold oder Silber über die Eigenschaften dieser Waare hintergeht, indem er ihm geringhaltigeres Gold oder Silber für vollhaltigeres verkauft;

---

aus. Ein Z I. 6. Dez. 1854 c. Steffenhagen erwog dabei, daß diese Fälle nur bei einer klar nachgewiesenen Abwesenheit der allgemeinen Merkmale des Betrugs aus dem Kreise dieses Vergehens ausschieden, und dadurch straflos würden. Vgl. dagegen unten n. 17, und im Allgemeinen Abh. in G. A. 2. s. 643

2. Da die Fälle des § 243 nur für gesetzlich ausgezeichnete Arten des Betrugs zu erachten, und deshalb mit einer strengeren Strafe bedroht sind, so ist mit Rücksicht auf § 242, auch der Versuch eines der hier vorgesehenen Fälle strafbar, und ist insbesondre daraus, daß in Nr. 3 bis 5 die Strafbarkeit des Versuchs ausdrücklich ausgesprochen worden, das Gegentheil für die übrigen Fälle nicht zu folgern Z I. 23 März 1853 c Broß; Z. II. 14 Juni 1855 c. Bienert. Vgl. n. 7; Bes s 465

3. Mildernde Umstände können bei den hier vorgesehenen Fällen nicht anders, denn als Strafzumessungsgründe in Betracht kommen; die Bestimmung am Schlusse des § 242 ist auf die Fälle des § 243 nicht zu beziehen. Z II. 14 Juni 1855 c Bienert

Zu Nr. 1.

4. Ein Z. Pl. 12 Juni 1854 c. Ramm (Präj. n. 98; Entsch. 28. s. 174; G A 2. s. 650) ging von der Ansicht aus, daß die Strafbestimmung dieser Nr 1. zu ihrer Anwendung die sämmtlichen Erfordernisse des § 241 voraussetze, nahm sodann aber als Präjudiz an: daß „die im § 241 erforderte gewinnsüchtige Absicht in den „Worten der Nr. 1: „„wer sich wissentlich unrichtiger Werkzeuge zum Nachtheile „„eines Andern bedient,““ enthalten sei, und neben derselben nicht noch besonders „festgestellt zu werden brauche.“ Eine Feststellung, welche der Fassung der Nr 1 entsprach, ward hiernach für ausreichend erachtet *Sic*: Z II. 14. Juni 1855 c. Bienert; B. I. 17. Okt. 1855 c Becker. *Contra* früher: B I. 18. Nov. 1853 c. Teschner (G. A. 2. s. 127), welches auch in diesem Falle ausdrückliche Feststellung der gewinnsüchtigen Absicht erheischte. Vgl. unten n. 17.

5. Die bereits unter n. 4. angeführten Z Pl. 12. Juni 1854 c. Ramm und Z. II. 14. Juni 1855 c. Bienert erwägen ausserdem: daß die in dieser Nr. 1. geforderte Wissentlichkeit die Merkmale des Betrugs auch in Beziehung auf die Irrthumserregung ausdrücke. Vgl. n 7.

6. Betrug durch Gebrauch eines unrichtigen Meßwerkzeugs zum Nachtheile eines Andern liegt auch dann vor, wenn Jemand durch das unrichtige Werkzeug die Ansicht erregt, er gewähre ein Uebergewicht, wenn gleich nominell das verlangte Gewicht gegeben war. B. I 26. Jan. 1853 c. Rook (G. A. 1. s. 580)

7 Der oben (n. 2.) ausgesprochene Grundsatz in Betreff der Strafbarkeit des Versuchs ist durch die positive Vorschrift der Nr. 1. dahin modifizirt worden, daß das wissentliche „Sich bedienen“ unrichtiger Meßwerkzeuge zum Nachtheile eines Andern zum selbstständigen Vergehen erhoben worden ist, so daß die Voraussetzungen des Versuchs (§ 31) auch da, wo die Erregung des Irrthums nicht gelungen ist, nicht festgestellt zu werden brauchen, wenn das wissentliche „Sich Bedienen“ vollendet ist. Z. II. 14. Juni 1855 c Bienert. Vgl. Gilb. C. pén. Art. 423. n 23.

8 Die Vorschrift dieser Nr. ist nicht auf Gewerbtreibende beschränkt, auch unterliegt ihr geeigneten Falles der Käufer ebensowohl wie der Verkäufer. Temme Gll. s. 294; id. Lehrb s. 980 Note 2

Zu Nr. 2.

9. Auch diese Vorschrift ist nicht auf Gewerbtreibende zu beschränken Temme Gll. s. 294; id. Lehrb. s. 980 Nr. 3.

3) wer echte, zum Umlauf bestimmte Metallgeldstücke durch Beschneiden, Abfeilen oder auf andere Art verringert und als vollgültig ausgiebt oder auszugeben versucht;

4) wer solche verringerte Münzen gewohnheitsmäßig oder im Einverständnisse mit dem, welcher sie verringert hat, als vollgültig ausgiebt oder auszugeben versucht;

5) wer Geldpackete, die mit einem öffentlichen Siegel verschlossen und mit Angabe des Inhaltes versehen sind, zu ihrem vollen Inhalte ausgiebt oder auszugeben versucht, obgleich er weiß, daß sie eröffnet und ihr Inhalt verringert worden;

6) wer in der Absicht, eine verhängte Exekution abzuwenden oder hinauszuschieben, von einem Postscheine über eine Versendung von Geld oder andern Werthgegenständen Gebrauch macht, obgleich er weiß, daß der versendete Brief, oder das versendete Packet dasjenige nicht enthält, was durch den Postschein als abgesendet nachgewiesen werden soll;

7) wer Grenzsteine oder andere zur Bezeichnung einer Grenze oder des Wasserstandes bestimmte Merkmale zum Nachtheile eines Anderen wegnimmt, vernichtet, unkenntlich macht, verrückt oder fälschlich setzt;

Zu Nr. 3. Vgl Nr. 4 § 122. 123

Zu Nr. 4. Vgl. Nr. 3 § 122 123

10. Ueber den Begriff „gewohnheitsmässig“ vgl. zu § 239 n. 1; zu § 263 n. 24—27.

Zu Nr. 5. Vgl AKO v. 20 Sept. 1826 (GS s. 122).

11 Unter „Geld-Packeten“ sind nicht blos Geld Tuten und Beutel, sondern auch verschlossene Papiergeld-Packete zu verstehen; Komm-B. I. K s. 39

Zu Nr. 6.

12. Diese Bestimmung ist durch das Ges v. 14. Apr. 1856 in den § 243 eingeschoben worden, nicht allein um den hier vorgesehenen Fall der verschärften Strafe des § zu unterwerfen, sondern auch und zwar vorzugsweise, um seine unbedingte Strafbarkeit zu begrunden, und den in der Praxis hierüber laut gewordenen Zweifeln (vgl. zu § 241 n 4 und 12) ein Ende zu machen. Vgl. Motise des Entw. zum Ges v. 14. Apr 1856 s 22 (G A. 3. s. 859) — Es kann daher hier einem Bedenken nicht unterliegen, daß eine Feststellung nach den Worten des Gesetzes zur Strafanwendung genugt, und daß es der fernern Feststellung der Begriffserfordernisse des § 241 hier nicht bedarf. Vgl n. 1. 4. 13 17.

Zu Nr. 7.

13. Ein U II. 7. Feb 1856 c. Broicher u Gen. (JMBl. s 74) nahm an, bei dem hier vorgesehenen Vergehen müßten die allgemeinen Erfordernisse des § 241, insbesondre gewinnsüchtige Absicht, und die Absicht der Erregung eines Irrthums vorhanden sein; vgl. aber n. 1. 4. 12 und 17

14 Es wird nicht vorausgesetzt, daß die Granzmerkmale unter amtlicher Autorität gesetzt gewesen seien; nur bei den nach dem Gesetz v. 15 Nov 1811 (G S s. 352) zur Bezeichnung der Höhe des Wasserstandes gesetzten Markpfählen ist dieses erforderlich G Matt. 2. s 554

8) wer Urkunden, welche ihm entweder gar nicht, oder nicht ausschließlich gehören, zum Nachtheile eines Anderen vernichtet, beschädigt oder unterdrückt.

[Entw. § 221] Vgl § 341. 342. 344. 345.

---

15. Damit indessen ein von Privatleuten gesetzter Stein ꝛc als ein solcher gelten könne, welcher „zur Bezeichnung der Grenze bestimmt“ sei, wird vorausgesetzt, daß er mit Zustimmung der beiderseitigen Grenznachbarn zum fraglichen Zwecke hingesetzt, oder beiderseits als ein solches Merkmal einmal anerkannt gewesen sei; ein von einem Grenznachbar einseitig gesetzter Stein ꝛc hat jenen Charakter nicht, zumal wenn die Grenze selbst zwischen den Parteien streitig ist. Das gilt selbst dann, wenn es sich von der Grenze zwischen einem Grundstücke und dem benachbarten Wege handelt; die einseitig von der Ortsbehörde erfolgende Bezeichnung der streitigen Grenze durch einen Stein giebt diesem nicht den Charakter eines Grenzsteins, insofern nicht besondre Gesetze jener Behörde ausdrücklich das fragliche Recht ertheilt haben Auf dem linken Rheinufer steht ein solches Recht (nach Arr. 23 mess. V; Ges v. 9 Vent. XIII. Art. 6; Min.-Instr. v. 7. prair. XIII; Dekr v. 16. Okt. 1813; StRG v. 8. Nov. 1813; Ress.-Regl. v. 20. Juli 1818 § 2) nicht den Bürgermeistern, sondern nur den Regierungen zu, da nur sie die Breite der Gemeindewege ohne Einwilligung der Angrenzenden festzustellen, folglich auch den die festgestellten Grenzen bezeichnenden Steinen die Eigenschaft von Grenzsteinen beizulegen berufen sind B. II. 7. Feb 1856 c Broicher u. Gen (JMBl. S 74).

16 Das hier vorgesehene Vergehen setzt ein Handeln „zum Nachtheile eines Anderen“ voraus, d. h also vor Allem eine auf Verdunkelung oder Verwischung der Grenze gerichtete Absicht Auch aus diesem Grunde kann daher derjenige, welcher ein eigenmächtig vom Nachbar gesetztes Merkmal, zur Wahrung seines durch jene einseitige Grenzbezeichnung gefährdeten Rechts, entfernt, nicht der hier angedrohten Strafe verfallen; vgl. n. 15; Gilb. C pén. Art. 456 n. 19

Zu Nr. 8. Vgl. § 106. 323. 281. 282.

17. Wenn es richtig ist, daß bei allen in diesem § vorgesehenen Fällen die Begriffserfordernisse des § 241 vorausgesetzt werden, so ist die Vorschrift dieser Nr. 7 da unanwendbar, wo durch die Vernichtung ꝛc der Urkunde nicht ein Irrthum erregt worden ist, obgleich dieses Merkmal unzweifelhaft früher, als die Bestimmung bei gleicher Fassung in den frühern Entwürfen bei einer andern Rechtsmaterie ihre Stelle fand, nicht erheischt wurde Das Ob.-Tribunal hat in Betreff dieser Frage seine hinsichtlich der Nr. 1. angenommene Auffassung (vgl. n. 1 4. 12. 13.) nicht in allen Theilen festgehalten, vielmehr spricht Z I. 4 Okt. 1854 c Fleischer u. Gen unbedingt aus, daß zum Begriffe der strafbaren Zerstörung ꝛc. einer Urkunde eine Irrthumserregung überall nicht gehöre; und ein Z II. 19 Mai 1855 c Krüger führt aus: der Trug, welchen Nr. 7. voraussetze, brauche nicht grade darin zu bestehen, daß derjenige, zu dessen Nachtheil eine Urkunde vernichtet ꝛc. werde, durch diese Handlung in Irrthum versetzt werde; vielmehr solle durch diese Strafbestimmung derjenige Trug, diejenige Verdunkelung der Wahrheit getroffen werden, welche der Gesetzgeber durch die zum Nachtheile eines Andern geschehene Vernichtung ꝛc der Urkunde darum als sofort bewirkt ansehe, weil die Urkunde nun nicht mehr als Beweismittel existire, oder gebraucht werden könne — Hiernach bedarf es also einer Irrthumserregung überall gar nicht, und folgerecht auch nicht der Feststellung einer solchen, und selbst der Nachweis, daß eine solche nicht stattgefunden, kann die Anwendbarkeit des § nicht beseitigen, obgleich dieses das oben (n 1.) citirte Z. I. 6 Dez. 1854 c. Steffenhagen, welches einen Fall der Nr 8. zum Gegenstande hatte, anzudeuten scheint.

18. Ebensowenig bedarf es der Feststellung einer gewinnsüchtigen Absicht. Z II. 12 Okt 1854 c. Holzerland

19 Der Begriff der „Urkunde“ ist hier unbedenklich aus § 247 zu erläutern. Z II. 3. März 1854 c. Henecke (G. A 1 S. 409; 2 S 261); Z II. 12. Okt 1854 c Holzerland.

§. 244. Wer in betrügerischer Absicht eine gegen Feuersgefahr versicherte Sache in Brand setzt, oder ein Schiff, welches als solches oder in seiner Ladung versichert ist, sinken oder stranden macht, wird mit Zuchthaus bis zu zehn Jahren und zugleich mit Geldbuße von Einhundert bis zu zweitausend Thalern bestraft.

[Entw. § 222] Vgl. § 283. 285—289. 303.

---

20. Ein schriftliches Anerkenntniß über eine begangene Steuerdefraude ist eine Urkunde. Z. II. 12. Okt. 1854 c. Holzerland.

21. Der nur vom Verpächter, nicht vom Pächter unterschriebene Pachtvertrag, ist, wenn der Pächter in den Besitz des verpachteten Grundstücks gekommen ist, nach ALR. I, 21. § 268, 289 und mit Rücksicht auf I, 5 § 116. 117 zum Beweise des zwischen ihnen bestehenden Rechtsverhältnisses erheblich, daher eine Urkunde. Z. II 3 März 1853 c. Hönecke (G. A. 1. f 409; 2. f. 261).

22. Das „zum Nachtheile" setzt nicht nothwendig eine eingetretene Vermögensbeschädigung voraus, sondern hat nur den Nachtheil vor Augen, welcher durch die Entziehung eines Beweismittels für ein Recht zugefügt wird. Z II. 19. Mai 1855 c. Krüger.

23. Die „Unterdrückung" der Urkunde enthält immer wie die Vernichtung oder Beschädigung eine [gänzliche, oder theilweise] Entziehung derselben als Beweismittel; wann dieselbe im Einzelfalle vorliege, ist Gegenstand der thatsächlichen Beurtheilung; sie kann auch schon darin gefunden werden, wenn der Besitz der Urkunde dem Berechtigten, oder dem in dessen Namen Auftretenden wirksam abgeleugnet wird Z II. 19. Mai 1855 c. Krüger Vgl. zu § 225 n. 30 und zu § 226 n. 19.

§. 244.

1. In vielen Fällen, welche an sich den Voraussetzungen dieses § entsprechen, werden auch die wesentlichen Merkmale eines der in den §§ 285—287, 289 und 303 vorgesehenen Verbrechen vorliegen; es ist dann unzweifelhaft ideale Konkurrenz vorhanden. Das wird anerkannt durch Beschl II. 15 (22.) Sept. 1853 c. Fißmer (G. Arch. 2. f. 560) — Ebendeshalb bedarf es bei der einen solchen Fall betreffenden Verhandlung vor den Geschwornen einer den Thatbestand des § 244 enthaltenden Zusatzfrage nicht, wohl aber kann unbedenklich hierauf eine Eventualfrage gestellt werden. Vgl. G. Arch. 1. f 261 und unten zu § 285 n. 8.

2. Nach dem unter n. 1. Gesagten, ist hier eben [vorzugsweise] an solche Fälle gedacht, wo in concreto eine gemeine Gefahr nicht entstehen konnte, z. B. wenn die übrige Mannschaft das Schiff bereits verlassen hatte. Komm.-B. I. K. f. 39.

3. Auch hier entsteht die Frage, ob die That nur als ein ausgezeichneter Fall des Betrugs anzusehen, und ob daher die Begriffserfordernisse des Betrugs nach § 241 vorausgesetzt werden Vgl. zu § 243 n. 1. und 17. Es ist indessen festzuhalten, daß dieser § nur ein In-Brand-Setzen rc. in betrügerischer Absicht erheischt, und daß das Verbrechen durch diese Handlung vollendet wird (vgl. unten n. 8.), so daß also jedenfalls weder eine gelungene Täuschung noch eine wirklich eingetretene Vermögensbeschädigung vorausgesetzt wird, vielmehr das vollendete Verbrechen auch ohne stattgehabte Irrthumserregung anzunehmen ist. In etwa anders sah ein Z. 10. Dez 1852 c. Alberts u. Gen. die Sache an, indem es in jenem Falle die Erregung eines Irrthums schon dadurch für festgestellt erachtete, daß die Entstehung des Brandes durch eigne Veranlassung — im Gegensatze der Entstehung durch Zufall rc. — festgestellt worden sei, wobei es dann der richterlichen Beurtheilung anheimgefallen sei, ob danach die betrügerische Absicht anzunehmen, die bejahende Entscheidung aber keinen Rechtsirrthum in sich schliesse Vgl. Zachariä Abh in G. Arch. 3. f 293.

4. Es ist nicht erforderlich bei einer Befragung der Geschwornen, die im § erforderte „betrügerische Absicht" mit Rücksicht auf die Begriffsbestimmung des § 241 aufzulösen; Z. 10 Okt. 1852 c. Alberts u. Gen, welches eine Fragstellung:

§. 245. In allen Fällen des Betruges (§§ 241. bis 244.) kann auf Stellung unter Polizei-Aufsicht erkannt werden.

[Entw. § 222 a] Vgl. § 241—244

Zweiundzwanzigster Titel.

Untreue.

§. 246. Wegen Untreue werden mit Gefängniß nicht unter drei Monaten, sowie mit zeitiger Untersagung der Ausübung der bürgerlichen Ehrenrechte bestraft:

---

ob die Brandstiftung geschehen sei, „in der betrügerischen Absicht die Brandversicherungsgelder ganz oder theilweise zu gewinnen“ für ausreichend erachtete.

5. Die Absicht muß aber auf rechtswidrige Gewinnung der Versicherungs-Gelder gerichtet sein; Zachariä Abh in G Arch. 3. s. 293. Daher kann derjenige der Strafbestimmung nicht unterliegen, welcher die Brandstiftung aus einer ganz andern Ursache, z. B. zur Verdeckung einer begangenen Unterschlagung verübt, vielleicht ohne von der bestehenden Versicherung irgend wie Kenntniß zu haben. Z. I. 6. Mai 1853 c. Laser Saul.

6. Temme (Lehrb. s. 981, Note 4) nimmt an, es werde nicht nothwendig vorausgesetzt, daß grade die versicherte Sache selbst in Brand gesetzt sei; der § finde vielmehr auch dann Anwendung, wenn z. B. das Gebäude angezündet werde, in welchem sich die versicherten Mobilien befinden, sollten diese auch sämmtlich gerettet, ja sollten sie auch früher bei Seite geschafft sein, um für sie, als angeblich mitverbrannt, die Versicherungsgelder zu gewinnen. Vgl. n. 8.

7 Gleichgültig ist es, ob die Brandstiftung an einer eignen oder fremden Sache geschah, und ob die Versicherungssumme für sich selbst, oder für einen Dritten gewonnen werden sollte G Matt 2. s. 557; Temme Lehrb. s. 981. In diesem Sinne erging auch Z. 10 Dez. 1852 c. Alberts u. Gen., wo grade der letztere Fall vorlag *Contra:* Koch s. 1047 n. 23

8. Das Verbrechen wird durch die „In Brandsetzung“ ꝛc. vollendet, es ist keineswegs erforderlich, daß die versicherte Sache beschädigt worden, es genügt vielmehr die äusserlich faktische Lage der Sache, wonach die Rechtsverbindlichkeit des Versicherers an sich begründet ist, sollten auch die versicherten Sachen anderweitig bei Seite geschafft sein So Temme Lehrb s. 981. *Contra* zum Theil: G. Matt. 2. s. 558 n 4., welcher jedenfalls einen zur Vergütung durch die Feuerversicherungsanstalt geeigneten wirklichen Schaden an der Sache erheischt, und sonst nur Versuch annehmen will. Vgl. Zachariä Abh. in G. Arch. 3. s 293.

9 Jedenfalls ist keineswegs erforderlich, daß der Versicherungsbetrag eingefordert oder gar schon gezahlt worden sei. Vgl. oben n 3.

10. Ist der Brandstiftung eine Ueberversicherung vorhergegangen und eine in böslicher Absicht bewirkte Aufstellung einer zu hohen Entschädigungsforderung auf dieselbe gefolgt (Ges v 8. Mai 1837 §. 20 28), so bildet doch jede dieser drei Handlungen, wenn sie auch alle aus derselben strafbaren Absicht, eine zu hohe Versicherungssumme unrechtmässiger Weise zu gewinnen, hervorgingen, eine selbstständige That, und es liegt reale Konkurrenz vor; von einem s g. fortgesetzten Verbrechen würde also hier keine Rede sein können. So Beschl. II. 15. (22) Sept. 1853 c. Fißmer (G Arch 2. s. 560).

§. 245.

1. Die Befugniß, auf Stellung unter Polizei-Aufsicht zu erkennen, ist hiernach auch im Falle der Feststellung mildernder Umstände nicht ausgeschlossen.

§. 246.

1 Temme (Lehrb s 984) definirt die Untreue als ein treuloses d. h. vorsätzliches rechtswidriges Handeln einzelner in einem bestimmten Rechtsverhältnisse

1) Vormünder, Kuratoren, Sequester, Testaments-Exekutoren und Verwalter von Stiftungen, wenn sie vorsätzlich zum Nachtheile der ihrer Aufsicht anvertrauten Personen oder Sachen handeln;

2) Mäkler, Güterbestätiger, Schaffner und andere Gewerbtreibende, welche zur Betreibung ihres Gewerbes von der Obrigkeit besonders verpflichtet sind, wenn sie bei den ihnen übertragenen Geschäften vorsätzlich diejenigen benachtheiligen, deren Geschäfte sie besorgen.

Wird die Untreue in der Absicht verübt, sich oder Anderen Gewinn zu verschaffen, so soll neben der Freiheitsstrafe zugleich auf Geldbuße von funfzig bis zu Eintausend Thalern erkannt werden.

Ist durch die Handlung eine härtere Strafe begründet, so tritt nach den Grundsätzen des § 55. diese härtere Strafe ein.

[Entw. § 222 b.] Vgl. § 314; Gew.-Ordn. v. 17. Jan. 1845 § 174

---

stehender Personen zum Nachtheile des Vermögens derjenigen Personen, denen sie vermöge des bestimmten Rechtsverhältnisses zu einer besondern Treue verpflichtet sind Vgl. G. Matt 2. f 561.

2. Die Benachtheiligung, von welcher der § spricht, muß das Vermögen zum Gegenstande haben; dafür spricht die Stelle des Titels unter den Vergehungen gegen das Vermögen, und seine historische Bedeutung. Andre Vergehen 2c z. B. Korperverletzung, Freiheitsberaubung, Unzucht u. dgl. [sollten sie auch wie die beiden erstern in der Eigenschaft als Vormund 2c verübt werden können], gehören nicht hierher Temme Gll f. 295; id. Lehrb f 984, 985 *Contra*: G. Matt. 2 f 561. Nr. 2.

3. Auch durch Unterlassungen kann das Vergehen begangen werden, z. B. durch vorsätzliche Verabsäumung einer Hypothekeneintragung, eines Rechtsmittels 2c. G. Matt 2. f. 562 n. 3; Temme Lehrb. f. 985.

4. Vollendet wird das Vergehen durch wirkliche Zufügung des Nachtheils; der Versuch wird nicht bestraft. Temme Lehrb. f. 985.

5. Die Nr. 1. ist auf andre Personen als die dort genannten, insbesondere auf solche, welche in einem blos vertragsmässigen, eine freie Wahl der Personen gestattenden Privatverhältnisse stehen, z B. auf Haus- und Wirthschafts-Beamte, Beamte von Aktien-, Handels- und andern Gesellschaften, Gewerbsgehülfen und Dienstboten, nicht auszudehnen. Komm.-B. II K. f. 128; Bes f. 469; Temme Lehrb. f 985.

6. Ebensowenig ist diese Nr. 1. auf Rechtsbeistände anwendbar. Temme Lehrb. f. 985 Note 2, welcher die Untreue dieser Personen als Amtsdelikt nach § 314 behandelt wissen will; vgl aber zu diesem § n. 2. und § 329.

7. Auch der Vater, insofern er nicht Vormund ist, und als solcher handelt, unterliegt dieser Vorschrift nicht. Temme irrt, wenn er (Gll. f. 295) glaubt, der Vater sei nie Vormund; nach Rheinischem Rechte wird er beim Tode der Mutter von Gesetzeswegen zur Vormundschaft berufen

8. „Begehen Aeltern [oder Großältern] gegen Kinder als Vormünder „der letztern eine Untreue durch Diebstahl oder Unterschlagung, so findet der § 228 „Abs. 1. Anwendung“, da die gleichzeitige Eigenschaft als Vormund, die Anwendbarkeit dieses § nicht beseitigen kann. B. (Z.) II. 23. Feb. 1854 c. Klein u Gen. (Präj. n. 79; Entsch. 27. f. 408; G Arch. 2. f. 561); Bes f. 470. *Contra*: G. Matt. 2. f 562 n 4. Vgl. Komm.-B I. K. f. 40. — Die Bestrafung der Theilnehmer wird dadurch nicht ausgeschlossen, weil § 228 die That zwar fur straflos erklärt, nicht aber ihren

Dreiundzwanzigster Titel.

Urkundenfälschung.

§. 247. Wer in der Absicht, sich oder Anderen Gewinn zu verschaffen oder Anderen Schaden zuzufügen, eine Urkunde verfälscht oder fälschlich anfertigt, und von derselben zum Zwecke der Täuschung Gebrauch macht, begeht eine Urkundenfälschung.

Begriff ausschließt Cit Z (V.) II. 23. Feb. 1854 c. Klein u. Gen — Der oben ausgesprochene Grundsatz ist auf solche Fälle der Untreue nicht auszudehnen, welche nicht durch Entwendung oder Unterschlagung begangen werden.

9. Ueber die Anstellung der in Nr. 2. gedachten Mäkler, Güterbestätiger und Schaffner vgl. ALR II. 8. § 1305 flg; Rh HGB. Art. 74 flg.; Edict v. 2. Nov. 1810 § 21. n. 9. 15 (GS. f. 84); Gew.-Ges. v. 7 Sept. 1811 § 110. 119 (GS. f. 274); AKO. v. 9. Dez. 1822 (GS. 1823 f. 2.); Gew.-Ordn. v. 17. Jan. 1845 § 51, 52. (GS. f. 51).

10. Als Mäkler sind nur die für die Vermittlung kaufmännischer Geschäfte förmlich angestellten und vereideten Personen zu betrachten; eine blosse Konzessionirung oder Anstellung durch die Lokal-Polizei-Behörden genügt dazu nicht. V. II 24. Mai 1856 c. Bubl (vgl ALR. II. 8. § 1305 fg 1311; Arr. 29 germ. IX. Art. 9.) Im Uebrigen beziehen sich die Worte: „welche .... besonders verpflichtet sind“ nur auf die andern Gewerbtreibenden, nicht auch auf die Schaffner 2c.

11. Bei den ubrigen, nicht speziell aufgezählten Gewerbtreibenden wird dagegen vorausgesetzt, daß sie zur Betreibung ihres Gewerbes von der Obrigkeit besonders verpflichtet sind; das Erforderniß einer vorgängigen Konzession reicht dazu also nicht aus Temme Lehrb. f. 985 Note 1. Vgl. Gew.-Ordn. v. 17. Jan. 1845 § 174, in Verbindung mit § 42 fg.

12. Auktionatoren gehören unbedenklich zu den in Nr. 2 gedachten Personen. V. 26 Mai 1852 c. Mannig.

13. Kaufmännische Kommissionäre gehören nicht dazu. Erk Kammer-Ger. 12. Nov. 1853 c. Oldekop u. Gen. (G. Arch. 3. f. 137).

14. Die „gewinnsüchtige Absicht“ schließt die Vorsätzlichkeit der Handlung in sich, ist daher jene festgestellt, so bedarf es der besondern Feststellung der letztern nicht mehr. Z I. 4. Juli 1855 c. Mund.

§. 247.

Inhalt:

Unter Urkunde ist jede Schrift zu verstehen, welche zum Beweise von Verträgen, Verfügungen, Verpflichtungen, Befreiungen oder überhaupt von Rechten oder Rechtsverhältnissen von Erheblichkeit ist.

[Entw. § 223] Vgl. § 249. 250—252. 254—256. 121—124. 259 Nr. 4 269. 243 Nr. 8.

Rechtsgeschäft. 73. 74.
Rechtsverhältnisse. 63. 64.
Revisionsbuch (Bäcker). 91.
Rezept. 104.
Schrift. 58. 59.
Schriftenbeweis (Anfang) 111.
Stempelverbr. Nachweise. 86.
Unterschrift. 75.
Untersuchungsakten. 78.
Vergehensbekenntniß. 107.
Vernehmungsprotokoll. 79.
Versendungs-Legit.-Schein. 93.
Verständlichkeit. 60. 61.
Vertragsauflösung. 126.
Verwahrbefehl. 80.
Vollmacht. 116—118.
Vorladung. 77. 80.
Wild-Passir-Schein. 94.
Wirkungslosigkeit. 72.
Zahlungsauftrag. 112.

1. Ein Z. I 22. Apr 1853 c. Schröder verlangte zum Thatbestande der Urkundenfälschung ausser der im § gedachten Absicht, auch noch die **Möglichkeit** für den Thäter: durch die rechtswidrige Handlung sich oder Andern Gewinn zu verschaffen, oder Andern Schaden zuzufügen, und billigte eine instanzgerichtliche Entscheidung, welche diese thatsächliche Frage im Einzelfalle verneint, und deshalb Urkundenfälschung nicht angenommen hatte. Der Angeklagte hatte ein zum Vortheile seines Schwiegervaters sprechendes Hypothekendokument einem Dritten als Faustpfand übergeben, und zur Auslösung desselben einen gefälschten Verbürgungsschein des Schwiegervaters übergeben; die Möglichkeit der Beschädigung war hier deshalb verneint worden, weil durch jene Faustpfandbestellung der Empfänger gar kein Recht erlangt gehabt habe. Vgl. G. Matt. 2 s. 566; Bes. s 475; Gilb. C. pén. Art. 145. n 65 flg Der erstere betrachtet einen solchen Fall als einen Versuch mit einem untauglichen Mittel. Vgl. n. 41.

2. Die Frage, ob die im § geforderte **Absicht** vorgewaltet habe, ist an und für sich thatsächlicher Natur und daher durch die Geschwornen zu lösen. V. I. 22. Feb. 1854 c. Nagurny.

3. Der Thatbestand der Urkundenfälschung ist nicht davon abhängig, ob der bei der Fälschung vorwaltende **Dolus** unmittelbare **Beziehung** auf dasjenige **Rechtsverhältniß** hat, für dessen Beweis die Schrift von Erheblichkeit ist. Z. II. 11. Mai 1854 c. Maestrup (G. A. 2. s. 695); V. II. 7. Dez 1854 c. Naumann; V Pl. 29. Jan. 1855 c Weidner (Entsch. 29. s. 473; 30. s. 380); im erstern Falle sollte durch Vorlegung einer falschen Schuldurkunde die Herabsetzung einer Klassensteuereinschätzung, im zweiten durch eine ähnliche Schrift die Einwilligung des Vaters zur Verheirathung der Tochter, im dritten durch einen falschen Postschein die Aussetzung einer Exekution bewirkt werden. Vgl. n. 7. 42.

4 Die Begriffe „**Gewinn**“ und „**Schaden**“ sind keine reinen Rechtsbegriffe, sondern solche, welche wesentlich in thatsächlichen Voraussetzungen beruhen, und eine allgemein bekannte Bedeutung haben; sie sind daher nicht unter allen Umständen, sondern nur dann, wenn zugleich über die rechtliche Bedeutung dieser thatsächlichen Voraussetzungen Streit obwaltet, der Kognition durch die Geschwornen zu entziehen, und dadurch, daß den letztern nur die Feststellung der zum Grunde liegenden Thatsachen überlassen wird, der Kognition des Gerichtshofs zu überweisen. Z. II. 20. Okt 1852 c. Stäcker (G. A. 2 s. 97); Z. (V.) I. 14. Sept. 1853 c. de Peterse (JMBl 1854 s. 67; G. A. 2. s. 97); Z I. 16. Juni 1854 c. Krüger. Wird demgemäß die Frage nach den Worten des Gesetzes gestellt, so bedarf es der Feststellung der Thatsachen nicht, durch welche der Gewinn erlangt, [oder der Schaden zugefügt] werden sollte. Z I. 24. Okt. 1855 c. Marschall.

5. Umgekehrt ist es aber auch unbedenklich zulässig, in den Fällen, wo zum Thatbestande des Verbrechens das Gesetz die Absicht, sich oder Andern Gewinn zu verschaffen, oder Andern Schaden zuzufügen, erfordert, diese Absicht bei der Fragstellung an die Geschwornen in die thatsächlichen Merkmale des konkreten Falles aufzulösen. V. Pl. 29 Jan 1855 c. Weidner (Präj. n 138; Entsch. 29. s. 473; 30. s. 380). Die Auflösung muß dann aber die **Absicht** unzweideutig ergeben, und nicht noch eine anderweitige thatsächliche Erwägung der vorhandenen Umstände und Ver-

hältnisse erfordern, um erst mit Hülfe dieser die Existenz der gewinnsüchtigen ꝛc. Absicht anzunehmen. B. I. 12 Dez. 1855 c. Hoffmann (G. A. 4. f. 213); Vgl. n. 13 Insbesondre muß ein Schuldbekenntniß vor dem Schwurgerichtshofe, wenn nicht in den Worten des Gesetzes, dann doch in solchen Worten erfolgen, daß darin unter allen Umständen, und ohne irgend einem Bedenken Raum zu geben, eine lediglich auf Erlangung eines Gewinnes gerichtete Absicht gefunden werden muß. B I. 2. Apr. 1856 c Hanslewitz (JMBl f. 122). Ueber die Zweckmässigkeit der Auflösung im Allgemeinen, vgl. Min.-Verf. im JMBl. 1852 f. 187; Min.-Verf. v. 29. März 1853 A. n. 6 (JMBl. f 136); do. v. 5. Jan. 1853 (G A 1. f. 210).

6. Gewinn ist hier nicht auf Vermögensvortheile beschränkt. Z. I. 18. Okt. 1854 c. Budzynski u. Gen.; B. I. 12. Dez. 1855 c. Hoffmann (G. A 4 f. 213); derselbe erstreckt sich vielmehr auch auf Freiheit, Ehre, Familien- und andre Rechte. B. I. 15. Juli 1853 c Ritter u. Gen (G. A. 2 f 265); B. I. 9. Dez. 1853 c. Ritter (G. A. 2. f. 265); B. II. 7 Dez. 1854 c Naumann; Beschl. I 6. Feb 1856 c. Lesnick u. Gen

7. Der beabsichtigte Gewinn muß durch die betreffende Urkunde, resp. ihren Gebrauch gesucht worden sein; es genügt daher nicht zur Feststellung dieses Merkmals die Annahme, daß Jemand für einen Andern, und um von diesem dafür eine Belohnung zu erhalten, eine Fälschung vorgenommen habe. B. 10 März 1852 c. Geiling (G. A 2. f. 266); vgl aber n. 3.

8. Ein B. II. 8. Sept 1853 c. Böddecker (G. A. 3. f. 97) verlangte zum Thatbestande der Fälschung auch, daß der gesuchte Gewinn ein unrechtmässiger gewesen sein müsse, und fand die Anwendung des § nicht gerechtfertigt, weil bei einer Urkundenfälschung nur festgestellt war: „sie sei geschehen, um aus der Gemeinde-Kasse statt 15 Sgr. den Betrag von 1 Thl. 15 Sgr zu erhalten,“ daraus aber nicht zu ersehen sei, ob der Angeklagte den Mehrbetrag von einem Thaler nicht rechtmässig zu fordern gehabt habe.

9. Die Strafbarkeit der Urkundenfälschung wird dagegen dadurch nicht ausgeschlossen, daß der vom Angeklagten gesuchte Gewinn anderweitig auf gesetzlichem Wege durch ihn zu erlangen gewesen wäre z B wenn die Fälschung geschah, um einen Vater zur Gestattung der Verheirathung seiner Tochter zu bewegen, diese Zustimmung aber möglicher Weise auf einem gerichtlichem Wege hätte erwirkt oder ersetzt werden können B. II. 7. Dez. 1854 c. Naumann.

10. Ein Beschl. I. 3. März 1854 c Buchal nahm an, daß die Absicht, einen Schaden von sich abzuwenden, für sich allein noch keine gewinnsüchtige sei. Vgl. zu § 241 n. 3. Aehnlich ein B. I. 2. Apr. 1856 c. Hanslewitz (JMBl f. 122), welches das Eingeständniß einer Urkundenfälschung „um sich vor dem Verluste seines Dienstes zu bewahren, und um sich behufs Erstattung eines Defekts Aufschub zu verschaffen,“ nicht für ausreichend erachtete die gewinnsüchtige Absicht unter allen Umständen festzustellen.

11. Jedenfalls ist aber die Absicht sich von einer gesetzlich begründeten Verpflichtung zu befreien für eine gewinnsüchtige zu erachten, z B. die Absicht der gesetzlichen Verpflichtung zur Entrichtung einer Geldbusse zu entgehen, weil die Befreiung von einer Schuld für den Verpflichteten ein Gewinn ist Z. II. 8. Feb. 1855 c. Friedhoff (G. A 3 f 845).

12. Die Absicht, den durch ein früher begangenes Vergehen, z B. Betrug oder Unterschlagung bereits erlangten Vortheil sich zu sichern, oder auch nur die Aufklärung des betreffenden Sachverhalts zu verzögern, oder endlich sich gegen den Anspruch auf Zurückgabe der in betrüglicher Weise erhobenen Gelder zu schützen, ist als eine gewinnsüchtige anzusehen. Beschl 6. Okt. 1852 c Werner; Z II. 8. Sept. 1853 c Peter; B I. 18. Jan. 1854 c. Max (G A 2 f 265); Beschl I. 24. März 1854 c Strenge; Z I. 28. Apr 1854 c. Krüger; Beschl. I. 6 Sept. 1854 c. Schulz; Z. I. 8. Juli 1855 c. Friedhoff (G. A 3. f. 845) Dagegen sprach ein Z. I. 10 Jan 1855 c. Jenssen aus, daß eine Fälschung „zur Verdeckung oder Sicherung einer Unterschlagung die gewinnsüchtige Absicht zwar vielfach einschliessen werde, daß aber selbige nicht in jedem Falle von vornherein zu unterstellen sei“; zu bemerken ist aber, daß die Geschwornen die „gewinnsüchtige Absicht“ damals, trotz des Geständnisses der Angeklagten, sie habe die That zur Verdeckung einer Unterschlagung

begangen, verneint hatten; die Nichtigkeitsbeschwerde des Staatsanwalts behauptete deshalb auch nur Verletzung der §§ 81. 82 des Ges. v. 3 Mai 1852, weil überhaupt den Geschwornen jene Frage vorgelegt war. — Sodann nahm ein B 2. Aug. 1852 c. Bösing (G A 2. s. 265) an: daß in einem solchen Falle, wo eine Fälschung nur zur Verdeckung eines früher begangenen Betrugs begangen worden war, nicht zwei verschiedene strafbare Handlungen, vielmehr nur eine denselben verbrecherischen Zweck weiter verfolgende Thätigkeit vorliege, und bestrafte deshalb nur wegen des Betrugs; ähnlich B I. 24 Juni 1853 c. Hilgendorf (G. A. 1. s. 576), wo aber die Strafe der Urkundenfälschung als die schwerere verhängt wurde. Vgl zu § 56 n. 9 Diese Auffassung hat aber das Ober-Tribunal in den oben citirten spätern Entscheidungen unzweifelhaft verlassen, und auch in solchen Fällen verschiedene selbstständige Handlungen angenommen; insbesondre hat Z. I. 28. Apr 1854 c. Krüger in einem solchen Falle, wo wegen Unterschlagung und Fälschung das Strafmaaß mit Rücksicht auf § 56 bemessen war, die Gesetzesanwendung als richtig anerkannt. Nur dann würde die frühere Beurtheilung des Ober-Tribunals gerechtfertigt sein, wenn der Betrug eben durch den Gebrauch rc. der falschen Urkunde erst begangen oder vollendet wäre. Zu vergleichen ist auch G. A. 1 s. 409

13. Ein B. I. 22. Dez. 1855 c. Hoffmann (G. A. 4 s 213) nahm an: „die Möglichkeit, als Landwehr-Offizier einzutreten“ könne zwar als ein Gewinn betrachtet werden, entspreche aber nicht unter allen Umständen den Voraussetzungen des §; daher reiche die Feststellung: eine Fälschung sei geschehen, in der Absicht einem Dritten jene Möglichkeit zu verschaffen, zur Anwendung des Gesetzes nicht hin, die Geschwornen mußten feststellen, ob hierbei Gewinnsucht anzunehmen sei. Vgl n. 5

14. Ob die Gewinnung des Preußischen Indigenats als Vortheil im Sinne des Gesetzes anzusehen sei, soll nach Z I. 18 Okt 1854 c. Budzynski u. Gen. Gegenstand der thatsächlichen Beurtheilung sein, und der Kritik des Nichtigkeitsrichters nicht unterliegen *Contra*. Temme Lehrb. s. 991 und Note 5.

15. Ein Gleiches nahm, wie es scheint, B. I. 22. Feb. 1854 c. Nagurny in Betreff der Frage an: ob die Absicht, sich der Meisterprüfung zu entziehen, eine gewinnsüchtige sei

16. Die bei der Fälschung eines gerichtlichen Heiraths-Konsenses vorwaltende Absicht, um auf Grund desselben getraut zu werden, soll nach B. I. 15. Juli 1853 c. Ritter (G A 2 s. 265) nicht mit voller Gewißheit als auf Gewinn gerichtet anzusehen sein. Dasselbe deutet B I. 9. Dez c. Ritter (G. A. 2 s. 265) an. Aehnlich Z. I 21. Dez 1855 c. Thieme in Betreff der Absicht: sich behufs der Aufnahme in ein Bordell als großjährig auszuweisen. — Wohl aber ist die bei der Fälschung eines Taufzeugnisses vorwaltende Absicht einen Mann dadurch leichter zur Abschliessung einer Ehe zu bewegen, eine gewinnsüchtige, indem dadurch ein Unterkommen, eine Versorgung verschafft wird. Z. I. 7. Apr. 1853 c. Dietrich. Vgl. n. 17, und zu § 254 n. 22.

17. Ein Z. 13. Okt 1852 c Brieß (G. A 2 s. 267) wollte dagegen die Absicht: auf Grund eines gefälschten Attestes in eine Hebammenlehranstalt aufgenommen zu werden, nicht für eine gewinnsüchtige, sondern nur für eine solche erachten, welche die Verschaffung eines Unterkommens, oder die Beförderung des bessern Fortkommens (§ 255 frühere Fassung) bezwecke. Vgl. n 16, und zu § 254 n. 22.

18. In ähnlichem Sinne wie die unter n. 14 15 cit Erkenntnisse entschied B. Pl. 29. Jan. 1855 c. Weidner (Präj. n 138; Entsch. 29. s. 473; 30. s. 380), daß „bei unternommener Täuschung des mit der Exekutionsvollstreckung beauftragten Exekutors, die Absicht des Exequenden, einen Aufschub der verhängten Exekution zu erlangen, noch nicht unter allen Umständen eine gewinnsüchtige Absicht enthalte“, so daß also hier in jedem Einzelfalle es durch den Spruch der Geschwornen auch noch festzustellen sei, daß jene Absicht eine gewinnsüchtige gewesen. Ueber diese Frage hatte das Ober-Tribunal längere Zeit geschwankt. In demselben Sinne wie die cit. Plenarentscheidung sprachen sich aus Z I. 25. Jan c Schiller (G. A. 2. s 266); B I. 24 Feb. 1854 c Wolff; B I. 31. März 1854 c. Hensel; Z I. 16 Juni 1854 c. Krüger (G. A 2. s 536), während Z. 22. Sept 1852 c. Strache (Haberland u. Gen.) indirekt, und Z. II. 7 Mai 1853 c. Palm ausdrücklich das Gegentheil annahmen. Zu vergleichen sind über diese Frage die Minist.-Verf. im JMBl. 1852.

f. 187; Minist.-Verf. v. 29. März 1853 A. n. 6. (JMBl. f. 136); Minist.-Verf. v. 5. Jan. 1853 (G. A. 1. f. 210); Voitus Abh. in G A. 1. f. 488; — sowie jetzt § 243 Nr. 6, und die Bemerkungen n. 12 zu demselben, und zu § 241 n. 4. 12.

19. Nach denselben Grundsätzen wird die entsprechende Frage zu lösen sein, ob die beim Gebrauche einer falschen Urkunde vorwaltende Absicht, dadurch eine drohende Klage abzuwenden, und so eine Zahlungsfrist zu erlangen, eine gewinnsüchtige sei. Die in G. A. 2 f. 833 mitgetheilte verneinende Entscheidung eines Appellationsgerichts kann jedenfalls als eine grundsätzliche nicht gebilligt werden.

20. Bei der beabsichtigten Schadenszufügung ist es nicht erforderlich, daß es sich von einem Vermögensschaden handle. Z. I. 28. Jan. 1853 c. Wehrmeister (G. A. 2. f. 264); B I. 15. Juli 1853 c. Ritter u. Gen. (G. A. 2. f 265); Z. (B.) I. 12. Dez. 1855 c. Hoffmann (G. A. 4. f. 213); Beschl. I. 6. Feb. 1856 c. Lesnick u. Gen.; G. Matt. 2. f. 571 II; Temme Lehrb. f. 991.

21. Es bedarf der Feststellung nicht, wem ein Schaden zugefügt werden sollte, sobald nur feststeht, daß dieses irgend ein Dritter war. Z 24. Sept. 1852 c. Weitzker (Eckner u. Gen. cit. bei Hahn n. 312 f. 149).

22. Auch die Verletzung eines öffentlichen Interesses, z. B. wenn ein Militärpflichtiger sich dem Militärdienste zu entziehen sucht, gehört hierher Beseler f. 476; G. A. 2. f 571 II. *Contra:* Temme Lehrb. f. 991. Vgl. oben n. 14; Gilb. C. pén. Art. 145 n. 49; Art. 147. n. 41 flg.

23. Auch hier hat die Frage, ob die Absicht des Exequenden, einen Aufschub der verhängten Exekution zu erwirken, als eine auf Schadenszufügung gerichtete mit Nothwendigkeit anzusehen sei, ähnliche Lösungen erfahren, wie die entsprechende die Gewinnsucht betreffende; vgl. n. 18 Z. I. 25. Jan. 1854 c. Schiller (G. A. 2. f. 266) und B I 31 März 1854 c. Hensel erachteten ausdrücklich auch hier die Feststellung jener speziellen Absicht für nicht genügend.

24. Das Wort „Verfälschen“ setzt die Existenz einer Urkunde voraus, deren Inhalt in irgend einem erheblichen Punkte abgeändert wird; gleichgültig ist es ob die Abänderung durch ein Auslöschen, Hinzufügen, oder Verändern bewirkt wird. G. Matt 2 f. 573 n. 2; Vgl. Bes. f. 475 II.

25. Es gehört zur thatsächlichen Beurtheilung, ob eine durch Auslöschen bewirkte Verfälschung als vollendet anzusehen sei, wenn der ursprüngliche Inhalt mehr oder weniger erkennbar geblieben ist Vgl. Gilb. C. pén. Art. 145 n. 38

26. Daß die verfälschte Urkunde eine ächte gewesen, kann nicht gefordert werden, auch eine verfälschte Urkunde kann weiter verfälscht werden. G. Matt 2. f. 573 n. 2, welcher aber ein Gleiches von einer fälschlich angefertigten Urkunde nicht annehmen will Vgl. Gilb. C. pén. Art. 147 n. 24

27. Es genügt, wenn der Inhalt, oder die Bedeutung der Schrift in irgend einem erheblichen Punkte durch die daran vorgenommene Veränderung eine Modifikation erleidet, sollte dieselbe im Uebrigen auch noch so geringfügig sein; daher kann auch eine Abänderung der Interpunktion unter geeigneten Voraussetzungen hierher gehören; ebenso der Zusatz eines Buchstaben Ein Beispiel gewährt Z. I. 10. Feb. 1854 c. Klaußmann, wo ein Wechsel, welcher wegen Mangels der Jahreszahl in der Angabe des Zahlungstags nichtig war (Wechsel-Ord. v. 6. Jan. 1849 Art. 4. Nr 4; Art. 96. Nr. 3), durch Zusetzung des Buchstabens c. hinter der Monatsangabe geändert, und dadurch formell gültig geworden war.

28. Unter „fälschlicher Anfertigung“ ist der Fall zu verstehen, wo eine bis dahin noch nicht existirende Urkunde durch einen nicht dazu Berechtigten erst geschaffen wird. — Die Anfertigung einer Schrift durch diejenige Person, deren Namen sie trägt, ist daher keine Urkundenfälschung, sollte auch der Inhalt derselben ein unwahrer sein. Vgl. Abh. G. A. 3. f. 787. Inwiefern dieses bei amtlichen Schriften eine Ausnahme erleide, siehe unten n. 62; sodann zu § 251 n. 10; und zu § 252 n. 5; Vgl. G. Matt. 2. f. 574 b; Temme Lehrb. f. 990 flg.

29. Fälschliche Anfertigung einer Urkunde liegt auch da nicht vor, wo Jemand durch Täuschung veranlaßt wird, eine Schrift mit anderm Inhalte, als er gewollt, mit seiner Unterschrift zu versehen. G. Matt. 2 f. 574 Eine solche Handlung kann nur als Betrug strafbar sein.

30. Als „Anfertiger“ ist derjenige zu betrachten, welcher der Schrift die

Unterschrift des angeblichen Ausstellers ohne dessen Einwilligung hinzufügt, während derjenige, welcher den Kontext geschrieben hat, allenfalls nur als Theilnehmer an der Fälschung verfolgt werden kann. Z. II 3. Feb. 1853 c. Kampfhenkel (G. A. 2 S. 264). Hiernach ist es auch gleichgültig, ob etwa der zu Täuschende selbst den Kontext geschrieben hat B. II 4 Okt. 1855 c. Hybotter (JMBl. S. 377; G. Arch. 3 S. 789)

31. Die Anfertigung einer falschen Urkunde liegt auch dann vor, wenn Jemand unter Annahme eines falschen Namens mit einem Andern kontrahirt, und die ganz der Vereinbarung gemäß abgefaßte Schrift mit jenem falschen Namen unterzeichnet, weil die geschaffene Urkunde nicht so, wie sie vom Mitkontrahenten gewollt war, zu Stande gekommen, sondern ihrem ganzen Inhalte nach falsch und ungültig ist, da als Mitkontrahent und Verpflichteter darin eine Person figurirt, mit welcher der Vertrag nicht abgeschlossen war; es gehört keineswegs zum Begriffe der Urkundenfälschung daß die Schrift ohne Wissen und Zuthun des dadurch zu Täuschenden zu Stande komme, und ebensowenig, daß der Inhalt der Schrift etwas anderes besage, als vorher vereinbart worden war. B. II. 4. Okt. 1855 c Hybotter (JMBl. S. 377; G. A. 3 S 789); Abh. in G. A. 3. S. 786.

32 Zweckmässig ist es, wenn in der Fragstellung, welche eine fälschliche Anfertigung zum Gegenstande hat, ausdrücklich hervorgehoben wird, daß dieselbe „ohne Wissen und Willen“ des angeblichen Ausstellers bewirkt worden sei; vgl. G. A. 1. S 211 Es versteht sich aber von selbst, daß dasselbe auch durch andre gleichbedeutende Worte ausgedrückt werden kann; insbesondre wird hier auch die Bezeichnung der Anfertigung oder der Namensunterschrift als einer „fälschlichen“ oder „falschen“ ausreichen. Vgl. auch n 34

33 Gleichgültig ist es, ob der fälschlich angefertigten Urkunde, und insbesondre der Unterschrift, ein täuschender Schein der Aechtheit gegeben sei, oder nicht. B. I. 7. Dez. 1854 c Naumann; G. Matt. 2. S. 570; Gilb. C. pén. Art. 145. n 28 bis; Art. 147. n. 5.; G. Arch. 3. S. 785

34 Auch die Unterzeichnung mit dem Namen einer gar nicht existirenden Person reicht hin, um eine „falschliche Anfertigung“ darzustellen. B. 26 Mai 1852 c. Orschinsky; G. Matt. 2. S. 573 n 1; Gilb. C. pén. Art. 145. n. 27 28; G. Arch. 3. S. 785.

35. Ebenso genügt der Gebrauch eines falschen Vornamens. Z II. 4. Okt. 1855 c Trommen; B. II. 29. Mai 1856 c. Niessen; G. Matt. 2 S. 573 n. 1. Vgl. Gilb. C. pén. Art. 147 n. 11. 54. 112; G. Arch 3 S. 785.

36 Gleichgültig ist es, ob die Person, deren Namen fälschlich gebraucht ist, schreiben kann, oder nicht. Gilb. C. pén. Art. 147. n. 9.

37 Auch der Gebrauch eines falschen Siegels kann hierher gehören, wenn dadurch die Identität des wahren Ausstellers geändert, oder die Beglaubigung der Unterschrift des falschen Ausstellers ersetzt werden soll. G. Matt. 2. S. 573 n. 1.

38. Die Urkundenfälschung wird erst durch den stattgehabten Gebrauch der falschen Schrift durch den Fälscher vollendet; der Fälscher, welcher von der Schrift keinen Gebrauch gemacht hat, kann daher unter den geeigneten Voraussetzungen als Theilnehmer (§ 34. Nr. 2.) am Verbrechen desjenigen, welcher demnächst Gebrauch gemacht hat (§ 249) bestraft werden; ob auch wegen Versuchs der „Urkundenfälschung“ vgl. n. 49.

39. Der Gebrauch muß zum Zwecke der Täuschung geschehen; vorausgesetzt wird also, daß derjenige, dem gegenüber der Gebrauch gemacht wird, dadurch getäuscht werden soll; demgemäß liegt dieses Begriffserforderniß nicht vor, wenn derjenige, welcher die Urkunde fur einen Andern fälschlich angefertigt hat, sie diesem einhändigt, wissend, daß er sie gegen dritte zu täuschende Personen gebrauchen wolle, weil in diesem Falle der im Einverständnisse stehende Empfänger der Urkunde nicht getäuscht werden sollte. Z. II. 7. Dez. 1854 c. Limberg; ähnlich B. I. 12. Dez. c. Hoffmann (G. A. 2. S. 213), welches zur Herstellung des Thatbestandes der vollendeten Urkundenfälschung nicht jeden Gebrauch der gefälschten Urkunde für genügend erachtete, sondern nur denjenigen, welcher dem zu Täuschenden gegenüber gemacht wird.

40. Mit Rücksicht auf das Begriffserforderniß der bezweckten Täuschung ist eine Urkundenfälschung als vorliegend nicht anzunehmen, wenn ein Betrug mit-

telst mündlicher falscher Vorspiegelungen und Gebrauchs eines falschen Namens stattgefunden hat, und nebenbei auch eine falsche Urkunde gebraucht worden ist, sobald dieser Gebrauch die fragliche Täuschung weder bezweckte, noch zur Folge hatte. B. 26. Mai 1852 c Orschinsky (G Arch. 2. s. 264. Der Angeklagte hatte eine selbstgefertigte Waare einem Bedienten, als angeblich vom Herrn des letztern angekauft, ausgehändigt, und sich den verlangten Preis dafür zahlen lassen, sodann aber über diese Zahlung eine Quittung mit einem falschen Namen unterzeichnet).

41. Gleichgültig ist es, ob durch den Gebrauch für den Getäuschten nach dem Civilrechte hätten Rechte entstehen konnen. Z I. 11. Juli 1855 c. Spitzbarth. (Der Angeklagte hatte einen gefälschten auf den Namen eines Andern als Trassanten lautenden, auf eigne Ordre gezogenen, mit keinem Giro versehenen Wechsel einem Dritten zum Unterpfande gegeben.)

42. Ebenso kommt Nichts darauf an, ob der zum Zwecke der Täuschung gemachte Gebrauch gerade die Realisirung desjenigen Rechtsverhältnisses herbeiführen wollte, für dessen Beweis die Schrift erheblich war; es ist daher die Fälschung einer Schrift, durch welche angeblich ein Scharfrichtereibesitzer den Ankauf und die Bezahlung eines krepirten Stückes Vieh bescheinigt, nach § 247. strafbar, sollte diese Schrift auch nur der Viehversicherungsgesellschaft gegenüber gebraucht sein, um sie glauben zu machen, das Thier sei krepirt. Z. II 22. Juni 1854 c. v. Semmern; ebenso liegt „Urkundenfälschung" vor, wenn ein Gränzaufseher durch einen falschen Bestellbrief unter dem Namen eines Kaufmanns Waaren bestellt, und ihre Einschwärzung über die Gränze verlangt, um seinerseits die Beschlagnahme vorzunehmen. B. II. 19. Okt. 1854 c. Wolke, vgl. hierüber n. 73. u. 114, und im Allgemeinen n. 3. 7.

43. Es ist keineswegs erforderlich, daß der zu Täuschende identisch mit derjenigen Person sein müsse, welche beschädigt werden sollte, oder von welcher der Thäter Gewinn zu ziehen hoffte. Es reicht sonach hin, wenn der mit einer Exekutionsvollstreckung beauftragte Exekutor getäuscht, der Gewinn aber vom extrahirenden Gläubiger gesucht, resp. diesem ein Schaden zugefügt werden sollte. Z II 7. Mai 1853 c. Palm (vgl. zu § 241. n 43.); hiernach bedarf es auch nicht der namentlichen Feststellung der getäuschten Person; Z. I. 25 April 1855 c. Manzau. Auch entspricht hier der zum Zwecke der Täuschung des Gerichts gemachte Gebrauch vollständig dem gesetzlichen Thatbestande. Z II 30. Sept. 1854 c. Schmuck (Anders im Falle des Betrugs vgl. zu § 241. n. 44. Der Unterschied liegt darin, daß es sich hier von einem Beweisstücke handelt, auf welches das Gericht Rücksicht nehmen muß.)

44. Noch weniger wird vorausgesetzt, daß der Gebrauch der Urkunde gerade derjenigen Person gegenüber erfolgt sein müsse, welche durch die Urkunde — ihre Aechtheit unterstellt — das Rechtsverhältniß eingegangen sein würde. Beschl. II. 4. Okt. 1855 c. Spielberg.

45 Zur Vollendung des Verbrechens ist nicht erforderlich, daß die Absicht der Beschädigung oder der Erlangung des Vortheils oder auch nur der Täuschung erreicht worden sei. Z. I 28. Jan. 1853 c. Wehrmeister. (G. Arch 2. s. 264); Z. I. 12. März 1856 c Bork; Temme Gll. s. 296; id. Lehrb. s. 992.

46. Geschieht der Gebrauch der falschen Urkunde zur Ausführung eines Betrugs, so liegt ideale Konkurrenz vor; wenn aber der vollendete Betrug durch die Urkundenfälschung verdeckt, oder der dadurch gezogene Gewinn dadurch sicher gestellt werden soll, so sind beide Handlungen selbstständig, und § 56. kommt zur Anwendung. Vgl. oben n. 12. Zum Theil anderer Ansicht ist G. Matt. 2. s. 575, welcher auch im ersteren Falle reale Konkurrenz annimmt.

47. Macht der Verfälscher oder Anfertiger einer falschen Urkunde von derselben zu verschiedenen Malen Gebrauch, so ist, wenn dieses jedes Mal durch eine selbstständige Handlung geschieht, unbedenklich ein wiederholtes, kein s. g. fortgesetztes Verbrechen anzunehmen; z. B. wenn Jemand auf Grund einer falschen Bevollmächtigungsurkunde auf den Namen des angeblichen Vollmachtgebers successive bei verschiedenen Kaufleuten Waaren entnimmt; zwar wird nicht jedesmal eine neue Urkunde angefertigt ꝛc., es kommt darauf aber nicht an, da auch der blosse wissentliche Gebrauch mit gleicher Strafe bedroht ist. *Contra:* B. I. 9. Feb. 1853 c. See-

mann. Etwas Anderes müßte natürlich gelten, wenn die einzelnen Akte der Gebrauchmachung nicht selbstständige Handlungen darstellten; z. B. wenn im oben mitgetheilten Falle zum Zwecke der Erlangung derselben Waaren die Urkunde hinter einander mehreren Personen vorgelegt würde. Die Frage, ob die verschiedenen Handlungen selbstständige waren, ist wesentlich thatsächlicher Natur.

48. Die unter der Herrschaft des Thl. II. Tit. 20. des ALR. erfolgte Verurtheilung wegen eines unter Benutzung einer falschen Privatschrift verübten Betrugs steht einer Verurtheilung wegen Urkundenfälschung nach dem StGB. gleich, und begründet daher bei einer jetzt wegen der letztern erfolgenden Bestrafung den Rückfall. Z I. 17. Juni 1853 c. Petroll.

49. Ein Versuch des Verbrechens kann unter Umständen unbedenklich in der Verfälschung oder fälschlichen Anfertigung einer Urkunde gefunden werden, sollte auch noch gar keine Gebrauchshandlung begonnen worden sein; vorausgesetzt wird aber, daß bei jener Handlung die Absicht des spätern Gebrauchs vorgewaltet habe, und daß sie nicht etwa blos geschehen sei, um einem Dritten das Werkzeug zum Gebrauche zu liefern. Daher gehen Goltdammer (Matt. 2. f 575 VI.) und Temme (Lehrb. f. 992) zu weit, wenn sie unbedingt die fragliche Handlung als einen Versuch des Verbrechens ansehen wollen. Ebensowenig läßt sich mit Goltdammer (1 c) sagen, daß ein durch Verfälschung ꝛc. stattgehabter Versuch durch freiwilligen Rücktritt vom Gebrauche nur dann straflos werde, wenn gleichzeitig die falsche Urkunde vernichtet werde; vgl. Temme 1 c. Note 3.

50. Um einen Versuch im Sinne des § 31. anzunehmen, bedarf es nicht einmal der vollendeten Verfälschung, oder fälschlichen Anfertigung; es steht nichts im Wege, daß der Richter der Thatsache auch in der erst begonnenen Verfälschung ꝛc. eine Handlung erkenne, welche einen Anfang der Ausführung des ganzen Verbrechens enthalte. *Contra:* Temme Lehrb. f. 992; er will hierin nur eine vorbereitende Handlung erkennen, übersieht aber, daß die Frage keine rechtliche, sondern nur eine thatsächliche ist.

51. Von einem Versuche des Gebrauchs kann schwerlich die Rede sein, jede einen Anfang der Ausführung desselben enthaltende Handlung würde selbst schon ein Gebrauch sein Für die entgegengesetzte Ansicht scheint zu sein: B. I. 12. Dez. 1855 c. Hoffmann; vgl. n. 39.

Urkunde.

52. Der Begriff der Urkunde ist ein Rechtsbegriff; er hat die Bedeutung des betr. Aktenstücks zum Zwecke des Schriftenbeweises, also als eines Beweismittels im Auge, welches im weitern prozessualischen Sinne geeignet ist, als die Quelle von Rechten oder Verbindlichkeiten, oder als das Mittel zu ihrer Erhaltung oder Auflösung zu dienen; die diesen Begriff betreffende Frage gehört mithin nicht zur Feststellung der Thatsachen, welche die wesentlichen Merkmale des zur Sprache gebrachten Verbrechens bilden (Ges. v. 3. Mai 1852 Art. 81.). Demgemäß ist den Geschwornen eine dahin lautende Frage: ob eine Schrift „eine Urkunde," oder ob sie „zum Beweise von Rechten und Rechtsverhältnissen von Erheblichkeit sei" — nicht zu stellen, vielmehr steht die Entscheidung hierüber nur dem Schwurgerichtshofe zu. Z. II. 3 Feb. 1853 c. Backhoff. (G. Arch. 1. f. 209); Z. 2. Jan 1852 c. Lulow (G. Arch. 2. f. 260); B. 25. Feb. 1852 c. Baumgarten (JMBl. f. 187); Z. 16. Juni 1852 c. Sauder (G. Arch 2. f 260); Z (B.) 30. Juni 1852 c. Kohtz (G. Arch. 2. f. 262); B. 18. Okt. 1852 c. Wagner; Z. (B.) 17. Nov. 1852 c. Hampe; Z. 17. Dez. 1852 c. Frosch; Z. eod. c. Sackwitz; Z. II. 3. Feb. 1853 c. Kümmelmann (G Arch. 2. f. 262); Z. II. 10. März 1853 c. Laacke (G. Arch. 2. f. 262); Z. II. 23. Apr. 1853 c. Zimmermann; Z. II. 19 Mai 1853 c. Hornung; Z. (B.) I. 14. Sept. 1853 c. de Peterse (JMBl. 1854 f. 67; G. Arch. 2. f. 127); Z. I 19. Okt 1853 c. Hillger; B. I. 2. Nov. 1853 c Jung; Z I. 25 Jan. 1854 c. Nitschke; Z. I. 3. März 1854 c. Dembowski; Z. I. 24. Okt. 1855 c. Marschall. Vgl. Min.-Verf im JMBl. 1852 f. 187; Min.-Verf v. 5 Jan. 1853 (G. Arch. 1. f. 209 210). Wenn daher den Geschwornen gleichwohl eine derartige Frage vorgelegt worden ist, so muß der Schwurgerichtshof nichts destoweniger diese Rechtsfrage noch selbst prüfen, und es steht dabei Nichts im Wege, daß er dieselbe, trotz der frühern Verneinung durch die Geschwornen, bejahe. Z. 24. Sept. 1852 c.

Weitzker (Eckner u. Gen.); B 18 Okt. 1852 c. Wagner; B. II 14. Apr. 1853 c. Gladigow; B I. 2. Nov. 1853 c Jung Vgl Gilb. C. pén. Art 147. n. 154. flgg.

53. Dagegen muß durch den Ausspruch der Geschwornen eine solche, den Umständen des konkreten Falls entsprechende, nähere und bestimmte Bezeichnung der in Rede stehenden Schrift insbesondere nach ihrem Inhalte erfolgen, daß aus dieser Bezeichnung entnommen werden kann, ob dieselbe zum Beweise von Rechten oder Rechtsverhältnissen von Erheblichkeit sei; in dieser Weise ist sonach in der den Geschwornen gestellten Frage der Begriff der Urkunde in die der konkreten Sachlage des Einzelfalls entsprechenden thatsächlichen Momente aufzulösen. Z. (B.) I. 14. Sept. 1853 c. de Peterse (JMBl 1854 f 69; G. A 2 f. 127); Z 31. März 1853 c. Könneke, und die meisten der in der vorigen n. citirten Erkenntnisse.

54. Hiernach muß die den Geschwornen vorgelegte Frage den Inhalt der fraglichen Schrift, soweit es auf ihn bei der Begriffsbestimmung der Urkunde ankommt, genau wiedergeben; gleichwohl ist es, zumal wenn an und für sich über die Bedeutung dieses Inhalts ein Streit nicht obwaltet, nicht unstatthaft, die betreffende Bezeichnung nach dem Gattungsbegriffe des betreffenden Rechtsgeschäfts vorzunehmen, und zu fragen, ob z. B. eine „Quittung", oder ein „Schuldschein", ein „schriftlicher Kaufvertrag" u. s w. verfälscht worden sei, weil diese Begriffe, wenn auch rechtlicher Natur, doch auch dem gemeinen Leben angehören, und dort nicht anders als in der Rechtssprache aufgefaßt werden. In dieser Weise ist selbst, wenn es sich von einer Wechselfälschung (§ 251. Nr 5) handelt, die Aufnahme des Worts „Wechsel" in die Frage nicht unbedingt unstatthaft. Vgl. zu § 251. n. 32

55 Sehr häufig wird es durchaus zweckmässig sein, den Inhalt einer kürzern Schrift in der Frage wörtlich wiederzugeben. Das gilt namentlich dann, wenn zum Wesen und zur Gultigkeit der betreffenden Art der Urkunde gewisse formelle Voraussetzungen gehören, deren Vorhandensein ebensowohl wie der übrige Inhalt Gegenstand der thatsächlichen Feststellung sein muß, also namentlich wenn es sich von Wechseln handelt. Hierbei ist indessen zu bemerken, daß diese Art der Fragstellung dann nicht ausreichen kann, wenn der Sinn der Schrift einem Zweifel unterliegt; in einem solchen Falle gehort es ebenfalls zur thatsächlichen Feststellung, ob und welcher Sinn den niedergeschriebenen Worten beizulegen sei, und die von den Geschwornen hierüber gegebene Deutung ist dem Richterspruche zum Grund. zu legen, vgl. unten n. 60 — Das Ober-Tribunal ist gleichwohl mehrfach in die Prüfung einer solchen Frage eingegangen, z B. durch B II 15. Mai 1853 c. Ritter; B II. 7. Juli 1855 c. Mund (Entsch. 30. f. 364; Rh Arch. 51 2. A. f. 15; G. Arch 3. f 711); B. I 1. Feb 1856 c Witte; B. II 7. Feb. 1856 c Schmidt.

56 Mit Rücksicht auf das unter n 53 und 54. Gesagte kann es nicht genügen, wenn statt der genauen Bezeichnung des Inhalts der Schrift, in der den Geschwornen vorgelegten Frage sich nur eine Hinverweisung auf andre Aktenstücke findet. Das hat ein B. II 29 Sept 1853 c Schrader anerkannt, indem es aussprach, daß die Bezugnahme auf Bleistiftstriche in einem Exemplare der Schrift, welche den Thatbestand der strafbaren Handlung enthalten sollte, zur genauen Bezeichnung des Thatbestandes nicht geeignet sei. Dasselbe muß dann aber auch von der so häufig vorkommenden Hinverweisung auf das Folium der Akten gelten, wo sich die angeblich verfälschte Schrift findet; jedenfalls ist diese Art der Bezeichnung in keiner Weise zu empfehlen.

57. Das befaßte Strafgericht hat selbstständig zu entscheiden, ob die angeblich gefälschte Schrift eine Urkunde, und eventuell, ob sie eine öffentliche Urkunde, ein Wechsel 2c. sei, und ist durch vorgängige in Betreff derselben Schrift ergangene civilgerichtliche Entscheidungen in keiner Weise gebunden. Z. I 18. Apr. 1855 c Helle.

58 Der Begriff der Urkunde verlangt eine Schrift; als solche sind ein Kerbholz, ein eingeschlagener Waldhammer, Stempel und Siegel (auf Waaren), und Grenzsteine, selbst wenn diese besondre Zeichen tragen, welche unmittelbar erkennbar die Grenze wirklich anzeigen, nicht zu betrachten. *Contra:* Temme Lehrb. f 989.

59 Zur Feststellung des Thatbestandes der Urkundenfälschung ist die jeweilige Existenz der gefälschten Schrift keineswegs unerläßlich, sobald nur in andrer Weise der Nachweis der frühern Existenz geführt wird. Beschl. II. 12. Juli 1855 c. Lindner.

60. „Unter einer Urkunde im Sinne des § 247. ist nur eine solche Schrift „zu verstehen, welche für sich allein einen allgemein verständlichen Sinn, und eine „Unterschrift hat, nicht aber ein solches Scriptum, welches nur einzelne Wörter, „Zahlen, Buchstaben oder sonstige Zeichen enthält, die nur durch eine Uebereinkunft „der Interessenten eine Bedeutung haben.“ B. II. 7. Juli 1855 c. Mund (Präj. n. 163; Entsch. 30. s. 474; 31. s. 256; Rh. Arch 51. A. 2 s. 50; G. Arch. 3. s. 711) Es handelte sich von Zetteln, welche nur einzelne Buchstaben und Ziffern, sowie statt der Unterschrift auch nur zwei Anfangsbuchstaben enthielten, welche vom Geschäftsführer einer Fabrik den einzelnen Arbeitern als Anweisung auf den bei der Kasse zu erhebenden Arbeitslohn ertheilt zu werden pflegten, welche daher an und für sich unverständlich, nur einen conventionellen Sinn hatten; sie wurden nicht für Urkunden erachtet. In demselben Sinne ergingen Z. I. 26. Sept. 1855 c. Weiß (G. Arch. 3. s. 712); Z. I. 23. Nov 1855 c. Moores (G. A. 4. s 258 ein nicht unterzeichnetes Theaterbillet betreffend); B. I. 1. Feb. 1856 c. Witte (ibid); u. B. II. 7. Feb. 1856 c. Schmidt (G. A. 4 s. 259) Ebenso erachtete ein Beschl. I. 12. März 1856 c. Dubnack ein Schriftstück, welches überall eine sichere Hindeutung auf einen dafür haftbaren Aussteller nicht enthielt, nicht für eine Urkunde Vgl. auch Gilb. C. pén. Art. 145. n. 16. — Sobald es in einem derartigen Falle zweifelhaft wird, ob die Schrift einen allgemein verständlichen Sinn, und welchen habe, muß auch diese Frage durch die Geschwornen gelöst werden; vgl. n. 55

61. Dagegen ist es nicht erforderlich, daß die Schrift ausdrücklich die zum Beweise eines Rechtsverhältnisses erhebliche Verfügung ausspreche, es genügt, wenn der ganze Zusammenhang eine andre Auslegung als die jener Verfügung nicht zuläßt. Z II. 23. Apr. 1853 c. Krause Vgl. n. 116.

62. Eine Schrift, welche sich nur als „Anzeige“ einer angeblich stattgehabten Thatsache darstellt, und die — wenn letztere unwahr — nur als schriftliche Lüge zu betrachten wäre, ist keine Urkunde Beschl. I. 18. Apr. 1855 c Hardt u Gen. — Inwieweit bei amtlichen Schriften eine Ausnahme eintrete, vgl. oben n. 28, ferner zu § 251. n. 10. und zu § 252 n 5.

63. Die Rechtsverhältnisse, für deren Beweis die Schrift erheblich sein muß, brauchen nicht nothwendig privatrechtlicher Natur zu sein, vielmehr kommen auch Verhältnisse des öffentlichen Rechts, zu welchen im Allgemeinen auch die das Strafrecht betreffenden zu rechnen sind, in Betracht. Beschl I. 28. Juli 1855 c Burchardt und Gen. (G A. 3. s. 712). Daraus ergiebt sich, daß eine Beschränkung auf vermögensrechtliche Verhältnisse in keiner Weise statthaft ist. Vgl. n. 6 u 20.

64. Ebensowenig wird erfordert, daß die Urkunde sich auf Rechtsverhältnisse des Angeklagten [oder des zu Täuschenden] speziell beziehe; es genügt die objektive Erheblichkeit für den Beweis von Rechtsverhältnissen im Allgemeinen. Z. I 11. Juli 1855 c. Spitzbarth.

65. Bei der Beurtheilung der Erheblichkeit einer Schrift für den Beweis, muß sich der Strafrichter auf den Standpunkt des Civilrichters stellen, also die am Orte der Entstehung der Schrift geltende Civilgesetzgebung zum Grunde legen, und danach die Bedeutsamkeit derselben — ihre Aechtheit vorausgesetzt — prüfen.

66. Erheblich ist eine Schrift für den Beweis von Rechtsverhältnissen auch dann, wenn sie auch nicht für sich allein den vollständigen Beweis eines Rechtsgeschäfts liefert; Z Pl. 29. Jan. 1855 c. Tellien (Präj. n. 136, welches aber den obigen Satz nur in der Form ausspricht: „eine Schrift kann auch dann als eine „Urkunde im Sinne des § 247. angesehen werden, wenn sie auch nicht für sich allein „den vollständigen Beweis eines Rechtsgeschäfts liefert“. Entsch. 29. s. 473; 30 s. 308; G. Arch. 3 s. 569); B. I. 21. Feb. 1855 c. Rudolph (G. Arch. 3. s. 714). Es genügt daher, wenn die Schrift, in Verbindung mit andern Umständen, mittelbar dazu dienen kann, und nach der Absicht des Thäters dazu dienen soll, das Dasein eines Rechtsverhältnisses mit zu bescheinigen. Z. II. 10. März 1853 c. Laacke (G. Arch. 2. s. 262). — Früher *Contra:* Z. I. 7. Dez. 1853 c. Kasten (G. Arch. 2. s. 262); Z. I. 28. April 1854 c. Jung; Z I. 12. Mai 1854 c. Fritzsch (G. Arch. 2. s. 695), welche übereinstimmend verlangten, daß der Schrift die Erheblichkeit für die Beweisführung an und für sich resp. selbstständig beiwohne, da sich der Gesetzgeber sonst des Ausdrucks „.... von Erheblichkeit sein können“ bedient haben würde. Diese Auf-

fassung ist durch das citirte Plenar-Erkenntniß aufgegeben. Vgl. n. 113; G. Arch. 2. S. 259.

67. In keinem Falle kann verlangt werden, daß eine Schrift, um als Urkunde zu gelten, ein Rechtsverhältniß begründen und dasselbe beweisen müsse. Z. 2. Aug. 1852 c. Mahn (G. A. 2. S. 261); Z. II. 10. März 1853 c. Laacke (G. A. 2. S. 262); Beschl. I. 22. März 1854 c. Zippel.

68. Dagegen reicht zur Annahme der Eigenschaft einer Urkunde die Feststellung nicht hin, daß durch die Schrift ein Rechtsverhältniß habe angebahnt werden sollen. Z. I. 2. Aug. 1852 c. Mahn (G. A. 2. S. 261).

69. Es ist nicht erforderlich, daß die Erheblichkeit der Schrift für den Beweis sich auf ein ganzes Rechtsgeschäft beziehe, vielmehr genügt es, wenn sie sich auf einen Theil desselben erstreckt, wenn z. B. daraus die Willenserklärung einer einzelnen Person in Beziehung auf die Abschliessung eines zweiseitigen Vertrags enthalten ist. Beispiele vgl. n. 113.

70. Dagegen wollte ein B. I. 6. Jan. 1854 c. Görs (G. Arch. 2. S. 262) nur diejenige Schrift für eine Urkunde erachten, welche an sich und selbstständig den in ihr enthaltenen Umstand darzuthun geeignet sei. Es handelte sich damals von der Verfälschung eines unter einer Rechnung befindlichen ununterschriebenen Vermerks über eine geschehene Abschlagszahlung, welcher eben des Mangels der Unterschrift wegen für keine Urkunde erachtet wurde, obgleich der Umstand, daß sich die mit einem solchen Vermerke versehene Quittung in den Händen des Schuldners befinde, eine Vermuthung der stattgehabten Zahlung begründe, welche aber nicht sowohl durch den Vermerk allein, als durch den Besitz des Schuldners an dem Schriftstücke begründet werde. Vgl. n. 124.

71. Nach gemeinem Rechte sind Abschriften von Urkunden nur unter gewissen Bedingungen, insbesondre bei eintretender Unterstützung ihres Inhalts durch andre Beweismittel, für den Beweis erheblich; mit Rücksicht hierauf wollte B. I. 28. Jan. 1853 c. Gutzmann (G. A. 2. S. 260) eine solche auch nur dann, wenn das Vorhandensein jener Bedingungen festgestellt sei, für eine Urkunde erachten; vgl. aber n. 66.

72 Ein in jeder Beziehung nichtiger oder wirkungsloser Akt hat, wenn er sich äusserlich als einen solchen darstellt, für Rechtsverhältnisse keine Erheblichkeit, und ist keine Urkunde; das gilt z. B. von einer Anweisung fixirter Besoldungen (vgl AGO. Anh. § 163), oder der Genehmigung einer solchen durch den vorgesetzten Beamten. Beschl. I. 29. Feb. 1856 c. Wilkens; vgl. n. 1. 41. Das Gegentheil wäre anzunehmen, wenn ein Akt nur wegen eines Formfehlers, oder eines Mangels in der Qualifikation der disponirenden Person vernichtet oder für ungültig erklärt werden kann. Vgl. G. Matt. 2 S. 568 flg.; Gilb. C. pén. Art. 145. n. 68. 85. 93 Auf dieser Unterscheidung beruhen die folgenden Entscheidungen:

73. Der Begriff der Urkunde ist keineswegs dadurch bedingt, daß das Rechtsgeschäft, über welches dieselbe errichtet worden, seinem ganzen Umfange nach rechtsverbindlich sei, es genügt wenn demselben eine Erheblichkeit in einer andern Richtung beiwohnt, z. B. wenn auch jenes Rechtsgeschäft wegen eines Qualifikationsmangels in der Person eines der Paciscenten nichtig war, sobald dadurch gegen diesen ein Garantie-Anspruch, oder eine Restitutionspflicht begründet wird. Z. II. 22. Apr. 1853 c. Hohmann; B. I. 5. Mai 1854 c. Schädel (G. A. 2. S. 694); Z. I. 18. Apr. 1855 c. Haase; Aehnlich B. II. 19. Okt. 1854 c. Wölke, welches es für genügend erachtete, wenn die Schrift, in der Gestalt, in welcher sie gebraucht wird, ein taugliches Mittel zur Hervorbringung einer schädlichen Täuschung sei. Vgl. hierüber n. 42. 114.

74. Ebensowenig ist erforderlich, daß das Rechtsgeschäft, welches durch die Schrift begründet und bewiesen werden soll, in der Form, in welcher es sich darstellt, über alle Anfechtung erhaben sei; als Urkunde ist daher auch eine von einer Ehefrau ohne Zuziehung des Mannes ausgegangene Bevollmächtigung anzusehen, sollte es auch nicht feststehen, daß einer der Spezialfälle vorliegt, in welchen die Frau dazu berechtigt war. Z. II. 23. Apr. 1853 c. Krause; Z. II. 19. Mai 1855 c. Hornung. Vgl. n. 117.

75. Dagegen ist eine Schrift, welcher die Unterschrift fehlt, keine Urkunde.

B. I. 6. Jan. 1854 c Görs (G. A. 2. S. 262). Vgl. n. 30. 31. 60. 72. Gleichwohl braucht diese Unterschrift nicht nothwendig eine Namensunterschrift und geschrieben zu sein; eine andre Bezeichnung der betreffenden Persönlichkeit kann auch genügen. So: Z. I. 19. Okt. 1853 c. Hilger, wo die Schrift die gedruckte Unterschrift „die Verwaltung der Dauermühle“ trug. Vgl. aber Koch S. 1050 n. 30. Aehnlich verhält es sich bei Behörden: Z. 18. Okt. 1852 c. Heldge (G. A. 2. S. 260 und unten n. 85).

76. Ein B. I. 6. Nov. 1853 c. Weber (G. A. 2. S. 261) erachtete eine Schrift, durch welche sich angeblich eine Frau verbürgt hatte, aus dem Grunde für ein ganz werthloses Scriptum, und für keine Urkunde, weil die vorgeschriebene gerichtliche Verwarnung (ALR. I, 14. § 221—226) nicht vorhanden war. —

77. Als Urkunde (und zwar als eine öffentliche) ist anzusehen die amtliche Ausfertigung einer gerichtlichen Vorladung in bürgerlichen Streitsachen, da sie für jede Partei, welcher sie zugestellt wird, zum Beweise einer richterlichen Beschlußnahme dient, von deren Befolgung oder Nichtbefolgung, Rechte und Rechtsverhältnisse abhängig sind. Z. (B.) 2. Jan 1852 c. Lülow (G. A. 2. S 260).

78. Ebenso sind Urkunden gerichtliche Untersuchungsakten, insbesondre auch die über eine gerichtliche Voruntersuchung geführten. B. I. 14. Sept. 1853 c de Peterse (JMBl. 1854 S. 67; G. A. 2. S. 97, 127).

79. Ist es Fälschung, wenn ein Beschuldigter das Protokoll über seine Vernehmung durch den Untersuchungsrichter mit einem falschen Namen unterzeichnet? Es verneinen Cass. 29. Apr. 1826; Cass. 1. Sept. 1826; Chauv. &. Hél. Th. du C. pén. 2. p. 337. cit. bei Gilb. C. pén. Art. 145 n. 17, weil jenes Protokoll nicht die Bestimmung habe, die Richtigkeit des angegebenen Namens festzustellen. Vgl. zu § 252. n. 9.

80. Ein gerichtlicher Vorladungs-, Erscheinungs-, Verwahr- oder Haftbefehl ist eine Urkunde. Dagegen wollte ein Beschl. I. 28. Juli 1855 c. Burchardt u. Gen. (G. A. 3 S. 712) eine gerichtliche Verfügung, durch welche Jemand aufgefordert wurde, sich zur Verbüssung einer gegen ihn erkannten Freiheitsstrafe zu gestellen, beziehungsweise ein Gerichtsdiener mit der Verhaftung beauftragt wurde — nicht für eine Urkunde erachten; diese Auffassung unterliegt indessen, zumal rücksichtlich des dem Gerichtsdiener ertheilten Auftrags erheblichen Bedenken.

81. Eine amtliche Benachrichtigung über die Lage eines Prozesses, und ein schriftlicher Rath über die zu dessen günstiger Beendigung erforderlichen Maaßregeln ist keine Urkunde. B. 25. Feb. 1852 c. Baumgarten u. Gen.

82. Ein. B. I. 18. Apr. 1853 c. Neumann (Entsch. 25. S. 261) hielt einen Deposital-Annahme-Befehl, und die Anzeige des Rendanten über die nicht erfolgte Zahlung der im Befehle bezeichneten Summe, nicht für eine Urkunde, weil sie ausschließlich den innern amtlichen Verkehr des Gerichts, beziehungsweise seines Depositorii betreffe, also für Rechte ꝛc. nicht erheblich sei

83. Eine unter dem Namen eines richterlichen Beamten abgefasste Schrift, durch welche bescheinigt wird, „daß in einer speziell angegebenen Nachlaßsache der Schlußtermin vorüber, und daß dadurch gewisse Personen erblegitimirt seien,“ und welche die fernere Aeusserung enthält, „daß Jedermann, welcher dem X. etwas borge, hinlänglich gesichert sei, indem derselbe als Miterbe sein Geld binnen Kurzem erhalten werde,“ — ist keine Urkunde. B. I. 17. Feb. 1854 c. Himmer (Kalter u. Gen. G. A. 2. S. 263).

84. Ein gerichtlicher Heirathsconsens ist eine Urkunde. Das ist indirekt angenommen durch B. I. 15 Juli 1853 und B. I. 9 Dez. 1853 c. Ritter (G Arch. 2. S. 265).

85. Ebenso ist eine Urkunde eine mit der Unterschrift „Königliche Gerichts-Kommission“ ausgestellte Kostenliquidation. Z 18. Okt. 1852 c. Heldge (G. A. 2. S. 260).

86. .... ebenso eine gerichtliche Stempelverbrauchsnachweise, wenn sie vom Gerichtsdirigenten abgeschlossen, mit der Zahlungsanweisung versehen und unterschrieben ist; dasselbe gilt aber nicht von den Vorarbeiten zu einer solchen Nachweise. B. I. 9. Feb. 1853 c. Eckert.

87. .... ebenso die von den Pfarrern aus den Kirchenbüchern ausgestellten Zeugnisse über geschehene Taufen, Trauungen u. s. w. B. 10. März 1852

c. Geiling (G. A. 2. s. 266); Z. 13. Okt. 1852 c. Breß (G. A. 2. s. 267); Z. II. 7. Apr. 1853 c. Dietrich; Z. I. 21. Dez. 1855 c. Thieme. Vgl. zu § 251 n. 21. Das gilt nicht in der Rheinprovinz, wo die Führung der Civilstandsregister andern Beamten übertragen ist, und die Bücher der Pfarrer keine beweisende Kraft haben. Vgl. Gilb. C. pén. Art. 145. n. 23. 30.

88. .... ebenso der auf einer Bankobligation sich findende Kassationsvermerk. Z. 22. Sept. 1852 c. Krause (G. A. 1. s. 79).

89. .... ebenso die Flurkataster- und Grundsteuer-Mutterolle; der § 251 Nr. 3 setzt diese Qualität voraus, und bestimmt nur, daß dieselbe als öffentliche Urkunde anzusehen sei; daher sind auch die amtlich ausgestellten Steuer-Mutterrollen-Auszüge Urkunden. B. II. 1. Feb. 1855 c. Kappert.

90. .... ebenso der von einem Branntweinbrenner aufgestellte, von einer Steuerhebestelle festgestellte Betriebsplan einer Branntweinbrennerei. Z. II. 6. Apr. 1854 c. Beckmann.

91. .... ebenso der von einem Steuerbeamten in dem (zum Zwecke der Kontrolle der Mahlsteuerzahlungen geführten) Quittungs- und Revisionsbuche eines Bäckers oder Mehlhändlers eingetragene Vermerk über die bei der Revision vorgefundenen Mehlbestände. Z. I. 24. Okt. 1855 c. Marschall.

92. .... ebenso ein Privatverzeichniß, welches ein Schiffer über seinen und seiner Leute Proviantbestand aufgestellt, ge- und unterschrieben hat, sobald auf seinen Grund die Proviantdeklaration stattgefunden hat, und [mit Bezugnahme auf dasselbe] das Verzeichniß der Steuergefälle vom Zoll-Amte aufgestellt, und ausgefertigt ist; es bildet dann jenes Privatverzeichniß einen Theil der von der Behörde ausgefertigten Urkunde. Z. II. 7. Juli 1855 c. Thünnagel.

93. .... ebenso eine nach § 83 und 87 d. der Zoll-Ordn. v. 23. Jan. 1838 von der Ortsbehörde auszustellende Versendungs-Legitimations-Bescheinigung; sie befreit von der Erlegung des Eingangszolls; B. II. 14 Dez. 1854 c. Lennartz u. Gen. (G. A. 3. s. 137).

94. Ein Passirschein für Wild, welcher nur den Zweck hat, den Inhaber der Polizei gegenüber als zum Transporte berechtigt zu legitimiren, und ihm die Möglichkeit zu gewähren, durch ein Stadtthor zu gelangen, ist keine Urkunde. B. II. 26. Jan. 1854 c. Berbig. Vgl. aber zu § 254 n. 2. 4.

95. Dasselbe gilt von s. g. Holzattesten, welche nur die Legitimation derjenigen, welche Holz transportiren, oder in Ortschaften einbringen, bezwecken, und lediglich auf die Verhütung des Holzdiebstahls abzielen (vgl. Forst-Ordn. für Ost-Preußen ꝛc. vom 3. Dez. 1775 § 24 n. 14; Publ. v. 4. Juni 1783; Verordnung v. 30. Juni 1839; G.S. s. 223); Beschl. I. 14 Nov. 1855. c. Steppat u. Gen. Vgl. G. A 1. s. 249.

96. ... ebenso von einem nach Anleitung der Verordn. v. 13. Feb. 1843 § 5 und 7 (G.S. s. 75) ausgestellten Pferde-Legitimations-Atteste, da auch diese Verordn. nur polizeiliche Zwecke im Auge hat, und durch Beaufsichtigung des Verkehrs mit Pferden, den Pferdediebstahl verhüten will. B. I. 1. Juni 1855 c. Grigat (G. A. 3. s. 570). Vgl. G. A. 1. s. 249.

97. .... ebenso von dem nach dem Ges. v. 7. März 1850 § 14 (G.S. s. 168) erforderlichen Jagd-Scheine, da derselbe nie das Recht giebt, auf irgend einem Reviere die Jagd auszuüben, sondern nur beurkundet, daß polizeiliche Gründe: dem Inhaber die Jagd nicht zu gestatten, nicht vorwalten, er also nur zur Legitimation der Polizei gegenüber dient Beschl. I. 23 Mai 1855 c. Winkler (G. A 4. s. 261).

98. Ein ohne Unterschrift oder sonstige Beglaubigung ausgefülltes Formular eines Postauslieferungsscheins ist keine Urkunde, erlangt vielmehr diesen Charakter erst durch die Unterschrift resp. Untersiegelung, und hat, bis diese erfolgt sind, nur den Zweck einer Benachrichtigung für den Empfänger und der Vorbereitung einer reglementsmässigen Quittung für die Postanstalt; hieran wird auch durch den Umstand Nichts geändert, daß auf einem solchen Scheine die Porto-, Botenlohn- und Postvorschußbeträge notirt sind, da diese Notirung nur als die Aufstellung einer Rechnung anzusehen ist. B 3. Dez. 1852 c. Schleyer (G. A. 2. s. 261).

99 Dagegen ist ein solcher Postauslieferungsschein, sobald er unterzeichnet ist, eine Urkunde, da er eine Quittung darstellt, welche der Postbehörde als

Beweis der Erfüllung der ihrerseits gegen Aufgeber und Addressaten übernommenen Verpflichtung dient. Z I. 11. März 1853 c. Haarschütz (G. Arch. 2. s. 261) B I. 21. Dez. 1853 c. Stüber; Beschl. I. 6 Sept 1854 c. Schulz. Vgl. zu § 251 n. 20

100. Ein Posteinlieferungsschein d. h. eine Bescheinigung der Postbehörde über die erfolgte Aufgabe eines Briefs, welcher nach der Addresse mit Geld beschwert sein soll, ist eine Urkunde, da auf Grund desselben die Postbehörde im Falle des Verlusts des Briefs nach Maßgabe der Werthdeklaration Ersatz leisten muß, wenn sie nicht beweist, daß jene Deklaration unrichtig war. Z (V.) Pl. 29. Jan. 1855 c. Weidner (Entsch. 30. s. 380). Vgl. zu § 251 n. 19.

101. Der vom Aufgeber eines zur Post gegebenen Briefs auf diesem gemachte Vermerk über die Belastung desselben mit Postvorschuß ist eine Urkunde, weil er nicht nur den der Post ertheilten Auftrag zur Einziehung der verwirkten Summe dokumentirt, sondern auch im Falle der Annahme und Auslösung des Briefs durch den Addressaten diesem zum Beweise der geschehenen Zahlung, und auch schon (in Ermangelung einer andern Bescheinigung) der Postanstalt als Beweis der bei der Einlieferung geschehenen Auszahlung an den Aufgeber dient. Z 2. Nov. 1852 c. Schmidt; ähnlich Z. 18 Okt. 1852 c. Heldge (G. A. 2 s. 260) „weil ein solcher Vermerk die Stelle der Quittung vertrete, und den Beweis der Befreiung gewähre, sobald vom Empfänger gezahlt sei, und das Couvert sich in seinen Händen befinde." *Contra:* Beschl I. 8 Feb. 1854 c. Jagusch u. Gen., weil eine (in casu unterzeichnete) Postvorschußquittung auf einem Briefcouvert nicht an und für sich, sondern nur unter der Voraussetzung, daß die Postverwaltung sich mit Einziehung des Betrags befassen wolle, als urkundliches Empfangsbekenntniß diene, eine solche hypothetische Natur der Schrift aber dem Begriffe der Urkunde nicht entspreche; ähnlich Z I. 13. Sept. 1854 c. Hoffman (G. A. 2 s. 694), weil nach der bestehenden Posteinrichtung mit einem solchen Vermerke nur der Versuch gemacht werde, durch Vermittlung der Postbehörde zu einer Zahlung zu gelangen, die wirkliche Leistung derselben aber ihren Grund nicht in jenem Vermerke, sondern im Gegenstande des Briefs, im guten Willen, der Unbedachtsamkeit oder dem Irthume des Addressaten habe. Vgl. Voitus Abh. in G A 1. s 488. — Die erstere Meinung verdient unbedenklich, wenigstens dann den Vorzug, wenn der Vermerk unterzeichnet ist, und allen Erfordernissen einer Quittung entspricht; da die Schrift, bei Beurtheilung ihres Charakters, objektiv zu betrachten, eine Quittung aber unzweifelhaft eine Urkunde ist; vgl n. 66. und unten n. 124. 125

102. Ist die Angabe des Inhalts auf einem mit einem öffentlichen Siegel verschlossenen Geldpakete (vgl. § 243. Nr. 5) eine Urkunde? Temme Lehrb. s. 980 Note 6. bejaht.

103. Lohnschreiberbogen, welche zur Kontrolle und Berechnung des Arbeitsverdienstes der Lohnschreiber geführt werden, sind nur dann für Urkunden zu erachten, wenn sie behufs der Anweisung der verdienten Lohnsätze auf die betreffende Kasse, mit dem amtlichen Atteste ihrer Richtigkeit versehen sind. Z. I. 3. Feb. 1854 c. Masur.

104 Ein ärztliches Rezept ist keine Urkunde; die Fälschung eines solchen, um sich dadurch Gift zum Zwecke einer Vergiftung zu verschaffen, fällt daher nicht unter § 247. Bes. s. 474.

105. Handelsbücher sind, wenn ihnen eine Beweiskraft Dritten gegenüber beiwohnt, Urkunden. G. Matt. 2. s. 568, 578. Vgl § 259 Nr 3 4

106. Ein Gleiches gilt nicht von den im § 592. Thl. II. Tit 8. des ALR erwähnten Gegenbüchern der dort genannten Gewerbtreibenden, weil denselben nur unter gewissen Voraussetzungen eine beweisende Kraft beiwohnt, zum Begriffe der Urkunde aber erforderlich ist, daß sie an und für sich selbstständig für den Beweis von Erheblichkeit sei. So: Z I. 12. Mai 1854 c. Fritzsch (G. Arch 2 s. 695). Vgl. aber über diese letztere Frage n 66.

107. Eine Schrift, durch welche sich Jemand eines von ihm begangenen Vergehens (z B. einer Steuerdefraude) schuldig bekennt, ist eine Urkunde. Z. II. 12. Okt. 1854 c Holzerland. Die betreffende Schrift war dem die Defraude constatirenden Steuerbeamten eingehändigt worden.

108. Führungsatteste fingirter Personen für Dienstboten, wodurch diesen

zugleich die Erlaubniß ertheilt wird, sich anderweitig zu vermiethen, sind keine Urkunden. Z. I. 9. Feb. 1853 c. Roose; Z I. 8. Juli 1853 c. Rogge; Gilb. C. pén. Art. 145. n 97. Vgl. § 254, und dort n. 11.

109. Dasselbe gilt von Dienstentlassungsattesten. Z. 26. März 1852 c. Meyer.

110. Ebenso ward nicht für eine Urkunde erachtet: eine Schrift, durch welche ein Privater bescheinigte, daß ein genanntes Individuum zu einer bestimmten Zeit bei ihm in Condition treten werde. Z. I. 11. Feb. 1854 c. Blachmann.

111. Eine Schrift, welche als Anfang eines Schriftenbeweises im Sinne des Art. 1347. des Rh. BGB. gelten kann, ist darum noch nicht als eine „Urkunde" anzusehen, weil ihr die eventuell eintretende Erheblichkeit für den Beweis nicht objektiv beiwohnt, es vielmehr in jedem Einzelfalle erst Gegenstand des Ermessens des Richters ist, ob die Schrift unter den obwaltenden Umständen die zu beweisende Thatsache wahrscheinlich mache. Vgl. G. Matt. 2. S. 566; Cass. des franz. Kass. Hofs 27. Sept 1816 (Sir. Coll. nouv. 5. 1. S. 239 und die Note).

112. Der schriftliche Auftrag an einen Andern zur Zahlung einer Summe an einen erst zu benennenden Dritten (d. h. also: an eigne Ordre) ist keine Anweisung im Sinne des § 251. Tit. 16 Thl. I. des ALR.; die Annahme dieses Auftrags von Seiten des so Beauftragten (durch den der Schrift hinzugefügten unterschriebenen Vermerk „angenommen") begründet die Zahlungsverpflichtung desselben dem Auftraggeber gegenuber; demnächstige Verfälschung jenes Auftrags fällt daher unter § 247. Z. I. 18. Apr. 1855 c. Boltze (G. Arch. 3. S. 713).

113. Bestellzettel, welche den Ueberbringer zur Empfangnahme der darin bestellten Waaren ermächtigen, sind für den Verabfolger der letztern bei Geltendmachung seines Anspruchs auf Zahlung von Erheblichkeit, also Urkunden. Z. Pl 29 Jan. 1855 c Tellien (Entsch. 29. S. 473; 30. S. 308; G. Arch. 3. S. 569). Aehnlich Z. II. 3. März 1853 c. Röthig (G. Arch. 2. S. 260); Z. (B) I. 23. März 1853 c. Schulz; B. I. 5. Mai 1854 c. Schädel (G. Arch 2. S 694); auch in diesen Sachen ward ausdrucklich mit erwogen, daß die Schrift auch den Auftrag fur den Ueberbringer enthalte, die Waaren in Empfang zu nehmen. Ein Gleiches nahmen sodann aber Z. 2. Aug. 1852 c. Mahn (G. Arch. 2 S. 261); Z. I. 4 Feb. 1853 c. Burow (ibid.) und B. II. 19 Okt. 1854 c. Wolke unbedingt von Bestellbriefen an, ohne daß einer darin ertheilten Bevollmächtigung zur Empfangnahme Erwähnung geschahe, „weil Bestellbriefe die Absicht des angeblichen Unterzeichners bekunden, daß er die Waaren zu kaufen Willens sei", und weil bei hinzutretender der Bestellung entsprechender Lieferung, ein Kaufvertrag zu Stande komme; endlich sprach ein Beschl. II. 12. Juli 1855 c. Lindner dasselbe aus, und hob dabei hervor, daß es auf eine gleichzeitige Bevollmächtigung nicht ankomme (Die Schrift lautete nur dahin: „Ich bitte um — — Pfund Kaffee. Unterschrift.) *Contra:* Z. I. 28 Apr. 1854 c. Jung, aus dem (seitdem vom Ober-Tribunal fallen gelassenen) Grunde, daß der Schrift die Erheblichkeit an und für sich (selbstständig) beiwohnen musse. Mit Rücksicht auf das in dem cit. Z. Pl. 29. Jan. 1855 c. Tellien angenommene Präjudiz (vgl. n. 66.) muß ein Bestellbrief unbedingt als Urkunde betrachtet werden, weil bei hinzutretender Lieferung von der andern Seite, die beiderseitige Einwilligung, also ein perfekter Vertrag vorliegt, und der Besteller die Annahme der der Bestellung gemäß gelieferten Waare nicht ablehnen kann.

114. Der Bestellbrief verliert die Eigenschaft einer Urkunde auch dadurch nicht, daß darin eine gesetzwidrige Erfüllungsart (z. B. durch Einschwärzung) ausbedungen wird, weil einmal dadurch der Kaufvertrag selbst nicht zum unerlaubten wird; andern Theils aber auch, wenn letzteres der Fall wäre, der Begriff der Urkunde von der Klagbarkeit des dadurch zu begründenden Rechtsanspruchs nicht abhängt. B. II. 19 Okt. 1854 c. Wölke Vgl. n. 73.

115. Das in der vorigen Nummer citirte Z I. 4. Feb. 1853 c. Burow erachtete es auch stillschweigend für gerechtfertigt, daß einem Bestellbriefe (ohne gleichzeitige Bevollmächtigung) die Qualität als Urkunde beigelegt war, obgleich es ihm auch an einer Addresse fehlte. In demselben Sinne erging Beschl. II. 12. Juli 1855 c. Lindner (cit. n. 113.). *Contra:* Beschl. I. 4. Jan. 1856 c. Brehmer, weil in Ermanglung einer Addresse, durch einen solchen Brief oder Zettel nicht erwiesen wer-

den könne, daß der Schreiber derselben von einem bestimmten Andern die Uebersendung einer Waare verlangt habe. [Ob letzteres der Fall, wird indessen sehr oft lediglich in das Gebiet der thatsächlichen Prüfung fallen]

116. Eine Bevollmächtigung, selbst wenn sie auf einen nicht genannten Ueberbringer lautet, ist unzweifelhaft eine Urkunde. Z II. 23. Apr. 1853 c. Krause; Z. II. 19. Mai 1853 c. Hornung; Z. I 2. Mai 1856 c. Strauß. — Dabei ist es auch unerheblich, ob aus der Schrift die Annahme des Auftrags durch den Bevollmächtigten hervorgeht oder nicht. Beschl. I. 22. Apr. 1854 c. Zippel. Auch wird keineswegs verlangt, daß die Bevollmächtigung ausdrücklich ausgesprochen sei, es genügt, wenn sich dieselbe aus dem ganzen Zusammenhange unzweifelhaft ergiebt. Z. II. 23. Apr. 1853 c. Krause.

117. Auch eine von einer Ehefrau allein ausgegangene schriftliche Bevollmächtigung ist eine Urkunde, obgleich sie ohne Zuziehung ihres Ehemannes nur in gewissen Fällen Verträge, insbesondere Vollmachtsverträge abschliessen kann. Z. 23. Apr. 1853 c. Krause; Z. II. 19. Mai 1853 c. Hornung. Vgl. n. 74.

118. Mit Rücksicht auf das unter n. 113. und 116. Gesagte ist als Urkunde auch eine Schrift zu betrachten, durch welche ein Handwerker angewiesen wird, einen ihm zum Repariren ꝛc. anvertrauten Gegenstand dem Ueberbringer auszuhändigen. Z. 16. Juni 1852 c. Sander (G. Arch. 2. ſ. 260); B. I. 11. Feb. 1853 c. Wache (G. Arch. 2. ſ. 263); Aehnlich Z. I. 2. Mai 1856 c. Strauß.

119. Ein schriftliches Darlehnsgesuch, wenn es gleichzeitig die Bevollmächtigung eines Dritten zur Empfangnahme des Darlehns enthält, ist unbedenklich eine Urkunde. Z. II. 19. Mai 1853 c. Hornung. Dasselbe nahmen Z. 2. Aug. 1852 c. Mahn (G. Arch. 2. ſ. 261) und Z. I. 3. Feb 1853 c Kümmelmann (G Arch. 2. ſ. 262) von einem blossen Darlehnsgesuche, ohne gleichzeitige Bevollmächtigung, an, weil dadurch — zwar nicht die stattgehabte Hergabe des Darlehns — wohl aber im Falle der wirklich erfolgten Hergabe einer Summe, dargethan werden könne, daß dieselbe als Darlehn verabreicht worden sei. *Contra:* B. I. 23. März 1853 c. Nadler; Z. I. 7. Dez. 1853 c. Kasten (G. Arch. 2. ſ. 262), „weil der Urkunde die Erheblichkeit für den Beweis an sich beiwohnen müsse“, eine Ansicht, von welcher das Ober-Tribunal später grundsätzlich abgegangen ist; vgl. oben n. 66. — Zu vergleichen ist auch Gilb. C. pén. Art. 145. n. 26.

120. Ein schriftliches Gesuch um ein Almosen ist, mit Rücksicht auf die, die Erzeugung eines Rechtsverhältnisses ausschliessende, Natur des Almosens, keine Urkunde. Z. I. 16. Feb. 1853 c. Fey u. Gen. (G. Arch. 2. ſ. 261). Vgl. zu § 241. n. 13 ſg.

121. Eine Schrift, welche eine Verbürgung enthält, ist unzweifelhaft eine Urkunde. Z. 16. Juni 1852 c. Sander (G. Arch. 2. ſ. 260); Z. II. 10. März 1853 c. Laacke (ibid.); B. II. 28. Mai 1853 c. Ritter. — Ueber die ohne die vorgeschriebene gerichtliche Verwarnung (ALR. I, 14. § 221. ſg) stattgehabte Verbürgung einer Frau vgl. oben n. 76.

122. Auch ein nur vom Verpächter, nicht auch vom Pächter unterschriebener Pachtvertrag, ist eine Urkunde. Z. II. 3 März 1853 c. Hönecke (G. Arch. 1. ſ. 409; 2. ſ 261). Vgl. zu § 243. n. 21.

123. Eine Rechnung ist eine blos einseitig aufgestellte Behauptung eines Rechtsanspruchs, und daher keine Urkunde. Z. I. 19. Okt. 1853 c. Behrendt (G. Arch. 2. ſ. 261).

124. Die Rechnung wird aber zur Urkunde, wenn ihr eine Quittung hinzugefügt wird. Z. (B.) 26. Mai 1852 c. Olschinsky (G. Arch 2. ſ. 262); Z. (B) 30. Juni 1852 c. Kohtz (ibid.). Vgl. aber n. 70.

125. Eine Quittung ist eine Urkunde; Z. I. 12. März 1856 c. Boik; das gilt auch dann, wenn sie ein zur Empfangnahme der Zahlung nicht Berechtigter unter dem Namen des wirklich Berechtigten ausgestellt hat, weil sie immer eine geschehene Zahlung beweist, und eventuell zur Begründung einer Rückforderungsklage gegen den Empfänger dienen kann. Z. I 23. März 1855 c Wegner. (Die verfälschte Quittung war vom Sohne des Gläubigers unter dem Namen seines Vaters erfolgt, und weder eine Bevollmächtigung des erstern, noch eine nachträgliche Genehmigung des letztern dargethan.) Das Gegentheil hatte ein früheres B. I 27. Okt. 1854 c. Ohlrich (G. Arch. 2. ſ. 833) angenommen, und einer von der Ehefrau des

§. 248. Einer Urkundenfälschung wird es gleich geachtet, wenn Jemand in der Absicht, sich oder Anderen Gewinn zu verschaffen oder Anderen Schaden zuzufügen, ein mit der Unterschrift eines Anderen versehenes Papier ohne dessen Willen ausfüllt und von einer solchen Urkunde Gebrauch macht.

[Entw. § 224] Vgl. § 249. 250

§. 249. Wer von einer falschen oder verfälschten Urkunde, wissend, daß sie falsch oder verfälscht ist, in der Absicht

---

Gläubigers ohne Ermächtigung des letztern unterzeichneten Quittung aus dem Grunde den Charakter einer Urkunde abgesprochen, weil durch sie die behauptete Tilgung der Schuld nicht habe dargethan werden können. Mit Recht ist das Ober-Tribunal durch die neuere Entscheidung von dieser Ansicht wieder abgegangen, es kommt immer nur auf den objektiven Charakter der Schrift an, nicht ob sie auch für denjenigen Beweis von Erheblichkeit ist, welcher durch sie erbracht werden soll. Vgl auch B. I. 21. Feb 1855 c Rudolph (G. Arch. 3. s. 714); hier hatte der Angeklagte unter Vorlegung einer gefälschten Quittung vorgegeben, die Schuld eines Dritten an den Gläubiger entrichtet zu haben, und auf Grund derselben vom Schuldner den betreffenden Betrag erstattet erhalten. Das Ober-Tribunal nahm auch hier mit Recht Urkundenfälschung an.

126. Auch eine Schrift, durch welche Jemand einseitig bescheinigt, daß ein früher mit einem Andern geschlossener zweiseitiger Vertrag wieder aufgelöst, und jener von seinen Verbindlichkeiten befreit sei, ist eine Urkunde; die §§ 131. 134. 185 fg. Tit. 5. Thl. I. des ALR. heben die Erheblichkeit derselben für den Beweis nicht auf. Z. II. 27. Mai 1854 c. Meyer (Pfahl u. Gen)

§. 248.

1. In Betreff der „Absicht, sich oder Andern Gewinn zu verschaffen, oder Andern Schaden zuzufügen“ sind die betreffenden Bemerkungen zu § 247 zu vergleichen.

2. Zu welchem Zwecke das Papier mit der Unterschrift versehen worden, ist gleichgültig; nicht minder, ob sich über der Unterschrift irgend eine andre Schrift findet, sobald dieselbe nur nicht den Charakter einer „Urkunde“ an sich trägt, weil sonst die Ausfüllung eines leer gebliebenen Zwischenraums als Verfälschung im Sinne des § 247 anzusehen wäre

3 Ebenso ist es gleichgültig, ob das Papier dem Angeklagten anvertraut war, oder nicht. Vgl. C. pén. Art. 407.

4. Aus den Schlußworten des § ergiebt sich, daß die „Ausfüllung“ in der Weise geschehen sein müsse, daß die Schrift nunmehr den Charakter einer Urkunde erlangt habe.

5. Inwiefern es einen Unterschied begründe, wenn die so zu Stande gekommene Urkunde wegen eines Form- oder Qualifikationsmangels des Unterzeichneten nichtig ist, vgl. zu § 247. n. 72. ff.; Gilb. C. pén. Art. 407 n. 10.

6. Es bedarf der Feststellung nicht, daß der Gebrauch zum Zwecke der Täuschung gemacht worden sei; vgl. zu § 249. n. 6

7. Ueber die Strafbarkeit der Ausfüllung eines Blanketts ohne hinzutretenden Gebrauch vgl. zu § 247. n. 38. u. 49.

§. 249.

1. Unter einer „falschen“ Urkunde ist hier eine fälschlich angefertigte (§ 247.) zu verstehen.

2. Es genügt hier, wenn die Urkunde objektiv den Charakter einer fälschlich angefertigten, oder verfälschten an sich trägt; es ist keineswegs erforderlich, daß derjenige, von welchem die Verfälschung rc. ausgegangen war, mit Dolus gehandelt habe.

Gebrauch macht, sich oder Anderen Gewinn zu verschaffen oder Anderen Schaden zuzufügen, wird dem Fälscher gleich geachtet.

[Entw. § 225.] Vgl. § 247 248 250

§. 250.*) Die Urkundenfälschung wird mit Zuchthaus bis zu fünf Jahren und zugleich mit Geldbuße von funfzig bis zu Eintausend Thalern bestraft.

Wird festgestellt, daß mildernde Umstände vorhanden sind, so ist die Strafe Gefängniß nicht unter drei Monaten und zugleich Geldbuße nicht unter fünf Thalern; auch kann auf zeitige Untersagung der Ausübung der bürgerlichen Ehrenrechte erkannt werden.

[Entw. § 226.] Vgl. § 247—249; AKO. v 21 April 1856 (G.S. s. 220).

§. 251.**) Die Urkundenfälschung wird mit Zuchthaus bis zu zehn Jahren und zugleich mit Geldbuße von Einhun-

*) In der ursprünglichen Fassung des § fehlte der zweite Absatz, welcher durch das Ges. vom 9. März 1853 (G S. s. 78) zugesetzt worden ist.

**) In der ursprünglichen Fassung dieses § fehlte der letzte Absatz, welcher durch das Ges. v. 14. April 1856 (G.S. s 210) zugesetzt worden ist.

3. Auch hier ist der falschen oder verfälschten Urkunde diejenige gleich zu stellen, welche durch unbefugte Ausfüllung eines mit einer fremden Unterschrift versehenen Papiers (§ 248) zu Stande gebracht ist.

4. Gleichgültig ist es, ob der Gebrauchende die Urkunde als echt empfangen hatte; die Unterscheidung der §§ 122. 123. greift hier nicht Platz. Bes. s. 477 VI; G. Matt. 2. s. 576; Koch s. 1050 n. 32.

5. Ueber die hier erforderte Absicht, und den Gebrauch sind die betreffenden Bemerkungen zu § 247 zu vergleichen.

6. Auch hier wird an sich vorausgesetzt, daß der Gebrauch „zum Zwecke der Täuschung“ (§ 247) geschehe, B. II. 1. Feb. 1855 c. Kappert; gleichwohl „bedarf es zur Feststellung des Thatbestandes des hier vorgesehenen Verbrechens keiner „ausdrücklichen Erklärung, daß von der Urkunde zum Zwecke der Täuschung Ge„brauch gemacht sei.“ Z. II. 10. Nov. 1855 c. van Gansewinkel u. Gen. (Präj. n. 185; Entsch. 31. s. 260; G. Arch. 4. s. 214); vielmehr ist anzunehmen, daß dieses Merkmal hier durch das Erforderniß, daß der Gebrauch in gewinnsüchtiger rc. Absicht (welche § 247 nur bei der Verfälschung rc. selbst verlangt) geschehen sei, genügend mit ausgedrückt werde. Würde freilich im Einzelfalle vom Angeklagten das Vorhandensein dieses Merkmals bestritten, so würde es auch hier der ausdrücklichen Feststellung desselben bedürfen. Vgl. G. Matt. 2. s. 576.

§. 250.

1. Das Gesetz vom 9. März 1853 enthält keine Deklaration der davon berührten §§, ist vielmehr als neues abänderndes Gesetz anzusehen Z. I. 15. Juli 1853 c. Richter (Präj. n. 47; G. Arch. 1 s. 575); Z. I 2. Nov. 1853 c. Gellrich.

2. In dem hier vorgesehenen Falle kann nicht auf Polizei-Aufsicht erkannt werden, [der § 245 erleidet hier keine Anwendung]. B. II. 14. Juli 1853 c. Drügpott.

§. 251.

Inhalt:

dert bis zu Zweitausend Thalern bestraft, wenn das Verbrechen eine der folgenden Arten von Urkunden zum Gegenstande hat:

1) Urkunden, welche mit der Unterschrift des Königs oder mit dem Königlichen Insiegel ausgefertigt sind;

2) Urkunden, welche von Staatsbehörden, Gemeinden oder Korporationen des Inlandes oder Auslandes, von inlän-

---

Kirchenb. (Ausz.) 21.
Kompetenz d. Beamt. 6.
Korporation. 15—17.
Leihamt. 14.
Lüge (schriftl.) 10.
Postauslief.-Schein. 20.
Post-Schein. 19.
Priv.-Urk. (beglaub.) 11.
Steuer-Mutter-Rolle. 24.
Untersiegelung. 9.
Urkunde. 1.
- (öffentl.) 5. 18 ff
Waaren-Legitim. 22.
Wechsel. 26 ff.
- Accept. 30.
- a. eigne Ord. 27.
Wechsel
- a. nicht exist. Pers. 31.
- Fragstellung. 32.
- gezogener. 26.
- Jahreszahl. 29.
- Indossament. 30.
- trockener. 26.
- Zahlungstag. 28.

1. Der § setzt voraus, daß die gefälschten Schriften Urkunden im Sinne des § 247. sind. Bes. s. 478 II; B. I. 22. Feb. 1854 c. Nagurny u. ö.

2. Ob die Urkunden im In- oder im Auslande, sowie eventuell von in- oder ausländischen Behörden aufgenommen sind, macht keinen Unterschied; vgl. zu § 252. n. 3.

Zu Nr. 1.

3. Der Ausdruck „ausgefertigt" ist nicht auf eine bestimmte äussere Form zu beziehen; auch Königliche Kabinets- oder Handschreiben, wenn sie die wesentlichen Merkmale einer Urkunde an sich tragen, gehören hierher. Vgl. unten n. 4.

Zu Nr. 2.

4. Auch hier sind die Ausdrücke „aufgenommen, ausgefertigt oder beglaubigt" nicht dahin zu deuten, daß nur solche Urkunden gemeint seien, welche unter Mitwirkung einer Behörde zum Zwecke einer erhöhten Beglaubigung zu Stande gekommen sind, vielmehr ist, auch mit Rücksicht auf die Fassung von Nr. 3, anzunehmen, daß hier überhaupt jede Urkunde gemeint sei, welcher der Charakter der Amtlichkeit beiwohnt.

5. Der Begriff der öffentlichen Urkunde ist nach Anleitung der betreffenden civilrechtlichen Bestimmungen festzustellen, d. h. also nach AGO. I, 10. § 127. fg., insoweit diese Gesetzeskraft hat. Z. I. 3. März 1854 c. Tabel.

6. Es wird daher wesentlich vorausgesetzt, daß der Beamte, von welchem die Schrift ausgegangen sein soll, zur Aufnahme rc. einer derartigen Urkunde im Allgemeinen qualifizirt gewesen sei, oder daß wenigstens die Schrift sich als eine solche darstelle, welche einem qualifizirten Beamten ihre Entstehung verdanke; daher ist z. B. eine unter dem Namen eines Distrikts-Polizei-Kommissarius abgefaßte Schrift, durch welche der erfolgte Tod eines Menschen attestirt wird, keine Urkunde, da ein solcher Beamter nicht berufen ist, hierüber Atteste in beweisender Form auszustellen. Z. I. 3. März 1854 c. Tabel.

7. Trägt eine Schrift zwar die Unterschrift eines Beamten, ohne daß aber bei derselben, oder im Kontexte der amtliche Charakter ausdrücklich angegeben wäre, so gehört es zur thatsächlichen Beurtheilung, ob dieselbe als eine in amtlicher Eigenschaft ergangene anzusehen sei; aus der Beidrückung des Amtssiegels ist letzteres noch nicht mit Nothwendigkeit zu schliessen. Beschl. I. 18. Apr 1855 c. Hardt u. Gen.

8. Inwiefern die Nichtbeobachtung der für Urkunden der fraglichen Art vorgeschriebenen Form einer Schrift den urkundlichen Charakter nehme, vgl. zu § 247. n. 72. flg; Gilb. C. pén. Art. 145. n. 27. flg.

9. Die Untersiegelung ist für den Begriff einer öffentlichen Urkunde nicht wesentlich. (Vgl. AGO. I, 10. § 123); Z (B.) II. 8 Sept. 1853 c. Böddeker (G. A. 2 s. 97)

10. Da auch amtliche Schriften nur dann hierher gehören, wenn ihnen der Charakter einer Urkunde im Sinne des § 247. beiwohnt (vgl. n. 2.), so scheiden solche aus, welche nur eine schriftliche Lüge enthalten, sollten sie sich auch in

dischen oder ausländischen Beamten, oder von solchen Personen, welche nach den Gesetzen des Inlandes oder Auslandes öffentlichen Glauben haben, aufgenommen, ausgefertigt oder beglaubigt werden;

---

amtlichen Berichten und Anzeigen finden; das Gegentheil tritt aber da ein, wo das Gesetz solchen Anzeigen oder Berichten irgend eine formelle Beweiskraft beilegt; das gilt namentlich, unter der angegebenen Voraussetzung, von den schriftlichen Anzeigen und Protokollen solcher Beamten, welche zur Ermittelung und Konstatirung begangner strafbarer Handlungen berufen sind, insbesondre nach Rheinischem Rechte von den Protokollen der Förster, Waldhüter (auch der in Privatdiensten stehenden, sobald sie vorschriftsmässig bestätigt und vereidet sind), Feldhüter u. s. w., ohne Unterschied, ob dieselben bis zum Beweise des Gegentheils, oder bis zur Fälschungsklage Beweiskraft haben Vgl. zu § 247 n 28. und 62.

11. Urkunden, welche mit einer amtlichen Beglaubigung, Feststellung oder Genehmigung versehen sind, haben den amtlichen Charakter auch rücksichtlich derjenigen Thatumstände, welche in der beglaubigten ꝛc. Privatschrift enthalten sind, sollte diese an und für sich, und ohne den amtlichen Zusatz auch gar nicht den Erfordernissen einer Urkunde entsprochen haben, z. B. ein steueramtlich festgestellter Brennerei-Betriebs-Plan, das Quittungs- und Revisionsbuch eines Bäckers, die Proviant-Deklarationen der die Zollgränze passirenden Schiffer, und überhaupt jede von einem Privaten den Zoll- oder Steuerbehörden eingereichte Deklaration ꝛc. Vgl. zu § 247. n. 90—92.

12. Ein B. I. 21. Dez. 1853 c Stüber wollte diese Nr. 2. nur auf solche Urkunden anwenden, welche ihrer Bestimmung gemäß der Ausfertigung oder Beglaubigung bedürfen, um denjenigen Zweck zu erfullen, zu welchem sie aufgenommen oder errichtet werden, und danach einen gefälschten mit der falschen Beglaubigung des Schulzenamts versehenen, über den Empfang eines Geldbriefs lautenden Geldauslieferungsschein, zwar für eine Urkunde, nicht aber für eine öffentliche Urkunde erachten, weil solche Scheine, auch wenn sie von schreibensunkundigen Personen ausgestellt würden, einer derartigen Beglaubigung nicht bedürften. Die Richtigkeit dieser Entscheidung unterliegt indessen grossen Bedenken, man wird vielmehr derartigen Beglaubigungen, sobald sie von an sich dazu qualifizirten Beamten ausgegangen sind, den amtlichen Charakter nicht absprechen durfen, sollte im Einzelfalle die Urkunde zur Erreichung ihres Zwecks derselben auch nicht bedurft haben.

13. Ob eine Staatsbehörde in einer gefälschten Schrift genau mit ihrem richtigen Titel bezeichnet worden, ist, wenn die gewählte Bezeichnung nur eine derartige Stellung angiebt, gleichgiltig; z. B. wenn die Unterschrift „Ober-Post-Amt“ lautet, obgleich am betreffenden Orte nur ein Post-Amt existirt. Z. I. 30. Juni 1854 c. Weiß.

14. Das Königliche Leih-Amt ist eine Staatsbehörde, ihre Pfandscheine sind daher öffentliche Urkunden. Z I. 11. Okt. 1854 c Elnain.

15. Die von Gemeinden und Korporationen ausgegangenen Urkunden sind hierher auch dann zu rechnen, wenn sie blosse Privatangelegenheiten derselben zum Gegenstande haben. Bes. s. 478

16. Zu den Korporationen sind unbedenklich auch Aktien-Gesellschaften, nicht aber andere Handels-Gesellschaften zu rechnen, sollten sie auch als juristische Personen zu betrachten sein.

17. Die von Gemeinden und Korporationen ausgehenden Urkunden bedürfen, um als öffentliche Urkunden zu gelten, nur der Unterzeichnung des Vorstandes derselben. Bes. s. 478. Sind zur Verwaltung einer Gemeinde-Anstalt, z. B. eines städtischen Leihhauses, besondre Beamten angestellt, so genügt ihre Unterschrift, um den betreffenden Urkunden den erhöhten Schutz des § 251 zu gewähren.

18. Als Beispiele öffentlicher Urkunden konnen die zu § 247. in den Bemerkungen n. 77—93 genannten angeführt werden. — Insbesondre ist

19 ein Postschein, durch welchen die Post den Empfang eines zu versen-

3) Bücher, Register, Kataster oder Inventarien, welche unter amtlichem Glauben geführt werden;
4) Verfügungen von Todeswegen;
5) Wechsel.

Wird festgestellt, daß mildernde Umstände vorhanden sind, so ist auf Gefängniß nicht unter sechs Monaten und zugleich Geldbuße nicht unter zehn Thalern, sowie auf zeitige Untersagung der Ausübung der bürgerlichen Ehrenrechte zu erkennen.

[Entw § 227.] Vgl. § 247; AGO. I. 10. § 123 flg; Rh. BGB. Art. 1317 ff AKO. v 21. April 1856 (G.S. s. 220).

---

benden Briefes bescheinigt, eine öffentliche Urkunde, und verliert diese Eigenschaft auch dadurch nicht, wenn die Vertretung der Postbehörde für die dokumentirte Sendung durch Ablauf der vorschriftsmässigen Garantiefrist erloschen ist. Z. 24. Nov. 1852 c. Oberndorff. (G. Arch 2. s. 266). Vgl. zu § 247. n. 100.

20. Dagegen ist ein unterzeichneter Postauslieferungsschein zwar eine Urkunde, aber keine öffentliche B. 22 Okt. 1851 c. Konitzki. Vgl. zu § 247. n. 99.

21. Die von den Pfarrern aus den Kirchenbüchern ausgestellten Zeugnisse sind, in denjenigen Gegenden, wo nicht die Civilstandsgesetzgebung gilt, öffentliche Urkunden; vgl. zu § 247. n. 87. Vorausgesetzt wird aber, daß sie sich als Auszüge aus den Kirchenbüchern zu erkennen geben; von andern Bescheinigungen gilt nicht dasselbe. Z. I. 3. Nov. 1854 c. Hoppe (G Arch. 3. s. 140); vgl. AGO I, 10 § 128.

22. Ein Z. 3 Dez. 1852 c. Pieper erachtete auch einen zur Versendung von Waaren im Grenzbezirke dienenden, von einer Privatperson ausgestellten Legitimationsschein deshalb für eine öffentliche Urkunde, weil diese Privatperson [nach § 87 d. der Zollordnung v. 23. Jan 1838] von einer öffentlichen Behörde ermächtigt war, Urkunden nach gedruckten und gestempelten Formularen zu vollziehen, und mit einem Stempel zu bedrucken, und diese dann von den Behörden als öffentliche Bescheinigungen angesehen werden.

23. Die Zeugnisse der Handwerkerprüfungs-Kommissionen (Gew.-Ordn. v 9 Feb. 1849 § 39. 43.) sind öffentliche Urkunden. Z. II. 8. Feb. 1855 c. Friedhoff. Vgl. aber § 254.

Zu Nr. 2. und 3.

24 Auch Steuermutterrollen-Extrakte sind, wenn sie von einem öffentlichen Beamten ausgestellt sind, Urkunden im Sinne des § 251. Nr. 2. Z. II. 1. Feb. 1855 c. Kappert. Dagegen soll nach Beschl. I. 14. Nov. 1855 c. Kittelmann u. Gen. (G. A. 4 s. 260) die von einem Ortsrichter entworfene Steuerrolle keine Urkunde sein, weil sie vor der Bestätigung durch die höhere Behörde für sich allein einen Beweis nicht liefere

Zu Nr. 4.

25. Zu den Verfügungen von Todeswegen gehören auch Erbverträge Komm.-B. II. K s. 130.

Zu Nr. 5.

26. Unter „Wechseln“ sind hier sowohl die eignen, als die gezogenen zu verstehen. Z. I. 18. Apr 1855 c. Helle; Bes. s 479.

27. Ein auf eigne Ordre gezogener Wechsel ist auch dann, wenn sich noch kein Giro darunter befindet, (nach Wechs-Ordn. v. 6. Jan. 1849 Art. 6.) eine Urkunde im Sinne des § 251. Nr. 5. Z. I. 11. Juli 1855 c. Spitzbarth. *Contra:* Z. I. 15. Feb. 1856 c. Bocke, welches einem auf eigne Ordre gezogenen Wechsel, so lange derselbe weder mit einem Indossamente, noch mit dem Accepte des Bezogenen versehen ist, die Qualität einer Urkunde absprach, weil derselbe keine Beweiserheblichkeit für irgend ein Recht oder eine Pflicht habe; sei auch der Inhaber zur Präsentation und Protesterhebung berechtigt (Wechs.-Ordn. v. 6. Jan. 1849 § 18.) so werde

§. 252. Wer in der Absicht, sich oder Anderen Gewinn zu verschaffen oder Anderen Schaden zuzufügen, bewirkt, daß Verhandlungen, Erklärungen oder Thatsachen, welche für Rechte oder Rechtsverhältnisse von Erheblichkeit sind, in öffentlichen Ur-

---

doch auch dadurch weder ein Recht noch eine Verpflichtung begründet Die erstere Ansicht verdient den Vorzug.

28 Die zum Begriffe des Wechsels (Wechs.-Ordn. v. 6. Jan. 1849 Art. 4.) erforderliche Angabe des Zahlungstags geschieht ausreichend durch die Bezeichnung: „Ende August 1853". Z II. 5. Jan 1854 c. Springmann (G. Arch. 2. s. 267).

29. Es ist Wechselfälschung, wenn einem Wechsel, in welchem der Zahlungstag nur nach dem Monatsdatum, nicht auch nach der Jahreszahl angegeben ist, die letztere durch Einschiebung eines „c." (currentis) hinzugefügt wird, weil ohne diesen Zusatz der Wechsel nichtig war. Z. I. 10. Feb. 1854 c. Klaußmann.

30. Unter „Wechsel" ist hier der ganze Inhalt der Urkunde zu verstehen, mit Einschluß der in dieselbe eingetragenen Nebengeschäfte: der Acceptation, des Indossaments u. s. w Bes. s. 479. *Sic*: in Betreff der Acceptation Z. II. 14. Juni 1855 c. Cleff. Dasselbe muß auch von einem Prolongationsvermerke gelten.

31 Ziehung eines Wechsels auf eine nicht existirende Person ist, mit Rücksicht auf das zu § 247. unter n. 28. und 62. Gesagte keine Urkundenfälschung, sondern kann nur unter den Begriff des Betrugs fallen. Erk. App.-Ger. Hamm in G. Arch. 2. s. 562, [der Wechsel ist in diesem Falle offenbar echt, und der Zieher haftet nach Wechselrecht, die Nichtexistenz des Bezogenen hat keine andre Wirkung, als die verweigerte Acceptation durch den wirklich existirenden Bezogenen]. Natürlich tritt das Gegentheil ein, wenn einem solchen Wechsel ein falsches Accept 2c. unter dem Namen einer nicht existirenden Person hinzugefügt wird. Vgl. zu n. 241. u 18.

32. Die Frage, ob eine Schrift als Wechsel anzusehen, ist unzweifelhaft rechtlicher Natur, und nicht durch die Geschwornen, sondern durch den Schwurgerichtshof zu lösen, nachdem die bei Beantwortung dieser Frage in Betracht kommenden thatsächlichen Momente durch die Geschwornen festgestellt worden sind. Z. II. 5. Jan. 1854 c. Springmann (G Arch. 2. s 267); Z I 11. Apr. 1855 c. Helle; Z. II. 14 Juni 1855 c Cleff; V. I. 14 Nov. 1855 c. Meisel. — Wenn jedoch bei der Fragstellung an die Geschwornen weder der Schwurgerichtshof die Natur der Schrift als eines Wechsels zweifelhaft findet, noch Staatsanwaltschaft oder Vertheidigung einen desfallsigen Zweifel anregen, und deshalb die Fassung der Urkunde nicht in die Frage aufgenommen, vielmehr der allgemein bekannte Rechtsbegriff „Wechsel" [ohne Widerspruch von irgend einer Seite] zur Bezeichnung des Inhalts der Urkunde gebraucht wird, so begründet das keine Nichtigkeit; es ist vielmehr dann in der Bejahung der so wegen Wechselfälschung gestellten Frage die Feststellung des Daseins der faktischen Erfordernisse des Wechsels zu finden, und ein Angriff gegen diese Feststellung in der Nichtigkeitsinstanz nicht mehr statthaft. Z II. 12. Apr 1855 c. Herrmann. Aehnlich Z. I. 21. Dez. 1855 c. Bolzke, welches auch erwägt, daß der Begriff des Wechsels dem gemeinen Leben nicht unbekannt sei. — Wenn übrigens der thatsächliche Inhalt des angeblichen Wechsels durch die Geschwornen festzustellen ist, damit die rechtliche Natur desselben demnächst durch den Schwurgerichtshof gewürdigt werden könne, so ist es am zweckmässigsten, den ganzen Wortlaut der Schrift einschließlich der Unterschriften buchstäblich in die den Geschwornen vorzulegende Frage aufzunehmen. Vgl. zu § 247. n. 54. 55.

§. 252.

Inhalt:

kunden, Büchern oder Registern als abgegeben oder geschehen beurkundet werden, während sie gar nicht oder in anderer Weise oder von anderen Personen abgegeben oder geschehen sind, wird mit Zuchthaus bis zu zehn Jahren und zugleich mit Geldbuße von Einhundert bis zu zweitausend Thalern bestraft.

---

1. Die zum Thatbestande des hier vorgesehenen Verbrechens erforderliche Absicht, ist dieselbe wie die im § 247 geforderte; dasselbe gilt von der Bedeutsamkeit der Schriftstücke auf die sich die Vorschrift bezieht; es sind daher hier die Bemerkungen zu jenem § zu vergleichen.

2. Insbesondere ist der Ausdruck „Urkunde“ aus § 247 zu erläutern. Z. I. 3. März 1854 c. Tabel; Z. II. 14. Dez. 1854 c. Schenk.

3 Zu den hier gedachten öffentlichen Urkunden gehören auch die im Auslande von dortigen Beamten aufgenommenen, ausgefertigten oder beglaubigten; namentlich ist rücksichtlich solcher im Auslande aufgenommener öffentlicher Urkunden der Begriff derselben nicht auf diejenigen beschränkt, deren Original (Conzept, minute) bei dem Beamten oder der Behörde, durch welche die Aufnahme erfolgt ist, verbleibt, vielmehr gehören dazu auch diejenigen, welche — wo dieses gesetzlich zulässig ist — in der Urschrift ausgefertigt, und den Interessenten (en brevet) zugestellt werden. Z II. 14 Dez 1854 c Schenk.

4. Auch die unter beglaubigter Form vor der Behörde erfolgten protokollarischen Erklärungen von Interessenten, welchen die im § erheischte Erheblichkeit beiwohnt, gehören hierher, ohne daß auf Grund dieser Erklärungen erst noch Einregistrirungen, oder förmliche Ausfertigungen zu bewirken wären. Abh. in Goltd. Arch. 3 S. 788.

5. Die Strafbestimmung dieses § hat die Handlung desjenigen im Auge, welcher weder eine bereits existirende Urkunde verfälscht, noch selbst eine solche fälschlich anfertigt, der aber durch Täuschung eines Beamten es herbeiführt, daß ein authentisches Beweisstück für eine Unwahrheit geschaffen wird. Vorausgesetzt wird daher vor Allem, daß die beweisende Kraft der amtlichen Beurkundung sich auf etwas Unwahres beziehe. Wenn daher die Beurkundung des Beamten wahrheitsgetreu dahin geht, daß vor ihm irgend eine Erklärung abgegeben worden sei, so ist in der Regel der § nicht anwendbar, sollte auch der Inhalt jener beurkundeten Erklärung unwahr sein, z. B. ein simulirtes Geschäft zum Gegenstande haben. Es sind dann in der Schrift nicht Thatsachen als geschehen, sondern nur Erklärungen der Parteien über Thatsachen als abgegeben beurkundet worden, welche wirklich in derselben Weise abgegeben waren. Beschl. II. 3. Nov. 1855 c. Grimm (G. Arch. 3. S. 845); Voitus Abh. in G. Arch. 1. S. 489. *Contra:* Koch S. 1051 n. 34, welcher aber übersieht, daß in einem solchen Falle der der öffentlichen Urkunde gewährte höhere Glaube sich auf die Wahrheit des Inhalts der so konstatirten Erklärungen nicht mit bezieht, und daß eben deshalb die Unwahrheit derselben ebensowenig die Anwendung des § 252 rechtfertigen kann, als die Anfertigung einer Privaturkunde über ein simulirtes Geschäft durch diejenigen Parteien, deren Unterschrift sie trägt, eine Urkundenfälschung im Sinne des § 247 sein kann. — Eine Handlung der fraglichen Art kann daher nur unter den geeigneten Voraussetzungen als Betrug angesehen werden. Vgl. zu § 247. n. 28. 62. Ausnahmen von den hier entwickelten Grundsätzen vgl. unten n. 18 ff.

6 Vorausgesetzt wird hierbei insbesondere auch, daß der fungirende Beamte getäuscht worden sei, er also in gutem Glauben gewisser Maassen nur das Werkzeug zum Verbrechen des Andern war; vgl. zu § 34. n. 25. — Nähme dagegen der Beamte wider besseres Wissen die falsche Beurkundung vor, so würde dieser nach § 323 strafbar sein, und die Handlung des Andern, der ihn zu diesem Verbrechen verleitete, nur als Theilnahme im Sinne des § 34 angesehen werden können. Vgl. G. Matt. 2. S. 579 Note.

7. Der Unterzeichnung der amtlichen Beurkundung durch den sie Veranlassenden bedarf es zum Thatbestande des § nicht. Vgl. Gilb. C. pén. Art. 147.

Dieselbe Strafe trifft denjenigen, welcher zum Nachtheil eines Anderen von solchen falschen Beurkundungen, wissend, daß sie falsch sind, Gebrauch macht.

[Entw. § 228.] Vgl § 255 323

---

n. 86. — Träte sie hinzu, so würde gleichwohl nur der Thatbestand des § 252 und nicht etwa auch in idealer Konkurrenz der des § 251 vorliegen, da die Erheblichkeit der Schrift für den Beweis nicht in dieser Unterschrift, sondern in der Thätigkeit des Beamten ihren Grund hat

8. Mit Rücksicht auf das unter n. 5. Bemerkte fällt die Bekundung der Unwahrheit bei einer gerichtlichen Vernehmung durch eine Partei, oder einen Zeugen ꝛc. nie unter die Bestimmungen des §. G. Matt. 2. s. 579.

9. Gilt das auch dann, wenn ein Zeuge unter einem falschen Namen erscheint, und unter diesem seine Aussage abgiebt, auch das Vernehmungsprotokoll mit diesem falschen Namen unterzeichnet? Vgl. zu § 247 n. 79; G. Matt. 2. s. 579; letzterer bejaht die Frage. Ob Meineid vorliege, vgl. zu § 126. n. 8. 9.

10. Aus dem unter n 5. angeführten Grunde gehört auch der Fall nicht hierher, wo Jemand einen Brief mit einem unwahren Vermerke, als enthalte derselbe Geld, zur Post giebt, und sich darüber eine Empfangsbescheinigung durch den Postbeamten ausstellen läßt, weil dieser Schein nicht die Wahrheit der Inhaltsangabe, sondern nur die wirklich geschehene Einlieferung eines so bezeichneten Briefs beweist. Vgl. Voitus Abh. in G. Arch. 1. s. 488.

11. Der § findet vorzugsweise auf solche Fälle Anwendung, wo die zur Beurkundung von Privatrechtsgeschäften berufenen Beamten, z. B. Notarien durch Täuschung veranlaßt werden, etwas Unwahres zu konstatiren, wenn sich vor ihnen z. B. eine Person unter falschem Namen gestellt, und unter diesem falschen Namen Verfügungen trifft und beurkunden läßt; Z II. 14. Dez. 1854 c. Schenk; Z. II. 12. Juni 1856 c. Pechtold; oder wenn Parteien vor den Augen des Notars eine Zahlung mit Scheinmünzen bewirken und annehmen, und ihn so durch Täuschung veranlassen, die wirkliche Zahlung als in seiner Gegenwart geschehen zu beurkunden.

12. Dasselbe tritt ein, wenn der Notar die Identität der vor ihm disponirenden ihm unbekannten Person nach Anleitung des Art. 24. der Rhein. Not. Ordn. v 25. Apr. 1822 durch zwei zugezogene Rekognitionszeugen in der Verhandlung hat bescheinigen lassen. Da in diesem Falle die Identität nach dem Gesetze als festgestellt angesehen werden muß, so wird derjenige, von welchem die Täuschung ausging, von der Strafe des § betroffen. Aehnlich verhält es sich nach dem für die übrigen Provinzen erlassenen Ges. v 11. Juli 1845 § 10. Nr. 2

13. Ebenso trifft der § zu, wenn Jemand sich einem Rheinischen Gerichtsvollzieher als diejenige Person vorstellt, welcher derselbe eine Zustellung zu machen hat, und die behändigte Abschrift in Empfang nimmt, um dadurch zu verhindern, daß derjenige, für den sie bestimmt ist, Kenntniß davon erlange. Gilb C. pén. Art. 147. n. 81.

14. Dasselbe gilt von demjenigen, welcher sich unter dem Namen eines Andern zur Abbüssung einer dem letztern zuerkannten Freiheitsstrafe gestellt, und es so veranlaßt, daß in den Registern oder Verhandlungen des Vorstehers der Strafanstalt, sowie der zur Vollstreckung der Strafe berufenen gerichtlichen Behörde die Abbüssung der Strafe durch den Verurtheilten wahrheitswidriger Weise beurkundet wird. In Frankreich, wo dieser Fall mehrfach vorgekommen, war die Frage, mit Rücksicht auf die Fassung des Art. 147. des Code pénal streitig; vgl. Gilb. C. pén. Art. 147. n. 87—89. Unter die Fassung des § 252 fällt dagegen die Handlung unbedenklich. Vgl. zu § 241. n 7.

15 ...... ebenso von demjenigen, welcher einen Pfarrer veranlaßt, eine wahrheitswidrige Eintragung ins Kirchenbuch über eine stattgehabte Trauung, Taufe oder Beerdigung vorzunehmen. Das ist indirekt anerkannt durch Z. I. 3. Nov. 1854 c. Hoppe (G. Arch. 3. s. 140).

16. .... ebenso von demjenigen, welcher eine Ortsbehörde durch Täuschung veranlaßt, eine thatsächlich unrichtige Versendungs-Legitimationsbescheini-

gung nach Anleitung der §§ 83 und 87d. der Zollordnung v. 23. Jan. 1838 auszustellen. B: II: 14. Dez. 1854 c. Lennartz u. Gen. (G. Arch. 3, s. 137)

17. ...... ebenso von demjenigen, welcher sich unter dem Namen eines Andern zur Vornahme einer Prüfung vor den von Staatswegen dazu berufenen Personen gestellt, und es so bewirkt, daß durch diese in wahrheitswidriger Weise bescheinigt, oder berichtet wird, als habe jener Andre die Prüfung bestanden. Vgl. Gilb. C. pén. Art. 147. n. 14.

18. Der oben (n. 5.) erwähnte Grundsatz, daß der § 252 da nicht zutreffe, wo die amtliche Verhandlung rc. der Wahrheit gemäß beurkundet, daß ein Individuum irgend eine Erklärung abgegeben habe, und nur der Inhalt dieser Erklärung wahrheitswidrig ist — erleidet da eine Ausnahme, wo das Gesetz der so zu Stande gekommenen Urkunde die Kraft beilegt, auch den Inhalt jener Erklärung als wahr zu beweisen. Das tritt vorzugsweise:

19. bei den Rheinischen Civilstandsakten ein; obgleich sie nur eine vor dem Beamten abgegebene Erklärung beurkunden, so beweisen sie doch auch den Inhalt der letztern selbst bis zur Fälschungsklage (vgl. Rh. BGB. Art. 45.).

20. Es ist daher Urkundenfälschung im Sinne des § 252, wenn Jemand vor dem Civilstands-Beamten wider besseres Wissen eine unwahre Erklärung über eine stattgehabte Geburt, oder den erfolgten Tod eines Menschen abgiebt, oder wenn er eine unrichtige Person als die Mutter eines gebornen Kindes bezeichnet, oder wenn er unter Annahme eines falschen Namens ein uneheliches Kind als Vater anerkennt. Vgl. Gilb. C. pén. Art. 147. n. 50—52.

21. Dasselbe gilt von demjenigen, welcher bei Abschliessung eines Trauungs-Aktes vor dem Civilstands-Beamten sich fälschlicher Weise für einen Ascendenten einer der sich verehelichenden Personen ausgiebt, und in dieser Eigenschaft die Einwilligung zur Heirath ertheilt. Vgl. Gilb. C. pén. Art. 147. n 58.

22 Der in n. 18. ausgesprochene Satz trifft aber nur insoweit zu, als es sich von Thatsachen und Umständen handelt, welche durch den betreffenden Civilstandsakt beurkundet werden sollen, und für welche ebendeshalb das Gesetz den darin enthaltenen Erklärungen die authentische Beweiskraft beilegt; daher ist § 252 unanwendbar, wenn Jemand bei der Anzeige der Geburt eines Kindes, die Mutter desselben der Wahrheit gemäß angiebt, dieselbe aber unrichtiger Weise als seine Ehefrau bezeichnet, während sie nur seine Konkubine ist; denn die Existenz einer Ehe wird durch den über die Abschliessung derselben aufgenommenen Akt, nicht durch eine Relatirung in einem Geburtsakte bewiesen — Dasselbe gilt von der in einem Sterbeakte sich findenden Angabe der Namen der Aeltern des Verstorbenen (insofern dadurch an der Identität des Letztern nichts geändert wird), da auch hierfür dem Sterbeakte eine Beweiskraft nicht beiwohnt. Vgl. Gilb. C. pén. Art. 145 a. n. 14. 15; Art. 147. n. 53. 69. 70. 57.

23. In der Regel wird mit einer solchen bei Aufnahme eines Civilstandsaktes begangenen „Urkundenfälschung" das Verbrechen der vorsätzlichen Veränderung oder Unterdrückung des Personenstandes (§ 138.) ideell konkurriren; in diesem Falle kann nach Art. 327. des Rh BGB. die Strafverfolgung auch wegen jenes Verbrechens nicht eher erfolgen, bis im Civilverfahren endgültig über die Personenstandsfrage entschieden ist Gilb C. pén. Art 345. n. 19. Vgl. zu § 138. n. 9.

24. Was in den vorstehenden Nummern von den Civilstandsakten gesagt worden, ist auf die nach Art. 71. des Rh. BGB. aufzunehmenden Notorietätsakte, welche jene unter Umständen ersetzen können, nicht auszudehnen; das Gesetz spricht ihnen an und für sich keine Beweiskraft zu, vielmehr bedürfen sie vorher der Bestätigung des Gerichts, welche dieses nach Prüfung der obwaltenden Umstände gewähren oder versagen kann. Bekundung einer Unwahrheit durch die vernommenen Zeugen ist daher keine „Urkundenfälschung" im Sinne des § 252. Vgl. Gilb. C. pén. Art. 147. n. 62; und oben zu § 126. n. 5.

25. Immer wird auch im Falle dieses § die Erheblichkeit der unwahren Erklärungen rc. für Rechte und Rechtsverhältnisse vorausgesetzt; eine unwesentliche, das Wesen des betreffenden Rechtsverhältnisses gar nicht berührende Unrichtigkeit in einem Nebenpunkte gehört daher nicht hierher, z. B. wenn Jemand bei Aufnahme eines Aktes sich eine falsche Qualität, Rang oder Titel beilegen läßt, ohne daß diese

§. 253. Wer unächtes Stempelpapier anfertigt, oder ächtes Stempelpapier verfälscht, ingleichen wer wissentlich von falschem oder verfälschtem Stempelpapier Gebrauch macht, wird mit Gefängniß nicht unter drei Monaten, sowie mit zeitiger Untersagung der Ausübung der bürgerlichen Ehrenrechte bestraft.

Eine gleiche Strafe hat derjenige verwirkt, welcher sich einer dieser Handlungen in Beziehung auf Postfreimarken oder gestempelte Briefcouverts schuldig macht.

[Entw. § 229.]

Bezeichnung irgendwie Bezug hätte auf das betreffende Rechtsgeschäft, sowie auf die Identität der Person. Vgl. Gilb. C. pén. Art. 147. n. 71 ff.

26. Aus demselben Grunde fällt die Anwendbarkeit des § da weg, wo der aufgenommenen Verhandlung 2c deshalb jede Erheblichkeit abgeht, weil sie von einer Person ohne alle Beamtenqualität, oder von einem für Geschäfte der fraglichen Art ganz inkompetenten Beamten ausgegangen ist. Gilb. C. pén. Art 147. n. 65. 68.

27. Hierher gehören in der Rheinprovinz die Kirchenbücher der Pfarrer, da sie zum Beweise der Civilstandsverhältnisse durchaus unerheblich sind. Gilb. C. pén. Art. 147. n 66

28. Ein Gleiches gilt, wenn z. B. ein Polizei-Kommissar eine Bescheinigung über das erfolgte Absterben eines Menschen ausgestellt hat. Z. I. 3. März 1854 c. Tabel.

29. Dasselbe ist da anzunehmen, wo eine Urkunde in formeller Beziehung denjenigen Bedingungen nicht entspricht, von welchen das Gesetz ihre Beweiskraft abhängig gemacht hat, z. B. wenn die ein Civilstandsverhältniß betreffende Bescheinigung eines Pfarrers sich selbst als eine solche darstellt, welche nicht aus dem Kirchenbuche entlehnt sein kann (ALR I, 10. § 128; II, 11 § 504). Z I 3. Nov. 1854 c. Hoppe (G Arch. 3 f 140). Hier lautete das vom Pfarrer erschlichene Zeugniß dahin, „daß ein Individuum gestorben sei, und nach zwei Tagen beerdigt werden solle"; dasselbe konnte sich daher auf eine die geschehene Beerdigung betreffende Eintragung im Kirchenbuche nicht stützen.

30. Der § 252 setzt nicht, wie § 247, zur Vollendung des Verbrechens voraus, daß der Urheber der Fälschung auch Gebrauch von dem so zu Stande gebrachten Schriftstücke gemacht habe; Bes. f. 480; käme ein solcher Gebrauch von seiner Seite hinzu, so könnte darin doch nicht ein zweites selbstständiges Verbrechen im Sinne des zweiten Absatzes des § gefunden werden, da dieser offenbar sich nur auf dritte Personen bezieht („wissend daß 2c"). Bes. l. c.; G. Matt 2. f. 580 n. 2; Koch f. 1051 n. 35.

31. Der Absatz zwei spricht von dem Gebrauche zum Nachtheile eines Andern, ohne auch, wie Absatz eins, der gewinnsüchtigen oder auf Beschädigung gerichteten Absicht Erwähnung zu thun; es bedarf daher auch nicht der besondern Feststellung einer solchen Absicht, dieselbe ist vielmehr für eingeschlossen zu erachten, wenn der Gebrauch zum Nachtheile 2c. festgestellt worden ist. Z. I. 18 Juli 1855 c. Skelnick (G. Arch. 3. f 714). Hier hatte die Vertheidigung Aufnahme jener Absicht in die Frage an die Geschwornen beantragt, der Schwurgerichtshof dieselbe aber abgelehnt.

§. 253.

1. Die Vorschrift dieses § ist auf inländisches Stempelpapier (Postfreimarken und Briefcouverts) nicht zu beschränken. Bes. f. 481.

2. „Der § findet Anwendung, wenn der Kassationsvermerk auf bereits „verwendetem Stempelpapier zu dem Zwecke wegradirt worden ist, um von dem „Stempelpapier anderweitigen Gebrauch zu machen, resp. wenn der Gebrauch ge„macht ist." Z. I. 27. Jan. 1854 c. Tempski (Präj. n. 76; Entsch. 26. f. 479; 27. f. 124;

§. 254.*) Wer ohne die Absicht, sich oder Anderen Gewinn zu verschaffen oder Anderen Schaden zuzufügen, jedoch zu dem Zwecke, Behörden oder Privatpersonen zu täuschen, einen Reisepaß, einen Legitimationsschein, ein Wanderbuch oder

---

*) Dieser § ist durch das Ges. v. 14. April 1856 (G.S. S. 210) an die Stelle der ursprünglichen §§ 254 und 255 gesetzt worden, welche folgender Maaßen lauteten:

§. 254 Mit Gefängniß von Einer Woche bis zu drei Monaten wird bestraft:

1) wer einen falschen Reisepaß anfertigt, einen ächten Reisepaß verfälscht, oder von einem falschen oder verfälschten Reisepasse wissentlich Gebrauch macht;
2) wer sich einen Reisepaß auf einen falschen Namen ausstellen läßt, von einem auf einen anderen Namen ausgestellten Reisepasse, als sei er für ihn ausgestellt, wissentlich Gebrauch macht, einen für ihn ausgestellten Reisepaß einem Anderen zum Gebrauche überläßt oder als Zeuge dazu mitwirkt, daß ein Reisepaß unter falschem Namen verabfolgt wird.

Dieselbe Strafe tritt ein, wenn die vorstehend bezeichneten Handlungen in Beziehung auf Wanderbücher oder sonstige Legitimationspapiere, welche die Stelle der Reisepässe vertreten, begangen werden

§. 255. Mit Gefängniß von vierzehn Tagen bis zu sechs Monaten wird bestraft:

1) wer unter dem Namen eines Beamten oder einer Behörde ein Zeugniß über gute Aufführung, Armuth oder sonstige Umstände anfertigt, welche geeignet sind, die darin bezeichnete Person dem Wohlwollen Anderer zu empfehlen, und ihr Unterkommen oder Unterstützung zu verschaffen;
2) wer ein ursprünglich ächtes Zeugniß dieser Art verfälscht, um es für eine andere Person, als für welche es ausgestellt war, passend zu machen;
3) wer von einem derartigen falschen oder verfälschten Zeugnisse wissentlich Gebrauch macht.

G. Arch. 2. S. 268) Angenommen ward: bei gebrauchtem Stempelpapier bilde der gedruckte Stempel und der darauf gemachte Kassationsvermerk ein Ganzes, Wegradiren des letztern sei daher ein Verfälschen des echten Stempelpapiers.

3. Dasselbe gilt in dem Falle, wo von einem bereits gebrauchten Stempelbogen der obere weiß gebliebene Theil mit dem Stempel-Abdrucke abgeschnitten, auf einen leeren Bogen aufgeklebt, und so nochmals benutzt wird. Z. I. 15. Juni 1855 c. Ahlwardt (G. Arch. 3 S. 716).

4 Der Anfertiger oder Verfälscher von Stempelpapier ꝛc. ist, (ebenso wie im Falle des § 252) strafbar, sollte er auch von diesem Papier ꝛc. noch keinen Gebrauch gemacht haben. Das ward indirekt anerkannt durch Z. I. 27. Jan. 1854 c. v. Tempski (cit. unter n. 2.), indem es sich dort von noch nicht gebrauchtem verfälschten Stempelpapiere handelte. *Contra:* Temme Lehrb. S. 993 Note 3 und 996.

§. 254.

Inhalt:

1. Bei der Revision des Strafgesetzbuchs (1856) erachtete man die frühere Fassung der §§ 254. und 255. aus dem Grunde für ungenügend, weil durch die gewählte Aufzählung einzelner Urkunden, der Kreis der Fälle, wo eine strafbare

eine andere öffentliche Urkunde oder ein auf Grund bestehender Vorschriften auszustellendes sonstiges Zeugniß, oder ein Führungs- oder Fähigkeitszeugniß falsch anfertigt oder verfälscht, oder von einer solchen falschen oder verfälschten Urkunde wissentlich Gebrauch macht, ist mit Gefängniß bis zu sechs Monaten oder mit Geldbuße bis zu Einhundert Thalern zu bestrafen.

Urkundenfälschung ohne betrügerische Absicht vorliege, nicht erschöpft sei; man wählte also die allgemeinere Fassung des jetzigen §. Motive zum Ges. v. 14. Apr. 1856 s. 23. (G. A. 3. s. 860).

2. In Betreff der Absicht: sich oder Andern Gewinn zu verschaffen, sind die Bemerkungen zu § 247. n. 2—19, und 20—23. zu vergleichen. Hier ist nur hervorzuheben, daß die Absicht, sich durch den falschen Reisepaß rc. einen Ausweis, und die Möglichkeit einer unbehinderten Reise zu verschaffen, als eine gewinnsüchtige nicht angesehen worden ist.

3. Die Abwesenheit der schaden- oder gewinnsüchtigen Absicht ist nicht in dem Sinne Begriffserforderniß, daß bei ihrem Vorhandensein die Anwendbarkeit des § nothwendig ausgeschlossen bliebe; vielmehr greift dieselbe auch beim Vorhandensein einer solchen Absicht Platz, wenn nicht eine schwerere Strafe verwirkt ist; z. B., wenn der § 247. darum ausgeschlossen ist, weil die verfälschte Schrift keine Urkunde ist; vgl. n. 8.

4. Als Dolus genügt hier die Absicht, Behörden oder Privatpersonen zu täuschen.

5. Zu einem Reisepasse gehören auch die demselben beigefügten Visa; daher fällt Verfälschung eines solchen auch unter den §. Gilb. C. pén. Art. 153. n. 2.

6. Als Legitimationsscheine sind nur solche anzusehen, welche zum Ausweise der Person dienen, und einen Reisepaß vertreten sollen.

7. Ein militärischer Urlaubspaß ist, wenn auch kein Reisepaß, doch ein Legitimationspapier. Vgl. Erk. Kamm.-Ger. 2 März 1852 c. Schulze (G. Arch. 1. s. 218).

8. Der § nennt ausser den Reisepässen rc. und andern öffentlichen Urkunden, auch noch sonstige auf Grund bestehender Vorschriften auszustellende, sowie Führungs- und Fähigkeits-Zeugnisse; daraus folgt, daß diese Zeugnisse den Charakter einer Urkunde nicht zu haben brauchen; vgl. n. 2; es darf daher auf die Worte: „oder von einer solchen — — Urkunde wissentlich Gebrauch machen — —“, sowie auf die entsprechende Bezeichnung in den Motiven (G. A. 3 s. 860) kein zu grosses Gewicht gelegt werden

9. Zu den „auf Grund bestehender Vorschriften auszustellenden Zeugnissen“ gehören nicht nur die von Beamten ausgestellten, sondern auch solche, welche von Privatpersonen ausgehen müssen

10. Zu den amtlichen Zeugnissen dieser Art gehören unter andern Jagdscheine, Passirscheine für Wild, Holz-Transport-Atteste, Pferde-Legitimations-Scheine u. dgl. Vgl. zu § 247. n. 94—97; die dort citirten Erkenntnisse nahmen an, daß alle diese Scheine unter den Begriff des § 254. (frühere Fassung) nicht fielen.

11. Aerztliche Zeugnisse, welche unter den im § 256. aufgestellten Begriff fallen, gehören nicht hierher.

12 Unter den „Führungs- und Fähigkeits-Zeugnissen“ sind hier vorzugsweise die von Privatpersonen ertheilten zu verstehen; andre Privatschriften, sollten es auch Urkunden sein, gehören nicht hierher. Motive s. 23 (G A. 3. s. 860)

13. Insbesondre fällt jetzt die Verfälschung eines von einem Privaten ausgestellten Dienstzeugnisses unter die Vorschrift des § *Contra* früher: die feststehende Praxis des Ober-Tribunals mit Rücksicht auf die ursprüngliche Fassung; z. B. Z. 26. März 1852 c. Meyer; Z. I. 7. Okt. 1853 c. Kaliska; V. I. 22. Nov. 1854

Auf dieselbe Strafe ist gegen den zu erkennen, welcher zu gleichem Zwecke von solchen für einen Anderen ausgestellten ächten Urkunden, als seien sie für ihn ausgestellt worden, Gebrauch macht, oder welcher solche für ihn ausgestellte Urkunden einem Andern zu dem gedachten Zwecke überläßt.

[Entw. § 330. 331.] Vgl. § 247. 249 251. 256. 269; AKO v. 21. April 1838 (Jahrbb. 52. S. 438); Min.-Verf. v. 11 Feb. 1828 (Jahrbb. 31 S. 198); Ges. v. 14. Apr. 1856 Art. I. (G.S. S 208); AKO. v 21 Apr 1856 (G.S. S. 220).

---

c. Wenngatz; das galt selbst da, wo ein verfälschtes Gesindebuch eine mit dem Signalement des Dienstboten versehene Erlaubniß der Polizeibehörde in den Gesindedienst zu treten, enthielt; B. II 28. Mai 1853 c Bernstein; oder wo die Verfälschung des Zeugnisses der Herrschaft erst nach der polizeilichen Attestirung desselben stattgefunden hatte; Z. 9. Juni 1852 c. Gothan; vgl. zu § 247. n. 108 109.

14 Ebenso entschied ein B. 13. Okt. 1852 c Breß (G A 2. S. 267), daß ein Taufzeugniß nicht zu den im § 254. (frühere Fassung) erwähnten Schriften gehöre, (wohl aber als Urkunde zu betrachten sei) Vgl. zu § 247. n 87, und unten n 22 u. 25

15. Die Anmeldung eines Wirths oder Wohnungsinhabers über die Aufnahme eines bei ihm eingekehrten Fremden gehört nicht zu den Schriften, auf welche sich der § in seiner frühern oder jetzigen Fassung bezieht. Z. 16. Apr. 1852 c Wengler.

16. Ueber die Begriffe des „falsch Anfertigens“ oder „Verfälschens“ vgl. zu § 247 n 28—37 und 21—27.

17. Als falsch ist ein Zeugniß nicht anzusehen, wenn es wirklich so, wie es vorliegt, von dem betreffenden Beamten ausgestellt ist, sollte auch sein Inhalt ein wahrheitswidriger, und diese Wahrheitswidrigkeit vom Angeklagten verschuldet sein . Z. 11. Juni 1852 c. Pindel Es kann dann nur etwa der Thatbestand des § 252. oder 254 vorliegen; vgl. zu § 247. n 28

18 Insbesondre kann auch hier der Gebrauch eines falschen Vornamens die Verfälschung darstellen; vgl zu § 247. n 35 *Contra*: G. Matt. 2. S. 586 n. 2; Koch S. 1052 n. 37.

19, Der Anfertiger oder Verfälscher der Schrift ist hier selbst dann strafbar, wenn er keinen Gebrauch von derselben gemacht hat; G. Matt. 2 S 585; Erk. Kamm.-G. 8. Nov. 1852 c. Weisse (G. A. 1. S 248)

20 Wissentliche Ausstellung eines falschen Passes durch den hierzu berufenen Beamten fiel nicht unter die Vorschrift des § 254 (frühere Fassung), sondern unter § 323; vgl. dort n 14

21. Die Handlung desjenigen, welcher sich einen Reisepaß auf einen falschen Namen ausstellen läßt, sowie desjenigen, welcher als Zeuge dazu mitwirkt, fällt jetzt nicht mehr unter § 254, sondern unter den neuen § 255. (und 34.). Vgl zu § 255. n. 2

Zum § 255. (frühere Fassung).

22. Der § war nur auf solche Schriften anwendbar, welche nach Inhalt und Fassung blosse Zeugnisse über gute Aufführung ꝛc. waren, geeignet, um die betr. Person dem Wohlwollen anderer zu empfehlen, und ihr Unterkommen, oder Unterstützung zu verschaffen, die also nach Inhalt und Fassung lediglich den Zweck hatten, als ein solches Zeugniß zu dienen. B. II. 7. Dez. 1854 c. Naumann; wirkliche Urkunden gehorten also, da ihre Bestimmung nothwendig eine andre war, nicht hierher. Aehnlich: Z. II. 7. Apr 1853 c. Dietrich *Contra* früher: Z. 15. Okt. 1852 c Breß (G. A 1 S. 267; 364), welches auch wirkliche Urkunden (z B einen Taufschein), wenn sie unter Umständen zu dem gedachten Zwecke benutzt werden konnten, hierher rechnete

23. Aus dem unter n. 22. Gesagten folgte, daß der betreffenden Schrift der gedachte Charakter an und für sich beiwohnen mußte, damit der § passe; es ge-

§. 255.*) Wer vorsätzlich, jedoch nicht in der Absicht, sich oder Anderen Gewinn zu verschaffen, oder Anderen Schaden zuzufügen, bewirkt, daß Verhandlungen, Erklärungen oder Thatsachen in öffentlichen Urkunden, Büchern oder Registern als abgegeben oder geschehen beurkundet werden, während sie gar nicht oder in anderer Weise oder von anderen Personen abgegeben oder geschehen sind, wird mit Gefängniß bis zu sechs Monaten oder mit Geldbuße bis zu Einhundert Thalern bestraft.

Vgl. § 252.

---

*) Dieser § ist durch das Ges. v 14 April 1856 (G S. f. 210) zugesetzt, und der ursprüngliche § 255 durch den abgeänderten § 254 ersetzt worden; seinen Wortlaut siehe zu § 254.

---

nügte nicht, daß sie unter besondern Umständen zur Erreichung jenes Zwecks dienen konnte

24. Ein Z. I. 21. Dez. 1855 c. Thieme nahm an, das Wort „und" am Schlusse der Nr. 1. sei konjunktiv zu fassen, so daß beide durch dieses Wort verbundene Erfordernisse gleichzeitig vorliegen müßten.

25. Ein Taufschein ward an und für sich nicht als ein Zeugniß der hier erwähnten Art angesehen, wohl aber ein Militair-Entlassungsschein. So Z. I. 21. Dez. 1855 c. Thieme (G. A. 4. f. 261). Vgl. V. II. 19 Jan. 1854 c Moll (JMBl. f. 149) Vgl. n. 14.

26. Die Nr. 2. des frühern § 255 that nur derjenigen Verfälschung eines ursprünglich ächten Zeugnisses ausdrückliche Erwähnung, welche geschah, um es für eine andere Person, als für welche es ausgestellt war, passend zu machen. Gleichwohl ward der § auch auf solche Verfälschungen für anwendbar erachtet, welche andre Thatsachen in dasselbe hineinbrachten, ohne in Betreff der Person etwas zu ändern, weil dann in Betreff dieser andern Thatsachen ein neues Zeugniß angefertigt werde, also Nr. 1. Platz greife So: V. Kass.-H. 12. Okt. 1852 c Rinzel (JMBl. 53. f 41; Rh. Arch. 48. 2. A. f. 11); V. II. 19. Jan. 1854 c Moll (JMBl. f. 149; G. A 2 f. 564); Z. I 30. Apr. 1856 c Schöpke. So auch Min.-Verf. v. 3. Apr. 1852; Verf. Min. d Innern vom 15 Apr 1852 (VMBl f. 119).

27. Nach dem unter n. 26. Bemerkten verstand es sich von selbst, daß auch die Nr. 3 sich auf den Gebrauch aller unter die Bestimmung der Nr. 1. fallender verfälschter (ursprünglich ächter) Zeugnisse zu beziehen war, ohne eine Beschränkung auf die unter Nr 2. erwähnte Art der Verfälschung. Das nahmen dann auch V. 14. Juli 1852 c Wehmeier; Z. 13. Okt. 1852 c Bieß (G. A. 2. f. 267; 564); Z. I. 20. Jan. 1854 c Spielhagen (G. A. 2. f. 564), an, jedoch aus dem selbstständigen Grunde, daß das Wort „derartigen" in der Nr. 3. sich nicht auf die Falschheit oder Verfälschung wie sie in Nr. 1. und 2. erwähnt sei, sondern nur auf die Natur der Zeugnisse beziehe, wie sie die Nr. 1. bezeichne; so daß also hier die Strafbarkeit des Gebrauchs aller verfälschten Zeugnisse der fraglichen Gattung ausgesprochen sei, ohne alle Rücksicht auf die Strafbarkeit der Verfälschung selbst

28. Kompetenz und Verfahren vgl. Ges. v. 14. Apr. 1856 Art. I. (oben bei Art. XIII. des Einf.-Ges. f. 20).

§. 255.

1. Der Thatbestand dieses § entspricht genau dem des § 252. unter Beseitigung der gewinn- oder schadensüchtigen Absicht. Es sind daher die dort gemachten Bemerkungen auch für diesen § passend.

2. Nach diesem § ist jetzt auch derjenige zu bestrafen, welcher sich einen Reisepaß auf einen falschen Namen ausstellen läßt, da ein Paß als eine Urkunde

§. 256. *) Wer unter dem Namen eines Arztes, Wundarztes oder einer anderen Medizinalperson ein Zeugniß über seinen oder eines Andern Gesundheitszustand ausstellt, oder ein derartiges ächtes Zeugniß verfälscht und davon zur Täuschung von Behörden oder Versicherungs-Gesellschaften Gebrauch macht, wird mit Gefängniß von Einem Monate bis zu Einem Jahre bestraft; auch kann gegen denselben auf zeitige Untersagung der Ausübung der bürgerlichen Ehrenrechte erkannt werden.

[Entw., § 232.] Vgl. § 241 247. 257. 258; Ges. v. 21 April 1856 (G.S. f. 220).

§. 257. Aerzte, Wundärzte oder andere Medizinalpersonen, welche unrichtige Zeugnisse über den Gesundheitszustand eines Menschen zum Gebrauche bei einer Behörde oder Versicherungsgesellschaft wider besseres Wissen ausstellen, werden mit Gefängniß von drei bis zu achtzehn Monaten, sowie

*) Fassung des Gesetzes v. 14 April 1856 (G.S f. 210); ursprünglich lautete der §. 256. Wer unter dem Namen eines Arztes, Wundarztes oder einer anderen Medizinalperson ein Zeugniß über seinen oder eines Andern Gesundheitszustand ausstellt, und davon zur Täuschung von Behörden oder Versicherungsgesellschaften Gebrauch macht, wird mit Gefängniß von Einem Monate bis zu Einem Jahre bestraft; auch kann gegen denselben auf zeitige Untersagung der Ausübung der bürgerlichen Ehrenrechte erkannt werden.

---

anzusehen (vgl. zu § 323 n. 14), und die angebliche Identität der Person, die unwahre Thatsache ist, welche beurkundet worden Wer als Zeuge zur Ausstellung und Verabfolgung eines solchen Passes mitwirkt, ist offenbar Theilnehmer im Sinne des § 34. Nr. 2. Vgl. früher § 254. Nr. 2.

§. 256.

1. Vorausgesetzt wird hier, daß das Zeugniß als Unterschrift den Namen eines wirklichen Arztes ꝛc trägt; es gehört daher der Fall nicht hierher, wo ein Andrer ein solches Zeugniß unter seinem wahren Namen ausstellt, sich aber fälschlicher Weise dabei den Charakter als Arzt beilegt. Vgl. Gilb. C. pén. Art. 159. n. 2.

2. Nach der ursprünglichen Fassung des § war es auch hier zweifelhaft, ob die Verfälschung eines derartigen ächten Zeugnisses unter denselben falle; auch diese Frage ward durch V. 10. Mai 1852 c Jordan (JMBl. f. 278; Entsch. 23. f 237; G. A. 1. f. 253) bejaht. Vgl G. Matt. 2. f. 588 n. 1. Jetzt hat die neue Fassung diesen Zweifel beseitigt.

3. Das Verfälschen setzt die Aenderung des Inhalts in irgend einem erheblichen Punkte voraus; so auch V. 10. Mai 1852 c. Jordan (cit unter n. 2) Vgl. zu § 217. n. 27.

4. Sind die im formell falschen Zeugnisse bekundeten Thatsachen wahr, so ist ein Gebrauch „zur Täuschung" nicht denkbar, und der § unanwendbar G. Matt 2. f. 588 n. 2.

§. 257.

1. Das Zeugniß muß materiell unrichtig sein; Bezeugung einer Wahrheit, welche der Aussteller irriger Weise für unwahr hielt, gehört nicht hierher. G. Matt. 2. f. 588 n. 2.

2. Der Arzt ꝛc. muß wissen, daß das Zeugniß zum Gebrauche bei einer Behörde ꝛc. bestimmt sei.

mit zeitiger Untersagung der Ausübung der bürgerlichen Ehrenrechte bestraft.

[Entw. § 233.] Vgl. § 258.

§. 258. Wer, um eine Behörde oder eine Versicherungsgesellschaft über seinen oder eines Anderen Gesundheitszustand zu täuschen, von einem Zeugnisse der in den §§ 256. und 257. erwähnten Art Gebrauch macht, wird mit Gefängniß von Einem Monate bis zu Einem Jahre bestraft; auch kann gegen denselben auf zeitige Untersagung der Ausübung der bürgerlichen Ehrenrechte erkannt werden.

[Entw. § 234.] Vgl. § 256. 257.

Vierundzwanzigster Titel.

Bankerutt.

§. 259. Handelsleute, Schiffsrheder und Fabrikbesitzer, welche ihre Zahlungen eingestellt haben, werden, als des be-

§. 258.

§. 259.

Inhalt:

1 Der Ausdruck „Handelsleute“ ist hier gleichbedeutend mit dem im Art XII. § 2 des Einf.-Gesetzes gebrauchten Ausdrucke „Handeltreibende;“ es sind darunter diejenigen zu verstehen, welche Handelsgeschäfte treiben, und daraus ihr gewöhnliches Gewerbe machen. G. Matt. 2. f 591. — Für den Bereich des Rheinischen Rechts enthalten die Artt. 1 flg. des Rh. HGB die hierbei maaßgebenden Bestimmungen.

2. Vorausgesetzt wird, daß der Handel als eignes Gewerbe betrieben wird; Gehülfen eines Handelsmanns, Kommis, Disponenten rc. sind selbst nicht Handelsleute Temme Lehrb. f. 1008.

3. Dagegen braucht der Handel nicht das ausschließliche, selbst nicht einmal das Haupt-Geschäft zu sein, sobald er nur gewerbsmässig betrieben wird. Der Begriff des Handelsmanns ist daher auf den des Kaufmanns im Sinne des ALR. II, 8. § 475 nicht beschränkt. Beschl. I. 20. Sept. 1854 c. Franke. Vgl. Temme Lehrb. f. 1007.

4. Ob ein solches gewerbsmässiges Handeln vorliege, ist Gegenstand der thatsächlichen Beurtheilung. Beschl. I. 20. Sept. 1854 c. Franke.

5. In keiner Weise ist der Begriff des „Handelsmanns“ auf die Zahl derjenigen beschränkt, welche einer kaufmännischen Korporation angehören. Beseler f. 489.

trüglichen Bankerutts schuldig, mit Zuchthaus bis zu funfzehn Jahren bestraft:

---

6. Bankiers, Spediteure, Lieferanten sind Handelsleute. Temme Gll. s 300; id. Lehrb s. 1008.

7. Dasselbe gilt von Buchhändlern und Apothekern. Goltd. Matt. 2. s. 591.

8. Nicht minder von Versicherern. Goltd. Matt 2. s. 591. *Contra:* Koch s. 1054 n. 46.

9 Ingleichen von kleinen Krämern; Temme Lehrb. s. 1008.

10. Pfandleiher, Kommissionäre und Gutsbesitzer gehören ebenfalls hierher, wenn ihre Geschäfte unter den Begriff des Handels fallen, und sie im gewerbsmässigen Umfange getrieben werden. Vgl. Komm.-Ber. I. K. s. 42; Bes. s. 490; G. Matt. 2. s. 591.

11. Der Verkauf selbstgezogener Naturprodukte ist nie als Handel zu betrachten.

12. Auch Handwerker können, wenn sie gleichzeitig Waaren im gewerbsmässigen Umfange verkaufen, als Handelsleute angesehen werden, z. B. der Gastwirth, der s. g. marchand tailleur u. s. w. *Contra:* Temme Lehrb. s. 1007.

13 Die Mitglieder einer Handelsgesellschaft sind sämmtlich als Handelsleute anzusehen, das ist gleichwohl auf stille Gesellschafter (Kommanditäre), und auf die Theilhaber an einer Aktiengesellschaft nicht auszudehnen. Vgl Beseler s. 489; Temme Lehrb. s. 1008 Note 2. In Betreff der letztern ist die Konk.-Ordn. v. 8. Mai 1855 § 307 zu vergleichen.

14 Minderjährige können nur dann als Handelsleute sich eines Bankerutts schuldig machen, wenn die Bedingungen erfüllt sind, von welchen das Gesetz die Zulässigkeit eines Handelsbetriebs durch sie abhängig macht. Gilb. C. de Comm. Art. 591 n. 3.

15. „Schiffsrheder“ und „Fabrikbesitzer“ bilden keinen Gegensatz zu „Handelsleuten“, wie sich aus Art. XII. § 2 des Einf.-Ges. ergiebt; auch bei ihnen müssen daher dieselben Voraussetzungen zutreffen, wie bei letztern.

16 Es ist durchaus statthaft, in der den Geschwornen vorgelegten Frage den Begriff des „Fabrikbesitzers“ in diejenigen thatsächlichen Merkmale aufzulösen, aus welchen das Vorhandensein dieser Eigenschaft zu entnehmen ist; in dieser Beziehung reicht die Feststellung aus: „der Angeklagte habe eine von ihm gepachtete Bierbrauerei für eigne Rechnung im Grossen betrieben“, (vgl. ALR. II, 8. § 407), jedoch ist es zweckmässiger statt des Betriebs im Grossen, des fabrikmässigen Betriebs Erwähnung zu thun. Z II. 9 Juni 1855 c. Eysen (G. A. 3. s. 573). Vgl. die Bemerkungen, von welchen im Archiv l. c. jenes Erkenntniß begleitet ist.

17 Das Begriffserforderniß der Zahlungs-Einstellung ist ein rein thatsächliches; dasselbe ist nicht mit wirklicher Zahlungsunfähigkeit zu verwechseln; in den Fällen der Nrn. 1 und 2. kann sehr füglich der Thatbestand des Bankerutts bei vollständiger Zahlungsfähigkeit und nur fingirter Unfähigkeit vorliegen. Bes. s. 489 II. III; G. Matt. 2 s. 593; Temme Lehrb s. 1009. Vgl. Konkurs-Ordn v. 8. Mai 1855 § 113 flg.

18. Insbesondre wird im Gebiete des Rheinischen Rechts eine vorgängige Falliterklärung Seitens des Handelsmanns, oder die Eröffnung des Falliments durch das Handelsgericht (Rh. HGB. Art. 440. 441) nicht erfordert, und ebensowenig im Gebiete der altländischen Prozeßgesetze, daß der Handelsmann rc. sein Zahlungsunvermögen dem Gerichte anzeige, sich zur Abtretung seines Vermögens an seine Gläubiger erbiete, und dagegen auf Verschonung mit dem Personal-Arreste antrage, oder daß über sein Vermögen der Konkurs eröffnet sei (vgl. Konk.-Ordn. v. 8. Mai 1855 § 118 flg.) Beschl. 22. Okt. 1852 c. Honerlagen-Grete (JMBl. 1853 s. 218; G. A. 1. s 253). Aehnlich Z 5. Dez. 1851 c. Simonsohn. *Sic:* Bes. s. 489 II; G. Matt. 2. s. 593; Gilb. C. pén. Art. 402. n. 12. 15; id. C. de comm. Art. 591. n. 4. 5.

19 Es darf hiernach der Strafrichter das Strafverfahren nicht aussetzen, bis

1) wenn sie ihr Vermögen ganz oder theilweise verheimlicht oder bei Seite geschafft haben;

---

im Civilverfahren der Zustand der Zahlungs-Einstellung festgestellt werden sei; Gilb. C. pén. Art. 402. n. 14.

20. Ebenso folgt aus dem Gesagten, daß trotz einer erfolgten civilgerichtlichen Falliments- oder Konkurs-Eröffnung das thatsächliche Merkmal der Zahlungseinstellung im Strafverfahren noch immer ausdrücklich festgestellt werden muß. Gilb. 1 c.

21. Nicht minder bleibt eine Strafverfolgung, sowie die Feststellung der Zahlungseinstellung auch dann statthaft, sollte auch ein Akkord (Vergleich) zum Zwecke der Wiederaufhebung des Konkurses gerichtlich geschlossen (Konkurs-Ordnung v. 8 Mai 1855 § 181 flg), oder ein dem Falliten nach Rheinischem Rechte von seinen Gläubigern bewilligtes Konkordat vom Handelsgerichte bestätigt, oder seine Entschuldbarkeit anerkannt sein. Gilb. C. pén. Art. 402. n. 18; id. C. de comm. Art 584. n. 3.

22. Hiernach ist also mehr als eine thatsächliche Einstellung der Zahlungen nicht erforderlich, insbesondre bedarf es einer Erklärung, oder auch irgend eines stillschweigenden Verhaltens des Handelsmanns nicht, auch welchen nach seiner Absicht entnommen werden solle: er sei insolvent. *Contra:* Temme Lehrb. s. 1009.

23. Dagegen wird eine blos augenblickliche Verlegenheit des Schuldners nicht als eine Zahlungseinstellung anzusehen sein. Temme Lehrb. s. 1017 Note 1.

23 a. Die Zahlungseinstellung braucht nicht in der Art eine absolute also gänzliche zu sein, daß sie durch irgend welche, hinterher geleistete Zahlung ausgeschlossen würde. Z. I. 14. Dez. 1855 c. Manowsky.

24. Ebensowenig kann mit Temme (Lehrb. s. 1009 III.) verlangt werden, daß die Zahlungseinstellung durch die im Gesetze (unter Nr. 1. bis 4) besonders bestimmten Handlungen herbeigeführt sei, giebt doch Temme (ibid. s. 1013 III.) selbst zu, daß es gleichgultig sei, ob diese Handlungen vor oder nach der Zahlungseinstellung vorgenommen seien.

25. Aus den vorstehenden Bemerkungen folgt, daß in jedem Einzelfalle, sowohl die thatsächlichen Momente, aus welchen die Qualität des Angeklagten als eines Handelsmanns ꝛc. rechtlich zu folgern ist, als auch seine Zahlungseinstellung ausdrücklich durch den Spruch der Geschwornen festgestellt werden müssen. Vgl. G. Matt. 2. s. 596 n. 10; Gilb. C. de comm. Art. 591. n. 7. 8.

26. Eine wirklich eingetretene Beschädigung des Vermögens der Gläubiger wird zum Thatbestande nicht vorausgesetzt. Vgl. zu § 261 n. 1

27. Ebenso wenig eine Mehrheit von Gläubigern; wenn auch die Strafen des Bankerutts in Wechselbeziehung zu den civilrechtlichen Begünstigungen des Kredits beim Handels-Betriebe stehen (Motive s. 66), so kann doch zum Thatbestande des Bankerutts ein „Mißbrauch des öffentlichen Kredits“ nicht gerechnet, und eine Feststellung desselben in jedem Einzelfalle nicht verlangt werden. *Contra:* Temme Lehrb. s. 1008.

28. Das Gesetz hat als betrügerischen Bankerutt grundsätzlich nur solche Handlungen ansehen wollen, welche darauf hinausgingen die Gesammtheit der Gläubiger zu benachtheiligen, nicht also solche, durch welche nur einzelne Gläubiger beeinträchtigt werden, z. B. Unterschlagung anvertrauter Gegenstände, oder betrügerische Verleitung zum Kreditgeben. Motive s 67.

29. Neben den Erfordernissen des § bedarf es der Feststellung der wesentlichen Merkmale des Betrugs nach § 241 nicht. Z. I. 29. März 1854 c. Szameitke (G. A. 2. s. 565); Z. I. 1. Feb 1856 c. Kämmlitz.

30. Insbesondre bedarf es der ausdrücklichen Feststellung einer „betrügerischen Absicht“ nicht, vielmehr geht das Gesetz beim Vorhandensein der thatsächlichen Merkmale des § 259 von der Voraussetzung einer den Bankerutt als einen betrüglichen charakterisirenden dolosen Absicht des Gemeinschuldners aus. Z. I. 29. März 1854 c. Szameitke (G. A. 2. s. 565); G. Matt. 2. s. 596 n. 8; *Contra* wie es scheint: Temme Lehrb. s. 1013.

2) wenn sie Schulden oder Rechtsgeschäfte anerkannt oder aufgestellt haben, welche ganz oder theilweise erdichtet sind;
3) wenn sie in der Absicht, ihre Gläubiger zu benachtheiligen, Handelsbücher zu führen unterlassen haben, obgleich deren Führung gesetzlich vorgeschrieben, oder nach der Beschaffenheit ihres Geschäfts erforderlich wär;

31. Ebensowenig erfordert das Gesetz zu seiner Anwendung den besondern Nachweis einer gewinnsüchtigen Absicht. Z. I. 4. Apr. 1855 c. Friedrich (Entsch. 30. s. 365).

32. „Bankerutt" ist ein Rechtsbegriff, der in den Fragen an die Geschwornen in seine thatsächlichen Merkmale aufgelöst werden muß. Gilb. C. pén. Art. 402. n. 24; id. C. de Comm. Art. 591. n 20.

33. Ein Versuch des betrüglichen Bankerutts, ist sehr wohl denkbar, z B. in der Weise, daß nach erfolgter Zahlungseinstellung eine der unter Nr. 1. 2. und 4 gedachten Handlungen versucht wird. Vgl Gilb. C. de Comm. Art. 591. n. 5. *Contra:* Temme Lehrb. s 1010 Note 1.

34. Die Aufzählung der Einzelhandlungen durch welche im Falle einer Zahlungs-Einstellung der betrügliche Bankerutt begangen wird, ist limitativ; Ausdehnung auf andre ähnliche Fälle ist unstatthaft. Motive s. 69; G. Matt. 2. s 597 n. 11; Temme Gll s. 300.

35. Ob diese Einzelhandlungen vor oder nach der Zahlungseinstellung stattgefunden haben, ist gleichgültig; die unter Nr. 3 aufgeführte Unterlassung kann füglich derselben vorhergegangen sein Temme Lehrb. s. 1013; G. Matt. 2. s. 596 n. 9; Gilb. C. pén. Art. 402. n. 22; id. C. de Comm. Art. 591. n 12. 13.

Zu Nr. 1.

36. Das „Bei-Seite-Schaffen" ist hier gleichbedeutend mit „den Gläubigern entziehen". Daher gehört eine Handlung nicht hierher, welche dahin abzielt, die Sache der Gesammtheit der Gläubiger dadurch zu erhalten, daß eine von einem Einzelgläubiger versuchte Exekutionsvollstreckung verhindert wird. G. Matt. 2 s. 594 n. 4; Koch s 1055 n. 48

Zu Nr. 2.

37. Durch die Worte „ganz oder theilweise" soll auch der Fall übertriebener Forderungen mit umfasst werden. G. Matt. 2. s. 594 n 5; Koch s. 1055 n. 49.

38 Als ein „Verheimlichen" ist unbedenklich auch die Abschliessung simulirter Geschäfte zu betrachten, welche dahin abzwecken, Vermögensstücke den Gläubigern zu entziehen.

39. Ueber Verheimlichung vgl. im Uebrigen zu § 261 n. 10 flg

Zu Nr. 3.

40. Gesetzlich vorgeschrieben ist die Führung der Handelsbücher nur durch das Rh. HGB. Art. 8 flg. Sobald hier durch den Spruch der Geschwornen festgestellt worden ist, daß das Handelsgeschäft im Gebiete des Rheinischen Rechts betrieben war, ist die Verpflichtung zur Buchführung von Gesetzeswegen begründet, und eine Befragung der Geschwornen über diesen Punkt überflüssig und unstatthaft.

41. In den übrigen Theilen des Staats ist die Frage: ob eine Buchführung erforderlich gewesen wäre, nach den ermittelten Umständen zu beantworten; Koch s 1055 n. 52. Hierbei kann der Richter der Thatfrage auf das Gutachten von Sachverständigen die geeignete Rücksicht nehmen, ohne gleichwohl an ein solches Gutachten mit Nothwendigkeit gebunden zu sein. Z. 5. Sept. 1851 c. Simonssohn.

Zu Nr. 3 und 4.

42. In den hier vorgesehenen Fällen genügt als Dolus, die „Absicht, die Gläubiger zu benachtheiligen". Als eine solche wird man unbedenklich auch die Absicht betrachten mussen, den Gläubigern die Liquidirung der Masse, und die Verfolgung und Flüssigmachung aller Aktiva zu erschweren. Natürlich darf aber

4) wenn sie in gleicher Absicht ihre Handelsbücher verheimlicht oder vernichtet oder so geführt oder verändert haben, daß dieselben keine Uebersicht des Vermögenszustandes gewähren.

Wird festgestellt, daß mildernde Umstände vorhanden sind, so ist die Strafe Gefängniß nicht unter drei Monaten; zugleich kann auf zeitige Untersagung der Ausübung der bürgerlichen Ehrenrechte erkannt werden.

[Entw. § 235] Vgl. § 260—262; Einf.-Ges. Art XII. § 2; Krim.-O. § 201; Konkurs-Ordn. v 8 Mai 1855 § 307—309. und § 340. 341.

§. 260. Mit Zuchthaus bis zu zehn Jahren wird bestraft:

1) wer im Interesse eines Handelsmannes, Schiffsrheders oder Fabrikbesitzers, welcher seine Zahlungen eingestellt hat, dessen Vermögen ganz oder theilweise verheimlicht oder bei Seite geschafft hat;

2) wer im Interesse eines solchen Gemeinschuldners, oder um sich oder Anderen Vortheil zu verschaffen, erdichtete Forderungen im eigenen Namen oder durch zwischengeschobene Personen geltend gemacht hat.

Wird festgestellt, daß mildernde Umstände vorhanden sind, so ist die Strafe Gefängniß nicht unter drei Monaten; zugleich

---

aus der blossen Unterlassung der Buchführung, oder aus der unrichtigen Führung 2c. nicht eine Präsumtion jener Absicht hergeleitet werden Vgl. Temme Lehrb. f 1015.

Zu Nr. 4.

43. „Zur Anwendung dieser Nr. genügt die Feststellung, daß der Angeklagte „in der Absicht seine Gläubiger zu benachtheiligen, seine Handlungsbücher, — „d. i. diejenigen, welche er geführt hat —, verheimlicht, oder vernichtet, oder so ge„führt oder verändert habe, daß dieselben keine Uebersicht des Vermögenszustandes „gewähren; es ist aber der Nachweis nicht erforderlich, daß — wie die Nr. 3. vor„aussetzt — der Angeklagte seine Handlungsbücher gesetzlich zu führen verpflichtet, „oder die Führung der Handlungsbücher nach der Beschaffenheit des Geschäfts er„forderlich gewesen sei.“ Z I. 4. Apr. 1855 c. Friedrich (Präj. n. 145; Entsch. 30. f. 365; G. A 3. f. 574).

Zum Schlußsatze.

44. Als mildernden Umstand kann der Richter bei Thatsache die Unbedeutendheit des betriebenen Geschäfts ansehen. Motive f. 67; G. Matt. 2 f. 591; Koch f. 1055 n. 53.

§. 260.

1. In den hier vorgesehenen beiden Fällen wird die Kenntniß des Angeklagten von der Zahlungseinstellung, des betr. Handelsmannes 2c. vorausgesetzt; gleichwohl bedarf es einer ausdrücklichen Feststellung dieser Kenntniß nur dann, wenn sie ausdrücklich bestritten worden; geschieht das nicht, so ist anzunehmen, daß die Feststellung des Handelns im Interesse des in jenem Zustande sich findenden Handelsmannes jene Kenntniß in sich schliesse. Vgl. Gilb. C de Comm. Art. 593. n. 5.

kann auf zeitige Untersagung der Ausübung der bürgerlichen Ehrenrechte erkannt werden.

Hat der Thäter im Einverständnisse mit dem Gemeinschuldner gehandelt, so kommen die allgemeinen Vorschriften über die Theilnahme an Verbrechen zur Anwendung.

[Entw. § 236.]

§. 261. Handelsleute, Schiffsrheder und Fabrikbesitzer, welche ihre Zahlungen eingestellt haben, werden wegen einfachen Bankerutts mit Gefängniß bis zu zwei Jahren bestraft:

---

2. Vorausgesetzt wird ferner, daß die Handlungen nicht im Einverständnisse mit dem Handelsmanne ꝛc. geschehen, weil sonst dieser als Hauptverbrecher und der Andre nur als sein Theilnehmer anzusehen wäre. Eine konkurrirende Strafbarkeit des erstern ist daher keineswegs erforderlich, und bei gleichzeitiger Verfolgung beider bildet die Freisprechung jenes kein Hinderniß für die Bestrafung des in seinem Interesse handelnden Dritten.

3. Geschah die unter Nr. 1. erwähnte Handlung nicht im Interesse des Handelsmannes, wohl aber in der Absicht, sich oder Andern Vortheil zu verschaffen, so würde nur die Diebstahlsstrafe Platz greifen können. G. Matt. 2. ſ. 598.

4. Der Schlußsatz enthält lediglich eine Verweisung auf die allgemeinen Vorschriften über die Theilnahme, wobei die Worte „im Einverständnisse" nur den Gegensatz gegen die beiden unter Nr. 1. und 2. gedachten Fälle bezeichnen, so daß es bei der Feststellung dieser Theilnahme sich nicht um eine ausdrückliche Feststellung dieses „Einverständnisses," sondern vielmehr nur um eine solche Feststellung handelt, nach welcher die Handlung nach den allgemeinen Regeln des § 34 Nr. 2. über die Hülfeleistung strafbar wird; es wird dann das Einverständniß mit dem Hauptthäter vorausgesetzt, und durch die im § 34 Nr. 2. angeführten Umstände erwiesen. Z. I 4. Juli 1855 c. Rosenbaum (G. Arch. 3. ſ. 549).

§. 261.

1. Dieser § verlangt, in Uebereinstimmung mit § 262 nur eine „Zahlungseinstellung," gleichwohl glauben Goltdammer (Matt. 2. ſ. 599 n 1.) und Koch (ſ. 1056 n. 56), daß hier wirkliche Zahlungsunfähigkeit vorausgesetzt werde, weil eine Beschädigung der Gläubiger (ohne betrügliche Verheimlichung der Aktiv-Masse und ohne fingirte Zahlungsunfähigkeit § 259 Nr. 1. 2.) nur bei wirklicher Zahlungsunfähigkeit denkbar sei; bedürfe es nun auch einer besondern Feststellung dieser Zahlungsunfähigkeit nicht, so müsse doch dem Angeklagten der Einwand und der Nachweis der Suffizienz der Masse gestattet werden. *Contra* mit Recht: Temme Lehrb. ſ. 1016 III, weil eine trotz der Suffizienz der Masse eingetretene Zahlungseinstellung einen Zustand derselben voraussetze, welcher an und für sich schon eine Benachtheiligung der Gläubiger darstelle. Auch verlangt ja das Gesetz zum Thatbestande eine wirklich eingetretene Beschädigung der Gläubiger nicht, vgl. zu § 259. n. 26 und 17

2. Das Gesetz will hier den Leichtsinn, die Fahrlässigkeit bestrafen, welche in den einzelnen unter Nr. 1—4. vorgesehenen Fällen als vorhanden präsumirt wird; es bedarf daher neben den Voraussetzungen eines dieser Fälle nicht noch der besondern Feststellung einer Fahrlässigkeit. *Contra* zum Theil: Temme Lehrb. ſ. 1016. 1020.

3. Noch weniger kann verlangt werden, daß die Zahlungseinstellung durch die speziell aufgezählten Handlungen oder Unterlassungen herbeigeführt worden sei. Es ist sogar kaum denkbar, wie dieselbe z. B. durch Verheimlichung der Handelsbücher herbeigeführt werden könne. Vgl. Abh. in Goltd. Arch. 2. ſ. 657. *Contra:* Temme Lehrb. ſ. 1016. 1020.

1) wenn sie durch Ausschweifungen, Aufwand, Spiel oder Differenzhandel mit Waaren oder Börsen-Effekten übermäßige Summen verbraucht haben oder schuldig geworden sind;

2) wenn sie Handelsbücher zu führen unterlassen haben, obgleich deren Führung gesetzlich vorgeschrieben oder nach der Beschaffenheit ihres Geschäfts erforderlich war, oder wenn sie diese Handelsbücher verheimlicht oder vernichtet oder so unordentlich geführt haben, daß dieselben keine Uebersicht des Vermögenszustandes gewähren;

Zu Nr. 1.

4. Das unter n. 3 Gesagte gilt namentlich auch bei dem hier vorgesehenen Falle, und es ist keineswegs erforderlich, daß der Schuldner bei den fraglichen Handlungen vorausgesehen habe, oder ohne Fahrlässigkeit habe voraussehen müssen, daß die dadurch zu erleidenden Verluste 2c. den Erfolg der Zahlungseinstellung herbeiführen würden. *Contra:* Temme Lehrb. S. 1017.

5. Die Uebermässigkeit der verbrauchten oder schuldig gewordenen Summen ist vorzugsweise mit Rücksicht auf die Vermögenslage des Angeklagten zu bemessen. Temme (Lehrb S. 1017) will dagegen den Umfang des Geschäfts als Maaßstab zum Grunde legen.

Zu Nr. 2.

6. Ueber die gesetzliche Nothwendigkeit der Buchführung, sowie eventuell den Beweis derselben, wo sie durch die Beschaffenheit des Geschäfts bedingt ist, vgl. zu § 259. n. 40. 41.

7. Sobald der Thatbestand dieser Nr. vorliegt, ist es gleichgültig, inwiefern die Handelsbücher nach den Vorschriften des ALR Beweiskraft haben. Z. I. 9 Mai 1856 c. Panke.

8. Die Fassung: „wenn sie diese Handelsbücher verheimlicht 2c. haben", scheint anzudeuten, daß es sich auch hier nur von den nach Gesetzesvorschrift, oder der Beschaffenheit des Geschäfts erforderlichen Büchern handle. Aus dem Berichte der Kommission der II Kammer (S. 133), auf deren Vorschlag der fragliche Satz in den § eingeschoben ward, geht aber hervor, daß man hier denselben Fall wie im § 259 Nr. 4 vorsehen wollte. Daher stellt die Verheimlichung auch solcher wirklich geführter Bücher, welche an sich nicht erforderlich waren, den Thatbestand des Vergehens dar. Vgl. zu § 259. n 43. *Contra:* Temme Lehrb. S. 1018

9. Bei der Verheimlichung 2c. der Handelsbücher liegt daher der Unterschied vom Falle des § 259 Nr. 4. nur darin, daß hier der Nachweis der Absicht, die Gläubiger zu benachtheiligen, nicht verlangt wird.

10. Der Begriff des „Verheimlichens" ist wesentlich ein thatsächlicher, nicht ein Rechtsbegriff. Z. I. 17. Juli 1854 c. Oppitz (G. Arch. 2 S. 658).

11. Ein Verheimlichen der Handelsbücher kann unbedenklich angenommen werden, wenn der Gemeinschuldner dieselben nicht in der vom Gesetze vorgeschriebenen Frist vorlegt (vgl. Konkurs-Ordn. v. 8. Mai 1855 § 116); wo es an einer solchen Vorschrift fehlt, darf der Richter auch in einer nur temporären Vorenthaltung ein Verheimlichen finden. Vgl. Abh in G Arch 2. S. 657.

12. Daß die Verheimlichung oder Vernichtung der Handelsbücher vor der Zahlungseinstellung statt gefunden haben müsse, kann nicht gefordert werden; sie wird im Gegentheile in der Regel der letztern erst nachfolgen Vgl. Abh. in G. Arch. 2. S. 657. *Contra:* Temme Lehrb S. 1016 II.

13. Der Strafbestimmung dieser Nr. 2. unterliegen geeigneten Falles alle Theilhaber eines Geschäfts, sollten dieselben die Arbeiten auch in der Weise zwischen sich vertheilt gehabt haben, daß einer allein die Buchführung zu besorgen hatte. Z. I. 9. Mai 1856 c. Panke.

3) wenn sie unterlassen haben, die Bilanz ihres Vermögens jährlich zu ziehen, obgleich dies gesetzlich vorgeschrieben oder nach der Beschaffenheit ihres Geschäfts erforderlich war;

4) wenn sie, obgleich das Vermögen nach der letzten Bilanz nicht die Hälfte der Schulden deckte, neue Schulden gemacht oder Waaren oder Kreditpapiere unter dem Werthe verkauft haben.

[Entw. § 237.] Vgl. § 259. 262; Rh. HGB. Art. 586 Nr. 2. 3; 587; 8 flg; Konkurs-Ordn. v. 18. Mai 1855 § 307—309. 340. 341.

§. 262. Wenn Mäkler oder Notarien Handelsgeschäfte betreiben, so sollen dieselben, im Falle sie ihre Zahlungen einstellen und der in diesem Titel erwähnten Handlungen schuldig sind, denselben Strafen, wie Handelsleute, unterliegen.

[Entw. § 239.] Vgl. § 259—261; Rh. HGB. Art 85. 89.

Fünfundzwanzigster Titel.

Strafbarer Eigennutz.

§. 263. Wer sich von seinen Schuldnern höhere Zinsen, als die Gesetze zulassen, vorbedingt oder zahlen läßt und

---

Zu Nr. 3.

14. Die jährliche Ziehung der Bilanz ist nur durch das Rh. HGB. Art. 9. vorgeschrieben; — es sind hier die Bemerkungen n. 40. und 41. zu § 259. analog anzuwenden. Vgl. Konkurs-Ordn. v. 8. Mai 1855 § 116

Zu Nr. 4.

15. Als ein Machen von „neuen Schulden“ ist es auch anzusehen, wenn neue Waarenankäufe auf Kredit statt finden. Motive S. 68; G. Matt. 2. S. 601.

16. Als Werth der Kreditpapiere ist hier nicht der nominelle, sondern nur der wahre Werth zu betrachten. Komm.-B. II. K. S. 134; Bes. S. 496.

17. Nicht jeder Verkauf unter dem zeitigen Werthe, welcher vielleicht in der Befürchtung bevorstehender schlimmer Konjunkturen stattfindet, soll hiernach geahndet werden, sondern nur ein wahrhaft leichtsinniges unwirthschaftliches Verfahren. So Komm.-B. I K. S. 42.

18. Im Uebrigen sind hier die Bemerkungen zu § 259 zu vergleichen.

§. 262.

1. Bei Mäklern und Notarien wird nur überhaupt ein Treiben von Handelsgeschäften verlangt, nicht auch, daß sie daraus ihr gewöhnliches Gewerbe gemacht haben. (Vgl. zu § 259. n. 1.) G. Matt. 2. S. 601. Koch S. 1057 n. 62. *Contra:* Temme Lehrb. S. 1006 Note 3.

2. Auch die Vorschriften des § 260 sind unter den geeigneten Voraussetzungen beim Handeln dritter Personen im Interesse eines Mäklers oder Notars anwendbar. G. Matt. 2. S. 602 n. 2.

3. Die Vorschrift des Art. 89. des Rh. HGB. (Rh. StGB. Art. 404.) ist durch § 262 für beseitigt zu erachten.

§. 263.

Inhalt:

entweder diese Ueberschreitung gewohnheitsmäßig betreibt oder das Geschäft so einkleidet, daß dadurch die Gesetzwidrigkeit versteckt wird, ist wegen Wuchers mit Gefängniß von drei Monaten bis zu Einem Jahre und zugleich mit Geldbuße von funfzig bis zu Eintausend Thalern, sowie mit zeitiger Untersagung der Ausübung der bürgerlichen Ehrenrechte zu bestrafen.

[Entw. § 240.] Vgl Einf.-Ges. Art. XI; ALG. I, 11. § 803 flg. 855 flg.; Rh. Ges v. 3. Sept 1807; Berg-Dekr. v. 12. Nov. 1809.

Darlehn. 3. 4. 36.
Dauer des Wuchers. 37.
Differenzgeschäft. 34.
Einkleidung. 28—36.
Einwilligung d. Schuldners. 30 32.
Geschenk. 15. 22.
Gewohnheitsmässigkeit. 24—27.
Kapitalswucher. 12. 33.
Konkurrenz. 40. 43.
Konventionalstr. 14.
Leihhaus. 16.
Mandatar. 1.
Pfandbrief. 35.
Pfandleiher. 44.
Prolongation 5. 6.
Rechtsbeständigkeit. 7. 8.
Schuld. 3.
Schuldner, Zahl. 2.
Staatsanleihe. 17.
Theilnahme. 41.
Unkenntniß d. Ges. 18
Verjährung 38. 39.
Vorbedingen. 19—22.
Vormund 1.
Wechsel. 9.
Zahlen-lassen. 22.
Zinsen. Begr. 10—15.

1. Der § spricht von einem „sich Vorbedingen, oder zahlen lassen“, trifft also wenigstens ausdrücklich den Fall nicht mit, wo etwa ein Vormund oder Mandatar für seinen Mündel oder Machtgeber, und auf dessen Namen, aber ohne Vorwissen desselben Wuchergeschäfte treibt. Nichts destoweniger werden in einem solchen Falle Vormund und Mandatar strafbar sein. Für die Straflosigkeit könnte sprechen, daß die Entwurfe von 1830 (§. 383) und von 1836 diesen Fall ausdrücklich berücksichtigten, daß aber die betreffende Bestimmung in das StGB. nicht mit übergegangen ist.

2. Wenn der § sich auch des Ausdrucks „von seinen Schuldnern“ bedient, so folgt daraus doch keineswegs, daß nothwendig eine Mehrheit von Personen erforderlich sei, welche zu hohe Zinsen versprochen oder geleistet hätten; das folgt schon daraus, daß es beim versteckten Wucher zur Strafbarkeit nur eines einzigen Falles bedarf, von einer Mehrheit der Schuldner also keine Rede sein kann, und weil auch beim gewohnheitsmässigen Wucher von „dieser Ueberschreitung“ in der Einzahl gesprochen wird. Es steht daher nichts entgegen, einen strafbaren gewohnheitsmässigen Wucher auch da anzunehmen, wo der Angeklagte mit einem Schuldner mehrere wucherische Geschäfte gemacht hat. Z (V.) II. 31. Jan. 1856 c. Wilhelm. Vgl. zu § 239. n. 3.

3. Die Strafbestimmung bezieht sich keineswegs blos auf Darlehnsschulden, das Wort Schuldner ist vielmehr auf Schuldner jeder Art zu beziehen. V. II 22. März 1855 c. Simon. Mit Rücksicht auf den Begriff der „Zinsen“ wird nur eine solche Schuld vorausgesetzt, welche fungible Sachen zum Gegenstande hat Temme Lehrb. f. 1024 ff.

4. Es gehört daher unbedenklich auch das uneigentliche Darlehn hierher. Z. II. 13. Sept. 1855 c. Heimann (beiläufig); G. Matt. 2 f. 606; Temme Lehrb. f 1025 Note 5.

5. Gleichgültig ist, ob das Vorbedingen oder Zahlenlassen zu hoher Zinsen für die Prolongation, oder für die Hingabe des Darlehns stattfand. Z. I. 23. Dez. 1853 c. Michaelis.

6. Ebenso ist strafbarer Wucher auch da anzunehmen, wo ein Gläubiger seinem Schuldner für die Rückzahlung einer nicht aus einem Darlehn, sondern z. B. aus einem Kaufvertrage herrührenden Schuldsumme einen Ausstand nur gegen Gewährung eines das gesetzliche Maaß der Zinsen übersteigenden Vortheils bewilligt. V. II 11. Jan 1855 c. Wolff; Z. II. 13. März 1856 c. Spiegel. Vgl Min.-Reskr. v. 13. Aug. 1798 (Rabe 5. f. 181).

7. Ob das abgeschlossene Darlehnsgeschäft ein rechtsbeständiges und klagbares gewesen sei, ist gleichgültig; der Wucher ist auch dann strafbar, wenn der Anleiher z. B. als Subaltern-Offizier zum Abschlusse eines Darlehnsvertrags unfähig gewesen sein sollte. Z. I. 15 Feb. 1854 c. Jacobson.

8. Umgekehrt wird die Strafbarkeit des Wuchers auch dadurch nicht ausgeschlossen, daß das formell abgeschlossene Geschäft, in welches er eingekleidet worden, durch die Vorschriften des Civilrechts gegen Anfechtung geschützt ist. Z. 30. Juni 1852 c. Hirschfeld; Z. 5. Nov. 1852 c. Goldberg.

9. Auf den Ankauf eines Wechsels, insofern derselbe als solcher von den Parteien von vorne herein beabsichtigt und gewollt ist, findet das Wuchergesetz keine Anwendung, da der Wechsel eine Waare ist, deren Werth und Preis sich nach den Umständen richtet. Wenn dagegen die Form des Wechselkaufs nur gewählt ist, um ein wirkliches Darlehn zu verstecken, wenn also der Wechsel nur geschaffen oder nur deshalb übertragen wird, damit Jemand in den Besitz des von ihm gesuchten baaren Geldes gelange, so ist das Geschäft wesentlich ein Darlehn, welches in die Form des Wechselkaufs eingekleidet ist, d. h. also im Falle einer Zinsenüberhebung unzweifelhaft ein versteckter Wucher. Vgl. Bes. f. 504 III.

10. In Betreff des Maaßes der Zinsen ist auf die bestehenden Gesetze verwiesen; daraus folgt, daß auch der Begriff der „Zinsen“ nach den betreffenden civilrechtlichen Vorschriften zu bestimmen ist. Z. II. 24 Jan. 1856 c. Herzfeld; Z. II. 21. Feb. 1856 c. Saligmann. Mit Rücksicht auf § 803 Thl. I. Tit. 11. des ALR. hat daher jeder Vortheil, welchen ein Gläubiger für den Gebrauch des Geldes sich vorbedingt, oder zahlen läßt, den Charakter der Zinsen im Sinne des § 263. Z. I. 6. Jan 1854 c. Schüller; B. II. 22 März 1854 c. Simon; B. I 9. Jan. 1856 c. Brieger; Z II 14. Feb. 1856 c. Haupt (Pfeil u. Gen); Z. I. 7. Mai 1856 c. Bauer. Aehnlich B. II. 11. Jan. 1855 c. Wolff für den Bereich des Rheinischen Rechts: der Begriff der Zinsen umfaßt hier alle Vortheile, welche sich der Gläubiger von seinem Schuldner für die Hergabe oder Belassung baaren Geldes vorbedingt, oder zahlen läßt. Vgl. G. Matt. 2. f. 605; Temme Lehrb. f. 1025; Koch f. 1057 n. 66.

11. Auf die von den Parteien gewählte Bezeichnung der in der vorigen n. 10. gedachten Vortheile, kommt ebensowenig etwas an, als auf die Form, in welcher sie dem Gläubiger zugewendet werden. Wenn daher z. B. bei Bewilligung eines Darlehns zugleich die Entnahme einer gewissen Quantität von Waaren [zum gewöhnlichen Verkaufspreise] zur Bedingung gemacht wird, so ist der durch den Waarenverkauf erzielte Vortheil für die Bewilligung des Darlehns ausbedungen, und hat die Natur der Zinsen; ob dieser Vortheil so hoch anzuschlagen sei, daß er mit Hinzurechnung der stipulirten „Zinsen“ den erlaubten Zinsfuß überschreite, gehört zur thatsächlichen Beurtheilung. Z II. 25. Okt. 1855 c. Hölscher. Vgl. ALR. II. 11 § 715 ff. Ebenso ist es Wucher, wenn Jemand bewußter Weise Andern Darlehen gegen das höchste Maaß der zulässigen Zinsen giebt, zugleich aber diese Personen bestimmt, um die fraglichen Darlehen zu erhalten, ihm Grundstücke zu Preisen abzukaufen, welche den wahren Werth derselben übersteigen; dann nimmt auch der durch die Kaufgeschäfte erlangte Vortheil die Natur von Zinsen an, und es verschlägt dabei Nichts, wenn auch angenommen wird, die Absicht des Beschuldigten bei Eingehung der Geschäfte sei keineswegs dahin gegangen, für die Hergabe der Kapitalien durch den beim Kaufgeschäfte gemachten aussergewöhnlichen Gewinn versteckter Weise höhere als die gesetzlichen Zinsen zu erlangen, er habe vielmehr nur beabsichtigt, als Güterhändler für seine Grundstücke den höchst möglichen Preis dadurch zu erzielen, daß er darlehnsbedürftigen Ankäufern diese Darlehen gegen gesetzliche Zinsen herschoß. B. II. 11 Jan. 1855 c. Wolff.

12. Ebenso unzweifelhaft gehört auch der s. g. Kapitalswucher hierher, wo nämlich die Schuldverschreibung über eine höhere Kapitalssumme spricht, als wirklich gegeben worden ist, vorbehaltlich jedoch der Vorschrift des § 817 Thl. I. Tit. 11. des ALR. Auch in einem solchen Falle nimmt der dem Gläubiger durch die Verschreibung einer höhern Kapitalssumme, als er hingegeben, zugesicherte Gewinn den Charakter der Zinsen, und das ganze Geschäft eventuell den des Wuchers an, so daß es hier nicht in Betracht kommen kann, daß die diesen Satz ausdrücklich aussprechenden §§ 1278. 1279. Thl. II Tit. 20. des ALR. nicht zu denjenigen gehören, welche durch Art. XI. des Einführungs-Gesetzes aufrecht erhalten worden sind. Z. I 22. Apr. 1853 c. Reppen (G. Arch. 2. f. 128); Z. I 13. Jan. 1854 c. Krohn; Z. (B.) I. 20. Jan. 1854 c. Padrock; Z. I. 2 Feb. 1855 c. Pietsch; Z. II 13. Feb. 1855 c. Heymann; Z. II. 24. Jan. 1856 c. Herzfeld. Vgl. Motive f. 69; G. Matt. 2. f. 6

65;

Koch s. 1057 n. 66; Abh. in G. Arch. 3. s. 803. — Dabei ist es gleichgültig, ob grabezu mehr verschrieben, als gegeben wurde, oder ob der Gläubiger anfänglich die volle verschriebene Summe dem Schuldner hinzählte oder übergab, sodann aber einen Theil derselben zurücknahm, oder sich zurückzahlen ließ. In den meisten der oben citirten Fälle war das letztere Verfahren beobachtet worden, gleichwohl ward unbedenklich Wucher angenommen.

13. Dasselbe gilt von dem Falle, wo für die Beschaffung des Darlehns als Mühwaltung und Unkosten ein Abzug gemacht wird. Vgl. Rescr. v. 26. Mai 1804 (Rabe 8. s. 63; Neues Arch. 3. s. 257).

14. ...... ebenso vom Versprechen einer Konventionalstrafe für den Fall verspäteter Rückzahlung; vgl. ALR. I. 11. § 825 flg.; G. Matt. 2. s. 606.

15. ...... ebenso von jedem andern genommenen oder zugesicherten Vortheile, sollte er auch als „freiwilliges Geschenk“ charakterisirt worden sein, wenn nur anzunehmen ist, daß in Wahrheit die Zahlung in Folge der [ausdrücklichen oder stillschweigenden] Vereinbarung der Parteien, nicht also als Akt der unabhängigen einseitigen Willensbestimmung des Schuldners erfolgte. Z. (V.) II. 31. Jan. 1856 c. Wilhelm.

16. Etwas Anderes tritt da ein, wo ausnahmsweise gewissen Personen oder Anstalten (z. B. einem Leihhause) das Nehmen höherer Zinsen gesetzlich gestattet ist.

17. Ebenso ist der § auf die vom Staate selbst contrahirten Anleihen nicht anwendbar.

18. Die die Höhe des zulässigen Zinsfusses bestimmenden civilgesetzlichen Bestimmungen sind als ein Theil der strafrechtlichen Vorschrift des § 263 anzusehen; Unkenntniß und irrige Auslegung jener kann daher ebensowenig, wie die Unkenntniß des Strafgesetzes zur Begründung des Einwands des fehlenden kriminalrechtlichen Dolus benutzt werden. Dazu kommt, daß die Vorschriften über die Höhe des zulässigen Zinsfusses offenbar polizeilicher Natur sind, und daß der Einwand des guten Glaubens nie in Betracht kommen kann. Handelte es sich daher auch nicht von der gesetzlich geregelten Höhe des Zinsfusses, sondern von einer s. g. Provision, welche (in der Rheinprovinz) durch kein Gesetz geregelt, gleichwohl aber den Bankiers durch Handels- und Gerichtsgebrauch neben den Zinsen in einem gewissen Maasse bewilligt wird, so fällt eine Ueberschreitung des hiernach statthaften Satzes dieser Provision, unbedenklich selbst dann unter die Strafvorschrift des § 263, wenn festgestellt werden sollte, der Beschuldigte habe in dem guten, wenngleich irrigen Glauben gehandelt, er habe ein Recht, soviel zu nehmen, als er gethan; es ist dieses dann auch nicht etwa ein blosser Irrthum über Thatsachen, nämlich über den handelsgebräuchlichen Provisionssatz, sondern gleichzeitig ein rechtlicher Irrthum in Betreff der gesetzlichen Statthaftigkeit jenes vermeintlichen Handelsgebrauchs.

19. Zum „Vorbedingen“ bedarf es nicht unbedingt eines ausdrücklichen Forderns der Zinsen durch den Gläubiger; dasselbe kann vielmehr auch durch stillschweigende Willensäusserungen desselben erfolgen; inwiefern letzteres anzunehmen, gehört zur thatsächlichen Beurtheilung. Z. I 20. Okt. 1853 c. Müller (G. Arch. 2. s. 129).

20. Ein solches „Vorbedingen“ ist überall anzunehmen, wo zwischen Gläubiger und Schuldner eine Einigung über den Zinsenpunkt als Theil des einzugehenden Geschäfts zu Stande gekommen ist, ohne Unterschied, ob vom Gläubiger ein Forbern, oder vom Schuldner ein Anbieten zunächst ausging. Z. II. 22. März 1855 c. Fehring gen. Wessels. Vgl. n. 22.

21. Ein solches Vorbedingen, Verschreiben des unzulässigen Vortheils stellt an und für sich den Thatbestand des Vergehens dar; es ist keineswegs erforderlich, daß die noch nicht gezahlten Zinsen eingeklagt worden seien. Z. 31. März 1852 c. Ulbrich.

22. Das „sich zahlen lassen“ setzt ein positives Handeln voraus, ein blos passives Verhalten genügt dazu nicht, Z I. 16. Mai 1856 c Steinmeier; daher reicht das blosse Annehmen höherer Zinsen dazu nicht hin, es sollen vielmehr jene Worte, wie sich aus einem Vergleiche mit § 309. und 310. ergiebt, mindestens andeuten, daß das Empfangen höherer Zinsen die stillschweigende Bedingung des Geld-

geschäfts oder seiner Verlängerung gewesen sein müsse. Z. (V.) I. 9. Feb. 1853 c Schulze. Es ist sonach nicht erforderlich, daß der Gläubiger den Vortheil gefordert habe, es genügt, wenn der Gläubiger an den vom Schuldner freiwillig angebotnen Vortheil die Hergabe des Darlehns ꝛc., oder die Gewährung eines Ausstands knüpfte Z. (V.) II. 21. Feb. 1856 c. Saligmann; vgl n 20 Dagegen kann die Annahme eines wirklich freiwilligen Geschenks den Thatbestand des Wuchers nicht darstellen, sollte es auch mit Rücksicht auf ein erhaltenes Darlehn gegeben sein; ein solches Geschenk könnte auch unmöglich unter den Begriff von Zinsen fallen. G. Matt. 2. f 607 n. 4 So ist es auch zu verstehen wenn Koch (f. 1057 n. 64.) ein faire payer und nicht ein blosses laisser payer fordert. Vgl. n. 15.

23. Bei einer auf Wucher lautenden Anklage bildet jedes als wucherisch bezeichnete Geschäft als Ganzes den Gegenstand dieser Anklage; hat daher der Richter erster Instanz den Wucher dabei als erwiesen angenommen und deshalb bestraft, so kann auf die alleinige Appellation des Angeklagten der zweite Richter jene Verurtheilung bestätigen, sollte er das Wucherische des Geschäfts auch nur in solchen Umständen finden, in welchen der erste Richter diesen Charakter nicht erkannt hatte; es kann dann, da immer nur das eine Darlehnsgeschäft, also dieselbe Handlung in Frage steht, nicht eine Freisprechung von diesem Umstande angenommen werden. Z. II. 25. Okt. 1855 c. Hölscher u. Gen.

24 Ueber den Begriff der „Gewohnheitsmässigkeit“ vgl zu § 239 n. 1. Auch hier ist das in den frühern Entwürfen sich findende „gewerbsmässig“ durch jenen Ausdruck ersetzt, und zwar mit Recht, da das im Begriffe der Gewerbsmässigkeit liegende Erforderniß der auf Gewinn gerichteten Absicht beim Wucher denkbarer Weise kaum fehlen kann, dasselbe also zur besondern Charakterisirung der Handlung nicht mehr geeignet war *Contra:* Temme Gll. f 303; id. Lehrb f 1025; Koch f. 1057 n. 65. Auch letzterer betrachtet beide Ausdrücke als gleichbedeutend.

25. Die Gewohnheitsmässigkeit erfordert ein mehrmaliges Handeln, nicht aber daß gegen verschiedene Personen der Wucher getrieben sei. Z. (V) II. 31 Jan. 1856 c Wilhelm, vgl. oben n. 2.

26. Ob auf Grund des geführten Beweises mehrerer Fälle der Ueberschreitung des zulässigen Zinsfusses Gewohnheitsmässigkeit anzunehmen sei, ist eine thatsächliche Frage Z. I. 13 Dez. 1854 c Gartenmeister. Es kann sogar zur Begründung dieses Begriffserfordernisses, die Feststellung von zwei Fällen für genügend erachtet werden. Z II. 30 Sept 1854 c Rieth Vgl. zu § 239 n 2.

27 Bei Beurtheilung der Frage, ob in den nach Einführung des StGB. vorgekommenen Wucherfällen ein gewohnheitsmässiger Betrieb zu erkennen sei, kann auch auf frühere Wucherfälle gerücksichtigt werden, wenn auch das damals geltende (gemeine) Strafrecht den Zinswucher immer nur mit Geldstrafe, und nicht darum, weil er gewohnheitsmässig betrieben wurde, ahndete. V. II. 22. März 1855 c. Simon. Aehnlich Z. I. 23. Dez. 1853 c. Michaelis (G. Arch. 2. f. 128). Ebenso ist es statthaft behufs Feststellung der Gewohnheitsmässigkeit auf Fälle zu rücksichtigen, wegen welcher früher bereits eine Bestrafung stattgefunden hat, oder welche an und für sich — weil von einem Ausländer im Auslande verübt — durch einen Preußischen Richter nicht mit Strafe belegt werden könnten; ja selbst der Ablauf der zehnjährigen Frist des § 60. würde grundsätzlich nicht im Wege stehen, einen solchen frühern Fall mit in Anschlag zu bringen, da es sich hier von einem „Rückfalle“ nicht handelt. Vgl. zu § 239. n. 5, zu § 3 n. 5; zu § 266 n. 9.

28. Der Wucher ist durch Einkleidung versteckt, wenn nach der für das Geschäft gewählten äussern Form der in den nähern Sachverhalt nicht Eingeweihte, insbesondre der mit der Sache befaßte Richter, welcher das Geschäft nur so, wie es eingekleidet ist, kennen lernt, nicht zu erkennen vermag, daß in Wahrheit an Zinsen (in dem oben aufgestellten Sinne) dem Gläubiger vom Schuldner soviel gezahlt worden ist, oder gezahlt werden sollte, daß es das gesetzlich zulässige Maaß überstieg So Z. (V) II. 21. Feb. 1856 c Saligmann. Das gilt namentlich von dem Falle, wo in dem ausgestellten Schulddokumente ein Theil der gezahlten oder versprochenen Vortheile verschwiegen ist, oder wo gleich beim Abschlusse des Geschäfts dem Gläubiger in irgend einer Form eine Leistung gemacht war, deren in dem Dokumente keine Erwähnung geschah. Z. II. 13. März 1856 c. Spiegel. Daß hier-

bei eine Simulation, oder daß eine Einkleidung in ein andres Rechtsgeschäft stattgefunden habe (wie § 1273. Thl. II. Tit 20. des ALR. andeutete), ist in keiner Weise erforderlich. Vgl. n 36 Dagegen nahm ein B 21 Feb. 1856 c. Saligmann an: wenn die Vereinbarung nur mündlich geschehen, und darin nur das gesetzliche Maaß der Zinsen, daneben aber unter einer andern Bezeichnung noch ein jenes Maaß übersteigender Vortheil gewährt sei, so dürfe darin ein eingekleideter Wucher nicht gefunden werden, weil die mündlichen Verabredungen nicht getrennt werden dürften, und aus ihnen (mit Rücksicht auf die civilrechtlichen Bestimmungen, vgl. n 10) die Ueberschreitung hervorgehe, der Umstand aber, daß die Vortheile zum Theil anders bezeichnet worden seien, für sich allein noch keine „Einkleidung“ darstelle; anders verhalte es sich aber, wenn ein Schuldschein ausgestellt sei, welcher nicht alle Vortheile aufführe

29. Es ist daher gleichgültig, ob das Geschäft **vor Zeugen** abgeschlossen wurde, welche von dem wahren Sachverhalt Kunde erlangten. Z. II. 13. Sept. 1855 c. Heymann.

30 Ebenso kann die **Einwilligung** des Schuldners die Einkleidung nicht beseitigen, da seine Täuschung keineswegs erforderlich ist; jene wird vielmehr regelmässig vorhanden sein müssen. Z. II 21. Feb. 1856 c. Saligmann; vgl. n. 43. Hierbei kommt auch nichts darauf an, von wem der Vorschlag zur Einkleidung ausging, der Gläubiger, welcher auf einen derartigen Vorschlag eingeht, betheiligt sich an der Einkleidung. Z 28. Feb. 1856 c. Spanier. Aehnlich Z II 30. Nov. 1854 c. Hoffmann. Vgl n. 19. 20. 22

31. Im Uebrigen ist auch die Frage ob eine Zinsenüberhebung durch **Einkleidung versteckt** worden sei, im Allgemeinen thatsächlicher Natur. Z. I. 6. Jan. 1854 c. Schüller

32. Diese Frage ist nach den allgemeinen über die **Beweisführung** in Strafsachen geltenden Grundsätzen zu lösen; namentlich ist der Instanzrichter nicht auf die im ALR. I, 11. §. 322. flgg. aufgestellten Vermuthungen zu beschränken.

33. Der s. g **Kapitalswucher**, d. h. Verschreibung einer höhern Kapitalsumme als wirklich gegeben worden, kann unbedenklich als versteckter Wucher angesehen werden. Z. I. 6 Jan. 1854 c. Schüller; B. II. 22. März 1854 c. Simon; Z. II. 13 Sept. 1855 c. Heymann; B. I 9. Jan. 1856 c. Brieger; Z II 24. Jan. 1856 c. Herzfeld. Vgl. oben n. 12; Abh. in Goltd. Arch. 3. s. 803; Koch s 1057 n 66.

34 Auch in einem abgeschlossenen **Differenz-Geschäfte**, in welchem Gewinn und Verlust vom Zufalle abhängig gemacht sind, kann ein verstecktes wucherisches Geschäft erkannt werden Z I. 12. Apr. 1854 c. Reinbach.

35. Ein B. I 19. Sept. 1855 c. Parlow (G. Arch. 3. s 716) wollte in einem Falle, wo festgestellter Maassen ein Darlehnsgeschäft in die Form des **Verkaufs** eines **Pfandbriefs** eingekleidet, und der Preis zum vollen Nennwerthe berechnet war, obgleich der damalige Courswerth weit geringer stand, — einen versteckten Wucher aus dem Grunde nicht erkennen, weil die Deklaration v 4 Apr. 1811 (Ges.-S s 169) in einem solchen Falle das Rechtsverhältniß genau regulire, und weil daher auf die stattgehabte Einkleidung Nichts weiter ankomme

36. Es ist gleichgültig, ob bei einem versteckten Wuchergeschäfte die gewählte **Rechtsform** die Wirkungen eines **Darlehns** zu begründen geeignet sei, oder von diesem verschiedene Folgen mit sich führe. Z II. 30. Nov. 1854 c. Hoffmann

37. Die **Verübung** eines jeden wucherischen Geschäfts **dauert** so lange fort, als der Wucherer die Früchte des Wuchers vom Schuldner zieht. Z. II. 16. Nov 1854 c. Herzberg. Ist daher die Vorbedingung wucherischer Zinsen in versteckter Weise vor Einführung des StGB. zu einer Zeit erfolgt, wo diese einzelne Handlung noch nicht mit Strafe bedroht war, so wird § 263. doch anwendbar, wenn nach Einführung des StGB. das Geschäft fortgesetzt, und durch Zahlung von Kapital oder Zinsen ausgeführt worden ist. Z. II 30. Sept. 1854 c. Rieth (Rh. S.) Auf derselben Auffassung beruht B Pl. 26. Nov. 1855 c. Krüger (cit. n 38), vgl. Abh. in G. Arch. 3. s. 803 *Contra:* G. Matt. 2. s. 437. IV. und früher B. I 16. Juni 1854 c Werkmeister (G. Arch. 2. s. 696), welches in einem ähnlichen Falle die mildere Strafe des ältern Gesetzes anwendete, weil das Vergehen durch die unter jenem Gesetze er-

folgte Vorbedingung bereits vollendet gewesen sei, und weil die unter der Herrschaft des StGB. erfolgte Einklagung und Annahme der höheren Zinsen nicht als eine Fortsetzung des schon gänzlich consumirten Vergehens, sondern nur als eine Wirkung desselben angesehen werden müsse. Diese Auffassung hat das Ober-Tribunal mit Recht in dem cit. B. Pl. 26. Nov. 1855 c. Kruger wieder aufgegeben, da das unter der Herrschaft des StGB erfolgte „Zahlenlassen“ selbstständig wieder den Thatbestand des Vergehens darstellte.

38. Aus dem in der vorigen Nummer an die Spitze gestellten Grundsatze folgt auch, daß „beim verkleideten Wucher (ALR. I, 11. § 810.) die Verjährung erst mit dem Tage beginnt, wo der ungesetzliche Vortheil zuletzt eingefordert, oder angenommen ist.“ B. Pl. 26 Nov. 1855 c. Kruger (Präj. n. 192; Entsch. 31. s. 271; G. Arch. 3 s. 807); Z. II. 16. Nov. 1854 c. Herzberg. *Contra:* G. Matt. 2. s. 437. IV. Vgl. zu § 46. n. 7. 8.

39. Beim gewohnheitsmässigen Wucher beginnt die Verjährung für jedes einzelne wucherische Geschäft nicht mit dem Abschlusse desselben (siehe n. 38.), sondern erst mit dem Augenblicke, wo die Gewohnheit aufhört, also mit der gänzlichen Aufgabe solcher Geschäfte. Z. II. 30. Sept. 1854 c. Rieth. *Contra:* G. Matt. 2. s. 437. IV. Vgl. zu § 46. n. 7. 8; Gilb. C. d'Instr. Art. 637. n. 35. flgg.

40. Beim gewohnheitsmässigen Wucher, wo also die Mehrheit der Fälle Begriffserforderniß (und nicht etwa wie bei der gewohnheitsmässigen Hehlerei nach § 239. erschwerender Umstand der an sich schon strafbaren Einzelthat) ist, bilden alle vorgekommenen Fälle nur ein Vergehen, der § 56. bleibt ausgeschlossen, und nur einmalige Strafverhängung ist hiernach statthaft. Vgl. zu § 146. n. 5 u. zu § 239. n. 6. Dagegen wird bei einer Mehrheit versteckter Wucherfälle, da hier jeder Einzelfall strafbar ist, sonach reale Konkurrenz eintritt, § 56. unbedenklich anwendbar. Gleichwohl kann auch beim versteckten Wucher das Vorbedingen, und das spätere (ein- oder mehrmalige) „sich zahlen lassen“ der vorbedungenen Zinsen in derselben Sache nicht jedesmal als ein selbstständiges Vergehen angesehen werden; ist die strafbare Handlung auch schon durch die Vorbedingung vollendet, so erneuert dasselbe sich doch durch jede Zahlungsannahme, ohne den Charakter der Einheit der Handlung zu verlieren. Von einem „fortgesetzten Vergehen“ kann dagegen auch hier nicht die Rede sein.

41. Auch am gewohnheitsmässigen Wucher ist eine Theilnahme sehr wohl denkbar. Z. II. 14. Feb. 1856 c. Haupt.

42. Da das einzelne nicht versteckte wucherische Geschäft, für sich allein betrachtet, kein Vergehen ist, so kann derjenige, der durch ein solches benachtheiligt worden, nach Rheinischem Verfahren nicht als Civilkläger auftreten, um vor dem Strafrichter seinen Civilersatzanspruch zu verfolgen, sollte auch wirklich Gewohnheitsmässigkeit des Wucherbetriebs behauptet, und bewiesen werden können. Gilb. C. d'Instr. Art. 3. n. 4. flgg. Daraus folgt, daß die Klage auf Erstattung der gezahlten wucherischen Zinsen hier nicht gleichzeitig mit der öffentlichen Klage wegen Gewohnheitswuchers (nach Einf.-Ges. Art. XII. § 1.) verjährt. Mangin Act. publ. n. 368. — Gelten dieselben Grundsätze auch dann, wenn der Gewohnheitswucher gegen eine und dieselbe Person betrieben worden ist? Es bejaht ein Cass. 5 Sept. 1840 (Sir. 40. 1. 914). *Contra:* Rauter Dr. crim. 1. p. 588. — Beim versteckten Wucher ist dagegen Verfolgung durch den Civilkläger statthaft.

43. Eine und dieselbe Handlung kann nicht gleichzeitig den Thatbestand des Wuchers und des Betrugs (in idealer Konkurrenz) in sich schliessen, weil jener ein Abkommen mit dem Schuldner, also ein Einverständniß mit demselben, dieser eine Täuschung des Schuldners, also das Gegentheil voraussetzt. Z. I. 19. Sept. 1855 c. Baum u. Gen.

44. Derjenige, welcher ohne Erlaubniß der Behörde gewerbsmässig auf Pfänder leiht, kann sich, wenn er auch die den konzessionirten Pfandleihern gestatteten höheren Zinsen nimmt, gegen die Strafe des Wuchers nicht durch den Einwand schützen, daß er als Pfandleiher zur Erhebung der höheren Zinsen berechtigt gewesen, und nur insofern strafbar sei, als er jenes Gewerbe unbefugter Weise ausgeübt habe. Er hat vielmehr durch seine Handlung in idealer Konkurrenz sowohl gegen § 263. als gegen § 264. verstossen, die Strafe gegen ihn ist sonach mit Rücksicht auf § 55. abzumessen. B. I. 9. Feb. 1853 c. Schulze.

§. 264. Wer ohne Erlaubniß der Behörde gewerbsmäßig auf Pfänder leiht, wird mit Gefängniß von Einer Woche bis zu zwei Monaten bestraft.

[Entw. § 241.] Vgl § 349 Nr. 6; Pfand-Leih-Reglement v. 13 März 1787; Gew.-Ordn. v. 17 Jan. 1845 § 49. 57; (Rh.) Ges. v 16 pluv. XII.

§. 265. Oeffentliche Pfandleiher, welche die von ihnen in Pfand genommenen Gegenstände unbefugt in Gebrauch nehmen, werden mit Gefängniß von Einem Monate bis zu Einem Jahre und zugleich mit Geldbuße von zwanzig bis zu fünfhundert Thalern bestraft.

[Entw. § 212.]

§. 266. Wer vom Hazardspiele ein Gewerbe macht, soll mit Gefängniß von drei Monaten bis zu zwei Jahren

---

§. 264.

1. Ueber das Erforderniß einer obrigkeitlichen Erlaubniß ist jetzt vorzugsweise die Gewerbe-Ordnung v 17. Jan. 1845 § 49. 57. zu vergleichen.

2. „Gewerbsmässig," vgl. hierüber zu § 146 n. 3 flg, zu § 239. n. 1, und zu § 266. n. 5—10.

3. Im Allgemeinen ist der Begriff der Gewerbsmässigkeit ein thatsächlicher Z. I. 13. Dez. 1854 c. Gartenmeister.

4. Eine gewinnsüchtige Absicht ist zwar nicht ein Merkmal des hier vorgesehenen Vergehens, dagegen ist ein dem Pfandverleiher gewährter Zinsgewinn ein wesentliches Merkmal des Pfandgewerbes; wenn daher bei der Hergabe der Darlehen auf Pfänder Zinsen weder vorbedungen, noch bei der Auslösung der Pfänder nicht vorbedungene Zinsen angenommen, noch endlich zinslose Darlehen in der Erwartung einer bei der Auslösung zu zahlenden Zinsvergütung gegeben sind, so kann die Strafe des § 264. nicht Platz greifen So V I 1. Nov. 1854 c. Rieck. [Ohne eine gewinnsüchtige Absicht wird schwerlich von einer Gewerbsmässigkeit die Rede sein konnen; vgl. die oben unter n. 2. angeführten Citate.]

5. Die Absicht einen unerlaubten Gewinn zu ziehen gehört in keiner Weise zum Begriffe des Vergehens. Temme Gll. f. 303.

6. Der Instanzrichter kann unbedenklich auch in einem Geschäfte, welches in eine andre Rechtsform eingekleidet ist, ein Leihen auf Pfänder erkennen, z. B. in einem Geschäfte, welches sich äusserlich als Kauf auf Rückkauf darstellt. Gilb. C. pén. Art. 411. n. 4.

7. Ueber die Möglichkeit der idealen Konkurrenz des Leihens auf Pfänder, und des Wuchers vgl. zu § 263. n. 44.

§. 265.

1. Einer gewinnsüchtigen Absicht bedarf es zu diesem Vergehen nicht; auch derjenige, welcher z. B. um Selbsthülfe auszuüben, die Handlung vornimmt, verfällt der Strafe. Temme Gll. f. 303; id. Lehrb. f. 1033. Note 6.

2. Ist der Gebrauch mit einem Verbrauchen verbunden, so wird Unterschlagung im Sinne des § 225. vorliegen. G. Matt. 2. f. 608 n. 2.

§. 266.

1. Unter Hazardspiel sind nach einem Beschl. 26. Nov. 1851 c. Thieleke alle diejenigen Spiele mit Karten, Würfeln und dgl. zu verstehen, bei welchen der Spieler das Spiel nicht durch überlegende Anordnung und Leitung nach einem auf bestimmte Regeln gegründeten Plane, mit gleichem Vortheile unter gleich geschickten, oder gleich ungeschickten Spielern spielt, sondern wo der Ausgang des Spiels und der davon zu hoffende Gewinn lediglich vom Zufalle abhängt. Vgl. Temme Lehrb.

und zugleich mit Geldbuße von Einhundert bis zu zweitausend Thalern, sowie mit zeitiger Untersagung der Ausübung der bürgerlichen Ehrenrechte bestraft werden.

Ist der Angeschuldigte ein Ausländer, so kann zugleich auf Landesverweisung erkannt werden.

[Entw. § 243.] Vgl. § 267. 340 Nr. 11; Dekl. v. 8. Feb. 1817 (G.S. S. 31); Vdn. v. 22. Dez 1843 (G S. S. 16).

S. 1026 I: („Spiele, bei denen Gewinn und Verlust entweder allein, oder hauptsächlich vom Zufalle“ abhängen). Koch S. 1059 n 69: („Spiele, welche nicht sowohl durch Anwendung allgemein bekannter Regeln planmässig, und mit mehr oder weniger Geschick des Spielers geleitet werden können, sondern in ihrem Ausgange bloß vom Zufalle abhängen, und aus Gewinnsucht, im Gegensatze gegen Unterhaltung, unternommen werden“)

2. Als Beispiele von Hazardspielen führt Koch S 1059 n. 69. auf: Pharo, Rouge et noir, Bassette, Schnitt, Landsknecht, Grobhans, Paschen, Roulette, Biribi, Cinq et neuf, Vingt un, Onze et demi, Quinze, Passe à dix, Lotto, Trischacken.

3. Die Minister des Innern und der Finanzen haben sich durch zwei Verfügungen vom 18. Mai und 2. Juli 1852 (JMBl. S. 120 und 214) mit der vom Justiz-Minister gebilligten Ansicht einverstanden erklärt, daß Würfelspiele um Eßwaaren und andere unbedeutende Gegenstände, in Verbindung mit einem kleinen Handel, auf Jahrmärkten und bei Volksfesten, wie solche bisher auf Grund der Cirkular-Erlasse v. 21. Apr 1817 und 14. Juli 1818 unter der Voraussetzung polizeilicher Genehmigung für zulässig erachtet wurden, nicht unter den Begriff der mit Strafe bedrohten Hazardspiele, sondern unter den Begriff von Ausspielungen fallen, welche deshalb nach wie vor im bisherigen beschränkten Umfange polizeilich (d h. von den Ortspolizeibehörden nach Maaßgabe der Bestimmungen des Erlasses vom 5. Okt. 1848) gestattet werden können *Sic:* Temme Gll S. 303 und B. I. 24. Jan. 1851 c. Meyer (G. Arch. 2. S. 834), welches in einem solchen Falle nur eine strafbare Veranstaltung einer öffentlichen Ausspielung annahm. Vgl zu § 268. n. 4.

4. Auch Wetten können, selbst wenn sie nicht bei einem Hazardspiele vorkommen, unter den Begriff des Hazardspiels fallen Temme Lehrb. S. 1026. *Contra:* G. Matt. 2. S. 610 n. 4.

5. Ueber den Begriff des „Gewerbe-machens“ vgl. zu § 146. n 3—5. und zu § 239. n 1. Das in jenen §§ erforderte Merkmal der „Gewerbsmässigkeit“ ist gleichbedeutend mit demjenigen, was § 266. ein „Gewerbe machen“ nennt.

6 Dem Begriffe des Gewerbes unterliegt hiernach jede fortgesetzte, auf Erzielung eines Gewinnes abzweckende Beschäftigung, ohne daß es darauf ankommt, ob dieser Gewinn zur Gewährung des Lebensunterhalts, oder bei anderweitiger Deckung desselben, zur Erhöhung der Einnahme, oder Vergrösserung des Vermögens bestimmt ist Z I. 18. Apr. 1853 c Gensichen u. Gen. (Buchwald u Gen). Z I. 22 Dez 1854 c Ehrhard. *Contra:* Temme Lehrb S. 1026. I. 2., welcher den Begriff der Gewerbsmässigkeit grade darauf zurückführen will, daß der Spieler dadurch einen Theil seines Lebensunterhalts zu erwerben suche, und eine weitere gewinnsüchtige Absicht des Spielers nicht erfordert Vgl aber zu § 146 n. 3.

7. Es bedarf jedenfalls des Vorhandenseins einer gewinnsüchtigen Absicht beim Spiele, weil ohne dieselbe eine Gewerbsmässigkeit nicht angenommen werden kann. Vgl. zu § 267. n. 4. Dagegen braucht die Absicht nicht auf einen unerlaubten Gewinn gerichtet zu sein Temme Gll. S. 303

8. Es reicht nicht hin, wenn nur ein Spielen „des Erwerbs wegen“ festgestellt wird. B. I. 8 Feb. 1856 c. Lorenz u Gen.

9. Zur Annahme des Gewerbemachens bedarf es nicht nothwendig der Feststellung mehrerer Fälle, B. I 8. Feb. 1856 c. Lorenz u. Gen.; es ist vielmehr nicht unrichtig, wenn der Instanzrichter aus einem einzelnen Falle des Hazardspiels und den dabei obwaltenden Umständen auf ein „Gewerbemachen“ vom Spiele schließt. B. II 21. Dez. 1854 c. Trinkauf. Aehnlich in Beziehung auf einen Gewerbebetrieb

§. 267. **Inhaber öffentlicher Versammlungsörter, welche Hazardspiele an diesen Orten gestatten oder zur Verheimlichung solcher Spiele mitwirken, sind mit Geldbuße von zwanzig bis zu fünfhundert Thalern zu bestrafen.**

Im zweiten Rückfalle ist zugleich auf den Verlust der Befugniß zum selbstständigen Betriebe des Gewerbes zu erkennen.

[Entw. § 244] Vgl § 266 340 Nr. 11; Dekl. v. 8 Feb 1817 (G.S. s. 31).

---

im Sinne der Gew.-Ordn v 17. Jan. 1845. Z. (V.). II. 21. Feb. 1856 c Saligmann Es handelt sich immer nur von der Bestrafung einer Handlung, deren Charakter aber das Gewerbsmässige in sich enthalten muß; zur Bestimmung dieses Charakters kann daher auch auf Handlungen, welche nicht unter der Herrschaft des Strafgesetzbuchs begangen sind, gerücksichtigt werden. Z. II 19. Okt. 1854 c Petzold. (G. Arch 2 s. 834) Vgl. zu § 146. n. 4, zu § 263. n 27.

10. Nach den vorstehenden Bemerkungen ist es der thatsächlichen Beurtheilung überlassen, in welchen Fällen nach den obwaltenden Umständen ein Hazardspiel den Charakter des Gewerbes an sich trage. Z (V) I. 12. Okt. 1853 c. Kähler (Weckerle u. Gen); Z. I 8. Feb. 1854 c Lanoch; Z II 21. Dez. 1854 c. Trinkauf; Z I 22 Dez. 1854 c Ehrhard.

11. Das Strafverbot trifft nicht etwa nur Bankhalter und Croupiers, sondern auch die Mitspieler, Bes s 506 I; G. Matt. 2. s. 610 n. 3; Temme Lehrb. s 1026.

12. Ausser den im § angedrohten Strafen greift auch die Konfiskation nach der allgemeinen Vorschrift des § 19 Platz; derselben unterliegen diejenigen Gelder, welche als Mittel zur Ausubung des gewerbsmässigen Spiels gedient haben, nicht also (wie im Falle des § 340 Nr 11) alle auf dem Spieltische und in der Bank befindlichen Gelder. Komm.-B II. K. s. 136

13. Hat Jemand öffentlich Hazardspiel gehalten, und dabei das Spiel aus Gewinnsucht gewerbsmässig betrieben, so liegt der Thatbestand sowohl des § 266. als des § 340 Nr. 11. in idealer Konkurrenz vor, es muß daher nach § 55. die Strafe des erstern § verhängt werden B I. 21. Nov. 1855 c. Wenig.

14. Die Verordn. v. 22. Dez. 1843 (G S. 1844 s. 16) betreffend die Bestrafung des Spielens an der Spielbank zu Köthen, ist nicht für aufgehoben zu erachten G Matt 2 s 609 Note 2; Wenzel Erganzz 1. s. 376

§. 267.

1. Unter „Inhabern offentlicher Versammlungsorter" sind, wie sich aus dem zweiten Absatze, und der Dekl v. 8. Feb. 1817 Nr. 2. ergiebt, solche zu verstehen, welche gewerbsmässig ein solches, dem Publikum geoffnetes, Lokal halten, also vorzugsweise die Wirthe.

2. Begriff des Hazardspiels vgl. zu § 267. n. 1.

3. Die Vorschrift dieses § ist nicht, wie § 266. auf gewerbsmassiges Hazardspiel zu beschränken, bezieht sich vielmehr auf jedes Hazardspiel. Komm.-B. II K. s. 136; B. Pl. 12 Dez. 1853 c. Hinterlach (Entsch 27. s. 134; G Arch. 2. s. 268); Z. I 27. Okt 1854 c. Gehrmann; B. I. 14. Sept. 1855 c Bohm; Z. I 30. Jan 1856 c. Bartsch. (JMBl. s. 68); Temme Lehrb. s. 1027; Koch s. 1059 n. 70

4. Mit dem Erfordernisse der Gewerbsmässigkeit fällt hier auch das einer beim Spiele vorwaltenden gewinnsüchtigen Absicht (vgl. zu § 266. n. 7.) hinweg, ein Wirth macht sich daher auch dann strafbar, wenn er ein blos zur Unterhaltung, oder zum geselligen Vergnugen gespieltes Glucksspiel gestattet *Contra*: die feste Praxis des Ober-Tribunals, welche „zum Thatbestande des § 267. ein aus Gewinnsucht ge„spieltes Hazardspiel erfordert, und dieses sowohl aus dem allgemeinen Sprach„gebrauche, als aus der Entstehungsgeschichte der betreffenden §§ 266 267. u. 340 „Nr. 11, und aus dem Rubrum des Titels 25" herzuleiten sucht. So namentlich B. Pl. 12. Dez. 1853 c Hinterlach (Präj. n. 72; Entsch. 27. s. 131; G. Arch. 2. s. 268);

§. 268. Wer ohne obrigkeitliche Erlaubniß öffentliche Lotterien veranstaltet, wird mit Geldbuße bis zu fünfhundert Thalern bestraft.

Z. 27. Okt. 1852 c. Reisse (G. Arch. 1. s. 254); B II 17. März 1853 c. Winkler; B I. 3. Feb. 1854 c Kubale (Gogoll u. Gen.); B. I. 17. März 1854 c. Schmudde; B. I. 14. Sept 1855 c Böhm. *Sic*: Koch s 1059 n. 69. Nach diesen Entscheidungen müßten die Instanzrichter in jedem Einzelfalle mit Rücksicht auf die Bedingungen unter welchen gespielt worden, insbesondre auf die Höhe der Sätze, sowie auf die Vermögens- und sonstigen Verhältnisse der Spieler die Natur des konkreten Spielens, und ob dasselbe „aus Eigennutz“ statt gefunden habe, prüfen und feststellen. Diese Auslegung dürfte sich indessen weder durch den allgemeinen Sprachgebrauch noch durch die Entstehungsgeschichte der §§ rechtfertigen lassen, und das Rubrum des Tit. 25. kann hier ebensowenig maaßgebend sein, als dieses nach der sonstigen Praxis des Ober-Tribunals bei den durch andere §§ desselben Titels vorgesehenen Vergehen der Fall ist (vgl zu § 268. n. 7; § 270. n. 13; § 274. n. 8; § 278. n. 3; § 280. n 3; siehe auch zu § 271. n. 3.). Auch würde nach dieser Auffassung die Strafbarkeit des Wirthes bedingt sein, durch seine Wissenschaft von der eigennützigen Absicht der Spieler, welche ihm in den seltensten Fällen nachzuweisen wäre. — Der § 267 wird sonach gegen jeden ein Hazardspiel in seinem Lokale gestattenden Wirth rc. anwendbar, sobald nur überhaupt um irgend ein Objekt gespielt ist, sollte der Werth desselben auch noch so geringe sein. Dagegen ist freilich ein Spiel um ein Objekt, dem irgend ein Werth beiwohnt, erforderlich, weil ohne dieses dasselbe den Charakter des Hazardspiels nicht haben könnte. In diesem Sinne war früher einmal ein Z. I 8 Juni 1853 c. Fersenheim ergangen; ebenso lehrt Temme (Lehrb. s 1027 Note 5), daß auf die Höhe des Spiels, und auf die Verhältnisse desselben zu den Vermögens-Umständen der Spieler Nichts ankomme; ähnlich sprach sich ein Beschl. 26. Nov. 1851 c. Thieleke aus.

5. Die Strafbarkeit des das Spiel gestattenden Wirths ist bedingt durch seine **Kenntniß**, daß das Spiel ein Hazardspiel sei, denn wenn hier auch eine negative Handlung, ein Unterlassen, mit Strafe bedroht ist, so setzt auch eine solche die Kenntniß von den Eigenschaften der geduldeten Handlung, welche sie zu einer strafbaren oder verbotenen machen, voraus. — Aus demselben Grunde muß man dann aber auch (die Richtigkeit der unter n. 4 erwähnten Ansicht des Ober-Tribunals unterstellt) verlangen, daß der Wirth gewußt habe, daß bei den Spielern oder einzelnen derselben, eine gewinnsüchtige Absicht vorwalte

6. Ob ein „**Gestatten**“ des Spiels durch den Wirth statt gefunden habe, und ob er in genügendem Maasse dem Beginnen der Gäste entgegengetreten sei, gehört an sich zur thatsächlichen Beurtheilung; jedenfalls wird aber die bloße Erklärung nicht ausreichen: „er könne das Spiel nicht gestatten,“ und noch weniger ein rein passives Verhalten; er muß vielmehr die ihm zu Gebote stehenden Mittel zur Verhinderung des Spiels aufwenden. Vgl. zu § 342. n 5.

7. Das **Gewerbe**, dessen Betrieb ihm zu untersagen, ist dasjenige, vermöge dessen er das öffentliche, dem Publikum zugängliche Lokal hält.

§. 268.

1. Dieser § spricht nur von einer **obrigkeitlichen** Erlaubniß, während die frühere Vdn. v. 5. Juli 1847 im § 1 die ausdrückliche Genehmigung der Minister des Innern und der Finanzen erforderte. Ein Reskript der Ministerien des Innern und der Finanzen v. 6. Dez. 1852 (BMBl. 1853 s. 39) bestimmt gleichwohl, daß diese Erlaubniß weder von den Ortspolizeibehörden, noch von den Bezirksregierungen, sondern nur von den Ministerien selbst ertheilt werden könne

2. In Betreff des Unterschieds einer **öffentlichen Lotterie**, und einer erlaubten Privatausspielung ist die AKO. v. 20. März 1827 (GS. s. 29) zu vergleichen, nach welcher zu der letztern nur die in Privatzirkeln zum Zwecke eines geselligen Vergnügens oder der Mildthätigkeit veranstalteten zu zählen, alle Ausspielungen von Grundstücken aber, als in Privatzirkeln unausführbar verboten sind.

Den Lotterien sind hierbei alle öffentlich veranstaltete Ausspielungen beweglicher oder unbeweglicher Sachen gleich zu achten.

[Entw. § 245.] Vgl. Vdn v. 7. Dez. 1816 (G.S. 1817 s. 4); AKO. v. 26. März 1825 (G.S. s. 22); AKO. v 20. März 1827 (G.S. s. 29); AKO. v 6 Juni 1829 (G.S. s. 53); AKO. v 5 Nov. 1835 (G.S. s. 236); AKO. v. 27. Juni 1837 (G.S. s. 129); Vdn. v. 5. Juli 1847 (G.S. s. 261).

Vgl. Verf. d. Min. d. Inn. v. 12. Jan. und 15. Okt. 1848 (VMBl. s 41; 346); G. Matt. 2. s. 612 n. 2.

3. Oeffentliche Ausspielungen von Theaterbillets unterliegen den Vorschriften des § 268. Verf. d. Min. d. J. und d. F. v. 15. Juli 1853 (VMBl. s. 224).

4. Die Vdn. v. 5 Juli 1847 verbot neben den öffentlichen Lotterien auch die Errichtung von »Glücksbuden«; von ihnen spricht § 268 nicht, gleichwohl nahm B. I. 24. Mai 1854 c. Meyer (G. A. 2. s. 834) an, daß mit Rücksicht auf Absatz zwei auch diese unter das Strafverbot fielen, und daß eine solche nicht als ein Halten von Hazardspielen anzusehen sei. *Contra:* G. Matt. 2. s. 612 n. 1; Temme Gll. s. 304; id. Lehrb. s. 1028 Note 3; Koch s. 1060 n. 72. — Zwei Verff. der Min. d. J. und d. F. v. 18. Mai und 2. Juli 1852 (VMBl. s. 120 n. 222) haben sich dahin ausgesprochen, daß Würfelspiele um Eßwaaren und andre unbedeutende Gegenstände in Verbindung mit einem kleinen Handel auf Jahrmärkten und dergl. von den Orts-Polizeibehörden gestattet werden können. Vgl. Cirk.-Erl. v. 21. Apr. 1817; 14. Juli 1818; 5. Okt. 1848 (VMBl. 1848 s. 42)

5. Verloosungen, behufs der Auseinandersetzung und Theilung gemeinschaftlicher Sachen, fallen nicht unter das Strafverbot. AKO. v. 20. März 1827 Nr. 4.

6. Eine Lotterie oder Ausspielung ist »veranstaltet«, und die Strafe verwirkt, wenn das Objekt derselben bezeichnet, die Loose der Zahl nach bestimmt sind, auch der Preis eines jeden Looses festgestellt ist, und derselbe eingefordert wird, sollten auch die Bezeichnung des Orts und die Bestimmung der Zeit der Ausspielung einer besondern Bekanntmachung vorbehalten sein. B. Kass.-Hof 8. Juni 1833 c. Kleutgen (Rh. Arch. 18. 2. A. s. 28). — Es reicht dazu auch das In-Umlauf-Setzen einer Lotterieliste hin, sollte dasselbe auch weiter noch gar keinen Erfolg gehabt haben. B. Rh.-Kass.-Hof 5. Juli 1841 c. Hülser (Rh. Arch. 31. 2 A. s. 51). — Hiernach ist der Verkauf einer Anzahl von Loosen, und die Empfangnahme des Preises unbedenklich als die Veranstaltung einer Lotterie, nicht blos als ein Versuch zu betrachten. Z. I. 5. Mai 1854 c. Rasch u. Gen.

7. Der § setzt nicht voraus, daß die Veranstaltung einer Ausspielung in gewinnsüchtiger Absicht statt gefunden habe; aus der Stellung desselben im Tit. 25, welcher »strafbarer Eigennutz« überschrieben ist, kann das Erforderniß dieses Merkmals nicht hergeleitet werden. Z. I. 30 Nov. 1855 c. Bönigk (G. A. 4. s. 263); ähnlich Z I. 5. Mai 1854 c. Rasch u. Gen. (hier stützte sich die Nichtigkeitsbeschwerde des verurtheilten Angeklagten auf die Behauptung, die Ausspielung sei zu einem wohlthätigen Zwecke veranstaltet worden, und rügte daß der Instanzrichter den darüber angebotenen Beweis nicht aufgenommen hatte).

8. Durch diesen § 268 ist die Vdn. v. 5. Juli 1847 (G.S. s. 261), soweit sich diese auf das Spielen in auswärtigen nicht durch Königliche Genehmigung in Preussen zugelassenen Lotterien bezog, nicht aufgehoben. Komm.-Ber. II. K. s. 6; Z. 9. Jan. 1852 c. Rommer (JMBl. s. 103; Entsch. 22 s. 74); Z. 7. Apr 1852 c. Wödike; Z. 30. Apr. 1852 c. Post; B. Rh. Kass.-H. (Int. d. Ges.) v. 9. Juni 1852 c. Krapp (JMBl. s. 314; Rh. Arch. 47 2. A. s. 90); B. I. 30. Juni 1854 c. Onitnowski; Z. II. 27. März 1856 c. Rosenfeld; Vgl. Verf. d Min. d. J und d. Fin. v. 4. Sept. 1851 (VMBl. s. 214) und Ges. v. 7. Mai 1853 (GS. s. 180) durch welches jene Verordnung in den Hohenzollernschen Landen eingeführt wird. Ebensowenig ist die K.O. v. 27. Juni 1837 aufgehoben. B. Kass.-Hof 16. Juni 1852 c. Kuhlenkamp; Z. II 27. März 1856 c. Rosenfeld. — Andrer Ansicht ist Wenzel Ergänzungsblätter s 246.

§. 269. Wer Waaren oder deren Verpackung fälschlich mit dem Namen oder der Firma und mit dem Wohn- oder Fabrikorte eines inländischen Fabrik-Unternehmers, Produzenten oder Kaufmanns bezeichnet, oder wissentlich dergleichen fälschlich bezeichnete Waaren in den Verkehr bringt, soll mit Geldbuße von funfzig bis zu Eintausend Thalern, und im Rückfalle zugleich mit Gefängniß bis zu sechs Monaten bestraft werden.

Dieselbe Strafe tritt ein, wenn die Handlung gegen die Angehörigen eines fremden Staates gerichtet ist, in welchem nach publizirten Verträgen oder Gesetzen die Gegenseitigkeit verbürgt ist.

Die Strafe wird dadurch nicht ausgeschlossen, daß bei der Waarenbezeichnung der Name oder die Firma, und der Wohn- oder Fabrikort mit geringen Abänderungen wiedergegeben werden, welche nur durch Anwendung besonderer Aufmerksamkeit wahrgenommen werden können.

[Entw. § 247] Vgl AKO. v. 16. Okt. 1831 (G S. f 247); Ges. v. 4. Juli 1840 (G.S. f. 224); Ges. v 8 Aug. 1847 § 12—14. (G.S f. 335); Ges. v 24 April 1854 (G.S. f. 213).

---

§. 269.

1. Unter Firma soll nach Erk. des Ob.-Trib. v. 17. Juni 1843 (Entsch. 9. f 325) nur eine solche Bezeichnung zu verstehen sein, welche eine oder mehrere Personen benennt, nicht aber Benennungen nach der in derselben bezeichneten Waare, sollte diese auch ihre Bezeichnung nach einer Person erhalten haben Vgl G. Matt 2 f. 613 n. 1.

2. Eine Bezeichnung mit fremdem Namen oder Firma ist auch da anzunehmen, wo dieselbe mit einem den Namen oder die Firma wiedergebenden Stempel oder Siegel bewirkt ist G. Matt 2 f. 613 6

3 Eine fälschliche Bezeichnung mit fremdem Namen rc. liegt auch da vor, wo echte Fabrikzeichen, Etiketten rc. von der echten Waare abgenommen, und einer andern angeheftet rc. sind. Temme Lehrb. f 1034 Note 2. *Contra:* G Matt 2. f. 614 n. 3; Koch f 1060 n. 73.

4. Sind amtliche Stempelungen gefertigter Waaren gesetzlich angeordnet, oder gestattet (z B durch Ges. v. 16. Mai 1816 § 32; 3 Juli 1818; Vdn. v. 5. Jan. 1823; 2. Jan. 1827. — GS. 1816 f. 142; 1818 f 153; 1823 f. 2; 1827 f. 87), so fällt ihre Nachbildung nicht unter den §; es kann vielmehr nur § 340 Nr. 3. 4 zur Anwendung kommen. G. Matt. 2. f. 613 n. 2; Temme Lehrb. f. 1034 Note 2

5 Im zweiten Absatze ist das Wort „publizirten" nur auf die Verträge, nicht auch auf die Gesetze zu beziehen, durch welche der auswärtige Staat die Reziprozität gewährt; die letzteren bedürfen der Publizirung in Preußen nicht V. 11. 12. Okt. 1854 c. Wilms (JMBl 1855 f 4; G. A. 3. f. 93). Vgl Abh in G. A. 3 f. 91.

6. Das Wort „Gesetz" im zweiten Absatze setzt nur einen nach der Verfassung des betreffenden Landes mit Gesetzeskraft versehenen legislatorischen Erlaß voraus, ohne daß derselbe nothwendig den Namen „Gesetz" führen müßte; ob dieses im Einzelnen der Fall, und ob durch diesen Erlaß die Reziprozität wirklich verbürgt sei, ist eine thatsächliche von den Instanzrichtern endgültig zu lösende Frage. V 11. 12 Okt. 1854 c. Wilms (JMBl. 1855 f. 4; G. A. 3. f. 93). Vgl. zu § 4 n. 22. und zu § 78 n. 6.

§. 270. Wer Andere vom Mitbieten oder Weiterbieten bei den von öffentlichen Behörden oder Beamten vorgenommenen Versteigerungen, dieselben mögen Verkäufe, Verpachtungen, Lieferungen, Unternehmungen oder Geschäfte irgend einer Art betreffen, durch Gewalt oder Drohung, oder durch Zusicherung oder Gewährung eines Vortheils abhält, wird mit Geldbuße bis zu dreihundert Thalern oder mit Gefängniß bis zu sechs Monaten bestraft.

[Entw. § 248.] Vgl. Ges. v. 14 Juli 1797. (Ed.-Samml. 10, f. 1313; v. Rabe 4. f 204)

---

7. In Westphalen und der Rheinprovinz sind die Vdn. v. 18 Aug. 1847 und das Gesetz v. 24. April 1854 zum Schutze der Fabrikzeichen an Eisen- und Stahlwaaren maaßgebend. An die Stelle der im § 12 jener Verordnung für anwendbar erklärten Strafbestimmungen des Gesetzes v. 4. Juli 1840 ist jetzt § 269 getreten.

8. In Betreff der Bestrafung des eigenmächtigen Gebrauchs und der Abbildung des Königlichen Wappens zur Bezeichnung von Waaren auf Aushängeschildern oder Etiketten vgl. AKO. v 16 Okt. 1831 (G.S. f. 247).

§. 270.

1 Die Worte „Wer Andere — — abhält“ sind nicht dahin zu deuten, als bedürfe es hier einer Mehrheit von Personen; auch die Abhaltung eines Einzelnen fällt unter die Strafvorschrift. Vgl. Gilb. C. pén Art. 412 n. 8.

2 Ob die Versteigerung eine nothwendige oder freiwillige, eine von Amtswegen oder auf den Antrag einer Privatperson veranlaßte gewesen, ist gleichgültig, sobald sie nur von einer Behörde oder einem Beamten, also unter öffentlicher Autorität statt fand. Bef f. 509; Temme Lehrb. f. 1035.

3. Als eine solche ist jede Versteigerung zu betrachten, welche von einem Notar, Auktions-Kommissar, Gerichtsschreiber oder Gerichtsvollzieher vorgenommen wird.

4. Auch eine Verdingung ist, wie aus den Worten „Lieferungen, Unternehmungen oder Geschäfte 2c.“ folgt, als Versteigerung anzusehen.

5. Daß die Versteigerung öffentlich vorgenommen werde, ist nicht erforderlich.

6. Die Erregung eines Irrthums steht der Gewalt oder Drohung nicht gleich; sie war in den frühern Entwürfen mit aufgezählt, ward aber später absichtlich beseitigt. Bef. f. 509 I; G. Matt. 2. f. 615 n. 4

7 Der zugesicherte oder gewährte Vortheil muß ein solcher sein, welchen der Abhaltende selbst, oder durch einen Andern für sich gewährt. Z. II. 24 Feb. 1853 c. Fahrenholz u. Gen. (G. A. 1. f 411); vgl. unten n. 15.

8. Auch die Zusicherung eines Ersatzes für den bei einer Versteigerung zu besorgenden Verlust, z. B. die Zusicherung der theilweisen oder gänzlichen Befriedigung eines Realgläubigers fällt, wenn dadurch der letztere vom Mitbieten abgehalten wird, unter das Strafverbot. Komm.-B. II. K. f. 137.

9. Es wird ein wirklich erfolgtes Abhalten gefordert, der blosse Versuch ist nicht strafbar. Vgl Gilb. C. pén. Art. 412. n. 7.

10. Auf die Zeit, wo die betreffende Handlung statt fand, kommt Nichts an, sie kann namentlich der Versteigerung sehr wohl vorhergehen. Bef. f. 509 III; G. A. 2. f. 615 n. 5; Temme Gll. f. 304; id Lehrb. f. 1035.

11. Wenn die Gesetze nach beendigtem Versteigerungsakte noch die Abgabe eines Uebergebots gestatten (z. B Rh. HGB. Art 565), so findet § 270 auch auf das Abhalten von diesem Anwendung. Vgl Gilb. C. pén. Art. 412. n. 15. — Das ist gleichwohl auf den Fall des Art. 2185 des Rh. BGB. nicht auszudehnen, weil

§. 271. Wer seine eigene bewegliche Sache dem Nutznießer, Pfandgläubiger oder demjenigen, welchem an der Sache das Zurückbehaltungsrecht zusteht, in rechtswidriger Absicht wegnimmt oder wegzunehmen versucht, wird mit Gefängniß von

---

hier eine Versteigerung in der Regel noch gar nicht statt gefunden hat, und erst durch das Uebergebot nothwendig wird. Vgl Gilb. C. pén. Art. 412. n. 12 flg.

12. Da die Anwendung des Strafgesetzes, ausser den subjektiven Bedingungen, auch die objektive eines des strafbaren Erfolges fähigen Objekts hat, so kann ein Abhalten vom Bieten da nicht angenommen werden, wo die betreffenden Personen vorher schon die Absicht hatten, nicht mitzubieten; dagegen ist ein solches Abhalten nicht nur bei Personen denkbar, welche bereits den festen Entschluß zum Mitbieten gefaßt haben, sondern auch bei solchen, bei welchen derselbe nur relativ, und in Beziehung auf einen möglichst geringen Preis entstehen könnte. Ob blos ein solcher Mangel eines gereiften Entschlusses, oder die feststehende Absicht nicht zu bieten vorlag, ist Gegenstand der thatsächlichen Beurtheilung. Z. 13 Sept. 1852 c. Völker (G. A. 1. f. 410). Vgl. G. Matt. 2. f. 615 n. 5; Koch f 1061 n. 74

13. Einer gewinnsüchtigen Absicht bedarf es beim Vergehen nicht nothwendig; es kann z. B. auch die Beschädigung eines Andern Zweck des Vergehens sein. Temme Lehrb. f. 1035. Daraus, daß der Titel 25, in welchem der § sich findet, das Rubrum „strafbarer Eigennutz“ führt, ist das Gegentheil nicht zu folgern.

14. Gleichgültig ist es auch, ob die bewirkte Abhaltung auf das Endergebniß der Versteigerung von irgend einem Einflusse gewesen sei. Vgl. Gilb. C. pén. Art. 412 n. 9.

15. Die Einigung zwischen mehreren Bietlustigen bei einer Versteigerung durch einen Einzelnen, als Bevollmächtigten der übrigen, Gegenstände für gemeinschaftliche Rechnung (etwa um sie später unter sich zu vertheilen, oder nochmals zu versteigern) anzusteigern, bildet, auch wenn der Bietende sich nicht als Bevollmächtigter der Uebrigen kund giebt, einen Gesellschaftsvertrag, und fällt nicht unter § 270, weil Niemand vom Bieten abgehalten wird, vielmehr alle als gemeinschaftliche Bieter anzusehen sind. Aeltere diesen Fall vorsehende Strafvorschriften z. B. die Vdn. v. 14. Juli 1797 n. 5 sind durch § 270 beseitigt. Z. II. 24. Feb. 1853 c. Fahrenholz u. Gen. (G. A. 1. f. 411); Z. II. 21. Apr. 1853 c. Straube-Kögler u Gen. (G. A. ibid.) G. Matt. 2. f. 615 n. 6; und Motife zum Entw. von 1833 f. 133.

16. Derjenige, welcher sich durch die Zusicherung oder Gewährung eines Vortheils vom beabsichtigten Bieten abhalten läßt, macht sich dadurch nicht strafbar, insbesondre kann er nicht als Theilnehmer am Vergehen des Abhaltenden angesehen werden.

17. Das französische Dekret vom 17. Mess. XI, welches Strafen gegen den Beamten androhte, welcher sich an einem solchen Vergehen betheiligte, war schon durch den Art 412 des C. pén. beseitigt. Vgl. Gilb. C. pén. Art. 412. n. 18.

§. 271.

1. Dieser § bestraft das furtum possessionis, welches unter den Begriff des Diebstahls, wie er im § 215 bestimmt ist, nicht mehr fällt, vgl. zu § 215 n. 7.

2. Temme (Gll. f. 305, id. Lehrb. f. 1035) nimmt an, es müßten hier alle Begriffserfordernisse des Diebstahls vorliegen, mit der Ausnahme, daß die Sache keine fremde sei, und daß die Entwendung die Rechte der im § genannten Personen verletze.

3. Ein Z. 26. Apr. 1852 c. Klesczynski (JMBl. f 284; G. Arch. 1. f. 255) erheischte als Begriffserforderniß „strafbaren Eigennutz“, daß also die rechtswidrige Absicht eine gewinnsüchtige sein müsse. Dagegen spricht aber die Entstehungsgeschichte des §, indem der Entwurf von 1847 die gewinnsüchtige Absicht als ein strafverschärfendes Moment, welches den Verlust der Ehrenrechte nach sich ziehen sollte, aufführte. G. Matt. 2. f. 617. Auch hier darf die Begriffsbestimmung des § nicht aus dem Rubrum des Titels ergänzt werden. Vgl. zu § 267. n. 4.

Einer Woche bis zu drei Jahren bestraft; auch kann gegen denselben auf zeitige Untersagung der Ausübung der bürgerlichen Ehrenrechte erkannt werden.

Die Bestimmungen der §§ 228. und 229 finden hier gleichfalls Anwendung.

[Entw. § 249.] Vgl. § 215 265 228. 229

§. 272. *) Wer Sachen, welche durch die zuständigen Behörden oder Beamten gepfändet oder in Beschlag genommen

---

*) Fassung des Gesetzes vom 14 April 1856 (G.S. S. 210); in der ursprünglichen Fassung lautete:

§. 272. Wer Sachen, welche durch die zuständigen Behörden oder Beamten gegen ihn gepfändet oder in Beschlag genommen worden sind, vorsätzlich

---

4. Aus der Zusammenstellung im § 271 ist zu entnehmen, daß das Gesetz hier das im ALR. I. 20. § 536 fg. erwähnte Retentionsrecht auf Sachen im Sinne hat, welche vermöge eines zur Zurückgabe verpflichtenden Titels, nicht aber durch den einseitigen Akt einer Pfändung in die Gewahrsam desjenigen gelangt sind, der dieselben zurückzubehalten für befugt erachtet ist; auf die eigenmächtige Wieder-Besitz-Nahme einer durch eine Privatperson abgepfändeten Sache ist daher der § nicht anzuwenden, zumal da der § 272 den Eingriff in die von einem Beamten bewirkte Pfändung mit einer weit geringern Strafe bedroht, als im § 271 bestimmt ist, der Eingriff in eine Privatpfändung aber jedenfalls ein leichteres Vergehen ist. Nach diesen Grundsätzen ist der Fall zu beurtheilen, wo ein Holzfrevler die ihm von einem Privatwaldhüter abgepfändeten Transportmittel, noch ehe sie (nach dem H.D.Ges. v 2. Juni 1852 § 22. 23.) der nächsten Ortsobrigkeit überliefert worden sind, ohne Gewaltthätigkeiten wieder in Besitz nimmt (vgl Feld-Pol.-Ordn. v. 1. Nov. 1847 § 53 fg.); es ist dann, bei Berücksichtigung der §§ 462—465, Tit. 14. Thl. I. des ALR., und der Feld-Pol.-Ordn. v. 1 Nov. 1847 § 75, nur der Thatbestand einer jetzt straflosen eigenmächtigen Selbsthülfe anzunehmen. B.I 2. Jan 1856 c. Roszeck (G. A. 4. S. 264). *Contra:* Koch S. 1062 n. 79

5. Auch dieser § verlangt eine Wegnahme, d. h. ein Entfernen der zurückbehaltenen Sache aus dem Naturalbesitze des Zurückbehaltenden. Wegschaffen der eignen Sachen aus einer gemietheten Wohnung in der Absicht, dem Vermiether sein Zurückbehaltungsrecht unmöglich zu machen, fällt, so lange dieses Recht noch nicht ausgeübt, und die Sache in die Gewahrsam des Vermiethers übergegangen ist, nicht unter diese Vorschrift. Z. I. 22. Nov. 1854 c. Comouth (G. Arch 3 S. 140). *Sic:* Komm.-B. I. K. S. 44. Bes. S. 510; G. Matt. 2. S. 618 n 4; Temme Lehrb. S 1035; Koch S. 1061 n. 75 Vgl. zu § 215 n. 26 fg.

6. Erschwerende Umstände des Diebstahls kommen, wenn sie bei der hier vorgesehenen Handlung obwalten, nur als Strafzumessungsgründe in Betracht. G. Matt. 2. S. 618 n. 3.

7 Ebenso liegt, wenn das Vergehen mit Gewalt verübt wird, kein Raub vor; es ist daher immer nur § 271 anwendbar, wenn nicht die Handlung durch den Hinzutritt der Gewalt noch den Charakter eines andern (dann ideell konkurrirenden) Vergehens rc. z. B. der Körperverletzung rc. annimmt. Würde die Herausgabe der Sache durch Bedrohung mit der Verübung eines Verbrechens rc. in der Absicht, sich oder Andern einen rechtswidrigen Vortheil zu verschaffen, erzwungen, so wäre unbedenklich Erpressung (§ 234) anzunehmen. G. Matt. 2. S. 618 n. 3; Vgl. Temme Lehrb. S. 1035 Note 6.

§. 272.

Inhalt:

worden sind, vorsätzlich bei Seite schafft, verbringt oder zerstört, oder in anderer Weise der Pfändung oder Beschlagnahme ganz

ganz oder theilweise der Pfändung oder Beschlagnahme entzieht, bei Seite schafft, verbringt oder zerstört, wird mit Gefängniß bis zu Einem Jahre bestraft.

Mit der nämlichen Strafe werden bestraft:

1) der Ehegatte des Gepfändeten, dessen Verwandte oder Verschwägerte in auf- oder absteigender Linie, welche mit Kenntniß der Pfändung oder Beschlagnahme sich einer der gedachten Handlungen schuldig machen;
2) der von der Behörde oder dem Beamten bestellte Hüter, welcher im Interesse des Gepfändeten eine der gedachten Handlungen selbst verübt, oder, daß sie von einem Dritten verübt wird, gestattet;
3) ein Dritter, welcher im Interesse des Gepfändeten, mit Kenntniß der Pfändung oder Beschlagnahme, eine der gedachten Handlungen verübt

1. Nach der neuen ganz allgemeinen Fassung des § wird **Jeder** von der Strafe betroffen, ohne, daß es auf das Verhältniß, in welchem er zur Sache, oder zu ihrem Eigenthümer steht, ankäme. Insbesondre gilt das Strafverbot auch für den **Eigenthümer** selbst, sollte auch die Sache nicht gegen ihn, sondern mit Unrecht gegen einen Dritten, in dessen Hand sie sich zeitweise befand, gepfändet sein; er muß im geeigneten gerichtlichen Verfahren zunächst die Aufhebung der Pfändung erwirken, ehe er sich einen Eingriff in die letztere erlauben darf.

2. Es kann daher auch den Gepfändeten nicht straflos machen, wenn er die gegen ihn gepfändete fremde Sache, dem zurückfordernden Eigenthümer zurückgiebt; er muß vielmehr diesen zum gerichtlichen Wege verweisen. **B. II. 4. Okt. 1855 c. Maisborn (Präj. n. 173; JMBl. s. 369; Entsch. 31. s. 282; G. A. 4. s. 265).**

3. Unter „**Sachen**" sind hier nur **bewegliche** gemeint; die unbefugte Wiederbesitznahme eines unter Sequester gestellten Grundstücks gehört nicht hierher. **Z. 22. Dez. 1851 c. Nahe (Entsch. 22. s. 75; G. A. 1. s. 256); Z. I. 24. Okt. 1855 c. Schulz (G. A. 4. s. 266).** *Sic*: **G. Matt. 2. s 620; Temme Lehrb. s. 1036.**

4. Dagegen ist der § auf **bewegliche Pertinenzstücke** eines Grundstücks allerdings anwendbar. **Z. 24. Okt. 1855 c. Schulz (G. A. 4. s. 266); vgl. Gilb. C. pén. Art. 400. n. 13.**

5 Dasselbe gilt von den auf einem in Beschlag genommenen Grundstücke sich findenden **Früchten** auf dem Halme, von dem **Holz** auf dem Stamme, wenn sie von dem Boden getrennt, und so der sie mit umfassenden Beschlagnahme entzogen werden. **Z. I. 27. Mai 1853 c. Jeltsch; Erk. LG. Köln 30. Juni 1853 c. Müller.**

6. „Unter den Sachen im Sinne des § 272 sind auch **Aktivforderungen** zu verstehen." **B. Pl. 31. März 1856 c. Meißner (Präj. n. 200; JMBl. s. 146).** Der Fall, daß sie einer angelegten Beschlagnahme entzogen werden, kann nach Preußischem Rechte bei der Beschlagnahme von Hypothekenforderungen vorkommen, sobald die darüber sprechenden Dokumente nicht (nach **AGO. I. 24. § 101**) zum gerichtlichen Depositum abgeliefert sind. Cessionen, welche der Inhaber unter Verschweigung der stattgehabten Beschlagnahme an einen redlichen Dritten vornimmt, haben dann volle Wirkung (**vgl. ALR. I. 11. § 395; 397, I. 10. § 23—25; Hyp.-Ordn. § 234**); eine solche Handlung, wenn sie trotz der durch cit. § 101 vorgeschriebenen Dispositionsuntersagung stattfindet, fällt unter den § 272. Früher *Contra*: **B. 27. Sept 1852 c. Grunow (Entsch. 22. s. 474; G. A. 1. s 256); R. 2. Nov. 1855 c. Wagner; Koch s. 1061 n. 78.** — Nach Rheinischem Rechte ist ein ähnlicher Fall undenkbar, weil dort an den Gepfändeten gar kein Dispositionsverbot ergeht, die Beschlagnahme vielmehr direkt beim Drittschuldner erfolgt, und dieser, wenn er dessen ungeachtet an seinen Gläubiger zahlt, dem Extrahenten der Beschlagnahme gegenüber forthaftet, in Wahrheit also der Beschlagnahme Nichts entzogen wird.

oder theilweise entzieht, wird mit Gefängniß bis zu Einem Jahre bestraft.

[Entw. § 251.] Vgl. § 271; Rh. BPO. Art. 600. (AKO. v. 11. Dez. 1833. GS. s. 296); AKO. v. 21. April 1856 (GS s. 220).

---

7. Unter „zuständigen Behörden oder Beamten“ sind die in abstracto zur Vornahme einer solchen Maßregel berufenen zu verstehen; die Kompetenz für den Einzelfall ist nicht entscheidend. G. Matt. 2. s. 619 n 3; Vgl. Erk. Kamm.-Ger. 27. Sept. 1852 c. Bechholz (G. A 1. s. 255). *Contra:* Temme Lehrb. s. 1036. Für die letztere Ansicht könnte ein Z. 20. Feb. 1852 c. Steinhauer angeführt werden, welches es anerkannte, daß ein Förster ausserhalb seines Forsts zur Vornahme von Beschlagnahmen nicht berufen sei, dann aber ausführte, daß wenn er zur Haussuchung nach Anleitung des Ges. v. 12. Feb. 1850 den Ortsschulzen zuziehe, die von ihm bei dieser Gelegenheit bewirkten Beschlagnahmen gefundenen Holzes, als unter der amtlichen Autorität des Schulzen geschehen zu betrachten seien, insofern der letztere Eines oder Anderes nicht ausdrücklich untersagt habe.

8. Ein Z II. 9. Nov. 1854 c. Klocke (Entsch. 29. s. 263; G. A. 3. s. 141) nahm indirekt an, daß ein Gerichtsbote als ein zur Vornahme einer Beschlagnahme zuständiger Beamter nur insoweit anzusehen sei, als er vom Gerichte die Ermächtigung im Einzelfalle erlangt habe; ähnlich B. II. 19. Juli 1855 c. Blattner (G. A. 3. s. 718).

9. Auf Privatpfändungen (ALR. I. 14. § 413 ff) ist § 272 nicht anwendbar; Eingriffe in dieselben sind nur geeigneten Falles nach § 271, 214 oder 346 Nr. 1. zu strafen. G. Matt. 2. s. 620 n. 7; Koch s. 1062 n. 79.

10. Der § unterscheidet nicht, ob die Pfändung ꝛc. zur Sicherung eines Privat- oder eines öffentlichen Interesses z. B. als Vorbereitung zu einer strafrechtlichen Verfolgung bewirkt sei; das Gegentheil kann weder aus dem Rubrum des Tit. 25, noch aus der engern Fassung der AKO. v. 11. Dez. 1833 gefolgert werden. Beschl. I. 23. Jan. 1856 c. Fäcknitz (G. A. 4. s. 265).

11. Auch die Stellung einer Sache unter Sequester ist als eine solche Beschlagnahme anzusehen. Das ward anerkannt durch B. Pl. 31. März 1856 c. Meißner (JMBl. s. 146); Z. I. 27. Mai 1853 c. Jeltsch.

12. Auch das Verbot eine Sache zu veräussern, wie es z. B. die AGO. I. 24 § 71 und Anh. § 155, 156 kennen, ist als eine Beschlagnahme im Sinne des § zu betrachten. Z. I. 9. Nov. 1854 c. Klocke (Präj. n. 119; Entsch. 29. s. 263; G. A. 3. s 141). — Der Gerichtsbote, welcher zur Abpfändung einer Sache vom Gerichte angewiesen ist, muß auch für ermächtigt angesehen werden, statt dessen die Sache nur als Pfand zu notiren, sie in der Gewahrsam des Gepfändeten zu belassen, und ihm die Veräusserung zu untersagen. Ibid. vgl. G. Matt. 2. s. 620 n. 6; dieser citirt ein Erk Kamm.-Ger. c. Möllmann, welches für diesen Fall eine schriftliche Warnung nach cit. § 71 fordre, und eine mündliche für nicht genügend erachte. *Sic:* Koch s. 1062 n. 80. *Contra:* Temme Lehrb. s. 1036 Note 5. Vgl. n. 13.

13. Die Anwendbarkeit des § 272 ist nicht dadurch bedingt, daß bei einer stattgehabten Pfändung oder Beschlagnahme überall die gesetzlichen Voraussetzungen zutreffen, und daß bei Vornahme der Maßregel alle gesetzlichen Vorschriften beobachtet sind; sobald nur formell eine wirkliche Pfändung ꝛc. vorliegt, muß sie gewahrt, und nur im gerichtlichen Wege können die Mängel derselben, sowie die vorgekommenen Formverstösse geltend gemacht werden. Das wird anerkannt durch Z. I. 27 Mai 1853 c. Jeltsch; Erk. Kamm.-Ger. 27. Sept. 1852 c. Bechholz (G. A. 1. s. 255); Erk. App.-G. Frankfurt 20. Jan. 1853 c. Müller (G. A. 1. s 256). *Contra:* B. 27. Sept. 1852 c. Grunow (Entsch 23. s. 474; G. A. 1. s. 256); Z. I. 11. Mai 1855 c. Hahn (G. A. 3. s. 717), letzteres wollte eine wirkliche Beschlagnahme nur da annehmen, wo sie in der gesetzlich vorgeschriebenen Form (AGO. I. 24. § 71—73; Instr. v. 2 Aug. 1850 § 70.) bewirkt sei; ähnlich Z. I. 28. Feb. 1855 c Waßmann (G. A. 3. s. 574), wo aber eine Beschlagnahme durch den Exekutor gar nicht erfolgt, sondern nur in der irrigen Unterstellung eine solche sei bewirkt, dem Exequendus von dem Hauptsteuer-Amte ein Inhibitorium gegen die Verkümmerung der angeblich in Be-

schlag gelegten Sachen ertheilt war. — Vgl n 12. a. E.; Koch f. 1061 n. 78; und G. A. 1. f. 256 (ein nicht näher bezeichnetes Erk. eines App.-Gerichts)

14. Noch weniger kann der Angeklagte mit dem Einwande gehört werden, daß die Forderung, wegen welcher die Pfändung rc. in der vorgeschriebenen Weise erfolgt war, nicht begründet oder getilgt sei; die formell bestehende Pfändung rc. konnte dadurch nicht ungültig, sondern nur im gesetzlichen Wege die Wiederaufhebung nachgesucht werden

15. Der Dolus muß auf Entziehung der Sache aus der Pfändung oder der Beschlagnahme gerichtet (Z. I. 7 März 1855 c. Wilke), und beschränkt sein. Temme Lehrb. f. 1036. Hierdurch unterscheidet sich dieses Vergehen grundsätzlich von andern, z. B dem Diebstahle

16. Der Feststellung einer besondern eigennützigen Absicht bedarf es nicht Z. I. 1. Apr. 1853 c. Loch; Z. I. 7. März 1855 c. Wilke.

17 Ebensowenig bedarf es aber auch der Absicht, den Arrestsucher rc. zu benachtheiligen, sobald nur der Dolus in dem oben (n. 15) erwähnten Sinne feststeht *Contra:* Z I. 24. Mai 1854 c. Krüger (G. A 3. f 696), welches Straflosigkeit in einem Falle annahm, wo nach der Feststellung der Instanzrichter eine Benachtheiligung des Gläubigers aus dem Grunde nicht stattgefunden hatte, „weil an die Stelle der verbrachten Sachen, andre von höherem Werthe gesetzt waren“ Diese Entscheidung ist indessen nur in dem Sinne zu rechtfertigen, wenn thatsächlich angenommen wird, daß der Angeklagte nicht den Vorsatz gehabt habe, der Beschlagnahme etwas zu entziehen, wobei es dann wesentlich noch darauf ankam, ob die neuen, an die Stelle der verbrachten Gegenstände, angeschafften Sachen, ohne Weiteres der Beschlagnahme unterlagen. Zu vergleichen mit der obigen Entscheidung ist ein B. Kass. H. 12 März 1850 c. Müller (Rh. Arch. 45 2. A. f. 49), welches auch Straflosigkeit annahm, wenn der Beschuldigte in guter Absicht den Vortheil des Gläubigers bezweckt und wirklich erzielt habe

18 Der Eigenthümer in Beschlag genommener Mobilien, welcher seinen Wohnort wechselt, darf diese Mobilien nicht mit sich nehmen, wenn sie dadurch der Beschlagnahme entzogen werden. B. Kass. H. 19. Mai 1842 c. v. Schellard (Rh Arch. 33. 2. A. f. 34).

19. Für den Gepfändeten ist die Beschlagnahme von dem Augenblicke an verbindlich, wo er sichere Kenntniß von derselben erlangt hat, sollte sie ihm auch noch nicht (nach Art. 602. der Rh. BPO) förmlich notifizirt sein Gilb. C. pén. Art. 400. n. 12.

20 Liegt der Thatbestand des § 272 vor, so bleibt selbstverständlich die Diebstahlsstrafe ausgeschlossen, sollte die Wegnahme oder Bei-Seite-Schaffung der Sache auch etwa mittelst Einbruchs, Einsteigens, oder dgl. bewirkt worden sein Gilb. C pén. Art. 400. n. 15 16.

Zur frühern Fassung des §.

21 Als Gepfändeter war hier nicht nur derjenige anzusehen, gegen welchen eine Exekution vollstreckt wurde, sondern auch derjenige, welchem die Disposition über die Sache untersagt worden war. So B. I. 27. Mai 1853 c. Jeltsch.

22. Ob der Gepfändete aus eignem Antriebe, oder im Auftrage eines Dritten (z B. des angeblichen Eigenthümers) handelte, war gleichgültig. B. II. 5. Jan. 1854 c. Baur.

23. Die Nr. 1. erwähnte nicht, wie Nr. 2. und 3, daß die Handlung im Interesse des Gepfändeten geschehen sein müsse; gleichwohl glaubte der Komm.-B. I K. f. 44, daß dieses Erforderniß zu subintelligiren sei *Sic:* Temme Gll. f. 306; id. Lehrb. f. 1036. *Contra:* Bes. f. 513; G. Matt. 2 f. 620 n. 5.

24. Goltdammer (l. c) hält dafür, daß, wenn in den Fällen Nr. 2. und 3. die Handlung nicht im Interesse des Gepfändeten geschehen sei, Unterschlagung oder Diebstahl vorliege; es wird dabei aber selbstredend der zu diesen Vergehen erforderliche Dolus vorausgesetzt.

§. 273. Wer unberechtigt fischt oder krebst, soll mit Geldbuße bis zu funfzig Thalern oder mit Gefängniß bis zu drei Monaten bestraft werden.

Die polizeilichen Bestimmungen der besonderen Fischerei-Ordnungen werden dadurch nicht berührt.

[Entw. § 252.] Vgl. § 217 Nr. 1; ALR. I, 9. § 170—192; II, 15 § 73—78; Ges. v. 14. flor. X; Staatsrathsgutachten v 30. pluv. XIII; Ges. v. 23. Juni 1833 (G.S f. 78); Ges. v. 14 April 1856 Art. I. (G.S. f. 208)

---

§. 273.

1. Dieser § bestraft die Verletzung des blossen Okkupationsrechts durch die Ausübung des Fischereirechts, während § 217 Nr. 1. die Verletzung des Eigenthums und der Gewahrsam an Fischen vorsieht. B. I. 21. März 1855 c. Laurent (G. Arch. 3. f. 427). Vgl zu § 217 Nr. 1. n 10. 13.

2. Das Entwenden von Krebsen aus Teichen und Behältnissen, kann, da § 217 Nr. 1. darauf keine Anwendung erleidet, nur nach § 215 und 216 bestraft werden. Vgl. Temme Gll. f. 306.

3. Fischen und Krebsen bezeichnet hier die Vornahme von Handlungen zur unmittelbaren Besitznahme von Fischen oder Krebsen in einem offenen Gewässer Namentlich bedarf es hierzu des wirklichen Emfangens (oder Erlegens) der Fische rc. ebensowenig, wie zum Begriffe der Jagd das Erlegen des Wildes gehört. Temme Lehrb. f. 1030.

4. In Beziehung auf die Berechtigung zu fischen sind das ALR. I. 9 § 172—192, und II. 15 § 73—78. und für das linke Rheinufer das Ges. v. 14. flor X, das St.R.G v. 30. pluv. XIII und das Ges. v. 23. Juni 1833 zu vergleichen

5. Wer mit Erlaubniß des Fischereipächters (in einem schiffbaren Strome, in welchem dem Staate das Fischereirecht zusteht) fischt, macht sich dadurch nicht straffällig, sollte auch dem Pächter nach seinem Pachtvertrage die Uebertragung des Rechts auf Dritte untersagt sein; es kann dieses nur privatrechtliche Folgen für den Pächter haben. B. II. 16. Nov. 1854 c. Schäfer (Rh S.).

6. Der § 273 bedroht nicht jede Beeinträchtigung der Fischereigerechtigkeit, sondern nur das unberechtigte Fischen und Krebsen mit Strafe; wenn daher auch der Blutegelfang zur Fischereigerechtigkeit gehört (ALR. I. 9. § 170.), so ist doch die unbefugte Ausübung desselben ebensowenig ein Vergehen gegen diesen §, als ein Diebstahl. Beschl I. 29. Nov 1854 c. Segebarth (G. Arch. 3. f. 133); Z I. 21 März 1855 c. Beyer u Gen. (G. Arch. 3. f. 718); Z. I 20 Apr. 1855 c. Tetzerow. Vgl. zu § 215 n. 17.

7. Die Konfiskation der Fischerei-Geräthe ist nach Maaßgabe des § 19 auszusprechen. Bes. f. 515.

8. Mit den im zweiten Absatze aufrecht erhaltenen polizeilichen Bestimmungen der besondern Fischerei-Ordnungen, sind auch die auf diese Bestimmungen bezüglichen Strafandrohungen in Kraft geblieben, soweit der Thatbestand der Handlung nicht unter den § 273 fällt Das hat das Ober-Tribunal z. B. durch Z I. 18. Nov. 1853 c. Kolipost (Entsch. 26. f. 437), durch B. II. 16 Nov. 1854 c. Schäfer, und durch Z. II. 18 Nov. 1855 c. Beckers anerkannt, indem es derartige Strafvorschriften zur Anwendung brachte. *Contra:* Koch f. 1062 n. 82.

9. In Betreff der Kompetenz und des Verfahrens ist jetzt das Ges. v. 14 Apr. 1856 Art. I. (oben bei Art. XIII. des Einf.-Ges f. 20) maaßgebend.

10 Kompetenz der Polizeirichter in der Rheinprovinz für die durch besondere Fischerei-Ordnungen vorgesehenen strafbaren Handlungen, vgl. zu Einf.-Ges. Art. XX. n. 5.

11. Macht der Beschuldigte die Einrede: er habe die Berechtigung zu der ihm als strafbar zur Last gelegten Handlung, so wird das Ges. v. 31 Jan. 1845 (GS. f. 95; eingeführt im ganzen Staate durch Ges. v. 14. Apr. 1856 Art. II. G.S. f. 208, oben f. 22) unbedenklich analoge Anwendung finden. Vgl. zu § 274. n. 28.

§. 274. Wer auf seinem eigenen Grundstücke, auf dem die Jagd an einen Dritten verpachtet ist, oder auf dem ein Jäger für gemeinschaftliche Rechnung der bei einem Jagdbezirke betheiligten Grundbesitzer die Jagd zu beschießen hat, ohne Einwilligung des Jagdpächters oder der Gemeindebehörde jagt, oder wer auf fremden Grundstücken, ohne eine Berechtigung dazu zu

---

§. 274.

Inhalt:

1. Auch hier wird die Verletzung des Okkupationsrechts eines Dritten bestraft, während § 217 Nr. 1. die Verletzung des Eigenthums und der Gewahrsam an den Thieren rc. vorsieht. B. 7. Aug 1851 c. Bitzky u. Gen (Entsch. 22. S. 72) Vgl. zu § 273. n 1; zu § 217. Nr. 1. n. 10.

2. Ueber die Berechtigung zur Jagd sind das Ges. v. 31. Okt. 1848 § 1—3, über ihre Ausübung: Jagdpol.-Ges. v. 7. März 1850 § 2—13, über die Verpachtung der Jagd dasselbe Ges v. 7. März 1850 § 10—13. 25. 26, und über die Beschiessung der Jagd durch einen gemeinschaftlichen Jäger ibid. § 10. zu vergleichen. Aus dem Ges. v 7. März 1850 § 17. Abs. 3. ist § 274. fast wörtlich übernommen.

3. Wer selbst Jagdpächter auf dem betreffenden Bezirke geworden, und dadurch in den Pachtbesitz gekommen ist, verstößt durch Ausübung der Jagd nicht gegen § 274, sollte auch die Gemeinde bei der Verpachtung gesetz- oder vorschriftswidrig verfahren sein, und derselben die erforderliche höhere Genehmigung fehlen, nur wenn die erforderliche höhere Genehmigung versagt, und dieses dem Pächter angezeigt worden wäre, konnte der § Platz greifen; die unterlassene Einholung derselben aber könnte zwar die Gemeinde verantwortlich machen, würde aber den Handlungen des Pächters nicht den Charakter einer Beeinträchtigung des Jagdnutzungsrechts des Eigenthümers verleihen, wie es dieser § voraussetzt. B. I. 5. Apr. 1854 c. Dräger. Ein Beschl. II. 23. März 1854 c Beckmann nahm in einem ähnlichen Falle, wo aber die höhere Genehmigung versagt, und dieses dem Angeschuldigten bekannt gemacht war, an, wenn die Gültigkeit eines so zu Stande gekommenen Jagdpachtvertrages bestritten werde, so könne die wegen Jagdfrevels erhobene Anklage nicht ohne Weiteres im Dekreturwege zurückgewiesen werden, vielmehr sei die Untersuchung zu eröffnen und abzuwarten, ob die Einrede der Berechtigung im Hauptverfahren gemacht werde; dort sei dann eventuell zu prüfen, ob diese Frage zum Civilverfahren zu verweisen, und bis dahin die Untersuchung einzustellen sei; ebenso nahm Beschl. I. 30. Mai 1855 c. Schulz an: die einstweilige Einstellung des Verfahrens könne nur im mündlichen Hauptverfahren stattfinden.

4. Auch derjenige, welcher eine beschränkte Erlaubniß zur Ausübung der Jagd vom Jagdberechtigten erhalten hat, und über diese ihm gesetzten Schranken hinaus die Jagd ausübt, fällt unter die Strafbestimmungen des §. Z. 11. Okt. 1852 c. Meyer.

5. Die Ausdrücke „jagt“ und „die Jagd ausübt“ sind als gleichbedeutend zu betrachten.

6. Das Jagdrecht besteht nach ALR. II, 16. § 30. im Rechte jagdbare wilde Thiere aufzusuchen und sich zuzueignen; ähnlich (mit Rücksicht auf die Bestimmungen des gemeinen Rechts) Beschl. I. 25. Jan. 1856 c. Brunnemann u. Gen. (G. A. 4. S. 267): es sei das Recht jagdbare Thiere zu verfolgen und zu tödten. Strafbares Jagen besteht daher in der vorsätzlichen rechtswidrigen Vornahme solcher Handlungen, durch

haben, die Jagd ausübt, wird mit Geldbuße bis zu Einhundert Thalern oder mit Gefängniß bis zu drei Monaten bestraft.

[Entw. § 252 a.] Vgl. § 275—277; 347 Nr. 11. 12; 217 Nr. 1; 345 Nr. 7; ALR. I, 9. § 107 flg. 127 flg. II, 16. § 30 flg.; Ges. v. 9. Dez. 1842 (G.S. 1843 s. 2); Dekl. v. 7. März 1843 (G.S. s. 92); Ges. v. 31. Jan. 1845 (G.S s. 95); Ges. v. 31. Okt. 1848 (G S. s 343); Jagd-Pol.-Ges. v. 7. März 1850 (G.S. s. 165); Ges. v. 31. Jan. 1845 (G.S. s. 95); Ges. v. 14. Apr. 1856 Art. II. (G.S. s. 208; oben s. 22); Ges. v. 14. April 1856 Art. I. (G S. s. 208).

---

welche jagdbare Thiere unmittelbar erlegt oder eingefangen werden sollen, auf einem fremden offenen Jagd-Reviere. Temme Lehrb. s. 1029. Vgl. unten n. 11.

7. Das Ausnehmen (aus dem Lager), oder das Aufgreifen von Jungen von jagdbaren vierfüssigen wilden Thieren auf fremdem Jagdgebiete stellt ein strafbares Jagen dar; der § 347 Nr. 12, welcher das Ausnehmen der Jungen von jagdbarem Federwild als Uebertretung qualifizirt, ist nur eine Ausnahme, und es folgt daraus nicht, daß dieselbe Handlung in Beziehung auf die Jungen vierfüssigen Wildes straflos sei Beschl. I. 2. Jan. 1852 c. Beck (G. Arch. 1. s. 261); B. I. 26. Jan. 1855 c. Bründlow.

8. Einer gewinnsüchtigen Absicht bedarf es (trotz des Rubrums des Titels 25) hier entschieden nicht. Vgl. Komm.-B. II. K. s. 139; Bes. s. 515; Temme Lehrb. s. 1029.

9. Daher ist auch das blosse Erlegen des Wildes, ohne Aneigunug desselben, strafbar. Temme Lehrb. s. 1029.

10. Aus demselben Grunde darf auch der nicht jagdberechtigte Grundbesitzer, zur Wahrung seiner Felder gegen Wildschaden, keine Handlung vornehmen, welche als Verfolgung oder Erlegung des Wildes sich darstellt; denn sein Recht, die Thiere von seinen Feldern abzuhalten, darf nicht durch Handlungen ausgeübt werden, welche für sich den Thatbestand eines Vergehens darstellen (vgl. Jagd-Pol.-Ges. v. 7. März 1850 § 21. 22. 24.); Beschl. I. 25. Jan. 1856 c. Brunnemann u. Gen. (G. Arch. 4. s. 267).

11. Vollendet wird das Vergehen schon durch die Verfolgung, oder durch das Aufsuchen solcher Thiere zum Zwecke der Aneignung; der wirklichen Okkupation bedarf es daher nicht. Beschl I. 2. Jan. 1852 c. Beck. (G. Arch. I. s. 261); Z II. 13. Sept. 1855 c. Streubel; ja es genügt schon das Verfolgen oder Hetzen des Wildes für sich allein, ohne daß es auf den mit der Jagd verbundenen Zweck ankäme, sollte dieser auch nur dahin gehen, sich des Thiers vorübergehend zu bemächtigen, und es dann sofort wieder in Freiheit zu setzen (Porforcejagd, Reiherbeize) Z. I 20. Juni 1855 c. v. Sulkowsky u. Gen. Hierbei ist § 128. Thl I. Tit. 9. des ALR. in keiner Weise maaßgebend, da er nur civilrechtlich darüber Bestimmung trifft, von welchem Augenblicke an der Besitz der Thiere als erworben anzusehen ist. G. Matt 2. s. 622. IV. 2.

12. Der Dolus besteht hier in dem Bewußtsein der Widerrechtlichkeit; die Absicht der rechtswidrigen Ausübung der Jagd ist nicht erforderlich. Wo dagegen jenes Bewußtsein gänzlich fehlt, wo also Jemand in dem durch einen entschuldbaren Irrthum veranlaßten guten Glauben seiner Berechtigung handelte, z. B. indem er unbewußt über die Gränzen seines Reviers hinausging, liegt das Vergehen des § nicht vor, da dasselbe durch blosse Fahrlässigkeit nicht begangen werden kann; wenn freilich Jemand eigennütziger oder frevelhafter Weise sich selbst in Unkenntniß über die Gränzen seines Reviers erhielte, und es darauf ankommen liesse, ob er diese Gränze überschreite, so würde, wenn letzteres wirklich geschähe, hierin jener Dolus zu finden sein. Z. II. 14. Sept. 1854 c. Roßkotten (Carstanjen u Gen. Arch. 2. s. 835).

13. Eines besondern Nachweises: daß der Kontravenient absichtlich das fremde Grundstück bejagt habe, bedarf es gleichwohl zur Anwendung des § nicht. Z. I. 20. Juni 1855 c. v. Sulkowsky u. Gen — Nur dann, wenn der Angeklagte ein Handeln in gutem Glauben behauptete, würde der Richter sich über die Richtigkeit dieser Behauptung, und das Vorhandensein des Dolus aussprechen müssen.

14. Die Feststellung: der Angeklagte habe sich in dem sein Jagdrevier von dem anstossenden fremden Reviere trennenden, zum letztern gehörigen Graben mit einem Gewehre in der Weise angestellt, daß er Gesicht und Hahn des Gewehrs nach seinem Reviere hin gerichtet gehabt habe, stellt nicht den Thatbestand des § 274, sondern nur den des § 347 Nr. 11. dar. B. I. 3. Okt. 1855 c. Knabe.

15. In Betreff der Frage, welche Thiere jagdbar seien, verweist ALR. II, 16. § 31. auf die Gesetze einer jeden Provinz. Mit Rücksicht hierauf nahm Z. I. 15. Feb. 1854 c. Lasse an, die Entscheidung falle in das Gebiet der thatsächlichen Feststellung des Instanzrichters. Diese Annahme rechtfertigt sich indessen durch den cit. § keineswegs, auch hat das Ober-Tribunal und früher der Rheinische Kassationshof in den unter n. 16—19 a. citirten Erkenntnissen sich auf eine Prüfung jener Frage eingelassen; ebenso Z. Pl. 31. März 1856 c. Fischer, welches in Ermangelung provinzieller Vorschriften alle Raubthiere zu den nicht jagdbaren Thieren rechnete.

16. Der Dachs ist ein jagdbares Thier, das Dachsgraben ein Jagdfrevel. B. Kass.-Hof 17 Jan 1835 c. Doppelmann (Volkmar f. 391). Es handelte sich von einem im Gebiete der Oestreichisch-Baierschen (Wormser) Jagdverordnung vom 20 Sept. 1815 vorgekommenen Falle.

16 a. Der Hamster ist kein jagdbares Thier ALR. II, 16. § 35; das gilt auch in der Provinz Sachsen, da das im entgegengesetzten Sinne sich aussprechende Kursächsische Mandat v 8. Sept. 1717 kein in der Provinz Sachsen geltendes Provinzial-Gesetz ist. Beschl. II 17. Apr. 1856 c. Stöcklein.

17. Krametsvögel sind auf dem linken Rheinufer im Bezirke der General-Gouvernements-Verordnung vom 18. Aug. 1814 (vgl. § 7 b. derselben) jagdbare Thiere, der Krametsvögelfang ist Jagd. Ebendeshalb darf er nur von demjenigen ausgeübt werden, welcher im Besitze eines Jagdscheins, nach dem Jagd-Pol.-Ges v. 7. März 1850 § 14 ist, da dieses Gesetz sich nicht blos auf die Jagdnutzung durch Schießgewehre beschränkt B II. 16 Feb. 1854 c. Steken. — In gleichem Sinne sprach sich ganz allgemein eine Verf. des Min. d. J vom 25. März 1852 (BMBl. f 102) aus.

18. Lerchen sind in der Rheinprovinz nicht jagdbar. Z Kass.-H. 27. Okt. 1830 c. Kantzler (Volkm. f. 388).

19. Im Kanton Wadern (Reg.-Bez. Trier) sind die Fischottern dem Jagdrechte nicht unterworfen. Z. Kass.-Hof 4. Nov. 1837 c. Hoff. (Volkm. f 390). Vgl. ALR. I, 9. § 172.

19 a. Füchse gehören in Pommern (nach der Forst-Ordn. v 24. Dez. 1777 Tit. XII. § 2.) nicht zu den jagdbaren, sondern zu den Raubthieren B. I. 26. Apr. 1856 c. Lüpke.

20. Das Jagdrecht bezieht sich nach ALR. (I, 9. § 127; II, 16. § 30. 39 ff.) nur auf jagdbare wilde Thiere, während die nicht jagdbaren Gegenstand des freien Thierfangs sind (II, 16. § 33.); wenn § 35. ibid. bestimmt, daß nicht jagdbare wilde Thiere in fremden Jagdrevieren nicht aufgesucht, und daß noch weniger Jagden darauf angestellt werden sollen, so ist dieses nur eine jagdpolizeiliche Vorschrift, um anderweitige Beeinträchtigungen des Jagdrechts unter dem Vorwande der Verfolgung nicht jagdbarer Thiere zu verhüten (ALR. I, 9. §. 148; II, 17. § 10). Das Jagdrecht wird dadurch nicht auf die letztern ausgedehnt; daher bildet das Aufsuchen und Fangen oder Schiessen nicht jagdbarer wilder Thiere auf fremdem Jagdreviere kein nach § 274. und 275. zu bestrafendes Vergehen. Z. Pl. 31. März 1856 c. Fischer (Präj. n.) *Sic*: Z. I. 17. Okt. 1855 c Schröter; Beschl. II. 17. Apr. 1856 c. Stöcklein; B. I. 23. Apr. 1856 c. Lüpke. *Contra* früher: Z. II. 15. Sept. 1853 c. Hering (Präj. n. 51; Entsch. 25. f. 445); Z. 13. Sept. 1852 c. Reulecke.

21 Die Jagdfolge ist durch Ges. v. 31. Okt. 1848 § 4. aufgehoben, und durch das Jagdpolizeiges v. 7. März 1850 nicht wieder hergestellt; wer daher ein, in seinem Reviere angeschossenes Wild bis in ein andres Revier hin verfolgt, begeht einen Jagdfrevel. B. I. 11. Mai 1853 c. Schmidt; B. I. 19. Okt. 1853 c. Görlitzer. (G. Arch 2. f. 129); Z. I. 12 März 1856 c. Worm.

22. Noch unzweifelhafter ist es, daß ein Dritter, welcher „ein verwundetes noch lebendes Stück Wild auf einem Jagdreviere tödtet, und sich zueignet, „die Jagd im Sinne des § 274. ausübt“ B. II. 16. Juni 1853 c. Piper (Präj. n. 44; Entsch. 25. s. 443; 26. s. 161; Arch. 2. s. 129).

23 Dasselbe gilt von demjenigen, welcher auf einem fremden Jagdreviere ein von einem Hunde ergriffenes Stück Wild diesem abnimmt, und sich zueignet; obgleich in diesem Falle das Wild sich nicht mehr im Zustande der Freiheit befand, so unterlag es doch noch dem ausschließlichen Okkupationsrechte des Jagdberechtigten. B. I. 14. Juni 1852 c. Schendzielorz. (G. Arch. 1. s. 261).

24. Der Begriff des Jagens ist nicht dahin begränzt, daß absichtlich auf Okkupation noch lebender jagdbarer wilder Thiere ausgegangen, diese aufgesucht, denselben nachgestellt werden müßte; dasselbe begreift vielmehr auch die Aneignung von Fallwild (sollte es auch in Folge des Anschiessens gefallen sein) in sich, da auch dieses dem ausschließlichen Okkupationsrechte des Jagdberechtigten unterliegt (vgl. ALR. I, 9 § 127). Beeinträchtigung dieses Rechts stellt daher ein nach § 274. strafbares Vergehen dar. B. I. 25. Feb. 1853 c. Mahnkopf. (G. Arch 1. s. 260); Beschl. I. 18. Apr. 1853 c. Großkopf; B. I. 19. Okt. 1853 c Görlitzer (G. Arch. 2. s. 129); B. I. 29. Nov. 1854 c Ullrich. Das gilt auch in den Landestheilen, in welchen das gemeine Recht in Kraft geblieben ist. Beschl I. 4 Okt. 1854 c Dähn (G. Arch 2. s. 835). *Contra* · G. Matt 2. s. 623 IV. 3; Koch s. 1063 n. 83. Temme Lehrb. s. 1030 Note 1. Die beiden erstern halten die Handlung für straflos, Temme will wegen Unterschlagung strafen.

25. Ebenso stellt es einen Jagdfrevel dar, wenn Jemand sich auf einem fremden Jagdreviere Wild aneignet, welches sich in Schlingen gefangen hatte, die von einer dritten nicht jagdberechtigten Person gelegt waren, weil in diesem Falle weder diese letztere Person, noch der Jagdberechtigte selbst die Gewahrsam an diesem Wilde erlangt hatte, also ein Diebstahl an demselben noch nicht möglich war. B II. 10. Nov. 1853 c Heyer.

26. Das Fortschaffen des im Frevel getödteten Wildes aus dem Jagdreviere, in welchem es getödtet worden, ist, wenn es selbstständig von einem Andern, als demjenigen, welcher es getödtet hat, geschieht, ein selbstständiger Jagdfrevel; wenn es aber von demjenigen, welcher es unberechtigt getödtet, oder in dessen Auftrage durch einen Dritten geschieht, eine weitere Fortsetzung des bereits begangenen Jagdfrevels, beziehungsweise im letztern Falle eine Hülfeleistung im Sinne des § 34 Nr 2. Z II. 26. Jan. 1854 c Jahr (Verbig u. Gen.).

27. Wenn Jemand unberechtigt, und zugleich ohne Lösung eines Jagdscheins (Ges. v 7. März 1850 § 14. 16.) jagt, so liegt ideale Konkurrenz vor, und es kann nur die schwerere Strafe des § 274 nach § 55. Platz greifen. Z. I. 8 Feb 1854 c Zwicknapp. (G. Arch. 2. s 416) Aehnlich B. Kass.-Hof 27. Dez. 1834 c. Becker; B. Kass-Hof 9. Mai 1837 c. Erdmann (Rh Arch. 26. 2. A s. 4).

28. Macht der Beschuldigte den Einwand, er sei zur Ausübung der Jagd berechtigt, so kommen die Vorschriften des Gesetzes v. 31. Jan. 1845 (G.S. s. 95, eingeführt im ganzen Staate durch Ges. v. 14. Apr. 1856 Art. II. G.S s. 208, oben s 22) zur Anwendung. Vgl. in dieser Beziehung oben n. 3.

29. Durch die §§ 274—277. und 347 Nr 11. sind nur diejenigen Handlungen vorgesehen, welche eine Verletzung der Ausschließlichkeit des Jagdrechts durch unbefugtes Jagen, oder Anstalten zum unbefugten Jagen enthalten, nicht aber die Uebertretungen der Vorschriften, welche nur die Schonung der Jagden (vgl. Ges. vom 7. März 1850 § 18.), und die Jagdpolizei im Allgemeinen betreffen, daher sind die hierauf bezüglichen besondern Strafbestimmungen in Kraft verblieben, z. B. die Vorschrift der Verordnung des General-Gouvernements des Nieder- und Mittelrheins vom 18. Aug. 1814 § 9. Nr. 3, das freie Umherlaufen der Hunde betreffend B. II 19. Mai 1853 c. Roßbach (Rh. Arch. 48. 2. A. s. 60).

30. In Betreff der Kompetenz und des Verfahrens vgl. Ges. v. 14. Apr. 1856 Art. I. (oben bei Art. XIII des Einf.-Ges. s 20).

31. Kompetenz der Polizei-Gerichte in der Rheinprovinz für die Zuwiderhandlungen gegen Spezial-Jagd-Gesetze, vgl. zum Einf-Ges. Art XX. n. 5.

§. 275. Die Strafe kann bis zu sechs Monaten erhöht werden; wenn dem Wilde nicht mit Schießgewehr oder Hunden, sondern mit Schlingen, Netzen, Fallen oder anderen Vorrichtungen nachgestellt, oder wenn das Vergehen während der gesetzlichen Schonzeit oder in Wäldern oder zur Nachtzeit oder gemeinschaftlich von zwei oder mehreren Personen begangen wird.

[Entw. § 252 b.] Vgl. § 274. 276. 277; Jagd-Pol.-Ges. v. 7. März 1850 § 18. (G.S. s. 169); AKO. v. 18. Nov. 1841 (Rh. Samml. 8. s 3); Vdn. v. 9. Dez. 1842 § 1. 2. (G.S. 1843 s. 2); Publ v. 7. März 1843 (G.S. s. 92); Ges. v 2 Mai 1853 (für Hohenzollern; G.S. s. 178); Ges. v. 14. April 1856 Art. I. (G.S. s. 208).

§. 276. Wird das Vergehen (§ 274. und § 275.) gewerbsmäßig betrieben, so tritt Gefängniß nicht unter drei Mo-

---

§. 275.

1. Unter „Wild“ sind jagdbare wilde Thiere zu verstehen. Vgl. zu §. 274. n. 20.

2. Mit Rücksicht auf die fakultative Fassung dieses § bleibt es auch statthaft, auf blosse Geldstrafe zu erkennen. Z. (V.) 15. Sept. 1852 c. Hill u. Gen.

3. In Betreff der „Schonzeit“ sind die oben angeführten besondern gesetzlichen Bestimmungen zu vergleichen.

4. Wenn § 275. wegen unberechtigten Jagens während der Schonzeit Platz greift, kann selbstredend nicht ausserdem die Strafe des § 18. des Gesetzes v 7. März 1850 verhängt werden. G. Matt. 2. s 623 V.

5. Die Handlungen, welche hier für die Jagdfrevler als Straffschärfungsgründe hervorgehoben sind, sind — mit Ausnahme der Verletzung der Schonzeit — für den Jagdberechtigten erlaubt; es kann daher z. B. der Eigenthümer eines dauernd und vollständig eingefriedigten Grundstücks (Ges. v. 7. März 1850 § 2. b.). welcher ebendeshalb zur eignen Ausübung der Jagd auf demselben befugt ist, dem Wilde mit Schlingen ꝛc. nachstellen. Auch sind die durch ältere Vorschriften in Betreff der Ausübung der Jagd fur den Jagdberechtigten eingeführten Beschränkungen (soweit sie nicht den Schutz der öffentlichen Sicherheit, und die Schonung der Feldfrüchte bezwecken) durch das Ges. v. 31. Okt. 1848 § 4 und 8. (G.S. s. 344) aufgehoben, und durch das Ges. v 7. März 1850 § 18. (G S s 169) nur in Betreff der Schon- und Hegezeit wieder hergestellt worden. Daher ist das „Publ. v. 27. Okt. 1784 (sowie das Edikt v. 30. Juli 1749), wonach die Ricken gänzlich zu allen Zeiten bei zehn Thaler Strafe geschont werden sollen, aufgehoben.“ Z. I. 7. Dez. 1853 c Reimer (Präj. n. 67.). Aus demselben Grunde ist eine in Folge des Gesetzes v. 11. März 1850 erlassene Polizeivorschrift, welche neuerdings eine Beschränkung in der Ausübung der Jagd anordnet, z. B. das Jagen mit Bracken verbietet, und nicht angiebt, daß der Schutz der öffentlichen Sicherheit, oder Schonung der Feldfrüchte dabei bezweckt werde, so anzusehen, als habe sie die Schonung des Wildes zum Zwecke, und steht mit den nicht aufgehobenen Bestimmungen des Gesetzes v. 31. Okt. 1848 im Widerspruche, sie ist daher unverbindlich. Z. II. 6. Sept. 1855 c. Dresing (Präj. n. 166; Entsch. 30. s. 475).

6. Kompetenz und Verfahren vgl. Ges. v. 14. Apr. 1856 Art. I. (oben bei Art XIII. des Einf.-Ges. s. 20).

§. 276.

1 Ueber den Begriff der „Gewerbsmässigkeit“ vgl zu § 146 n. 3 4. zu § 239 n. 11. zu § 266 n. 6—9. Es kann danach auch ein einzelner Fall den Charakter der Gewerbsmässigkeit an sich tragen.

2. Zur Begründung der Gewerbsmässigkeit kann unbedenklich auch auf solche Fälle gerücksichtigt werden, wegen welcher bereits früher Bestrafungen statt gefunden haben; es ist dabei auch keineswegs unstatthaft, auch solche Bestrafungen in

naten, sowie zeitige Untersagung der Ausübung der bürgerlichen Ehrenrechte ein. Zugleich ist auf Stellung unter Polizei-Aufsicht zu erkennen.

[Entw § 252 c.] Vgl. § 274 275. 277.

§. 277. Das Gewehr, das Jagdgeräth und die Hunde, welche der Thäter bei dem unberechtigten Jagen bei sich geführt hat, ingleichen die im § 275. erwähnten Schlingen, Netze, Fallen oder anderen Vorrichtungen sind dem Fiskus im Strafurtheile zuzusprechen, ohne Unterschied, ob sie dem Angeschuldigten gehören oder nicht.

[Entw. § 252 d.] Vgl. § 274—276. 19.

§. 278. Reisende oder Schiffsleute, welche ohne Vorwissen des Schiffers, ingleichen Schiffer, welche ohne Vorwissen des Rheders Gegenstände an Bord nehmen, welche das Schiff

---

Betracht zu ziehen, welche vor mehr als zehn Jahren statt gefunden haben; der Grundsatz des § 60 steht hier in keiner Weise entgegen. B. 15. Sept. 1852 c. Burghardt.

3. Da hier die Gewerbsmässigkeit die auch ohne sie begründete Strafbarkeit der Einzelthat erhöht, so wird bei einer Mehrheit von Fällen jeder derselben mit der im § angedrohten Strafe zu belegen sein, vorbehaltlich der Bestimmung des § 56. Vgl. zu § 239 n. 6. Anders würde es sich verhalten, wenn die Strafbarkeit an sich durch das Begriffserforderniß der Gewerbsmässigkeit bedingt wäre, und diese durch die Mehrheit der Fälle begründet würde, vgl. zu § 146 n. 5.

§. 277.

1. Die Konfiskation des Gewehrs ꝛc. ist schlechthin angeordnet, ohne daß dabei eine auf frischer That erfolgte Abnahme (Pfändung) erfordert würde. Steht daher ein „Bei sich führen" fest, so ist die Konfiskation auszusprechen ohne Rücksicht auf die Schwierigkeiten, welche der Ausführung des Spruchs entgegen stehen mögen B. 15. Sept 1852 c. Hill u. Gen. (G. A. 1. s. 562); B. 17 Dez. 1852 c. Dreyer.

2. Die Abweichung von der Regel des § 19, nach welcher die zur Begehung des Vergehens gebrauchten Gegenstände nur wenn sie dem Thäter oder einem Theilnehmer gehören, zu konfisciren sind, ward von der Kommission der II. K (Bericht s. 141) durch die „Erfahrung" gerechtfertigt, daß Jagdfrevler sich gegenseitig ihre Geräthschaften zum Gebrauche überlassen, und weil den Jagdfreveln am wirksamsten dadurch gesteuert werden könne, daß denjenigen, welche sich damit befassen, die Mittel zur fernern Ausübung solcher Vergehen genommen werden. Mit Rücksicht hierauf wird man in Fällen, wo festgestellter Maassen der Jagdfrevler sich eines fremden Gewehrs ohne Einwilligung des Eigenthümers bedient hat, z. B. wo er dieses Gewehr vorher gestohlen hat, und er gleichzeitig wegen dieses Diebstahls bestraft wird, von dieser Konfiskation absehen müssen. Das gilt jedenfalls da, wo eine andere gesetzliche Vorschrift (z. B. Art. 366 des Rh. StPO.) die Rückgabe der in Beschlag genommenen Sache an den Eigenthümer anordnet.

3. In Betreff der über die confiscirten Gewehre ꝛc. zu treffenden Verfügungen ist die Min.-Verf v. 6. Juli 1854 (JMBl. s. 294) zu vergleichen.

§. 278.

1. Es ist hier vorzugsweise an die Mitnahme der Kontrebande gedacht.

2. Es handelt sich hier um ein reines Polizeidelikt, auf einen Dolus des Gefährdenden kommt daher nichts an. So: Temme Lehrb. s. 1037. Man wird indessen auch hier das Bewußtsein des Handelnden erfordern müssen, daß die betref-

gefährden, indem sie dessen Konfiskation oder Beschlagnahme veranlassen können, sind mit Gefängniß bis zu zwei Jahren zu bestrafen.

[Entw. § 253.] Vgl. Preuß. Seerecht Kap. 4. Art 31.

§. 279. Ein Schiffsmann, der mit der empfangenen Heuer entläuft oder sich verborgen hält, um sich dem übernommenen Dienste zu entziehen, soll mit Gefängniß bis zu Einem Jahre bestraft werden.

Es macht hierbei keinen Unterschied, ob das Vergehen im Inlande oder im Auslande begangen ist.

[Entw. § 253 a] Vgl. ALR. II, 8. § 1542; Ges v. 20 März 1854 § 1 2 (G.S. f. 137)

§. 280. Wer versiegelte Briefe oder andere versiegelte Urkunden, die nicht zu seiner Kenntnißnahme bestimmt sind, vorsätzlich und unbefugterweise eröffnet, soll mit Geldbuße bis zu Einhundert Thalern oder mit Gefängniß bis zu drei Monaten bestraft werden.

[Entw. § 254.] Vgl. § 328; Verf. v. 31. Jan. 1850 Art. 33; Krim.-Ordn. § 123 flg.

---

fenden Gegenstände nicht an Bord genommen, oder nicht in denjenigen Hafen gebracht werden können, wohin das Schiff bestimmt ist.

3. Einer eigennützigen Absicht (vgl. Rubrum des Tit. 25) bedarf es jedenfalls hier nicht. Temme GU. f 307.

§. 279.

1. Mit Rücksicht auf § 1534 Thl II. Tit 8 des ALR. und §§ 136 und flg. der Gesinde-Ordn. v. 8. Nov 1810 darf ein Schiffsmann unter gewissen Voraussetzungen (z. B. wegen Mißhandlung) den Dienst ohne vorherige Aufkündigung, und trotz der empfangenen Heuer verlassen Kann daher der Angeklagte erweisen, daß er aus einem solchen gesetzlichen Aufhebungsgrunde, und nicht um sich dem Dienste aus eigennütziger Absicht zu entziehen, das Schiff verlassen habe, so ist er straflos; ein hierauf bezüglicher Einwand desselben ist daher vom Instanzrichter thatsächlich zu prüfen. E. 15. Sept. 1852 a. Lenz.

2. Der Schlußsatz des § stellt eine Ausnahme von § 4 Nr. 3 dar; die Strafbarkeit der von einem Preussen im Auslande begangenen That, ist hier nicht dadurch bedingt, daß dieselbe auch am Orte ihrer Verübung strafbar sei. Komm.-B. I. K f. 44.

§. 280.

1 So lange nicht auf Grund des Art. 33 der Verfassung neue die Beschränkung des Briefgeheimnisses regelnde Gesetze ergehen, sind die frühern hierauf bezüglichen Vorschriften in Kraft geblieben; die Krim.-Ordn. hat in den §§ 123 flg. den Untersuchungs-Richter allgemein für befugt erklärt, die zur Verfolgung der Spuren eines Verbrechens geeigneten Maßregeln, insbesondre auch Beschlagnahmen vorzunehmen ohne hiervon in Betreff der Briefe eine Ausnahme zu machen. Beschl. I. 17. Feb. 1854 c. Loepp (JMBl. f. 138; G A. 2. f 247).

2. Als Dolus genügt hier die Vorsätzlichkeit der Handlung des Eröffnens, insbesondre bedarf es nicht eines auf Verletzung des Briefgeheimnisses durch Kenntnißnahme vom Inhalte gerichteten Dolus. Z I. 15. März 1854 c. Stoffel (G. A. 2. f. 839; es handelte sich von einem nach § 328 zu beurtheilenden Falle). *Contra:* Koch f. 1064 n. 88.

Sechsundzwanzigster Titel.

Vermögens-Beschädigung.

§. 281. Wer vorsätzlich und rechtswidrig fremde Sachen beschädigt oder zerstört, wird mit Gefängniß bis zu zwei Jahren bestraft.

Wird festgestellt, daß mildernde Umstände vorhanden sind, so ist auf Geldbuße bis zu funfzig Thalern zu erkennen.

[Entw. § 255.] Vgl. § 282—284. 301; FPO. v. 1. Nov. 1847 § 43. 45.

---

3 Es bedarf hiernach auch in keiner Weise des Nachweises einer eigennützigen Absicht (vgl. Rubrum des Tit. 25) Z. I. 30. Sept. c. Bredull. —

§. 281.

1. Der strafbare Vorsatz muß hier auf die Beschädigung oder Zerstörung der fremden Sache gerichtet sein; der § ist daher nicht anwendbar, wenn die Beschädigung nur bei Gelegenheit eines rechtswidrigen Gebrauchs der fremden Sache statt gefunden hat Beschl. 9. Okt. 1851 c. Dubdeck.

2. Dagegen braucht die Beschädigung 2c. nicht der Endzweck der Handlung zu sein; auch wenn sie nur Mittel zum Zwecke, z. B zu einer eigenmächtigen Selbsthülfe ist, trifft der § zu, sobald nur von diesem eine rechtswidrige Beschädigung oder Zerstörung fremder Sachen in sich schliessenden Mittel, vorsätzlich Gebrauch gemacht worden ist. Z. 25 Nov. 1851 c. Kuckuck; Z II. 9. Juni 1853 c. Bußmann; das letztere dieser Erkenntnisse hielt die Anwendung des § für gerechtfertigt, obgleich der Angeklagte behauptete, er habe die Beschädigung nur vorgenommen, um die Gemeinde, zu welcher er gehöre, im Besitze einer ihr angeblich zustehenden durch die betreffende Sache behinderten Dienstbarkeit zu erhalten; erwogen ward die §§ 137 flg. 94. Thl. I. Tit. 7, und § 275 Tit. 9 des ALR. gäben zu einer solchen eigenmächtigen Handlung kein Recht — Dabei kommt es nicht einmal darauf an, ob die zum Zwecke der Selbsthulfe vorsätzlich zerstörte fremde Sache den polizeilichen Anordnungen entsprach, oder nicht. Z. I. 21. Dez. 1855 c. Swabina u. Gen.

3. Ist der auf Beschädigung 2c. der fremden Sache gerichtete Vorsatz vorhanden, so ist es gleichgultig, ob auch der Vorsatz den Eigenthümer der Sache zu beschädigen vorgewaltet habe. Z. I. 5. Okt. 1853 c. Mehlberg. *Contra:* Temme Lehrb. s. 1039 III.

4. Ob die Beschädigung 2c aus Muthwillen, Bosheit, oder zu welchem andern Zwecke statt gefunden habe, ist hiernach für die Anwendung des § gleichgultig, und nur Strafzumessungsgrund. Bes. s. 518, 519 I; G. Matt. 2. s. 626; Temme Gll. s. 307.

5. Die Beschädigung 2c. der Sache muß eine solche sein, daß sie einen Vermögensnachtheil herbeiführt (vgl Rubrum des Tit). Temme Lehrb s. 939 II, 3.

6. Ueber den Begriff der Rechtswidrigkeit ist das oben n. 2 citirte Z. II. 9. Juni 1853 c. Bußmann zu vergleichen.

7. Wo eine besondre gesetzliche Vorschrift (z. B. die Ost-Preußische Forst-Ordn. v. 3. Dez. 1775 Tit. 10. § 10; Tit. 14 § 32) dem Jagdberechtigten gestattet, die in seinem Reviere ledig, d. h. nicht am Stricke geführt und ungeknüppelt, resp. ungelähmt umherlaufenden Hunde zu erschiessen, fallt eine solche Handlung nicht unter § 281. Z I. 4 Okt. 1854 c. Supplieth. Im ehemaligen Großherzogthume Berg, und auf dem linken Rheinufer hat dagegen der Jagdberechtigte eine solche Befugniß nicht; eine derartige Handlung würde daher dort nach § 281 strafbar sein. V. Kass.-Hof 12. Okt. 1840 c. Zahn (Rh. Arch 30. 2 A. s 75; Volkmar s. 389); Erk App.-Ger.-Hof zu Köln vom 15. März 1853 c. Schillings (Tr. Ann. 7. s 278). *Contra:* Z. K.-H. c. v. den Bosch (Volkmar s. 392). Die Gouv.-Verordn. für den Nieder- und Mittel-Rhein v 18 Aug 1814 § 9 Nr. 3 gestattet das Erschiessen der frei umherlaufenden Hunde nur den Forstern.

§. 282. Wer Gegenstände der Verehrung einer im Staate bestehenden Religionsgesellschaft, oder Sachen, die dem Gottesdienste gewidmet sind, oder Grabmäler, öffentliche Denkmäler, Gegenstände der Kunst, der Wissenschaft oder des Gewerbes, welche in öffentlichen Sammlungen aufbewahrt werden oder öffentlich aufgestellt sind, oder Gegenstände, welche zum öffentlichen Nutzen oder zur Verschönerung öffentlicher Wege oder Anlagen dienen, vorsätzlich zerstört oder beschädigt, wird mit Gefängniß nicht unter vierzehn Tagen bestraft. Auch kann auf zeitige Untersagung der Ausübung der bürgerlichen Ehrenrechte erkannt werden.

[Entw. § 256.] Vgl. § 281 106 135; FPO. v. 1. Nov. 1847 § 42. 43. 45.

§. 283. Wer vorsätzlich ein Gebäude, ein Schiff, eine Brücke, einen Damm, eine gebaute Straße, eine Eisenbahn oder ein sonstiges Bauwerk, welche fremdes Eigenthum sind, ganz

---

8. Vorausgesetzt wird eine fremde Sache; der Eigenthümer selbst, oder seine Stellvertreter, (zu welchen auch der Ehemann hinsichtlich der Sachen seiner Frau zu zählen ist,) können das Vergehen nicht verüben. B 5 Nov. 1851 c Leinung. Vgl zu § 286 n. 9.

9. Das oben (n. 2) cit. Z. II. 9. Juni 1853 c. Bußmann deutet beiläufig an: daß eine im ruhigen Besitze eines Andern sich befindende Sache als eine fremde anzusehen sei.

10. Die Beschädigung rc. der Sachen muß eine körperliche sein; Eingriffe in fremde Berechtigungen (z B. Nachdruck) fallen nicht unter den § G. Matt. 2. f 627 n. 4; Temme Ell f. 607; id Lehrb. f 1039.

11. Die Beschädigung rc. muß die Folge der eignen körperlichen Thätigkeit des Angeklagten sein; es gehört daher der Fall nicht hierher, wo Jemand den Eigenthümer der Sache in einen Irrthum versetzt, und ihn so selbst zur Beschädigung rc veranlaßt. Temme Lehrb. f. 1039.

12. Ueber das Verhältniß dieses § zu den Bestimmungen der Feld-Pol-Ordn. v. 1. Nov. 1847 § 41—43. vgl. § 45 ibid.

§. 282.

1. Der § bezieht sich auf die Gegenstände aller im Staate bestehenden Religionsgesellschaften, ohne Unterschied, ob dieselben Korporationsrechte erlangt haben, oder nicht Komm.-B. II. K. f 142.

2. Bei den dem Gottesdienste gewidmeten Gegenständen bedarf es einer Weihe nicht. G. Matt. 2 f 629 n. 3; f. 268 III. vgl. zu § 135 n. 14

3. Zu den Grabmälern gehören auch die Grabhügel. B. I. 8. Apr. 1853 c. Göldner (Entsch 25. f. 236).

4. Ueber das Verhältniß dieser die Grabmäler betreffenden Bestimmung zu § 137 vgl. zu diesem n. 3

5. Insoweit es sich von Gegenständen der Kunst rc. handelt, ist rücksichtlich des Verhältnisses dieses § zu § 106 die Bemerkung zu § 106 n. 6. zu vergleichen.

6. Die vorsätzliche Beschädigung oder Zerstörung von Alleebäumen an öffentlichen Wegen oder in öffentlichen Anlagen ist jetzt nach diesem § strafbar; der § 42 Nr 3 (früher § 43 Nr. 2.) der Feld-Pol.-Ordn. v. 1. Nov. 1847 ist hiernach rücksichtlich jener nur insofern anwendbar, als es sich von Alleen in Privatanlagen handelt B. I. 10 Feb 1852 c. Podach; G. Matt. 2. f. 629 n. 5; vgl. Komm.-Ber. II. K. f 142.

oder theilweise zerstört, soll mit Gefängniß nicht unter zwei Monaten bestraft werden.

[Entw § 257.] Vgl. § 281. 244. 285. 289. 301. 303.

§. 284. Wenn sich mehrere Personen zusammenrotten und bewegliche oder unbewegliche Sachen eines Anderen plündern, verwüsten oder zerstören, so werden dieselben mit Zuchthaus bis zu funfzehn Jahren bestraft; zugleich kann auf Stellung unter Polizei-Aufsicht erkannt werden.

[Entw. § 258.] Vgl. § 91. 92. 96. 214; Ges. v. 4 Juni 1851 § 10: (G.S. S. 453).

---

§. 283.

1. Die Anwendbarkeit dieses § ist dadurch bedingt, daß nicht die besondern Voraussetzungen vorliegen, nach welchen einer der §§ 244; 285; 289; oder 301 auf den Fall passen würde

2. Im Allgemeinen, insbesondre rücksichtlich der Vorsätzlichkeit, sind die Bemerkungen zu § 281 zu vergleichen.

3. Theilweise Zerstörung des Gefängnisses zum Zwecke der Selbstbefreiung Seitens eines Gefangenen fällt unter diesen §; vgl. zu § 281 n. 2, zu § 94 n. 3, und unten n. 7.

4. Das Brückengeländer ist ein Theil der Brücke, seine Zerstörung ist theilweise Zerstörung der Brücke. B. 30. Juni 1852 c. Bauer u. Gen. Vgl. aber n. 6. 7.

5. Als „Bauwerk" kann nur eine unbewegliche Sache angesehen werden. G Matt 2. S 630 n. 2. Eine bewegliche auf einem Schlitten ruhende Hirtenbude fällt daher nicht unter diesen Begriff. Vgl. Beschl. I. 24 Nov. 1854 c. Olzewski (G. A. 3. S. 141). Vgl. zu § 286 n. 2. und zu § 220 n. 3.

6. Im Uebrigen gehört es zur thatsächlichen Beurtheilung: was als „Bauwerk" zu betrachten sei; es kann unbedenklich ein Mühlenwehr hierher gerechnet werden. Z. I. 21. Dez. 1855 c. Swabina u. Gen. Gleichwohl nahm ein (einen Kompetenzkonflikt schlichtender) Beschl I. 24. Nov 1854 c. Olzewski (G. A. 3. S. 141) an, aus der Gleichstellung mit Gebäuden, Schiffen ɪc. folge, daß nur Sachen, welche ihrem Werthe oder ihrer Bestimmung nach, von erheblicher Bedeutung seien, zu den Bauwerken gezählt werden könnten.

7. Nicht jede unbedeutende Beschädigung an einem Gebäude ɪc. z. B. Zerschlagen einer Fensterscheibe, Ausbrechen einiger Steine kann als ein „theilweises Zerstören" des Gebäudes angesehen werden, es wird vielmehr vorausgesetzt, daß das Gebäude ɪc. ganz oder theilweise zu seiner Bestimmung unbrauchbar gemacht worden sei; bei kleineren Beschädigungen kann nur § 281 Platz greifen. Ob das eine oder das andere vorliege, ist Gegenstand der thatsächlichen Beurtheilung. Vgl. G. Matt. 2. S. 630 n. 3; Gilb. C. pén. Art. 437. n. 2. 3

§. 284.

1. In Betreff des hier aufgestellten Thatbestandes (des s. g. „Landfriedensbruchs") sind namentlich § 91 und die Bemerkungen zu demselben zu vergleichen.

2. Zwei Personen genügen auch hier nicht, da der § „mehrere" verlangt; vgl. zu § 91 n. 1.

3. Ueber den Begriff des „Zusammenrottens" vgl. zu § 91 n. 2—4. und zu § 96 n. 7—11.

4. Daß die Zusammenrottung auch hier, wie im Falle des § 91, öffentlich statt gefunden habe, wird nicht erfordert; es läßt sich nicht mit Temme (Lehrb. S. 1040) behaupten, daß ein Zusammenrotten ohne Oeffentlichkeit sich nicht denken lasse.

5. Das Zusammenrotten ist hier in eine wesentliche Verbindung mit den rechtsverletzenden Handlungen gesetzt, welche im § mit Strafe bedroht sind; diese Handlungen müssen vermittelst der Zusammenrottung verübt sein, was aber auch dann statt findet, wenn nur Einer im Beisein der zusammengerotteten

Siebenundzwanzigster Titel.

Gemeingefährliche *) Verbrechen und Vergehen.

§. 285. Wegen Brandstiftung wird mit zehnjähriger bis lebenslänglicher Zuchthausstrafe, und wenn durch den Brand ein Mensch das Leben verloren hat, mit dem Tode bestraft:

Menge die Handlungen verübt. Z. II. 20. Dez. 1855 c. Niermann (Präj. n. 195 JMBl 1856 f. 18; G. A 4. f. 208). Ein Handeln mit vereinten Kräften, wie es § 91 voraussetzt, ist sonach hier nicht erforderlich. *Contra:* Temme Lehrb. f 1040. Vgl. G. Matt. 2. f. 631 n. 4.

6. Ob das Verbrechen gegen öffentliches oder Privateigenthum gerichtet sei, ist für den Thatbestand an sich gleichgültig. G. Matt. 2. f. 631 n. 1.

7. Es ist nicht unstatthaft die verschiedenen im § vorgesehenen Handlungen des Plünderns, Verwüstens oder Zerstörens alternative in der den Geschwornen vorgelegten Frage zusammen zu fassen, und es genügt, wenn die letztere in dieser alternativen Fassung einfach bejaht wird, weil hier eine und dieselbe Thatäusserung nur in verschiedene Beziehung auf den Erfolg gesetzt ist in der Art, daß nur eine dieser Beziehungen zum Thatbestande erfordert wird, und weil die Auffassung dieser Beziehungen bei den einzelnen Richtern der That subjektiv verschieden sein kann, ohne daß der Eine darum ein anderes Thun als der Andre bestrafen will. Z. II. 20. Dez. 1855 c. Niermann (JMBl. 1856 f. 18; G. A. 4. f 208). Vgl. zu § 34 n. 33

8. Dem Plündern, Verwüsten, Zerstören steht ein blosses Beschädigen nicht gleich. Komm.-Bericht II. K f. 143; ein solches kann daher, auch wenn es von mehreren zusammengerotteten Personen bewirkt wird, nur nach § 281 bestraft werden.

9. Ein Landfriedensbruch kann leicht in einen Aufruhr (§ 91) übergehen, wenn der Zweck der Plünderung rc mit Widerstand gegen die einschreitende öffentliche Macht verfolgt wird. G. Matt. 2. f. 630 n. 1. Vgl. zu § 91 n. 3.

*) Siebenundzwanzigster Titel.

1. Der Begriff der Gemeingefährlichkeit der in diesem Titel zusammengefaßten Verbrechen rc. ist nicht bestimmt genug, um den gesetzlichen Thatbestand der einzelnen Verbrechen rc. danach abzumessen; wo daher nicht ausdrücklich zu diesem Thatbestande des Einzel-Verbrechens rc. erfordert wird, daß dasselbe mit Gefahr für das Leben oder Eigenthum Andrer verübt worden sei (§ 290 291. 292 294. 301. 303) bedarf es der Feststellung des Vorhandenseins einer solchen Gefahr nicht. Bes. f 523. *Contra:* Temme f. 1045; Vgl. zu § 39 n. 3. — Ja selbst der Nachweis, daß im Einzelfalle eine wirkliche Gemeingefahr nicht obgewaltet, z B. im Falle des § 285 Nr. 2, daß zur Zeit der Brandstiftung sich kein Mensch in dem Gebäude aufgehalten habe, beseitigt die Anwendbarkeit des Strafparagraphen nicht, wenn die Voraussetzungen desselben vollständig vorliegen.

2. Der Vorsatz braucht stets nur auf die Vornahme der Handlung selbst gerichtet zu sein, nicht auch auf die Herbeiführung der Gefahr, sollte auch die objektive Gefährlichkeit ein wesentliches Merkmal des betreff. Verbrechens rc. sein. Vgl. § 294 n. 1, und Komm.-Ber. II. K. zu § 302 [Entw. § 274] f. 150. Es genügt daher in diesen Fällen beim Angeklagten das Bewußtsein dieser Gefährlichkeit, und bedarf es selbst einer besondern Feststellung desselben nicht, vielmehr kann nur die festgestellte Abwesenheit dieses Bewußtseins die Anwendbarkeit der Strafe ausschliessen Vgl. § 44 und dort n. 7; ferner zu § 287 n. 1, und zu § 302 n. 1; Riedel Abh. in G. A. 2. f. 339; Zachariä Abh. in G. A. 3. f 294

§. 285.

1. Der Begriff der „vorsätzlichen Brandstiftung“ hat eine allgemein bekannte und unbestrittene Bedeutung, kann also in die den Geschwornen vorgelegte Frage aufgenommen werden. Z. II. 10 Apr. 1856 c. Görner (Schellenberg u. Gen. JMBl. f. 124).

1) wer vorsätzlich ein Gebäude, ein Schiff oder eine Hütte, welche zur Wohnung von Menschen dienen, oder ein zum Gottesdienste bestimmtes Gebäude in Brand setzt;

2) wer vorsätzlich ein Gebäude, ein Schiff oder eine Hütte, welche zeitweise zum Aufenthalt von Menschen dienen, zu einer Zeit in Brand setzt, in welcher darin Menschen sich aufzuhalten pflegen;

---

2. Der Feststellung der speziellen Handlung, durch welche der Brand herbeigeführt worden, bedarf es nicht. Z. I. 11. April 1856 c. Marode. Vgl. n. 5.

3. Die Brandstiftung wird vollendet, sobald der Brand von dem Zündstoffe dem zu entzündenden Gegenstande mitgetheilt ist; daß derselbe in eine Flamme ausgebrochen sei, kann nicht verlangt werden; auch ein glimmendes oder schwehlendes Feuer genügt, zumal da bei manchen brennenden Gegenständen ein Flammenausbruch gar nicht erfolgt Bes f. 524 I; G. Matt. 2 f. 648 n. 1. 2 4. *Contra:* Z 17. Nov. 1852 c Kennitz u. Gen. (Entsch 24. f 196) in Beziehung auf eine fahrlässige Brandstiftung; (bei der vorsätzlichen ist die Frage weniger erheblich, da sie stets ein Verbrechen, der Versuch also mit der gleichen Strafe wie die vollendete That bedroht ist) *Sic:* Temme Gll f. 309 id. Lehrb. f. 1055; an der letztern Stelle verlangt dieser auch noch, daß der angezündete Gegenstand vom Feuer wenigstens zum Theil zerstört sei; ohne irgend eine Beschädigung dürfte freilich die Mittheilung des Brandes nicht denkbar sein. — Die Feststellung es sei „Feuer angelegt“ worden genügt jedenfalls nicht. V. I. 3. Feb 1853 c Gartmann (Hartmann u. Gen. G A. 2 f. 242)

4. Dagegen ist zur Vollendung des Verbrechens der Eintritt einer Gemeingefährlichkeit entschieden nicht erforderlich. *Contra:* Temme Lehrb. f. 1055. Vgl. zu Tit. 27. n 1

5. In der den Geschwornen vorzulegenden Frage bedarf es der Angabe der Art und des Mittels der Verübung der Brandstiftung nicht. Z. II. 23 Nov. 1854 c Schrör (G. A 3. f. 114). Vgl. n 2.

6. Der Vorsatz braucht hier nur auf das „in Brand setzen“ gerichtet zu sein. Auf den fernern Zweck kommt Nichts an, der § ist daher auch dann anwendbar, wenn Jemand einen Brand stiftete nur in der Absicht in der dadurch hervorgerufenen Unordnung einen Diebstahl zu vollführen. Daher läßt sich nicht mit Temme (Lehrb. f. 1053) sagen: der Vorsatz müsse dahin gerichtet sein, den anzuzündenden Gegenstand durch das Feuer ganz oder theilweise zu zerstören. Vgl. zu Tit. 27. n 1. 2.

7. Inwiefern beim Thäter das Bewußtsein der Gemeingefährlichkeit vorausgesetzt werde und festzustellen sei, vgl. zu Tit. 27. n. 2.

8. Erfolgt die Brandstiftung in betrügerischer Absicht an einer gegen Feuersgefahr versicherten Sache der im § 285 (286 oder 287) erwähnten Art, so liegt unbedenklich ideale Konkurrenz mit dem im § 244 vorgesehenen Verbrechen vor, und § 55 wird anwendbar. Beschl. II. 15. (22) Sept. 1853 c. Fißmer (G. A. 2. f. 560). Das scheinen Temme (Lehrb. f. 1054 Note 3) und John (Abh. in G. A. 3. f. 58) mit Unrecht zu bezweifeln; vgl. oben zu § 244 n. 1.

9. „Wird auf Grund des § auf zeitige Zuchthausstrafe erkannt, so „darf dieselbe (nach § 10.) zwanzigjährige Dauer nicht übersteigen.“ V. I. 18. April 1853 c. Bartusch (Präj. n. 32; Entsch. 25. f 253; G. Arch. 1 f. 581). Vgl. auch § 305.

10. Begeht ein Strafunmündiger die im § vorgesehene Handlung mit Unterscheidungsvermögen, so ist nicht § 43 Nr. 2, sondern Nr. 3. anwendbar, weil aus der Gleichstellung der lebenslänglichen Zuchthausstrafe mit der Todesstrafe hervorgeht, daß Nr. 2. jenes § sich nur auf solche Fälle bezieht, wo die lebenslängliche Strafe unbedingt angedroht ist. V. 28. Apr. 1852 c. Bußmann (JMBl. f. 246; Entsch. 22. f. 455; G. Arch. 1. f. 74).

3) wer vorsätzlich Eisenbahnwagen, Bergwerke oder andere zum Aufenthalt von Menschen zeitweise dienende Räumlichkeiten zu einer Zeit in Brand setzt, zu welcher sich Menschen darin aufzuhalten pflegen.

In allen diesen Fällen macht es keinen Unterschied, ob die in Brand gesetzten Gegenstände im Eigenthum des Thäters sind oder nicht.

[Entw. § 259.] Vgl. § 286 flg. 289. 305. 244. 213. 347 Nr. 4—9; Ges. v. 4. Juni 1851 § 8. 9 (G.S. S. 452).

---

11. Neben der zeitigen Zuchthausstrafe kann auch auf Stellung unter Polizei-Aufsicht erkannt werden. Vgl. § 305.

12. Soll Todesstrafe eintreten, so muß der Tod eines Menschen durch den Brand, d. h. also unmittelbar durch die Feuersbrunst (wenn auch nicht nothwendig durch das Feuer selbst) herbeigeführt sein; es gehört daher z. B. das Verunglücken durch herabstürzende Balken, durch Springen aus dem Fenster ebenfalls hierher, nicht aber wenn Jemand beim Wasserholen ertrinkt oder dgl. G. Matt. 2. S. 650 IV. Vgl. Komm.-B. II. K. S. 145.

13. Vorausgesetzt wird, daß der Vorsatz nicht auf die Tödtung gerichtet war, weil sonst Mord oder Todtschlag vorliegt. Auch sonst bedarf es eines realen Zusammenhangs zwischen der Absicht des Thäters, und dem in Folge seiner Handlung eingetretenen Verluste eines Menschenlebens nicht, und Todesstrafe ist auch dann verwirkt, wenn eine dem Urheber der Brandstiftung bis dahin ganz fremde zur Hülfeleistung herbeigeeilte Person durch den Brand ihren Tod findet. Daher ist die in G. Arch. 2. S. 130 mitgetheilte Entscheidung c. Noack nicht zu billigen.

Zu Nr 1.

14. Das Gebäude 2c. muß hier augenblicklich wirklich zur Wohnung dienen, es muß also ein „bewohntes Gebäude“ sein, ein zum Bewohnen bestimmtes genügt nicht. Z. 30. Juni 1852 c. Rettig u. Gen.; G. Matt. 2. S. 642 n. 4. Vgl. zu § 220. n. 8 fg. — Es soll indessen hinreichen, wenn in der den Geschwornen vorgelegten Frage, das Gebäude als das „Wohnhaus“ eines Menschen bezeichnet wird. So: Z. 30. Juni 1852 c. Rettig u. Gen.; Z. Kass. Hof 7. Sept. 1852 c. Völker (JMBl. S. 379). Vgl. zu § 220 n. 12. Zweckmässiger ist es aber jedenfalls die Fassung des § in der Fragstellung beizubehalten.

15. Ebenso genügt es, wenn das Gebäude auch nur dem Angeklagten allein zur Wohnung dient. Z. Kass.-Hof 7. Sept. 1852 c. Völker (JMBl. S. 379). G. Matt. 2. S. 643 n. 4. *Contra:* Temme Lehrb. S. 1050 Note 6.

16. Auch in Betreff des gottesdienstlichen Gebäudes muß verlangt werden, daß es dieser Bestimmung wirklich diene, da offenbar eben die Heiligkeit des Orts, und nicht allein die aus dem Brande einer Kirche entspringende große Gefahr, für die Vorschrift das Motif abgegeben hat. Temme Lehrb. S. 1051.

Zu Nr. 1. 2.

17. Es muß durch den Spruch der Geschwornen ausdrücklich festgestellt werden, daß die Brandstiftung an einem zur Wohnung von Menschen dienenden, oder an einem solchen Gebäude 2c. stattgefunden habe, in welchem sich zur Zeit Menschen aufzuhalten pflegen; ein Z. I. 7. Dez. 1853 c. Kühn (G. A 2. S. 102) hielt es für nicht genügend, wenn festgestellt werde: „es sei ein Gebäude, in welchem der Angeklagte selbst seine Schlafstelle hatte, in der Nacht in Brand gesetzt worden.“

Zu Nr. 2. 3.

18. Ebenso reicht es zur Anwendung der Nr. 2. nicht hin, wenn nur festgestellt ist: „es sei ein einem Andern zeitweise zum Aufenthalte dienendes Gebäude eines Tages, als dieser in demselben nächtigte, vorsätzlich in Brand gesetzt worden,“ weil daraus nicht hervorgeht, daß zur Zeit sich ein Mensch darin aufzuhalten pflegte. B. I. 8. Nov. 1854 c. Quast (G. Arch. 3. S. 113); B. I. 18. Apr. 1856 c. Gruhn.

§. 286. Wer vorsätzlich Schiffe, Gebäude, Hütten, Bergwerke, Magazine, Vorräthe von landwirthschaftlichen Erzeugnissen, Bau- oder Brenn-Materialien, Früchte auf dem Felde, Waldungen oder Torfmoore, welche fremdes Eigenthum sind, in Brand steckt, wird mit Zuchthaus bis zu zehn Jahren bestraft.

[Entw. § 260] Vgl. § 284. 286 289. 305 313. 347 Nr. 4—9; Ges. v. 4. Juni 1851 § 8 9. (G.S. s. 452).

---

19. Ist dagegen der Thatbestand, wie ihn die Nrn 2. und 3. voraussetzen, festgestellt, so ist es gleichgültig, ob sich zur Zeit der That wirklich ein Mensch im fraglichen Gebäude rc. aufhielt, oder nicht. G. Matt 2. s 642 n. 4; Temme Lehrb s. 1051.

Zu Nr. 1. 2. 3.

20. Wenn hier auch stets vom Aufenthalte von Menschen in der Mehrzahl die Rede ist, so genügt doch der Aufenthalt eines einzigen Menschen.

§. 286.

1. In Betreff des Vorsatzes vgl. zu Tit. 27. n 2. zu § 285. n 6.

2 Der § hat nur Sachen im Auge, welche ihrem Werthe oder ihrer Bestimmung nach von erheblicher Bedeutung sind, also Sachen, deren Zerstörung, insofern sie nicht durch Feuer bewirkt wird, unter die Vorschrift der qualifizirten Beschädigung oder Zerstörung (§ 283) fallen würde; daher ist eine auf einem Schlitten ruhende hölzerne Hirtenbude, von einem Werthe weniger Thaler, wenn sie auch dem Hirten zur Schlafstelle dient, keine Hütte im Sinne des § 286, sowie sie nicht als Bauwerk im Sinne des § 283 anzusehen wäre. So: Beschl I 24. Nov 1854 c. Olzewski (G. Arch. 3 s. 141). Vgl zu § 283. n. 5; zu § 220 n 3

3 Durch die Gleichstellung der Vorräthe von Früchten, Bau- und Brenn-Materialien mit Gebäuden, Schiffen und Magazinen soll angedeutet werden, daß nur erhebliche Quantitäten derartiger Gegenstände darunter zu verstehen seien; wogegen das Anzünden einer geringeren Quantität (insofern nicht § 287 zutrifft) nur als gewöhnliche Vermögensbeschädigung anzusehen wäre Komm.-B. II. K. s. 147. Von derselben Auffassung geht ein B. 16. Jan. 1852 c. Springstube (Entsch. 22. s. 75; G. Arch 1. s. 162) aus — Mit Rücksicht hierauf wird jedes Mal durch den Spruch der Geschwornen festzustellen sein, daß die in Brand gesteckte Quantität den Charakter eines Vorraths habe. Natürlich kommt es dabei aber nicht auf die wirklich verbrannte, sondern auf diejenige in unmittelbarem Zusammenhange sich findende Quantität an, welcher das Feuer mitgetheilt worden ist.

4. Der Ausdruck „landwirthschaftliche Erzeugnisse" ist gewählt, um sowohl Feld- und Wiesen- als Gartenfrüchte, insbesondre auch Heu und Stroh zu umfassen. Komm.-B. II. K. s. 146.

5. Als Gegensatz gegen die „Vorräthe landwirthschaftlicher Erzeugnisse" sollen die „Früchte auf dem Felde" hier nicht die noch auf dem Felde befindliche aber vom Boden bereits abgesonderte und zusammengebrachte Frucht, sondern nur solche Früchte bezeichnen, welche noch nicht vom Boden getrennt, noch stehend, oder doch wenigstens noch nicht zusammengebracht sind. B. 16. Jan. 1852 c. Springstube (Entsch. 22. s. 75; G Arch. 1. s. 262).

6. „Waldungen" umfassen hier auch kleinere Holzungen mit. Komm.-B. II. K. s. 146.

7. Die Aufzählung der einzelnen Gegenstände, welche der § enthält, ist auf andre Gegenstände als die genannten nicht auszudehnen, sollte auch ein gleicher Grund für sie sprechen; es ist daher der § auf Vorräthe andrer Waaren, welche sich nicht in Gebäuden oder Magazinen befinden, nicht anwendbar. *Contra:* Temme Lehrb. s. 1052 Note 2.

8. Der § setzt eine fremde Sache, also die Verletzung des Eigenthumsrechts eines Andern voraus; er ist daher unanwendbar, wenn die Handlung zwar durch

§. 287. **Wer vorsätzlich eigene oder fremde Sachen, welche vermöge ihrer Beschaffenheit und Lage geeignet sind, den in den §§ 285. und 286. genannten Gegenständen das Feuer mitzutheilen, in Brand setzt, soll ebenso bestraft werden, wie derjenige, welcher jene Gegenstände unmittelbar in Brand setzt.**

[Entw. § 261.] Vgl. § 289. 305 347 Nr 7

---

einen Dritten, aber im Einverständnisse mit dem Eigenthümer, oder gar in seinem Auftrage erfolgte; die Sache ist dann nicht als eine fremde zu betrachten, gleichzeitig fehlt aber auch der zum Verbrechen gehörige Dolus. Beschl. I. 21 Nov. 1855 c. Beidel (G. A. 4. f. 267).

9. Auch wenn der Stellvertreter des Eigenthümers, der also ein Recht hat über die Sache zu verfügen, (z. B. der Ehemann an den Sachen der Frau) die Handlung vornimmt, bleibt der § ausgeschlossen. Vgl. zu § 281. n. 8.

10. Die Existenz eines einem Dritten an der Sache zustehenden dinglichen Rechts, oder eine im Wege der Exekution erfolgte Beschlagnahme derselben, hebt das Eigenthum nicht auf; eine durch den Eigenthümer erfolgende Brandstiftung kann daher auch in einem solchen Falle nicht strafbar sein. Goltd. Matt. 2. f. 645. n. 6.

11. Ueber den Begriff und die Vollendung des „in Brand Steckens" (Setzens) vgl. zu § 285. n. 3.

12. Der Feststellung einer eingetretenen Gemeingefährlichkeit bedarf es nicht. Vgl. zu Tit. 27. n. 1. *Contra:* Temme Lehrb f 1052.

13. In Betreff der Statthaftigkeit der Stellung unter Polizei-Aufsicht neben der zeitigen Zuchthausstrafe vgl. § 305.

§. 287.

1. Muß hier der Vorsatz auch darauf gerichtet sein, den in den §§ 285 und 286 genannten Gegenständen das Feuer mitzutheilen? Es verneinen Z I. 29. Juni 1853 c. Weinert u. Gen (G. Arch. 2. f. 836); Z (V.) I. 20. Sept. 1854 c. Böhmke (G. Arch. ibid.); Z. I. 22. Feb. 1856 c. Weinert; vorzugsweise aus dem Grunde, weil der Entwurf von 1843 § 529 diese Absicht ausdrücklich erfordert habe, der betreffende Zusatz aber aus dem StGB. fortgelassen sei. Diese Ansicht scheint Goltdammer (Matt. 2. f. 649 III.) zu theilen. *Contra:* Temme Lehrb. f. 1054; John Abh. in G. Arch. 3. f. 58 (unter Bezugnahme auf den erwähnten Fall c. Böhmke) und Zachariä Abh. in G. Arch 3 f. 294. John sucht vorzugsweise den oben angeführten, der Entstehungsgeschichte des § 287 entlehnten Grund des Ober-Tribunals zu widerlegen, und folgert aus dem Worte „unmittelbar" am Schlusse des §, daß die Absicht des Thäters „über den objektiven Thatbestand des § 287 hinaus, in den der §§ 285 und 286 hinein zu ziehen sei", so daß auch hier die Absicht: die in diesen §§ genannten Gegenstände anzuzünden, als Begriffserforderniß angesehen werden müsse. Zachariä dagegen will die Vorschrift des § 287 dahin auffassen, daß ein besonders gefährlicher Fall des Versuchs in Betreff der in den §§ 285 und 286 erwähnten Objekte der Brandstiftung habe hervorgehoben, und unter Ausschluß der für die Versuchsstrafe im § 32 gegebenen Moderation, ganz der nämlichen Strafe habe unterworfen werden sollen, wie derjenige, „welcher jene Gegenstände unmittelbar in Brand setzt." Hierauf gestützt verlangt er, wie bei jedem Versuche, auch hier dieselbe Absicht, wie John, wobei es sich von selbst verstehe, daß dieser Dolus, wie in andern Fällen, aus den Umständen (ex re) entnommen werden müsse Diese letztere Ausführung dürfte in der Entstehungsgeschichte, und in der Fassung des § am wenigsten eine Begründung finden. Sieht man aber von dieser Deutung ab, so würde der § nach der ihm von John und Zachariä gegebenen Auslegung ganz überflüssig sein, da beim Vorhandensein jener Absicht unzweifelhaft ein Versuch des in den vorhergehenden §§ vorgesehenen Verbrechens vorläge. Es wird daher auch hier nicht ein auf Mittheilung des Feuers gerichteter Vorsatz, wohl aber eine Kenntniß der Gefahr beim Angeklagten vorausgesetzt, und diese Kenntniß (Bewußtsein)

§. 288. Wer durch Fahrlässigkeit einen Brand der in den §§ 285. bis 287. erwähnten Art verursacht, wird mit Gefängniß bis zu sechs Monaten, und wenn durch den Brand ein Mensch das Leben verloren hat, mit Gefängniß von zwei Monaten bis zu zwei Jahren bestraft.

[Entw. § 262.] Vgl. § 285—287 347 Nr. 4—9.

§. 289. Die in den §§ 285. bis 288. bestimmten Strafen kommen nach den dort aufgestellten Unterscheidungen auch

---

ist es, wodurch sich dieser Fall wesentlich von der im § 347 Nr. 7. vorgesehenen Uebertretung unterscheidet. Gleichwohl bedarf es auch hier einer ausdrücklichen Feststellung der Kenntniß nicht; vielmehr bleibt der oben zu Tit. 27 n 2. aufgestellte allgemeine Grundsatz maaßgebend, und es bedarf daher der Stellung einer diese Kenntniß betreffenden Frage an die Geschwornen nur dann, wenn der Angeklagte dieses ausdrücklich beantragt hat. In diesem Sinne erging Z. I. 27. Sept. 1854 c. Jaworski, welches besondres Gewicht darauf legt, daß § 360 des Entwurfs von 1847 die Kenntniß ausdrücklich als wesentliches Merkmal hervorhob, während das StGB. ihrer keine Erwähnung thut Vgl. G. Matt. 2. f 633

2. Der Ausdruck „Sachen" ist hier nicht im Gegensatze gegen die in den §§ 285 und 286 aufgezählten Gegenstände zu deuten, umfaßt vielmehr auch diese und namentlich auch Gebäude mit. Z. 19. Sept. 1851 c Peters (Entsch. 22. f. 76); Z. 20. Okt 1852 c. Zick.

3. Goltdammer (Matt 2. f. 646 n. 7) will die Worte: „vermöge ihrer Lage und Beschaffenheit" kumulative auffassen, und deshalb Anzündung eines Strohhaufens, von welchem der Wind das Flugfeuer entfernteren Gegenständen zutragen konnte, nicht hierher zählen; es wird indessen hier alles auf eine thatsächliche Beurtheilung ankommen, wobei nicht nur Lage und Beschaffenheit, sondern auch die Natur der angezündeten Gegenstände in Betracht kommen.

4. Daß den in den §§ 285 und 286 gedachten Gegenständen das Feuer wirklich mitgetheilt worden sei, ist zur Vollendung des hier vorgesehenen Verbrechens nicht erforderlich. Z. I 4 Jan 1856 c Harms (G. A. 4. f. 268).

5. Bewirkt ein freiwilliges Löschen des Feuers durch den Thäter Straflosigkeit desselben? Es bejaht Zachariä Abh. in G. Arch. 3. f. 297, gestützt auf seine oben n. 1. erwähnte Ausführung, nach welcher § 287 nur einen besonders gefährlichen Fall des Versuchs vorsähe.

6. Statthaftigkeit der Stellung unter Polizei-Aufsicht neben der zeitigen Zuchthausstrafe vgl. § 305.

§. 288.

1 Dieser § muß in allen Fällen zur Anwendung kommen, wo Fahrlässigkeit einen Brand an den in den §§ 285—287 bezeichneten Gegenständen zur Folge gehabt hat. Z. I 21. Feb. 1855 c. Prenzel.

2. Der Feststellung einer Gemeingefährlichkeit bedarf es daher auch hier nicht. *Contra:* Temme Gll. f. 310. Vgl. zu Tit. 27. n. 1.

3. Ein Z. 17. Nov. 1852 c. Kemnitz u. Gen (Entsch. 24. f. 196) verlangte zum Thatbestande, daß das angezündete Feuer in Flammen ausgebrochen sei, und wollte ein blos glimmendes oder schwehlendes Feuer nicht für genügend erachten. Vgl. zu § 285 n. 3.

4. Auch hier wird, damit die höhere Strafe des Schlußsatzes Platz greife, vorausgesetzt, daß durch den Brand ein Mensch sein Leben verloren habe, vgl. zu § 285 n. 12.

§. 289.

1. Unter „andere Räumlichkeiten" sind die im § 285. Nr. 3. genannten zu verstehen. Komm.-B. II. K. f. 147.

gegen denjenigen zur Anwendung, welcher durch Gebrauch von Pulver oder anderen explodirenden Stoffen Gebäude, Hütten, Schiffe, Magazine oder andere Räumlichkeiten zerstört.

[Entw. § 263.] Vgl § 345 Nr. 3. 4.

§. 290. Wer mit Gefahr für das Leben Anderer vorsätzlich eine Ueberschwemmung verursacht, soll mit zehnjähriger bis lebenslänglicher Zuchthausstrafe, und wenn in Folge der Ueberschwemmung ein Mensch das Leben verliert, mit dem Tode bestraft werden.

[Entw. § 264] Vgl. § 285. 291—293. 301. 305; Ges. v 28. Feb. 1843 § 4. 13. (G.S. S. 41); Vdn. v. 9 Jan. 1845 (G.S. S. 35); Ges. v. 4 Juni 1851 § 8. 9. 10. (G.S. S. 452); Rh. Rural-Ges. v. 28. Sept.—6. Okt. 1791 Tit. 2. Art. 15

§. 291. Wer mit gemeiner Gefahr für das Eigenthum, jedoch nicht mit Gefahr für das Leben Anderer, vorsätzlich eine Ueberschwemmung verursacht, soll mit Zuchthaus von fünf bis zu zwanzig Jahren bestraft werden.

[Entw. § 264 a.] Vgl. § 286. 290. 292. 301. 305. und die zu § 290 citirten Gesetze.

---

2. Auf die im § 286 noch aufgezählten Vorräthe, Waldungen und Torfmoore ist § 289 nicht zu beziehen.

3. Vorausgesetzt wird hier eine Zerstörung, eine blosse Beschädigung reicht daher nicht hin. Z I. 29. Juni 1853 c Markiewicz (G. Arch. 1. S. 546); Vgl. Goltd. Matt. 2. S. 648 n. 4.

4 Ob die Zerstörung durch ein Anzünden, Zersprengen oder wie sonst erfolgt, ist gleichgültig. Temme Lehrb. S 1050.

§. 290.

1. In Betreff des Vorsatzes vgl. zu Tit. 27. n. 2; zu § 294. n. 1; G. Matt. 2. S. 633 n. 1 Zu bemerken ist, daß hier die Fassung des §, welche der Vorsätzlichkeit der Handlung erst nach der (objektiven) Gefährlichkeit Erwähnung thut, entschieden für jene Auffassung spricht.

2. Das Verbrechen ist hier erst durch den Eintritt der Ueberschwemmung vollendet. G. Matt. 2. S. 652 n. 4. Der Durchbruch des Wassers, selbst wenn er vom Angeklagten allein nicht mehr zu bewältigen ist, genügt für sich noch nicht. Koch S. 1067 n. 98 *Contra:* Temme Gll. S. 311; id. Lehrb. S. 1060

3. Ueber die Dauer der zeitigen Zuchthausstrafe vgl. zu § 285. n. 9.

4. Statthaftigkeit der Stellung unter Polizei-Aufsicht neben der zeitigen Zuchthausstrafe vgl. § 305.

5. Die Fassung dieses § weicht insofern von der des entsprechenden § 285. ab, als hier der Verlust eines Menschenlebens nicht durch, sondern nur in Folge der Ueberschwemmung verlangt wird; es reicht deshalb hin, wenn der Tod auch nicht sofort und unmittelbar durch die Ueberschwemmung bewirkt ist, sobald er nur in ursächlichem Zusammenhange mit derselben steht. Komm.-B. II. K. S. 148; Bes. S. 530; G Matt. 2. S. 653 n. 5. Vgl. zu § 285. n. 12.

6 Ueber den Unterschied des hier vorgesehenen Falls von dem des § 301., vgl zu diesem § n. 1.

§. 291.

1. Unter „gemeiner Gefahr“ ist die Gefährdung in unbestimmter Ausdehnung, deren Ausdehnung also bei ihrem Ursprunge nicht ermessen werden kann, also mindestens die Gefährdung des Eigenthums Mehrerer zu verstehen; die Gefähr-

§. 292. Gegen den, welcher eine solche Ueberschwemmung (§ 290. und § 291.) vorsätzlich, aber nur in der Absicht verursacht, sein Eigenthum vor Gefahr zu schützen, soll auf Gefängniß nicht unter zwei Jahren erkannt werden.

[Entw. § 264 b.] Vgl. § 290. 291

§. 293. Wer eine Ueberschwemmung durch Fahrlässigkeit verursacht, wird mit Gefängniß bis zu sechs Monaten, und wenn in Folge der Ueberschwemmung ein Mensch das Leben verloren hat, mit Gefängniß von zwei Monaten bis zu zwei Jahren bestraft.

[Entw. § 265.] Vgl. § 288. 290. 291. 295. 301

§. 294. Wer vorsätzlich an Eisenbahnanlagen, deren Transportmitteln oder anderem Zubehör solche Beschädigungen verübt, oder auf der Fahrbahn durch Aufstellen, Hinlegen oder Hinwerfen von Gegenständen, oder durch Verrückung von Schie-

---

bung des Eigenthums eines Einzelnen reicht daher nicht aus. G. Matt. 2. s. 651 n. 2. Hier würde in der Rhein-Provinz Art. 15. des Rural-Gesetzes Platz greifen.

2. Rücksichtlich des Vorsatzes vgl. zu Tit. 27. n. 2. und zu § 290 n. 1.

3. Statthaftigkeit der Stellung unter Polizei-Aufsicht; vgl. § 305.

4. Verhältniß des § zum § 301, vgl. zu diesem n. 1.

§. 292.

1. Ein eigentlicher Nothstand, welcher jede Strafe ausschliessen würde, wird hier nicht vorausgesetzt; es handelt sich nur von einem Milderungsgrunde Temme Lehrb. s. 1060 Note 4.

2. Im Uebrigen sind die Bemerkungen zu § 290. 291. zu vergleichen.

3. Verhältniß des § zum § 301. vgl. zu diesem n. 1

§. 293.

1. Dieser § verweist nicht, wie § 288, auf die entsprechenden §§, welche von der vorsätzlichen Verursachung einer Ueberschwemmung handeln. Es hat indessen offenbar nicht in der Absicht des Gesetzgebers gelegen, hier jede Ueberschwemmung, auch wenn sie nicht gemeingefährlich ist, mit der angedrohten Strafe zu belegen, da ja selbst die Strafbarkeit der vorsätzlichen Handlung, durch den gemeingefährlichen Charakter derselben bedingt ist; es wird dieses auch durch die Fassung des § 295. und insbesondre durch die des § 301. (welcher für den Fall der Fahrlässigkeit dasselbe Strafmaaß bestimmt) bestätigt. Daher bedarf es auch hier der Feststellung einer eingetretenen Gefahr nach Maaßgabe der §§ 290 oder 291. E. 1. 27. Feb. 1856 c. Skazidroga; vgl. auch § 288.

2. Der Verlust eines Menschenlebens braucht auch hier nicht durch die Ueberschwemmung eingetreten zu sein, es genügt, wenn er in Folge derselben stattfand. Vgl. zu § 290. n. 5.

3. Im Uebrigen sind die Bemerkungen zu § 288. 290. 291. zu vergleichen.

4. Verhältniß dieses § zum § 301. vgl. zu diesem n. 1.

§. 294.

1. In Betreff der Vorsätzlichkeit vgl. zu Tit 27. n. 2; zu § 290. n. 1. Daß der Vorsatz (die Absicht) hier nicht auf die Hervorbringung einer Gefahr für die Transporte gerichtet zu sein braucht, geht überzeugend aus der Vdn. v. 30. Nov. 1840 (aus welcher nach den Motiven s. 75. dieser § übernommen ist) hervor, indem der § 1. derselben fast wörtlich mit § 294. übereinstimmt, sodann aber § 3. verfügt,

nen oder auf andere Weise solche Hindernisse bereitet, daß dadurch der Transport auf der Bahn in Gefahr gesetzt wird, hat Zuchthaus bis zu zehn Jahren verwirkt.

Hat die Handlung die schwere Körperverletzung eines Menschen (§ 193.) zur Folge gehabt, so tritt Zuchthausstrafe von zehn bis zu zwanzig Jahren, und hat in Folge der Handlung ein Mensch das Leben verloren, die Todesstrafe ein.

[Entw. § 266.] Vgl. § 295 299. 300. 305. (Vdn. v. 30 Nov 1840. G.S. 1841 S. 9); Ges. v 4. Juni 1851 § 10. (G.S. S. 453); Ges v. 14 Apr. 1856 Art. II. (G.S. S. 219).

§. 295. Wer fahrlässigerweise durch Handlungen der im § 294. bezeichneten Art den Transport auf einer Eisenbahn in Gefahr setzt, wird mit Gefängniß bis zu Einem Jahre, und wenn dadurch ein Mensch das Leben verloren hat, mit Gefängniß von zwei Monaten bis zu drei Jahren bestraft.

Eine gleiche Strafe haben die zur Leitung der Eisenbahnfahrten und zur Aufsicht über die Bahn und den Transportbetrieb angestellten Personen (Eisenbahnbeamten) verwirkt, wenn sie durch Vernachlässigung der ihnen obliegenden Pflichten einen Transport in Gefahr setzen.

[Entw § 267.] Vgl § 294. 288. 293. 299. 300. (Vdn. v. 30. Nov. 1840. G.S. 1841 S. 9).

§. 296. Wer gegen eine Telegraphenanstalt des Staates oder einer Eisenbahngesellschaft vorsätzlich Handlungen verübt, welche die Benutzung dieser Anstalt zu ihren Zwecken verhindern oder stören, wird mit Gefängniß von drei Monaten bis zu drei Jahren bestraft.

Handlungen dieser Art sind insbesondere: die Wegnahme, Zerstörung oder Beschädigung der Drahtleitung der Apparate und sonstigen Zubehörungen der Telegraphenanlagen, die Ver-

---

daß die Strafe bei der Zumessung zu steigern sei, wenn der Thäter die Hervorbringung der Gefahr beabsichtigt habe *Contra:* Erk. Kamm.-G. 17. März 1856 c. Freiert.

2. Statthaftigkeit der Stellung unter Polizei-Aufsicht vgl § 305.

3. Rücksichtlich des in Folge der Handlung eingetretenen Verlusts eines Menschenlebens vgl. zu § 290. n. 5. Zu bemerken ist, daß § 295. wieder die Fassung hat: „wenn dadurch ein Mensch das Leben verloren hat"; diese Ungenauigkeit erklärt sich dadurch, daß bei Eisenbahnunglücken die Unterscheidung, auf welche beim § 290. gerücksichtigt worden, nicht leicht eintreten wird.

§. 295.

1. Ueber den ursächlichen Zusammenhang zwischen der Handlung und dem stattgehabten Verluste eines Menschenlebens vgl. zu § 294. n. 3, zu § 290. n. 5.

§. 296.

1. Ueber die Vorsätzlichkeit der Handlung vgl. zu Tit. 27. n. 2, und zu 290. n. 1.

bindung fremdartiger Gegenstände mit der Drahtleitung, die Fälschung der durch den Telegraphen gegebenen Zeichen, die Verhinderung der Wiederherstellung einer zerstörten oder beschädigten Telegraphenanlage, die Verhinderung der bei der Telegraphenanlage angestellten Personen in ihrem Dienstberufe.

[Entw. § 268.] Vgl § 297—300. (Vdn. v 15. Juni 1849, G.S. f. 217); (Bekanntm. v. 4 Jan. 1850. G S. f 7); Ges. v. 4. Juni 1851 § 10. (G S. f 453)

§. 297. Ist in Folge der vorsätzlich verhinderten oder gestörten Benutzung der Telegraphenanstalten ein Mensch am Körper oder an der Gesundheit beschädigt worden, so trifft den Schuldigen Zuchthaus bis zu zehn Jahren, und wenn ein Mensch das Leben verloren hat, Zuchthaus von zehn bis zu zwanzig Jahren.

[Entw. § 269.] Vgl. § 296 298—300 305. (Vdn. v. 15 Juni 1849. G S. f 217); (Bekanntm. v. 4. Jan 1850. G.S. f. 7); Ges v 4 Juni 1851 § 10. (G.S f 453)

§. 298. Wer gegen eine Telegraphenanstalt des Staates oder einer Eisenbahngesellschaft fahrlässigerweise Handlungen verübt, welche die Benutzung dieser Anstalt zu ihrem Zwecke verhindern oder stören, wird mit Gefängniß bis zu sechs Monaten, und wenn dadurch ein Mensch das Leben verloren hat, mit Gefängniß von zwei Monaten bis zu zwei Jahren bestraft.

Eine gleiche Strafe haben die zur Beaufsichtigung und Bedienung der Telegraphenanstalten und ihrer Zubehörungen angestellten Personen (Telegraphenbeamten) verwirkt, wenn sie durch Vernachlässigung der ihnen obliegenden Pflichten die Benutzung der Anstalt verhindern oder stören.

[Entw. § 270.] Vgl. § 596. 297. 299. 300. (Vdn. v. 15. Juni 1849. G.S. f. 217); (Bekanntm. v. 4. Jan. 1850. G.S. f. 7).

§. 299. Eisenbahnbeamte und Telegraphenbeamte, welche wegen eines der in den §§ 294. bis 298. bezeichneten Ver-

---

§. 297.

1. Daß die Körper- oder Gesundheitsbeschädigung, wie im Falle des zweiten Absatzes des § 294, eine schwere sein müsse, kann nicht verlangt werden; auch § 2. der Vdn. v. 15. Juni 1849 enthält nichts Aehnliches. *Contra:* Temme Lehrb. f. 1063 Note 1.

2. Statthaftigkeit der Stellung unter Polizei-Aufsicht vgl. § 205.

§. 298.

1. Ueber den ursächlichen Zusammenhang zwischen der That und dem Verluste eines Menschenlebens vgl. zu § 294. n. 3. und zu § 290 n. 5.

§. 299.

1. Wer hier unter „Eisenbahn- und Telegraphen-Beamten“ zu verstehen sei, ergiebt sich aus den zweiten Absätzen der §§ 295. und 298. Danach bedarf es keineswegs einer Anstellung im mittel- oder unmittelbaren Staatsdienste.

brechen oder Vergehen verurtheilt werden, sollen zugleich zu einer Beschäftigung im Eisenbahn- und Telegraphen-Dienste für unfähig erklärt werden.

[Entw. § 271.] Vgl. § 294—298. 300 (Vdn. v. 30. Nov. 1840 § 6. G.S. 1841 S. 10); (Vdn. v. 15. Juni 1849 § 5 G.S. S. 218).

§. 300. Die Vorsteher einer Eisenbahngesellschaft, sowie die Vorsteher der Telegraphenanstalt einer Eisenbahngesellschaft, welche die Entfernung des verurtheilten Beamten nach der Mittheilung des rechtskräftigen Erkenntnisses nicht sogleich bewirken, sollen mit einer Geldbuße von zehn bis zu Einhundert Thalern oder mit einer Gefängnißstrafe bis zu drei Monaten bestraft werden.

Gleiche Strafe trifft den für unfähig erklärten Eisenbahn- oder Telegraphen-Beamten, wenn er sich nachher bei einer Eisenbahn oder Telegraphenanstalt wieder anstellen läßt, sowie diejenigen, welche ihn wieder angestellt haben, obwohl denselben die Unfähigkeitserklärung bekannt war.

[Entw. § 272.] Vgl. § 294—299 (Vdn. v. 30. Nov. 1840 § 7. G.S. 1841 S. 10); (Vdn. v. 15. Juni 1849 § 6. G.S. S. 218).

§. 301. Wer vorsätzlich Wasserleitungen, Schleusen, Wehre, Deiche, Dämme oder andere Wasserbauten, oder Brücken, Fähren, Wege oder Schutzwehre zerstört oder beschädigt, oder wer in schiffbaren Strömen, Flüssen oder Kanälen das Fahrwasser stört, und durch eine dieser Handlungen Gefahr für das Leben oder die Gesundheit Anderer herbeiführt, wird mit Gefängniß nicht unter drei Monaten bestraft.

---

2. Die Unfähigkeitserklärung hat selbstverständlich den Verlust der zur Zeit bekleideten Stelle zur Folge, vgl. § 300. 22

§. 300.

1. Die ganze Vorschrift dieses § bezieht sich auf Staatsbeamten nicht mit; gegen sie ist im Disciplinarverfahren einzuschreiten. Temme Lehrb. S. 1063 Note 3. 4.

§. 301.

1. Geschieht die hier vorgesehene Handlung in der Absicht, dadurch eine Ueberschwemmung herbeizuführen, so werden die §§ 290. flgg. anwendbar, indem eventuell ein Versuch der dort gedachten Verbrechen vorliegen wird. Bes S. 534; vgl. G. Matt. 2. S. 652 n. 3.

2. In Betreff der Vorsätzlichkeit vgl. zu Titel 27. n. 2.

3. Die Vorschrift des § bezieht sich auf Privatwege ebensowohl, wie auf öffentliche. Z. II, 15. Nov. 1855 c. Bittmann u. Gen.

4. Hiernach darf auch der Eigenthümer eines solchen Privatwegs denselben nicht in einer Weise zerstören, oder beschädigen, daß dadurch für das Leben oder die Gesundheit Andrer eine Gefahr herbeigeführt wird. Vgl. n. 6.

5. Wenn hier auch von einer für Andere (in der Mehrzahl) herbeigeführten Gefahr die Rede ist, so genügt es doch, wenn das Leben oder die Gesundheit auch

Hat in Folge einer dieser Handlungen ein Mensch eine schwere Körperverletzung (§ 193.) erlitten, so tritt Zuchthaus bis zu funfzehn Jahren, und hat in Folge einer dieser Handlungen ein Mensch das Leben verloren, zehnjährige bis lebenslängliche Zuchthausstrafe ein.

Liegt einer solchen Handlung Fahrlässigkeit zum Grunde, und ist dadurch ein Schaden entstanden, so ist auf Gefängniß bis zu sechs Monaten, und wenn in Folge derselben ein Mensch das Leben verloren hat, auf Gefängniß von zwei Monaten bis zu zwei Jahren zu erkennen.

[Entw. § 273.] Vgl. § 290—293. 283; 349 Nr. 1. 2; Ges. v. 14. April 1856 Art. II. (G.S. S. 219).

§. 302. Wer vorsätzlich die zur Sicherung der Schiffahrt bestimmten Feuerzeichen oder andere zu diesem Zwecke aufgestellte Zeichen zerstört, wegschafft, oder unbrauchbar macht, oder dergleichen Feuerzeichen auslöscht, oder falsche Zeichen, welche geeignet sind, die Schiffahrt unsicher zu machen, aufstellt, insbesondere zur Nachtzeit auf der Strandhöhe Feuer anzündet, welches die Schiffahrt zu gefährden geeignet ist, wird mit Zuchthaus bis zu zehn Jahren bestraft.

---

nur eines Einzigen gefährdet ist; einer Gemeingefährlichkeit (vgl. Rubrum des Tit. 27.) bedarf es hier entschieden nicht.

6. Ob der Andre, für dessen Leben ꝛc. eine Gefahr herbeigeführt wird, ein Recht zur Benutzung der betreffenden Anlage (z. B. des Privatwegs) hatte, ist gleichgültig. Z. II. 15. Nov. 1855 c. Bittmann u. Gen.

7. Geschah die Beschädigung oder Zerstörung in diebischer Absicht, so tritt der Fall einer idealen Konkurrenz ein (§ 55.) Bes. S. 534.

8. Im dritten Absatze bildet im Falle eines Handelns aus Fahrlässigkeit der Eintritt eines Schadens die Bedingung der Strafbarkeit; mit Rücksicht auf den Eingang des § genügt aber auch hier ein Vermögens-Schaden nicht, vielmehr wird hier ebenfalls ein Schaden an Leben oder Gesundheit verlangt; Temme Lehrb. S. 1064 Note 4; dagegen läßt sich mit demselben Schriftsteller (ibid Note 5) nicht behaupten, daß mindestens eine schwere Körperverletzung vorausgesetzt werde; daß dieses im Absatze zwei verlangt wird, läßt einen Schluß auf den im Schlußabsatz vorgesehenen Fall nicht zu.

§. 302.

1. Die Kommission der zweiten Kammer hat zu diesem § in Betreff des Aufstellens falscher Zeichen, insbesondre des Anzündens eines Feuers auf der Strandhöhe, in ihrem Berichte (S. 150) hervorgehoben, daß hier zum Dolus nicht eine auf einen bestimmten gesetzwidrigen Erfolg gerichtete Absicht, sondern nur das Bewußtsein des Thäters erfordert werde, daß die Handlung einen derartigen Erfolg haben könne; es sei daher die betreffende Bestimmung des § auf den Fall zu beschränken, wenn der Thäter mit dem Bewußtsein handle, daß dadurch die Schifffahrt gefährdet werde; in Fällen, in welchen es an einem solchen Bewußtsein mangle, sei zu einer Bestrafung (sofern nicht etwa Fahrlässigkeit vorliege) kein genügender Grund vorhanden. Mit Rücksicht hierauf sind die Worte „welches die Schifffahrt zu gefährden geeignet ist“ in den § eingeschoben worden. Hieraus folgt indessen keineswegs, daß es in jedem Falle einer ausdrücklichen Feststellung jenes Bewußtseins

Ist in Folge der Handlung ein Schiff gestrandet, so tritt Zuchthaus von zehn bis zu zwanzig Jahren, und hat dadurch ein Mensch das Leben verloren, die Todesstrafe ein.

Liegt der Handlung Fahrlässigkeit zum Grunde, und ist dadurch ein Schaden entstanden, so ist auf Gefängniß bis zu sechs Monaten, und wenn in Folge der Handlung ein Mensch das Leben verloren hat, auf Gefängniß von zwei Monaten bis zu zwei Jahren zu erkennen.

[Entw. § 274.] Vgl. § 301. 303. 305 244. Westpreuß. Strand-Ordn. v. 31. Dez. 1801. I. § 3 (v. Rabe 6. S. 701.)

§ 303. Wer vorsätzlich die Strandung oder das Sinken eines Schiffes bewirkt, und dadurch Gefahr für das Leben eines Anderen herbeiführt, wird mit Zuchthaus von zehn bis zu zwanzig Jahren, und wenn in Folge der Handlung ein Mensch das Leben verloren hat, mit dem Tode bestraft.

Liegt der Handlung Fahrlässigkeit zum Grunde, und ist dadurch ein Schaden entstanden, so ist auf Gefängniß bis zu sechs Monaten, und wenn in Folge der Handlung ein Mensch das Leben verloren hat, auf Gefängniß von zwei Monaten bis zu zwei Jahren zu erkennen.

[Entw. § 275.] Vgl. § 302. 305. 244. 283.

§. 304. Wer vorsätzlich Brunnen oder Wasserbehälter, welche zum Gebrauche Anderer dienen, oder Waaren, welche zum öffentlichen Verkaufe oder Verbrauche bestimmt sind, vergiftet, oder denselben Stoffe beimischt, von denen ihm bekannt

---

bedürfe, vielmehr wird auch hier das oben zu Titel 27. n. 2. und zu § 44. n. 7 Gesagte Platz greifen müssen.

2. Die Vorschrift dieses § bezieht sich keineswegs allein auf die Seeschifffahrt, sondern allgemein auf jede Schifffahrt. G. Matt. 2. S. 657 n. 2.

3. Statthaftigkeit der Stellung unter Polizei-Aufsicht neben der zeitigen Zuchthausstrafe vgl. § 305.

§. 303.

1. Wird die Strandung vorsätzlich in höchster Noth zur Rettung der Mannschaft bewirkt, so fällt der § von selbst fort, weil dann nicht durch diese Handlung die Gefahr für das Leben Anderer herbeigeführt wird. Vgl. G. Matt. 2. S. 658 n. 2; Temme Lehrb. S. 1066.

2. War das Schiff oder seine Ladung versichert, und geschah die Handlung in betrügerischer Absicht, so wird in idealer Konkurrenz auch § 244. anwendbar; vgl. zu § 244. n. 1; G. Matt. 2. S. 658 n. 4.

§. 304.

1. Ueber den Begriff des Gifts vgl. zu § 197. n. 1.

2. Unter „Waaren" sind hier nicht blos Handelswaaren, sondern alle beweglichen verkäuflichen oder verbrauchbaren Sachen zu verstehen. Vgl. G. Matt. 2. S. 660 n. 2; Riedel Abh. in G. Arch. 2. S. 339.

ist, daß sie die menschliche Gesundheit zu zerstören geeignet sind, ingleichen wer solche vergiftete oder mit gefährlichen Stoffen vermischte Sachen wissentlich und mit Verschweigung dieser Eigenschaft verkauft oder feilhält, wird mit Zuchthaus von fünf bis zu funfzehn Jahren bestraft.

Hat in Folge der Handlung ein Mensch das Leben verloren, so tritt die Todesstrafe ein.

Liegt der Handlung Fahrlässigkeit zum Grunde, und ist dadurch ein Schaden entstanden so ist auf Gefängniß bis zu sechs Monaten, und wenn in Folge der Handlung ein Mensch das Leben verloren hat, auf Gefängniß von zwei Monaten bis zu zwei Jahren zu erkennen.

[Entw. § 274] Vgl. § 305. 197. 345 Nr. 5.

§. 305. Gegen diejenigen, welche wegen eines der in den §§ 285, 286, 287, 289, 290, 291, 294, 297, 301, 302, 303, 304 genannten Verbrechen zu zeitiger Zuchthausstrafe verurtheilt werden, kann zugleich auf Stellung unter Polizei-Aufsicht erkannt werden.

[Entw. § 277.] Vgl. § 26

§. 306. Wer die Absperrungs- oder Aufsichts-Maaßregeln oder Einfuhrverbote, welche von der Regierung zur Ver-

---

3. Es sind daher nicht etwa nur solche Sachen, welche genossen werden, sondern unbedenklich auch Kleidungsstücke, Tapeten 2c. hierher zu zählen.

4. Die Bestimmung, welche die zum Verkaufe 2c. bestimmten Waaren zum Gegenstande hat, hat den Fall vor Augen, wo ein Dritter die von einem Andern zum Verkaufe 2c bestimmten Waaren vergiftet; geht dagegen die Vergiftung vom Eigenthümer der Sachen aus, welcher also jeden Augenblick die Bestimmung derselben verändern kann, so wird das Verbrechen erst durch das Feilhalten oder durch den wirklichen Verkauf vollendet; inwiefern die von ihm ausgegangene Vergiftung ohne ein hinzugetretenes Feilhalten 2c. als Versuch des Verbrechens angesehen werden könne, ist Gegenstand thatsächlicher Beurtheilung.

5. Eine Waare ist als zum öffentlichen Verkaufe 2c. bestimmt anzusehen, wenn sich diese ihre Bestimmung durch ihre äussere Jedem erkennbare Lage oder Beschaffenheit kund giebt. Riedel Abh. in G. Arch. 2. s. 341.

6. Durch die Bestimmung zum öffentlichen Verkaufe oder Verbrauche unterscheidet sich der Fall des § 304 von dem im § 197. vorgesehenen, resp. dem Versuche dieses Verbrechens; es bezieht sich daher das Erforderniß der Oeffentlichkeit nicht blos auf den Verkauf, sondern auch auf den Verbrauch

7. Zum öffentlichen Verkaufe oder Verbrauche ist die Waare bestimmt, wenn sie nicht blos einer einzelnen im voraus genau erkennbaren Person, sondern jedem dazu Lusttragenden unter den geeigneten Bedingungen zugänglich gemacht ist.

8. Statthaftigkeit der Stellung unter Polizei-Aufsicht neben der zeitigen Zuchthausstrafe, vgl. § 305.

§. 305.

— — — — — — — — — — — — — — — — — — — —

hütung des Einführens oder Verbreitens einer ansteckenden Krankheit angeordnet worden sind, übertritt, wird mit Gefängniß bis zu zwei Jahren bestraft.

Ist in Folge der Uebertretung ein Mensch von der ansteckenden Krankheit ergriffen worden, so tritt Gefängniß von zwei Monaten bis zu drei Jahren ein.

[Entw. § 278.] Vgl. § 307. Patent v. 2. April 1803; Vdn. v. 8. Aug. 1835 nebst Regulativ v. 28. Okt. 1835 (G.S. f. 240); Vdn. v. 27. März 1836 (G.S. f. 173).

§. 307. Wer die Absperrungs- oder Aufsichts-Maaßregeln oder Einfuhrverbote, welche von der Regierung zur Verhütung des Einführens oder Verbreitens von Viehseuchen an-

---

§. 306.

1 „Unter den in den §§ 306. 307 bezeichneten Absperrungs- oder Aufsichts-„Maßregeln, oder Ausfuhrverboten sind nur die von den Landespolizeibehörden er-„lassenen, nicht aber auch die in frühern Gesetzen enthaltenen zu verstehen.“ Es sind sonach die ältern Gesetze mit ihren Strafbestimmungen, soweit diese besondere sind, und nicht blos auf das frühere allgemeine Strafrecht verweisen (vgl. Einf.-Gesetz Art. III.), in Kraft geblieben.: Z. Pl. 26. Feb. 1855 c. Köhnk (Präj. n. 143; JMBl. f 128; Entsch. 29. f. 474; 30 f. 314; G A. 3. f. 265). Früher *Contra*: B. I. 27. Mai 1853 c. Bohnstedt (G A. 2 f. 268; 3. f. 265); B I. 6. Jan. 1854 c. Bouvain (G. A. ibid.), welche annahmen die §§ (306 und) 307 enthielten die Strafandrohung für die Uebertretung aller, diese Materie betreffenden, Polizeiverbote. So auch G. Matt. 2. f 662 Note 1; Temme Lehrb. f. 1068 Note 2

2. Unter „Regierung“ ist hier nach dem Sprachgebrauche des StGB. eine Landespolizeibehörde, also mindestens die Bezirksregierung, nicht aber jedes Organ der Staatsregierung im Allgemeinen, insbesondre also nicht jede Ortspolizeibehorde zu verstehen Z I. 13 Jan 1854 c. Handtke (Präj. n. 75; Entsch. 26. f. 479; 27. f. 142; G. A. 2. f. 268); Z. Pl. 26. Feb. 1855 c. Köhnk (JMBl. f. 128; Entsch 29. f. 474; 30 f. 314; G A 3. f 265). *Sic*; Bes. f. 539. I; G. Matt. 2 f. 662 n. 2; Koch f. 1071 n. 9 Ebenso sind auch die Landräthe unter jener Bezeichnung nicht mit begriffen. Die Lokalbehörden können die Befolgung ihrer sanitätspolizeilichen Anordnungen nur in Gemäßheit der §§ 23 und 120 des Regul. v. 8. Aug 1835 sicher stellen Z II. 3. Mai 1856 c. Herbertz. *Contra*: Temme Lehrb. f 1068. Es erscheint allerdings als zweifelhaft, ob das StGB. hier die Ressortverhältnisse der verschiedenen Verwaltungsbehörden für die betreffende Materie habe feststellen wollen. Vgl. Ges. v 11. März 1850 § 6 f. (G.S. f. 265)

3. Im § 306 ist nur von Krankheiten, welche Menschen befallen, die Rede; gleichgültig ist es dagegen, ob nur die Menschen denselben ausgesetzt, oder ob sie diesen und Thieren gemeinschaftlich sind, oder endlich, ob sie vielleicht nur bei Thieren entstehen, aber sei es in derselben, sei es in einer andern Form auf Menschen sich übertragen können (z. B. Milzbrand und schwarze Blattern). P. I. 14. Juli 1855 c. Dreyer u. Gen. (G. A. 2. f. 837).

4 Ob die Handlung vorsätzlicher oder fahrlässiger Weise geschieht, ist für den Thatbestand gleichgültig, und nur Strafzumessungsgrund, Bes. f. 539 II.

5. Im zweiten Absatze bezieht sich das Wort „Uebertretung“ auf das „übertritt“ im ersten Absatze; es ist daher gleichbedeutend mit Zuwiderhandlung; an die technische Bedeutung desselben (vgl. § 1) ist dabei nicht zu denken, da die Handlung ein Vergehen darstellt.

§. 307.

1. Es sind hier die zum § 306 gemachten Bemerkungen zu vergleichen.

geordnet worden sind, übertritt, wird mit Gefängniß bis zu Einem Jahre bestraft.

Ist in Folge der Uebertretung Vieh von der Seuche ergriffen worden, so tritt Gefängniß von einem Monate bis zu zwei Jahren ein.

[Entw. § 279.] Vgl. § 306; und die Citate zu § 306.

§. 308. Wer die mit einer öffentlichen Behörde geschlossenen Lieferungsverträge über Bedürfnisse des Heeres zur Zeit eines Krieges, oder über die Zufuhr von Lebensmitteln zur Abwendung oder Beseitigung eines Nothstandes, vorsätzlich entweder nicht zur bestimmten Zeit, oder nicht in der vorbedungenen Weise erfüllt, soll mit Gefängniß nicht unter sechs Monaten bestraft werden; auch kann gegen denselben auf zeitige Untersagung der Ausübung der bürgerlichen Ehrenrechte erkannt werden.

Liegt der Nichterfüllung des Vertrages Fahrlässigkeit zum Grunde, und ist ein Schaden dadurch wirklich entstanden, so ist auf Gefängniß bis zu zwei Jahren zu erkennen.

Dieselben Strafen finden auch gegen die Unterlieferanten, Agenten und Bevollmächtigten des Lieferanten Anwendung, welche mit Kenntniß des Zwecks der Lieferung das Unterbleiben derselben vorsätzlich oder aus Fahrlässigkeit verursachen.

[Entw. § 280]

Achtundzwanzigster Titel.
Verbrechen und Vergehen im Amte. *)

---

§. 308.

1. Bei den über Bedürfnisse des Heers zur Zeit eines Kriegs abgeschlossenen Verträgen, braucht nur die Lieferung der Vereinbarung gemäß in die Kriegszeit zu fallen; daß auch die Abschliessung des Vertrags in dieselbe Zeit falle, ist nicht erforderlich. Bef. s. 541 II.

2 Kenntniß des Zwecks der Lieferung wird beim Lieferanten allerdings vorausgesetzt; Motive s 76. Es wird auch der Feststellung dieser Kenntniß bedürfen, weil sonst für ihn kein solcher Lieferungsvertrag, wie der § voraussetzt, vorläge.

3. Einer besondern Rechtswidrigkeit der Nichterfüllung, wie Temme (Lehrb. s. 1069) glaubt, bedarf es entschieden nicht; da der § Vorsätzlichkeit oder Fahrlässigkeit erheischt, so ist nicht zu besorgen, daß der Strafrichter in einem Falle strafen könnte, wo der Civilrichter den Fiskus mit seiner Klage auf Erfüllung zurückweisen würde.

*) Achtundzwanzigster Titel.

1. Rücksichtlich der Frage, wer als Beamter anzusehen sei, vgl § 331, und die Bemerkungen zu demselben; zu vergleichen sind auch die Bemerkungen zu § 89 n. 1—5. und zu § 102 n. 8—20.

2. Das Disciplinarverfahren gegen richterliche und nicht richterliche

§. 309. Ein Beamter, welcher für eine in sein Amt einschlagende, an sich nicht pflichtwidrige Handlung oder Unterlassung Geschenke oder andere Vortheile annimmt, fordert oder sich versprechen läßt, zu denen er gesetzlich nicht berechtigt ist, wird mit Geldbuße bis zu Einhundert Thalern oder mit Gefängniß bis zu sechs Monaten bestraft, und zur Herausgabe des Empfangenen oder des Werths desselben an den Fiskus verurtheilt; es kann zugleich auf zeitige Unfähigkeit zu öffentlichen Aemtern erkannt werden.

[Entw. § 281.] Vgl. § 310—313. 331. 326 327. 25.

Beamten ist geregelt durch die Gesetze v. 7 Mai 1851 (G.S. S. 218) und 21. Juli 1852 (G.S. S. 465).

3. Ueber die Statthaftigkeit eines Disciplinarverfahrens wegen solcher Handlungen, welche bereits Gegenstand eines strafgerichtlichen Verfahrens sind, oder gewesen sind, vgl. Ges. v. 7. Mai 1851 § 3 4; Ges. v. 21. Juli 1852 § 4. 5.

4. Die disciplinarische Verfolgung wird durch den Ablauf der im Strafgesetzbuche vorbestimmten Verjährungsfrist nicht ausgeschlossen. Erk. des Ob.-Tr. V. Sen. 29. Mai 1855; Vgl. Erk. Kass.-Hof 16. März 1852 c. K. (JMBl. S. 164). G. Matt. 2. S. 667; Koch S. 1082 n. 58.

5. Verletzungen der Amtspflichten aus Fahrlässigkeit können, von den Fällen der §§ 320 und 322 abgesehen, nur noch im Disciplinarwege verfolgt werden B. 1. Okt. 1852 c. Fischedick.

6. In Betreff der Konflikte bei gerichtlichen Verfolgungen wegen Amts- und Diensthandlungen, vgl. Ges. v. 13 Feb. 1854 (G.S. S. 86).

7. Ueber die Wirkung, Dauer und Berechnung der in diesem Titel mehrfach angedrohten zeitigen Unfähigkeit zu öffentlichen Aemtern vgl. § 25.

§. 309.

1 Die Annahme rc. des Vortheils rc. muß für die Amtshandlung oder ihre Unterlassung statt gefunden haben, d. h sie muß mit derselben in einem ursächlichen Zusammenhange stehen. G. Matt. 2. S. 670 n 3; Temme Gll S. 316 Hiernach trifft der § offenbar nicht zu, wo Unterbeamte für kleine dem Publikum geleistete Gefälligkeiten, welche, wenn auch während der Ausübung des Amtes geleistet, doch in keiner Weise ins Amt einschlagen, z. B. Trinkgelder annehmen.

2. Gleichgiltig ist es, ob die Amtshandlung (oder Unterlassung) eine bereits statt gehabte, oder eine noch bevorstehende, künftige ist. G. Matt. 2. S. 669; Temme Gll. S. 316.

3. Die Vortheile sind keineswegs auf Vermögensvortheile zu beschränken; G. Matt. 2. S 671 Temme Lehrb. S. 1074. Früher *Contra:* id. Gll. S 316. Man wird daher alles hierher rechnen müssen, was zur Befriedigung der Sinnlichkeit, oder zur Beförderung der Eitelkeit oder des Ehrgeizes rc dient; selbst vorübergehende Genüsse (z. B. reichliche Bewirthungen) können den Charakter eines solchen Vortheils unter Umständen annehmen. *Contra:* Koch S. 1072 n. 14; vgl. auch Goltd. l. c. S. 671 Note 2.

4. Daß auch versteckte Vortheile, z. B. Verkauf einer Sache für einen überaus geringen Kaufpreis, hierher zu rechnen sei, ist unbedenklich. G. Matt. 2. S. 671 Note 2.

5. Auch Gebühren-Ueberhebungen oder Ueberschreitungen gehören hierher; insoweit nicht § 326. zutrifft; G. Matt. 2. S. 670 n. 4; Koch S. 1072 n. 15.

6. Den Rechts-Anwalten gestattet gleichwohl das Ges. v. 12. Mai 1851 § 9. (G.S. S. 658) die Annahme eines ohne Aufforderung von der Partei gegebenen Geschenks, und nach Zustellung seiner Liquidation die Annahme eines den Betrag seiner Gebühren und Auslagen übersteigenden Honorars. Nach Rheinischem Rechte

§. 310. Ein Beamter oder Schiedsrichter, welcher für eine Handlung oder Unterlassung, die eine Verletzung einer amtlichen Pflicht enthält, Geschenke oder andere Vortheile annimmt, fordert oder sich versprechen läßt, wird mit Zuchthaus bis zu fünf Jahren bestraft, und zur Herausgabe des Empfangenen oder des Werths desselben an den Fiskus verurtheilt.

Wird festgestellt, daß mildernde Umstände vorhanden sind, so soll auf Gefängniß nicht unter sechs Monaten und zugleich auf zeitige Unfähigkeit zu öffentlichen Aemtern erkannt werden.

[Entw. § 282.] Vgl. § 309. 311—313. 331. 25.

---

ist den Advokaten durch das Dekret v. 14. Dez. 1810 Art 43. gestattet, ihre Honorarien, vorbehaltlich einer dem Disciplinarrathe und eventuell dem Gerichte zustehenden Ermässigung, selbst zu taxiren. So weit diese Bestimmungen zutreffen, ist § 309. selbstredend ausgeschlossen; im übrigen ist er auch auf Rechts-Anwalte, Anwalte, Notarien, Gerichtsvollzieher u. s. w. unbedenklich anwendbar. Vgl. Bes s. 552 b.; G. Matt 2. s 668 n. 1. und unten zu § 326 n. 2. 3.

7. Vorausgesetzt wird überhaupt, daß der Beamte zu den betreffenden Vortheilen **nicht berechtigt** sei; wo also die bestehende Gesetzgebung die Annahme bei hinzutretender Genehmigung der vorgesetzten Dienstbehörde gestattet, kann von der Anwendbarkeit des § 309. keine Rede sein. Komm.-B. I. K. s 47.

8. Ob die **Annahme** durch den Beamten selbst, oder aber mit seinem Wissen und Willen durch einen Dritten für ihn, insbesondre durch seine Angehörigen erfolgt, ist gleichgültig; ein durchaus passives Dulden der Annahme durch einen Angehörigen würde schon strafbar sein. Bes s. 552 c; G. Matt. 2. s. 672 n. 7; Temme Gll. s 316 Note.

9. Als **Annahme** ist es auch anzusehen, wenn ein Beamter das ohne sein Wissen ihm Zugewendete (an seine Angehörigen Abgegebene) nach erlangter Kenntniß nicht zurückgiebt, oder für das vor dieser Kenntnißnahme bereits Verzehrte nicht Ersatz leistet. Z I. 2 März 1853 c. Deutsch.

10. Die Verurtheilung zur **Herausgabe** des **Empfangenen** oder seines Werths an den Fiskus, stellt eine Strafe (der Konfiskation) dar; es muß daher vom Straf-Richter auf dieselbe erkannt, und nicht etwa der betreffende Anspruch des Fiskus einem Civilverfahren vorbehalten werden.

11. Die betreffende Vorschrift bezieht sich nur auf das **Empfangene**, und ist auf das **Geforderte** oder **Versprochene** nicht auszudehnen. Bes. s 552 d.

12. Auch die **zeitige Unfähigkeit** zu öffentlichen **Aemtern** hat den Charakter einer fakultativen Strafschärfung, nicht etwa blos den einer Besserungsmaaßregel Z. I. 2. März 1853 c. Deutsch.

13. **Theilnahme** an dem hier vorgesehenen Vergehen durch Nichtbeamte ist nicht strafbar, vgl § 331.

§. 310.

1. Unter den „**Schiedsrichtern**" sind hier auch „**Schiedsmänner**" mit zu verstehen. Komm.-B. I. K. s. 47.

2. Die Vorschrift ist auch hier nicht auf den Fall beschränkt, wo die Annahme rc. in Beziehung auf eine **künftige Amtshandlung** statt findet; auch wer für eine bereits stattgehabte Verletzung seiner Amtspflicht Geschenke fordert, oder annimmt rc. fällt unter den §; daß § 311 sich nur auf eine künftige Handlung bezieht (vgl dort n. 3.), läßt einen Schluß auf § 310. nicht zu. *Contra:* Temme Lehrb. s. 1074 und Note 5

3. Geschah die **Annahme** rc. für eine künftige rc. Handlung, so ist das Verbrechen **vollendet**, ohne daß es auch noch der wirklichen Begehung der Pflichtwidrigkeit bedürfte. G. Matt. 2. s. 673 n. 8.

§. 311. Wer durch Anbieten, Versprechen oder Gewähren von Geschenken oder anderen Vortheilen einen Beamten, ein Mitglied der bewaffneten Macht oder einen Schiedsrichter zu einer Handlung oder Unterlassung, die eine Verletzung einer amtlichen Pflicht enthält, bestimmt oder zu bestimmen versucht, wird mit Gefängniß bestraft; es kann zugleich auf zeitige

---

4. Ja es bedarf dazu beim Beamten nicht einmal der Absicht, die ihm zugemuthete Pflichtwidrigkeit zu begehen; der Dolus liegt hier in dem Bewußtsein der Annahme ꝛc. eines Vortheils, welcher für eine vom Bestechenden gewollte Pflichtwidrigkeit gewährt wird. Temme Lehrb. f. 1075 n 7. (wo aber statt „Bestochenen" „Bestechenden" zu lesen ist). Vgl. G. Matt. 2. f 673 n. 8. Dagegen fällt es offenbar nicht unter die Strafvorschrift, wenn der Beamte das Dargebotene nur hinnimmt, um sich ein Beweismittel gegen den Bestechenden zu sichern, weil er es in diesem Falle überhaupt nicht „annimmt".

5. Der § ist anwendbar, wenn ein Chaussee-Gelderheber es unterläßt, von einzelnen Personen das verschuldete Chausseegeld zu erheben, und als Entgelt dafür sich von diesen Personen Dienste in seinem Privat-Interesse leisten läßt. Just.-Min.-Verf v. 28 Jan. 1854. Vgl. Entw. 1843 § 606, und Revision Pensum III. f. 112 flg; vgl. zu § 241. n. 38 und zu § 324. n. 18.

6. Trifft die Begehung einer den Thatbestand eines Verbrechens oder Vergehens bildenden Pflichtwidrigkeit mit einer (vorhergegangenen, oder darauf folgenden) Bestechung zusammen, so liegt in der Regel reale Konkurrenz vor, weil jede Handlung für sich selbstständig dasteht, und das Verbrechen vollendet ist, ohne daß es des Hinzutritts der andern bedürfte; nur dann wenn zum Begriffe des durch die Pflichtwidrigkeit begangenen Verbrechens ꝛc. eine gewinnsüchtige Absicht gehörte, und der gesuchte Gewinn, eben nur in der Gewinnung des angenommenen geforderten oder versprochenen Vortheils läge, würde bloß ideale Konkurrenz anzunehmen sein *Contra:* G. Matt. 2. f. 673 n 9, welcher unter allen Umständen stets nur ideale Konkurrenz erkennen will.

7. Im Uebrigen sind die Bemerkungen zu § 309. zu vergleichen.

§. 311.

1 Gleichgültig ist es, ob das Anbieten ꝛc eines Geschenks an den Beamten persönlich, oder nur mittelbar z B durch Uebersendung an seine Frau statt gefunden habe, sobald nur feststeht, daß dadurch der Beamte selbst bestimmt werden sollte. Z. I. 14. Juli 1852 c. Arndtheim.

2. Auch hier ist unter „Schiedsrichter" ein Schiedsmann mit zu verstehen, vgl. zu § 310. n 1.

3. Die Handlung ꝛc., zu welcher bestimmt werden soll, kann hier offenbar nur eine künftige sein; wer also einem Beamten für eine bereits begangene Pflichtwidrigkeit etwas anbietet, oder gewährt, ist straflos, vgl. zu § 310. n 2.

4. Ob die betreffende Handlung eine Verletzung der Amtspflichten enthalten haben würde, ist im Allgemeinen eine thatsächliche nach den Umständen zu lösende Frage. Z. I. 5. Mai 1854 c. Liebes.

5. Es bedarf der Feststellung nicht, daß der Beamte, wenn er die ihm zugemuthete Handlung vorgenommen haben würde, nothwendig seine Amtspflichten verletzt hätte, sobald nur feststeht, daß die Bestechung zu dem Zwecke geschehen oder versucht sei, den Beamten für den Fall zur Vornahme jener Handlung zu bestimmen, wo er sie für pflichtwidrig erkannt haben würde. So Erk App.-Ger. Arnsberg v. 24. Mai 1855 c. Siepe (Wienand u. Gen.); und das in derselben Sache ergangene Z. II. 11 Okt. 1855; das letztere ging auf die obige Frage, da sie weiter nicht angeregt war, nicht näher ein, wies aber die Nichtigkeitsbeschwerde zurück, obgleich Verletzung des § 311. behauptet war Ebenso ist ein Bestechungsversuch, durch welchen ein Beamter bestimmt werden soll, von einem zu seiner Kunde gekommenen auf die Verübung eines Vergehens hindeutenden Vorgange keine Anzeige zu machen,

Untersagung der Ausübung der bürgerlichen Ehrenrechte erkannt werden.

Die zum Zwecke der Bestechung gegebenen Geschenke oder der Werth derselben sind dem Fiskus im Urtheile zuzusprechen.

[Entw. § 283.] Vgl. § 309. 310. 312. 313. 331. 34 Nr. 1.

---

selbst dann strafbar, wenn auch nicht festgestellt worden ist, daß jenes Vergehen wirklich verübt, und die Anzeige deshalb nothwendig gewesen sei, da der betreffende Beamte auch im Falle eines bei ihm obwaltenden nicht widerlegten Verdachts zur Anzeige verpflichtet ist, und die später erfolgende Widerlegung dieses Verdachts an dieser frühern Verpflichtung Nichts ändern kann. B. I. 12. Okt. 1855 c. Kreil u. Gen. (G. A. 4. s. 268).

6 Der Ausdruck „bestimmt" hat den Fall im Auge, wo der Beamte zur wirklichen Begehung der Pflichtwidrigkeit veranlaßt ist. G. Matt. 2. s. 675 n. 4; Koch s 1074 n. 20.

7. Damit ein strafbares „Versuchen" zu bestimmen angenommen werden könne, bedarf es der Feststellung der Voraussetzungen des § 31 nicht, vielmehr genügt eine der Fassung des § 311. entsprechende Feststellung; es verhält sich mit diesem Falle ebenso, wie mit den in den §§ 130. 213. und 234. vorgesehenen; vgl. zu § 90. n. 9; zu § 212 n 2; zu § 234. n. 16. So Z. II. 11. Okt 1855 c. Siepe (Wienand u. Gen), wo ohne weitere Begründung eine der Wortfassung des § entsprechende Fassung für ausreichend erklärt wurde. Vgl. Komm.-B. II. K. s. 155 I, welcher indessen sich nicht ganz klar ausspricht; Bes. s 553; G. Arch. 1. s 47

8. Wenn der Beamte das ihm für eine Pflichtverletzung Angebotene annimmt, und also sich des im § 310 vorgesehenen Verbrechens schuldig macht, so würde an und für sich die Handlung des Bestechenden füglich als Theilnahme an der passiven Bestechung des Beamten (§ 34 Nr. 1.) angesehen werden können; diese Auffassung hat § 311, welcher für jenen Fall eine besondre Strafe bestimmt, beseitigen wollen, und es bildet daher hierfür der § eine Ausnahme von der im § 331 Abs. 2. aufgestellten Regel, daß die Theilnehmer an Amtsverbrechen 2c. nach den allgemeinen Grundsätzen der §§ 34. flg. zu beurtheilen sind; vgl. Komm.-B. II. K s. 166; so auch Z I. 4 Apr. 1855 c. Tetzlaff u. Gen. (beiläufig)

9. Das gilt aber eben nur von dieser Theilnahme an dem Verbrechen, welches der Beamte durch Annahme 2c. des Vortheils begeht; macht sich dagegen der Beamte in Folge der Bestechung der ihm zugemutheten Pflichtwidrigkeit wirklich schuldig, so nimmt, wenn die letztere den Thatbestand eines Amtsverbrechens oder Vergehens enthält, die aktive Bestechung offenbar den Charakter einer Anstiftung im Sinne des § 34 Nr. 1. an; es liegt dann unzweifelhaft ein Fall der idealen Konkurrenz vor, und die durch diese Anstiftung verwirkte Strafe greift, wenn sie schwerer als die der Bestechung ist, Platz, indem für diesen Fall § 311. keine der im § 331 Abs. 2. vorgesehenen Ausnahmen enthält. Z. I. 4. Apr. 1855 c. Tetzlaff u. Gen. In einem solchen Falle wird § 311. also nur dann anwendbar, wenn es sich von Pflichtwidrigkeiten handelt, welche nicht den Thatbestand eines Amtsverbrechens oder Vergehens darstellen. *Contra*: G. Matt. 2 s. 675 n. 4; Koch s. 1074 n. 20. Sie scheinen anzunehmen, daß nach der obigen Auslegung § 311. da, wo der Beamte zur Pflichtwidrigkeit wirklich bestimmt worden ist, gar nicht zur Anwendung gelangen könne, was aber, wie angedeutet, irrig ist; ebenso trifft Goltdammers Argument, daß der Komm.-B. II. K. (s. 166) selbst den § 311. als eine Ausnahme von den allgemeinen Regeln der Theilnahme bezeichne, nicht zu, da diese Bemerkung sich auf einen andern Fall bezieht, vgl. n 8. — Richtig ist es dagegen, daß das französische Strafrecht die Sache in diesem Sinne auffaßte, vgl. Gilb. C. pén. Art. 179. n. 2.

10. „Der § 88. der Steuer-Ordnung v. 8. Feb. 1819, das Anbieten eines „Geschenks an einen Steuerbeamten betreffend, ist als eine in den Steuer-Gesetzen „enthaltene, und zur Durchführung der Kontroll-Maaßregeln erlassene Vorschrift, „durch § 311. nicht aufgehoben". Z. I 30. Mai 1855 c. Franke (Präj. n 146; Entsch. 30. s. 471; G. Arch. 3. s. 559); B. I. 19. Okt. 1855 c. Busch u. Gen. — Dieser § 88.

§. 312. Hat sich ein Richter in einem Strafverfahren, welches ein Verbrechen oder Vergehen betrifft, zu Gunsten oder zum Nachtheile des Angeschuldigten bestechen lassen, so soll derselbe mit Zuchthaus bestraft werden.

Gleiche Strafe wie den Richter trifft denjenigen, welcher den Richter besticht oder zu bestechen versucht.

Die zum Zwecke der Bestechung gegebenen Geschenke oder der Werth derselben sind dem Fiskus im Urtheile zuzusprechen.

[Entw. § 284.] Vgl. § 309—311. 313. 331.

§. 313. Ein Geschworener, welcher in einer Sache, in welcher er Verrichtungen als Geschworener auszuüben hat, Geschenke annimmt, wird mit Zuchthaus bestraft. Gleiche Strafe

---

unterscheidet nicht, ob der Beschuldigte die Absicht hatte, den Steuer-Beamten zu einer bestimmten Pflicht-Verletzung zu verleiten, oder ob er durch das „Geschenk" nur im Allgemeinen dessen Gunst zu gewinnen suchte; er umfaßt daher auch die wirklichen Bestechungsversuche mit. B. Kass.-Hof v. 25. März 1851 c. Lazarus (Trierer Annalen 7 s. 57) — Dasselbe gilt von dem entsprechenden § 25 des Z.-Str.-Ges. v 23 Jan. 1838; Bestechungsversuche der Zollbeamten sind daher nur nach diesem § zu bestrafen, und nicht etwa kumulative auch mit der Strafe des § 311 zu belegen Z. II 17 Apr. 1856 c Wolters.

11. Auch hier sind nur die wirklich gegebenen, nicht auch die versprochenen Geschenke dem Fiskus zuzusprechen; vgl. zu § 309 n. 11

§. 312.

1. Der § spricht allgemein von Richtern in einem Strafverfahren ꝛc.; es wird also zwischen dem untersuchenden und erkennenden Richter nicht unterschieden.

2. Als Richter wird hier jeder anzusehen sein, welcher vom Gesetze berufen ist, in einem Strafverfahren wegen eines Verbrechens oder Vergehens die Entscheidung zu treffen, sollte er auch sonst Verwaltungsbeamter sein (z. B. wenn es sich von Erlassung eines Strafresoluts handelt).

3. Vorausgesetzt wird, daß die Bestechung „in einem Strafverfahren ꝛc" stattfinde; von einer bestimmten bei der Bestechung bezweckten Handlung oder Unterlassung des Richters ist ausdrucklich Nichts gesagt; da indessen gleich darauf von einem „sich bestechen" Lassen, und zwar „zu Gunsten oder zum Nachtheile des Angeschuldigten" die Rede ist, die Bedeutung jenes Begriffs aber nur aus § 310 und 311 erläutert werden kann, so muß auch hier festgestellt werden, daß die Bestechung für eine bestimmte pflichtwidrige Handlung oder Unterlassung des Richters stattgefunden habe; das blosse Annehmen ꝛc. eines Geschenks für eine nicht pflichtwidrige Handlung (§ 309) kann nicht nach § 312 geahndet werden. Hierfür spricht auch die abweichende, von der Kommission der II. Kammer absichtlich gewählte Fassung des § 313 *Contra:* Temme Lehrb. s. 1075 und Note 2

4. Ueber den Bestechungsversuch vgl. zu § 311. n 7.

5. Im Uebrigen sind die Bemerkungen zu § 309—311. zu vergleichen

§. 313.

1 Abweichend von der Fassung des § 312 setzt dieser § nur ein Annehmen von Geschenken in einer Sache, in welcher der Geschworne als solcher thätig sein soll, voraus; es wird daher hier gar nicht erfordert, daß es sich dabei um ein bestimmtes Thun oder Lassen von Seiten des Geschwornen handle; vielmehr genügt es, wenn nur im Allgemeinen ein ursächlicher Zusammenhang zwischen dem Geschenke, und der Thätigkeit als Geschworner in einer bestimmten Sache obwaltet; vgl. zu § 312 n 3.

trifft denjenigen, welcher den Geschworenen zu diesem Verbrechen verleitet oder zu verleiten versucht.

Die gegebenen Geschenke oder der Werth derselben sind dem Fiskus im Urtheile zuzusprechen.

[Entw. § 287. 284 a.] Vgl. § 309—311 331.

§. 314. Ein Beamter, welcher bei der Leitung oder Entscheidung von Rechtssachen vorsätzlich, zur Begünstigung oder Benachtheiligung einer Partei, sich einer Ungerechtigkeit schuldig macht, wird mit Zuchthaus bis zu fünf Jahren bestraft.

Zu gleicher Strafe ist ein Schiedsrichter zu verurtheilen, welcher bei der ihm übertragenen Leitung oder Entscheidung von Rechtsstreitigkeiten vorsätzlich, zur Begünstigung oder Benachtheiligung einer Partei, sich einer Ungerechtigkeit schuldig macht.

[Entw. § 285.] Vgl § 315. 317—321 331.

---

2. Damit der § zutreffe, wird nicht vorausgesetzt, daß bereits die Bildung des Schwurgerichts für die einzelne Sache stattgefunden, und daß der Betreffende dabei als Haupt- oder Ersatzgeschworner gezogen worden sei; das Verbrechen kann vielmehr auch vor der Bildung des Schwurgerichts für die einzelne Sache von jedem auf der Dienstliste als Haupt- oder als Ergänzungsgeschworner Stehenden verübt werden.

3. Dagegen muß aus den Worten: „auszuüben hat“ gefolgert werden, daß das Verbrechen nur begangen werden kann, so lange die Thätigkeit des Geschwornen in der betreffenden Sache noch nicht vollständig erledigt ist; spätere Annahme eines Geschenks fällt nicht unter den §

4. Die „Geschenke“ umfassen hier die in den vorhergehenden §§ erwähnten „andern Vortheile“ mit.

5. Ebenso ist der § nicht auf das blosse wirkliche „Annehmen“ eines bereits gegebenen Geschenks zu beschränken, sondern es wird ein jedes „Versprechen-Lassen“, d. h. also die Annahme eines geleisteten Versprechens, auch schon als unter jenen allgemeinen Ausdruck fallend aufzufassen sein; dagegen ist es bedenklich, auch das einseitige Fordern (wie im § 309) der Annahme gleich zu stellen.

6. Unter dem „Verleiten“ zu diesem Verbrechen ist hier das Anbieten, Versprechen oder Gewähren“ eines solchen Geschenks (§ 311) zu verstehen.

7. Ueber den Verleitungs-Versuch vgl. zu § 311. n. 7.

§. 314.

1. Die Vorschrift bezieht sich auf alle Beamten, welche gesetzlich zur Leitung oder Entscheidung einer Rechtssache berufen sein können; sie ist also auf eigentlich richterliche Beamten nicht zu beschränken Komm.-B. II. K. s. 156. Als Beispiele, wo auch Verwaltungsbeamten einen solchen Beruf haben, führt dieser Bericht das Setzen eines Merkpfahls in Vorfluthsangelegenheiten, die Regulirung eines Interimistici in Kirchenbausachen, und Temme (Lehrb. s. 1078 Note 4.) die Cognitionen der Polizeibehörden in Gesindesachen, die Untersuchungen und die Strafresolute der Verwaltungsbehörden in Defraudations- und Kontraventions-, in Disciplinarsachen 2c. an.

2. Temme (Lehrb s. 985 Note 2.) will auch Rechts-Anwalte hierher zählen; wenn gleich sich indessen wohl sagen läßt, daß auch sie die ihnen übertragenen Rechtssachen mit „leiten“, so folgt doch aus § 329, daß man beim § 314 an sie nicht gedacht hat. Vgl. Temme Gll. s. 318.

3. Der Ausdruck „Rechtssachen“ umfaßt sowohl Strafsachen, als Civilstreitigkeiten. G. Matt. 2. s. 678 n. 1.

§. 315. Ein Beamter, welcher seine Amtsgewalt mißbraucht, um Jemand zu einer Handlung, Duldung oder Unterlassung widerrechtlich zu nöthigen, wird mit Gefängniß nicht unter Einem Monate bestraft; zugleich kann auf zeitige Unfähigkeit zu öffentlichen Aemtern erkannt werden.

[Entw § 288] Vgl. § 90. 212. 234 314. 319 331. 25

§. 316. Ein Beamter, welcher in Ausübung oder in Veranlassung der Ausübung seines Amtes vorsätzlich Mißhandlungen oder Körperverletzungen verübt oder verüben läßt, wird mit Gefängniß nicht unter drei Monaten bestraft; auch kann gegen denselben auf zeitige Unfähigkeit zu öffentlichen Aemtern erkannt werden.

Ist die Mißhandlung oder Körperverletzung eine schwere (§ 193.), und findet keiner der im § 196. vorgesehenen Milderungsgründe statt, so tritt Zuchthaus nicht unter drei Jahren ein.

[Entw. § 289] Vgl. § 187. 193 196. 25; Ges. v. 14 Apr. 1856 Art II. (G.S. S. 219).

---

4. Unter Schiedsrichtern sind hier blosse Schiedsmänner nicht mit zu verstehen, wenn gleich auch von ihren Vergleichsvermittlungen sich sagen liesse, daß sie eine „Leitung" der Rechtssache darstellen Bes. S 555 II; Koch S. 1077 n. 26. *Contra:* G. Matt. 2. S. 679 n. 3.

§. 315.

1. Im Allgemeinen sind hier die §§ 212. 234. und die Bemerkungen zu denselben zu vergleichen. Gleichwohl ist der Begriff der Nöthigung nicht unbedingt aus jenen §§ zu erläutern, insbesondere bedarf es hier nicht der „Bedrohung", vielmehr reicht jede amtliche Thätigkeit als Mittel der Nöthigung hin. Temme Lehrb. S. 1076.

2. Es ist keineswegs erforderlich, daß die amtliche Thätigkeit an und für sich eine Pflichtwidrigkeit in sich schliesse; zur Annahme eines „Mißbrauchs der Amtsgewalt" genügt die Feststellung, daß durch den Gebrauch der Amtsgewalt Jemand rechtswidrig genöthigt werden sollte.

3. Ebensowenig bedarf es stets der Vornahme einer Amtshandlung, es kann auch die Unterlassung einer solchen das Mittel der bezweckten Nöthigung sein.

4. Gleichgültig ist es auch, ob das Verbrechen geschieht, um sich oder Andern einen Vortheil zu verschaffen

5. Auch hier kommt Nichts darauf an, ob der Zweck der Nöthigung erreicht wird, oder nicht; der Nöthigungsversuch ist durch das Vorhandensein der Bedingungen des § 31 nicht bedingt, sobald nur der Mißbrauch der Amtsgewalt im obigen (n. 2.) Sinne stattgehabt hat. Vgl. zu § 212. n. 2; zu § 234 n. 16; zu § 311 n. 7.

6. Als Dolus wird hier das Bewußtsein des Mißbrauchs der Amtsgewalt vorausgesetzt. Erk. Komp.-G.-H. 12. Jan. 1856 (JMBl. S. 90).

§. 316.

1. Der Begriff der Mißhandlung oder Körperverletzung ist aus den §§ 187 flg. zu entlehnen, und die Bemerkungen zu denselben sind daher hier zu vergleichen

2. Als selbstverständlich wird hier vorausgesetzt, daß die betreffenden Thätlichkeiten ohne rechtsgültige Ursache zugefügt seien, daß also der Beamte nicht gesetzlich befugt und berufen war, sie auszuüben. Komm.-B. II. K. S. 162. — Es

§. 317. Ein Beamter, welcher mit Vorsatz eine rechtswidtige Verhaftung oder vorläufige Ergreifung und Festnahme vornimmt oder vornehmen läßt, oder die Dauer der Haft verlängert, wird mit Gefängniß nicht unter drei Monaten bestraft; auch kann gegen denselben auf zeitige Unfähigkeit zu öffentlichen Aemtern erkannt werden.

Die Strafe ist Zuchthaus bis zu funfzehn Jahren:

1) wenn für den der Freiheit Beraubten die Freiheitsentziehung oder die ihm während derselben widerfahrene Behandlung eine schwere Körperverletzung (§ 193.) zur Folge gehabt hat;

2) wenn die Freiheitsentziehung rechtswidrig über Einen Monat gedauert hat.

[Entw. § 290.] Vgl. § 210. 211. 320. 25; Ges. v. 12. Feb. 1850 (G.S. f. 45); Ges. v. 14. April 1856 Art II. (G.S. f. 219).

---

wird sonach ein Ueberschreiten der Amtsbefugnisse vorausgesetzt. In dieser Hinsicht sind die uber den Waffengebrauch gewisser Beamten ergangenen Gesetze und Instruktionen zu berücksichtigen, und zwar:

für Militärpersonen: Ges. v. 20. März 1837 (GS. f. 60); Instr. v. 14. Jan. 1844 (JMBl. f. 98); Instr. für die Wachen v 27. Juli 1850 genehmigt durch AKO. v. 8. Aug. 1850 (JMBl. f. 350).

für Gränzaufsichtsbeamten: Ges. v. 28. Juni 1834 (G S. f. 83); Instr. v. 6. Juli 1835 (Rh. Samml. 5. f. 159)

für die Forst- und Jagdbeamten: Ges v. 31. März 1837 (GS. f. 65); Instr. v. 17. Apr. 1837 (Rh. Samml. 6 f. 168); Instr. v. 21. Nov. 1837 (Rh. Samml 6. f 334).

für die Gefängnißaufsichtsbeamten: Instr. v 11. März 1839 (JMBl. f. 114); Ges. v. 11. Apr. 1854 § 6. (G.S. f. 143).

3. Auf die in Ausübung oder in Veranlassung der Ausubung seines Amts von einem Beamten verübten Ehrenkränkungen ist der § nicht auszudehnen; für sie gelten die allgemeinen diesen Gegenstand betreffenden Vorschriften. Temme Gll. f. 318; Koch f. 1075 n. 28.

4. Mildernde Umstände können nur bei schweren Körperverletzungen im Sinne des § 193, und nur nach Anleitung des § 196 in Betracht kommen; Bes. f. 356 A; liegen sie vor, so kann wegen einer solchen schweren Körperverletzung nicht auf die Strafe des ersten Absatzes, sondern nur auf die im § 196 für den Fall der schweren Körperverletzung angedrohte erkannt werden. G. Matt, 2. f. 681 n. 2; Koch f. 1075 n 29.

§. 317.

1. Es handelt sich hier von den im § 210. vorgesehenen Vergehen und Verbrechen, welche wegen der dabei konkurrirenden Beamtenqualität des Schuldigen strenger bestraft werden sollen Vgl. die Bemerkungen zu § 210 und 211.

2. Der Vorsatz umfaßt auch hier das Bewußtsein der Rechtswidrigkeit; im Falle einer Fahrlässigkeit tritt nur disciplinarische Ahndung ein. Motive f. 79.

3 Wegen des Erfordernisses der Vorsätzlichkeit bleibt der § da ausgeschlossen, wo die Handlung nicht zur Beeinträchtigung des Rechts des Verhafteten auf Freiheit, sondern um ihn vor Gewaltthätigkeiten zu schützen, geschah. Koch f 1075 n. 30.

4 Rechtswidrig (widerrechtlich vgl. § 210) ist die Verhaftung 2c. auch, wenn sie mit vorsätzlicher Ueberschreitung einer an sich vorhandenen Befugniß geschah B. l. 19. Okt. 1855 c. Thilow.

§. 318. Ein Beamter, welcher mit Vorsatz rechtswidrig in eine Wohnung eindringt, soll mit Geldbuße bis zu Einhundert Thalern oder mit Gefängniß bis zu zwei Monaten bestraft werden.

[Entw § 290 a.] Vgl. § 214. 346 Nr. 1; 27; Ges v. 12. Feb. 1850 § 7—9. (G.S. f. 45).

§. 319. Wenn ein Beamter in einer strafgerichtlichen Untersuchung Zwangsmittel anwendet oder anwenden läßt, um Geständnisse oder Aussagen zu erpressen, so wird derselbe mit Zuchthaus bis zu fünf Jahren bestraft.

[Entw. § 291.] Vgl. § 315. 316; Crim.-Ordn § 285—297; Verordn. v 3. Jan. 1849. § 18

---

5 Nimmt die Freiheitsberaubung den Charakter der unstatthaften Vollstreckung einer Freiheitsstrafe an, so wird § 320 anwendbar.

6. Die Wiederholung des Worts „rechtswidrig" in der Nr. 2 des zweiten Absatzes will den Fall ausschliessen, wo vor Ablauf des Monats die anfänglich rechtswidrige Verhaftung zu einer rechtsgültigen wird. Komm.-B. II. K. f. 163.

§. 318.

1. Ueber die Befugniß der Beamten in fremde Wohnungen einzudringen, vgl. § 27 in Verbindung mit Ges. v. 12. Feb. 1850 § 7 flg.

2. Der § spricht, in Uebereinstimmung mit dem cit. Ges. v 12 Feb 1850 nur von dem Eindringen in eine Wohnung, nicht auch (wie § 214 und 346 Nr. 1) von dem Eindringen in ein fremdes Geschäftszimmer und befriedigte Besitzthümer, auf diese ist er daher auch nicht auszudehnen; ebensowenig auf das im letztern § noch erwähnte Verweilen nach geschehener Aufforderung sich zu entfernen. Bes. f 357 C; G. Matt. 2. f. 648. *Contra:* Temme Gll. f. 319.

3. Im Uebrigen sind die Bemerkungen zu § 214 zu vergleichen

§. 319.

1. Die Vorschrift ist nicht auf richterliche Beamten beschränkt.

2 Eine strafgerichtliche Untersuchung liegt auch da vor, wo eine administrative Strafjustiz ausgeübt wird; dasselbe gilt von einem Disciplinarverfahren. Temme Lehrb. f. 1079.

3. Dagegen will Temme l. c. ein Gleiches von den noch in den Händen der Polizeibehörden befindlichen Voruntersuchungen nicht annehmen. Diese Ansicht unterliegt erheblichen Bedenken, zumal nach Rheinischem Rechte, wo die betreffenden Polizei-Beamten als gerichtliche Polizei-Beamten, beziehungsweise als Hülfsbeamten der Staatsanwaltschaft thätig sind.

4. Auf die Natur der Zwangsmittel kommt Nichts an, insbesondre gehören auch psychische Mittel hieher. Temme Lehrb f 1079.

5. Der § bezieht sich nicht blos auf die Erpressung von Geständnissen des Angeklagten, sondern überhaupt auf die Erpressung von Aussagen irgend einer vernommenen Person, insbesondre der Zeugen. Beschl I. 18. Okt 1854 c. Koch (G. Arch. 2. f. 838); G. Matt 2. f. 681 n. 2; Temme Lehrb. f. 1079; Koch f. 1076 n. 34.

6. Dagegen verbietet der § nur die Erpressung bestimmter von dem Beamten speziell beabsichtigter, und dem Vernommenen untergelegter Aussagen, keineswegs also die Anwendung von Zwangsmitteln, deren Zweck nur dahin geht, einen Zeugen zum Erscheinen, sowie dazu anzuhalten, daß er der ihm nach § 311. der Kr.-Ordn. obliegenden Pflicht gemäß, sich überhaupt vernehmen lasse, und auf die vorgelegten Fragen Rede und Antwort stehe. Beschl. I. 18. Okt. 1854 c. Koch (G. Arch. 2 f. 838).

§. 320. Ein Beamter, welcher vorsätzlich zum Nachtheile einer Person, deren Unschuld ihm bekannt ist, die Eröffnung oder Fortsetzung einer strafgerichtlichen Untersuchung beantragt oder beschließt, soll mit Zuchthaus bestraft werden.

Eine gleiche Strafe trifft den Beamten, welcher vorsätzlich eine Strafe vollstrecken läßt, die entweder gar nicht, oder nicht in dem Maaße, wie er sie vollstrecken läßt, rechtskräftig ausgesprochen ist.

Ist im letzteren Falle die Handlung aus Fahrlässigkeit begangen, so tritt Gefängniß bis zu Einem Jahre ein; auch kann gegen den Beamten auf zeitige Unfähigkeit zu öffentlichen Aemtern erkannt werden.

[Entw. § 292.] Vgl § 133. 25; Crim.-Ordn. § 312; Vdn v. 3. Jan. 1849 § 159

§. 321. Ein Beamter, welcher vermöge seines Amtes bei Ausübung der Strafgewalt oder bei Vollstreckung der Strafe mitzuwirken hat, wird mit Zuchthaus bis zu fünf Jahren bestraft, wenn er in der Absicht, Jemanden der gesetzlichen Strafe rechtswidrig zu entziehen, die Verfolgung einer strafbaren Hand-

---

§. 320.

1. Auch hier umfaßt der Ausdruck „strafgerichtliche Untersuchung“ auch administrative und disciplinarische Strafverfahren mit.

2 Vorausgesetzt wird, daß die Beantragung 2c der Untersuchung zum Nachtheile des Verfolgten statt gefunden habe, weil es denkbar ist, daß absichtlich gegen einen Unschuldigen eine Untersuchung gerichtet wird, um eben seine Unschuld recht ins klare Licht zu stellen, oder um dadurch die Verfolgung eines Andern wegen falscher Anschuldigung (§ 133 Abs. 2) besser zu begrunden

3. Das „vollstrecken läßt“ im zweiten und resp. dritten Absatze bezieht sich nicht nur auf denjenigen, welcher den amtlichen Auftrag zur Vollstreckung ertheilt, sondern auch auf denjenigen, welcher durch seine anderweitige amtliche Thätigkeit es veranlaßt, daß der zum Strafvollzuge berufene Beamte in gutem Glauben eine unrichtige Vollstreckung bewirkt Es würde hierher also auch die Handlung eines Sekretärs oder Gerichtsschreibers gehören, welcher nach Rheinischem Verfahren der Staatsanwaltschaft einen Urtheilsauszug verabfolgte, in welchem (vorsätzlicher oder fahrlässiger Weise) eine schwerere Strafe vermerkt wäre, als gegen den Verurtheilten erkannt worden war, und der es auf diesem Wege zu Wege brächte, daß die dort zum Strafvollzuge berufene Staatsanwaltschaft diese nicht ausgesprochene Strafe vollstrecken liesse. Ausserdem könnte in idealer Konkurrenz dann auch noch der Thatbestand des § 323 vorliegen.

4. Die Ausübung der im § 312 der Kr.-Ordn. dem Untersuchungs-Richter ertheilten Befugniß, die Zeugen durch Anwendung von Geld- oder Gefängnißstrafen dazu anzuhalten, daß sie sich vernehmen lassen, fällt nicht unter die Vorschrift des § 320 Abs. 2, einmal weil jene Maßregel nur einen kompulsiven Charakter, nicht den einer Strafe an sich trägt, sodann aber, weil — wenn sie Strafe wäre —, der Untersuchungsrichter die Befugniß dazu hätte. Beschl I. 6. Dez. 1854 c. Koch.

§. 275.

1 Dieser § ist gleichmässig auf alle Beamten der hier vorgesehenen Art anzuwenden. Z I. 27. Feb 1856 c. Kalender.

lung unterläßt, eine Handlung oder Unterlassung begeht, welche geeignet ist, eine Freisprechung oder eine dem Gesetze nicht entsprechende Bestrafung zu bewirken, oder die Vollstreckung der ausgesprochenen Strafe nicht betreibt, oder eine gelindere als die erkannte Strafe zur Vollstreckung bringt.

Wird festgestellt, daß mildernde Umstände vorhanden sind, so tritt Gefängniß bis zu zwei Jahren ein; auch kann auf zeitige Unfähigkeit zu öffentlichen Aemtern erkannt werden.

[Entw. § 293.] Vgl § 25.

§. 322. Ein Beamter, welchem die Aufbewahrung, Begleitung oder Bewachung eines Gefangenen anvertraut ist, wird im Falle der Entweichung oder Befreiung des Gefangenen mit Zuchthaus bis zu fünf Jahren bestraft, wenn er dieselbe vorsätzlich bewirkt oder befördert hat.

Ist die Entweichung nur durch Fahrlässigkeit befördert oder erleichtert worden, so tritt Gefängniß bis zu sechs Monaten ein; auch kann auf zeitige Unfähigkeit zu öffentlichen Aemtern erkannt werden.

[Entw. § 294] Vgl. § 94. 95. 25.

§. 323. Ein Beamter, welcher, um sich oder Anderen Gewinn zu verschaffen, oder um Anderen zu schaden, Urkunden, deren Aufnahme oder Ausstellung ihm vermöge seines Amtes obliegt, unrichtig aufnimmt oder ausstellt, oder ächte

---

§. 322.

1. Im Allgemeinen sind hier § 95 und die Bemerkungen zu demselben zu vergleichen.

2. Feststellung der Qualität als Beamter vgl. die Bemerkungen zu § 331.

3. Da die hier vorgesehene That ein Verbrechen darstellt, so ist auch der Versuch derselben strafbar, und es ist zu diesem Ende nicht erforderlich, daß die Entweichung oder Befreiung des Gefangenen vollendet worden sei. Z. II. 15. Sept. 1853 c. Witthöft; Temme Lehrb. S. 1083.

4 Nimmt ein Nichtbeamter Theil an der durch einen Beamten im Sinne des § 322 verübten Befreiung eines Gefangenen, so trifft ihn (nach § 331) die Strafe des § 322 und nicht die des § 94. Z I. 16. Jan 1856 c. Ludneit u. Gen. (G. A. 4. S 269).

§. 323.

1. Der § behandelt die Urkundenfälschung, sowie die Beschädigung, Vernichtung, oder bei Seite-Schaffung von Urkunden, deren sich ein Beamter in amtlicher Weise schuldig macht; rücksichtlich der zum Thatbestande dieses Verbrechens erforderlichen Merkmale, ist daher auf die §§ 247. 252 und 106, sowie auf die zu diesen §§ gemachten Bemerkungen zu verweisen

2. In Betreff der Absicht, sich oder Andern Gewinn zu verschaffen, oder Andern Schaden zuzufügen, vgl. zu § 247 n. 2—23.

3. Auch hier braucht der gesuchte Gewinn nicht nothwendig ein pekuniärer zu sein. Z. I. 18. Okt. 1854 c. Budzynski; vgl. zu § 247 n. 6.

Urkunden, welche ihm vermöge seines Amtes anvertraut worden oder zugänglich sind, verfälscht, wird mit Zuchthaus bis zu zehn Jahren und zugleich mit Geldbuße von Einhundert bis zu zweitausend Thalern bestraft.

Dieselbe Strafe hat ein Beamter verwirkt, welcher in gleicher Absicht die ihm amtlich anvertrauten oder zugänglichen Urkunden beschädigt, vernichtet oder bei Seite schafft.

[Entw. § 295.] Vgl. § 247. 251. 252. 71 Nr. 2; 106. 243 Nr. 7; 325.

---

4. „Auf die in diesem § gedachten Urkunden findet die Definition des „§ 247 Anwendung" B. I. 18. Apr. 1853 c. Neumann. (Präj. n. 27; Entsch. 24 s. 498; 25. s. 260; G. A. 1. s 581); B. I. 14. Sept. 1853 c. de Peterse (JMBl. 1854 s. 68; G. A. 2. s. 97); Z. I. 2 Jan. 1856 c Dornblüth

5. Es bedarf hier jedes Mal der ausdrücklichen Feststellung, daß dem Beamten vermöge seines Amtes die Aufnahme oder Ausstellung der Urkunden obgelegen habe, resp. daß sie ihm vermöge seines Amtes anvertraut, oder zugänglich gewesen seien.

6. Der Unterschied zwischen „aufnehmen" und „ausstellen" ist darin zu suchen, daß jener Ausdruck sich auf die amtliche Konstatirung der von andern Personen abgegebenen Erklärungen oder statt gehabten Verhandlungen, dieser aber auf die Beurkundung andrer Thatsachen bezieht; hiernach umfassen diese Ausdrücke diejenige amtliche Thätigkeit, auf welche sich auch § 252 bezieht. Vgl. G. Matt. 2. s. 688.

7. Es ist daher hier nur von der Ausstellung öffentlicher Urkunden die Rede, wie sie eben § 252 voraussetzt; B. 18. Okt. 1852 c. Wagner.

8. Hiernach gehört der von einem Gerichtsschulzen an das Kreis-Gericht über das Ergebniß einer dem Dorfgerichte aufgetragenen, angeblich stattgehabten Auktion erstattete Bericht nicht hierher, da derselbe gar nicht als Urkunde, sondern wenn er Unwahrheiten enthält, nur als amtliche Lüge anzusehen ist B 18. Okt. 1852 c. Wagner.

9. Aus demselben Grunde gehören die Berichte und Anzeigen nicht hierher, welche von einem Gerichts-Exekutor in Beziehung auf die ihm aufgetragenen Exekutionen, seiner vorgesetzten Dienstbehörde erstattet werden. B. I. 7 Sept. 1853 c. Budig (G A. 2. s 130). Beschl. I. 11. Okt 1854 c Kempe. Der letztere sprach den obigen Grundsatz auch in Beziehung auf einen Fall aus, wo der Exekutor den unwahren Bericht vom ausgepfändeten Schuldner mit hatte unterzeichnen lassen, ohne jedoch einer von demselben abgegebenen Erklärung Erwähnung zu thun. Für die entgegengesetzte Ansicht kann auch nicht geltend gemacht werden, daß der Bericht über die Pfändung als Beweismittel für das durch letztere dem Exekutionssucher erworbene Pfandrecht gelte, weil dieses Pfandrecht nicht durch die Anzeige des Exekutors über die Pfändung sondern nur durch den Akt der Vollstreckung selbst begründet wird, und der Beweis über die erfolgte Vollstreckung, nicht durch diese Anzeige, sondern durch die vom Gerichte an den Exekutionssucher erlassene Mittheilung zu führen ist (AGO I, 50. § 447. 448) Z. I. 26. Mai 1854 c. Rohr (G. A. 2. s. 696) Vgl. zu § 325 n. 8.

10. Auch ein Depositai-Annahmebefehl, und die Anzeige des Rendanten über die nicht erfolgte Zahlung der im Befehle bezeichneten Summe sind keine Urkunden, da sie nur den innern amtlichen Verkehr des Gerichts betreffen So: B. I. 18. Apr. 1853 c. Neumann (Entsch. 25. s. 260; G. A 1. s 581).

11. Dagegen gehören unbedenklich alle von Rheinischen Gerichtsvollziehern aufzunehmenden Akte hierher; es ist daher geeigneten Falles eine unter § 323 fallende Fälschung, wenn ein Gerichtsvollzieher eine Zustellung als durch ihn selbst bewirkt, beurkundet, während er die Einhändigung durch einen beliebigen Dritten hat bewirken lassen. Vgl. Gilb. C. pén. Art. 145 n. 51—53.

§. 324. Ein Beamter, welcher Gelder oder andere Sachen, die er in amtlicher Eigenschaft empfangen oder in Gewahrsam hat, unterschlägt oder zu unterschlagen versucht, wird

---

12. Dasselbe gilt von den Beurkundungen der Notarien, wenn sie z. B. ausserhalb ihres Bezirks instrumentiren, und wahrheitswidrig in der Urkunde selbst das Gegentheil anführen; oder wenn sie sonstige erhebliche Thatsachen wahrheitswidrig als geschehen beurkunden. Gilb. C. pén. Art. 145. n. 56. 57. 62.

13. Dasselbe tritt ein, wenn ein solcher Beamter in der im § vorausgesetzten Weise in der Urkunde eine Post- oder Antedatirung vornimmt, sollte er es auch nur zum Nachtheile irgend eines fiskalischen Rechts, (z. B der Abwendung einer verwirkten Stempelstrafe) thun. Gilb. l. c. n. 64

14 „In Beziehung auf den Beamten, welcher Pässe vermöge seines Amtes „auszustellen hat, und welcher dieselben, um sich oder Andern Gewinn zu verschaf„fen, oder Andern Schaden zuzufügen, wissentlich falsch ausstellt, oder verfälscht, ist „nicht der § 254 Nr. 1. (frühere Fassung), sondern der § 323 anwendbar, indem „nur die durch den Paßinhaber, oder durch dritte Personen, ausser den mit der „Ausstellung betrauten Beamten, verübte Fälschung des Passes der Vorschrift des „§ 254 unterliegt, in Hinsicht des Beamten aber der Paß als Urkunde im Sinne „des § 247 zu erachten ist“ Z I. 24. Feb. 1854 c. Prehn u. Gen. (Präj. n. 85; Entsch. 27. s. 128; G A 2. s. 262).

15. Nimmt ein früherer Beamter, unter Annahme der bereits verlornen amtlichen Eigenschaft, eine in das Gebiet seines frühern Berufs einschlagende antedatirte Urkunde auf, so kann auf einen solchen Fall § 323 keine Anwendung finden Vgl. Gilb. C. pén. Art. 145. n. 38.

16. Die zweite im Absatze 1 des § vorgesehene Alternative, welche die Verfälschung ächter Urkunden zum Gegenstande hat, bezieht sich auch auf anvertraute, oder zugängliche Privaturkunden. G. Matt 2. s. 688.

17. Die Frage, ob eine Urkunde dem Beamten vermöge seines Amtes zugänglich gewesen, ist eine thatsächliche Z I. 4. Apr. 1855 c. Schröder.

18 Der Abs 1. des § 323 setzt nicht, wie § 247 voraus, daß der betreffende Beamte von der falschen Urkunde auch Gebrauch gemacht habe. Bes. s. 559 I; G Matt. 2. s. 689 n. 4

19. Wird eins der im § 323 vorgesehenen Verbrechen zur Verdeckung einer amtlichen Unterschlagung verübt, so liegt ein Fall idealer Konkurrenz mit dem im § 325 vorgesehenen Verbrechen vor.

§. 324.

1 Ueber die Frage, wer als Beamter anzusehen sei, sind § 331. und die Bemerkungen zu demselben zu vergleichen.

2. Die Vorschrift des § ist keineswegs auf Kassen-Beamten beschränkt. Temme Lehrb s. 1081.

3. Ein Postbriefträger, sollte er auch nur vom Postexpedienten angenommen, und nur für gewisse Zwecke beeidigt sein, ist Beamter. Z. I. 14. Feb 1855 c. Scharff.

4 Wenn die nach dem Klassensteuer-Gesetze vom 30. Mai 1820 § 9. u. 6 a. den Gemeinden, resp. den Gemeinde-Beamten obliegende ortliche Erhebung der Klassensteuer, unter Genehmigung der Regierung andern von der Gemeinde gewählten Personen aufgetragen wird, so nehmen diese, auch wenn sie nicht von der Regierung förmlich angestellt und vereidet sind, den Charakter als Beamte an. Beschl. I. 3 März 1854 c. Schröder.

5 Dagegen haben Schreiber, welche von einem Bureau-Vorstande lediglich auf den Grund einer Privat-Uebereinkunft angenommen und entlassen, und so zeitweise auf einem amtlichen Bureau beschäftigt werden, nicht die Eigenschaft eines Beamten. Beschl. I. 19. Okt. 1853 c Holst u. Gen.

6. Der § 69. II, Tit. 10. des ALR erklärt nur die Beamten gewisser Korporationen für mittelbare Staatsdiener. Als mittelbar dem Staate geleistet

mit Gefängniß nicht unter sechs Monaten, sowie mit zeitiger Untersagung der Ausübung der bürgerlichen Ehrenrechte bestraft.
[Entw. § 296.] Vgl. § 225. 227. 325. 331; Vdn. v. 24. Jan. 1844. (G.S. s. 52).

---

können Dienste für eine Korporation nur insoweit angesehen werden, als die letztere die Bestimmung hat, Zwecke des Staats zu erfüllen, und Rechte der Staatsgewalt als solche auszuüben. Daher sind die Beamten einer Eisenbahn-Gesellschaft in Beziehung auf die Bahnpolizei mittelbare Staatsbeamte, nicht aber insoweit es sich von Erwerbszwecken der Aktionäre handelt. V. II. 30. Juni 1853 c. Masch. (Präj. n. 54 Entsch. 26. s. 164).

7. Der Begriff der „Unterschlagung“ ist hier aus § 225. zu entlehnen, es müssen daher alle Begriffserfordernisse dieses § (insbesondre auch, daß die Handlung zum Nachtheile des Eigenthümers zc geschehen sei), feststehen. V 24. März 1852 c. Cherouny; V. I. 2. Nov. 1853 c. Maleike; V I 24. März 1854 c Fuhrmann (G. Arch. 2. s. 696); Z. I. 4 Okt. 1854 c. Treder; V. I. 9. März 1855 c Schaffrau (G. Arch. 3. s. 400); Z II. 3. Jan. 1856 c. Munch. *Sic:* G. Matt. 2. s 693; Temme Lehrb. s. 1081. Der in G. Arch. 2. s. 131 versuchten Ausführung einer entgegengesetzten Auffassung ist hiernach nicht beizupflichten.

8. Ueber die Nothwendigkeit in der den Geschwornen vorgelegten Frage den Begriff der Unterschlagung aufzulösen, vgl zu § 225. n. 1.

9 Die Fassung dieses § weicht von der des § 225. insofern ab, als hier nicht nur im Allgemeinen „Sachen“, sondern auch speziell „Gelder“ als Gegenstand des Vergehens genannt werden. Es ist dieses geschehen, offenbar nicht um anzudeuten, daß die gewöhnliche Unterschlagung (§ 225) an Geldern oder andern fungibeln Sachen nicht möglich sei, sondern um hier speziell hervorzuheben, daß die Gelder, welche ein Beamter in amtlicher Eigenschaft und mit der Verpflichtung der Verwahrung zc. empfängt, nie in sein Eigenthum übergehen, daß er sie vielmehr stets in specie aufzuheben und abzuliefern hat, und daß jede Verwendung der erhaltenen Spezies zu andern Zwecken eine Pflichtwidrigkeit darstelle. Daneben kann Umwechslung des Geldes gegen anderes gleichwerthes an sich sehr wohl statthaft, und möglicher Weise sogar instruktionsmässig geboten sein; dann muß aber die wirkliche Umwechslung jeder andern Verwendung nothwendig vorhergehen, damit die eingewechselten Spezies sofort an der Stelle der ausgewechselten Eigenthum des Berechtigten werden. Vgl. zu § 225. n. 3.

10. Mit Rücksicht darauf, daß im § Gelder ausdrücklich genannt werden, kann hier der Zweifel, ob ein Beamter eine Unterschlagung an fungibeln Sachen verüben könne (vgl. zu § 225 n 3) gar nicht aufkommen.

11. Gleichgültig ist es, ob es sich von „öffentlichen“ Geldern und Sachen handelte, oder ob dieselben einer Privatperson zustanden. Temme Lehrb. s. 1081; es kommt daher Nichts darauf an, ob die unterschlagenen Gelder zu einer öffentlichen Kasse fliessen sollten, diese also beschädigt wurde, oder ob sie z B. zu den Emolumenten eines andern Beamten gehörten. Z. I. 14. Feb. 1855 c. Scharff.

12. Die Gelder zc. sind in „amtlicher Eigenschaft“ empfangen, sobald dieses bei Gelegenheit und in Veranlassung einer Amtshandlung geschah; es ist dabei unerheblich, ob der Angeklagte derjenige Beamte war, an welchen nach dem vorschriftsmässigen Geschäftsgange die Gelder hätten gezahlt werden müssen. Z (V.) I. 18. Apr. 1853 c Neumann (Entsch. 25 s 260; G. Arch 1 s 581). Der § ist daher auch auf Gerichtsexekutoren anwendbar, welche zur Beitreibung von Geldern beauftragt, die ihnen angebotene Zahlung in Empfang nehmen, und demnächst unterschlagen, sollten sie auch zu jener Empfangnahme weder verpflichtet noch autorisirt gewesen sein, ja sollten sie selbst durch die Annahme der Gelder ihre Befugnisse überschritten haben; sie hätten dieselben immerhin in amtlicher Eigenschaft empfangen. Z. I. 16. Dez. 1853 c Grzanka (G. Arch. 2. s. 132); Z I 21. Juni 1854 c. Maleike. Dasselbe nahm ein Z II. 2 Nov. 1854 c. Fahle (G Arch. 3 s 142), in einem Falle an, wo ein Büreaugehülfe, vom Kreis-Gerichte mit der offentlichen Auktion der zu einer Nachlaßmasse gehörigen Mobilien und der Erhebung der betreffenden Gelder beauftragt, ausserdem ohne Auftrag von Schuldnern derselben

Nachlaßmasse Zahlungen in Empfang genommen und unterschlagen hatte, weil ein Beamter, welcher bei Gelegenheit und in Veranlassung eines amtlichen Auftrags zur Erhebung von Geldern auch andre Gelder ohne Auftrag zur Ablieferung an die Behörde, von welcher jener Auftrag ausging, in Empfang nimmt, durch solche Ueberschreitung seines Auftrags allein, keineswegs die amtliche Eigenschaft, welche zu dieser Ueberschreitung Gelegenheit gab, beseitigt und ein blosses Privatverhältniß begründet. Gleiches muß z. B. dann gelten, wenn eine bei einem Hauptsteueramte geleistete Zahlung an einen Assistenten statt an den Rendanten bewirkt ist. Noch weniger kann der § dadurch beseitigt werden, daß der an sich zur Empfangnahme qualifizirte Beamte, der im einzelnen Falle etwa erforderlichen Legitimation entbehrt, sobald er nur in amtlicher Eigenschaft empfing. Z Kass.-H. 22. Juni 1852 c. Birkhäuser.

13. In Betreff des Erfordernisses, daß die Handlung **zum Nachtheile** des Eigenthümers geschehen sein müsse, vgl. zu § 225. n. 32—36. Dort ist namentlich ausgeführt, daß auch jede zeitweise Entziehung, und die dadurch dem Eigenthümer entzogene Möglichkeit jeden Augenblick über die Sache zu verfugen, unbedenklich als ein Nachtheil anzusehen sei, sowie daß nicht minder die Gefahr eines möglichen Verlusts einen solchen darstelle. Das Alles gilt vorzugsweise von Beamten, und es kann den Thatbestand des Vergehens nicht beseitigen, wenn der Defekt rc. durch vorher geleistete Kautionsbestellung gedeckt, oder vom Beamten Maaßnahmen getroffen sind, welche eine kunftige Erstattung der Gelder sicher stellen sollen.

13a Hat ein Kassen-Beamter vorschriftsmässig zur Kasse Gelder eingezogen, welche er demnächst dritten Personen auf die von ihnen an die Kasse zu zahlenden Beträge gutschreiben soll, (z. B. Jagdpachtgelder, welche den betr. Grundbesitzern auf die von ihnen zu leistenden Steuern anzurechnen sind), so begeht er, wenn er diese Gelder bei Seite schafft, eine Unterschlagung zum Nachtheile der Kasse, und nicht der Steuerpflichtigen, sollte er auch demnächst von den letzteren zuviel einziehen, und so den Ausfall wieder decken, — weil die letztern dieserhalb ihren Ersatzanspruch gegen die Kasse behalten würden. Die Handlung fiele daher unter § 324. und nicht etwa unter § 327. Z. II. 3 Mai 1856 c. Brüggemann. [Die Unterschlagung zum Nachtheile der Kasse war selbstständig und vollendet, ehe die Ueberhebung des Steuerpflichtigen hinzutrat; letztere würde ein neues selbstständiges Vergehen darstellen, wenn die zuviel erhobenen Beträge nicht zur Kasse gebracht würden. Natürlich würde die Sache anders liegen, und nur § 327. zutreffen, wenn der Kasse die eingezahlten Beträge ganz verblieben, sodann aber von den Pflichtigen zuviel erhoben, und dieses Zuviel nicht zur Kasse gebracht, sondern bei Seite geschafft würde]

14. Als **Dolus** wird hier weiter nichts erfordert, als die Vorsätzlichkeit der Handlung an und für sich, und das Bewußtsein der Schadenszufügung, d. h. daß der Beamte mit dem Bewußtsein und auf die Gefahr hin handelte, daß dadurch der Eigenthümer (die Kasse) benachtheiligt werden **könne**. Z. II. 14. Juli 1853 c. Steinbecker (Präj n. 52; Entsch. 26. f 152; G. Arch. 2. f. 126); Z. II. 18. Jan. 1855 c. Rohden (JMBl. f. 102; G. Arch. 3. f 264). Z. II 3 Mai 1856 c Brüggemann. Hiernach kommt auf die Absicht einer demnächstigen Wiedererstattung gar Nichts an. Nur dann wenn der Beamte bei dem Verbrauchen der Gelder vollständig in der Lage, und sich bewußt war, daß er die durchaus bereiten Mittel besitze, um **sofort** und in **jedem Augenblicke** die beabsichtigte Erstattung leisten zu konnen, und wenn ihn dabei die Ueberzeugung leitete, daß für den Eigenthümer des Geldes nicht einmal die Gefahr eines Verlusts oder auch nur einer zeitweisen Entbehrung desselben obwalte, — würde der Instanzrichter das Nichtvorhandensein des erforderlichen Dolus und sonach Straflosigkeit annehmen dürfen. Das deutet ein B. II. 22. Dez. 1853 c Heidelberger an Natürlich würde eine solche Annahme das Vorhandensein besondrer Umstände voraussetzen, welche es motiviren könnten, daß der Beamte, welcher im Besitze vollständig ausreichender eigener Mittel ist, statt dieser zu einer persönlichen Ausgabe, die ihm anvertrauten fremden Gelder verwendete. Als Beispiel könnte dienen, wenn ein Rheinischer Gerichtsvollzieher ausserhalb seines Wohnorts für einen Requirenten Gelder einzöge, und nun auf der betreffenden Dienstreise noch begriffen, zu unvorhergesehenen persönlichen Ausgaben veranlaßt würde, während ihm in seiner Wohnung die ausreichendsten Mittel zur Erstattung zu Geboten stän-

§. 325. Sind in Beziehung auf die Unterschlagung die zur Eintragung oder Kontrole der Einnahmen oder Ausgaben bestimmten Rechnungen, Register oder Bücher unrichtig

---

den. Auch dann beginge er eine Dienstwidrigkeit, eine Unterschlagung läge aber, wenn er in der oben gedachten Ueberzeugung handelte, nicht vor. Dagegen kann selbstredend die Ueberzeugung des Thäters, daß die Verausgabung, und sonach die zeitweilige Entziehung der Gelder im Endresultate zu einer Benachtheiligung der Kasse 2c. nicht führen werde, weil ihm Mittel zur Herbeiführung einer dereinstigen Deckung zu Geboten ständen, den oben erwähnten Dolus, und sonach den Thatbestand der Unterschlagung nicht beseitigen. Z. I. 17. Nov. 1854 c. Biernath (G. Arch. 3. f 142). Vgl. im Uebrigen zu § 225 n. 37. 38.

15. Das Vergehen ist vollendet, sobald die sofort abzuliefernden Gelder nicht abgeliefert und bei Seite geschafft sind; auf den Zeitpunkt, wo sie wirklich verbraucht werden, kommt dann Nichts mehr an; es ist daher gleichgültig, ob letzteres vielleicht zu einer Zeit geschah, wo der Angeklagte bereits aufgehört hatte, Beamter zu sein. Z. II. 23. Feb. 1854 c. Fillinger.

16. Damit ein strafbarer Versuch angenommen werden könne, ist es nicht erforderlich, daß der Nachtheil bereits eingetreten sei. Z. I. 24. März 1854 c Fuhrmann.

17. Es ist keine Unterschlagung, wenn ein Forstaufseher Bäume in dem seiner Obhut anvertrauten Walde frevelt, oder Bäume, welche andre Personen ohne seine Mitwirkung gefrevelt hatten, sich aneignet, sondern Holzdiebstahl, resp. Diebstahl. B II. 12. Apr. 1855 c. Wirtz (Präj. n. 149; Entsch. 30. f. 354; G. Arch. 3. f. 840). Vgl. zu § 215. n. 23.

18. Ebensowenig ist es Unterschlagung, wenn ein Chausseegelderheber es unterläßt, von einzelnen Personen das verschuldete Chausseegeld zu erheben, und als Entgeld dafür sich von diesen Personen Dienste in seinem Privat-Interesse leisten läßt. Z. I. 26. Okt. 1853 c. Benzmann. Vgl. zu § 241. n 38. und zu § 310. n. 5.

19. Die in Gemäßheit der Vdn v 24. Jan 1844 (G S. f. 52) im Verwaltungswege erfolgte Festsetzung des bei einer Kasse 2c entstandenen Defekts ist als eine den Strafrichter bindende Entscheidung nicht zu betrachten

§. 325.

1. Die Worte „die Unterschlagung“ enthalten hier eine Verweisung auf den § 324, B. II. 18. Jan. 1855 c Stallknecht (G. Arch. 3. f. 719); es ist daher auch der Versuch der Unterschlagung hierher zu rechnen. G. Matt. 2. f. 696.

2. Auch wenn die verfälschten oder unterdrückten Rechnungen, Register, Bücher 2c. den Charakter einer Urkunde an sich tragen, die betreffende Handlung sonach unter § 323. fallen würde, ist doch stets nur die Strafe des § 325. zu verhängen, von einer idealen Konkurrenz kann dann keine Rede sein. Koch f. 1078 n. 43.

3. Wenn dagegen eine andere Urkundenfälschung mit der Unterschlagung zusammentrifft, so liegt eine reale Konkurrenz vor, und es greifen die Strafen des § 324. und die des § 323, resp. des § 247. kumulative mit der Maßgabe der §§ 56. 57. Platz. G. Matt. 2. f. 696; Temme Lehrb. f. 1082 Note 4.

4. Auch der § 325 ist nicht auf Kassenbeamten und Kassengelder, überhaupt nicht auf Gelder zu beschränken, bezieht sich vielmehr an sich auf Beamte Gelder und Sachen jeder Art. Z. Pl 11. Dez. 1854 c. Fischer (JMBl. 1855 f. 335; Entsch. 29 f. 421; G. Arch. 3. f. 343) B. II. 18. Jan. 1855 c. Stallknecht (G. Arch. 3. f 719). *Contra:* B. I. 27. Mai 1853 c. Grenz; B. I. 7. Sept. 1853 c. Budig; B. I. 4. Nov. 1853 c. Neubert; Beschl I. 6. Sept. 1854 c. Schulz, Beschl. I. 24. März 1854 c. Strenge; welche eine mit einer Rechnungslegung über Einnahme und Ausgabe verbundene Kassenverwaltung verlangten. Vgl. aber n. 5.

5. Dagegen setzt der § eine wirkliche Verwaltung von Geldern oder Sachen voraus, auf welche die Führung der Rechnungen, Register, Bücher 2c. sich bezieht, so daß in ihnen dem Beamten ausser den Geldern oder Sachen selbst, welche er unterschlägt, noch etwas Besonderes, was für die Verwaltung derselben von hoher

geführt, verfälscht oder unterdrückt, oder sind unrichtige Abschlüsse oder Auszüge aus diesen Rechnungen, Registern oder Büchern, oder unrichtige Beläge zu denselben vorgelegt, oder ist auf den Fässern, Beuteln oder Paketen der Geldinhalt fälschlich bezeichnet, so ist die Strafe Zuchthaus von drei bis zu zehn Jahren.

[Entw. § 297.] Vgl. § 324. 247 flg. 323. 243 Nr. 5. und 7.

§. 326. Ein Beamter, welcher Gebühren oder andere Vergütungen für amtliche Verrichtungen zu seinem Vortheile

---

Wichtigkeit ist, anvertraut, und die Verletzung dieses besondern Vertrauens der Grund ist, warum die Strafe der Unterschlagung so bedeutend erhöht wird. Z. Pl. 11. Dez. 1854 c Fischer (JMBl. 1855 f. 335; Entsch 29. f. 421; G Arch. 3. f. 143). B. II 18. Jan. 1855 c. Stallknecht (G. Arch. 3. f. 719). *Contra* früher: Z II. 7. Sept. 1854 c. Weidling (Präj. n. 103. Entsch. 28. f 454).

6. Ebendeshalb kann der § nur da Platz greifen, wo die unrichtige Führung &c der Rechnungen &c von demjenigen Beamten verübt worden ist, von welchem die Rechnungen, Register oder Bücher zu führen waren. B I. 4. Nov. 1853 c. Neubert.

7. Mit Rücksicht auf das unter n. 5 Gesagte ist es eine rechtliche Frage, ob eine unrichtig geführte Liste &c zu den im § gedachten Rechnungen, Registern &c. zu zählen sei. B. II. 18. Jan. 1855 c. Stallknecht. (G. Arch. 3. f. 719). Gleichwohl ist es unbedenklich statthaft die Frage an die Geschwornen dahin zu richten: „ob der Angeklagte die zur Kontrolle der Einnahme &c. zu führenden Bücher &c. unrichtig geführt habe“. Z I. 9. Jan 1856 c. Dannenberg (G A. 4. f. 216).

8. Aus dem in der n. 5 entwickelten Grunde ist die einem Gerichtsboten oder Exekutor zugestellte Kosteneinziehungsliste nicht zu den im § gedachten Rechnungen, Registern &c. zu zählen, weil eben der Bote nur die eingezogenen Kosten an die Kasse abzuliefern, mit einer Verwaltung derselben sich aber nicht zu befassen hat Jene Liste enthält vielmehr nur einen Komplexus von Kosteneinziehungsaufträgen, und demnächst, wenn der Bote diese ausgeführt hat, seine Berichte hierüber an die Kasse, namentlich auch darüber, welche Posten er zur Ablieferung an die Kasse eingenommen hat Z. Pl. 11. Dez. 1854 c Fischer (Präj. n 125; JMBl. 1855 f. 335; Entsch. 29. f. 421; G. Arch. 3. f 143); B. II. 18. Jan. 1855 c. Stallknecht (G. Arch. 3. f. 719). *Contra* früher: Z. II. 7. Sept. 1854 c. Weidling (Präj. n. 103; Entsch 28. f. 454). — Vgl. G. Arch. 1. f. 264, und oben zu § 323 n. 9.

9. Aus demselben Grunde (n. 5.) ist der § unanwendbar, wenn ein Briefträger einen Geldbrief unterschlägt, und den Geldauslieferungsschein fälschlich mit dem Namen des Addressaten unterzeichnet B. I. 27. Mai 1853 c Grenz; B I. 4. Nov. 1853 c. Neubert. In diesem Falle liegt vielmehr eine gewöhnliche, mit der Unterschlagung realiter konkurrirende Urkundenfälschung im Sinne des § 247. vor; vgl. zu diesem § n. 12

10. Ist die stattgehabte Verfälschung der Bücher &c. festgestellt, so kommt auf die spezielle Feststellung, welche Angaben ursprünglich an der Stelle der jetzt durch die Verfälschung hineingesetzten gestanden haben, Nichts an. Z. II. 6. März 1856 c. Lambacher.

11. Die Unterlassung einer durch das Amt gebotenen Eintragung in ein zur Kontrolle der Einnahme &c. bestimmtes Buch (z B. der Eintragung eines eingelieferten Geldbriefs in das Annahmebuch durch einen Post-Beamten) stellt eine unrichtige Führung dieses Buchs dar; Z. I. 24. Feb 1854 c. Prehn und Gen. (Entsch. 27. f. 128; G. A. 2. f. 262); Z. I. 5. Jan. 1855 c. Rubel (G. A. 3. f. 144); Z II 25. Jan. 1855 c Grandam. Dasselbe gilt natürlich umsomehr von der gänzlichen Unterlassung der vorgeschriebenen Buchführung.

12. Vom rechtlichen Standpunkte ist es unerheblich, ob die vom unterschlagenden Beamten unrichtig geführten Register und Bücher von ihm unterschrieben sind, oder nicht. Z. II. 23. Feb. 1854 c. Fillinger.

zu erheben hat, wird, wenn er Gebühren oder Vergütungen erhebt oder zu erheben versucht, von denen er weiß, daß die Zahlenden sie gar nicht oder nur in geringerem Betrage verschulden, mit Geldbuße bis zu Einhundert Thalern oder mit Gefängniß bis zu Einem Jahre bestraft; es kann zugleich auf zeitige Unfähigkeit zu öffentlichen Aemtern erkannt werden.

[Entw § 298.] Vgl § 327 309 25

§. 327. Ein Beamter, welcher Steuern, Gebühren oder andere Abgaben für eine öffentliche Kasse zu erheben hat, wird, wenn er Abgaben, von denen er weiß, daß der Zahlende sie gar nicht oder nur in geringerem Betrage verschuldet, er-

---

§. 326.

1. Der Unterschied des hier vorgesehenen Falles von dem durch § 309 mit Strafe bedrohten, besteht darin, daß jener sich auf das Annehmen ꝛc eines freiwillig gegebenen Geschenks bezieht, von welchem also der Zahlende sehr wohl weiß, daß er zur Zahlung nicht verpflichtet ist, während § 326 solche Zahlungen voraussetzt, welche in der Meinung ihrer rechtlichen Begründetheit und einer bestehenden Verpflichtung geleistet werden. Vgl G. Matt 2. f. 697 n. 3.

2. Dieser § bezieht sich auch auf Rechtsanwalte. Z I 23. Mai 1856 c Richter; vgl. n. 3. 4

3. Der Strafbestimmung unterliegt auch derjenige Rechtsanwalt, welchem die Praxis bei einem andern Gerichte als dem seines Wohnorts unter der Bedingung gestattet worden ist, den Parteien dafür keine Reise-Unkosten in Rechnung zu bringen, sobald er dieser Beschränkung zuwider handelt Z I. 23 Mai 1856 c Richter.

4. Das Ges v. 12 Mai 1851 § 9. (G.S. f 658) gestattet den Rechtsanwalten nach Zustellung der Liquidation ihrer Gebuhren und Auslagen ein deren Betrag übersteigendes Honorar dafür anzunehmen; gleichzeitig hebt § 11 ibid. den § 116 Tit. 7. Thl. I. der AGO. auf. Insoweit diese Vorschrift zutrifft, bleibt § 326 selbstredend ausgeschlossen. Dieselbe bezieht sich aber nur auf die Annahme des freiwillig Dargebotenen; wenn dagegen der Rechts-Anwalt ein f. g. palmarium fordert, oder auch nur das Versprechen eines solchen anregt, und die Ausstellung eines schriftlichen Reverses darüber herbeiführt, so trifft § 326 allerdings zu. So Z 21 Mai 1852 c. Krauthofer. Man muß gleichwohl hierbei das oben n 1 Bemerkte berücksichtigen, und da ein palmarium, wenigstens in der Regel, nur als freiwilliges Geschenk versprochen wird, so kann eventuell nicht § 326, sondern nur § 309 anwendbar sein. Vgl. zu § 309. n. 6.

5. Auf Rheinische Advokaten und ihre Honorarforderungen ist § 326 gänzlich unanwendbar; anders verhält es sich dagegen mit Rheinischen Anwälten, Notarien, Gerichtsvollziehern; vgl. zu § 309 n. 6.

6 Taxüberschreitungen bei Erhebung von Mäklergebühren sind, da Mäkler keine Beamten sind (vgl. Gew.-Ordn. v. 17 Jan 1845 § 51. u. 93), nicht nach § 326, sondern nach § 186 der cit Gew.-Ordn. zu bestrafen, welcher an die Stelle der Kab.-Ordre v. 23. Nov. 1837 (G.S. f. 218) getreten ist. Koch f. 1078 n. 44. *Contra:* G Matt. 2. f 697 n. 4

7 Vorausgesetzt wird ein Handeln zum eignen Vortheil, also eine gewinnsüchtige Absicht Temme Gll. f. 320.

8. Der Richter der That wird kein Bedenken tragen, auch das Abfordern zu hoher Gebühren als einen Versuch der Erhebung anzusehen. Vgl. Goltd. Matt. 2. f. 697 n. 2.

9. Die Anhäufung unnöthiger Kosten, sowie das Erheben zu hoher Gebühren zum Vortheile der Kasse ist nur im Disciplinarwege zu ahnden G. M. 2. f. 697 n 1.

hebt und das rechtswidrig Erhobene ganz oder zum Theil nicht zur Kasse bringt, mit Gefängniß nicht unter drei Monaten bestraft; auch kann gegen denselben auf zeitige Unfähigkeit zu öffentlichen Aemtern erkannt werden.

Eine gleiche Strafe hat ein Beamter verwirkt, welcher bei amtlichen Ausgaben an Geld oder Naturalien dem Empfänger vorsätzlich und rechtswidrig Abzüge macht und die Ausgaben als vollständig geleistet in Rechnung stellt.

[Entw. § 299.] Vgl § 326. 25; Ges. v. 20. März 1837 (G.S. s. 57).

§. 328. Ein Postbeamter, welcher die der Post anvertrauten Briefe und Pakete in anderen als den im Gesetz vorgesehenen Fällen eröffnet oder unterdrückt, oder einem Anderen bei einer solchen Handlung wissentlich Hülfe leistet, wird mit Gefängniß nicht unter drei Monaten bestraft; auch soll gegen denselben auf zeitige Unfähigkeit zu öffentlichen Aemtern erkannt werden.

[Entw § 300] Vgl § 280. 25; Verf. v. 31. Jan. 1850. Art. 33; Post-Ges. v. 5. Juni 1852 § 48. 49. (G.S. s. 357).

§. 329. Ein gerichtlicher Anwalt oder ein anderer Rechtsbeistand, welcher bei den ihm vermöge seiner amtlichen Eigen-

---

§. 327.

1 Konkurrirt mit dem hier vorgesehenen Vergehen eine Urkundenfälschung, so wird § 56 anwendbar.

2. Ueber den Fall, wo ein Beamter zur Kasse eingezahlte Beträge unterschlägt, und den dadurch entstandenen Ausfall in der Weise deckt, daß er von den Zahlungspflichtigen der Kasse zu hohe Beträge einzieht, vgl. zu § 324. n. 13 a.

§. 328.

1. Der Dolus braucht hier nur auf die unbefugte Eröffnung rc. gerichtet zu sein; es ist keineswegs erforderlich, daß eine Verletzung des Briefgeheimnisses durch Kenntnißnahme vom Inhalte des geöffneten Briefs bezweckt sei. Z. I. 15. März 1854 c Stössel (G. Arch. 2. s. 839).

2. Die Ausnahmefälle können nicht durch ein blosses Reglement, sondern nur durch ein Gesetz bestimmt werden. Komm.-B. II. K. s. 165.

3. Gleichwohl fällt die Eröffnung eines unbestellbaren Briefs zur Ermittlung des Absenders, als in den Zwecken der Versendung liegend, auch wenn sie nur auf Grund und in Gemäßheit eines Reglements erfolgt, nicht unter den §. Koch s. 1079 n. 45.

4. Als eine Unterdrückung ist auch die rechtswidrige Ausantwortung an einen nicht berechtigten Dritten zu betrachten. G. Matt. 2. s. 699; vgl. aber Post-Ges. v. 5. Juni 1852 § 48. 49

§. 329.

1. Unter den „andern Rechtsbeiständen“ sind z. B. Rheinische Advokaten, die Syndiken einer Stadtgemeinde, nicht aber wie Temme (Lehrb s. 1085 Note 2.) glaubt auch die Justitiarien der höhern Verwaltungsbehörden zu verstehen, welche nicht selten amtlich berufen sind, in Beziehung auf beide Parteien (z. B auf zwei streitende Gemeinden ihres Bezirks) amtlich thätig zu sein.

schaft anvertrauten Angelegenheiten in derselben Rechtssache beiden Parteien durch Rath oder Beistand pflichtwidrig dient, wird mit Gefängniß nicht unter drei Monaten bestraft.

Handelt derselbe vorsätzlich im Einverständniß mit der Gegenpartei zum Nachtheil seines Klienten, so tritt Zuchthaus bis zu fünf Jahren ein.

[Entw § 301.] Vgl. § 155.

§. 330. Ein Amtsvorgesetzter, welcher seine Untergebenen zu einem Verbrechen oder Vergehen im Amte vorsätzlich verleitet oder zu verleiten versucht, oder ein solches Verbrechen oder Vergehen seiner Untergebenen wissentlich geschehen läßt,

---

2. „Rechtssachen“ sind hier solche Sachen, bei welchen zwei oder mehrere Personen mit widerstreitenden Interessen betheiligt sind. Koch s. 1079 n. 46. Daß sie schon an ein Gericht gebracht worden seien, oder auch nur gebracht werden sollen oder können, ist nicht erforderlich; jede rechtliche Angelegenheit, in der es überhaupt auf Rath oder Beistand ankommt, gehört hierher Temme Lehrb. s. 1085 Vgl. G Matt. 2. s. 701 n. 4

3. Hiernach sind auch Strafsachen nicht ausgeschlossen, vorausgesetzt, daß es sich auch hier um widerstreitende Interessen handelt. Temme l. c.

4. Ein „Dienen durch Rath oder Beistand“ findet nur da statt, wo Rath oder Beistand im Interesse desjenigen, welchem gerathen ꝛc. ist, geleistet werden; Rathschläge und Beistand, welche im Interesse des eignen Klienten dem Gegner gewährt werden, z. B. zur Herbeiführung eines Vergleichs oder einer beschleunigten Entscheidung, gehören nicht hierher Koch s. 1079 n. 46.

5. Die Pflicht, dem Gegner nicht zu Dienst zu sein, beginnt erst mit der wirklichen Uebernahme der Sache für den andern; so lange daher noch die Unterhandlungen in Betreff der Uebernahme schweben, bleibt jedenfalls § 329 ausgeschlossen; läßt sich der Rechtsanwalt in einem solchen Falle mit dem Gegner ein, so kann, wenn nicht die Offenbarung eines anvertrauten Privatgeheimnisses (§ 155) vorliegt, nur das Disciplinarverfahren Platz greifen. Vgl. Koch s. 1079 n. 46; G. Matt. 2. s. 701 n. 6

6. Dagegen greift der § 329 auch da Platz, wo das pflichtwidrige Dienen für beide Parteien succeſſive stattgefunden hat, wo also dem einen der Beistand ꝛc erst dann geleistet ward, nachdem das Verhältniß zum Gegner vollständig gelöst war. Hier unterscheidet das Gesetz offenbar nicht G. Matt. 2. s. 701 n. 6; *Contra:* Koch s. 1079 n. 46. Nur im Falle des zweiten Absatzes wird die Fortdauer des Verhältnisses zum ersten Klienten vorausgesetzt.

7. Beistand kann auch durch Unterlassungen geleistet werden. G. Matt. 2 s 702 n. 7.

8. Der Eintritt eines wirklichen Nachtheils wird nicht erfordert. Goltd. Matt. 2. s. 702 n. 8; Koch s. 1079 n. 46; Temme GU s. 321. *Contra:* id. Lehrb. s. 1085, wo derselbe mit Unrecht zum Thatbestande des § 329 den vollen Thatbestand der Untreue (§ 246) verlangt.

9. Auch im Falle des zweiten Absatzes genügt ein Handeln mit dem Bewußtsein der Schädlichkeit, ohne daß ein wirklich eingetretener Nachtheil erfordert würde G. Matt. 2. s. 702 n. 8. Jedenfalls aber könnte jenes als Versuch des Verbrechens angesehen werden.

§. 330.

1. Der Verleitungs-Versuch braucht hier nicht den Bedingungen des § 31 zu entsprechen. Es trifft hier dasjenige zu, was zu § 90. n 9, zu § 212. n. 2, zu § 234. n 16 und zu § 311. n. 7. bemerkt ist.

soll zu der auf dieses Verbrechen oder Vergehen angedrohten Strafe verurtheilt werden; in allen Fällen ist zugleich auf zeitige Unfähigkeit zu öffentlichen Aemtern zu erkennen.

Dieselbe Bestimmung findet auch auf einen Beamten Anwendung, welchem eine Aufsicht oder Kontrole über die Amtsgeschäfte eines Mitbeamten übertragen ist, sofern das von diesem letztern Beamten verübte Verbrechen oder Vergehen die zur Aufsicht oder Kontrole gehörenden Geschäfte betrifft.

[Entw. § 302.] Vgl § 34 35.

§. 331. Die Vorschriften dieses Titels finden Anwendung auf alle öffentliche Beamte, sie mögen in unmittelbarem oder mittelbarem Staatsdienste stehen, auf Lebenszeit oder nur

---

§. 331.

Inhalt·

1. Oeffentlicher Beamter ist derjenige, welcher von der vollziehenden Gewalt im Staate unmittelbar oder mittelbar als ein Organ zur Ausführung irgend eines der unmittelbaren Zwecke des Staats bestellt ist. Temme Lehrb. S 1072. — Das Wesentliche der Beamten-Qualität besteht in der provisorischen oder definitiven Anvertrauung der Amtsgeschäfte durch die berechtigte Behörde, und in der Uebernahme derselben von Seiten des dazu Verstatteten (AKO v. 11. Aug 1832); auf die Dauer der Uebertragung kommt Nichts an. V. I. 17. Juni 1853 c. Fröhlich (G Arch 2. S. 566). Aehnlich Z. I. 22. Juni 1855 c. Habekost (Schreckbase u. Gen.).

2. Die amtliche Verpflichtung wird nicht erst durch die Vornahme, oder den Inhalt einer Vereidung begründet. Z. I. 14. Feb 1855 c. Scharff.

3 Die Frage, ob ein Angeklagter nach seinen festgestellten amtlichen Beziehungen als Beamter zu betrachten sei, ist eine rechtliche; die Geschwornen haben daher nur jene Beziehungen festzustellen, und hiernach der Schwurgerichtshof die Beamten-Qualität zu beurtheilen; die letztere Entscheidung unterliegt auch der Prüfung des Nichtigkeits-Richters. Z. 10 Sept. 1852 c. Treskow; V. I. 17. Juni 1853 c Fröhlich (G. Arch 2. S 566); Z II. 16. März 1854 c. Günner; Z. II. 2. Nov. 1854 c. Fahle; Z I. 15 Nov. 1854 c. Willutzki. — Ob dagegen ein Angeklagter eine That während seiner Eigenschaft als Beamter verübt, und ob ihm Akten vermöge seines Amtes zugänglich waren (§ 323), ist eine thatsächliche Frage. Z. I. 4. Apr. 1855 c. Schrödter.

4. Rechtsanwalte, Notarien, Gerichtsvollzieher stehen im unmittelbaren Staatsdienste. Goltd Matt. 1. S. 518; 2. S. 668; Bes S. 565 b. Vgl. AGO. Anh § 462.

5. Dasselbe gilt von Vorstehern und Verwaltern öffentlicher Armen-Anstalten. ALR. II. 19. § 80; Bes. S. 566 b.

6. Darüber, welche Postbedienten als Beamten zu betrachten sind, vgl Instr. des Min. für Handel rc. v. 8. Jan. 1853 § 2 (Staats-Anz. S 77).

7. Ein mit Genehmigung der vorgesetzten Dienstbehörde in einer Postexpedition als Privatgehülfe des Expediteurs beschäftigter Post-Expeditions-Gehülfe

zeitweise oder vorläufig angestellt sein, einen Diensteid geleistet haben oder nicht.

Nehmen Personen, welche keine Beamte sind, an einem der in diesem Titel bezeichneten Verbrechen oder Vergehen

---

ist als Beamter anzusehen, wenn gleich er von jenem entlassen werden kann, derselbe auch für seine Handlungen und Entlassungen der Postbehörde unmittelbar verantwortlich bleibt. V. I. 17. Juni 1853 c. Fröhlich (G. Arch. 2 f 566). Aehnlich Z. 10 Sept. 1852 c. Treskow; Z. I. 5. Juli 1854 c. Hüneke; Z. I. 13. Dez. 1854 c. Albrecht. Vgl. Regl. d. Gen.-Post-Amts v. 31. Jan. 1833. — Dasselbe gilt von demjenigen, welcher nach abgeleistetem Diensteide, mit Genehmigung der Ober-Post-Direktion als überzähliger und unbesoldeter Arbeiter bei einer Post-Expedition beschäftigt worden ist; eröffnet er unbefugter Weise einen der Post anvertrauten Brief, so ist er in die durch § 328 den Postbeamten angedrohte Strafe verfallen. Z. I. 13. Dez 1854 c. Lorenz.

8. Ein Gleiches gilt von einem Post-Briefträger, sollte er auch nur vom Post-Expediteur angenommen, und nur für gewisse Zwecke vereidet sein. Z. I. 14. Feb. 1855 c. Scharf.

8 a. ..... ebenso von Postillionen, vgl. AGO. I, 2 § 58; Instr. d. Min. f. H. 2c. v. 8. Jan. 1853 § 2. (Staats-Anz. f. 77). Vgl. indessen den Erlaß desselben Ministers vom 5 Juli 1852 (G. Arch 1. f 78)

9. Alle Lehrer der Volksschulen und der höhern öffentlichen Unterrichts-Anstalten sind Beamte. Verf v 31 Jan. 1850 Art. 23; G. Matt. 1. f. 518.

10. Dasselbe gilt von Schul-Inspektoren und Medizinal-Aufsichts-Beamten G. Matt 1. f. 518.

11. Wenn die nach dem Klassensteuer-Ges. v 30. Mai 1820 § 9. u. 6a den Gemeinden und resp. den Gemeinde-Beamten obliegende örtliche Erhebung der Klassensteuer unter Genehmigung der Regierung andern von der Gemeinde gewählten Personen aufgetragen wird, so nehmen diese, auch wenn sie nicht von der Regierung förmlich angestellt und vereidet sind, den Charakter als Beamte an, ohne daß es von Erheblichkeit wäre, ob eventuell die Gemeinde für die von ihrem Erheber unterschlagenen Beträge verantwortlich sein würde, oder nicht. Beschl. I 3. März 1854 c. Schröder.

12. Ueber Schiedsrichter vgl. zu § 102. n. 16.

13. Hofbeamten sind keine öffentlichen Beamten Temme Lehrb f. 1072 Note 1.

14. Dasselbe gilt von Geistlichen. Temme Gll. f. 316; id. Lehrb. f. 1072 Note 1. Vgl aber zu § 102. n. 11.

15 ...... ebenso von Gewerbtreibenden, welche einer besondern Approbation 2c. bedürfen, z. B. Baumeister, Aerzte u. s. w., sollten sie auch von der Obrigkeit besonders verpflichtet werden Bef. f 564.

16. Wenn auch nicht die Beamten aller Korporationen als mittelbare Staatsdiener gelten konnen (ALR. II. 10. § 69), so sind doch jedenfalls die Beamten derjenigen Korporationen dahin zu rechnen, welche für öffentliche Zwecke gestiftet sind, und unter beständiger Leitung des Staats stehen. Z. I. 15. Nov. 1854 c. Wilutzki; V. I. 11. Juli 1855 c. Fährmann. — Dienste, welche einer Korporation geleistet werden, sind nur insoweit als mittelbar dem Staate geleistet anzusehen, als die Korporation die Bestimmung hat, Zwecke des Staats zu erfüllen, und Rechte der Staatsgewalt auszuüben V. II 30 Juni 1853 c. Maasch (Präj. n. 54; Entsch 26. f. 163; G. Arch. 2. f. 566). Vgl Bef f. 565.

17. Zu den mittelbaren Staatsbeamten gehören hiernach die Beamten der Gemeinden, mit Einschluß der Gemeinde-Vorstände (Magistrate). Goltd. Matt. 1 f. 518

18 ..... ebenso die Beamten der ständischen Verbände und Institute, überhaupt alle verwaltenden Organe, der Gemeinden, Kreise, Provinzen und anderer korporativer Verbände, z. B. der Deich- und Feuersozietäten, der Ritterschaften und

Theil, so sollen, soweit keine Ausnahmen bestimmt sind, die allgemeinen Grundsätze über Theilnahme gelten. Auf den im § 309. vorgesehenen Fall findet diese Bestimmung keine Anwendung.

[Entw. § 303] Vgl. § 34. 35; ALR. II, 10. § 1 flg.; AKO v. 11. Aug. 1832. (G.S. S. 204).

Landschaften, der kommunal-ständischen Verbände 2c. G. Matt. 1. S. 518 — Daher sind die Bezirks- und Kirchspiels-Kommissarien, welche unter Leitung der betr. Regierung, resp. des Landraths für die Feuer-Sozietäten der landschaftlich nicht assoziationsfähigen ländlichen Grundbesitzer in den Regierungsbezirken Königsberg und Gumbinnen (vgl. Reglements v 30. Dez. 1837. G.S. 1838 S. 125 u. 153) gewisse Funktionen auszuüben haben, mittelbare Staatsbeamten Z. I. 15. Nov. 1854 c. Wilutzki; B I. 11. Juli 1855 c. Fährmann.

19. „Eine Eisenbahn-Gesellschaft ist, insoweit sie Erwerbszwecke der „Aktionäre verfolgt, keine Staatsanstalt, und nimmt diese Eigenschaft auch dadurch „nicht an, daß der Staat sich gegen Ertheilung der Konzession gewisse gegenwärtige „und eventuelle Rechte für Staatszwecke vorbehalten hat. Die bei der Verwaltung „von Einnahmen und Ausgaben derselben beschäftigten Beamten sind daher inso„weit auch nicht als mittelbare Staatsdiener anzusehen“ Insoweit den Gesellschaften dagegen die Ausübung der Bahn-Polizei überlassen worden ist, sind auch die Bahnbeamten in Beziehung auf ihre die Bahnpolizei betreffenden Rechte und Pflichten als Beamten zu betrachten B. II 30. Juni 1853 c Maasch (Präj n 54; Entsch. 26 S. 163; G. Arch. 2. S 566).

20. Die Rentbeamten der Standesherrn und mediatisirten Fürsten sind Beamte. G. Matt. 1. S. 517; vgl. zu § 102. n 10.

21. Dagegen sind die Beamten der Zünfte, Innungen und Gewerbe keine mittelbaren Staats-Beamten (vgl ALR II. 8. § 190 flg.) Z. 8. Okt. 1852 c. Pollähne (G. Arch 1. S. 264); Z. 29. Okt. 1852 c Naumann; Z. I. 9. Feb. 1853 c Grau; *Sic:* Temme Lehrb. S. 1072 Note 1

22 Im Uebrigen sind in Betreff der Frage, wer als Beamter anzusehen sei, die Bemerkungen zu § 89. n. 1—5. und zu § 102 n. 13—20 zu vergleichen.

23 Behauptet ein Nichtbeamter, welcher an einem der im Titel 28 vorgesehenen Verbrechen 2c Theil genommen hat, die Qualität des betreffenden Beamten nicht gekannt zu haben, so ist es nach § 44 seine Aufgabe, diese Nichtkenntniß zu beweisen; vgl. zu § 44 n. 7.

24. Wenn gleich nach § 35 auf den Theilnehmer dasselbe Strafgesetz, wie auf den Urheber eines Verbrechens 2c. anzuwenden ist, so kann doch die in einzelnen §§ angedrohte zeitige Unfähigkeit zu öffentlichen Aemtern, nur den Beamten, welcher das Verbrechen 2c. selbst begangen hat, nicht auch den Theilnehmer treffen, weil diese Strafe ihren Grund in der Verletzung der besondern durch das Amt auferlegten Pflichten hat; selbst wenn daher ein andrer Beamter Theil an einem Amtsverbrechen 2c. nimmt, ohne gleichwohl dadurch selbst ein solches zu begehen, kann ihn jene zusätzliche Strafe nicht treffen (unbeschadet seiner Verfolgung im Disciplinarwege). Bes. S. 566 b.

25. Die Ausnahmen, auf welche Absatz 2. hindeutet, beziehen sich auf die §§ 311 und 313, welche für den Fall der Bestechung gegen den Bestechenden eine besondre Strafe androhen, so daß seine That nicht als Theilnahme an dem Verbrechen des Beamten oder Geschwornen angesehen werden kann, welcher sich bestechen läßt. — Das gilt aber nur von der Theilnahme an der passiven Bestechung; wenn dagegen der Beamte in Folge der Bestechung die ihm zugemuthete Pflichtwidrigkeit wirklich begeht, und diese den Charakter eines Amtsverbrechens oder Vergehens an sich trägt, so ist der Bestechende als Anstifter nach § 34. Nr 1. und 35. zu bestrafen. Vgl. zu § 311. n. 5. 6.

Dritter Theil.

Von den Uebertretungen.

Erster Titel.

Von der Bestrafung der Uebertretungen im Allgemeinen. *)

---

*) Erster Titel.

1. Die Frage: „ob und in wie weit die im ersten Theile enthaltenen allgemeinen Bestimmungen über die Bestrafung, welchen in diesem Titel nicht ausdrücklich vorgesehen ist, auch auf Uebertretungen anzuwenden seien,“ ward in der Kommission der II. K angeregt, aber nicht entschieden; sie hielt dafür, daß bei der Anwendung der dort ausgesprochenen Regeln immer der Unterschied festgehalten werden müsse, daß im zweiten Theile die Bestrafung der Absicht, welche in der That ihren Ausdruck finde, hier nur die Rüge einer Handlung Gegenstand des Strafgesetzes sei, und glaubte bei der grossen Schwierigkeit, für die mannigfachen Arten der Uebertretungen spezielle Vorschriften aufzustellen, und bei der Gefahr durch Exemplifikationen den eigentlichen Zweck zu verfehlen, keine ausdrücklichen Vorschriften deshalb empfehlen zu dürfen, vielmehr erwarten zu müssen, daß die Rechtsprechung die aus dem Prinzipe entspringenden Folgen ableiten werde. Komm.-Ber. II. K. S. 172; — G. (Matt 2. S. 709) und Temme (Lehrb. S. 1088) halten dafür, daß alle allgemeinen Grundsätze über Bestrafung der Verbrechen ꝛc. auch bei den Uebertretungen Anwendung finden müßten, sofern sie nicht ausdrücklich, oder vermöge ihrer Natur auf Verbrechen ꝛc. beschränkt, oder insofern nicht für Uebertretungen ausdrücklich andre Grundsätze aufgestellt seien. Das erkennt dann auch in Betreff der „zur Anwendung einer Strafe überhaupt erforderlichen Voraussetzungen, weil hierüber im dritten Theile keine Bestimmung getroffen sei,“ an: Z. I. 23 Feb. 1853 c. Lucht (Entsch. 25. S. 217; G. A. 1. S. 563).

2. Nur Individuen, nicht juristische Personen, oder eine Mehrheit von Personen als solche, können wegen einer Uebertretung verfolgt werden; vgl. zu § 1 n. 9.

3. Bei den Verletzungen eines polizeilichen Verbots kommt es nicht auf die Absicht, sondern nur auf die That in ihrer äussern Erscheinung an; Bes. S. 577 IV. Es bedarf daher bei einer Polizei-Uebertretung der Feststellung eines Dolus, oder auch nur einer Fahrlässigkeit nicht. B. Kass.-H. 31 Mai 1834 c. Lützeler u. Gen (Rh. A. 20. 2. A. S. 30); B. id. 16 Feb. 1852 c. Schlegel; B. II. 5. Jan. 1854 c. Kramer; B. II. 15. Feb. 1855 c. Birschel; B. II. 26. Apr. 1855 c. Kirst u. Gen. Vgl. Komm.-Ber. II. K. S. 172 (oben n. 1). *Contra:* Temme Lehrb. S. 1089 IV. Vgl. G. Matt. 2. S. 710 n. 2; — Bes. (l. c.) will diesen Grundsatz gleichwohl nicht für solche Handlungen gelten lassen, welche eine wahre Rechtsverletzung enthalten, und nur mit Rücksicht auf das Strafmaaß zu den Uebertretungen gezählt werden z. B. für Beleidigungen, Entwendungen von Eßwaaren u. dergl. Auf eine Jagd-Polizei-Uebertretung wandte B. II. 15. Feb. 1855 c. Birschel ihn an.

4. Auch ein Rechtsirrthum kann eine Uebertretung nicht straflos machen. Vgl. Goltd. Matt. 2. S. 709 n. 1. Das gilt namentlich von der Unkenntniß der Strafverordnung. B. II. 26. Apr. 1855 c. Kirst u. Gen.

5. In Betreff der Zurechnungsfähigkeit kommen unbedenklich die allgemeinen Grundsätze auch hier zur Anwendung. Bes. S. 577 V; G. Matt. 2. S. 710 n. 4; Temme Lehrb. S. 1089 III; daher „finden die §§ 40 bis 44 auch bei Uebertretungen Anwendung.“ Z. I. 23. Feb. 1853 c. Lucht (Präj. n. 21; Entsch. 24. S. 496; 25. S. 217; G. A. 1. S. 563).

6. Auch darüber, ob für die von einem Unzurechnungsfähigen begangenen Uebertretungen, derjenige zu haften habe, welchem die besondre Aufsicht über jenen oblag, gelten die allgemeinen Grundsätze; G. Matt. 2. S. 710 n. 4.

§. 332. Als Uebertretungen sind nur solche Handlungen oder Unterlassungen zu bestrafen, welche durch Gesetze oder

---

7. Beseler (S. 576 III), Temme (Lehrb. S 1089 V), und ein Erk. App.-Ger. Frankfurt 25. Feb. 1853 c. Babeliowski (G A. 1. S. 265) nehmen an, daß die in Betreff der Theilnahme an Verbrechen rc. geltenden Grundsätze auf Uebertretungen keine Ausdehnung erleiden; ebenso G. (Matt. 2 S. 710 n. 2), welcher indessen hiervon diejenigen Handlungen ausnehmen will, welche, ihrer Natur nach Vergehen, nur der Kompetenz wegen hierher gewiesen seien; vgl n. 8, und in Betreff der Bettelei § 341.

8. Steuerdefraudationen gehören ihrer Natur nach nicht zu den Polizei-Uebertretungen, daher ist auch dann wenn sie mit Rücksicht auf die Höhe der im Einzelfalle verwirkten Strafe, als Uebertretungen zu behandeln sind, doch immer eine Theilnahme an derselben, wie früher, so auch jetzt, nach allgemeinen Grundsätzen strafbar. Das spricht § 16 des Z.-Str.-Ges. v 23. Jan. 1838 in Beziehung auf Zoll-Defraudationen ausdrücklich aus. Z. (V.) I. 23. Apr. 1856 c. Blüchert u. Gen. (JMBl. S.). In demselben Sinne entschied ein Erk. L.-G. Saarbr. 24. Juli 1854 c. Mentzinger (Rh. A 50 2. B. S 8), und (in Betreff einer Zolldefraudation) V. II. 14. Dez. 1854 c Lennartz (Senden u Gen), wo indessen diese Frage weiter nicht erörtert ist. Vgl. zu § 34 n. 15 a; zu § 37 n. 3

9. Die Begünstigung einer Uebertretung ist in keinem Falle strafbar; das gilt selbst von einer als Uebertretung zu ahndenden Zoll- oder Steuer-Defraudation. V. I. 25. Jan 1856 c. Köhring. Vgl zu § 37 n. 3

10. Ueber die Bestrafung der im Auslande begangenen Uebertretungen vgl. § 4 und dort n. 23.

11. Allgemeine polizeiliche Verbote können, insofern die betreffende Verordnung dieses nicht ausdrücklich gestattet, durch privatrechtliche Verträge nicht aufgehoben werden; daher darf der Jagdpächter einer allgemeinen Polizei-Verordnung zuwider nicht über die in seinem Jagdreviere liegende Eisenbahn gehen, sollte diese von der Jagdverpachtung auch nicht ausgeschlossen sein, und die Eisenbahn-Gesellschaft an den Pachtgeldern Theil nehmen. V II. 15. Feb. 1855 c. Frings

12. Wenn Mehreren die Verabsäumung einer ihnen gemeinschaftlich obliegenden, von dem Gesetze unter Androhung einer Strafe für den Unterlassungsfall gebotenen Handlung zur Last fällt, so trifft Jeden die volle Strafe. Erk. App.-Ger Hamm (G. A. 2 S. 566). Vgl. zu Einf.-Ges. Art. XII. § 6 n. 6.

§. 332.

Inhalt:

1. Rücksichtlich des Begriffs der „Uebertretungen“ sind § 1 und Einf.-Ges Art. VIII, rücksichtlich der Kompetenz Einf.-Ges Art. XIII, XIV und XX und das Ges. v. 14. Apr. 1856 Art. I. § 1—3 (G.S. S. 208) zu vergleichen Nach ausdrücklicher Vorschrift dieses § können auch blosse Unterlassungen den Thatbestand einer Uebertretung darstellen, vgl § 340 Nr. 7; 345 Nr 8—11; 347 Nr. 1. 3. 4. V. II. 15. Mai 1856 c. vom Hövel

2 Die Befugniß der einzelnen Behörden allgemeine Polizeiverordnungen zu erlassen, und Zuwiderhandlungen mit Strafen zu bedrohen war früher regulirt durch ALR. II, 17 § 10 flg; Vdn. v. 26 Dez. 1808 § 45; Reg.-Instr. vom 23. Okt. 1817 § 11; zu vergleichen war darüber ein Staats-Min.-Beschl v. 25 Feb. 1845 (JMBl S. 34; Rh Samml. 9. S. 11). — Für das linke Rheinufer enthielten ein Ges. v. 16—24. Aug 1790 Tit. 11 Art 2. 3. u. 5, und ein Ges v. 19—22 Juli 1791 Tit. 1. Art. 46; für das Großherzogthum Berg das Dekr. v. 18 Dez 1808 Art 28, und ausserdem für die ganze Rheinprovinz das Ress.-Regl. v. 20. Juli 1818 § 32. 33 die maaßgebenden Bestimmungen.

gesetzlich erlassene Verordnungen der Behörden unter Strafe gestellt sind.

[Entw. § 304] Vgl. § 1 2; Einf.-Ges Art. VIII. XIII. XIV. XX; ALR. II, 13. § 6; II, 17. § 10 flg; Vdn. v 26 Dez. 1808 § 45; Reg.-Instr v. 23. Okt. 1817 § 11. (G.S. s. 255); (Rh.) Ress.-Regl. v. 20 Juli 1818 § 32. 33; (Rh.) Ges. v 16. bis 24 Aug. 1790 Tit 11. Art. 2. 3 5; (Rh) Ges. v. 19 bis 22. Juli 1791 Tit. 1. Art 46. 30 31; Pol.-Ges. v 11. März 1850 § 5 flg. (G S s. 265).

---

3. Jetzt richtet sich diese Befugniß bei verschiedenen **Behörden** für den ganzen Staat nach dem (Polizei-) Gesetze v. 11 März 1850 § 5 flg.

4. Ueber die Erlassung solcher **Polizeiverordnungen**, bei welchen das **Militär** besonders konkurrirt vgl. Cirk. d. Min. d. J. v. 21. Aug. 1852 (MBl. f. d. i. Verw. s. 218).

5. Die Regierungen können die ihnen in dieser Beziehung zustehenden Befugnisse nicht auf die **Landräthe** übertragen; die letztern sind nicht befugt, bindende Polizei-Verordnungen zu erlassen. Z Kass.-H 5. Okt. 1852 c. Achternbusch (Rh. Arch. 47. 2. A. s. 132).

6. Die Art der **Publikation** kreis- und lokalpolizeilicher Verordnungen sollten nach einer AKO. v. 8. Feb. 1840 (GS s 32) durch die Regierungen bestimmt werden; das ist jetzt in Betreff der durch die örtliche Polizei-Verwaltung erlassenen Verordnungen durch § 5 des Ges v. 11. März 1850 wiederholt worden; in Betreff der von den Bezirksregierungen ausgehenden Polizei-Verordnungen ist die Publikationsart, nach Vorschrift des § 11. ibid. durch eine Instr des Min. d. Innern v. 6. Juni 1850 (MBl. f. d. i. Verw s. 176) geregelt.

7. Aus der AKO. v. 8. Feb. 1840 [und § 5. des Ges. v. 11. März 1850] (siehe n. 6.) ist nur zu folgern, daß die Regierung ein für alle Male und für alle Arten von Lokalverordnungen die **Art der Publikation** feststellen, nicht aber, daß sie für verschiedene Arten von Verordnungen verschiedene Publikationsarten vorschreiben könne; jedenfalls ist eine Verfügung, welche nur zur allgemeinen Kunde bringt, daß eine Polizeiverordnung ergangen sei, und Bestimmungen darüber trifft, wie sich der Einzelne Kenntniß vom Inhalte derselben verschaffen könne, nicht als eine jenen Bestimmungen entsprechende Anordnung zu betrachten. Beschl I. 5 Dez. 1855 c. Mettke u. Gen.

8. **Nichtbeobachtung** der für die Publikation vorgeschriebenen **Förmlichkeiten** zieht die Ungültigkeit der ganzen Verordnung nach sich. Z. Kass.-H. 23. Feb. 1852 c Faaß (Rh A. 46. 2 A. s. 109); Z II 15 Nov. 1855 c Leuchtenrath.

9. **Aeltere** in vorschriftsmässiger Weise ergangene und verkündete **Polizei-Verordnungen** sind, insofern sie nicht Materien betreffen, welche das StGB. vorgesehen hat, in Kraft verblieben Vgl Ges. v. 11. März 1850 § 19; G. Matt 2. s. 714 n. 1. c; Koch s. 1081 n 51 — Auch bedürfen sie nicht einer nochmaligen in Gemäßheit der Vorschriften der §§ 5. u. 11 des Ges. v. 11. März 1850 zu bewirkenden Verkündung. V. Kass. H. 10. Apr. 1852 c. Paschen (Rh. A. 47. 2. A. s. 47). Vgl n. 21.

10 Die in gesetzlicher Weise erlassenen **Polizei-Verordnungen** stehen, was ihre **Wirksamkeit** anlangt, den Gesetzen vollständig gleich; Temme GU. s. 322. Die Verletzung, oder unrichtige Anwendung einer solchen Verordnung kann im Wege der Nichtigkeitsbeschwerde ebenso wie die Verletzung einer materiellen Gesetzesvorschrift geltend gemacht werden.

11. Die gehörig publizirten Polizeiverordnungen sind für **alle** in der Gemeinde 2c. sich aufhaltenden **Personen** verbindlich; insbesondre kann auch der Fremde sich nicht auf seine Unbekanntschaft mit denselben berufen Gilb. C. pén. Art. 471. § 15. n 27 28.

12. Dem **Bürgermeister** einer **Sammt-Gemeinde** steht (nach der Gem.-Ordn v. 11. März 1850) die Polizei-Verwaltung in den zur letztern gehörenden Einzel-Gemeinden nur dann zu, wenn sie ihm von der Staats-Regierung (d. i. hier der Bezirksregierung) übertragen worden ist; ist dieses geschehen, so kann er für den ganzen Umfang der Sammt-Gemeinde Polizeiverordnungen erlassen, die dann aber

zu ihrer Gültigkeit der Publikation in den Einzel-Gemeinden bedürfen. B. II. 28. Apr. 1853 c. Kimpler (Rh. A. 48. 2. A. f 55); ähnlich: B II 30. Sept. 1854 c. Ohligschläger; B. II. 5. Okt. 1854 c Bruckmann; B. II. 18. Jan. 1855 c. Schmitz.

13. Die durch Ges. v. 11. März 1850 § 5. angeordnete vorgängige Berathung mit dem Gemeinde-Vorstande fällt da weg, wo ein solcher neben dem die Ortspolizei handhabenden Gemeindevorsteher rc. nicht existirt B. II 30 Sept. 1854 c Ohligschläger; B. II. 5. Okt. 1854 c. Bruckmann.

14. Der cit. § 5. erfordert eine vorgängige Berathung mit dem Gemeinde-Vorstande, nicht aber eine Zustimmung desselben B. I. 3. Mai 1854 c. Kretzschmer (JMBl f. 268; G. A. 2. f. 684).

15. Die Vorschrift des § 7. des Pol.-Ges. v. 11. März 1850 (die Zustimmung der Gemeinde-Vertretung zu solchen Polizeiverordnungen betreffend, welche über Gegenstände der landwirthschaftlichen Polizei ergehen), ist selbst da maaßgebend, wo eine solche Verordnung auch nur theilweise Gegenstände der gedachten Art betrifft (insofern nicht ausdrücklich hervorgehoben ist, daß einzelne der ergangenen Bestimmungen, auf rein polizeilichen Motiven beruhen). Z. II 15. Mai 1856 c Marquet u. Gen

16. Die Ortspolizeibehörde kann verbieten, daß gewisse öffentliche Wege ihres Bezirks mit einer gewissen Gattung von Fuhrwerk befahren werden. B. Kass. H. (Int. d. Ges) 1. Mai 1852 c. Geulen (Rh. Arch. 47 2. A. f. 97)

17 Die Benutzung des Eigenthums und der Real-Rechte kann im Wege polizeilicher Verfügungen beschränkt werden, wenn dieselben die öffentliche Ordnung und Sicherheit, sowie das öffentliche Interesse überhaupt zu befördern bestimmt sind, und sich auf eine durch ein Gesetz gegebene Ermächtigung stützen. Z. II. 6. Apr. 1854 c. Haas.

18. Ebenso ist es gestattet zum Schutze zu Recht bestehender Schranken der Gerechtsamen einzelner Gemeinde-Mitglieder an den Gemeinde-Forsten strafandrohende Verordnungen zu erlassen; dagegen darf in gleicher Weise die Dispositionsbefugniß der Gemeindeglieder über das ihnen aus dem Gemeinde-Forste zugetheilte, durch sie bereits eigenthümlich erworbene Holz (z. B. durch ein Verbot: solches Holz zu verkaufen) nicht beschränkt werden. Z. II. 22. Nov. 1855 c. Mösser; ähnlich Z. Kass.-H. 25. Mai 1852 c Endres; Z. id. 28. Sept 1852 c Schug (Rh. A. 47. 2. A. f. 128).

19. Fiskalische Maßregeln können im Wege einer Polizei-Verordnung nicht angeordnet, und Zuwiderhandlungen nicht mit Strafe bedroht werden (z. B. das Nichtzahlen einer für die Benutzung eines städtischen Schlachthauses zu entrichtenden Gebühr). Z. Kass. H. 1 Juli 1837 c Witschen (Volkm. f 450); Z. Kass. H. 20. Nov. 1849 c. Hirsch.

20. Ueber die Statthaftigkeit einer Polizei-Verordnung, welche allen Markthändlern rc. die Benutzung einer städtischen Waage zur Pflicht macht, vgl. zu § 348. n. 12.

21. Nach dem Ges. v. 11. März 1850 § 5. und 11, sowie der Fassung des § 332 genügt es jetzt nicht mehr, wenn eine Polizeiverordnung im Allgemeinen nur ein Verbot ausspricht, es muß dieselbe vielmehr die ausdrückliche Androhung einer Strafe enthalten. G. Matt. 2. f. 714 n. 2. Das ist indessen auf ältere in gesetzlicher Weise ergangene Polizeiverordnungen nicht auszudehnen; auch wenn sie keine ausdrückliche Strafandrohung enthalten, sind sie doch wirksam geblieben, und es ist die Höhe der Strafe in solchen Fällen jetzt nach dem zum Einf.-Ges. Art. VIII. n. 3. aufgestellten Grundsatze zu bemessen; für den Bezirk des App.-Hofs zu Köln hatte das Ress.-Regl. v. 20. Juli 1818 § 33 das Strafmaaß in allen solchen Fällen auf Geldbusse von 1 bis 5 Thlr. bestimmt. Vgl. zu § 335. n 1. 2.

22. In Betreff des Strafmaasses, welches eine Polizei-Verordnung androhen kann, vgl. zu § 333. n. 3; zu § 335 n. 3 4.

23. Wäre in einer Polizeiverordnung bei der Strafandrohung das zulässige Straf-Maaß überschritten worden, so würde die Verordnung deshalb nicht als ungültig zu betrachten, die Strafe vielmehr nur in dem geringeren vom Gesetze gestatteten Maasse zu verhängen sein; Cass. 10. Apr. 1819. Si. Coll. nouv. 6. 1 56. und dort die Note.

§. 333. Die Strafen der Uebertretungen sind folgende:
1) polizeiliche Gefängnißstrafe,
2) Geldbuße,
3) Konfiskation einzelner Gegenstände.

[Entw. § 305] Vgl. § 334. 341 335. 18. 19

§. 334. Die polizeiliche Gefängnißstrafe besteht, insofern nicht das Gesetz ein Anderes bestimmt (§ 341.), in einfacher Freiheitsentziehung; die Dauer derselben beträgt mindestens Einen Tag, zu vierundzwanzig Stunden gerechnet, und höchstens sechs Wochen.

[Entw. § 306.] Vgl. § 14 15. 341

§. 335. Das niedrigste Maaß der Geldbuße ist zehn Silbergroschen, das höchste Maaß derselben funfzig Thaler.

---

24. Eine Polizeiverordnung kann nicht neben der Strafandrohung gegen den Urheber einer Uebertretung auch die Haftbarkeit dritter Personen fur die jenen treffenden Verurtheilungen zu Geldbusse und Kosten (z. B. der Aeltern, Lehrherrn ꝛc) anordnen. Z. I. 30 Mai 1856 c. Kliecz (Prox u. Gen.); Z. I. eod. c. Wybranietz

§. 333.

1. Wo das Gesetz zwischen Geldbusse oder Gefängnißstrafe die Wahl läßt, ist auch hier auf die erstere in den milderen Fällen zu erkennen; vgl. § 18.

2. Wenn der Polizei-Richter bei dem einer Uebertretung Angeschuldigten unter sechszehn Jahren ein Handeln ohne Unterscheidungsvermögen annimmt (vgl. zu Tit. I. n. 5), so kann er die Unterbringung desselben in einem Besserungshause nicht anordnen; es fehlt an jedem Grunde die betreffende Vorschrift des § 42 auf Uebertretungsfälle auszudehnen, und die Analogie des § 11 des H.-D.-Ges v 2. Juni 1852 (GS. f. 307) spricht unbedingt dagegen.

3. Die Konfiskation einzelner Gegenstände gehört nicht zu denjenigen Strafen, welche nach § 5. und 11. des Ges. v. 11 März 1850 durch eine Polizei-Verordnung angedroht werden können; wäre sie gleichwohl in Einzelfällen angedroht worden, so könnte der Richter nicht darauf erkennen.

§. 334.

1. Die polizeiliche Gefängnißstrafe soll in den dazu bestimmten Räumen, und nicht etwa in der Wohnung des Verurtheilten vollstreckt werden; Komm.-B. II. K. f. 168.

2. Eine Trennung jener Räume von den gewöhnlichen Gefängnissen ist als wenigstens sehr wünschenswerth anerkannt im Komm.-B. II. K. f. 168.

3 Ein Arbeitszwang ist nur im Falle des § 341. statthaft.

4 Die polizeiliche Gefängnißstrafe kann gegen solche Gefangene, welche sich auf ihre Kosten zu verpflegen, ausser Stande sind, auch in der Weise vollstreckt werden, daß dieselben während der für die Gefängnißstrafe bestimmten Dauer, ohne in einer Gefangenanstalt eingeschlossen zu sein, zu Arbeiten, welche ihren Fähigkeiten und Verhältnissen angemessen sind, angehalten werden. Statthaftigkeit ihnen dabei ein Tagewerk zu bestimmen. Ges. v 11. Apr. 1854 § 7. (G.S. f. 144). Vgl. H D.-Ges v 2. Juni 1852 § 14. Die Ausführung dieser Maßregel ist den Regierungen überlassen worden. Cirk.-Verf. d. Min d Inn. v 21. Apr. 1855 n 14 (MBl. f. d. i. V. f 75).

§. 335.

1 Das in diesem § für Uebertretungen allgemein aufgestellte niedrigste Strafmaaß von 10 Sgr. ist in solchen Fallen unanwendbar, wo andre noch

An die Stelle einer Geldbuße, welche wegen Unvermögens des Verurtheilten nicht beigetrieben werden kann, soll Gefängnißstrafe treten.

Die Dauer derselben soll vom Richter so bestimmt werden, daß der Betrag von zehn Silbergroschen bis zu zwei Thalern einer Gefängnißstrafe von Einem Tage gleich geachtet wird. Die Gefängnißstrafe darf auch in diesem Falle niemals die Dauer von sechs Wochen übersteigen.

[Entw. § 307.] Vgl § 17. 18; Einf.-Ges. Art X; HDGes. v 2. Juni 1852 § 12; Ges. v. 3. Mai 1852 § 132. 133

---

gültige Gesetze, z B. die Feld-P.-Ordn. v. 1. Nov. 1847 ein geringeres Strafminimum ausdrücklich zulassen. Min.-Verf. v. 23. Mai 1854 (JMBl f. 286; MBl. f. d. i V. f. 118). Dasselbe gilt von dem Falle, wo ein in Kraft verbliebenes Spezial-Gesetz als niedrigstes Strafmaaß eine Geldbusse von mehr als zehn Silbergroschen androht

2. Dagegen nahm ein V. Kass.-H. v. 14 Sept. 1852 c. van Gülick u. Gen. (Rh A 48. 2 A. f. 22) an, daß da, wo eine in Kraft verbliebene ältere Polizei-Verordnung eine spezielle Strafe nicht androhe, wo dieselbe also früher in der Rheinprovinz nach § 33 des Ress.-Regl. v. 20. Juli 1818 zu bemessen war (1 bis 5 Thlr), jetzt § 335 die Höhe des Strafmaasses regulire. Dieser Entscheidung kann indessen nicht beigepflichtet werden; die allgemeine Strafandrohung des cit. § 33 ist in einem solchen Falle als in der betr. Pol-Verord. mit enthalten anzusehen, und ist mit der Verordnung selbst in Kraft verblieben (vgl. V. Kass.-H. v. 21. Dez. 1833 c Cremer u. Gen.; Rh Arch. 20. 2. A f. 3)

3. Bei der Erlassung von Polizei-Verordnungen dürfen die betreffenden Behörden zwar das in den §§ 5. und 11. des Ges v 11. März 1850 bestimmte Maximum der Strafandrohung nicht überschreiten, wohl aber dürfen sie das Minimum höher als zehn Silbergroschen bestimmen. So mit Rücksicht auf die früher in der Rhein-Provinz geltenden Grundsätze: V. Kass.-H. v 9. Sept. 1844 c. Jung (Rh. Arch 38. 2 A. f. 26). Vgl zu § 344. n. 20

4. In Betreff der Strafumwandlung kann eine Polizeiverordnung andre Grundsätze, als die im § 335. enthaltenen, nicht aufstellen; die letztern kommen vielmehr mit Nothwendigkeit zur Anwendung, selbst da, wo die Verordnung der Umwandlung gar keine Erwähnung thut.

5 Der Richter hat nach den Umständen zu ermessen, welchen Maaßstab er bei der Umwandlung zum Grunde legen will, und kann hiernach eine Geldbusse von zwei Thalern sowohl in ein- als in sechstägige Gefängnißstrafe, oder einen dazwischen liegenden Satz verwandeln. Vgl Just. Min. Verf. v. 2. Jan 1854 (JMBl. f 2; MBl. f d. i. V. f. 16)

6. Der hier für die Strafumwandlung aufgestellte Maaßstab kommt auch bei den durch Spezial-Gesetze vorgesehenen Uebertretungen zur Anwendung, insofern dort nicht ausdrücklich ein andrer Satz angegeben ist. V Kass-H v. 22. Dez. 1852 c. Herberz (Rh A. 47. 2. A. f. 144). Vgl zu § 17. n 1—3.

7 Die Verschiedenheit der in den §§ 17. und 335. aufgestellten Umwandlungs-Maaßstäbe kann leicht zu Inkonvenienzen führen, welche die Rechtsprechung möglichst auszugleichen bemüht sein muß Das gilt vorzugsweise da, wo sich die Höhe des Strafmaasses nach dem Objekte der strafbaren Handlung im Einzelfalle richtet (wie bei Steuer- und Zoll-Defrauden), und wo daher derselbe Thatbestand bald die Natur eines Vergehens, bald die einer Uebertretung annimmt (vgl. zum Einf.-Ges. Art VIII. n. 4). Eine Zolldefraude, für welche eine Geldbusse von 48 Thlr. verwirkt ist, stellt sich als Uebertretung dar, die eventuell an ihre Stelle tretende Gefängnißstrafe richtet sich daher nach § 335, das geringste zulässige Maaß derselben beträgt daher 24 Tage; erreicht dagegen die verwirkte Strafe 51 Thlr.,

§. 336. Der Versuch einer Uebertretung ist straflos. Wegen Rückfalls findet eine Erhöhung der Strafe über das höchste Maaß nicht statt.

[Entw. § 308.] Vgl. § 31—33. 58—60; HDG. v. 2. Juni 1852 § 5 7 8 16 24 52; Post-Ges. v. 5 Juni 1852 § 34. 36 (G S. s. 354.)

§. 337. Wenn eine und dieselbe Handlung die Merkmale mehrerer Uebertretungen in sich vereinigt, so kommt das Strafgesetz zur Anwendung, welches die schwerste Strafe androht.

[Entw. § 309.] Vgl. § 55.

§. 338. Hat Jemand mehrere Uebertretungen begangen, so kommen die sämmtlichen dadurch begründeten Strafen zur Anwendung.

---

so ist der Maaßstab des § 17 anzuwenden, und der strafumwandelnde Richter kann bis auf Gefängniß von 17 Tagen hinabgehen; ein Mißverhältniß, welches dadurch nicht ausgeglichen wird, daß es sich im erstern Falle von einer polizeilichen, im andern von einer Gefängnißstrafe des § 14 handelt, zumal da zur Vollstreckung noch immer vielfach dieselben Lokale benutzt werden müssen.

8. Auch hier darf mit Rücksicht auf § 334 und § 17 die subsidiäre Gefängnißstrafe nicht weniger als einen Tag betragen

9. Im Uebrigen sind die Bemerkungen zu § 17 zu vergleichen.

§. 336.

1. Der Rückfall kann hiernach nur noch als Strafzumessungsgrund in Betracht kommen; es unterliegt daher hierbei alles dem richterlichen Ermessen, welches auch durch die Vorschriften der §§ 58 und 60. nicht gebunden ist. *Contra* Bes s. 577 VI; G. Matt. 2 s 717; Koch s. 1082 n. 55. Vgl. aber zu § 60. n. 5; zu § 45. n. 4

2. Einzelne Spezial-Gesetze enthalten Abweichungen von den Grundsätzen dieses §; so HDG. v. 2. Juni 1852 und Post-Ges v. 5 Juni 1852 in den oben cit. §§.

§. 337.

1. Der § wiederholt die Vorschrift des § 55; sie ist unbedenklich auch da anwendbar, wo eine Handlung sowohl den Thatbestand einer Uebertretung, als den eines Vergehens ꝛc. in sich vereinigt

2. Enthält eine Gewerbe-Polizei-Kontravention zugleich ein Steuervergehen, so soll nach § 177 der Gew.-Ordn v. 17 Jan. 1845 nicht neben der Strafe des cit. § auch auf die Steuerstrafe erkannt, wohl aber bei der Strafzumessung darauf gerücksichtigt werden; hiernach kommen die Grundsätze von der idealen Konkurrenz auch hier zur Anwendung, so daß die Strafe in keinem Falle geringer sein darf, als die durch das Steuervergehen verwirkte B. I. 6. Okt. 1854 c Sommer (JMBl. s 411); B. I. 18. Okt. 1854 c. Gerlach — Gleichwohl gehören diese Handlungen (mit Ausschluß der Rheinprovinz) zur Kompetenz der Polizei-Richter; vgl zum Einf.-Ges. Art. XX. n. 4

§. 338.

1. Nach diesem § ist bei einer realen Konkurrenz mehrerer Uebertretungen für jede die Strafe selbstständig und voll zu verhängen; sollte auch das Gesammtmaaß die in den §§ 334 und 335. aufgestellten Sätze übersteigen. Die Vorschrift des zweiten Absatzes des § 56. ist daher ebenso unanwendbar, als die Beschränkungen des § 57. Temme Lehrb. s. 1059 Note 7; G. Matt. 2. s. 718; Koch s. 1082 n. 57.

Die Strafe einer Uebertretung wird dadurch nicht ausgeschlossen, daß der Thäter außer der Uebertretung auch noch Verbrechen oder Vergehen begangen hat.

[Entw. § 310.] Vgl § 56. 57

§. 339. **Die Uebertretungen verjähren, soweit nicht das Gesetz ein Anderes bestimmt (§ 343.), in drei Monaten von dem Tage gerechnet, an welchem sie begangen sind.**

Wenn die Verjährung unterbrochen wird, die Untersuchung aber nicht zur rechtskräftigen Verurtheilung führt, so beginnt eine neue Verjährung nach der letzten gerichtlichen Handlung.

Jeder Antrag und jede sonstige Handlung der Staatsanwaltschaft, sowie jeder Beschluß und jede sonstige Handlung des Richters, welche die Eröffnung, Fortsetzung oder Beendigung der Untersuchung betrifft, unterbricht die Verjährung.

[Entw. § 311.] Vgl. § 45—49 343; Einf.-Ges Art. V; Preß-Ges v. 12. Mai 1851 § 49; Ges. v. 22. Mai 1852 Art. V; HDG. v. 2. Juni 1852 § 20.

---

2. Dasselbe gilt da, wo Uebertretungen mit Verbrechen oder Vergehen realiter konkurriren. Temme l. c.; eine Ausnahme vgl. zu § 56 n 16.

3. Der Umstand, daß im Falle einer realen Konkurrenz das Gesammtmaaß der zu verhängenden Strafen, das höchste zulässige Maaß einer einmaligen Uebertretungsstrafe übersteigt, ist bei der Kompetenzbestimmung durchaus einflußlos. B II. 1. Feb. 1855 c Cahn (Rh Arch 50. 2. A f 77; G. A. 3. f. 411) Vgl. zum Einf.-Ges. Art. XIV. n. 6.

4 Wenn gleich die Artt. XXI. u XXII. des Einführungs-Gesetzes sich unzweifelhaft auch auf Uebertretungen mit beziehen, so wird es doch, mit Rücksicht auf § 338. in der Regel an jeder Veranlassung fehlen, wegen einer vorhandenen Konnexität Uebertretungen vor einen andern, als den nach allgemeinen Grundsätzen zuständigen Richter zu bringen. — In keinem Falle kann sich der letztere, wegen einer obwaltenden Konkurrenz der That mit einer andern, z B. mit einem Vergehen, inkompetent erklären, da die fakultative Bestimmung des Art. XXI die an sich begründete Kompetenz nie beseitigen kann.

5 In Betreff der Kompetenz bei Zuwiderhandlungen gegen das Regulativ vom 9. März 1839 über die Beschäftigung jugendlicher Arbeiter vgl. zu § 1 n. 1.

§. 339.

1 Dieser § wiederholt die Vorschriften der §§ 45 – 48 in fast wörtlicher Fassung Die dort gemachten Bemerkungen sind daher hier zu vergleichen.

2. Nicht wiederholt ist nur die Bestimmung des § 47 Abs 2, den Stillstand der Verjährung während der Flucht des Angeschuldeten betreffend; die letztere hindert daher bei Uebertretungen den Lauf der Verjährung nicht.

3. Ebenso findet sich die Bestimmung des § 49, daß gegen rechtskräftig erkannte Strafen keine Verjährung laufe, hier nicht wieder. Gleichwohl ist der dort ausgesprochene Grundsatz auch hier anzuwenden, schon weil es jetzt an jeder Bestimmung fehlt, in welcher Frist die wegen einer Uebertretung erkannte Strafe verjähren könnte.

4. In Betreff der Verjährungen solcher Uebertretungen, welche eine fortdauernde Verletzung des Gesetzes enthalten, bei welchen also nicht blos die durch eine Handlung hervorgebrachte Wirkung, sondern die verpönte Handlung oder Unterlassung selbst fortdauert, vgl. zu § 46. n. 9. Als Beispiele solcher Uebertretungen führt die dort cit. Min.-Verf. v. 28. Aug 1852 den gesetzwidrigen Betrieb eines

Zweiter Titel.

Uebertretungen in Beziehung auf die Sicherheit des Staats und die öffentliche Ordnung.

§. 340. Mit Geldbuße bis zu funfzig Thalern oder Gefängniß bis zu sechs Wochen wird bestraft:

1) wer ohne besondere Erlaubniß Risse von Festungen oder einzelnen Festungswerken aufnimmt;

[Entw. § 312 Nr. 1.]

2) wer außerhalb seines Gewerbebetriebes heimlich oder wider das Verbot der Behörde Vorräthe von Waffen oder Munition aufsammelt;

[Entw. § 312 Nr 2] Vgl. § 66.

3) wer ohne schriftlichen Auftrag einer Behörde Stempel, Siegel, Stiche, Platten oder andere Formen, welche zur Anfertigung von Metall- oder Papiergeld, oder von solchen Papieren, welche nach § 124. dem Papiergelde gleich geachtet werden, oder von Stempelpapier, öffent-

---

Gewerbes, das Aufbewahren entzündbarer Materialien an feuergefährlichen Orten, das fortgesetzte Beherbergen einer nicht angemeldeten Person, das Nichthalten der vorgeschriebenen Feuerlöschgeräthe u. dgl. an. — Dagegen rechnete ein Z. Kass.-H v. 24. Mai 1834 c. Wever u Gen. (Rh A. 21. 2. A. f 14) die Zuwiderhandlung gegen ein Verbot, neue Strohdächer aufzulegen, nicht hierher

5. Uebertretungen, welche durch Zuwiderhandlung gegen die Vorschriften über die Entrichtung der Steuern, Zölle, Postgefälle, Kommunikationsabgaben und aller übrigen öffentlichen Abgaben und Gefälle begangen werden, verjähren in 5 Jahren Ges. v. 22. Mai 1852 Art V

6. Die durch die Presse begangenen Uebertretungen verjähren nach § 339. in drei Monaten. Vgl. Preß-Ges v 12 Mai 1851 § 49

7. In derselben Frist verjähren auch einfache Holzdiebstähle HDG. v 2 Juni 1852 § 20.

§. 340.

Zu Nr. 1.

1. Die Vorschrift bezieht sich selbstredend nur auf Preußische Festungen (§ 4. a. E) G Matt 2 f. 720 n. 1; Koch f. 1083 n. 63.

Zu Nr. 2.

2 Geschieht die Handlung zur Vorbereitung einer hochverrätherischen Unternehmung, so wird § 66. anwendbar. G. Matt 2. f. 720 n. 2.

Zu Nr. 3.

3. Diese Bestimmung ist an die Stelle des Ges. v. 6. Juni 1835, aus welchem sie entlehnt ist, getreten; insbesondre fällt auch die Anfertigung der unter Nr. 4. des § 1. jenes Gesetzes erwähnten Stempel und Siegel, (welche zur Beglaubigung öffentlicher Urkunden, sowie des Maasses und Gewichts, oder zur amtlichen Bezeichnung oder amtlichen Verschliessung gewisser Sachen und Waaren dienen können) unter diese Nr. 3. Vgl. Temme Lehrb. f. 999.

4. Die Vorschrift des § 5. des cit. Ges., nach welcher die Anwendung der Strafe dadurch nicht ausgeschlossen wird, daß bei der Anfertigung von Siegeln rc. die Merkmale, durch welche die Eigenschaft derselben als öffentlicher Siegel rc.

lichen Bescheinigungen oder Beglaubigungen dienen können, anfertigt, oder an einen Anderen, als die Behörde, verabfolgt;

[Entw. § 312 Nr. 3] Vgl. Ges. v. 6. Juni 1835 (G.S. S. 99; Rh Samml 5. S 141).

4) wer ohne schriftlichen Auftrag einer Behörde den Abdruck der in Nr. 3. genannten Stempel, Siegel, Stiche, Platten oder Formen, oder irgend einen Druck von Formularen zu den daselbst bezeichneten öffentlichen Papieren, Beglaubigungen oder Bescheinigungen unternimmt oder Abdrücke an einen Anderen, als die Behörde, verabfolgt;

[Entw. § 312 Nr. 3 a]

5) wer Waaren-Empfehlungskarten, Ankündigungen, Etiquettes oder andere Drucksachen, welche in der Form oder Verzierung dem Papiergelde oder den dem Papiergelde nach § 124. gleich geachteten Papieren ähnlich sind, anfertigt oder verbreitet, oder wer Stempel, Stiche, Platten oder andere Formen, welche zur Anfertigung von solchen Drucksachen dienen können, anfertigt;

[Entw § 312 Nr. 3 b]

6) wer ohne Genehmigung der Staatsbehörde Aussteuer-, Sterbe- und Wittwenkassen oder andere dergleichen Ge-

---

bedingt ist, abgeändert worden, insofern die Abänderung von der Art ist, daß sie nur bei besonders sachkundiger Aufmerksamkeit wahrgenommen werden können, — ist zwar hier nicht wiederholt, gleichwohl ist sie, als in der Natur der Sache liegend, auch jetzt noch als maaßgebend anzusehen. Vgl. Nr 5

5. Zur Ertheilung des im § verlangten schriftlichen Auftrags sind auch jetzt noch nur die im § 3 des Ges. v. 6 Juni 1835 genannten Behörden befugt; ein von einer unbefugten Behörde ertheilter Auftrag kann die Strafbarkeit jedenfalls dann nicht beseitigen, wenn dem Handelnden jener Mangel der Befugniß bekannt war.

6. Die AKO v. 16. Okt. 1831 (GS. S 247), welche den eigenmächtigen Gebrauch, und die Abbildung des Königlichen Wappens zur Bezeichnung von Waaren, auf Aushängeschildern oder Etiketten, mit Strafe bedroht, ist durch diese Nr 3. nicht ausser Kraft gesetzt. G. Matt. 2. S. 721 n. 3.

Zu Nr. 4.

7. Die Strafe dieser Nr. 4. trifft auch denjenigen, welcher sich zur Anfertigung der Abdrücke solcher Platten ꝛc. bedient, welche im Auftrage der zuständigen Behörde angefertigt worden sind.

8. Zu den Formularen, zu deren Abdruck es hiernach eines vorgängigen schriftlichen amtlichen Auftrags bedarf, gehören auch die zu Zoll-, Steuer-, Post- und ähnliche Quittungen zu Pässen, sowie zur Aufnahme der Civilstandsurkunden in der Rheinprovinz benutzten; der Auftrag zum Abdrucken der letztern muß vom Ober-Prokurator ausgehen.

Zu Nr. 6.

9. Die Vorschrift dieser Nr findet auf Unternehmer von Versicherungs-Anstalten jeder Art, und ebenso auch auf diejenigen Anwendung, welche den

sellschaften oder Anstalten errichtet, welche bestimmt sind, gegen Zahlung eines Einkaufsgeldes oder gegen Leistung von Geldbeiträgen, beim Eintritt gewisser Bedingungen oder Termine, Zahlungen an Kapital oder Rente zu leisten;

[Entw. § 312 Nr 3 c] Vgl Ges v 17 Mai 1853 (G S. S. 293); ALR I, 11 § 651

7) wer bei Unglücksfällen oder bei einer gemeinen Gefahr oder Noth, von der Polizeibehörde oder deren Stellvertreter zur Hülfe aufgefordert, keine Folge leistet, obgleich er der Aufforderung ohne erhebliche eigne Gefahr genügen kann;

[Entw. § 312 Nr. 4] Vgl § 200; Ges. v. 28 Jan. 1848 § 25 (G S S. 54).

8) wer den gegen die Störung der Feier der Sonn- und Festtage erlassenen Anordnungen zuwiderhandelt;

[Entw. § 312 Nr. 5] Vgl AKO. v 7 Feb. 1837 (G.S S. 19); (AKO. v. 26. März 1825 v. Kamptz Ann 9. S. 377.)

Geschäftsbetrieb der vor dem 1. Juli 1851 errichteten, noch nicht genehmigten Anstalten fortsetzen. Ges. v 17 Mai 1853 § 1

10 Anwendbarkeit der Nr. auf Feuerversicherungs-Anstalten; vgl. Ges v. 17 Mai 1853 § 10; Ges. v. 8 Mai 1837 (G.S. S 102); AKO. v. 30. Mai 1841 (G.S. S. 122).

11. Ueber die zu erwirkende Genehmigung der Staatsbehörde, vgl. ALR I, 11. §. 651; Ges. v 17. Mai 1853 § 1; AKO v 29. Sept. 1833 (G S S 121).

12 Ein Z KH. v 30. Dez 1852 c v. Juchen wollte die Nr 6. auf solche Versicherungsgesellschaften, welche den Gesetzen und ihrer Natur nach keine Vortheile, sondern nur den Schutz gegen unvorhergesehenen Schaden darboten, insbesondre also auf solche, welche nur auf Gegenseitigkeit beruhen, nicht anwenden Das kann jetzt nach dem Ges. v. 17 Mai 1853 (vgl Nr. 9) jedenfalls nicht mehr gelten. *Contra* wie es scheint: Koch S 1084 n 67

13 Auch auf Sparkassen ist Nr 6 anzuwenden. (Vgl. Regl. v 12 Dez. 1838 G.S. 39. S. 5)

Zu Nr. 7.

14 Es wird hier ein Unglucksfall, oder eine gemeine Gefahr vorausgesetzt; es gehört sonach der Fall nicht hierher, wo es sich von einer bleibenden Maaßregel handelt, durch welche ein vorhergesehenes, erst aus der Ferne drohendes Uebel abgewendet werden soll, z B eine Gränzbewachung, um die Einschleppung einer ansteckenden Krankheit zu verhindern Gilb. C pén. Art. 475. § 12. n. 10.

15. Daher kann auch der Fall nicht hierher gerechnet werden, wo Jemand der an ihn ergangenen Aufforderung, zu einer allgemeinen Landesvisitation mitzuwirken (vgl. Min.-Instr v. 9. Okt. 1817), nicht nachkommt. Diese Unterlassung ward uberhaupt für straflos erachtet durch B II 11 Juli 1853 c. Krämer; Z. eod c. Kappes (Rh. Arch 49. 2 A. S. 29); Z. II 22 Sept. 1853 c Mickartz *Contra* früher: B. Kass.-H. 7. Feb. 1835 c. Merz u Gen. (Rh Arch. 22. 2. A. S. 3), welches in einem solchen Falle die Strafe des § 33. des Rhein Reff.-Regl v. 20 Juli 1818 für verwirkt erachtete.

16. Auch eine mündliche Aufforderung genügt Gilb. l. c. n. 5

Zu Nr. 8.

17. Die betreffenden Anordnungen sind nach der AKO v. 7 Feb 1837 (G S S 19) von den Bezirksregierungen nach den Verhältnissen der einzelnen Orte

9) wer ungebührlicher Weise ruhestörenden Lärm erregt oder groben Unfug verübt;

[Entw. § 312 Nr. 6] Vgl. § 92; Vdn v. 17. Aug. 1835 § 1 (G.S. S. 170)

---

oder Gegenden ihres Bezirks zu erlassen. Diese KO. ist durch den § nicht aufgehoben, es ist vielmehr nur eine feste Strafandrohung hinzugefügt, so daß die Regierungen diese nicht mehr selbstständig zu bestimmen haben. B. II. 2. Nov 1854 c. Leffmann u. Gen.; B. II. 30. Nov. 1854 c. Hansen u. Gen. Zu bemerken ist gleichwohl, daß die Fassung des Entwurfs von den „über die Feier der Sonn- und Festtage“ erlassenen Anordnungen sprach, welche aber von der Kommission der zweiten Kammer (KB II. K. S. 175) in der jetzt vorliegenden Weise abgeändert ward, weil es sich nur um die Anordnungen „gegen die Störung der Feier“ handle; ein gleiches hat indessen auch die KO v. 7. Feb. 1837 nur im Auge gehabt, da sie von der „äussern Heilighaltung“ jener Tage spricht. Vgl. Koch S. 1084 n. 70.

18 Die Anordnungen der Regierung müssen jetzt in der durch das (Polizei-) Ges v. 11. März 1850 § 11. flg. vorgeschriebenen Weise erlassen und publizirt werden.

19. Unter den „erlassenen Anordnungen“ sind nicht blos die zur Zeit der Publikation des StGB. bestehenden, sondern alle zur Zeit der Uebertretung und Strafanwendung erlassenen Anordnungen zu verstehen. B. II 26. Okt. 1854 c. Gräf (JMBl. 55. S. 12; G. A 2. S 815); B. II. 2 Nov. 1854 c. Schloten (Leffmann u. Gen.).

20. Gültige Festtage für alle Landestheile sind ausser den Sonntagen: die beiden Weihnachtstage, Oster- und Pfingstmontag, Charfreitag, Neujahr, Christi-Himmelfahrt und der Bußtag. Vgl. Rau: Pol.-Gess. § 29. Anm. 1. In der Rheinprovinz tritt als katholischer Festtag noch Allerheiligen hinzu: AKO v. 5. Juli 1832 id. v 7. Feb. 1837; id. v. 22. Juli 1839 (GS. 32. S. 197; 37. S. 21; 39. S. 249).

21 Eine nach Anleitung des Ges. v. 11. März 1850 erlassene Polizei-Verordnung kann nicht vorschreiben, daß ein nur kirchlicher Festtag ebenso wie ein gesetzlicher gefeiert, und daß an demselben auch ausser der Zeit des Gottesdienstes keine öffentlich bemerkbaren Arbeiten gestattet sein sollen; es würde eine solche Verordnung gegen die Gesetze verstossen, welche die gesetzlichen Festtage bestimmen. B. II. 25 Okt. 1855 c. Herres u. Gen. (Rh. A. 51. 2. A. S. 55).

22. Ein B. KH. 14. Juni 1847 c. Reiß u. Gen (Rh. A. 42. 2. A. S. 13), nahm an, die Benutzung öffentlicher Strassen zu Fuhrwerk jeder Art sei auch an Sonntagen gesetzlich erlaubt, und daher durch eine Polizeivorschrift nicht zu verwehren.

23. Treibjagden sollen an Sonn- und Festtagen nicht ohne ausdrückliche Erlaubniß, andre Jagden nicht während des öffentlichen Gottesdienstes gestattet werden. Vgl Min-Verf. v. 10. März 1818 (Ann 2. S. 349); id. v. 1. Juli 1852 (MBl. f d. i. V. S. 174) — Damit indessen Strafbarkeit im Falle einer Zuwiderhandlung eintrete, wird es noch einer in gehöriger Weise verkündeten Polizei-Verordnung bedürfen.

Zu Nr. 9.

24. Auf einfache Reden und Aeusserungen ist diese Nr. nicht anzuwenden; sie setzt bestimmte Handlungen voraus. G. M. 2. S. 722. n. 8.

25. Nur solche Handlungen gehören hierher, welchen der angedeutete Charakter in Beziehung auf die Sicherheit des Staats und die öffentliche Ordnung beiwohnt (siehe Rubrum des Titels); daher können Ungebührlichkeiten eines Dienstboten gegen seinen Herrn nicht unter diese Strafvorschrift fallen. B. I. 17. Okt. 1855 c. Meyer.

26. Insbesondre ist aus der Gleichstellung mit „ruhestörendem Lärm“ zu schliessen, daß auch unter „grobem Unfug“ nur solche Handlungen zu verstehen sind, durch welche das Publikum ungebührlicher Weise belästigt wird. Eine solche Belästigung kann auch in unsittlichen Handlungen gefunden werden, welche in Lokalien, die, wie ein Verkaufsladen, dem Zutritte des Publikums geöffnet sind, gegen einzelne Personen aus demselben verübt werden. B II. 18. Okt. 1855 c. Bosse (Präj. n. 177; Entsch. 31. S. 289; G. A. 4 S. 270).

27. Im Uebrigen kann zur Erläuterung des Ausdrucks: „grober Unfug“

10) wer öffentlich Thiere boshaft quält oder roh mißhandelt;

[Entw. § 312 Nr. 7.]

11) wer an öffentlichen Wegen oder Plätzen oder in öffentlichen Versammlungsorten Hazardspiele hält.

[Entw § 312 Nr. 8.] Vgl § 266 267

In den Fällen der Nummern 1., 2., 3., 4., 5. und 11. ist die Konfiskation der erwähnten Risse von Festungen oder Festungswerken, der Vorräthe von Waffen oder Munition, der Stempel, Siegel, Stiche, Platten oder anderen Formen, der Abdrücke, oder der auf dem Spieltisch und in der Bank befindlichen Gelder im Urtheile auszusprechen.

[Entw. § 312] Vgl. § 19.

§. 341. Wer bettelt oder Kinder zum Betteln anleitet oder ausschickt, oder Personen, welche seiner Gewalt und Auf-

---

auf § 1. der Vdn v. 17. Aug. 1835 zurückgegangen werden (. ., „wohin auch Aufregung durch Geschrei und Pfeifen zu rechnen“ ..).

Zu Nr. 11.

28. Oeffentlich ist hier jeder Weg und jeder Ort, welcher allgemein zugänglich ist; auf die jeweilige Anwesenheit einer Mehrheit von Personen kommt hier Nichts an; vgl. zu § 267. n 1.

29. Ein Kaffeehaus hort dadurch nicht auf ein öffentlicher Versammlungsort zu sein, daß das Spiel daselbst in der Regel bei verschlossenen Thüren getrieben wird, wenn dazu die Gäste allgemein Zutritt haben; (vgl § 267, welcher den Fall vorsieht, wo die Inhaber offentlicher Versammlungsörter zur Verheimlichung des Spiels mitwirken). Z. 26 Mai 1852 c Kruger (Malaun u. Gen.)

30. Daß das Hazardspiel aus Gewinnsucht gespielt werde, ist zur Anwendbarkeit des § nicht erforderlich Vgl. zu § 267. n 4 *Contra:* die Rechtsprechung des Ober-Tribunals; vgl. die l. c. angefuhrten Erkenntnisse; insbesondre bezogen sich V Pl 12. Dez 1853 c Hinterlach (Entsch 27 ſ 134; G A. 2. ſ. 268); V. I. 3. Feb 1854 c Kubale u Gen. ausdrucklich auf den Fall dieser Nr. 11 mit.

31. Als „Halter“ des Hazardspiels ist derjenige zu betrachten, welcher dasselbe unternimmt, veranstaltet, also der Bankhalter, nicht aber derjenige, welcher nur pointirt (der „Spieler“). G M 2 ſ. 723 n. 10; Koch ſ. 1085 n. 73 — Zwischen dem „Unternehmen“ oder „Halten“ eines Hazardspiels und dem Bankhalten ist ein Unterschied nicht erfindlich; auch verliert der Bankhalter dadurch diese Eigenschaft nicht, wenn er hin und wieder selbst pointirt. Z 26. Mai 1852 c Krüger (Malaun u. Gen.)

32. Dagegen setzt der § nicht die permanente Haltung der Bank durch denselben voraus; er bleibt vielmehr auch da anwendbar, wo das Bankhalten der Reihe nach unter den Mitspielenden herumging. Z. I. 30. Jan. 1856 c. Bartsch (JMBl. ſ. 68).

33. Ueber die bedingte Statthaftigkeit von ſ. g Glücksbuden vgl. zu § 266 n. 3. Das dort cit. V. I. 24 Jan. 1854 c. Meyer (G. A. 2. ſ. 834) nahm an, daß die Errichtung einer solchen nicht unter den Begriff eines Hazardspiels, also in keinem Falle unter § 340 Nr. 11, sondern eventuell nur unter § 268. falle; vgl. zu § 268. n. 4.

§. 341.

1. Ueber den Begriff des Bettelns vgl zu § 118. n. 1. Zu bemerken ist, daß auch der Komm.-B. II. K ſ. 176 es aussprach, daß nicht jede vereinzelte Bitte um Almosen fur Betteln angesehen werden konne; vgl. zu § 118. n. 3

sicht untergeben sind und zu seiner Hausgenossenschaft gehören, vom Betteln abzuhalten unterläßt, wird mit Gefängniß bis zu sechs Wochen bestraft.

Der Verurtheilte kann in der Gefangenanstalt auf angemessene Weise beschäftigt werden.

[Entw. § 313.] Vgl. § 118. 334

§. 342. Wer in Schankstuben oder an öffentlichen Vergnügungsorten zu einer von der Polizei verbotenen Zeit, ungeachtet der Wirth, sein Stellvertreter oder ein Polizeibeamter ihn zum Fortgehen aufgefordert hat, verweilt, ist mit Geldbuße bis zu fünf Thalern zu bestrafen.

Die Wirthe, welche das Verweilen ihrer Gäste zu einer von der Polizei verbotenen Zeit dulden, haben Geldbuße bis zu zwanzig Thalern oder Gefängniß bis zu vierzehn Tagen verwirkt.

[Entw. § 314.] Vgl. Pol.-Ges. v. 11. März 1850 § 5 6 c. (G.S. ſ. 265).

---

2. Zu den der Gewalt und Aufsicht untergebenen Personen gehören unzweifelhaft und zunächst die unter väterlicher Gewalt stehenden im Hause des Vaters wohnenden Kinder V. II 22. Feb 1855 c. Krölls (G. A. 3 ſ. 575).

3. Der zweite Theil der Vorschrift dieses § bestraft die blosse Unthätigkeit, den Mangel an Aufsicht, die unterlassene Anwendung genügender Mittel, um die betreffenden Personen vom Betteln abzuhalten; daher schließt die Thatsache, daß diese Personen gebettelt haben, den Beweis, daß sie nicht abgehalten worden, und daß derjenige, unter dessen Aufsicht sie stehen, sie nicht abgehalten hat, in sich; in diesem Falle kann nur die Annahme, daß letzterer dennoch seine Pflicht erfüllt habe, und ihm eine Unterlassung nicht zur Last falle, die Nichtanwendung der Strafe gegen ihn rechtfertigen Freisprechung wegen mangelnden Nachweises einer positiven Theilnahme verletzt das Gesetz. V II. 22. Feb. 1855 c Krölls (G. A 3. ſ. 575).

4 Ebensowenig kann die Bestrafung davon abhangig gemacht werden, daß jene der Aufsicht untergebenen Personen schon fruher einmal als Bettler bestraft seien, sich sonach als hierzu geneigt kund gegeben hätten.

5. In Betreff eines strafunmündigen Bettlers kann der Polizeirichter die Unterbringung in einer Besserungsanstalt (nach § 42) nicht anordnen.

§. 342.

1 Vorausgesetzt wird hier, daß von der zuständigen Polizeibehörde (vgl. Pol-Ges. v. 11. März 1850 § 5. 6 c.) eine ſ g. Polizeistunde festgesetzt, und vorschriftsmässig publizirt sei. — Für den Bezirk des ehemaligen General-Gouvernements des Nieder- und Mittel-Rheins hatte eine Verordn v. 1. Aug. 1814 § 2. (Rh Samml. 1. ſ. 153) die Polizeistunde auf 10 Uhr Abends bestimmt und zugleich angeordnet, daß in solchen Orten des platten Landes, welche keinen Glockenthurm besitzen, die Einwohner durch ein anderes dem Glockenläuten zu substituirendes Signal von dem Eintritte der Polizeistunde benachrichtigt werden sollten Das ist indessen durch eine in den Regierungs-Amtsblättern bekannt gemachte Verf. d. Min. d. Inn v. 7. Apr. 1839 (auf den Grund der AKO. v. 9. Nov. 1822 Rh Samml. 2. ſ. 322) aufgehoben, und angeordnet worden, daß es für den Eintritt der Polizei-Stunde eines besondern Signals nicht mehr bedürfen solle; dieses ist jetzt nach dem Ges. v 11. März 1850 um so unzweifelhafter. — Jedenfalls war auch früher die Bestrafung der Ueberschreitung der Polizeistunde von der Beobachtung jener Förmlichkeit nicht abhängig. V. (Z.) Kass.-H. 22. Apr. 1839 c. Wolff (Klösgen u. Gen.; Rh. A. 28. 2. A. ſ. 79).

Dritter Titel.

Uebertretungen in Beziehung auf die persönliche Sicherheit, Ehre und Freiheit.

§. 343. Wer einen Anderen beleidigt, wird mit Geldbuße bis zu funfzig Thalern oder Gefängniß bis zu sechs Wochen bestraft.

---

2. Der § unterscheidet nicht zwischen Schenkstuben, welche Personen der niedern Klassen des Volks besuchen, und andern Lokalen, in welchen Getränke an Personen, die nicht zu jenen Klassen gehören, verabreicht werden. B. I. 3. Mai 1854 c. Kretzschmer (JMBl. f 268; G A. 2 f 684).

3. Dagegen verbietet der § es nicht, an Reisende auf der Reise in den Eisenbahnstations-Gebäuden auch nach der Polizeistunde Erfrischungen zu verabreichen; ebensowenig kann ein solches Verbot im Wege der Polizeiverordnung erlassen werden. Z. II. 19 Jan. 1854 c Rinkens.

4. Die im ersten Absatze erforderte Aufforderung muß individuell an die in einem einzelnen Hause anwesenden Gäste gerichtet werden; das die Stunde bezeichnende Signal des Nachtwächters kann daher als eine solche Aufforderung nicht angesehen, und diese Bedeutung ihm auch nicht durch eine allgemeine Polizei-Verordnung beigelegt werden. Dagegen bedarf es nicht einer besondern Aufforderung an den einzelnen Gast.

5. Der Wirth, welcher das Verweilen der Gäste nicht dulden darf, thut nicht genug, wenn er die Polizeistunde ankundigt, und ferner keine Getränke mehr verabreicht; er soll vielmehr zur rechtzeitigen Entfernung mitwirken, und die ihm in dieser Beziehung zu Gebote stehenden Mittel (z B. Herbeirufen der Polizei, Auslöschen der Lichter 2c.) aufwenden; inwieweit er dieser Auflage genügt und die angemessenen Mittel angewendet habe, ist Gegenstand der thatsachlichen Beurtheilung. So: Z. Kass-H. 18. Nov 1851 c Simens; B. id. 2. Nov 1852 c. Jungen; B. II. 24. Nov. 1853 c. Bonnes (G. A 2. f 568); B. II. 21 Juni 1855 c. Mink; B. II. 15. Nov. 1855 c. Schnaß. Das letztere erwog: die blosse Ankundigung der Polizeistunde reiche nicht unbedingt hin, um den Obliegenheiten des Wirths zu genugen, da eine solche fur sich allein die ernstliche Absicht des Wirths, seine Gaste nicht länger zu dulden, d. h sie zum Weggehen zu nothigen, nicht nothwendig in sich schliesse, noch weniger aber geeignet sei, die widerstrebenden Gaste in die Nothwendigkeit zu setzen, sich wirklich zu entfernen Daß das Maaß des anzuwendenden Widerstands zu bestimmen, nur der thatsächlichen Beurtheilung anheimfalle, entschied auch Z. II. 17. März 1853 c Dewald Vgl zu § 267 n 7

6 Zuwiderhandlungen gegen den § konnen dadurch nicht straflos werden, daß behauptet wird, die anwesenden Personen seien zu einem bestimmten andern Zwecke zusammen gekommen, oder es seien Freunde oder Verwandte des Wirths, oder sie seien nicht in demjenigen Lokale gewesen, in welchem sich die Gäste gewöhnlich aufzuhalten pflegen. Gilb. C. pén. Art. 471. n. 133.

§. 343.

1. Im Allgemeinen sind hier die Bemerkungen zum dreizehnten Titel des zweiten Theils (§ 152 flgg) zu vergleichen.

2. Die einfache Beleidigung im Sinne dieses § ist nur im Wege des Civil-Prozesses, also nicht von der Staatsanwaltschaft zu verfolgen. Einf.-Ges. Art XVI. Vgl. ibid. Art. XVIII. In Betreff der Kompetenz ist dabei Ges. v. 22. Mai 1852 Art. II. (vgl. f 24) maaßgebend. — Diese Vorschrift erleidet auf den Bereich des Rheinischen Rechts keine Anwendung; dem Polizei-Anwalt steht hier die Verfolgung (vor dem Polizei-Gerichte) ebensowohl als dem Civilkläger zu, sobald nur der erforderliche Antrag des Beleidigten vorliegt.

3. Wäre die Staatsanwaltschaft wegen einer Ehrverletzung eingeschritten, und stellte sich erst nach Eröffnung der Untersuchung im Hauptverfahren her-

Eine Beleidigung verjährt in sechs Monaten.

Die Bestrafung einer Beleidigung erfolgt nur auf Antrag; dieser kann nicht mehr erhoben werden, wenn von dem Zeitpunkte, an welchem der zum Antrag Berechtigte von der Beleidigung und von der Person des Beleidigers Kenntniß erhalten hat, drei Monate ohne Rüge verflossen sind.

Im Uebrigen kommen die im dreizehnten Titel des zweiten Theils §§ 153. 160. 161. 162. gegebenen Bestimmungen auch hier zur Anwendung.

[Entw. § 315] Vgl § 152 flg 46 flg ; 50; Einf.-Ges. Art. XVI—XVIII.

---

aus, daß nur eine einfache Beleidigung vorliege, so kann die befaßte Abtheilung nicht freisprechen, (weil sonst über den Thatbestand endgültig aberkannt würde), sie muß vielmehr die Verfolgung der Staatsanwaltschaft fur „unstatthaft erklären."

3a. In Betreff der Verjährung sind die Bemerkungen zu den §§ 46. u 47, sowie zu § 50, n. 12; in Betreff der Unterbrechung derselben die zum Einf-Ges Art. XVIII. und zu § 48. zu vergleichen; besonders dort n. 12.

4 Auf Ehrverletzungen, welche sich als Vergehen darstellen, erleidet die sechsmonatliche Verjährung keine Anwendung V. I. 6 Feb. 1856 Ebers c. Normann; das gilt noch unzweifelhafter von einfachen Mißhandlungen, sollten sie auch im Wege des Civil-Prozesses verfolgt werden. Z. I 1. Nov 1854 Reibe c. Schröder

5. Rücksichtlich der Nothwendigkeit eines Antrags des Beleidigten auf Bestrafung vgl. § 50, 160—162; rücksichtlich der Zurücknahme eines solchen Antrags, vgl. § 160 in Verbindung mit Einf.-Ges. Art. XVII. — Bes. (s. 582 III.) will die Vorschrift des § 52 uber die Untheilbarkeit des Strafantrags hier nicht gelten lassen. Die Frage wird bei einfachen Beleidigungen nicht leicht praktisch werden; da, wo nur Verfolgung im Wege des Civil-Prozesses statthaft ist, fällt sie von selbst weg.

6. Zum § 50 n. 12 13. ist ausgeführt, daß die Verabsäumung der für die Stellung des Antrags in jenem § bestimmten dreimonatlichen Präklusivfrist, nicht als Verjährung aufgefaßt und behandelt werden durfe, sowie daß dieser Satz nur da eine Ausnahme erleide, wo eine Verfolgung nur im Wege des Civil-Prozesses statthaft ist, d. h also nur bei einfachen Beleidigungen. In Betreff ihrer steht der Staatsanwaltschaft ein Recht der Verfolgung gar nicht zu; ein Antrag, welcher nur dazu dienen konnte, eine solche Strafverfolgung der Staatsanwaltschaft herbeizufuhren, muß daher hier nothwendig ganz wirkungslos bleiben, moge derselbe bei dieser Behörde selbst, oder bei dem Gerichte gestellt sein. Es muß vielmehr in einem solchen Falle der Strafantrag durch Anstellung der Civil-Klage, oder durch Anbringung beim Schiedsmann (Einf.-Ges. Art. XVIII.) erfolgen (vgl. zu § 48. n 12.); dadurch nimmt die Versäumniß der Antragsfrist ganz den Charakter einer Verjährung an, so daß bei einfachen Beleidigungen eine doppelte Verjährungsfrist läuft, die sechsmonatliche von der Begehung der That angerechnet, und die dreimonatliche des § 50, welche mit dem Tage beginnt, wo der Beleidigte von der Beleidigung Kenntniß erlangt hat Vgl. Komm.-B. II. K. s. 177.

7 Dieses Alles gilt im Bereiche des Rheinischen Rechts nicht. Da hier auch die Staatsanwaltschaft das Recht der Strafverfolgung hat, so kann auch bei ihr ein gültiger Strafantrag gestellt werden; ist dieses einmal rechtzeitig geschehen, ist also der Vorschrift des § 50. Genüge geleistet, so verliert ein solcher Antrag seine Wirkung nicht mehr, sollte auch der Polizei-Anwalt nicht sofort einschreiten, und demnächst die dreimonatliche Frist unbenutzt verstreichen (vgl. zu § 50. n 13.), es kann sich vielmehr dann nur noch davon handeln, ob die sechsmonatliche Verjährungsfrist abgelaufen sei, oder nicht.

8 In Betreff der Aufrechnung wechselseitiger Beleidigungen, vgl. § 153. und dort die Bemerkungen.

9. Die Vorschrift des § 163, (die Ertheilung einer Erkenntnißausfertigung

§. 344. Mit Geldbuße bis zu zwanzig Thalern oder Gefängniß bis zu vierzehn Tagen wird bestraft:

1) wer in Städten oder Dörfern übermäßig schnell fährt oder reitet, oder auf öffentlichen Straßen oder Plätzen der Städte oder Dörfer mit gemeiner Gefahr Pferde einfährt oder zureitet;

2) wer auf öffentlichen Straßen oder Wegen das Vorbeifahren Anderer muthwillig verhindert;

3) wer in Städten mit Schlitten ohne feste Deichsel oder ohne Geläute oder Schelle fährt;

4) wer Thiere in Städten oder Dörfern, auf öffentlichen Straßen oder Plätzen, oder an anderen Orten, wo sie durch Ausreißen, Schlagen oder auf andere Weise Schaden anrichten können, mit Vernachlässigung der erforderlichen Sicherheitsmaaßregeln stehen läßt oder führt;

5) wer Steine oder andere harte Körper oder Unrath gegen fremde Häuser, Gebäude oder Einschließungen, oder in Gärten oder eingeschlossene Räume, oder auf Pferde oder andere Zug- oder Lastthiere wirft;

---

an den Verletzten, auf Kosten des Verurtheilten betreffend) ist hier nicht wiederholt; es kann daher eine solche Maßregel vom Richter als Strafe (vgl § 163. n. 2.) nicht angeordnet werden Dagegen ist es unbedenklich statthaft dieselbe als Civilentschädigung auf den Klageantrag des Verletzten auszusprechen, in gleicher Weise kann dann auch die Bekanntmachung des Erkenntnisses dem Verletzten gestattet werden. Diese Befugniß steht ebenso unzweifelhaft dem Rheinischen Polizeirichter auf den Antrag des Civilklägers zu.

10 Inwiefern im Wege der Civilklage eine anderweitige Privatgenugthuung oder Entschädigung vom Verletzten beansprucht, und vom Richter zugesprochen werden könne, darüber vgl. zu § 163 n. 6

11 Durch den Beweis der Wahrheit der ehrverletzenden Behauptungen kann die Anklage, welche eine Beleidigung zum Gegenstande hat, nicht beseitigt werden; vgl. § 158.

§. 344.

Zu Nr. 1.

1 Die Bestimmung, daß hier jede Strafe wegfalle, wenn ein dem Wagenführer oder Reiter unbekannter Fehler des Pferdes, die Ursache der Handlung sei, ist als selbstverständlich aus dem § gestrichen worden. G. Matt. 2. s. 728.

Zu Nr. 4.

2. Aus dem ganzen Zusammenhange dieses §, sowie aus § 347 Nr 10. geht hervor, daß die Worte „auf andre Weise Schaden anrichten können" auf gewöhnliche Weidfrevel nicht auszudehnen sind.

Zu Nr. 5. Vgl. § 346 Nr. 3.

3 Vorsätzlichkeit der Handlung wird hier vorausgesetzt. Gilb. C. pén. Art. 475. § 8 n 3

4. Auch das Werfen solcher Gegenstände in fremde Häuser oder Gebäude, fällt unter die Strafbestimmung

5. Dasselbe muß von dem Falle gelten, wo die fremden Häuser mit Unrath rc. besudelt worden sind, sollte es auch nicht gerade durch ein Werfen geschehen sein.

6) wer nach einer öffentlichen Straße oder nach Orten hinaus, wo Menschen zu verkehren pflegen, Sachen, durch deren Umstürzen oder Herabfallen Jemand beschädigt werden kann, ohne gehörige Befestigung aufstellt oder aufhängt, oder Sachen auf eine Weise ausgießt oder auswirft, daß dadurch die Vorübergehenden beschädigt oder verunreinigt werden können;

7) wer auf öffentlichen Straßen oder Plätzen Gegenstände, welche den freien Verkehr hindern, aufstellt, hinlegt oder liegen läßt;

8) wer die zur Erhaltung der Sicherheit, Bequemlichkeit, Reinlichkeit und Ruhe auf den öffentlichen Straßen, Wegen und Plätzen erlassenen Polizeiverordnungen übertritt.

[Entw. § 316.]

---

6. Einen Antrag, die Vorschrift auch auf das Bewerfen von Schlachtthieren auszudehnen, hat die Komm. II. K. (Ber. f. 178) abgelehnt.

7. Daß die hier erwähnte Handlung irgend eine Körper- oder Vermögensbeschädigung zur Folge gehabt habe, ist nicht erforderlich; man wollte die Gefährlichkeit der Handlung bestrafen; tritt eine vom Handelnden gewollte Verletzung oder Beschädigung ein, so werden die auf sie bezüglichen Strafbestimmungen anwendbar. Vgl. G. Matt 2 f. 727 n. 5.

Zu Nr. 6. Vgl. ALR. I. 8. § 74. 75.

8 Unter den „Orten, wo Menschen zu verkehren pflegen," sind nicht blos öffentliche Orte zu verstehen; auch Privatörtlichkeiten können unter den geeigneten Voraussetzungen hierher gerechnet werden.

9. Des wirklichen Eintritts einer Beschädigung oder Verunreinigung durch ausgeworfene Sachen bedarf es ebensowenig als der Verletzung eines Menschen durch das Herabfallen ꝛc.

Zu Nr. 7.

10. Unter Strassen sind hier unbedeutlich auch Dorfstrassen zu verstehen, G Matt. 2. f 728 n. 6; nicht aber Landstrassen und sonstige Wege; vgl Zus. Bemerk. zum Chauss.-Geld-Tarif v 29. Feb 1840 Nr 11. 12 (G.S. f 98)

11. Ob durch die aufgestellten Gegenstände der freie Verkehr behindert wird, unterliegt der thatsächlichen Beurtheilung des Richters.

12. Da auch das „Liegen Lassen" der Gegenstände mit Strafe bedroht ist, so unterliegt der Eigenthümer derselben der Vorschrift, sollte das Hinlegen ꝛc auch durch einen Dienstboten geschehen sein; z. B. der Eigenthümer eines Wagens, der von seinem Kutscher auf der Strasse gelassen ist, „weil es seine Pflicht war, dafür zu sorgen, daß sein Wagen da, wo er den Weg sperrte, nicht stehen blieb" B. KH. v. 9 März 1846 c. Dümmler (Rh. A. 41 2. A. f. 57). Ob indessen eine solche Pflicht nach den Umständen anzunehmen sei, wird wesentlich in das Gebiet der thatsächlichen Prüfung fallen.

13. Die Verjährung dieser Uebertretung läuft so lange nicht, als die hindernden Gegenstände liegen bleiben; vgl. zu § 46. n 9; zu § 339. n 4.

Zu Nr. 8.

14. Die hier vorausgesetzten Polizei-Verordnungen müssen in Gemäßheit der darüber zur Zeit ihrer Verkündung bestehenden Gesetze von einer zuständigen Behörde erlassen und publizirt sein Vgl. zu § 332 n. 2 flg

15. Als eine solche Polizei-Verordnung ist nur diejenige anzusehen, welche eine allgemein, von Allen zu beobachtende Norm aufstellt, nicht aber eine blosse polizeiliche Verfügung, welche individuell an eine einzelne Person gerichtet

§. 345. Mit Geldbuße bis zu funfzig Thalern oder Gefängniß bis zu sechs Wochen wird bestraft:

1) wer den polizeilichen Anordnungen über voreilige Beerdigungen entgegen handelt;

[Entw. § 317 Nr. 1.] Vgl. § 186; Rh. BGB. Art. 77.

---

worden ist. Nichtbefolgung einer solchen fällt nicht unter den §. Z. II. 10. März 1853 c Sparla (Tr. Ann. 7 f. 235).

16. Zu den allgemeinen Polizei-Verordnungen, welche das Gesetz hier voraussetzt, gehören die Dienstvorschriften für eine amtliche Stellung nicht, daher ist ein Chaussee-Geldempfänger, welcher in Zuwiderhandlung gegen die ergangene Fin. Min. Instr. v. 16. Jan. 1834 bei Nacht den Schlagbaum nicht erleuchtet, nicht nach diesem § zu bestrafen. B. II. 20. Apr. 1854 c Geulen.

17. Mit Rücksicht auf das unter n. 15 Bemerkte kann die Zuwiderhandlung gegen ein vertragsmässiges Abkommen mit der Ortsbehörde, nie nach § 340 Nr. 8. strafbar sein, z. B. wenn derjenige, dem die Strassenreinigung vertragsmässig übertragen worden ist, den dabei übernommenen Verbindlichkeiten nicht nachkommt. Vgl. Gilb. C. pén. Art. 471. § 3 n. 41—46

18. Unterlassung der durch eine Pol.-Verordnung den Hausbesitzern zur Pflicht gemachten Strassenreinigung fällt unter diese Nr. 8. B. II 15. Mai 1856 c. vom Hövel.

19. Die zu verhängende Strafe ist nur nach diesem § zu bemessen; die Polizeiverordnungen können nicht eine andre Strafandrohung an die Stelle setzen, und selbst da, wo dieses vor Verkündung des StGB. zulässiger Weise geschehen war, ist jetzt die Vorschrift des § allein maaßgebend.

20. Etwas Anderes gilt da, wo eine nach den Vorschriften des Pol.-Ges. v. 11. März 1850 erlassene Polizeiverordnung sich nicht darauf beschränkt, zur Erhaltung der Sicherheit, Bequemlichkeit, Reinlichkeit und Ruhe auf den öffentlichen Strassen, Wegen und Plätzen eine Anordnung zu treffen, sondern eine darüber hinausgehende Wirksamkeit von einem allgemeinen Gesichtspunkte aus in Anspruch nimmt (z. B. wegen Anzeigen der Tollwuth, das Festlegen der Hunde zeitweise gebietet); in einem solchen Falle hat die betr. Behörde die Strafandrohung selbstständig nach § 5. u. 11. des cit. Ges. abzumessen, und kann daher auch ein das Maaß des § 335 übersteigendes Strafminimum bestimmen. B. Kass.-H. v. 30. Dez. 1852 c Friese u. Gen.; B. II. 15. Sept. 1853 c Dummhöfer u. Gen. Vgl. zu § 335 n. 3

§. 345.

Zu Nr. 1.

1. Diese Nr. 1. setzt das Bestehen besondrer diesen Gegenstand betreffender Polizeiverordnungen voraus; es wird daher das zu § 344. n. 14—16 Bemerkte auch hier wirksam. Dagegen irrt der Komm.-B. II. K. (f. 179), wenn er ausspricht, es habe hier grade das Beerdigen verboten werden sollen, welches entweder der Zeit oder dem Zwecke nach, z. B. bei Fällen der Besichtigung, zu früh erfolgen möchte. Bes. f. 585.

2. Für den Bereich des Rheinischen Rechts ist die betreffende Anordnung im Art. 77. des Rh. BGB. enthalten; er gestattet die Beerdigung nur nach vorgängiger Erwirkung einer schriftlichen Erlaubniß des Civilstandsbeamten, welcher diese Erlaubniß, insofern nicht besondre durch Polizeireglements vorgesehene Fälle vorliegen, nicht früher als 24 Stunden nach dem erfolgten Tode ertheilen darf. Eine Min.-Verf. v. 15 Juni 1822 (Rh. Samml. 2 f. 304) hat sodann angeordnet, daß die Autorisation zur Beerdigung entweder nur auf das Zeugniß eines approbirten Arztes über den wirklich eingetretenen Tod, oder mit der Beschränkung zu ertheilen sei, daß die Beerdigung erst nach Ablauf von 72 Stunden seit dem von den Zeugen bekundeten Momente des angeblichen Todes erfolgen dürfe.

3. Für die übrigen Provinzen hat eine Min.-Verf. v. 2 März 1827 (v. Kamptz Ann. 11. f. 168) angeordnet, daß die Beerdigung in der Regel nicht vor Ablauf von drei Tagen geschehen dürfe.

2) wer ohne polizeiliche Erlaubniß Gift oder Arzeneien, soweit deren Handel nicht durch besondere Verordnungen freigegeben ist, zubereitet, verkauft oder sonst an Andere überläßt;

[Entw § 317 Nr 2] Vgl. § 197; Regl v. 16 Sept. 1836 und AKO. v. 17. Okt. 1836 (G.S. 37 S. 41); Gew.-O. v. 17. Jan. 1845. § 42. 49. 177.

---

4. Die betreffenden Vorschriften sind auch für die Beerdigung todtgeborner Kinder maaßgebend, nicht aber für die einer unreifen Leibesfrucht; vgl zu § 186 n. 3—5; Gilb. C. pén. Art. 358. n. 4—7.

5. Auf den Todtengräber bezieht sich die Strafandrohung nicht mit, insofern die betr. Polizeiverordnungen nicht ausdrücklich das Gegentheil vorschreiben Gilb. C pén. Art. 358 n. 9.

6. Ebensowenig unterliegt der Geistliche, welcher bei einer voreiligen Beerdigung, in jener seiner Eigenschaft assistirt, der Strafvorschrift, da er weder selbst beerdigt, noch auch an dieser im Sinne des § 34 Theil nimmt *Contra.* B K.-H v. 9. Okt. 1848 (Rh. Arch. 43. 2. A. S. 95) mit Rücksicht auf Art 358 des Rh. StGB. Vgl. für den Bereich des Rheinischen Rechts: Arr. v. 28. fruct. IX. (v. Dan. Samml. 6 S 868); Dekr. v 14 therm. XIII. (v Dan Samml 5. S. 27); Just. Min. Verf v. 8. Dez. 1842; Verf d. Min d g. A v. 28 Juli 1843 (Jahrb. 62. S. 247). Das Nähere siehe zu § 186. n. 9; Gilb C. pén. Art. 358 n. 1. 8 10 11.

7. Auf andre die Polizei der Beerdigungen betreffende Anordnungen, und die Zuwiderhandlungen gegen dieselben ist der § nicht anzuwenden; hier können daher nur die in vorschriftsmässiger Weise ergangenen polizeilichen Strafandrohungen Platz greifen.

Zu Nr. 2.

8. Ueber den Begriff des Gifts vgl zu § 197. n. 1.

9. Für den Begriff der „Arzneien" sind der Reglements-Entw. v. 16. Sept 1836 (AKO v. 17 Okt 1836), und die nach Anleitung der Nr. 5. dieses Entwurfs von den Ministerien von Zeit zu Zeit ergänzten und abgeänderten Verzeichnisse maaßgebend

10 In Betreff der erforderlichen polizeilichen Erlaubniß sind, ausser dem unter n. 9. erwähnten Reglements-Entwurfe, die §§ 42 u. 49 der Gew.-Ordn v. 17 Jan. 1845 zu vergleichen

11. Auch Aerzte sind nicht befugt, ohne besondere polizeiliche Erlaubniß, Arzneien zu dispensiren; der § 460 Thl. II. Tit. 8 des ALR., und § 14. der Apoth.-Ordn. v. 11. Okt 1801 sind nicht dahin aufzufassen, daß in dem dort vorgesehenen Falle, sowie in den Fällen, wo nach der Apotheker-Ordnung die Aerzte eine Hausapotheke zu halten nicht befugt sind, ihre Befugniß zum Selbst-Dispensiren nur zu Gunsten der Apotheker beschränkt, die Strafvorschrift des § 345 Nr. 2 also auf sie nicht anwendbar sei B I 5. Mai 1854 c. Nuchten (JMBl. S 278). Vgl. die Gutachten der wiss. Deput. f. d pharmaz Ang. vom 4. Nov. 1851, u. der wiss. Dep. f. d. Med.-Wesen v 28 Jan. 1852 (JMBl. 52. S. 173).

12. Ueber die Befugniß der approbirten Medizinalpersonen zum Selbstdispensiren der nach homöopathischen Grundsätzen bereiteten Arzneimittel vgl Regl. v. 20 Juni 1843, AKO. v. 11. Juli 1843 (GS S 305).

13 „Unter dem im § 8. des Regl. v. 20. Juni 1843 für strafbar erklärten „„Selbstdispensiren"" homöopathischer Aerzte, welche dazu die vorschriftsmäs„sige Befugniß nicht erlangt haben, ist auch die blosse Verabreichung der zwar in „einer Apotheke, aber nicht für den bestimmten Kranken, dem sie verabreicht wurde, „bereiteten Arznei, ohne sonstige Behandlung derselben zu verstehen, und daher nach „§ 345 Nr. 2. zu ahnden." B II. 24. Feb. 1853 c Bolle (Präj. n 18; Entsch 24 S. 195; 25. S. 263) — Vgl die unter n 11 citt. Gutachten

14. Insofern der unbefugte Handel mit Giften gewerbsmässig betrieben wird, fällt derselbe unter die Strafvorschrift des § 177. der Gew.-Ordn. v. 17. Jan. 1845, welche durch diesen § nicht beseitigt wird. G. Matt. 2 S. 730 n 2.

3) wer ohne besondere Erlaubniß Schießpulver oder andere explodirende Stoffe oder Feuerwerke zubereitet oder feilhält;

[Entw. § 317 Nr. 3.] Vgl. § 289; Gew.-Ordn. v. 17. Jan. 1845 § 27. 45. 49. 177.

4) wer bei der Aufbewahrung oder bei dem Transporte von Giftwaaren, Schießpulver oder anderen explodirenden Stoffen oder Feuerwerken, oder bei Ausübung der Befugniß zur Zubereitung oder Feilhaltung dieser Gegenstände, sowie der Arzeneien, die deshalb ergangenen Verordnungen nicht befolgt;

[Entw. § 317 Nr. 4.] Vgl. Ges. v. 10. Dez. 1800. (N. C. C. X. f. 3249); Apoth.-Ordn. v. 11. Okt. 1801 (N. C. C. XI. f. 555; Rabe Samml. 6. f. 664); AKO. v. 5. Okt. 1846 (G.S. f. 509); Regul. v. 5. Jan. 1840 (MBl. f. d. i. V. f. 28); Min.-Verf. v. 10. Aug. 1843 (MBl. f. d. i. V. f. 261); Regl. v. 12. April 1852 (MBl. f. d. i. V. f. 223).

5) wer verfälschte oder verdorbene Getränke oder Eßwaaren feilhält;

[Entw. § 317 Nr. 5.] Vgl. § 304.

---

14 a. Durch diese Nr. 2 sind die Bestimmungen des das Ankündigen von Geheimmitteln auf dem linken Rheinufer verbietenden Art. 36. des Ges. v. 21. germ. XI, sowie die Strafandrohung des Ges. v. 29. pluv. XIII nicht aufgehoben. B. II. 3. Nov. 1855 c. Momma (Rh. A. 51. 2. A. f. 62; G. Arch. 4. f. 261).

15. Ueber den Verkauf der konfiscirten Gifte vgl. Verf. d. Just. Min. v. 22. Dez. 1852 (JMBl. 53. f. 48).

Zu Nr. 3.

16. Auch hier greift bei einem gewerbsmässigen Betriebe § 177 der Gew.-Ordn. v. 17. Jan. 1845 Platz. G. Matt. 2. f. 730 n. 2.

Zu Nr. 4.

17. In Betreff der Gifte sind das Ges. v. 10. Dez. 1800, d. Apoth.-Ordn. v. 11. Okt. 1801, die AKO. v. 5. Okt. 1846, u. die Min. Verf. v. 31. Aug. 1850 (MBl. f. d. i. V. f. 242) und (was den Transport auf dem Rheine anlangt) das Regl. v. 5. Jan. 1840 zu vergleichen.

18. In Betreff des Pulvers vgl. Min. Cirk. v. 14. Sept. 1846 (MBl. f. d. i. V. f. 202); Min. Verf. v. 10. Aug. 1843 (ibid. f. 261); Regl. v. 12. Apr. 1852 (MBl. f. d. i. V. f. 223); Regl. v. 27. Sept. 1846 (MBl. f. d. i. V. f. 188) und die verschiedenen Flußschifffahrtsordnungen.

19. Insofern die besondren diese Materie betreffenden Verordnungen noch Strafandrohungen für Fälle enthalten, welche in der Nr. 4. nicht erwähnt sind, ist ihre fortdauernde Gültigkeit anerkannt durch Komm.-B. II. K. f. 179.

Zu Nr. 5.

20. Unter Verfälschung ist jede Beimischung eines fremdartigen Stoffes zu verstehen; insbesondre ist diese Vorschrift nicht auf den Fall zu beschränken, wo die Verfälschung der feilgehaltenen Waaren zum Schaden der Gesundheit gereicht. Es soll nicht geduldet werden, daß verfälschte Getränke und Eßwaaren ohne Angabe der Beimischung verkauft werden. Komm.-B. II. K. f. 179. Daher gehört auch Vermischung der feilgehaltenen Milch mit Wasser hierher. Gilb. C. pén. Art. 475. § 6. n. 4.

21. Ob der Verkäufer Kenntniß von der geschehenen Verfälschung ꝛc. hatte, ist gleichgültig. Vgl. Gilb. C. pén. Art. 475. § 6. n. 1.

22. Inwiefern der Besitz derartiger Waaren durch einen Kaufmann, welcher mit Waaren der fraglichen Gattung handelt, als ein Feilhalten derselben angesehen werden könne, gehört zur thatsächlichen Beurtheilung.

6) wer ohne polizeiliche Erlaubniß an bewohnten oder von Menschen besuchten Orten Selbstgeschosse, Schlageisen oder Fußangeln legt, oder an solchen Orten mit Feuergewehr oder anderem Schießwerkzeug schießt;

[Entw. § 317 Nr. 6.]

7) wer Stoß-, Hieb- oder Schußwaffen, welche in Stöcken oder Röhren oder in ähnlicher Weise verborgen sind, feilhält oder mit sich führt;

[Entw. § 317 Nr 6 a]

8) wer ohne polizeiliche Erlaubniß gefährliche wilde Thiere hält, oder wilde oder bösartige Thiere frei herumlaufen läßt, oder in Ansehung ihrer die erforderlichen Vorsichtsmaaßregeln zur Verhütung von Beschädigungen unterläßt;

[Entw. § 317 Nr. 7.]

Zu Nr. 6.

23. Unter den „bewohnten oder von Menschen besuchten Orten“ sind nicht blos öffentliche Orte zu verstehen, sondern auch solche Privat-Räumlichkeiten, welche von Menschen besucht zu werden pflegen; auch die eignen Räumlichkeiten des Handelnden sind keineswegs ausgeschlossen.

24. Als ein „von Menschen besuchter Ort“ ist dagegen hier derjenige nicht zu betrachten, wohin eben nur der die im § gedachte Handlung vornehmende Eigenthümer selbst zu kommen pflegt; dasselbe wird der Richter der Thatsachen auch da annehmen können, wo ausser dem Handelnden nur andre erwachsene Hausgenossen desselben den Ort besuchen, welche auf die Gefahr aufmerksam gemacht sind.

25. Bei Prüfung der Frage, ob der betreffende Ort bewohnt, oder von Menschen besucht sei, ist derselbe in der Ausdehnung aufzufassen, bis wohin sich die Wirkung der Selbstgeschosse rc. erstrecken kann.

26 Das „Schiessen“ ist nur auf ein Scharf-Schiessen zu beziehen.

27. Hat das Legen eines solchen Schlageisens rc. die Körperverletzung eines Menschen zur Folge gehabt, so gehört es zur thatsächlichen Beurtheilung, ob dieselbe als eine fahrlässige oder vorsätzliche demjenigen anzurechnen sei, von welchem jenes Hinlegen ausgegangen war. Das erkannte ein Z. II. 21. Juni 1855 c. Kuhnast als richtig an. (Der Angeklagte hatte an einer Lücke der seinen Garten vom Nachbargarten trennenden Schaalwand eine solche Vorrichtung in verdeckter Weise angebracht, weil die kleinen Nachbarkinder dort seines Verbots ungeachtet durchzukriechen, und den Garten zu beschädigen pflegten; die dadurch herbeigeführte Verletzung der Kinder war als eine vorsätzliche bestraft worden.)

Zu Nr. 7.

28 Das Tragen gewöhnlicher Waffen in der Tasche ist dadurch nicht unter Strafe gestellt; es werden Vorrichtungen vorausgesetzt, welche die Waffe selbst äusserlich als etwas Unverfängliches, Ungefährliches erscheinen lassen. Koch s. 1087. n. 86.

29 Auf die Anfertigung derartiger Waffen ist die Vorschrift nicht auszudehnen. G. Matt. 2. s. 731 n 5.

30. Die konfiscirten Waffen sollen nicht verkauft, sondern vernichtet werden. Verf. d Min d. Inn. v. 15. März 1837 (Jahrb 49 s. 290); Verf. d. Just. Min. v. 22. Dez 1852 (JMBl 53. s 48).

Zu Nr. 8.

31. Als bösartige Thiere sind auch solche, welche ihrer Gattung nach zu den zahmen gehören, zu betrachten, wenn sie geneigt sind, zu beissen, zu stossen rc, z. B. Stiere, beissende Hunde rc Vgl Koch s 1087 n. 87.

32. Unter den „erforderlichen Vorsichtsmaßregeln“ sind nicht etwa

9) wer auf öffentlichen Straßen, Wegen oder Plätzen, auf Höfen, in Häusern oder überhaupt an Orten, wo Menschen hinkommen, Brunnen, Keller, Gruben, Oeffnungen oder Abhänge dergestalt unverdeckt oder unverwahrt läßt, daß daraus Gefahr für Andere entstehen kann;

[Entw. § 317 Nr. 8.]

10) wer der polizeilichen Aufforderung, Gebäude, welche den Einsturz drohen, auszubessern oder niederzureißen, keine Folge leistet;

[Entw. § 317 Nr. 9.]

11) wer Bauten und Reparaturen von Gebäuden, Brunnen, Brücken, Schleusen oder anderen Bauwerken vornimmt, ohne die von der Polizei angeordneten oder sonst erforderlichen Sicherungsmaaßregeln zu treffen;

[Entw. § 317 Nr. 10.] Vgl. ALR. I, 8. § 71. 72.

12) wer als Bauherr, Baumeister oder Bauhandwerker einen Bau oder eine Reparatur, wozu die polizeiliche Genehmigung erforderlich ist, ohne diese Genehmigung oder mit eigenmächtiger Abweichung von dem durch die Behörde genehmigten Bauplane ausführt oder ausführen läßt.

[Entw. § 317 Nr. 11.] Vgl. ALR. I, 8. § 67. 70.

---

blos solche zu verstehen, welche durch allgemeine Polizeiverordnungen vorgeschrieben sind, sondern auch diejenigen, welche in jedem Einzelfalle sich als erforderlich darstellen, der aus der Bösartigkeit des Thiers drohenden Gefahr vorzubeugen.

Zu Nr. 9.

33. Die Verpflichtung liegt dem Herrn des betreffenden Brunnens rc., beziehungsweise desjenigen Grundstücks ob, wo sich der Abhang öffnet. Hätte nachweislich ein Dritter die angebrachten Verwahrmittel beseitigt, so würde jener nur dann strafbar sein, wenn ihn in Betreff der Herstellung der Vorwurf einer Versäumniß träfe.

34. Ob eine Oeffnung oder ein Abhang rc. gefahrdrohend sei, ist nach den Ortsverhältnissen thatsächlich zu beurtheilen. Komm.B. II. K. S. 180.

Zu Nr. 10.

35. Die Aufforderung kann in genügender Weise von der Lokal-Polizei-Behörde ausgehen. Vgl. Pol.-Ges. v. 11. März 1850 § 5. 6 f.

36. In welcher Weise die polizeiliche Aufforderung zur Kunde des Betreffenden gebracht sei, ist gleichgültig, sobald er in derselben nur die an ihn ergangene amtliche Aufforderung erkennen konnte; vgl. Gilb. C. pén. Art. 471. § 5. n. 53.

37. Der Ausdruck „Gebäude“ ist hier auf jedes Bauwerk, z. B. auch auf Mauern zu beziehen.

Zu Nr. 11.

38. Die Vorschrift ist nicht nur auf Baumeister, sondern auch auf Bauherrn anwendbar. G. Matt. 2. S. 732 n. 9.

39. Die Worte „von der Polizei angeordneten“ beziehen sich nicht blos auf allgemein verbindliche Verordnungen, sondern auch auf individuelle Weisungen.

Zu Nr. 12.

40. Ueber die Verpflichtung zu einem Baue rc. vorher die polizeiliche Genehmigung einzuholen, vgl. ALR. I. 8. § 67. 70.

In den Fällen der Nummern 2., 3., 4., 5., 6. und 7. ist die Konfiskation des Gifts, der Arzeneien, des Schießpulvers oder der anderen explodirenden Stoffe oder Feuerwerke, der verfälschten oder verdorbenen Getränke oder Eßwaaren, ingleichen der Selbstgeschosse, Schlageisen oder Fußangeln, sowie der verbotenen Waffen im Urtheile auszusprechen.

[Entw. § 317.]

---

41 In Frankreich waren bereits vor der ersten Revolution eine Reihe gesetzlicher Bestimmungen ergangen, welche die Zulässigkeit des Bauens an Landstrassen und andern Wegen von der vorgängigen Feststellung der Richtungslinie des Baues (**Alignement**) durch die höhern Verwaltungs- oder durch die Orts-Behörden abhängig machten. Es sollte dadurch nicht allein den Eingriffen in den Körper der Strasse oder des Wegs, wie sie jetzt bestanden, vorgebeugt, sondern auch dem etwa bestehenden Bedürfnisse Rechnung getragen werden, Strasse oder Weg demnächst zu erbreitern, und zu diesem Ende einzelne Theile der angränzenden Grundstücke im Wege der Expropriation zu denselben zu schlagen. Jene Gesetze, namentlich die vor 1789 ergangenen, sind auf dem linken Rheinufer nicht publizirt worden, und es besteht daher hier keine gesetzliche Verpflichtung, vor jedem an einer Landstrasse zu errichtenden Baue die Feststellung des Alignements durch die Bezirksregierung zu erwirken. Wohl aber nahm ein Z Kass -H v. 7. März 1842 c Weber (Rh. Arch. 32 2 A. s. 54), mit Rucksicht auf das publizirte Dekr. v 7—14 Okt 1790 Art. 1 und Art. 50. des Ges. v 16. Sept. 1807 an, daß die Bezirksregierungen befugt seien, allgemeine Verordnungen in Beziehung auf das Bauen an Land- und Bezirksstrassen zu erlassen, und darin auch die Beobachtung jener Förmlichkeit bei Vermeidung einer Strafe vorzuschreiben; die verbindliche Kraft solcher Verordnungen ist daher (auch im Hinblicke auf die Reg Instr. v 23 Okt 1817 § 11, und § 32. des Ress.-Regl. v. 20. Juli 1818) in keiner Weise zu bezweifeln — Die Polizei der städtischen und ländlichen Wege war durch das auch in den Rheinischen Departements publizirte Ges. v. 16—24 Aug 1790 Tit. 11. Art 3. Nr 1, und das Ges. v. 19—22. Juli 1791 Art. 46 den Munizipalbehörden (Bürgermeistern) übertragen, welche in dieser Materie auch verbindliche Polizeiverordnungen erlassen konnten. Auch ohne solche Polizeiverordnungen ward indessen in Frankreich, im Hinblicke auf die älteren (in der Rheinprovinz nicht publizirten) Gesetze angenommen, daß auch hier dem Bauen an einem Wege die Einholung des Alignements vorhergehen müsse, sowie daß Zuwiderhandlungen die Strafe des Art. 471 Nr. 5. des Code pénal nach sich zogen; zwar hatte das Ges. v. 16. Sept. 1807 Art 52. allgemein vorgeschrieben, daß für jede Stadt ein vollständiger Bauplan entworfen, und vom Staatsrathe festgestellt werden solle, sowie daß die Bürgermeister nach diesem festgestellten Plane in jedem Einzelfalle das Alignement zu bestimmen hätten; da indessen jene Maßregel erst nach längerer Frist zur Ausführung kommen konnte, und vielfach gar nicht dazu gelangte, so ward angenommen, daß auf den Grund der frühern Gesetze die Befugniß der Bürgermeister da, wo bisher ein festgestellter Bauplan nicht zu Stande gekommen sei, das Alignement nach eignem Ermessen festzustellen, in Kraft geblieben sei. — Da, wie bemerkt, jene ältern Gesetze in der Rheinprovinz nie publizirt worden sind, so läßt sich hier eine allgemeine Verpflichtung, vor Errichtung eines Baues an einem Wege die Bestimmung des Alignements beim Ortsbürgermeister nachzusuchen, nicht begründen, insofern nicht für einzelne Städte nach Anleitung des Ges. v. 16. Sept. 1807 ein Bauplan höhern Orts festgestellt worden ist. Das wird denn auch in Betreff der Vicinal- oder Dorfwege durch ein Z. II. 10 März 1853 c. Sparla (Tr. Ann. 7. s 235) anerkannt. Dagegen ist sowohl nach den ältern Polizei-Gesetzen als nach dem Ges. vom 11. März 1850 § 5 6 b. und 11. die Gültigkeit der Polizeiverordnungen nicht zu bezweifeln, welche eine solche Maßregel vorschreiben. Hiernach stellt sich also die Sache für die Rheinprovinz jetzt dahin, daß eine allgemeine gesetzliche Verpflichtung zu einem beabsichtigten Baue ꝛc die polizeiliche Ge-

§. 346. **Mit Geldbuße bis zu funfzig Thalern oder Gefängniß bis zu sechs Wochen wird bestraft:**

1) wer in die Wohnung, das Geschäftszimmer oder das befriedigte Besitzthum eines Anderen, oder in abgeschlossene Räume, welche zum öffentlichen Dienste bestimmt sind, widerrechtlich eindringt, oder, wenn er ohne Befugniß darin verweilt, auf geschehene Aufforderung sich nicht entfernt;

---

nehmigung einzuholen, sollte derselbe auch an einer Strasse oder einem Wege aufgeführt werden, nicht besteht, daß aber durch Polizeiverordnungen eine derartige Verbindlichkeit gültiger Weise begründet werden konnte Als eine solche Polizeiverordnung sind indessen der Erlaß des Ober-Präsidenten der Rheinprovinz v. 18 März 1829, sowie die Bekanntmachung der Reg. zu Dusseldorf v 18. Juli ej. (Duss. Amtsbl s. 173 und 340) nicht zu betrachten, da sie selbst keine Verfügung treffen, sondern nur aussprechen, daß die Ministerien der Justiz und des Innern uber gewisse gesetzliche Bestimmungen einverstanden seien. — Auch da, wo solche Polizeiverordnungen existiren, treten jetzt im Falle einer Zuwiderhandlung nur die Strafen des § 345 ein. — Im Uebrigen ist uber die Lehre vom Alignement eine Abh im Rh. Arch. 32. 2. B. 2. s. 7 zu vergleichen

42. Inwiefern derartige Polizeiverordnungen (n. 41), welche das Bauen an Landstrassen und Wegen von der Einholung einer polizeilichen Genehmigung abhängig machen, auch da Platz greifen, wo zwar das betr Grundstuck mit einem Theile an die Strasse ꝛc. anstoßt, wo aber der Bau an einer von derselben entfernt liegenden Stelle ausgefuhrt werden soll, — ist zunächst nach den Einzelbestimmungen der zur Anwendung kommenden Polizeiverordnung, und im Zweifel mit Rücksicht auf den oben (n. 41.) angedeuteten Zweck der Vorschriften nach den ortlichen Verhältnissen zu beurtheilen, und dabei festzuhalten, daß nicht nur Eingriffen in den bestehenden Weg vorgebeugt, sondern auch dem etwaigen Bedurfnisse einer spatern Erbreiterung des Wegs Rechnung getragen werden soll

43 Wenn ein vorschriftswidrig errichteter Bau uber die fur die Strasse oder den Weg bestimmte Richtungslinie hinubergreift, so hat der Rheinische Polizeirichter (nach Art. 50 161. 189 der Rh. StPO.) neben der Strafverhangung auch die Niederreissung des Baues, soweit jener Eingriff stattfindet, anzuordnen. 3 Kass.-H v 7. März 1842 c Weber (Rh. Arch. 32 2. A. s 54). — Das gilt aber da nicht, wo nur gegen die formelle Vorschrift (in Betr. der Einholung der polizeilichen Genehmigung) verstossen ist.

44 Ueber die Nothwendigkeit einer polizeilichen Erlaubniß zur Anlage oder Reparatur eines Dachs von Stroh, Rohr oder Holz vgl. fur die Rheinprovinz AKO. v. 2. Juli 1836 (Rh. Samml. 5 s. 413).

§. 346.

Zu Nr. 1. Vgl. § 214. 318.

1. Im Allgemeinen sind hier die Bemerkungen zu § 214. zu vergleichen; der Unterschied vom Thatbestande jenes § liegt darin, daß dort ein Handeln mehrerer zusammengerotteter Personen vorausgesetzt wird; ausserdem bestraft § 346 auch im Falle des unbefugten Verweilens das Nichtentfernen auf geschehene Aufforderung.

2. Die Widerrechtlichkeit wird hier im Allgemeinen darin bestehen, daß eine Person unbefugter Weise gegen den Willen des Inhabers eindringt. Bes. s. 586; Komm.-B. II. K. s. 180.

3. Ein B. 8. Okt. 1852 c. Scholz nahm an: es liege kein widerrechtliches Eindringen vor, wenn Jemand in die Wohnung eines Andern sich begebe, um sein ihm von jenem widerrechtlich weggenommenes Eigenthum zuruckzufordern. Dem ist grundsätzlich nicht beizupflichten, geschah das Eindringen in die fremde Wohnung

2) wer Hunde auf Menschen hetzt;
3) wer vorsätzlich Steine oder andere harte Körper oder Unrath auf Menschen wirft.

[Entw. § 318.]

Vierter Titel.

Uebertretungen in Beziehung auf das Vermögen.

§. 347. Mit Geldbuße bis zu zwanzig Thalern oder mit Gefängniß bis zu vierzehn Tagen wird bestraft:
1) wer das Raupen, insofern dies durch gesetzliche oder polizeiliche Anordnungen geboten ist, unterläßt;
2) wer den polizeilichen Anordnungen über die Schließung der Weinberge entgegen handelt;

---

gegen den ausgesprochenen Willen des Besitzers, so war es ein widerrechtliches, und konnte durch den erlaubten Zweck nicht zu einem erlaubten werden

4. Der Vermiether, welcher nach dem Ablaufe der Miethzeit in die vermiethete Wohnung dringt, und Thüren und Fenster aushebt, um dadurch den Miether zum Ausziehen zu nöthigen, unterliegt nicht der Strafe der Nr 1, weil dann sein Eindringen kein unbefugtes ist.

Zu Nr. 2.

5. Hier wird ein vorsätzliches Handeln vorausgesetzt. Temme Lehrb. s. 1096

6. Hat in Folge des Hetzens der Hund dem Andern eine Verletzung beigebracht, so wird § 187 anwendbar.

Zu Nr. 3. Vgl § 187. 344 Nr 5.

7. Der Unterschied der hier vorgesehenen Handlung von der Körperverletzung im Sinne des § 187. liegt darin, daß der letztere § eine vorsätzliche gewaltsame Thatlichkeit voraussetzt, welche dem davon Betroffenen ein körperliches Uebelbefinden zufugt, wahrend der § 346 Nr 3 jedes vorsätzliche Bewerfen mit Unrath rc. ohne nähere Rücksicht auf die Quantität, und auf die damit, sowie mit der Qualität der Handlung verbundenen Wirkungen mit Strafe bedroht. Z 24. März 1852 c Gütte (G Arch 1 s. 85); Z. I. 22. Feb. 1854 c. Söderquist, von welchen das erstere die Anwendung des § 187. auf einen Fall billigte, wo Jemand mit schmutzigem Wasser und Koth begossen, und dadurch bei ihm Ekel und Erbrechen verursacht war *Contra:* Temme Lehrb. s. 831 und 833; er hält zum Begriffe des Schlagens rc. die Stärke der Berührung für ganz unerheblich, erachtet daher den § 187. auch da für anwendbar, wo der Getroffene gar kein Gefühl der Berührung gehabt habe, nnd will den Unterschied vom Falle des § 346 Nr. 3 nur in der Verschiedenheit des Vorsatzes finden, welcher bei der Korperverletzung auf Beschädigung der Gesundheit oder Kränkung der Ehre gerichtet sein müsse [?].

§. 347.

Zu Nr. 1.

1. Für das linke Rheinufer enthält ein Ges. v. 26 vent. IV. (v. Dan. 3. s. 333) eine allgemeine, noch geltende Vorschrift, nach welcher das Abraupen alljährlich vor dem 1. ventose (20. Feb.) stattfinden soll. Eine Abänderung dieser Zeitbestimmung durch örtliche Polizeiverordnungen ward indessen vom französischen Kassationshofe für statthaft erachtet, vgl Gilb. C. pén. Art. 471 § 8 n. 12.

Zu Nr. 2.

2. Für das linke Rheinufer gestattete das Rur-Ges. v. 28. Sept. — 6. Okt. 1791 Tit. 1. Abschn. 5. Art. 1 die Erlassung einer den Anfang der Weinlese

3) wer ohne polizeiliche Erlaubniß eine neue Feuerstätte errichtet oder eine bereits vorhandene an einen anderen Ort verlegt;

4) wer es unterläßt, dafür zu sorgen, daß die Feuerstätten in seinem Hause in baulichem und brandsicherem Zustande unterhalten, oder daß die Schornsteine zur rechten Zeit gereinigt werden;

5) wer Waaren, Materialien oder andere Vorräthe, welche sich leicht von selbst entzünden, oder leicht Feuer fangen, an Orten oder in Behältnissen aufbewahrt, wo ihre Entzündung gefährlich werden kann, oder wer Stoffe, die nicht ohne Gefahr einer Entzündung bei einander liegen können, ohne Absonderung aufbewahrt;

6) wer Scheunen, Ställe, Böden oder andere Räume, welche zur Aufbewahrung feuerfangender Sachen dienen, mit unverwahrtem Feuer oder Licht betritt, oder sich denselben mit unverwahrtem Feuer oder Licht nähert;

---

bestimmenden Polizeiverordnung, jedoch nur in den Gegenden, wo eine solche Bestimmung gebräuchlich ist, und auch nur für nicht geschlossene Weinberge. Diese Beschränkung ist mit Rücksicht auf § 15. des Pol.-Ges. v. 11. März 1850 auch jetzt noch in Kraft.

Zu Nr. 3—9.

3. Hierdurch sind anderweitige feuerpolizeiliche Vorschriften, welche bereits früher bestanden, nicht beseitigt; ebensowenig ist den Polizeibehörden dadurch die Befugniß entzogen, mit Rücksicht auf örtliche Bedürfnisse, feuerpolizeiliche Vorschriften zu erlassen. Vgl. Nr. 9 („andere feuerpolizeiliche Anordnungen") und die Bemerkungen n. 8. 9. 11. 12.

Zu Nr. 4.

4. Die Feuerstätten umfassen hier unzweifelhaft auch die Schornsteine mit.

5 Die Vorschrift bezieht sich nicht nur auf den Eigenthümer, sondern auf jeden der ein Gebäude bewohnt oder benutzt, namentlich also auch auf den Miether

6. Die vorschriftswidrige bauliche Einrichtung eines Schornsteins hat der Hausbesitzer nicht zu vertreten. Z I. 1. Feb. 1856 c. Lohr u. Gen.

7. Dasselbe Z. I. 1. Feb. 1856 c. Lohr u. Gen. nahm an: daß zur Begründung einer auf § 347 Nr. 4. gestützten Anklage der Beweis zu führen sei, daß der Angeklagte die ihm obliegende Unterhaltungspflicht vernachlässigt habe; zu diesem Zwecke sei in jedem einzelnen Falle zu erweisen, daß dem Angeklagten sowohl bei Entdeckung der Reparaturbedürftigkeit, und der hierdurch entstandenen oder zu besorgenden Brandunsicherheit, als bei Abhülfe dieser Mängel eine Verschuldung zur Last falle, und daß er also schuldbar die Unterhaltungspflicht verabsäumt d. i. unterlassen habe, dafür zu sorgen, daß die Feuerstätte in baulichem und brandsicherem Zustande unterhalten werde. Aehnlich Z. I. 28 März 1855 c Schladweiler, welches hervorhob: die Fahrlässigkeit des Angeklagten sei nicht zu vermuthen, sondern ihm zu erweisen, und sonach darzuthun, daß ihn ein Verschulden treffe, wenn er die Brandunsicherheit seiner Feuerstätte nicht wahrgenommen, und zu ihrer Abhülfe nichts gethan habe.

Zu Nr. 6.

8. An und für sich fällt auch das feuergefährliche Tabakrauchen unter diese Strafvorschrift. Motive S. 84; Temme Lehrb. S. 1097; Koch S. 1089 n. 95; Beschl. I.

7) wer an gefährlichen Stellen in Wäldern oder Haiden, oder in gefährlicher Nähe von Gebäuden oder feuerfangenden Sachen Feuer anzündet;

8) wer in gefährlicher Nähe von Gebäuden oder feuerfangenden Sachen mit Feuergewehr schießt oder Feuerwerke abbrennt;

---

30. Sept. 1853 c. Borchardt. Aeltere hierauf bezügliche Strafverbote, z. B. das Edikt v 19. Jan. 1764 und die Dekl. v 31. Aug 1815 (GS. 16. f. 1) sind daher aufgehoben. Vgl. G Arch. 1. f 266. *Contra:* Wentzel Ergänzungen f. 8. 437. Jenes kann indessen nur insoweit gelten, als sich das betr. Verbot auf die in der Nr. 6. genannten Räumlichkeiten bezog, vgl unten n 11. 12

9. Ob im Einzelfalle das Feuer als ein unverwahrtes zu betrachten sei, (z B das Rauchen aus einer gedeckelten Pfeife) ist Gegenstand der thatsächlichen Beurtheilung. Z. Kass.-H 22. Dez. 1852 c. Conrad (Rh. Arch. 48 2. A. f. 16).

10 Dasselbe gilt von dem Begriffe „nähert“; es fragt sich, ob dadurch eine Feuersgefahr begründet werden kann; vgl. Komm.-B II. K. f. 181.

11 Aeltere (gesetzliche und) polizeiliche Vorschriften, welche das Betreten von Scheunen und ähnlichen Räumen mit Feuer und Licht zum Gegenstande haben, sind durch diesen § aufgehoben, z B. eine Polizeiverordnung, welche das Betreten der Scheune mit brennender Pfeife unbedingt verbot. B. Kass.-H. 22. Dez. 1852 c Conrad (Rh. Arch 48 2. A. f. 16) — Dagegen ist es den betreffenden Polizeibehörden nicht verwehrt, unter Berücksichtigung der örtlichen Verhältnisse und Bedürfnisse, nach Anleitung des Polizei-Ges. v 11 März 1850, auch selbst weitergehende Verbote zu erlassen, und Zuwiderhandlungen mit Strafe zu bedrohen; diese würden dann nicht mit der Vorschrift der Nr. 6 im Widerspruche stehen. Von dieser Ansicht scheint ein Beschl. I 30. Sept 1853 c. Borchardt auszugehen *Contra:* Z. Kass.-Hof 22 Dez. 1852 c. Conrad (Rh. Arch 48 2. A. f. 16), welches davon ausging, daß der § das Betreten einer Scheune mit verwahrtem Feuer als erlaubt ansehe — Jedenfalls ist eine neuerdings ergehende Polizeiverordnung, welche (im Hinblicke auf lokale Verhältnisse) allgemein bestimmt, daß der Verschluß einer brennenden Pfeife durch einen Deckel nicht als genügende „Verwahrung“ anzusehen, und deshalb das Betreten jener Räume mit einer brennenden Pfeife unbedingt verboten sei, — mit dem § 347 Nr. 6 sehr wohl vereinbar, und daher rechtsverbindlich. B. I. 9 Sept. 1853 c. Sattelberg (JMBl. f. 439). Zuwiderhandlungen gegen ein solches Verbot sind dann mit der Strafe des § 347, an welchen dasselbe sich anlehnt, nicht nach den besondern Strafandrohungen der Polizeiverordnung zu ahnden.

12. Aeltere Polizeiverordnungen, welche den Gebrauch des Feuers an andern als den in der Nr. 6. gedachten Orten mit Strafe bedrohen, z B. das Rauchen aus Cigarren und ungedeckelten Pfeifen auf den Straßen, sind durch diese Nr. 6. sowenig, als durch Nr. 7. beseitigt, zumal da die Nr. 9. allgemein die Nichtbefolgung anderer feuerpolizeilicher Anordnungen mit derselben Strafe des § bedroht. B Kass.-H. 29. Juni 1852 c. Zander (G. A. 1. f. 267); B. II. 11. Mai 1854 c Kohlbecker. Vgl. AKO. v. 9. Dez. 1832 (G.S. 33. f. 1), welche unbedenklich noch als gültig zu betrachten ist

Zu Nr. 7.

13. Ueber die Unterscheidung der hier vorgesehenen Handlung von der im § 287. vorgesehenen, vgl. dort n. 1.

Zu Nr. 8.

14. Da hier nur die Feuergefährlichkeit den Grund des Strafverbots bildet, so macht es keinen Unterschied, ob scharf oder nur mit Pulver geschossen wird.

15. Das Abbrennen von „Feuerwerken“ umfaßt nicht nur die zum Vergnügen sondern auch die zu bestimmten technischen Zwecken vorgenommenen Handlungen dieser Art, z. B. Sprengungen rc. Glb. C. pén. Art. 471 Nr. 2. n. 3.

9) wer die polizeilich vorgeschriebenen Feuerlöschgeräthschaften entweder gar nicht oder nicht in brauchbarem Zustande hält, oder andere feuerpolizeiliche Anordnungen nicht befolgt;

10) *) wer unbefugt über Gärten oder Weinberge, oder vor völlig beendeter Erndte über Wiesen oder bestellte Aecker, oder über solche Aecker, Wiesen, Weiden oder Schonungen, welche mit einer Einfriedigung versehen sind oder deren Betreten durch Warnungszeichen untersagt ist, oder auf einem durch Warnungszeichen geschlossenen Privatwege geht, fährt, reitet oder Vieh treibt. Die besonderen Bestimmungen, welche wegen der Pfändungen bei solchen Uebertretungen, sowie über Weidefrevel, in den Feldpolizei-Ordnungen enthalten sind, werden hierdurch nicht geändert;

---

*) Fassung des Gesetzes v. 14. April 1856 (G.S. s. 210); in der ursprünglichen Fassung lautete die Nr.

10) wer unbefugt über Gärten oder Weinberge, oder vor völlig beendeter Erndte über Wiesen oder bestellte Aecker, oder über solche Aecker, Wiesen, Weiden oder Schonungen, welche mit einer Einfriedigung versehen sind, oder deren Betreten durch Warnungszeichen untersagt ist, geht, fährt, reitet oder Vieh treibt. Die besonderen Bestimmungen, welche wegen der Pfändungen bei solchen Uebertretungen, sowie über Weidefrevel, in den Feldpolizei-Ordnungen enthalten sind, werden hierdurch nicht geändert;

Zu Nr. 9.

16. Vgl. oben n. 12.

Zu Nr. 10.

17. Die Fassungsveränderung dieser Nr. 10. durch das Ges v. 14. Apr. 1856 ist erfolgt, um den § 41 Nr. 1. der Feld-Pol.-Ordn. v. 1. Nov 1847, aus welcher sie entlehnt war, jetzt gänzlich zu erschöpfen, und deren Streichung in jenem Gesetze möglich zu machen.

18. Da der § ein unbefugtes Gehen zc. voraussetzt, so ist die Vorschrift des Art. 41. Tit. 2. des Rh. Rur.-Ges. v. 28 Sept. — 6 Okt. 1791, nach welcher selbst das Betreten eines eingeschlossenen fremden Grundstücks dann gestattet ist, wenn der vorbeiführende öffentliche Weg nicht gebraucht werden kann, durch diese Nr. 10. nicht aufgehoben. Vgl. Gilb. C. pén. Art. 471. §. 13. n. 6.

19. Ein Z. Kass.-H. 14. Sept. 1840 c. Dommerque u. Gen. (Rh. Arch. 30. 2. A. s. 95), und ein Z. id. 19. Okt. 1840 c. v Mirman (Volkm. s 388) erachteten das Betreten eines fremden bestellten Grundstücks durch den dort Jagdberechtigten (z. B. den Jagdpächter) für ein befugtes und daher nicht strafbares, der angerichtete Schaden könne nur Gegenstand einer Civilklage sein

20 Die Ernte ist nicht eher beendigt, bis die vom Boden getrennten Früchte sämmtlich von demselben entfernt sind.

21. Bei Wiesen wird die Beendigung der Ernte nach dem zweiten (Grummet-) Schnitte anzunehmen sein; die Auffassung des französischen Kassationshofs, (cf. Gilb. C. pén. Art. 471. § 13 n 15) daß Wiesen als fortwährend produzirend, und die Ernte auf ihnen nie als beendigt anzusehen seien, kann nach § 347 nicht Platz greifen, da er die Beendigung der Ernte ausdrücklich als möglich voraussetzt.

11) wer ohne Genehmigung des Jagdberechtigten auf einem fremden Jagdreviere außer dem öffentlichen, zum gemeinen Gebrauche bestimmten Wege zwar nicht jagend, aber mit Schießgewehr, Windhunden oder zum Einfangen des Wildes gebräuchlichen Werkzeugen betroffen wird;

---

22 Ein Acker ist „bestellt“, sobald seine Bearbeitung angefangen hat, sollte er auch noch nicht besäet, oder bepflanzt seyn.

23. Die Verwirkung der Strafe ist nicht durch die Anrichtung eines Schadens bedingt. Vgl Gilb. C. pén. Art 471. § 14. n. 10

24. Hat aber eine vorsätzliche Vermögensbeschädigung stattgefunden, so greifen selbstverständlich die diese betreffenden Strafbestimmungen (§ 281. 284.) Platz. Vgl FPO. v. 1 Nov. 1847 § 45.

25. Was als „Warnungszeichen“ anzusehen sei, ist mit Rücksicht auf den Ortsgebrauch, Gegenstand der thatsächlichen Beurtheilung; die F.P.O. v. 1. Nov. 1847 § 41 Nr. 1, aus welcher die Nr. 10. entlehnt ist, führte als Beispiele: „Tafeln, Strohwische, Gräben u s. w“ auf. — Es ist sonach keineswegs erforderlich, daß die Warnungszeichen vorher von der betr. Behörde als solche bekannt gemacht sind; es genügt, wenn die Zeichen in einer Weise angebracht waren, daß sie als allgemein bekanntes Warnungszeichen angesehen werden konnten. B. II. 30 Nov. 1854 c. Knellessen.

26. Ebensowenig ist es erforderlich, daß die Warnungszeichen von der Behörde aufgestellt seien; jeder Private kann seine Grundstücke und Wege in dieser Weise in verbindlicher Weise schliessen B. I. 18. Jan 1856 c. Haßlinger. Dagegen ist auch einem von der Polizeibehörde aufgestellten Warnungszeichen dieselbe Wirkung beizulegen, als wenn es vom Eigenthümer des Grundstücks errichtet wäre, und es bedarf in diesem Falle der Bekanntmachung dieses Polizeiverbots in Gemäßheit der diesen Gegenstand (nach Pol.-Ges. v. 11. März 1850 § 5.) regelnden Regierungsverordnungen nicht; cit B. I 18. Jan. 1856 c. Haßlinger.

27. Die Schlußbestimmung, nach welcher die besonderen Bestimmungen über Weidefrevel durch Nr 10 nicht abgeändert sind, deutet an, daß für den Fall, wo beim Viehtreiben ꝛc. uber fremde Grundstücke ꝛc. ein Weidenlassen desselben stattgefunden hat, die ganze Vorschrift ausser Anwendung bleibt, es sei denn, daß es für letzteres an einer anderweitigen Strafbestimmung fehlte.

28 In Betreff der bei solchen Uebertretungen statthaften Pfändungen vgl. F.P.O. v. 1. Nov. 1847 § 4—12. 53—69.

Zu Nr. 11. Vgl. § 274—277.

29 Diese Strafbestimmung kann nur da Platz greifen, wo nicht gejagt, resp. von den Jagdwerkzeugen kein Gebrauch gemacht worden ist. Da, wo Letzteres geschehen, kommen nur die §§ 274 flg. zur Anwendung, und es können daneben nicht auch die hier angedrohten Strafen verhängt werden. B II. 9. Juni 1853 c. Schmitz

30. Auch der zum Tragen von Waffen berechtigte Beamte unterliegt den allgemeinen polizeilichen Vorschriften, wenn sie nicht grade mit der gesetzlichen Ausübung seiner Dienstfunktionen kollidiren; daher darf ein Königlicher Förster ein fremdes Jagdrevier mit Schießgewehr nur dann betreten, wenn ihn sein Dienst dazu nöthigt. Z. II. 25 Okt. 1855 c. Kindt. In ähnlichem Sinne erging Erk. d. Komp.-Ger.-H. 24. Nov. 1855 (JMBl. f 59), welches noch allgemeiner annahm: die Forstbeamten seien bei Ausübung ihrer Amtsbefugnisse zur Ueberwachung von Jagdkontraventionen auf das ihnen angewiesene Jagdrevier beschränkt, und könnten sich im Falle der Betretung eines fremden Jagdreviers mit der Schießwaffe, nicht auf ihre amtliche Eigenschaft zur Abwendung der Strafe des § 347. berufen. — In der cit. Sache c. Kindt hatte der Beschuldigte behauptet: er sei in der Verfolgung eines von ihm im Königlichen Forste betroffenen Holzfrevlers begriffen gewesen; der Polizei-Richter hatte aber erwogen, diese Behauptung sei durch den protokollirenden Privatjagdhüter nicht bestätigt, und vom Beschuldigten selbst nicht einmal wahrscheinlich gemacht worden; hiernach erachtete das Ober-Tribunal es als thatsächlich festgestellt,

12) wer Eier oder Junge von jagdbarem Federwild ausnimmt.

[Entw. § 319.] Vgl. AKO v. 21. April 1856 (G.S. f. 220).

§. 348. Mit Geldbuße bis zu dreißig Thalern oder Gefängniß bis zu vier Wochen werden bestraft:

1) Schlosser, welche ohne obrigkeitliche Anweisung oder ohne Genehmigung des Inhabers einer Wohnung Schlüssel zu

---

daß der Beschuldigte sich nicht im Dienste und insbesondre nicht in der Verfolgung eines Holzdiebs befunden habe. Daraus dürfte folgen, daß der ganze Einwand als ein solcher betrachtet worden sei, welchen eventuell der Beschuldigte [Angeklagte] zu erweisen habe.

31. Auch der Grundeigenthümer, welcher nicht selbst die Jagd ausübt, unterliegt diesem Verbot, insofern rücksichtlich seiner nicht durch die Jagdpachtbedingungen eine Ausnahme gemacht ist. Bes. f. 589.

32. Will der Angeklagte behaupten: er habe mit Genehmigung des Jagdberechtigten gehandelt, so muß er dieses beweisen.

33. Auch dann wenn die Grundstücke einer Feldmark zu einem gemeinschaftlichen Jagdbezirke vereinigt sind, und die Ausübung der Jagd auf demselben gänzlich ruht (Jagd-Pol.-Ges. v. 7. März 1850 § 4. 10 a; G.S. f. 167), greift das Strafverbot der Nr. 11 Platz, obgleich es dann an einem Jagdberechtigten, welcher die Genehmigung ertheilen könnte, gänzlich fehlt; insbesondre kann auch dann der einzelne Grundeigenthümer eine solche Erlaubniß nicht ertheilen. Z. I. 17. März 1854 c. Radeloff

34. Unter „Wild" sind hier jagdbare wilde Thiere zu verstehen. B. I. 23. Apr. 1856 c. Lüpke.

35. Die Anwendbarkeit dieser Strafvorschrift ist bedingt durch das Bewußtsein des Kontravenienten, daß er sich auf einem fremden Jagdreviere befinde; wer nur aus Irrthum über die Gränzen seines Reviers hinaus gegangen ist, unterliegt der Strafe nicht, indem hier nicht die Fahrlässigkeit bestraft werden soll, vielmehr der Unterschied von den Fällen der §§ 274. flgg. darin liegt, ob die Jagd wissentlich ausgeübt worden sei, oder nicht.

36. Die Worte „betroffen wird" sind nicht zu wörtlich aufzufassen; jeder, welchem die Begehung der vorgesehenen Handlung nachgewiesen werden kann, unterliegt der Strafe, sollte er auch nicht auf dem Reviere selbst betroffen sein.

37. Durch die Vorschrift dieser Nr. 11. sind die Spezial-Bestimmungen, welche das Mitnehmen oder Laufenlassen von Hunden in fremden Jagdrevieren mit Strafe bedrohen, ebensowenig, wie durch das Gesetz vom 31. Okt. 1848 § 8. aufgehoben; z. B. die Gen.-Gouv.-Vdn. f. d. Nied.- u. Mitt.-Rhein v. 18. Aug. 1814 § 9 Nr. 3; B. II. 21. April 1853 c. Ketteler; B. eod. c. Bastian (Rh. Arch. 48. 2 A. f. 58); B. II. 19. Mai 1853 c Roßbach (Rh. Arch. 48 2 A f. 60); B. II. 5 Okt. 1854 c. Broers. Dasselbe gilt von der Bergischen Jagd- und Forst-Satzung v. 8 Mai 1761 § 11. und II. § 21. Deklaration n. 13 u. 14, und von der Bergischen Brüchten-Ordnung v. 2. Nov. 1802 B. n. 14. B. II. 16 Feb. 1854 c Feckelsberg; B. II. 14. Dez. 1854 c. v. Oven; desgleichen von der Wormser Jagd-Vdn., v. 21. Sept. 1815 §. 15.

Zu Nr. 12. Vgl. § 274—277; ALR. II, 16. § 57.

38. Dieses Verbot trifft (wie sich aus der Quelle der Vorschrift, ALR II, 16. § 57, und der Fassungsverschiedenheit von Nr. 11. ergiebt) auch den Jagdberechtigten selbst.

39. Dasselbe gilt vom Grundeigenthümer: Beschl. 2. Jan 1852 c. Beck (G. Arch. 1. f. 261).

40. Von einem „Ausnehmen" der Jungen kann nur so lange die Rede sein, als sie sich noch im Neste befinden.

Zimmern oder Behältnissen anfertigen, Schlösser an denselben öffnen, ohne Genehmigung des Hausbesitzers oder seines Stellvertreters einen Hausschlüssel anfertigen oder ohne Erlaubniß der Polizeibehörde Nachschlüssel oder Dietriche verabfolgen;

2) Gewerbtreibende, bei denen ein zum Gebrauche in ihrem Gewerbe geeignetes, mit dem Stempel eines inländischen Eichungsamtes nicht versehenes Maaß oder Gewicht, oder eine unrichtige Waage vorgefunden wird, oder welche sich einer anderen Uebertretung der Vorschriften über die Maaß- und Gewichts-Polizei schuldig machen;

3) Gewerbtreibende, welche in Feuer arbeiten, wenn sie die Vorschriften nicht befolgen, welche von der Polizeibehörde wegen Anlegung und Verwahrung ihrer Werkstätten, sowie wegen der Art und Zeit, sich des Feuers zu bedienen, erlassen sind.

Im Falle der Nr. 2. ist die Konfiskation des ungeeichten Maaßes und Gewichtes, sowie der unrichtigen Waage im Urtheile auszusprechen.

[Entw. § 320]

---

§. 348.

Zu Nr. 1.

1. Auf andre Gewerbtreibende als Schlosser, z. B. Schmiede, Mechaniker ꝛc. ist die Vorschrift nicht auszudehnen. Goltd. Matt. 2. S. 737 n 1.

2. Zur Anfertigung eines Hausschlüssels genügt die Genehmigung des Inhabers, z. B des Miethers nicht; vielmehr ist die des Hausbesitzers erforderlich; er hat zu bestimmen, ob der Miether in den Besitz eines Hausschlüssels gelangen, sowie ob ein verlorner Hausschlüssel einfach durch einen neuen ersetzt werden solle, oder ob die Veränderung des Schlosses nothwendig sei.

3. Diese, die Hausschlüssel betreffende, Bestimmung ist auf Hauptschlüssel nicht auszudehnen; G. Matt 2. S. 737 n 1. Dabei wird natürlich vorausgesetzt, daß der Hauptschlüssel nicht gleichzeitig das Schloß der Hausthüre schliesse.

4. Ebenso trifft das Verbot da zu, wo für einen Miether ein Hauptschlüssel angefertigt werden soll, welcher ausser den Schlössern seines Quartiers, auch die anderen Gelasse in demselben Gebäude schließt

Zu Nr. 2. Vgl. § 243 Nr. 1; Maaß- u. Gew.-Ordn v. 16 Mai 1816 § 10 12. (G.S. S. 144); (AKO. v 28. Juni 1827. G S S 83); Vdn v. 30 Mai 1840 (G.S S 127); Ges. v. 24. Mai 1853 (G S S. 589).

5. Bestraft wird hier der blosse Besitz eines solchen Maasses ꝛc.; daß von demselben Gebrauch gemacht worden sei, wird nicht erfordert G. Matt. 2. S. 737 n. 2.

6. Die Frage, ob ein Maaß oder Gewicht zum Gebrauche im Gewerbe des betr. Gewerbtreibenden geeignet sei, ist nur nach der Beschaffenheit des Gewerbes an sich und danach zu beurtheilen, ob überhaupt zum Betriebe des Gewerbes von dem Maasse Gebrauch gemacht werden könne; gleichgültig ist es, ob der Gewerbtreibende sich eines solchen Maasses zu bedienen pflege. E. II. 9. März 1854 c. Mühlenbruch.

7. Als ein fremdes, nicht geeichtes Maaß ist auch eine Elle zu betrachten, welche ausser der gehörig geeichten Längenangabe des Preußischen Maasses, ein die

§. 349.*) Mit Geldbuße bis zu funfzig Thalern oder Gefängniß bis zu sechs Wochen wird bestraft:

1) wer unbefugt ein fremdes Grundstück, oder einen öffentlichen oder Privatweg oder Grenzraine durch Abgraben oder Abpflügen verringert;

---

*) Fassung des Gesetzes v. 14. April 1856 (G S. s. 210). In der ursprünglichen Fassung waren die Nrn. 4 bis 6 gleichlautend, dagegen lauteten die Nrn.:
1) wer unbefugt ein fremdes Grundstück, oder einen öffentlichen oder Privat-Weg durch Abgraben oder Abpflügen verringert;

Länge eines fremden Maasses bezeichnendes Merkzeichen enthält; letzteres stellt dann für sich ein der Eichung ermangelndes Maaß dar Die AKO v. 13. Mai 1840 gestattet dem Gewerbtreibenden nicht, fremde Maasse ihrem Detail-Geschäfte zum Grunde zu legen. B. II. 10. Jan. 1856 c. Patt. (G. Arch. 4. s 272).

8. Auch die Benutzung eines ungestempelten Gasometers ist durch § 12. der Maaß- und Gewichts-Ordnung v. 16. Mai 1816 untersagt und nach § 348. strafbar. B. Kass.-H. 12. Okt. 1852 c Pepys (Rh. Arch. 49. 2. A. s. 117).

9. Auf Waagen, welche in Gemäßheit des Ges v. 24 Mai 1853 gestempelt sind, findet die Strafandrohung des § keine Anwendung. cit. Ges. § 10.

10. Findet sich eine solche gestempelte Waage mit einem verborgenen Gewichte beschwert vor, so wird sie dadurch nicht zu einer unrichtigen, und es kann daher die Strafbestimmung des § 348. in keinem Falle Platz greifen, sondern nur im Falle eines Gebrauchs zum Nachtheile eines Andern § 243 Nr. 1. B. I. 4. Mai 1855 c. König (G. Arch. 3. s. 720).

11. Etwas Anderes würde gelten, wenn an der gestempelten Waage selbst nachträglich solche Veränderungen vorgenommen wären, daß sie dadurch zur unrichtigen Waage würde. Damit dann aber der Besitz einer solchen Waage strafbar sei, würde vorausgesetzt, daß der betr. Gewerbtreibende von dieser stattgehabten Veränderung Kenntniß gehabt habe.

12. Es kann durch eine Polizei-Verordnung nicht angeordnet werden, daß alle zum Markte gebrachten Gegenstände vorher auf einer öffentlichen Waage verwogen werden; die Selbstverwiegung bleibt jedem verstattet. Beschränkungen dieser Befugniß würden gegen die Grundsätze der §§ 75. und 77. der Gew.-Ordn. v. 17. Jan. 1845 verstossen. Ebenso nahm auf Grund der Rhein. Schifff.-Ordn. v. 31. März 1831 Art. 70. ein B. II. 11. Jan. 1855 c. Siebel die Unverbindlichkeit einer Polizeiverordnung an, welche den Spediteuren zur Pflicht machte, sich der angestellten städtischen Fruchtmesser zu bedienen. Wer dagegen gewerbsmässig für Andere das Abwägen besorgen will, bedarf dazu einer Konzession, vgl. Gew.-Ordn. vom 17. Jan. 1845 § 52.

§. 349.

Zu Nr. 1. und 2.

1. Die durch das Ges v. 14. Apr. 1856 bewirkte Abänderung dieser beiden Nummern erfolgte, um die früheren Vorschriften der Feld-Pol. Ordn. v. 1. Nov. 1847 § 43 Nr. 1. und § 42 Nr 1. 2. 3. ganz zu erschöpfen, und ihre vollständige Beseitigung zu ermöglichen. Vgl. Ges v. 13. Apr. 1856 (G.S. s. 205).

Zu Nr. 1. Vgl. § 243 Nr. 7.

2. Das blosse Verderben eines Wegs fällt nicht unter diese Vorschrift; anderweitige hierauf bezügliche Strafvorschriften, z. B Art 40. Tit 2. des Rh. Rur.-Ges. v. 28. Sept. — 6 Okt. 1791, sind daher in Kraft verblieben.

2 a. Behauptet der Angeklagte, daß die angeblich vom Grundstücke des Nachbarn abgebaute Fläche sein Eigenthum sei, so ist nach Anleitung des Ges. v. 31. Jan. 1845 (G.S. s. 95), und des Ges v. 14. Apr. 1856 Art. II. (G.S s. 208) und oben s. 22) zu verfahren.

2) wer unbefugt von öffentlichen oder Privat-Wegen Erde, Steine oder Rasen, oder aus Grundstücken, welche einem Anderen zugehören, Erde, Lehm, Sand, Grand oder Mergel gräbt, Plaggen oder Bülten haut, Rasen, Steine, Mineralien, zu deren Gewinnung es einer Verleihung, einer Konzession oder einer Erlaubniß der Behörde nicht bedarf, oder ähnliche Materialien wegnimmt;

3) wer Früchte, Eßwaaren oder Getränke von unbedeutendem Werthe oder in geringer Quantität entwendet, selbst wenn die Entwendung vermittelst Einbruchs oder Einsteigens in ein unbewohntes Gebäude oder in einen demselben gleichstehenden umschlossenen Raum erfolgt.

---

2) wer unbefugt von öffentlichen oder Privat-Wegen Erde, Steine oder Rasen, oder aus Grundstücken, welche einem Anderen zugehören, Erde, Lehm, Sand, Grand oder Mergel gräbt, oder Steine, Rasen oder ähnliche Materialien wegnimmt;

3) wer, ohne gesetzlich erschwerende Umstände des Diebstahls, Früchte, Eßwaaren oder Getränke entwendet und auf der Stelle verzehrt;

Zu Nr. 2. Vgl. Ges. v. 26. März 1856 (G.S. S. 203).

3. Der französische Kassationshof hat die entsprechende Bestimmung des Art. 479 § 12. des C. pén. auch auf die Wegnahme des Koths von den Strassen und aus den Chausseegraben angewendet. Vgl Gilb. C. pén. l. c. n. 4—6.

4. Vorausgesetzt wird, daß die hier aufgezählten Gegenstände zur Zeit der Wegnahme als Theile des betreffenden Wegs oder Grundstücks anzusehen, und nicht als selbstständige, für sich bestehende Sachen in der Gewahrsam des Herrn des Grundstücks rc., oder eines Dritten sich befanden. Das beweist der (sonst ganz überflüssige) Ausdruck „unbefugt," und die Fassung „aus Grundstücken." Daher trifft der § da nicht zu, wo die gedachten Gegenstände vom Eigenthümer des Grundstücks eigens gesammelt und aufgehäuft, dadurch also als selbstständige Sachen in Besitz genommen sind; Wegnahme derselben in der Absicht rechtswidriger Zueignung ist dann nach § 216. strafbar. B 17. Nov. 1852 c Grodde; G. Matt. 2. S. 739 n. 3; Koch S 1092 n 2; vgl. zu § 215. n 18.

5. Aus dem unter n. 4. an die Spitze gestellten Grundsatze folgt auch, daß die Nr. 2 auch auf die zur Ausbesserung der Landstrassen angefahrenen und auf denselben aufgeschichteten Steine, welche noch nicht über den Strassenkörper ausgebreitet, oder sonst für dieselbe verwendet sind, keine Anwendung erleidet, daß vielmehr ihre Wegnahme geeigneten Falles als Diebstahl zu bestrafen ist.

6. Im Uebrigen schließt die Absicht rechtswidriger Zueignung den § nicht aus.

7. Bei Mineralien, zu deren Gewinnung es einer Konzession bedarf, ist jetzt das Ges v 26. März 1856 anwendbar.

8. Ein B. 7. Apr. 1852 c Zibulski (Entsch. 22. S. 464) hielt dafür, daß die Vorschrift der Nr. 2. nur auf gewöhnliche natürliche Bestandtheile des Erdbodens, welche in ihrer ursprünglichen Beschaffenheit sogleich zum ökonomischen Gebrauche, oder zu baulichen Anlagen verwendet werden könnten, anwendbar sei, nicht aber auf werthvolle Naturschätze, z B Bernstein. Vgl. zu § 226. n. 5. Insoweit derartige Naturschätze unter den Begriff der Mineralien fallen, muß jetzt der §, resp. das Ges. v. 26. März 1856 allerdings Platz greifen.

Zu Nr. 3. Vgl § 220—223; F.P.O. v. 1. Nov. 1847 § 41—45; Ges v 22. Mai 1852 Art. III.

9. Ueber das Verhältniß dieser Bestimmung, und des darin gebrauchten Ausdrucks „Entwendung", zum Diebstahle, und der Begriffsbestimmung desselben,

Geschieht die Entwendung unter einem andern der im § 218. bezeichneten erschwerenden Umstände oder in gewinnsüchtiger Absicht, so kommen die Strafen des Diebstahls zur Anwendung;

---

vgl. zu § 215. n. 38. Danach ist hier unter „Entwendung" der volle Thatbestand des Diebstahls, wie er im § 215. aufgestellt ist, zu verstehen, was daraus mit Nothwendigkeit folgt, daß sonst von der Anwendbarkeit des § 218. keine Rede sein konnte, (so schon: B. 23. Juni 1852 c Schmidt) Die Unterscheidung des hier vorgesehenen Falles von dem des gewöhnlichen Diebstahls beruht darin, daß, während in der Regel der gewinnsüchtige Charakter der beim Diebstahle vorwaltenden Absicht rechtswidriger Zueignung vermuthet wird, und also keiner besondern Feststellung bedarf, bei der Wegnahme geringfügiger Quantitäten ꝛc von Lebensmitteln das Umgekehrte gelten, und die Diebstahlsstrafe nur dann Platz greifen soll, wenn jener gewinnsüchtige Charakter besonders nachgewiesen und festgestellt wird, was wiederum da wegfällt, wo einer der erschwerenden Umstände des § 218 (mit Ausschluß des Einbruchs ꝛc. in ein unbewohntes Gebäude) vorliegt Ausserdem darf man aus der frühern Fassung der Nr 3 schliessen, daß die Absicht: die Sachen auf der Stelle zu verzehren, als eine gewinnsüchtige nicht anzusehen sei, während unbedenklich das Gegentheil gilt, und die Diebstahlsstrafe verwirkt ist, wenn die Handlung geschah, z B. um die Gegenstände zu veräussern.

10. Ueber den Begriff eines bewohnten Gebäudes vgl die Bemerkungen zu § 220; was ein unbewohntes Gebäude sei, ergiebt sich daraus von selbst.

11. Auch die Vorschrift des § 211, wonach gewisse Räumlichkeiten den bewohnten Gebäuden gleichgestellt sind, ist hier anwendbar.

12 Auf Entwendungen von Früchten und andern Bodenerzeugnissen, welche durch die F P.O. v. 1. Nov 1847, oder das Rh Rur.-Ges. v 28 Sept. — 6 Okt. 1791 mit Strafe bedroht sind, findet § 349 ebenso wenig als die §§ 215 — 224. Anwendung; selbst da, wo keins dieser beiden Gesetze gilt, bleibt das StGB. ausgeschlossen, und die betreffenden Bestimmungen der FPO. sind anzuwenden, insoweit die fraglichen Handlungen nicht durch besondere feldpolizeiliche Strafbestimmungen vorgesehen sind. Ges v. 22. Mai 1852 Art. III. Diese Vorschrift muß jetzt unbedenklich auch rücksichtlich der Abänderungen gelten, welche die FPO. durch das Ges. v. 13. Apr. 1856 erfahren hat. Vgl. zu § 215 n 45. 46.

13. Die analogen Bestimmungen der FPO. in der durch das Ges. v. 13 Apr. 1856 veränderten Gestalt sind § 42 Nr. 2. und § 45. Der Unterschied des § 42 Nr. 2. von § 349 Nr. 3. besteht darin, daß jener nicht nur auf Früchte, sondern auf alle Bodenerzeugnisse, auch die nicht genießbaren, anwendbar, daß er dagegen in Betreff des Orts der Entwendung auf die dort speziell aufgezählten beschränkt ist, sowie daß er auch dadurch nicht ausgeschlossen wird, wenn die Entwendung unter einem der erschwerenden Umstände des § 218. verübt wird; vgl. zu § 215 n. 45.

14 Auf Bodenerzeugnisse, welche bereits vom Boden getrennt, noch auf demselben Grundstücke lagern, ist nicht die FPO., sondern nur das StGB (§ 217 Nr 2, oder 349 Nr. 3) anwendbar.

15. In der frühern Fassung der Nr. 3. waren unter den „gesetzlich erschwerenden Umständen des Diebstahls" auch die im § 217. erwähnten zu verstehen. B. I. 18. Apr. 1855 c Striepling

16. Das Gleiche ward jedoch nicht von der Rückfälligkeit angenommen. Z. 20. Okt. 1852 c. Zaga (Entsch 24 S 196; G A 1. S 267).

17. Der (in der frühern Fassung vorkommende) Ausdruck „auf der Stelle" bezweckte nicht eine örtliche Begränzung, bezog sich vielmehr vorzugsweise auf den ununterbrochenen Zusammenhang der Handlung mit dem beabsichtigten Zwecke der Zeit nach. B 28. Jan 1852 c Schulze, Z. 20. Okt. 1852 c. Zaga (Entsch. 24. S. 196; G. Arch. 1. S 267).

18. Damit die Nr. 3. (in der früheren Fassung) anwendbar werde, war nicht

4) wer von einem zum Dienststande gehörenden Unteroffizier oder Gemeinen, ohne die schriftliche Erlaubniß des vorgesetzten Kommandeurs, Montirungs- oder Armaturstücke kauft oder zum Pfande nimmt;

5) wer bei den Uebungen der Artillerie verschossene Eisenmunition, oder wer Bleikugeln aus den Kugelfängen der Schießstände der Truppen widerrechtlich sich zueignet;

6) ein Pfandleiher, welcher bei Ausübung seines Gewerbes den darüber gesetzlich erlassenen Anordnungen entgegen handelt.

[Entw § 321.]

Urkundlich unter Unserer Höchsteigenhändigen Unterschrift und beigedrucktem Königlichen Insiegel.

Gegeben Charlottenburg, den 14. April 1851.

(L. S.) **Friedrich Wilhelm.**

v. Manteuffel. v. d. Heydt. v. Rabe. Simons. v. Stockhausen.
v. Raumer. v. Westphalen.

---

erforderlich, daß die Gegenstände auf der Stelle wirklich verzehrt seien, es genügte wenn die Entwendung in dieser Absicht geschehen war; Nichterreichung dieses Zwecks (z B. wegen Ertappung auf der That) zog weder die Diebstahlsstrafe nach sich, noch konnte sie der Handlung den Charakter der vollendeten Uebertretung nehmen, und Straflosigkeit herbeiführen. Z. 20 Okt. 1852 c. Zaga (cit. n. 17); Z. 29. Okt. 1852 c. Einert.

Zu Nr. 5. (Vgl. AKO. v. 23. Juli 1833. G.S. S. 86).

19 Durch diese Vorschrift sind die Strafbestimmungen der cit. AKO. vom 23. Juli 1833, welche zum Theil weiter gingen, beseitigt.

Zu Nr. 6. Vgl. § 265; Gew.-Ordn. v. 17. Jan. 1845 § 49 57.

Allerhöchster Erlaß vom 21. April 1856.*)

(Ges.-Samml. S. 220)

Auf Ihren Bericht vom 17. April d. J. will Ich genehmigen, daß in einer neuen Ausgabe des Allgemeinen Strafgesetzbuchs die abändernden Bestimmungen der Gesetze vom 9. März 1853 und vom 14. April d. J. an Stelle der aufgehobenen Vorschriften des Strafgesetzbuchs aufgenommen werden. Von den Gerichten und Verwaltungs-Behörden ist in ihren Entscheidungen und Erlassen nur auf die Bestimmungen des Strafgesetzbuchs und nicht auf die erwähnten Spezialgesetze Bezug zu nehmen.

Es ist diese meine Ordre in der Gesetz-Sammlung bekannt zu machen.

Charlottenburg, den 21. April 1856.

Friedrich Wilhelm.

An
den Justiz-Minister

Simons.

---

*) AKO. vom 21. April 1856.

1. Die abändernden Bestimmungen der beiden citirten Gesetze sind auch in dem vorstehenden Abdrucke in das StGB. an Stelle der aufgehobenen Vorschriften aufgenommen, die letzteren aber unter dem Texte zur Vergleichung mitgetheilt worden.

2. Durch die Vorschrift dieser AKO erledigt sich für die Zukunft die durch B. I. 21 Dez. 1855 c Reimann (G. A. 4. S. 242, oben zu § 56 n. 25.) ausgesprochene Ansicht des Ober-Tribunals, wonach es einer ausdrücklichen Bezugnahme auf die abändernden neuern Gesetze bedürfte, um darzuthun, daß sich der erkennende Richter der anderweitigen Gesetzesfassung bewußt gewesen sei. Jetzt würde im Gegentheile die Anführung jener Spezial-Gesetze unbedingt fehlerhaft sein, und einen Verstoß gegen die obige AKO. in sich schliessen.

3. Die Gesetze vom 9. März 1853 (nnd vom 14. April 1856) enthalten keine Deklaration der davon berührten §§, sind vielmehr als neue jene Vorschriften abändernde Gesetze anzusehen. Z. I. 15 Juli 1853 c. Richter (Präj n. 47; G Arch. 1. S. 575); Z. I. 2 Nov. 1853 c. Gellrich.

Register.

Druckfehler.

Seite	4	Zeile 22	v. u. ist vor: 1. Dez. 1853 zuzusetzen: II.
„	10	„ 11	v. u. ist nach: Schmidt „ ;
„	11	„ 8	v. o. l Vdn st. V.
„	11	„ 10	v. u ist nach: die zuzusetzen: in
„	34	„ 31	v. o l französischen st. franzöfischen
„	35	„ 22	v o l. werden st. worden
„	46	„ 24	v. u ist nach: 243 zuzusetzen ;
„	53	„ 19	v. u. ist nach den Worten: Maaß der ... zuzusetzen: im Falle realer Konkurrenz
„	55	„ 30	v. u. l Vdn. st V.
„	56	„ 13	v o. l. Nr. st n.
„	75	„ 22	v o l. jener st. jenen
„	77	„ 11	v. o. ist nach § zuzusetzen 110
„	82	„ 13	v u. l. Mahlsteuer st. Mehlsteuer
„	83	„ 23	v u. l. Mahlsteuer st. Mehlsteuer
„	86	„ 15	v. u l Juli st Juni, und Sauerbruch st Sauerland
„	97	„ 6	v o. ist nach 57 zuzusetzen: 338
„	98	„ 13	v o l falschen statt solchen
„	101	„ 14	v o ist am Schlusse zuzusetzen: Vgl. jetzt AKO. vom 21 Apr 1856, unten §. 473.
„	104	„ 13	v u l. Verstöße st. Verstoße
„	108	„ 24	v u. l. worden st. werden
„	110	„ 9	v u. l Pl. statt I.
„	110	„ 1	v. u. l. I. st. 1.
„	120	„ 13	v. u. l. unterliegt
„	123	„ 16	v. o. l. rechtsbeständige
„	128	„ 14 u 15	v u. l. das Zusammenrotten st die Zusammenrottung
„	136	„ 17, 16	v u l unterliegt .... Meuterei st unterliegen .... Meuterer
„	143	„ 24	v. u. l. Beruf.
„	144	„ 1	v o. l 104. st 103
„	147	„ 7	v. o. Bezeichnung
„	147	„ 1	v. u l. Art. XIII st Art II.
„	147	„ 12	v u ist nach § zuzusetzen: 130.
„	155	„ 23	v. u l. Art. XIII. st. Art. II.
„	156	„ 13	v. o. l. 254 st. 255
„	156	„ 11	v u. l. Art. XIII. st. Art. II.
„	156	„ 5	v. u. l. zum st. um
„	157	„ 6	v. u. l. Art. XIII. st. Art. II.
„	191	„ 25	v u. l. Art. XIII. st Art. II.
„	203	„ 19	v. o. l. Behauptungen.
„	224	„ 23	v. o. ist am Ende zuzusetzen: Vgl. aber zu § 187 n. 5.
„	240	„ 13	v. o l. nur st uur
„	313	„ 20, 22, 23, und 25,	v. u. l. 753 st. 751
„	320	„ 18	v. u. ist nach (V.) zuzusetzen: I.
„	333	„ 25	v. u ist nach Dez. zuzusetzen: 1853
„	338	„ 11	v. o. ist vor 31. Marz zuzusetzen: I.
„	338	„ 25	v. u. l. durch
„	350	„ 1	v. u. l. Art. 18. st. § 18.
„	373	„ 4	v. o. ist nach V. zuzusetzen: II.
„	373	„ 22	v. o. ist vor 28. Feb. zuzusetzen: II.

FSC
www.fsc.org
MIX
Papier | Fördert gute Waldnutzung
FSC® C083411

Kolibri 360 GmbH
Ferdinand-Jühlke-Straße 7
99095 Erfurt, Deutschland
produktsicherheit@kolibri360.de